KB203156

교부 문헌으로 쓴
초대 그리스도교 사상사

교부 문헌으로 쓴
초대 그리스도교 사상사

2024년 6월 30일 처음 펴냄

지은이	주재용
펴낸이	김영호
펴낸곳	도서출판 동연
등록	제1-1383(1992. 6. 12.)
주소	서울 마포구 월드컵로 163-3, 2층
전화/팩스	02-335-2630, 02-335-2640
전자우편	yh4321@gmail.com

ⓒ 주재용, 2024

ISBN 978-89-6447-993-3 93230

교부 문헌으로 쓴

초대 그리스도교 사상사

2C 클레멘트부터 4C 어거스틴까지

| 주재용 지음 |

동연

머리말

　내가 이 책을 구상한 것은 정년 은퇴를 할 때였고(1999년), 자료를 수집 정리하고 집필을 시작한 것은 약 10년 전이었다. 그러나 집필하던 중 개인적인 불행한 사건으로 몇 년간 집필을 중단할 수밖에 없었다. 그 후 다시 집필하려고 했을 때는 수집하고 정리해 두었던 자료를 모두 분실했기 때문에 처음부터 다시 시작해야 했다. 그런데 이번에는 아내가 두 번씩이나 낙상하여 수술을 받는 관계로 그를 간호하기 위해서 다시 집필을 중단해야만 했다. 그러나 여기서 집필을 중단하면 책의 출판은 결국 불가능하게 될 것 같았기 때문에 아내의 병 간호를 하면서 틈틈이 집필을 계속하였으나, 사고(思考)의 연속, 문맥의 연결이 쉽지 않아 집필은 매우 더디게 진행되었다. 이렇게 이 책은 난산(難産)을 거듭한 끝에 이제 겨우 출산을 하게 된 것이다.

　나는 1962년 한국신학대학(한신대학교 전신)의 교수 충원 프로젝트에 선발되어 가르치기를 시작한 후 1999년 정년 은퇴까지 37년간 교수 생활을 하였다. 내가 교회사학을 전공하게 된 것은 학교의 교수 충원 계획에 의한 것이기도 했지만, 그리스도교 신학 형성의 근원을 찾고 싶었기 때문이었다. 그래서 교회사학에서도 초대교회사를 선택한 것이다. 초대 그리스도교 신학은 로마 가톨릭교회, 정교회, 성공회, 그리고 개신교 모두의 신학적 뿌리이다. 이와 같은 내 신학적 관심에 맥길대학교(McGill U.) 종교학과의 고전적 학문 분위기가 크게 도움을 주었다.

　내가 이 책을 집필하게 된 동기는 두 가지다. 첫째는 평생 교회사,

특히 사상사를 강의해 온 교수였지만, 나는 이렇다 할 내 전문 분야의 학문적인 책을 집필하지 못하였다. 은퇴하면서 학자로서 매우 부끄러웠다. 그래서 죽기 전에 이 책을 집필하고 싶었던 것이다. 둘째는 한국 신학계에 많은 책이 출판되고 있지만, 그리스도교 사상의 토대가 되는 초대 그리스도교의 사상적 발전사를 좀더 깊이 있고 학문적으로 취급한 자료가 빈약하다고 생각되었다. 특히 초대 그리스도교 신학사상을 주도했던 교부들에 대한 자료와 그 연구는 가톨릭 신부들에 의해서 초보적으로 이뤄지고 있을 뿐이다. 그런 중에서도 두란노아카데미에서 기독교 고전총서(Library of Christian Classics, L.C.C.)를 20권으로 번역 출판했다는 것은 비록 초대교회 교부들에게 국한된 것은 아니지만 의미가 크다. 이것은 A Select Library of Nicene and Post-Nicene Fathers, N.P.-N.F.) 그리고 The Ante-Nicene Fathers, A. N. F.)와 함께 교부연구에 중요한 영역본 자료들이다.

나는 우리의 신앙의 전거로 성서와 함께 교부들의 전통에 의존하고 싶었다. 오늘의 교회와 신학적 문제의 해답을 초대교회 교부들의 삶에서 찾고 싶었던 것이다. 그래서 초대교회 교부들, 특히 초대 그리스도교 신학 사상 발전의 절정기인 4-5세기에 활동했던 교부들에게 관심을 갖게 되었다. 그리고 그들의 신학 사상 형성의 배경을 주목했다. 그들의 신학 사상 형성의 배경에는 철학적 통찰력과 철저한 수사학적 훈련, 그리고 수도원의 금욕 생활을 통한 영성 훈련이 있었다. 이것은 오늘 우리의 신학교육에 시사하는 바가 크다. 물론 초대교회 신학 논쟁을 통한 신학 형성에 있어서 교회 지도자들의 정치적 교권적 투쟁, 또는 세속정치권력의 개입이 있었던 것도 사실이다.

이 부정적인 역사는 신학형성 과정에 있어서 많은 성직자(신학자)들을 이단으로 정죄하는 역사로 이어졌다. 그럼에도 불구하고 초대교부들이 그 부정적인 모든 영향을 결국 극복하고 건전한 신학 형성을 할 수 있었던 것은 그들의 사상이 단지 메마른 논리의 결과가 아니라 지식과 신앙이 조화를 이룬 그들의 삶의 총체적 산물이었기 때문이었다. 오늘 우리가 받은 신학적 유산은 그들의 삶의 유산인 것이다. 신학은 머리로만 하는 작업이 아니라 몸, 즉 삶으로 하는 것이다. 머리로만 하는 신학은 '산 신학'(living theology)이 될 수 없으며 역사가 될 수가 없다. 그와 같은 신학은 역동적일 수가 없으며 교회를 위한, 교회를 개혁하는 교회의 신학이 될 수 없다.

이 책은 초대교회 교부들의 생애, 주요 저작 개요, 그리고 중심 사상을 초대 교회사, 교리사, 신학사 등의 자료를 통하여 학자들의 해석의 도움을 받으면서 직접 교부들의 진술을 토대로 사상을 전개하였다. 이 점에서 한계가 있음도 인정한다. 무엇보다도 헬라어, 라틴어 등 고전어의 자료를 구할 수가 없다는 점, 필자 자신의 어학의 한계가 있다는 점이다. 불가피하게 교부 전집 등 영역본에 의존할 수밖에 없었다. 외국 학자들이 그들의 책에서 인용한 구절들은 가능하면 구할 수 있는 영역본 교부전집에서 확인 작업을 했다. 그리고 내 사관에 의해서 기존의 사상사의 정설을 수정하기도 했다.

집필하면서 가장 어려웠던 것은 고유명사의 표기와 신학적 전문 술어에 대한 한글 번역이었다. 특히 인명은 원칙적으로 그 시대, 그 나라의 말로 표기해야 하지만, 그렇게 하지를 못하고 일반적으로 사용하는 방법을 택하였다. 유럽적인 표기와 영미적인 표기가 혼용되기도 했다. 중요한 신학적 술어와 교부들의 저서명은 독자들의 이해를 돕기 위해서 원어를 영문표기로 병기했다.

이 책의 출판에 김애영 교수의 재정적 도움은 잊을 수가 없다. 그의 도움이 없었다면 이 책은 빛을 보지 못했을 것이다. 깊이 감사한다. 그리고 재정적 큰 부담을 감수하면서 쾌히 출판을 허락해 주신 동연출판사 김영호 대표님과 출판 작업의 실무를 맡아 수고하신 직원 여러분들에게 진심으로 감사한다. 그리고 원고를 초고부터 세심하게 교정해 주신 서울성남교회 평신도 맹인재 권사님께 감사한다.

이 책을 나로 하여금 신학의 길로 인도해 주신 스승 고(故) 만수(晩穗) 김정준 박사님 영전에, 그리고 부족했던 나의 강의에 참석했던 모든 후배 제자들에게 바친다. 이 책이 평생을 나와 함께 동반자로서 길벗이 되어 주다가 지금은 건강을 잃고 힘들어하는 아내에게 희망과 기쁨의 동력이 되어 건강을 회복하기를 빈다.

끝으로 이 책이 신학도들의 신학적 훈련에, 건전한 신학적 토대위에서 교회의 개혁적 발전에 뜻을 두고 고민하는 지성적 그리스도교인들에게, 그리스도교 신학의 뿌리를 알고 싶어하는 일반 사회 지성인들에게 조금이라도 도움이 되기를 감히 바랄 뿐이다. 독자 여러분들에게 하나님의 축복이 있기를 빈다.

2024년 5월 15일 스승의 날
서울 은평구 진관동 서재에서
주재용

차 례

제3장 ㅣ 헬라 변증가들의 신학

제4장 ㅣ 초기 이단들의 도전과 교회의 응전

제5장 ㅣ 고(古) 가톨릭 시대의 반(反)영지주의 교부들의 신학
─ 이레니우스와 터툴리안을 중심으로

제6장 ㅣ 초기 알렉산드리아학파의 신학
― 클레멘트와 오리겐을 중심으로

제7장 | 3세기 서방교회 신학
— 로마의 히폴리투스와 카르타고의 키프리안을 중심으로

제8장 ㅣ 4세기 아리우스 논쟁과 니케아신조

제9장 ㅣ 아타나시우스의 신학

제10장 | 세 카파도키아 교부들의 신학
― 대 바질, 나지안주스의 그레고리, 니싸의 그레고리

제11장 | 안디옥학파의 신학
― 그리스도론을 중심으로

제12장 ┃ 5세기 그리스도론 논쟁
― 알렉산드리아의 키릴과 네스토리우스의 논쟁

제15장 ㅣ 어거스틴의 신학
─ 도나투스주의자들과 펠라기우스주의자들과의 논쟁을 중심으로

서론

I. 주제에 관하여

최근에는 '그리스도교 사상사'(History of Christian Thought)라고 하는 것이 일반화되었지만, 전에는 일반적으로 '그리스도교 교리사'(History of Christian Doctrine)라고 하였다. 주제와 관련해서 '교의사'(History of Dogma)[1] 또는 '신학사'(History of Theology) 등이 있다. 틸리히(P. Tillich, 1886~1965)에 의하면 교회의 교리들(doctrines)이 '교의'(dogmas)라고 일컬어져 왔다. 그래서 전에는 이와 같은 유형을 교의사(History of Dogma)라고 했었는데, 지금은 '그리스도교 사상사'라고 부르고 있다고 한다. 그러나 틸리히는 그리스도교 교회의 모든 신학자가 사고했던 사상의 역사를 모두 완전하게 쓴다는 것은 누구에게도 불가능한 일이기 때문에 우리는 교회 삶의 표현으로서 널리 받아들여졌던 사상들을 고찰한다고 한다. 이것이 '교의'라는 말이 가지고 있는 본래 의미라고 하면서 그리스도교 사상사는 교의사의 명칭을 바꾼 데 불과하다고 말한다.[2]

그러나 '교의'와 '사상'이 단순히 명칭만의 차이는 아닌 것 같다. '사상'은 생동적이고 역동적이며 가변적인 반면에 '교의'는 고정적이고 배타적이며 독단적인 경향이 강하다. 모든 인간의 경험에는 사고의 요소가 함축되어 있다. 왜냐하면 인간의 지적 또는 정신적 삶은 그의 언어에서 구체화되는데, 언어는 말로 표현된 사고이기 때문이다. 사고 없는 인간 실존은 없다. 그러나 인간에게는 감정도 있다. 그리고 감정주의(emotionalism)는 종교에서 중요한 요소로 작용한다. 슐라이에르마허(F. Schleiermacher, 1768~1834)가 종교에 있어서 '감정'(feeling)을 강조한 반면에 헤겔은 '사고'(thought)를 강조하였다. 그러나 이것은 양자택일(either/or)이 아니라 '양자 병합'(both/and)이다. 인간은 '감정' 없이 존재할 수 없지만, '사고' 없이 존재할 수도 없다. 전혀 교육을 받지 않은 매우 소박한 신앙인이라 할지라도 그에게 사고는 있는 것이고, 고도의 전문적인 교육을 받은 지성적 신앙인에게도 감정이 없을 수 없다. 감정, 사고 그리고 그것을 표현하는 언어는 인간의 종교 생활에 필수적일 것이다.

종교에서 중요한 감정과 사고는 논리의 법칙을 따라 방법론적 사고를 발전시킨다. 이 방법론적 사고가 말과 글로 표현되어 다른 사람에게 전달될 때 마침내 신학적 교설(教說)이 생성된다. 이것은 사고의 원시적인 방식을 넘어서는 발전이며, 그리스도교적 사고 발전에 있어서도 예외는 아니다. 그것이 이상적으로 발전할 때 신학 체계에 이르게 된다. 그러나 신학 사상이 일정한 체계에 고정되면 신학 사상은 체계에 얽매이게 된다. 체계는 일관성 있는 형식이기 때문에 필요하지만, 신학 사상은 언제나 체계를 넘어서려는 노력 또한 끊임없이 계속되어야 한다. 신학적 체계로서 도그마가 교회의 신앙생활의 표현이지만, 교회가 어떤 교의에 얽매이게 되면 교회는 생명력을 잃게 되어 교조주의적 집단이 된다. 이것이 우리가 우선적으로 교의(도그마) 개념의 발전을 살펴보려는 이유다.

1. 교의 개념의 발전

우리에게 중요한 것은 그리스도교적 삶이다. 그러나 이 삶은 언어로 표현된다. 초기 그리스도교회는 신앙생활의 질서를 위해서 매우 기본적인 '신앙의 규범'(rule of faith)를 제정했다. 또한 그리스도교는 구원의 메시지를 가지고 이교 문화권에 진출하면서 이교 철학과 종교와 조우하게 되었다. 이때 그리스도교는 그들의 교설(教說)과 다름을 나타내야 했다. 그리스도교는 하나님의 구원에 관한 근본적인 사상을 구체적 언어로 표현하게 되는데, 이것이 체계화되어 최종적으로 교회에 받아들여진다. 이것이 '교의'다.

틸리히는 '교의'(dogma)가 어의적으로는 '생각한다', '상상한다' 또는 '의견을 주장한다'라는 의미의 헬라어 '도케인'(dokein)에서 유래하였다고 한다.[3] 하비(Harvey)는 고대에서 도그마는 왕들의 포고나 혹은 여러 철학파에 의해서 공리(公理)로서 생각되는 원리에 적용되었다고 한다.[4] 그러므로 처음 이 말은 다른 것으로부터 자기를 구별하는 용어였다. 틸리히도 그리스도교 이전에 이미 헬라 철학파들은 다른 학파와 구별하기 위하여 자파(自派)만의 독특한 이설(理說, dogmata)을 가지고 있었다고 한다.[5] 헬라 철학 세계에서는 그 이설에 따라서 다양한 여러 학파가 형성될 수 있었다. 예를 들면 플라톤학파, 아리스토텔레스학파, 스토아학파, 견유학파 등이 그것이다. 그러므로 어느 학파의 일원이 되기 위해서는 그 학파의 교의를 받아들여야 했다. 그러므로 '도그마타' 없는 철학파는 존재할 수가 없었다. 무릇 어느 집단이든 간에 다른 집단과 구별되는 특징이 없다면 존속할 수가 없을 것이다.

이와 같은 맥락에서 초기 그리스도교가 이교의 이설과 구별되는 독특한 교회 삶의 표현으로서 도그마를 가지고 있어야 했다는 것은 당연했다고 할 것이다. 그리스도교가 이교 문화와의 만남뿐만이 아니라 박해를 받고 있었던 삶의 상황에서 그리스도교인이 된다는 것은 생명의 위협과 삶의 전적인 변화를 전제로 하는 것이라면 그들에게 그리스도교의 '도그마'는 삶의 현실적인 표현으로 이해될 수가 있었다.

그런 점에서 틸리히가 "도그마란 어느 개인이 순수하게 이론화한 신앙 진술이 아니라 교회의 현실(reality)의 표현"[6]이라고 한 것은 타당하다.

2세기 초부터 그리스도교회는 안으로 많은 오해와 이설(異說)을 극복해야 했고, 밖으로는 이교 문화와의 만남의 결과로 발생한 이교로부터 개종한 교인들의 생활을 지도하는 지침을 마련해야 하는 과제를 가지고 있었다. 이 기간에 교회를 지도한 사람들이 2세기 교부들이었다. 이들에 의해서 '진리의 표준'(canon of truth), '신앙의 규범'(rule of faith) 등이 만들어졌고, 후에 이것들이 '신앙 형식'(formula) 또는 '신조'(creed)로 발전되었다. 니케아신조(Nicene Creed, 325)를 비롯하여 사도신경도 그와 같은 상황의 산물들이다. 사도신경의 첫 구절을 보면 그것은 분명히 이원론적 두 하나님 주장에 대한 거부였다. 그런 점에서 이것은 '방어적 교의'라고 할 것이다.

그런데 이와 같은 교의가 교회에 의해서 '교회법'(canon law)으로 받아들여진 것이다. 즉, 교의가 곧 법이 된 것이다. 그러므로 이제는 교회법에 따른 법률이 사람의 사고와 행동의 법칙이 된 것이다. 이것은 교의가 법적으로 제정되었다는 것을 의미한다. 로마교회에 있어서 교의는 교회법의 일부가 되었다. 여기서 교의를 받아들인다는 것은 로마 교회법을 받아들인다는 것을 의미한다.

그러나 교의에 대한 강력한 반발이 일자 중세 사회는 교회법을 시민법 혹은 국가법(civil law)으로 받아들이게 되었다. 즉, 교회법이 곧 국가법이 된 것이다. 교회법이 전 사회를 지배하게 된 것이다. 이리하여 교의를 파괴하는 자는 교회법을 어기는 자로서 교회로부터 이단자로 처벌을 받을 뿐만 아니라 국가법을 어긴 자로서 범죄자가 되는 것이었다. 이와 같은 교의에 대하여 계몽운동이 저항하고 투쟁한 것이었다. 교의는 교회 삶의 현실적 표현이 아니라 교회 삶을 억압하는 교권의 도구가 되었다. 이 점에서 그리스도교의 교의는 그 본래의 의미를 상실하게 되었다. 빈센트(Vincent of Lerins, d. 434)는 교의는 "어디서나, 언제나, 모든 사람에 의해서 믿어져야"(everywhere, always, believed by all)[7] 한다고 하였다. 이것이 계몽주의 이후 교의에 대해서 회의적이고 거부반응을 일으킨 중요한 이유의 하나다.

2. 교의(教義)와 교리(教理)

'교의'(dogma)와 '교리'(doctrine)를 엄밀하게 구별한다는 것은 간단하지도 않지만 소모적이다. 교의와 교리는 그동안 교리사학에서 거의 동의어로 사용되기도 했기 때문이다. 하르낙이 "교의(dogma)가 없는, 즉 내용의 표현이 없는 그리스도교는 생각할 수 없다. 왜냐하면 그리스도교는 감정을 깨울 뿐만 아니라 감정을 결심하게 하는 매우 분명한 내용을 가지고 있기 때문"이라고 했다.[8] 여기서 하르낙은 교의를 엄격한 의미에서 사용한 것이 아니라 교리(doctrine)와 동의로 사용한 것이다. 교리는 그리스도교의 본질이다. 그렇다고 '교의'가 곧 '교리'라고 할 수는 없다. '교의'는 어느 집단 사고의 공식적인 신념에 적용되게 되었고, 그것이 너무 근본적인 것이기 때문에 그것을 부인하면 그 집단으로부터 축출되었다. 교회의 교의는 교회의 삶의 현실을 분명하게 체계화한 교설에 적용하였고, 교인들에게 그것은 규범이 되었다. 이 경우 '교의'는 '교설' 또는 '교리', '교훈'보다 좁은 의미를 갖게 된다. 왜냐하면 모든 '교설'이나 '교훈'들 중에서 교회의 합법적인 권위로 인정되는 것만이 '교의'가 되기 때문이다. 물론 교의와 교리가 중복되는 것도 있다.

　헤이크(O. W. Heick)는 그의 책『그리스도교 사상사』제1권에서
"이 책은 그리스도교 교리의 역사지, 정확히 교회의 공식적인 도그마
의 발전사는 아니다"라고 하면서 '교의'와 일반적인 그리스도교 교리
또는 사상을 구별하고 있다. 그에 의하면 교의는 하나님의 계시에
관한 근본적인 그리스도교 사상의 구체적인 표현, 즉 교회에 의해서
최종적으로 받아들여진 구체적인 신앙 진술인 것이다.[9] 니케아신조가
엄격한 의미에서 교의로 간주되게 된 것도 그것이 교회 공의회에서
공식적인 교회의 신앙 진술로 공포되었기 때문이었다. 로마가톨릭의
예수회 학자인 데네페(A. Deneffe)는 '교의'를 정의하기를 "교의는 객관
적 내용에서 본다면, 하나님에 의해서 계시되고 교회 공의회가 반포했
든, 교황이 교권적(ex cathedra)으로 결정했든 또는 단지 교회에서 일반
적으로 가르쳐지고 있다는 사실 때문이든 간에 교회에 의해서 정의된
진리"라고 하였다.[10] 이 점에 있어서 프로테스탄트 교의사가들도 대개
비슷한 입장을 취한다. 예를 들면 하르낙(A. von Harnack, 1851~1930)은
"교의는 과학적이고 변증적인 목적을 위하여 논리적으로 체계화되어
표현된 그리스도교 신앙의 교리들이다. 이 교리들은 하나님의 지식,
세계의 지식 그리고 그리스도를 통해서 일어난 구원의 지식을 포함하
고 있으며, 종교의 개관적인 내용을 나타내고 있다. 이 교리들을 교회
는 성서에 포함되어 있는 진리로 그리고 신앙의 보고(depositum fidei)
를 함유하고 있는 진리로 간주한다…"라고 했다.[11] 그러나 그는 계몽주
의운동에 의해서 교의가 해체되었을 때 교의사는 끝났다고 보았다.
19세기 후반과 20세기 초반의 다른 두 중요한 교의사가들인 루프스(F.
Loofs, 1858~1928)와 제베르크(R. Seeberg, 1859~1935) 등은 하르낙의 정

의에 대체적으로 동의하고 있으나, 다만 제베르크는 교의의 본질을 정의함에 있어서 무오성을 필수적인 것으로 생각하지 않으며, 루푸스는 교의를 교회 공동체가 그 회원들에게 특별히 요구하고 적어도 인정할 것을 가르치는 '신앙의 진술'(propostions of faith)이라는 점을 강조한다.[12]

그러나 교의와 교리의 구별은 교의사에 관심을 갖게 된 이유와 학자들의 방법을 통해서 설명이 가능하다. 18세기 독일 교회를 지배한 합리주의는 그리스도교의 보편적인 신조들에 표현된 역사적 교의를 불신하였다. 그것은 중세기 로마교회의 교의관과 17세기 프로테스탄트 스콜라주의에 대한 반동일 수가 있다. 교회는 급진파, 보수파, 중도파들의 신학적 논쟁 중에 교회에 있어서 권위라고 주장된 신앙고백적 문서들의 근원을 추적해야 할 필요성을 인식하게 되었다. 그 대표자가 '독일 교의사의 아버지'라 불리는 뮌셔(W. Muenscher)였다. 그 후 독일에서는 교의사의 범위를 '공인된 신앙고백'에 국한시키는 주장에 적지 않은 반발이 일어났다. 슈탕게(Carl Stange)와 리츨(Otto Ritschl) 등은 하르낙의 입장에 대하여 비판하였다.[13] 하르낙은 계몽주의운동으로 프로테스탄트 교의사는 끝났다고 보았으며, 그 때문에 프로테스탄트 교회에는 교의가 존재하지 않는다. 하르낙은 매우 좁은 의미로 교의라는 말을 사용한다. 예를 들면 고대 교회에서의 기독론, 삼위일체론은 교리에 해당된다. 그러나 제베르크는 계몽운동으로 교의 발전이 끝나지 않았으며 아직도 계속되고 있다고 주장한다.

반면에 쉐드(W. G. T. Shedd), 쉘돈(H. C. Sheldon), 피셔(G. P. Fisher) 등 영어권의 그리스도교 역사가들은 그들의 책명을 '교의사' 대신에 '교리사'라고 했다. 물론 그들은 종교개혁 이후의 교리의 발전도 포함시키려 하였다. 즉, 교회에서 공식으로 승인된 신앙고백이 아닌 것도 연구의 대상이 되어야 했기 때문이었다. 그들에게 있어서 '교리사'는 '교의'는 물론 교회회의나 교황에 의해서 공식으로 반포되지 않은 신앙 형식(formula)도 교리에 포함한다.

II. '교의' 없는 그리스도교는 가능한가?

교의 개념이 그 본래의 뜻에서 벗어나 있다고 해서 그리스도교가 교의 없이도 존재할 수 있는가? 이 물음에 대한 대답은 '교의'의 정의에 따라서 다를 수 있을 것이다. 즉, 교의의 본래적 의미에서 본다면 교의 없는 그리스도교는 존재할 수가 없다. 그러나 중세기적 교의 개념에서 본다면 그리스도교는 교의가 없어야 발전할 수 있다고 할 수 있다. 로제(B. Lohse)는 교의가 생명 있는 신앙을 방해하기 때문에 오늘날 교회 안과 밖에서 '교의 없는 그리스도교'를 요구하고 있다고 한다. 이것은 예수가 당시 율법주의에 대하여 부정적으로 비판한 것이 나, '종교 아닌 그리스도교'를 주장하는 동기와 같다고 할 것이다.[14]

로제는 '교의 없는 그리스도교'를 요구하는 동기와 이유를 세 가지 로 기술한다. 첫째는 어떤 특정한 교의를 믿지 않고도 경건한 그리스도 교인의 생활을 할 수 있는 경우다. 하르낙은 교의 발전사에서 헬라화된 그리스도교의 붕괴 과정을 보았으며, 이 과정을 극복하지 않는 한 그리스도교의 본질에 일치하는 교회 초기의 비교의적 신앙(undogmatic faith)으로 다시 돌아갈 수 없다고 하였다. 에벨링(G. Ebeling)은 "그리스 도론과 관련하여 예수에 관한 진정한 진술은 역사적 예수 자신에 근거하거나, 역사적 예수가 누구인지에 관해서 말하는 것에 국한하지 않는 한 있을 수 없다"고 하였다.[15] A. 슈바이처는 특정한 교의를 믿지 않고도 그리스도교 신앙을 실천할 수 있는 예증을 보여주었다. 이와 같은 주장은 일반적으로 도식화된 그리스도교 신앙에서 자유하려고 하는 사람들과 경건주의자들의 주장일 것이다. 사실 그리스도교는 교의를 믿는 것이 아니라 그 이상인 것이다. 교의가 그리스도교보다 앞서는 것이 아니라 그리스도교가 교의보다 앞서는 것이다.

둘째는 교의가 어느 시대의 특정한 상황에서 제정된 것이기 때문에 역사적 제한성이 있다는 것이다. 그래서 M. 루터는 "고대 교회의 기본적인 교의를 인정하면서도, 그 교의들을 그것이 기원한 시대의 상황 안에서 이해해야 한다"고 주장하였다.[16] 교의는 때로는 어떤 동기가 없이도 변화해 왔으며, 교의사(敎義史)라는 말 자체가 교회의 교리적 선언의 역사적 우발성을 지적하고 있다. '교의'는 절대적인 어떤 것을 나타내지만, '역사'는 상대적이고, 변화의 어떤 것을 나타낸다.

셋째는 성서의 증언과 교의의 진술 사이를 구별하는 종교개혁의 성서 원리다. 즉, 성서에서 인간은 그리스도를 통한 하나님의 구원 행위의 선포에 인격적으로 직면하는 반면에 교의는 하나님이나 그리스도의 본질에 대한 정의(定義)를 시도하고 있다는 것이다.[17] 이와 같은 주장에는 상당한 근거가 있다. 그러나 우리가 그리스도의 선포에 인격적으로 직면한다 해도 그 사실은 언어로 진술된다. 그리스도가 누구인가를 언어로 정의하는 것은 신앙에 필요한 것이다. 그리스도교적 삶(현실)이 사고(思考)보다 앞선다. 그러나 사고가 현실을 구체화하는 것 또한 사실이다. 이 둘은 상호 배타적이기보다 상호의존적이라고 할 것이다. 그런데 사고가 현실(삶)을 구체화할 때 '언어'를 매개로 한다. 언어는 말로 표현된 사고다. "모든 종교에는 언어가 있다. 그리고 언어가 있는 곳에는 인간이 사고의 가장 기본적인 단계에서도 사용해야만 하는 보편적 범주나 개념들이 있는 것이다."[18] 그리스도교 사상은 하늘에서 운석처럼 떨어진 것이 아니라 역사의 과정에서 형성되어 온 것이다.

III. 교리사학 연구 개관

중세기에서는 교리사 연구가 불가능했다. 즉, 교리사학이 없었다고 할 것이다. 그것은 "어디서나, 언제나, 모든 사람에게 믿어지는 것"이라는 명제가 말해 주듯이 교리의 불변성의 주장 때문이었다. 16세기 종교개혁은 교리사 연구의 길을 열어준 운동이기도 했다. 루터는 교리가 성서와 일치하지 않는 한 공의회나 교황이 포고했다고 해서 권위가 있는 것이 아니라고 하였다. 즉, 교회의 신조적(信條的) 진술을 교회회의가 제정했다는 이유만으로 비판 없이 받아들여서는 안 된다는 것이다. 그래서 루터는 니케아신조의 '동일본질'(homoousios) 에 대해서 비판적이었고, 멜랑히톤(Philip, Melanchthon, 1479~1560)은 초대 그리스도교 교리에 플라톤의 영향이 너무 강했다고 비판하였다.[19]

그러나 교리사의 저술은 계몽주의 시대에 비로소 시작되었다고 할 것이다. 계몽주의자들은 과거의 신조적 진술에 대해서 그 기원, 발전 그리고 이어지는 세대에 있어서의 그 타당성이 검증되어야 한다고 하였다. 이들은 그리스도교 교의가 어떻게 그리고 어떤 작인

(作因)에 의해서 점차적으로 오늘 우리가 가지고 있는 형태로 발전되었는지에 관심을 가졌다. 교의사 분야에서 현대적 연구의 아버지로 불리는 바우어(F. C. Baur, 1792~1860)는 헤겔의 역사철학의 영향을 받아 그리스도교 역사에 대한 새로운 관점을 발전시켰다. 그 대표적인 것의 하나가 그의 책 『그리스도교 교의사 교본』(*Lehrbuch der Christlichen Dogmengeschichte*, 1847)일 것이다. 그는 변증법적 역사 기술을 하고 있다. 즉, 베드로는 그리스도교 발전의 유대적 단계로 정(thesis)이고, 바울은 그 발전의 헬라적 단계로 반(antithesis)이며, 2세기 교회는 합(synthesis)이다.[20]

하르낙은 『교의사 교본』(*Lehrbuch der Dogmengeschichte*, 1886~1890)에서 18세기 합리주의자들과 같이 신약성서에는 이중의 복음, 즉 '예수의 복음'과 '예수에 관한 복음'이 들어있다고 주장하였다. 본래의 케리그마인 예수의 복음에는 아들(Son)보다는 하나님의 부권(父權)과 인간의 형제애가 중요한 부분이었다. 여기에 제자들, 특히 바울에 의해서 예수에 관한 복음이 첨가된 것이다. 그러므로 하르낙은 예수의 복음이 교의의 표준이라고 했으며, 교의의 참 목적은 교의적 그리스도교에서 교회를 해방시키는 것이라고 하였다. 그는 교의를 매우 좁은 의미로 사용하여 4~5세기경에 교회가 총회를 통하여 공인한 고대 교회의 신조적 진술만을 교의라고 하였다.[21] 이와 같은 교의 개념에 기초하여 하르낙은 프로테스탄트 정통주의에 남아 있던 프로테스탄트 교의가 계몽주의에 의해서 해소되었을 때 교의사의 역사도 끝났다고 보았다. 따라서 계몽주의 이후 프로테스탄티즘에는 실제적으로 교의가 없다는 것이다.

그러나 루프스(F. Loofs)나 제베르크(R. Seeberg) 등은 교의사를 고대 교회의 헬라화가 된 도그마에 국한시키는 하르낙의 입장에 동의하지 않는다. 그들은 계몽주의 이후에도 교의의 발전은 계속되었다는 것이다. 하르낙의 제자인 루프스는 그의 『교의사 연구 입문』(*Leitfaden zum Studium der Dogmengeschicte*, 1889)에서 교회 교의의 표준을 소위 공관복음의 예수에 두었던 하르낙의 입장을 거부하고 사도적 케리그마를 그의 연구의 출발점으로 삼았다. 그러나 그도 알렉산드리아학파의 아타나시우스적인 삼위일체론이 신약성서와는 관계없는 것으로 생각했다.[22]

제베르크는 그의 두 권의 『교의사 교본』(*Lehrbuch der Dogmengeschichte*, 1895~1898)에서 하르낙과 루프스와 달리 신약성서에 두 복음이 있는 것이 아니며, 교의와 성서의 케리그마는 본질적으로 일치한다고 주장했다. 제베르크는 통상적 헬라어에서 '도그마'는 '계율', '법칙'(눅 2:1; 행 17:7; 엡 2:15; 골 2:14; 디다케 2:3)이고, 정치적, 철학적 의미로 공히 사용되었음을 지적하면서 그 신학적 개념은 '명제'(proposition), '원리'(principle)와 같은 의미로서 철학적 용법을 따랐다고 하였다. 신학적 용어인 '도그마'는 교회의 교리 또는 그 교리의 전 구조를 나타낸다. 즉, 그는 '교의'를 교회가 믿고 고백한 진리의 공식적인 표현이라고 정의한다. 그러므로 교회는 도그마를 통해서 신앙에 대한 확정적이고 규범적인 형식을 갖게 된다.

여기서 우리가 주목할 것은 신학적 작품인 도그마의 형식과 그리스도교 교회의 공동의 신앙과는 구별해야 한다는 점이다. 교회의 신조적 진술이 성서적이라는 것을 인정하면서도 그것을 표현한 용어에 대해서는 비판적이어야 한다는 것이다.[23] 사실 '도그마'는 매우 다양한 실천적, 외적, 신학적 상황에 직면하면서 형성되는 역사적 진술이다.

그리하여 도그마는 깊어지기도 하고 소멸되기도 하며, 논리적으로 발전되기도 하고 변형되기도 하며, 새롭게 해석되기도 한다. 교의는 각 시대에 적합한 형식을 갖추고 있는지, 새 형식에서 고대 교회의 신앙 내용이 표현될 수 있는지 그리고 더욱이 고대 교회의 신앙과의 조화를 이루면서 자기 시대의 독특한 종교적 경험을 유지하고 있는지에 대해서 교회적으로, 신학적으로 계속 검토되어야 한다.[24]

미국 학자들의 입장은 '교의사'라고 하기보다는 '교리사'라고 해야할 것이다. 그들은 '교의'만이 아니라 모든 교리적인 문제들을 다루고 있기 때문이다.[25] 쉐드(W. G. T. Shedd)의 『그리스도교 교리사』[26]는 독일 역사가들뿐만 아니라 영국 교회의 지도자들로부터도 자료, 항목에 이르기까지 도움을 받아 저술한 책이다. 그는 특히 종교개혁에 대해서 철저한 칼빈주의의 입장에서 썼기 때문에 비판 받기도 했다. 그의 서술 방법은 '수직적 방법'(vertical method)이다. 이것을 '위상기하학적 방법'(topological method)이라고도 한다. 이 방법은 교리의 내용, 그 발전 과정을 주제별로 여러 시대를 통하여 고찰한다. 이 방법은 한 주제의 발전 과정을 시대적으로 볼 수 있다는 장점이 있는 반면에 그 주제가 다른 신학적 주제와 어떤 연관성을 가지고 발전했는지를 보기가 어렵다는 약점이 있다.

쉘돈(H. C. Sheldon)도 『그리스도교 교리사』[27]를 쉐드와 같은 저술 방법으로 썼다. 쉘돈은 교리의 주제를 다섯 시기로 나누어 고찰하였다. 즉, 90년부터 320년까지, 320년에서 726년까지, 726년부터 1517년까지, 1517년부터 1720년까지 그리고 1720년부터 1895년까지를 시대적으로 구분하여 주제를 고찰하였다. 그리고 독특한 것은 각 시기에 다루는 교리 주제는 동일하다는 것이다. 즉, 1) 하나님, 2) 창조와 피조물, 3) 구원자와 구원, 4) 교회와 성례전 그리고 5) 종말론이다. 그런데 마지막 시기에 그는 독일의 철학자요 수학자인 라이프니츠(G. W. Leibnitz, 1646~1716)를 비롯하여 독일의 철학자 칸트(I. Kant, 1724~1808), 독일 관념론자 피히테(J. G. Fichte, 1762~1814), 절대 의존의 감정의 신학자 슐라이에르마허(F. Schleiermacher, 1768~1834), 독일 철학자 쇼펜하우어(A. Schopenhauer, 1788~1860), 프랑스 실증철학자 콩트(A. Comte, 1798~1857), 영국의 철학자, 정치경제학자 존 스튜어트 밀(John Stuart Mill, 1806~1873) 등 근세 신학 사상에 영향을 끼친 독일, 프랑스, 영국의 여러 사상가들에 관하여 고찰하였으며, 영국과 대륙의 교회 집단들과 신학파들 그리고 미국의 교파들까지 포함하고 있어서 그는 교리사의 틀에 얽매이지 않고 자유롭게 '그리스도교 사상사'를 쓰려하였으며 종교철학사로 접근하고 있다.

피셔(George P. Fisher)의 『그리스도교 교리사』[28]가 보여준 가장 큰 특징은 교리사를 주제별로 서술하는 '수직적 방법'을 지양하고 교리적 주제를 연대기적으로 상호 관련시켜서 서술하는 '수평적 방법'(horizontal method)을 사용했다는 것이다. 이 방법을 '생리학적 방법'(physiological method)이라고도 한다. 그는 또한 교리사를 '일반적인 교리사'와 '특수한 교리사'라는 제목하에 자료를 배열하는 전통적인 방법도 포기하였다. 피셔의 책은 비록 "그리스도교 교리사"라는 표제가 붙어 있으나 모든 현대 신학 사조를 취급하고 있다는 점에서 "그리스도교 사상사"라고 할 것이다. 맥기퍼트(A. C. McGiffert)는 뉴욕 유니온신학교의 교수였으며 미국인으로서 최초의 하르낙의 제자였다. 그의 책 『사도신조』는 하르낙의 입장을 따른 저술이다. 그는 리츨파 유형의 독자적이고 온건한 자유주의 신학자였다.[29] 그의 『그리스도교 사상사』

제1권은 그리스도교 사상의 기원으로서 신약성서로부터 시작해서 동방교회의 교부들까지를 취급하고 있고, 제2권은 라틴 교부 터툴리안(Tertullian, c. 160~220)으로부터 시작하여 에라스무스(Erasmus, c. 1466~1536)에서 끝나는 서방의 사상 발전을 다루고 있다. 제3권은 계획되었을 뿐 탈고하기 전에 타계하였다.

영국 학자들의 특징은 모노그래프적이어서 고대 교회의 특출한 인물에 관한 연구를 즐긴다. 우리가 '순교자 저스틴의 신학', '터툴리안의 신학', '네스토리우스와 그의 가르침' 등 고대 교회의 중요한 인물에 관한 전문적인 자료를 얻을 수 있는 것은 그들의 노력 때문이다. 그들은 또한 교리사 분야 전체의 자료들을 건설적이면서도 비판적으로 연구하는 특유의 능력을 보여주고 있다. 우리에게 알려진 대표적인 책은 베둔 베이커(J. K. Bethune-Baker)의 『칼케돈회의 시대까지의 초기 그리스도교 교리사 개론』, 켈리(J. N. D. Kelly)의 『고대 그리스도교 교리사』, 라벤(C. E. Raven)의 『아폴리나리아니즘』, 가드너(P. Gardner)의 『그리스도교 교리 발전』 등이다.[30] 여기서 한 가지 첨가한다면 영국 학자에 의해서 어거스틴 중심의 서방 전통에서 오리겐으로 대표되는 알렉산드리아 신학파로 돌아가는 경향이 보였다는 것이다.

끝으로 스웨덴의 '룬드 학파'(the Lundensian Shool)에 대해서 요점만 진술하려고 한다. 그 대표자들은 아울렌(Gustaf Aulén)과 니그렌(Anders Nygrén)이다. 스웨덴 루터파 신학자인 니그린은 1924년에 룬드대학의 조직신학 교수로 재직했으며, 아울렌과 더불어 새로운 신학 연구 방법을 형성하려고 노력하였다. 이들을 중심으로 형성된 것이 룬드 학파다.

이들에 의하면 그리스도교 사상사는 통일된 주제를 가져야 한다는 것이다. 그래서 아울렌은 백과사전적인 제베르크의 책보다 하르낙의 책을 더 높이 평가하였다. 그러나 룬드 학파의 신학적 입장은 매우 보수주의적이기 때문에 아울렌도 하르낙의 자유주의에 동의하지 않는다. 자유주의 신학에 대한 그들의 비판적 검토는 그들의 큰 공헌이다. 룬드 학파의 가장 큰 특징은 그리스도교 사상 발전사에 있어서 그 배후에 있는 '동기'(motif)를 찾는 작업이다. 이른바 '동기 연구'다. 그래서 제베르크의 학문적 방법은 비판하면서도 그의 저서 근저에서 그리스도교적 근본 동기(Grundmotiv)를 보려고 한다.

아울렌의 책 중에서 우리말로 번역 출판된 책은 『조직신학개론』과 『속죄론 연구』다.[31] 후자에서 아울렌은 속죄론의 세 가지 중요한 유형에 대한 역사적 연구를 한다. 그 외 우리말로 번역은 되지 않았지만, 그의 책으로 『루터연구의 빛에서 본 교의사』와 『그리스도교 신관』 등이 있다.[32] 후자에서 저자는 성서 시대로부터 고대 교회, 중세 교회, 종교개혁과 현대까지의 신관을 역사적으로 추적하였다.

니그린의 『아가페와 에로스』는 이 분야에서 중요한 저서이다.[33] 이 책은 '아가페'와 '에로스'라는 두 근본적인 동기에 대한 정의와 두 동기를 통해서 그리스도교 사상사를 접근하고 분석하고 이해하려고 한 것이다. '아가페'와 '에로스'는 모두 헬라어 '사랑'을 의미하지만, 전자는 삶에 대한 그리스도교적 태도를 나타내는 말로서 구원의 역사를 위하여 십자가에서 죽은 예수 그리스도의 삶에서 표현된 하나님 자신의 희생인 '하향적 사랑'인 반면에 후자는 삶의 플라톤적 기원인 헬라적 태도를 나타내는 말로서 신을 찾아 구하는 인간 영혼의 '상향적 사랑'을 의미한다. 그러므로 니그린의 에로스는 '관능적 욕망'의 생물적 심리적 차원이 아니라 영혼이 감각(sense)의 속박에서 벗어나 영원

하고 참된 자 안에서 최상의 영적 만족을 추구하는 플라톤의 "천상적 에로스"다.[34]

아가페와 에로스라는 말로 니그런은 '구원의 두 길'로서 '은총'과 '자연'의 관계를 논의하고자 한 것이다. 니그런에 있어서 그리스도교 사상사는 성서적 그리스도교적 전통(아가페)이 헬라 전통(에로스)과 통전되어 얽힌 이야기다. 그리스도교 사상사는 아가페 유형과 에로스 유형의 상호관계의 역사라는 것이다.

결과적으로 룬드 학파의 신학은 많은 교리사의 주제들을 다루고 있지만, 근본적으로는 종교철학사라 할 것이다. 이 학파는 교리의 내용 자체보다는 교리(아가페)와 인간의 자연적 종교적 의식(에로스)과의 관계 정의에 더 관심이 있다.[35]

IV. 요약

교리를 제베르크가 정의했듯이 "교회가 믿고 고백한 진리의 공식적인 표현"이고, 틸리히가 말했듯이 "교회 삶의 현실적인 표현"이라고 한다면, 교리 없는 그리스도교는 존재할 수가 없다. 이것은 중세기 교회나 로마가톨릭교회가 주장하듯이 교리가 영구불변하며, 교회의 삶을 규정하는 최고의 표준으로 권위가 있기 때문이 아니다. 교리는 절대적이며 불변하는 것이 아니다. 교리는 규범이며, 텍스트인 성서에 대한 교회의 시대적이며 공식적인 진술일 뿐이다. 교리는 "어디서나, 언제나 모든 사람에게 믿어져야 한다"는 빈센트의 말이 초대교회의 공의회에 의해서 반포된 신조를 의미한다 해도 그 주장에 동의할 수가 없다. 물론 교리사의 연속성을 인정해야 하고, 언제나, 어디서나 활동하시는 성령의 역사를 믿어야 한다. 그러나 '교리의 역사'라는 말이 암시하듯이 '교리'가 그 자체로 절대적인 무엇인가를 표시하고 있는 반면에 '역사'는 그 자체로 무엇인가 상대적이고 변화적이며 해석적인 것을 의미하는 것이다.

B. 로제가 말했듯이 "교리사의 연속성만을 주장하는 것으로 충분한 것이 아니라 어느 시대에 있어서나 그리스도교 신앙고백의 정체성은 미해결의 문제가 된다는 것도 강조되어야 한다."[36] 교리사의 발전이란 단순히 그리스도교 통찰력의 성장을 의미하는 것이 아니라 오히려 새로운 시대와 상황에서 물려받은 모든 것을 다시 새롭게 해석해야 한다는 것을 의미한다. 그러므로 교리사의 과제는 교리의 형성 동기를 확인하고, 형성 과정을 서술하며, 각 시대에 있어서 교회가 전승된 교리 전통을 통하여 그리스도교 정체성을 어떻게 표현해 갔는지를 고찰하는 것이다. 교리는 언제나 다시 해석되어야 한다.

교리는 폐기되어야 할 것이 아니라 재해석되어야 한다. 교리는 교회의 현실적인 삶에 대한 신학적 성찰과 진술이기 때문에 권위가 있다. 틸리히는 "비록 도그마가 어려운 그리스 개념들을 사용한 매우 추상적인 형식으로 표현되었다 하더라도, 교회는 밖의 이교와 유대교와의 생사를 건 싸움에서 그리고 교회를 붕괴시키는 내부의 모든 이단과의 싸움에서 교회의 삶과 헌신을 가장 적절하게 표현하고 있다고 생각한다. 내 결론은 도그마는 높이 평가되어야 한다는 것이다. 그러나 도그마는 우리가 무조건 받아들여야 하는 일련의 특별한 교리로 인식되어서는 안 된다. 이것은 도그마의 정신에도, 그리스도교 정신에도 어긋난다"라고 하였다.[37] J. L. 곤잘레스는 "교리는 인간의 특별한 상황과 관계없이 자생적으로 생겨난 것도 아니고, 하늘에서 직접적으로 떨어진 것도 아니다. 도그마는 그리스도교 사상에서 나오고 또 후에는 그 사상의 출발점이 되기도 하는 그리스도교 사상의 한 부분을 형성한다. 여러 교리들은 한 시대의 신앙의 가장 중심을 공격해 오는 잘못된 교리들을 반대하는 영성의 맥락 안에서 오랫동안 신학적 반성을 통하여 만들어 낸 것이다. 더욱이 한 교리가 어떻게 언제 교의가 되었는지에 관해서 그리스도인들이 만장일치로 의견을 통일한 일이 없다. 이것이 내가 '교의사'를 쓰지 않고 '그리스도교 사상사'를 쓰게 된 이유이다"라고 하였다.[38]

미주

1 우리는 혼란을 피하기 위하여 dogma를 '교의'로, doctrine을 '교리'로 번역한다. 왜냐하면 dogma를 교리로 번역하는 책이 있기 때문이다.

2 P. Tillich, ed. by Carl E. Braaten, *A Hist. of Christian Thought* (New York: Harper & Row Publishers,, 1968), xiii.

3 위의 책, xiii.

4 Van A. Harvey, *A Handbook of Theological Terms* (New York: Macmillan Co., 1964), 72.

5 P. Tillich, 앞의 책, xiii.

6 위의 책.

7 라틴어로 *quod ubique, quod semper, quod ab omnibus creditum est.*

8 A. Harnack, *Hiat. of Dogma*, vol. I (New York: Dover Publications, INC., 1961), 22.

9 Otto W. Heick, *A Hist. of Christian Thought,* vol. I (Philadelphia: Fortress Press, 1965), 3.

10 B. Lohse, tr. by F. E. Stoeffler, *A Short Hist. of Christian Doctrine* (Philadelphia: Fortress Press, 1966), 4-5.

11 위의 책, 5에서 재인용. A. Harnack, *Lehrbuch der Dogmengeschichte*, Bd., I (Tübingen: 1931), 3.

12 B. Lohse, 위의 책, 5에서 재인용.

13 Carl Stange, 『새로운 교회사에 있어서의 교의와 그 평가』(*Das Dogma und seine Beurteilung in der neueren Dogmengeschichte*, 1898); Otto Ritschl, 『프로테스탄티즘 교의사』(*Dogmengeschichte des Protest-antismus*, 1908-1927).

14 B. Lohge, 앞의 책, 1.

15 위의 책, 2에서 재인용. G. Ebeling/tr. by James W. Leitch, *Word and Faith* (Philadelphia: Fortress, 1963), 298.

16 위의 책, 3에서 재인용. M. Luther , *On the Councils and the Churches* (1539), L W. 41. 53.

17 위의 책, 3-4.

18 P. Tillich, 앞의 책, xi.

19 Otto W. Heick, 앞의 책, 6에서 재인용. Weimar ed. of Luther's Works, viii, 117. *The Loci Communes of Philip Melanchthon*, ed. H .C. Hill (Boston: Meador Publishing Co., 1944), 70.

20 위의 책, 7. 생애 후반기에 쓴 그의 『그리스도교 교회사』(*Geschiche der Christlichen Kirche*, 1853-1863)는 오늘날에도 귀중하게 평가받고 있다. 그의 방법에 따라 그리스도교는 비판적 역사 검증을 받게 된 것이다.

21 위의 책, 8. 하르낙의 책은 1894년에 Neil Buchanan에 의해서 일곱 권으로 영역되어 출판되었다.

22 위의 책, 10.

23 R. Seeberg, tr. by Charles E. Hay, *Text-Book of the Hist. of Doctrines* (Grand Rapids, Michigan: Baker Book House, 1978), 19.

24 위의 책, 21.

25 여기서 취급할 미국학자들, 영국학자들 그리고 룬드 학파에 관한 것은 Otto Heick의 책, 11-16 그리고 J. L. Neve/서남동 옮김, 『기독교 교리사』, 40-49에 주로 의존한 것임.

26 W. G. T. Shedd, *Hist. of Christian Doctrine*, 2 vols. (New York: Charles Scribner's Sons, 1889).

27 H. C. shelolon, *Hist. of Christian Doctrine*, 2 vols. (New York: Harper&Bros, 1886).

28 George P. Fisher, *Hist. of Christian Doctrine* (New York: Charles Scribner's Sons, 1886).

29 잘 알려진 그의 저서들: *The Apostle' Creed* (New York: Charles Scribner's Sons, 1902); *Protestant Thought before Kant* (New York: Charles Scribner's Sons, 1911); *Martin Luther, the Man and his Work* (New York: The Century Co., 1911); *The Rise of Modern Religious Ideas* (New York: The Macmillan Co., 1922) 그리고 그의 말년에 쓴 *Hist. of Chrstian Thought* 2 vols. (New York: Charles Scribner's Sons., 1932, 1933).

30 더 자세한 것은 Otto W. Heick, 앞의 책, 13-14; 서남동 옮김, 앞의 책, 43-44를 참조할 것

31 김관석 옮김, 『조직신학개론』(대한기독교서회, 1965)의 영어판 책명은 *The Faith of the Christian Church* (1923)이다. 전경연 옮김, 『속죄론 연구』(1965)의 원명은 *Christus Victor* (1931)다.

32 *Die Dogmengeschichte im Lichte der Lutherforschung* (1932); *Den kristna gudsbilden* (1927).

33 Anders Nygren, tr. by Philip S. Watson, *Agape and Eros* (New York: Harper & Row Publishers, 1969).

34 위의 책, 49-52.

35 참고로 니그린의 아가페와 에로스의 용법을 보면, 바울의 아가페를 '십자가의 아가페'로 묘사하고 있고, 요한의 아가페를 하나님의 사랑이라고 묘사한다. 플라톤의 천상적 에로스와 아리스토텔레스의 에로스를 말한다. 아가페와 에로스는 본질적으로 대비(antithesis)된다.

36 B. Lohse, 앞의 책, 17.

37 P. Tillich, 앞의 책, xvi-xvii.

38 J. L. Gonzalez, *A Hist. of Christian Thought* vol. I (New York: Abingdon Press, 1970), 24.

제1장

초대 그리스도교 사상
형성 배경

I. 서론: '때'가 찼다

예수는 갈릴리에서 "때가 찼다. 하나님 나라가 가까이 왔다. 회개하고 복음을 믿으라"(막 1:15)라고 외치면서 그의 선교 운동을 시작했다. 그리스도교는 이 예수를 그리스도라고 믿고 고백하며 살아가려는 사람들이 창립한 종교다. 즉, 예수 그리스도가 그리스도교의 기원이다. 그런데 그리스도로서 예수는 비록 성서와 교리가 그에 대하여 성령으로 잉태되었으며 신적 존재성을 진술하고 있다 해도 그는 분명히 사람의 아들이요, 시공간의 한계 속에 살았던 인간이었다. 그는 이 세상에서 살았다. 그러므로 그리스도교는 가공적, 신화적 존재에 근거한 것이 아니라 역사적으로 실존했던 사람에 근거한 것이다. 그리스도교의 메시지는 하나님이 "이 세상을 참으로 사랑하셔서"(요 3:16) 이 세상에 오셨다는 것과 예수의 하나님 나라의 복음의 선포(막 1:14)로 시작된다. 이 세상이 없는 그리스도교는 있을 수가 없다.

예수 운동(Jesus-Movement)은 갈릴리를 중심으로 팔레스타인 지역에서 "때가 찼을 때" 시작되었다. 또한 성서는 예수의 탄생을 통상적으로 있을 수 있는 일반적 사건이 아니라 '때가 찼을 때' 일어나는 특별한 역사적 순간의 사건으로 보도하고 있다. 이때 사용된 용어가 헬라어로 '카이로스'(kairos)다. 헬라어에는 '때'를 표현하는 말이 두 가지 있다. '카이로스'와 '크로노스'(chronos)가 그것이다. '크로노스'는 측정 가능하고 연대기적, 양적 시간 개념이다. 여기서 파생된 용어로 연대기, 연표를 의미하는 '크로노로지'(chronology) 또는 천문이나 항해용의 정밀 시계를 의미하는 '크로노미터'(chronometer) 등이 있다.[1] 그러나 '카이로스'는 질적인 시간 개념으로 '준비된 시간'(readiness), '무르익은 시간', '바로 이때'(the right time) 등을 의미한다.

신약성서에는 '카이로스'가 약 59회, '크로노스'가 약 33회 쓰이고 있는데,[2] '카이로스'는 주로 "가까이 온 때"(막 1:15; 눅 21:8; 딤후 4:3; 살후 2:6), "시대의 징조"(마 16:3; 눅 12:56; 벧전 1:11), "심판과 말세의 때"(마 11:25; 13:30; 딤후 3:1; 벧전 1:5; 4:17), "고난의 때"(눅 8:13; 롬 8:18; 11:5), "그때는 모른다"(막 13:33; 고전 7:29; 엡 1:10) 등 하나님의 계획에 의해서 주어지고 확정된 결정의 시간을 나타낸다(눅 19:44; 고전 4:5; 골 4:5). 따라서 '카이로스'는 종말의 때가 가까이 왔음을 의미한다(눅 19:44; 벧전 1:5; 계 1:3). 반면에 '크로노스'는 "오랜 뒤, 오랫동안, 그 무렵, 함께 지내는 동안" 등을 의미한다(마 2:7, 16; 25:19; 눅 8:27; 요 5:6; 행 8:11; 18:20).

그렇다면 성서 기자들은 왜 예수의 탄생과 그의 선교 활동 시작을 '카이로스'라고 판단했는가? 이것은 예수가 탄생하기까지 오랜 '기다림의 역사와 때'가 있었음을 의미하는 것이고, 예수 운동과 그 사건에 대한 해석의 준비가 되어 있었음을 암시하는 말이라고 할 것이다. 예수 운동에 근거한 그리스도교 출현을 위해서 정치적, 사회적, 철학적, 종교적으로 '때'가 무르익었고 '터'가 마련되어 있었다는 것이다. "그리스도교는 빈 공간의 세계에 들어오지 않았으며 처녀지에 세워질 수 없었다."[3] 그리스도교는 기존의 여러 가지 우주관, 종교적, 철학적, 정치적, 사회적 개념들을 통하여 자체의 사상적 구조를 형성해야만 했다. 그러므로 유대인으로서 예수가 활동한 팔레스타인과 초기 그리스도교가 뿌리를 내린 자리를 이해함이 없이는 그리스도교 사상을 이해할 수가 없는 것이다. 이것이 우리가 그리스도교의 사상 형성의 배경을 고찰하는 이유다.

II. 사상적 배경

그리스도교 사상은 유대인 세계와 헬라-로마의 세계(the Greco-Roman World)를 그 배경으로 한다.

1. 유대인의 세계

1) 팔레스타인의 지정학적 의미

그리스도교의 발생지는 팔레스타인 유대인의 세계다. 예수는 유대인이었다. 그의 종교적, 문화적 배경은 유대교다. 팔레스타인은 남북의 길이가 약 150마일(약 240km), 동서의 폭이 약 75마일(120km) 정도에 지나지 않는 작은 지역으로 땅의 크기로 보면 보잘것없는 곳이다. 그래서 2세기 그리스도교를 비판했던 이교 철학자 켈수스(Celsus)는 이렇게 기록하고 있다.

> 만일 하나님이 오랜 잠에서 깨어나서서 모든 사람을 구원하고자 하셨다면, 그가 세계의 한구석을 택하여 그렇게 엄청난 사건을 전개하셨을 것이라고 생각할 수 있겠는가? 오직 우스꽝스러운 작가만이 하나님의 아들이 유대인들에게 보내졌다고 말할 것이다.[4]

그러나 그리스도교의 발생뿐만 아니라 그 발전 역사에 있어서 팔레스타인의 지정학적 의미는 그 땅의 크기에 있는 것이 아니라 그 지리적 위치에 있는 것이다. 팔레스타인은 지중해와 아라비아 사막 사이에 있는 좁고 긴 지역이며, 티그리스-유프라테스 문명의 중심지인 앗수르, 바벨로니아와 나일계곡을 중심으로 발전한 이집트를 잇는 통로에 위치해 있다. 달리 표현하면 아시아와 아프리카를 잇는 통로요, 남과 북의 통로로서 교통의 중심지였다. 이 때문에 이스라엘 민족은 출애굽의 역사(주전 1200년경)를 거쳐 젖과 꿀이 흐르는 약속의 땅(출 3:8)이라 믿고 이 지역에 정착했으나 이집트, 아시리아, 바벨론, 페르시아, 알렉산더 대왕에 의한 헬라 그리고 로마제국 등 주변 강대국들의 탐욕의 대상이 되어 이스라엘 민족이 약소민족의 비극적 삶을 경험한 지역이다. 예수 당시의 팔레스타인은 그의 하나님 나라 복음을 아시아, 아프리카, 유럽 등지로 전하는 데 매우 유리한 지정학적 위치에 있었다. 팔레스타인의 지정학적 위치에서 오는 비극적 삶은 이스라엘 민족으로 하여금 고난 속에서 희망을 바라보는 묵시문학을 발전시켜 예수와 사도들의 사상에 지대한 영향을 끼쳤으며, 메시아 대망의 근거가 되기도 하였다. 예수의 하나님 나라 복음 운동은 고난의 역사 한복판에서 싹튼 것이다. 예수는 이 지역을 로마제국이 통치하는 기간에 출생하였다.

예수 운동이 일어난 실제적 상황은 로마제국의 보편주의(universalism)였다. 그런데 이 보편주의에는 정반대되는 의미가 내포되어 있었다. 하나는 민족적 종교와 문화를 붕괴시켰다는 의미이고, 다른 하나는 전 세계 인류의 관념이 생겨났다는 의미다. 로마제국은 형식적으로는 각 민족의 종교와 문화를 인정했다. 그러나 이것은 황제를 중심으로 전 세계가 통합되는 보편적 군주 지배를 전제로 한 것이다. 로마제국의 보편적 군주 지배 체제는 정치적일 뿐 아니라 문화적이기도 했다. 이것은 그리스도교 교회의 제도뿐만이 아니라 교리 사상 형성에도 지대한 영향을 주었다.

2) 유대인에게 있어서 율법

원시 그리스도교에 특히 영향을 준 유대인의 세계는 헬레니즘 시대의 유대인, 즉 성서 중간 시대(inter-testamental period)의 유대인의 삶의 세계였다. 예를 들면 신 개념에 있어서 한 민족의 특성인 구체적인 것보다 초월적이고 보편적인 개념이 발달하였다. 우리가 신약성서에서 '하나님 나라' 대신에 '하늘나라'라는 용어를 발견하게 되는 것은 보편적인 신 개념에 따라서 하나님이라는 이름을 직접 부르기가 어렵게 되었기 때문이었다. 그리고 구약성서에 나타나는 격정적인 하나님 개념 대신 보편적 일자(一者)로서의 하나님을 강조하게 되었다. 이 점에서 헬라 철학자들과 유대교적 보편주의자들이 만나게 되었고, 그 대표적인 인물이 필로(Philo, 주전 20~주후 50)였다.

예수와 거의 동시대에 활동했던 필로는 유대인 철학자요 성서 석의학자다. 그의 철학적, 종교적 사고방식은 본질적으로 절충주의적이다. 그의 사상에는 유대 사상, 헬라 철학, 동방의 밀의종교(密儀宗敎)의 요소들이 적절히 절충되어 있다. 그는 철학적 신비주의자의 전통에서 내적 삶의 가장 높은 단계는 황홀경이라고 했다. 그의 활동 중 가장 큰 결과는 성서의 은유적 해석을 발전시킨 것이다. 그러나 그는 여기서도 유대교 율법에 대한 종교적 존중과 그 율법의 영적 해석을 잘 조화시키고 있다. 한편 그는 신의 완전한 초월성을 강조한다. 신은 덕, 지식, 선까지도 초월하는 존재다. 이때 필로의 머리에는 플라톤의 이데아론이 자리하고 있었다. 이 초월적 신이 로고스를 통하여 세계를 창조하고 질서를 확립하였다는 것이 그의 로고스론의 기본이다. '로고스'는 창조의 능력임과 동시에 세계의 질서를 확립하고 인간이 하나님을 알수 있는 중개자이다. 그의 로고스 교리는 요한복음 저자와 2세기 변증가 저스틴 마터(Justin Martyr, c. 100~165)에 영향을 주었다.

이스라엘 민족에게 있어서 예루살렘 성전은 특별한 의미를 갖는다. 다윗왕이 예루살렘을 정복한 뒤 언약궤가 예루살렘으로 옮겨지면서 백성의 시민적 종교적 생활의 상징물인 언약궤는 왕권과 연관되었고, 예루살렘은 이스라엘 각 지파의 연합의 상징이 되었다. 그 성전중앙에 언약궤가 안치되어 있기 때문이다. 최초의 예루살렘 성전(제1성전)은 솔로몬왕이 이스라엘 왕이 된 지 4년째 되던 해에 건축을 시작하여 7년 만에 완공된 것으로 전해지고 있다.[5] 그렇다면 성전건축의 시작은 주전 957년이 된다.[6] 그 후 요시야왕(주전 640~609 재위)의 종교개혁에 의해서 그 성전은 전 국민의 종교적 삶의 중심지요 국가 통치의 상징적 중심이 되었으며, 이 성전이 유다 왕국의 유일한 제사 장소로 확정되었다. 그것은 하나님과 이스라엘 백성의 일치를 드러내려고 했던 것이다.

예루살렘 성전은 바벨로니아 왕 느부갓네살에 의해서 주전 586년에 파괴되었으나(왕하 25:1-17), 페르시아 고레스(키루스)왕이 바벨로니아 왕국을 멸망시키고 주전 538년경에 포로민들을 예루살렘에 귀환케 하면서 성전을 재건하게 하여 주전 515년경에 완공했다(대하 36:22-23; 스 1:1-4). 이 성전이 즈룹바벨 성전(Temple of Zerubbabel)이다. 이 성전은 솔로몬 성전만큼 화려하지는 않지만, 규모, 기본 구조, 내부 시설, 제구 등에 있어서는 비슷했던 것 같다. 다만 언약궤는 바벨로니아 왕에 의해서 성전이 파괴될 때 소실되었다.

페르시아-헬레니즘 시대(주전 4~3세기)가 지난 후 안티오쿠스 4세 (Antiochus IV)[7]는 주전 169년 이집트를 격파하고 돌아오던 길에 이스라엘을 경유하게 되었는데, 자만하고 오만하여 예루살렘에 침입해 성전의 보물들을 약탈하고 성전을 파손하였다. 주전 168년에는 로마와의 전투에서 굴욕적인 패배를 한 후 그 분풀이로 유대인들을 대량 학살하였다. 그뿐만 아니라 예루살렘 성전을 비롯하여 전국적으로 제우스 신에게 돼지고기 제물을 바치도록 강요하였다. 이때 모딘 (Modin)의 제사장이었던 마타티아스(Mattathias)가 이 명령을 거절하고 아들들과 더불어 안티오쿠스에게 항거 '마카비 혁명'을 일으켰다. 주전 164년 마타티아스의 아들 유다(Judah)가 예루살렘을 점령하고 성전을 정화하였다.

로마제국의 정복 당시 폼페이우스(Pompeius, 주전 106~48)와 크라수스(Crassus, 주전 115~53) 등이 성전의 거룩성을 파괴하고 성물(聖物)을 약탈한 일이 있었다. 주전 37년부터 주후 4년까지 유대 왕으로 재임했던 헤롯 대왕은 예루살렘에 이전보다 더 화려하고 큰 성전을 건축하였다. 이 일로 헤롯은 스스로 경건한 유대인으로 자처했고 로마인들에게는 자신의 왕권을 과시하려고 했다. 이 공사는 주전 20년에 시작하여 46년간 계속되었다고 한다. 그러나 주후 66년경 시작된 로마에 대한 반란이 성전을 중심으로 전개되면서 결국 예루살렘 성전은 주후 70년에 또 한 번 파괴되었다. 예수도 경건한 유대인으로 성전을 존중하였으나 구약 시대만큼 예루살렘 성전이 이스라엘 백성의 삶에 중심적 상징은 되지 못하였다.

예루살렘 성전이 이스라엘 민족의 종교 생활의 중심적 상징성에서 점차 멀어져 가게 된 것은 외적 힘에 의해서 약탈당하고 파괴되는 역사에도 그 원인이 있었겠으나 더 중요한 것은 내부적인 이유 때문이었다. 구약성서는 말라기서로 끝을 맺고 있는데, 이 책은 에스라와 느헤미야의 개혁 이전 주전 5세기 초반에 활동했던 예언자에 의해서 쓰여진 것으로 추측되지만 저자는 분명하지가 않다. '말라기'는 어떤 인물의 고유명사가 아니라 단순히 '나의 사자'(my messenger)라는 뜻을 가지고 있는 보통명사라는 것이다. 70인역(LXX)은 1:1의 '말라기'를 '그의 사자'라고 번역하였다. 그러나 이 책의 저자가 예언자였다는 것에는 학자들의 의견이 일치한다.

우리가 이 책에서 주목하는 것은 그 역사적 배경과 수신자다. 주전 5세기 중엽의 이스라엘 민족은 정치적으로는 페르시아의 식민지로 주권 없는 심한 압제의 삶을 살아야 했고, 경제적으로는 계속되는 한재(旱災)로 농산물의 피해가 극심했다(말 3:11). 그러나 무엇보다도 심각한 것은 종교적으로 부패하고 희망을 잃어버렸다는 것이다. 이사야, 학개, 스가랴 예언자들이 예언한 바 있는 영광스러운 메시아 왕국(사 49:8-26; 학 2:9; 슥 9:9-14:11)에 대한 희망을 잃은 것이다. 주전 537년 제1차 바벨론 포로에서 해방되어 고국으로 돌아온 경건한 유대인들은 성전을 재건하면 선민(選民) 이스라엘의 메시아 왕국이 실현될 것으로 믿고 살았으나 어언 1세기가 지났음에도 영광의 그날이 현실화되지 않자 그들은 하나님의 사랑을 의심하게 되었고(말 1:2), 하나님의 공의로운 통치에 회의를 품게 되었다(말 2:17; 3:14, 15).

더욱이 백성들의 신앙과 생활의 중심이 되는 성전에서의 제사장들은 백성들의 신앙을 올바르게 지도해야 할 위치와 의무가 있음에도 불구하고 오히려 백성들이 가지고 온 좋은 제물을 가로채서 착복하고 제물로 바쳐서는 안 되는 흠 있고 병든 제물을 바침으로써 거룩해야 할 성전의 제단을 더럽히는 등의 죄악적인 행위를 하고 있었다. 이들로 말미암아 가장 거룩해야 할 성전이 죄악의 소굴이 되고 있었다(말 1:7, 10, 13). 그래서 말라기서는 제사장들에 대하여 훈계의 예언을 하고 있다(말 2:1-9). 제사장들의 부정과 불의를 알게 된 백성들은 성전 제사 비용과 제사장들의 생활비로 내야 하는 십일조 헌금을 소홀히 하게 되었다(말 3:7-12). 이리하여 그들의 종교 생활은 회의적이 되었고 윤리적으로는 퇴보하였다.

이와 같은 상황 속에서 이스라엘 민족은 그들의 종교 생활의 상징적 중심을 성전에서 율법, 토라(Torah)로 옮겨갔다. 본래 유대인의 종교 지도자들이 민족의 전통을 통일하기 위해서 만든 율법이[8] 성전의 자리를 대신하게 되었다. 즉, 율법 종교가 성전 종교를 대신하게 된 것이다. 유대교는 성전 중심의 종교에서 율법주의 종교가 된 것이다. 이와 같은 상황에서 율법을 보전하고 해석할 수 있는 서기관들이 새롭게 중요한 신분 계급으로 등장하였다. 그들은 율법을 체계적으로 공부한 유대인의 지식 계급에 속한다. 그들은 율법 학자요(마 22:35) 랍비들이었다(마 23:8). 그들은 율법의 신성함을 보존하기 위해서 광범위하고 복잡한 교훈의 체계를 발전시켜 '장로들의 전승'이 되게 했다(마 15:2-6). 산헤드린(Sanhedrin)의 주요 구성원이 되기도 했던 그들은(마 26:57) 성직자들이 아니라 평신도들이었다. 율법의 강조는 유대인의 종교를 희생과 의식(儀式)의 종교에서 개인적인 행위의 종교로 만들었다고 할 수 있겠지만, 이 율법주의 종교도 결국 내적 경건과 도덕적 성실함을 상실하면서 형식주의에 빠지고 말았다. 예수가 율법에 대해서 공격을 한 것은 율법 그 자체가 아니라 형식주의적 율법주의였다. 행함이 없는 율법주의는 율법의 본래 의미를 상실하였다. 토빗서와 바룩의

묵시록에 보면 "행함으로 의롭게 된다"는 교훈이 있다.[9]

3) 유대교의 주요 종파들

학술적으로 현재 유대교의 시작은 주전 5세기 이스라엘 민족이 바벨론 포로 생활에서 돌아와 성전을 재건하고, 그 성전을 중심으로 유대인들이 생활하던 때다. 이때 유대교는 성전을 재건하고 제사장이 된 레위 지파의 후손을 몰아내고 제사장 직분을 차지한 사두개파와 주전 3~2세기경 팔레스타인 지역의 헬라화 시대에 형성된 바리새파와 에세네파로 구성되었다. 이 유대교 종파들은 상호 영향을 받으면서 발전해 오다가 신약성서에 의하면 바리새파와 사두개파가 예수 운동과 대응 관계를 이루었다.

(1) 바리새파(Pharisees)

'바리새'라는 말의 어원적 의미는 '분리된 사람', '구별된 사람'이다. 이 이름은 요한 히르카누스(John Hyrcanus, 주전 135년) 통치 때에 처음 나타난다. 그들은 율법을 지키고 실천하는 데 있어서 일반 사람들과는 근본적으로 달랐고, 그들과는 구별되는 존재들이라고 생각했다. 그들의 사상적 기원에 대해서는 기원전 4세기 바벨론 포로 이후 예루살렘에 돌아온 이스라엘 민족이 정신적으로 피폐(疲弊)했을 때 에스라가 율법을 공포하여(느 8장) 율법적 유대교의 기초를 확립한 종교개혁 시대까지 소급하기도 한다. 그러나 대부분의 학자들은 주전 2세기 마카비 시대에 종교적 자유를 위해 싸운 하시딤(chasidim)[10]들에게서 유래했을 것으로 본다.

바리새파가 가르치고 지킨 율법은 모세가 전해준 성문화된 율법뿐만 아니라 율법학자들이 그 율법을 해석한 구전 율법(oral law)도 성문화된 율법과 동등하게 절대적인 규범으로 받아들여 실천에 옮겼다. 이 구전 율법에는 백성들이 일상생활에서 지켜야 할 모든 생활 규범과 율법 학자들이 만든 생활 관습들까지 포함하고 있었다. 이것이 '장로들의 전통'이 된 것이다. 예를 들면 빵을 먹을 때 손을 씻고 먹어야 한다는 '전통'이다(마 15:2; 막 7:3). 시간이 지나감에 따라서 바리새파는 성문화된 모세의 율법보다 율법학자들이 인정한 율법주의적인 전통을 더 중히 여기고, 그 실천에 더 관심을 가지게 되었다. 여기서 바리새파와 율법학자들의 관계가 밀접하게 되었다. 마가복음은 이것을 "바리새파의 율법학자"(막 2:16; 7:1)라고 표현하였다. 복음서는 대부분 바리새파와 율법학자들을 함께 언급한다.[11] 율법학자들은 모세의 율법을 해석하고 가르치며 적용하는 학자들이었고, 바리새파는 학자들이 해석한 율법을 충실하게 실천하는 사람들이었다.

그들은 천사와 사탄의 존재, 영혼불멸, 육신의 부활을 믿었으며(행 23:6-9), 안식일 법, 정결법, 십일조 규정 등을 철저히 지키면서 중요하게 생각했다(마 12:1-2; 눅 11:37-42; 18:12). 그들 스스로가 이렇게 율법을 철저하게 지키며 살기 때문에 율법에서 부정한 사람으로 규정한 이방인들은 물론 율법을 제대로 지키지 않는 유대인들과 거리를 두고 상종하지 않았으며, 세리와 창녀, 병자들, 죄인들을 무시하고 멸시했다. 그리하여 예수가 죄인, 세리, 창녀들과 함께 어울리고 식사하는 것을 비난하였다(마 9:11; 막 2:16; 눅 7:39).

신약성서는 바리새파 사람들에 대해서 대부분 부정적으로 묘사하고 있다. 즉, 겉치레를 좋아하며 위선적인 신앙생활을 하는 대표적인 사람들이다(막 12:38-40; 눅 11:37-52). 예수에 대해서는 의도적으로 적대적인 감정을 가지고 있고, 예수도 그들에 대해서 "눈이 먼 자들", "위선자들" 등의 표현을 쓰면서 비판적이다(마 15:14; 23:1-29; 막 8:11; 요 8:13). 바리새파 사람들은 예수가 안식일도 지키지 않고, 정결 예식도 어기는 등 그들이 지키는 율법적 전통을 무시하고 파괴하고 있다고 생각한 것 같다. 그래서 그들은 계속적으로 예수의 행동에 대해서 이의를 제기하고, 반대하고, 비난했다(마 12:2; 막 3:1-6; 7:1-5). 그들은 이혼 문제(막 10:2), 간음한 여인에 대한 처벌(요 8:3-6), 세금 바치는 문제(마 22:15-22) 등 난해한 문제로 예수를 시험하여 곤경에 빠뜨리려고 했고, 죄를 용서하는 예수의 권한(눅 5:21), 귀신 쫓아내는 권능(마 9:34) 등에 대하여 문제를 제기하였다. 마침내 바리새파 사람들은 예수를 죽일 음모를 꾸몄고(막 3:6; 요 11:47-53), 그를 죄인으로 체포하여 십자가형에 처했다(요 7:32; 18:12-14; 19:17-30).

그래서 우리도 기록된 신약성서에 따라서 바리새파 사람들을 위선자들, 예수를 죽인 자들이라고 비판한다. 그러나 이와 같은 태도는 바리새파에 대해서 뿐만 아니라 신약성서 자체에 대해서까지도 잘못 이해할 가능성이 있다.[12] 바리새파 모두가 독선적이고 위선적인 것은 아니었던 것 같다. 그들 가운데는 경건한 신앙인도 있었다. 예수도 그들의 의를 인정하였다(마 5:20). 그들은 개인적인 종교의 중요성을 강조하였다. 성전 예배의 활기가 쇠퇴하자 바리새파 사람들은 율법을 백성들의 종교 생활을 위한 매일매일의 안내로 해석하려고 하였다. 이것 때문에 그들이 율법주의자라는 비판을 받았으나 도덕법과 의식적 교훈(halakah)에 맹목적이며 강압적인 순종을 요구하는 그런 의미에서 율법주의자들은 아니었다. 현존하는 그들의 작품들을 보면 그들은 헌신적이며 하나님의 뜻에 자발적으로 복종하려고 했음이 나타나고 있다. 초기 그리스도교 운동에 가담한 바리새파 사람도 있었다(행 6:7). 바리새파 사람 중에는 니고데모(요 3:1-12; 7:50-52; 19:39-40), 가말리엘(행 5:34-39)과 같이 예수의 가르침을 받아들인 사람들도 있었고, 예수에게 식사 대접을 한 바리새파 사람도 있었다(눅 7:36; 11:37; 14:1). 초대 기독교 운동에 가담한 사람도 있었으며(행 15:5), 사도 바울은 스스로 바리새파 사람이었다는 것을 부끄럼 없이 말하고 있다. 그는 "나는 율법으로는 바리새파 사람"이라고 했다(빌 3:5; 행 23:6; 26:5).

예수가 비판한 신약성서에 나타난 바리새파 사람들은 타락한 바리새파 사람들이다. 예수는 그들의 허위와 위선, 교만, 배타성, 독선, 사랑과 율법의 본뜻은 망각하고 율법과 전통의 문자주의적 태도를 비판한 것이다(막 2:14-3:6; 7:1-23; 눅 7:36-50; 14:1-14; 15:1-7; 18:9-14). 바리새파는 율법의 실천적인 면을 지나치게 강조한 결과 실제 생활에서 율법의 준수 조항을 세세하게 나열하게 되었고, 그 때문에 율법을 주신 하나님의 근본적인 뜻과 마음에서 벗어나게 되었다. 그들은 하나님의 율법의 근본은 사랑인 것을 망각했던 것이다(마 22:34-40).

(2) 사두개파(Sadducees)

이 명칭은 저명한 제사장이었던 사독(Zadok)[13]에서 유래하였고(왕상 1:34; 삼하 8:17), 그 후손들은 에스겔이 유일한 합법적인 제사장들이라고 할 만큼 제사장 계열에서 주도적 역할을 하고 있었다(겔 40:46; 43:19; 44:15; 48:11). 예수 당시 바리새파 사람들이 각 계층에서 모인 평범한 사람들인 반면에 사두개파 사람들은 대부분 부유하고 고위 성직 계급에 속해 있으면서 귀족 정치 가문들과 교류하고 있었다. 바리새파 사람들이 종교적인 데 반하여 사두개파 사람들은 정치적 색채가 매우 강했다. 수는 바리새파보다 적었으나 교양이 있었고, 특히 제사장 계급을 독점하여 그 세력이 만만치 않았다. 헬라 문화에 개방적이었고, 산헤드린의 회원이었으며, 헤롯왕의 친로마 정책과도 영합하였다.

그러나 종교적으로는 보수적이었다. 그들은 바리새파와는 달리 구전 율법을 거부하고 성문화된 율법만을 종교적 권위로 인정하였다. 그 결과 사두개파는 몸의 부활, 영혼, 천사 등 영적 세계를 부인한다(막 12:18; 눅 20:27; 행 23:8). 신약성서에서 예수와 사두개파 사람들과 사이에 있었던 대표적인 논쟁은 '부활 논쟁'일 것이다(막 12:18-27). 그러나 그들이 '영혼불멸'까지 부인한 것은 아니었던 것 같다. 다만 그들은 영혼불멸의 신앙이 모호하고 분명하지 않았으며, 하나님 나라에 관한 바리새파의 교훈의 요점이었던 영혼불멸의 발달된 신앙을 수용하지 않았던 것이다.[14]

사두개파 사람들의 종교는 회당과 그 교훈보다는 성전 중심의 의식 종교였기 때문에 성전의 파괴와 함께 바리새파와는 달리 그들의 영향은 지극히 제한적인 고위층에 국한될 수밖에 없었다. 예수와 신약성서는 바리새파보다는 언급이 적다. 그것은 그들이 바리새파 사람들보다 더 의롭기 때문이 아니라 그들의 신앙과 주 생활 무대가 민중을 떠나 고위층에 속했으므로 예수와의 직접적인 접촉이 적었기 때문이었다. 그러나 세례 요한은 그들을 "독사의 자식들"이라고 했고(마 3:7), 예수도 바리새파 사람들과 함께 그들을 "누룩"에 비유하며 비난하였다(마

16:6, 11). 그들은 산헤드린 의회의 법관의 역할도 했기 때문에 바울의 재판에 관여하였다(행 23:1-9). 그들은 바리새파 사람들과 같이 예수와 계속되는 갈등 관계에 있지는 않았다 해도 그들이 예루살렘 대제사장 계급이었기 때문에 예수의 처형에 가담한 것은 사실이다. 그들의 주 활동 무대였던 예루살렘 성전이 주후 70년 로마에 의해서 파괴된 후 그들은 역사에서 사라졌다.

(3) 에세네파(Essenes)

에세네파에 대해서는 신약성서에 언급이 없다.[15] 그러므로 예수 운동과는 직접적인 관련이 없는 것으로 생각된다. 에세네파는 주후 70년 로마제국이 예루살렘을 침공했을 때 사두개파와 바리새파와는 달리 반(反)로마제국적 입장에서 저항했기 때문에 로마군에 의해서 궤멸되었으며, 남은 에세네파는 그리스도교와 바리새파에 흡수되었을 것으로 추정된다. 그리고 그들의 성소와 기록 자료들도 소실되었다. 이후 에세네파에 관해서는 간접적인 자료와 약간의 문헌만이 전해져 왔다. 그러나 1947년 그들이 정착하여 공동생활을 하던 쿰란(Qumran) 동굴과 함께 그들의 삶과 사상에 관한 직접적인 문헌[16]이 발견되어 그들에 대한 보다 확실하고 귀중한 자료를 얻게 되었으며, 에세네파가 예수 운동에 어떤 영향을 끼쳤는지는 세계학자들의 관심으로 연구의 대상이 되고 있다.

'에세네'라는 명칭의 어원에 대해서는 히브리어와 헬라어에서 많은 단어들이 제시되고 있다. '순결', '경건'을 의미하는 아람어 '하센'(ha-sên) 또는 '하사야'(hasayyâ)를 비롯하여 '거룩한'의 뜻의 헬라어 '호시오스'(hosios), '평등'을 의미하는 헬라어 '이소스'(isos) 등 다양하다. 요세푸스는 '에세니'(Esseni)라고 표기했다. 헬라어로는 '에세노이'(essenoi)다. 그러나 에세네라는 명칭이 사해사본에는 나오지 않는다고 한다. 이 때문에 그 종파가 자신들을 호칭할 때 이 용어를 사용하지 않았을 것이라는 추측도 한다.

문헌에 의하면 이 종파의 창시자는 '의로운 선생'이다. 그 '의로운 선생'은 이스라엘의 구세주, 이사야의 고난의 종, 하나님의 아들 등의 이름으로도 알려져 있다. 그는 인간의 죄를 대속하기 위하여 고난을 받고 십자가에서 처형되지만, 부활해서 세계를 구원한다. 그는 이웃 사랑과 성빈, 정의와 새로운 계율을 가르친다. 이런 내용으로 봐서 그 '의로운 선생'이 '예수'라고 생각할 수가 있는데, 문서에는 그 이름이 나오지 않는다. 그것은 그 '의로운 선생'은 예수보다 150년 전의 사람으로 추정하기 때문이다. 문헌에 의하면 바벨로니아의 느부갓네살왕에 의한 이스라엘 민족의 바벨론 포로 사건 후 400년에 하나님은 '의로운 선생'을 보내서 새로운 종파를 창설하여 40년간 세례를 베풀고 의로운 길을 가르치시다가 십자가에서 처형되며, 그로부터 40년 후에 종말이 온다는 것이다. 이 40년 후가 70년 예루살렘 성전 파괴를 의미하는 것일 수도 있다.

에세네파는 '제사장', '레위족', '구성원'(構成員) 그리고 초심자 등 네 계층이 있다. 공동체의 일원이 되기 위해서는 2단계를 거쳐야 하는데, 첫해는 지원자로서 시험 기간이고, 둘째 해에는 견습과 수행의 기간이며, 셋째 해에 서약과 함께 정회원이 된다. 그 수는 완전히 소속된 수도사들만 약 4천 명 정도였다고 한다. 그들은 독신을 원칙으로 하였으며 개인 사유재산은 인정하지 않았다.[17] 이들도 모세 율법과 안식일, 정결 의식 등을 철저히 지키고 불멸과 악에 대한 하나님의 심판을 믿었으나 육체의 부활은 부정하였다. 다른 유대교 종파인 사두개파와 바리새파의 성전에서의 의식, 특히 피의 제사를 거부하고, 형식과 권위에 반대하고, 사회에서 떨어진 광야로 은거하여 금욕 생활을 기반으로 한 수도원 공동체를 형성하였다. 그 형성기는 주전 2세기경이었다.

쿰란 수도원 공동체를 형성하고 있는 에세네파는 철저히 종교적이며, 윤리적이고 계율적이며, 종말의 희망을 가지고 사는 공동체였기 때문에 그들의 삶에는 묵시적이고 종말론적 사상이 지배적이었다. 그들은 '빛의 아들들'과 '어둠의 아들들'이 40년간 거룩한 전쟁(聖戰)을 한 후에 메시아가 도래한다고 믿었으며, 최후 심판의 '그날'이 오면 '빛의 아들들'이 '어둠의 아들들'을 물리치고 '새 하늘과 새 땅'이 도래한다고 믿었다. 이와 같은 종말론적 묵시적 사상은 세례 요한, 예수(신약성서), 사도교회에 적지 않은 영향을 끼쳤을 것으로 추론한다. 세례 요한의 활동 무대는 쿰란과 가까운 지역이었다. 세례 요한이 자기의 사명을 "광야에서 주의 길을 예비하는 소리"(막 1:3)로 규정했을 때 그것은 구약성서에서 인용한 것이지만(사 40:3), 쿰란 공동체도 '사막에서 메시아의 길을 준비하는 것'이 목적으로 되어 있다. 쿰란 문헌에는 신약성서에 나오는 예수의 교훈과 유사한 내용이 있다. 예를 들면 "네 형제를 너 자신과 같이 사랑하라", "나는 회개하는 자의 치유자며, 단순한 자의 지혜, 마음 약한 자의 위로"라는 말이 있는가 하면, "고난을 겪는 자는 복이 있다", "배고프고 가난하고 근심이 있는 자에게는 영생의 약속이 있다"는 등 산상설교와 평행되는 구절이 있다.[18]

요약하면 주전 2세기 무렵 한 유대인 집단이 현재 이스라엘과 요르

단의 국경 지대에 있는 사해 인근 쿰란 고원지에 들어가 자신들의 비밀 종파를 형성하였다. 이들은 악하고 타락한 이 세상을 버리고 깨끗함을 보존하여 다가올 신의 최후 심판 날에 구원받기 위해서 수도적 종교 생활을 하는 집단이다.

(4) 흩어진 유대인(디아스포라)

헬라어 '디아스포라'(diaspora)는 '~넘어'를 뜻하는 '디아'(dia)와 '씨를 뿌리다'의 뜻을 가진 '스페로'(spero)의 합성어다. 즉, 디아스포라는 팔레스타인 지역을 넘어 이방 세계에 흩어져 살면서 유대적 종교 규범과 생활 습관을 유지하는 유대인들을 이르는 말이다(겔 22:15). 그런데 디아스포라의 역사가 언제부터 시작이 되었는지에 대해서는 확실하지 않다. 그 원인과 해석에 대해서도 의견이 다양하다. 구약의 예언자들은 이스라엘의 죄에 대한 형벌로 보았으며(왕하 17:7; 렘 9:16), 디아스포라 유대인들의 입장에서는 자신들의 신앙과 전통의 내구력을 입증할 기회로 해석했고, 그리스도인들은 디아스포라가 이방 세계에 복음을 전할 수 있도록 하나님의 섭리라고 해석하였다(행 15:21; 17:1, 11, 17). 신약성서에 유대인 디아스포라에 관한 언급이 있다(요 7:35; 약 1:1).

아합왕은 통치 기간(주전 873~851)에 다마스쿠스에 이스라엘 식민지를 설치한 일이 있었으며(왕상 20:34), 북왕국 이스라엘의 베가왕 통치 때(주전 740~732) 아시리아의 디글랏 빌레셀 3세(주전 745~727)가 이스라엘에 쳐들어와 여러 도시를 점령하고 주민들을 아시리아로 사로잡아갔다(왕하 15:29). 북왕국 이스라엘의 마지막 왕이었던 호세아의 통치 기간(주전 732~722)에도 아시리아의 왕 살만에셀(주전 727~

722)은 사마리아를 점령하고 이스라엘 백성을 메소포타미아와 메데 (Media) 등 여러 지역으로 이주시킨 일이 있었다(왕하 17:3-6).

그러나 디아스포라의 역사는 그보다 앞섰고, 그 분포도 광범위했다. 알렉산드리아의 필로가 인용한 아그립파가 로마제국의 제3대 황제 칼리굴라에게 보낸 편지에 의하면 유대인들은 이집트, 알렉산드리아, 시리아 등 인접 지역만이 아니라 소아시아, 마케도니아, 북아프리카, 지중해 섬까지 진출하여 살고 있었기 때문에 예루살렘은 유대의 수도만이 아니라 많은 나라의 수도라고 하고 있다. 이집트에는 주전 10세기경 이집트 왕의 팔레스타인 침략에 의해서 잡혀 온 유대인 포로들이 살고 있었다고 한다. 그 분포는 디아스포라의 수도 팔레스타인에 유대인 인구가 3백만 명이었는데, 팔레스타인 밖 로마제국의 영토에 살고 있는 유대인들이 4백만 명이었다고 한다.[19] 로마에도 상당수의 유대인이 거주하고 있었다. 그래서 황제 글라우디오는 유대 사람들을 로마에서 추방한 일이 있었다(행 18:1).

유대인 디아스포라는 모두가 강제 이주에 의한 것은 아니었다. 보다 좋은 삶을 위해서 스스로 팔레스타인 지역을 떠난 유대인들도 있었다. 그중 가장 역사적으로 의미 있고 문화적으로도 창조적이었던 유대인 디아스포라는 알렉산드리아에 거주하는 유대인 공동체였다. 주전 1세기경 알렉산드리아 인구의 40퍼센트가 유대인이었다고 전한다. 이곳에서 구약의 헬라어 번역인 70인역본(LXX)이 출간된 것도 우연이 아니다. 요세푸스가 그의 책 『유대 고대사』에 인용한 글이 있다.

이 민족(유대인)은 이미 각 나라의 도시들로 진출해 있었다. 따라서 세계의 거주 가능한 지역에서 이 유대민족을 받아들이지 않는 지역, 또 이 유대 민족이 세력을 과시하지 않는 지역이란 쉽게 찾을 수 없도록 되었다.[20]

그러나 우리가 관심하는 실제적인 디아스포라는 바벨론 포로와 함께 시작된 디아스포라다. 바벨로니아 느부갓네살왕(주전 605~562 년)은 이스라엘 여호야긴왕 통치 때 제2차(주전 597년), 시드기야왕 통치 기간 때(주전597~586) 제3차(주전 586년)로 예루살렘을 침공하여 기술자 대장장이 등 필요한 유다 백성을 포로로 잡아갔다(왕하 24:12-16; 25:11; 렘 52:15). 그 수가 약 5만 명이었다고 한다. 그 후 가시바(Casiphia) 등 바벨로니아 여러 곳에 유대인 공동체가 형성되었다. 주전 538년 바벨로니아를 정복한 페르시아의 고레스(키루스)왕이 포로 유대인들의 고국으로의 귀환을 허용했을 때 유대인 공동체 가운데 일부는 자발적으로 바벨로니아에 남아 정착하였다. 이 점에서 유대인 디아스포라는 주후 70년 예루살렘이 완전히 멸망하기 전에도 이미 팔레스타인에 사는 유대인보다 그 수가 많았다. 디아스포라 유대인들이 이집트, 메소포타미아, 로마 등 각지에서 회당과 율법을 중심으로 그들의 신앙을 지키면서 유대인의 정체를 잃지 않고 살아갔다 해도 그들은 헬라 문화의 영향을 받을 수밖에 없었다. 이것은 초기 그리스도교 형성과 선교에도 적지 않은 영향을 끼쳤을 것이다.[21]

그러나 디아스포라 유대인 공동체에서는 히브리어 사용이 쇠퇴할 수밖에 없었다. 이것은 그들의 일상생활과 신앙생활에 교본이 되고 있었던 성서(특히 토라)를 원어로 이해하는 일이 어렵게 되어가고 있음을 의미하였다. 그리하여 디아스포라 유대인들은 구약성서를 그들 지역의 공용어이며 상용어인 헬라어로 번역하기 시작했다. 그 대표적인 것이 70인역으로 알려져 있는 셉투아진트(Septuagint)다.[22] 이 책이 번역된 곳이 알렉산드리아다. 이 도시는 알렉산더 대왕이 주전 330년 경에 페르시아를 정복하고 건설한 도시며, 헬라 문화가 국제화되는 중심 도시였다. 이 번역으로 유대적 사고 양식과 헬라적 사고 양식이 서로 밀접한 접촉과 융합이 이뤄지게 되었고, 이에 따라서 이집트의 디아스포라 유대인들은 특히 헬라 철학에 깊은 관심을 갖게 되었다.

아리스토불루스(Aristobulus)의『모세율법 주석』과『솔로몬의 지혜』등은 헬라적 사변철학과 유대적 계시 신앙을 결합시킨 흔적을 보여준다.[23] 이 문서들은 제1세기 그리스도교 신학자들에 의해서 인용되었으며, 70인역은 최초의 그리스도교 저술가들의 성서였고, 거의 모든 신약성서 저자들이 구약성서를 인용할 때 의존했던 성서였다. 그리하여 70인역은 신약성서 용어의 근원이 되었으며, 따라서 신약성서 용어 이해에 가장 중요한 자료가 되고 있다. 예를 들면 70인역(LXX) 은[24] '기름 부음을 받은 자'(메시아)를 '그리스도'라고 번역하였다. 신약성서가 코이네 헬라어로 기록되었다 해도 그 종교적 어휘는 헬라 세계에서 유래된 것이 아니라 70인역 헬라어를 매개로 한 구약성서의 히브리 세계에서 유래한 것이다. 70인역은 헬라화 시대의 디아스포라 유대인들이 어떤 삶과 사상을 가지고 살았는지를 보여주는 좋은 예라고 할 것이다.

히브리적 사고와 헬라적 사고의 만남에서 이 두 사고를 조화시키려는 노력은 알렉산드리아의 필로(Philo)에 의해서 그 절정을 이루었다. 그는 70인역을 그의 삶과 사상의 유일한 교본으로 사용했고, 그의 활동 시기는 예수와 동시대였다. 그는 히브리 구약성서를 헬라 철학의 가르침과 일치하게 해석하려고 하였다. 그에 의하면 유대인의 성서 내용과 플라톤의 아카데미의 교훈이 일치한다는 것이다. 초월적이며 추상적인 필로의 신 이해는 플라톤의 '선의 이데아'(Idea of the Beautiful)와 구약의 하나님을 결합시킨 것이다. 필로에게 있어서 신은 본질적인 존재로서 절대적으로 초월해 있기 때문에 시공간의 제약도 받지 않는다. 그러나 이와 같은 신 이해는 신과 세계(하늘과 땅), 정신과 물질 사이를 단절시키기 때문에 이 문제를 해결하기 위해서 필로는 중간적 매개를 설정한다. 그것이 플라톤의 '이데아'요 유대교의 천사들이며, 피타고라스학파의 수이며, 신화에 나오는 천상적 존재들인데, 그러나 최고의 매개자는 '로고스' 또는 '신적 이성'이다. 이 로고스가 세상보다 먼저 하나님에 의해서 창조되었고, 하나님의 세상 창조의 도구가 되었다. 그의 로고스 교리는 스토아철학적이다. 즉, '내재하는 로고스'(in-dwelling Word)가 있고, '출현하는 로고스'(outgoing Word)가 있다.[25]

필로는 헬라화 시대의 사람답게 유대인의 성서를 플라톤의 가르침과 조화될 수 있도록 해석하려고 노력하였다. 그 대표적인 예가 성서의 은유적(allegorical) 해석을 사용했다는 점이다. 그는 성서의 역사적 문자적 의미를 완전히 부정하지는 않았다. 그러나 성서의 우의적 표현들 속에 숨겨져 있는 영적 의미를 찾아내는 것이 가장 지혜 있는 해석이라고 했다. 필로뿐만 아니라 초대교회에서 알렉산드리아 학파의 오리겐도 우의적 성서 해석을 즐겨 사용했다. 필로의 우의적 해석의 예를 보자. 그는 아담의 저주를 우의적으로 해석한다.

"땅은 너에게 가시덤불과 엉겅퀴를 낼 것이다…"(창 3:18). 가시덤불과 엉겅퀴는 어리석은 사람의 영혼에서 싹트고 자라서 그의 영혼을 찌르고 괴롭히며 상처내는 정욕이 아니겠는가? 하나님은 어리석은 사람에 상징을 사용하여 가시덤불의 이름을 주었다. … 정욕은 삼중적이다. 즉, 정욕 그 자체, 정욕이 일으키는 것 그리고 정욕에 의한 최종적 결과들이다. 예를 들면, 쾌락, 쾌락적인 것, 쾌락을 느끼는 것; 욕망, 욕망적인 것, 욕망을 느끼는 것; 슬픔, 슬픈 것, 슬픔을 느끼는 것; 두려움, 두려운 것, 두려움을 느끼는 것 등이다.[26]

유대교와 그리스도교와의 관계는 다음과 같은 K. S. 라투렛의 말로 결론을 대신한다.

어떤 의미에서 그리스도교는 유대교에서 싹튼 것이었다. 그러나 참된 의미에서 그리스도교는 유대교의 자손이 아니라 새것이다. 그리스도교는 유대교의 절정이면서 그 이상이다. 그리스도교는 유대교의 율법 제정자, 시편 기자들, 예언자들을 자신의 것으로 그리고 그리스도의 길을 예비하는 것으로 여겼다.

그리스도교는 유대교의 완성이면서 그것을 초월한다. 초기에 그리스도교는 유대교의 한 종파인 것 같았으나, 결국은 깊이와 영향력에 있어서 모든 유대교 종파들을 능가하였다. … 그리스도교는 또 다른 유대교의 종파가 아니라 새롭고 신선한 종교다. 유대교의 이해가 그리스도교에 대한 충분한 지식에 필수적이지만, 유대교가 그리스도교를 설명하는 것은 아니다. … 그리스도교는 유대교의 기초 위에 세워졌지만, 유대교와 근본적으로 다르다. 이 차이에 그리스도교의 비밀과 그 경이적인 역사가 있다.[27]

2. 헬라-로마의 세계

1) 헬라 철학

헬라 철학은 아리스토텔레스의 죽음(주전 322)으로 끝나는 '고전 시대'와 알렉산더 대왕(주전 334~323)부터 아우구스투스 황제(주전 31~주후 14)에 이르는 헬레니즘 시대로 구별된다. 여기에는 스토아학파, 에피쿠로스학파, 신-피타고라스학파, 회의주의 그리고 신-플라톤주의 등이 포함된다. 그런데 초대 그리스도교 사상 형성에 영향을 끼친 사상은 고전 헬라 사상보다는 헬레니즘이었고, 그것이 "그리스도교 사상의 직접적인 원천"[28]이었다. 이 시대의 철학자들은 서재에 앉아서 철학적 책을 탐독하고 저술만 하는 학자들이 아니었다. 그들은 철학을 위한 철학을 한 것이 아니라 주어진 세계를 객관적으로 관찰하고, 분석적이고 종합적인 이성을 가지고 해석함으로써 하나의 정신세계를 창출하는 일을 했다. 그러나 이 말은 고전 헬라 철학에 속하는 아리스토텔레스(주전 384~322)의 철학과 플라톤(주전 427~347)의 철학이 그리스도교 사상 형성에 영향을 끼치지 않았다는 것은 아니다. 우리는 여기서 헬라 철학 가운데서 그리스도교 사상 형성에 보다 깊은 관계가 있는 철학에 대해서 논의할 것이다.

(1) 회의주의(懷疑主義)

'회의주의'는 헬라어 '스켑토마이'(skeptomai)에서 유래한 말이다. 이 말의 근본적인 의미는 '생각하다, 사물을 관찰하다, 음미하다, 인식하다'라는 뜻이다. 그런데 회의주의는 이 세계 또는 어떤 특정한 주제에 대하여 인간이 확실한 지식을 갖는다는 가능성에 회의를 느끼는 이론 및 입장을 일컫는다. 즉, 그 근본적인 교리는 '불확실하다'는 것이고, 그 방법은 '판단중지', '보류된 판단', '체계화된 의심' 또는 '비판의 방법'이다. 고대 회의주의 철학은 정치와 사상의 혼란 속에서 성립했고, 근세에 와서는 중세기적인 신의 권위에 대한 회의가 이신론(理神論) 또는 자연신교론(自然神敎論)과 결부해서 성장했다. 절대적 진리는 인식 불가능하다는 사상이 데이비드 흄(David Hume, 1711~1776) 등에 의해서 주장되었다.[29] 그러나 고대 회의주의 철학이 회의를 통해 '판단중지'에 도달했다면, 근세 데카르트(René Decartes, 1596~1650)의 경우에는 회의의 작용 그 자체의 확실성을 인정함으로써 "나는 생각한다. 그러므로 나는 존재한다"(cogito ergo sum)로 대표되는 근세 합리주의 철학을 탄생시켰다. 이런 점에서 회의를 한다는 것 자체는 소극적인 태도이지만, '절대적 진리'나 '주제'를 분별없이 수용하지 않고 비판적으로 검토하고 받아들인다는 점에서 오히려 적극적인 태도라고 할 것이다. 우리는 과학적 회의주의보다는 철학적, 종교적 회의주의에 관심을 집중할 것이다.

헬라 철학자들이 하나의 의미의 세계를 창조하려는 위대한 시도가 고대 세계의 말기에 무너졌을 때, 고대 철학의 발전은 회의주의로 그 막을 내렸다. 회의주의는 모든 도그마를, 심지어 헬라 철학 학파들의 도그마들까지도 부정적으로 탐구한 후에 근절시켰다. 이 점에서 회의주의자들은 모든 철학 학파의 진술을 의심했던 철학자들이라고 할 것이다. 그러나 헬라 철학 학파들, 예를 들면 신-플라톤학파는 회의주의의 많은 요소를 취하고 있었다.[30] 사실 회의주의적 풍조는 모든 학파의 삶에 깊숙이 침투되어 있었다. 그리하여 이 회의주의는 삶의 문제에 매우 진지했다. 이 회의주의는 책상에 앉아서 모든 것은 의심받을 수 있다고 생각하는 그런 것이 아니었다. 이 회의주의가 심각하게 문제 삼은 것은 삶의 문제였고, 지금까지 근거했던 모든 확신이 내적으로 붕괴되었다는 것이었다. 그 결과 회의주의자들은 인간이 더 이상 이론적 판단을 할 수 없게 된다면, 인간은 다른 행동도 실천적으로 할 수 없다고 믿게 된 것이다. 여기서 그들은 '에포케'(ep-ochē) 이론을 이끌어 낸 것이다. '에포케'는 '제지하는 것, 억누르는 것, 판단이나 행동하지 않는 것, 이론적으로나 실천적으로나 판단을 억제하는 것'을 의미한다.[31] 따라서 '에포케' 이론은 모든 점에서 '판단 중지'를 의미한다. '에포케' 이론은 회의주의 철학자들로 하여금 한 벌의 옷을 입고 광야로 나가게 했던 것이다. 그러나 이것은 소극적 도피가 아니었다. 이와 같은 삶의 태도는 초기 그리스도교 사막의 수도승들에게 전승되었다. 비록 그들은 이 세상에서의 삶의 가치에 회의하고 절망했지만, 고대 교회의 회의주의자들은 삶에 대해서 매우 진지했으며, 오늘날 저속한 회의주의자들은 상상도 못 하는 결론을 이끌어 냈다.

이와 같은 회의주의는 소극적인 출발에서 적극적인 결론으로, 부정적인 입장을 넘어 긍정적인 삶의 태도를 보인다. 이 회의주의는 그리스도교를 위한 중요한 예비적 요소가 되었다. 헬라의 여러 학파, 예를 들면 에피쿠로스학파, 스토아학파, 아카데미학파(플라톤학파), 소요학파(逍遙學派), 신-피타고라스학파(Neo-Pythagoreans)들은 단순히 우리가 말하는 현대적 의미의 철학 학파가 아니었다. 그 철학들은 일종의 제의적(cultic) 공동체였기 때문에 반(半)의식적(儀式的), 반(半)

철학적 성격을 지니고 있었다. 그래서 어느 학파에 속한다는 것은 종교적 철학적 삶을 한다는 것과 같았다. 그들은 그 학파의 스승을 단순한 사상가나 지식인으로 보지 않고 영감을 받은 사람으로 보았기 때문에 그들의 교설을 따라 살기를 원했다. 회의주의가 모든 삶에 침투해 있었던 이 시대에서 사람들은 무엇보다도 확실성을 원했는데, 그것을 보증해 줄 수 있는 사람이 영감을 받은 사람이었다. 그러므로 영감 사상은 그리스도교보다 훨씬 이전에 헬라의 철학 학파에서 발달하였다. 한 철학 학파의 창시자는 단순한 사상가나 식자(識者)가 아니라 영감 받은 영적 사람이었다. 이 학파에 속한 사람들이 후에 그리스도인들과 대화할 때 영감을 받은 사람은 모세가 아니라 헤라클리투스(Heraclitus, 주전 535~475)[32]라고 주장했다. 그러나 이 영감설은 그리스도교가 세상에 침투하여 확장하는 데 크게 도움을 준 것이 분명하다. 왜냐하면 초기 그리스도교가 창설될 때 사람들은 순수한 이성만으로는 인간이 살 수 있는 현실을 만들 수가 없다고 생각했기 때문이다.

초기 그리스도인들이 교회의 창시자를 표현하기 위해서 사용한 개념은 고대 헬라 철학파에 속한 사람들이 그들의 학파의 창시자의 특성을 나타내기 위해서 언급했던 개념과 매우 유사했다. 예를 들면 신약성서가 예수에 대해서 사용한 '소테르'(sōtēr)라는 칭호는 '구세주'라는 뜻인데, 철학자 에피쿠로스(Epicurus)의 제자들은 그를 '소테르'라고 불렀던 것이다. 사람들은, 특히 그리스도인들은 그 철학자를 반(反)그리스도적인 쾌락을 가르쳤던 철학자로 인식하여 그를 부정적으로 비판하여 그의 작품이 단편적으로 남아 있지만, 당시 사람들은 그를 후대 사람들을 위하여 누구도 할 수 없는 가장 위대한 일, 즉 고대 세계 전체를 지배하고 있었던 악령의 공포로부터 인간을 해방시키는 일을 했다고 생각하여 그를 '소테르'라고 불렀던 것이다. 이것은 당시 철학이 단순히 논리적인 작업이 아니라 인간의 삶에 매우 깊숙이 침투해 있었다는 것을 보여준다.

(2) 아리스토텔레스의 철학

초대교회에 있어서 아리스토텔레스의 철학은 안디옥학파의 사상적 배경이 되어 교리 형성에 있어서 알렉산드리아학파와 논쟁의 배경이 되었다. 그럼에도 불구하고 안디옥학파가 알렉산드리아학파에 의해서 교회정치적으로 밀리면서 초대교회에 있어서는 신학 사상 형성에 주도적인 역할은 하지 못했다고 할 것이다. 그의 철학은 오히려 중세기 토마스 아퀴나스(Thomas Aquinas, 1225~1274)의 주지주의(intellectualism)의 배경 철학이 되었을 때 더욱 빛이 났다고 할 것이다.

13세기 초 아리스토텔레스의 전집이 발견되자 그때까지 신-플라톤 철학을 배경으로 한 어거스틴 전통에서 사고하고 삶을 형성해 온 사람들에게 충격을 주었다. 아리스토텔레스는 '형상'(form)과 '질료'(matter), '현실태'(actuality)와 '가능태' 또는 '잠재태'(potentiality)와 같은 기초적인 형이상학적 범주를 제시하면서 신과 세계와의 관계 등에 새로운 교설을 제시했다. 한마디로 표현하면 어거스틴의 전통이 직접적인 직관에서 시작한다면, 아리스토텔레스는 외부 세계, 즉 경험에서 시작하는 것이다. 어거스틴 전통은 신 인식이 모든 인식에 앞서기 때문에 신 인식에서 세계를 관찰한다. 이때 신은 신에 관한 질문의 전제가 된다. 반면에 아리스토텔레스는 세계를 관찰하므로 여기서부터 신을 추론한다는 것이다.

플라톤 철학과는 달리 아리스토텔레스의 형이상학의 핵심은 '형상'과 '질료'를 구별하는 것이다. 물론 그가 말하는 '형상'은 단순한 모양이 아니고 '유일하게 참으로 있는 실재' 또는 '본질'(ousia)이다. 이것이 플라톤에 있어서는 '이데아'다. 그러나 아리스토텔레스는 '이데아'를 개별적인 사물 속에서만 존재할 수 있다고 보았다. 그에게 있어서 '형상'은 '완성태'(完成態)이고, '질료'는 '가능태'(dynamis)이다. 그에 의하면 '질료'가 어떤 일정한 사물이 되는 것은 '형상' 때문이며, 이것이 그 사물의 실체라는 것이다. 그에게 있어서 보편개념은 실체가 아니고 '형상'이 실체요 제1차적인 본질에 속한다. 이런 점에서 영혼은 육체의 '형상'이다. '형상'이 없는 '질료'는 단지 상상할 수 있을 뿐이다. 그의 신론은 이 형상론에 근거한다. 즉, 스스로는 움직이지 않고 타자(他者)를 움직이는 '부동(不動)의 원동자'(原動子)가 순수형상인데, 이것이 그에게 있어서 신(神)이다. 이것을 P. 틸리히는 "질료 없는 형상이며 그 자체로서 완전한 형상" 또는 "최고의 형상, 순수현실태(actus purus)"라고 한다.[33] 이것이 세계를 움직인다.

(3) 플라톤 철학

적어도 13세기까지의 그리스도교 철학이나 신학은 아리스토텔레스의 철학적 경향이라고 하기보다는 플라톤의 철학이 지배적이었다고 할 것이다. 플라톤의 사상의 특징은 이원론적 세계관이다. 그에 의하면 '이데아의 세계'와 '현상의 세계'(world of phenomena)가 있는데, 이 세계는 항상 가변적이어서 근본적으로는 존재하지 않는 것이다. 반면에 이데아는 경험적 현실을 초월하는 사물의 본질이요 본질적인

실재(ousia)이다. 그러므로 실재의 세계는 오직 관념의 세계다. 존재하
지 않는 세계는 선한 세계일 수가 없다. 따라서 선한 세계는 이데아의
세계다.

이 선한 세계의 정점이 신이다. 그러므로 신은 모든 선하고 유익한
사물의 근원이다. 이것이 플라톤의 신 개념의 핵심이다. 신학자들이
하나님을 "무 감각적이며, 무한하며, 이해할 수 없으며, 묘사할 수
없는"[34] 존재라고 진술한 것은 플라톤의 영향이라고 할 것이다. 플라톤
의 사상 가운데서 그리스도교 사상에 영향을 준 또 다른 하나는 그의
'영혼선재설' 또는 '영혼불멸설'이다. 그에 의하면 영혼은 본래 이데아
의 세계에 있었으나 타락하여 속죄와 정화를 위해 육체와 결합하게
되었다. 그러므로 영혼은 육체의 감옥에서 벗어나 정신(이데아)의 세계
로 돌아가야 한다. 이것은 "'인간 존재의 내적 목적'(inner telos)은 정신
적 신적 영역(신)에 참여하는 것"[35]이라는 사상과 연관된다. 이것은
감각적이며 세속적인 욕망으로부터 가능한 자유하려는 그리스도교
수도원 운동의 금욕 사상에 영향을 주었다. 플라톤의 유명한 격언
중 하나는 "인간은 가능한 한 세상에서 벗어나야 신과 같이 될 수
있다"는 것이다.

플라톤은 소크라테스의 죽음의 문제를 취급한 『페이도』(Phaedo)
에서 영혼과 육신의 분리를 죽음으로 보고 소크라테스의 입장을 소개
하면서 그의 영혼불멸의 신앙을 표현하고 있다. 플라톤은 소크라테스
가 죽기 직전에 한 말을 전해주고 있다. "나는 다시 사는 그와 같은
것이 있다는 것, 죽은 자의 영혼이 존재한다는 것…을 믿는다. …
만일 너희가 나를 간파할 수 있다면 나를 매장해도 좋다. …그러나
너희는 오직 내 육체만을 매장한다는 것을 기뻐하고 말하라."[36] 플라

톤은 "생이 죽음을 생성하듯이 또한 죽음은 생을 생성한다"고 한다. 플라톤의 영혼 불멸론은 박해 속에서 공포와 죽음의 두려움을 극복해야 했던 초대 그리스도인들에게 호기심과 위로가 되는 이론이 아닐 수 없었다. 그들은 죽어서도 영혼은 불멸할 것을 믿었으며, 그 영혼은 마지막 영원한 미(美)와 선으로 축복의 환상에 도달하게 될 것이다. 그 반면에 악한 영혼은 형벌을 받게 될 것이다. 그러나 이 형벌은 오랜 세대 계속되겠지만, 그 형벌은 끝나게 된다. 이와 같은 플라톤의 사상은 만물이 구원된다는 오리겐의 구원론과 중세기 로마가톨릭의 연옥설의 모체이기도 하다.

플라톤의 철학이 중세기 스콜라주의 실재론(實在論)의 철학적 배경이 되기도 했으나 물질세계(현상의 세계)를 실재로 보지 않고 그 궁극적 가치를 인정하지 않는 그의 이원론적 사고는 그리스도교 사상 형성에 부정적인 영향을 끼친 것도 사실이다. 아리스토텔레스의 사상이 상향적 사고를 하는 안디옥학파의 철학적 배경이 되었다면, 플라톤의 사상은 하향적 사고를 하는 알렉산드리아학파의 철학적 배경이 되었다. 이 두 철학과 두 학파는 초대교회에서의 교리 형성에 있어서 끊임없는 갈등과 투쟁의 원인이 되었으며, 그 과정을 통하여 그리스도교 교리와 신학 사상은 형성되고 발전되었다.

(4) 스토아철학

제노(Zeno, 주전 264년 사망)에 의해서 창설된 스토아주의는 플라톤의 사상 못지않게 그리스도교 사상 발전에 영향을 준 철학 체계를 가지고 있다. 특히 로고스 이론은 그리스도교 로고스 교리의 철학적 근거가 되었다.

스토아철학에 의하면 우주는 실재 속에 있는 보편적 법칙, 즉 모든 실재의 운동을 결정하는 법칙이며 보편적 이성인 '로고스'의 지배를 받는다. 다시 말하면 생명과 발전의 근원이 로고스 안에 있다는 것이다. 이것을 '씨앗(胚子) 로고스'(spermatic logos)라고 부른다. 인간이 이 보편적 로고스를 이해할 수 있는 것은 인간의 이성이 그 로고스의 일부이기 때문이다. 이 능력을 가지고 있는 사람이 '현자'(logikos)다. 이 로고스는 '자연의 법칙'이며, '도덕의 법칙'이기도 하다. 왜냐하면 로고스는 창조의 신적 능력임과 동시에 사물의 질서, 곧 인간 삶의 자연적 질서를 의미하기 때문이다. 그러므로 인간은 이 질서에 순응해야 한다. 이것이 도덕이다. 여기서 로고스는 칸트의 '실천이성'과 같은 의미를 갖는다. 스토아주의에서 '최고의 선'(summum bonum)은 '덕'(virtue)인데, 그것은 자연법 또는 도덕법을 따라 사는 것이다. 그 결과로 행복한 삶이 가능하다. 행복은 삶의 주된 목적이 아니라 로고스에 따라 사는 삶의 부수적인 산물인 것이다.

스토아학파는 로고스 이론에 의해서 '세계동포주의'(cosmopolitanism), 즉 모든 사람의 보편적 시민권을 주장하였다. 자연의 법칙도 도덕적 행위의 법칙도 하나이며, 모든 사람이 참여하고 있는 이 법은 사회적 계층이나 인종의 차별 없이 모든 사람에게 똑같이 적용된다. 모든 사람은 그 법 아래에서 평등하다. 이것은 로마제국의 법 제정에 바탕이 되었으며, 그리스도교 평등 사상에도 영향을 주었다. 평등 사상은 그리스도교에 그 기원이 있는 것이 아니라 스토아주의에 있다는 주장의 근거가 여기에 있다.[37]

그러나 스토아주의는 바로 이 로고스 이론에 의해서 비록 무신론의 입장은 아니었다 해도 범신론적인 경향을 갖게 되었으며, 인간의 죄의 개념이 없다고 할 만큼 죄의 심각성이 결여되어 있다는 비판을 받는다. 스토아주의에 있어서 죄는 무지에 있으며, 이성의 결핍이다. 그러므로 구원은 그리스도교의 은총론과는 달리 이성(지혜)을 통해서 가능하다고 믿었다.

(5) 신비주의

그리스도교의 사상과 그 발전 구조를 이해하기 위해서는 헬라 철학만이 아니라 신비주의에 대해서도 주목할 필요가 있다. 왜냐하면 신비주의는 모든 종교의 근저에 흐르는 공통적인 요인이며, 그리스도교의 영적 수련에 깊은 영향을 주었기 때문이다.

'신비주의'라는 말은 성서에서 발견되지 않는다. 역사적으로 이 말은 헬레니스틱 신비 종교와 그리스도교 이전과 초대 그리스도교 시대의 제의(cults)와 관련된 말이다. 로마가톨릭교회에서는 중세 후기까지 신비주의라는 말을 자주 사용하지 않았다. 광의로 말해서 우리가 신비주의라고 부르는 것을 초대 교부들은 '관상'(觀想, contemplation)이라는 말을 사용했다.[38] '신비주의'라는 말은 쉽게 정의하기가 어렵다. 많은 의미로 사용되고 있고, 생각하는 주체에 따라 다른 의미를 함축하기도 한다. 단순히 비이성적인 사고라고도 하고, 교령술(交靈術), 강신술(降神術), 최면술과 연관시키기도 하고, 밝지 못한 심리적 상태와 행위와 연관시키기도 하며, 신경쇠약증이나 병적인 상태의 결과로 보기도 하고, 환상과 계시와 밀접한 관계 또는 초세속적인 것과 동의어로 사용하기도 하며, 관상가들에게서 나타나는 진기한 의식 상태를 말하기도 한다. 괴테류의 철학자들에게 신비주의는 '지적 통찰', '무형의 사색', '통전적 사고' 등의 의미를 갖는다.[39] 이렇게 다양한 의미와 개념으로 사용되었다는 것은 그 말이 매우 모호하다는 것을 뜻하기도 한다. 또한 이와 같은 다양한 용법은 우리로 하여금 신비주의에 대한 오해를 불러일으키게 한다.

신비주의를 이해하기 위해서 '신비'(mysterion)에 대한 어원을 살펴보자. 그 말은 헬라어 동사 '무오'(muo)에서 왔는데, 그 뜻은 "입술과 눈을 닫는다"는 것이다. 즉, 내적 신적 조명을 받아 숨겨진 비밀의 지식을 얻기 위해서 모든 외적인 것에서부터 떠나는 것이다.[40] '신비'의 어의와 연관되어 '신비주의'에 대한 몇몇 학자들의 정의를 살펴보자. 합폴드(Happold)의 정의는 다음과 같다.

> 일반적으로 말해서 신비주의는 모든 종교의 '원료'가 되는 근원을 가지고 있으며 또한 철학, 시, 예술, 음악, 초월의 의식의 영감이다. 또 물질적 현상의 외적 세계의 것이 아닌 그 어떤 것의 영감, 보이는 것 저편, 저 위의 보이지 않는 것의 영감이다. 종교적 신비에는 하나님의 현존에 대한 직접적인 경험이 있다.[41]

언더힐(Underhill)은 신비주의를 삶의 방법으로서 '삶의 완전한 체계'로 정의한다.

> 신비주의는 철학이 아니며 신비한 지식을 추구하는 것도, 단순히 영원한 것을 묵상하는 능력도 아니다.
> 신비주의는 고립된 환상(isolated vision)이나 실재에 대한 순간적인 일

별(一瞥)과 같은 것이 아니다. 오히려 생의 보증과 의무를 수행하는 생의 완전한 방법이요 체계다. … 신비주의는 하나님의 사랑을 완전하게 성취하는 '유기적 과정'(organic process)에 대한 명칭이다. 즉, 지금 여기서 인간의 불멸적 유산의 성취. … 그것은 실재에 보다 높은 차원으로 가는 또 무한자에 보다 가깝게 일체화되는 단계로 가는 '질서 있는 운동'(ordered movement)이다. 그것은 이론이 아니며 실천적이고 중단없이 계속되는 삶에 대한 사랑의 행위다.[42]

그는 또 신비주의를 궁극적 실재, 즉 하나님과 연합하는 예술이라고 정의한다. 기술하기를,

신비주의는 궁극적 실재와 연합하는 예술이다. 신비주의자는 정도의 차이는 있으나 그 연합을 이룬 사람이다. 혹은 그와 같은 연합을 목적으로 하고 이룰 수 있다고 믿는 사람이다.[43]

세트(A. Seth) 교수도 비슷한 견해를 주장한다.

신비주의는 신적인 본질 혹은 궁극적 실재를 이해하고, 지고자(至高者)와 실제적인 교통의 축복을 즐기려고 하는 인간 마음의 노력과 연관되어 나타난다.[44]

정경옥은 "종교적 신비주의의 의의와 가치"에서 다음과 같이 정의한다.

신비주의는 이지(理智), 감정, 직관, 의지 여하를 막론하고 사회 전체로
나 혹은 개아(個我)의 인격적 총전(總全)으로서 우주의 객관적 실재와
직접관계, 즉 합일적 융합을 의식하며 이와 같은 합일의 경험에서만 인
격의 근본 가치와 우주의 절대 목적을 이루고 지식의 객관적 확실성을
얻는다는 것이다.[45]

요약하면 신비주의는 궁극적 실재인 신과 교통하고 합일을 추구하
는 인간 마음의 노력, 인간의 현존에서 하나님과의 직접적으로 일치하
려는 인간 마음의 노력과 연관되어 나타나는 것이라고 할 것이다.
신비주의는 초대교회 수도사들과 알렉산드리아 신학자들, 중세기
신비주의자들에게서 나타난다. 틸리히는 신비주의의 두 형태를 구별
해야 한다고 한다. 즉, "구체적인 신비주의, 곧 구원의 하나님에게
참여하는 사랑의 신비주의와 추상적 신비주의, 곧 유한한 모든 것을
넘어 존재하는 모든 것의 궁극적 근거로 들어가는 신비주의다. 그리스
도교의 신비주의는 사랑의 신비주의다."[46] 신비주의는 성서적, 예언
자적 종교와 일치하며, 비록 신비주의라는 말이 성서에 나오지 않지만
성서 기자들은 민족의 역사적 사건에서 그 구원적 의미와 신비적 차원
을 파악했던 사람들이며, 예언자들은 놀랍고도 황홀한 신비로서 하나
님을 경험한 사람들의 범례라고 할 것이다. 그들의 삶의 목표는 살아
계신 하나님과 연합하는 것이었다.[47]

신비주의와 함께 헬레니즘 시대의 독특한 종교 형태를 가진 '신비
종교'에도 주목할 필요가 있다. 신비 종교는 고대 다산 의식(多産儀式)
에서 기원했으며, 자연의 계절적 변화와 관련된 신화적인 요소들을
포함하고 있다. 다시 말하면 죽음에 대한 공포, 자연의 무서운 위력에

대한 불안 등에서 사람들은 신비 종교를 통해서 정신적 위안을 찾고 있었다. 그 과정에서 발달된 것이 '제의'(cult)다. 그래서 신비 종교를 '제의종교'(祭儀宗教)라 부르기도 한다. 종교의 제의는 철저히 비밀로 행해졌기 때문에 자세히 알 수 없지만, 당시 헬라화된 사회에서는 큰 매력을 지녔었던 것이 분명하다. 그러나 이 종교가 '밀의'(密儀)에 참여함으로써 개인의 심령이 구원된다고 믿을 때 밀의종교(密儀宗教)가 된다. 이 종교도 본래 곡물의 풍요를 기원하는 자연 종교를 기반으로 성립되었다. 밀의종교는 비결(initiation)과 종교적 수행과 실천의 세부 내용을 외부에 밝히지 않기 때문에 알 수가 없다. 이 종교의 가장 큰 특징은 비밀 지식(靈知)의 전수다. 그러나 신비 종교, 제의종교, 밀의종교는 모두 "입과 눈을 닫는다"라는 헬라어 동사 '무오'(muo)에서 유래했다. 밀의종교로서 로마의 디오니소스 밀의종교, 이집트의 이시스 밀의종교, 페르시아의 미드라 밀의종교 그리고 프리기아의 큐벨 밀의종교 등이 있으나 특히 미드라(Mithra) 제의는 선교적인 추진력에 있어서 그리스도교의 가장 큰 경쟁적 제의(祭儀)였다.

신비 종교와 그리스도교와의 관계에 대해서 그리스도교는 신비 종교로부터 적지 않은 영향을 받았다고 한다. 고대 헬라인들이 숭배하던 큐벨(Cybele)의 제의에서 소의 피로 목욕하여 속죄함을 받는 입문식을 그리스도교가 모방하여 세례 의식을 통한 죄 사함의 의식이 되었다는 것이다. 그리스도교의 "신의 수난, 죽음 그리고 부활의 개념"은 신비 종교로부터 유래한 것이며, 신비 종교의 "입문식은 세례 의식, 성례전적 식사는 성만찬 의식, 입문자의 진급 과정은 직제" 등으로 전달되었다고 한다. 특히 초대교회가 예수의 탄생일로 정한 12월 25일은 미드라 제의와 관련된 중요한 이교도의 축제 날이다. 이날은 동지 후에 오는데, 동지는 태양이 다시 차기 시작하여 낮(밝음)이 길어지기 시작하는 날로서 신비 종교와 다산 의식에 관련된 축제의 날이었다. 이교 국가인 로마제국에서 이 축제는 태양으로서 황제의 제의하고도 관련된 중요한 것이었다.[48] 이와 같은 사실은 그리스도교가 그 시대의 신비적 종교에서 영향을 받았음을 보여주는 것이다.

신비주의가 곧 신비 종교일 수는 없겠으나, 신비 종교에는 '신비' 또는 '신비주의'가 그 근본에 자리하고 있다고 할 것이다. 예를 들면 황홀경(ecstasy)은 헬라어 '에크 스타시스'(ek-stasis)의 합성어인데, 그 어의는 "내가 내 밖에 서 있다"는 것이다. 이것이 '신들린다'를 의미하는 종교적 '열광' 또는 '광신'(enthusiasm)과 결합했을 때, 우리는 절대적 하나의 존재인 신과 합일에 이르게 된다. 광신을 뜻하는 헬라어는 '엔 테오스 만니아'(en-theos-mania)다. 이 합일은 신의 수난과 죽음 그리고 부활에의 참여를 의미한다. 이것이 신비 종교의 핵심이다. 그리스도인들은 예수의 수난, 죽음 그리고 부활에의 참여를 말한다.

2) 로마 세계

예수는 로마제국이 지배하는 팔레스타인에서 출생했고, 선교했으며, 그리스도교는 로마제국의 영토에서 그 확장의 역사를 계속하였다. 유대교는 그리스도교를 출산했으나 성장시키지는 못했다고 할 것이다. 초기 그리스도교의 세계는 사해 동포주의적인 로마 사회였다. 그러므로 로마제국의 세계가 그리스도교에 미친 영향은 유대교의 영향과 비교될 만하다. 로마제국이 그리스도교 선교와 그 발전에 준 영향 중에서 중요한 항목들은 제국의 구조적 통일성, 교통수단의 발달,

행정조직, 로마의 법 그리고 실천적이고 도덕적인 가치관 등일 것이다.

로마제국의 보편성은 각 민족의 특성을 없앤다는 소극적인 면보다는 포용성이라는 적극적인 의미가 더 컸다. 그 당시 전 인류라는 관념도 로마의 보편주의에서 온 것이다. 사실 로마제국은 피지배 민족의 전통적인 종교를 비롯하여 문화를 억압하지 않았다. 로마제국에서 그리스도인들이 박해를 받은 제일 중요한 이유는 황제 숭배 때문이었다. 그러나 이것도 종교적인 이유보다는 정치적인 충성심의 척도로 작용한 것이다. 사실 로마제국의 황제 숭배(황제 제의)는 로마에서 기원한 것이 아니라 로마에 들어온 동방 종교의 전통에 의한 것이다.[49]

그러나 그리스도인들이 받은 박해는 제국의 박해만이 아니었다. 켈수스(Celsus)로 대표되는 이교 철학의 박해도 있었다. 그는 당시 플라톤학파의 성향을 보인 지식인 철학자였다. 따라서 그의 견해는 당시 교양 있는 지식인들이 그리스도교를 어떻게 생각하고 있는지를 아는 데 중요한 자료가 된다. 켈수스는 175~180년경에 쓴 『참된 말씀』(*True Word*)이라는 책에서 당시 신흥 종교인 그리스도교를 비판하였다. 그는 그리스도교를 비판하기 위해서 구약성서를 비롯하여 복음서 그리고 경전에 버금가는 교부들의 글을 폭넓게 고찰한 것으로 보인다. 그러므로 그의 그리스도교 비판은 단순히 감정적인 비판이 아니라 기독교 문서와 의식에 대한 비판이었다. 그의 비판은 논리적이고, 철학적이며, 종교적이었다. 그가 『참된 말씀』을 집필한 것은 이 책을 통해서 상류 계층의 사람들이 그리스도교로 개종하는 것을 막고 싶었던 것 같다. 실제로 그의 책은 상류 계층의 사람들이 많이 읽었던 것으로 알려져 있다. 켈수스는 이 책을 통해서 그리스도교인들로 하여금 그들의 종교가 유치하고 부끄러운 것으로 느끼게 하려고 했다.

그러나 그가 이 책을 쓴 것은 당시 그리스도교인들이 하층 계급의 사람들만이 아니었다는 것을 반증한다. 그리스도교가 이미 문화적으로 교양 있는 상류층의 사람들, 즉 영향력 있는 사회 상류 계층에게도 관심의 대상이 되었으며, 침투하여 그대로 방치할 수가 없게 되었다는 것이다. 그리하여 누군가가 그리스도교를 연구하여 그리스도교가 철학적이지 않다는 것을 입증해야 할 필요성이 생겼다. 이 역할을 감당한 사람이 켈수스였다.

켈수스에게 그리스도교는 현실성이 전혀 없는 환상적인 미신과 단편적인 철학의 혼합물로 보였다. 성서는 역사적 문헌의 입장에서 볼 때 모순의 집대성이어서 입증할 수 있는 것이 없다고 비판했다. 이 점에서 그는 첫 성서 역사 비평가였다고 할 것이다. 켈수스에 의하면 예수의 가르침이 독창적인 것이 아니라 대부분은 이미 미스테리아 종교(밀의종교)나 철학자들이 한 말이었다는 것이다. 그리스도교인은 이미 있는 말들을 왜곡시켜서 예수가 처음 말한 것처럼 주장한다는 것이다. 예를 들면 "부자가 하늘나라에 들어가는 것은 낙타가 바늘귀로 들어가는 것보다 어렵다"(마 19:24)는 말씀은 이미 플라톤이 한 말이라는 것이다. "유난히 선한 사람이 유난히 부유해지기는 불가능하다." "보물을 하늘에 쌓아두라…"(마 6:20)는 말씀도 이미 로마의 장군 섹스투스(Sextus)가 했다. "아무도 너희에게서 빼앗아 갈 수 없는 것을 소유하라." "어린아이와 같이 하늘나라를 받아들여야 한다"(막 10:15)의 말씀은 이미 철학자 헤라클레이토스(Heraclitus)가 했다. "왕국은 어린이의 것이다."

그러나 켈수스가 집중적으로 그리스도교에 대해서 비판한 것은 예수의 부활이었다. 그리스도교에서 가장 중요시된 예수의 부활 사건이 부활 신앙을 가진 사람들에 의해서만 증언되었고, 예수의 부활을 처음 목격했다는 사람들도 모두 감정적으로 도취된 여인들이었다는 것을 문제삼았다. 사실 초대교회 교부들도 여성에 대해서 매우 부정적이었다. 여성은 유혹, 마녀, 악마, 질병, 해충, 독과 같이 혐오의 대상으로 접근해서는 안 될 존재로 여겼다. 켈수스는 부활을 믿는 그리스도교인들에게는 맹수에게 잡아 먹혀 죽은 다음에 육체가 되살아나느냐고 조롱하였다. 고대 신비적 종교나 신화에 보면 죽어서 부활한 신인(神人)의 예가 있으며, 예수의 신격화도 고대 신비적 종교에서도 찾을 수 있는 것이기 때문에 결코 예수에게만 있는 독특한 것이 아니라는 것이다. 초대 그리스도교 교부들은 켈수스와 같은 이교 철학자들의 비판과 박해에 그리스도교의 진리를 변증해야 했다. 이때 생성된 것이 교리다.

로마제국의 보편주의는 로마제국의 보편군주제도로 이어져 로마교회의 보편교황제도에 적용되었으며, 로마교회의 조직은 제국의 행정조직을 모델로 한 것이고, 로마의 법은 교회법의 기초가 되었다. 그리고 로마인의 실제적이며 현실적인 사고는 라틴 신학의 특징적 요소로 작용하였다. 오리겐은 로마의 평화 보편주의와 교통의 발달을 하나님에 의해서 준비된 것이라고 하였다.

> 하나님은 그의 가르침을 확산시키기 위해 그런 나라들을 준비하셨다…. 예수는 수많은 왕국들을 로마제국에 병합시킨 아우구스투스 황제(주전 27~주후 14)의 재임 기간 중 탄생하셨다. 적대관계에 있던 왕국들과의 전쟁은 예수의 가르침을 온 세계로 전파하는 데 장애가 되었을 것이다.[50]

이상의 고찰에서 그리스도교가 아무것도 없는 진공 상태에서 싹튼 것이 아니라 팔레스타인과 헬라-로마 세계의 역사 속에서, 역사와 더불어 그리고 역사에 영향을 받고 주면서 생성하고 발전된 것이 분명해졌다. 그리스도교는 처음부터 기존의 세계 속에서 도전과 응전 그리고 발상의 전환을 통하여 생성되고 발전하였다.

3. 예수에 대한 신약성서의 증언

유대교의 세계와 헬라-로마의 세계가 없었다면 그리스도교의 사상 형성과 발전은 불가능했을 것이다. 그러나 그리스도교는 유대교도 헬라 철학도 로마다운 사상 그 자체는 아니었다. 그리스도교는 기존의 세계를 그 요람으로 한 것은 사실이었으나 그 세계의 가치관과 세계관을 초월하고 극복한 새로운 종교였다. 이것을 가능하게 한 것이 성서, 특히 신약성서의 증언이었다. 그러므로 신약성서야말로 그리스도교 사상 형성을 위한 결정적인 자료요 전거다. 초대교회가 비록 신약성서의 정경(canon) 작업을 4세기경에 와서야 확정했다 해도 처음부터 교회는 사도들의 글을 수집했으며, 그것들은 '신앙의 규범'이나 '그리스도교 진리의 규범적 표준'으로 권위를 부여하고 있었다. 그러나 신약성서의 증언과 신학의 검토는 사상사의 분야가 아니다. 그러므로 우리는 그리스도교의 근거인 예수에 대한 신약성서적 범주만을 살펴보려고 한다. 성서 기자들은 이미 예수를 그리스도론적이며 종말론적으로 이해하고 있었다.

예수는 누구인가? 이 질문은 그리스도교의 핵심이다. 복음서에 의하면 예수도 제자들에게 "너희는 나를 누구라고 하느냐?"고 물었다

(막 8:29). 신약성서는 예수에 대한 여러 가지 이미지를 적용한다. 예를 들면 '하나님의 계시자'(마 11:27), '하나님의 율법의 해석자'(마 5:22, 28, 34), '죄인의 친구'(마 9:10-13; 11:19; 눅 19:5-10), '안식일의 주인'(막 2:28; 요 5:9), '하나님의 어린양'(요 1:29), '자기를 비운 자'(빌 2:7) 등이다. 그러나 이 모든 것은 신약성서 기자들이 예수에 대해서 고백한 '그리스도로서 예수'에 함축되어 있다. 그들은 주변의 종교로부터 범주를 받아들여 '그리스도로서 예수'의 빛에서 그것들을 재해석하여 예수에게 적용하였다. 이것을 틸리히는 "받아들임"과 "변화"의 두 단계라고 한다. 신약성서 기자들은 예수의 출현 사건을 이해하고 해석하여 증언하는데, 그들이 사용한 범주들은 주변의 다양한 종교와 구약성서 그리고 신·구약 중간 시대에서 발전해 온 범주들이었다. 그리고 그 과정에서 그 범주들의 의미가 달라진 것이다. 여기서 그 호칭들의 "적절함"과 "부적절함"이 나타난다.

틸리히는 예수에게 적용하여 사용된 범주들, 예를 들면 '메시아', '인자', '다윗의 아들', '하나님의 아들', '큐리오스'(kyrios), '로고스' 등이 적절하기도 하고 부적절하기도 하다는 것이다. 제자들이 처음부터 예수에게 적용했으며(요 1:41), 베드로의 신앙고백으로 분명해진 '메시아'(막 8:29) 칭호는 고대 예언자의 상징이다. 이 상징이 예수에게 적용되었을 때 적절한 개념인 것은 예수가 새로운 존재의 실현 곧 새로운 시대를 열었기 때문이다. 그러나 다른 한편 '메시아'라는 말에는 예수의 실제적인 모습으로는 표현할 수 없는 많은 언외적(言外的) 의미가 함축되어 있기 때문에 부적절한 개념이라는 것이다. 복음서에 의하면 예수는 이 칭호를 자기에게 적용하는 것을 비밀리에 붙이도록 명령한다(막 8:30). 메시아의 비밀이다. 틸리히에 의하면 예수가 그 칭호의 이중적 성격을 알고 있었기 때문에 그 칭호를 금지했다는 것이다.

'다윗의 아들'(마 15:22; 막 10:47)의 경우도 마찬가지다. 예수가 모든 예언의 성취자라고 생각되는 한에서 이 칭호가 예수에게 적용되는 것은 적절하다. 그럼에도 불구하고 다윗은 왕이었기 때문에 다윗의 아들은 정치적 지도자나 왕을 가리킬 수가 있다는 점에서는 부적절하다. 복음서에 따르면 예수는 다윗이 메시아를 자신의 주라고 불렀다는 것을 상기시키면서 어떻게 그리스도가 다윗의 자손이 될 수 있느냐고 반문한다(막 12:37).

예수에게 '하나님의 아들'이라는 칭호가 붙여지는 경우는 여러 가지다. 예수가 세례를 받았을 때 하늘에서 "내 사랑하는 아들"이라는 음성이 들렸다(막 1:11). 예수가 시험을 받을 때 사탄이 "네가 하나님의 아들이면…" 하고 말한다(마 4:3). 대제사장이 "네가 하나님의 아들 그리스도냐?" 하고 묻는다(마 26:63). 귀신이 "더없이 높으신 하나님의 아들"이라고 부른다(눅 8:28). 나다나엘이 예수에게 "하나님의 아들, 이스라엘의 왕"이라고 한다(요 1:49). 바울도 예수를 하나님의 아들이라고 선포한다(행 9:20). 예수가 하나님이 자기 아버지라고 한다고 유대인들은 예수를 죽이려고 한다(요 5:18). 귀신이 예수를 "당신은 하나님의 아들"이라고 하자 예수는 그 명칭을 금하셨다(눅 4:41). 예수에게 붙여진 이 칭호가 예수와 하나님과의 특별한 관계나 친밀하고 영적 사귐을 나타낼 때는 적절하지만, 동시에 이 말이 예수에게 적용되는 것은 부적절하기도 하다. 당시 이교의 신들은 땅에 아들들을 번식시킨다는 신 개념이 널리 알려져 있었다. 신의 아들들과 구별하기 위해서 예수에게는 '독생자'라는 말이 첨가되었다. 그러나 유대교의 배경에서 '하나님의 아들'은 하나님 자체, 하나님과 동등한 존재로 이해되었다

(요 5:18). 사실 이 때문에 유대인들이 예수를 죽이려고 했던 것이다. 대제사장의 질문도 그와 같은 연관에서 물은 것이다. 그러나 예수는 메시아로서 하나님의 아들이라는 것이 알려지는 것을 금하셨다(눅 4:41).

신약성서에서 예수와 관련된 호칭 중 그리스도교 신학 발전에 가장 중요한 용어는 '로고스' 개념이다. 이 용어는 고대 헬라 철학 시대부터 여러 가지 의미로 사용되었다. 로고스의 어원은 헬라어의 '로게인'(logein)인데, 그것은 '모으다'라는 뜻을 가진 '레그'(leg)가 그 뿌리다. '모으다'에서 '질서 있게 하다', '수를 헤아리다', '말하다' 등이 파생되었고, 그 명사인 '로고스'도 수집, 목록(katalogos), 말, 설명 등 여러 가지 뜻으로 사용되었다. 합리주의 정신을 추구하는 헬라 철학자들에게 이 말은 매우 매력적이었다. 헤라클레이토스(Herakleitos)는 이 말의 철학적 개념으로 "만물을 지배하는 법칙"이라고 했다. 그 후 소크라테스, 플라톤, 아리스토텔레스에 이르는 철학자들에 의해서 '로고스'는 '사고능력', '척도', '이성', '인간 정신' 등으로 규정지어졌다. 이것이 "세계를 합목적적으로 지배하는 법칙"으로 이해된 것은 헬레니즘 시대의 스토아학파에 의한 것이었다. 이때부터 이 말이 신적 개념으로 변화되었고 알렉산드리아의 유대인 철학자 필로는 로고스를 초월적 신과 세계와의 매개자로 간주하였다.[51] 이것이 요한복음 기자에 의해서 성서적 의미로 사용되면서 선재하는 그리스도에게 적용하는 명칭이 되었다. 그 이후 초대 교부들에 의해서 그리스도론과 삼위일체론의 중요한 용어로 사용된 것이다.

틸리히는 '로고스'의 개념이 실재하는 모든 형태에서 나타나는 하나님의 보편적 자기 현현(顯現)을 표현하는 한 적절하다고 한다. 사실 그 말은 헬라 철학에서 우주적 창조 원리였고, 초대 그리스도인들에게 히브리어 '다바르'(dābār)에 해당하는 헬라 말이다. 구약에서 하나님은 말씀(다바르)으로 우주를 창조하셨고, 인간과 관계하셨으며, 말씀으로 그의 뜻을 전달하셨다. 그럼에도 이 칭호가 부적절한 것은 로고스는 우주적 원리인 데 반해서 예수는 하나의 구체적인 현실 존재이기 때문이다. 이 말로 예수의 구체적인 인격적 삶을 기술한다는 것은 적절하지 않다는 것이다. 더욱 보편적 로고스가 육신(사람)이 되었다는 사상은 헬라 철학에는 전혀 없는 그리스도교의 매우 독특한 사상인 것이다. 우리는 여기서 많은 것을 함축하고 있는 용어의 의미가 그리스도교의 메시지를 표현하는 데 어떻게 전용될 수 있는지를 보여준 가장 좋은 예를 발견하게 된다.[52]

틸리히의 아래와 같은 결론은 주목해야 할 것이다. "신약성서의 위대함은 종교사에서 발전해 왔던 말, 개념 그리고 상징들을 사용하여 예수를 해석했으나 동시에 예수의 상(picture)을 파괴하지 않고 보존할 수 있었다는 데 있다."[53] 그러나 신약성서는 후대교회에서 볼 수 있는 것과 같은 공식적이고 체계적인 교리를 형성하고 제공하려고 한 것이 아니라 교리 형성을 위한 원리를 진술하고 표준을 마련하려고 한 것이다.

미주

1 사도 바울은 "때가 찼을 때"(갈 4:4)에서 '크로노스'를 사용하고 있다.

2 Robert Young, *Young's Analytical Concordance to the Bible* (Grand Rapids: WM, B. Eerdmans Publishing Co., 1936).

3 W. Walker, *A Hist. of Christian Church* (New York: Charles Scribner's Sons, 1959), 3.

4 John Foster, *Church History I : The First Advance A.D. 29-500*, 심창섭 · 최은수 옮김, 『새롭게 조명한 초대교회의 역사』 (서울: 웨스트민스터 출판부, 1998), 14.

5 왕상 6:1, 37-38. 솔로몬왕의 재위 기간은 주전 961~933이다.

6 주전 957년에 성전 건축이 완공되었다는 설도 있다.

7 그의 재위 기간은 주전 175~164년이며, 안티오쿠스 에피파네스(Antiochus Epiphanes) 이다. 그의 별명은 '미친 사람'이다.

8 Otto Eisfeldt, *The Old Testament : An Introduction* (1965), 158-241.

9 토빗서 12:8; 14:9; 바룩의 묵시록 45:2; Otto W. Heick, *A Hist. of Christian Thought* vol. I, 31.

10 주전 2세기경 엄격한 율법주의적 생활을 추구한 유대인들을 가리키는 말이다. 그 뜻은 '경건한 사람', '거룩한 사람'이다. Hasidhim으로 표기하기도 한다. 안티오쿠스 4세의 헬레니즘화 정책에 항거 경건한 율법주의적 생활을 강조했다. 바리새파와 에세네파는 하시딤에서 기원했을 것으로 생각한다(1마카비서 2:29).

11 마 5:20; 15:1; 23:29; 눅 5:21, 30; 15:2; 요 8:3; 행 23:9 등.

12 G. F. Moore, *Judaism in the Rirst Centuries of the Christian Era* (Cambridge: Harvard University Press, 1954), 1:56-71; J. L. González, *A Hist. of Christian Thought*, vol. I, 31, n. 8.

13 '의로운 사람'이라는 뜻의 사독은 아론의 자손(대상 6:3-8)으로 예루살렘의 유력한 제사장 가족의 시조가 되었다(대상 4:6). 그는 다윗을 도운 제사장으로(삼하 8:17; 대상 12:28) 법궤를 예루살렘으로 옮기는 일을 도왔다(대상 15:11-13) 압살론의 반역 때 다윗을 지지했으며(삼하 15:24-36), 솔로몬에게 기름 부어 이스라엘의 왕이 되게 하였다(왕상 1:32-46). 그는 솔로몬왕에 의해서 제사장이 되었다(왕상 2:35).

14 James Hastings, ed., *Dictionary of the Bible* (New York: Charles Scribner's Sons, 1954), 818. 곤잘레스도 사두개파에 대한 우리의 지식은 신약성서, 이들에 대해서 적대적이었던 탈무드, 이들에 대해서 동정적이 아니었던 요세푸스의 글들을 통해서 뿐이라고 한다. *op. cit.*, 31, n.9. 요세푸스(F. Josephus, 37~100)는 『유대인 전쟁사』, 『유대 고대사』 등을 썼다.

15 에세네에 관한 고대 자료는 유대인 철학자 필로의 글과 요세푸스의 『고대사』 그리고 플리니(Pliny)의 글에 의존한다. J. L. Gonzalez, 앞의 책, 33, n.13과 James Hastings, 앞의

책, 238을 참조.

16 발견된 문헌 중 가장 귀중한 것의 하나가 최고(最古)의 구약성서의 사본 '사해사본'(Dead Sea Scrolls)이다. 이 문헌은 주전 2세기에서 주후 1세기의 것으로 추정되어 그 역사적 가치가 크다. 사해문서는 주후 70년 로마와의 싸움에서 로마인들의 약탈을 피해 쿰란동굴에 숨겨둔 것이다. 이 동굴이 그들의 정착지이기 때문에 에세네파를 '쿰란 공동체'라고도 한다.

17 그리스도교대사전편찬위원회, 『그리스도교대사전』 (대한기독교서회, 1972), 712.

18 이 항목은 기독교문사편, "에세네파," 『기독교백과사전』, vol. 11 (1984), 239-248; "사해 두루마리", 『기독교백과사전』, vol. 8 (1983), 635-656; James Hastings, 앞의 책, 238-239 등에 의존한 것임.

19 기독교문사, "디아스포라," 『기독교대백과사전』, vol., 4 (1981), 831-832.

20 Josephus, *Antiquitate Judaicae*, xiv, 7, 2. 위의 책, 831에서 재인용.

21 Adolph von Harnack, *The Mission and Expansion of Christianity in the First Three Centuaries* (New York: Harper & Brothers, 1961), 1-18; K. S. Latourette, *A History of the Expansion of Christianity* (New York: Harper & Brothers, 1937-1944), vol., I, 31-43.

22 본래 이름은 『70명의 장로들에 의한 해석』이다. 그러나 LXX는 제작 과정이 1세기 이상 걸린 것 같으며, 번역자들 사이에도 방법에 많은 차이를 보인 듯하여 단일한 표준 번역판이 있었는지에 대해서는 논란이 많다. LXX에는 90년경에 완성된 히브리어 구약성서에 없는 책들도 포함되어 있다. J. L. Gonzalez, 앞의 책, 38-39, n. 28.

23 *Exegesis of the Law of Moses*와 *The Wisdom of Solomon*. Otto W. Heick, 앞의 책, 31.

24 셉투어진트(Septuagint)라고도 하며, 주전 270년경 완성된 가장 오래된 헬라어 역 구약성서다.

25 J. L. Gonzalez, 앞의 책, 43-44; J. L. Neve & Otto W. Heick/서남동 옮김, 『기독교교리사』, 71-72.

26 Gonzalez, 위의 책, 42에서 재인용.

27 Kenneth S. Latourette, *A Hist. of Christianity* (New York: Harper & Brothers, 1953), 18-19.

28 P. Tillich, 앞의 책, 3.

29 뉴턴(I. Newton, 1642~1727)의 과학 방법과 존 로크(John Locke, 1632~1704)의 인식론을 기초로 해서 인식이 생겨날 때 정신작용을 설명하려고 했다. 그는 경험을 떠나서는 어떤 인식도 불가능하다고 주장했다.

30 15세기 중반에 이탈리아 피렌체(Firenze)에서 플라톤 철학을 연구하던 피치노(Marsillio Ficino, 1433~1499)가 주도한 철학과 고전을 연구하던 인문학자들이 결성한 플라톤 아카데미(Platonic Academy)도 회의주의의 요소들을 받아들였다. 이들이 이탈리아 르네상스에 끼친 영향은 매우 크다.

31 P. Tillich, 앞의 책, 4.

32 고대 헬라, 이른바 전(前) 소크라테스 철학자로서 "같은 물에 두 번 들어갈 수 없다"는 말로 유명하다. 그는 그 어떤 것도 안정되거나 머물러 있지 않는다고 생각했다. 생성과 변화를 강조한 철학자다.

33 P. Tillich, 위의 책, 7.

34 J. L. González, 앞의 책, 50.

35 P. Tillich, 앞의 책, 6.

36 Otto W. Heick, 앞의 책, 26-27에서 재인용.

37 P. Tillich, 앞의 책, 8; Otto W. Heick, 위의 책, 28.

38 Harvey D. Egan, *Christian Mysticism* (Minnesota: The Liturgical Press, Collegeville, 1984), 1, 3.

39 F. C. Happold, *Mysticism : A Study and an Anthology* (New York: Penguin Group 1990), 36-37.

40 위의 책, 18.

41 F. C. Happold, 위의 책, 18-19.

42 Evelyn Underhill, *Mysticism* (New York: Dutton, 1961), 76, 81-82.

43 F. C. Happold, 앞의 책, 38에서 재인용.

44 위의 책.

45 정경옥, "종교적 신비주의의 의의와 가치," 「신학세계」, 7권 4호 소화 7년, 15.

46 P. Tillich, 앞의 책, 173-174.

47 Harvey D. Egan, 앞의 책, 16-19.

48 J. L Gonzalez, 앞의 책, 56-57. 페르시아의 '미드라'는 '빛의 신'으로 묘사된다. 4세기 그리스도교는 그리스도가 '의의 태양'이라는 근거에서 12월 25일을 예수의 탄생일로 정했고, 그러나 이집트에서는 디오니시우스의 현현일인 1월 6일을 예수의 생일로 간주한다. 위의 책, 56-57, n. 65, 68.

49 J. L.Gonzalez, 위의 책.

50 John Foster/심창섭·최은수 옮김, 『새롭게 조명한 초대교회의 역사』 (서울: 웨스트민스터출판사, 1998), 19에서 재인용. 제국의 교통수단에 관해서는 같은 책, 19-23에 있음.

51 허욱 편집, "로고스," 『세계철학대사전』 (성균서관, 1977), 260.

52 예수에게 붙여진 칭호의 적절함과 부적절함의 내용은 P. Tillich, 앞의 책, 14-15에 주로 의존한 것임.

53 P. Tillich, 위의 책, 16.

제1장 초대 그리스도교 사상 형성 배경 | 95

제2장

사도 교부들의 신학

I. 교부의 정의와 교부학

사도 교부들의 신학에 들어가기 전에 교부에 대한 정의와 이들을 연구하는 교부학에 대한 간단한 설명이 필요하다. '교부'(Pater)란 명칭은 고대 그리스도교의 신앙에 대하여 특별히 권위적인 증인으로 교회에 의하여 인정된 그리스도교의 저술가들을 가리킨다. 그래서 공의회에 참석한 주교들이라는 광의의 의미로 사용되는 것과 구별하기 위해서 '교회의 교부'(Pater Ecclesiae)라는 용어를 사용하기도 한다. 교회의 교부는 일찍부터 그리스도교 전통의 증인으로서 감독들에게 적용되어 왔다. 그러므로 그 말은 순전히 교회의 근원을 가진 말이다. 신자들이 감독과 스승에게 드린 존경의 칭호다. 자기의 영적인 인격(품격)이 스승에 의해서 성장되었다고 생각할 때, 그 스승을 '아버지'라고 불렀다. 사도 베드로는 "나의 아들 마가"라고 하였다(벧전 5:13). 사도 바울은 "그리스도 안에서 일만 명의 스승이 있을지 몰라도, 아버지는 여럿이 있을 수 없다. 그리스도 안에서 복음으로 내가 여러분을 낳았다"라고 한다(고전 4:15). 서머나의 감독 폴리캅(Polycarp, c. 69~155)은 이교도와 유대인들로부터 "아시아의 스승, 그리스도인의 아버지"라고 불렸다.[1] 리용의 순교자들이 로마의 감독에게 보낸 서신(177~178)에서 그들은 로마의 감독을 '자유의 아버지'(pater eleuthere)라고 불렀다.[2] 약 251년경 카르타고의 감독 키프리안(Cyprian of Carthage, d. 258)은 '키프리안 아버지'(Cypriano Papae)라고 쓰여진 서신을 받은 바가 있다.[3]

이때부터 교부라는 명칭의 사용은 확정되었고, 감독이 죽은 후에도 박탈하지 않았다.[4] 그러나 4세기 말경부터는 교회 교리의 증인으로서 예증될 수 있는 특별한 권위를 가진 교회의 저술가들에게 한정되어 사용하게 되었다.[5] 교회 전통의 증인으로서 지난 시대의 감독들은 교부의 명확한 실체가 되었다. 5세기 후반에 와서는 일반적으로 감독들에게만 그 명칭이 붙여졌는데, 이 통례를 깬 것은 어거스틴이었다. 어거스틴은 제롬(Jerome, c. 342~420)이 비록 감독은 아니지만, 원죄에 대한 교회의 가르침의 증인으로서 그의 학문과 고결함을 이유로 이 명칭을 그에게 사용한 것이다. 이렇게 교회 교리의 증언자의 범위가 감독이 아닌 저술가들에게까지 확대되자 '교부'라는 명칭에 대한 표지 (marks)를 설정하게 되었다. 그것은 다음 네 가지다.

(1) 정통 교리(doctrina orthodoxa)다. 이것은 절대 무오라는 의미에서가 아니라 정통 교회에 교리적으로 충실해야 한다는 의미에서다. (2) 거룩한 생활(sanctitas vitae)이다. 그리스도인들의 존경을 받을 성자의 삶을 사는 것, 즉 거룩한 덕이 있어야 한다. (3) 교회의 승인(approbatio ecclesiae)이 있어야 한다. 전승된 교회의 문서나 회의에서 인증을 받아야 한다. 예를 들면 교황 켈레스틴 1세(Celestine I, 429~432 재위)의 문헌에는 다음과 같은 내용이 있다. "어거스틴은 항상 우리와 통교 속에 있고, (그에 대하여) 정통 교리를 거스르는 어떠한 의심도 있을 수 없다. 그의 학문은 이미 우리의 선임자들에 의해 놀라운 스승들의 수에 포함된 것이다."[6] (4) 고대성(antiquitas)이 있어야 한다. 사실 교회의 교부는 그리스도교가 시작되고 교리가 형성되어 가는 때에 속한 이들이기 때문에 고대성은 당연한 것이다.[7]

그러므로 정통 교리와 거룩한 생활의 표지들이 없는 고대성의 모든 신학 저술가는 '교부'들과 구별하여 '교회의 저술가'라고 부르게 되었다. 교회 교부들 집단은 교회의 박사들, 즉 모두가 고대성의 표지는 없으나 그 대신 특출한 학식(enimens erudition)이 있고 교회의 선언을 분명히 하는 교회의 박사들(Doctors of the Church)과 부분적으로 일치하기도 한다. 교부들의 권위는 그들의 문학적 중요성 때문만이 아니라, 특히 신앙의 근원에 대한 가르침과 전통의 수호 때문이다. 개별적 교부의 권위는 그의 학식과 거룩성, 다른 교부들과의 관계 그리고 성직자 계급에 있어서의 그의 위치에 의존한다.

교부학(patrology)이라는 명칭은 루터교 신학자인 요한 게르하르트(Johannes Gerhard, d. 1637)가 그의 사후 1653년에 출판된 그의 책 *Patrologia*에서 처음으로 사용되었다.[8] 알타너는 "교부학은 신앙적인 신지식에 봉사하는 학문이다. 그러므로 교부학은 신학의 한 가지이다. 그리고 교부학은 정통 교회의 교리의 증언자들인 교부들의 저술을 '역사학'의 방법론적 원리에 따라서 취급한다"라고 했고,[9] 캄펜하우젠은 교회 교부라는 말은 초대교회의 바른 신앙을 가진 저술가들을 표현할 때 사용된 술어라고 하면서, "교부학의 임무는 교부들의 문학적 신학적 성취를 조사 연구, 평가하면서 설명하는 일이다"라고 했다.[10] 대개 2세기부터 8세기까지 주도적으로 활동했던 초대교회의 신학자들의 삶, 저술 그리고 사상을 연구하는 학문이다. 그러므로 그들의 저술은 그리스도교 신학과 교리의 발전을 이해하는 데 근본적인 것이다. 교부들은 정통 교회를 변증하기 위해서 글을 썼기 때문에 그들의 글에는 그들의 가르침, 사상이 나타나 있다. 그러나 여기서 주의할 것은 '교부 증언'(Fathers-witness)의 가치는 신학적이며 교리적인 교회 전통에 의해서 결정되는 것이지 문학적 관심에 의해서 결정되는 것이 아니라는 것이다. 그럼에도 불구하고 제롬의 관례를 따르면 교부학의 범위는 고대 그리스도교 문학사뿐만 아니라 교회 밖의 저술가들의 작품까지 포함시켜야 한다. 왜냐하면 교부들의 글과 문화적 문학적 관점에서 조명하는 이교도의 저술 사이에는 밀접한 관계가 있기 때문이다. 더욱 특별한 것은 신학사와 교의학의 구조 안에서 교부들은 이교도의 주장에 크게 자극 받았던 것이다.

교부들의 가르침의 가장 중요한 전거는 교회의 전통(tradition)과 성서다. 전통과 성서는 초대교회에 있어서 원초적인 '권위의 소재'였다. 정통성은 전통과 일치해야 했다. 교부들은 이 권위의 소재 위에서 그들의 가르침을 했으며, 동시에 그 권위의 소재를 해설하고 설명했다. 여기에 교부들의 권위가 있었다. 그들은 복음서나 서신들, 묵시록을 기록한 저자들이 아니라 전승된 것에 대한 해석자들이고 변증가들이다. 그들의 가르침의 권위는 그들의 교훈이 사도들로부터 전해진 전승에 따라 이루어졌다는 사실에서 온 것이다. 물론 교회의 교부들은 '교회의 박사'로서 권위가 있는 스승들이며, 그리스도교 철학자들이고, 하나님의 구원의 계시가 있는 계몽적 해석자들이다.

정통 교회에 있어서 이들의 권위는 그들의 문학적 중요성 때문만이 아니라 그들이 믿음의 근원으로서 '전통' 위에서 교회의 가르침을 했기 때문이었다. 개별 교부의 권위는 그의 학문과 거룩함, 다른 교부들과의 관계, 교회 성직 계급 제도에서의 위치 등에 의존한다.[11]

주후 180년경까지 교부들의 언어는 헬라어였다. 이 언어는 동방 전체에 걸쳐서 최소한의 교육을 받은 사람이면 이해할 수 있는 언어였으며, 로마와 그 외 이탈리아, 아프리카, 남 고올 지방에서도 이해할 수 있는 언어였다. 이 언어는 점점 발전하여 풍부한 그리스도교 사상을 전달하는 매개체가 되었다. 서방에서는 지금의 로마 동남쪽에 있던 나라 라티움(Latium)의 언어가 3세기 서방 교부들의 보편적 언어가 되기까지는 오랜 시간이 걸리지 않았다. 그런데 라틴어도 그리스도교의 창의적인 힘의 영향으로 변화하였다. 이미 터툴리안(Tertullian, c. 160~220)은 헬라어의 어휘, 대중 연설 그리고 법적 용어로부터 라틴어의 표현 능력을 증가시켰고 풍부하게 하였다.

초기 교부들은 사도들의 동시대인들과 같이 아테네풍의 우아한 방언인 아티카족(Attic)의 방언을 쓰지 않고 알렉산더 대왕 때 발전한 '코이네 방언'(koine dialektos)을 사용하였다. 헬라어의 고대 삼대 방언은 도리스 방언(Doric), 아이올리스 방언(Aeolic) 그리고 이오니아 방언(Ionic)이다. 주전 5세기경 이오니아족에서 나온 아티카족의 방언이 점점 발전하였다. 그것은 그 방언이 산문의 용어로 적합했기 때문이었다. 이 방언의 전성기는 아테네의 용어가 되었을 때였다. 그러나 이 방언이 세계적인 용어가 될 수 있었던 것은 주전 4세기 중엽 마케도니아 왕 필립이 그의 아들 알렉산더와 함께 세계를 정복하면서 이 방언을 보급시켰기 때문이었다. 이 방언이 알렉산더 이후 코이네라고 부르게 되었고, 주전 300년경부터 주후 500년경까지, 즉 초대 그리스도교 역사가 끝날 때까지 헬라 세계에서 가장 널리 사용된 용어가 되었다. 신약성서, 70인역(LXX), 바울의 로마서도 이 방언으로 쓰였다.

처음 그리스도교 저술가들은 좁은 의미의 문학 작품을 구상하지 않았다. 그들의 관심은 삶의 새 의미를 제공하고 나타내는 것이었다. 그래서 그들 대부분은 헬라 문화와 문학과 접촉하지 않았으며 문학 형식에도 애착을 두지 않았다. 그러나 그리스도교의 발전과 함께 비례하여 헬라어의 영향도 증가하였다. 따라서 후기 교부들은 수사학, 헬라 철학의 영향을 크게 받으면서 저술 활동을 하였다. 그리하여 나지안주스의 그레고리(Gregory of Nazianzus, 329~389), 요한 크리소스톰(John Chrysostom, c. 347~407)같은 교부들은 후기 헬레니스틱 문학의 가장 빛나는 대표자들에 속한다.[12] 이 교부들에 의해서 그리스도교의 유산과 서양 문명의 바탕이 된 고전적 유산이 결합할 수 있었다.[13]

교부들의 분류는 사용한 언어에 따라서는 헬라 교부, 라틴 교부로 분류하며, 시대에 따라서는 사도 교부들(the Apostolic Fathers, 약 95~150년경까지), 변증가들(the Apologusts, 150~200년경까지), 니케아 이전 교부들(the Ante-Nicene Fathers, 185~325년까지), 니케아 이후 교부들(the Post-Nicene Fathers, 325년 이후)로 분류한다. 교부 시대는 동방에서는 다마스쿠스의 요한(John of Damasscus, c. 700~753)에서, 서방에서는 세빌레의 이시도레(Isidore of Seville, c. 560~636)에서 끝난다.[14]

II. 사도 교부의 정의, 생애 그리고 저작 개요

원시 그리스도교의 시대가 끝나면서 그리스도교는 새로운 국면을 맞게 되었다. 그것은 첫째로 그리스도교에게 주어진 시대적 과제로 유대교와의 갈등과 함께 이교도와의 갈등을 극복하고 해소해야만 했다. 그리스도교는 선교 활동을 통해서 이교도에게도 그리스도교 신앙의 긍정적인 요소를 강조할 필요성이 생기게 된 것이다. 다음으로 그리스도교는 신흥 종교의 특성인 열광적인 환상이 점차 사라지면서 조직체로서 교회의 통일을 이루고 교회 생활을 안내하는 일정한 규율, 질서, 교육을 위한 교리적 개념들을 정립해야만 했다. 이와 같은 그리스도교의 과제는 사도 바울의 서신에서도 나타난다. 고린도전서에서 바울은 교회 안에서 동요를 일으키고 있는 "성령의 은사를 지닌 사람들"(12:1 이하)의 문제에 직면하였다. 그래서 그는 특히 목회서신에서 성령뿐만 아니라 그와 함께 질서를 강조하였다. 이것이 1세기 말부터 나타난 그리스도교의 두드러진 현상이었다.

　이 시대에 쓰인 그리스도교의 작품으로서 신약성서 정경에 포함된 문서를 제외하고 가장 초기의 저작들은 '사도 교부들'(Apostolic Fathers)의 글들이다. 그러므로 '사도 교부'란 시대적으로 신약성서 시대를 바로 계승한 속사도 시대(續使徒時代)의 그리스도교의 저술가들이라고 할 것이다. 이들을 '사도 교부'라고 부르는 것에 대한 다른 설들이 있다. 그 하나는 그들이 사도들과 직접적인 교제가 있었거나 그들의 제자들이었다는 설과 다른 하나는 그들이 사용한 용어와 그들의 글들이 서신 형식의 글들이라는 점 그리고 그들의 사상이 원(原) 사도들과 맥을 같이 하고 있기 때문이라는 설이다. 이 두 설 중에서 후자가 더 설득력이 있다고 할 것이다. 사도 교부들의 활동 기간에 대해서 대부분의 학자는 주후 90~140년(또는 150년)으로 보고 있다. 그러므로 사도 교부들은 사도 시대와 고(古) 가톨릭 시대(Old Catholic Age)를 연결하는 역할을 하였다고 볼 수 있고, 교리사의 출발점을 마련해 주었다고 할 것이다.[15]

　'사도 교부'라는 명칭은 17세기에 처음으로 사용되었으나, 그 범주에 포함시키는 목록들에 대해서는 일치하지 않는다. 그러나 대부분의 학자들이 공통으로 포함시키고 있는 목록은 다음과 같다. 이 목록은 사람 이름으로 표기하기도 하고 문서 이름으로 표기하기도 한다.

1. 로마의 클레멘트(c. 30~101)

허황되고 쓸모없는 생각들을 버리고 우리 전통에 대한 규범과 영광과

존경에로 나아가자.[16]

사도들은 주 예수 그리스도에 의하여 복음을 통하여 교육을 받았다. 예수 그리스도께서는 하나님으로부터 파견되셨고, 사도들은 그리스도로부터 파견되었다. 따라서 양자는 하나님의 의지에 의해서 질서정연하게 진행된다.[17]

88년부터 97년경에 로마의 감독으로 재직하고 있었던 것으로 추측되는 클레멘트(Clement of Rome)는 베드로 이후 세 번째 로마의 감독이었다. 그는 고린도교회에 편지를 썼는데, 그것이 『클레멘트 제1서신』이다. 그러나 이것은 감독 클레멘트가 개인적으로 보낸 편지가 아니라 로마교회가 고린도교회에 보낸 것이다.[18] 클레멘트라는 이름은 로마교회의 대표자임을 나타낼 뿐이다. 이 편지는 고린도교회의 분열을 염두에 두고 쓴 것이기 때문에 감독의 권위와 교회의 일치가 그 중심적 내용이라고 봐야 한다. 고린도교회는 이미 사도 바울도 염려하여 편지를 썼듯이 분열을 보이고 있었는데, 지금 또다시 '성령파들'이 성령의 자유를 위한 논쟁으로 교회 권위에 반대하고 나섰다. 이것을 클레멘트는 "비천한 자들이 고귀한 자들에게 대항하여 일어나고, 덕망 없는 자들이 덕망 있는 자들에게 대항하고, 어리석은 자들이 현명한 자들에게 대항하고, 젊은이가 장로들에게 대항했다"고 쓰고 있다.[19] 그러므로 이 편지의 모델은 고린도전서라고 할 것이다. 이 서신에는 도덕적인 교훈도 있고 약간의 신학적인 주제들도 있기는 하지만, 가장 중요한 내용은 고린도교회의 분열을 로마 감독을 중심으로 일치시키려는 것이다. 그러므로 이 편지는 감독의 권위와 교회의 일치가 그 핵심적 내용이라고 봐야 할 것이다.

클레멘트는 분열을 가져오는 악덕과 일치를 공고히 하는 덕을 위해서 구약성서가 보여주고 있는 복종, 친절, 겸손과 스토아철학의 우주의 본질적 조화 이론을 근거로 제시한다. 그는 에녹의 순종, 노아의 충성, 아브라함의 말씀에 복종을 언급하면서 일치의 덕목을 권고한다. 클레멘트는 스토아철학에서 말하는 조화 또는 일치(homonoia)라는 주제에 근거한다. 조화는 모든 창조물에 나타나 있다. 그것은 만물을 창조한 하나님의 품성이 조화이기 때문이다. 하나님은 우주의 '데미우르고스'(dēmiourgos)다.[20]

클레멘트의 하나님 이해는 삼위일체적이며, 그의 그리스도론은 선재하는 그리스도다. 교회 감독의 권위는 사도적 계승에 근거한 권위이며, 교회를 지도할 책임 있는 사람들은 '감독과 집사'이다. 그런데 그는 '감독'을 '장로'라고 언급하기도 한다. 이것은 아직 감독과 장로의 분명한 구별이 없었기 때문이었을 것이다.[21]

2. 안디옥의 이그나티우스(c. 35~107/117)

안디옥의 이그나티우스(Ignatius of Antioch)는 자신을 테오포로스(Theophoros)라고도 기술하는데, 이것은 '하나님의 사자(使者)', '하나님에 의해서 태어난 자'를 의미하는 헬라어다. 그는 안디옥의 감독이었으나 개종하기 전에는 이교도였고, 그리스도교인들을 박해하였다. 그러나 그가 로마로 압송되어 가기(110~115) 전 그의 생애에 대해서는 알려진 것이 거의 없다. 그는 마그네시아서에서 다음과 같은 글을 남겼다.

하나님의 영광스러운 이름에 대한 찬양 때문에, 나는 이 쇠사슬들에 묶여 있으면서 교회들을 찬양하고 교회들에게 우리의 영원한 생명이시고 믿음이며 가장 귀중한 사랑이신 예수 그리스도의 영과 육 속에서의 일치를 기원하며 가장 중요한 것인 예수와 아버지와의 일치를 기원합니다. 우리가 이러한 일치 속에 머물고 이 세상의 원리에 의한 모든 공격을 피한다면, 우리는 하나님께 다다를 것입니다.[22]

그가 로마로 가는 도중 서머나에서는 폴리캅에게 큰 환대를 받았으며, 주변 여러 교회들의 믿음의 형제자매들이 그를 방문하여 교제를 나누었다. 서머나에서 그는 에베소서, 마그네시아서, 트랄레스서 그리고 로마서를 썼다. 로마서에서 그는 로마교회 교인들에게 자기의 순교를 방해하지 말아 달라고 요청하였다. 그리고 드로아(Troas)에 도착했을 때 여기서 필라델피아서, 서머나서 그리고 폴리캅에게 보내는 서신 등 세 편의 편지를 썼다.[23]

이 서신들이 그의 사상을 아는 데 가장 중요한 자료이며, 2세기 초 그리스도교 사상을 이해하는 데 매우 중요한 서신들로 평가되고 있다. 그의 일반적인 신학 개념들은 요한적인 교리적 유형에 밀접하게 관계되어 있다. 그는 그리스도의 선재성만이 아니라 현실적인 성육신을 주장하고 감독을 중심한 교회 일치를 강조한다.

모든 것이 일치 속에서 조화롭게 존재하도록, 교회가 예수 그리스도와 일치되어 있고, 예수 그리스도가 아버지와 일치되어 있는 것 같이, 여러분이 감독과 밀접하게 일치되어 있는 여러분을 축하합니다.[24]

그는 그리스도의 가현론을 경고하면서 주님의 신성(Divinity)과 인성(Humanity)의 실재성을 강조한다. 그는 "우리의 하나님 예수 그리스도"(ho theos hēmōn Iēsous christos)라고 부른다. 그는 예수 그리스도의 출생, 고난 그리고 죽음은 현상(現象)이 아니라 현실(現實)이라고 한다.

오직 한 분의 의사가 있을 뿐이다. 그는 육적이고 영적이고, 출생하고 출생하지 않으며, 인간 안에 하나님이고, 죽음에서 참 생명이며, 마리아의 아들이며 하나님의 아들이고, 아픔을 느끼지만 느끼지 않는 우리 주 예수 그리스도이시다.[25]

그리스도의 삶은 성만찬에서 계속된다고 한다. 그는 '가톨릭교회'(he katholikē ekklēsia)라는 말을 처음으로 사용한 사람이다.

감독이나 위임을 받은 이에 의하여 행하여진 성찬례는 유효한 것으로 생각되어야 한다. 예수 그리스도께서 계시는 그곳에 보편적 교회(Ecclesia catholica)가 있는 것처럼 감독이 있는 그곳에 공동체가 있다.[26]

3. 서머나의 폴리캅(d. 156)

서머나의 폴리캅(Polycarp of Smyrna)은 청년 시절 사도 요한을 보았으며, 그에게서 배웠다고 할 정도로 사도 요한과 개인적으로 매우 친밀한 관계를 가지고 있었고, 요한에 의해서 서머나 감독으로 지명되었다.[27] 그의 긴 생애는 사도 시대와 2세기 후반 위대한 그리스도교 저술가들 사이를 연결하는 중요한 고리의 위치에 있다고 할 수 있다.

400년경 쓰인 것으로 전해지는 『폴리캅의 생애』에 한 전설이 전해지고 있다.[28] 그 책에 의하면 폴리캅은 동방에서 온 소년 노예였는데, 서머나의 한 귀부인이 그 노예 소년을 사라는 천사의 말을 듣고 그를 사서 자기 집 청지기로 삼았다고 한다. 어느 날 소년이 그 집 재산을 모두 가난한 사람들에게 나누어 줘서 창고가 텅 비게 되었는데, 기적적으로 창고가 다시 채워져서 노예 소년이 해고를 면했다는 것이다.

폴리캅은 말년에 동·서방교회가 각기 다르게 지키고 있는 부활절 날짜를 조정하기 위해서 로마의 감독 아니케투스(Anicetus)를 만나 협의했으나 합의에 이르지 못하였다.[29] 로마에서 폴리캅은 말시온파 사람들을 비롯하여 여러 이단자를 만나 정통 가톨릭 신앙으로 돌아오도록 권유하였다. 그는 이단자들에게 "사도들이 남기고 교회가 전한 오직 하나의 진리가 있을 뿐"이라고 가르쳤다.[30] 말시온이 폴리캅을 만나 "나를 아느냐?"고 묻자 폴리캅은 "알고말고. 나는 당신을 사탄의 만아들이라고 안다"고 했다.[31] 폴리캅은 화형으로 순교하였는데, 그를 심문하던 총독이 "그리스도를 모욕하면 놓아주겠다"고 하자 그는 "86년간이나 나는 그를 섬겨 왔으며 그는 나에게 아무런 해도 끼치지 않았는데 어떻게 내가 나를 구원해 준 나의 왕을 욕할 수 있겠느냐?"고 응수했다.[32] 여기서 말하는 '86년간'은 그의 나이를 말한다. 그는 화형을 받을 때 집행관이 움직이지 못하도록 몸을 묶으려 하자 그것을 거절하고 기도하면서 화형을 받았다고 한다. 그의 서신에서도 '보편적'(catholic)이라는 말이 나온다.

"작은 이들과 위대한 이들, 유명한 이들과 낮은 이들이든, 그가 알고 있던 모든 이들과 세상에 유포된 모든 보편적 교회(universal Church)를 기억하면서 기도를 마쳤을 때…"[33]

그는 전능하신 아버지 하나님께 영광을 드리고 우리 영혼들의 구세주이
시고 우리 육체들의 인도자이시며 세계에 유포된 보편적 교회의 목자이
신 우리 주 예수 그리스도를 찬양합니다.[34]

폴리캅의 글 가운데 현존하는 것은 그의 빌립보서다. 이 서신은
복음서, 사도행전, 바울서신(로마서, 고린도전후서, 갈라디아서, 에베소
서, 빌립보서, 골로새서, 데살로니가전후서, 디모데전후서), 야고보서, 베드
로전서 그리고 요한2서의 증거자료가 되고 있으며, 구약성서 중에서
는 이사야서, 예레미야서, 시편, 잠언 등이 인용되고 있다. 그 내용은
주로 목회적인 교훈이다. 믿음으로 그리스도를 이해한 그리스도인은
사랑 안에서 그리스도의 율법을 성취할 것이고, 인내로서 그를 따르면
하나님은 그를 영생에로 일으키시며 그리스도와 더불어 영원한 친교
를 나누게 하신다는 것이다.

4. 『바나바 서신』

다시 한번 더 여러분들에게 간구합니다. 여러분들은 서로에게 선한 입
법자들이 되고 서로에게 충실한 조언자들이 되십시오. … 여러분들은
주님께서 여러분들에게 원하시는 것을 추구함으로써 하나님의 가르침
을 받는 자들이 되십시오.[35]

알렉산드리아의 클레멘트와 오리겐은 『바나바 서신』(Epistle of

Barnabas)의 저자를 누가가 사도행전에서 "바나바 곧 위로의 아들"(행 4:36)이라고 했던 사도 바나바라고 하지만, 이 주장은 잘못된 것이다. 그것은 이 서신이 예루살렘의 멸망(70년)을 이미 오래전에 일어났던 것으로 암시하고 있으며, 유대교에 대한 태도가 사도 바울의 동료와 제자라고 하기에는 너무 다르기 때문이다.[36]

일반적으로 『바나바 서신』이라고 하지만, 저자는 확실하지 않다. 그래서 A. 디륵센(Dirksen)은 『위 바나바』(*Pseudo-Barnabas*)라고 이름 붙이고 있고, '서신'이라고 하기보다는 짧은 '신학적 보고서' 같은 것이라 하면서 그 연도를 130~140년으로 생각한다. 물론 바나바의 저자설도 부인한다.[37] F. L. 클로스도 "비록 서신체로 시작은 했으나 형식은 '신학 팸플릿' 또는 '설교'라고 한다."[38] 이 서신에 대한 기록 연대도 저자 문제만큼 확실하지가 않아 의견이 분분하다. 연대 결정에 중요한 증거는 서신 16장 3절에 나오는 예루살렘 성전 파괴에 관한 언급이다. 이것이 주후 70년의 사건을 언급하는 것이라면 기록 연도는 70~100년 사이로 생각할 수 있을 것이다. 그러나 이 서신 내용의 일반적인 경향이 2세기 전반부를 암시하고 있다는 점에서 그 후로 보는 견해도 있다. 어느 학자는 16장 3절의 내용을 135년에 있었던 바 코크바(Bar Cochba) 사건 때의 두 번째 성전 파괴를 말한다고 하기도 한다.

여러 가지 상황을 고려할 때 가장 합리적인 결론은 성서에 대한 은유적 해석을 하고 있다는 점에서 쓰여진 장소는 알렉산드리아로 짐작되고, 저자는 알렉산드리아의 어느 그리스도교인일 것이며, 연도는 70~116년으로 생각할 수 있다.

서신의 내용은 두 부분으로 분류된다. 제1부는 1~17장까지인데,

이 부분은 신학적 이론적인 내용이다. 우선 유대교에 대하여 매우 부정적이며 강한 적개심을 보인다. 이와 같은 반(反)유대주의적 경향은 원시 그리스도교 문학에서는 매우 독특한 것이다. 그리고 구약성서의 내용을 은유적으로 또는 '영지'(gnōsis)라고 알려진 상징주의 형식으로 해석한다. 예를 들면 아브라함이 할례를 베푼 318명의 종(창 14:14; 17:23)이 십자가상의 예수를 지적한다는 것이다. 즉, 헬라어에서 T가 300을 의미하고, IH는 18을 의미한다. 또한 T는 모양으로 십자가를 지적하고, IH는 예수(iēsous)를 지시한다는 것이다.[39]

제2부는 18~21장까지로, 윤리 도덕적, 실천적 교훈 부분이다. 『디다케』(*Didache*)와 매우 유사하게 인간의 두 길, 즉 생명의 길과 죽음의 길, 빛의 길과 어두움의 길을 기술한다.

5. 파피아스(c. 60~130)

소아시아 지역의 히에라폴리스의 감독인 파피아스(Papias of Hiera-polis)는 사도 요한의 제자이며 폴리캅의 동료였다. 130년경 그는 예수의 교훈을 모두 수집한다는 목적으로 『주님의 말씀에 대한 해석』을 다섯 권으로 편집, 출판하였다. 이것은 주로 사도들의 제자들로부터 전해 들은 구전(口傳)에 의존한 것이었으나 전도자 빌립(행 21:8)의 딸들의 전언(傳言)도 포함하고 있고 전설적인 이야기도 많이 포함하고 있는데, 원본대로 남아 있는 것은 없고 다만 이레니우스와 유세비우스의 글에 단편적으로 인용되어 그 흔적을 남기고 있을 뿐이다. 그러나 주목되는 것은 그 단편들이 마태와 마가복음의 기원을 증언하고 있다는 것이다. 단편에 의하면 마가는 주님의 말씀과 행동을 순서적인 것은 아니지만, 그래도 정확하게 그가 기억하는 것 모두를 기록하였으며, 마태는 히브리어로 된 신탁(神託)을 번역하여 편집했다.

> 그 사제가 말했던 것은 이것이다. 베드로의 통역관인 마가는 주님의 말씀과 행적들에 관해 기억하고 있는 모든 것들을 정확하게 그러나 순서 없이 기록했다. 그는 주님의 말씀을 직접 듣지 않았으며 그분을 따라다니지도 않았으나 더 후에 이미 말한 대로 베드로와 함께 있었다. … 마가는 자신이 기억하고 있던 것들에 따라 거짓 없이 그대로 기록했다. 그는 그가 들은 것을 하나도 빠뜨리지 않아야 하고 어떠한 거짓말도 하지 않아야 한다는 유일한 목적만을 갖고 있었다.[40]

그의 신학에 특징적인 것이 있다면, 그는 천년왕국론을 굳게 믿고 있었다는 것이다. 즉, 예수 그리스도가 부활 후 이 지상에서 선민들과 더불어 천 년 동안 그리스도 왕국을 건설하여 통치한다는 사상이다. 유세비우스에 의하면 이 사상은 이레니우스를 비롯하여 후대 저자들에게 많은 영향을 끼쳤다. 그러나 유세비우스는 파피아스를 "빈약한 지성의 소유자"라고 평하였다.[41]

6. 헤르마스(2세기)

무라토리안 캐논에 의하면 『목양자』의 저자 헤르마스(Hermas)가 로마의 감독 피우스 1세(Pius I, c. 140~150)의 형제였다고 하며, 어떤 이는 로마의 클레멘트(d. c. 96)와 동시대인이었다고 한다. 그러므로 오리겐이 전하고 있는 헤르마스가 로마서 16장 14절에 나오는 '허마'(Hermas)와 동일 인물이라고 하기는 어렵다.[42] 『목양자』에 로다(Rhoda)라는 사람이 나오는데, 이 사람은 소년 헤르마스가 그리스도인 노예로 로마에 왔을 때 그를 산 사람이며, 헤르마스를 자유인이 되게 한 여인이다. 자유인이 된 후 헤르마스는 결혼을 했으며, 상인이 되어 부자가 되었는데, 때로 불법적인 방법으로 돈을 모았다. 그러나 박해 때 그는 모든 재산을 잃었으며, 자녀들에게 고발 당하고, 결국 온 가족이 참회했다고 한다. 그래서 『목양자』를 쓸 무렵에는 가난했다고 한다.

헤르마스는 이성적이고 지적인 사람이기보다는 상상력이 풍부한 사람이었으며, 자기의 경험을 생생하게 묘사하는 능력을 가진 사람이었다. 또한 박해를 받을 때도 신앙의 지조를 지킨 도덕적 용기가 있는 사람이었다. 그는 내레이터, 즉 이야기하는 사람, 설화 문학가였던 것 같다.

그의 개인 이야기와 가정 이야기가 작품 속에서 종종 설화 형식으로 쓰여 있고, 그 책의 도덕적 목적을 위해서 보조로 소개되기도 한다. 라이트후트는 헤르마스의 책을 신곡(神曲)에 비유한다.[43]

로마에서 쓰여진 것으로 확실시되는 『목양자』의 저술 연대에 대해서는 여러 설이 있다. 첫째로 로마서 16장 14절에 나오는 허마(Hermas)와 『목양자』 저자가 동일 인물이라면 저작 연도는 58년경까지 소급된다. 이것은 오리겐이 로마서를 주석하면서 언급한 것인데, 역사적 전승에 근거한 것이 아니어서 믿을 수 없다. 둘째로 만일 헤르마스가 그의 책에서 언급하고 있는 클레멘트가 로마의 감독 클레멘트라고 한다면 저작 연도는 1세기 말경이 된다. 셋째로 만일 헤르마스가 로마의 감독 피우스 1세의 형제라면 책의 저작 연도는 2세기 중반이 된다. 첫째 설에 대해서는 논란의 여지가 없이 부인되나 둘째 설과 셋째 설에 대해서는 논쟁이 있다. 왜냐하면 2세기 중반에 헤르마스의 『목양자』가 동·서방교회에 상당히 유포되고 있었고, 이 책의 내용이 이레니우스(c. 130~200), 터툴리안(c. 160~220) 그리고 오리겐(c. 185~254) 등에 의해 인용되고 있었으며, 준정경으로 인정되고 있었다.[44]

헤르마스의 『목양자』는 2세기 중반부터 정경화 작업에서 계속 논의의 항목에 들어있었다. 그 이유는 '환상'이 하나님으로부터 왔다고 믿었으며 내용이 교화적이었기 때문이었다. 저작 연도 문제와 관련해서 이 책은 한 번에 쓰여진 것이 아니라는 것이다. 이 책의 '환상'(Visions) 부분의 처음 네 개는 분명히 한 단위를 형성하고 있으며 책의 다른 부분과는 내용에 차이를 보여준다. 그래서 학자들은 이 부분은 보다 젊은 작가의 작품으로 본다. 그러므로 헤르마스의 『목양자』의 저술 연도는 1세기 말에서 2세기 중엽 이전 어느 때일 것으로 본다.

『목양자』를 통상 사도 교부의 작품으로 분류하지만, 내용으로 보면 사실 외경적 계시록(apocryphal apocalypse)이다. 이 책은 세 부분으로 분류된다. 즉, 5개의 "환상"(Visions), 12개의 "명령"(Mandates) 그리고 10개의 "비유"(Similitudes)다. 처음 네 개의 "환상"에서는 헤르마스는 교회를 흰옷 입은 부인으로 보면서 모든 그리스도인에게 참회하라고 권한다. 그러나 다섯째 "환상"부터는 목자의 옷을 입은 '참회 천사'가 참회의 교훈을 한다. 12개의 "명령"은 순서에 따라서 신앙, 단순함, 정직함, 순결, 온순함, 인내, 천사에 대한 분별, 주님을 두려워함, 절제, 신에 대한 믿음, 슬퍼하지 말 것, 거짓 예언자를 피할 것, 탐욕과 악한 욕망과의 전쟁을 취급한다. "비유"에서는 속세에서 좋아할 것들, 즉 친절과 자비심, 세상에서의 선과 악, 금식, 참회, 고통의 가치, 망루(望

樓) 건설, 헤르마스로 하여금 가정일을 깨끗하게 정리하라는 천사의 마지막 훈계 등을 다룬다.[45]

보충하면 "명령"에서 헤르마스는 목자의 모양을 하고 그 앞에 나타난 '참회의 천사'로부터 가르침을 받는데, 이것을 계승한 처음 다섯 개의 "비유"(Similitudes)는 그리스도교의 도덕적 가르침의 요약이다. 즉, 구약 십계명에 대한 그리스도교적 적응(형식)과 확대(발전)를 취급한다. 가난한 사람을 돕는 것은 부자의 의무이고, 가난한 사람은 부자를 위해서 기도하라고 한다. 부자와 가난한 자와의 상호 의존을 덩굴과 느릅나무의 은유로 묘사하고 있다.[46] 나머지 네 개의 "비유"(6~9)는 참회를 설명한다.

이 책이 담고 있는 교리적인 내용을 보면 참회는 세례와 평행하게 죄의 치료약이며, 죄인들에게는 마지막 참회의 기회가 주어진다고 가르친다. 참회의 효력은 모든 죄인에게 미치지만, 정상적으로 그리스도인은 오직 한 번 참회의 효력이 있다. 즉, 두 번째 타락하면 구원받기 어렵다는 것이다.[47] 참회는 심적 변화와 속죄로 구성되는데, 하나님은 참회가 충분하다고 생각되면 용서하신다. 교인이 되는 것은 죄의 용서의 절대 필요조건이며 큰 죄인은 교회에서 추방된다. 헤르마스는 신학자는 아니다. 그가 말하고자 하는 것은 회개다.

『목양자』의 도덕적인 교리는 주목할 만하다. 즉, 계명과 권고는 다르다는 가톨릭의 가르침을 분명하게 나타내고 있으며, 금식, 독신, 순교를 권고한다. 헤르마스는 간음에 대하여 쓰는데,[48] 만일 간음한 아내가 참회하지 않으면 남편은 그를 버려야 하지만 다른 여인과 결혼하지 않아야 한다. 왜냐하면 그 여인이 후에 참회할 수도 있기 때문이다. 아내가 참회하면 남편은 그를 아내로 받아들여야 한다. 그러나

그것은 한 번뿐이어야 한다. 헤르마스는 동시대인과 달리 재혼을 인정한다.[49]

7. 『디다케』

두 길이 있다. 하나는 생명의 길이고 다른 하나는 죽음의 길이다. 두 길의 차이는 크다.[50]

　본래 이름은 『12사도를 통한 이방인들에게 하는 주님의 교훈』이지만, 사본의 약자로 『12사도 교훈』 또는 『디다케』(The Didache)로 알려져 있다. 이 소책자는 예배 의식, 교회 규칙, 신자들의 도덕적 생활 규칙 등에 관한 속사도 시대의 자료 중 가장 중요한 문서이며 우리가 소유하고 있는 교회법 중에서 가장 오래된 것으로 초기 교부 문학 중 매우 귀중한 자료다. 1883년까지 이 소책자는 전혀 알려지지 않았다. 니코메디아의 대주교가 헬라어 양피지 사본에서 번역 출판하여 세상에 알려졌는데, 지난 세기말 발견된 교부 문학 중 가장 흥미 있는 것이다.
　원본의 저자와 장소는 알려진 것이 없으나 아마도 시리아일 가능성이 있다. 쓰여진 연도에 대해서는 1세기 후반(c. 80~90)으로 보는 학자도 있고(A. Dirksen), 2세기 전반 몬타니즘이 나타나기 전(160)으로 보는 학자도 있다(B. Altaner). 연도를 이렇게 일찍 짐작하는 것은 작품이 필요조건으로 예상하는 교회의 조건들, 즉 예언자, 교사, 사도, 감독, 집사, 책의 9장과 10장에 있는 기도 형식 등에 의한 것이다. 그래서 2세기 후반까지 생각할 수는 없다.

초대교회에서 『디다케』는 후대에서보다 더 좋은 평판을 받고 있었다. 이 문서에 대해서 알렉산드리아의 클레멘트(c. 150~215)도 알고 있었을 것이다. 가이사랴의 유세비우스(c. 260~340)와 아타나시우스(c. 296~373) 등은 이 문서를 성서 정경의 외경으로까지 고려하였다. 이 책은 2세기 그리스도인의 삶에 대해 뛰어난 묘사를 하고 있으며, 후대 동서 교회가 시작한 모든 교회법의 가장 오래된 원형이라고 할 것이다.

『디다케』는 네 부분으로 나누어져 있는데, 제1부(1~6)는 '생명의 길'과 '사망의 길', 즉 그리스도교인의 삶의 이상과 이교의 악이라는 이미지를 가지고 그리스도교의 도덕적 교훈을 요약하고 있다. 저자는 유대교의 도덕법전에 기초하여 그것을 그리스도교적으로 만들고 신약성서의 산상설교에서도 인용한 것 같다. 사람들은 누구나 '두 길'로 부름을 받는다. '생명의 길'은 1~4장에서 표현되고 있고, '죽음의 길'은 5장에서만 요약되어 있으며, 6장은 모든 것에 대한 요약으로 다음과 같은 말로 시작된다. "누가 당신을 가르침의 이 길에서 탈선시킬까 조심하라. 그는 하나님을 떠나서 가르치기 때문이다."[51] 제2부(7~10)는 교회 예배 의식, 즉 세례, 금식, 기도 그리고 성만찬을 다룬다. 세례는 성부, 성자, 성령의 이름으로 베풀어야 하고(마 28:19), 침수가 원칙이지만 필요하거나 긴급한 경우에는 물을 머리에 바르는 것이 허락되었다. 세례식을 거행할 때는 수세자나 집행자나 모두 세례 전에 금식해야 한다. 이것은 처음 2세기 세례에 관한 유일한 증거다. 금식은 주중 수요일과 금요일에 하며, 성만찬 기도(9)는 유카리스트보다는 '애찬'(Agape)을 위한 기도인 것 같다. 이 기도는 매우 독특하고 강한 종말론적 어법을 사용하고 있다. 예를 들면 "다윗의 거룩한 포도주", "다윗의 하나님께 호산나", "마라나타" 그리고 그리스도를 "하나님의 종 예수"로 묘사하는 것 등이다. 이와 같은 것은 매우 원시 그리스도교적이다. 신자들은 하루에 세 번씩 주의 기도를 해야 한다. 제3부(11~15)는 교회의 규칙과 규율에 관한 부분이다. 사도들, 예언자들, 거짓 예언자들로부터 참 예언자를 식별하는 법, 순회전도자들에 대한 교회의 태도, 죄의 고백으로 시작되는 주일 예배 그리고 감독과 집사에 대한 존경 등이 다루어지고 있다. 제4부(16)는 종말이 가까웠으므로 깨어 있기를 충고한다.[52]

III. 사도 교부들의 신학

2세기 초에 주로 활동한 사도 교부들은 박해가 계속되고 있는 상황과 유대교와 이교와의 조우와 갈등 속에서 자기들의 신학 사상을 논리적으로 체계화하기는 어려웠을 것이다. 그들이 활동했던 시대적 상황이나 그들 자신의 주된 관심으로 보아 조직적인 신학 사상을 창출하고 형성하기는 쉽지 않았을 것이다. 그들이 쓴 문서들을 보면 신학적 문제의식은 있었으나 그것의 표현은 매우 단순하였다. 또한 그들은 아직도 예수의 삶과 교훈에 대한 깊은 인상을 가지고 있었기 때문에 어떤 신학적 체계, 교리나 신조를 만드는 것보다 그들이 직면한 삶의 현장에서 그리스도교인다운 삶에 관심이 있었을 것이며, 임박한 종말과 예수의 재림에 대한 기대와 희망을 가지고 살려고 했을 것이다. 그러나 비록 그들의 교리적인 표현이 단순하고 비조직적이며, 순발적이고 묵시적이어서 후대와 같이 체계적이지는 못했다 해도 그들에게 교리적 개념조차 없었던 것은 아니었다. 그들은 표현에 초보적일 수는 있겠으나 나름의 개념을 가지고 교회를 지도하였다.

어느 학자는 이레니우스(Irenaeus, c. 130~200)가 그리스도교 신학을 조직적으로 진술한 첫 번째 감독이라고 한다. 그러나 우리가 여기서 간과해서는 안 될 것은 초대교회에서 신학적으로 가장 중요하게 그리고 극심하고 오랫동안 논쟁했던 주제는 삼위일체 하나님에 관한 것과 그리스도의 신성과 인성의 문제라는 것이다. 이것들은 성서에 뚜렷하게 명시된 주제들도 아니다. 이 주제들은 겉으로 보기에 사변적인 것과 같이 보일 수도 있다. 그러나 그 배경에는 치열한 긴장과 갈등이 자리하고 있었다. 사실 성서가 정경(canon)으로 정식으로 교회에서 선포된 것은 4세기 후반에 와서 가능했다.[53] 그것은 4~5세기 교부들에 의해서 신학이 거의 완전하게 체계화된 후였다. 그러므로 일반적으로 신학을 사도들이 선포한 복음에 대한 해석과 반성이라고 하지만, 성서의 정경화에 앞서서 신학이 정립되었다는 것이다. 이런 점에서 보면 사도 교부들의 진술을 엄격한 의미에서 신학이라고 하기가 어려울 수도 있다. 그러나 사도 교부들은 갈등과 혼란에 빠진 2세기 초중반 교회가 가야 할 길을 나름대로 제시하였다.

1. 신론

이교의 다신교적 상황 속에서 교회를 지도해야 했던 사도 교부들은 하나님에 대해서 무엇보다 구약성서의 유일신론적 신 개념을 강조하지 않을 수 없었다. 헤르마스는 "명령"이라는 글에서 "무엇보다 한 분 하나님이 있음을 믿으라. 그는 만물을 창조하시고 질서를 세우신 분이며, 무(無)로부터 모든 것을 실제로 존재케 하신 분이고, 모든 것을 함축하는 분이다. 그러나 그 자신은 이해할 수 없는 분"이라고 한다. 여기서 우리는 '무로부터 창조'라는 교설을 발견하는데, 이것은 그리스도교보다 앞서서 유대교 신학자들에 의해서 성서 중간 시대에 표현되었던 교설이다.

> 무엇보다도 먼저, 하나님은 한 분이심을 믿어라. 하나님은 만물을 창조 하시고 질서 있게 그것들을 배치하셨다. 그리고 존재하지 않는 무로부 터 모든 것을 만들어 존재하게 하셨다. 하나님은 만물을 품고 있으나 하나님은 다만 자신뿐이시다. … 그리고 그분을 두려워하라. 그분을 두 려워하면서 자신을 억제하라. … 너는 네 자신으로부터 모든 악을 벗어 버릴 것이며, 모든 의로운 덕을 취하게 될 것이다. 그리고 이 계명을 지 키면 하나님을 향해 살게 될 것이다.[54]

유일신론적 신 개념은 '전능한 하나님', '통치자'라는 신 개념으로 이어진다. 로마의 클레멘트는 한 분 하나님 개념에서 "우주의 절대적 지배자 또는 주(despotēs)"요 우주의 위대한 조물주, "데미우르고스" (demiourgos)이며, 그런 의미에서 "아버지"로서 하나님을 말한다.[55] 클레멘트가 하나님에 대해서 '데미우르고스'라는 칭호를 사용한 것은 오해를 살 수 있다. 왜냐하면 그 칭호는, 영은 선하고 육은 악하다고 하는 영지주의 이원론의 입장에서 최고의 하나님과 구별되는 보다 낮은 신, 곧 물질계를 창조한 신에게 붙여진 이름이기 때문이다. 영지 주의에 의하면 최고의 신은 세계(물질계)의 창조 역사에 초월해 있는 존재다. 그러나 클레멘트는 그와 같은 개념에 반대하고 "위대한 데미우르고스가 유일하신 하나님 자신"이라고 함으로써 "최고의 하나님과 세계의 창조자 사이의 이분법적 구별"을 극복하였다.[56] 사실 클레멘트의 '데미우르고스' 칭호는 '전능자', '절대적 지배자', '무로부터의 창조자'라는 하나님 개념과 관련해서 이해해야 한다. 왜냐하면 '무로부터 창조'란 하나님의 창조 행위보다 선행해서 존재하는 어떤 선재적 질료가 없었다는 것을 의미하며, 그러므로 창조는 하나님의 절대적 행위이기 때문에 창조의 하나님은 전능자인 것이다. 우리는 여기서 사도신경의 첫 구절의 전조를 읽을 수 있다. 이와 같은 하나님 개념들은 그리스도교를 이교로부터 구별해 내고 방어하는 데 결정적인 역할을 하였다.

사도 교부들은 이미 비록 단순한 표현이지만 삼위일체적 하나님 개념을 가지고 있었다. 로마의 클레멘트는 하나님, 주 예수 그리스도 그리고 성령을 언급한다. "우리는 한 하나님, 한 그리스도 그리고 우리에게 비추어진 한 은혜의 영을 가지고 있지 않느냐?"고 했다.[57] 헤르마스는 성부를 농장의 주인으로, 성자를 농장 주인의 종으로 그리고 농장에서 일하는 사람을 성령으로 비유하여 설명하고 있다.[58] 안디옥의 이그나티우스는 성부는 성전의 건물이고 그리스도교인들은 이 성전 건축의 돌인데, 성령이라는 밧줄을 사용하여 예수 그리스도의 엔진(십자가)을 통하여 높이 쌓아 올려진다고 한다.[59] 세례문답 형식은 매우 일찍부터 성부, 성자, 성령 삼위일체적 하나님 개념을 포함하고 있었다.[60]

2. 그리스도론

그리스도교는 처음부터 그리스도의 인성과 신성에 대한 고민과 갈등과 그 극복의 길을 걸어 왔다. 신약성서 기자들은 예수가 요셉과 마리아의 아들임을 부인하지 않지만, 동시에 예수가 하나님의 아들임도 고백하고 있다. 복음서 기자들은 가이사랴 빌립보에서의 베드로의 고백을 통해서(마 16:16), 무덤을 지키던 백부장의 입을 통해서(마 27:54), 귀신의 입을 통해서(막 5:7) 예수가 하나님의 아들임을 기술하고 있고, 바울도 예수가 "육신으로는 다윗의 자손이지만 부활하심으로 나타내신 권능으로 하나님의 아들"(롬 1:3-4)이라고 한다. 신약성서 기자들은 이미 예수에 대하여 그리스도론적인 관점에서 기술하고 있는 것이다.

그러나 그리스도론의 문제는 사도 교부들도 극복해야 할 가장 큰 과제였다. 그들은 그리스도 이해에 있어서 사도들의 복음서와 서신들이 단편적으로 윤회되고 있을 뿐 아직 그리스도교는 예수에 대한 어떤 확정적인 교설을 내놓지 못한 상황이었다. 첫 그리스도인들은 유대인들이었으므로 그들은 유대교적 전승에서 아직 벗어나지 못했으며, 동시에 팔레스타인 밖 이방인들의 개종으로 헬라-로마적 그리스도인들은 그들의 문화 전통에서 예수에 대해 이해하지 않을 수 없었다. 전자는 에비온주의적 경향성을 보였을 것이고, 후자는 가현설적(假現說的) 경향성을 보였을 것이다. 사도 교부들은 이 양극단의 경향을 극복해야 할 과제를 안고 있었다.

사도 교부들의 그리스도에 대한 진술은 신앙 고백적이며 신약성서의 진술을 전승하고 있다. 그들은 예수 그리스도의 천상적 존재의 근거로 하나님이 예수 그리스도 안에서 성육신하셨음을 강조하면서 유대주의자들의 주장에 반대한다. 이그나티우스는 예수 그리스도를 "우리의 하나님", "나의 하나님"이라고 부른다.[61] 그에 의하면 예수 그리스도는 시간을 초월하며 영원하며 불가시적인데 우리를 위해서 한계적이고 가시적인 존재가 되었다.[62] 바나바는 "예수는 사람의 아들이 아니라 하나님의 아들"이라고 했다.[63] 그는 그리스도의 선재성을 분명히 한다. "그는 성부가 세상을 창조할 때 그와 함께 있었다"는 것이다. "우리의 형상을 따라 우리의 모양대로 사람을 만들자(창 1:26)는 말씀은 성부가 성자에게 하신 말씀"이라고 한다.[64] 바나바는 알렉산드리아 신학이 성육신을 설명할 때 자주 사용하는 태양의 비유를 쓰기도 한다. 그는 말하기를 "그가 육신으로 오지 않았다면, 인간이 태양을 바라볼 때 그 광선을 곧바로 볼 수 있는 능력이 없듯이 그들을 구원할 그를 어떻게 바라볼 수 있겠느냐?"는 것이다.[65] 헤르마스는 예수 그리스도를 '육신을 입은 하나님'이라고 했다.[66] 사도 교부의 범주에 포함시킬 수 있느냐는 논란은 있으나 『클레멘트 설교』는 "우리는 예수 그리스도를 산 자와 죽은 자의 심판자이신 하나님으로 생각해야 한다"고 하였다.[67] 그리하여 비두니아의 총독 플리니는 로마제국 트라잔 황제에게 "그리스도인들은 그리스도를 하나님으로 찬양하는 것이 습관이다"라고 보고하였다.[68]

이것은 그리스도를 선재적 존재로 인식하는 것과 맥을 같이한다. 로마의 클레멘트는 그리스도가 이미 구약에서 성령을 통하여 말하고 있다 하고 그리스도의 고난을 하나님의 고난으로 언급하고 있다.[69] 헤르마스는 그리스도 이해에 있어서 로고스, 예수 그리스도라는 용어를 전혀 사용하지 않고 구세주, 하나님의 아들, 주라고 부르는데, 그의 "비유"에서 성령과 하나님의 아들을 동일시하고 있다. 다른 말로 하면 두 신적 위격이 있는데, 하나는 하나님이고, 다른 하나는 성령이고, 그 둘의 관계는 아버지와 아들의 관계를 나타낸다.[70] 헤르마스에 의하면 선재하는 '성령'은 만물을 창조하며 하나님으로 하여금 자신이 선택한 육체의 몸에 거하게 한다. 그리하여 결국 하나님의 아들과 동일시된 성령은 구세주이며 그의 인간성을 고려하는 한에서 구세주는 하나님의 아들로 입양된 것으로 본다.[71] "하나님의 아들은 어느 피조물보다 선재하고 창조에 있어서 성부의 조언자였다."[72] 그리하여 잔(Theodor Zahn)은 "헤르마스가 성령과는 인격적으로 동일시되는 하나님의 아들을 역사 이전, 즉 영원한 존재로 본 것이 분명하다"고 하였다.[73] 그리스도를 '선재하는 영적 존재'로 보는 것은 이미 바울도 고린도전서에 언급한다(3:17).

그러나 사도 교부들이 그리스도의 인성을 부인한 것은 아니다. 그들은 유대주의자들의 예수 그리스도 인식에도 반대했을 뿐 아니라 헬라 철학적 가현론적인 주장에 대해서도 반대하였다. 이그나티우스는 예수 그리스도는 하나님의 뜻에 따라서는 '하나님의 아들'이지만, 육신으로는 진정으로 '다윗의 자손'이며 요한에게 세례를 받았고 십자가에서 실제로 못 박혀 죽었다고 하였고, 다른 곳에서는 다윗의 자손이며 마리아의 아들이고 참으로 출생했고 먹고 마셨으며 본디오 빌라도에게 고난을 받았으며 하늘과 땅에 있는 모든 사람이 보는 앞에서 십자가에 달려 죽으셨다고 하였다.[74] 『클레멘트 설교』는 "처음에는 영으로 우리를 구원하신 주 그리스도는 육신이 되어 우리를 불렀다"고 한다.[75] 이와 같은 개념은 그리스도가 영적 존재이고 그 영은 신 안에 있는 실체(hupostasis)이지만, 그 실체가 육의 영역에 들어와 '역사적 실체'가 되었다는 것을 뜻한다.

분명한 것은 사도 교부들에게 있어서 이미 그리스도는 '육의 형태를 입은'(accepted flesh) 영적 힘일 뿐만 아니라 '육이 된'(become flesh) 영적 힘이었다는 것이다. 그리스도는 신이며 동시에 인간인 것이다.

그는 하나님에게서 낳았고 동시에 마리아에게서 낳았다. 이것은 그의 역사적 실존의 이중적 근원을 의미한다. P. 틸리히가 지적했듯이 여기서 역설적인 표현과 이중적 메시지(diplon kerygma)를 읽게 된다. 즉, "그리스도는 출생하였으나 동시에 출생이 없는 분이며, 육이 되어 죽음을 겪었으나… 죽음에서 영원한 생명을 가지신 하나님이다…"[76] 사도 교부들이 이와 같은 모순되는 개념을 사용한 것은 예수 그리스도 사건이 역설적인 사건이었기 때문이다. 그 사건은 '영원한 존재'가 그 본질을 상실함이 없이 동시에 '역사적 존재'가 된 것이다. 즉, 하나의 역사적 실재가 그 한 인격 안에서 신이고 동시에 완전한 인간이 된 것이다. 이러한 존재를 이그나티우스는 "새로운 존재", 즉 그 존재에서 옛사람은 죽고 새로운 영생이 시작되는 존재라고 하였다.[77]

사도 교부들의 그리스도 이해에 있어서 우리가 간과해서는 안 될 것은 그들의 이해가 어떤 논리적 사변적인 결과가 아니라 구원론적인 문제에서 출발하였다는 점이다. 신약성서 기자들에 이어 그들도 다가오는 종말 의식에서 존재 상실의 불안을 그리스도 이해에서 극복하려고 한 것이다. 그들에게 있어서 구원의 문제는 곧 그리스도 이해의 문제였다.

3. 구원론

사도 교부들의 신학 사상 중심에는 구세주로서 예수 그리스도가 자리하고 있다. 사도 교부들에게 그는 하나님의 계시자요 새로운 도덕법의 스승이었다. 그러나 그보다 그의 고난과 죽음을 통하여 인간은 죄와 죽음에서 자유하게 되었다. 즉, 그는 인간에게 새로운 생명을 주셨고 죄를 용서하여 주셨으며 하나님을 알게 하셨다. 사도 교부들은 그리스도만이 구원의 매개자라고 확신하였다. 그를 통하여 우리는 하나님의 소유가 된다는 것이며, 그를 매개로 하여 우리는 하나님을 볼 수 있게 되고 불멸의 지식을 맛볼 수 있다는 것이다. 이 지식을 통하여 그리스도인들에게는 믿음, 신에 대한 두려움, 평화, 인내, 절제, 지혜가 주어진다. 그러므로 사도 교부들의 구원론은 그리스도론의 연속이라 할 것이다.

바나바는 "주님이 그의 육체를 죽음에 내어 준 것은 우리가 죄의 용서에 의해서, 즉 그의 피 흘림에 의해서 정결하게 되어야 하기 때문이다"라고 했고,[78] 로마의 클레멘트는 "그리스도는 하나님의 뜻에 따라서 그의 피를 우리를 위해서 주셨고, 우리의 육을 위해서 그의 육을 그리고 우리의 생명을 위해서 그의 생명을 주셨으며", "주님의 피로 말미암아 하나님을 믿고 희망을 두는 모든 사람에게 구원이 있게 된다"고 했다.[79] 『디오그네투스 서신』은 그리스도의 대속적 죽음의 의미를 아름답게 증언하고 있다.

하나님 자신은 우리를 위해서 아들을 속죄물로 주셨다. 즉, 부정한 자를 위하여 거룩한 분을, 죄 있는 자를 위하여 죄 없는 분을, 불의한 자를 위하여 의로운 분을, 부패한 자를 위하여 부패하지 않은 분을, 죽어야 할 자를 위하여 죽지 않아야 할 분을 주셨다. 그의 의가 아니면 다른 무엇으로 우리의 죄를 덮을 수 있겠는가? 하나님의 아들이 아니면 불법적이며 불경한 우리가 어떻게 의롭게 될 수 있겠는가? 오, 고마운 교환! 오, 헤아릴 수 없는 하나님의 역사(役事)! 오, 예측을 초월하는 축복! 많은 사람의 죄가 의로운 한 분 안에 가리워지며, 한 분의 의가 많은 죄인을 의롭게

한다.[80]

그런데 P. 틸리히는 사도 교부들의 구원의 이해에 있어서 그리스도가 '지식'(gnōsis)과 '생명'(zoe)을 지니고 있다는 데 주목한다. 『클레멘트 설교』는 "하나님이 그리스도를 통하여 우리에게 진리와 하늘의 생명을 계시하셨다"고 한다.[81] 이그나티우스는 "새 사람 예수 그리스도" 또는 "하나님이 사람의 모습으로 나타나셨을 때, 영생의 새로움"이 실현된다고 한다.[82] 이그나티우스에 의하면 그리스도는 하나님을 계시하는 로고스인데, 이 로고스를 통하여 하나님 지식은 우리의 생명이 된다. 그것은 로고스가 인격적으로 신자들 속에 거하여 영생을 주기 때문이다. 그리스도는 우리의 영원한 생명이며 참 생명이다. 이런 점에서 그리스도인은 '하나님을 몸에 지닌 자'(God-bearer)요 '그리스도를 몸에 지닌 자'(Christ-bearer)다.[83]

이렇게 볼 때 사도 교부들에게 있어서 '지식'은 단순한 주지주의적 개념이 아니라 존재와 생명을 동반하는 것이다. 안다는 것은 새로움에 눈을 뜬 것이고, 그것은 새로운 존재가 된다는 것을 의미한다. 그러므로 그리스도를 안다는 것은 새로운 존재가 되는 것, 곧 영생을 얻는다는 것이다. 로마의 클레멘트는 지식과 생명을 하나로 묶고 있다. 그는 "죽지 않는 지식"(immortal knowledge)이라는 표현에서 지식은 죽지 않는 것이면서 또 죽지 않게 하는 것임을 의미하고 있다. 그는 말하기를 "그리스도를 통하여 우리 마음의 눈이 열리고, 그를 통하여 우리의 어리석음과 어두운 마음에 밝은 빛이 돋아나며, 그를 통하여 하나님은 우리로 '죽지 않는 지식'을 맛보게 하였다"고 한다.[84]

4. 교회론

교회를 영적인 실체(entity)로 보는 견해가 있다. 『클레멘트의 설교』는 해와 달보다 앞서 창조된 최초의 교회는 영적인 교회라고 한다. 이것은 교회의 선재성을 의미하는 것이다.[85] 이와 같은 교회 개념은 헤르마스에게서도 발견된다. 교회는 모든 피조물보다 먼저 창조되었다는 것이다. 그의 글 중 "환상"에 보면, 교회는 존경할 만한 늙은 여인으로 변장해서 그에게 오며, 전체 세계는 그 여인을 위해서 창조되었으며, 세상이 교회를 위해서 창조되었다.[86] 헤르마스는 교회를 그 자체 법이 있는 '하나님의 도성'이라고도 한다.[87] 로마의 클레멘트는 하나님이 선택하여 성자라고 불리는 '하나님의 백성' 또는 '그리스도의 양 떼'라는 교회 이미지를 가지고 있었다.[88]

그러나 일반적으로 사도 교부들은 역사적이며 경험적인 교회, 즉 '보이는 교회'에 관심이 있었던 것 같다. 헤르마스도 예정되고 선택된 자의 교회를 말하면서도 결함이 있는 교회, 성자와 죄인이 병존하는 교회를 말한다. 그는 이것을 비유로 설명한다. "겨울에 그 잎이 다 떨어졌을 때, 모든 나무는 어느 것이 죽은 나무이고 어느 것이 생명력이 있는 나무인지를 알 수 없듯이, 이 세상에서는 의로운 자와 불의한 자를 알아볼 수가 없으며 모두 똑같아 보인다."[89] 이것은 '승리한 교회' 이미지가 아니라 '전투적인 교회' 이미지다. 『디다케』는 '에클레시아'(ekklēsia)라는 말이 뜻하는 것은 "기도하기 위해서 모인 신자들의 회당만이 아니라 어느 날 하나님의 나라를 굳건하게 세울 새로운 그리스도인 백성 또는 종족이다"라고 하였다.[90]

지상의 교회는 예수의 지상 생활을 계승하는 것이며, 따라서 구원을 위해서 모든 사람에게 필요한 것이다.[91] 그는 교회를 희생의 장소(thusiastērion)라고 부르는데, 이것은 그가 성만찬(Eucharist)을 우리의 죄를 위하여 그리스도의 살과 피의 희생이라고 보는 견해와 맥을 같이 한다.[92] 이그나티우스는 또한 성만찬을 불멸의 약, 죽음의 해독제, 예수 그리스도 안에서의 영생 등으로 부르기도 한다.[93] 성만찬이 집행되는 교회를 이그나티우스는 처음으로 신실한 집합체로서 '가톨릭교회'(katholikē ekklēsia)라는 용어를 사용했다. 그는 말한다. "예수 그리스도가 있는 곳에 '가톨릭교회'가 있듯이, 감독이 나타나는 곳에 백성이 있게 하라."[94] 여기서 그가 말하는 '가톨릭교회'는 외적이고 형식적인 일치로 신자들을 묶는 그런 의미가 아니라 단일 회중과 대조되는 '보편적 교회'(universal church)를 말한다. 이 교회는 예수 그리스도 자신이 교회에 현존할 때 가능하다. 그러므로 이 교회의 중심은 그리스도다. 그리스도가 이 교회의 중심이듯이, 지역 교회는 감독이 중심이다. 그리스도는 보이는 감독과 대비되는 보이지 않는 감독이다.[95]

사도 교부들은 대부분 교회를 성직 계층 구조적으로 이해한 것으로 보인다.[96] 교회 조직은 계층적이고 군주적이다. 이그나티우스는 로마서를 제외하고 모든 서신에서 교회의 삼중의 교직 제도를 언급하고 있다. "감독은 하나님의 대리자로, 장로들은 사도 회의의 형식으로, 그리스도의 봉사를 행한다. 이들이 없으면 교회라고 부를 수 없다."[97] 여기서 감독과 장로는 구별되고 있다. 이그나티우스는 지역 교회에서 감독의 중요성을 역설하면서도 군주적 감독제도의 존속을 증언한다. 감독은 무엇보다 신자들의 책임적인 스승이며 그와 교통 속에 있을 때 오류와 이단으로부터 안전할 수가 있다.[98] 감독이 없으면 세례, 애찬, 성만찬, 결혼 등 아무것도 할 수 없으며 감독에게 속하지 않은 자는 하나님께도 속하지 못한다.[99] 이렇게 감독의 권위를 높이고 교회 중심에 감독을 둔 것은 이단의 공격으로부터 교회를 지키고 교회의 일치와 조화를 이루기 위한 것이었다. "분열을 피하라. 이것은 악의 시작이다. 너희는 모두 감독을 따르되, 예수 그리스도가 아버지를 따른 것같이 하라. 그리고 장로들에게는 사도들에게 하듯이 하고, 집사들을 존경하되 하나님의 계명에 하듯 하라."[100]

이와 같은 군주적 감독제가 박해와 이교 문화와의 만남에서 신도들을 가르치고 교회를 방어하기 위하여 불가피했을 수도 있겠으나 후대 카르타고의 키프리안(c. 210~258)을 통하여 로마가톨릭교회의 군주적 교황제도를 가능케 했다고 할 수 있을 것이다. 키프리안은 교회를 '성도의 교제'로 보기보다는 '구원의 기관'으로 인식하면서 교회를 구원의 필수적인 방주로 생각했다. 그래서 "교회 밖에는 구원이 없다"고 했다.[101]

5. 성례론

1) 세례

헬라어 '밥티스마'(baptisma)는 '침수한다'는 동사에서 왔다. 그러므로 세례는 침수가 원칙이다. 고대 동방 종교에서도 물로 사람을 깨끗하게 한다는 관념이 있었다. '세례'와 '씻음'(loutron)은 동의어라고 할 만큼 밀접하게 사용되어 있다(엡 5:26). 몸을 물에 씻으므로 새롭게 태어난다는 종교적 의미를 갖게 된 것이다. 일부 밀의종교에서는 침수 의식을 통하여 죽었다가 다시 살아나 신과 신비적 합일에 들어간다고 생각하였다. 이와 같은 밀의종교의 침수론이 그리스도교의 세례 의식에도 영향을 끼쳤을 수도 있었을 것이지만, 그리스도교의 세례 의식의 직접적인 배경은 팔레스타인의 유대교일 것이다. 쿰란 공동체의 세례도 있었고 세례 요한의 세례도 있었다(마 3:11). 예수도 요한에게 세례를 받았다(마 3:15-17). 초대교회 일부에서는 예수가 세례를 받을 때 하나님의 양자가 되었다고 주장하기도 했다.

세례가 교단의 입문 의식이 된 것은 유대교에서 시행되었다. 즉, 이방인이 유대교로 개종하려면 할례와 세례를 받아야 하고, 희생제물을 바쳐야 했다. 구약성서에서도 세례는 정결 의식이었다(레 15장; 민 19장; 사 1:16; 렘 4:14). 초대교회는 구약적 정결 의식에 종말론적 절박감이 첨가되었을 것이다. 초기 그리스도교의 세례는 예수의 십자가와 부활 신앙에서 움텄다고 할 수 있다. 즉, 씻음과 새 생명이다.

2세기 사도 교부 시대에 세례 형식은 성부, 성자, 성령의 삼위일체 하나님의 이름으로 베풀어지고 있었으며(마 28:19), 그 방법은 침수가 원칙이지만 흐르는 물이 없을 때는 세 번 머리에 떨어뜨리는 것으로 대신할 수 있었고, 찬물이 없을 때는 더운물로 할 수 있었다. 그리고 세례 의식 전에 세례를 베푸는 자나 세례를 받는 자는 금식을 해야 한다.[102] 이것은 흐르는 물에서 침수 이외의 방법으로 세례를 베풀 수 있다고 말한 가장 최초의 텍스트다.

세례는 죄의 용서, 회개의 예전이었다. 헤르마스는 세례를 받는 것 이외 다른 길로 교회에 들어오는 길은 없다고 한다. 그는 말한다. "물 위에 망루(望樓)를 왜 세웠는지를 들어라. 너의 생명이 물로 인해서 구원을 받았고 또 받을 것이다. 그리고 망루는 전능하고 영광스러운 이름의 말씀으로 세워졌으며, 보이지 않는 주님의 힘으로 유지된다."

"우리가 물속에 들어가 지난 죄를 용서받는 것 이외의 다른 회개가 없다."[103] 세례를 통하여 우리는 구원의 축복을 받게 된다. 세례를 받으므로 우리는 예수에 대한 경외와 희망을 갖게 되며, 죄에서 자유하게 되고 그때부터 우리의 마음에 하나님이 거하시게 된다.[104] 이그나티우스는 세례는 믿음, 사랑 그리고 인내와 같이 그것을 받는 사람들을 위한 그리스도의 갑옷이라고 한다.[105]

세례 문제와 관련해서 수세 후에 지은 죄의 문제가 있다. 초대 그리스도인들은 죄의 문제를 깊이 인식하고 있었다. 그러나 일상생활에서 피할 수 없는 죄와 그리스도인의 삶에 용납될 수 없는 죄를 구별한 것 같다. 이것은 후에 발전된 '가벼운 죄'(venial sins)와 '용서받지 못할 죄'(mortal sins) 교리의 시작이 되었다. 초대교회의 지배적인 생각은 수세 후의 죄는 회개할 기회가 없다는 것이다. 그러나 이 문제는 그리스도인들에게 현실적으로 매우 심각한 문제가 되었기 때문에 특히 헤르마스는 수세 후 죄를 범한 신자들의 문제에 깊은 관심을 가지고 있었다. 그가 "환상", "명령" 그리고 "비유"를 수집한 것도 그리스도인들의 현실적인 삶에서 일어나고 있는 죄의 문제 때문이었다. 그 자신도 로다(Rhoda)라는 여인을 육체적으로 탐한 자신의 죄를 고백하는 것으로 "환상"을 시작한다. 그러나 헤르마스는 수세 후 지은 죄는 한 번의 회개의 기회가 있으나, 이 회개 후 또다시 죄를 지으면 용서받을 길이 없다고 하였다.[106]

2) 성만찬

헤이크는 사도 교부들의 성만찬 이해에 '감사의 개념'은 있으나

'희생의 개념'은 아직 나타나지 않았다고 한다.[107] 그러나『디다케』는 이미 성만찬에서 우리의 '희생'을 말한다. "주의 날에 함께 모여 떡을 떼며 감사를 드려라. 먼저 너희들의 죄를 공개적으로 고백하라. 그러면 너희의 희생이 순수할 것이다. 이웃과 불화한 사람은 그들이 화해할 때까지 합류해서는 안 된다. 너희의 희생이 더럽혀지지 않도록 하라."[108] 여기서 말하는 성찬을 나누는 그리스도인의 희생은 성만찬에서의 주님의 희생을 근거로 하고 있음을 암시한다. 이그나티우스가 교회를 "희생의 장소"라고 했을 때, 교회의 희생으로서 유카리스트 개념을 암시하고 있다고 보인다.[109] 그러나 사도 교부들의 '유카리스트'는 '감사'였다. 이것은 식사 전후 감사기도(grace)를 하는 유대인들의 형식에서 유래한 것이다. 그리하여 '유카리스트'는 주의 만찬에 특별한 감사를 드리는 그리스도교의 전문 용어가 되었다.『디다케』가 전해주는 것에 의하면 유카리스트는 먼저 잔을 들어 감사를 드린다.

우리는 당신, 우리 아버지께, 당신의 아들, 당신이 예수를 통하여 계시하신 당신의 아들, 다윗의 거룩한 잔을 위하여 감사를 드리나이다. 당신께 영원한 영광이 있으소서.

그다음 빵을 떼어 감사를 드린다.

우리는 당신, 우리 아버지께, 당신이 예수를 통하여 계시하신 생명과 지식을 위하여 감사를 드리나이다. 당신께 영원한 영광이 있으소서.[110]

그런데 진기한 특징은 잔을 나누는 것이 빵을 나누는 것보다 먼저 있으며 그리스도의 몸과 피에 대한 직접적인 언급이 없다는 것이다. 그리고 "다윗의 거룩한 포도주"는 예수를 통하여 계시된 신적 생명과 지식에 대한 은유적 언급일 수도 있고(cf. 대하 9:3), 메시아의 약속(cf. 사 11:1) 또는 메시아적 공동체(cf. 시 80:8), 즉 교회를 은유적으로 언급한 것일 수도 있다.[111] 유대인들은 식사할 때 가장이 먼저 하나님께 감사를 드린 후 빵을 떼어 각 손님 앞에 분배한다. 이것을 그리스도교는 주의 만찬에서 이어받았다.[112]

『디다케』는 주의 이름으로 세례를 받지 않은 사람은 성찬의 빵을 먹고 포도주를 마시는 일을 금하고 있다. 그것은 주님이 "거룩한 것을 개에게 주지 말라"고 하셨기 때문이다(마 7:6).

식사가 끝나면 다음과 같이 감사의 기도를 드린다.

우리는 당신, 거룩한 아버지께 우리 마음에 당신이 두려고 했던 당신의 거룩한 이름과 예수를 통하여 계시하신 지식과 믿음과 불멸을 위하여 감사를 드리나이다. 당신께 영원한 영광이 있으소서.

전능하신 주님, 당신은 당신의 이름을 위하여 모든 것을 창조하셨으며 (지혜서 1:14; 계 4:11), 사람들에게 먹을 것과 마실 것을 주셔서 즐기게 하셨으니 당신께 감사하나이다. 그러나 당신은 우리에게 당신의 아들, 예수를 통하여 영적인 양식과 음료와 영생을 주셨나이다.

무엇보다도 우리는 당신의 전능하심에 감사를 드리나이다. 당신께 영원한 영광이 있으소서.

주님, 당신의 교회를 모든 악에서 구하시고 당신의 사랑으로 완전케 하셨음을 기억 하나이다. 교회를 거룩케 하소서. 당신이 예비하신 당신의 나라로 그들을 사방에서(마 24:31) 모으소서. 당신께 능력과 영광이 영원하소서.

그리스도에게 와서 감사 기도하라. 그리고 이 세상을 떠나도록 하라.

다윗의 하나님께 호산나!(마 21:9, 15) 누구나 거룩한 자는 그에게 오고,

그렇지 않은 자는 회개하도록 하라.

우리 주님, 오소서! 아멘.[113]

그러나 성만찬에서 중요한 것은 그리스도의 임재와 현존이 간구되고 경험된다는 점이다. 이그나티우스는 "유카리스트가 우리의 죄를 위해서 고난을 당하고 하나님이 죽음에서 일으키신 우리 주 예수 그리스도의 살"이며, "불멸의 약"(pharmakon)이요, "예수 그리스도 안에서 죽지 않고 영원히 살 수 있는 해독제(antidotos)"라고 하였다.[114] 그래서 유카리스트에 참여하는 것을 결코 가볍게 생각해서는 안 된다. 왜냐하면 유카리스트에 참여는 우리 주 예수 그리스도의 하나의 살을 먹고, 우리를 그의 피와 연합시키는 하나의 잔을 마시며, 장로와 집사의 도움을 받아 집례하는 한 감독과 함께 하는 것이기 때문이다. 성찬의 빵이 "그리스도의 살"이라는 표현에 대해서 '실재론적 개념'을 암시하는 것으로 이해할 수도 있을 것이다. 그러나 이그나티우스는 다른 문맥에서 "복음과 믿음을 그리스도의 살로, 사랑을 예수 그리스도의 피로" 말하고 있기 때문에 '실재론적 개념'으로 단정하기가 어려울 수도 있다.[115] 이그나티우스는 "그리스도의 살"이라는 표현으로 떡이 실제적으로(physically) 그리스도의 살이 되었다는 것을 주장하려고 했다고 하기보다는 실재론적 표현을 통하여 성찬이 그리스도인의 삶에 필수적이며, 이것을 통하여 그리스도와의 연합(특히 그의 고난에의 참여), 교회의 일치 그리고 사탄의 세력을 파괴하는 것을 강조하려고

했던 것 같다. 우리는 그의 성찬 이해에서 일치와 조화를 위한 성찬, 평화를 위한 성찬의 개념을 읽는다.[116] 이그나티우스의 성찬 이해에서 후대의 상징주의나 실재론은 찾을 수 없을 것 같다.

6. 성서 해석

사도 교부들의 권위체계에서 우선적인 것은 구약성서였다. 물론 그들은 복음서, 바울서신들을 분명히 알고 있었다. 문제는 구약성서의 올바른 해석과 새로운 교훈과 조화되지 않는 구약 말씀의 해석이었다. 이미 알렉산드리아의 필로는 구약성서를 헬라화의 세계에 적응시키는 해석을 하고 있었다. 그것이 우의적 해석이었다. 사도 교부 중에서 이 방법을 사용한 대표적인 문서는 『바나바 서신』이다. 이 서신의 저자를 우리는 알 수가 없지만, 저자는 '완전한 지식'(teleia gnosis)과 '믿음'(pistis)을 가르치려고 했다. 저자는 유대인들이 구약성서 계시, 특히 율법을 문자적으로 해석하므로 오해했다고 지적하면서 그 영적인 의미 곧 '완전한 지식'을 찾기를 강조한다. 서신은 그 방법이 우의적 해석이라는 것이다. 하나님은 피 흘리는 물질의 제물이 아니라 회개하는 마음의 제물을 원하신다. 그러므로 하나님은 육체의 할례보다 마음의 할례를 원하신다. 서신은 이것을 설명하기 위해서 구약성서에서 언급되고 있는 불결한 짐승에 대한 금기를 예로 든다.

돼지고기를 먹지 말라는 것은(레 11:7; 신 14:8) 만족할 때는 주님을 잊고 필요할 때만 주님을 찾는 사람은 돼지 같은 사람이기 때문에 상종하지 말라는 교훈이라는 것이다. 독수리(레 11:13), 솔개(레 11:14), 까마귀(레 11:15)는 피해야 할 새들인데, 이 새들은 사기꾼, 욕심꾸러기,

강탈자 등을 상징하는 새들이다. 그러므로 이 새들을 먹지 말라는 것은 정직한 노력과 땀 흘려 일용할 양식을 얻는 것이 아니라 불법적으로 사기행위와 강탈을 해서 양식을 얻는 사람을 피하라는 교훈이라는 것이다.

할례에 대한 은유적 해석도 한다. 하나님은 육체적 할례가 아니라 마음의 할례를 원하신다. 그래서 아브라함이 그의 종 318명에게 할례를 명한 일(창 14:14; 17:23)을 해석하기를 십자가에서 예수의 죽음을 통한 구원을 의미한다고 한다. 이 숫자에서 10과 8을 헬라어로 표현하면 IH(iē)인데 이것은 헬라어 '예수'(iēsous)를 가리키고, 300은 헬라어 T(t)가 되는데 이것은 십자가를 의미한다는 것이다. 그래서 아브라함이 종 318명에게 할례를 명한 것은 십자가상에서 예수 그리스도의 죽음을 통한 구원을 의미한다고 해석한다.[117]

모세의 율법을 그리스도교의 통치, 예수의 영광을 미리 지시하는 것으로 해석하기도 한다. 이삭의 희생(창 22:1-18), 모세가 십자가 모양으로 팔을 뻗치는 모습(출 10:22) 그리고 구리 뱀을 높이 달아 놓은 것(민 21:9) 등을 그리스도와 그의 구원 역사(役事)의 유형으로 해석한다. 이것은 '예수의 유형' 또는 '십자가 유형'의 해석으로 유형론적 해석이라고 할 수 있을 것이다. 또는 '그노시스'로 알려진 상징주의 형식으로 해석될 수도 있을 것이다.

7. 그리스도인의 생활

사도 교부들은 심오한 신학적 이론을 정립하기보다는 새로 개종한 이방인들의 신앙생활을 건전하게 인도하는 일에 더 관심을 가졌다.

그리하여 그들은 그리스도인들에게 선하고 의로운 윤리적 행위를 강조하였다. 이 점에서 그리스도는 '새 입법자'(New Lawgiver)로 이해 된다. 로마의 클레멘트는 "만일 우리가 사랑에 따라 하나님의 계명을 온전히 행하면 복 있는 자가 되고, 그 사랑으로 죄의 용서를 받는다"고 하고,[118] 『바나바 서신』은 "죄를 용서받기 위해서 손으로 일을 하라"고 하며,[119] 『클레멘트 설교』는 선한 행위가 필요하다는 데 매우 분명한 입장을 가지고 있다.

> 자선은 죄를 용서받는 중요한 수단으로 금식이나 기도보다 더 선하다. 그러므로 자선은 죄의 참회만큼 선하다. 금식은 기도보다 선하다. 그러나 자선은 금식이나 기도보다 더 선하다. 사랑이 많은 죄를 덮어주지만 선한 양심으로부터 하는 기도는 사망에서 구해준다… 자선은 죄의 짐에 서 자유하게 한다.[120]

이 설교는 또 영생의 약속은 하나님의 계명을 지키는 보상으로 더해진다고 보고 있으며, 우리는 행위로 예수를 그리스도로 고백하는 것이고, 따라서 누구도 일하지 않는 자는 구원받을 수가 없다. 그러므 로 신앙이란 하나님의 보상 약속을 믿는 것이라고 한다.[121] 여기서 분명한 것은 '행위'와 '공적'의 강조. 그런데 헤르마스는 '여공'(餘功) 을 언급한다. 계명, 권고, 의무 등으로부터 여공을 구별한다. "만일 네가 하나님이 명령하지도 않은 더 큰 선행을 한다면 스스로 더 큰 영광을 얻게 될 것이다."[122]

그러나 사도 교부들은 구원을 위하여 행위만을 강조한 것은 아니었 다. 그들은 단순한 도덕주의자들은 아니었다. 그들에게서 소박하지만 믿음에 의한 의인 사상도 발견된다. 헤르마스는 인간에게 있어서 도덕 생활의 근본적인 주관적 조건은 신앙이며, 선택된 자는 믿음으로 구원받고, 다른 덕목들은 믿음의 딸들이라고 한다.[123] 로마의 클레멘트는 "구약의 성자들은 그들의 행위와 의로움으로 영광을 받은 것이 아니라 하나님의 뜻에 의한 것이다. 그리스도 안에 나타난 하나님의 뜻을 통하여 부름을 받은 우리는 우리의 지혜, 이해, 행위로가 아니라 믿음으로 의롭게 된다"고 했으며, "그리스도를 믿는 믿음이 모든 선을 가져온다"고 했다.[124] 믿음으로 의롭게 된다는 것이다.

사도 교부들은 다듬어지지는 않았으나 구원을 얻는 데 행위만으로도 아니고 믿음만으로도 아니라 '믿음과 행위'에 의한 구원론을 가지고 있었다고 할 것이다. 이 사상이 '행위 없는 믿음', '믿음 없는 행위'를 거부할 만큼 성숙한 것 같지는 않다. 신약성서도 '믿음에 의한 의'(롬 1:17)와 '행위에 의한 의'(약 2:21)를 말하고 있다. 물론 믿음은 단순히 지식이나 창조주로서 하나님을 인정하는 것이 아니라 인간을 강하게 하고 모든 도덕 행위의 근본이 되는 하나님의 마음으로 돌아가는 것을 의미한다. 그러므로 그리스도인은 그리스도가 그 마음에 내주(內住)하는 사람이다. 이그나티우스에 의하면 그리스도인은 '하나님 담지자'(God-bearer)요 '성전 담지자'(Temple-bearer)며 '그리스도 담지자'(Christ-bearer)다.[125] 사도 교부들은 그리스도인의 삶에서 계명에 따른 선행을 강조했지만 율법주의로 빠지지 않았으며 로마교회의 고해성사의 근원을 제공했다고 보기 어렵다.

미 주

1 *Martyrium Polycarpi*, 12. 2. 폴리캅이 사망한 후 얼마 지나지 않아 어떤 마르시온 (Marcion)이 썼다고 하나 확실하지 않다.

2 Eusebius, *HE.*, 5. 4. 2.

3 Cyprian, *Ep.*, 30; 31; 36.

4 Eusebius, *HE.*, 7. 7. 4.

5 Basil, *Ep.*, 140. 2; Gregory of Naz., *Orations*, 33. 15; Cyril of Alex., *Ep.*, 39. B. Altaner, *Patrology*, 3. F. L Cross, *The Oxford Dictionary of the Christian Church*, 495.

6 이상국 지음, 『사도 교부들의 가르침』 (서울: 성바로로, 2000), 19에서 재인용.

7 B. Altaner, 앞의 책, 4; 이상국, 위의 책, 21.

8 이상국, 위의 책, 15; B. Altaner, 위의 책, 1.

9 B. Altaner, 위의 책.

10 Hans von Campenhausen, *The Fathers of the Greek Church*, 1.

11 B. Altaner, 앞의 책, 6.

12 B. Altaner, 위의 책, 7-8.

13 Hans von Campenhausen, 앞의 책, 2-3.

14 Van A. Harvey, *A Handbook of Theological Terms* (New York: The Mamillan Co., 1966), 177.

15 Otto W. Heick, *A Hist. of Christian Thought*, vol. I, 44.

16 *1Clem.*, 7. 2; 이상국, 앞의 책, 39에서 인용. J. B. Lightfoot, *The Apostolic Fathers* (Grand Rapid, Michigan: Baker Book House, 1965), 16.

17 *1Clem.*, 42. 1-2; 이상국, 위의 책; J. B. Lightfoot, 위의 책, 31.

18 이 서신은 고린도에 있는 그리스도교인 형제들에게 로마교회의 이름으로 쓴 것이다. J. B. Lightfoot, 앞의 책, 11.

19 *1Clem.*, 3. 3; J. B. Lightfoot, 위의 책, 14.

20 J. L. González, 위의 책; Johannes Quasten, *Patrology* (Utrecht-Antwerp, Spectrum Publishers, 1966), vol. I, 47.

21 *1Clem.*, 46. 6; 32. 1-2; 42. 4-5 ; 44. 1-5;

22 Ignatius, *Magne.*, 1. 2; 이상국, 앞의 책, 82; J. B. Lightfoot, 앞의 책, 69에서 인용.

23 서신 전문은 J. B. Lightfoot, 위의 책, 63-88.

24 Ignatius, *Eph.*, 5. 1; J. B. Lightfoot, 위의 책, 64에서 인용.

25 Ignatius, *Eph.*, 7. 2; J. B, Lightfoot, 위의 책, 65에서 인용.

26 Ignatius, *Smyr.*, 8. 2; 이상국, 앞의 책, 111; J. B. Lightfoot, 위의 책, 84. 이그나티우스 는 예수를 따르는 사람들에게 최초로 '그리스도인'이라는 칭호를 붙인 도시의 감독이었다. 또한

그의 서신에도 '그리스도인'이라는 말이 사용되어 있다(*Mag.*, 10. 1; *Rom.*, 3. 3; *Philad.*, 6. 1 등).

27 Irenaeus, 『이단 논박』(*Adversus Haereses*), 3. 3. 4.

28 Vita Polycarpi. 이 책의 저자가 서머나의 감독 피오니우스(Pionius)로 알려져 있으나 그는 로마제국의 황제 데시우스(Decius, 249~251 재위) 통치 기간에 순교했기 때문에 저자가 될 수가 없다.

29 서방교회에서는 율리우스력에 의하여 니산월(Nisan) 14일 그다음 일요일에 부활주일을 지켰다. 그러나 동방교회는 요일에 관계없이 유대교의 유월절에 맞추어 니산월 14일에 지켰다. 이것을 '14일교도'(Quatodecimanism)라고 한다.

30 Irenaeus, *Adv. Haer.*, 3. 3. 4.

31 위의 책.

32 Polycarp, *The Martyrdom of Polycarp*, 9. 3.

33 Poycarp, 위의 책, 8. 2; J. B. Lightfoot, 앞의 책, 111.

34 Polycarp, 위의 책, 19. 2; J. B. Lightfoot, 위의 책, 115.

35 *The Epistle of Barnabas*, 21. 2, 6; J. B. Lightfoot, 위의 책, 155-156.

36 F. L. Cross, *The Early Christian Fathers* (London: Gerald Duckworth & Co. LTD. 1960), 21-22.

37 A. Dirksen, *Elementary Patrology* (New York: B. Herder Book Co., 1959), 18. 역사가 유세비우스와 제롬은 '경외전(apocrypha)에 포함시킨다. B. Altaner, *Patrology*, 80.

38 F. L. Cross, 앞의 책, 22.

39 *The Epistle of Barnabas*, 9; J. B. Lightfoot, 앞의 책, 145-146.

40 Eusebius, *HE.*,3. 39. 15; 이상국, 앞의 책, 182.

41 Eusebius, *HE.*, 3. 39. 11-13; 이상국, 위의 책, 180-181; F L .Cross, ed., *The Oxford Dictionary of the Christian Church*, 1011.

42 B. Altaner, 앞의 책, 85.

43 J. B. Lightfoot, 앞의 책, 159.

44 *Adv. haer.*,4. 20. 2; Tertullian, *De Orat.*, 16; Origen, *Princ.*, 4. 11; F. L. Cross, *The Early Christian Fathers*, 24; J. B. Lightfoot, 위의 책, 161; B. Altaner, 앞의 책, 85 등.

45 A. Dirksen, 앞의 책, 20; F. L. Cross, 앞의 책, 24-25; J. Quasten, 앞의 책, 93-97 등.

46 Hermas, *Simil.*, 2.

47 Hermas, *Mand.*, 4. 3. 6.

48 위의 책, 4. 1.

49 위의 책, 4. 4. 1-2. 『목양자』 부분은 B. Altaner, 앞의 책, 85-87과 F. L. Cross, *The Early Christian Fathers*, 24-25에 의존했음. 『목양자』의 전문은 J. B. Lightfoot, 앞의 책,

165-243에 있음.

50 *Didache*, 1. 1.

51 *Didache*, 6. 1; J. B. Lightfoot, 앞의 책, 125.

52 이 부분은 F. L. Cross, 앞의 책, 9-11; B. Altaner, 앞의 책, 52; A. Dirksen, 앞의 책, 16-17; J. Quasten, 앞의 책, 29-35 등 참조.

53 성서의 정경 선포는 동방에서는 367년 아타나시우스에 의해 교회에서, 서방에서는 393년 힙포와 397년 카르타고교회 회의에서였다.

54 Hermas, *Mandates*, 1; Roger E. Olson, *The Story of Christian Theology*, 김주한 · 김학도 옮김, 『이야기로 읽는 기독교 신학』 (서울: 대한기독교서회, 2016), 59에서 재인용.

55 *1Clem.*, 20. 11; cf. 49. 6 그리고 35. 3; 19. 2.

56 P. Tillich, 앞의 책, 20.

57 *1Clem.*,46. 6. 삼위일체적 표현에 대해서 57. 2; 58. 6 등 참조할 것.

58 Hermas, *Smil.*, 5. 2.

59 Ignatius, *Ad Eph.*,9. 1.

60 마 28:19; *Didache*, 7-10.

61 Ignatius, *Ad Eph.*,18; *Ad Rom.*, 3; *Ad Poly.* ,8 등.

62 Ignatius, *Ad Poly.*, 3. 2; J. L. Gonzalez, 앞의 책, 75.

63 *Epistle of Barnabas*, 12. 10; 7. 9.

64 위의 책, 5. 5.

65 위의 책, 5. 10.

66 *The Shepherd Hermas*, 59. 김주한 · 김학도 옮김, 앞의 책, 60.

67 *The Second Epistle of Clement* 또는 *The Homily of Clement*, *2Clem.*, 1. 1.

68 Otto W. Heick, 앞의 책, 48에서 재인용.

69 *1Clem.*, 22. 1; 2. 1(알렉산드리아 사본에 의한 것).

70 Hermas, *Simil.*, 9. 1. 1.

71 위의 책, 5. 6 그리고 5. 7.

72 위의 책, 9. 12.

73 Theodor Zahn, *Ignatius von Antiochien*, 1873, 261; Otto W. Heick, 앞의 책, 48 에서 재인용.

74 Ignatius, *Smyr.*,1; 3. 1; *Eph.*, 18; *Trall.*, 9.

75 *2Clem.*, 9. 5.

76 P. Tillich, 앞의 책, 22.

77 'ho kainos anthropos', *Eph.*, 19. 3; 20.

78 Barnabas, Epistle, 5.

79 *1Clem.*, 49; 12.

80 The So-called Letter to Diognetus. Cyril C. Richardson, ed., *The Library of*

Christian Classics(이후 LCC로 표현) (Philadelphia: The Westminster Press, 1953), vol. I, 220-221.

81 *2Clem.*, 20.

82 Ignatius, *Eph.*, 19. 20.

83 Ignatius, *Eph.*, 3. 2; 15. 9; 9. 2; *Mag.*, 1.2 등을 참조할 것.

84 *1Clem.*, 36.

85 *2Clem.*, 14.

86 Hermas, *Vis.*, 2. 4. 1; 1. 1. 6.

87 Hermas, *Simil.*, 1.

88 *1Clem.*, 16; 59; 65 등.

89 Hermas, *Simil.*, 3.

90 J. Quasten, 앞의 책, 35에서 재인용.

91 Ignatius, *Smyr.*, 1; *Philad.*, 3.

92 Ignatius, *Eph.*, 5. 2; *Trall.*, 7. 2; *Philad.*, 4 등.

93 Ignatius, *Eph.*,20. 2. 이그나티우스는 성만찬을 "성부가 그의 사랑에서 죽은 자를 살리는 예수 그리스도의 몸"이라고 한다(Smyr., 7. 1).

94 Ignatius, *Smyr.*, 8. 2.

95 Ignatius, *Philad.*, 5; *Magn.*, 3; *Rom.*, 9; *Trall.*, 2; *Smyr.*, 8 등.

96 Didache, 15; *1Clem.*, 40. 44; Ignatius, *Magn.*, 6; *Trall.*, 2. 7; *Philad.*, 3 등.

97 Ignatius, *Trall.*, 3. 1; *Magn.*, 7 cf. *Eph.*, 2. 20; *Polyc.*, 6; *Philad.*, 4; *Magn.*, 6. 1; *Trall.*, 13; *Smyr.*, 8. 1.

98 Ignatius, *Trall.*, 6; *Philad.*, 3.

99 Ignatius, *Magn.*, 7. 1; *Trall.*, 2. 2; *Smyr.*, 8. 1; *Polyc.*,5. 2; *Smyr.*, 8.

100 Ignatius, *Trall.*, 3. 13; *Magn.*, 6; *Smyr.*, 8 등.

101 Cyprian, *De ecclesia unitate*, 6; Ep., 73. 21.

102 *Didache*, 7. 1-4.

103 Hermas, *Vis.*, 3. 3. 5; *Mand.*, 4. 3.

104 *Epistle of Barnabas*, 11; 8.

105 Ignatius, *Eph.*, 18; *Poly.*, 6.

106 Hermas, *Mand.*, 4. 3.

107 Otto W. Heick, 앞의 책, 55.

108 *Didache*, 14. 1-2.

109 *Eph.*, 5; *Trall.*, 7; *Philad.*, 4 등.

110 *Didache.*, 9. 1-3.

111 Cyril C. Richardson, tr. ed., *LCC.*,vol. I. *Early Christian Fathers*, 175, n. 49.

112 위의 책, n. 50.

113 *Didache*, 10.1-6; Cyril C. Rechardson, 앞의 책, 175-176.

114 Ignatius, *Smyr.*, 7. 1; *Eph.*, 20. 2.

115 Ignatius, *Trall.*, 8; *Philad.*, 5.

116 Ignatius, *Philad.*, 4; *Eph.*, 13.

117 Banabas, *Ep.*, 9-10; J. Quasten, 앞의 책, 85-86.

118 *1Clem.*, 50.

119 Banabas, *Ep..*, 19.

120 *2Clem.*, 16 .4.

121 위의 책, 3; 4; 6; 11 등.

122 Hermas, *Smil.*, 5. 3.

123 위의 책, *vis.*, 3. 8; cf. *Mand.*, 5. 2.

124 *1Clem.*, 32; 22

125 Ignatius, *Eph.*, 9; 15; *Magn.*, 1; *Smyr.*, 4 등.

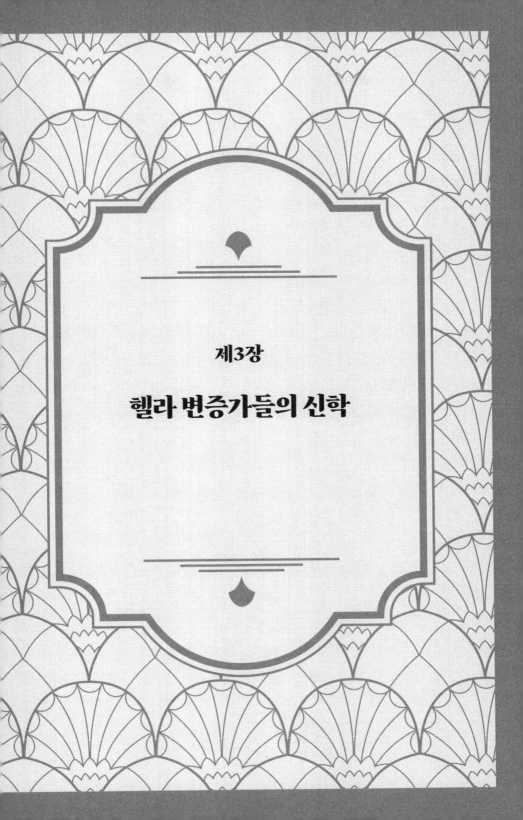

제3장

헬라 변증가들의 신학

I. 서론: 정의와 위치

'변증'을 뜻하는 헬라어 '아폴로기아'(apologia)는 고소를 당한 사람이 법정에서 그 부당성을 밝히면서 자기의 입장을 방어할 때 쓰는 용어다. 그러므로 변증에는 고발을 당했다는 전제가 있다. 그리스도교 변증가들의 활동에도 예외가 아니었다. 그리스도교가 1세기부터 박해를 받아온 것은 사실이지만, 2세기 중반이 되면서 국가 또는 황제로부터 받는 정치적 박해, 이교도 또는 일반 시민사회로부터 받는 사회문화적 박해 그리고 켈수스(Celsus)와 같은 이교 철학자들로부터 받는 이론적 박해에 직면하면서 그리스도교 저술가(사상가)들은 그들의 신앙에 대하여 변호의 필요성을 절감하게 되었다. 그리스도교가 발전함에 따라 각층의 사회로부터 주목받게 되었고 그리스도인들의 가르침과 관습이 공격받게 된 것이다. 그리스도인들이 받은 비난과 공격은 주로 부도덕하고 무신론적이며 사회 문제에 가담하지 않는 게으른 사람들이라는 것이었다.

대부분의 박해는 그리스도교에 대한 종교적 오해와 무지 때문이었다. 황제의 박해에는 정치적 동기와 목적이 있었으며, 이교도의 박해에는 종교적 갈등이 있었고, 일반 시민은 거짓된 고소와 떠도는 거짓된 소문의 충격이 있었다. 서머나의 감독 폴리캅은 군중에 의해서 고소를 당하고 형을 선고받은 일이 있었으며, 역사가 유세비우스에 의하면 177년경 리용과 비엔나 교회의 박해 때 군중들이 박해의 주동 역할을 한 일이 있었다.[1] 당시 이교 철학자들에게 복음(성서)의 내용은 모순되고 그리스도인들의 주장은 매우 허황되어 비이성적이고 비합리적인 것으로 보였던 것이 사실이었다. 그들에게 예수의 제자들, 그리스도교

의 선생들은 무지한 사람들로 보였다.[2]

　주로 교회 내적인 문제에 집중했던 시대와는 달리 교회 밖으로부터 도전해 오는 세력들에게 그리스도교 생존의 권리를 삶의 자리에서 만난 문화를 통하여 변증해야 하는 시대가 되었다. 이 시대에 활동한 그리스도교 저술가들을 '헬라 변증가'라고 한다. 대략 130~180년경에 활동했던 이들은 성서적 용어와 서신 형식의 글을 썼던 사도 교부들과는 달리 이교도들이 이해할 수 있는 용어와 방법으로 그리스도교 신앙을 철학적인 이론과 합리적인 진술을 통하여 조직적으로 설명하려고 했다. 이 점에서 헬라 변증가들은 최초로 그리스도교 신학을 체계화시킨 사람들, 최초의 그리스도교 신학자들이라고 할 수 있다. 그들은 그리스도교 교리를 학문적으로 연구하기 시작한 사람들이었다.

　변증가들의 저술의 주목적은 그리스도교에 대한 중상 비방을 논박하는 것과 적개심이 있는 입법 조치에 대한 항변과 무효 주장 그리고 그리스도교 주장이 진리라는 것을 입증하는 것이었다. 변증가들의 주된 논거는 그리스도교의 교훈은 이웃을 사랑하도록 개종자들의 삶을 변화시킨다는 것, 그리스도의 오심에 대해서는 그 어떤 고대인의 문헌보다 더 고대적이고 영감 받은 저자들이 예언한 것이라는 것, 그리스도교는 이교에서 발견되는 그 어떤 진리보다도, 이교 세계의 그 어떤 저자보다도 더 고대적이라는 것, 이교 문학에 나타나는 마술사들의 많은 기적 행위 이야기 때문에 변증가들은 예수의 기적 이야기를 거의 하지 않는다는 것 그리고 하나님은 악마의 힘을 억제하지는 않지만, 세상에 죄가 가득할 때 악마로 하여금 세상을 파괴하도록 한다. 그러나 하나님은 그리스도인의 선한 삶과 행위는 파괴하지 못하게 한다.[3]

P. 틸리히는 변증가들이 공격자들에 대응할 때 비판의 입장에서보 다는 철학적 입장에서 대답하려고 했다고 지적하면서, 그들에게 세 가지 특징이 있었다고 한다. 첫째는 그리스도교와 이교가 서로 받아들 일 수 있는 사상의 공통적인 기반을 찾으려고 했으며, 둘째는 이교 사상의 약점을 지적하는 것이고, 셋째는 그리스도교가 이교도의 요구 를 충족시킬 수 있다는 것을 보여주는 것이다.[4] 따라서 변증가들은 그리스도교의 진리를 변증하기 위해서는 이교도의 철학까지도 과감 하게 수용하였다. 물론 여기에 그리스도교 진리의 변질, 상실의 위험 도 있을 수 있다고 할 것이다. 그러나 그들은 그리스도의 복음에 철저하 므로 그 위험을 극복할 수 있었다. 즉, 이교도의 철학은 그리스도의 복음을 변증하고 증거하기 위한 수단이었다. 그리스도교를 문명화된 세계에 설명하려는 변증가들의 노력에는 그리스도교를 철학으로, 최고의 지혜와 절대적인 진리로 외부인들에게 확신시키려는 의도가 있었던 것이다. 하르낙에 의하면 "변증가들은 복음의 내용을 당시의 사상가와 지성인들의 상식에 호소하는 방법으로 처방을 하였다. 그들 은 예수의 삶과 예배를 포함하여 긍정적인 전승 자료를 사용하였다. 변증가들의 신학에서 그리스도교는 하나님으로부터 직접적으로 유 출된 종교적 철학이고, 이것은 다신교, 자연종교와는 뚜렷이 대비되었 다. 그들은 그리스도교를 영의 종교로, 자유의 종교로, 절대적 도덕의 종교로 선포하였다."[5]

헬라 변증가들에게 그리스도교 신앙은 계시에 근거한 것이었으며, 하나님에 의해서 계몽된 사람들(logikoi)만이 그 진리를 파악할 수 있고 보존할 수 있는 것이었다. 구약성서는 하나님에 의해서 계몽되어 그 진리를 파악한 사람들의 기록이다. 변증가들은 구약성서를 계시의 고대 자료로 보았고 철학과 덕행으로 대표되는 진리를 증거해 주는 책으로 인식했다. 그들은 그 속에 계몽된 인간들에 의해서 발견된 최고의 진리가 포함되어 있다고 확신하였으며, 이것이 또한 그리스도교가 도달하려고 하는 진리라고 믿었다. 이 점에서 영지주의 사변이 교회에서 배척 받은 것과는 달리 헬라 변증가들의 사상이 교회에서 수용되고 후대 교회 교리의 기초가 될 수 있었다.

구약성서, 특히 예언서에서 계시되었고 그리스도에게서 완전히 나타난 진리를 헬라 철학의 계몽된 세계와 사람들에게 설명하려고 했을 때 변증가들은 당시 철학적 개념들을 수용하였다. 그러나 이와 같은 헬라 변증가들의 방법은 처음이 아니었다. 알렉산드리아 유대인 철학자 필로의 신학에 이미 나타나 있었다. 그 당시 헬라 철학의 교육을 받은 유대인들은 야훼 종교를 헬라 인들에게 절대적이고 최고의 철학, 즉 하나님의 지식, 덕행의 지식 그리고 내세 보상의 지식으로서 설명하면서 납득시켰다. 말하자면 유대인 철학자들은 이미 민족종교의 모든 적극적이고 역사적 요소들을 유신론의 진리를 입증하기 위한 체계로 변경시켰다. 이 방법을 그리스도교 변증가들은 채용한 것이다. 이 점에 있어서 하르낙은 그리스도교가 변증가들에 의해서 헬라화했다고 주장한다.[6]

2세기 그리스도교 변증가들은 대부분 헬라 수사학의 법칙에 따라 작성된 담화나 대화 형식의 글을 통하여 이교의 비방을 논박하고 이교 신들의 신화가 보여주는 불합리성과 부도덕성을 폭로하면서 그리스도교만이 하나님과 우주에 대한 정당하고 정확한 이해를 하고 있다고 주장하였다. 이교 철학은 단지 인간의 이성에만 의존하기 때문에 절대적 진리를 알지 못하며, 그들이 주장하는 진리는 오류가 많고 단편적이라고 하였다. 그러나 그리스도교는 신적 로고스 자체가 그리스도를 통하여 이 세상에 왔기 때문에 헬라 철학을 초월하며 신적 철학이라고 한다. 그들에게 있어서 신약성서와 구약성서는 도래하는 구원의 예언에 있어서 밀접한 내적 일치로 묶여 있다.

물론 그리스도교 변증가들의 사고 습관은 "그들이 개종하기 전 그들에게 배어든 사상이 그들의 종교적 세계관에 영향을 준 것"은 사실이다. 그들은 교육받은 이교 독자들을 염두에 두었기 때문에 "이교의 전문적인 철학 용어, 고찰, 의식" 등을 사용하였다. 변증가들은 그 시대의 자녀들인 것은 사실이다. 특히 이교 철학자들의 공격에 대응하고 그들에게 그리스도교의 진리를 설명하기 위해서는 그들의 사상과 용어, 의식 등에 대한 깊은 인식이 필요했다. 그럼에도 그리스도교 변증가들은 그리스도교 신앙의 종교적이고 신학적인 내용을 본질적으로 이교화하지 않았다. 그러므로 그들에 의해서 "그리스도교가 헬라화했다고 라벨"을 붙이는 것은 잘못되었다. 그들은 이교 철학의 사고 방법을 이용하여 그리스도교가 도덕적 유신론의 실현이라는 것을 주장하면서 다신론을 극복하였다. 고대 철학이 그리스도교의 사변에 침투하여 들어왔을 때 그리스도교가 헬라화했다고 하지만 그것은 잘못된 것이다. 오히려 헬레니즘이 점차적으로 그리스도교화 했다고 할 것이다.[7]

알타너는 그리스도교의 진리에 대한 개별적인 증거로서 다음 몇 가지를 들고 있다. 첫째는 그리스도교의 이웃 사랑과 같은 도덕적인 효과이고, 둘째는 그리스도와 예언자들의 예언으로부터의 증거, 즉 2세기 저자들은 이미 구약의 성문집을 준비하였다는 것이며, 셋째는 고대성, 즉 신·구약성서 간의 내적 통일과 연결 관계가 강조되고 구약의 예언적 교훈이 신약에서 성취되었으며, 그리스도교는 새로운 종교가 아니라는 것, 모세는 헬라 시인이나 철학자들보다 먼저 살았다는 것이고, 넷째는 그리스도의 기적 등이다. 매우 드문 일이지만 터툴리안,[8] 오리겐[9]에 따르면 거짓 그리스도와 마술사들은 악마의 도움을 받아 기적적인 힘을 휘두른다.[10]

변증가들은 종교가 생존하기 위해서 가장 기본적인 요소로서 모든 종교의 뿌리인 양심의 자유를 주장한 점에 있어서 가장 위대한 업적을 남겼다.

II. 헬라 변증가들과 그들의 저작 개관

헬라 변증가의 범주에 속하는 것으로 현재까지 알려진 사람들과 글들은 다음과 같다.

1. 쿠아드라투스와 아리스티데스(c. 120)

쿠아드라투스(Quadratus)는 지금까지 우리가 알고 있는 그리스도교 변증가 중에서 가장 초기의 변증가다. 그는 123~124년 소아시아의 어떤 악한 사람들이 그리스도교인들을 괴롭히고 있기 때문에 마침 소아시아에 머물고 있는 하드리안(Hadrian, 117~138) 황제에게 그리스도교 신앙에 관한 변증서를 써서 보냈다. 그러므로 기록 연대는 138년 이전이 된다. 그러나 그의 변증서는 현존하지 않으며, 우리는 유세비우스를 통해서 변증서의 단편을 접할 수 있을 뿐이다.[11] 유세비우스는 그가 소아시아에 살고 있는 사도의 제자라고 하지만 입증하기가 어려우며, 성 제롬은 그를 마르쿠스 아우렐리우스(Marcus Aurelius, 121~180) 통치 기간에 살았던 아테네의 쿠아드라투스 감독과 동일 인물이라고 하는데 그것은 전혀 사실과 다르다.[12] 유세비우스의 책에 단편적으로 보존되어 있는 이 변증서는 그리스도의 치유와 죽은 자를 되살리는 사역을 증거하고 있으나 확실한 증거로 보기가 어렵다.

아리스티데스(Aristides)의 『변증서』는 우리에게 전해지고 있는 변증서 중에서 가장 먼저된 것이다. 유세비우스에 의하면 아리스티데스는 독실한 신앙인이요 그리스도교에 헌신한 사람이며, 쿠아드라투스와 같이 하드리안 황제에게 변증서를 썼다.[13] 이 변증서는 1889년 미국의 학자 렌델 해리스(Rendel Harris)가 시내산 캐더린 수도원에서 시리아 역본을 발견하기까지 그 변증서의 존재를 알지 못했다.

아리스티데스는 그의 변론을 하나님의 본성과 세계에 관한 강화(講話)로 시작하면서 하나님을 우주의 '제일동자'(第一動者), '영적이며 완전한 전능자'로 묘사한다. 그 하나님은 이름도 끝도 없고 비교도 할 수 없다. 이것은 하나님에 대한 소극적인 개념의 정의라고 할 것이다. 그런데 그의 변증서에서 가장 흥미 있는 것은 믿는 종교에 따라서 인류를 야만인, 헬라인, 유대인 그리고 그리스도교인 등 네 범주로 나누는 것이다. 1~14장까지는 야만인, 헬라인 그리고 유대인의 종교를 논박하고, 15~17장에서는 그리스도교인의 삶과 교훈을 다룬다.[14] 변증가가 1장에서 영원하고 창조되지 않은 하나님 개념을 우선적으로 기술한 것은 이 표준에서 다른 모든 종교를 판단하려고 한 것이다.

야만인은 하늘, 땅, 물, 불, 바람, 태양, 달 등을 신으로 숭배하는데, 이것들은 인간을 보호할 힘이 없는 신들이다. 왜냐하면 그 신들을 포함하여 만물과 인간 자신까지도 하나님의 창조물이기 때문에 그 신들을 신적 존재라고 부를 수 없다는 것이다. 그에 의하면 헬라인들은 신을 인간이 가지고 있는 악함과 격정이 있는 존재로 만들고 간음을 행하고 모든 종류의 악을 범하게 한다. 다른 한편 유대인들은 신이 오직 한 분임을 주장하고 높은 도덕성 때문에 야만인이나 헬라인들보다 우월한 점이 있으나 하나님보다 천사에 더 경배하고 할례, 금식, 축일 지킴 등 예배의 외적인 것을 더 중요하게 생각하고 우상숭배에 빠졌다. 이런 범주의 사람들보다 참된 진리를 발견하고 참된 하나님 개념을 가지고 있는 것은 그리스도인들뿐이다. 그들은 하나님을 창조주요 독생자와 성령 안에서 만물의 창조주로 인식하며 그 외 다른 신을 섬기지 않는다. 그들이 한 분이며 참된 하나님을 예배한다는 것은 그들의 삶의 순수성을 나타내는 것이다. 그래서 그리스도교인은 주 예수 그리스도의 명령을 따라 도래하는 세상에서의 삶을 동경하며 이웃을 사랑하고 간음이나 우상을 섬기지 않는 새 민족을 이루며 산다는 것이다.[15]

아리스티데스의 변증은 제한된 범위와 감동적이지 못한 스타일, 사상과 배열이 소박하고 단순하지만, 그 논조는 매우 당당하고 새 종교에 대한 강한 의지를 보여주고 있다. 그의 변증에서 강렬한 종말론적 기대를 발견한다는 것은 주목할 만하다. 즉, 이 세상은 "예수를 통하여 무서운 심판이 온 인류에게 임할 것"인데, 그동안 지탱이 되는 것은 그리스도인의 기도 때문이다.[16]

2. 펠라의 아리스토(c. 140)

유대인들을 향해서 그리스도교 신앙을 방어하고 변증한 첫 사람으로 알려져 있는 아리스토(Aristo of Pella)의 『변증서』는 대화 형식으로 쓰였다(140년경). 즉, 그리스도에 관한 유대인 그리스도인 야손(Jason)과 알렉산드리아 유대인 파피스쿠스(Papiscus)와 그리스도에 관한 대화 형식의 토론이다. 이 토론은 유대교와의 갈등 속에서 그리스도교를 변증한 문서 중 가장 먼저된 문서일 것이다. 이 변증은 분실되었으나 켈수스는 이미 이 변증서의 존재를 알고 있었고,[17] 켈수스, 오리겐 그리고 제롬에 의해서 단편들이 남아 있다. 켈수스는 아리스토가 구약성서에 대한 은유적 해석을 지지했다는 이유로 어리석고 불합리한 변증이라고 비판한다. 그러나 오리겐은 켈수스의 조소에 대하여 아리스토의 구약성서의 은유적 해석을 방어하였다. 그에 의하면 아리스토의 변증은 유대인의 저술인 구약성서의 지원을 받는 그리스도인이 어떻게 유대인과 논쟁을 하느냐고 기술하고 있으며 그리스도에 관한 예언이 예수에게서 성취되었다는 것을 입증하고 있다고 한다.[18] 토론은 유대인 파피스쿠스가 그리스도를 하나님의 아들로 인정하고 세례에 관해서 묻는 것으로 끝난다. 그리고 파피스쿠스는 은유적 해석의 근원지는 알렉산드리아라고 했다. 유세비우스는 바 코크바(Bar Cochba, 132~135) 저항운동 후 하드리안 황제가 유대인들을 예루살렘에서 추방했다는 것을 아리스토로부터 알게 되었다고 전한다.[19]

3. 저스틴 마터(c. 100~165)

저서의 양과 깊이, 사상의 범위와 창의성에 있어서 저스틴(Justin Martyr)은 2세기 변증가 중에서 가장 중요한 인물이다. '마터'(순교자)는 본명이 아니었으나 터툴리안이 처음으로 그를 "철학자요 순교자"라고 부르기 시작했다.[20] 그는 팔레스타인 네아폴리스(성서 지명으로 세겜)의 이교도 헬라인 가정에서 출생하였다. 그의 가정은 사마리아 로마제국의 식민지의 이방인 시민이었던 것이 분명하다. 유대인은 아니지만 궁극적으로 그가 받아들인 신앙의 유대인 배경을 가진 팔레스타인 가정에서 성장하였다. 그는 할례를 받지는 않았다.

그의 말에 의하면,[21] 지적 욕구의 충족을 위해서 스토아학파에 들어갔으나 하나님 존재에 대한 설명을 주지 못하자 그 학파를 떠나 소요학파에 들어갔다. 그러나 수업료에만 관심이 있어 수업을 포기하였고, 그다음 피타고라스학파로 갔으나 여기서는 흥미 없는 음악, 천문학, 기하학 등을 강요하는 관계로 그는 어디에서도 지적 만족을 얻지 못하였기 때문에 마지막으로 플라톤 철학에 관심을 갖게 되었다. 저스틴은 여기서 플라톤 철학의 한 교사로부터 플라톤의 깊은 지식을 소개받을 수 있었다. 그러나 그가 에베소 근처 해변을 따라 걷고 있을 때 한 노인에 의해서 "플라톤 철학은 인간의 가슴을 만족시킬 수 없으며 오직 예언자들만이 진리를 전한다는 것을 확신하게 되었다. 그가 지금은 말할 시간이 없는 이것저것을 말하며 나로 하여금 그 말들을 경청하게 해 놓고는 그는 가버렸고 다시는 그를 볼 수가 없었다. 그러나 순간의 불꽃이 내 영혼을 밝게 했으며 예언자들과 그리스도의 친구인 사람들의 사랑이 나를 사로잡았다. 내 마음에서 그리스도의 말씀이 순환하는 동안 이 철학만이 안전하고 유익하다는 것을 알게 되었다. 그래서 나는 그 학파의 철학자가 되었다."[22] 저스틴이 그리스도교로 개종한 날짜는 기록이 없어 알 수 없다. 그러나 그가 한 노인과의 대화[23]의 무대를 유대인 전쟁, 즉 바 코크바의 저항의 시대(132~135)로 하고 있기 때문에 이것이 그의 개종의 때를 암시한다.

끊임없는 진리에 대한 추구와 쉼 없는 기도만이 하나님과 그리스도에게 가는 길을 열어 줄 수 있다는 깨달음 그리고 죽음도 두려워하지 않는 영웅적인 그리스도인들의 모습에 충격을 받고 저스틴은 그리스도교로 개종하였다.[24] 개종한 후에도 그는 헬라 철학자의 옷을 입고 그리스도교 신앙을 방어했으며, 안토니우스 피우스 황제 통치 기간(138~161)에 로마에 와서 학교를 세우고 그가 발견한 참 철학(그리스도교)을 가르쳤다. 그때 제자 중 한 사람이 후에 헬라 변증가가 된 타티안(Tatian)이다. 저스틴은 진리를 말할 수 있는 사람이 그것을 말하지 않으면 하나님의 심판을 받는다는 확신을 갖고 있었다. 그는 그리스도교와 이교 철학 사이에 다리를 놓으려고 한 첫 교회 저술가라고 할 것이다. 그는 165년경에 다른 여섯 명의 그리스도인과 함께 로마에서 참수형을 받았다.[25]

저스틴은 다작(多作)의 저자이지만 유세비우스에게 알려진 여덟 개의 작품 중 지금 우리에게 전해진 것은 이교도에 대응한 두 개의 『변증서』와 『트리포와의 대화』 등 세 작품뿐이다. 두 변증서는 모두 안토니우스 피우스 황제에게 보낸 것이며 로마에서 썼을 것이다.[26] 저스틴의 분실된 작품 중에는 『부활에 관하여』(On the Resurrection), 『이교도를 반대하여』(Against Heresies), 『마르시온을 반대하여』(Against Marcion), 『이방인에게 하는 권고』(Cohortatio ad Gentiles),

『헬라인들에게 하는 강화』(*Oratio ad Graecos*), 『하나님의 주권론』(*De monarchia*) 등이 포함되어 있다.

『제1변증』은 서론(1~3장)과 제1부(4~12장), 제2부(13~67장) 그리고 결론(68장) 부분으로 나뉜다. 제1부는 그리스도인들에 대한 비난을 반박하고, 제2부에서는 그리스도교의 진리를 적극적으로 설명하고 논증한다.

저스틴은 제1부에서 그리스도인(christianos)은 그리스도(christos)를 따르는 사람들일 뿐 아니라 본성적으로 정직한(chrēstos) 사람이라고 한다. '그리스도교인'이라는 이름은 '철학자'라는 명칭과 마찬가지로 그 자체로 유죄나 무죄가 입증되지 않는다는 것이다. 징계는 피고가 죄를 깨닫게 된 범죄에만 내려지는 것이다. 그리스도인들에게 무신론자들이라고 비난하는 것은 성립이 되지 않으며, 오히려 그와 같은 정죄를 받을 사람은 우상숭배를 하는 이교도라고 한다. 그들의 의식은 저질스럽고 마술적이며, 따라서 그 종교는 본질적으로 부도덕하다고 비판한다.

그리스도교인들에 대한 고소는 오해와 무지에 근거한 것이기 때문에 재판 절차가 정당해야 하며 유죄로 판결 나기 전에 범죄자로 취급하지 말 것을 호소한다. 그리스도인들이 이교 신들에게 희생제를 드리지 않고 숭배하지 않는 것은 생명이 없는 신이며, 따라서 어리석고 무모하며 아무 효력이 없기 때문이라는 것이다. 그리스도인들은 그리스도의 윤리적 교훈을 따르는 사람들이며, 메시아의 신성과 히브리 성서(구약 성서)의 메시아 예언을 믿고 종말론적 신앙과 영원한 형벌을 두려워하기 때문에 결코 잘못을 행하지 않으며, 그들은 그리스도인의 고백으로 충성스러운 국가의 시민이라고 변호한다.[27]

제2부에서 저스틴은 특히 그리스도교 교리와 예배에 대하여 자세히 기술하면서 그리스도교의 정당함을 변호한다. 그는 예수 그리스도가 하나님의 아들이고 그리스도교의 창시자라는 것이 이미 구약성서에서 예언된 것이고, 이교도의 신비적 제의(祭儀)나 예배 형식이 구약성서의 예언이나 그리스도교의 의식과 유사하다고 설명하면서 그러나 철학자들의 사상과 같이 구약성서에서 모방한 것들이기 때문에 그리스도교의 교훈이 더 고전적임을 논증한다. 플라톤 철학에서 그리스도교 사상이 발견되는 것은 이상할 것이 없다.

그리스도교 예배가 부도덕하다는 것은 근거가 없다. 이것을 입증하기 위하여 성례전에 대해 설명하는데, 이것은 초기 예배 의식을 연구하는 데 귀중한 자료가 된다. 세례를 받을 사람들은 물이 있는 곳으로 가서 삼위일체 하나님의 이름으로 의식을 행하며 다시 태어난다. 궁핍하고 무지한 자녀에서 자유와 지식의 자녀가 되며 과거의 죄의 씻음을 받는다. 이렇게 세례를 받은 사람은 '영적으로 조명된' 사람이다. 그래서 저스틴은 세례에 '조명'이라는 말을 사용한다.

저스틴의 변증서는 2세기, 니케아 이전 시대의 유카리스트 전례(典禮)의 귀중한 자료를 제공한다. 정상적인 주일 성만찬은 사도나 예언자들의 언행록을 읽은 다음 교회와 세상 사람들을 위한 중보기도를 하고 평화의 인사를 나눈 다음에 빵과 포도주와 물이 예전 집행자에게 전달된다. 예전 집행자는 성찬물에 대한 즉석 기도를 하면 신도들은 "아멘"으로 화답한다. 그다음에 집사들이 빵과 포도주를 참석자들에게 분배한다. 세례를 받지 않은 사람은 누구라도 성만찬에 참여하지 못한다.

결론 부분은 하드리안 황제가 125년경 아시아 총독 미누키우스 푼다누스(Minucius Fundanus)에게 보낸 칙서가 포함되어 있다. 이 문서가 교회사에서 매우 중요한 문서로 평가되는 것은 특정한 고소, 고발 이외에 그리스도인에 대한 징계를 금하고 있기 때문이다. 그리스도인에 대한 보다 공정하고 합당한 재판절차의 규정이 포함되어 있다. (1) 그리스도인들은 형사법원에서 정규적인 소송절차를 통해 선고되어야 한다. (2) 유죄 판결은 피고가 로마법을 어긴 사실이 입증될 때만 해야 한다. (3) 징벌은 죄의 본질과 정도에 비례해야 한다. (4) 모든 거짓 고소는 중징계해야 한다. 이 문서의 진정성은 저스틴에 의해서 첨가되었다는 데 있다.[28]

『제2변증』에서 저스틴은 로마의 지사(Urbicus)가 세 사람의 그리스도인을 그리스도인이라고 고백했다는 이유만으로 참수형에 처한 사건의 부당함과 가혹함에 강하게 항의하면서 로마 여론에 직접적으로 호소하는 글로 시작한다. 그는 또한 견유학파를 비롯하여 갖가지 비판과 중상모략에 대해서도 대응한다. 예를 들면 자살하면 더 빨리 하나님께 갈 수 있을 텐데 왜 그리스도인은 자살하지 않느냐는 이교도의 풍자적인 질문에 저스틴은 그것은 하나님의 뜻에 어긋난다는 그들의 신앙 때문이라고 대답한다.[29] 하나님은 왜 그리스도인들을 박해자로부터 구하지 않느냐는 질문에 대해서는 박해가 진리와 덕행을 반대하는 마귀의 증오에 의해서 선동된 것이지만, 박해로 말미암아 그리스도교의 도덕적 가르침이 이교와 스토아학파의 가르침보다 우월하다는 것이 입증되기 때문이라고 한다.[30] 그리스도교의 진리 중 그 무엇이든지 간에 철학자들이 선포했다 해도 그것은 철학자들이 '씨앗 로고스'(logos spermatikos)에 참여한 것이다. 마지막으로 저스틴은 황제에게 그리스도인들에 대한 재판은 정의로워야 할 것과 재판 과정이 정규적인 법정에서 진행되어야 한다는 것을 호소한다.[31]

『트리포와의 대화』는 유대인에 대응하는 그리스도교 변증서 중 가장 오래된 문서다. 그러나 불행하게도 일부가 분실되어 현존하는 것은 완전하지 않다. 이『대화』는 저스틴이 에베소에서 학식 있는 유대인 트리포(Trypho)[32]와 이틀간 구약성서의 해석에 관한 토론을 기록해 놓은 것인데, 저스틴은 바 코크바 유대인 저항운동이 있는 동안 에베소에 있었다. 그리고 책은 변증서들보다 후에 구성되었을 것이다. 왜냐하면 첫 변증서에 대한 언급이 있기 때문이다(160년경). 『대화』는 문학 형식이지만 실제 논쟁이 전제되어 있다.

　142장으로 편집된『대화』는 서론 부분(2~8장)에서 저스틴 자신의 지적 영적 발전과 그의 개종에 대한 자세한 이야기가 기술되어 있고, 제1부(9~47장)는 구약성서에 대한 그리스도교의 관점, 즉 유대인의 의식적(儀式的)인 모세의 율법은 일시적 타당성이 있을 뿐이며 그리스도교는 모든 인류를 위한 새롭고 영원한 법이라고 한다. 트리포가 복음을 수용하기가 어려운 것은 그리스도인이 율법을 파괴하고 십자가에 달려 죽은 사람을 믿기 때문이라고 하자, 저스틴은 율법을 영구히 지켜야 한다는 트리포의 율법 개념을 논박한다. 그러면서 저스틴은 제2부(48~108장)에서 그리스도를 예배하는 것이 일신론에 모순되지 않는다고 정당화한다. 그는 그리스도의 신성은 예언자들에 의해서 이미 예언되었으며, 그가 율법을 폐기하는 것은 누구도 대신할 수 없는 그만의 유일한 권한이라고 한다. 저스틴은 오히려 유대인들이 율법을 불완전하게 훼손했다고 논박한다. 제3부(109~142장)에서는 그리스도인은 하나님의 새로운 백성이며, 이교도도 율법 준수의 조건 없이 그리스도교회로 받아들여 새 이스라엘이라고 부르는 것이 성서(구약)에 대한 바른 해석이라고 한다.[33]

4. 타티안(d. c. 180)

시리아 이교도의 가정에서 출생한 타티안(Tatian)은 헬라 수사학(修辭學)과 철학 교육을 받았다. 그는 오랜 지적 방랑 끝에 2세기 중반쯤 로마에 도착하여 그리스도인이 되었고 앞서 언급한 대로 저스틴의 제자가 되었다. 그는 스승이 그랬듯이 개종한 후 그리스도교 교설만이 참 철학인 것을 발견하였다고 하였다. 그는 이교 문화권에서 비전(秘傳)이 전수되고 부도덕한 종교 의식이 행해지며 반(反)인륜적인 쥬피터와 아르테미스(Artemis) 신전에서 진리를 발견할 수가 없었다. 그러나 헬라인의 지론에 비교하면 미숙한 작품이지만 너무 오래된 작품, 헬라인들의 오류에 비하면 너무나 신적인 작품, 저자들의 겸손한 언어와 꾸미지 않은 성격, 미래 사건에 대한 예지, 수준 높은 교훈, 한 존재(one Being)가 중심이 된 우주 통치 선언 등에 의해서 믿음을 갖게 되었다고 하였다.[34]

스승 저스틴이 순교한 후(165) 타티안은 스스로 자기 학교를 세웠으나 172~173년경 시리아로 돌아와 그리스도교 영지주의 집단에 속하는 일종의 금욕주의적인 종파를 창설하였다. 이 종파를 '엔크라티데스'(Encratites)라고 하는데, 재혼은 물론 결혼 자체를 금지하며 육식과 포도주를 금지한다. 성만찬에서 포도주 대신에 물로 대신한다. 그곳에서 그는 선교에 헌신한 것 같다. 타티안은 저스틴의 제자였으나 비그리스도교 철학과 문화에 대한 입장에서 스승과 날카로운 대조를 보였다. 저스틴은 일부 헬라 사상가들의 저서에도 진리의 요소가 있음을 인정하면서 그리스도교를 방어한 반면에 타티안은 모든 헬라 철학을 원칙적으로 완전히 부인한다. 우리는 그의 죽음에 대해서 아는 것이 없으나 180년경 그는 역사에서 자취를 감추었다. 현존하는 그의 저서는『헬라인에게 하는 연설』(*Oratio ad Graecos*)과『디아테사론』(*Diatessaron*)뿐이다.

『헬라인에게 하는 연설』은 로고스 교리를 방어하며 그리스도교는 헬라인의 철학보다 앞선 히브리 신앙에 뿌리를 두고 있다는 등 그리스도교에 대한 변증이 없는 것은 아니지만, 그 변증보다는 전체 헬라 문명을 거부하며, 특히 신화, 철학, 시, 수사학, 예술 등에 대하여 매우 격렬하게 논쟁하는 글이다. 그에게 있어서 헬라인의 철학, 종교 그리고 그들이 성취한 업적들은 모두 속임수이며 어리석고 비도덕적이고 가치가 없는 것들이다. 헬라인들이 미개인의 종교라고 생각하는 그리스도교가 그들의 종교보다 우월하다고 한다. 왜냐하면 헬라인들은 조각가의 모델 노릇이나 하는 방종한 여인들을 신으로 예배하지만, 그리스도인들은 유일하신 창조주 하나님을 예배하기 때문이다.

이 책의 중심부를 네 부분으로 분류한다. 첫째 부분(4~7장)은 하나님 개념, 로고스와 성부와의 관계, 물질 형성, 세계의 창조, 인간 창조와 부활, 마지막 심판, 천사의 창조, 자유의지, 천사의 타락, 아담과 이브의 죄, 타락한 천사와 악마 등을 다루는 그리스도교 우주론이다. 둘째 부분(8~20장)은 그리스도교 마귀론이다. 즉, 마귀의 조작인 점성술, 자유의지의 오용으로 마귀의 노예가 된 인간, 여기에서 자유하기 위해서는 세상적인 것에 대한 전적인 포기로 가능하다는 것, 마귀의 힘에서 자유하기 위해서는 우리의 영혼과 첫 인간의 중심에 살고 있었으나 인간의 죄로 축출된 프뉴마(pneuma)와 일치하도록 노력해야 한다는 것이며, 물질과 부정의 형상인 마귀는 회개가 불가능하지만 하나님의 형상인 인간은 자진 고행으로 불멸할 수가 있다는 것이고, 인간은 불멸하기 위해서 모든 물질을 거절할 수가 있기 때문에 죽음을 두려워하지 않는다는 내용을 포함하고 있다. 셋째 부분(21~30장)은 삶에 대한 그리스도인의 입장에서 본 헬라 문명 비판이다. 성육신의 신비하고 장엄함에 대비되는 헬라 신화의 어리석고 졸렬함, 극장, 춤, 음악 등은 죄가 많고 무가치하며, 헬라 철학과 법은 모순되고 허위적이라는 것이고, 헬라 문명의 어두움에 그리스도교가 빛을 비추어 줄 수 있다는 것이다. 넷째 부분(31~41장)에서는 그리스도교의 역사와 고전성을 강조한다. 모세가 호머, 모든 헬라 입법자, 심지어는 일곱 현자보다 앞서 살았다는 것이다. 그리스도인의 철학과 삶의 행위는 헬라인들의 지혜와 달라서 질투나 악의에서 자유스러우며, 그리스도인들이 부도덕하고 식인 풍습이 있다는 비난은 헬라인들의 신 숭배와 그들의 종교 의식에서 행해지고 있는 그와 같은 범죄 행위의 관점에서 본 비난으로 그것은 거짓된 것이며, 그리스도인들의 도덕과 순결성은 그와 같은 중상모략에 의해서 오염되지 않는다고 한다.[35]

이 글은 저스틴 사후에 로마 밖에서 기록되었을 것으로 추측한다. 그리고 동시대의 이교 역사가들에게는 유용한 원전이었을 것이다. 왜냐하면 이 글에는 타티안이 로마 예술인들의 부도덕성을 시위하기 위하여 수집한 자료, 즉 로마에서 발견한 조상(彫像)들의 목록이 포함되어 있기 때문이다.

『디아테사론』은 역사적 가치가 있는 것으로 평가되고 있는 타티안의 저서 중 하나다. 그것은 이 저서가 2세기 후반 복음서들의 성서적 권위가 어떠했는지를 보여주는 증거이기 때문이다. 이것은 복음서들의 조화다. 타티안은 네 복음서(마태, 마가, 누가, 요한)로부터 그리스도에 관한 하나의 계속되는 이야기를 편집하였다. 그 작업에 있어서 타티안은 요한복음을 연대기적 틀로 사용하였다. 타티안이 이 복음서 조화를 구성한 목적은 중복을 피하고 본문들을 결합시키려 했다. 이것은 타티안이 시리아로 돌아와 그리스도교 영지주의 집단에 속했을 때(172~173) 구성했다. 그때 이미 복음서의 시리아어 역이 사용되고 있었다. 처음에는 시리아어로 구성되었다가 그것이 223년 이전에 헬라어로 번역이 되었으며 매우 초기에 서방으로 전파되었다. 시리아 교회는 5세기까지 『디아테사론』을 교회 예배에서 공식으로 사용하였으며 그 후 전 교회의 복음서 본문에 지대한 영향을 끼쳤다. 그러나 불행하게도 원본은 현존하지 않는다.

타티안의 저서 중 소실된 것들이 있다. 『변증』, 『동물에 관하여』, 『악마에 관하여』, 『신적인 것을 취급하는 사람들을 반대하여』, 『완전에 관하여』, 『구세주의 교훈에 따라』 등이다.[36]

5. 아테네의 아테나고라스(c. 190)

아테네의 그리스도교 철학자인 아테나고라스(Athenagoras of Athens)는 타티안과 동시대인이었다. 그러나 헬라 철학과 문화에 대한 태도는 타티안과 달리 긍정적이었다. 아테나고라스에 대해서는 알려진 것이 거의 없으나 그가 쓴 두 책을 통해서 그가 아주 세련되고 정열적인 정신을 가지고 있었음을 알게 된다. 그의 저서들은 고전적인 것은 아니지만 2세기 그리스도교 저술가 중에서 그 용어와 문체 그리고 자료 배열에 있어서 가장 정결하고 분명하며 정확하다. 그의 글에는 시인과 철학자들의 말이 많이 인용되고 있으며 글은 운율적이다. 그는 177년경 마르쿠스 아우렐리우스(161~180) 황제와 그의 아들 콤모두스(180~192) 황제에게 『그리스도인들을 위한 청원』과 『죽은 자의 부활에 관하여』라는 책을 써서 보냈다.

『그리스도인들을 위한 청원』[37]의 서론에서 아테나고라스는 정중한 인사와 글을 쓴 목적을 진술한다. 즉, 그리스도인들이 법과 이성에 반대되는 부당한 고통을 받고 있으니 이와 같은 악의적인 행위를 법에 따라 금하는 것은 통치자의 의무라고 한다. 그리고 난 다음에 이 변증서의 중심부에서 그리스도인들이 이교도로부터 무신론자, 식인종, 근친상간자라는 세 가지 비난을 받고 있는 것에 대하여 변증하고 논박한다.

무신론자라는 고발에 대하여 아테나고라스는 그리스도인들이 비록 신들(gods)은 믿지 않지만 유일한 하나님(the God)을 믿기 때문에 무신론자가 아니라 유일신론자들이라고 하면서 헬라인들도 전통적인 다신론을 넓게 포기했다고 지적하며, 그들의 시나 철학에도 유일신론적 경향이 나타나 있지만 누구도 그들을 무신론자라고 비난하지 않았다는 것이다. 그리스도인들은 그들의 유일론의 근거를 단지 이성으로 입증할 뿐만 아니라 영감을 받은 예언자들의 교훈과 그들이 받은 신의 계시에 근거하고 있다고 한다. 그러므로 그리스도인들의 하나님 개념은 헬라 철학자들이 신 개념보다 순수하고 완전하며, 이것을 그리스도인들은 말로만이 아니라 행동으로 입증한다는 것이다. 이교 철학자들과는 달리 그리스도인들은 원수를 미워하는 대신 사랑하고, 욕하는 사람에게 나쁜 말을 하는 대신 그들을 축복하며, 생명을 위협하는 사람을 위해서 기도한다고 한다. 그리스도인 가운데 무지한 사람은 말로 신앙을 입증하지 못하지만 진실된 마음에서 우러나는 행위로 입증한다. 이것이 신들에게 희생제를 드리지 않고 창조주를 믿는 유일신론자의 삶이라고 한다.

그러므로 우리가 무신론자들이 아니라는 사실은 우리는 피조되지 않고, 영원하며, 불가시적이며, 고통을 느끼지 않으며, 파악할 수 없으며, 무한하신 한 분 하나님을 믿고 있다는 사실만 보아도 알 수 있다. … 그분은 빛과 아름다움 그리고 영과 신성한 능력으로 둘러싸인 분이다. 그분으로 말미암아 우주는 로고스를 통하여 창조되었고 질서 있게 배치되고 유지되고 있는 것이라고 나는 충분히 논증해 왔다.[38]

아테나고라스는 하나님의 아들, 성부의 로고스 그리고 성령을 주장한다. 이 점에서 그의 글은 니케아 이전 시대의 삼위일체 신앙을 증거한다. "우리는 한 분 하나님 그리고 그의 로고스인 아들과 성령은 본질적으로 연합된 것—성부, 성자, 성령—으로 인정한다. 왜냐하면 성자는 성부의 지성, 이성, 지혜이며, 성령은 마치 불에서 나오는 불빛처럼 하나의 발산(發散)이기 때문이다."[39]

'식인종'이라는 고발에 대해서 그는 그리스도인들은 이교도보다 생명을 존중하기 때문에 어린이의 유괴를 정죄하며, 몸의 부활을 믿는 신앙 때문에 식인 풍습을 따를 수 없다고 한다. 그러므로 이교도의 고발은 허위적이라고 논박한다. '근친상간'을 한다는 고발에 대해서는 오히려 증오의 싹이 튼다고 하면서 많은 그리스도인은 순결하게 살고 있으며 재혼까지도 '버젓한 간통'이라고 주장한다고 한다. 그리스도인들은 음행을 마음에 품는 것조차 용납하지 않는 높은 순결 의식과 절제 의식 때문에 근친상간 같은 범죄를 짓지 않는다고 논박한다. 그리스도인들이 이교도에게 이와 같은 비난을 받고 고발되는 것은 미덕이 악에 의해서 수난을 받는 역사를 보여준다고 한다.

『죽은 자의 부활에 관하여』[40]는 인간의 이성으로 부활의 교리를 논증하는 철학적 논문이지만, 부활의 문제에 관한 초기 그리스도인의 작품 중 최상의 것으로 평가되고 있다. 이 글은 두 부분으로 나누어지는데, 첫 부분(1~10장)에서는 하나님과 부활을 취급한다. 몸의 부활이 불가능하다고 거절하며 부인하거나 하나님이 몸을 다시 살릴 수 없다고 말하는 것은 가장 어리석다고 한다. 하나님의 지혜, 전능, 정의는 죽은 자의 부활로 방해 받지 않고 조화를 이룬다. 하나님의 능력은 우주의 창조에서 입증되었다. 하나님은 부활을 원하지 않으며 가치 있는 것으로 여기지도 않는다고 한다면, 그의 창조에 대해서도 반대하는 것이다. 둘째 부분(11~25장)은 인간과 부활을 다룬다. 여기서 그는 부활의 불가피성을 취급한다. 인간은 영생하도록 창조되었고 몸과 영으로 구성되었기 때문에 부활하여야 한다. 인간의 몸과 영의 일치가 죽음으로 파괴되면 인간은 영생할 수가 없으므로 부활에 의해서 몸과 영의 일치가 회복되어 영생하여야 한다. 인간은 행복하게 살도록 창조되었으나 현세에서는 불가능하기 때문에 부활하여 다른 세계에서 행복하게 살아야 한다는 것이다.[41]

6. 안디옥의 테오필루스(2세기 후반)

이교도 가정에서 출생한 테오필루스(Theophilus of Antioch)는 훌륭한 헬라 문화적 교육을 받았고 장성하여 오랫동안 성서 연구도 하고 심사숙고 끝에 그리스도교로 개종하였다. 그는 "나는 의심하지 않고 믿었다. 나도 죽은 자의 부활을 믿지 않았다. 그런데 믿게 되었다. 예언자들의 책을 보게 되었고, 그들은 하나님의 영에 의하여 미래 일어날 일을 예언하고 완성된다고 한다. 나는 믿고 하나님께 복종했다"고 말한다.[42] 유세비우스는 그가 시리아 안디옥의 여섯 번째 감독이라고 한다.[43] 그는 그리스도교를 비난하는 이교도 친구 아우톨리쿠스에게 그리스도교를 변호하는 세 권의 책을 180년경에 썼다. 그것이 『아우톨리쿠스 서신』(*Ad Autolicum*)이고, 그의 변증서 중에서 유일하게 현존하는 책이다.[44] 그는 동시대의 사고와 문학에 이해할 수 있는 지식으로 글을 잘 썼으며, 특히 어느 변증가들보다 신약성서를 많이 인용하였다. 신약성서도 구약성서와 동등하게 영감된 책이라고 한다. 그는 요한복음에 대해서 증거하고 있다.[45]

그가 이 변증서를 쓴 목적은 그리스도교 신관과 창조 교리가 올림포스 종교의 불멸의 신화보다도 그리스도교의 창조 교리가 훨씬 탁월하며 도덕적으로도 우월하다는 것을 이교 세계에 제시하려는 것이었다. 그는 전임자 중 어느 누구보다도 로고스 교리를 발전시킨 사람인데, 예를 들면 이미 필로에 의해서 사용된 바가 있지만, 하나님의 마음 혹은 심성에 항상 존재하며 내적 지성인 내재하는 로고스(logos endiathetos)와 만물보다 앞서 출생하여 '모든 피조물의 장자'(the first-born)인 밖으로 발출한 로고스(logos prophorikos)를 구별하였다.[46] 테오필루스는 하나님의 세 신적 품격의 일치를 위해 '삼위'(triad, trias)라는 말을 최초로 사용한 신학자다. 그는 해와 달이 창조되기 전 3일(창 1:12) 이 삼위일체의 이미지라고 한다. 그는 저스틴, 타티안 그리고 아테나고라스와 더불어 신격의 제2위를 로고스라고 하였다.[47] 뿐만 아니라 그는 실제적으로 신격의 삼위(triad, trias)라는 술어를 사용한 첫 그리스도교 신학자다.[48] 그는 저스틴, 타티안 그리고 아테나고라스와 더불어 삼위의 제2위를 로고스라고 불렀다.

제1권에서는 영의 눈으로만 볼 수 있는 하나님의 본성, 섭리, 그리스도인이라는 이름의 의미, 부활을 믿는 믿음의 의미 등에 대한 친구 아우톨리쿠스의 공격을 방어하고 우상숭배의 어리석음을 논박한다. 그는 황제에 대한 존경과 하나님 예배 사이의 차이를 설명한다. "나는 황제에게 경의를 표하지만 숭배하지는 않고 그를 위해서 기도한다. 그러나 하나님은 살아 계시고 참되며 황제도 그에 의해서 세워졌기에 그를 예배한다."[49] 제2권은 영감받은 예언자들의 교훈을 이교도의 신화의 어리석음, 신들과 세계 기원에 관한 호머(Homer), 헤시오도스 (Hesiod) 같은 헬라 시인들과 철학자들의 모순되는 교훈들과 대비시킨 다. 그리고 인류와 세계의 창조, 낙원과 타락 등 창세기를 분석하고 우의적으로 설명한다. 제3권에서는 그리스도교의 도덕적 우월성을 논증하면서 그리스도인들이 부도덕하다는 이교도의 비난을 논박한 다. 이교도의 부도덕성은 이교도 저자들이 이교 신들에게 돌린 사악성 에서 온 것임을 입증하고 있다. 끝으로 그리스도교의 가르침이 다른 어느 종교보다 오래되었다는 것을 세계의 연대기를 통해서 입증한다.

유세비우스에 의하면 테오필루스는 위의 책 이외에 『헤르모게네 스의 이단을 반대하여』, 『마르시온 논박』, 『복음서 강해』, 『솔로몬의 잠언에 관하여』 등의 책을 썼다.[50] 그러나 현존하지 않는다.

7. 사르디스의 멜리토(d. c. 190)

사르디스의 감독인 멜리토(Melito of Sardis)는 2세기 후반 소아시아 학파에서 다작(多作)의 저자이며, 그 시대에 소아시아 교회의 예언자 로 존경을 받았으며, '위대한 별들'(megala stoicheia)[51]에 포함시켰다.[52] 멜리토의 명성은 안토니우스 피우스 황제(138~161)의 통치 기간에 현저했고, 마르쿠스 아우렐리우스 황제(138~180) 지배 때 그 절정에 이르렀다. 역사가 유세비우스는 그를 '내시'(內侍)라고 묘사했는데, 이것은 아마 그가 독신이었다는 것을 의미한다. 그는 팔레스타인의 성지를 탐방하기 위해서 여행을 했으며(이와 같은 순례는 역사에 알려진 것임), 독신으로 오직 성령 안에서 죽은 자가 부활할 때 하늘의 방문을 기다리며 살다가 190년경 사망하였다.[53] 그 외 그의 삶에 대해서는 거의 알려진 것이 없다.

172년경 마르쿠스 아우렐리우스 황제에게 쓴 그의 『변증』은 유세비우스를 통하여 몇 개의 단편들이 현존하고 그 단편들을 통하여 우리는 변증서의 제목도 확실하게 알게 되었을 뿐만 아니라[54] 그의 로마제국과 교회의 관계에 대한 이념을 읽을 수가 있게 되었다. 그는 로마제국과 교회의 평화로운 결속 관계가 정상적이고 그것이 서로에게 유익하다고 주장한 첫 사람이다. 그에 의하면 제국과 교회는 한 쌍이며, 그리스도교는 제국의 축복과 복지를 위해서 기도한다는 것이다.

우리의 철학은 귀하의 제국에 선한 징조가 되었습니다. 왜냐하면 아우구스투스의 시대로부터 로마의 힘은 그 크기와 위업에 있어서 증가해 왔습니다. 만일 귀하께서 제국과 함께 성장해왔고 아우구스투스와 더불어 시작한 철학을 보호하신다면, 귀하는 그 행복의 계승자이며 당신의 아들 또한 그러할 것입니다. 귀하의 선조들은 다른 종교들과 함께 도의상 철학을 가까이 끌어안았습니다. 우리 종교의 번영이 행복하게 시작한 제국에 유익했다는 가장 확실한 증거는 아우구스투스 통치 이래 제국은 불운한 일을 겪지 않았으며, 오히려 기도에 의해서 제국의 위업과 명성이 확장되었다는 사실입니다.[55]

최근에 '유월절'(Pasch)에 관한 멜리토의 저술이 발견되어 그에 대한 우리의 지식이 크게 증가되었으며 학계의 관심이 집중되었다. 4세기 파피루스에 보전되어 있었던 이 글의 텍스트가 1940년에 처음으로 출판이 된 것은 현 세기 교부신학에 가장 중요한 또 하나의 성과라고 생각된다. 이 작품의 진정성에는 의심의 여지가 없다. 멜리토의 단편들이 가지고 있는 특유한 문체뿐만 아니라 짧은 구절들은 이 작품이 멜리토의 작품임을 증명한다. 1940년 미국의 학자 본너(Campbell Bonner)가 멜리토의 유월절 설교가 포함된 4세기 파피루스를 편집, 출판했는데, 그는 제목을 『예수 수난에 관하여』(De passione), 즉『성금요일 설교』라고 했다.

그런데 이 제목에 대하여 크로스(F. L. Cross)는 적지 않은 우려를 표한다. 첫째로 예수 부활 이틀 전 예수의 십자가 처형을 기념하는 '성금요일'이 부활절에 대립하는 것으로서 이해된 것이라면, 그것은 시대착오적이다. 왜냐하면 당시에는 어디에서도 두 기념이 분리된 일이 없고 다만 유월절의 축제만이 있었기 때문이다. 둘째는 이 작품의 문체가 설교형식이 아니며, 오히려 문체의 경향과 풍조는 설득력이 있는 형식이 아니라 연설조라는 것이다.[56]

크로스에 의하면 멜리토의 시작하는 문장 속에 '히브리인 출애굽'(Hebraikēs Eksodou)이라는 말과 '디아세사페타이'(diasesaphētai)라는 단어가 나오는데,[57] '디아사페오'는 설명한다, 해석한다, 번역한다를 뜻한다. 이렇게 볼 때 '히브리인 출애굽'이라는 구절이 '히브리 민족의 출애굽'을 반드시 의미하는 것은 아니라는 것이다. 즉, 다르게 해석할 수도, 번역할 수도 있다는 것이다. 히브리인의 유월절은 출애굽을 기념하는 히브리인의 축제일이다. 멜리토의 '유월절' 글에 대한 그리스도인의 해석은 이 유월절 어린양을 잡는 것이 이집트의 노예로부터 히브리인의 구원을 의미했듯이 갈보리 산에서의 주님의 죽음은 죄와 죽음의 노예로부터 우리의 구원을 확실하게 한다는 것이다. 히브리인의 유월절과 출애굽은 앞으로 있을 그리스도의 희생적인 고난과 죽음을 지적한다고 이해된다. 유월절 식사와 뒤에 따르는 출애굽은 그리스도의 구원 역사(役事)의 유형이다. 이것은 '유월절의 신비'다. 히브리어 '패스크'(Pasch)와 헬라어 '파스코'(paschō)는 '수난의 구원사적 고통'이다. 원시 그리스도인들의 부활절은 단순히 유대인의 유월절 의식의 계승이었다. 유대교에서 개종한 초기 그리스도인들은 예수를 메시아로 받아들였으며 하나님의 백성의 출애굽에서 전적으로 새로운 의미를 발견했다. 유월절 축제가 부활절 축제가 된 것이다. 그리스도교의 부활절이 유월절의 이름을 지니고 있다는 사실은 부활절이 유대인의 유월절 축제의 연속이지 새로운 제정이 아니라는 것을 말해 준다.[58]

그러나 여전히 멜리토의 글을 설교라고 이름 붙인다. J. 쿠아스텐은 멜리토의 글을 『고난 설교』라고 하면서 『성 금요일 설교』라고 하는 것은 멜리토가 '14일설'(Quartodecimanism)을 주장하고 있기 때문이라고 한다.[59] 멜리토는 『부활절 축제에 관하여』에서 '14일설'을 옹호하고 있다. '14일설'이란 부활절 축제를 요일에 관계없이 유대교의 유월절에 맞추어 니산월 14일에 지키자는 주장이다. 멜리토에게 있어서 성금요일은 유월절 축제일이었다. 따라서 그는 출애굽과 유월절을 그리스도의 구속적 사업의 유형으로 설명하면서 역사적 배경을 초월한 초자연적인 효력이 있는 '신비'(mustēria)라고 한다(막 4:11). 이 설교의 용어는 색다른 시적 언어를 애호하고 문체적 장치를 하고 있어 매우 인위적이다.

멜리토의 글을 설교라고 하든지 아니면 논문이라고 하든지 그 글의 신학적 중요성에 있어서는 큰 차이가 없는 것 같다. 멜리토에게 분명한 것은 유대인의 출애굽 사건과 유월절 어린양 잡는 의식을 그리스도의 죽음과 부활의 유형으로 해석하고 있다는 점이다. 유대인의 출애굽과 유월절을 구원사적으로 이해하고 있는 것이다.

그의『설교』에 나타난 신학은 교리사에서 중요한 위치를 차지하고 있다. 무엇보다도 멜리토의 신학을 지배하는 것은 그리스도의 신성(神性)과 선재 개념(先在槪念)이다. 그는 그리스도를 하나님, 로고스, 아버지(patēr), 아들, 하나님의 첫아들(prōtotokos tou theou, 눅 2:7), 주님(despotēs, 눅 2:29), 이스라엘의 왕(ho basileus Israēl), 당신의 나라(humōn basileus) 등으로 부른다. 이 명칭 중에서 그리스도에게 '아버지'라는 칭호는 흔히 있는 일이 아니며 생소하다. 멜리토는 그 명칭을 그리스도의 다양한 기능을 묘사하는 중요한 구절에서 사용하고 있다. 그러나 다른 한편 성육신에 관해서는 매우 분명하고, 그리스도의 선재성에 대해서는 찬송가적 찬양의 형식으로 묘사한다.[60]

이와 같이 하나님 자체와 그리스도의 완전한 일치를 주장하는 멜리토의 입장은 후대의 양태론적 군주신론으로 해석될 수가 있었다. 그와 같은 경우에서 멜리토의 작품들이 무시되고 종국에는 분실되었을 것이다. 그러나 멜리토의 근본적인 입장은 그리스도는 본성에 의하여 하나님이며 인간(phusei theos ōn kai antrōpos)이라는 것과 속성의 교류(communication idiomatum)의 원칙이다. 그래서 그리스도의 성육신에 관한 멜리토의 입장은 매우 분명하다.[61] 그리고 그는 그리스도가 지옥(hades)에 내려가셨다고 한다.[62]

멜리토는『변증』이외에『부활절 축제에 관하여』,『세례에 관하여』, 『그리스도인의 삶과 예언자에 관하여』(몬타누스주의자를 반대한 것), 『교회에 관하여』(*apodocheion tēs alētheias*, 그는 교회를 '진리의 보고'라고 불렀다), 『주일 준수에 관하여』, 『창조에 관하여』, 『영혼과 몸에 관하여』, 『환대에 관하여』, 『마귀에 관하여』, 『신앙과 그리스도의 출생에 관하여』, 『그리스도의 성육신에 관하여』(마르시온에 반대하여) 등이 있다.[63]

8. 『디오그네투스 서신』

F. L. 크로스는 이 서신(Epistle to Diognetus)이 비록 2세기 변증가들에게 더 조화가 된다 할지라도 사도 교부 가운데 포함시키는 것이 통상적이라고 한다.[64] 그러나 대부분의 학자들은 이 서신을 변증가의 범주에 포함시킨다. 이 서신의 저자, 수신자는 분명하지가 않다. 수신자가 마르쿠스 아우렐리우스의 개인교사 디오그네투스라고 하는 학자도 있으나 확실하지 않다.[65] 저자를 변증 내용에 유사한 점이 있다는 이유로 위에서 언급한 변증가 아리스티데스라고도 하고, 또 어떤 학자는 로마의 저술가 히폴리투스(Hippolytus of Rome, c. 170~236)라고도 하고, 위에서 언급한 변증가 쿠아드라투스라고 하며, 알렉산드리아의 클레멘트의 스승 판테아누스(Pantaenus, d. c. 190)라고도 한다. 이와 같이 여러 저자설이 가설로 나오는 것은 서신의 문체와 내용이 장(章)에 따라 다른 데 따른 것이지만, 어느 하나도 확실하지 않기 때문에 저자도 수신자도 알 수가 없다. 불행하게도 이 서신의 필사본들은 현존하지 않는다. 우리가 가지고 있던 유일한 필사본은 1870년 프랑스-프로이센왕국의 전쟁(Franco-Prussian War) 중 스트라스부르(Strasbourg) 도서관이 불탈 때 없어졌다. 지금의 서신은 저스틴 마터의 저술 중에 목록으로 나와 있는 것이다.

이 서신의 익명의 저자는 고위층의 이교도 디오그네투스에게 서신 형식으로 새로운 종교인 그리스도교를 가장 아름답고 고상하게 변증하고 있다. 이 서신이 구성된 것은 디오그네투스가 그의 그리스도인 친구에게 그가 믿은 종교에 대하여 알고 싶어 하는 요청에 의한 것이었다. 디오그네투스의 질문은 세 가지로 요약된다. 첫째는 그리스도인들이 믿는 하나님은 누구이며, 어떤 예배를 드리고 있고, 왜 헬라인들(이교도)이 믿는 신들을 인정하지 않으며, 유대인들의 예배 의식을 거부하는가? 둘째는 다른 사람에 대하여 강한 애정을 찬양하는 그 비밀이 무엇인가? 그리고 셋째는 왜 이 새로운 피와 영의 종교(그리스도교)가 일찍 오지 않고 우리가 살고 있는 지금 이렇게 늦게 왔는가?

이에 대하여 저자는 2~4장에서 극단적인 표현은 피하면서 이교도의 어리석은 우상숭배와 유대인의 외적 형식적인 예배를 비판하고 그리스도교의 우월성을 선명한 어휘로 묘사한다. 그러나 이와 같은 비판은 새로운 것이 아니었다. 이 서신의 저자는 헬라 변증가들의 저술에서 이미 발견되는 논증들을 사용하였다. 저자는 그리스도교 신앙의 특성이 우주를 창조하신 하나님으로부터 나오는 것이라고 한다. 그러나 이 서신의 최고의 부분은 그리스도인들의 초자연적 삶에 대한 저자의 설명 부분이다. 즉, 그리스도교 신앙의 특성은 그리스도인들의 삶에서 입증된다는 것이다(5~6장). 그리스도인의 삶은 세상에 있으나 세상에 속하지 않으며, 가난하지만 남을 부유하게 한다고 한다. 이 부분이 서신 중에서 가장 서정적으로 아름답게 서술된 부분이다.

그리스도인들은 다른 인간들과 국적이나, 언어나, 습관에 의해서 구별되지 않는다. 사실 그들은 그들 자신의 도시들 어디에서도 정착하지 않으며, 특별한 언어를 사용하지도 않으며, 그들은 기상천외한 생활 태도를 촉진하는 것도 아니다. 확실히 이들의 행동 방식도 호기심이 많은 사람들의 기발한 착상이나 사변의 결과로써 고안된 것도 아니며, … 이들은 자신들의 결정에 따라서 헬라와 비헬라 도시들에서 거주하는데, 의상, 음식, 여타의 일상생활에서 그 지방의 습관을 따르며, 그들의 삶의 길의 전체적인 방향은 예상한 것과는 다르게 칭찬할 만큼 좋은 모습을 보여준다. 그들은 각자 자기들의 나라에 살지만, 단순히 나그네처럼 지낸다. 시민으로서 모든 일에 참여하면서도, 외국인처럼 모든 것을 참고 견딘다. 모든 외국 땅도 그들의 본국이며, 모든 본국이 그들에게 이방인의 땅이다. 그들도 모든 다른 사람과 같이 결혼하고 아이들을 낳는다. 그러나 자손을 집 밖에 버리지 않는다. 그들은 식탁을 모두 같이 하지만, 잠자리는 공동으로 같이하지 않는다. 그들은 육체를 가지고 있으나, 육체의 정욕을 따라 살지 않는다(고후 10:3; 롬 8:4). 그들은 땅에서 나날을 보내지만, 그러나 그들의 시민권은 하늘에 있다(빌 3:20). 그들은 제정된 법을 준수하지만, 그러나 그들은 자신의 삶에서 법이 요구하는 것보다 더 잘 지킨다. 그들은 모든 사람을 사랑하지만, 모든 사람으로부터 박해를 받는다. 그들은 알려지지도 않은 채 유죄를 선고 받아 사형에 처해지지만, 생명을 다시 찾는다. 그들은 가난하지만, 많은 사람을 부유케 한다(고후 6:9-10). 그들은 모든 것이 궁핍하지만, 모든 것이 넘친다. 그들은 굴욕을 받지만, 그 굴욕 가운데서 영광을 받는다. 그들은 중상모략을 받지만, 정당함을 인정받는다. 그들은 욕을 먹으면서도 축복한다. 그들은 모욕을 받지만, 명예로 갚는다. 그들은 선행을 하면서도 악행자라고 처벌을 받는다. 그들은 처벌을 당하면서도 생명을 곧 얻을 것처럼 즐거워한다. 그들은 유대인들로부터는 다른 종족이라고 공격을 받고, 헬라인들로부터는 박해를 받는다. 그러나 그들을 미워하는 자들도 그들의 증오의 이유를 밝히지 못한다.[66]

6장은 5장의 내용을 다시 영혼과 몸의 관계를 비유하여 세상에서의 그리스도인들의 생활을 설명한다. 즉, 영혼이 몸 안에 있듯이 그리스도인들도 세상 안에 있으며, 영혼이 몸의 모든 지체를 통해서 퍼져 있듯이 그리스도인들은 세상의 모든 도시에 퍼져 있고, 영혼이 몸에 거주하고 있으나 몸과 한 덩어리가 아니듯이 그리스도인들도 세상에 거주하고 있으나 세상과 한 덩어리가 아니다. 육체가 영혼에 의해서 아무 해를 받지 않음에도 불구하고 영혼을 증오하고 공격하는 것은 영혼이 육체의 정욕 탐닉을 방해하기 때문이듯이 세상도 그리스도인들에 의해서 아무 해를 입지 않음에도 그들을 증오하는 것은 육체적 쾌감을 반대하기 때문이다. 영혼이 증오하는 육체와 그 지체를 사랑하듯이 그리스도인들도 증오하는 세상을 사랑한다. 영혼이 몸에 감옥같이 감금되어 있지만 몸과 계속 결합되어 있는 것이 안성맞춤이듯이 그리스도인들도 감옥에 있듯 세상에 감금되어 있으나 세상과 계속 결합되어 있다.

불멸의 영혼이 가멸적인 건물에 숙박하듯이 그리스도인들도 비록 부패한 것들 가운데서 이방인으로 살고 있지만 하늘에서의 청렴결백을 바라본다. 그리스도인들은 세상에서 벌을 받을 때 매일매일 더 강해진다. 그것이 하나님이 그들에게 위임한 중요한 지위이고, 그것을 떠나는 것은 합법적이지 않다.[67]

7~8장은 그리스도교 신앙이 하나님으로부터 기원했다는 것을 밝힌다. 하나님은 그의 아들을 보내셔서 우리에게 그것을 알게 하셨다고 한다. 9장은 셋째 물음에 대한 대답이다. 즉, 하나님의 나라, 곧 그리스도교가 이렇게 늦게 나타난 것은 인간들로 하여금 그의 무력함과 구원의 필요성을 깨닫게 하기 위함이라고 한다. 그리고 결론인 10장에서 저자는 만일 디오그네투스가 그리스도의 가르침을 받아들인다면 그도 하나님과 인간의 참사랑의 축복을 받는다고 한다.[68]

이 서신은 가장 찬란하고 아름다운 그리스도교 헬라 문학이라고 평할 수 있을 것이다. 저자는 분명히 수사학의 대가였음이 분명하다. 그의 문장 구조는 매력적이고 미묘해서 이해하기와 어려움이 균형을 이루고 있고, 문체는 명쾌하다. 저자의 어휘 선택은 열정적이고 화끈하며 생동력이 넘친다. 서신을 읽는 독자는 그 내용에서 뜨겁고 열렬한 신앙과 폭넓은 지식 그리고 그리스도교 진리에 철저하게 감화를 받은 한 인간의 상을 보게 된다.

우리가 여기서 다루지 못한 헬라 변증가의 범주에 속하는 이들이 있다. 즉, 밀티아데스(Miltiades), 아폴리나리스(Apollnaris of Hierapolis) 그리고 헤르미아스(Hermias) 등이다.[69]

III. 헬라 변증가들의 신학

교리사학자 A. 하르낙에 의하면 그리스도교를 철학으로서 체계화한 최초의 신학자들이라고 할 수 있는 헬라 변증가들이 빈번히 그리스도교의 교리 또는 '교의'라는 말을 하는데, 이 교의라는 말에 철학으로서 그리스도교의 전 내용을 포함시킨다고 한다. 그런데 신약성서는 그리스도교 신앙의 내용을 교의로 명시한 일이 없다. 사도 교부들인 로마의 클레멘트, 헤르마스, 폴리캅 등에서도 그 말은 발견되지 않는다. 물론 클레멘트는 신의 자연 질서를 그렇게 불렀다. 이그나티우스는 '도그마타'(dogmata)를 오로지 '삶의 규칙'(rule of life)이라는 뜻으로 사용했고, 바나바 서신에서 '주의 도그마'는 특별한 신비 또는 신의 섭리를 의미하였다. 그러므로 변증가들이 그 말을 철학의 용어에 따라 그리스도교 신앙에 적용한 첫 사람들이다. 그들은 또한 '신학'(theologia)이라는 용어를 처음으로 사용한 사람들이기도 하다.[70]

헬라 변증가들에 의하면 그리스도교 '도그마'는 성서의 예언자들에 의해서 계시되었고, 그리스도에게서 완전히 나타난 합리적인 진리라는 것이다. 이것은 신적인 지혜를 나타내며 덕과 영원한 생명으로 인도한다. 변증가들은 이 교의를 설명하는 것을 주된 과제로 삼았기 때문에 그것들이 매우 분명하게 재생될 수가 있었다. 하르낙은 변증가들의 교의적 계획을 세 구성 요소로 나눈다. 즉, 첫째는 유일신론적 우주론으로 보는 그리스도교인데, 여기서 하나님은 세계의 아버지다. 그리고 그리스도는 로고스로 관계한다. 둘째는 가장 높은 도덕과 의로움의 그리스도교다. 하나님은 선은 보상하고 악은 징벌하는 심판자다. 여기서 그리스도는 법(nomos)으로 관계한다. 셋째는 구원으로서의 그리스도교다. 하나님은 악마의 힘에서 인간을 구하는 선한 분이다. 여기서 그리스도는 '스승'(didaskalos) 또는 '구원자'(sōtēr)로 관계한다.[71]

변증가들에 의해서 고찰된 계시된 철학의 본질적인 내용은 세 가지 교리를 포함하고 있다. 첫째는 영적이고 나타낼 수 없는 높은 하나님,

세상의 주요 아버지인 하나님의 존재이고, 둘째는 하나님의 거룩한 삶의 요구이며, 셋째는 마지막 하나님의 심판이다. 하나님, 덕, 영원한 보상의 교훈은 예언자와 그리스도에게까지 거슬러 올라간다. 그러나 인간은 자유의 존재로 창조되었기 때문에 덕은 인간의 노력으로 얻어진다. 이때 예언자와 그리스도는 스승으로서 의의 근원이다.[72]

이상의 전제하에서 헬라 변증가들의 사상을 고찰할 것이다. 헬라 변증가 가운데서 가장 중요하고 대표적인 사상가는 순교자 저스틴이다. 대부분의 변증가들의 사상이 그의 사상과 일반적으로 유사하다고 하겠지만, 주제에 따라서는 일치하지 않는 것도 있다. 다음 몇 가지 신학적 주제에 대해서 고찰하기로 한다.

1. 철학과 계시로서의 그리스도교

헬라 변증가들은 일반적으로 그리스도교를 로고스에 따른 참되고 유일한 철학이라고 하는 데 일치하고 있다. 그 당시 철학이란 현대적 개념과는 달랐다. 그 당시 철학은 마술적 미신적 풍토에서 자유로운 정신적 사고방식을 의미했으며, 철학적 문제는 단순한 사변적인 관심의 문제가 아니라 삶에 대한 실존적 해석의 문제였다. 또한 당시 철학파는 일종의 제의(祭儀) 공동체였기 때문에 학파의 창시자에게는 진리가 계시되었다고 믿고 있었다. 헬라 변증가들이 그리스도교를 철학이라고 한 것은 기본적으로 그와 같은 의미에서 말하는 것이다.

저스틴 마터는 지적 관심을 충족시키기 위해서 철학 학파를 전전하여 마지막으로 플라톤학파에 속한 철학자가 되었다. 그는 스스로 자신을 플라톤주의자라고 했다. 그러나 그 후에 에베소에서 그리스도인을 만나 개종한 후 그리스도교에 대해서 "이것이야말로 내가 발견한 철학 중에 정말로 신뢰할 만하고 유용한 유일무이한 철학이다"라고 했다.[73] 그에 의하면 "철학은 하나님 앞에서 가장 큰 재산이며 고귀한 것이다. 그것만이 우리를 하나님께 인도하며 연합시킨다. 그리고 철학적으로 생각하는 사람들은 참으로 거룩한 사람들이다…. 철학은 존재하는 것의 지식이며 진리의 이해다. 그리고 행복은 이 지식과 지혜의 보상이다."[74] 이것이 그가 그리스도교로 개종한 후에도 계속 철학자로 남은 이유다.

그리스도교를 '유일하고 하나의 참 철학'이라고 확신한 그는 철학이란 단순히 사색적인 관심의 문제가 아니라 인간의 삶에 영향을 주는 것을 다루는 것으로 이해하였다. 그러므로 그가 그리스도교를 철학이라고 했을 때 그것은 다분히 종교 도덕 생활의 철학적 의미가 있다고할 것이다. 철학의 본질은 하나님을 아는 지식이다. 이 점에서 플라톤은 자연 이성을 통해서도 인간은 하나님을 알 수 있다는 입장인 반면에 저스틴은 하나님은 계시에 의해서만 알 수 있다고 하였다.[75] 물론 사람은 계시가 없어도 하나님에 관해서 많은 것을 알 수 있지만, 그 지식은 추상적이며 구체적인 것이 아니기 때문에 생명적 확신이 아니다.

저스틴에 의하면 그리스도교의 교훈은 하나님을 탐구하는 철학의 참 사명을 다하는 것이다. 이리하여 저스틴은 플라톤 철학을 극복하면서도 그 철학을 놓을 수가 없었다. 그는 새 신학의 요구에 맞게 플라톤 철학을 평이하게 했다. "저스틴에게 중요했던 플라톤 철학의 주된 사상들은 순수한 이성(logos)의 사고로 접근할 수 있는 '존재'(the Being)에 대한 순수한 진리, 창조된 세계의 피안에 있는 한 분 하나님, 최고의 선(the Good)과 최고의 미(the Beautiful)인 '한 분 하나님에 대한 진리'인 것이다."[76] 플라톤은 본인이 의식했든 아니든 간에 결과적으로 "더 훌륭하고 더 오래된 철학자들, 즉 구약성서의 예언자들, 그 후 그리스도에게까지 안내하는 지적 연결고리가 되었다."[77] 저스틴은 플라톤에게도 그리스도교의 진리가 있었다고 보았다. 하나님은 모든 시대에 모든 백성에게 나타나셨고 활동하셨다. 저스틴은 이교 철학과 유대교 등 그리스도교 밖의 신적 로고스 기원을 부정하지 않는다. 오히려 그는 이교 철학자들이 말하는 진리는 이미 구약의 예언자들에게서 발견된 것이며 그들의 진리가 결코 로고스에 배치되지 않는다고 한다. 역으로 표현하면 그리스도에게서 완전하게 나타난 로고스가 이미 구약의 예언자들과 이교 철학자들에게서 나타났다는 것이다. 이런 의미에서 그는 "로고스(Reason)에 따라 산 사람은 무신론자라고 불릴지라도 그리스도인이다"라고 할 수 있었다. 그는 헬라 철학자들, 아브라함, 엘리야, 바벨로니아에 포로로 잡혀간 소년들(단 1:6-7), 야만인도 이성에 따라 살면 그리스도인이라는 것이다.[78] 저스틴은 합리적으로 계시되는 곳에서는 어디서든지 언제나 그것은 신적인 로고스의 작용을 통해서 온 것으로 이해했다. 모든 사람에게는 '로고스의 씨'(sperma tou logos)가 내재하고 있기 때문이다.

그러나 저스틴은 특히 노인 트리포와의 대화 후에는 그리스도교가 철학적 진리 자체라는 입장을 유지하면서도 하나님은 계시에 의해서만 알려진다는 점을 더 강조한다.[79] 비록 로고스를 따라 산 이교 철학자를 그리스도인이라 부른다 해도 이교 철학의 진리는 추상적이고 부분적이며 또한 인간의 천부적인 이성의 재능은 악의 힘을 대항하기에 너무 약하다는 것이다. 그러므로 로고스의 완전한 계시가 필요한 것이다. 이것이 로고스의 성육신이다. 참 지혜는 철저히 계시에 근거한다.

이런 점에서 계시는 모든 철학의 근원이라고 할 것이다. 저스틴이 그리스도교를 '유일한 참 철학'이라고 한 것은 그리스도교를 이교와 구별하면서도 그리스도교의 교리가 결코 이성과 모순되고 반대되지 않는다는 것을 강조하기 위한 것이다.

아테네의 철학자 아리스티데스도 저스틴과 마찬가지로 그리스도교 신앙을 철학이라고 했다. 그는 철학의 본질을 신적 진리라고 표현했다. 왜냐하면 그 내용이 이성과 일치하며 모든 철학자가 관심하는 문제에 대해서 만족하고도 이해할 수 있는 해답을 주기 때문이다. 그럼에도 불구하고 그는 그리스도교가 철학이 아니라고 한다. 그리스도교는 계시에 의해서 시작되었으며 초자연적·신적 기원을 가지고 있기 때문이다. 그리스도교 교리는 초자연적 특성이 있고 믿는 자들에게 계속적으로 임하는 영감이 활동하고 있기 때문이다. 그리스도교 교리의 진리와 확실성은 신적 기원에 의존한다. 최초의 복음의 설파인 케리그마는 철학적 형식이 아니었다. 계시의 내용이 합리적이라고 해서 합리적인 것이 모두 계시일 수는 없다는 것이다.[80]

타티안에 의하면 그리스도교는 명확한 교훈을 가지고 있는 철학이다. 즉, 그리스도교는 예언자들을 통한 로고스 계시에 의하여 생명으로 인도하는 합리적인 지식이 회복되는 철학이다. 이 철학에서 지식(gnōsis)과 생명(zōē)은 매우 밀접하다. 여기서 우리는 그가 사용한 '철학'이란 용어에 유념해야 한다. 그리스도교는 단지 합리적인 지식에 일치하는 체계가 아니라 생명을 살리는 로고스의 현현이라는 것이다. 그러므로 이 철학은 세상의 지각으로 파악하기에는 너무나 장엄하기 때문에 성령의 교통으로 파악될 수가 있는 천상적인 것, 즉 초자연적 하늘의 계시에 의해서만이 알려지는 것이다. 그러므로 그리스도교는

철학이지만 동시에 철학이 아니다.[81]

테오필루스는 그리스도교 진리에 철학이라는 용어를 적용하지 않는다. 그는 철학자의 소리를 '속이 빈 허튼소리'라고 하면서 그리스도교를 '하나님의 지혜'라고 한다.[82] 아테나고라스도 그리스도교를 철학이라고 하지 않으며 그리스도인들을 철학자라고 하지도 않는다. 비록 그가 철학에 대해서 상대적인 가치를 인정하면서도 철학은 하나님의 계시를 따르는 것이 아니라 자신들의 영혼의 힘을 따른다고 한다.[83] 이것은 그가 누구보다도 로고스와 성부와의 일치를 강조한 것에 기인한 것이다.

2세기 그리스도교 변증가들은 박해와 이교 문화와의 만남 그리고 유대교와의 차별이라는 시대적 삶의 상황 속에서 그리스도교에 대한 오해를 해소하고, 이교 문화의 어리석음을 밝히고 이교 철학의 합리성과 지적 가치를 인정하면서도 그리스도교의 진리의 우월성과 합리성을 변호해야 하는 어려운 짐을 지고 있었다. 거의 대부분이 이교도 출신에서 그리스도교로 개종한 그들은 그들의 마음속 깊이까지 채색된 이교 문화 속에서 그리스도교의 계시 진리를 수용할 수밖에 없었다. 이것이 2세기 변증가에게는 강점이 되었다. 그 강점이 가장 두드러지게 나타난 주제가 철학으로서의 그리스도교다.

2. 신론

일반적으로 헬라 변증가들의 하나님 이해는 추상적이고 형이상학적이라는 평을 받고 있다. 그래서 하나님의 존재는 초월적이고 영원하며, 영이고 불가시적이며, 이해할 수 없고 불변하며, 접근할 수 없다고 하였다. 저스틴의 신 개념은 플라톤 철학적인 경향이 짙다. 그래서 하나님은 너무 신성하기 때문에 비밀이며, 기원이 없고(arrētos), 따라서 이름도 없다. "출생이 없는 모든 것의 아버지에게 이름은 없다…. 아버지, 하나님, 창조자, 주님 등은 이름이 아니다…." 그래도 이름을 붙인다면 최상의 이름은 창조자인 그는 모든 것의 '아버지'다(pantēr tōn holōn ho pantōn patēr). 저스틴은 하나님의 실체적인 무소부재(無所不在)를 부인한다. 그래서 저스틴은 하나님은 하늘에서 떠날 수 없다고 한다.[84] 하나님은 이 세상에 나타날 수가 없다.

> 자그만 지식이라도 있는 사람은 모든 것의 창조자요 아버지가 지상에서 조금이라도 보인다는 주장을 감히 하지 않을 것이다. 말로 나타낼 수 없는 아버지요 모든 것의 주는 어느 곳에 오지도 않으며 걷는 법도 없고 자지도 않고 일어나지도 않고 자기 자리에 머물러 있다. 눈도 없고 귀도 없지만 보는 데 빠르고 듣는 데 빠르다. 그는 파멸시킬 수 없는 힘을 가지고 있고, 모든 것을 알고 있기 때문에 누구도 그의 감시를 피할 수 없다. 그는 세상이 창조되기 전에 존재했기 때문에 온 세상 어느 한점에 그를 묶어 둘 수가 없다.[85]

아리스티데스는 유일신론적 우주론을 주장하면서 하나님을 창조주, 제일동자(第一動者), 자존자(自存者), 영적이며 완전하고 부족함이 없으며, 모든 존재의 완성이며 참 존재 자체며, 전능자며, 이름도 없고 끝도 없으며 비교할 수도 없다고 한다.[86] 그는 변증가 중에서 유일신론의 설명을 처음으로 한 사람이다. 이렇게 하나님에 대하여 초월적이며 영원하고, 불가시적이며, 이해할 수 없고, 이름도 없다는 등 소극적인 표현 방법을 사용한 것은 하나님의 최상의 속성을 직접적으로 표현하기를 주저했기 때문이며 또한 초월적인 존재인 하나님을 이교 세계의 신화 속의 존재로 만들 위험을 피하기 위한 것이었다. 우리는 하나님을 직접적으로 알 수가 없지만 그의 창조 역사를 통해서 알 수 있는데, 그렇다고 피조물이 하나님의 참된 본질을 완전히 나타내는 것은 아니다. 하나님을 모든 인간 존재를 넘어 초월적이고 접근할 수도 없는 존재로 이해했기 때문에 하나님과 인간을 비롯한 피조 세계 사이를 연결시킬 중간 존재가 필요하게 된 것이다. 이것이 로고스 교리의 동기다. 로고스는 하나님과 인간을 비롯한 피조물 사이를 연결시키는 매개자다.

변증가들의 하나님 이해가 초월적이고 형이상학적인 것은 사실이지만, 하나님을 정의(定義)하는 근본 동기는 실천적이었다는 것을 간과해서는 안 된다. 그들의 하나님 정의는 추상적 유신론이 아니라 세계의 도덕적 지배자로서 하나님이다. 그들은 세계를 목적론적으로 해석했다. 즉, 세계는 인간을 위해서 만들어졌고, 하나님의 선은 그의 창조 세계에서 나타난다는 것이다. 그러므로 세계는 하나님의 선의 증거인 것이다. 변증가들은 하나님의 섭리, 하나님에 의한 세계의 지배 통치를 강조하였다.[87] 의를 요구하는 하나님은 선한 자를 보상하고 악인을 징벌하는 도덕적 통치자다. 그러므로 하나님에게도 덕과 부도덕의 구별이 있다. 저스틴은 모든 사람에게 자유의지가 주어졌기 때문에 인간은 자기 선택에 따라 의롭게 살 수 있다고 한다. "하나님은 인간을 자유의지가 없는 나무나 네발짐승과 같이 창조하지 않았다. 왜냐하면 만일 인간이 선택해서 의를 행하지 않으면 그에게는 보상의 가치가 없게 되며, 인간이 스스로 악을 행하지 않으면 징벌을 받는 것이 정당하지 않을 것이기 때문이다."[88] 인간의 도덕성, 즉 코스모스 (cosmos)가 변증가들의 사색의 출발점이었다. 변증가들의 이와 같은 신 이해의 기초 위에서 신(神)군주론이 주장된 것이다. 이 교설을 표현하는 용어로 '신의 일치'(unity), '시작이 없음', '영원하고 불변함', '완전함', '부족함이 없음', '절대적인 작인(作因)', '부동의 동자'(不動의 動者), '이성의 힘', '전지전능', '의롭고 선함' 등이 사용되었다.[89]

안디옥의 테오필루스는 하나님에게 있어서 삼위의 연합을 위해서 '삼위'(trias, trinitas)라는 말을 처음 사용한 그리스도교 저술가다. 그는 해와 달이 창조되기 전 3일(창 1:13)을 삼위일체의 이미지라고 한다. "해와 달 앞 3일은 하나님, 로고스, 지혜의 삼위일체의 유형이다."[90] 그러나 이 개념이 지금 우리의 삼위일체 개념과 동일한지는 확실하지 않다. 왜냐하면 변증가들은 성부와 성자 로고스의 관계에 관심을 집중한 결과 성령이 성부와 성자에 종속되고 있는 것 같은 경향을 보이고 있기 때문이다. 로고스가 예언자들에게 영감을 주었으며 모든 곳에서 활동하기 때문에 성령의 활동 영역이 거의 없다. 저스틴도 성령을 언급하지만, 성령이 로고스(아들)와 다른 어떤 특별한 기능을 갖고 있는 것으로 생각하지 않는 것 같다. "하나님의 영과 힘을 하나님의 첫 출산인 로고스와 다른 어떤 것으로 이해하는 것은 잘못이다"라고 한다.[91]

3. 로고스론

'로고스'(logos)라는 말은 그리스도교 이전 고대 세계에서 이미 사용되고 있었다. 그 말은 헬라어 '레고'(legō)에서 유래했으며, 그 어근은

'레그'(leg)다. 그 뜻은 모으다, 낳다, 배열하다 등 다양하다. 그래서 '로고스'의 의미도 수집, 목록(katalogos), 말, 설명 등의 의미를 갖고 있다. 그것을 합리주의 정신을 추구하는 헬라 철학자들이 중요한 철학적 개념으로 사용하게 되었는데, 최초 철학적 개념은 설화(說話), 우화(寓話), 신화(神話) 등의 의미를 가지고 있는 '미토스'(mythos)[92]에 대립되는 개념으로 '자체적(自體的)인 것'의 뜻으로 사용했다. 그러나 전문적인 헬라 철학적 용어로서 로고스 개념은 주전 6세기 에베소의 헬라 철학자 헤라클레이토스(Heraclitos, B.C. 535~475)에서 비롯되었다고 할 수 있다. "같은 강물에 두 번 들어갈 수 없다"는 말로 유명한 그에 의하면 유전(流轉, flux)은 모든 사물, 영혼의 공통적인 특징이지만, 변화하면서도 동일성을 유지한다. 그는 젊음과 늙음, 뜨거움과 차가움, 선과 악, 생(生)과 사(死) 등 다름과 반대되는 관계에서 생성의 원리를 찾았다. 그는 이 반대와 대립, 다툼의 관계를 이해하는 것이 혼란과 다양한 성격을 극복할 수 있다고 했다.

그것은 바로 우주의 진행 과정에는 인간의 이성 능력과 같은 로고스가 존재하기 때문이다. 모든 사물, 인간은 로고스의 원리에 의해서 변화되고 유지되기 때문에 그것들 모두는 신의 보편적 이성의 특징을 가지고 있다. 로고스는 만물을 서로 연관시키고 자연현상을 발생시키는 보편적 원리다. 그리고 그것은 서로 반대되는 것 사이의 근본적인 관계에서 잘 드러난다. 그에 의해서 로고스는 만물을 지배하는 통일의 원리요 법칙이 되었다. 그 후 소크라테스, 플라톤, 아리스토텔레스 등 헬라 철학자들에 의해서 로고스는 '비례', '척도', '사고능력', '정의'(定義), '이성' 등의 의미로 사용되었다. 그러나 그리스도교의 로고스 교리에 가장 큰 영향을 준 철학은 스토아철학이다.[93]

스토아학파는 기원전 4세기 말에 헬라 철학자 제논(Zenon)이 창시했으나, 스토아학파의 학설을 체계적으로 완성한 학자는 크뤼시포스(Chrysippos, B. C. 280~207)다. 그에 의하면 우주는 세계 이성이요 합리성인 로고스에 의해서 움직이는 자연법칙이 적용되기 때문에 이에 맞지 않으면 어떤 것도 생길 수가 없다. 세계는 무목적으로 우연하게 던져져서 무질서하게 있는 것이 아니라 목적이 있는 원리에 따라서 질서 정연하게 배열되어 있다. 그러므로 모든 사물과 인간에게는 합리적 이성의 힘과 법칙이 적용된다. 즉, 로고스의 법칙은 만물이 지켜야 할 자연의 법칙이다. 이 로고스가 만물에게 본질을 부여하고, 인간에게 생명과 이성의 근원이 되었고, 인간 안에 자리하고 있게 되었다. 따라서 로고스에 따라 사는 것이 자연 질서를 따라 사는 것이고 신의 섭리에 따라 사는 것이며, 이것이 곧 선이다. 이것이 로고스의 도덕적 실천적 의미다. 스토아학파에서 신은 인간을 포함한 만물을 필연의 인과 법칙에 따라 움직이는 합리적 이성 법칙이다. 그러므로 신의 섭리란 자연법칙의 다른 이름이다. 한마디로 요약하면 로고스는 세계를 합리적 목적으로 지배하는 법칙이다.

헬레니즘 유대주의를 대표하는 알렉산드리아의 유대인 철학자 필로는 플라톤 철학자로서 계시 신앙과 철학적 이성을 종합하고 플라톤의 이데아 사상을 이용하여 성서의 은유적 해석을 하였다. 필로의 하나님은 플라톤의 미(美)의 이데아와 예언자들의 하나님을 결합시킨 것이다. 그에게 있어서 하나님은 절대적으로 초월해 있기 때문에 세상의 그 어떤 것과 직접적인 관계가 없는 존재다. 창조주로서 하나님은 시간과 공간도 초월한다. 이 하나님과 세상과 관계를 맺기 위해서는 중간적 존재가 필요했다. 이것이 필로의 로고스 개념의 출발이다.

헬라적인 내재력으로서의 로고스가 초월적 신과 세계와의 매개자로 간주되었다. 필로의 로고스 교리는 스토아철학의 영향으로 만물을 주관하는 이성과 동일시되고 있었다. 이 로고스는 세계가 창조되기 전에 하나님에 의해서 창조되었으며, 하나님의 형상이고 창조의 도구다. 그러므로 필로의 로고스는 기능에 따라서 '내재하는 로고스'(logos endiathetos)와 '발출한 로고스'(logos prophorikos)로 구별된다. 전자는 사상 속의 말과 같은 것이고, 후자는 언급된 말과 같다. 전자는 플라톤 철학에서 이데아에 상응하고 후자는 세계 창조에 참여하는 이성에 상응한다.[94] '내재하는 로고스'와 '발출한 로고스'를 구별한 첫 그리스도교 저술가는 안디옥의 테오필루스다. 그는 로고스의 기원에 대해서 말하기를, "그 자신의 내재적 말씀(logos endiatheton)을 가지고 계신 하나님께서 속에서 로고스를 낳았고, 만물보다 먼저 지혜와 함께 로고스를 방출하였다. 그는 이 말씀을 창조 역사에 조력자로 가지고 있었고, 그로 인해서 만물을 창조하셨다."[95]

요한복음의 저자는 필로의 로고스 개념에 근거했음이 분명하다. 그러나 그는 헬레니즘의 개념에 기초하되 그것을 뛰어넘어 "태초에 말씀(logos)이 있었다. 그 말씀이 하나님과 함께 있었다. 그 말씀은 하나님이셨다"(1:1)고 선언한다. 이것은 로고스론에 머물러 있던 헬라, 유대교 로고스를 그리스도론으로 전개시킨 것이다. 이 전통에서 변증가들은 그리스도인들은 무신론자들이며 부도덕하고 비합리적이라는 비난 속에서 그리스도를 변증해야 했다. 그 가장 효과적인 방법이 그리스도를 '로고스'라고 하는 것이었다. 왜냐하면 '로고스'라는 말은 이미 그 사회에 널리 알려져 있었기 때문이다. 변증가들은 한편으로 초월적이고 불가시적인 하나님의 본질을 표현하고, 다른 한편으로 하나님의 창조적이고 가시적인 충만함을 표현할 수 있는 형식이 필요했다. 또한 그들은 예언자들에게 나타난 계시의 신적 기원의 개념으로는 직접적인 행위자로서 하나님 자신을 나타낼 수가 없다고 보았다. 세상에 가시적인 형식으로 자신을 알게 하는 신적 존재는 신적 말씀뿐이었다. 여기서 그들은 '로고스'를 생각하게 되었다.

R. 제베르크는 하나님이 로고스를 매개자로 사용한 것을 신화적인 의미로 이해해서는 안 된다고 하면서, 이 로고스라는 말은 "당시 교양 있는 계층이 즐겨 사용하는 말이었다. 이 용어가 언급될 때마다 모든 사람의 관심을 집중시킬 수 있었다. 그러나 엄격히 말하면 이 용어가 선택된 것은 교회의 사상이 전적으로 높임을 받은 그리스도에게 집중되었음을 입증하는 것이다. 만일 교회가 단지 인간 예수만을 생각했다면 교회는 예수를 제2의 소크라테스와 같은 사람으로 표현했을 것이다. 그러나 교회는 예수를 하나님으로서, 하나님 안에 있는 존재로, 하나님과 함께 있는 존재로 생각했고, 그래서 이교도들에게도 이해될 수 있게 하기 위해서 '로고스'와 같은 용어를 선택하였다"고 했다.[96] 당시 플라톤 철학자들이나 스토아철학자들에게 로고스는 익숙한 용어였으며 우주를 움직이는 합리적 이성으로 인식하고 있었다. 로고스는 하나님과 우주 사이를 연결하는 중간적 존재였다. 이렇게 볼 때 변증가들이 로고스를 그리스도에게 적용한 것은 첫째는 이교 문화와의 관계에서 그리스도교 신앙을 변증하기 위한 것이었고, 둘째는 그리스도교 신앙과 구약성서와의 관계 때문이라고 할 것이다.

변증가들에 의하면 세계의 직접적인 창조자는 하나님이 아니라 그들이 우주(cosmos)에서 지각했고, 우주 만물의 직접적인 근원인 이성의 인격화된 힘이었다. 로고스는 작동하는 이성의 힘의 실체

(hupostasis)다. 그러나 이 이성은 하나님과의 일치와 불변성을 유지하는 이성이다. 이성(로고스)이 없는 하나님은 생각할 수가 없다.[97] 그는 이성(로고스)의 충만함이다. 그는 항상 로고스를 품고 있다. 변증가들에게 있어서 로고스는 한편으로 신적 의식(意識) 자체임과 다른 편으로는 세계를 있게 하는 관념이며 힘이다. 로고스는 하나님으로부터 분리되지 않으나 그 자체 본질을 내포하고 있다.[98] 비록 변증가들이 예언자들에게 임한 계시의 신적 기원을 믿는다 해도 그들은 하나님 자신이 직접적인 행위자라고 생각할 수가 없었다. 다시 말하면 그들에게 로고스는 하나님의 창조적 '이성'일 뿐만 아니라 하나님의 계시된 '말씀'이다. 이것이 로고스 교리의 모티브이며 목표다.

변증가들은 로고스의 선재성을 강조한다. 이미 언급한 대로 변증가 테오필루스는 신격의 삼위(trias)를 말하면서 항상 '하나님', '로고스', '지혜'라고 부른다.[99] 그러면서 하나님에 의한 로고스의 출생을 말하고 창조 이전에 자신 안에 품었다고 한다. 이 내재하는 로고스가 낙원에서 아담에게 말을 했다. 이것이 '발출한 로고스'(logos prophor-ikos)다.[100] 이 구별은 이미 필로가 구별했던 양식이다. 다만 테오필수스는 '발출한 로고스'를 "모든 피조물 중의 첫 번째 낳으신 분"[101]이라고 한다. 이와 같은 구별을 비유하자면, 즉 로고스는 마치 생각이 말로 표현되기 전에 사람의 머릿속에 있듯이 성육신하기 전에 있었다는 것이다. 로고스는 하나님 안에 내재하고 있었다. 이와 같은 로고스 구별은 스토아철학에 의해서 이미 시도된 것이다. 로고스는 우주적 원리로서 하나님과 함께 있었으나 이 로고스에서 하나님은 자신을 계시한다. 이때 로고스는 계시된 하나님이 된다. 로고스는 하나님의 메신저요 우리를 하나님께 인도하는 교사다.[102] 이것이 스토아철학에서 '발출한 로고스'(logos prophorikos) 개념이다. 그러므로 로고스가 곧 하나님은 아니다. 로고스는 출처가 있으나 하나님은 없다. 이 점에서 로고스는 피조된 하나님일 수가 있다. 여기서 로고스의 종속론적 경향이 보인다. 저스틴은 "로고스는 신적 인격이 되었으나 성부에게 예속되었다"라고 한다.[103] 그러나 이 종속은 본질의 의미로 이해할 것이 아니라 근원의 의미에서 이해되어야 한다.

아테나고라스는 로고스의 신성을 정의함에 있어서 저스틴보다 훨씬 분명하다. 그에 의하면 로고스는 성부와 본질적으로 일치한다. "로고스는 성부(하나님)의 첫 자손이다. 나는 그가 피조되었다는 것을 의미하지 않는다. 영원한 이성(nous)인 하나님은 처음부터 로고스를 영원히 로고스로서 그 자신 안에 품고 있었다…. 주께서 일을 시작하시던 그 태초에, 주님께서 모든 것을 지으시기 전에, 이미 주님께서는 로고스의 본능을 가지고 있었다…."[104]

타티안의 신학은 하나님과 그의 말씀(로고스)이 중심에 있는 신학이다. 그에 의하면 "처음에 하나님이 계셨으나 그 시작은 로고스의 능력(dia logikēs dunameōs)이다. 이 능력으로 로고스 자신과 또한 그와 함께 있는 것들도 존재하게 되었다. 그런데 이 로고스는 공허한 상태에서 산출된 것이 아니고 성부가 처음 낳은 자다. 그러나 그는 성부와 분리되지도 않고 참여에 의해서 존재한다. 마치 하나의 횃불에서 다른 많은 불을 붙이면서도 최초의 횃불이 소멸되지 않는 것처럼 로고스는 아버지의 로고스 능력에서 나왔다고 해도 자신을 낳게 해 준 로고스 능력을 잃지 않았다. 처음에 태어난 로고스가 그다음 우리의 세계를 낳은 것처럼 나도 로고스를 모방해서 다시 태어나 진리를 소유하게 되었다…."[105]

저스틴은 헬레니즘 문화권에서 그리스도교 신앙을 변증할 때 직면한 문제를 해결하기 위해서 찾아낸 열쇠가 이미 헬라 철학에서 오랜 역사를 가지고 있어서 이교 철학자와 지식인들 사이에서 널리 유포되어 있는 로고스 이론이었다. 사실 저스틴의 로고스 교리의 자료는 헬라 철학과 헬라화한 유대교의 전승에서 온 것이다.[106] 특히 스토아철학과 필로의 교리에 근거하고 있다. 저스틴은 로고스가 우주의 합리적 원리라는 것을 거부하지 않지만, 그에게 있어서 로고스는 요한복음 서론에 나오는 선재하는 그리스도다. 그래서 그는 "로고스에 따라 산 사람은 누구나 그리스도인"이라고 했지만,[107] 옛사람들은 말씀(로고스)을 '부분적으로' 알았을 뿐이고, 그리스도인들은 완전한 로고스, 육신이 되신 말씀(로고스)을 선포한다고 한다. 저스틴은 그리스도 이전의 로고스와 그리스도 안에서 나타난 로고스를 구별하려고 했다. 그는 그리스도에게서만 전 로고스가 현현되었으며, 이와 같은 현현 방법은 과거에 그 예를 찾을 수 없는 방법이라고 강조하였다. 로고스는 하나님 자신은 아니지만 신적이다. 그리스도인들이 예수에게서 발견한 그 신성이며 구약성서에 나타난 신적인 현현에서 보여지는 신성이다. 그리스도에게서 성육신한 로고스는 모든 사람에게서 말하는 '표현된 이성'이다. 그러므로 모든 지식(로고스)은 그리스도의 선물이다.

저스틴의 '씨앗 로고스'(logos spermatikos) 이론은 철학과 그리스도교를 연결시킨다. 저스틴은 이 용어를 스토아철학에서 채용했다. 이것은 우주를 잉태하는 신적인 힘이다.[108] 그것은 우주적 이성이다. 그러나 저스틴의 잉태 개념은 이제 막 시작되어 미발효로 남아 있는 것, 가공되지 않고 천연 그대로인 것이다. 곤잘레스에 의하면 저스틴이 '씨앗 로고스'와 '로고스의 씨앗들'(the seeds of logos)을 구별하는데,[109]

그 용어들을 스토아철학에서 빌려왔으나 다른 의미로 사용했다. 스토아철학에서 '로고스의 씨앗들'은 모든 사람이 도덕과 종교에 관하여 알고 있는 보편적 지식(data)을 말하고, '씨앗 로고스'는 개체적인 이성이 참여하여 '로고스의 씨앗들'이 성장하도록 활동하는 우주적 이성이다. 그런데 저스틴에 의하면 '로고스의 씨앗들'은 '씨앗 로고스'의 직접적이고 개별적인 활동의 결과다.[110]

변증가들이 로고스를 다른 피조물과 다르게 하나님이 '낳았다'라는 표현을 쓰는 것은 로고스가 세계 창조 이전부터 하나님과 함께 하나님 안에 존재했다는 선재 사상과 인격화된 로고스의 능력 때문이다.[111] 그러나 로고스가 출생했다고 해서 하나님의 본질이 축소되는 것도 아니고 로고스의 본질이 하나님과 다른 본질이 되는 것도 아니다. 그것은 마치 빛이 태양에서 오는 것과 같고, 촛불이 다른 초에 불을 붙였다고 해서 처음 촛불이 감소되지 않는 것과 같다.[112] 다시 말하면 본래적으로 하나님 안에 내재하던 로고스가 세계 창조 전에 하나님으로부터 발산되어 나와 그 자신이 세계를 창조했는데, 그렇다고 로고스의 본질이 하나님과 다른 본질이 된 것이 아니다. 이 점에서 로고스가 성부와 더불어 하나님이다. 그러므로 로고스는 하나님 안에서의 '자기-분리'(self-separation)의 산물이며, 동시에 하나님의 '자기-현현'(self-unfolding)의 독자적인 산물이다.

마지막으로 예언자들에게서 활동한 로고스와 그리스도에게서 나타난 로고스가 같은 로고스라면 하나님이 이미 예언자들을 통하여 그의 뜻을 계시하셨는데 왜 또 그리스도를 통해서 계시할 필요가 있었는가 하는 문제와 로고스는 예언자들에게 나타나셨듯이 말로 나타나시지 왜 성육신하셨는가 하는 문제가 있다. 신약성서 복음서에는 이에 대한 성서적 대답이 있다(막 12:1-11). 저스틴에 의하면 그리스도는 예언자들과 다른 내용을 계시하신 것이 아니고 예언자들에게 계시된 것을 더 분명하게 해석했으며, 예언자들의 말이 그리스도에 의해서 확인되고 완성되어야 했기 때문이라고 했다.[113]

4. 그리스도론

헬라 변증가들의 로고스 이해는 자연히 그리스도 이해의 문제로 연결된다. 저스틴은 그리스도를 '신적 선생'으로 생각한다. 여기서 '선생'은 로고스와 연결된 말이다. 이것을 설명하는 데 저스틴은 소크라테스와 예수 그리스도를 대비시킨다. 소크라테스가 이성의 힘으로 악한 마귀의 무가치성과 그 기만 그리고 미신을 폭로했고 그것 때문에 죽임을 당했는데, 지금 그리스도인들이 같은 이유로 정죄를 받고 있고 그들의 스승도 그 같은 이성으로 미신을 폭로했다는 것이다. 그는 그리스도를 야만인들의 소크라테스라고 표현한다. 저스틴은 그리스도를 신적 선생만이 아니라 완전한 철학, 새로운 율법, 자유, 회개, 죄 없는 삶, 확실한 소망, 보상, 불멸, 이데아, 죄의 용서, 구원, 화해, 새로 태어남, 신앙 등과 연관시킨다. 저스틴은 신적 계시가 예언자들의 진술에서만 나타나는 것이 아니라 그리스도의 인격에서 유일무이한 모양으로 나타난다고 한다. 그는 그리스도를 '신적 선생'으로 만이 아니라 '주와 구원자'로도 생각한다.[114] 그러므로 '선생 그리스도'는 이성(로고스) 자체이며, 그리스도는 가시화된 몸으로 나타난 하나님의 이성이다. 이성 자체의 가시적인 나타남은 하나님의 세계 역사적 섭리에 예비되어 있었다. 세계를 창조했고 질서의 원리인 로고스가 인간의 형태를 취한 것이다. 이 점에서 미개한 자들 중에 나타난 새로운 소크라 테스(예수 그리스도)는 헬라인 소크라테스와 다르다. 그렇기 때문에 그의 추종자들도 헬라 철학자들과 구별된다.[115]

신적 선생인 그리스도는 부활하고 승천한 미래 심판자요 보상하는 자다. 그리스도는 그가 약속한 죽은 후의 생명, 고통과 죄로부터의 자유를 줄 수 있다. 그러나 동시에 그리스도는 지금도 하늘에서 군림하 며 그의 백성들에게 그의 이름으로 악마를 축출하는 힘을 주면서 미래 가시적 통치를 나타낸다.[116] 그러므로 저스틴에게 있어서 구원은 단순 히 미래 사건이 아니라 현재 일어나는 사건이다. 그리고 예수 그리스도 안에서의 로고스의 계시는 단지 그리스도교가 합리적 이성적 종교라 는 것을 입증하려는 것이 아니라 참된 구원의 종교, 새로운 시작의 종교, 그리스도를 통하여 땅에서 악마의 힘을 파괴하는 종교임을 나타 내려는 것이다. 예수 그리스도는 온전한 진리의 선생이고 신적 이성이 요 신적인 능력인 하나님의 아들인 것이다.

물론 저스틴의 그리스도 이해에는 종속적인 경향을 보인다. 그에 의하면 성부만이 최고의 참 하나님이고 로고스는 제2의 신적 존재일 뿐이다. 로고스는 성부의 목소리고 종이며 성부에 의존한다. 하나님은 영원하고 무한하며, 이해할 수 없고 불변하며, 초월적인 데 반해 로고 스는 그렇지 않다.[117] 사실 저스틴은 종교적인 기초에서보다는 철학적 인 기초에서 그리스도가 최고의 하나님이라는 것을 믿을 수가 없었다. 그도 당시 그리스도인들이 일반적으로 믿고 있듯이 그리스도의 신적 인 존재성을 부인하지 않았다. 그러나 그가 곧 창조주요 세계를 지배하 는 최고의 하나님이라고 할 수가 없었다. 그 대신 저스틴은 그리스도가 최고의 하나님으로부터 왔다는 것을 강조하기 위해서 그리스도를

'하나님의 아들', '독생자', '동정녀 탄생'을 말한다.[118] 그리스도의 동정녀 탄생 전승의 성서적 근거가 없는 것은 아니지만(사 7:14; 마 1:23; 눅 1:34), 사도 교부들 가운데서도 이그나티우스를 제외하고는 그것에 관해서 언급하는 사람이 없으며,[119] 2세기 변증가 중에서도 아리스티데스가 지나가는 말로 언급했을 뿐,[120] 저스틴을 제외하고는 모두 침묵하고 있다. 저스틴에게 있어서 그리스도의 '동정녀 탄생'은 그가 메시아로서 하나님에 의해서 선택된 인간이라는 것과 그는 선재하는 신적 존재라는 상반된 견해를 포괄하는 표현이다.[121]

저스틴은 '하나님의 아들'인 그리스도에게 드리는 예배의 정당성을 입증하려고 하였다. 그리스도에게 드리는 예배에 걸림이 되는 것은 예수의 비천함, 인간으로서의 그의 삶 그리고 십자가에서의 죽음 등인데, 이것들은 이미 오래전에 예언된 바가 있었으며 이방인의 종교의식에도 유사한 예가 있음을 상기시키면서 그리스도에 대한 예배의 정당성을 변증하였다. 그러나 유일신 사상에 철저한 유대인들에게는 그리스도 예배가 심각한 도전이었다. 저스틴은『트리포와의 대화』에서 유대교의 성서에도 두 하나님 증거가 있다는 것을 지적하므로 그들에게 그리스도 예배를 논증하였다. 즉, 유대인의 성서에도 불가해적이고 불가시적인 초월의 하나님이 있고 현현(顯現)되어 가시화된 하나님이 있다는 것이다. 이 둘째 하나님이 첫아들이며, 세계 창조 이전에 출생했고 그리스도에게서 성육신한 하나님이다.[122]

변증가 멜리토의 신학은 그리스도의 신성과 선재 개념이 지배한다. 그는 그리스도를 '하나님', '로고스', '아버지', '아들', '하나님의 첫아들', '지배자', '이스라엘의 왕', '우리의 왕' 등 다양하게 부른다. 특히 그는 그리스도의 사역을 서술하는 중요한 구절에서 그를 '아버지'라고 표현했는데, 이것은 흔히 있는 일이 아니다.

> 아들로 태어나셨고, 어린양으로 오셨으며, 양으로 희생하셨고, 한 사람
> 으로 매장되셨으며, 그는 하나님으로 죽은 자로부터 다시 살아나셨다.
> 그는 본성에 의해서 하나님이며 사람이시다. 그는 심판한다는 점에서
> 율법이시며, 가르친다는 점에서 말씀이시고, 그가 구원한다는 점에서
> 은총이시며, 생기게 하는 데서 아버지이시고, 출생했다는 점에서 아들
> 이시고, 고난 받으셨다는 점에서 희생적 양이며, 매장되셨다는 데서 인
> 간이시고, 다시 사셨다는 데서 하나님이시다. 이분이 영원히 영광을 받
> 으실 예수 그리스도이시다.[123]

그럼에도 불구하고 그리스도의 성육신에 관한 멜리토의 입장은
매우 분명하다.

> 이분이 동정녀에게서 육신으로 낳으신 그분이시다. 그의 뼈는 나무(십
> 자가)에서 부러뜨려지지 않았으며, 매장되었을 때 흙으로 분해되지 않
> 았고, 죽은 자로부터 살아나셔서 하늘 높이까지 올라가신 사람이시다.
> 이분이 죽임을 당한 어린양이시며, 이분이 잠잠했던 어린양이시다. 이
> 분이 순결한 암 양 마리아에게서 탄생하신 분이시다.[124]

그는 그리스도의 선재하심을 찬양시의 형식으로 묘사한다.

> 이는 하나님의 첫 아들, 샛별보다 일찍 태어나신 분
> 빛을 떠오르게 하시고, 낮을 빛나게 하신 분

어둠을 밀어내고 첫 흔적을 창조로 남기신 분

지구를 제 자리에 매달아 두시고 심연을 말라붙게 하신 분

창공을 펼치시고, 지구에 질서를 놓으신 분이시다.[125]

그리스도가 지옥(Hades)에 내려가셨다는 멜리토의 묘사는 그가 설교에서 고대 예배 의식에서 부르는 찬송의 일부를 구체화하였음을 암시한다.

그는 죽은 자로부터 소생하셨고 부르짖는다. "나와 싸운 그는 누구인가? 그를 내 앞에 서게 하라. 나는 유죄를 선고받은 자를 구원하였고, 죽은 자를 다시 살렸으며, 나는 매장된 그를 끌어 올렸다. 나를 향하여 소리를 높인 그는 누구인가?" 그가 다시 말한다. "나는 그리스도다. 나는 죽음을 잠잠케 하고, 적을 누르고 승리했으며, 하데스(Hades)를 밟아 뭉갰고, 강한 자는 묶고 사람을 하늘 높은 집에 데려온 그다." 그는 말한다. "나는 그리스도다."[126]

이와 같은 멜리토의 그리스도 개념은 그리스도 예배의 변증에는 도움이 될 수 있겠지만, 군주론(Monarchianism)에 빠질 위험이 있을 것이다.

5. 인간론

"인간은 누구인가?", "인간은 무엇인가?", "어디서 와서 어디로 가는가?" 이 질문은 인간 역사와 함께 시작되어 인간의 역사가 계속되

는 한 우리가 끊임없이 되풀이하여 질문하여야 할 주제다. 그것은 인간 삶과 존재에 가장 중심적이고 원초적인 질문이기 때문이다. 그것은 인간의 문제가 그만큼 중요하다는 의미이고 동시에 그 문제는 그만큼 풀기 어려운 문제라는 것을 의미한다. 인간 역사는 이 주제에 대한 질문과 그 해답을 찾기 위한 인간 노력의 역사라고 할 수 있을 것이다.

인간의 삶에 대해서 결정론도 있고 자유의지론도 있다. 결정론은 요약하면 모든 일이 자연법칙과 인과관계에 의해서 결정되어 있기 때문에 인간의 운명 또한 미리 정해져 있다는 이론이다. 그러나 여기에도 강한 결정론과 유연한 결정론 등 복잡한 이론이 있어 단순하게 정의하기가 쉽지 않다. 자유의지론도 행동과 결정을 스스로 조절 통제할 수 있다는 이론이지만, 이것이 종교, 윤리, 과학의 세계에서는 각기 나름대로 정의되고 해석된다.

인간은 이성적 사고를 하는 존재이며 자의식의 존재이기 때문에 자신의 생각과 의지를 스스로 인식할 수 있는 존재이고 같은 상황에서도 각자 다른 의지적 결단을 하며 행동할 수 있는 존재이기 때문에 결정론의 필연성도 자유의지로 극복할 수 있다고 한다. 그리스도교에서도 어거스틴 이후 하나님의 통치적 섭리론과 인간의 자유의지론, 창조주요 전지전능하신 하나님의 절대권에 의한 예정론과 인간의 자유의지론은 중요한 신학적 토론의 주제가 되어 왔다.

또한 인간의 구성요소에 대해서도 많은 논란이 있다. 가장 대표적인 것이 영혼과 육체(몸)로 구성되었다는 2요소 구성론과 영, 혼, 육(몸)으로 구성되었다는 3요소 구성론일 것이다. 여기서는 고대 철학자 피타고라스, 아리스토텔레스 그리고 그 후 많은 헬라 로마 철학자들이 주장하고 있는 인간 구성 3요소론만을 살펴볼 것이다. 즉, 인간은

'이성적 영'(rational spirit), '동물적 혼'(animal soul) 그리고 '육체'(body)로 구성되었다는 이론이다. '영'(spirit)은 히브리어로는 '루아흐'(ruach)이고 헬라어로는 '프뉴마'(pneuma)이며, '혼'은 히브리어로 '네페쉬'(nephesh)이고 헬라어로는 '프쉬케'(psuchē)다. '네페쉬'는 '동물적 혼'이다. 인간이 동물과 구별되는 것은 동물에게는 없는 영이 있기 때문이라고 한다. 이렇게 인간에게는 영이 있기 때문에 하나님과 살아 있는 관계를 맺을 수 있으며, 하나님의 영이 인간 안에 거할 수 있어 하나님을 인식할 수도 있다는 것이다(롬 8:9-17). 흔히 신학에서도 동물은 단순히 흙으로 창조되었기 때문에 육체적 생명만을 가지고 있으나(창 2:19), 인간은 육체뿐만 아니라 영혼의 생명까지 가진 존재로 창조되었기 때문에(창 1:26; 2:7; 요 4:24) 동물과 인간은 구별된다고 한다.

그런데 이 구분점이 그렇게 단순하지가 않다. 왜냐하면 구약성서에 보면 동물에게도 하나님은 '루아흐'를 주었다고 되어 있기 때문이다(시 104:30). 하나님의 창조 역사에서 인간 창조에 특별한 표현은 당신의 '형상'(imago)을 따라서 당신의 '모양'(similitudo)대로 창조했다는 것과(창 1:26-27) 동물과 같이 흙으로 사람을 창조하고 사람의 코에 "생명의 기운"을 불어넣었더니 "생명체"가 되었다는 것이다(창 2:7). 여기 "생명의 기운"(breath of life)의 '기운'은 히브리어 '네샤마'(neshamah)가 사용되었다. 그 뜻은 '숨'(breath)이다. 그다음 "생명체"에는 히브리어 '네페쉬'(nephesh), 즉 '동물의 혼'(animal soul)이 사용되었다. 그러므로 이 구절은 '코에 생기를 넣으니(니쉬마트 아이임), 생명체(네페쉬 하야)가 되었다'는 것이다. 여기서 보듯이 '네샤마'(숨)는 사람에게만 쓰였고, '네페쉬', 즉 '동물의 혼'은 동물과 사람에게 공히 쓰였다. '네샤마'는 '생명'을 의미할 때도 있다(욥 27:3; 사 2:22; 57:16). 그러므로 인간의 영혼은 하나님의 '생기'(生氣)와 직결되어 있다. 구약성서에서 '네샤마'와 '루아흐'는 평행하게 사용되어 같은 뜻으로 해석될 수가 있다(욥 27:3; 사 42:5). 그러므로 인간은 하나님의 형상으로 창조되었을 뿐만 아니라 하나님의 '생기', 즉 하나님의 영기(靈氣)를 받아 '생령'(生靈)이 되어 하나님의 생명의 한 조각이 된 것이다. 이것이 인간이 결정적으로 동물과 다른 점이다.

2세기 헬라 변증가들은 헬라 문화권에서 그리스도교의 인간 이해를 변호해야 했다. 그러나 변증가들은 인간과 동물의 구별에는 큰 관심이 없었던 것 같다. 그들의 인간 이해는 하나님의 피조물로서 인간과 창조주 하나님과의 관계에 집중되었다. 변증가들에 의하면 하나님은 인간을 자유하게 창조하였기 때문에 인간은 하나님의 계명을 지킬 수 있다. 즉, 타락하도록 자유를 준 것이 아니라 하나님의 명령을 따르도록 자유를 주었다는 것이다. 그러나 인간은 하나님의 계명을 어기고 타락하여 죽음의 종이 되었다. 그런데 믿음과 회개를 통하여 인간은 하나님께로 향하는 자유의 결단을 할 수 있다고 한다.[127] 여기서 인간의 자유는 빗나갈 수 없는 인간 자질의 요소로 나타난다. 인간에게 가장 필요한 것은 선한 자를 보상하고 악한 자를 징벌하시는 하나님의 목적을 알게 하는 신적 계시다. 변증가들은 스토아철학의 운명론 또는 숙명론을 거부한다. 그들은 하나님의 '예지'(豫知)가 인간의 운명을 미리 결정하는 것을 의미하는 것이 아니라고 한다. 만일 그렇다면 하나님은 선과 함께 악의 하나님이 되는 것이고, 운명이 자유를 대신하게 될 것이다. 선한 사람이 보상을 받고 악인이 징벌을 받는다는 것이 운명을 결정하는 것이지, 어떤 사람은 선한 사람으로 태어나고 어떤 사람은 악인으로 태어나는 것이 운명을 결정하는 것이 아니다. 저스틴은 말한다.

> 모든 것이 운명에 따라서 일어난다면, 우리에게 남아 있는 것은 아무것
> 도 없을 것이다. 왜냐하면 어떤 사람은 선한 사람으로, 다른 사람은 악한
> 사람으로 운명 지어져 있다면, 전자도 받아들여질 수 없고 후자도 질책
> 을 당할 수가 없다. 만약 인류가 자유로운 선택에 의해서 부끄러움을
> 피하고 올바른 것을 선택할 힘을 가지고 있지 않다면, 어떤 행위에 대해
> 서도 책임이라는 것이 없다. 그러나 [인간]이 자유선택에 의해서 똑바로
> 걷거나 넘어진다는 것을 다음과 같이 논증할 수 있을 것이다. 우리는
> [종종] 같은 사람이 정반대의 것을 추구하는 것을 보게 된다. 만약 그
> 사람이 악하도록 운명 지어졌거나 덕행이 있도록 운명지어졌다면, 그는
> 정반대로 할 수가 없을 것이며, 또 자주 마음을 바꿀 수도 없을 것이다.
> 또 어떤 사람은 덕이 있고 어떤 사람은 악하지도 않을 것이다. 왜냐하면
> 그렇다면 우리는 운이 악의 원인이며 [동시에] 자신에 반대하여 행동한
> 다고 선언해야 할 것이다…. 하나님은 인간을 선택의 힘이 없는 나무나
> 짐승과 같이 만들지 않았다.[128]

변증가들에 의하면 인간의 범죄는 인간들이 악한 본성을 부모나
아담으로부터 물려받았기 때문이 아니라 인간이 무지하기 때문이라
는 것이다. 만일 인간이 악이 죄의 결과라는 것을 알았다면 그들은
그것을 피할 수 있었을 것이다. 이것은 인간 죄의 생래적 유전을 부인하
는 것 같이 보인다. 저스틴은 원죄에 대한 말을 할 때도 인간은 창조
초기에는 적어도 신격화될 수 있었다고 확신하였으나, 첫 부모가 죄를
지었고 죽음을 가져왔다고 하면서도 지금 다시 인간은 하나님이 되는

힘을 얻었다고 한다.[129] 그러나 일반적으로 변증가들은 하나님이 인간을 합리적 이성의 존재와 자유로운 선택이 가능한 존재로 창조했다고 변증한다. 자연적 이성은 만일 인간들이 그 명령을 따른다면 그들을 올바르게 인도하기에 충분하다. 문제는 인간이 악의 유혹을 물리치지 못하는 데 있다. 저스틴은 그리스도인의 윤리가 이교도의 윤리보다 우월하다는 것을 강조한다.[130] 변증가들은 하나같이 그리스도인들이 부도덕하다는 고소, 고발에 대해서 단언적으로 무효를 선언한다. 왜냐하면 그리스도인들은 선한 자를 보상하고 악인을 징벌한다는 하나님의 뜻을 알게 하는 진리 자체인 그리스도를 믿기 때문이다. 그리스도인들은 하나님의 계시 자체인 예수 그리스도의 교훈과 삶을 통하여 자유의 올바른 사용을 배우며 육감적인 악함과 악마의 유혹과의 투쟁에서 승리하여 하나님과 연합하게 된다. 이 보상은 천년 동안 지속되는 땅에서의 왕국을 포함하고 하늘의 영원한 복을 받게 된다. 현세적 천년 설은 2세기 유행했던 사상의 하나였다.[131]

그러나 이 보상을 받으려고 하면 하나님은 인간의 공과에 따라서 심판하신다는 것에 대한 확신이 있어야 한다. 이 확신이 그리스도인의 삶의 시작인 회개에 이르게 한다. 회개는 모든 과거의 죄를 용서받는 신적인 보상이다. 그러므로 구원은 회개의 열매다. 이렇게 구원받은 사람은 덕 있는 삶, 하나님의 법에 복종하는 삶이 뒤따라야 한다. 그때 비로소 인간은 처음 창조되었을 때와 같은 자유하는 인간이 된다.

6. 세례와 성만찬

멜리토는 교회를 "진리의 보고"라고 부른다.[132] 그럼에도 불구하고 교회는 이교도가 살고 있고 악이 지배하는 이 세상에 있다. 교회는 이교도가 살고 있는 사막의 섬일 수도 있다. 교회는 결코 선한 것만은 아니다. 교회는 선과 악이 혼합된 세상 속에서 세상과 더불어 있다. 그러므로 교회 안에도 선과 악이 혼합되어 있다. 비록 그리스도인은 이 세상에 있으나 그들의 시민권이 하늘에 있다고 해도 그렇다. 이것이 후에 '보이는 교회'로 발전되었을 것이다. 어거스틴의 표현을 빌리면 교회는 죄인들의 학교다. 교인은 세상을 초월한 '새 세대'요 '경건한 자의 세대'이지만, 이 세상은 그들을 위해서 보존되어야 한다.[133] 이와 같은 교회에서 세례와 성만찬이 거행된다.

저스틴은 개종한 후에도 철학자의 옷을 입고 있었으나 그는 보다 깊이 있는 독실한 신자였다. 그는 세례를 영적 신생(新生)의 성례전이라고 한다. 그것을 증명하려고 한 문장에서 '다시 태어남'을 세 번씩이나 중복하고 있다.

··· 우리가 가르치고 말하는 것이 참이라는 것을 권유하고 믿으며, 그에 따라 살 수 있다고 약속하는 사람들은 우리가 그들과 함께 기도하고 금식 하는 동안, 기도하는 것과 그들의 과거 죄를 용서받기 위해 금식으로 하나님께 탄원하는 것을 배운다. 그리고 나서 그들은 우리에 의해서 물이 있는 곳으로 인도되어 우리 자신들이 다시 태어난(reborn) 것과 똑같은 신생(rebirth)의 방법으로 다시 태어난다(reborn).
왜냐하면 그들은 그때 만인의 아버지시요 주님이신 하나님과 우리 구세 주 예수 그리스도와 성령의 이름으로 물에서 씻기기 때문이다···. 그리고 그 이유를 사도들로부터 배웠다. 우리는 첫 출생 때 우리의 부모들의 성교에 의해서, 축축한 씨앗으로부터, 우리는 알지 못한 채 필연적으로 태어났다. 그리고 나쁜 습관과 악한 훈련으로 성장했으며, 그러나 필연과 무지의 자녀들로 머물러 있지 않고 자유선택과 지식의 자녀들이 되고, 이미 지은 죄의 용서를 얻기 위하여 그 물에서 다시 태어나게 선택되고 그의 죄를 회개한 자위에 만물의 아버지시며 주님의 이름이 불리워진다. 그는 이 이름으로만이 그를 물로 씻기는 자에게 인도된다. 그리고 이 씻음은 계몽이라 불린다. 왜냐하면 이것들을 배우는 자들은 영적으로 계몽되기 때문이다.

그러나 계몽된 자는 또한 본디오 빌라도의 통치하에서 십자가에 못 박히신 예수 그리스도의 이름과 예수에 관하여 모든 것을 예언한 예언자들을 통한 성령의 이름으로 씻김을 받는다.[134]

세례는 구원의 조건이다. 즉, 세례는 회개와 죄의 용서 그리고 새로운 존재가 되게 하기 때문에 세례 없이 구원은 있을 수 없다. 그런데 세례를 통하여 새로운 존재가 될 때, 여기서 다시 태어남은 '조명'이며 '완전하게 됨'을 의미한다.

저스틴은 그의 『제1변증』에서 성만찬 예배에 대해서 두 개를 기술하고 있다. 하나는 65~66장에서 새롭게 세례 받은 자를 위한 성만찬 의식이고, 또 하나는 67장에서 정규 주일 예배를 상술(詳述)한 후 새롭게 세례 받은 자를 위한 성만찬 의식을 다음과 같이 묘사한다.

그러나 우리는 확신하고 믿음을 표한 사람을 물로 씻은 다음, 그를 형제라고 부르는 사람들이 모여 있는 곳으로 데리고 온다. 그러면 그들 자신들과 계몽된 사람 그리고 다른 곳에 있는 모든 사람을 위하여 정성을 다해 공동기도를 드린다. 즉, 이제 우리는 진리를 배웠고 행위에 있어서 홀륭한 시민들이요 계명을 지키기에 충분하다고 인정되었고, 그러므로 영원한 구원을 받도록 기도한다. 기도가 끝나고 서로 입맞춤으로 인사를 나눈 다음에 떡과 물컵 그리고 포도주를 형제의 장(長)에게 가져오고, 그가 그것을 받아 성자와 성령의 이름을 통하여 만물의 성부에게 찬양과 영광을 드린다. 그리고 그는 우리가 그로부터 이것들을 받을 수 있는 자격이 있다고 간주된 것에 대해서 상당히 길게 감사의 기도를 한다. 회중의 장이 기도와 성만찬 기도를 끝내고 참석한 회중이 '아멘'으로 동의를 표한다…. 장이 성만찬을 거행하고 회중이 동의하면 집사들이 성별된 떡 조각과 포도주와 물을 참석한 각자에게 준다. 이것을 우리는 성만찬이라 부른다.[135]

성만찬 예배에서 사용하는 떡, 포도주 그리고 물을 성체(Eucharist)라고 부른다. 떡과 포도주는 죄의 용서와 다시 태어나기 위해서 씻김을 받은 사람(수세자)만이 먹을 수가 있다. 왜냐하면 이것은 우리를 구원하기 위하여 육신이 되셨고 십자가에서 죽으신 예수 그리스도의 화신(化身)이며, 그 자신이 떡을 취하고 감사기도를 드린 후 나누어 주시면서 "이것은 내 몸이다. 이것을 행하여 나를 기념하라"고 하셨고 또 잔을 들어 감사기도를 하신 후 나누어 주시면서 "이것은 나의 언약의 피다"(고전 11:23-25)라고 말씀하셨기 때문이다. 저스틴은 예수가 하신 성찬식 감사기도로 떡과 포도주가 변형(transformation)되어 우리 몸과 피에 자양분을 공급한다고 한다. 그러므로 우리가 먹고 마신 떡과 포도주는 예수의 살과 피다.[136] 그러나 피셔(G. P. Fisher)는 이 말을 화체설의 의미로 해석하는 것은 잘못이라고 한다. 왜냐하면 그 말은 "신적인 로고스가 성육신하신 그리스도에게 임재하듯이 떡과 포도주에 신비적으로 임재"하기 때문이다.[137] 저스틴의 입장은 영적 임재설이라고 할 것이다.

그렇다면 2세기 변증가를 대표하는 저스틴이 유카리스트를 희생으로 생각했는지가 문제다. 이 문제에 대한 결정적인 구절이 『유대인 트리포와의 대화』에 나온다. 그는 서로 모순되는 두 다른 말을 한다.

> 주님이 말한다. "나는 너희들이 싫다. 나는 너희들의 손으로 바치는 너희의 희생제물을 받지 않을 것이다"(말 1:10). 왜냐하면 "해가 뜨는 곳으로부터 해가 지는 곳까지 내 이름이 이방 민족들 가운데서 영광을 받아왔고, 곳곳마다 사람들이 내 이름으로 분향하며, 깨끗한 제물을 바칠 것이기 때문이며, 내 이름이 이방 민족들 가운데서 높임을 받을 것이기 때문이다"(말 1:11). 그러나 "너희는 지금 내 이름을 더럽히고 있다. 나 주가 말한다"(말 1:12). 그리고 나서 그는 우리가 그의 이름을 높이기도 하고 더럽히기도 한다고 단언하면서 곳곳에서 빵과 잔으로 그에게 희생제물을 드리는 이방인 우리에 관하여 말을 한다.[138]

여기서 저스틴은 말라기가 예언한 대로 유카리스트와 희생제물을 동일시하고 있음이 분명하다. 그러나 다른 구절에서 저스틴은 모든 희생제물을 거절한다. "… 오직 기도와 감사만이 하나님께 드리는 완전하고 기뻐하시는 희생제물이다."[139] 다른 곳에서도 비슷한 말을 한다. "… 그분에게 어울리는 유일한 영광은 우리의 생계를 위해서 그가 만드신 것을 불로 소멸하는 것이 아니라 우리의 창조를 위해서 찬양과 찬미로 감사를 드리며 우리 자신들과 곤궁에 처해 있는 사람들을 위해서 사용하는 것이다."[140]

이와 같은 구절에서 저스틴은 모든 제물을 거절하고 오직 기도, 특히 유카리스트 기도, 즉 감사기도만을 인정하는 것이 분명하다. 우리는 여기서 저스틴의 '희생'의 개념에 대한 해석의 문제에 직면한다. 쿠아스텐은 저스틴의 로고스 교리를 고려하지 않으면 그의 희생개념을 이해할 수가 없을 것이라고 한다. 저스틴이 정말 거절한 희생은 유대인이나 이교도들이 실행하는 피조물의 물질적 희생이지 '영적 희생'(logikē thusia)이 아니었다. 저스틴은 이교 철학자들이 하나님에게만 드려야 할 경외의 개념으로 사용했던 '로기케 투시아'(영적 희생) 개념을 그리스도교 유카리스트 의식에 적용한 것이다. 그리하여 그는 로고스의 경우와 같이 이 개념으로 이교 철학과 그리스도교 사이에 다리를 놓으려고 시도했다. 그에 의하면 그리스도교는 영적 희생 개념의 헬라 철학적 이념을 성취한 것이다.

이렇게 하여 저스틴은 외적인 물질적 희생은 포기되어야 한다는 점에서 구약 예언자들과 함께 이교 철학자들과 일치하였다. 이제 피의 희생제물은 더 이상 필요가 없게 된 것이다. 유카리스트는 오랫동안 희구했던 '영적 희생'(oblatio rationalis)이다. 그것은 로고스 자신인 예수 그리스도가 여기서 희생(victim)이기 때문이다. 저스틴은 헬라 철학의 로기케 투시아 이념을 그리스도교 교리에 융합시키므로 그리스도교가 헬라 철학의 최고의 성취라는 자리매김을 하는 한편 그리스도교 예배가 갖고 있는 새롭고 유일한 특성을 강조하였다. 그는 객관적 희생을 존속시키면서 다른 한편으로 영적 희생이 모든 이교도와 유대교의 희생보다 월등하다는 이유로 그리스도교 예배의 영적 성격을 강조하였다.[141]

요약하면 이교 문화 세계와의 만남에서 오해와 비난 그리고 공격을 받는 그리스도교의 신앙을 변호하려고 했던 2세기 헬라 변증가들은 그리스도교의 일반적인 개념에 약점이 있고 제한이 있다는 것을 분명히 인식하고 있었으며, 이교 세계에 살고 있는 지식인들에게 그리스도교의 진리를 이해시키기 위해서 그들의 사상 구조와 개념 그리고 용어와 용법 등을 과감하게 수용하고 사용하였다. 예를 들면 플라톤적인 추상개념인 하나님 개념, 로고스의 스토아철학적 개념을 사용하여 그리스도의 신성을 이해시키려는 시도, 인간의 타락 상태를 본질적으로 그의 무지와 죽음의 예속으로 보는 이론, 구원을 조명에 의한 불멸로 보려는 것 등이다. 이에 대하여 하르낙은 "하나님, 덕행, 불멸성의 철학적 교설이 변증가들을 통하여 세계적인 종교인 그리스도교의 확실한 내용이 되었다. 왜냐하면 그리스도가 그 확실성을 보증하기 때문이다. 변증가들은 옛 그리스도인들의 가르침과 지식(didagmata kai mathēmata)을 적어도 버리지 않고 전 세계를 위하여 그리스도교를 이신론적(理神論的) 종교로 만들었다"고 비판하였다.[142]

그러나 변증가들은 신실한 그리스도교 교인들이었다. 비록 그들이 유대교와 헬레니즘에도 하나님의 진리(로고스)가 있다고 했지만, 로고스의 완전한 계시인 그리스도의 독특성을 강조하였으며 그리스도교가 헬라 철학의 성취라고 하였다. 저스틴은 그리스도교를 참되고 유일한 철학이라고 표현하였다. 그는 이교와 유대교 그리고 그리스도교의 사이에 교량 역할을 하였다. 니그린은 변증가들이 그리스도교를 '새로운 철학', '새로운 율법'이라고 표현한 것에 주목한다. 여기서 '새로운 율법'은 '새 계약', 즉 십자가에서 자기의 아가페를 나타낸 그리스도다. 그리고 당시 철학은 단지 이론적이고 관념론적인 문제보다도 영혼의 치유와 고뇌하는 삶에 도움을 주려고 했기 때문에 변증가들의 철학적 관심도 하나님에 관한 지식을 주려는 실천적이고 종교적인 것이었다. 그리스도교를 '참된 철학'이라고 한 것도 "그리스도교가 참 종교, 구원의 바른길, 하나님과의 참된 교제로 인도할 수 있는 유일한 종교"라는 뜻이다.[143]

초대 그리스도교의 변증가들은 히브리 및 그리스도교 사상, 특히 신 개념을 헬라 철학, 특히 플라톤 철학의 신 개념과 혼합했다는 비판을 받는다. 그 대표적인 개신교 역사가가 A. 하르낙이다. 그는 변증가들이 그리스도를 헬라화했다고 비판했다. 다른 비판가들은 철학자들의 하나님은 아브라함과 이삭과 야곱의 하나님이 아니라는 것이다. 그럼에도 불구하고 변증가들은 성서적 가르침에 충실하였다. 그들은 사도 교부들의 단순하고 비체계적인 사유를 극복하고 그리스도교 신학의 중요한 주제들을 합리적이고 체계적으로 사고할 수 있는 신학 형태를 만들어 낸 것이다. 그러나 당시를 지배했던 철학이 없었다면 그리스도교 신학 형성이 가능했을까? 신학 사상은 시대의 산물이 아닐까? 신학은 성서의 메시지를 그 시대의 언어와 사상으로 설명하고 진술하는 노작인 것이다.

미 주

1 *Martyrium Polycarpi*, 3. 2; 12. 2-3(이 책은 폴리캅의 사후에 마르시온(Marcion)이라는 사람에 의해서 쓰여진 것); Eusebius, *HE.*,5. 1. 7-8.

2 Origen, *Contra. Celsum.*, 6 .1; 7. 28.

3 A. Dirksen, *Elementary Patrology* (New York: B. Herder Book Co., 1959), 34-36.

4 P. Tillich, 앞의 책, 26.

5 A. Harnack, *History of Dogma*, tr. by Neil Buchanan (New York: Dover Publication, INC. 1961), vol. II, 170-171.

6 위의 책, 173-175.

7 J. Quasten, *Patrology*, vol. I, 187-188; B. Altaner, *Apology*, 116-117.

8 Tertullian, *Adv. Marcionem.*, 3. 3.

9 Origen, *Contr., Cels.*, 3. 26.

10 B. Altaner, 앞의 책, 117.

11 Eusebius, *HE.*, 4. 3 .2.

12 Eusebius, *HE.*, 3. 37 .1; Jerome, *Epistle.*, 70.4; J. Quasten, 앞의 책, 191; B. Altaner, 앞의 책, 117; F. L Cross, *The Early Christian Fathers*, 45.

13 Eusebius, *HE.*, 4. 3. 3. 그러나 수신자에 대하여 하드리안 설과 안토니우스 피우스 (Antonius Pius, 138~161) 설이 있다. J. Quasten, (앞의 책, 192)과 B. Altaner 등은 하드리안이라고 하고(앞의 책, 117), O. W. Heick(앞의 책, 58)는 안토니우스 피우스라고 한다. A. C. McGiffert는 Heick의 입장에 동의한다(*A Hist. of Christian Thought*, vol. I, 121). 수신자에 따라서 변증서의 저술 연도도 달라질 수 있다.

14 아리스티데스는 변증서 1-2장에서 신론을, 3-12장에서는 이방인들의 거짓 신학을 비판하고, 13장에서는 헬라인의 신화의 헛됨을, 14장에서는 유대인에 대한 비판을, 15장에서는 새 백성으로서 그리스도인을 논증한다.

15 이상은 Aristides, *Apology*, 15; B. Altaner, 앞의 책, 119; J. Quasten, 앞의 책, 192-193; J. L. González, *A Hist. of Christian Thought.*, vol. I, 101-102 등을 참조한 것.

16 Aristides, *Apology*, 17. 16 등 참조.

17 Origen, *Contr. Cels.*, 4. 52; B. Altaner, 앞의 책, 120.

18 Origen, *Contr., Cels.*, 4. 52.

19 Eusebius, *HE.*, 4. 6 .3; F. L. Cross, 앞의 책, 48. '바 코크바'는 아람어로 '별의 아들'(민 24:17)을 의미하며, 132년에 유대인들이 팔레스타인에서 로마에 저항한 운동을 이름한다. 하드리안 황제가 예루살렘을 그리스-로마식의 도시로 재건하고 유대인 성전 옆에 쥬피터 성전을 지을 계획에 유대인들이 저항한 사건이다.

20 Tertullian, *Adversus Valentinianos.*, 5. 역사가 가이사랴의 유세비우스(d. 339)는 저스틴의 많고 다양한 서술 목록을 싣고 있다(*HE.*, 4. 18. 1 이하).

21 Justin, *Dialogue*, 2-8.

22 위의 책, 8.

23 이 대화집이 『트리포와의 대화』(*Dialogue with the Jew Trypho*)다.

24 Justin, *2Apol.*, 12. 13.

25 *Martyrium S. Justini et Sociorum*에는 철학자 저스틴에 대한 공식적인 재판 소송이 포함되어 있는데, 이 문서에 의하면 저스틴은 다른 여섯 명의 그리스도인과 함께 마르쿠스 아우렐리우스 황제 통치 기간에 로마 지사(知事)인 쥬니우스 루스티쿠스(Junius Rusticus)의 명에 의해서 투옥되었다. 지사의 판결문에 보면 "신들에 희생제를 거부하며 황제의 명에 굴복하지 않는 이들을 법에 따라 참수토록 하라"고 되어 있다.

26 Eusebius, *HE.*, 4. 18; *First Apology, Second Apology, Dialogue with the Jew Trypho* 68장으로 구성된 『제1변증』은 안토니우수 피우스(138~161) 황제에게 보낸 것이고, 15장으로 되어 있는 『제2변증』은 로마 원로원에 보낸 것으로 알려져 있으나 오늘날 대부분의 학자들은 『제2변증』이 독립된 별개의 변증이 아니라 『제1변증』의 부록이거나 추가된 것이며, 두 변증서 모두 안토니우스 피우스 황제에게 보낸 것으로 주장한다. 유세비우스의 두 변증서를 말하고 있는 것은 사필본에서 전체가 나누어져 있기 때문이다(*HE.*,4.18). 저스틴은 이 글을 148~161년 어간에 썼을 것으로 추정한다. 왜냐하면 저스틴이 그리스도가 "150년 전에 탄생했다"고 썼기 때문이다(*1Apol.*, 46; J. Quasten, 앞의 책, 199).

27 J. Quasten, 앞의 책, 199-200; F. L. Cross, 앞의 책, 49.

28 Justin, *1Apol.*, 68; J. Quasten, 위의 책, 200; F. L. Cross, 위의 책, 50-51.

29 Justin, *2Apol.*, 4.

30 위의 책, 5.

31 이상은 B. Altaner, 앞의 책, 121-122; J. Quasten, 앞의 책, 200; F. L.Cross, 앞의 책, 51; A. Dirksen, 앞의 책, 40 등을 참조한 것임.

32 트리포는 미슈나(Mishuna, 탈무드의 일부를 구성하고 있음)에 언급되고 있는 유명한 랍비 타르포(Tarpho)와 동일 인물일 것이다. 저스틴과 동시대인이며 유세비우스는 그가 당시 가장 유명한 지적 유대인이라고 한다(*HE.*,4. 18. 6).

33 이상은 B. Altaner, 앞의 책, 122; J. Quasten, 앞의 책, 202-204; F. L. Cross, 앞의 책, 51-52 등을 참조한 것임.

34 Tatian, *Oration to the Greeks(logos pros Hellēnas)*, 29; J. Quasten, 앞의 책, 220 참조.

35 J. Quasten, 앞의 책, 222-223.

36 Eusebius, *HE.*, 4. 29. 6. 이상 타티안에 관해서는 J. Quasten, 앞의 책, 220-225. B. Altaner, 앞의 책, 127-128; F. L. Cross, 앞의 책, 53-54, 66-67; A. Dirksen, 앞의 책, 43 등.

37 *Presbeia peri Christianōn (Supplication for the Christians)*.

38 Athenagoras, *A Plea for the Christians*, 10; *ANF.*, 2; Roger E. Olson/김주한 · 김학도 옮김, 앞의 책, 73에서 재인용.

39 Athenagora, 위의 책, 24; 김주한·김학도 옮김, 위의 책, 74에서 재인용.

40 *Peri anastaseōs ton nekrōn* (*The Resurrection of the Dead*)

41 J. Quasten, 앞의 책, 229-232; B. Altaner, 앞의 책, 130-131; F. L. Cross, 앞의 책, 55-57 등.

42 Theophilus, *Ad. Autolicum.*, 『아우토리쿠스에게』, 1. 14.

43 Eusebius, *HE.*, 4. 20. 1 이하.

44 *Ad Autol.*, 3. 72 이하.

45 위의 책, 2. 22; 3.12-14.

46 *Ad Autol.*, 2. 22; J. L. González, *A Hist. of Christian Thought*, vol. I, 117.

47 *Ad Autol.*, 2. 15; J. L. González, 위의 책.

48 *Ad Autol.*, 2. 15; J. L. González, 위의 책.

49 위의 책, 1. 2.

50 Eusebius, *HE.*, 4. 24; *Against the Heresy of Hermogenes, Against Marcion, Commentary on the Gospel, On the Proverbs of Solomon.*

51 스토이케이온(stoicheion)의 본래 의미는 '원소'(elementum, 벧후 3:10, 12), '기본적인 원리', '기본적인 규칙'이다. 갈라디아서에서는 "세상의 유치한 교훈"이라고 번역되었다(4:3). 그러나 갈라디아서의 본문도 "세상의 원소들, 세상의 세력들, 세상의 자연력" 등의 의미다. 이것을 B. Altaner는 "위대한 별들", F. C. Cross는 "위대한 빛"이라고 의역했다.

52 Eusebius, *HE.*, 5. 24. 2, 5; F. C. Cross, *The Early Christian Fathers*, 103.

53 Eusebius, *HE.*, 5. 24. 5.

54 위의 책, 4. 26. 1-44.

55 Eusebius, *HE.*, 4. 26. 7-8; J. Quasten, 앞의 책, 242에서 재인용.

56 F. L.Cross, 앞의 책, 104-105. 이 문제에 관해서 우리는 멜리토의 글을 직접 읽을 수가 없기 때문에 판단하기가 어렵다. 그럼에도 불구하고 학계에는 여전히 "설교"라는 제목을 붙인다.

57 F. L. Cross, 위의 책, 105.

58 위의 책, 106-107.

59 J. Quasten, 앞의 책, vol. I, 243. 원저서 이름은 *De passione*다. '14일설'이란 부활절 축제를 요일에 관계없이 유대교의 유월절에 맞추어 니산월 14일에 지키자는 주장이다. 이 전통은 주로 소아시아에 그 뿌리가 있다. 사도 요한까지 소급되고 멜리토와 히에라폴리스의 아폴리나리우스 등이 주장했다. 155년경 서머나의 감독 폴리캅이 로마를 방문하여 로마 감독 아니켙스에게 동방전통을 따라 줄 것을 요청했으나 성공하지 못했다. 서방은 유월절 다음 일요일을 부활절로 지켰다.

60 J. Quasten, 앞의 책, 244-245.

61 J. Quasten, 위의 책, 244.

62 위의 책, 245.

63 B. Altaner, 앞의 책, 134; J. Quasten, 위의 책, 246.

64 크로스는 이 서신을 그의 책 *The Early Christian Fathers*에서 사도 교부 항목에 포함시키고 있다(27-28).

65 J. Quasten, 앞의 책, 248.

66 *Ep. Diognetus*, 5; J. Quasten, 위의 책, 250-251에서 재인용; J. L. González, 앞의 책, 118-119.

67 *Ep. Diognetus*, 6. 완전 전문은 J. Quasten, *Patrology*, vol. I, 251에 있음.

68 J. Quasten, 위의 책, 251; A. Dirksen, 앞의 책, 39와 B. Altaner, 앞의 책, 136.

69 밀티아데스는 아시아 출신의 수사학자이고 타티안과 동시대인이며 저스틴의 제자였다. 그의 저서는 현존하는 것이 없으나, 터툴리안과 히폴리투스를 통해서 그가 변증가였다는 것을 안다(Eusebius, *HE*., 5. 28. 4). 그는 『그리스도교 철학을 위한 변증』(*Apology for Christian Philosophy*)을 마르쿠스 아우렐리우스 황제와 그의 공동집정관 루키우스 베루스(Lucius Verus, 161~169)에게 보냈으며(*HE*., 5. 17. 5), 헬라인과 유대인들에게도 유사한 변증서를 썼고, 몬타니스트들과 영지주의자들을 비판하는 논문을 쓰기도 했다. 아폴리나리스는 마르쿠스 아우렐리우스 통치 기간에 히에라폴리스의 감독이었는데, 유세비우스가 전하는 그의 저서로는 『M. 아우렐리우스에게』(*To Marcus Aurelius*), 『헬라인을 반대하여』(*Against the Greeks*), 『유대인을 반대하여』(*Against the Jews*) 그리고 『진리에 관하여』(*On the Truth*) 등이 있으나 현존하는 것이 없다. 헤르미아스는 일반적으로 2세기 헬라 변증가에 포함시키지만 이론이 없는 것이 아니다. 그것은 그의 저서의 연대 문제가 있고 그의 신학적 관심이 빈약하기 때문이다. 그의 저서 『이교 철학자들에 대한 풍자』(*Satire on the Pagan Philosophers*)는 이교도들의 모순을 풍자적으로 기술하여 고대 그리스도교 풍자문학을 대표한다.

70 '신학'(theologia)이라는 용어가 저스틴 마터의 글에 두 번 나온다(*Dial*., 56). 아테나고라스에게 있어서 '신학'은 하나님의 교리다(*Suppl*., 10). A. Harnack, *Hist. of Dogma*, vol. II, 202, n.1.

71 A. Harnack, 위의 책, 203과 n.1.

72 위의 책, 203-204.

73 Justin, *Dialog*., 8.

74 위의 책, 2. 3.

75 위의 책, 4.

76 Hans von Campenhausen, *The Fathers of the Greek Church* (London: Adam & Charles Black, 1963), 8.

77 위의 책.

78 Justin, *1Apol*., 46; *2Apol*., 8. 13.

79 Justin, *Dialog*., 2 또는 4.

80 Aristides, *Apol*., 1-14; A. Harnack, 앞의 책, 178.

81 Tatian, 『헬라인들에게 하는 연설』(*logos pros Hellēnas, Oration to the Greeks*),

12, 13, 20, 25, 29, 40 등.

82 Theophilus, 『아우톨리쿠스에게』(*Ad Autolicum*) 2. 15; 3. 2.

83 Athenagoras,『그리스도인들을 위한 탄원』(*Presbeia peri Christianōn*), 7. 11. 23.

84 Justin, *2Apol.*, 6.

85 Justin, *Dialog.*, 60. 127; J. Quasten, 앞의 책, 208에서 재인용.

86 Aristides, *Apol.*, 1-2.

87 위의 책, 5; Athenagoras, *Pres.*, 7; Theophilus, *Ad Autol.*, 2. 8, 18 등.

88 Justin, *1Apol.*, 43.

89 Justin, *2Apol.*, 6; Theophilus, *Ad Autol.*, 1. 3; Tatian, *Oration.*, 4; A. Harnack, 앞의 책, 205.

90 Theophilus, *Ad Autol.*, 2. 15; 1. 7; J. Quasten, 위의 책, 239.

91 Justin, *1Apol.*, 33. 36.

92 딤전 4:7, "저속하고 헛된 꾸며낸 이야기".

93 성균서관 편, 『세계철학대사전』(1977), 260; 1226-1227; 613 등.

94 J. L. González, *A Hist. of Christian Thought*, vol. I, 43-44.

95 Theophilus, *Ad Autolycum*, 2. 10; J. Quasten, 앞의 책, 240에서 재인용.

96 R. Seeberg, *Text-Book of the Hist. of Doctrines* (Grand Rapid, Michigan: Baker Book House, 1978), vol. I, 113.

97 Tatian, *Oration to Greeks*, 5; Athenagoras, *Presbeia peri Christianōn*, 10.

98 Justin, *Dialog.*, 128-129.

99 Theophilus, *Ad Autol.*, 2. 15.

100 위의 책, 2. 10.

101 위의 책, 2. 22.

102 Justin, *Dialog.*, 60. 127.

103 위의 책, 61; *2Apol.*, 6.

104 Athenagoras, *Presbeia*, 10.

105 Tatian, *Oration*, 5; J. L. Gonzalez, 앞의 책, 112-113.

106 저스틴에게 로고스의 의미는'대화', '토론', '진술', '이야기', '지식', '이성', '이해', '근거', '내재적 합리성', '동기' 등 다양했다(*Dialog.*, 112. 4; 94. 4; 56. 4; 56. 8; 35. 6; *1Apol.*,14. 5; 12. 7; 53. 2 등. G. W. H. Lample, ed., *A Patristic Greek Lexicon* (London: Oxford U. Press, 1961), 807-808).

107 Justin, *1Apol.*, 46.

108 Justin, *2Apol.*, 10. 요 1:9에서 힌트를 얻었을 것이다.

109 위의 책, 7. 3.

110 J. L. González, 앞의 책, 104-105.

111 Tatian, *Oration.*, 5; Justin, *2Apol.*, 6; *Dialog.*, 100 등.

112 Justin, *Dialog.*, 61, 128; Theophilus, *Ad Tutol.*, 2.10.

113 Justin, *1Apol.*, 31.

114 A. Harnack, *History of Dogma*, vol. II, 220-221.

115 Justin, *2Apol.*, 5. 10.

116 위의 책, 6. 8; *Dialog.*, 11; 30; 35 등.

117 Justin, *Dialog.*, 56; 62; 127.

118 Justin, *1Apol.*, 22. 23.

119 Ignatius, *Eph.*, 18. 2; 19. 1; Smyr., 1. 1.

120 Aristides, *Apol.*, 15. 1.

121 Justin, *Apol.*, 33. 46; *Dialog.*, 75; 84; 87; 100; 105 등.

122 Justin, *Dialog.*, 55. 61. 127 등.

123 8-10 Bonner, J. Quasten, 앞의 책, 244에서 재인용.

124 7-71 Bonner, J. Quasten, 위의 책, 244에서 재인용.

125 82 Bonner, J. Quasten, 위의 책, 245에서 재인용.

126 101-102 Bonner, J. Quasten, 위의 책, 245에서 재인용.

127 Justin, *1Apol.*, 28. 43; *Dialog.*, 88. 141; Tatian, *Oration*, 7 등.

128 Justin, *1Apol.*, 43.

129 Justin, *Dialog.*, 124.

130 Justin, *1Apol.*, 15-17; *2Apol.*, 10.

131 Justin, *2Apol.*, 6; *Dialog.*, 81. 113.

132 'apodocheion tēs alētheias'. Melito of Sardis, *Homily*, 40.

133 Justin, *Dialog.*, 116; 123; 135; Theophilus, *Ad Autol.*, 2. 14. 17; Melito, *Homily*, 10.

134 Justin, *1Apol.*, 61; J. Quasten, 앞의 책, 214. 여기 "씻음, 씻김을 받는다"는 세례를 의미한다.

135 Justin, *1Apol.*, 65; J. Quasten, 위의 책, 215-216.

136 Justin, *1Apol.*, 66.

137 G. P. Fisher, *Hist. of Christian Doctrine* (New York: Charles Scribner"s Sons, 1913), 68.

138 Justin, *Dialog.*, 41; J. Quasten, 앞의 책, 217에서 재인용.

139 *Dialog.*, 117; J. Quasten, 위의 책, 217.

140 *1Apol.*, 13. 여기 "불로 소멸"은 제물 바치는 것을 의미한다.

141 J. Quasten, 앞의 책, 218.

142 A Harnack, *Hist. of Dogma*, vol. II, 224.

143 Ansers Nygren, *Agape and Eros*, tr. by Philip S. Watson (Harper Torchbook, 1969), 267 이하.

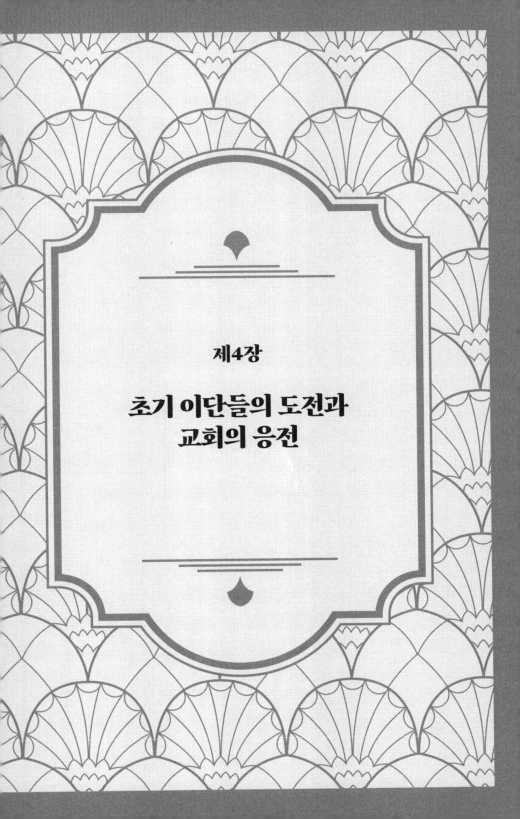

제4장

초기 이단들의 도전과
교회의 응전

I. 이단의 정의

2세기 헬라 변증가들의 활동은 외부의 도전에 대한 대응이었다. 그러나 교회가 직면한 도전은 외부로부터 만이 아니었다. 외부로부터의 도전보다 더 심각한 도전은 교회 내부로부터의 도전이었다. 예수에 대한 목격-증언자들이 세상을 떠난 후 교회 지도자들은 제2세대들이었고, 그들은 사도들의 서신을 비롯한 간접 자료에 근거하여 예수를 증언할 수밖에 없었다. 복음 전도의 확장에 따른 폭넓은 이교와의 만남에서 그리스도교는 마냥 1세기 형태로 머물러 있을 수가 없었을 뿐만 아니라 교회 내의 다양한 이견(異見)들과 신앙 양태에도 대응해야만 했다. 유대인 그리스도인들은 그리스도교를 유대교의 한 분파로 생각했을 수도 있었을 것이다. 그들은 유대교의 전통에서 예수의 교훈에 접근하려고 했을 것이고, 헬라 사상에 기초한 헬라인 그리스도인들은 헬라 철학의 전통에서 예수의 교훈에 접근하려고 했을 것이며, 또 다른 이방인들은 이방 종교와 그리스도교를 혼합하려고 했을 것이다. 2세기 그리스도인들은 단순히 나사렛 예수를 믿는 데 그치지 않고 예수에 관한 어떤 교리 형식의 진술도 믿어야 했다. 칼 호이씨(K. Heussi)는 "50년경에는 세례와 성령을 받고 예수를 주라고 부름으로써 교인이 될 수 있었으나, 180년경에는 신앙의 규범(신조)과 아직 정경으로 확정되지 못한 신약성서와 감독의 권위를 인정함으로써 교인이 될 수 있었다"고 한다.[1] 그리하여 교회는 무엇보다 믿음을 굳게 세우는 일이 우선적인 과제가 되었다. 이와 같은 시대 상황 속에서 정통과 이단의 문제가 제기된 배경에는 그리스도교의 정체성과 통일성을 유지하는 데 필요한 교리를 만들어 유지해야 한다는 인식이 깔려 있었다.

　이단이란 무엇인가? 이단은 본질적으로 교회의 신앙을 파괴하는 것인가? 정통과 이단을 구별하는 표준은 무엇인가? 한번 이단이면 영원한 이단인가? 보헤미아의 존 후스(John Hus)는 이단으로 정죄받고 화형에 처해졌다. 그가 주장한 사상이 과연 이단이었는가? 오히려 그는 정통이 되려고 했다가 기득권에 패하여 실패한 사람이 아닌가? 이단은 태생적으로 소위 정통 교회를 오염시키고 파괴하는가? 4세기 성 제롬(Jerome, c. 342~420)은 이단을 오염물로 생각했다. 그는 말한다.

> 썩은 살을 잘라내고 더러운 양을 우리에게서 쫓아내라. 그렇지 않으면 온 집, 온 반죽, 온몸 그리고 온 양 떼가 불에 타거나 망하거나 썩거나 죽고 말 것이다. 아리우스는 알렉산드리아에서 불꽃 하나에 불과했지만, 그 불꽃이 즉시 꺼지지 않는 바람에 온 문명 세계가 그 불길에 휩싸여 황폐하게 되었다.[2]

　다른 한편 이레니우스는 "오류는 밝혀지지 않기 위해서 결코 그 자체 노출된 실체로 나타나지 않는다. 반대로 기품 있고 우아한 옷을 입고 나타난다. 그리하여 경솔한 자들은 오류가 진리 자체보다도 더욱 진리라고 믿게 된다"라고 했다.[3]

　그러나 이단(heresy)을 정의한다는 것은 단순하지 않다. 이단의 본질을 이해하려면 이단으로 지명된 이단의 사상 자체는 물론이고 그렇게 정죄를 받게 된 사회적·교회적 환경과 그 과정까지 고려해야 한다. "이단은 '관찰 가능한 실재에 관한 단순한 보고서'가 아니다. 오히려 특정한 일련의 사상이 신앙 공동체에 위협을 준다는 하나의 판단이다. 이단은 경험적 개념이 아니라 평가적 개념이다."[4] 이설(異說), 거짓 교훈, 이단 등이 신약성서에서도 언급이 되고 있으나 사도 시대에는 이단의 문제는 그렇게 심각하지는 않았던 것 같다. 이단의 헬라어 '하이레시스'(hairesis)가 신약성서에서 사용되었을 때의 의미는 2세기 이후의 그 말이 의미하는 '이단'이 아니었다. 신약성서에서 그 말은 '선택' 또는 '집단'의 의미로 쓰였다. 예를 들면 1526년에 신약성서를 영어로 번역한 틴데일(Wm. Tyndale) 역에 보면 '하이레시스'를 '종파'(sect)로 번역하고 있다(고전 11:19; 갈 5:20; 벧후 2:1 등). 우리나라 표준새번역 신약성서도 베드로후서 2장 1절에서만 '이단'으로 번역했을 뿐 다른 구절은 '파당'으로 번역하였다. 그러나 1611년 킹 제임스 역(KJV)이 '하이레시스'를 '이단'(heresy)으로 번역함으로 2세기 이후에 나타난 이단 개념의 배경이 신약성서인 것으로 인식되었다. 1세기 유대인 역사가 요세푸스는 철학의 특수한 학파, 공통 견해를 가진 집단의 의미로 '하이레시스'를 쓰고 있다. 즉, 비(非)정통의 의미가 아니라 별개의 동종(同種) 집단을 의미하였다. 여기서는 찬반의 관계 없이 같은 견해를 가진 일단의 집단을 의미할 뿐 경멸의 뉘앙스도 없었으며, 따라서 그 말은 중립적이고 기술적(記述的)인 용어였지 판단 평가적인 용어가 아니었다. 헬라 작가들은 스토아학파를 '하이레시스'라고 했다.

'하이레시스'가 점차 정통 교회가 확정한 교리에 대해서 부정하고 반대하는 사상적 흐름에 적용된 것은 2세기 후반부터일 것으로 생각된다. 이때 헬라어 '하이레시스'가 라틴어 '하에레시스'(haeresis)로 번역되면서 더 이상 학파나 종파, 당파 또는 지적 대안으로서의 중립적인 의미로 쓰이지 않게 되었다. 2세기 로마교회는 이 단어를 종교적인 교리 논쟁이나 정치적인 승패의 결과를 연상시키는 용어로 사용하였다. 즉, '하에레시스'가 그리스도교의 공적(公的)이고 공통적이며 권위있는 신앙 진술을 파괴하는 것으로 이해되었으며, '정통'(orthodoxia)을 반대하는 용어로 쓰였다. 2세기 이후 '하에레시스' 인식은 이단과 정통이라는 대립 투쟁에서 특정 집단이나 개인을 그리스도교에서 배제하는 수단이 된 것이다.

냉소적으로 말하면 이단은 다수가 수용할 수 없다고 선언하고 정죄할 수 있는 소수자들의 의견이라고 말할 수 있다. 그러나 이것은 매우 잘못된 것이며 이단 정의를 교회정치적 교권주의적 시각에서 판단한 것이다. 그럼에도 불구하고 근본적으로 그 말은 정통 종교적 교훈과 일치하지 않는 교리를 가리키는 말이 되었다. 그 점에서 그리스도교 이단은 그리스도교 정통으로부터의 이탈을 의미한다. 그런데 이단을 그리스도교 정통 신앙으로부터 이탈이라고 정의하기는 쉽지만, 정통 자체도 정의하기란 쉽지 않다. 그것은 교회 역사에서 정통이 곧 그리스도교 진리는 아니기 때문이다. 정통 중에는 지역적인 것도 있고, 일시적인 것도 있으며, 오류도 있다. 그러므로 이 세상에서의 그리스도인이 참 신앙인인지 이단자인지를 판단하는 표준이 되는 규범이 있어야 한다. 그와 같은 규범이 만들어지기까지는 어떤 이탈도 분간할 수가 없으며, 이단자라 할지라도 스스로 그리스도인이라고 생각하는 공동체에서 소수의 신념을 주장하는 사람으로 남아 있게 될 것이다.[5]

그런데 예수의 복음은 사도들과 변증가들에 의해서 콘스탄틴 황제가 그리스도교를 공인하기 전 박해와 억압 속에서도 흩어진 유대인들에게는 물론 이방인들에게도 활발하게 전해졌기 때문에 그리스도인들은 로마제국 전역에 흩어져 각기 생존해 갔다. 그리스도인 공동체는 그 지역의 사회적·문화적·정치적 특유의 도전에 대응하면서 발전했다. 그리하여 초기 그리스도인들은 그들이 믿는 바를 서로 다른 사회적·문화적·언어적·정치적 상황에 따라서 다양한 양식으로 표현하고 실천하였다. 이것은 초기 그리스도교를 단일하고 획일적 전통으로 규정할 수가 없다는 것을 의미한다. 그렇기 때문에 초기 그리스도교는 획일적으로 지배할 수 있는 그 어떤 권위 구조도 없었다. 그럼에도 불구하고 각 지역의 그리스도인 공동체가 그 지역의 독특한 사회 문화 속에서 자체의 정체성을 유지하면서도 자신들이 보편적 공동체(catholicity)의 일부라고 생각하고 있었다는 것은 참으로 흥미롭고 신비스럽기까지 하다. 초기 그리스도인 공동체는 각 지역에 흩어져 있으면서도 '사도들이 전해준 믿음'이라는 신앙의 유산(depositum fidei)으로 네트워크를 형성하고 있었던 것 같다. 그러므로 사도 교부 로마의 클레멘트의 '사도적 전승'(使徒的 傳承)이나 안디옥의 이그나티우스가 처음으로 표현했던 '가톨릭교회'(catholike ecclesia)는 초기 그리스도인 공동체의 다양성 속의 통일성의 맥락에서 이해되어야 할 것이다. 그들에게는 하나로 묶는 핵심 진리의 패턴[6]이 있었음에도 불구하고 다양성을 보여주었던 것이다.

그렇다면 그리스도인 공동체의 다양성의 요인이 무엇인가? 첫째는 권위 있는 자료의 불확실이다. 초기 그리스도교의 가장 두드러진 특징의 하나는 책을 쓰고 해석하는 '문자 공동체', '책의 공동체'였다는 점이다. 우리가 지금까지 살펴 온 바와 같이 사도들, 사도 교부들, 변증가들이 모두 책을 쓴 저술가들이었다. 초기 그리스도인들은 저술에 의해서 삶과 믿음을 형성하였다. 그들은 그리스도교 문헌을 읽고 쓰고 해석하고 전파하는 일에 특별한 관심을 보였다. 초기 그리스도교 공동체에는 텍스트가 매우 중요하였다. 초기 그리스도교 운동은 "텍스트에 마음과 영혼의 중심을 둔 운동"이라고 표현할 수 있을 것이다.[7] 유대교의 전통을 계승한 것이라고 할 수도 있겠지만 초기부터 그리스도교의 예배에서 텍스트를 읽는 것은 필수였다.

저스틴도 주일 예배 의식을 기술하면서 그 예배가 경전적 복음, 즉 '사도들의 언행록'(Momoirs of the Apostles) 또는 예언서를 읽는 것으로 시작한다고 한다.

다양한 지역문화 환경에서 다양한 책을 쓰고 읽는다는 것은 다양한 자료로부터 다양한 영향을 받을 수 있다는 것과 책의 내용에 대해서 다양한 이해와 해석을 할 수 있다는 것을 의미한다. 구약성서가 주후 90년경에 정경이 되었다 해도 그 책에 대한 해석은 다를 수 있었다. 여기서 자료의 진정성과 권위의 문제가 대두되게 되었다. 다양성이 혼란의 원인이 되지 않게 하기 위해서 표준(canon)이 필요했던 것이다. 이것이 신약성서의 정경화(正經化) 작업의 동기다. 자료에는 정경만이 아니라 외경(外經)도 있고 위경(僞經)도 있다. 자료의 다양성은 해석의 다양성을 가져왔고, 해석의 다양성은 사상의 다양성을 가져왔다. 교회가 정경화 작업을 한 후 외경이나 위경을 배척한 것도 다양성에서 이단이 생길 여지가 있었기 때문이었다. 2세기 후반 교회에서 중요한 이슈로 떠오른 것이 외경의 문제였다. 교회에서는 점차적으로 정해진 책만을 읽게 되었는데, 이것은 정통성과 권위를 증언하는 표시가 되었다.[8]

둘째는 신약성서 문헌에 나타난 다양성이다. 신약성서는 나사렛 예수가 그리스도라는 그리스도론적 관점에서 기술되었기 때문에 초점은 나사렛 예수이지만 그럼에도 그에 대한 설명은 저자들이 섬기는 공동체의 삶의 자리에 따라 다양했다. 공관복음서가 공히 나사렛 예수를 증거하고 있지만 각 복음서 저자는 그 설명이 동일하지 않다. 이방인에게 예수의 복음을 전해야 했던 바울은 서신의 수신자에 따라 설명이 다양했다. "바울의 복음 선포는 상황에 따라 다양한 형태를 취했으며 강조점과 어조가 바뀌는 가운데 상당한 기간에 걸쳐 발전했다."[9] 예수의 복음의 중요성에 관한 신약성서의 선포는 단수 '케리그마'(kerygma)가 아니라 복수 '케리그마타'(kerygmata)라는 것이다.[10] 이와 같은 신약성서 내의 다양성은 더 고대적이고 다양하고 광범위한 역사적 상황 속에서 집필되고 편집된 구약성서에서 더욱 분명하다.

초기 그리스도교는 변화된 새로운 시대와 문화적 환경에 의한 교회의 대내적인 문제, 각 지역의 특수성에 따른 다양한 견해, 새로운 지적 도전에 의한 각각 나름대로의 대응에 따른 다양한 신학적 형식들이 제안되었을 때, 그것을 검토하기 시작했다. 여기서 거부와 수용의 결과가 나올 수밖에 없었다. 이것이 정통과 이단의 시작이 되었다. 그리하여 2세기 그리스도교는 '신앙의 규범'(rule of faith)을 만들고 "진정한 그리스도인들이 믿는 내용을 진술한 공동의 신조를 한목소리로 고백하도록"[11] 노력하였다. 교회는 점차 각 곳에 흩어진 그리스도인들을 주교가 중심이 된 교회 체제 밑에 묶어 이단을 방어하려는 체제 지향적이 되어 갔다.

그러나 정통과 이단을 구별하는 표준을 세우고 정통적 하나의 교회를 지향하기 위하여 공동의 신앙고백 형식(formula), 신조를 만든다는 것이 가능하겠는가? 교회는 "하나요 거룩하고 사도적이며 가톨릭적"이라는 신학적 교리적 진술이 그 표준이 되겠는가? 프로테스탄트교회의 분열의 아픔을 극복하고 선교하는 하나의 교회를 위하여 시작된

20세기 그리스도교회의 에큐메니칼 운동은 그와 같은 공동 신앙의 기초를 형성한다는 것이 얼마나 어려운가를 보여준다. 만일 교리적인 진술이 표준이라면, 성공회의 39개조 또는 장로교의 웨스트민스터 신앙고백과 같은 교파적 교리 진술들이 "어느 곳에서나, 언제나, 모든 사람에게 믿어져야 한다"는 빈센트(Vincent)의 기준을 포기해야 한다. 가장 중요한 '사도신경'이나 '니케아신조'까지도 세계적으로 일치되는 고백 형식이 아니다. 왜냐하면 희랍정교회는 사도신경을 신앙고백으로 수용하지 않고 있기 때문이다.

1927년 로잔(Lausanne) 에큐메니칼회의는 "우리 안에 교리상 차이가 있음에도 불구하고 우리는 성서에서 선포되었고 니케아신조와 사도신경에서 증언되고 보호된 공동 그리스도교 신앙에서 하나다"라는 형식을 채택했다. 그리고 1937년 에딘버러 신앙과 직제회의는 다음과 같이 진술했다.

> 우리는 성육신하신 하나님의 말씀인 우리 주 예수 그리스도를 믿는 신앙에서 하나다. 우리는 교회의 머리이며 왕 중의 왕이요 주(主) 중의 주님이신 그에게 충성하는데 하나다….
>
> 이 일치는 우리가 마음으로 동의하고 의지로 찬성해서 이뤄지는 것이 아니다. 이 일치는 우리를 성부에게 데리고 가려고 사셨고 죽으셨다가 부활하신 분 그리고 성령을 통해서 지금도 그의 교회에 임재하시는 예수 그리스도 자신에 근거한 일치다. 우리는 모두 하나님의 사랑과 은총의 대상들이며 그의 영광스러운 복음을 온 세계에 전하도록 부름을 받았기 때문에 하나다.[12]

그러나 세계교회협의회(WCC)는 1948년에 교회 일치를 위해서 회원 가입 조건을 "하나님이며 구세주"로서 예수를 인정하는 것으로 단순화시켰다. 만일 이것을 모든 교회가 동의하여 수락한다면 이단자는 거의 없을 것이다. 왜냐하면 어느 이단자도 그것을 거부하지 않을 것이기 때문이다. 그러나 많은 교파 교회가 너무 단순하여 막연하기까지 한 이 형식에 동의하지 않는다. 더 세밀한 형식이 요구되는 것이다.

　　그렇다면 성서는 표준이 되겠는가? 성서에 대한 공동의 충성으로는 가능한가? 특히 프로테스탄티즘은 성서를 최고의 권위로 인정한다. 그래서 '성서만으로'(sola scriptura)를 주장한다. 교회의 모든 문제는 성서를 표준으로 해결해야 한다고 한다. 그런데 과연 성서가 유일한 표준이 될 수 있는가? 무엇보다 성서가 하나가 아니다. 구약성서와 경외서에 있어서 정교회와 로마가톨릭교회, 성공회와 루터교회 그리고 프로테스탄트교회가 각각 다른 입장에서 다른 성서를 사용한다. 특히 프로테스탄트교회는 경외서를 완전히 성서에서 배제한다. 그리스도교 역사에서 이단 정죄를 하나같이 성서에 근거했다고 한다. 정교회가 그리스도인으로 고려하지 않는 크리스챤 사이언스 같은 종파의 견해를 지지하는 권위로서 성서가 이용되기도 한다. 어느 이단도 성서가 하나님의 말씀이라는 것을 거부하지 않는다. 오히려 성서의 권위를 문자적으로 수용한다.

　　그렇다면 성서 해석이 표준이 될 수 있는가? 성서 해석은 일치하는가? 성서 문헌에서 발견되는 다양성은 성서에 대한 다양한 해석으로 이어진다. 성서 해석사는 성서에 대한 다양한 해석이 있음을 증거한다. 특히 프로테스탄트교회는 로마가톨릭교회와 달리 성서를 '열려진 책'으로 생각하고 있으며 그 해석은 누구도 가능하다는 입장이다. 그래서 성서 해석은 전문적 신학자만이 아니라 평신도도 해석할 수가 있다. 물론 이것은 이단의 발생을 부추기고 확산시킬 수가 있다. 그리고 다양한 해석 중에서 어느 해석이 바른 해석인지를 판단할 권한이 인간 누구에도 없다. 프로테스탄트교회가 성서의 최고 권위와 표준을 주장하지만, 성서 해석은 인간이 한다.

성서를 문자적으로 해석하기도 하고, 도덕적으로 해석하기도 하며, 은유적으로 해석하기도 한다. 성서에서 오직 교리만을 도출하는가 하면 교회 규칙의 근거를 찾기도 한다. "칼을 쓰는 사람은 모두 칼로 망한다"(마 26:52)는 예수의 말씀을 놓고 그리스도교 평화주의자는 믿는 자에게 칼을 쓰지 말라는 분명한 경고라고 해석할 것이고, 그리스도교 군인은 공격자를 격퇴하기 위하여 의로운 칼을 써야 할 사람이 있어야 한다는 말씀이라고 해석할 것이다. 의로운 전쟁(just war)이 여기에 해당된다. 이와 같이 같은 말씀을 놓고 자기 입장에서 그 말씀을 해석하게 된다. 또한 구약성서와 신약성서 사이에는 대립되고 모순되는 것이 많다. 특히 예수의 산상설교에서 분명하다.

정통과 이단을 구별하는 표준으로 성서 해석을 제시할 수 있지만, 그리스도교 역사에서 정죄 받은 이단들도 자기들의 성서 해석이 건전하고 옳다고 주장한다. 그런데 이 말은 사실일 수도 있고 아닐 수도 있다. 또 정확하고 올바른 성서 해석을 했다는 보장도 없다. 오늘 이단이 내일 정통이 될 수가 있다. 그 반대도 가능하다. 성서 해석이 "언제나, 모든 곳에서, 모든 사람에게 받아들여지는 것"은 없다. 초기 그리스도교 역사에서 가장 대표적인 정통 이단 논쟁은 4~5세기에 걸쳐서 계속되었던 알렉산드리아의 아다나시우스와 아리우스와의 논쟁, 시릴과 네스토리우스와의 논쟁일 것이다. 그 논쟁 과정은 정통과 이단의 판단은 단순히 성서 해석이나 신학 사상의 문제만이 아니라 교권주의와 사회 정치권력의 연관성 속에서 이루어졌다는 사실을 보여준다.

한국 프로테스탄트교회도 성서 해석 문제로 분쟁과 분열 그리고 이단 시비의 경험을 갖고 있다. 예를 들면 김춘배 목사가 "여자는 교회에서 잠잠하라…"(고전 14:34)는 말씀을 "2천 년 전 한 지방 교회의 교훈과 풍습이지 만고불변의 진리가 아니다"라고 해석하여 1935년 대한예수교장로회총회에서 성서 파괴론자로 정죄를 받았다. 당시 대한예수교장로회는 『아빙돈 단권주석』의 번역 출판까지도 성서비평학적 주석이고 교리에 어긋난다고 출판은 물론 참여한 역자들까지 징계하였다. 대한예수교장로회는 김재준 목사를 성서무오설을 반대한다고 이단으로 정죄했고, 그를 지지하는 한국기독교장로회가 새로운 교파로 출발했으며(基長), 예수교장로회는 이 교단을 이단이라고 했다. 그런데 한국기독교장로회가 이단인가? 아니다. 그 이단 판정은 신학적 근거도 아니고 성서적 근거도 아니라 교회정치적 판단이었다. 성서 해석을 바르게 했는지(정통) 아니면 잘못했는지(이단)의 판단을 총회가 한 것이다. 그렇다면 감독이 중심에 있는 교회만이 성서의 유일하고 권위 있는 해석자라는 입장으로 돌아가는 것이 된다. 그러나 그와 같은 중세기 교회에 저항하고 일어난 운동이 16세기 종교개혁이었고 그것이 프로테스탄티즘의 기본 입장인 것이다.

이렇게 보면 정통과 이단을 구별하고 분별할 표준이 없다는 생각이 들 수가 있을 것이다. 그러나 교회사에서는 분명히 정통과 이단은 있었다. 2세기 교회 교부들이 이단을 교회에서 축출하려고 이단에 대하여 악의적인 비판을 했으나 어떤 점에서 이단은 역동적 신앙 형태일 수도 있었다. 정통 신앙이 건조하고 생동감을 상실했을 때 소위 이단은 새로운 지적·문화적·신앙적 창의성과 열정으로 교회를 새롭게 하려고 하였다. 예를 들면 비록 이단으로 정죄를 받았으나 몬타누스주의(Montanism)는 기존 교회가 처음 종말론적 믿음의 열정을 잃고 무미건조한 형식적인 예배와 신앙생활을 하고 있을 때 종말과 성령을 강조하면서 일으킨 성령 운동이었다.

신학 형성과 관련하여 초대교회의 이단들을 콘스탄틴 황제의 통치를 기점으로 하여 두 유형으로 나눌 수 있다. 그 이전의 이단들(에비온주의, 가현론, 영지주의, 마르시온주의, 몬타누스주의 등)은 교회가 지배적인 권위 구조를 구축하기 전, 교회가 여러 신조와 교리 등을 교회의 공식적인 신앙 진술로 확정하기 전, 교회가 신약성서를 공식적인 합의에 의해서 정경으로 만들기 전에 출현했다가 이단으로 판정을 받았다면, 그 이후의 이단들(도나투스주의, 아리우스주의, 네스토리우스주의, 펠라기우스주의 등)은 나름대로 성서에 근거하여 그리스도교 진리와 신앙에 대한 이해를 했고, 변호도 했으며, 당시 정통파의 약점이나 문제점을 지적하여 신학적인 이의를 제기하였다.

이단을 단순하게 정통으로부터 이탈이라고 정의할 수 있겠지만, 엄밀한 의미에서 그리스도교 이단은 정통에서 이탈했는지는 몰라도 그리스도교의 근본적인 진리를 그 속에서 발견할 경우도 있을 수 있다. 다만 결과적으로 기존 신앙 전통을 거부하거나 파괴적인 것으로 드러나는 일종의 신앙이며 간접적으로 불신앙으로 이끄는 것이라고 할 것이다. "불신앙은 이단이 취하는 형태가 아니라 이단이 낳은 결과인 셈이다."[13]

이들이 이단으로 정죄를 받은 것은 단순히 교리적인 이유 때문만은 아니었다. 거기에는 교회정치 세력 간의 갈등도 작용하였다. 그러나 승자와 패자는 있게 마련이다. 승자는 정통이 되고 패자는 이단으로 판정을 받는다. 그러나 종종 그 판단 자체가 오류를 범하기도 했다. 그런 점에서 "이단은 교회 역사적 교권적 싸움에서 패배한 정통이다"라는 말도 가능하다.[14] 이단은 초기 그리스도교의 다른 이면일 수도 있다. 존 뉴먼이 그의 책 『그리스도교 교리 발전론』에서 지적했듯이 그리스도교가 교리를 발전시킬 수 있었던 것은 비록 당시 이단으로 정죄를 받았지만, 이단들의 이의 제기와 반론이 촉진제가 되어 정통파가 핵심 교리를 확정하여 갔기 때문이다.[15]

우리의 과제는 초대 그리스도교 신학 또는 교리 형성사에 있어서 이단과 정통이 어떤 상관관계가 있는가를 고찰하는 것이기 때문에 여기서는 콘스탄틴 황제 통치 이전의 초기 이단의 도전과 교회의 응전만을 취급하고 그 이후 이단의 문제는 각기 해당 항목에서 취급할 것이다. 여기서 이단이라 함은 초대교회가 이단으로 정죄한 것을 의미한다. 그러나 초기 이단 문제만이 아니라 초대 그리스도교 사상사에 있어서 아리우스를 비롯하여 많은 교회 신학자가 교회회의에서 이단으로 정죄를 받는 사건이 발생했는데, 과연 그 정죄가 정당했는지에 관해서는 계속해서 검토해야 할 것이다. 왜냐하면 교회회의도 오류를 범할 수 있기 때문이다. 역사 연구는 오류의 역사를 수정하고 교정할 의무가 있다.

II. 교회사에 나타난 초기 이단들

1. 에비온주의

초대교회에서 이단의 명칭은 그 사상을 형성하고 집단을 창설한 특정한 사람의 이름을 붙이는 경우가 많았다. 그래서 에비온주의(Ebion-ism)도 펠라의 에비온(Ebion of Pella)이라는 사람에게서 유래한 것으로 잘못 알고 있었다. 그러나 에비온주의는 예외적으로 사람의 이름에서 유래한 것이 아니라 '가난'을 뜻하는 히브리어 '에비온'(ebyon)에서 왔다. 초기 그리스도인들은 대체로 가난했고 사회 하층 계급에 속한 사람들이었기 때문에(행 11:28-30; 24:17; 고전 1:26-29; 16:1-2) 그 명칭은 초기 그리스도인들을 지칭하는 이름이었을 것이다. 예수는 "가난한 자는 복이 있다"(눅 6:20)고 하셨고, 바울은 "가난한 사람들"(hoi ptōchoi)이라는 용어를 구체적으로 예루살렘교회를 지칭하는 단어로 사용하고 있다(갈 2:10; 롬 15:26).

에비온주의는 1세기와 2세기 초 예수의 정체성에 대하여 유대교적 시각에서 해석하려고 한 대표적인 운동이었다. 그리스도교는 원래 유대교 안에서 이단적 소수였다. 예수를 비롯하여 처음 추종자들은 모두 유대인들이었다. 그들은 계절마다 성전 예배에 참석했으며, 메시아의 희망을 나누며 모세의 율법에 충실했다. 그런데 그들에 의해서 유죄 판결을 받은 범죄자 예수가 하나님에 의해서 부활했고, 유대인 사도들이 그를 이스라엘이 기다리던 메시아라고 선포했는데도 예수는 당시 기존 종교에 의해서 이단자가 되었다. 처음 그리스도인들에게는 예수의 정체성을 나타내는 최상의 개념을 찾는 것이 매우 중요하였다. 유대교의 전통에서 살아왔던 그들이 예수의 추종자가 되었을 때 그들에게 가장 큰 과제는 예수의 정체성, 즉 "예수가 누구냐?"는 것이다. 예수도 당시 사람들이 자기를 누구라고 알고 있는지가 궁금했다. 그래서 가이사랴 빌립보에서 "사람들이 나를 누구라고 하느냐?"(막 8:27)고 물었다. 이때 제자들의 답변을 통해서 나타난 당시 사람들의 예수 인식은 예수가 세례 요한, 엘리야, 예언자 중 하나였다(막 8:28). 사실 초기 그리스도교는 유대교의 한 종파로 인식되고 있었다.

처음 유대인 그리스도인들은 예수의 가르침이 완성된 율법에 지나지 않는다고 생각하였다. 예수도 예언자의 말이나 율법을 완성하러 왔다고 했다(마 5:17). 유대인 그리스도인들 가운데는 율법을 생태적 유대인 그리스도인들에게만 적용해야 한다는 사람들과 이방인 그리스도인들에까지 적용해야 한다는 사람들이 있었다. 에비온주의자들은 후자에 속하는 사람들이었다. 그들은 피의 희생을 제외하고 할례와 모세의 의식법(儀式法) 준수가 구원에 필수적이라고 주장하였다. 이들에게 예수는 인간이었으나 보통 인간보다는 특수하게 영적으로 우월하여 시대적 통찰력이 뛰어난 예언자였다.[16] 예수는 구약 예언자와 같이 하나님의 부르심을 받았으나 보다 특별한 하나님의 영과 은총을 받은 인간이다.

에비온주의자들은 예수 그리스도의 동정녀 탄생과 신성을 부인한다. 예수는 과거의 예언자들과 같이한 인간이며 요셉과 마리아의 아들이다. 그가 세례를 받을 때 '그리스도'가 비둘기의 모양으로 그에게 임했지만, 메시아가 고난을 받는다는 것은 생각할 수가 없기 때문에 그가 십자가형을 받기 전에 그리스도는 그로부터 떠났다고 생각한다. 에비온주의는 선재한 로고스의 성육신으로서 그리스도의 신성을 부인하였다. 그들에 의하면 장차 올 세상을 통치할 '선의 원리'와 현세를 다스리는 '악의 원리'가 있는데, 예수는 '선의 원리'의 성육신이다. 예수는 하나님의 뜻을 전하도록 선택 받은 인간이다. 그는 율법을 완성시켰으며, 장차 메시아 왕국을 건설하기 위해서 다시 오실 인간이다. 예수는 제2의 모세요 율법의 완성자다.

이와 같은 에비온주의는 왜 교회로부터 이단으로 배척을 받았는가? 예수의 정체성에 대한 에비온주의와 같은 해석은 인간 예수의 고난의 삶과 십자가에서의 고통을 강조하는 장점은 있으나 부활한 그리스도의 관점에서 메시아적 범주로 그리스도를 기술하고 표현하기가 어렵다는 약점이 있다. 다시 말하면 신적 그리스도의 정체성이 부인되고 있다는 것이다. 중풍병 환자를 고치는 이야기를 보자(막 2:1-12). 예수가 가버나움에 있을 때 한 중풍병 환자를 네 사람이 데리고 왔으나 예수에게 접근할 수가 없어 지붕을 걷어내고 그를 치료받게 한다. 이 행동을 목격한 사람들은 예수를 병 고치는 자로 해석한다. 이것은 그들의 전통과 친숙함에 따라 자연스러운 해석이다. 그래서 예수는 하나님의 특별한 능력을 받고 새롭게 나타난 치유의 예언자로 볼 수 있었다. 그런데 마가복음 기자는 이 전통적인 기존의 모델을 거부한다. 예수는 그 중풍병자에게 "이 사람아! 네 죄가 용서받았다"라고 한다. 그러자 이를 보고 있던 율법학자들이 "하나님밖에 죄를 용서할 수 없는데 어찌하여 인간인 예수가 이런 말을 하는가? 이것은 신성모독이다"(막 2:5-7)라고 한다. 이것은 유대인의 입장에서는 너무나 당연한 반응이다. 그들은 하나님만이 할 수 있는 하나님의 특권에 인간 예수가 개입했다고 본 것이다. 이에 대해서 예수가 반응한다. "사람의 아들이 땅에서 죄를 용서하는 권세를 가지고 있음을 너희에게 알려주겠다"(막 2:10). 그러고 나서 중풍병자를 치유해 주었다. 중풍병자가 일어나 걸어 나가는 것을 보고 모든 사람이 하나님을 찬양하고 "이런 일을 전혀 본 일이 없다"(막 2:12)고 하였다. 복음서 기자에 의하면 이 사건이 있고 나서 예수는 세리와 죄인들과 함께 음식을 먹는다. 이것을 비판하는 율법학자들에게 예수는 당신이 온 목적을 언급한 후에 "새 포도주를 낡은 가죽 부대에 담는 사람이 없다"(막 2:22)는 매우 의미 깊은 말씀을 한다.

복음서 기자들은 이 일련의 사건 이야기를 통해서 예수는 인간이면서도 그의 행위는 유대교의 사고방식으로는 파악할 수 없는 하나님의 새로운 역사 개입이라는 신학적 해석을 하고 있는 것이다. 에비온주의의 문제는 전통적인 유대교의 신학적 패러다임의 틀에서 예수를 해석했다는 점이다. 즉, 그들은 새 포도주를 낡은 가죽 부대에 담으려고 했던 것이다. 그리하여 에비온주의는 예수의 신성을 부인하고 인성만을 인정하게 되었다.[17]

이와 같은 에비온주의에 대한 이단성 논란이 135년경 이미 있었다. 그 가장 중요한 내용은 에비온주의가 그리스도교를 유대교적 관점에서 인식하려는 것이었다. 즉, 그리스도교를 유대교의 종파의 하나로, 새로운 형태의 유대교로 인식하려는 것이었다. 반면에 당시 그리스도교는 그 뿌리가 유대교에 있다는 것을 인정하면서도,[18] 유대교의 세계관을 뛰어넘는 새로운 보편주의, 세계적이고 우주적인 세계관을 강조하였다. 제롬(Jerome, c. 342~420)은 "에비온주의자들이 유대교인뿐만 아니라 그리스도교인도 되기를 원하지만 실은 유대교인도 그리스도교인도 아니다"라고 비판했다.[19] 에비온주의는 5세기경에 그리스도교 역사에서 그 자취를 감추었다.[20]

그러나 유감스러운 것은 에비온주의에 대한 우리의 지식은 그것을 비판하고 반대한 이레니우스(Irenaeus, c. 130~200)의 저술을 통한 간접적인 지식이라는 점이다. 이것은 에비온주의의 경우만이 아니다. 대부분의 초기 그리스도교 역사에서 이단에 관한 지식은 거의 그것을 비판한 교회 저술가들의 글에 남아 있는 것을 통한 간접 지식이다.

2. 가현설

가현설(假現說)의 영어 표기 '도세티즘'(Docetism)은 헬라어 '도케인'(dokein, dokeō)에서 유래한 것으로 그 문자적 의미는 '~같이 보인다', '~인 듯하다', '상상하다' 등이다. 이 말은 3세기 초 안디옥의 감독 세라피온(Serapion, d. 211)의 서신에 처음으로 등장한다. 그는 서신에서 외경 베드로 복음서를 읽지 말라고 하면서 그 이유로 그 복음서가 "마르시온 이전에 있었던, 우리가 가현론자'(dokeetai 또는 dokitai)라고 부르는 자들의 계승자들"에 의해서 그릇 전해진 것을 내포하고 있기 때문이라고 한다.[21] '도케타이'라는 말이 그 이후 알렉산드리아의 클레멘트(c. 150~215)와 히폴리투스(170~236) 등의 글 중 "마르시온과 발렌티누스 그리고 마니(Manes)와 그 외에 가현론자들"이라는 말에 나타난다. 그러나 가현론적 경향은 이 저작들 훨씬 전부터 있었다.

가현설은 초기 그리스도교의 낮은 그리스도 이해의 한 사상 경향인데, 요한문서(요일 4:1-3; 요이 1:7)에 그 초기 형태가 나타난다.[22] 그러나 가현설이 더욱 발전한 것은 영지주의의 중요한 교리적 입장 때문이다. 영지주의는 한마디로 요약하면 물질은 악하고 영은 선하다는 이원론적 사상 체계에다가 구원은 비의적 지식(祕儀的 知識), 즉 영지(gnosis)

를 통해서만 얻을 수 있다는 사상이다. 따라서 가현설에 의하면 예수 그리스도는 실제 물질적인 몸과 인간성을 갖고 있는 것이 아니라 단지 몸을 가진 것 같이 보일 뿐이며 인간의 환영(phantasm)일 뿐이라는 것이다. 알렉산드리아의 클레멘트의 글에 의하면 영지주의자 발렌티누스(Valentinus)는 나사렛 예수가 소변을 누거나 대변을 보는 행위는 품위를 떨어뜨리는 인간적인 모습이기 때문에 그에게 적용할 수도 없고 상상할 수도 없다고 하며, 예수는 "배설을 억제할 수" 있었기에 "그는 고체를 배설하지 않고도 특별한 방식으로 먹고 마실 수 있었다" 고 한다.[23] 이레니우스는 당시 떠돌고 있는 이야기를 소개한다. 즉, 예수 그리스도는 "고난을 받지 않았다. 오히려 구레네 시몬이라는 사람이 그를 대신해 그의 십자가를 지도록 강요를 받았고, 뜻밖에 우발적으로 십자가에서 죽었으며, 예수에 의해 변형되어 사람들이 예수로 착각했던 것이다."[24]

그러므로 가현설은 그리스도 해석에 있어서 에비온주의와 정반대의 입장을 가지고 있다. 주로 헬레니스틱 그리스도인들이 주장했던 가현설은 예수 그리스도의 인간적인 삶을 부인하면서 그리스도의 신성만을 인정한다. 이 땅에서의 그리스도는 단지 사람의 모양으로 보였을 뿐 실제로는 완전한 사람의 몸(real body)을 가진 것이 아니라는 것이다. 예수 그리스도의 일상적인 삶은 모두 그렇게 보였을 뿐(dokein) 사실적인 것이 아니라고 한다. 가현설에 의하면 선한 신적인 존재(그리스도)가 악한 물질인 육신을 가진 존재(인간)가 될 수 없다는 것이다. 헬라 철학적 이원론에 의하면 인간의 신격화(神格化)는 가능하나 신의 인간화(人間化)는 불가능하다. 이 사상 체계에서 절대적으로 완전하고 선한 신이 물질적이며 악하고 죄가 있는 인간이 된다는 것은 생각할 수가 없었다. 가현설의 입장에서는 그리스도의 고난과 십자가에서의 죽음까지도 비현실적인 하나의 가상이고 환상이 된다. 그렇다면 그리스도의 십자가 죽음을 통한 구원관이 그 자리를 잃게 된다.

가현설을 비판하고 반대하는 글들이 신약성서에 이미 나타나 있다. 사도 바울은 "그리스도가 여인에게서 낳고 율법 아래 있"(갈 4:4)고 "육신으로는 다윗의 후손"(롬 1:3; 9:5)이라고 했고, 요한문서는 "그리스도께서 육신을 입고 오셨음을 고백하지 않는 자를 적 그리스도"(요이 1:7)라고 했다. 사도 교부 이그나티우스는 "외관상으로 수난을 당한 것이다"(to dokein pepon-thenai auton)라고 말하는 사람들을 공격하면서 "그는 정말로 또 참으로 다시 살아나신 것처럼 정말로 또 참으로 고난을 받으셨다. 그의 수난은 결코 가상적인 환영이 아니었다"고 하였다.[25] 그리스도는 정말로 죽었고 살아났다는 것이다. 그의 『서머나서』 첫 부분은 가현론을 반대하는 논쟁에 집중되어 있다.[26] 그는 그리스도가 '무시간적'(achronos)이고 '불가시적'(aoratos)이라고 말하면서도 그리스도는 우리를 위하여 '가시적'이 되었고 우리 때문에 아픔을 느끼지 않는 분이 고난의 주체가 되었다고 한다.[27] 그는 그리스도는 "육체적이며 영적이고, 출생했고 출생하지 않았으며(gennētos kai agennētos), 인간이 된 하나님, 죽음에서 참 생명, 마리아에게서 낳고 하나님에게서 낳다⋯"라고 한다.[28] 폴리캅은 십자가의 증거를 고백하지 않는 자, 부활과 심판을 부인하는 자는 누구나 사탄의 장자라고 하면서 요한일서 4장 1-3절을 인용하였다. 그는 가현설의 주장을 "많은 사람의 어리석음"이라고 기술한다.[29] 저스틴 마터는 "예수를 말로만 고백하고 예배하지 않는" 다른 영지주의자들 속에 마르시온파들을 포함시키면서 그리스도의 현실적인 인간성을 주장하였다.[30] 제롬은 사도들이 아직 생존해 있고 그리스도의 피가 아직 유대에서 마르지 않았는데 주의 몸이 단지 환영이라는 주장이 유행하고 있다고 썼다.[31]

그러나 가현설에 대한 이 모든 비판은 가현설 자체보다는 영지주의 이원론에 대한 비판에 포함된 것이다. 헬라 철학적 이원론의 입장에서 예수 그리스도에 접근하면 가현설에 빠지게 된다. 가현설은 명확한 체계라고 하기보다는 경향이었다. 이들은 어떤 종파를 조직하지 않았다. 그래서 알리스터 맥그라트는 초기 그리스도교가 이해했던 가현설에 대해 노버트 브록스(Norbert Brox)의 말을 인용한다. "예수는 겉으로 보였던 모습과는 다른 인물이었다."[32] 그럼에도 불구하고 우리는 두 유형의 가현설을 확인할 수 있었다. "첫 번째 유형은 그리스도의 성육신과 관련되어 한 인격에 신성과 인성이 공존할 수 없기 때문에 그리스도는 온전한 인간일 수 없다는 유형이고, 다른 하나는 그리스도의 십자가와 관련되어 그리스도가 설사 진정한 인간이었다 하더라도 십자가에서 정말로 고난을 받지 않았다는 유형이다."[33]

3. 영지주의(Gnosticism)

'영지주의'(靈知主義)의 어원이 되는 헬라어 '그노시스'(gnosis)는 세 가지 의미로 쓰였다. 첫째는 일반적인 지식, 둘째는 신비적 합일에서 얻는 지식 그리고 셋째는 부부간의 성적 결합에서 얻는 지식이다.[34] 이 세 의미 중에서 영지주의의 영지에 가장 접근된 것은 둘째 의미이다. 영지주의에서 말하는 '영지'는 과학적 지식이나 이지적 지식(理智的 知識)이 아니라 신적 계시와 신비적 참여에 의해서 얻어지는 초자연적 지식(supernatural knowledge) 또는 신비적 조명(illumination)을 의미한다. 그래서 영지주의자들은 이 지식을 얻게 되면 가장 계몽된 인간이 되며 자아의 정체를 알게 되어 결국 신과 합일에 도달하여 구원을 얻는다고 한다. 한 영지주의 저술가는 영지를 설명하기를 "우리를 (죄에서) 해방시키는 것은 세례가 아니라 영지다. 영지는 우리가 누구인지, 우리가 어떤 존재가 되었는지, 우리의 근원은 어디이며 어디로 가는지, 속죄는 어디서부터 오며 중생은 무엇인지 등의 질문에 대한 지식이다"라고 하였다.[35] 이와 같은 영지 개념은 계시 개념과 매우 유사하다.

영지주의에 대한 우리의 지식은 저스틴, 이레니우스, 터툴리안, 히폴리투스 등 주로 반(反)영지주의 교부들의 글을 통해서 얻어진 것이다.[36] 그러므로 우리의 인식에는 어느 정도 한계가 있을 수밖에 없다. 이 한계를 전제로 철학적이며 종교적인 영지주의의 특징적 성격을 몇 가지로 종합하여 설명하려고 한다. 영지주의의 시작은 그리스도교보다 여러 해 앞서 있다.

첫째, 영지주의는 매우 복잡하고 다양한 사상 및 신앙 체계를 가지고 있어서 설명하기가 매우 어렵다. 반(反)영지주의자 이레니우스에 의하면 "영지는 정적(靜的)인 개념이 아니기 때문에 한마디로 설명할 수 있는 말이 아니다. 그러므로 이 신비적 교리를 가르치는 교사의 수만큼 '속죄의 교리'가 있으며" 또한 그들은 "어떤 문제에 대해서 그들 자신도 의견의 일치를 보지 못하고 용어의 개념, 교설의 내용에 있어서 제각기 서로 다른 주장들을 한다".[37] 영지주의는 윤리적 실천에 있어서는 금욕주의적인 입장을 갖고 있으면서도 반(反)율법주의적이고 자유의지론적이며, 의식(儀式)에 있어서는 신비주의적인 종교 의식으로부터 유대교, 그리스도교적 의식의 요소를 두루 가지고 있고,

사상에 있어서는 형이상학적 철학에서부터 신비적 내지 마술적 주문(magic formula)까지 다양한 내용을 포함하고 있다.

이렇게 매우 다양한 사상적 체계와 의식적 형식을 가진 신념을 영지주의라는 이름으로 묶을 수 있는 것은 공통되는 기본적 전제가 있기 때문이다. 그것은 하나님은 선하고 물질적인 세계는 악하다는 이원론적 사고 때문에 하나님은 그 세계를 창조할 수 없다는 것이다. 그리고 그 사상 체계와 신념을 주장하는 사람들이 스스로를 '영지주의자'라고 불렀다. 나세네파(Nassenes)는 그들 자신만이 '거룩한 길의 비밀'을 알고 있다고 했고, 그리스도교 영지주의자 발렌티누스(Valentinus)파는 '하나님의 심오한 일', 즉 '하나님에 관한 완전한 지식'을 소유하고 있다고 하였다.[38] 사상 체계, 신념의 다양성은 다른 말로 하면 모호하다는 의미도 내포하게 되는데, 그럼에도 불구하고 영지주의는 초대 그리스도교 사상 형성에 큰 영향을 끼쳤으며 한때 절정기를 맞이하기도 했다. 그것은 당시 종교적인 정서와 무관하지 않을 것이다. 불안과 고난의 시대에 사람들은 어느 하나의 단순한 사상 체계나 종교적 신념보다는 다양한 종교적 신념과 의식이 혼합되어 있는 신앙 체계에 의지하려고 한다.

둘째, 영지주의는 혼합주의(syncretism)다. 그리스도교 이전 영지주의는 헬라 철학, 유대교, 동방 신비주의 등에서 그 영감을 끌어왔다. 영지주의의 문헌은 주전 100년에서 주후 200년 사이에 발전하였다. 영지주의자들은 플라톤의 이데아 교리를 표절하여 보다 낮은 단계의 모든 것, 즉 물질세계는 복사판이고 불완전하며 완전한 것은 하나님 마음에 있는 천상적이며 비물질적인 이데아라고 가르쳤다. 이데아는 영지주의에서 에이온(aeons)과 같은 개념이기도 하다. 헬라어 에이온

(aiōn)은 히브리어 성서의 올람(olam)의 번역이다. 그 뜻은 시작도 끝도 없는 무한히 계속되는 시간, 즉 영원을 의미한다. 영지주의에서의 이 말은 헬라인의 신비와 프리지아의 제의(Phrygian cult)에서 유래했다고 볼 수 있다. 달리 말하면 영지주의는 플라톤의 이데아론과 헬라 신화의 영향을 받아 이 낱말을 불가시적인 정신세계인 플레로마(plēro-ma)를 형성하는 것으로 이해하였다. 헬라어에서 플레로마는 일반적으로 신적 능력의 총체를 말한다. 그 말은 '채우다', '완전하게 하다', '충만하다', '완성하다'라는 뜻이다(골 1:19; 엡 1:23; 롬 13:10).

세계 창조가 최고의 신이 아니라 중간 위치에 있는 신인 데미우르지(Demiurge)라고 하는 플라톤의 주장, 오르페우스교(Orphism)[39]와 같이 이원론적인 헬라 사상이 영지주의에 영향을 끼쳤다. 영지주의에 영향을 끼친 동방의 신비주의는 부분적으로는 유대교적 원천에서 왔다. 태고 이래 유럽의 밀의종교(密儀宗敎) 또는 점성술에 매우 큰 영향을 주었던 유대교의 중세 신비 철학인 캅발라(Cabbala)[40]는 영지주의 철학에 강한 영향을 끼쳤는데, 그 신비적이고 비교적(祕敎的) 가르침은 쓰여진 문자에 얽매이지 않고 초신자들에게 지식을 전달하고, 강한 영지주의적 성향을 가진 영적 지도자가 말로 전한 경전(經典)에 대한 은유적 해석에 근거하였다. 우주는 영적이며, 하나님은 순수 영이라고 한다. 1946년 이집트 나그 함마디(Nag Hammadi)에서 발견된 일정한 콥틱 문서들은 유대교 안에 영지주의적 흐름이 있었음을 보여준다.

영지주의는 그리스도교 이전에 이교에서 일어난 종교적 융합 과정에서 생겨난 것이다. 이것이 2세기경에 와서 절정에 이르렀다. 영지주의를 통하여 지금까지 고립되고 이질적이었던 종교, 철학, 문화의 요소들이 하나로 혼합되었고, 이것이 종교, 철학, 동양적 의식의 혼합주의 경향을 나타냈던 당시의 지배적인 풍토에서 적극적인 지지를 받게 되었다. 영지주의라는 도가니 속에는 바벨로니아의 점성술, 페르시아의 이원론, 동양의 신비주의적 종교, 시리아의 종교 이념, 필로의 유대주의 그리고 심지어는 그리스도교의 교리까지 2세기에 통용되고 있었던 모든 이론이 혼합되었다.

영지주의의 시작이 그리스도교 이전이라 할지라도 영지주의는 초기에 그리스도교와 연결되어 있었다. 세례 요한의 제자이며 예수와 동시대 사람인 도시테우스(Dositheus)는 사마리아 사람이었고, 팔레스타인에 영지주의를 세운 다섯 명 중 한 사람이었다.[41] 그는 시몬 마구스(행 8:9)의 스승으로 그를 발분(發憤)케 한 사람이다. 시몬 마구스는 빌립이 사마리아에서 만난 마술사였고, 사마리아 사람들에 의해서 "하나님의 위대한 능력의 소유자"로 알려졌다(행 8:10). 사마리아 지역은 여러 종족이 혼합되어 있었기 때문에 초기 영지주의의 중심이었고, 시몬은 이 운동의 역사적 인물이었던 것 같다.[42] 이것은 유대교인으로 남아 있든 그리스도인이 되었든 간에 사마리아인들의 비(非)정통 유대교는 쉽게 영지주의에 이끌렸음을 보여준다. 시몬은 예수를 믿게 되었으나 교부들은 그를 이단(영지주의)의 아버지라고 했다. 그는 영지주의 요소를 그리스도교와 결합시킨 첫 사람이다. 그는 영지주의 저서『위대한 계시』의 저자로 알려져 있다. 그는 사마리아인의 메시아일 뿐만 아니라 지고(至高)의 하나님이라고 주장하기에 이르렀다. 교리사가 제베르크는 시몬에 대해서 다음과 같은 평을 했다.

그리스도의 성공을 본 시몬은 그와 필적하기 위해 노력했다. 그러나 이 것에 대한 어떤 증거도 찾아볼 수 없다. 그리스도의 승리를 방해할 수도 없었고 거역할 수도 없었겠지만, 노력은 했을 것이다. 그리스도는 동방이나 서방에서 거의 불가항력적이었지만, 동방의 고대 지혜에 대한 신앙 역시 신적 계시를 가진 존재에 대한 알 수 없는 의문들을 해결할 정도로 강한 점을 가지고 있었다. 그래서 이 옛 동방 혼합주의는 그리스도를 위해서 봉사했다.[43]

그의 제자 중 하나인 메난더(Menander)는 영지주의가 신학적이면서 신-플라톤학파에서 말하는 마법적이어야 하기 때문에 마술을 실행했다. 그는 안디옥에서 자기를 따르는 자들은 죽지 않는다고 설교하였으며, 영지주의자의 계승에 있어서 연결고리로서 중요한 존재였다. 바실리데스(Basilides)는 메난더의 제자다. 그는 묵시적 사상으로 충만한 시몬 마구스의 교설의 많은 양을 종합한 영지주의자이다. 그는 십자가에서 죽은 것은 예수가 아니라 강제로 십자가를 지고 갔던 구레네 시몬이 예수의 형상으로 변형되어 죽었다고 한다. 이것은 가현설의 경향을 보이는 것이다. 메난더의 다른 제자인 사투르니누스(Saturninus)는 100~150년 사이 안디옥에서 활동하였는데, 빛의 사람과 그렇지 않은 사람들을 구별한 첫 영지주의자였다.[44]

이렇듯 영지주의는 여러 다른 중심지에서 오랜 과정을 거치면서 다양한 체계와 신앙이 혼합된 결과로 생긴 것이라고 할 것이다. 따라서 영지주의는 철학적 종교적 전통들을 하나로 묶어 반(半)철학적이고 반(半)종교적인 특성을 지닌 하나의 사상 체계라고 할 것이다. 헤이크가 지적한 대로 "혼합주의의 경향이 지배적인 당시의 풍조와 신화와 철학을 혼합시키고 동양적인 종교, 체계, 의식 등을 동화하려고 하는 당시의 전반적인 흐름에 의해서 영지주의는 단연 지지를 얻게 되었다."[45]

셋째, 영지주의는 빛과 어두움, 영과 물질이라는 형이상학적 이원론에 기초하고 있다. 이 체계에서 선한 하나님이 지배하는 영(pneuma)의 세계와 악한 원리가 지배하는 물질의 세계는 격렬한 충돌을 하게 되는데, 이 충돌에서 영적인 요소의 일부가 물질세계에 갇히게 되어 그 결과로 세계와 인간, 죄와 고통이 시작되었다. 영지주의에 의하면 최고의 선한 하나님은 철저하게 영적이기 때문에 물질세계와 접촉이 불가능하며 물질세계를 창조하지도 않았다. 물질세계는 보다 낮은 신인 데미우르지에 의한 것이다. 이 신이 구약성서의 신이다. 그러므로 영지주의는 구약성서의 창조의 하나님과 신약성서의 구원의 하나님을 구별한다. 구약성서의 하나님이 율법의 하나님이라면 신약성서의 하나님은 그리스도에게서 계시된 사랑의 하나님이다. 창조의 하나님은 비록 절대적으로 악하지는 않지만 선하지도 않으며, 보다 낮고 대립적인 존재요, 사랑이 없고 외적인 정의로 지배하는 공의의 존재다.

영지주의의 체계가 매우 사변적이라고 하겠지만, 그 핵심적인 관념은 병든 세상에 구원의 길을 제시하는 데 있다.[46] 즉, 인간으로 하여금 물질의 세계에서 해방되어 영의 세계에 참여하게 하는 것이다. 영지주의에 의하면 인간의 육체와 혼(animal soul)은 물질세계에 속하지만, 영은 신적 본질의 한 부분이고, 그 영이 물질의 포로가 되었기 때문에 그 영을 육체의 감옥에서 해방시켜야 한다. 그런데 창조의 신 데미우르지는 이 구원의 계획을 수행할 능력이 없기 때문에 최고의 에이온(aeon)이 완전한 해방을 위해서 구속자로서 와야 했다. 이 구속자가 예수 그리스도다. 그가 지혜(Wisdom)요 '그노시스'다. 구원은 그노시스를 통해서 가능하다. 영지를 받은 자는 신과 연합하여 신적 본성의 완전한 실현을 기대하게 된다. 이 비교적(祕教的) 전통의 권위를 영지주의자들은 그리스도 자신에게서 찾았다. 그들은 그리스도가 제자들에게 준 비밀의 교시를 전수 받았다는 것이다. 영지주의의 구원의 이해가 '영지'에 의해서 물질(육체)에 갇혀 있는 영이 해방되는 것이라고 해서 모든 사람이 구원을 받는 것은 아니다. 영지주의는 인간을 세 계급으로 나눈다. 즉, '영적 인간'(pneumatikoi), '혼의 인간'(psychikoi) 그리고 '육의 인간'(sarkikoi)이다. '영적 인간'은 참된 그리스도인 또는 영지주의자들로서 극소수의 사람들만이 해당되며 구원받을 계급이고, '혼의 인간'은 신앙은 있으나 그노시스를 갖지 못한 사람들로서 구원의 가능성이 있는 계급이고, '육의 인간'은 멸망 받을 계급이다.[47]

철저한 이원론에 근거한 영지주의의 그리스도론은 필연적으로 가현론에 빠지게 된다. 왜냐하면 육신은 물질이며, 물질은 악하기 때문에 그리스도는 육신을 가질 수가 없게 된다. 이것은 성육신론의 부정이다. 동시에 그리스도가 악한 육신을 가진 인간이라면 그는 구원자가 될 수가 없다. 왜냐하면 구원은 육체(물질)에 갇혀 있는 영을 해방시키는 것이기 때문이다.

그렇다면 이 세상에 나타난 예수 그리스도는 누구인가? 그는 육체에 갇혀 있는 영을 해방시키고 인간들로 하여금 세상의 영역을 초월하여 하나님에게까지 도달하여 빛의 세계에 들어가게 하기 위해서 예수라는 인간과 일시적으로 결합했다는 것이다. 이것을 피셔(G. P. Fisher)는 "신적인 것이 단지 인간성과 잠정적으로 병존(竝存)했다"고 표현하였다.[48] 영지주의는 이 결합이 예수가 십자가에서 처형되기 직전에 분리되었기 때문에 처형된 것은 그리스도가 아니라 인간 예수이며, 역사적 인격으로서의 그리스도는 존재하지 않는다고 한다.

마지막으로 영지주의는 인간의 영이 육체(물질)라는 감옥에 갇혀 있게 된 과정, 세계와 인간이 존재하게 된 과정을 매우 사변적이고 환상적인 체계로 설명한다. 그래서 매우 복잡하고 난해하다.

이 설명을 '에이온 유출설(流出說)'이라고 한다. 영지주의자 발렌티누스(Valentinus)에 의하면 30개의 에이온들이 신성으로부터 신적 계보에 따라 유출되는데, 이 에이온들이 지닌 신적 능력은 본래의 신적 근원으로부터 멀어질수록 약화된다. 최고의 하나님 또는 '원조'(元祖, Progenitor)는 '심연'(深淵, abyss)으로 알려진 최초의 에이온을 형성하였다. 이 '심연'에서 '침묵' 또는 '이데아'가 유출되었으며, 이 둘에서 '정신'(nous)과 '진리'가, 그다음으로 '이성'과 '생명'이 나왔고, 그다음으로 '인간'과 '교회' 그리고 10개의 다른 에이온들이 유출되었다. '인간'과 '교회'는 합하여 12개의 에이온들을 생산했는데, 그 마지막이 '지혜'(sophia)다. 이 '지혜'는 아버지의 본성을 알고 싶어 하는 욕망을 억제할 수가 없었다. 그러나 '누스'만이 아버지를 알고 계시하는 능력을 가지고 있다. 이 에이온들이 협력하여 영의 세계, 즉 물질세계의 원형을 포함하고 있는 플레로마(Pleroma)를 형성하여 신성을 충만케 하였다. 그러나 격정과 불안에 사로잡힌 결과로 플레로마에서 떨어져 나온 마지막 에이온이 물질세계를 존재하게 하였다. 세계를 창조한 데미어지는 타락한 에이온에서 나온 것이다. 그리스도와 성령은 최고의 에이온들 중의 하나에서 기원하였다. 그리스도의 임무는 타락한 에이온을 플레로마에게로 회복시키고 동시에 물질세계에 갇혀 있는 인간의 영혼을 해방시켜 영의 세계로 되돌아 가게 하는 것이다. 이것이 영지주의의 구원론의 기초다.[49]

이와 같은 영지주의는 초대 교부들에 의해서 이단이라는 강력한 비판을 받으면서 거부되었다. 초대 교부들은 영지주의를 교회를 파괴하는 위협적인 세력으로 생각했다. 그럼에도 불구하고 영지주의는 그리스도교에 적지 않은 영향을 끼쳤던 것이 분명하다. 그 이유가 무엇인가? 정신적 고갈 상태에 빠져 구원의 궁핍으로 죽어가는 당시 종교사회에 새로운 분위기의 강력한 촉진제가 되는 것으로 인식되었으며, 지적이고 개화된 사람들은 그리스도교의 비철학적인 사고와 십자가의 복음에 만족할 수가 없었고, 그동안의 이교의 정교하고 신비적인 종교 의식에 친숙한 사람들은 당시 새롭게 소개된 그리스도교의 예배 의식에서 아무런 감동을 느낄 수 없었기 때문이었다.[50]

영지주의에 대한 신학자들의 재미있는 평가가 있다. 하르낙은 "영지주의 체계는 구약성서를 거부하면서 그리스도교의 극단적인 헬라화를 나타낸다. … 요컨대 그들은 첫 세기(60~160) 신학자들로서 그리스도교를 교리적으로 체계화한 첫 사람들이다. … 그들은 그리스도교를 절대적 종교로서 나타내는 일을 하였다"고 한다.[51] 그러나 헤이크(O. W. Heick)는 하르낙의 평가가 영지주의자들에 대한 과대평가라고 비판한다. 헤이크에 의하면 하르낙이 그리스도교로부터 분리되기를 거부한 영지주의자들인 바실리데스파(Basilians)와 발렌티누스파(Valentinians)를 특별히 언급하고 있지만, 사실 이들은 그리스도인이 아니며, 그들의 주장도 그리스도교 신학이라고 할 수가 없다고 한다. 다만 신약성서의 저술, 교리론과 윤리학 등에 대한 비판적 저술의 선구자였을 뿐인데, 그러나 그들의 체계는 아무리 보아도 그리스도교 신학은 아니었다고 한다.[52] A. 니그런은 영지주의를 그리스도교의 가장 저속한 왜곡이라고 하면서, "여기서 에로스 동기(Eros motif)가 홍수로서 그리스도교를 물속에 가라앉히었다. 영지주의는 그리스도교를 종교적 혼합주의에 말려들게 하고, 헬레니스틱 동방 신비 종교로 변하게 하려는 불길한 시도"라고 하였다.[53] 니그런에 의하면 영지주의자들은 아가페 용어를 그 본래의 의미를 상실한 채 사용하고 있다는 것이다. 그들이 사용하는 아가페는 플라톤의 '천상적인 에로스'도 아니고 아주 저속한 에로스로 변형된 것이다. 즉, 그들이 사용하는 아가페 용어는 노골적인 관능적 격정을 의미한다(epithumia).[54] 이 에로스 동기가 영지주의를 완전히 지배하고 있다. 이교 작가들에 의해서 고발된 엄청난 근친상간 모략은 이단적 그리스도교 유형에 그 근거가 있다. 영지주의 체계에 있어서 "아가페는 엘로힘(하나님)의 타락이다."[55]

4. 마르시온(d. c. 160)의 개혁

1세기 말과 2세기 초 교회는 헬라 철학과 이스라엘의 율법이 예수 그리스도 안에서 성취되기를 희망하였다. 이와 같은 사상은 플라톤 철학을 토대로 하고 있으면서 헬라화한 유대인들의 중심지인 이집트의 알렉산드리아를 중심으로 확산되었다. 이들은 하나님의 뜻과 인간의 궁극적 삶의 표준과 목적을 나타내는 율법을 중요하게 생각하면서도 헬라 철학과 율법이 예수 그리스도 안에서 성취되기를 희망하였다. 더욱이 교회가 새 이스라엘이 되면서 그리스도교는 옛 계약과 근본적인 연속성이 생기게 되었다. 그러나 마르시온(Marsion)은 이에 반대하여 유대교와의 연결을 끊어야 한다고 주장하였다. 그의 근본적인 주장은 구약성서의 하나님과 신약성서의 하나님을 분리하는 것이다. 마르시온에 대한 고찰에서 첫째로 규명해야 할 것은 그를 영지주의자의 범주에 넣을 것인가 하는 문제다. 대부분의 초대 교부들은 그가 공의의 하나님과 자비의 하나님을 구별하는 이원론과 그리스도의 현실적인 성육신을 부정하는 그의 이론 체계 때문에 영지주의 이단자로 간주한다.

마르시온은 흑해 연안 폰투스(Pontus)에 있는 시노페(Sinope)에서 부도덕한 이유로 파문을 받았으나 선박 사업으로 부자가 된 감독의 아들로 태어났다. 140년경 로마에 온 마르시온은 지역 로마교회에 가입하고 상당한 액수의 헌금도 하였다. 그러나 수년이 지난 후 마르시온은 유대교와의 관계에 대하여 매우 급진적인 견해를 피력하기 시작했다. 그는 복음서에 나오는 "새 포도주를 낡은 가죽 부대에 담는 사람이 없다… 새 포도주는 새 가죽 부대에 담아야 한다"(막 2:22)는 말씀에 호소하면서 그리스도교는 유대교의 하나님, 신앙, 예배 의식 등과 아무 연속성의 관계도 맺지 말아야 하며 완전히 관계를 끊고 새롭게 출발해야 한다고 주장하였다. 그러나 그리스도인들은 아브라함과 이삭과 야곱의 하나님을 예배하고 있었다. 마르시온은 기존 교회를 설득했으나 받아들여지지 않자 추종자들과 함께 마르시온파를 조직하여 분리된 독자적 공동체를 조직하였다. 마르시온은 자신이 정통적 신앙의 수호자라고 생각했으며, 그 정통을 지키기 위해서는 참 신자들로 새로운 공동체를 구성해야 한다고 생각했다. 그는 정통 교회보다 더 순수한 그리스도교를 설교한다고 주장하였다. 순교자 저스틴은 마르시온에 대해서 다음과 같이 말하였다.

> 아직까지 살아 있는 폰투스 사람 마르시온은 자기를 따르는 자들에게 창조주보다 더 위대한 다른 신을 경배하라고 가르쳤다. 이 사람은… 이 우주를 만드신 하나님을 부인하고 그보다 더 위대한 다른 신이 더 위대한 일을 행했다고 고백하게 하는 등 신성모독적인 발언을 하게 했다.[56]

마르시온은 자기의 주장이 옳다고 확신했기 때문에 로마교회가 참 교회가 아니라고 생각한 것이다. 그러나 기존 로마교회는 마르시온과 입장을 달리하고 있었다. 그의 믿음이 잘못되었다고 생각한 것이다. 마르시온과 로마교회와의 관계에 대해서는 상반된 견해가 있다. 하나는 로마교회가 그를 이단으로 정죄해서 출교시켰다는 견해이고,[57] 다른 하나는 마르시온 자신이 로마교회를 떠났다는 견해다. 로마교회는 이전에 마르시온이 헌금한 돈을 되돌려주기는 하였으나,[58] 로마의 그리스도인들은 마르시온에게 특별히 나쁜 감정을 갖지 않았으며 단지 잘못된 신앙으로 온전한 그리스도인이 아니라고 판단하고 있었을 뿐이다. 마르시온이 로마교회가 그리스도교 정통성을 잃었다고 판단하고 스스로 로마교회를 떠나 자기 나름의 참된 그리스도교 종파를 설립하였다는 것이다. 터툴리안은 마르시온이 로마의 주교가 되고 싶어 하는 야망이 있었는데, 그것이 좌절되자 분노에 차서 기존 교회를 떠나 별도의 공동체를 만들어 교회를 분열시켰다고 한다.[59] 이레니우스는 마르시온이 케르도(Cerdo)[60]의 영향을 받아 율법과 예언자들이 선포한 하나님은 공의의 하나님이고, 우리 주 예수 그리스도에게서 나타난 하나님은 은혜의 하나님이요, 알려지지 않은 하나님이라고 했다고 한다.[61] 뿐만 아니라 이레니우스는 마르시온이 "사탄의 장자"라고 하였다.[62]

　　반(反)영지주의 교부들은 마르시온을 영지주의자의 범주에 넣고 비판하였다. 그러나 마르시온의 견해는 영지주의의 일반적인 체계 속에 있다 해도 영지주의자들과는 다른 측면이 있다. 마르시온에게서 볼 수 있는 중요한 특징은 영지주의 사색에 얽매이지 않았다는 점이다. 즉, 그는 정통 영지주의자가 아니었다. 그는 일반 영지주의자들과는 달리 영지(gnosis)의 필요를 주장하지 않았고 자기 나름의 입장에서 성서로부터 사상적 근거를 찾았다. 그리고 다른 하나는 마르시온은 자기의 주장을 지지하는 사람들을 중심으로 독자적인 공동체인 종파를 조직하였다는 점이다. 하르낙은 마르시온을 엄격한 의미에서 영지주의자의 범주에 넣을 수가 없다고 한다. 하르낙은 그리스도교는 유대교와의 관계를 완전히 끊고 새롭게 출발해야 한다고 주장했던 마르시온의 복권 운동을 일으켜 독일에서 논란이 있었다. 하르낙에 의하면 마르시온은 그의 사상 체계를 단순히 사변적이고 변증적인 관심에 의해서가 아니라 구원론적 관점에 의해서 형성했으며, 그러므로 그는 구원은 영지(gnosis)를 통해서가 아니라 신앙(pistis)을 통해서 가능하다고 강조했다. 또한 그는 자기의 사상을 설명함에 있어서 셈족의 종교적 지혜나 헬라 종교 철학의 방법에 의존하지 않았다. 마르시온은 구약성서를 문자적으로 해석했고 모든 은유적 해석을 거부했다. 그는 헬라 철학에 의한 복음의 변형을 피하였다. 현존하는 그의 진술 속에서 철학적인 형식을 찾을 수가 없다. 그는 변증적 또는 합리적인 것에는 관심이 없었다. 마르시온은 특수층만 이해가 가능한 종교의 '비교적 형식'(祕敎的 形式)과 누구나 이해가 가능한 '현교적 형식'(顯敎的 形式)을 결코 구별하지 않았다. 그는 사변적 교리를 지닌 신비주의적 종파를 조직하지 않고 그리스도교를 개혁하려고 노력하였다. 마르시온은 바울과 같이 계율과 의식적(儀式的) 법의 종교적 가치는 한결같은 사랑의 법의 종교적 가치와 매우 다르다고 생각하였다.[63]

니그린은 초대교회가 모든 이단의 원형이라고 여겼던 마르시온를 바울과 어거스틴 사이에서 가장 아가페 동기(agape motif)를 부활시킨 사람으로 서술한다. 아가페 동기는 사도 후기 시대에 이면(裏面)으로 밀어젖혀 있다가 영지주의자들에게 있어서는 에로스(Eros)로 대치되었다. 마르시온의 사상을 여는 첫 용어는 '반정립'(antithessis)이다. 그리스도교를 절대적 '새로움'(newness)으로 인식하는 마르시온의 사상은 우리를 창조한 하나님과 그리스도 안에서 우리의 구원을 실행한 하나님을 대조시키는 그의 기본적 이념과 연관되어 있다. 마르시온에 의하면 창조주(the Creator), 곧 율법의 하나님은 계명과 의식법(儀式法) 아래 사람들을 포로로 잡아 두는 반면에 최고의 하나님은 인간의 고통에 대하여 동일체적 동정에 사로잡혀 그를 구원하기 위하여 그리스도 안에서 스스로 이 땅에 내려오시는 하나님이다. 마르시온은 물질적이고 가시적인 세계는 악한 것이라고 확신했기 때문에 그 창조주 역시 악하거나 무지하다고 결론을 지었다. 그러나 그는 영지주의자들과는 달리 일련의 영적 존재들을 가정하지 않고 예수의 아버지이신 하나님은 구약의 하나님인 '여호와'라고 하는 신(a god)과는 다른 존재라고 하였다. 그에 의하면 이 '여호와'라는 신이 이 세계를 창조하였다. 성부의 본래 목적은 영적 세계만을 창조하는 것이었다. 그러나 여호와가 악한 동기로 이 세계를 만들고 그 속에 인류를 배치했다. 마르시온에 의하면 구약은 이 여호와라는 신에 의해서 영감 받은 산물이다. 이것이 그가 구약성서를 배제하는 이유다. 여호와라는 신은 모든 인류 가운데서 특정한 민족을 선택하는 독선적인 신이다. 그는 독선적 정의의 하나님이다. 반면에 예수의 아버지 하나님은 지고지존(至高至尊)의 하나님으로 모든 것을 값없이 주시며 여호와의 피조물들인 우리를 구원하시고자 그의 아들까지 이 세계에 보내신 하나님이다. 그는 철저히 사랑의 존재다.[64]

마르시온은 이 최고의 하나님, 곧 예수 그리스도의 아버지는 창조와는 아무 관계가 없으며 우리에게 전적으로 '낯선 자'(stranger)라고 한다. 이 낯선 하나님의 아가페는 역설이다. 왜냐하면 그 사랑은 창조하지도 않았고 낯선 사람들을 사랑하되 그 사랑이 철저하게 '무동기적'이기 때문이다. 여기서 창조와 구원 사이의 모든 연관이 부정된다. 마르시온은 "우리가 아직 죄인이었을 때에… 하나님은 우리에 대한 자기의 사랑을 실증하셨다"(롬 5:8)는 바울의 사상을 회상시킨다. 마르시온은 사랑의 두 종류, 아가페와 에로스가 서로 다르다는 것을 분명히 알았다. 전자는 자유롭게 주려는 사랑인 반면에 후자는 소유하려는 욕망의 사랑이다. 아가페는 에피투미아(epithumia), 즉 욕망과 무관하며 하나님의 자비와 은사의 하나님의 의지에서 오는 것이다. 마르시온에게 최고의 하나님의 특성은 그의 무동기적 선, 터툴리안의 용어를 쓰면 '한계를 넘은 선'(ultra bonus)이다.[65] 이 사상과 연결해서 하나님의 구원은 무동기적 선이라고 할 수 있다. 그 구원은 하나님에게 본래적으로 낯선 사람에게 임하는 것이기 때문이다. 터툴리안은 마르시온의 아가페 유형을 비판하면서 쓰기를 "만일 그리스도가 창조주의 아들이라면 그가 그의 피조물을 사랑했다는 것은 정당하다. 만일 그가 다른 하나님으로부터 왔다면, 그가 다른 하나님에게 속한 존재를 구원했으므로 그의 사랑은 지나치게 과도했다."[66] 그러나 이 비판은 노모스 동기(nomos motif)나 에로스 동기(eros motif)의 관점에서 마르시온을 비판한 것이다. 우리가 마르시온에게서 발견하는 것과 같은 살아있고 분명한 아가페 이념은 노모스 동기(nomos motif)와 에로스 동기에 대한 반동이었다.[67]

그렇다면 노모스 동기와 에로스 동기에 대한 반작용을 살펴보자. 마르시온의 사상 중 가장 돌출적인 것은 구약성서에 대한 그의 격렬한 거부다. 이것은 그의 아가페 유형론과 그리스도를 통한 절대적 '새로움'에 대한 그의 확신과 밀접하게 연관되어 있다. 이 선상에서 그는 그리스도의 복음이 구약성서 계시의 연속이며 단순히 새 단계라고 보는 2세기 교회의 공통적 견해에 동의할 수 없었으며, 만일 그 견해에 동의한다면 그리스도의 사랑의 복음의 '새로움'을 과소평가하고 위태롭게 하는 것이라고 생각하였다. 마르시온은 "새 술은 새 부대에 넣어야 한다"(눅 5:38)는 예수의 말씀에 근거하여 그리스도인의 사랑을 노모스의 구조에 조화시키려는 모든 시도를 강하게 거부하였다.[68]

마르시온은 구약성서의 은유적 해석을 반대하고 문자적 해석을 주장했다. 은유적 해석은 헬레니스틱 유대주의에서 발전했고 영지주의에서 계승되었으나, 마르시온은 그것이 아가페와 에로스 그리고 노모스의 구별을 모호하게 하여 그리스도 복음의 전적인 '새로움'을 어둡게 한다고 한다. 마르시온은 구약성서에서 그리스도교의 정신과는 전혀 다른 정신을 발견한다. 즉, 아가페의 정신이 아니라 노모스의 정신이다. 그리스도의 메시지는 사전에 어떤 동기나 계산된 것도 없이 낯선 사람에게 최고의 하나님이 보이는 자발적인 사랑과 자비로 특징된다. 반면에 구약성서에서 인간과 하나님의 관계는 응보, 보상, 징벌 사상에 의한 관계다. 그리스도를 통한 계시 이전의 모든 사람에게 최고의 하나님은 '알려지지 않은 하나님'(Unknown God)이었고, 그들에게는 이 세상의 창조주 하나님만이 알려졌었다. 그러나 그리스도를 통하여 최고의 하나님의 메시지가 있은 후에는 모든 옛것은 지나갔으며 그것들과 우리의 관계는 '등위'(等位)의 관계가 아니라 '대립'(對立)의 관계다. 이것이 마르시온 사상의 키 워드인 '반정립'이다. 구약성서의 하나님은 '의로운 하나님'(ho dikaios theos)이요 '율법의 하나님'인데 반하여 신약성서의 하나님은 '선한 하나님'(ho agthos theos)이요 '사랑의 하나님'이다. 율법의 하나님이 지배하는 율법의 시대는 돌이킬 수 없이 지나갔고 사랑의 하나님이 지배하는 복음의 시대가 도래한 것이다. "눈은 눈으로, 이는 이로"(레 24:20)라는 윤리의 시대는 지나갔고 사랑의 원리만이 유효한 그리스도교의 시대가 온 것이다.[69]

구약성서의 하나님을 율법의 하나님으로, 신약의 하나님을 사랑의 하나님으로 규정하면서 노모스 동기와 아가페 동기로 대립시킨 마르시온은 영지주의의 근본적인 종교적 동기인 에로스 동기에 대해서도 강한 반대의 입장을 취한다. 영지주의자의 구원의 교리는 두 관념을 포함한다. (1) 하나님은 알려지지 않는다. 우리의 세계와 직접적인 연결이 안 되는 하나님이다. (2) 그럼에도 불구하고 그는 우리에게 '낯선 자'가 아니고 우리도 그에게 낯선 자가 아니다. 신의 본질이 우리 안에 내주한다. 그러나 마르시온의 입장은 (1) 하나님은 알려지지 않는다. (2) 그리고 우리에게 절대적으로 낯선 자라는 입장이다. 전자의 입장에 서 있는 영지주의자의 구원의 교리는 그리스도는 전적으로 '낯선 자'들에게 온 것이 아니고 '그의 사람'(His own)에게 온 것이다. 이때 계시는 실제로 아무것도 새로운 것이 없고 우리 안에 이미 잠재적으로 있는 것을 활성화하는 데 도움을 준다. 그리고 우리 안에 있는 신적인 것이 생명으로 일깨워 준다. 그러나 마르시온에게 있어서는 전혀 다르다. 계시의 기능은 단순히 선잠을 자는 자의 힘과 가능성을 일깨우는 것이 아니라 정말 전혀 새롭게 하는 것이다. 만일 영지주의자들의 구원의 교리가 자력 구원과 하나님으로부터 오는 구원의 결합이라면, 마르시온의 구원 교리는 전적으로 오직 하나님만의 구원이다. 즉, 오직 하나님에 의한 전적인 새로움이 되게 하는 것이 마르시온이 주장하는 구원이다.

이것은 마르시온의 제한이 없는 아가페의 복음을 암시한다. '낯선 하나님'에 대한 그의 가르침은 노모스 동기로서 구약성서와 에로스 동기로서 헬레니즘에 대한 반대를 의미한다. 노모스 동기나 에로스 동기에는 무동기적 하나님의 사랑이 들어갈 여지가 없다. 마르시온에게 있어서 구원은 역설적이다. 하나님이 그리스도 안에서 인류를 구원하기 위해 오실 때 그는 인간의 고통과 비참함에 대한 동정과 스스로 조건 없는 사랑에서 오신 것이다. 하나님은 낯선 자들, 자기가 창조하지 않은 자들, 보다 낮은 창조주 하나님의 피조물들을 돌보신다.[70]

그럼에도 불구하고 초대교회가 그를 영지주의자 이단으로 정죄한 것은 무엇보다도 그의 두 하나님론과 가현설 때문이었다. 마르시온은 위에서도 언급했듯이 다른 영지주의자들과 달리 노모스 동기에 해당하는 구약성서와 거기서 계시된 하나님을 거부하고 '절대적인 낯선 자'를 무동기적으로 사랑하는 하나님을 강조한 관계로 두 하나님을 주장하게 되었다. 바로 최고의 하나님과 낮은 물질의 창조주 하나님이다. 다른 말로 표현하면 구약성서의 하나님은 창조의 하나님, 율법의 하나님, 심판과 사법적 하나님, 전쟁의 하나님, 복수의 하나님이고, 신약성서의 하나님은 구원의 하나님, 복음의 하나님, 용서의 하나님, 자비와 사랑의 하나님이다.[71] 이 두 하나님 사이의 불연속성은 창조와 구원, 율법과 복음, 미움과 용서 그리고 첫 사도 공동체와 사도 바울의 관계의 주제였다. 마르시온은 구약성서의 계시는 성취되지 않고 폐기되었다고 한다. 이것은 예수는 율법과 예언을 완성하러 온 것이 아니라 폐하러 왔다는 것을 의미한다. 그래서 마르시온의 추종자들은 마태복음 5장 17절의 말씀을 "나는 율법을 완성하러 온 것이 아니라 폐하러 왔다"고 수정하여 읽었다. 그리스도의 오심은 구약성서에서 예언된 바가 없으며, 돌연적이고 예측불허의 일이었다. 그러므로 마르시온은 신약성서 가운데 구약성서를 인용하면서 "기록된 바"라는 형식 부분을 모두 삭제하였다. 터툴리안에 의하면 마르시온에게 있어서 구약성서의 계시와 그리스도에게 나타난 계시와는 다른 것이었다.[72] 사랑과 선한 하나님은 그리스도에게서 나타난 하나님이고, 그 이전에는 '알려지지 않은 하나님'(deus incognitus)이었다.

구약성서를 그리스도교 경전으로 인정하지 않고 은유적 해석을 거부한 마르시온은 그리스도교에서 유대주의적인 것을 모두 제거하려고 했다. 그의 근본적인 종교적 확신은 오로지 복음에 대한 헌신이었다. 이 점에서 본다면 그의 입장은 베드로 유형이 아니라 바울 유형이었다고 할 것이다. 마르시온은 사도 바울만이 진리를 안 유일한 사도이기 때문에 다른 사도와의 연속성을 부인하였다. 그는 복음서 가운데서 누가복음과 열 개의 바울서신[73]만을 포함시키는 신약성서 정경 작업을 했다. 그의 정경 작업은 기존 교회의 정경 작업에 대한 개혁적 충격이었다. 에비온주의자들은 마태복음 이외의 복음서를 거부했고, 영지주의자 발렌티누스 추종자들은 요한복음에 의존했다.

마르시온의 개혁은 초대교회의 교리 발전사에 있어서 뿐만 아니라 그리스도교의 신약성서 정경 형성사에서 매우 중요한 위치를 차지한다. J. 펠리칸은 마르시온이 신약성서 정경 착상에 최초의 인물이라고 했다.[74] 그러나 이 말은 마르시온의 정경 작업이 없었다면 그리스도교의 신약성서 정경 작업도 없었을 것이라는 것을 의미하지 않는다. 왜냐하면 이미 사도들의 글들을 권위 있는 문서로 수집하고 있었기 때문이다. 그럼에도 불구하고 교회의 신약성서 정경 작업은 마르시온의 개혁에 대한 교회의 대응이었던 것은 분명하다.

선하고 최고이신 하나님과 물질의 세계를 창조한 하나님을 구별했던 마르시온은 그리스도는 선한 하나님의 현현이라고 한다. 마르시온이 사도들의 전승인 성육신 교리를 부인하면서 그리스도는 최고의 하나님이 '낯선 자들'을 구원하기 위해서 당신 스스로 나타나셨다는 것이다. 그러나 터툴리안은 "티베리우스(Tiberius) 황제 15년에 탄생한 그리스도는 지금까지 알려지지 않은 하나님에 의하여 모든 민족의 구원을 위해 계시된 그리스도다"라고 비판하였다.[75] 터툴리안은 마르시온의 두 하나님론에 대하여 "마르시온의 지고의 하나님은 자신을 알리는 데 그렇게도 긴 시간이 걸렸고 풀 한 포기도 만들 수 없는 무능한 하나님이다"라고 하면서 "전 세계의 유일한 희망이신 그리스도를 남용하지 말라"고 하였다.[76] 이 그리스도는 유대인의 정치적 메시아가 아니다. 마르시온에 의하면 이 메시아는 '배설물로 가득 찬 물질적인 몸을 가질 수가 없다. 몸과 육체적인 출생은 데미우르지에 속하며 그리스도에게는 전혀 의미도, 관련도 없다. 이리하여 아가페 동기로 접근했던 마르시온도 다른 이원론적 영지주의자들과 마찬가지로 가현론(docetism)에 빠지고 말았다. 반(反)영지주의자인 이레니우스가 그리스도는 "단지 소문과 환상적으로 고난을 받았을 뿐 결코 고난을 받을 수 없는 존재"라고 가르치는 이단자를 공격했을 때, 그것은 마르시온에 대한 공격이었다.[77]

그리스도교를 구약성서(창조주 하나님, 율법)에서 단절시키려고 했던 마르시온의 개혁은 종교로서 틀을 잡아가던 그리스도교의 가장 소중한 교리인 구약의 하나님이 곧 신약의 하나님이요, 창조주 하나님이 곧 구원의 하나님이라는 신앙을 파기할 것을 요구한 대담한 공격이었다. 더욱이 마르시온의 개혁이 이교적 사고가 지배하는 풍토에서가 아니라 팔레스타인 지역, 구약성서와 그리스도교의 토양에서 발원되었다는 점이 주목된다. 그럼에도 니그린이 지적했듯이 "마르시온은 창조가 선한 하나님 자신의 일인 것을 부인하므로 오히려 아가페의 참 의미를 상실하였다."[78] 니그린에 의하면 마르시온이 표현한 대로 하나님에게 인간이 단순히 '낯선 자'라면 하나님은 인간에게, 인간은 하나님에게 무엇인가 해야 할 의무가 없게 된다. 신약성서는 하나님에게 인간은 '낯선 자'가 아니라 '죄인'이라고 하였다. 인간이 하나님에게 '낯선 자'라는 말에는 인간이 자기에게 생명을 비롯하여 모든 것을 준 하나님과 관계를 끊었다는 것을 함축하고 있지 않다. 초대 그리스도교의 아가페 사상은 불복종하고 반역한 죄인들을 하나님이 사랑했다는 것이다. 하나님의 사랑의 대상은 '낯선 자'보다는 '죄인들'이다. 그리하여 마르시온은 초대 그리스도교의 하나님의 사랑에 대한 참뜻을 이해하지 못했다. 하나님의 사랑은 인간 고통에 대한 단순한 동정이 아니라 원초적으로는 모든 죄를 극복한 친교의 의지였다.[79] 하나님의 사랑의 이 차원을 간과한 마르시온은 사랑과 심판의 관념을 각기 서로로부터 분리 고립시키고 심판을 보다 낮은 하나님의 역할에 속하게 하였다.[80] 그 결과 아가페의 관념을 일반적인 이타주의로 축소시켰다.

　마르시온은 초대 그리스도교의 세 근본적인 교리인 창조와 성육신 그리고 육신의 부활을 헬레니스틱 이원론의 관점에서 거부하였다. 그러나 초대 그리스도교는 최고의 하나님이 아가페 동기에서 우주 만물을 창조하셨으며, 하나님의 아들이 '참으로'(really) 육신이 되셨고 '참으로' 십자가에서 고난 받고 죽으셨다는 것과[81] 하나님은 당신의 아들의 성육신과 희생을 통하여 당신의 사랑을 입증하셨다는 것 그리고 구원이란 인간 안에 있는 하늘의 씨가 하늘의 근원으로 돌아가는 것이 아니라는 사상에 근거하고 있었다. 초대 그리스도교는 이 모든 것이 하나님의 사랑과 마찬가지로 현상 또는 가현적인 것이 아니라 현실(reality)이라고 믿었다. 초대 그리스도교는 이 사실에 근거하고 있었다. 그러므로 마르시온이 초대 그리스도교에서 가장 민감한 근본적인 교리들을 거부했을 때 그를 받아들일 수가 없었다. 교회는 그를 "이단의 수장"(arch-heretic), "악마의 대변자"라고 불렀다.[82]

마르시온이 2세기 어느 신학자보다도 사랑을 그리스도교의 중심에 위치하게 했으며, 어느 누구보다도 하나님이 오직 사랑이라는 것을 선포한 사람이기는 했으나 그는 교회에 오랫동안 위협적인 존재였다. 144년경 교회로부터 분리해 나가 종파의 형태에 만족하지 않고 교회를 세웠고, 한때는 저스틴 마터가 150년경 "전 인류를 넘어"[83] 확장되었다고 쓸 정도로 성장하였다. 그럼에도 불구하고 그리스도교의 사랑의 이념사에서 갖는 의미는 과소평가될 수가 없다. 그는 2세기 어느 누구보다도 하나님이 사랑이라는 것, 오직 사랑일 뿐이라는 것을 선포하였다.

5. 몬타누스의 반동

몬타누스(Montanus)는 주후 156~157년경 히에라폴리스에서 그의 이름을 따라 몬타누스 운동(Montanism)을 시작한 사람이다. 그의 추종자들을 프리기안들(Phrygians)이라고도 부르는 것은 이 운동이 소아시아의 프리기아에서 발전했기 때문이다. 프리기아는 큐벨(Cybele)의 주신제(酒神祭)가 행해지고 있었던 센터다. 큐벨은 '위대한 어머니'

라고 불리는 프리기아의 여신이며 곡식의 결실을 표상한다. 주신제는 먹고 마시고 춤추며, 난교 파티가 제의식의 중심이었다. 그리스도교 이단이 헬라 이교에서 유래했든 이슬람교가 황홀경의 전신에서 유래했든 간에 당시 소아시아에는 유사한 종교적 의식 행위가 만연해 있었다. 몬타누스는 큐벨 여신을 섬기던 사제였다가 2세기 중엽 그리스도교로 개종한 후 요한복음에 약속된 '보혜사 성령'(the Paraclete)[84]이 자기에게 임했다고 주장하면서 예언 활동을 시작한 사람이다.[85] 몬타누스가 세례를 받을 때 성령이 그를 통하여 냉담하고 형식적인 교회에 반대하고 카리스마적인 감격 정서와 신약성서의 교회와 같은 의식의 부활을 언급했다고 한다.

그는 계시의 시대는 끝났고 성령의 시대가 시작되었으며, 하나님 나라를 건설하기 위하여 그리스도의 재림이 임박했기 때문에 "새 예루살렘"(계 21:2)인 프리기아의 페푸자(Pepuza)에 모여 세속적인 모든 삶에서 떠나 그리스도의 오심을 기다려야 한다고 주장하였다. 그의 예언 활동의 두 핵심은 임박한 종말의 기대와 엄격한 금욕적 윤리 생활이었다. 세상의 종말이 임박했으며 그리스도는 곧 재림할 것인데, 그의 재림은 부활과 마지막 심판과 연관되어 있다. 그는 새 예루살렘에서 천년 동안 다스릴 것이다. 역사의 종말이 온 후 하나님의 뜻이 완성될 것이다. 그는 극단적인 금욕 생활로 모든 그리스도인에게 가능한 독신을 요구했으며 재혼은 엄격하게 금하였다.[86] 금식은 보통 교회에서보다 훨씬 엄하게 요구되었다. 예를 들면 부활절 2주 전 금식은 정상적인 한 끼의 음식도 먹을 수가 없었다. 엄격한 고해성사 의식이 부활했으며 수세 후 범한 도덕적 죄의 사면은 불가능했다. 순교는 신앙을 부인하지 않을 수만 있다면 피할 수 있겠지만, 순교는 권유되었기 때문에 그것을 피하려는 조처를 취하는 그리스도인들은 정죄를 받았다. 순교자의 반열에 참여하는 것은 몬타누스주의자의 대망이었다. 이렇듯 엄격한 금욕적 윤리 생활을 요구한 것은 당시 교회가 세속사회에 점진적으로 동화되어 사치스러워지는 것에 대한 저항이었다고 볼 수 있다.

몬타누스에 관하여 역사가 유세비우스는 "그는 자제할 수 없이 처음부터 전통에 의한 교회의 관습과는 반대되는 예언을 하면서 갑자기 이상한 일을 지껄이며 황홀경에 빠졌다"고 하였다.[87] 에피파니우스(Epiphanius)는 몬타누스의 말을 인용한다. "보라… 인간은 잠을 자고 나는 일깨운다. 보라, 인간들을 황홀경에 빠지게 하고 그들을 사랑하는 분은 주님이다."[88]

몬타누스의 예언 운동은 막시밀라(Maximilla)와 프리스킬라(Priscilla)라는 두 중요한 여 예언자를 비롯하여 다른 여러 여 임원들의 도움으로 더욱 활발해졌다. 막시밀라는 마치 그를 통하여 그리스도가 말씀하는 듯이 "나에게서 듣지 말고 그리스도에게 들으라"고 했으며, 프리스킬라는 페푸자와 관련해서 "그리스도는 빛나는 옷을 입은 여인의 모습으로 나에게 임했다. … 그리고 이곳은 거룩하며 이곳에 예루살렘이 하늘로부터 임할 것이라고 계시되었다"고 하였다.[89] 다른 자매에게 그리스도는 여인의 모습으로 나타났다. 이것은 그가 여인의 모습으로 재림할 것이라고 예언한 셰이커교도(the Shakers)의 여 지도자를 예감하게 한다.

몬타누스 운동은 교회의 지나친 조직과 제도화된 그리스도교에 대한 반발인 것 같이 비춰졌지만, 순수한 카리스마적 체제를 선호했다고 볼 수 있다. 즉, 성령의 원초적 은사를 회복하는 운동이요 사도

시대에 실현되었으나 제도적 경직화에 의해서 소멸되었다고 느낀 하늘나라 이상을 위한 저항이었다. 비록 이 운동이 전례가 없는 열광주의에 빠졌고 그들의 예언이 마지막이라고 주장하는 극단적인 형태를 취했으나, 식어가는 종말 의식과 이에 따른 신자들의 윤리적 해이 그리고 세속화되어 가는 교회에 성령의 새로운 바람을 일으키고 임박한 새 시대의 도래를 알리려고 한 반동이었다.

몬타누스 운동은 금욕적이고 열광적 성향의 그리스도인들에게 특히 강한 호소력이 있었다. 그리하여 수년이 지나자 이 운동은 소아시아 전역은 물론 북아프리카 카르타고, 로마와 고울(Goul)까지 확산되었다.[90] 몬타누스는 이단적인 교리를 설파한 일이 없다. 그의 이단성은 어떤 신앙이나 의식을 지나치게 강조하는 관계로 균형을 잃었다는 데 있었다. 소아시아 감독들에 의해서 정죄를 받기도 했고, 그의 추종자들이 교회에서 추방되고 성만찬 의식에서 배제되는 일이 있었다 해도 다른 그리스도인들의 반대도 없었고, 메시아 사상에 있어서 그들은 박해를 받지도 않았다. 로마 감독 빅토르(Victor, 189~199)의 통치기간에는 크게 성장하여 로마에는 몬타누스주의 계통의 학교가 둘이나 있었다. 199년에서 217년까지 여기서 가르쳤던 프로클루스(Proclus)의 문학적 재능에 대해서 가장 유명한 몬타누스주의자 터툴리안이 크게 칭찬한 일이 있었다.

몬타누스 운동사에서 가장 특기할 만한 것은 라틴 정통 교회의 교부 터툴리안(c. 160~220)이 207년경 이 운동에 가담했다는 것이다. 그는 당시 제일의 그리스도교 사상가의 한 사람이었다. 현직 변호사로서 그는 철학, 역사 그리고 헬라어 등 넓은 지식을 가지고 있었고 선천적 논객이었다. 그는 성령이 삼위일체의 다른 두 위격과 동등하게 하나님이라고 주장한 첫 사람이었다. 터툴리안도 분명히 열광주의적 경향을 가지고 있었지만, 그는 몬타누스 운동의 금욕주의, 원시적 열광주의 그리고 성령의 임재에 대한 강조에 깊은 인상을 받았으며 교회의 세속화에 대한 저항에 공감했다. 물론 후에 그는 몬타누스 운동을 떠났다.

몬타누스 운동의 도전은 영지주의자들의 도전과는 다른 또 하나의 기존 교회에 대한 반동이었다. 2세기 초가 지나면서 예수 운동의 목격자들이 세상을 떠나고 외부로부터 박해는 계속되었고, 임박했다는 그리스도의 재림은 지연되면서 교인들의 초기 도덕적 열성과 종말 신앙은 점점 퇴색해 갔고, 초대교회는 세속적 세력과 이단으로부터 자체를 방어하기 위하여 보다 더 법적이고 교권적·제도적 교회가 되어 갔다. 즉, 단일하고 가시적이며 굳게 연합된 몸으로서의 교회가 되어 간 것이다. 교부들에 의하면 2세기 후반에서도 특별한 카리스마는 인정되고 있었다.[91] 그러나 이와 같은 현상은 교회의 현실 무대에서 점점 사라져 갔다. 성령의 징조들도 예수 그리스도의 승천 후보다는 나타나지 않았다. 심지어는 종말의 지연을 기도하는 사람도 있게 되었고 정통 그리스도인들까지도 천년왕국에 대하여 회의적이었다. 소위 '알로기'(Alogi)라고 불리는 반(反)로고스주의자들은 복음과 예언의 영을 모두 거부하기까지 하였다.[92]

정통주의자의 눈으로 볼 때 몬타누스주의의 과오는 교회의 공식적인 성직 계급보다 자신들을 높였다는 데 있다. 몬타누스는 성령이 자신과 추종자들에게 임했다고 주장하면서 그것은 오순절 사건보다 더 세찬 모습이었고 사도들뿐만 아니라 그리스도 자신보다 높은 위치에까지 자신들을 끌어 올렸다. 몬타누스주의자들이 그리스도교 관료주의에 대하여 경멸한 것은 필연적이다. 그들은 순수하고 원시적이며 순 복음적인 그리스도교를 유지하고 있는 것을 자랑하고 있었다. 이와 같은 사실에서 그들은 냉담하고 부패한 당시 기존 교회의 성직 제도를 초월하고 있다고 생각했다. 개인적인 광신적 몬타누스주의자들은 그들을 통한 성령의 역사(役事)에 대하여 엄청난 주장을 한 것이 사실이다. 막시밀라는 "나 이후에는 더 이상 예언이 없을 것이며 종말이 올 것이다"라고 하였다.[93] "… 나를 믿는 사람은… 나보다 더 큰 일을 할 것이다"(요 14:12). 이들에 의하면 성령을 따라 산 사람들인 '신령한 사람'(pneumatic)들로 구성된 교회만이 죄를 용서할 수 있는 권위가 있고 감독이 있는 교회라고 해서 무조건 죄를 용서할 수 있는 것이 아니라는 것이다. 그러나 몬타누스 시대에 정통 그리스도교인들은 감독의 지배하에 있는 행정적 규칙들을 수용하고 있었으며, 예언자들을 통한 영감 운동은 사도 시대와 더불어 끝이 났고, 그리스도가 계시의 최종임을 강조하였다. 몬타누스주의의 역사는 그 운동이 시대에 뒤진 고풍을 지키려고 했기 때문에 정통 교회가 받아들이기에는 교회의 주류에서 너무 분리되어 있었다는 것을 보여준다. 당시의 흐름은 예언자들이 반드시 황홀경에 들어가야 하는 것도 아니라는 인식이 지배적이었다.[94] 이 새로운 예언 운동은 악령에 의한 위(僞)-예언 운동이라는 비판을 받았으며, 막시밀라는 마귀 쫓기(exorcism)를 시도하기도 했다.[95] 성령에 의한 예언 운동, 영적 카리스마는 점점 사람들에 의해서 거부되어 갔고 가톨릭교회의 구조가 그것을 대신하게 되었으며, 천년왕국 신앙도 그들이 기대했던 대로의 종말이 지연됨에 따라서 그 열기가 식어갔다. 이제는 세상을 포기하고 천년왕국을 기다리는 것이 그리스도인의 정체성을 유지하는 것이 아니라 오히려 그리스도를 위하여 세상을 지배해야 한다고 생각하게 되었다. 그 결과 그리스도인의 집단은 점차적으로 '세상 교회'로 변형되어 갔다.

그러나 정통적 유기적 조직과 열광주의는 비록 후자가 이단적 경향을 나타낸다 할지라도 그리스도교 신앙의 끊임없는 활력을 위해서 둘 다 필요한 것이다. 만일 그리스도교 신학과 조직이 전혀 도전도 받지 않는 형태로 계속 유지되어 간다면 무기력하게 되어 사멸될 수도 있을 것이다. 정통이 살아있으려면 도전을 받아야 한다. 그러나 만일 열광주의가 독선적으로 궤도를 이탈하면 그리스도교는 무질서와 영적 무정부 상태가 되어 산산조각으로 분해되고 말 것이다. 이단이나 이설은 자극제로서의 역할을 하고 나면 정통 속으로 스며들어 와야 하며, 또 다른 다음 도전을 위해 준비하는 것이 합당할 것이다.

6. 군주신론[96]

엄격한 유일신 종교인 유대교의 뿌리를 가지고 있으면서 아직 유년기에 속한 초대 그리스도교는 일찍이 한 하나님에게 있어서 세 위격(persons)의 문제에 직면하였다. 삼위일체 개념의 문제는 공식적인 교회회의에서 야기된 것이 아니라 그리스도와 성령에 대한 교회의 체험 그리고 믿는 자들이 이 두 위격과 하나님과의 관계 문제에 직면했을 때 발생한 것이다. 하나님은 한 분이라고 확신한 그들은 그들의 하나님 개념과 성부의 창조 기능, 성자의 구원의 능력 그리고 성령의 중재, 위로, 단순한 발산이 아닌 성령의 나타나는 특성 등 각기 뚜렷한 기능을 조화시켜야 했다.

그들이 직면한 첫 문제는 삼위일체적 문제보다 오히려 그리스도론의 문제였다. 그들은 그리스도의 품격(person)의 신비에 관심하였다. 그의 생애의 기록을 보면 그는 우리와 똑같은 사람이었음을 보여준다. 그는 기쁨과 슬픔 그리고 모든 인간이 느끼는 감정을 가지고 있으며 "모든 점에서 우리와 같이 시험을 받은"(히 4:15) 살과 피를 가진 사람이다. 그러나 그의 부활은 단순한 인간 이상인 것을 보여준다. 부활 사건 후 예수의 제자들은 "나의 주님, 나의 하나님"(요 20:28)이라고 고백한 도마의 믿음에 메아리로 화답했다. 사도 바울은 정확히 신에게만 적용할 수 있는 용어를 그리스도에게 적용한다. 나사렛 예수는 하나님의 어떤 힘이 일시적으로 접목된 그와 같은 인간 존재도 아니고 모든 사람에게 일반적으로 붙여지는 하나님의 아들(son)이 아니라 완전하고 유일무이한 하나님이다. 많은 이단들은 그리스도의 품격에 나타난 신성과 인성의 관계를 그리스도교가 모호하게 정의 내리려 하고 조화시키려 하는 시도에서 일어났다고 볼 수 있다.

초기 정통 유대인 그리스도인들과 같은 엄격한 유일신론자들은 그리스도의 품성에 대한 문제에 직면했을 때, 그들은 예수가 특별히 하나님에 의해서 선택된 사람이었다고 하거나 아니면 예수의 부활과 그의 구원의 경험에서 확인된 것으로 주관적인 환영이 아니라 객관적인 실재로 그가 하나님이었다고 하였다. 초기 이단인 에비온주의자들은 전자의 입장이었다. 그러나 정통주의자들은 신약성서에서 사용된 명칭을 가지고 예수에 대해 정의하려고 했다. 즉, 주님(Kyrios), 하나님의 지혜, 하나님의 아들(Son), 태초에 하나님과 더불어 존재했던 로고스요 하나님의 말씀 등이다. 로고스 개념에 대한 철학적 사고에서 그 근원이 무엇이든 간에 요한복음 저자는 말씀과 하나님이 같으며 말씀이 예수에게서 육신이 되었다고 강조한다. 인간과의 관계에서 그리스도는 인간들의 죄를 씻어주어 인간들을 하나님과 화해시키고 영생에로의 길을 열어주는 구세주다. 예수는 왕이요 하나님이 그를 통하여 만물을 창조하신 알파(Alpha), 처음이요 하나님이 그 안에서 만물을 요약할 오메가(Omega), 마지막이다.[97]

　이교 문화의 개념으로 그리스도를 설명하기 위해서 초대교회 변증가들과 교부들에 의해서 도입된 것으로 보이는 로고스 교리나 특별한 품격으로서 그리스도의 선재 교리는 2세기 말에 교회 정통성을 나타내는 분명한 교리가 되었으며, 반(反)영지주의적으로 해석되고 널리 인지된 세례 의식 고백, 즉 신앙 규범의 일부를 형성하였다. 변증가들은 철학자의 로고스와 신앙의 그리스도를 동일시했다. 그러나 로고스 그리스도론이 2세기에 있어서 단지 소수의 그리스도교 철학자의 소유물만은 아니었다. 다른 한편 그것은 가톨릭 신앙의 견고한 구조에 속하는 것도 아니었다. 그것은 창조주 하나님, 그리스도의 실제적인 몸, 몸의 부활 등과 같은 교리들과 같은 기초 위에 있지 않았다. 170년경 이후 가톨릭교회에서 한 세기 이상 요동쳤던 충돌을 통해서 그 교리는 점진적으로 교회의 신조와 같이 되어 갔다. 로고스 교리는 단순한 그리스도론적 관심 이상으로 신앙의 규범에 점진적으로 혼합되었다. 로고스의 형식(formula)은 교회 신조 안에서 사변적 신-플라톤 철학을 합법화하였다.[98]

　그러나 로고스 교리는 그 우주적 사변적 개념 때문에 일반인들은 이해하기가 어려운 교설이었다. 로고스 교리가 그리스도의 신성의 교설을 구조화한 것은 사실이지만, 일반 신자들은 특히 로고스 그리스도론에서 '제2의 하나님으로서 그리스도'를 생각하게 되었고, 이신론(duotheism)의 위험을 보게 되었을 뿐 아니라, 여기다가 성부 옆에 성자를 그리고 성부와 성자 옆에 성령을 실체화함으로 삼위일체론에서 삼신론(tritheism)의 위험까지도 보게 된 것이다. 엄격한 유일신론을 주장하는 유대교에 그 뿌리를 두고 출발했던 초대 그리스도교의 전통에서 일반 그리스도인들은 이신론이나 삼신론의 위험이 있다고 보는 로고스 그리스도론을 수용하기가 쉽지 않았다. 로고스 그리스도론에 대한 첫 공식적인 반대는 그리스도의 완전한 신성에 대한 불안이나 유일신론에 대한 걱정에서 일어난 것이 아니라 복음적이고 공관복음적인 그리스도 관념에 대한 관심에서 일어난 것이다. 그리하여 그리스도인의 로고스 사색에 대한 공개적이고 문학적 반대자들은 구세주의 존엄성을 비하한다는 비난을 피하지 않았다.

군주신론의 출발은 로고스론에서 위험시되는 이신론 또는 삼신론을 배척하고 하나님의 유일성을 보전하려고 한 것이다. 그리하여 군주신론은 신적 영의 담화자로서 인간 예수와 그리스도 안에서 성부 자신의 품격을 인정하는 두 기본 원리를 가지고 있다.[99] 군주신론은 터툴리안이 그의 논쟁적인 작품『프락세아스 논박』에서 하나님의 독재 또는 단독적 지배를 주장하는 사람들을 지칭하여 처음으로 사용한 말이다.[100] 터툴리안에게 있어서 군주신론은 신의 본질에 속하는 삼위일체를 회생시키면서까지 신의 단일성을 주장하는 이단적 교설이었다. 2세기가 끝날 무렵부터 시작되어 3세기 대부분 논쟁이 계속되었고 삼위일체 교리 형성의 중요한 배경이 되기도 했다. 비록 군주신론자들이 하나님의 세계 통치의 단독성을 강조하였다 해도 교회는 결국 그들을 이단자로 정죄하였는데, 그것은 그들이 그 말의 어원인 '모나르키아'(monarchia), 즉 '군주제'의 의미를 오해하여 성자 그리스도의 특성 있는 품격을 인정하는 데 실패했기 때문이었다. 그 말은 오직 한 사람에 의해서 통치되어야 한다는 뜻보다는 단순히 통치권은 하나라는 뜻으로 사용된 것이다. 그러므로 군주제에서도 아버지가 원하면 아들도 통치에 참여할 수가 있는 것이다. 그러므로 양태론적 군주신론자인 프라세아스(Praxeas)가 성부와 성자의 구별을 하나님의 단일성을 파괴하는 것으로 본 것은 그 말의 뜻을 잘못 알고 있었기 때문이었다.

군주신론은 '역동적 군주신론'(Dynamic M.)과 '양태론적 군주신론'(Modalistic M.)이라는 두 형태의 교설로 나눈다. 전자는 신적인 힘(dynamis)이 예수의 인격에 들어와 그를 하나님의 아들이 되게 했다는 교설이고, 후자는 성육신한 그리스도가 세상에서 하나님 자신이 현현하는 행위의 한 형태(modus)임을 강조하는 교설이다. 한 하나님이 여러 형태로 나타난다는 것이다. 전자는 역사적 또는 공관복음서적 그리스도에 관심이 있고, 후자는 그리스도의 신성에 관심이 있다. 그 점에서 전자는 에비온주의적인 경향을 보이고 있고, 후자는 가현설적인 경향을 보인다고 할 수 있을 것이다. 그러나 두 형태의 군주신론이 에비온주의와 가현설에 역사적으로 연관된 것은 아닌 것 같다. 단일신론이라는 명칭으로도 불리는 이 군주신론 논쟁은 당시 전 교회를 동요시켰다.

1) 역동적 군주신론

역동적 군주신론(力動的 君主神論)을 처음 주장한 사람은 190년경 비잔티움에서 로마에 온 피혁상 데오도투스(Theodotus, 2세기)였다. 그는 소아시아의 반(反)로고스론자들(Alogoi)과 연관되어 있었던 것 같다. 그래서 히폴리투스(Hippolytus)는 그를 알로기의 '졸개'라고 불렀다.[101] 그는 소아시아의 신학자들 서클에서 활동한 것 같지는 않지만, 상당한 교양을 갖추고 있었던 것으로 전해지고 있다. 헬라 문화에 대해서 고도의 지식을 가지고 있었으며 과학적 지식도 높았다고 한다. 우리가 그의 역사에 대해서 분명하게 아는 것은 그가 로마에서 그리스도를 단순한 인간이라고 가르친다는 이유로 로마 감독 빅토르(Victor, 189~198)에 의해서 정죄를 받았다는 것이다.[102] 히폴리투스의 『모든 이단논박』[103]에 의하면 데오도투스는 하나님의 세계 창조, 그의 능력 그리고 그리스도의 동정녀 마리아 출생 등 교회의 정통적인 교리에 동의하고 있다. 그러면서도 예수는 하나님의 특별한 계획에 의해서 성령의 활동을 통하여 동정녀에게서 출생한 보통 사람으로 살았다고 가르쳤다. 예수는 동정녀에게서 육신을 입은 천상적 존재가 아니라는 것이다. 다만 예수에게는 보통 우리와는 다른 의로움과 경건함이 있었다. 예수는 세례를 받을 때 성령이 그에게 임하여 특별한 소명을 위한 능력(dynamis)을 받았다. 이때 받은 능력이 곧 그의 신성이다. 그러나 이것으로 그가 지금 '하나님'이라는 주장을 정당화하기에는 충분하지 않다고 주장한다.

그의 추종자 중 동명이인인 은행가 데오도투스도 로마의 감독 제피리우스(Zephyrius, 198~217)에 의해서 정죄를 받았는데, 그의 영향을 받은 사람 중의 한 명이 260년경부터 안디옥의 감독이었던 사모사타의 바울(Paul of Samosata, 3세기)이다. 역동적 군주신론자들은 지적이며 합리주의자들이었다. 그들은 플라톤이나 스토아철학자들과 같은 종교철학자적 경향보다는 과학적 경향을 보였다고 할 것이다. 그들은 신비적인 사람들이 아니라 합리적이었다. 그들은 성서 주석과 본문 비평에 흥미가 있었고, 신명기 18장 15절과 누가복음 1장 35절에 근거하여 예수는 성령이 내주했다고 하기보다는 감동을 받은 인간이었다고 주장하였다. 역동적 군주신론자들이 예수가 하나님의 아들이지만, 그것은 성부와 형이상학적인 관계 때문이 아니라 그가 세례를 받을 때 또는 부활한 후 하나님에 의해서 양자로 택함을 받았다고 주장하기 때문에 역동적 군주신론을 '양자론적 군주신론'(Adoptionistic M.)이라고도 부른다.[104]

피혁상 데오도투스가 역동적 군주신론의 창설자요 지도자요 조상이라고 하지만, 이 주장을 발전시킨 대표자는 안디옥의 감독 사모사타의 바울이다. 그는 알렉산드리아의 신학을 통하여 '로고스'(logos), '존재'(ousia), '본질'(hupostasis), '현존'(enupostatos), '품격'(prosopon) 등 범주들의 사용이 이미 어느 정도 합법화되었고, 그리스도의 품격이 본질적으로 신적이라고 하는 주장이 강하게 확산되고 있을 때 그리스도의 본질적인 신성을 반대하고 구세주의 인간성을 다시 주장하였다.[105] 사모사타의 바울은 인간 예수가 세례를 받을 때 그에게 로고스가 내주하도록 성령이 역사한 것으로 알고 있었음에 분명하다. 즉, 예수는 성령으로 성별(聖別)되므로 그리스도라고 일컫게 된 것이다. 그는 예수가 본성(phusei)으로 하나님의 아들이라는 가설은 이신론으로 유도하는 것이며 유일신론을 파괴한다는 것을 입증하려고 했다.

사모사타의 바울의 가르침은 아르테몬(Artemon)에 의해서 다시 새로운 특성을 나타냈다. 때로 이것은 신 유대인 에비온주의로 기술되기도 한다. 그에 의하면 하나님은 단지 한 품격(prosōpon)이다. 하나님 안에서 로고스(아들) 또는 소피아(성령)는 구별될 수 있지만, 그것들은 자질(qualities)이며, 하나님은 영원부터 로고스를 낳았으므로 아들이라고 부를 수 있으나 그는 비인격적인 힘으로 남아 있다. 이 로고스가 예언자들, 모세와 다른 많은 사람들 그리고 누구보다도 성령으로 동정녀에게서 출생한 다윗의 아들에게서 활동을 했다. 구세주는 본성적으로 인간이요 때맞춰 출생했고, 따라서 '아래로부터' 왔으나 하나님의 로고스는 '위로부터' 그를 발분시켰다. 로고스와 인간 예수와의 연합은 외부로부터 작용하는 신적 감응에 의하여 내재하는 것으로 표현된다. 이것의 성서적 전거는 요한복음 14장 10절이다. 그러나 로고스의 내재는 '본질'에서 가 아니라 '자질'에서다. 따라서 로고스는 예수와 구별된다. 마리아는 로고스를 잉태한 것이 아니고 우리와 같은 인간을 잉태하였다. 그리고 세례를 받을 때 성령으로 성별된 것은 로고스가 아니라 인간이다. 그러나 예수는 특별하게 신의 은총을 받았으며 그의 위치는 유일무이하다.

두 인격, 즉 하나님과 예수 사이의 일치는 의향과 의지의 일치다. 그와 같은 일치는 사랑에 의해서만이 가능하다. 예수는 하나님과 같이 사랑과 의지에 있어서 불변하다. 예수 자신은 중단됨이 없이 선을 나타냈고 하나님은 예수가 능력을 가지고 기적을 행하도록 했다. 이 과정에서 예수는 하나님의 의지와의 확고부동한 일치를 이루게 되었다. 그리하여 그는 인류의 구세주가 되었고 동시에 영원히 불변하는 하나님과 일치하는 신적인 인간이 되었다. 그것은 그의 사랑은 결코 끝나지 않기 때문이다. 하나님은 그 사랑에 대한 보상으로 모든 이름 위에 이름을 주셨다(빌 2:9). 하나님은 그에게 심판을 위탁하셨고 신적인 존엄을 수여했다.

요약하면 예수의 실제적인 인간성에 우선적인 관심을 보였던 사모사타의 바울은 로고스의 성육신을 부인하였다. 그는 로고스 교리를 거부하지는 않았으나 그에게 로고스는 독립된 본질(hupostasis)이 아니라 하나님의 속성에 지나지 않는다. 하나님의 지혜(logos)가 위로부터 내재하여 인간 예수를 하나님의 아들이 되게 하였지만, 그것은 신적 능력으로 내재한 것이지 독립된 품격이 아니다. 그는 로고스를 페르소나(persona)로 가르치는 터툴리안의 교설과 로고스를 독립적인 본질로 보는 오리겐의 교설을 모두 거부하였다.[106] 오리겐의 격언은 "구세주는 영적 교섭(communion)에 의해서가 아니라 본질에서 하나님이다"라는 것이다.[107]

하나님과 예수의 연합은 본질의 연합이 아니라 의지의 연합, 윤리적인 연합이다. 예수는 인간과 하나님 사이의 도덕적 연합을 가장 완전하게 이룬 인간이다. 즉, 예수는 하나님과 전적으로 일치하여 살았으며, 하나님을 변함없이 사랑하고 그의 뜻을 완전하게 실현했다. 그 결과 그는 죽음에서 부활하였고 신적 권위를 하나님이 그에게 부여하여 구세주가 되었다. 사모사타의 바울에 의하면 그리스도는 그 자체로 하나님이 아니고 그의 덕과 신의 뜻에 대한 전적인 헌신에 대한 보상으로 받은 명칭으로 하나님일 수가 있다는 것이다. 이 점에서 예수는 "동정녀에게서 출산한 하나님"[108]이라고 부를 수 있다. 예수는 마리아를 통하여 '아래로부터 그리스도'임과 동시에 성령에 의하여 로고스가 그 안에 내재하므로 '위로부터 그리스도'이기도 하다.

그러나 결과적으로 사모사타의 바울은 그리스도의 신성 또는 선재성을 부인하게 된 것이고, 그 때문에 268년 안디옥회의에서 이단으로 정죄를 받았고, 그의 추종자였던 아르테몬도 235년에 정죄를 받았다.[109] 이것은 교회가 로고스 그리스도론을 재확인한 것이다. 바울의 정죄에 대해서 하르낙은 "사모사타의 바울이 정죄를 받으므로 구세주의 인격적 독립적 선재를 부정하는 그리스도론을 더 들을 수 없게 되었다"[110]고 하였다. 그러나 바울의 교설은 유니테리언 교도(Unitarians)와

소시니안주의(Socinianism)에서 다시 읽을 수 있다.

2) 양태론적 군주신론

180년에서 300년경 사이 로고스 그리스도론에 대한 정말 위험한
반대는 역동적 군주신론이 아니라 그리스도 안에서 신(deity) 자신이
성육신했다고 보며, 그리스도를 성부가 육신이 되므로 인간 몸으로
나타난 하나님이라고 생각하는 교설, 즉 양태론적 군주신론(樣態論的
君主神論)이었다. 이 견해에 대하여 가장 강력하게 비판하고 반대한
초대교회 신학자들은 터툴리안, 오리겐 그리고 누구보다도 히폴리투
스[111] 등이었다. 터툴리안과 오리겐은 '경세적' 삼위일체론과 그리스
도에게 로고스 개념의 적용을 입증하고 있었고, 양태론은 거의 한
세기 동안 로마에서 공인된 이론이었었으며, 2세기 후반부터는 유일
하게 존속한 이단 교설이다. 처음 소박한 양태론의 형식을 신학적으로
고정시키는 첫 노력은 영지주의를 반대하면서 이뤄졌다. 그리고 이
형식은 이신론을 피하고 그리스도의 완전한 신성을 유지하며 그리고
영지주의의 공격을 방어하기 위하여 로고스 그리스도론과 대결이 불가
피했다.

대다수의 그리스도인이 받아들인 이 교설의 형식은 2세기 말부터
학문적 권위자들의 지지를 받았는데, 히폴리투스는 양태론적 군주신
론을 공식적으로 처음 진술한 노에투스(Noetus)의 교설이 고대 헬라
철학자 헤라클리투스(Heraclitus)로부터 빌려 왔다고 했다.[112] 물론 과
장일 수 있지만, 그러나 문제 전체를 철학적으로 파악해 보면 양태론의
논쟁은 스토아철학자들과 플라톤 철학자들 사이의 신 개념에 관련된

논쟁과 아주 흡사한 것을 알게 된다. 후자는 헤라클리투스와 스토아철학자들의 '로고스–하나님'(logos-theos) 사상으로 플라톤의 초월적 하나님을 고정시켰다. 양태론적 군주신론이 스토아철학자들의 도움을 받은 후 범신론적 신 개념의 방향으로 움직인 것은 놀라운 일이 아니지만, 처음부터 일어난 것 같지는 않으며 반대자들에 의해서 억측된 것 같다. 분명한 것은 양태론의 초기 방어자들은 유일신론적이었다. 양태론이 로고스 그리스도론과 처음으로 충돌을 한 곳이 소아시아에서였다. 마찬가지로 양태론의 논쟁이 처음으로 발생한 곳도 소아시아 교회였다.[113]

양태론적 군주신론도 로고스 그리스도론을 반대하는 점에서는 역동적 군주신론과 맥을 같이 하지만, 전자는 후자와 다르게 그리스도의 신성을 부인하지 않고 오히려 성부와 그리스도의 신성을 동일시한다. 역동적 군주신론이 일부 교회 지도자들에게 호소력이 있었던 것과는 달리 양태론적 군주신론은 일반 신도들에게 대중적 호소력이 있었다. 그것은 양태론자들이 "아버지와 나는 하나다"(요 10:30) 또는 "나를 본 자는 아버지를 보았다"(요 14:9)는 말씀에 근거하여 성부와 그리스도를 일치시킴으로 일반 교인들에게 유일신 신앙을 확신시켜 주었기 때문이었다. 사실 일반 교인들은 '하나이며 셋'(the three in one)이라는 형식을 이해하기 힘들었으며 말씀, 즉 성자가 성부와 구별된 품격이라는 것을 암시하는 그 어떤 교설도 '두 하나님론'을 주장하는 것으로 이해가 되어 유일한 하나님에 대한 위협으로 생각하게 되었다.[114]

양태론의 명칭이 '형태'를 의미하는 '모두스'(modus)에서 유래했듯이 이 교설의 근본에는 하나님의 유일성과 그리스도의 완전한 신성이라는 이중적 확신이 있다. 이것은 그리스도 안에서 하나님 자신의 성육신을 의미한다. 즉, 그리스도를 인간의 몸으로 나타난 하나님이라고 생각한 것이다. 그러나 그리스도와 하나님을 동일시한 이 교설은 결국 하나님이 그리스도 안에서 고난을 받고 죽었다는 '성부수난설'(patripassianism)에 빠지고 말았다. 양태론적 군주신론, 즉 성부수난 교설을 처음 설파한 사람은 노에투스(Noetus of Smyrna, c. 200)였다.[115] 그때는 2세기 후반이었고, 장소는 서머나로 생각된다.[116] 히폴리투스에 의하면 노에투스는 "성부가 아직 출생하지 않았을 때 그는 성부라고 불리는 것이 당연하다. 그러나 스스로 출생하기를 기뻐했을 때 그는 성자가 되었는데, 그는 자신에게서 태어났지 다른 존재에서 태어난 것이 아니다"[117]라고 하였다. 이것은 그리스도가 성부 자신이며, 성부 자신이 출생했고, 그리하여 성부 자신이 우리를 위하여 고난 받고 죽임을 당했다는 의미가 된다.[118]

그는 삼위일체 교리와 관련해서 '경세'(economy) 개념을 받아들이지 않았다. 그에게는 오직 한 분 하나님이신 성부만이 존재한다. 히폴리투스는 양태론자들의 하나님 개념을 토론하면서 다음과 같이 진술한다. "한 분이고 같은 하나님이 창조주요 모든 것의 아버지다…. 하나님이 보이지 않는 것은 그가 보이기를 원하지 않을 때이고, 그가 보이기를 허락할 때는 그는 보인다. 하나님이 이해할 수 없는 것은 그가 이해되기를 원하지 않을 때이다. 이와 같이 그는 정복할 수 없고 정복된다. 그는 출생하지 않으나 출생하고 불가사적(不可死的)이고 가사적(可死的)이다."[119] 이 말은 성부와 성자라 불리는 그는 하나요 동일하다는 것이고, 다른 사람으로부터 나오는 것이 아니라 자신으로부터 나온 자신이라는 것이다. 그러므로 성부와 성자는 단지 이름에서 구별될 뿐이다.

노에투스의 교설은 결국 교회의 신앙 규칙에 따라 정죄를 받았는데,[120] 그는 자기를 고소하는 사람들에게 "탄생하시고 고난을 받고 죽으신 그리스도, 즉 오직 한 분 하나님을 영화롭게 했는데 내가 무엇을 잘못했느냐?"[121]고 응수했다. 그가 정죄를 받은 후에도 그의 교설은 제자들에 의해서 계속 유지되었다. 그의 제자의 한 사람인 에피고누스(Epigonus)는 200년경 로마에 와서 스승의 가르침을 확산시키면서 성부수난주의자들이라는 별도 종파를 형성했으며, 에피고누스의 제자인 클레오메네스(Cleomenes)가 그 종파의 우두머리였다가 215년경부터는 사벨리우스(Sabellius)가 대표자가 되었다. 이들에 의해서 전파된 교설을 히폴리투스는 교회를 파괴하는 오류라는 것을 입증하려고 노력했으나 그를 지지하는 사람들은 소수의 성직자들뿐이었고, 대다수 로마 그리스도인들은 양태론자들을 지지하였다. 양태론자들은 그들의 주장을 성서에 호소하면서 자기들의 교설이 성서적임을 강조하였다. 즉, 하나님의 유일무이성을 선포한 구절들(출 3:6; 20:3; 사 44:6; 45:5, 14 이하), 그 하나님이 예수 그리스도에게서 나타났다는 것을 암시한 구절들(바룩서 3:36-38) 그리고 아버지와 아들은 하나라는 것을 지적한 구절들(요 10:30; 14:8-10; 롬 9:5) 등이 그 성서적 전거라고 하였다.[122]

당시 무지한 로마의 감독 제피리누스(Zephyrinus)도 양태론에 마음이 기울고 있었으나 그는 싸움을 진정시키는 것이 감독의 주 임무였고, 어떤 대가를 지불해서라도 로마교회의 분열을 막으려고 했기 때문에 다음과 같은 그의 형식으로 타협을 시도하였다. "나는 한 하나님 예수 그리스도를 안다. 그 밖에 태어나고 고난 받는 사람은 없다…. 성부가 죽은 것이 아니라 아들이 죽었다."[123] 제피리누스의 말을 다시 표현하면, 하나님은 그 자신 안에서 나누어지지 않는 프뉴마(Pneuma)다. 이것은 만물 안에서 충만하다. 즉, 로고스로서 그는 명목상으로 성부와 성자로 둘이다. 동정녀에게서 육신이 된 프뉴마는 본질에서 성부와 다르지 않고 동일하다(요 14:11). 현현된 하나님, 곧 인간은 성자요, 성자 안에 들어온 성령은 아버지다. 성자 안에 존재하는 성부는 육신을 신격화했다. 이렇게 스스로 연합하므로 성부와 성자는 한 하나님이라 불릴 수 있다. 성부는 성자를 동정해서 고난을 받았지 성부가 고난을 받은 것은 아니다.[124] 타협을 위하여 제피리누스가 내놓은 교설은 양태론적 군주신론의 교설과 구별되는 것 같지만, 그래서 모호하지만 엄밀히 분석해 보면 사실은 프락세아스(Praxeas)의 교설과 일치한다. 제피리누스를 계승한 로마 감독 칼리스투스(Callistus, 217~222)도 같은 정책을 계속했으나 싸움은 더욱 격렬해졌고, 더욱 장로 히폴리투스가 감독의 참회와 신앙훈련 등 감독직에 대한 문제를 제기하면서 감독을 사벨리안주의자라고 비난하자 결국 감독은 히폴리투스와 사벨리우스를 모두 파문에 처했다.[125]

　　노에투스의 사상을 가장 적극적으로 추종했던 프락세아스는 로마에서 노에투스의 교설을 확산시킨 에피고누스보다 앞서 190년경 소아시아에서 로마에 왔다. 로마에 잠시 머물러 있는 동안 로고스 그리스도론에 대한 논쟁을 처음으로 일으켰다가 북아프리카로 건너가서 많은 추종자를 얻었다. 20년이 지난 후 로마와 카르타고에서 양태론 논쟁이 절정에 이르렀을 때, 성부수난설로 알려진 양태론을 반대하는 입장에 있었던 터툴리안은 프락세아스가 카르타고에서 이 논쟁에 불을 붙인 사람으로 확신하고 그를 공격하였다. 그 동기에는 당시 몬타누스주의자였던 터툴리안이 반(反)몬타누스주의자인 프락세아스에 대한 반감도 작용했을 것이다.

　카르타고에서 프락세아스는 하나님과 그리스도 사이를 구별하는 어떤 가설도 반대하였다. 이에 대하여 아직 정통 교회에 속하고 있었던 터툴리안이 그를 논박하였다. 터툴리안에 의하면 프락세아스가 "보혜사 성령을 배격했고 성부를 십자가에 못 박았다"[126]는 것이다. 프락세아스는 노에투스보다는 성부와 성자 사이를 구별하는 듯한 표현, 즉 "성자는 참으로 고난을 받았고 성부는 성자와 더불어 고난을 받았다"[127]라는 표현을 쓰고 있기도 하지만, 그의 근본적인 주장은 성부는 태어났고 고난을 받았으며, 예수 그리스도는 태어난 성부, 고난 받는 성부, 하나님 자신이라는 것이다. 즉, 성부와 성자는 한 품격이고 말씀(logos)은 독자적으로 생존할 수 없다는 것이다. 따라서 동정녀의 자궁 속에서 그 자신의 아들이 되고 고난을 받아 죽고 다시 사신 분은 하나님 자신이다. 이 유일무이한 존재가 자기 자신 안에서 모순되는 속성을 서로 연합하여 보이지 않다가 보였고 고통을 당하지 않다가 고통을 당하였다는 것이다.[128]

　역동적 군주신론을 대표하는 사람이 사모사타의 바울이라면, 양태론적 군주신론을 대표하는 사람은 사벨리우스(Sabellius)였다고 할 것이다. 3세기가 끝난 후에도 사벨리우스라는 이름은 동방에서 양태론적 군주신론을 나타내는 공유적 타이틀이 되고 있었다. 이것은 4, 5세기 서방에서도 비슷했다. 그래서 양태론적 군주신론을 사벨리우스주의라고도 한다. 그는 파문을 받은 후에도 로마에서 양태론자들의 수장의 위치에 있었으며, 히폴리투스가 양태론을 논박하는 글 『모든 이단논박』(Philosophoumena)을 저술했을 때도 로마에 있었다. 215년경 그는 로마에서 활동의 절정기를 맞이하고 있었고, 그때 오리겐도 로마에 있었으며 히폴리투스 편에 서서 논쟁에 가담했었다. 오리겐의 신학은 양태론의 교리 형식에 대한 강력한 반대에서 형성되었다고 할 수 있을 것이다.

사벨리우스의 핵심적인 사상은 성부, 성자, 성령이 하나요 같은 존재라는 것이다. 그는 유일신론에 대한 깊은 관심 때문에 하나님은 한 본질일 뿐만 아니라 한 품격이라고 강조하였다. 그는 "우리는 한 하나님을 믿을 것이냐 세 하나님들을 믿을 것이냐?"를 결단하라고 추종자들에게 재촉하기도 했다. 그는 하나님에 대한 궁극적인 명칭으로 '히오파토르'(hiopatōr)라는 명칭을 쓰기도 한다. 그 뜻은 '아들-아버지'다.[129] 그는 하나님을 '모나드'(monad)와 같은 것으로 생각하여 분리될 수 없으나 다른 세 양태(modes)로 자신을 계시한다고 한다. 그 첫째가 창조주요 입법자(Lawgiver)로서 성부의 프로소폰(prosōpon)이고,[130] 성육신으로 시작하여 승천에서 끝나는 구세주로서 성자의 프로소폰, 마지막으로 정결케하고 생명의 유지자로서 성령의 프로소폰이다.[131] 그러나 그가 이 세 양태(prosōpa)를 연속적인 관념으로 실행했는지는 정확하지 않다. 다만 분명한 것은 세 양태가 다른 본질이 아니라 하나의 같은 본질이라는 것이다. 사벨리우스는 이것을 유비를 사용하여 설명한다. 즉, 한 인간 안에 몸과 혼과 영이 있는 것과 같고, 태양에 빛과 열과 둥근 형태가 있는 것과 같다는 것이다.[132]

사벨리우스주의자들은 자기들의 주장의 정당성을 정통적 경전에 호소하여 입증하려고 했다(신 6:4; 출 20:3; 사 44:6; 요 10:38 등). 그러나 에피파니우스(Epiphanius)는 그들의 이단적 교설이 정통적 경전에서 이끌어 낸 것이 아니라 『이집트 복음서』[133]와 같은 경외서(經外書)에서 이끌어 낸 것이라고 한다. 에피파니우스의 단평은 2세기 특히 이집트 등지에서는 정통 교회 신자 중에서도 오랫동안 비정경적 복음을 사용하고 있었음을 보여준다. 뿐만 아니라 사벨리우스의 그리스도론은 성부수난설과 본질적으로 다르지 않다는 것을 보여준다.

사벨리우스의 교설이 삼위일체의 경세 개념에 비교가 되는 것 같지만, 연속적인 세 형태 교설은 경세 개념과 같지 않다. 왜냐하면 삼위일체의 경세 개념에서는 계시의 세 형태(prosōpa)는 독립적인 본질이기 때문이다. 그러므로 사벨리우스에게는 삼위일체 교설이 없다고 보아야 한다. 그의 교설은 261년경 이단으로 교회에서 거부되었다. 그러나 세 가지 다른 형태로 나타난 모두가 '같은 하나의 본질'이라는 그의 중심 교설은 후대 그리스도론 논쟁에서 정통 그리스도론으로 주장된 '동일본질'(homoousios) 개념의 길을 예비하는 역할을 하였다고 할 것이다.

역동적 군주신론과 양태론적 군주신론 모두 교회에서 이단으로 판단되어 거부되었다. G. 토마시우스는 두 군주신론을 고차적 형식의 에비온주의와 가현설이라고 부르면서 두 군주신론 사이를 흥미 있게 지적한다.

> 전자는 역사적 그리스도의 인격성을 유지하고 그의 본질적 신성을 희생시켰으며, 후자는 그리스도와 성부와의 본질적 일치를 유지하고 인격적 구별을 희생시켰다. 전자는 그리스도의 역사적-인간적 인격으로부터 출발하여 그리스도를 단순한 인간으로 전락시켰으며, 후자는 완전한 신성이 내재하고 있는 천상적인 그리스도로 시작하여 마침내 그의 참된 인간성을 위태롭게 하였다.[134]

이상에서 초기 이단들의 주장을 고찰했다. 그리고 정통 교회는 그들을 이단으로 정죄했다. 그러나 위에서도 언급했듯이 여기 언급한 이단들은 모두 당시 교회가 이단으로 정죄했다는 것을 전제로 한다. 그리고 이단들의 교설에 대한 지식을 우리는 이단들을 공격하고 반대한 정통 교회 신학자들의 반(反)이단 논리에 의존하고 있다. 우리는 그들의 정통을 방어하려는 신학적 노력을 믿고 의존해야 하겠지만, 이단으로 정죄를 받은 본인들의 변증이나 교설을 직접 읽을 수 없다는 아쉬움이 있다. 대부분의 소위 이단들의 교설은 이단으로 정죄되면서 파기되었기 때문에 현존하는 것이 거의 없다. 그들의 진정한 교설이 지금 어느 지하에 묻혀 있는지도 모른다. 그것들이 햇볕을 보게 되는 날, 이단들의 교설에 대한 재평가가 있을 수 있을 것이며 교회사에서 이단 목록은 바뀔 수도 있을 것이다.

III. 교회의 응전

이단들이 비록 교회에서 배척받고 정죄되기는 했지만, 이단들은 그리스도교 신앙을 다양한 방법으로 이해하고 진술하려는 시도였으며, 이 때문에 기존 교회에 대한 도전이기도 했다. 2세기 초 교회가 외부의 박해를 받게 되면서 변증가들에 의해서 신앙에 대한 체계적 진술이 가능해졌다면, 2세기 후반에서 3세기 교회는 이단들의 도전에 자극을 받아 교회 조직을 강화하고, 신학적 교설을 발전시켰으며, 교리와 신조 등을 확립하였다. 영지주의를 비롯한 초기 이단들의 도전에 대한 응전을 통해서 고(古) 가톨릭 시대가 형성된 것이다.[135] 이

시대의 대표적인 신학자들, 그들의 이단 논박의 저술을 통해 밝혀지는 그들의 신학 사상은 다음 장에서 고찰할 것이다.

제2세기 교회는 다양한 이단들의 도전에 신속하고 결정적으로 대응할 만큼 체제화되지도 못했고 조직적인 연결망을 구축하지도 못한 상태였다. 그럼에도 불구하고 우리를 놀라게 하는 것은 지중해 연안의 소아시아, 알렉산드리아 그리고 북아프리카 등의 교회들이 지역에 따라 각기 다른 사상적 기반 위에서도 통일된 방법, 유사한 도구들을 사용하여 이단들에 대응했다는 점이다. 교회들은 '사도적 권위'(apostolic authority)라는 최종적 논증 위에서 신약성서의 정경, 신앙의 규범, 신조 그리고 사도적 전승(apostolic succession) 또는 감독 이라는 도구로 이단들에 대응하였다.[136]

1. 신약성서의 정경화 작업

지금의 신약성서가 '정경'(canon)[137]으로 확정된 것은 4세기다. 그 러므로 2세기 초 교회는 90년 얌니아회의에서 정경으로 채택한 구약 성서와 사도적 권위가 있는 단편적 복음서와 서신들 그리고 구전으로 전해지고 있는 자료들이 이 교회에서 저 교회로 순환되고 있었을 뿐이 었다(골 4:16). 물론 전승되고 있는 문서들에 대한 불분명한 견해와 이견(異見)이 없었던 것은 아니었지만, 아주 초창기부터 일반적으로 사도들의 글과 사도 교부들의 글 중에서 권위 있는 문서로 인정받고 있는 것들이 있었다. 특히 복음서들은 예수의 말씀을 전해주고 있기 때문에 구약성서와 나란히 교회 예배에서 읽힐 만큼 권위가 있었을 것이다. 순교자 저스틴이 증언하기를 "교회 예배에서 구약 예언자들의 글과 '사도들의 비망록'(복음서들)의 일부가 읽히고 있었다"고 한다.[138] 사도 바울의 서신들은 125~150년 사이에 기록된 것으로 추측되는 베드로후서가 기록될 때 존중되고 있었다(벧후 3:16). 이그나티우스는 사도적 글들을 예언자들의 글과 동등하게 인정하고 있었고, 알렉산드리아의 클레멘트는 그리스도인들의 글들을 복음서, 사도서 그리고 예언서들로 나누었으며, 로마의 클레멘트는 그의 『제1서신』(고린도교회에 보낸 편지)에서 "사도 바울의 서신을 손에 집어 들어라"라고 쓰고 있으며, 저스틴은 그리스도인들이 믿는 바, 즉 그리스도의 사도들을 통하여 다시 언급된 것과 예언자들이 우리에게 선언한 음성은 모두 하나님의 음성이라고 단언하였다.[139] 그러나 이단자들도 자기들의 전통과 사상의 정당성의 근거로 사도들의 글을 인용하고 인정한다. 예를 들면 영지주의자 바실리데스(Basilides)는 로마서와 고린도전서를 성서로 인용하고 있다.[140]

그러던 중에 사도들의 글이 이단자들에 의해서 왜곡되기 시작했고 그들에 의해서 교회가 도전을 받게 되자 교회는 그리스도교의 계시를 권위있는 문서로 구별하고, 집성하고 보존하는 일을 중요한 시대적 과제로 인식하게 되었다. 즉, 이단들의 도전에 자극을 받은 정통 교회는 사도적 문서들을 수집하여 신약성서의 정경화 작업을 필수적인 과제로 삼게 되었다. 이때로부터 구전(口傳)은 그 권위를 점차 상실하였다.

교회로 하여금 신약성서의 정경화 작업을 시작하도록 자극을 준 것은 첫째로 마르시온이 그의 대립설에 근거하여 자기의 복음 개념에 일치하지 않는 문서들, 특히 구약성서적인 내용의 책들을 모두 제외시킨 그 자신의 '마르시온 정경'(Canon of Marcion)을 만든 것이다. 이것은 비록 우리가 지금 그의 사상을 이단으로 정죄하고 있지만, 최초의 교회의 신약성서 정경 작업은 그로부터 시작된 것이라고 말할 수 있을 정도로 역사적 의미가 있다. 교회는 그로부터 정경의 개념과 영감을 받은 그리스도교 서적의 목록을 취할 수 있었다. 그리하여 캄펜하우젠은 "그리스도교 성경의 관념과 실재성은 마르시온의 작업이었다. 그리고 그의 작업을 거부했던 교회는 이 작업에 있어서 그보다 앞서지도 못하고 공식적인 관점에서 보면 교회는 단순히 그의 예를 따랐을 뿐이었다"고 하였다.[141] 둘째는 몬타누스주의자들과 같은 '신령한 자들'의 억제되지 않은 열광주의적 계시 주장은 교회로 하여금 그리스도의 말씀과 사도들의 글에 근거하여 그들의 주장을 검토하지 않을 수가 없게 되었다. 사도 바울도 인정한 초대교회의 이 집단들은(고전 14:1-40) 종종 방언과 예언이 개인의 경우 크게 남용되었다. 마르시온의 도전이 교회로 하여금 신약성서의 정경을 만들도록 자극했다면, 몬타누스의 도전은 교회로 하여금 엄격한 표준에 의해서 신약성서의 목록을 작성하게 하여 더 이상의 추가가 없게 하였다고 할 것이다. 이 점에서 보면 신약성서의 정경 작업으로 새로운 계시의 가능성이 억제되었다고 할 수도 있을 것이다. 셋째는 영지주의자들이 주장하는 영지와 같은 비전(秘傳)의 권위 주장에 대해서 교회는 정경을 통하여 가시적인 권위의 도구를 만들어야 했다. 마지막으로 『사도들의 행적』과 같은 외경서(外經書)[142]와 수많은 묵시문학적 저서들이 사도들을 이상하고 황당한 기적을 행하는 사람으로 묘사하고 있기 때문에 교회는 사도들에 대한 인식을 바르게 하도록 해야 했다.

신약성서의 정경의 기본적인 윤곽이 2세기 전반에 확정되었다고 하지만, 문서 선별에 대한 견해가 분명하게 확립된 것은 아니었다.

2세기 중반 후에도 요한복음을 복음서에 포함시킬 것인지에 대한 논란이 있었으며, 이레니우스가 방어한 후 비로소 복음서에 포함될 수가 있었다. 사도행전과 바울의 서신들은 일찍부터 사도적 권위를 인정받았던 것 같다. 400년경까지도 히브리서, 야고보서, 베드로후서, 요한 2, 3서, 유다서 등은 의견의 통일이 되지 않아 서방교회의 정경 목록에 들지 못하였고, 요한계시록은 어느 목록에는 포함되어 있고 어느 목록에는 빠져 있기도 했다. 그 외에도 클레멘트의 제1서신, 바나바서신, 헤르마스의 목양자, 디다케, 바울의 행적 같은 책들은 한때 어느 지역에서는 영감받은 책으로 간주하기도 하였으나 결국은 신약성서 정경 목록에서 제외되었다.

교회가 정경 목록을 작성할 때 가장 중요시한 기준은 '사도성'이었다. 그 당시 교회는 그리스도로부터 복음 전도의 사명을 위임받은 것은 사도들이라는 사실과 그리고 이미 그 권위를 인정받고 있는 구약성서의 저자들에게 역사(役事)한 것 같은 영이 사도들에게도 역사했다는 것을 깊이 인식하고 있었다. 그러므로 정경에 포함될 수 있는 문서들은 그 저자가 사도들이든가 아니면 사도들의 저작과 동등한 영적 가치가 보증될 만큼 그 저자들과 사도들과의 관계가 깊어야 했다. 이것은 역사적 기준과 내적 기준이었다.[143]

정경 작업의 과정에서 마르시온 만이 정경 목록 작성을 시도한 것은 아니었다. 190년경의 것으로 추정되는 무리토리 정경(*Muratorian Fragment*)[144]이 있다. 여기에는 현재의 신약성서 목록이 거의 모두 포함되어 있다. 다만 요한1서, 베드로전후서, 야고보서 그리고 히브리서가 제외되어 있고 베드로계시록과 솔로몬의 지혜서가 포함되어 있다. 2세기 말 시리아 교회의 정경을 대표하는 '페쉬토'(Peshito)에는 현재의 신약성서 중에서 베드로후서, 요한 2, 3서, 유다서 그리고 요한계시록이 제외되어 있다. 2세기 정경에는 네 복음서, 바울의 13개 서신들, 베드로전서, 요한1서 그리고 유다서와 요한계시록이 포함되어 있었다. 그리하여 3세기 초에는 몇몇 교부들에 의해서 신약성서의 정경이 존재한다는 것과 교회에 의해서 수용되었다는 것이 증언되고 있다. 그러나 정경으로서 현재의 신약성서의 목록이 완성된 것은 동방 교회에서는 367년 알렉산드리아의 감독 아타나시우스(c. 296~373)의 축제 서신(*Festal Epistles*)에 처음으로 나타났고, 서방교회에서는 몇 년 후인 393년 북아프리카 힙포와 397년 카르타고 종교회의에서 같은 목록이 출판되었다.[145]

2. 신앙의 규범 및 신조

그러나 우리의 관심은 신약성서의 정경화 과정의 역사 자체보다는 그 역사가 이단의 도전을 받은 교회의 대응을 어떻게 반영하고 있는지에 대한 것이다. 정경이라는 말이 4세기에 와서 27권으로 확정된 신약성서에 적용이 되었지만, 본래 그 개념 자체가 확립된 것은 2세기였다. 2세기 교회는 사도의 권위 위에 기초했다고 주장하는 이단들로부터 사도적 교설을 구별하기 위한 규범이 필요했기 때문이었다. 사실 교회가 사도적 전승(傳承)을 강조하고 신약성서의 정경 작업을 진행했으나, 사도전승은 사도적 권위의 계승으로 교회의 사도성을 보증해 주지만 그것 자체가 정통 교리의 해석이 될 수가 없었으며, 신약성서의 정경 작업도 사도적 저술의 수집이기 때문에 너무 광범위하고 비조직적이어서 그 자체로서는 비정통 교리를 신속하고 정확하게 구별해

내는 데는 충분하지 못하였다. 더욱 이교에서 개종하는 사람들의 수가 증가함에 따라서 교회는 그들에게 교회 생활의 기초를 가르쳐 주어야 했으며 올바른 신앙을 조직적으로 요약하여 진술해 주어야 했다. 이것이 '신앙의 규범'(rule of faith)과 '신조'(creed)를 만들게 된 기본적인 동기였다.

1) 신앙의 규범

이단을 대처하는 데 사용한 가장 중요한 도구가 사도적 권위에 속하는 '신앙의 규범'(regula fidei)이었다. 2세기 후반부터 3세기에 더욱 빈번하게 초대 교부들의 글에 언급되었던 '신앙의 규범'이라는 말을 어떤 의미로 사용했는지에 관해서는 학자들 간에 의견이 다르다. 헤이크(O. W. Heick)는 여러 학자의 견해를 소개한 후에 종합하여 "신앙의 규범은 교회의 온전한 교훈의 근본적인 원리들을 신조 형식으로 요약하여 표현한 것이다"라고 하였다.[146] 사실 그리스도교인 공동체로서 교회가 전승받은 것은 바로 12사도의 교설과 규칙들이었다. 여기서 핵심은 '전승의 표준'(canon of tradition)이다. 넓은 의미에서 이 말은 원래 사도들을 매개로 그리스도에게까지 소급되는 모든 것, 교회의 신앙과 삶에 매우 귀중하여 구약성서와 같이 결코 양보할 수 없는 모든 것을 표현하는 말이었다. 그러나 좁은 의미에서의 그 표준은 예수의 역사와 말씀이다. 그것들이 신앙의 내용을 형성하는 한에서 그것들은 신앙 자체, 곧 그리스도교 진리이며, 이 신앙이 모든 그리스도교인의 본질을 결정하는 한에서 그것은 '신앙의 표준'(kanōn tēs pisteōs)이요 '진리의 표준'(kanōn tēs alētheias)이라고 부를 수 있을 것이

다. 그러나 어느 표현이든 '믿음'(pistis) 자체가 표준임을 나타낸다(유 1:3, 20).[147]

150년경 교회에서 일반적으로 통용되었던 가장 짧은 신앙 형식은 성부, 성자, 성령을 믿는다는 것으로 정의되었다. 그리고 그것은 세례, 주의 만찬 기도 그리고 마귀 축출 등 교회의 엄숙한 의식 때 사용되었다. 이즈음 로마교회는 모든 세례 후보자들이 고백해야 할 신조가 확정되어 있었다. 최근에 발견된 '사도 교훈'(Teaching of the Apostles)에 보면 그리스도인의 삶의 규범을 사도들의 매개를 통하여 예수에게까지 소급되는 것으로 확정하려는 시도가 있었다. 말하자면 150~180년경 사이에 모든 교회는 엄격한 의미에서 사도적인 것으로 생각되는 신조를 확정하려고 했다. 그 중심에는 성부, 성자 그리고 성령의 고백과 예수 그리스도의 케리그마(kerygma)가 자리하고 있었다. 그러나 문제는 사도적 신조를 정확하게 해석하는 일이었다. 왜냐하면 이 길만이 영지주의자들의 공론(空論)과 그리스도교에 대한 마르시온주의자들의 개념을 파괴할 수 있기 때문이었다.

로마교회는 확정된 세례자의 신앙고백 형식이 사도들에게서 전승되었다는 점을 강조하면서 반(反)영지주의적 해석이 '가톨릭 신앙'(fides catholica), 곧 신앙을 위한 진리의 규범이라고 했다. 그러나 로마교회가 성취한 것은 사실상 이레니우스와 터툴리안에 의해서 이론적으로 확립된 것이다. 이레니우스는 세례문답 고백을 반(反)영지주의적인 형식에서 해석하고 표현하면서 '진리의 사도적 규범'(regula veritatis)이라고 선언했다.[148] 그의 논증은 사도들에게 근거한 교회의 신앙을 표현한 일련의 교리들과 교회는 언제나 불변한 사도들의 교훈을 보지(保持)하고 있다는 생각에 근거한 것이다. 그러나 이것은 두 개의 입증되지 못한 억측에 근거한 것이다. 어느 신조도 사도들에 의해서 만들어졌다는 것이 논증된 바가 없다는 것과 교회는 사도들의 교훈을 원형대로 보지하고 있지 않다는 것이다.[149] 이레니우스가 할 수 있었던 일은 원시 그리스도교에 아직도 남아 있는 것을 안전하게 지켜서 그 역사적 정당성을 부여하는 일이었다. 그리하여 '사도적 신앙'(fides apostolica)을 짜 맞추어야 했고, 그것이 이미 존재하고 있는 가톨릭 신앙과 동일하다는 것을 선언해야 했다. 이레니우스가 사도적 진리의 규범 또는 전통의 규범 등의 원칙을 세운 것은 그가 이미 가지고 있으며 확고하게 공식화된 신조에 기초한 것이다. 그리고 그의 역할은 이미 있는 신조에 대한 해석이었다.[150]

하르낙에 의하면 이레니우스의 '사도적 진리의 규범'의 내용은 "하나님의 불변성, 최고의 하나님과 창조주의 동일시, 최고의 하나님과 구약의 하나님과의 동일시, 세계를 창조한 하나님의 아들로서 예수 그리스도의 일체성, 그리스도의 본질적인 신성, 하나님의 아들의 성육신, 예수의 전 역사에 대한 구약의 성령을 통한 예언, 그 역사의 현실성, 몸으로의 그리스도의 승천, 그리스도의 가시적 재림, 모든 육체의 부활, 우주적 심판"[151]이다. 이레니우스가 지적하는 영지주의적 규범의 반대가 되는 이 교설은 결과적으로 사도적 규범(신앙)이 되었고 또한 가톨릭 신앙이 되어 모든 논란을 종식시켰다. 이레니우스에게 있어서 '신앙의 규범'[152]은 전 세계에 흩어져 있는 교회의 신앙, 즉 사도들과 그 제자들로부터 전수받은 신앙을 나타내는 말이었다.[153]

터툴리안은 모든 면에서 이레니우스를 추종하면서 로마교회의 세례문답 고백을 해석하고 그것을 '신앙의 규범'(regula fedei)[154]이라고 설명했다. 터툴리안에 의해서 신앙의 규범은 고백이 되었고, 확고하게 되었으며, 완성되었다고 할 수 있다. 그는 신앙의 규범의 사도적 기원을 강조하면서 그들이 세운 교회의 신앙을 포함한다고 주장하였다. 그의 '신앙의 규범' 개념은 이레니우스의 '진리의 규범'과 같은 것이었다. 왜냐하면 그의 신앙의 규범은 사도들을 통하여 그리스도가 전해준 것이기 때문이다. 이 신앙의 규범은 그리스도인의 정체성의 표준이며 성서를 정확하게 해석하는 길을 지시해 주는 것이다.[155] 터툴리안은 이레니우스보다 신앙의 규범에 대하여 더 명확한 입장을 취한다. 그는 "신앙의 규범에 반대되는 것은 아무것도 모르는 것이 모든 것을 아는 것이다"라고 말한다.[156] 터툴리안은 신앙의 규범을 교회의 '교리의 규범'(regula doctrinae) 또는 '규범의 교리'(doctrina regulae), '훈련의 규범'(regula disciplinae)으로 생각했다.[157] 여기서 분명한 것은 터툴리안에게 있어서 '규범'(regula)은 사실상 '교리'(doctrina)와 다름없었다는 것이다. 사도적 법과 교리(lex et doctrina)는 그리스도인 누구도 어길 수가 없는 것이다. 그에게 있어서 세례문답적 고백은 법(lex)이다. 이것은 군사적인 맹세를 의미하는 '사크라멘툼'(sacramentum)이다.[158] 터툴리안의 신앙의 규범의 내용은 기본적으로 이레니우스와 같으면서도, "무로부터의 우주의 창조, 로고스의 창조적 매개, 모든 피조물보다 로고스의 선재성, 명확한 성육신론, 그리스도에 의한 '새 율법'(nova lex)의 설교, 하나님의 삼위일체적 경세(經世)" 등이 포함되어 있다.[159] 그는 영지주의자들과의 논쟁에서 성서보다도 신앙의 규범을 더 표준으로 삼았다.

그리스도교 메시지의 근본적인 내용을 요약하여 이단에 대응하려고 만든 신앙의 규범은 3세기에 접어들면서 빈번하게 그리스도교 저술가들의 글에 언급된다. 이레니우스와 터툴리안 이후 얼마 지나지 않아 곧 지중해 반대편에 있는 알렉산드리아의 클레멘트(c. 150~215)가 이 말을 사용할 만큼 신앙의 규범은 초대교회에 광범위하게 퍼져 있었던 것 같다. 그러나 신앙의 규범이 초대교회의 넓은 지역에서 지배적인 개념으로 사용되었다는 것은 그만큼 다양한 내용을 담게 되었고 여러 가지 의미로 해석되기도 했다는 것을 암시한다. 그러므로 신앙의 규범은 사도신조와 같이 모든 지역에서 모든 사람이 똑같이 한마디 한마디를 반복해서 고백해야 할 그런 확정된 본문은 아니었다.

2) 세례문답 형식

사도 교부 시대에 이미 성서와 세례문답 형식(Baptismal Formula)은 그리스도교 신앙의 규범으로, 세례문답 형식은 교회가 근거한 신앙을 요약한 것으로 인식되고 있었다. 세례문답 형식은 신약성서 서신들에게서 볼 수 있는 교리적 전승에까지 거슬러 올라갈 수 있다. R. 제베르크에 의하면 사도 바울은 고린도전서 15장 3-4절에서 신앙 형식의 전승을 말하면서 그것은 세례 집행과 특별한 관계가 있으며 고백적 성격이라는 것을 진술하고 있다고 한다. 즉, 세례 지원자들을 위한 교육의 기본을 형성한 고백적 성격이 있는 세례문답적 고백이라는 것이다.[160] 그리고 이미 신약성서에 세례문답적 고백과 관련되어 삼위적 배열이 있었다는 것이다.[161] 그러나 이것은 그 당시에 세례가 삼위일체 하나님의 이름으로 행해졌다는 것을 의미하지는 않는다. 처음에는 그리스도의 이름으로 세례가 행해졌다(행 2:38; 10:48). 그러다가 점차적으로 세례가 삼위일체 하나님의 이름으로 행해졌다는 것을 우리는 사도 후 교부들에게서 발견하게 되며, 130~140년경부터는 삼위일체적 세례문답 형식이 전 교회로 확산되었다. 이와 같은 세례문답 형식의 변경은 이방인들의 개종에 따른 교회의 결정이었다.[162]

　그런데 세례 지원자가 세례를 받을 때, "성부, 성자, 성령을 믿느냐?"는 매우 초보적인 삼위일체적 형식의 세례문답 형식의 질문과 고백이 후에 '고대로마신조'(Old Roman Symbol)[163]의 기초가 되었다. 그리고 이것은 오늘의 '사도신경'의 핵심이 되었으며 이것이 일반적으로 약자 'R'로 표기되는 신조다. 그러나 교회는 이 형식을 새롭게 세례를 받으려는 지원자의 정통성을 확증해 주는 방편으로 사용할 필요성이 있다는 것을 점차 알게 되었다. 그리하여 교회는 히폴리투스가 3세기 초 그의 『사도적 전승』(Apostolic Tradition)에서 인용했던 형식과 매우 유사한 세례문답 형식을 발전시켰다. 히폴리투스가 인용한 형식은 다음과 같다.[164]

히폴리투스의 형식(H)

당신은 전능하신 아버지 하나님을 믿습니까?

당신은 하나님의 아들 그리스도 예수를 믿습니까?

그는 성령에 의해서(by) 동정녀 마리아로부터(from) 낳으시고,

그는 본디오 빌라도에게 십자가에 달렸다가 죽으셨고,

죽은 자로부터 살아(living) 사흘 만에 다시 살아나셨고,

하늘에 오르셔서 아버지의 오른편에 앉으셨다가,

산 자와 죽은 자를 심판하러 오실 것을 믿습니까?

당신은 성령과 거룩한 교회를 믿습니까?[165]

그러나 히폴리투스의 형식을 거쳐 고대 로마신조가 세례문답 형식으로 확정되어 처음 사용된 것은 4세기 안키라의 마르셀루스(Marcellus of Ancyra)와 아퀴레이아의 루피누스(Rufinus of Aquileia)에 의해서였다.[166] 이들의 증거에 기초하여 4세기에 통용되었던 로마신조를 재구성하면 다음과 같다.

> 나는 전능하신 아버지 하나님을 믿습니다.
> 그리고 그의 **독생자(only-begotten)** **우리 주(our Lord)** 그리스도 예수를 믿습니다.
> 그는 성령과 동정녀 마리아에게서 낳으셨으며,
> 본디오 빌라도에게 십자가에 달리셨고 **매장되었다가**,
> 사흘 만에 죽은자로부터 다시 살아나셨고,
> 하늘에 오르셨으며, 아버지의 오른편에 앉으셨다가,
> **그 곳에서(whence)** 그는 죽은 자와 산 자를 심판하러 오실 것입니다.
> 그리고 성령과 거룩한 교회와 **죄의 용서와 육체(flesh)의 부활을 믿습니다.**[167]

3세기 히폴리투스의 형식(H)과 4세기 마르셀루스와 루피누스의 과정을 거친 고대 로마 형식을 비교하면 매우 유사한 것이 눈에 띈다. 두 형식은 모두 일반적인 신조 형식으로 구성되었으며, 그리스도 출생에 대해서도 전 우주적 출생(前宇宙的出生)보다는 성령과 동정녀 마리아로부터 낳았다는 것을 강조한다. 그러나 위 형식문의 밑줄 친 부분에서 보듯이 일치하지 않은 곳도 있다. 첫째 H는 "당신은"으로 시작되어 "믿느냐?"로 끝나는 질문형식이지만 R은 "나는"으로 시작되어 "믿는다"로 끝난다. 즉, 질문형 신조(interrogatory creed)에서 선언형 신조

(declaratory creed)로 바뀌었다. 둘째는 H에는 예수에 대한 표현에서 "독생자"와 "우리 주"가 없다. 셋째는 예수의 출생에 관하여 H는 "성령에 의해서 동정녀 마리아로부터"라고 규정하는데, R는 "성령과 동정녀 마리아로부터"라는 어법을 사용한다. 넷째는 H에는 "죽으셨다"인데, R에는 "죽으셨다"가 없고 "매장되었다"라고 한다. 다섯째는 우리말 번역으로는 어색하지만, H는 R에는 없는 죽은 자로부터 앞에 "살아"(living)가 삽입되어 있다. 여섯째 H와 R 사이에 다시 오심에 대한 논법에 차이가 있다. R는 "그곳에서부터"(from whence)라는 표현을 사용하고 있는데, H는 시제가 없는 분사형 '에르코메논'(erchomenon)을 사용한다. 끝으로 H에는 "죄의 용서와 육체의 부활"이 없다.[168]

R의 형식이 내용 면에서 거의 큰 변화 없이 전승되었다는 것은 3세기 초부터 R의 핵심이 확정되어 있었다는 것을 암시한다. H 형식과 비교해 볼 때, R는 170~180년경에 기본적인 것이 확정되었을 것으로 추정한다. 그런데 고대 로마신조와 동방의 일반적인 신조와의 관계는 매우 복잡한 문제를 야기시킨다. 문제는 동방의 신조들이 고대 로마신조와는 관계없이 독자적으로 형성되고 발전된 것인지 아니면 로마신조가 고대 모든 신조의 기초가 된 것인지의 문제인데, 이것은 현재까지도 학자들 간에 논쟁이 계속되고 있다. 그러나 우리가 기억할 것은 고대 로마신조를 비롯하여 어느 신조도 그 기원에 대해서 확실히 아는 것이 없다는 것이다. 확실한 것은 동방에도 각 지역의 신조가 있었다는 것이다. 예를 들면 가이사랴 신조, 예루살렘 신조, 안디옥 신조, 몹수에스티아 신조, 알렉산드리아 신조, 성 마카리우스 신조, 니케아신조, 콘스탄티노플 신조 등이 있었다.[169]

3) 사도신경 형성

2세기 교회에 도전한 이단 중에서 정통 그리스도인들에게 가장 큰 위협이 된 것은 영지주의였다. 그것은 영지주의자들도 사도 계승을 주장했기 때문이었다. 즉, 그리스도가 승천하기 전 일부 사도들에게 '비밀의 지식'을 전수해 주었는데, 이 지식을 사도들로부터 전해 받은 후계자들이 영지주의자들이라는 것이다. 이와 같은 그들의 주장에 대응하기 위해서 정통 교회는 한편으로 정경 작업을 진행하였고, 다른 한편으로는 정통적 신앙을 확신케 하는 작업을 하였다. 그 결과로 오늘의 '사도신경'이 작성된 것이다. 그러나 그 이름을 '사도신경'이라고 한 것은 사도들에 의해서 작성되었기 때문이 아니라 그 내용이 사도적 전승을 나타내고 따라서 사도적 권위로 영지주의를 비롯한 이단에 대응하려고 했기 때문이었다.

오늘의 사도신경의 근원이 고대 로마신조라고 하겠지만, 두 신조가 전적으로 일치하는 것은 아니다. 현재의 사도신경에는 부가적인 구절이 삽입되어 있기 때문이다. 예를 들면 "하늘과 땅의 창조주", "성령으로(by) 잉태", "고난을 받고", "죽고", "지옥에 내려갔고", "전능하신" 하나님 우편, 거룩한 "가톨릭" 교회, "성도의 교제", "영생" 등이 첨가되었고, "그리스도 예수"를 "예수 그리스도"로, "그곳에서부터"(whence)를 "그때로부터"(thence)로 수정하였다.[170] 그러나 두 신조의 공통점은 영지주의와 마르시온주의를 반대하고 있다는 것과 구성이 삼위일체 신앙에 근거하고 있다는 것이다. 물론 신조들이 삼위일체 교리를 발전시키고 있는 것은 아니다. 신조에는 '한 하나님에 있어서 셋'(three-in-oneness of God)에 관한 설명이 전혀 없다. 신조들의 주된 관심은 하나님이 어떻게 세계와 인간과 관계하고 있는가에 있다. 로마교회가 5세기에 이르기까지 그들의 신조를 원형대로 보전하려고 온 힘을 기울였으나 '공인된 신조'(Textus Receptus)로서 사도신경이 제정되는 과정에서 변화는 불가피했을 것이다.

그런데 로마교회가 사도신경을 세례문답의 고백으로 사용한 것은 5세기까지 만이었고, 그 후 주목할 만한 변화가 일어났다. 5세기경 아리안주의자들인 오스트로고드족(Ostrogoths)이 로마교회를 위협했을 때 이에 반대하기 위해서 사도신경 대신에 '니케아신조'[171]를 사용하기로 결정한 바가 있었으나, 약 300년이 지난 후 상황이 호전되자 로마교회는 다시 사도신경을 세례 의식과 예배에서 사용하였다. 그러나 서방교회보다 약 100년 앞서 니케아신조를 사용해 왔던 동방교회는 서방교회가 다시 사도신경을 사용하게 되었을 때도 서방교회를 따르지 않고 니케아신조를 계속 사용하였다. 이것이 지금도 동방교회가 신앙고백으로 사도신경 대신 니케아신조를 사용하고 있는 역사적 배경이다. 프로테스탄트교회가 신앙고백으로 사도신경을 사용하고 있는 것은 서방교회의 전통을 따르고 있는 것이다.

서방 고올(Gaul) 지방에서 발전된 지금의 사도신경은 로마 밖의 교회들이 본래의 형식에 그들의 상황에 맞는 특별한 의미의 구절을 첨가하여 이루어진 것이다. 그 첨가된 구절들은 이단에 대응하는 데 역사적 의미가 있는 것들이었으며 대부분 초대교회의 여러 지방에서 사용되어 왔던 것들이었다. 이것을 로마교회가 수용한 후 서방교회 전체가 수용하게 된 것이다.

사도신경의 내용 중 초대 그리스도교 사상사와 관계있는 몇 가지만 살펴보기로 한다.[172] 첫째, "전능하신 아버지 하나님"에서 "아버지"는 신약성서 복음서만이 아니라 서신에서도 많이 사용되어 매우 익숙한 용어로,[173] 2~3세기에서도 계승되어 하나님에 대한 고정적인 칭호가 되었다. 아람어의 압바(Abba), 헬라어의 파파(Papa)에 해당하는 용어로 가부장적인 권위 의식에서 쓰여진 용어가 아니라 친근감과 존경 그리고 구원론적인 용어다. 초대교회 교부들의 전통적인 해석에 의하면 '아버지'라는 표현은 삼위일체의 성부와 성자 사이의 특별한 관계를 언급한다. 오리겐은 '아버지'라는 칭호를 하나님께 적용하는 것은 구약성서에 자주 나타나는 것이라고 하면서 완전한 의미에서 하나님을 아버지라고 부를 수 있는 첫 특권을 가진 사람들은 그리스도인들이라고 하며,[174] 저스틴은 "모두의 아버지 주 하나님 그리고 만물의 아버지"라고 언급한다.[175] 이레니우스는 우주의 창조주는 그의 창조 행위에서 나타난 그의 사랑 때문에 아버지라고 불리며, 그의 전능 때문에 주님이요, 그의 지혜 때문에 우리를 만든 분이요 우리의 구원자라고 불린다고 선언한다.[176]

안디옥의 데오필루스(Theophilus)가 하나님을 우주보다 선재하는 그의 존재 때문에 아버지라고 묘사하는가 하면, 노바티안은 "아버지 하나님, 전능하신 주"라는 구절을 "만물의 전적이며 완전한 설립자"라고 그 의미를 설명한다.[177]

우리의 사도신경에 "전능하신"이라고 번역된 헬라어 '판토크라토르'(pantokratōr)는 하나님의 속성을 묘사한 것인데,[178] 그 뜻은 하나님이 무엇이나 할 수 있다는 것이 아니라 '모든 통치'(all-rulling), '모든 주권'을 의미한다. 즉, 창조적인 하나님의 부권, 하나님의 주권과 초월적인 통치권을 의미한다. 본래 헬라어 '판토크라토르'의 기본적이며 2세기 교회에서 통용되었던 의미는 영어의 '올마이티'(almighty)나 라틴어의 '옴니포텐스'(omnipotens)와 같은 뜻이 아니었다. 그런 뜻을 가진 헬라어는 '판토두나모스'(pantodunamos)다. '판토크라토르'는 첫째로 매우 활동적인 언어다. 사상을 전하는데 단순히 그 용량만이 아니라 용량의 실현까지도 함축한다. 그 말은 '전적인 통치', '전적인 주권자'를 의미한다.

이레니우스는 영지주의의 신적 존재에 대한 등급적 계급 이론을 반박하면서 말하기를

> 모든 것을 포함하며 그의 뜻을 따라 모든 것을 창조한 한 분 하나님이든 지, 혹은 다수의 불확실한 창조자들 또는 신들이어야 한다. … 그러나 그것 중 하나는 하나님이 아닐 것이다. 왜냐하면 그것들 각자는 다른 여타와의 비교에서 결함이 있고, '전능'이라는 이름은 수포로 돌아갈 것이기 때문이다.[179]

하나님을 '전능하다'고 하는 것은 안디옥의 데오필루스가 설명하듯이 하나님이 만물을 통치하시고 계획하시기 때문이며 하늘의 높음이나 심연의 깊음이나 세계의 범위가 다 그의 손안에 있기 때문이라고 했고,[180] 오리겐은 "만일 하나님이 지배하는 실체가 없다면 하나님은 전능하다고까지 부를 수가 없다. 결과적으로 하나님이 전능함을 보이기 위해서 우주는 존재해야 한다"[181]고 했으며, 어거스틴은 우리는 하나님이 전능하기 때문에 그로부터 모든 자비를 기대할 수 있다고 한다. 즉, 하나님은 그가 뜻하는 모든 것을 성취하시며 전능하다는 것이다. 하나님이 전능하다는 것을 믿는다는 것은 곧 그가 우주의 창조주라는 것을 믿는 것과 같다는 것이다.[182] 예루살렘의 시릴(Cyril of Jerusalem)의 논평은 주목할 만하다.

> 모든 것을 통치하시는 분, 모든 것에 대하여 권위를 가지신 분이다. 영혼
> 의 한 분 주님이 계시고, 몸의 다른 한 분 주님이 계시다고 말하는 사람은
> 어느 것도 완전하지 않다는 것을 암시한다. 영혼에 대하여 권위를 가지
> 신 분이 몸에 대하여 권위가 없다면 어떻게 그가 전능할 수 있겠는가?
> 몸의 주인인 그가 영혼을 지배하지 못하면 어떻게 전능할 수 있겠는가?
> … 그러나 성서와 진리의 언설(言說)은 그의 능력으로 모든 것을 통치하
> 시는 오직 한 분 하나님만을 알고 있다.[183]

오리겐은 이교 철학자 켈수스에게 대답하는 가운데 하나님은 그의
신성, 그의 선함, 그의 소원에 아무 손상을 입지 않고 모든 것을 행할
수 있으며, 하나님은 조악(粗惡)한 것은 하실 수가 없다고 하면서,
만일 그가 조악한 것을 행하셨다면 그는 더 이상 하나님일 수가 없다고
한다.[184] 아퀼레이아의 루피누스(Rufinus)는 "하나님을 전능하다고 부
르는 것은 그가 모든 것을 능력으로 통치하기 때문"이라고 한다.[185]
그러므로 우리가 "전능하신 하나님을 믿는다"고 고백하는 것은 하나
님이 만물을 지배할 수 있는 힘을 가지고 있다는 것을 고백하는 것이다.
아퀼레이아 신조(Creed of Aquileia)는 양태론적 군주신론에 속한 사벨
리우스주의와 성부수난설에 대응하여 "전능하신" 다음에 "보이지 않
고 고통을 느끼지 않으시는"이라는 구절을 첨가하고 있다.[186] 뿐만
아니라 이교 사상과 대결하기 위해서 동방의 신조들은 "하나님" 앞에
"한 분"(one)이라는 말을 삽입하고 있다.[187]
　"전능하신"은 그다음에 이어지는 "하늘과 땅의 창조주"라는 구절

과 밀접한 관계가 있다. 즉, 동일한 같은 하나님이 영적 세계만이 아니라 물질적 세계도 통치하신다는 것이다. 이 구절은 거의 모든 동방 신조들에 포함되어 있다. 그러나 R 신조에는 이 구절이 없다. 서방 신학자들이 하나님의 세계 창조가 그리스도교와 다른 종교를 구별한다고 가르치고, 루피누스(Rufinus)는 하나님을 "전적으로 모든 것의 저자"[188]라고 표현한 바가 있으나, 사도신경과 같은 구절은 카이사리우스(Caesarius of Arles, d. 542)의 신조에 의해서 증거되고 있다.[189] 서방교회는 '창조'에 대해서 라틴어 '콘디토렘'(conditorem)과 '크레아토렘'(creatorem) 중 선택에 오랫동안 고민하다가 불가타역(Vulgate)이 창세기 1장 1절의 번역에서 후자를 사용한 데 근거하여 크레아토렘으로 확정하게 되었다. 이것은 창조된 물질세계는 악하고 그것을 창조한 신 데미우르지는 선한 하나님과 구별되는 보다 낮은 신이라고 주장하는 영지주의 이단의 공격에 대응한 표현이다. 루이스(C. S. Lewis)는 말하기를 "하나님은 인간이 순전히 영적인 피조물이 되는 것을 의도한 바가 없다. 그는 우리에게 새 생명을 주기 위해서 빵과 포도주와 같은 물질을 사용하신다…"[190]라고 하였다.

둘째, 그리스도에 관한 부분에서 처음에 나오는 "그의 유일한 아들"에서 "유일한"(unicum)은 누가복음, 요한복음 그리고 히브리서에서만 나타나는 표현이다. 그 본래의 뜻은 히브리서 11장 17절의 "아브라함의 외아들 이삭"과 누가복음 7장 12절의 '나인성 과부의 외아들(monogenē)'에서 분명하다. 이 말이 하나님의 아들 됨에 있어서, 아버지와의 친밀성에 있어서, 하나님에 대한 지식에 있어서 예수가 유일무이할 정도로 하나님과 특별한 관계가 있음을 지적하는 경우는 요한문서뿐이다(요 1:14, 18; 3:16, 18; 요일 4:9). 이 "유일한 분"이 하나님의 '아들'

이라는 것인데, 그것은 예수 그리스도의 아버지가 곧 천지를 만드시고 통치하시는 하나님이라는 것을 분명히 하므로 마르시온의 주장을 반박한다.

"성령으로 잉태되어"에서 "잉태되어"(conceptus)라는 표현은 동방의 보다 오래된 신조나 R 신조에는 나타나지 않는다. 이것이 사도신경에 삽입된 것은 4세기 중엽 정통 교회 감독들의 고백에 나타난 것을 누가복음 1장 31절과 35절에 근거하여 삽입하였다. 그러나 사도 교부 이그나티우스 시대에 이미 '성령과 동정녀 탄생'은 케리그마로 인식되었고, 교부들은 이사야서 7장 14절 이하를 그것의 예언으로 확신하고 있었다.[191] 예수의 '동정녀 탄생'은 그의 초자연적 위치를 언급하는 것이 아니라 '하나님의 아들'임을 묘사한 것으로, 한편으로는 에비온주의를 배격하고, 다른 한편으로는 여인에게서 예수가 낳았음을 강조함으로써 가현론자들의 주장을 배격한다. R 신조는 "성령과 동정녀 마리아로부터(from) 나셨다"라고 표현했는데, 사도신경은 "성령으로 말미암아(by) 잉태되었고 동정녀 마리아로부터(from) 나셨다"라고 표현한다. R 신조는 마태복음 1장 20절과 일치한다. 사도신경에서 "마리아로부터 나셨다"라고 할 때 헬라어 '디아'(dia, through)보다는 '에크'(ek, from)를 선호한 것은 그것이 그리스도의 성육신과 그의 삶의 현실성을 더 분명하게 하기 때문이다.[192] 따라서 이 구절은 예수의 죽음의 역사적 사실을 분명히 한 "본디오 빌라도에게 고난을 받고", "죽고",[193] "장사되었다"라는 구절들과 함께 예수의 인간적인 현실적 삶의 실재성을 부인하는 가현론에 반대함으로써 인간 예수에 대한 교회의 확고한 신앙을 표현하고 있는 것이다. 초대 그리스도교회는 인간의 구원을 어떤 비전적(秘傳的) 지식에 의한 것으로 이해하지 않고 역사 안에서의 하나님의 활동에 의한 것으로 이해하였다. 그 하나님의 아들이 시간 속에 들어오셔서 동정녀 마리아에게서 나시고 본디오 빌라도에게 십자가형을 받고 장사되었다는 것이다. 이것은 '영지'가 아니라 '사건'인 것이다.

셋째, "지옥으로 내려가셨다"는 구절이 우리 사도신경에는 생략되어 있으나 원문에는 있다. 이 구절은 R 신조나 동방 신조들에서는 발견되지 않으나 1세기 교회는 성서에 기초하여 그리스도가 죽음과 지옥으로부터 부활 사이에 간격을 두었다는 것을 믿고 있었다. 마태복음 12장 40절 이하에 의하면 예수는 "밤낮 사흘을 땅속에 있겠다"고 하였다. 골로새서 1장 18절과 로마서 10장 7절에서 바울은 그리스도가 죽은 자의 자리까지 내려간 것을 암시하고 있다. 시편 16장 8절이하를 그리스도에게 돌리고 있는 사도행전 2장 27-31절에 나타난 베드로의 설교도 같은 맥락으로 이해된다. 베드로전서 3장 19절과 4장 6절도 주님이 지옥에 있는 영들에게 설교한 것을 암시한다. "내려감"이라는 말은 교부들도 언급하고 있다.[194] 예수는 죽고 장사되어 하데스(hades), 즉 지옥(sheol)까지 내려가셨다. 터툴리안은 이것을 다음과 같이 표현한다. "그는 성서에 따라서 죽은 인간이었고 같은 성서에 따라서 장사 되었기 때문에 우리 하나님 그리스도는 지하의 세계에서 인간적 죽음의 형식을 경험하였으며… 그는 땅 아래 세계까지 내려가기 전에는 하늘로 올라가시지 않았다."[195] R신조의 변형 가운데 하나인 아퀼레이아 신조에는 "지옥에 내려갔다"(descendit ad inferna)라는 표현이 나타난다.[196] 이것은 그리스도가 부활에 앞서 죽은 자의 자리에까지 내려가셨다는 것을 의미한다. 그러므로 이 말이 공식적인 신조에는 사용되지 않았다 해도 교회에서는 일반적으로 사용하고 있었다고 추측된다. 이것이 신조 형식으로 처음 나타난 것은 359년에 만들어진 시르미움 제4신조(The Fourth Formula of Sirmium)이다. 신조는 욥기 38장 17절에서 암시되어 있듯이 주님이 "죽고 지옥에 내려가셔서…"[197]라고 단언한다. 사도신경은 비록 예수가 죄가 없지만 우리의 구원을 위하여 죄인이 내려갈 가장 밑바닥까지 내려가야 했다는 것을 분명히 했다. 결국 이 말이 신경에 들어가게 된 것은 그리스도의 죽음의 현실성을 강조하여 그의 완전한 인간적 경험을 입증하여 가현론을 반대하려는 의도가 강하게 나타난 것이다.

넷째, 마지막 부분에서 "거룩한 가톨릭교회"(sanctam ecclesiam catholicam)가 고백되고 있는데, 그 본래의 의미는 '일반적' 또는 '보편적'이라는 뜻이다. 이 말의 기원은 그리스도교에 있지 않다. 스토아철학의 시조인 제노(Zeno)가 이미 '보편적'(katholika)에 관해서 글을 쓴 바가 있다. 그러나 이 말을 교회의 속성으로 처음 사용한 사람은 2세기 사도 교부 이그나티우스였다. 그는 "그리스도 예수가 있는 곳은 어디나 가톨릭교회가 있듯이 감독이 참석한 곳은 어디나 공동체가 있다"고 하였다.[198] 여기서 이그나티우스는 하나의 정통 교회와 다른 의견을 갖고 있는 공동체 사이의 대립을 생각한 것이 아니라 그리스도에 의해서 방향이 정해진 보편적인 교회와 감독들에 의해서 지배되는 지역교회를 비교하고 있는 것이다. 즉, 지역 공동체는 그 영적 머리인 그리스도와 함께 보편적 교회의 요소를 갖고 있을 때만 실재하고, 생명이 있고 능력이 있다는 것이다. 그래서 예루살렘의 시릴은 "이 공동체가 끝에서 끝까지 전 세계에 두루 퍼져 있기 때문에 보편적이라 불릴 수 있다"고 하였다.[199] 그러나 이 말이 2세기 중엽부터 수많은 이단 종파들과 비교하여 '위대한 교회'를 가리키는 새로운 뜻을 함축하기 시작했다. 이것은 '가톨릭교회'가 정통 교회라는 것을 의미한다. 이와 같은 의미로 처음 사용된 것은 무라토리안 캐논(Muratorian Canon)에 의해서다. 그러나 '가톨릭'이 서방 신조에 처음 쓰인 것은 450년경 남부 고올(Gaul) 지방의 신조였다.

그다음으로 '성도의 교제'(sanctorum communionem)가 삽입된 곳도 고올 지방인 것으로 생각된다. 이 말의 전통적인 해석은 '거룩한 사람들과의 교제'다. 여기서 "성도"(sanctorum)는 좁은 의미로 성자 또는 순교자를 의미하지만, 넓은 의미로는 산 자든 죽은 자든 간에 '신실한 사람'을 의미한다. 그런데 이것이 사도신경에 삽입되었을 때는 '상토룸'보다는 '콤뮤니오'(communio)에 더 중심을 두었다. 왜냐하면 염소도 양도 모두를 환영하는 가톨릭교회를 비판하는 도나투스의 엄격주의에 대응하려고 했기 때문이다. 그러므로 사도신경에 있어서 '성도의 교제'가 '교회'보다 더 중요한 의미를 가지고 있었다. 우리가 거룩한 가톨릭교회를 믿고 그 신앙이 거룩한 교제를 가능케 하기 때문에 우리는 성도의 교제를 기뻐하며, 그래서 부활을 믿고 육신으로 있다 해도 죄의 용서를 믿게 되는 것이다.

토마스 아퀴나스는 "모든 신실한 사람들이 한 몸을 이루기 때문에 한 몸에 속하는 은혜는 다른 사람에게 전달된다. 이러므로 교회에서 '은혜의 나눔'(communion bonorum)이 있게 되고 이것이 우리가 '성도의 교제'라는 말로 의미하는 것이다"라고 한다.[200] 이 성도의 교제를 가장 상징적으로 잘 나타내는 것이 성례전에의 참여일 것이다. 성도의 교제에는 '코이노니아'와 '하기오스'(hagios, 거룩함)가 평행을 이루는 것이다. 거룩이 없는 교제는 이익 공동체를 이루고 교제가 없는 거룩은 위선일 수가 있다. 이 두 요소가 동시적으로 함께 하는 성도의 교제는 하늘의 교제를 가능케 하며 모든 세대의 거룩한 사람들과의 궁극적인 친교를 가능케 한다. 또한 죽은 성도들과의 희망의 교통도 가능케 한다. 이것이 바로 성서에서 말하는 에클레시아(ecclesia)가 뜻하는 것이다.

끝으로 "몸의 부활"(carnis resurrectionem)은 고대 로마신조와 사도신경에 공히 사용되고 있다. 그런데 '몸'으로 번역한 그 말의 라틴어는 '카르니스'(carnis)고, 헬라어로는 '사르코스'(sarkos)다. 직역하면 '육체'(flesh)다. 그러므로 문자적으로 번역하면 '육체의 부활'이라고 해야 한다. 사도 바울은 '몸'(body)이라는 말을 선호한 것 같다(고전 1:15). 그러나 영지주의자들과 마르시온의 주장을 반박하고 정통 신앙을 수호하기 위해서는 '몸'보다는 '육체'라는 용어를 선택해야 했을 것이다.[201] 이 점에 대해서 A. C. 맥기퍼트의 지적은 적절하다. "육체의 부활을 부인하는 사람들에 대하여 많은 그리스도인이 육체의 부활을 이처럼 강조한 것은 물질적 육체의 부활이 없이는 미래의 삶이 불가능할 뿐만 아니라, 현재의 육체가 부활한다는 신앙이 없다면 심판을 위해서 부도덕적이고 순결하지 못한 생활을 하게 될 두려움이 있었기 때문이었다."[202]

4) 사도적 계승의 군주적 감독 제도

여기서는 고대 가톨릭교회 시대에 보다 발전되고 체제 중심적인 감독에 관한 것보다는 초기 이단의 도전에 대응하는 교회에서의 감독의 위치에 관해서 생각할 것이다. K. 호이씨(Heussi)는 "50년경에는 세례와 성령을 받고 예수를 주라고 부름으로써 교인이 될 수 있었으나, 180년경에는 신앙의 규범, 신약의 정경, 감독의 권위를 인정함으로써 교인이 될 수 있었다"고 하였다.[203] 물론 감독(episkopos)과 장로(pres-byteros)의 구별이 없었지만, 신약성서 시대에도 감독은 있었다.[204] 사도 바울은 교회의 영적 지도권이 사도, 예언자, 복음 전하는 자, 목사 그리고 교사들에게 있다고 했다(엡 4:11). 그러나 초기 교회에서 감독-장로의 직분은 정규적인 설교나 교사의 일이 아니고 교회를 감독하는 일(episkopein)이었다. 그들의 위치는 회당의 통치자 또는 관리와 같은 것이었다(고전 14:40; 행 13:15; 눅 4:17,20).

그러나 감독-장로들에게 교회의 건전한 질서유지만이 아니라 신령한 사람들이 하는 일인 건전한 교리를 보존하는 일까지 맡게 되었으며(행 20:28-31; 고전 14:29), 예언자가 부재(不在)할 때는 그의 역할도 하게 되었다(딤전 5:17; 딛 1:9; Didache, 13.3; 15.1-2). 이때 감독-장로는 교리에 정통적이어야 하고 '가르치기를 잘해야' 했다(딤전 3:2). 이렇게 되면서 점차적으로 감독-장로 중에서 한 사람이 감독이라는 칭호를 얻게 되었다.

로마의 클레멘트도 감독-장로의 한 사람이었다. 클레멘트의 편지에 의하면 96년경 로마에서는 감독들이 설교하고 가르치고 성만찬에서 기도하기까지 했다. 클레멘트는 감독을 사도들의 계승자라고 했고, 감독의 권위는 신의 권위에 의해서(jure divino) 예언자보다 우위에 있다고 하였다. 즉, 감독들의 사도 계승권을 말한 것이다.[205] 안디옥의 이그나티우스는 교회에 대해서 처음으로 '가톨릭'이라는 용어를 쓴 사람일 뿐만 아니라 각 교회에서 장로들과 집사들을 감독하는 한 사람의 감독을 언급한 첫 사람이기도 하다.[206] 그는 그리스도와 사도들의 대리자로서 감독과 장로들의 권위를 강조하였다. 그는 보편적 교회가 그리스도에게 그 중심을 두고 있듯이 각 교회는 감독에게 그 중심을 두라고 권고한다. 그것은 감독과 장로에게 속한 각 교회는 그리스도와 사도들에 의해서 인도되는 보편적 교회의 사본(寫本)이기 때문이다.[207] 이그나티우스는 군주적 감독제를 주장한 것이다.

이상에서 우리가 발견하는 것은 로마의 클레멘트는 사도적 계승을 강조했고, 이그나티우스는 감독의 권위를 내세웠다는 것이다. 그러나 이단의 공격에 대응하기 위하여 교회는 군주적 감독제와 사도적 계승 사상을 결합시켰다. 이리하여 군주적 감독은 참된 신앙의 수탁자(受託者)인 사도들의 계승자로 인정을 받게 되었다. 즉, 군주적 감독제는 사도적 계승과 연결되어 감독들은 사도 시대와 그 시대 교회를 연결시키는 연쇄적 고리가 되었다. 이 때문에 감독이 교회의 중심에 있어야 한다. 이그나티우스는 이단에 의한 교회의 분열을 막기 위해서도 감독의 권위를 강조했다. 그는 성만찬에서 교회의 일치를 강조했는데,[208] 그 중심에 감독이 있었다. 2세기에 이르러서 교회는 감독을 사도들의 직접적인 계승자라고 믿게 되었고, 감독들이 사도적 계승을 통하여 사도들의 신앙과 일치하는 신앙을 보지하고 있기 때문에 모든 교회는 사도적이라고 할 수 있게 되었다. 감독은 성서, 신앙의 규범, 세례문답 형식에서 표현된 진리의 수호자였다.

이와 같은 감독직은 초기 반(反)이단 저술가들인 이레니우스와 터툴리안의 시대에 이르러서야 전체 교회에 인정받게 되었다. 이레니우스는 사도 계승의 감독들은 "진리의 확실한 은사"(charisma veritatus certum)를 받은 사람들이고, 이 계열에서 떨어져 나간 자들은 이단자들 또는 분리주의자들이고 진리의 은사에서 떠난 사람들이라고 하였다.[209] 사도들의 교리적 전승이 감독들을 통하여 신앙의 규범이 되었고 신조로 발전하게 되었다. 따라서 감독에 대한 복종은 하나님의 명령에 대한 복종이었다. 그러므로 분파주의는 사도 계승자로서 감독의 권위를 부정하는 것이며 그것은 곧 하나님의 명령을 거역하는 것이 되었다. 감독의 사역 밖에서 사는 것은 하나님의 축복 밖에서 사는 것이 되었다.

이와 같은 감독 이념은 3세기 카르타고의 키프리안의 교회론과 함께 더욱 확고하게 되었다. 그의 교회론은 "교회일치에 관하여"(De ecclesiae unitate)와 "타락한 자들에 관하여"(De lapsis)라는 그의 논문을 통해서 알 수 있다. 그는 교회를 구원의 필수적인 방주로 생각했으며,[210] "교회를 떠나서는 구원이 없다"고 했다.[211] 그에 의하면 교회가 어머니가 아니라면, 하나님은 아버지가 아니라는 것이다.[212] 이와 같은 교회는 진리와 통일이 있는 교회다. 그는 교회의 본질적 특성의 하나가 진리라고 확언하지만, 분파주의자들을 반대하기 위해서 교회의 통일성을 강조하였다. 이 통일성이 감독단(episcopate)에 있다는 것이다. 그에 의하면 감독들은 사도들과 그들의 권위를 계승했으며 그것은 그리스도가 사도들에게 직접 준 것과 같은 것이다.[213] "감독은 교회 안에 있고 교회는 감독 안에 있으며, 감독이 없는 곳에 교회는 없다"라고 했다.[214] 키프리안에 의해서 감독이 교회의 중심에 위치하게 되었으며 비록 키프리안이 의도하지 않았다고 해도 시간이 지나감에 따라서 그의 교회론과 감독권에 대한 이념은 교회를 감독 중심 체제로 만드는 원인을 제공하였다고 할 수 있다.

갈등과 혼란에 빠졌던 2세기 교회는 감독을 중심으로 한 교회의 조직과 제도화, 신앙의 본질들을 요약한 신조의 형성 그리고 성서의 정경화 작업으로 인해서 새로운 발전의 계기를 마련하였다.

미주

1 W. Walker, *A Hist. of the Christian Church* (New York: Charles Scribner's Sons, 1959), 57에서 재인용.

2 Alister E. McGrath, *Heresy: A Hist. of Defending the Truth*, 홍병룡 옮김, 『그들은 어떻게 이단이 되었는가?』(서울: 포이에마, 2011), 54에서 재인용.

3 J. L. González, *The Story of Christianity*, vol. I, 58에서 재인용.

4 위의 책, 59.

5 David Christie-Murray, *A Hist. of Heresy* (Oxford, Oxford U. Press, 1976), 1-2.

6 H. E. W. Turner, *The Pattern of Christian Truth: A Study in the Relations Between Orthodoxy and Heresy in the Early Church* (London: Mowbray, 1954), 239-378.

7 Larry W. Hurtado, *Destroyer of the gods*, 이주만 옮김, 『처음으로 기독교인이라 불렸던 사람들』(경기: 이와우 도서출판, 2017), 133.

8 Alister E. McGrath, 홍병룡 옮김, 앞의 책, 79-80.

9 James D. G. Dunn, *Unity and Diversity in the New Testament: An Inquiry into the Character of Earliest Christianity*, 2nded. (London: SCM Press, 1990), 1-7. Alister E. McGrath, 앞의 책, 84에서 재인용.

10 위의 책, 82-84.

11 위의 책, 88.

12 David Christie-Murray, 앞의 책, 3에서 재인용.

13 Alister E. McGrath, 앞의 책, 59.

14 위의 책, 291.

15 위의 책, 254; John Henry Newman, *An Essay on the Development of Christian Doctrine* (New York: A Division of Doubleday & Compamy, 1960).

16 Michael Goulder, "A Poor Man's Christology," *New Testament Studies*, 45 (1999): 332-348; Alister E. McGrath, 앞의 책, 163, n. 15.

17 위의 책, 164-166. K. 바르트도 에비온주의가 예수를 영웅적 인간이나 하나님께 입양된 인간으로 해석하는 것을 비판한다(Karl Barth, *Church Dogmatics* (Edinburgh: T&T Clark, 1957-1975), vol. I, 402-403). Alister E. McGrath, 앞의 책, 166에서 재인용.

18 Larry W. Hurtado, *Lord Jesus Christ: Devotion to Jesus in Earliest Christianity* (Grand Rapids, MI, Eerdmans, 2003), 155-214.

19 Jerome, *Letters*, 112.

20 에비온주의에 대해서는 『기독교대백과사전』(서울: 기독교문사, 1984) vol. XI, 230-238; James Hastings, ed., *Encyclopaedia of Religion and Ethics* (Edinburgh: T&T Clark, 1981), vol., v, 139-145를 참조할 것.

21 이 내용은 세라피온이 로쑤스 교회(church of Rhossus)에 보낸 편지 속에 있다. 이 편지를 유세비우스가 인용하였다. (HE., 6. 12. 3-6). 세라피온은 이 편지 외에 몬타니즘을 반대하는 편지를 폰타우스와 카리쿠스에게 보냈다. 편지에서 그는 "소위 이 거짓된 새 예언을 전 그리스도교 교회가 증오하고 있다"고 하였다(J. Quasten, vol. I, 앞의 책, p.283).

22 교문사, 『기도교대백과사전』, vol., I, 177.

23 Clement of Alexandria, Stromata, 2. 3; Alister E. McGrath, 앞의 책, 173에서 재인용.

24 Irenaeus of Lyons, Adv. haer., 1. 26. 4; Alister E. McGrath, 위의 책, 177에서 재인용.

25 Ignatius, Trall., 10-11; Eph.,7; Smyr., 2. 3.

26 Ignatius, Smyr., 1-7.

27 Ignatius, Poly., 3.

28 Ignatius, Eph., 7.2; J. Quasten, 앞의 책, 65-66.

29 Polycarp, Phil., 7.1-2; 기독교문사, 『기독교대백과사전』, vol.I, 178-179.

30 Justin Martyr, Dial., 35; 43.

31 David Christie-Murray, A Hist. of Heresy, 25.

32 Alister E. McGrath, 앞의 책, 174에서 재인용.

33 위의 책.

34 P. Tillich, 앞의 책, 33.

35 Clement of Alex.,『테오도투스로부터 인용』(Excerpta ex Theodoto), 78.

36 Justin, Against Marcion(이 글은 상실되어 현존하지 않고, 이레니우스가 그의 글 Adversus haereses, 4. 6. 2에 인용하고 있고 그리고 유세비우스가 언급하고 있다. HE., 4. 11. 8ff). Irenaeus, Adversus haeresus;Tertullian, Adversus Marcionem ; Adversus Valentinianos; Hippolytus, Philosophummena(Refutatio omnium haeresium라고 함). 이레니우스의 Adversus haeresus에서 '이단'은 '거짓 영지'를 말한다. 대부분의 영지주의 문헌은 상실되었고, 콥트어로 번역된 몇 가지 문헌이 보존되고 있을 뿐이다. 예를 들면 Pistis Wisdom, Gospel of Thomas, Gospel of Truth. 영지주의와 초대 그리스도교에 관한 참고서로는 Robert M. Grant, Gnosticim and Early Christianity(Oxford U. Press, New York: 1960)가 있다.

37 Irenaeus, Adv. Haer., 1. 21. 1; 1. 11. 1.

38 Hippolytus, Refutatio., 5. 6; Irenaeus, Adv. haer., 1. 25. 5; 1. 6. 1.

39 오르페우스교는 기원전 7세기경, 고대 헬라 세계에 퍼져 있던 비밀 의식을 행하는 밀교(密敎)다. 오르페우스가 교조(敎祖)이며, 중심 가르침은 인간 영혼이 사악한 육체에 사로잡혀 긴 윤회의 업(業)이 계속되기 때문에 금욕 생활을 통하여 구원을 받아야 한다는 것이다. 인간은 죽은 후 보상과 형벌을 받게 되는데 이 보상과 형벌을 받은 후에 인간 영혼은 해방이 된다.

40 카발라는 신비적 체험에 내포되어 있는 위험을 피하기 위해서 안내자가 교리와 의식을

전수하여 준다는 점에서 구전 전승이다. 유대교의 기본 교리는 모세의 율법을 지키는 것이지만, 카발라는 하나님에게 직접 접근하는 방법을 알려주며 신비적 명상을 통해 하나님의 보좌를 황홀경을 통해 체험하는 것을 강조한다.

41 Eusebius, *HE.*, 4. 22. 오리겐에 의하면 그는 자신을 신 18:18에 예언된 메시아로 자처했으며 안식일을 엄격히 지킬 것을 강조했다(*Contra Cel.*, 6. 2.).

42 시몬은 빌립의 전도로 예수를 믿게 되고 세례를 받았으며 성령을 돈으로 사려고 했다가 베드로에게 비난을 받았을 때 겸손하게 받아들였다(행 8:13-24).

43 R. Seeberg, *Dogmengeschichte*, vol. I, 228; Harold O. J. Brown, *Heresies: Heresy and Orthodoxy in the Hist. of the Church*, 라은성 옮김,『교회사에 나타난 이단과 정통』(서울: 도서출판 그리심, 2001), 114에서 재인용.

44 영지주의의 배경에 대해서 David Christie-Murray, 앞의 책, 23-26.

45 Otto W. Heick, *A Hist. of Christian Thought*, vol. I, 68.

46 영지주의 구원론에 관해서는 A. Nygren, tr. by P. S. Watson, *Agape and Eros*, 293 이하를 참조할 것.

47 Irenaeus, *Adv. Haer.*, 1. 6. 2.

48 George P. Fisher, *Hist. of Christian Doctrine*, 54.

49 이상의 영지주의 개념들에 관해서는 J. N. D. Kelly, *Early Christian Doctrines* (London: Adam & Charles Black, 1969), 22ff; B. Hägglund, tr. by Gene J. Lund, *Hist. of Theology* (St. Louis: Concordia Publishing House, 1968), 36ff. J. L. González, 앞의 책, 128ff를 참조.

50 Otto W. Heick, 앞의 책, 68.

51 A. Harnack, *History of Dogma*, vol. I, 227-228.

52 O. W. Heick, 앞의 책, 75.

53 Anders Nygren, *Agape and Eros*, 289-290.

54 위의 책, 304.

55 위의 책, 305.

56 Justin Martyr, *1Apol.*, 26; Alister McGrath, 앞의 책, 193에서 재인용.

57 F. L. Cross, ed., *The Oxford Dictionary of the Christian Church* (London: Oxford U. Press, 1971), 854.

58 Epiphanius of Salamis,『약 상자』(*Panarion*), 42.1-2, Alister McGrth, 앞의 책, 102, 199. 이 책 이름은 이단의 독을 응급치료하는 약상자를 의미하는 것이기 때문에『이단』으로 번역되기도 한다.

59 Tertullian, *Adv. Valentinianos*, 4. 1.

60 그는 140년경 로마에서 가르쳤던 시리아의 영지주의자다. 그는 주장하기를 창조주 하나님은 모세의 율법에 계시되었으며, 히브리 예언자들을 예수 그리스도의 아버지(Father)와 구별했으며, 몸이 아니라 영혼만이 부활한다고 주장했다. 마르시온은 그의 제자 중 한 사람이다

(Irenaeus, *Adv. haer.*, 1. 27; 3. 4; Tertullian, *Adv. Marcion*, 1. 2. F. L. Cross, *The Oxford Dictionary of the Christian Church*, 259).

61 Irenaeus, *Adv. haer.*, 1. 27. 1.

62 위의 책, 3. 3. 4.

63 A. Harnack, 앞의 책, vol. I, 267-269.

64 J. L. González, 앞의 책, 61.

65 Tertullian, *Adv., Marcionem*, 4. 36.

66 Tertullian, *De carne Christi*, 4.

67 이상은 A. Nygren, *Agape and Eros*, 317-320 참조.

68 그리스도 복음의 '새로움'의 아가페 동기를 노모스 동기에 조화시키려는 시도를 거부하는 성서적 전거로 마르시온은 눅 5:36-39의 말씀을 선택했으나 오히려 "인자가 안식일의 주인"(마 12:1-8)이라는 말씀을 전거로 선택하는 것이 더 적합했을 것 같다.

69 A. Nygren, 앞의 책, 322.

70 위의 책, 323-325.

71 Tertullian, *Adv. Marc.*, 1. 6. 1; 1. 19. 2.

72 위의 책, 4. 36. 11; 5. 5. 9.

73 갈라디아서, 고린도전후서, 로마서, 데살로니가전후서, 에베소서, 골로새서, 빌립보서, 빌레몬서.

74 J. Pelikan, *The Christian Tradition: A Hist. of the Development of Doctrine* (Chicago: The U. of Chicago Press, 1971), vol. I, 79.

75 Tertullian, *Adv. haer.*, 1. 15. 6.

76 Tertullian, *De carne Christi*, 5.

77 Irenaeus, *Adv. haer.*, 3. 16. 1.

78 A. Nygren, 앞의 책, 326.

79 위의 책.

80 그러나 그리스도교의 심판 사상은 예수의 하나님 나라 선포의 중심에 있다. 하나님 나라는 구원과 심판과 함께 선포되었다. 하나님의 아가페 계시는 동시에 하나님 나라의 도래를 의미한다. 그러므로 인간의 삶을 총체적으로 사랑의 심판 아래 있다. 하나님의 아가페는 불가피한 선택 (either/or)을 가지고 인간을 대면한다(A. Nygren, 앞의 책, 102).

81 Ignatius는 그의 서신에서 예수가 '참으로' 마리아에게서 낳으셨고, '참으로' 빌라도에게 고난을 받았고, '참으로' 십자가에서 죽으셨다고 하였다. 즉, 한 문장에서 '참으로'를 세 번이나 썼다(Ad., *Trall.*, 9). 이것은 가현론에 대한 비판적 표현이다.

82 Irenaeus, *Adv., haer.*, 1. 27. 2; 1. 27. 3.

83 Justin Martyr, *1Apol.*, 1. 26.

84 몬타누스는 '성령'을 어떤 의미로 사용했는가? 문자적으로 받아들일 것이 아니라 하나님 의 이름으로 주어진 신탁(神託)으로 해석해야 한다는 주장이 있다. 그러나 후기 몬타누스주의자

들은 몬타누스와 성령을 동일시했다. 몬타니즘의 공헌은 삼위일체 교리보다는 '성령'에 대한 관심을 불러일으킨 데 있을 것이다.

85 그러나 몬타니즘에 관한 중요 자료는 터툴리안이 몬타누스주의에 가담했을 때 쓴 작품들, 예를 들면 『금식에 관하여』(*De ieiunio adversus psychicos*), 『겸손에 관하여』(*De pudicitia*), 『황홀에 관하여』(*De ecstasy*) 등과 Epiphanius의 『약 상자』(*Panarion*), 48-49 그리고 Eusebius, *HE*., 5. 14-19 등이다.

86 초기 몬타누스주의자들은 결혼을 거절했다고 한다(Hans Lietzmann, *The Founding of the Church Universal*, New York: Charles Scribner's Sons, 1950, 260-261). 터툴리안 도 재혼을 반대했는데, 그렇다면 이것은 몬타니즘 발전 과정에서 후기에 속한다고 볼 수 있다.

87 Eusebius, *HE*., 5. 16. 7.

88 Epiphanius, *Panarion*, 48. 4; 48. 11. 에피파니우스는 315년경 팔레스타인 가자 지역 근처에서 태어났으며 이집트 수도원 운동의 열렬한 지지자였다. 367년 키프로스 감독들은 수도 살라미스(Salamis)의 감독으로 그를 선출했다. 제롬에 의하면 그는 헬라어, 시리아어, 히브리어, 콥틱어 그리고 약간의 라틴어를 알고 있었다(*Adv. Rufini*, 2. 22). 그는 열렬한 정통 신앙 옹호자요 전통주의자였다. 그는 형이상학적인 사색을 반대하며, 390년경 예루살렘에서 반(反)오리겐 설교를 했으며, 그를 비롯한 알렉산드리아의 은유적 성서 해석이 모든 이단의 뿌리라고 했다. 소위 오리겐 논쟁을 일으켰다(Epiphanius, *Panarion*, 64). 오리겐 논쟁 때 그는 제롬 편에 서서 예루살렘의 존과 피누스를 반대했다. 정통 신앙을 수호하고 반(反)이단 작품으로 중요한 것은 『굳건한 정통 신앙인』(*Ancoratus*)과 『약 상자』(*Panarion*)이다.

89 Epiphanius, *Panarion*, 48. 12; 49. 1.

90 이 운동의 확산은 171년경 히에라폴리스의 감독 아폴리나리우스(Apollinarius)가 몬타누스 운동에 반대했고, 177년에는 리용(Lyons)의 감독 이레니우스가 그의 글 Adversus haereses에서 몬타누스 종파를 반대하는 글을 쓴 것으로 반증이 된다.

91 Justin, *Dial*., 39. 82. 88; *2Apol*., 6; Irenaeus, *Adv. haer*., 1. 13 .4; 2. 31. 2 등.

92 Irenaeus, *Adv. haer*., 3. 11. 9. '알로기'는 170년경 소아시아에서 몬타누스주의를 강하게 반대한 단체인데, 성령과 로고스의 신성을 부인하였다. 그 이름은 '비이성적'이며 로고스 를 '믿지 않는 자들'이라는 이중적 의미로 사용되었다.

93 Epiphanius, *Panarion*, 48. 2.

94 Eusebius, *HE*., 5. 17. 1.

95 Epiphanius, *Panarion*, 48. 1-8; Eusebius, *HE*., 5. 16. 9.

96 군주신론(Monarchianism)에 대한 고전적 참고문헌의 하나는 A. Harnack, *History of Dogma*, vol. III, 1-118이다.

97 David Christie-Murray, *A Hist. of Heresy*, 38-39.

98 A. Harnack, 앞의 책, 1-2.

99 로고스 그리스도론을 반대하는 사람들을 '알로기'(Alogi)라고 한다. 이들은 몬타누스주의자들이 주장한 '진리의 영' 뿐만 아니라 요 1:1 이하에 가장 먼저 발출한 로고스 그리스도론도

거부하였다. 군주신론도 로고스 그리스도론을 반대했기 때문에 '알로기'라는 말이 그들에게 붙여졌다. A. Harnack, 앞의 책, 9, n.1.

100 Tertullian, *Adv. Praxean*, 3.

101 A. Harnack, 앞의 책, 21.

102 Eusebius, *HE.*, 5. 28-29.

103 Hippolytus,『모든 이단논박』(*Philosophumena, Refutatio omnium haeresium*), 그가 222년경에 쓴 대표적인 저작이다.

104 하르낙은 주로 '양자론적 군주신론'이라고 한다(*Hist. of Dogma*, vol.III, 14ff. G. P. Fisher는 '인성론적 군주신론'(Humanitarian M.)이라고 하였다(*Hist. of Christian Doctrines*, 99).

105 A. Harnack, 앞의 책, 37-38.

106 B. Hägglund, tr. by G. J. Lund, *Hist. of Theology* (St. Louis: Concordia Publishing House, 1968), 71.

107 A. Harnack, 앞의 책, 44에서 재인용.

108 위의 책, 42.

109 Hippolytus, *Philosophumena*, 7. 35-36; Eusebius, *HE.*, 5. 28-29; Epiphanius, *Panarion*, 54-55.

110 A. Harnack, *Grundriss der Dogmengeschichte*, 48; Otto W. Heick, *A Hist. of Christian Thought*, vol. I, 149에서 재인용.

111 히폴리투스(Hippolytus, c.170~236)는 3세기 초부터 로마에서 살았고 활동한 장로다. 헬라어로 글을 썼으며 다양한 관심과 많은 저서는 동시대인 오리겐에 비교할 만했다. 212년경 오리겐이 로마교회를 방문했을 때 그는 히폴리투스의 설교를 들었다고 한다. 그는 오늘날까지도 성자로서 교회의 존경을 받지만, 첫 반(反)교황자가 되었고 235년에 막시미누스(Maximinus)의 박해 때 유배되어 사망했다. 그는 로마 출신도 아니고 라틴 태생도 아니었다. 그의 놀라운 헬라 철학의 지식과 헬라의 신비적 종교 의식에 대한 그의 친숙함은 그가 동방에서 로마에 왔음을 보여준다. 그의 로고스 교리는 헬라 신학자들과 관계가 있으며, 알렉산드리아의 신학과 연관되어 있다. 히폴리투스는 노에투스, 사벨리우스 등이 주장하는 양태론적 군주신론(성부수난설)을 격렬하게 반대하면서 종속론적 로고스 교설에 찬동했다. 그의 중요한 반(反)이단 문서는 *Syntagma*, 『모든 이단을 반대하여』다.

112 Hippolytus,『모든 이단논박』(*Philosophumena*), 9. 7. 헤라클리투스는 이른바 전(前) 소크라테스 철학자다. "같은 강물에 두 번 들어갈 수 없다"는 말로 유명하다. 그는 고정불변한 것은 없다고 주장한다. 선이나 악, 위로 향하는 길이나 아래로 가는 길, 생과 사, 각성(覺醒)과 수면(睡眠), 젊음과 늙음이 모두 같은 것이라고 한다. 그것은 이것이 전화(轉化)하여 저것이 되고 저것이 전화하여 이것이 되기 때문이다. 생성의 원리는 "다툼"이다. 모든 생각, 말, 행위에는 범례(範例)가 있는데 이것을 '로고스'로 이해한 것 같다. 그는 스토아철학자의 아버지다.

113 A. Harnack, *Hist. of Dogma*, vol.III, 52-56.

114 Tertullian, *Adv. Praxean*, 3. 변증가 저스틴 시대에 이미 로고스가 성부와 '수적으로 다른 어떤 것'이라는 가르침에 반대하는 이론이 있었다(Justin, Dial., 128.3). 비판자들은 신성에서 나온 권능은 다만 구두나 명칭만으로만 구별되고 있을 뿐 성부 자신의 투영이라고 주장하였다.

115 히폴리투스는 그를 양태론 이단의 설립자라고 한다(*Philosophumena*, 9. 6). 노에투스의 교훈에 대한 대부분의 우리의 지식은 그를 반대한 동시대인 로마의 장로 히폴리투스(c.170~236), 격렬하게 반대한 터툴리안 그리고 4세기 에피파니우스(Epiphanius, c. 315~403)에 의존한다. 히폴리투스는 *Philosophumena*과『모든 이단을 반대하여』(*Syntagma*)에서, 터툴리안은『프락세아스 논박』(*Adversus Praxean*)에서 그리고 에피파니우스는『군건한 정통 신앙인』(*Ancoratus*)과『약 상자』(*Panarion*)에서 주로 취급하고 있다. 성령의 발현(發現)에 관하여 그는 대 바질과 같이 성령은 성자로부터도 발현된다고 하였다(*Panarion*, 74. 4; *Ancoratus*, 7. 5).

116 Hippolytus, *Philo.*,9. 7.

117 위의 책, 9. 10.

118 Hippolytus, *Syntagma*(c. Noetus), 1과 2.

119 A. Harnack, 앞의 책, vol. III, 63-64에서 재인용.

120 노에투스는 230년경까지 정죄되지 않았던 것 같고, 그가 정죄된 것은 로마에서 논쟁이 끝난 후 소아시아에서였다.

121 Hippolytus, *Syntagma*, 1.

122 J. N. D. Kelly, *Early Christian Doctrines*, 120과 A. Harnack, 앞의 책, 63 등.

123 Hippolytus, *Phiosophumena*, 9. 7; A. Harnack, 위의 책, 68, n. 1.

124 Hippolytus, 위의 책, 9. 12. A. Harnack, 위의 책.

125 Hippolytus, 위의 책, 9. 12. A. Harnack, 앞의 책, 57-58. 히폴리투스는 출신과 교육으로 영향력이 있는 소수 추종자들에 의해서 반(反)감독(교황)으로 선출되었다. 그리하여 로마교회는 한때 칼리스투스(217~222), 히폴리투스(217~235), 우르반(Urban, 222~230), 폰티아누스(Pontianus, 230~235) 등 감독들이 공존하였다. 그리하여 황제 막시미누스 트락스(Maximinus Thrax, 235~238)가 폰티아누스와 히폴리투스를 유배에 처했다. 히폴리투스는 유배지에서 사망했다(235).

126 Tertullian, *Adv. Praxean*, 1. 터툴리안은 프락세아스의 주장을 '성부수난설'이라고 하였다.

127 Tertullian, 위의 책, 29.

128 Tertullian, 위의 책, 7. 10. 14. J. N. D. Kelly, 앞의 책, 121.

129 Hilary of Poitiers(c. 315~365), *De Trinitate*, 4. 12. 사벨리우스는 이 용어로 하나님의 단 하나의 품위를 확언하려고 사용한 것이다.

130 헬라어 'prosopon'은 '얼굴', 연극배우가 특정한 인물을 연출하기 위해 쓰는 '마스크', '표현', '나타남', '현존', '개체적 특성'등을 나타내는 단어다. 삼위일체론과 그리스도론 논쟁에서 중요한 용어였다.

131 Epiphanius, *Panarion* (*Haereses*), 62. 1.

132 Otto W. Heick, 앞의 책, 151; J. N. D. Kelly, 앞의 책, 122; R. Seeberg, 앞의 책, 168; B. Hägglund, *Hist. of Theology*, 72; A. Harnack, 앞의 책, 85 등.

133 『이집트 복음서』(*Gospel of the Egyptians*)는 1945년에 발견된 나그함마디 문서 (*Nag Hammadi library*)에 포함되어 있는 영지주의 문서 중 하나다. 그러나 '발렌티누스주의 와는 달리 2~3세기 그리스도교 영지주의의 중심 추세였던 '세트주의'(Sethianism)에 뿌리를 두고 있다. 『콥트어 이집트 복음서』(*Coptic Gospel of the Egyptians*)라고도 하지만, 정확한 명칭은 『위대한 불가시적 영의 거룩한 책』(*Holy Book of the Great Invisible Spirit*)이다. 『헬라어 이집트 복음서』(*Greek Gospel of the Egyptians*)와 그 내용이 전혀 다른 이 책은 이집트에서 기록되었을 것이지만, 그 이름은 아담의 셋째 아들 셋(창 4:25)과 이집트의 폭력, 무질서, 폭풍 등 악의 신인 세트(Set) 사이에서 만들어진 연결에 근거한 것이다. 헬레니스틱 유대인 철학에서 기원했다.

134 G. Thomasius, *Die Christliche Dogmengeschichte*, vol.I, 168-9. Otto W. Heick, 앞의 책, 147에서 재인용.

135 고(古) 가톨릭 시대(Old Catholic Age,170~325)라 함은 변증가들 이후의 시대, 즉 초기 이단들의 도전을 받고 이에 대응하기 위해서 교회가 신학, 교리를 형성하고 조직을 강화하며 정경 작업을 시작한 시대다. 제5장을 참조할 것.

136 J. L. González, *A Hist. of Christian Thought*, vol. I, 149.

137 '자'(尺), '표준' 등의 의미가 있는 캐논이라는 말이 2세기에는 '교회법', '신앙의 규범'에 적용되었으나 공인된 성서를 지칭하는 것으로 처음 사용된 것은 363년 라오디기아회의에서와 알렉산드리아의 아다나시우스(Athanasius, c. 296~373)의 The Festal Letters에서다(367년).

138 *1Apol.*, 57. 3. J. L. González, 앞의 책, 151에서 재인용. 그러나 저스틴의 『제1변증서』 57. 3에는 그와 같은 말을 발견할 수가 없다.

139 Ignatius, *Phil.*, 9; Clement of Alex., *Strom.*, 3. 455; 5. 561; 6. 69; 7. 757; Clement of Rome, 1Epstle, 3; Justin, *Dial.*, 119 등.

140 Hippolytus, *Philosophumena*, 7. 13, 15.

141 Hans von Campenhausen, tr. by L. A. Baker, *The Formation of the Christian Bible* (Philadelphia: Fortress, 1972), 148. Roger E, Olson/김주한 · 김학도 옮김, 앞의 책, 156에서 재인용.

142 복음서 외경서: 베드로복음서, 도마복음서, 바나바복음서, 빌립보복음서, 안드레복음 서, 나사렛사람들복음서, 가룟유다복음서 등; 사도행전 외경서: 베드로행전, 바울행전, 도마행전, 빌립보행전, 바나바행전, 마가행전 등; 서신 외경서: 바나바 서신, 사도서신 등; 계시록 외경서: 베드로계시록, 바울계시록, 도마계시록, 동정녀계시록 등이 있다.

143 이상의 내용에 대해서는 Otto W. Heick, 앞의 책, 82-84. J. L. González, 앞의 책, 151-152. R. C. Walton, *Chronological and Background Charts of Church History*, 고덕상 옮김, 『차트 교회사』 (서울: 기독교문서선교회, 1990), 14-15.

144 이 명칭은 18세기 이탈리아 밀라노에서 문헌목록을 발견하여 출판한 이탈리아 학자 로도비코 안토니오 므라토리의 이름을 딴 것이다.

145 Bruce L. Shelley, *Church Hist. in Plain Language* (Dallas: Word Publishing, 1995), 66; G. P. Fisher, *Hist. of Christian Doctrine*, 74-75.

146 헤이크가 소개하는 바에 의하면 "단순히 세례받을 때 하는 고백"(Theodore Zahn), "성서에 의해서 보충되고 해석된 반(反)이단적 고백"(J. Kunze) 또는 "세례문답 형식에 대한 교회의 해석"(F. Kattenbusch) 등이 있었다(Otto W. Heick, 앞의 책, 85).

147 A. Harnack, *Hist. of Dogma*, vol. II, 20-21. 서머나와 다른 소아시아 지역에도 비슷한 신조가 있었던 것으로 전해지고 있다.

148 이레니우스의 주저인 *Adversus haereses*에서 '이단'은 주로 영지주의를 지칭한다.

149 '신앙의 규범'에 관한 가장 오래된 글은 보존되어 있지 않다(Eusebius, *HE.*, 5. 26).

150 A. Harnack, 앞의 책, vol. II, 26-27.

151 Irenaeus, *Adv. haer.*, 1. 10. 2. 이레니우스에 있어서 '진리의 규범'은 '신앙의 규범'이었다. A. Harnack, 위의 책, 29.

152 Irenaeus, *Adv. haer.*, 1. 31. 3.

153 Irenaeus, 『사도 가르침의 논증』(*Exideixis*), 3; *Adv. haer.*, 3. 10. 1.

154 영지주의를 반대하기 위하여 '신앙의 규범'의 길을 연 사람은 이레니우스이다.

155 Tertullian, *De praescriptioe haereticorum*, 13 또는 37; Apologeticum, 47. 10.

156 Tertullian, *Apol.*, 14. 5.

157 Tertullian, *De praes. haer.*, 14 그리고 21. A. Harnack, 앞의 책, 29-31에서 재인용. 터툴리안의 시대 북아프리카 카르타고에서 사용된 것은 로마교회의 세례문답 고백이었다.

158 A. Harnack, 위의 책, 30-31.

159 Tertullian, *De praes haer.*, 13; *Adversus Praxean.*, 2.

160 롬 6:3-4; 히 10:22-23; 엡 4:5-6; 벧전 3:21; 딤전 6:12 등. R. Seeberg, *The Hist. of Doctrines* (Michgan: Baker Book House, Grand Rapids, 1978), vol. I, 36.

161 고전 12:4; 고후 13:13; 롬 15:16, 30; 엡 2:19-22; 5:19; 살후 2:13-15; 유 20-21; 벧전 1:2; 2:5; 5:4; 히 10:29-30; 요 14:15-17; 15:26; 16:13-16 등(R. Seeberg, 위의 책).

162 그리스도의 이름으로 세례가 행해졌다는 것: Ignatius, *Trall.*, 9. 1-2; *Smyr.*, 1. 1-2; *Magn.*, 9; *Rom.*, 6. 1 등; 삼위일체 이름으로 행해졌다는 것: Tertullian, *Apol.*, 1. 61; *Didache*, 7. 1 등.

163 신조(Creed)라는 의미로 '심볼', 즉 '표식'(symbol)이라는 용어가 사용되게 된 근원에 대해서는 J. N. D. Kelly, *Early Christian Creeds*, 52-61를 볼 것.

164 J. N. D. Kelly, 위의 책, 114.

165 J. L. González가 인용하고 있는 히폴리투스의 인용문은 원문과 다르다. 원문에는 "육체의 부활"이 없고 "거룩한 교회"로 끝난다. "육체의 부활"은 4세기 안킬라의 마르셀루스와 아퀘레이아의 루피누스에게서 나타난다. González, *A Hist. of Christian Thought*, vol. II, 154와

J. N. D. Kelly, *Creeds*, 114 비교. R 형식에는 "육체의 부활"이 있다.

166 마르셀루스의 인용은 Epiphanius, *Panarion*, 72.3에 보전되어 있으며, 루피누스의 인용문에 대해서는 *A Select Library of Nicene and Post-Nicene Fathers of the Christian Church* (2ndseries; New York: ChristianLit. Co., 1890), 이후 NPNF로 표기함. III, 541 이하에 있음.

167 헬라어와 라틴어 원문은 A. C. McGiffert, *The Apostle' Creed :Its Origin, Its Purpose, and Its Historical Interpretation* (New York: Charles Scribner's Sons, 1925), 42-43에 있음. 라틴어 원문은 Kelly, Creeds, 102에 있음.

168 H와 R의 비교문은 J. N. D. Kelly, 앞의 책, 114-115. 고대 로마신조에 대한 설명은 100-166을 참고할 것.

169 J. N. D. Kelly, 앞의 책, 181-193, 215, 297 등.

170 위의 책, 114의 R 신조와 369에 있는 사도신조의 라틴어 역과 영역문을 비교하라. 369-397.

171 그 내용에 대해서 Kelly, Creeds, 215-216을 볼 것.

172 여기서 우리가 인식해 둘 것은 신경에 사용되고 있는 용어들이 신경이 대응하고 있는 이단보다 먼저 쓰였다고 해서 신경이 이단을 반대하기 위해서 작성되었다는 것을 부인하는 이유가 될 수 없다는 것이다.

173 고전 1:3; 갈 1:3; 엡 6:2; 빌 2:11; 살전 1:1; 벧전 1:2; 요일 2:15; 요이 3장; 유 1 등.

174 Origen, 『기도에 관하여』(*De oration*), 22.

175 Justin, *1Apol.*, 12. 61.

176 Irenaeus, *Adv. haer.*, 5. 17. 1.

177 Novatian, *De trinitate*, 1.

178 고후 6:18; 계 1:8; 4:8; 11:17; 15:3; 16:7; 21:22. Justin, *Dial.*, 139; Irenaeus, *Adv., haer.*,1. 3. 6; 2. 35. 3; 4. 20. 6; Clement(Alex.), 『잡록』(*Stromata*), 7. 2. 7; 7. 2. 8; 7. 3. 6; Hippolytus, *Contra Neotum*, 8 등.

179 Irenaeus, *Adv. haer.*, 2.1.5.

180 Theophilus of Antioch, 『아우톨리쿠스에게』(*Ad Autolycum*),1. 4.

181 Origen, *De principiis*, 1. 2. 10.

182 Augustine, *Sermons*, 213, 214.

183 Cyril of Jerusalem, *Catecheses*, 8. 3. J. N. D. Kelly, *Creeds*, 137에서 인용.

184 Origen, *Cont. Celsum*, 3. 70; 5. 23 등.

185 Rufinus of Aquileia, *Commentarius in symbolum Apostolorum*, 5. Kelly, Creeds, 138.

186 아퀼레이아 신조 원문은 J. N. D. Kelly, 앞의 책, 174에 있음. "invisibili et impassibili."

187 예를 들면 가이사랴 신조는 "우리는 전능자 아버지 '한 분' 하나님을 믿는다"라고 했고,

예루살렘 신조, 안디옥 신조, 몹수에스티아 신조 등에도 '한 분'이 첨가되어 있다(J. N. D. Kelly, 앞의 책, 182, 183, 184,187 등).

188 Rufinus of Aquileia(d. 410), *Commentariua in symbolum Apostolorum*, 4.

189 이 신조의 원문은 Kelly, *Creeds*, 179를 볼 것.

190 Bruce L. Shelley, *Church Hist. in Plain Language* (Dallas: World Publishing, 1995), 55에서 재인용.

191 Ignatius, *Eph*.,18. 2; *Trall*., 9; *Smyr.*, 1; Justin, *1Apol.*, 33; Irenaeus, *Adv. haer.*, 3. 21. 1 등.

192 Kelly, *Creeds*., 376. Otto W. Heick, 앞의 책, 90.

193 이그나티우스는 그리스도가 "본디오 빌라도 통치 때 우리를 위하여 육체에 못이 박힌 것이 사실이다"라고 한다(*Smyr.*, 1).

194 Ignatius, *Magn.*, 9; Polycarp, *Ad. Philipp.*, 1; Irenaeus, *Adv. haer.*, 4. 27. 2; 5. 31. 1.

195 Tertullian, *De testimonio animae* (*Testimony of the Soul*), 55(LCC.,II, 862f).

196 Kelly, *Creeds*, 174.

197 eis ta katachthonia katelthonta, 헬라어 원문은 Kelly, 위의 책, 289-290을 볼 것.

198 Ignatius, *Smyr.*, 8.

199 Cyril of Jerusalem, *Catecheses*, 18. 23. Kelly, *Creeds*, 385에서 재인용.

200 J. N. D. Kelly, *Creeds*, 394에서 재인용.

201 Tertullian, *De carne Christi*, 1; *De carnis resurrection*과 *Adv., Marcionem*, 4.37; 5.7.9-10; Irenaeus, *Adv. haer.*, 2.29; 5.1.18 등.

202 A. C. McGiffert, *The Apostles' Creed* (New York: Charles Scribners Sons, 1902), 42ff. Otto W. Heick, *Hist. of Christian Thought*, vol. I, 91에서 재인용.

203 K. Heussi, W. Walker, *A Hist. of Christian Church* (1959), 57에서 재인용.

204 감독과 장로의 구별은 없었지만, 전자는 기능을 나타내는 말이고 후자는 지위(status)를 나타내는 말이라고 할 것이다(딤전 1:1,2; 행 20:28; 빌 1:1; 딛 1:7; 벧전 2:12, 25 등).

205 *1Clement*, 41 이하.

206 Ignatius, *Smyr.*, 8. 2.

207 Ignatius, *Trall.*, 2. 1; 3. 1; *Magn.*, 2; *Smyr.*, 8; *Eph.*, 6 등.

208 Ignatius, *Philadel.*, 4.

209 Irenaeus, *Adv. Haer.*, 4. 26. 2.

210 Cyprian, *De unit. eccl.*, 6.

211 Cyprian, *Ep*, 73. 21 (*ANF*, 5:384).

212 Cyprian, *De unit. eccl.* 6 (*ANF*. 5:423).

213 Cyprian, *Ep*, 33.

214 J. L. González, *A Hist. of Christian Thought*, vol. I, 249.

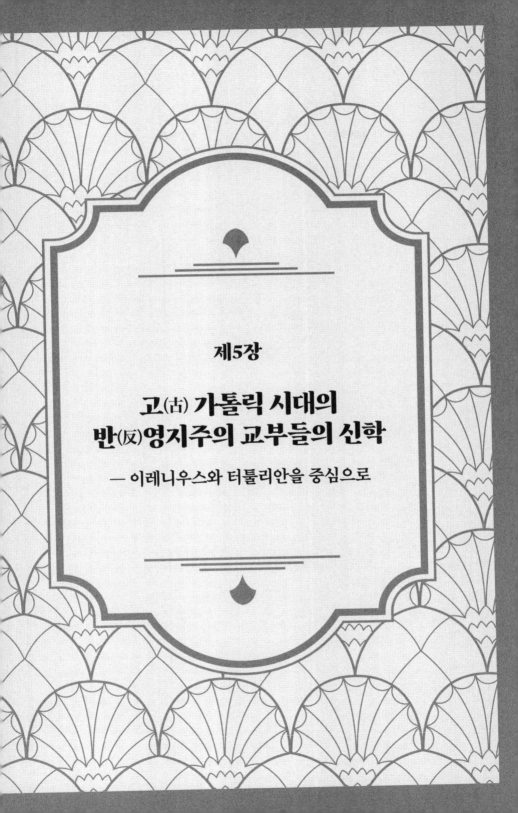

제5장

고(古) 가톨릭 시대의
반(反)영지주의 교부들의 신학

— 이레니우스와 터툴리안을 중심으로

I. 시대

　헬라 변증가들 이후의 고 가톨릭 시대(170~325)는 니케아공의회 이전 시대다. 이때 영지주의를 비롯하여 그리스도교 신앙을 위협하는 여러 이단의 교리에 대응하여 신학이 형성되었다. 이 시대를 대표하는 신학자들은 소아시아 학파에 속하는 이레니우스(Irenaeus, c. 135~200)와 히폴리투스(Hippolytus, c. 170~236), 알렉산드리아학파에 속하는 알렉산드리아의 클레멘트(Clement, c. 150~215)와 오리겐(Origen, c. 185~254) 그리고 북아프리카 학파에 속하는 터툴리안(Tertullian, c. 155~220)과 카르타고의 키프리안(Cyprian, d. 258) 등이다.[1] 고 가톨릭 시대 다음을 보편적 가톨릭 시대(325~787)라고 한다.

　고 가톨릭 시대의 신학자 중 이레니우스와 터툴리안은 반(反)영지주의 신학자를 대표한다. 그러므로 본 장에서는 이레니우스와 터툴리안을 중심으로 이 시대의 반(反)영지주의 신학 사상을 고찰할 것이다. 앞 장에서도 경우에 따라서 단편적으로 언급했지만, 2세기 후반부터 3세기 초의 신학 사상에는 영지주의의 위협에 대응하는 교회의 투쟁의 흔적들이 다양하게 나타나 있다. 그러므로 이 시대의 신학자들의 신학적 신앙적 진술에는 영지주의자들과의 논쟁적 상황이 그 배경에 있었다. 예를 들면 영지주의자들의 가현론적인 관념론 때문에 반(反)영지주의 교부들은 하나님의 창조 신앙이 신학의 중심에 있으면서 인간론, 그리스도의 성육신론 그리고 몸의 부활을 강조하였다. 이것은 후대 교회에서 구원의 교리가 핵심적이었던 것과는 다른 것이다. 그렇다고 반(反)영지주의 신학자들에게 구원론이 전혀 없었다는 것은 아니다. 터툴리안의 사고가 '노모스'(nomos) 유형인 것도 바울의 의인(義認)

개념을 반(反)율법주의적이라고 비판했던 영지주의가 그 배경에 있었다.

II. 이레니우스의 신학

1. 생애

이레니우스(Irenaeus of Lyons, c. 130~200)는 2세기에 있어서 가장 중요한 신학자이지만, 그의 출생 연도에 대해서 정확하게 알지 못한다. 그가 죽을 때 그는 남 고올 지방 리용(Lyons)의 감독이었다. 그는 소아시아 지방의 서머나에서 출생한 듯하다. 왜냐하면 그는 한 편지에서 어릴 때 서머나의 감독 폴리캅의 설교를 들었다고 쓰고 있기 때문이다.

> 내가 아직 소년이었을 때… 나는 폴리캅이 앉아서 논쟁하는 장소, 그의 삶의 특징, 몸의 형세, 그의 강화, 주님을 본 요한과 다른 제자들과의 교제와 그들의 말에 대한 기억, 그가 제자들로부터 들은 주님에 관한 일들의 기억, 그들의 기적과 가르침의 기억, 폴리캅이 생명의 말씀의 목격자들로부터 그것들을 어떻게 받아들였는지, 모든 것이 성서에 일치한다고 전하는 것을 하나님의 은혜를 통해 열심히 들었습니다….[2]

그의 서신에 의하면 이레니우스는 요한의 제자로 알려진 폴리캅을 통하여 사도 시대에 접한 것 같다. 이레니우스는 170년경 리용으로 이주하여 정착하면서 그곳 이주민 교회의 장로가 되었고 177년경에는 리용의 감독이 되었다. 동방 소아시아 출신으로 서방 리용에서 사역을 한 그는 동서방교회의 가교 역할의 적임자였다. 그는 190년경 로마의 감독 빅토르(Victor)가 부활절 날짜 문제로 소아시아 교회 지도자들과 의견 충돌이 생기자 그들을 출교하려고 위협하였을 때 이 논쟁에 적극 개입하여 중재하려고 했다.[3] 그는 "평화를 만드는 자"(eirēno-poios)라는 평을 들을 정도로 투쟁보다는 화해를 도모했다.

그의 신학에 대하여 쿠르츠는 "요한의 사역을 계승하고 있으며 성서에 대한 확고한 이해, 굳건한 믿음, 조정적인 입장, 그러나 이단자들과는 격렬한 논쟁을 하는 경향이 있다"고 하였다.[4] 헤이크(O. W. Heick)는 니그런의 신학적 방법론에 근거하여 니케아 이전의 신학자 중 가장 대표적이라 할 수 있는 세 사람의 사고 유형을 흥미 있게 분석한다. 소아시아 학파의 이레니우스는 '아가페 유형'이고 알렉산드리아학파의 오리겐은 '에로스 유형'이며 북아프리카 학파의 터툴리안은 '노모스(nomos) 유형'이라는 것이다. 이 세 사람이 대표하는 학파의 상호 관계에 대해서도 헤이크의 분석은 흥미롭다. 알렉산드리아학파의 오리겐은 로고스의 사색적 개념을 그리스도교 신학의 원리로 사용하여 그리스도교를 철학의 수준으로 전락시키는 것을 겨우 면했으나 자신은 순리주의(純理主義)의 미로에 빠졌으며, 터툴리안은 하나님과 영혼까지도 실체화하려고 하는 현실주의에 빠졌다면, 이레니우스는 철저한 성서 중심주의와 건전한 전통 그리고 그리스도 중심의 신학으로 두 극단적인 위험을 피하였다고 한다.[5]

이레니우스는 성서와 전통에 의해서 증거가 된 사도 교훈을 신앙의 규범으로 받아들이면서 그것을 지키려고 하였다. "우리는 성서의 평이한 가르침과 그것을 개략적으로 구체화시킨 신앙의 규범에서 벗어나지 않는다"고 말한다.[6] 이레니우스의 신학은 2세기 그리스도교 정통 신앙을 요약하고 영지주의 이단으로부터 그 신앙을 방어하였다고 할 것이다. 이 점에서 그를 '가톨릭 교의의 아버지', '가톨릭의 정수 (soul)'라고 하는 데 무리가 없을 것이다.

2. 신학 사상

1) 주요 저작 개요

그는 자기의 모국어인 헬라어로 수 권의 책을 썼지만, 불행하게도 두 권만 남아 있고 다른 저서들은 단편으로만 현존한다.

(1) 『이단논박』(Unmasking and Refutation of the False Gnosis, Adversus haereses)

이 책의 헬라어 원명은 *Elegchos kai anatropē pseudōnumou gnōseōs* 이지만 일반적으로 『이단논박』이라고 부른다.[7] 이 글은 이레니우스의 사상을 이해하는 데 있어서 가장 중요한 저서로 평가받고 있다. 그러나 구성된 헬라어 원본은 없고 단편들만 남아 있다. 그러나 비록 매우 문자적이지만 북아프리카에서 번역된 전체의 라틴어역이 있고, 5권 중 4권과 5권의 아람어역과 23편의 시리아역의 단편들이 현존한다. 라틴어 역본은 어거스틴도 그의 책 『그리스도교 교리』(*De Doctrina Christiana*, 396)에서 사용하였다. 이 책은 발렌티누스(Valentinus) 영지주의 체계를 알고 싶어 하는 친구의 요구로 쓰였는데, 구성은 크게 두 부분으로 나누어졌다.

제1부는 영지주의 이단을 탐지한다. 비록 이 부분은 한 권에 불과하지만 시몬 마구스로부터 시작하여 중요한 영지주의자들의 이름을 열거하면서 이들 상호 간의 관계를 밝히므로 영지주의 역사를 개관하고 있어서 그 역사를 이해하는 데 매우 귀중하다. 중간중간 논쟁을 곁들여 설명하는 과정에서 이레니우스는 특히 발렌티누스와 그의 제자들의 체계에 더 집중한다.[8] 그것은 발렌티누스 영지주의 교리를 알고 싶어 하는 친구의 요청이 있었기 때문이었다. 이렇게 영지주의의 교리가 허황된 비밀인 것을 폭로한 이레니우스는 제2부(제2~5장)에서 영지주의를 논박한다.

제2권에서는 발렌티누스와 마르시온주의자들을 이성으로 논박하고, 제3권은 이 작품에서 가장 중요한 부분으로, 영지주의의 비전적(秘傳的)이며 환상적(幻想的)인 사변을 '복음'과 '전통'을 통해서 논박한다. 그는 영지주의자들의 허황된 교설을 논박할 역사적인 사건들이 복음에 나타나 있다고 한다. 영지주의자들이 새롭고 추가적인 계시를 주장하는 데 대해서 그는 그리스도가 가르치고 사도들의 손을 통해 전승되지 않은 그 어떤 것도 계시일 수가 없다고 논박한다. '전승'은 감독들의 계승을 통하여 사도들에게까지 소급되는 진리를 말한다. 이와 같은 논박의 중심적 신학적 주제는 교회의 신론과 그리스도론이다. 제4권에서는 주의 말씀과 구약의 예언자들의 말로 영지주의를 논박한다. 그가 성서에 기초하여 영지주의를 논박할 때 그는 구약성서를 배격하고 우의적으로 해석하는 것을 논박하며, 구원이 창조와 연관이 없다는 주장과 구약의 하나님과 지고(至高)의 하나님이 동일하지 않다는 주장에 대해서도 신·구약성서의 연속성을 주장함으로 논박한다. 이것을 현대 학자들은 유형론적 주석이라고 한다.[9] 제5권에서는 종말, 특히 모든 영지주의자가 부인하고 있는 육신의 부활과 천년왕국설을 취급한다. 여기서 이레니우스는 천년왕국론자임을 나타낸다.

이 책은 전반적으로 저스틴의 『변증서』에 비하면 일관성 없고, 잘 짜이지 않았으며, 사상적으로도 통일되지 못한 약점이 있다. 그것은 저자가 책을 간헐적으로 집필하면서 경우에 따라서 추가하고 첨가하기도 했기 때문이다. 이레니우스는 자료를 균질적(均質的)으로 구상하는 데 크게 관심을 갖지 않았던 것 같다. 그는 멋있는 문학 작품을 만들려는 뜻이 없었다. 그는 스스로 말하기를 자기는 "조잡한 통용어를 사용하는 데 익숙해 있고 배우지도 않은 수사학적 표현에는 익숙하지 않다. 책을 훌륭하게 구성하여 아름답고 설득력 있게 구성하는 일을 한 일도 없다… 그러니 내가 단순하고 정직하고 꾸밈없이 여러분들에게 쓰고 있으니 친절한 마음으로 받아 주기 바란다"고 한다.[10] 그럼에도 불구하고 그는 정통 교회의 교리를 단순하고 분명하고 확신 있게 서술하려고 노력했던 것 같다.

이레니우스는 영지주의 교설을 서술하기 위해서 영지주의자의 글을 폭넓게 읽었으며 앞선 교회 저술가들의 글에도 친숙했던 것 같다.[11] 특히 안디옥의 데오필루스(Theophilus)의 『반 마르시온 논문』은 영지주의에 대한 이레니우스의 지식과 신학에 가장 중요한 자료였을 것이다. 불행하게도 이 논문이 지금은 남아 있지 않지만, 이레니우스가 글을 쓸 때는 현존했던 것이다. 이레니우스는 독창적인 신학자는 아니었다. 그는 정통 교회 교리의 해설자요 영지주의 이단의 공격에 대한 방어자였다. 그러나 그의 저술은 초대교회의 영지주의 체계와 신학을 아는 데 가장 중요한 자료가 되고 있다. 이후 터툴리안을 시작으

로 모든 반(反)이단(영지주의) 저술가들은 이레니우스의 글에 의존하였다.[12]

(2) 『사도적 가르침의 논증』(The Demonstration of the Apostolic Teaching, Epideixis)

보통 『에피데이키스』라고 부르지만, 헬라어 원명은 *Epideixis tou apostolokou kērygmatos*다. 역사가 유세비우스에 의해서 알려졌으며 1904년 아르메니아 역본이 발견된 후 1907년에 편집되었고 영역본도 있다.

이 책은 이미 믿는 자들의 신앙을 강화하기 위한 교리문답적인 교훈서이며 동시에 변증적인 책이다. 그러나 직접적인 논쟁은 피하면서 구약성서의 구절로부터 복음이 진리임을 증명하려고 한 책이다. 그래서 그의 다른 작품 『이단논박』보다 조직적이다. 그렇다고 이 책에서 독창적이고 창의적인 신학을 찾는 것은 헛된 일이다. 이레니우스는 사도적 교회로부터 전수된 신앙의 해설자이지 창의적·사변적 신학자이기를 원하지 않았다.

이 작품은 두 부분으로 나누어졌다. 이 책을 쓰게 된 동기에 대한 서론적인 소견이 있은 후(1~3장) 제1부(4~42장)는 그리스도교 신앙의 본질적인 내용을 다룬다. 즉, 군주신론, 삼위일체론, 창조와 인간의 타락, 성육신과 구원 그리고 세례 등이다. 제2부(42~97장)는 구약성서의 예언으로부터 그리스도교 계시가 진리라는 증거를 제시하며 그리고 다윗의 자손, 그리스도, 주님, 하나님의 아들, 십자가의 영광 그리고 하나님 나라 등 그리스도론적인 주제들을 다룬다.[13] 이레니우스는 논한다.

> 만일 예언자들이 하나님의 아들이 땅에 나타날 것을 예언했다면, 만일
> 그들이 하나님의 아들이 땅에 어떻게 무슨 방법으로 자신을 현현할 것인
> 지를 예고했다면 그리고 만일 주님이 그에 관하여 예언된 모든 것을 지녔
> 다면 그에 대한 우리의 신앙은 확고하며 우리의 설교는 참되어야 한다.
> 즉, 참이란 하나님에 의해서 보냄을 받고 하나님의 아들이 고난을 받고
> 죽고 부활하므로 겪은 희생을 전 세계에 설교한 사도들의 증언이다.[14]

2) 신론

우리는 그의 신론을 이해함에 있어서 그는 결코 새로운 신학 지식을
위한 사변적 신학자가 아니라는 것과 성서적 신앙에 대한 교회의 가르
침을 확립하는 것이 주목적이었다는 것을 전제로 해야 한다. 다음과
같은 그의 말은 그가 철저히 실제적 종교관을 가지고 있음을 보여준다.

> 하나님에 관해서 많은 것을 알고 많은 경험을 얻었다고 상상하지만, 그
> 런데도 오히려 하나님을 모독하고 적이 되는 것보다 사랑을 통해서 하나
> 님에게 가까이 오면서도 아무것도 모르는 것이 인간에게 더 유익하다.[15]

이레니우스의 하나님 이해는 알지 못하는 지고의 하나님과 창조의
신, 곧 데미우르지 사이를 철저히 구별하는 영지주의자들의 에이온
(aeon) 계층 이론에 대한 논박에서 형성되었다. 즉, 세상의 창조주는
가장 높은 하나님과 다른 분이라는 거짓 영지의 근본적인 교설과의

투쟁에서 형성되었다. 그것은 영지주의자들의 결정적인 오류이며 그리스도교 신론에 대한 결정적인 도전이기 때문이다. 그는 처음부터 끝까지 철저하게 하나님은 한 분이고 동시에 창조주요 구속주라고 주장한다. 율법과 복음을 준 하나님은 같으며 동일한 하나님이다.[16] 이것이 이레니우스의 신론의 핵심이다. 그는 말한다.

> 우리는 가장 우선되는 전제, 곧 하나님이 창조주(demiurgo dei)라는 전제에서 출발해야 한다. 그 하나님이 하늘과 땅 그리고 그 가운데 만물을 만드셨다. … 우리는 그 하나님보다 초월적이고 앞선 것이 아무것도 없다는 것을 보여주어야 한다. … 왜냐하면 그만이 하나님이고 그만이 주님이며 창조주이고 아버지이며 홀로 만물을 포함하고 만물을 존재하게 하기 때문이다.[17]

이 하나님을 믿는 것이 그리스도교 신앙의 제1조다. 하나님의 절대성과 그 하나됨을 믿는 것이 가장 중요하다는 것이다. 그 하나님이 전체 빛이고 모든 지식이며 온전한 로고스요 모든 활동적인 영이시다. 이 하나님은 피조물이 아니고 출생하지 않았으며, 볼 수 없고, 한 분 유일하고, 우주의 창조주인 것이다.[18] 이 하나님이 만물을 창조하실 때 그는 '무로부터'(ex nihilo) 그의 말씀과 지혜 혹은 영으로 창조 행위를 하셨다.[19] 여기 사용된 '무로부터'라는 말은 하나님의 창조 방법을 묘사하는 것이 아니라 창조 이전에는 어떤 물질도 없었다는 것을 의미한다. 이것을 구약성서는 "땅이 혼돈하고 공허하며 어둠이 깊음 위에 있고…"라고 표현했다(창 1:1). 심연(abyss)은 무(無)다. 여기에 하나님과 인간의 다름이 있다. 인간은 이미 있는 재료로만 만들 수 있으나(유로부터 창조), 하나님은 그렇지 않다. 그러므로 하나님이 인간보다 우월하다. 인간도 하나님의 피조물이다. 하나님의 창조물을 통하여 우리는 그에 대한 충분한 지식을 얻을 수 있다.[20] 이 세상에 존재하는 것들은 반드시 존재의 원인이 있는데, 그 원인 중의 원인이 하나님이다. 이 점에서 하나님은 '제일원인'(prima causa)이다. 여기서 '원인'은 인과 관계적 개념이 아니며, '제일'은 양적인 개념에서 쓰인 것이 아니라 모든 원인의 근거(ground)라는 개념이다. 하나님은 창조적 근거요 존재 자체라는 것이다. "하나님은 만물의 시작이다. 그는 누구로부터도 유래하지 않았고 만물이 그로부터 왔다⋯. 이 만물 가운데 세상이 포함되어 있고 그 세상 안에 인간이 있다."[21]

이 창조의 하나님이 바로 구원의 하나님이다. 이레니우스의 신 개념은 영지주의자와의 대결에서 매우 구체적이고 생생하게 되었다. 창조하고 구원하시는 하나님은 정적인 존재가 아니라 동적인 존재다. 행동적인 하나님이다(God who acts). 정의롭고 자비하신 살아있는 하나님이다. 그러므로 이 하나님은 논리적 대상이 아니라 생존적 대상이다. 우리는 삶에서 하나님을 만나야 한다. 복음은 현실적 삶에서 만난 하나님 이야기다.

그러나 하나님의 본질은 이해할 수가 없다. 우리의 지식은 상대적이고 하나님은 절대적 존재이기 때문이다. 그러므로 우리가 사용하는 하나님에 관한 용어는 상징적인 것이다. 그렇다면 하나님을 어떻게 알 수 있는가? 이레니우스에 의하면 하나님은 사변을 통해서는 알 수가 없고 오직 하나님 당신의 실존적 계시를 통해서만이 알 수가 있다는 것이다. "하나님 없이 하나님을 알 수가 없다."[22] 이것을 P. 틸리히는 "하나님은 결코 우리의 인식의 대상이 아니다. 하나님은 모든 인식에 있어서 인식의 주체이며, 우리 안에서 그리고 우리를 통해서 자기 자신을 인식한다. 하나님만이 자기 자신을 알 수 있다. 우리는 다만 그 인식에 참여할 수 있을 뿐이다…"라고 표현한다.[23] 하나님은 그의 위대성, 절대성 그리고 무제약성에 있어서 우리의 인식의 한계를 넘는다. 하나님은 결코 객관적 존재가 아니다. 그러나 그리스도 안에서의 그의 사랑을 통해서 우리는 그를 알 수가 있다. "그가 창조한 모든 사람에게 그의 위대함에서는 알 수 없는 하나님은… 그의 사랑에 따라 만물을 그를 통해서 만드신 그리스도 안에서 언제나 전부를 계시하신다."[24]

이 하나님이 '삼위'의 하나님이다. 그러나 2세기 후반 동시대 사람인 안디옥의 데오필루스가 마르시온을 반대하면서 '삼위'(trias)라는 용어를 이미 사용했음에도[25] 이레니우스는 삼위로 나타난 한 하나님을 정의할 때 이 용어를 사용하지 않는다. 오히려 그는 영지주의자들과의 투쟁에서 세계의 창조주가 곧 한 분 참 하나님이라는 것, 구약성서의 하나님이 곧 한 분 참 하나님이라는 것 그리고 로고스의 아버지가 곧 한 분 참 하나님이라는 것을 강조한다. 하나님이 '한 분'(the One)이라는 것은 그가 '홀로'(alone) 있다는 것을 의미하지 않는다. 이레니우스는 "하나님에게는 언제나 말씀과 지혜, 곧 아들과 성령이 같이 있었고 그것을 통해서 자유롭게 모든 것을 창조하셨다"고 한다.[26] 이레니우스는 잠언 3장 19절과 8장 22절에 나오는 솔로몬의 진술을 그 성서적 근거로 제시한다. 하나님이 "우리의 형상을 따라 우리의 모양으로 사람을 만들자"(창 1:26)라고 했을 때 그것은 성부가 성자와 성령에게 말한 것으로 이해한다. 하나님은 이 세상을 성자와 성령으로 창조하셨는데, 그는 여기서 '하나님의 두 손'이라는 은유를 사용한다.[27] 그에게 있어서 '손'의 은유는 창조주 성부와 그의 활동 기관들과의 불가분리의 통일을 나타낸다. 말씀은 피조물을 존재하게 하고 성령은 피조물을 질서 있게 한다.

성자와 성령의 기능이 창조만은 아니다. 성자 곧 말씀은 성부 곧 하나님을 선언하고 계시한다. 성자는 그 자신의 현현을 통하여 성부에 대한 지식을 계시한다. "성자 안에서 불가시적인 존재가 성부이고 성부 안에서 가시적인 존재가 성자다."[28] 구약성서 시대 족장들에게 하나님이 나타나(theophanies) 이야기한 것은 말씀이었다. 그러나 말씀 자신은 인간의 눈에 보이지 않는다. 말씀은 성육신에서 가시적이 된다.[29] 성령은 예언자들로 예언을 하게 했고, 초대 교부들에게 하나님의 일을 알게 했으며, 의인들을 의의 길로 인도한다. 성령을 통하지 않고는 하나님의 말씀을 볼 수도 없고 알 수도 없다. "성부의 지식은 성자요, 성자의 지식은 성령을 통해서만 얻을 수 있다."[30] 여기서 우리는 이레니우스의 삼위일체론이 영지주의를 반대하기 위한 것이기 때문에 삼위의 본질보다는 신적 경세(經世)에 있어서 삼위의 직분을 강조하고 있음을 보게 된다. 그는 삼위일체 교리에 있어서 삼위의 관계에 대한 자세한 논의는 없지만 성부, 성자, 성령의 존재를 신앙의 조상으로부터 전해 들은 대로 확신한다.

그의 삼위일체 교리의 동기는 창조의 근원으로 살아 계신 하나님의 현존, 인간을 구원하시는 행동하시는 하나님의 현존을 이해하려는 것이었다. P. 틸리히는 이레니우스의 삼위일체 교리에 대하여 셋이 하나인 것은 "하나의 '두나미스'(dunamis), 하나의 존재의 힘, 잠재력을 가지고 있기 때문"이라고 설명한다.[31] 이것은 삼위일체 교리가 사변적 유희가 아니고 인간 구원을 위한 능동적 하나님의 현존 이해의 표현이라는 것을 의미한다. 이레니우스가 이해한 하나님은 그리스도를 통해서 오늘도 역사 속에서 활동하시는 하나님인 것이다. 그 하나님은 철학자의 하나님이 아니라 믿는 자의 하나님이다. 그래서 그의 삼위일체 교리는 후에 터툴리안에게서 분명해지지만 '경세적 삼위일체론'(經世的 三位一體論)이라 할 수 있다. 이것은 하나님의 내재적 개념이 아니라 세상을 구원하기 위한 하나님의 세상에 대한 관계적 개념이다.

3) 그리스도론[32]

이레니우스 신학의 중심은 그리스도다. 그는 선임자들의 그리스도론을 요약하면서 심화시켰다. 그의 그리스도론은 한편으로 에비온주의를, 다른 한편으로는 결국 가현론에 빠지게 되는 영지주의(특히 발렌티누스주의)에 대한 반대에 기초하고 있다. 그래서 그는 예수 그리스도가 '참 인간이며 참 하나님'(vere homo, vere deus)이라는 고전적인 형식을 고수하면서 예수가 실제로 하나님의 말씀, 곧 하나님이라는 것, 이 말씀이 실제로 인간이 되었다는 것 그리고 성육신한 말씀은 성부와 분리되지 않고 일치한다는 것을 분명히 한다.[33]

에비온주의를 반대하여 이레니우스는 자연적 아들과 양자가 된 아들 사이의 구별을 강조하며, 만일 그리스도가 단지 인간이었다면 인간은 아직도 불복종의 노예 상태에서 벗어날 수 없었을 것이라고 주장한다.[34] 이 점에서 그의 그리스도론은 우선 구원론적이라고 할 것이다. 그리스도의 완전한 복종은 그가 자연적 인간 이상이었기 때문에 가능했고, 그래서 악을 극복할 수 있었다는 것이다. "만일 그리스도가 악에게 정복당한 인간보다 더 위대하지 않았다면 인간을 정복했을 뿐 아니라 인간을 지배하는 강력한 인간의 적을 그가 어떻게 정복할 수 있었겠는가?"[35] 성육신한 로고스가 사탄의 힘으로부터 인간을 구할 수 있는 배상(賠償)의 행위를 완수할 수 있었던 것은 그가 본래부터 신적이었기 때문에 가능했던 것이다. 만일 그리스도가 종속적인 신성의 존재였든지 혹은 하나님과 다른 본성의 존재였다면 그의 성육신은 하나님과 인간을 연합시키지 못했을 것이고, 그렇다면 인간은 여전히 죽을 수 밖에 없는 존재로 남아 있을 것이다.

그러나 이레니우스의 그리스도론의 주목적은 발렌티누스주의를 논박하여 역사적 인간 예수가 곧 영원한 로고스의 성육신이며 "하나님의 아들이 곧 사람의 아들"이고 "성부의 표준"이라고 하는 데 있다.[36] 그리스도는 우리와 같은 인간으로 출생하였으며 인간의 정신과 육신을 가지고 있다는 것이다. 그는 그리스도의 몸의 실재성, 즉 그리스도의 인간성과 우리와의 동일성을 계속하여 강조한다. 예수 그리스도도 나이가 들면 죽는 인간 삶의 모든 과정을 통과해야 하며 겪어야 한다. 여기서 이레니우스는 그리스도의 죽음의 불가피성을 추론하고 있는 것이다. 그리스도의 죽음은 세 차원에서 인간 구원에 공헌하였다. 그의 죽음은 절대적인 복종의 행위요, 아담의 타락의 회복이며, 인간 해방을 위한 사탄에게 지불하는 대가였다. 그리스도의 죽음에 대한 강조는 영지주의자들의 가현론에 대한 반대 논증이다.

이레니우스 신학의 중심이 그리스도인 것은 그가 대부분의 이단이 부인하고 있는 창조와 구원의 연속성을 나타내기 때문이다. 그리스도 안에서 창조의 하나님과 구원의 하나님은 하나요 같은 하나님이다. 인간은 하나님의 형상(imago)으로 창조되었고, 그 인간은 구원을 받아야 하는 존재다. 인간 구원은 가상적인 것이 아니다. 구원은 가상적 지식에 의한 것이 아니라 현실적인 것이어야 하기 때문에 인간이 된 '신-인'인 그리스도에 의해서만이 가능하다. 그래서 인간은 '신격화'가 되어야 한다. 이것을 성취하는 것이 그리스도의 역사(役事)다. 이레니우스는 이것을 '총괄 회복'(anakephalaiosis)이라고 부른다. 하나님과 '하나이며 동일'하고, 동시에 인간과 '하나이며 동일'한 그리스도 안에서 인간을 포함한 만물은 '총괄 회복'(總括回復)이 된다.[37] 이레니우스는 세상의 창조자와 하나님이 다르다는 영지주의자들의 거짓된 교설을 반대하고 창조자와 하나님이 한 분이며 동일하다는 것을 방어하기 위하여 삼위(tres personae)의 '상호작용', '상호침투' 등의 의미를 함축하고 있는 '페리코레시스'(perichoresis)[38]를 분명하게 가르쳤다면, 그리스도론에서는 '총괄 회복'을 의미하는 '아나케파라이오시스'의 개념을 주장하였다.

비록 이레니우스가 '총괄 회복'의 아이디어를 바울에게서 빌려왔지만, 그는 그것을 심도 있게 발전시켰다.[39] 헬라어 '아나케파라이오시스'가 '아나'(ana)와 '케파레'(kephalē)의 합성어라면 그 말은 교회의 머리로서 그리스도의 출현 또는 머리인 그리스도 아래 모인 인간 공동체를 나타낼 수도 있다. 이레니우스는 그리스도의 생의 전 과정을 총괄 회복의 과정으로 보았다. 이렇게 볼 때 이 용어로 이레니우스는 그리스도에 관한 성서의 선포를 한마디로 표현한 것이며 하나님의 구원 계획의 성취를 뜻하고 있다고 할 것이다. 이 성취는 역사와 시간 안에서 이루어지는 것이며, 시간의 특정한 때에 있는 에피소드가 아니라 하나님의 섭리(oikonomia)가 나타나는 계속적인 과정이기도 하다.

그리하여 총괄 회복 사상은 이레니우스의 근본적인 교설의 하나가 되었으며 그의 그리스도론의 핵심이 되었다. 즉, 그리스도를 통한 구원론의 핵심이다. 아담 안에서 모든 사람이 죄로 죽었듯이 그리스도 안에서 모든 사람이 살게 된다는 것이다(고전 15:22; 롬 5:12 이하). 이레니우스에 의하면 하나님은 아담의 타락으로 중단되었던 인간 구원의 처음 계획을 다시 시작했으며, 우리를 위해서 제2의 아담이 되는 방법으로 성육신한 성자를 통해서 하나님은 만물을 갱신하고 복구하며 개조하는 일을 마무리하신다.[40] 하나님은 제2의 아담인 그리스도 안에서 첫 아담이 상실한 하나님의 '형상'과 '모양'을 회복시켰다. 이것이 이레니우스의 총괄 회복을 새로운 인간성 회복의 절정으로 그리스도의 사역에 대한 최선의 표현이라고 하는 이유다.

이레니우스는 총괄 회복의 교설에서 아담과 그리스도의 유사성을 강조한다. 그리스도의 성육신이 인간 역사의 새 시작이지만 창조와 대립되지 않으며 오히려 창조의 계승이며 완성이다. 그리스도는 제2의 아담으로 새 아담이며 불순종의 첫 아담과 반대 방향이지만 그 안에서 옛 아담의 역사가 반복된다. 즉, 그리스도는 첫 아담과 같이 사탄의 유혹에 넘어가지 않았기 때문에 아담의 대응자(對應者)가 되었다. 옛 아담은 낙원에서 유혹을 받고 자신을 사탄에게 넘겨주었지만(창 3:6-7), 새 아담 그리스도는 광야에서 유혹을 받았으나 자신을 사탄에게 넘겨주지 않았다(마 4:10). 곤잘레스는 새 아담으로서 그리스도는 옛 아담이 유혹에 넘어가지 않았다면 지닐 수 있었던 완전한 모습이며, 아담은 '처녀 흙'(virgin soil)으로 만들어졌고, 그리스도는 처녀 마리아를 통하여 세상에 왔다고 표현한다.[41] 그것은 마치 동정녀 마리아가 순종하므로 처녀 이브의 불순종을 정정한 것과 같다. 동정녀 마리아는 순종하므로 전 인류의 "옹호자 이브"(advocate Eve)가 되고 "존경의 대상"이 되었다.[42] 한 여인의 불순종으로 인간이 타락했고 다른 한 여인의 순종으로 인간은 회복되었다. 이 점에서 이레니우스의 총괄 회복은 사탄에 대한 그리스도의 승리를 의미한다.

이레니우스의 그리스도론에서 매우 특이한 것은 그리스도 안에서 신성과 인성의 연합을 논하지 않는 점이다. 사실 엄격한 의미에서 그리스도론이란 그리스도 안에서 인성과 신성, 두 성의 관계론이다. 그럼에도 이레니우스의 그리스도론에서는 그리스도 안에서 인간과 하나님의 연합을 강조한다. 그리스도 안에서 하나님은 인간에게 말씀하시고 인간은 그리스도 안에서 그 말씀에 응답한다는 것이다. 그의 그리스도론은 그리스도를 통한 하나님의 인간 구원이 그 중심이다.

4) 인간론

이레니우스는 인간의 구성 요소가 몸(phusis), 혼(psuchē) 그리고 영(nous)이라고 가르친다. 그러므로 자연적 혼에 의해서 생기가 불어 넣어진 인간 몸만으로는 완전한 인간일 수가 없다. 그는 완전한 인간을 다음과 같이 기술한다.

인간은 하나님의 손들, 곧 성자와 성령에 의해서 하나님의 모양 (likeness)으로 만들어졌다. 혼과 영은 인간의 구성 요소이지만, 인간은 아니다. 완전한 인간은 하나님의 영을 받은 혼과 하나님의 형상(image) 으로 만들어진 새로운 본성의 혼합으로 구성된다. 만일 어느 누가 육신 의 본질을 제거하고 영만을 생각한다면 그는 영적인 사람이 아니라 인간 의 영일 것이다. 그러나 혼과 융합된 영이 몸과 연합될 때 인간은 영적으 로 완전하게 된다. 이것이 하나님의 형상과 모양으로 만들어진 인간이

다…. 완전한 인간은 육, 혼 그리고 영으로 구성되었다.[43]

인간이 하나님의 '형상'과 '모양'으로 창조되었다고 하는(창 1:26)[44] 말씀에 대해서 G. 빙그렌이 지적했듯이 이레니우스는 인간 창조뿐만 아니라 그리스도 자신, 미래 종말론적인 기대와 관련하여 다각도로 인용한다.[45] 그러나 이레니우스는 '형상'(imago)은 아담이 이성과 자유 의지를 가진 존재라는 것을 의미하는 말이고, '모양'(similitudo)은 아담이 성령의 역사로 말미암아 초자연적 은사를 누렸다는 것을 의미하는 말로 구별한다.[46] P. 틸리히는 지적한다. "모든 인간은 하나님의 타고난 형상(natural image)을 가지고 있다. 그래서 유한하고 합리적 존재인 인간은 하나님과 관계를 가질 수 있다. '모양'은 인간이 하나님과 유사해질 수 있는 가능성을 가지고 있다는 것을 의미한다. 하나님과 유사해진다는 것의 중심은 영생이다. 영생을 얻는다는 것은 자연적 가멸성을 극복하는 것이며 하나님의 은사로서 영생에 참여하는 것이다."[47]

이레니우스에 의하면 하나님은 처음부터 인간을 자유하는 존재로 창조하였다.

인간은 자발적으로 하나님의 강제가 없이도 신의 뜻을 완성할 수 있는 그 자신의 의지와 함께 그 자신의 힘을 가지고 있다. 하나님은 천사들과 마찬가지로 인간에게 선택의 힘을 주셨다. 복종한 사람은 당연히 선하다. 이 선은 하나님에 의해서 주어진 것이지만 인간 자신들이 보존해야 한다. 그러나 복종하지 않는 사람들은 선할 수가 없고 형벌을 그 대가로 받을 것이다.[48]

인간은 행동적 선택에 있어서만이 아니라 하나님의 뜻을 믿는 데 있어서도 자유하다. "행함에 있어서만이 아니라 믿는 데 있어서도 하나님은 인간의 의지를 자유하게 했고 인간 자신의 통제 아래 두었다. … 인간의 신앙은 그의 의지가 그 자신의 것이듯이 그 자신의 것이다."[49] 그러므로 인간의 불신앙 또는 우상숭배는 당연히 벌을 받는다. 그러나 이레니우스에게 있어서 자유 개념은 완전한 인간의 이상적 능력이 아니라 하나님의 창조목적을 성취할 수 있는 가능성을 의미한다. 그러므로 인간이 자유하는 인간으로 창조되었다는 것이 처음부터 성숙한 인간으로 창조되었다는 의미가 아니다. 이레니우스에 의하면 인간은 비록 하나님의 형상과 모양으로 창조되었으나 처음에는 도덕적 영적 지성적으로 '어린아이'(nēpios)의 모습으로 창조되었다. 이것은 이레니우스의 인간론에서 매우 중요한 성장론과 직접적으로 관계된 것이다. 인간은 하나님과 보다 밀접한 관계에 이를 때까지 '성장하는 인간'이요 '계속 발전하도록 창조된 인간'이다.[50] 인간은 기성품이 아니라 점진하는 존재다. 그러나 이것을 현대의 진화론의 입장으로 해석하는 것은 잘못이다. 왜냐하면 이레니우스의 모든 사상은 반(反)영지주의에 기초하고 있기 때문이다. 신·구약성서의 하나님은 다른 하나님이 아니라 하나요 같은 하나님이다. 그러나 신·구약의 내용은 다양하다. 그것은 하나님의 역사가 성장하는 인간을 통한 역사이기 때문이다.

이와 같은 성장 사상은 바울서신에서도 발견된다. 바울은 씨로부터 성장은 하나님의 창조요 그의 선물이며, 성장하게 하는 힘은 인간을 초월하여 있다고 한다(고전 3:7). 그러므로 인간의 성장도 하나님의 힘에 의한 것이다. 인간이 하나님의 형상으로 창조되었다는 말씀은 인간 자신이 하나님의 형상이라는 뜻이 아니다. 그 '형상'은 하나님의 아들이다. 인간은 그 아들 안에서 그리고 그 아들에 의해서 창조되었다. 그러므로 인간이 하나님의 형상으로 창조되었다는 것은 "온전한 사람이 되어서 그리스도의 충만하심의 경지에까지 다다르게 될 때까지"(엡 3:17) 성장할 수 있도록 창조되었다는 것이다. 인간은 하나님의 형상이 아니라 '형상'이 되기까지 성장하도록 창조되었다. 그러므로 '형상'은 인간 성장의 지표다. 이것은 영원한 로고스인 그리스도로 말미암아 인간의 성장도 가능하다는 것이다. 성육신한 로고스, 곧 그리스도는 성장되어야 할 인간의 원형이다.

하나님의 형상이 아니라 형상에 이르도록 창조된 인간, 성숙한 인간이 아니라 계속 성장해야 할 '어린아이'로 창조된 인간은 사탄의 계략에 대한 그의 자유의지의 결단으로 타락했다. 타락은 하나님에 대한 불순종이다.[51] 악마의 본성은 불복종과 반역이다. 악마는 인간을 속여 유괴한 유괴범이다. 아우렌이 지적하듯이 악마는 사람을 자기 지배하에 두고 자기 자녀가 되게 했다.[52] 이 비극의 역사에 대하여 인간에게 책임이 전혀 없는 것이 아니다. 이 불순종의 길을 택한 것은 인간 자신이기 때문이다.[53] 이것이 인간의 타락이고 악마의 세력 밑에 있게 된 것이다. 그것은 죄와 죽음을 가져왔다는 것을 의미한다. 이레니우스에게 있어서 죄와 죽음은 불가분리적으로 연관되어 있다. 하나님을 배반하는 것은 하나님으로부터 떠나간다는 것이며, 그것은 곧 죽음을 의미한다. 그런데 이레니우스는 인간이 불순종으로 타락했을 때 인간이 상실한 것은 '형상'이 아니라 '모양'이라고 한다.[54] 이것이 마귀의 손에 들어가므로 말미암아 인간은 성장이 저지당하게 되었고 죄와 죽음이라는 사탄의 힘에 정복당하게 된 것이다. 성장하는 인간으로 창조된 인간이 성장을 저지당했다는 것은 그 존재성을 상실했다는 것을 의미한다. 즉, 비존재가 되었다는 것이다. 이것은 살아 있으나 살아 있는 것이 아니라는 것이다.

그리하여 인간은 다시 성장하는 인간으로 회복되어야 한다. 그런데 타락으로 하나님의 형상을 상실한 인간 자체로는 불가능하다. 그리하여 하나님의 모양을 회복하기 위해서는 은총에 대한 응답과 하나님의 뜻에 대한 복종이라는 긴 과정을 거쳐야만 한다.[55] 인간은 자유하는 존재로 창조되었으나 불멸하기 위해서는 하나님의 형상에 이르도록 성장해야 하는데, 그것을 가능케 하는 것이 그리스도의 사역, 곧 총괄 회복인 것이다. 이 점에서 총괄 회복은 저지당한 성장과 죄와 사망이라는 사탄의 권력으로부터 해방이 되는 것을 의미한다. 그러므로 인간의 성장론은 이레니우스의 속죄론에서 핵심적 개념인 총괄 회복을 이해하는 데 큰 도움을 준다. 이레니우스는 총괄 회복을 창조의 회복, 인간 본래 상태로의 회복으로 본다. 그것은 옛 아담에게서 잃은 것을 그리스도가 다시 회복하는 것이다. 그리스도가 함께 하는 창조 역사(役事)와 그리스도에게서 실현되는 구원의 역사는 하나님의 섭리 속에서 동일한 것이다. 이 사상이 총괄 회복의 두 기둥이다.

인간이 타락했다는 것은 성장을 멈추고 사탄의 노예가 되었다는 것과 동시에 성령을 잃어버렸다는 것을 뜻한다. 왜냐하면 성령도 하나님의 창조 행위에서 활동했던 하나님의 손이었기 때문이다. 성령은 죽음을 대항하는 생명의 힘이다. 그러므로 성령을 잃었다는 것은 죽었다는 것과 같은 것이다.[56] 죽음은 죄가 지배하고 있다는 것을 상징한다. 죽은 나사로의 손과 발이 베로 동여졌다는 것을 이레니우스는 죄가 인간을 속박하고 있음을 상징한다고 한다.[57] 이와 같은 죽음의 세력에게 속박된 인간이 벗어날 수 있는 길은 그리스도가 악마를 패배시키는 길밖에 없다. 이레니우스는 "주님은 뱀과 여인 사이에 있는 적의를 자신 안에 모으고 여인에게서 나심으로 사람이 되셔서 뱀의 머리를 부수었다"고 했고,[58] "전능하신 말씀으로서 참된 사람이 되셔서 그의 피로 우리를 구원하시는 주님은 포로가 되어 이끌려가는 사람들의 대속물로 자신을 내어 주셨다"고 한다.[59] 이것이 승리자 그리스도다.

5) 구원론

영지주의를 논박하면서 이레니우스는 하나님에 의해서 창조된 인간이 타락했을 때 그 인간의 구원도 동일한 하나님에 의해서 이루어진다고 한다. 인간이 타락해서 하나님을 떠나 사탄의 노예가 되었음에도 불구하고 하나님은 인간을 포기하지 않고 처음부터 계획했던 일을 계속 수행해 가신다. 인간의 구원은 인간을 당신의 형상과 모양으로 창조한 하나님만이 가능하다. 그런데 여기서 이레니우스가 말하는 구원이란 단지 사탄의 지배로부터의 해방만이 아니라 인간의 신격화, 즉 가멸적 존재에서 불멸적 존재가 되는 것이다. 전자는 구원의 소극적 해석이고 후자는 적극적 해석이다. 생명 없이 산다는 것은 불가능하다. 생명의 본질은 창조주 하나님께 참여하는 것이다. 그러므로 우리가 죽지 않고 신격화되기 위해서는 하나님을 알고 그의 뜻을 기뻐해야 한다.[60] 불멸성은 하나님의 존재 방식이고 그의 속성이다. 이 하나님에 의해서 창조된 인간은 불멸하고 부패하지 않을 가능성이 있을 뿐이다.

이레니우스는 하나님의 인간 구원의 근거를 그리스도 안에서의 인간의 가멸적 본성과 하나님의 불멸적 본성의 연합에서 찾았다. 그리스도의 성육신은 하나님의 본성(신성)과 인간의 본성(인성)을 연합한다. 하나님의 로고스가 성육신한 것, 하나님의 아들이 인간의 아들이 된 것은 땅에서 인간을 구원하기 위한 것이었다. 이 일을 위해서 그는 속죄제물(ransom)이 되었다. 그는 우리의 구원을 위해서 죽었다. 우리의 육을 위해서 그의 육을 주었고 우리의 영혼을 위해서 그의 영혼을 주셨다.[61] 이레니우스 사상에서 성육신 신학은 매우 중요하다. 그는 『이단논박』에서 "그는 왜 내려오셨는가?"를 묻는다. 이것은 중세 스콜라 신학자 안셀름(Anselm)의 『하나님은 왜 인간이 되었나?』(*Cur Deus Homo?*)와 함께 속죄론을 대표한다. 이레니우스 신학에서 그리스도의 고난과 죽음도 중요했지만, 그의 신학 사상은 그리스도의 성육신과 총괄 회복이 그 중심에 있다고 할 것이다

　　옛 아담이 타락하여 하나님의 모양을 상실하게 되자 하나님은 제2의 창조 역사를 시작해야 했다. 이때 그에게 신-인의 존재가 필요했다. 왜냐하면 그를 통하여 신의 인간화와 인간의 신격화가 가능했기 때문이었다. 이레니우스에게 있어서 이 신-인의 존재는 사변적 존재가 아니라 성서적 사실에 근거한 역사적 그리스도인 것이다. 이것이 그의 신학의 출발점이다. 그의 사고는 헬라 변증가들과 같은 하나님과 세계 사이의 중보적 존재인 로고스가 그 중심(Logos-centered)이 아니라 우리의 구원의 중보자로서 신-인인 그리스도가 그 중심(Christo-centric)이다.[62] 하르낙도 이레니우스의 신학 사상은 여기서 출발한다고 한다. "이레니우스에게 있어서 그리스도의 업적은 그의 인격이 신-인으로 형성되었다는 데서 성립한다."[63] 이레니우스는 그리스도가 하늘에서 내려온 것은 "죄를 진멸하여 죽음을 극복하고 사람에게 생명을 주기 위한 것이다"라고 한다.[64]

　　그리스도가 하늘에서 내려온 것은 하나님에 대한 복종을 나타낸

다. 첫 아담이 불순종하므로 하나님을 떠난 인간은 죄와 죽음의 노예가 되었으나 제2의 아담인 그리스도의 순종으로 인간은 다시 생명을 얻고 불멸의 존재가 되었다. 그리스도는 현실적 인간과 모든 면에서 동일한 현실적인 인간(real human being)이기 때문에 하나님과 인간의 친교를 회복시킬 수가 있었다. "하나님의 영원한 말씀은 인간으로서 출생을 통하여 자연적 출생에서 죽음을 상속받은 인간에게 생명의 유산을 보장한다."[65] 이것은 타락한 인간이 상실한 하나님의 모양을 성육신한 그리스도가 다시 회복했다는 것을 의미한다. 이레니우스에게 있어서 첫 아담과 그리스도, 첫 여인 이브와 마리아가 대비된다.

그리스도를 통하여 성취된 인간 구원은 하나님의 창조 역사의 회복인 것이다. 따라서 인간의 구원은 영적인 것만도 아니고 육적인 것만도 아닌 전인적인 것이다. 구원을 물질세계로부터 영의 자유라고 생각하는 영지주의자들을 논박한 이레니우스는 구원을 몸과 영이 함께 한 전인(全人)이 악마의 지배로부터 해방되어 자신의 본래 순결을 회복하여 하나님과 같이 되는 것이라고 하였다. 특히 그는 『이단논박』 제5권에서 육신의 부활을 방어하고 있다. "하나님의 전적인 섭리를 경멸하고 육신의 구원을 부인하며 육신의 부활을 일축하는 사람들은 전체적으로 무익하다. … 만일 육신이 구원받지 못하였다면 주님은 그의 피로 우리를 구원하지 않은 것이다…."[66]

이레니우스의 신학의 근본적인 원리는 성서에 근거하여 창조로부터 완성에 이르는 하나님의 구원 섭리(oikonomia salutis)를 진술하는 것이다. 즉, 구원 사건은 창조와 더불어 시작되었다가 완성과 더불어 끝나는 시간의 맥락에서 일어난다는 것이다. 영지주의자들은 구원을 역사 안에서 성취되는 어떤 사건으로 보지 않고 추상적 이념으로 생각했다. 그들에게 있어서 구원은 영이 물질세계에서 벗어나고 영지라는 매개를 통하여 신적 기원과 재결합하는 사변적 체계였다. 그러나 이레니우스에게 있어서 구원은 시간의 종말에서 이뤄질 것으로 기대되는 실제적 역사였다. 하나님의 구원 섭리는 그리스도에게서 절정을 이룬 일련의 역사적 계약에서 나타난다.

첫째 계약은 아담의 창조와 함께 맺어진 계약으로 율법의 필요조건을 포함한 자연법이다. A. C.매기페르트에 의하면 이레니우스의 자연법은 그리스도인들이 영구히 지켜야 할 법이다. 그것은 의식법(儀式法)과는 달리 자유의 법이며, 의식법보다 더 엄격하여 도덕적 행동을 요구한다. 이 자연법에 복종하므로 인간은 의롭게 되고 구원을 받는다.[67] 그 내용은 그리스도의 사랑의 법과 다르지 않다. 이 법을 마음에서 실천한 족장들은 이 법을 통해서 하나님 앞에서 의로웠다.[68] 둘째 계약은 노아의 계약으로 출애굽까지 연장된 계약인데, 인간이 첫째 계약을 지키지 않게 되자 하나님은 모세의 법(십계명)으로 그것을 갱신하였다. 이것은 의식법에 속한다. 예언자들은 이 법을 통하여 하나님과 친교를 맺도록 예언하였다. 그러나 이 법은 바리새파 사람들에 의해서 왜곡되었고 희석되었다.[69] 셋째 계약은 그리스도의 계약으로 본래적인 사랑의 법이 회복된 계약이다. 이 계약은 억압으로부터 자유, 올바른 외적 행동으로서 예언의 성취나 뿌려진 씨의 결실로서 두 번째 계약에 연결된다. 두 번째 계약이 한 민족에게 효력이 있는 것이었다면 새 계약은 전 종족에게 효력이 있는 계약이다. 그 내용은 옛 법보다 더 엄격하고 철저하다. 그러나 그리스도인들은 생명과 구원의 주 예수 그리스도의 강림이라는 더 큰 은총을 받는다.[70]

이 하나님의 구원의 섭리를 설명하는 데 이레니우스가 사용한 열쇠가 되는 용어가 그리스도 안에서 모든 것이 통일된다는 '총괄 회복'이다.

6) 교회론

이레니우스의 교회론도 그의 총괄 회복 이론과 연결되어 그 사상에서 벗어나 있지 않다. 그에 의하면 하나님은 그리스도 안에서 과거만이 아니라 미래도 총괄한다. 하나님은 세상 끝날까지 그리스도를 통하여 그의 구원의 역사를 이루어 가기 위하여 그를 교회의 머리가 되게 했다. 이 교회가 '새 이스라엘'이고, 그리스도의 위대하고 영광스러운 몸이며, 성령의 독자적인 영역이기 때문에 이 교회에서만이 그리스도와의 친교가 가능하다. 이레니우스에 의하면 하나님의 창조인 인간을 포함한 만물을 총괄 회복하는 주 예수 그리스도 안에서 불가시적인 것이 가시적이 되고, 불가해적(不可解的)인 것이 가해적인 것이 되며, 고통을 느끼지 못하던 것이 고통을 느끼게 된다고 한다. 그가 교회의 머리가 되어 때가 되면 만물을 자기 안에 끌어모을 것이다. 이 "교회가 있는 곳에 하나님의 영이 있고, 하나님의 영이 있는 곳에 모든 은총이 있다. 그리고 그 영은 진리이다."[71]

이 교회는 사도들에 의해서 세워졌으며, 그들의 교훈이 불변하고 생생하게 전승되고 있는 오직 하나의 진리의 보고인 것이다. 이 전승이 신앙의 원천이요 '진리의 규범'(regula veritas)이 된다. 교회에서 감독들은 진리의 규범을 단절됨이 없이 계승한다. 이것이 이레니우스가 정통 교회와 이단자들의 모임을 구별하는 판단 표준이었다. 이단자들은 사도들의 계승자들이 아니며 그들은 진리의 은총과 권위를 가지고 있지 않다는 것이다. 즉, 그들에게는 '사도성'이 없다는 것이다. 이레니우스가 말하는 '진리의 규범'은 다른 초대 교부들이 말하는 '신앙의 규범'(regula fedei)과 같은 의미라고 볼 수 있는데, 그것은 성서에서 증언되었고, 세례문답 고백에 요약된 구원의 계시 질서였다. 이것이 이레니우스가 영지주의자들과 투쟁할 때 강조한 진리였다.[72]

교회가 사도들로부터 전승된 하나의 신앙, 진리의 표준을 선포하기 때문에 이 교회는 전 세계에 흩어져 있다고 해도 하나라고 할 수 있다. 이 교회가 선포하는 신앙을 이레니우스가 진술하고 있는데, 그 형식은 사도신경과 매우 유사하다.

> 교회는 비록 전 세계 땅끝까지 흩어져 있다 해도 하늘과 땅과 바다와 그 안에 있는 모든 것을 만드신 한 하나님을 믿는 신앙과 우리를 구원하기 위하여 성육신하신 하나님의 아들 한 예수 그리스도를 믿는 신앙 그리고 예언자들을 통하여 하나님의 섭리가 선포하고 우리 주 예수 그리스도의 강림과 동정녀 탄생, 고난과 죽은 자로부터 부활, 몸의 승천 그리고 아버지의 영광 중에서 하늘로부터 다시 오심을 선포한 성령을 믿는 신앙을 사도들과 그 제자들로부터 받았다. 우리 주 예수 그리스도는 만물을 회복하고 모든 인류의 몸을 다시 살아나게 하고, 하늘에 있는 것이나 땅에 있는 것이나 땅 아래 있는 모든 것이 우리 주요 구세주이며 왕이신 예수 그리스도에게 보이지 않는 아버지의 뜻에 따라 무릎을 꿇고 모든 입술이 그를 고백하기 위해서 그는 다시 오실 것이다…. [73]

이 교회에서 성례전이 베풀어진다. 성례전은 그리스도 안에서 피조물의 총괄 회복의 절정이다. 이레니우스는 세례와 성만찬을 하나님과의 연합의 수단으로 강조한다. 세례에 관하여 그는 "우리는 세례가 영생과 하나님께 향하는 신생의 징표임을 믿도록 가르침을 받았다. 그것은 우리가 가멸적인 피조물이 아니라 영원하고 불변하는 하나님의 자녀가 되게 하기 위한 것이다"[74]라고 말하고, 성만찬에 관해서 이렇게 말한다. "땅에서 온 빵이 하나님의 축복기도를 받을 때, 그것은 더 이상의 보통 빵이 아니고 지상적이면서 천상적인 두 요소로 구성된 영성체(eucharist)이듯이 우리의 몸도 유카리스트를 받을 때, 더 이상의 부패하는 몸이 아니다. 왜냐하면 그 몸은 영생에로의 부활의 희망을 갖고 있기 때문이다."[75] 이 유카리스트에서 이레니우스는 빵과 포도주가 실제로 주님의 몸과 피로 변화되어 현실적으로 임재한다고 확신하고 가르쳤는데,[76] 이것을 화체설로 이해할 것이 아니라 영지주의자들과 가현론자들이 그리스도의 현실적인 인간성을 부정한 데 대한 그의 논박이라는 맥락에서 이해해야 한다.

그러나 다른 한편 이레니우스의 성례전 신학은 철저한 성례전주의의 경향을 보인다. 왜냐하면 성례전에 "구원의 법적 개념과 구원의 수단"이 결합될 때는 그것은 완전히 '역사적 가톨릭 체계'가 되기 때문이다. 그의 성례전에서 "윤리적-법적(ethico-legal)이며 신비적인 두 요소"가 결합되어 나타나면서 "참된 신앙과 행동을 포함하는 성례전에 참여하고 복종하는 것이 구원에 필수적인 것"이 된다.[77] 인간은 죄의 세력에서 구원받기 위하여 공과(功過)에 따라 사람들을 보상하는 우주의 도덕적 규범으로서 하나님의 실재를 믿어야 한다. 이것은 구원에는 하나님의 은혜와 인간의 공로가 함께 있어야 한다는 것을 암시하고 있는 것 같다.

이와 같은 이레니우스 신학의 획기적인 역사적 의의에 대해서 F. 루프스는 "소아시아에 근거를 둔 오랜 전통을 가진 가톨릭 형식"이라고 했다.[78] 이레니우스가 사도 후 시대에 있어서 첫 신학자라고 불리며, 그의 신학에 표현된 그리스도교의 개념이 "교리사의 결정적인 요인"[79] 이 되고 후대 신학적 갱신의 원천이 된 것은 그의 신학이 영지주의를 반대하면서 개인적 의견보다 성서적이며 사도적 전승에 따른 교회의 교리를 준수하며 그리스도 중심적이었기 때문이었다. 이레니우스의 신학은 속사도 시대와 3~4세기 가톨릭교회를 연결시키고 있기 때문에 그리스도교 사상사적 의의가 크다. 그의 신학 체계에서 우리는 로마가톨릭 신학과는 다른 고(古) 가톨릭 신학 체계를 읽게 된다. 그리스도 안에서의 총괄 회복이라는 하나님의 우주 섭리 교리로 말미암아 그리스도교에 대한 독창적이며 우주적 성격을 주장하게 된 이레니우스는 언제나 가장 중요한 신학자 가운데 하나의 위치를 점하고 있다.[80]

III. 터툴리안의 신학

1. 생애(일반적 배경)

북아프리카 카르타고의 이교도 가정에서 태어난 터툴리안(Tertullian, c. 155~220)은 법률과 수사학 등 훌륭한 교육을 받으며 성장했다. 대부분의 교회사가는 그가 그리스도교로 개종하기 전에 로마에서 변호사로 법률가적 생활을 했다고 전한다. 이것은 역사가 유세비우스가 그를 "로마법에 정통한 사람"이라고 한 말에 그 근거를 둔다.[81] 캄펜하우젠은 그를 "철학하는 변호사"라고 부르면서 정확한 법률가의 언어를 수사학에 이용했다고 한다.[82] 사실 터툴리안의 신학과 그의 저술에는 법률가적 흔적이 많이 나타난다.

터툴리안은 그의 나이 약 40세쯤에 그리스도교로 개종하였다. 그의 개종 동기와 상황에 대해서는 정확하게 알 수가 없으나 대부분의 학자는 박해 속에서 그리스도인들의 영웅적인 순교 행위, 부도덕한 당시 사회 속에서 그리스도인들의 도덕적인 삶 그리고 성서를 비롯한 그리스도교의 확실하고 현실적인 메시지가 그를 개종하게 했다고 한다. 로마에서 개종한 그는 193년경 고향인 카르타고로 돌아왔다. 제롬은 그가 사제가 되었다고 하지만, 그 자신은 한 번도 성직자의 지위를 언급한 일이 없다. 그러나 그의 저술 활동과 스승으로서 그의 놀라운 역할은 그가 평생 평신도였다는 것으로는 설명하기가 어려울 정도다. 그는 장로였다고 한다. 그의 저작을 보면 그는 모든 그의 법률적 지식, 문학 그리고 철학까지도 새로운 신앙의 확립을 위해서 활용하고 있는 것을 발견하게 된다. 그는 해박하고 예리한 통찰력이 있는 많은 그의 저술에서 그리스도교 신앙을 방어하고 신자들을 가르치기 위하여 그 당시의 신학적 논쟁에 가담하였다. 캄펜하우젠은 터툴리안의 특성에 대하여 다음과 같이 기술한다.

터툴리안이 생각하고 말하고 행한 모든 것은 현실적인 세상을 향해 있었고, 실천적인 결단에 집중되었다. 이것이 그의 지성적이고 정신적인 삶에서도 결정적인 요소로 작용했다. 터툴리안은 폭풍적이며 열혈적이고 동시에 의도적으로 무모하기도 했다. 그는 스스로 인내의 고상한 덕을 배우지 못한 것을 탄식하기도 했다. 제롬은… 그를 '작열하는 사람'(vir ardens)이라고 불렀다. 그럼에도 불구하고 그의 태도는 자기의 성질을 조절하지 못할 정도로 원시적이지는 않았다. 반대로 그는 분노할수록 그는 자기가 옳다고 생각한 것에 더 격정적이고, 인격적으로 집중할수록 그의 사상과 문체는 더 예리해졌고, 그의 전략은 더 교묘해졌으며, 그의 매우 날카로운 기지(奇智)는 더욱 번득이었다. 로마식의 규율, 법률적인 명확성, 군대식의 훈련은 터툴리안의 뜨거운 마음과 심장에서 지적이고 도덕적인 힘으로 변하였다.[83]

터툴리안은 전형적인 최초의 서방 양식의 교회 교부였으며 서방 신학 전통의 창설자였다. 어거스틴을 제외하고 그는 라틴 문화권에서 가장 중요하고 독창적인 교회 저술가였다. 홀(K. Holl)은 터툴리안에게서 "서방적(西方的) 정신이 처음으로 분명히 나타났다"고 하였다.[84] 그는 법률, 철학, 헬라어와 라틴어에 능통했으며 지칠 줄 모르는 정열, 깊은 수사학 지식, 날카로운 풍자를 겸비하고 있었다. 터툴리안, 키프리안 그리고 어거스틴 등 초기 수세기 동안 뛰어난 라틴 그리스도교 저술가, 신학 사상가들은 로마 출신이 아니라 북아프리카 출신들이었다. 이들에 의해서 라틴 그리스도교 문학의 기원이 로마가 아니라 북아프리카라는 사실은 흥미로운 일이다. 이교도 가정에서 출생하여 약 40세에 개종을 한 그는 매우 초기부터 성서 공부에 전진하여 평생 성서에 집착하였다. 그의 성서 지식은 기회 있을 때마다 성서를 정확하게 인용할 수 있었고, 경우에 따라서는 헬라어 원문을 독자적으로 해석하기도 했다.

그리하여 터툴리안은 라틴 신학의 창립자, 서방교회 그리스도론의 아버지라고 불려왔다. 이와 같은 평가에 대하여 동의하지 않는 사람들은 균형 잡히지 않은 그의 마음과 사고의 객관성이 없는 것을 이유로 든다. 그러나 그는 분명히 인간의 사변을 비난하면서 이교

문화의 공격으로부터 그리스도교 신앙을 방어하기 위해서 격렬한 입장을 보였던 것이 사실이다. 그는 신앙이 이성을 완전하게 한다는 데 굳은 확신을 가지고 있었다. 그러나 그가 서방 그리스도교 신학, 특히 삼위일체론과 그리스도론에 끼친 공헌은 부인할 수가 없다. 서방 신학에 끼친 터툴리안의 위대한 또 다른 공헌은 신학적인 문구와 용어였다. 지금도 서방의 라틴교회(로마가톨릭교회)가 사용하고 있는 대부분의 신학적 문구와 용어는 그가 만든 것이다. 법률적 지식에 풍부하고 라틴어에 능통했던 터툴리안은 그리스도교 신앙을 표현하기 위해서 509개의 새 명사, 284개의 형용사, 28개의 부사, 161개의 동사 등 982개의 새 용어를 만들어냈다. 고대 라틴어(vetus Latina)와 불가타(Vulgate)를 제외하면 그의 저술은 고대 그리스도교 문학에 가장 큰 영향을 끼쳤다.[85]

그는 『인내론』을 쓸 만큼 스스로 인내의 덕을 배우지 못한 것을 후회할 정도로 격정적인 사람이었지만, 이것은 이단과 이교와의 투쟁에서 그리스도교 '진리'(veritas)를 방어하고 이단을 공격하는 그의 삶의 태도에서 주로 나타났다. 그의 어느 책에서는 '진리'라는 말이 162회 나온다고 한다. 그리스도교와 이교와의 근본적인 문제는 "거짓 신성에 대하여 오히려 진리"를 말하는 것이었다. 그에 의하면 그리스도의 새로운 교훈은 사람들이 진리를 알도록 하는 것이었다. 그리스도인들이 믿는 하나님은 "진리의 하나님"(Deus verus)이기 때문에 그를 만난 사람은 진리의 충만함에 이르게 된다. 이 진리를 악마는 증오하고 이교도는 거절하지만, 그리스도인들은 그 진리를 위해서 고난을 받고 죽는다. 이와 같은 터툴리안의 진술은 법률가와 수사학자의 궤변이 아니라 그의 깊은 종교적 감정과 정직함에 대한 갈망 그리고 종교적 진리를 방어하려는 그의 쇠 같은 강직함에서 나온 것이다. 그는 "누구나 그 자신의 종교를 선택하는 것은 각 개인의 권리"라고 했다.[86]

그는 이단으로부터 교회를 방어하기 위해서 사변적 철학적 방법을 사용하지 않고 성서에 근거한 교회의 권위, 전통 그리고 신앙의 규범을 강조하였다. "신앙의 규범에 어긋나는 것에 대해서 아무것도 모르는 것이 모든 것을 아는 것이다"라고 주장했다.[87] 뿐만 아니라 성서에 근거한 그리스도인의 높은 도덕을 강조하였다. 그가 207년부터 몬타누스주의에 더욱 관심을 갖고 있다가 213년에 아프리카 교회 공동체를 떠나 몬타누스주의에 가담한 것은 그리스도인들의 윤리적 이완과 참회 문제 때문이었다. 그러나 그가 그리스도교의 진리의 요체인 '신앙의 규범'에서까지 이탈한 것은 아니었다. 그러므로 그는 후에 다시 정통 교회로 돌아올 수 있었다.

2. 신학 사상

곤잘레스가 말한 바와 같이 터툴리안의 신학적 근거는 헬라 변증가들, 이레니우스, 헤르마스 등에서 발견되는 그리스도교 전통, 복음을 '새로운 율법'이라고 할 만큼 법률적 지식 그리고 신앙 문제에 철학적 침범을 극구 거부하면서도 스토아철학의 영향을 받았다. 특히 존재하는 모든 것, 하나님과 영혼까지도 형체적(形體的)이라는 주장은 스토아철학의 영향이 분명하다. 그는 "하나님이 형체적이라는 것을 부정하는 사람은 하나님이 영이라는 것도 부정할 것이다"라고 한다.[88]

그는 "영혼은 형체적이다"라고 한다.[89] 그에 의하면 영혼은 보다 잘 정화된 물질의 종류다. 영혼도 몸과 함께 생기는 것이고(generate)

"배자의 시작"(seminal beginning)을 가지고 있다는 것이다.[90] 일반적으로 이교 철학을 거절하면서도 그가 세네카를 높이 평가한 것은 자기모순을 나타낸다고 볼 수 있다.[91]

1) 주요 저작 개요

터툴리안의 저서에는 독특한 그의 문체가 나타나 있다. 그는 자기가 목적한 바를 설명하기 위해서 당대 문학적 전통을 따르면서 수사학적 기법을 사용하고 있다. 그는 입증된 수사학의 예술적 수단을 포기하지 않지만 그는 스스로 세워 놓은 새 목표에 도달하기 위하여 지금까지 시도된 바가 없는 격렬한 창의력을 발휘한다. 그는 반정립(反定立)과 동음이의(同音異義)의 표현을 즐기며 표현 형식은 매우 비범하다. 그는 고전적 우아한 문체보다는 시대의 현실을 꿰뚫고 파헤치려고 했기 때문에 생생하고도 직관적인 문체를 즐겨 사용한다. 미적 감각을 넘어 노골적으로 표현하기도 한다. 그의 문장은 매우 함축적이지만 간결하다. 그래서 때로는 모호하다.

그의 글은 구어체로 통속적 언어를 사용했지만 그렇다고 비속한 것은 아니다. 그것은 주제, 곧 터툴리안의 말대로 하면 진리 자체를 설명하기 위하여 불가피하게 통속적 언어를 도입한 까닭이다. 그래서 그의 용법은 통속적이고 거칠어 보이지만 높은 사명의 장중함과 신성할 만큼 진지함이 있었다. 요약하면 그의 글은 독창적이고 간결하며, 격론적이고 역설적이며, 격언적이고 금언적이다. 그 때문에 때때로 그의 글솜씨는 현혹스러울 정도다. 그래서 터툴리안의 문장은 "영어는 말할 것도 없고 어떠한 현대어로도 직접적으로 번역하기가 쉽지 않다. 그럼에도 불구하고 초대교회 언어에 미친 그의 예술적 천재적 공헌은 매우 크다. 그의 저술은 라틴 그리스도교에 대한 우리의 지식에 중요한 자료가 되고 있다. 그의 작품에는 후대 신학자들이 채택한 새로운 신학 용어들이 많으며 교리적 어휘에 있어서는 불변의 위치를 점하고 있다. 그는 '교회적 라틴어의 창조자'라 불린다.[92]

여기서 그의 모든 저작을 소개할 수 없기 때문에 그의 신학 사상을 고찰하는 데 필요한 몇 개의 작품에 대해서만 그 중심 내용을 소개하려 한다. 그의 작품을 변증적인 것, 교의적이고 논쟁적인 것 그리고 실천적이고 금욕적인 것으로 분류할 수 있겠지만, 저작 개요에서는 분류 없이 소개할 것이다.

(1) 『변증』(Apology, Apologeticum)

197년경에 쓴 이 작품은 터툴리안의 저서 중에서 가장 중요하다. 이 책은 또 다른 변증서 『이방인들에게』(To the Heathen, Ad nations)와 내용은 비슷하지만 상당히 다르다. 후자가 구성이 완성된 작품이기 보다는 자료를 수집해 놓은 것 같다면, 전자는 저자 자신의 개성에 맞추어 계획된 작품이다. 때문에 『이방인들에게』의 논법이 철학적이고 수사학적인 데 반하여 『변증』은 법률적 형식으로 그리스도교를 변증한다. 그것은 전자가 일반적으로 이교도를 향한 변증이었다면, 후자는 로마제국의 지방 장관에게 보낸 것이기 때문이었다.

『변증』은 다른 고대 변증서와 비교할 때 그리스도인들을 향한 정치적 고발에 집중하고 있다. 이 때문에 이 책은 변증론을 철학적 영역에서 법률적 영역으로 바꿔 놓았다. 터툴리안은 그리스도인들이 미움을 받고 박해를 받는 것은 박해자들이 무지하기 때문이라고 한다.[93] 터툴리안은 세속 이교도의 권력자들의 재판 과정이 정의롭지 못하고 그리스도인들에게 불리하게 편파적이라고 논박한다. 그리스도인들이 정죄 받고 있는 죄가 '그리스도인이라는 이름'(nomen Christianum) 때문이며, 다른 모든 범죄자에게는 방어권이 주어졌는데 그리스도인들에게는 주어져 있지 않고, 다른 사람에게는 고문을 고백 강요에 적용시키면서 그리스도인들에게는 그것이 부인되고 있다고 한다. 그리스도인들이 성례전에서 유아를 살해하고 근친상간의 죄를 범했다고 하지만 어느 것도 입증된 것이 없는 비열한 소문만이 유포되어 있다고 한다.

그리스도인들에 대한 재판이 얼마나 모순인지를 터툴리안은 로마 황제 트라얀(Trajan, 98~117)이 비두니아의 총독 플리니(Pliny of Bithynia)에게 보낸 편지를 언급하며 논박한다. 황제는 이 서신에서 고발되어 연행된 그리스도인들은 정죄하지만 고발되지 않는 자들은 수색하지 말라고 했었다. 터툴리안은 말하기를,

오, 야비한 석방! 이러한 재판의 경우가 얼마나 자기모순인가! 그리스도 인들을 무죄하므로 수색하지 말라고 하면서, 그들을 죄인으로서 처벌하라고 명령한다. 자비로우면서도 잔인하다. 그냥 넘어가면서 또한 처벌한다. 그대는 왜 스스로 법률을 빠져나가는 놀이를 왜 하는가? 그것이 판결인가? 만일 그대가 유죄 판결을 내린다면, 왜 그대는 심문하지 않는가? 만일 그대가 심문하지 않으면서 왜 그대는 풀어주지 않는가?[94]

터툴리안은 그리스도인들이 로마제국의 국가 종교를 모독하고

반역한다는 고발에 대하여 법률가적 기질을 발휘한다. 그에 의하면 그리스도인들은 단지 생명 없는 인간 존재에 불과하며, 그 형상은 생명 없는 물질이고 그래서 조롱받고 경멸당하는 이교도의 신을 숭배하지도 않고 유일한 참 하나님이요 성서에서 자신을 계시하시는 우주의 창조주 하나님을 경배한다고 한다. 그러므로 그리스도인들을 무신론자라고 비난하는 것은 정당하지 않으며, 이교도의 신은 신이 아니라고 반박한다. 이것은 종교의 자유를 요구하는 것이다. 그러면서 그는 로마가 세계를 지배하는 것이 우상을 숭배했기 때문이라는 일반인들의 믿음을 논박한다.[95]

이 책 마지막에서 터툴리안은 그리스도교는 단순히 새로운 종교가 아니라고 한다. 그리스도교는 인간의 사변 그 이상의 신적 계시요 하나님에 의해서 계시된 진리라고 한다. 그러므로 그리스도교는 로마 제국이 잔인하고 잔악한 묘책을 가지고 박해해도 무너지지 않는다는 것이다. 오히려 그리스도인들은 박해를 받을수록 증가한다. 왜냐하면 "그리스도인들의 피가 씨"이기 때문이다.[96]

이 작품은 터툴리안의 작품 중의 걸작이요 왕관이라고 하는 데 모두가 동의하고 있다.

(2) 『영혼의 증언에 관하여』(*The Testimony of the Soul, De testimonio animae*)

『변증』과 같은 해에 쓰여진 이 작품은 『변증』 제17장의 내용을 더 정교하게 다듬은 것이다. 이 글의 변증적 성격은 하나님의 속성과 존재, 죽음 후의 생 그리고 무덤 저편 세계에서의 보상과 징벌의 증거로서 영혼을 사용하려는 저자의 노력에서 분명해진다. 터툴리안에 의하면 철학적 숙고와 훈련이 필요 없다. 모든 진리는 영혼에 나타나 있으며, 자연은 영혼의 스승이다. 헬라 변증가들과는 달리 터툴리안은 철학보다 순수하고 단순한 자연이 진리를 더 잘 증거한다고 강조한다. "영혼은 태생적 그리스도인"(anima naturaliter christiana)이라는 그의 표현은 어떤 선험적 신 지식을 가리키는 것이 아니라 우주와 경험에서 직접적으로 이끌어 내고 사람들의 일상적 감탄에서 분명해지는 창조주에 대한 자발적인 자각을 의미한다. 영혼이 자연적으로 그리스도인이 되는 것이 아니라 사람이 그리스도인이 되는 것이다. 그러므로 가장 높은 자(至高者)의 실존은 상식이 말해준다.[97]

(3) 『스카풀라 서신』(To Scapula, Ad Scapulam)

212경에 쓰인 이 작품은 "모든 사람은 각자 자기의 확신에 따라 예배를 드려야 한다"는 인간의 근본적인 권리를 서술한 작품이다. 한 인간의 종교는 다른 사람을 해하지도 않고 돕지도 않으며, 종교에는 종교를 강요하는 요소가 없다는 기본 입장에서 스카풀라에게 보낸 서신이다.

스카풀라는 211~213년까지 아프리카의 총독으로 있으면서 그리스도교인들을 야수에게 던져 밥이 되게 하고 불태우는 등 박해를 시작한 사람이다. 다섯 장으로 구성된 이 책 제1장에서 터툴리안은 자기가 이 글을 쓰는 것은 사리 추구도 아니고 박해에 대한 공포 때문이 아니라 적에 대한 그리스도인의 사랑 때문이라는 것을 밝히면서 그리스도인들에게 희생제사를 강요하는 것은 양심의 자유라는 근본적인 권리를 거스르는 것이며 불합리적인 것이라고 지적한다. 그리스도인들은 특히 로마 황제에게 적이 아니라고 한다. 그는 황제가 하나님에 의해서 지명되었음을 알고 있기 때문에 사랑하고 존경하고 평안을 빌 뿐이며 로마가 존속하는 한 오랫동안 황제의 통치가 계속되기를 희망한다는 것이다.

그러나 그리스도인들의 피를 흘리게 하는 죄를 벌하지 않는 국가는 그리스도인들을 괴롭힐 뿐이어서 임박한 하나님의 진노의 징표가 있다고 한다. 이것은 터툴리안이 락탄티우스(Lactantius, c. 240~320)가 그의 책『박해자들의 죽음』(De Mortibus Persecutorum, 316)에서 진술한 논제를 예감하고 있는 것 같다. 락탄티우스는 수사학자로서 디오클레티안 황제(284~305)를 비롯하여 콘스탄틴 황제(306~337) 등 로마 황실의 수사학 교사였다. 그의 그리스도교 개종 시기는 분명치 않으나 305년경 디오클레티안 황제의 박해가 시작되자 수사학 교사직을 사임하고 서방으로 피신하여 가난한 삶을 살았다고 한다. 그의 탁월한 문장력 때문에 르네상스 인문주의자들은 그를 '그리스도교의 키케로'라고 불렀다. 그의 책『하나님의 교훈들』[98]의 후편인『박해자들의 죽음』은 그리스도교의 하나님을 불의한 인간의 행위에 개입하는 하나님으로 소개하면서 그리스도인들을 박해한 죄 때문에 말년에 고통스러운 세월을 보낸 지방 총독들의 죽음을 기술하고 있다.[99] 그는 로마제국의 사회정의는 이방적인 라틴 문화보다는 보편적 인간애를 가르치는 그리스도교의 하나님에 기초를 두어야 한다고 한다.

터툴리안은 마지막 5장에서 잔인함은 신앙인의 수를 증가시킬 뿐 결코 성공하지 못할 것이라고 한다.

우리는 하나님 이외에 주인을 갖고 있지 않다. 그 주인은 여러분 앞에 있으며 여러분으로부터 숨겨질 수가 없다. 그러나 여러분은 그를 해치지 못한다. 여러분이 주인이라고 생각하는 분들은 단지 인간일 뿐이고, 어느 날 그들은 죽게 되어 있다. 그러나 이 믿음의 공동체는 사멸되지 않을 것이다. 왜냐하면 그 외관상 무너뜨려지는 때가 분명할 때 그 공동체는 더 강한 힘을 구축하기 때문이다. 순교자의 고결한 인내를 증언하는 모든 사람은… 순교의 의미를 음미하려는 열망에 사로잡힌다. 그리고 그들은 그 진리를 알게 되자마자 그들은 곧 그 일에 동참한다.[100]

(4) 『유대인을 반대하여』(*Against the Jews, Adversus Judaeos*)

이 저술은 그리스도인과 유대교로 개종한 자 사이에 있었던 논쟁이 계기가 된 것이다. 처음 8장의 내용을 한 문장으로 요약하면 보복의 옛 율법은 사랑의 새 율법으로 대치되어야 한다는 것이다. 이 부분의 중요 자료는 저스틴의 『트리포와의 대화』이다. 이스라엘이 주 하나님을 떠났고 그의 은총을 거부했기 때문에 더 이상 영향력이 없는 구약은 영적으로 해석되어야 하며, 이 때문에 이방인들은 율법이 모세보다 먼저 하나님이 모든 민족에게 주신 것이라고 말하고, 그러나 석판(石板)에 쓰여진 유대인의 법령은 이제 구원을 위해서 불필요하게 되었으며 할례, 안식일 준수, 고대 희생제 등은 폐지되고 눈에는 눈으로의 법령은 사랑의 법으로 대치되었다는 것이다. 이 영원한 계약의 입법자, 새 희생의 사제, 영원한 안식일의 주인인 그리스도는 예언자들에 의해서 영원한 왕국의 왕으로 예언되었으며, 그의 출생, 고난, 예루살렘의 파멸은 다니엘이 예언하였다는 것이다.

9-14장은 메시아의 예언이 우리 구세주에게서 성취되었다는 것에 대한 증명이지만, 이 부분은 그의『마르시온 논박』(*Adversus Marcionem*) 제3권을 발췌한 것이다.[101]

(5) 『이단자들을 논박하는 취득시효』(The Prescription of Heretics, De praescriptione haereticorum, 異端論駁取得時效)[102]

이 작품은 터툴리안의 다른 어느 책보다 로마법에 대한 그의 깊은 지식을 가장 분명히 나타내 보이고 있다. 로마 민사소송법에서 '취득시효'의 일반적 의미는 소유 의사를 가지고 타인의 물건이나 재산을 점유한 상태가 일정 기간 계속됨에 따라 권리취득의 효과가 생기는 시효다. 취득시효는 회부된 재판 내용을 문제 삼는 것이 아니라 재판의 진행 그 자체를 문제 삼을 때 쓰는 법적 용어다. 즉, 원고가 소유권을 청구한 형식에서 피고가 소송을 막고자 하는 법률적 이의 제기를 의미한다. 피고가 원고의 소유권 주장을 거부하는 취득시효를 호소하면 일체의 법 심리가 열릴 수 없게 된다. 터툴리안은 이 용어를 이단 논박에 적용한 것이다. 즉, 이단들이 정통에 반대할 권한 자체가 없다는 것을 주장하기 위한 것이다. 이것은 이단자들에 대한 항고다. 이것을 터툴리안의 "신학적 취득시효"라고 한다.[103]

이단자들은 지적 탐구로 진리를 알 수 있다고 생각한다. 그들은 "찾으라, 그러면 너희가 찾을 것이다"(마 7:7)라는 말씀으로 자신들의 생각을 정당화하려고 하지만, 그들은 그 말씀이 예수의 선교 초기, 즉 예수가 아직 진리(그의 가르침)의 선포를 사도들에게 위임하기 전에 하신 말씀이라는 것을 간과한 것이다. 고대 가톨릭 전통, 성서 그리고 성서를 해석할 권리는 정통 교회만이 가지고 있는 것이다. 그리스도 이후 사도들을 통하여 모든 것이 계시되었기 때문에 이제는 지적 탐구인 철학을 위한 자리가 없다. "아테네와 예루살렘이 무슨 관계가 있는가? 아카데미와 교회 사이에 무슨 일치가 있는가? 이단들과 그리스도인들 사이에 무슨 일치가 있는가?"라고 터툴리안은 강조한다.[104]

터툴리안은 두 취득시효로 모든 이단적 체계를 기초부터 박탈하려고 했다. 첫째는 그리스도는 사도들 이외 누구에게도 그의 복음 선포를 위임하지 않았다는 것이다. 이 때문에 그리스도가 지명한 사람 이외 누구도 복음을 설교할 수가 없다. 둘째는 사도들은 교회를 세우고 그 교회에 복음을 선포했으며 또 교회로 하여금 복음을 선포하게 했다는 것이다. 이와 같은 이유 때문에 사도들이 선포하는 것, 즉 그리스도가 그들에게 계시한 것은 사도들이 세운 교회가 선포하는 것 이외 다른 길로는 바르게 입증될 수가 없다고 한다. 이것은 사도적 교회뿐만이 아니라 이교 교설과 비교해서 그들의 교리가 선재적임을 입증한다. 정통 교회의 교리의 기원은 사도전승에 있다고 한다. "우리는 사도적 교회와 영적 교제를 한다. 왜냐하면 우리의 교리는 그들과 다른 것일 수가 없기 때문이다. 이것이 진리에 대한 우리의 증거다."[105]

터툴리안은 모든 이단에 맞서기 위해서 두 개의 근본적인 원리를 가지고 있었다. 그것은 '진리의 우선성'(principalitas vertatis)과 '거짓의 후대성'(posteritas mendacitatis)이다. 이단이 거짓인 것은 그것이 후대의 것이기 때문이다. 이와 같은 관점에서 터툴리안은 영지주의의 이단적 교설을 자세하게 검증할 필요도 없으며 거짓이라고 논박할 필요조차 없다고 한다. 반면에 사도적 교회의 교리와 일치하는 모든 교리가 진리인 것은 교회가 그 교리를 사도들로부터 전수받았고, 사도들은 그리스도로부터 그리고 그리스도는 하나님으로부터 받았기 때문이다.[106] 그러므로 성서는 사도적 교회에 소속되어 있고 그 교회만이 성서를 사용할 수 있으며 따라서 신앙의 합법적 소유권자이다. 참된 교리와 함께 성서의 내용은 신앙의 규범에 요약되어 있는데, 이것은 사도들에 의해서 그 후계자들에게 전승된 것이며 그것이 오늘날까지 이어지는 것이다.

그러나 이교도는 성서의 의미를 판단하거나 주석하거나 논쟁할 권한이 없다. 그것은 그들이 사도들의 적법적인 계승자들이 아니기 때문이다. 교회만이 정당한 계승권을 주장할 수 있다. 교회는 어디에 세워졌든 간에 사도들에 의해서 세워졌다면 그 교회들은 같은 교리를 가르치고 있는 것이며, 심지어 사도들이 세운 교회가 아니라 해도 그들이 같은 교리를 가르치고 있다면 사도적 교회라고 할 수 있다고 한다.[107] 교회는 성서를 함부로 고치는 일이나 불완전하게 만드는 것을 용납하지 않는다. 사도적 전승에 의해서 세워진 교회만이 무엇이 그리스도교 교리이며 아닌지를 결정할 권리가 있고 바른 성서 주석을 보장한다. 이것이 신앙의 규범에 함축되어 있다. 그러므로 "신앙의 규범에 어긋나는 것은 아무것도 모르는 것이 모든 것을 아는 것"이라고 한 것이다.[108]

(6) 『마르시온 논박』(Against Marcion, Ad. Marcionem)

마르시온의 교설에 대해서는 이미 전장에서 설명했기 때문에 여기서 다시 언급하지 않을 것이다. 곤잘레스는 이 책에 관하여 논평하기를 "역사가들이 이단 마르시온의 교설을 아는 지식의 원천이다"라고 했다.[109] 그는 이 책을 한 번에 쓴 것이 아니라 세 번의 수정본을 냈기 때문에 그 연도는 207년부터 211년까지로 추정된다. 이 책은 터툴리안의 저서 중에서 가장 길고 야심적인 작품으로 평가되고 있다. 이 책이 마르시온의 가르침에 대한 논박이기 때문에 그의 논박 방법은 자연히 신·구약성서의 말씀을 광범위하게 인용하는 것이었다. 따라서 이 책은 고대 라틴어 성서 본문에 대한 중요한 증거도 되고 있다.

모두 5권으로 구성되어 있는 이 책의 제1권은 구약의 하나님과 신약의 하나님, 구약의 정의로운 하나님과 신약의 선한 하나님, 심판의 하나님과 구원의 하나님을 대립시키고 분리하는 마르시온의 이원론을 논박한다. 그리고 모든 신 개념은 그와 같은 대비와는 모순된다는 것을 입증한다. 터툴리안에 의하면 한 분이 아니라면 하나님이 아니며, 이것은 그리스도인이 진실로 선언하는 것이다. 가장 높은 존재는 유일무이해야 하며 동등한 것을 가지고 있지 않는다. 그렇지 않으면 지고(至高)의 존재이기를 끝내는 것이다.[110] 제2~3권은 구약에서 예언된 메시아가 아직 오지 않았다는 마르시온의 주장에 대하여 터툴리안은 이 땅에 오신 그리스도가 예언자들이 선포했으며 창조주가 보낸 구세주가 분명하다고 논박한다. 그리스도는 영지주의자들이 주장하듯이 비현실적인 몸에 나타난 보다 높은 에이온(aeon)이 아니라고 한다. 이 부분에서 터툴리안은 저스틴의 『트리포와의 대화』와 이레니우스의 『이단논박』을 주 자료로 사용하고 있다. 제4~5권은 마르시온의 신약성서에 대한 비판적 논평이다. 여기서 그는 신·구약성서 사이에 모순이 없다는 것과 마르시온의 신약성서 본문까지도 마르시온의 교설이 이단적이라고 논박하고 있다는 것을 밝힌다. 제4권에서 그는 마르시온의 신약성서 텍스트와 그것과 나란히 가톨릭의 텍스트를 병치(倂置)하므로 마르시온의 대조법을 사용했다. 이 때문에 이 부분이 성서 텍스트 역사에 매우 중요하다.[111]

(7) 『프락세아스 논박』(Against Praxeas, Adversus Praxean)

프락세아스의 교설에 대해서는 제4장 "초기 이단의 도전과 교회의 반응" 중 "양태론적 군주신론"에서 이미 언급한 바가 있다. 그는 북아프리카에서 양태론적 군주신론을 확장시킨 사람으로 성부수난설을 주장했다. 즉, 성부와 성자를 동일시했고 동정녀를 통해 내려와 스스로 여인에게서 태어났고 고통을 받은 성부가 예수 그리스도 자신이었다는 것이다. 이 교설이 북아프리카 카르타고에 확산되자 터툴리안은 프락세아스의 교설을 논박하고 그 확산을 막아냈다.

213년경 쓰여진 것이 거의 확실한 이 논박은 터툴리안이 몬타누스주의에 가담하고 있었을 때였다. 그래서 터툴리안은 삼위일체 이단만이 아니라 새로운 예언을 반대하는 것에 대해서도 프락세아스를 비난하였다. 비록 그가 몬타누스주의에 가담하고 있었다 해도 그의 글에는 니케아회의 이전의 가톨릭의 삼위일체 교리를 매우 분명하게 기술하고 있기 때문에 니케아 이전 삼위일체 교리 형성에 가장 큰 공헌으로 평가된다. 프락세아스에 관한 서론적 장(章)에 이어 터툴리안은 가톨릭의 삼위일체 교리를 다룬다. 그의 삼위일체론은 '경세적(oikonomia) 삼위일체론'이라 부르기도 한다. 이것은 신의 경세(oikonomia), 신의 섭리(disposition)라고 부르는 가톨릭의 삼위일체 교리와 같다.

여기에 쓰여진 용어들은 분명하며 정확하고 적절하며 문체는 단호하고 날카롭다. 니케아회의는 그의 형식을 사용했으며 후대 신학자들에게 미친 그의 영향은 결코 과대평가되지 않는다.[112] 이 작품의 주목적은 정통적 신론을 방어하는 것이었다. 그리고 라틴어로 삼위일체를 의미하는 '트리니타스'(trinitas)라는 전문 용어가 처음으로 서방에서 사용되기도 한 작품이다. 그러나 불행하게도 삼위의 구별을 방어하는 과정에서 그는 종속론(subordinationism)의 함정을 피하지 못했다.

(8) 『세례에 관하여』(*On Baptism, De baptismo*)

이 작품이 초대교회의 입교의식과 세례와 견신례 등 성례전 전례사 (典禮史)에서 매우 중요한 것은 단지 이 작품이 그와 같은 전례문제에 대해서 가장 일찍 쓰였기 때문만이 아니라 니케아회의 이전 성례전 신학을 분명히 다룬 유일한 글이기 때문이다. 그리고 세례에 관한 전통적 교훈을 방어한다는 점에서 중요한 전례적 자료가 되고 있다. 터툴리안은 세례 의식에 대하여 매우 자세하게 열거한다. 이 글은 198~200년경에 쓰였을 것으로 추론한다.

그런데 제기되는 문제는 물로 몸을 씻는 것이 어떻게 영혼을 깨끗하게 하며 죽음으로부터 구원을 이룰 수 있느냐는 것이다. 그리하여 터툴리안은 그의 글을 '감탄사'로부터 시작한다.

> 행복하여라, 우리의 물의 성례전, 이전의 눈이 먼 우리의 죄가 씻어지고,
> 영생의 자유를 누리게 되었도다! … 작은 물고기인 우리는 우리의 물고
> 기 예수 그리스도(ΙΧΘΥΣ)[113]와 같이 물에서 태어났으며 물에 연속적
> 으로 있을 때만이 우리는 구원된다.[114]

태초부터 생명을 주는 물은 창조주에 의해서 성화되었으며 창조주의 능력을 운반하는 마차로서 선택되었다. 물은 세정(洗淨)의 상징으로 생각되었다. 그런데 물로 세례를 받을 필요가 없는 예외적인 경우가 있다. 그것은 순교의 경우다. 그것은 그때 '피의 세례'를 받는 것이기 때문이다.[115] 세례는 분별없이 집행되어서는 안 된다. 수세자 자신의 신앙 고백은 분명하고 확실하게 시험되어야 한다. 이 때문에 그는 유아세례를 반대하였다. 그는 인생의 결백한 시기에 왜 죄의 용서를 서두르냐는 것이다. 그는 이교도의 세례의 효력도 부인한다. 이 점에서 키프리안이 예상된다.[116]

(9) 『영혼에 관하여』(On the Soul, De anima)

210~213년경 쓰여진 것으로 추정되는 이 작품은 『마르시온 논박』을 제외하고는 반(反)영지주의 저술 중에서 제일 긴 논문이다. 물론 영혼 교설에 대한 조직적인 논문이 아니라 논쟁적인 저술이다. 그는 영혼에 관한 논의에서 이교 철학자들의 견해를 거부한다. 모두가 58장으로 이루어진 이 작품은 서론과 세 부분으로 구성되었다.

서론(1~3장)에서 터툴리안은 영혼에 관한 토론은 이교 철학자들에게 의지할 것이 아니라 신적 계시에 의지해야 한다고 한다. 그는 철학자들이 "이단자들의 조상"[117]이 되었다고 비판한다. 그러면서 창세기 2장 7절에 의지한 영혼의 기원을 주장한다. 본문 첫 부분(4~22장)에서는 영혼의 본성을 논한다. 영혼의 기원이 하나님의 입김이지만 시작이 있으며, 영혼은 순수한 영이 아니라 형체적인 것이라고 하는 스토아철학에 동의한다. 둘째 부분(23~41장)은 영혼의 기원을 논한다. 그는 현존하지 않지만 이미 "영혼의 기원"(De censu animae)이라는 논문을 쓴 바가 있다. 그는 영혼의 선재설을 부인하고 영혼유전설을 주장한다. 이것에 근거하여 원죄 유전설을 설명한다. 마지막 부분(42~58장)은 죽음에 관한 장으로 죽음 후의 영혼의 안식에 관하여 논한다.

교리적이고 논쟁적인 그의 저서에는 이 이외도 『헤르모게네스 논박』(Against Hermogenes, Adversus Hermogenem), 『발렌티누스주의자들 논박』(Against the Valentinians, Adversus Valentinianos), 영지주의자들을 반대하기 위해서 쓴 『그리스도의 육체에 관하여』(On the Flesh of Christ, De carne Christi), 『육체의 부활론』(The Resurrection of the Flesh, De carnis resurrectione) 등이 있다.

(10) 『순교자들에게』(To the Martyrs, Ad martyres)

이 작품은 터툴리안이 몬타누스주의에 가담하기 전 비교적 초기의 작품에 속한다(197년경). 여섯 장에 불과한 짧고 단순한 문체에도 불구하고 이어지는 세대에서 감탄을 받은 작품이다. 저술 목적은 신앙 때문에 투옥되어 마음이 약해지거나 번민하고 죽음을 기다리고 있는 그리스도인들을 위로하고 격려하기 위한 것이다. 터툴리안은 순교에 대한 두려움을 줄이는 것을 원할 뿐만 아니라 순교를 가장 영광스럽고 용감한 행동이라고 격찬하므로 그들이 적극적으로 순교에 임하도록 한다. 그리스도를 위해서 죽는다는 것은 단순히 무관심 속에서 고난을 받아들이고 스토아철학적 감내가 아니라 힘과 용맹의 가장 힘든 시험 이라는 것이다. 그것은 문자 그대로 투쟁인 것이다. 그래서 그는 투기 장이나 군대 생활과 비교한다.

제2장에서 그는 순교자들이 세상으로부터 분리되는 것을 두려워 하지 않도록 그들에게 용기를 북돋아 준다. 세상은 어둡고, 죄가 많고, 세속적 권위의 심판이 아니라 하나님의 심판을 받는 곳이다. 세상은 어둠으로 차 있으나 순교자들은 세상을 비추는 빛이요 하나님이 그들을 자유하게 한다는 것이다. 제3장은 순교자들이 제기하는 이의의 모습을 반복하고 그들에게 감옥을 훈련장으로 보라고 한다. 즉, 터툴리안에 의하면 감옥은 살아 계신 하나님이 심판자고 성령이 코치인 고결한 투쟁을 통하여 영원한 화관, 하늘의 시민권, 영원한 영광을 얻게 되는 훈련장이다. 그리고 마지막 제4~6장에서는 최고의 고난을 비롯하여 단순한 공명심이나 허영심 또는 사고와 운명에 의한 생명 희생까지 그 예를 나열한다. 그러나 순교는 하나님을 위하여 받는 고난이다.[118]

(11) 『기도에 관하여』(On Prayer, De oration)

이 글은 197~200년경 쓴 『쇼』(The Shows)[119]와 같이 예비 신자들에게 보낸 글이다(198~204). 터툴리안은 신약성서가 소개하고 있는 기도 형식은 그 방향이나 정신, 은밀함과 하나님에 대한 신뢰에 있어서 전례가 없는 형식이라고 한다. 이 모든 특성이 "우리 아버지"(Pater Noster)라는 표현에 함축되어 있다. '우리 아버지'는 전 복음을 요약한 것이라고 한다. 사실 터툴리안의 『기도론』은 '주기도문'에 대한 현존하는 해설 중에서 가장 오래된 것이다.

저자는 공중 기도와 관련해서 여러 가지 실제적인 권고를 한다. 예를 들면 형제와 화해하지 않고, 노를 풀지 않고, 불편한 마음으로는 하나님께 누구도 접근할 수 없다는 것이다. 즉, 깨끗한 마음이 요구되는 것이다. 그것은 단순히 손을 씻는다는 것만을 의미하지 않는다. 기도할 때 손을 올리는 것, 차분한 목소리, 코트를 벗는 일, 기도가 끝나자 앉는 일, 겸손을 상징하는 행위, 성금요일을 제외하고 평화의 키스를 하는 일, 처녀는 교회에서 베일을 쓰는 일 등등을 금하기도 하고 권하기도 한다.

오리겐(Origen)도 같은 제목의 글을 썼는데, 그것과 비교할 때 터툴리안의 작품에는 철학적 선입관이 전혀 없고 실천적이다. 터툴리안의 관심은 기도할 때의 형식적 정신적 훈련에 있었다. 이 작품이 가치가 있는 것은 터툴리안의 사상의 깊이 때문이 아니라 그리스도인의 삶의 개념을 진실되게 표현하고 있기 때문이다.[120]

(12) 『인내에 관하여』(On Patience, De patientia)

스스로 인내의 덕을 배우지 못한 것을 탄식했던 터툴리안이 예비신자들에게 인내의 덕을 권고하고 있다. 그것은 병자가 건강을 칭찬하는 행위와 같다고 한다. 인내의 가장 큰 적은 복수심에 목이 마른 것이라는 이념에 근거하여 200~203년경 그가 몬타누스주의자가 되기 전에 썼을 것으로 짐작되는 이 작품에서 인내는 창조주에 그 근원과 원형이 있다고 한다. 그것의 가장 큰 예증이 그리스도의 성육신과 고난과 죽음의 삶이다. 그는 전적으로 하나님께 복종하는 삶을 살았다. 이 그리스도 때문에 우리는 인내의 완전함을 가질 수가 있다. 반면에 인내심이 없는 것은 모든 죄의 어머니요 악마는 그 아버지다.

인내의 덕은 신앙이 없이 불가능하다. 그것을 수련할 기회는 하루에도 수없이 많다. 예를 들면 재산을 잃었을 때, 성이 나고 모욕당했을 때, 실책을 했을 때, 가족을 잃었을 때 등이다. 우리가 일상생활에서 행복의 보상을 받는 경우는 크고 작은 역경을 경험한 후다. 그래서 터툴리안은 인내의 축복을 찬양한다. 왜냐하면 인내는 각종 여러 건전한 삶의 훈련으로 이끌고 회개하게 하며 자비를 창출하고 육체를 강건케 하여 절제와 순교를 견딜 수 있게 하기 때문이다. 성서에서 인내의 영웅의 실례를 든다면 이사야, 스데반이라고 하면서 인내라는 덕의 효과와 아름다움은 그 무엇과도 비교할 수가 없다고 한다. 터툴리안에 의하면 "하나님이 계신 곳에 그의 양 아들인 인내가 있다. 하나님의 영이 하강할 때 인내가 그와 함께 동반한다."[121] 그러므로 그리스도인의 인내는 이교도의 서투른 모방, 악에서 나타나는 완고한 버팀과는 근본적으로 다르다.[122] 이 글은 훗날 카르타고의 키프리안이 그의 책 『선한 인내에 관하여』(De bono patientiae)에 많이 인용되고 있다.

(13) 『참회에 관하여』(On Penance, De paenitentia)

이 소책자는 저자가 아직 가톨릭교회에 속하고 있던 203년경에 쓰였기 때문에 초대교회 참회 의식 집행의 역사를 아는 데 매우 중요하다. 이 글은 두 부분으로 나누어지는데, 전반부(4~6장)는 세례를 받으려는 성인 예비 신자들에게 적용할 엄격한 참회 형식을 논하고 있고, 후반부(7~12장)는 세례를 받은 후 파멸을 자초하는 중대한 죄(살인, 우상숭배, 간통)를 범했을 때 교회법에 의한 참회를 해야 한다는 내용이다. 즉, 두 번의 참회를 다룬다. 이것은 입교의 성례전 후에 죄의 사면이 있다는 것을 분명히 증언하는 것이다. 그러나 이 나중의 참회는 한

번 이상 받을 수 있는 사람은 아무도 없다. 이 경우 터툴리안의 주장은 교리적인 것보다는 심리적이고 방법의 문제였다.

그래서 터툴리안은 신자들이 추정(推定)의 죄를 범하게 될 것이 두려워 두 번째 참회를 권하기보다는 그들이 극단의 선택을 하거나 자포자기하지 않도록 충고한다. 터툴리안은 교회법에 따른 화해가 먼저라고 한다. 화해하기 위해서 죄인에게 필요한 것은 공개적인 고백 (exomologesis)과 훈계적인 행위가 있어야 한다. 이것은 주님께 죄를 고백하는 것이다. 이 고백은 마치 주님이 죄에 대해서 무지한 것 같이 하는 것이 아니라 고백함으로 죄의 용서를 받으며, 고백으로 참회가 있게 되고, 참회로 하나님의 환심을 사게 된다. '엑소모로게시스'는 인간의 부복(俯伏)과 굴복을 위한 훈련이다.

장로들 앞에서 부복하는 것을 언급하는 것은 참회가 교회의 제도라는 것을 가리킨다. 그리고 그것은 공식적인 사죄로 끝난다. 터툴리안은 참회를 통해서 죄를 공개적으로 밝히는 것과 참회를 매일매일 연기하여 피하는 것 중에 어느 것이 좋은지를 묻는다. "공개적으로 용서받는 것보다 숨어서 비난받는 것이 더 좋은가?" 참회의 목적은 징벌이 아니라 죄의 용서에 있다.[123]

(14) 『금식에 관하여』(On Fasting, De ieiunio adversus psychicos)

저작 연도가 불확실한 이 작품은 터툴리안이 육욕에 마음을 빼앗기고 폭음, 폭식하며 몬타누스주의자들의 금식을 거부하는 가톨릭 신자들에 대해서 격렬하게 공격하면서 몬타누스주의자들의 금식 습관을 방어하는 내용이다. 그러므로 초대교회의 금식의 역사와 그 실천에 대한 중요한 자료를 제공한다. 그리고 이 글은 터툴리안이 몬타누스주의자가 된 후에 쓴 것이 확실하다. 터툴리안을 포함한 몬타누스주의자들은 금식일을 가산하고 저녁까지 연장하는 일, 각종 향료와 양념 그리고 술 향기가 없는 고기를 먹는 일 그리고 참회를 준수하는 경우에 목욕하지 않는 일 때문에 고발당했으며 이런 것들이 이교와 거짓 예언에서 근원된 신종 관습이라고 정죄를 받았다.

그리하여 터툴리안은 방어에 뛰어들었고 그의 논거를 변호사의 소송사건적요서와 같이 정리하였다. 그는 성서로부터 아담의 불순종 이후 금식의 필요성과 금욕의 장점 등을 논증하였다. 그는 몬타누스주의자들의 금식 실천을 이교적이요 거짓 예언에 따른 것이라는 비난을 논박한 후에 가톨릭교의 방종을 강하게 공격하였다.[124]

(15) 『겸손에 관하여』(On Modesty, De pudicitia)

217~222년 사이에 쓰였을 이 작품은 그의 전 작품들에 비해서 적지 않게 격렬하지만 더 중요한 주제를 다루고 있다. 즉, 그 자신의 몬타누스주의적 교회 개념에 따라서 '죄를 용서하는 열쇠'가 사법적으로 조직된 '감독들의 교회', 다시 말하면 교회의 성직 계급 제도에 주어진 특권이 아니라 사도들과 예언자들로 대표되는 '영적인 사람들'(homines spiritales)에게 주어진 특권이라는 것이다. 이 글은 주로 북아프리카 가톨릭교회의 참회 종규(宗規), 특히 감독의 사면권(edictum Peremptorium)에 대한 논쟁을 기술하고 있다. 터툴리안은 비록 감독의 이름을 분명하게 밝히고 있지는 않지만 "나는 참회를 한 사람들의 간음과 우상숭배의 죄를 용서한다"는 선언문을 소개한다.[125]

터툴리안은 마태복음 기자가 주님의 말씀으로 소개하고 있는 "이 반석 위에 내 교회를 세우겠다. 하늘나라의 열쇠를 주겠다. 네가 땅에서 무엇이든지 매든가 풀면 하늘에서도 매이고 풀릴 것이다"(마 16:18-19)라는 말씀이 단지 베드로에게만 개인적으로 주어진 선물이 아니라 베드로와 관계가 있는 모든 교회에 해당되는 말씀이라는 것이다. 즉, 그 말씀은 로마의 감독에게만 관련된 것이 아니라 신앙과 기원상 베드로와 관련된 모든 교회의 감독에게 관련된 것이다. 그러므로 이 말씀은 로마교회에 의해서 세워졌고, 그 전통을 계승하고 있는 카르타고교회에도 적용된다.

그러나 이 책은 전에 쓴 『참회에 관하여』(De paenitentia)의 내용과 비교하면 모순이 된다. 그 책에서는 세례를 받은 후 중대한 죄(살인, 간통, 우상숭배)를 범한 사람은 교회법에 의하여 참회해야 하고, 이 참회는 한 번 이상 받을 수 있는 사람이 없다고 했었다. 다시 말하면 그와 같은 죄는 용서받을 수 없는 것으로 생각한 것이다. 그런데 여기서는 '용서받을 수 있는 죄'(peccata remissibilia)와 '용서받을 수 없는 죄'(peccata irremissibilia)의 구별을 소개하고 있으며, 세례 받은 후에 범한 그와 같은 중대한 죄를 사면할 권한이 교회에 없다는 것이다. 죄를 범한 자에 대한 순교자의 기도도 소용이 없다.[126]

(16) 그 외의 저서 목록

현존하는 그의 저서 중 언급하지 않은 것이 있다. 이교도의 모든 놀이에 함께하는 것을 금하는 『쇼에 관하여』(On the Shows, De spectaculis), 여인들의 사치스러운 치장을 공격하는 『여인의 드레스에 관하여』(*On the Dress of Women, De cultu feminarum*), 자기가 죽은 다음에 독신으로 있든지 재혼하려면 그리스도인에게 하라는 『그의 아내에게』(*To His Wife, Ad uxorem*), 과부인 친구에게 재혼은 간통의 한 형식이라고 금지하는 『순결권고에 관하여』(*Exhortation to Chastity, De exortatione castitatis*), 유일신론의 신학적 근거에서 합법적인 재혼을 금지하는 『일부일처제에 관하여』(*On Monogamy, De monogamia*), 모든 처녀에게 교회 안에서만이 아니라 공중 장소에서 베일을 쓰라는 『처녀 면사포에 관하여』(*On Veiling of Virgins, De virginibus velandis*), 특별히 이교도의 습관인 군인들에게 면류관을 쓰게 하는 것을 반대하고 그리스도교 신앙과 양립할 수 없는 군 복무를 금하는 『면류관 금지에 관하여』(*On the Chaplet, De corona*), 『우상숭배에 관하여』(*On Idolatry, De idololatria*), 박해 때 피신하는 것은 하나님의 뜻에 어긋난다는 『박해 때 피신에 관하여』(*On Flight in Persecution, De fuga in persecution*), 카르타고를 점령한 로마인을 상징하는 제복(toga)의 위치에서 철학자의 외투를 입는 것을 방어하는 『외투에 관하여』(*On the Pallium, De pallio*) 등이 있다.

그의 저서 중에서 그가 몬타누스주의자가 되기 전에 쓴 것으로는 『순교자에게』, 『인내에 관하여』, 『참회에 관하여』, 『그의 처에게』, 『여인의 드레스에 관하여』, 『쇼에 관하여』 등이고, 몬타누스주의에 가담한 후에 쓴 것으로는 『겸손에 관하여』, 『금식에 관하여』, 『일부일처제에 관하여』, 『순결권고에 관하여』 등이다.

2) 철학과 신앙 그리고 신학

일반적으로 철학에 대한 터툴리안의 입장은 부정적인 것으로 알려져 있다. 그러나 스토아철학과의 관계에서 보듯이 그가 무조건 철학을 부정한 것은 아니다. 그래서 부정적이라고 하기보다는 회의적이라고 하기도 한다. 물론 북아프리카 학파에 속하는 그의 신학 작업의 출발이 실천적인 데 있었고 그의 사고가 역설적인 이론에 기초했기 때문에 사변적인 철학적 지식 그 자체에 흥미가 없었던 것은 사실이다. 그에 의하면 철학은 사변적 유희에 불과하여 우리를 잘못된 길로 인도하고 철학자들은 진리를 추구하는 척하면서 변증법적 수사학적 기교로 사람들을 현혹시키는 '궤변자들'(sophists)이라고 했다. 그는 철학자들을 "이단자들의 족장" 또는 "이단자들의 아버지"[127]라고 했을 뿐만 아니라 죽음 앞에서의 소크라테스의 평정까지도 그것은 가장되고 인위적인 것이지, 진리에 대한 확실성에서 온 것이 아니라고 혹평하였다.[128] 알렉산드리아의 클레멘트가 헬라 사상가들을 크게 칭찬하고 사모했으며 그들의 사고는 유대인들에게 율법이 있듯이 이교도들에게 율법과 같은 역할을 했다고 했다면, 반대로 터툴리안은 철학과 신앙은 아무 공통점이 없다고 한다. 다음의 그의 말에서 철학에 대한 입장을 잘 읽을 수 있다.

아테네와 예루살렘이 무슨 상관이 있는가? 아카데미와 교회가 무슨 상관이 있는가? 이단자들이 그리스도인들과 무슨 상관이 있는가? 철학자와 그리스도인 사이에, 헬라의 제자와 하늘의 제자 사이에 아무 공통점이 없다. 우리의 교훈은 '솔로몬의 가르침'(솔로몬의 지혜1.1)에서 온 것이다. 인간이 원한다면 인간은 스토아적, 플라톤적 그리고 변증법적 그리스도교를 싹트게 할 수 있다 해도 내가 알 바가 아니다. 왜냐하면 그리스도의 복음이 선포되었기 때문에 우리는 더 이상 그와 같은 것은 문의할 것도 시험해 볼 것도 없다. 만일 우리에게 믿음이 있다면 우리는 믿음 이외 그 어떤 것에도 관심이 없다. 이것이 우리 신앙의 제일 원리다.[129]

그러나 이와 같은 그의 철학에 대한 입장은 영지주의자들과의 투쟁이라는 맥락에서 이해되어야 한다. 그는 영지주의를 발생시킨 것은 철학이라고 본 것이다. 캄펜하우젠이 설명하는 바에 따르면 터툴리안에게 "영지주의는 인간의 내재적 영적 본질에 호소하는 파괴적인 혼합주의이며, 인간 자신의 영적이며 관념론적인 본성을 과대평가하려는 인간의 성향이며, 피조물과 신의 뚜렷한 한계를 말살하는 것이다. 동시에 그것은 세상을 창조하고 육신으로 자신을 구체적으로 계시한 실재의 하나님에 대한 허무주의적 적개심이다."[130] 그래서 그는 그리스도교 영지주의적 입장에서 그리스도교 교리를 정립한 알렉산드리아학파에 동조하지 않는다. 이 점에서 터툴리안의 입장은 실재론(realism)이요 현실론이라고 할 수 있을 것이다. 이것이 터툴리안의 신학 형성의 기초다. 이 기초에 근거하여 영지주의 혹은 순리주의와 투쟁을 하였다. 즉, 그는 그리스도교 진리를 입증하기 위해서 헬라 변증가의 방법을 따르지 않고 오히려 소박한 영혼에 호소하는 방법을 택했다.[131] 터툴리안도 변증적인 책을 썼다. 그러나 그의 변증 방법은 철학적 사변적이 아니라 현실적 법률적이다. 그는 "그리스도인은 인류의 적이 아니라 오류의 적"이라고 했고, 관헌들이 그리스도인들을 괴롭히고 고문하고 정죄하면 그것이 곧 그리스도인들의 무죄를 입증하는 것이라고 하면서 "여러분이 정죄하면 하나님이 무죄를 선고한다"고 한다.[132]

철학과 신앙에 대한 터툴리안의 입장은 분명하다. 그는 철학을 그리스도교 신앙(진리)과 일치하는 한에서 수용하였다. 신앙과 철학은 근본적으로 유사한 지식을 소유한다고 할 수 있다. 그러나 여러 다른 방법으로 추구되고 채택되는 내용에 있어서는 원초적으로 구별된다는 것이다. 그에 의하면 신앙이 하나님의 계시에 의존한다면 철학자는 인간의 지평 너머의 문제까지도 스스로 해결할 수 있다고 착각한다. 터툴리안의 주장의 핵심은 '지성의 희생'(sacrificium intellectus)이 아니라 인간의 지성적 교만(hubris)을 하나님의 말씀의 표준에 따라서 적절하게 제한하는 것이다. 왜냐하면 하나님은 비이성적으로 행동하지 않기 때문이다. 하나님은 인간을 듣고 순종하도록 창조했다.[133] 참된 신앙은 언제나 단순하다. 그리스도는 철학자들에게 그의 복음 선포를 위임하지 않고 단순한 어부들에게 위임하였다.[134] 사실 터툴리안 만큼 교회의 독단적인 입장을 강조한 교부도 없을 것이다. 신앙인들도 신의 계시를 인지함에 있어서 철학자들 못지않게 논리적이고 이성적이며 학문적으로 사고한다. 이 점에서 그리스도교는 "참된 철학"이라고 불릴 수 있다.[135]

인식론에 있어서 신앙적 지식과 이성적 지식 사이에는 근본적인 구별이 있다. 신앙적 지식은 이성적 증거를 초월할 수가 있다. 신앙의 내용은 역설적이기 때문이다.

하나님의 아들이 십자가에 못 박혔다. 나는 그것을 부끄럽게 생각하지 않는다. 하나님의 아들이 죽었다. 이것은 불합리하기 때문에 반드시 믿어져야 한다. 그리고 그는 매장되고 다시 살아나셨다. 이 사실은 불가능하기 때문에 확실하다.[136]

터툴리안의 신앙적 사고는 비합리적이다. 그는 신앙이 불합리하면 할수록 그 힘이 더 발전할 수 있다고 보았다. "나는 모순되기 때문에 믿는다"(credo quia absurdum est). 이 말은 터툴리안이 직접 한 말이 아니라고 하지만 그의 입장을 가장 잘 표현했다고 생각한다. 사실 터툴리안이 문제 삼은 것은 '문화적 혼합'이 아니라 '종교적 혼합'이었다. 이단자들의 결정적인 오류는 '종교적 혼합'이라는 것이다. 그래서 터툴리안은 영지주의를 반대한 것이다. 헬라인에게 속한 것은 그들에게 돌려주고 신앙인들은 사도들이 준 갑옷을 입으라고 하였다.[137]

3) 삼위일체론

처음 3세기가 경과하는 동안에 세 가지 유형의 반(反)삼위일체론의 분파가 형성되었는데, 이들 모두는 견해와 표현은 다양하지만 삼위일체 교리를 잘못 이해했고, 이에 따라서 그 교리에 대하여 불안함과 우려스러움을 가지고 있었던 분파들이었다. 어떤 분파는 그리스도의 독특한 인성을 부인하고 그의 신성을 매우 강하게 단언하려고 하였다. 그들은 그리스도가 특별한 관계에 있어서 하나님 자신이었다고 주장했다. 그들에게 있어서 본질과 품격은 동일했다. 다른 분파는 반대로 그리스도의 타당한 신성을 부인하고 인간 그리스도가 다만 신적 본질과 탁월하게 연결되었음을 보였다는 것이다. 그래서 하나님의 아들과 성령이라는 두 품격(hupostaseis)이 아니라 두 힘(dunameis)이 만들어 졌다는 것이다. 또 다른 분파는 그리스도가 단지 인간일 뿐이라고 주장하였다.

이와 같은 세 분파의 반(反)삼위일체론자들을 쉐드(Shedd)는 '군주 신론자들' 또는 성부수난주의자들, 유명론적 삼위일체론자들(Nominal Trinitarians) 그리고 예수 인간론자들(Humanitarians)이라고 한다.[138] 첫 번째 반(反)삼위일체론의 대표자들은 터툴리안이 논박한 프락세아 스(Praxeas)와 히폴리투스가 논박한 노에투스(Noetus)이며, 두 번째 반(反)삼위일체론자의 대표자들은 사모사타의 바울과 사벨리우스 (Sabellius)이다. 세 번째 반(反)삼위일체론자는 다만 그리스도의 인성 만을 주장하는 자들로서 그 대표적인 분파는 에비온주의자들이다. 이들은 삼위일체론 논쟁에서 크게 문제로 등장하지 않았다.

터툴리안의 삼위일체론에 들어가기 전에 그의 하나님 이해를 먼저 언급하는 것이 좋을 것이다. 그의 하나님 이해는 한편으로는 영지주의 를 반대하고, 다른 한편으로는 군주신론에 대한 논박에서 형성되었다. 전자와의 관계에서 터툴리안은 세계를 창조한 창조주 하나님과 예수 그리스도를 통해 우리를 구원하시는 가장 높고 선한 하나님이 같은 한 하나님이라는 것을 방어하였다. 그는 "만일 하나님이 한 분이 아니 라면 그는 존재하지 않는다"고 한다.[139] 뿐만 아니라 이 한 분 하나님은 형체적 실재(形體的 實在)다. 하나님은 영이지만 유형의 실체라는 것이 다.[140] 이것은 그가 스토아철학의 영향을 받았다는 분명한 흔적이다. 그래서 하나님은 육체의 창조주, 그리스도는 육체의 구세주, 부활은 육체의 부활을 말한다. 이 육체의 강조는 헬레니스틱 경향, 영지주의 적 이단, 가현론을 반대하기 위한 것이었다. 그러므로 그의 하나님

인식은 영지주의자들의 사색적이고 관념론적인 하나님이 아니라 구체적이고 현실적이며 행동적인 하나님 인식이다.

그러나 그의 하나님 인식에서 결정적인 것은 삼위일체론이다. 그의 삼위일체론 형성은 군주신론과 삼신론(tritheism)을 동시에 극복하기 위한 것이었다. 이 삼위일체 교리에 사용된 전문 용어가 너무 분명하고 정밀하며 정확하여 니케아회의 이전 삼위일체론에 가장 중요한 공헌을 하였다. 그가 채택한 용어는 오늘날까지 교회의 전문 용어로 통용되고 있다. 그는 세 신적 위격(三位)에 대해서 '트리니타스'(trinitas)라는 용어를 서방 세계에 처음으로 소개한 사람이지만 터툴리안보다 먼저 2세기 후반 동방에서 헬라 변증가 안디옥의 테오필루스(Theophilus)가 하나님의 "삼위"(trias)라는 말을 처음 사용한 바가 있다.[141] 테오필루스는 삼위의 제2위를 '로고스'라고 불렀다. 다만 테오필루스는 유대인 철학자 필로(Philo)의 형식을 따라 하나님의 마음에 항상 내재하는 '내재적 말씀'과 만물보다 앞서 만드신 '표출된 말씀'을 그대로 소개하고 있다. 서방 삼위일체론에 있어서 터툴리안의 첫 공헌은 '트리니타스'라는 용어를 삼위일체론에 전문 용어로 사용했다는 것이다. 『겸손에 관하여』에서 그는 "한 신적 본질에 삼위(trinitas), 곧 성부, 성자, 성령"이라는 표현을 사용했다.[142] 그는 하나의 본질과 셋의 근원을 지적하면서 하나님의 단일성과 삼위 사이에 아무 모순이 없다고 설명한다. "하나의 본질, 하나의 지위, 하나의 능력의 셋"을 말한다.[143] "성자는 성부의 본질에 속하고, 성령은 성자를 통하여 성부로부터 유래한다"고 한다.[144] 이 말은 터툴리안이 하나의 본질이 있고 셋에서 함께 통일을 이룬다는 것을 강조하는 것이다.[145]

그러나 터툴리안의 삼위일체론은 그의 『프락세아스 논박』에서 가장 분명하게 나타난다. 터툴리안은 프락세아스가 "로마에서 악마를 위해 이중의 봉사를 했다. 즉, 예언을 몰아내고 이단을 끌어들였으며, 보혜사 성령을 패주시키고 성부를 십자가에 못 박았다"고 했다.[146] 이 말은 프락세아스가 성부와 성자를 동일시할 만큼 양태론적 군주신론자요 성부수난론자라는 것을 지적하는 것이다. 프락세아스는 성부 하나님 자신이 동정녀에게서 낳으셨고, 그 자신이 고난을 받았고, 그 자신이 예수 그리스도였다는 것이다. 프락세아스가 자기의 교설을 카르타고에서 전파하자 터툴리안은 그를 논박하면서 삼위일체 교리를 형성했던 것이다. 프락세아스는 성부와 성자의 구별이 하나님의 군주성(monarchia)을 파괴한다고 이해한 것이다. 그러나 그 말은 오직 한 사람에 의해서만이 통치되어야 한다는 뜻보다는 단순히 통치 형태가 하나라는 뜻으로 사용되었다. 그러므로 군주제에서도 아버지가 원하면 아들도 통치에 참여할 수가 있다. 그러므로 프락세아스의 주장은 그 말의 뜻을 잘못 알고 한 말이다.

터툴리안은 삼위일체 하나님을 설명하기 위해서 교회의 삼위일체론과 그리스도론에서 중심적인 전문 용어가 된 '본질'(substantia)과 '위격'(persona)이라는 술어를 채용하였다. 그런데 그는 이 용어를 형이상학적인 의미로 사용한 것이 아니라 법률적 의미로 사용하였다. 그가 사용한 '본질'은 한 개인이 사용할 수 있는 재산 또는 권리를 뜻한다. 그리고 그 재산과 권리는 남편과 아내가 공유할 수가 있다. 집 하나를 부부가 공동명의로 하는 것과 같다고 할 것이다. 로마제국에서 황제의 본질(재산)은 제국이다. 그러나 아들과 공유할 수가 있다. '품격'은 어떤 재산 또는 권리를 소유한 개인을 의미한다. 즉, 로마제국에서 제국을 공유하고 있는 황제(아버지)와 아들을 의미한다.

터툴리안은 법률적 의미의 두 용어를 도입하여 '세 위격의 한 본질'(una substantia in tres personae)이라는 삼위일체 교리의 형식을 만들어 냈다. 터툴리안의 삼위일체 교리의 최선의 표현은 그가 삼위일체(trinitas) 용어를 처음으로 사용한 『프락세아스 논박』에서 찾을 수 있다. 즉, '본질에서 하나며 셋의 근원'이라는 것을 지적하면서 신성의 통일과 삼위 사이의 조화를 설명한다.[147]

성자는 성부의 본질에 속하고, 성령은 성자를 통하여 성부로부터 나온다. 성부, 성자, 성령은 한 본질이요 한 통치(una dominatio)다. 창조 때 성자(로고스)는 제2의 위격이 되었고, 성령은 제3의 위격이 되었다. 여기서 말하는 '위격'은 현재 우리가 말하는 개인으로서 사람(person)과는 그 의미가 다르다. 라틴어에서 '페르소나'는 헬라어의 '프로소폰'(prosōpon)과 같이 사람의 '얼굴', 헬라와 로마 드라마에서 어떤 역을 맡은 '배우' 또는 역을 담당하기 위해서 쓴 '가면'(mask)을 의미한다. 터툴리안은 로고스는 본질의 의미에서가 아니라 얼굴(persona)의 의미에서, 분리가 아니라 구별에서 성부와 다른 또 하나라고 한다.[148] 한 본질의 하나님이 세 얼굴, 세 용모로 자신을 나타내는 이 삼위일체를 P. 틸리히는 "삼위일체적 유일신론"(trinitarian monotheism)이라고 한다.[149]

터툴리안은 '위격'(persona)을 성령에도 적용하고 있다. 그는 창세기 인간 창조 설화를 인용한다. 성서는 오로지 한 분이신 하나님이 인간을 창조할 때 "내 형상과 내 모양대로 사람을 만들자"고 해야 하는데도 "우리의 형상과 모양대로 사람을 만들자"고 했다(창 1:26). 그리고 이어서 "사람이 우리 중 하나 같이 되었다"고 한다. 이 말씀이 하나님이 인간을 속이려고 한 것이 아니라면, 그리스도를 인정하지 않는 유대인의 해석과 같이 천사들에게 한 말이 아니라면, 하나님 당신이 자신을 복수로 언급한 것이 아니라면 그는 옆에 제2위격인 말씀 곧 성자를 두고 있었고 그 말씀 안에 제3위격인 성령을 두고 있었다고 할 수 있다.

성부, 성자, 성령은 하나의 본질을 공유하지만, 각 위격은 분리가 아니라 엄격히 구별된다는 것이 터툴리안의 삼위일체론의 근본이다. 그러므로 이 구별을 그는 "지위에서가 아니라 근원의 순서인 등급에서 구별이며, 본질에서가 아니라 형식에서의 구별이며, 능력에서가 아니라 외관에서 구별이다"라고 한다.[150] 이 위격의 구별은 하나님의 구원 질서를 나타낸다. 즉, 하나님은 인간 구원의 역사를 각 시대에서 마치 집을 건축해 가듯이 단계적으로 당신을 계시하시면서 실행해 가신다. 터툴리안은 이것을 설명하기 위해서 '경세'(economy) 개념을 도입하였다. '경세'로 번역되는 헬라어 '오이코노미아'(oikonomia)는 '집'을 의미하는 '오이코스'(oikos)와 '질서'를 의미하는 '노미아'(nomia)의 합성어다. '경세'는 하나님의 섭리다. 하나님의 섭리는 세계를 구원하는 데 그 목적이 있고 이 섭리에서 그는 자신을 현현한다. 이것을 '경세적 현현'(經世的 顯現)이라고 하며, 이와 같은 터툴리안의 삼위일체론을 '경세적 삼위일체론'(economic trinitarianism) 또는 '유기적 유일신론'(organic monotheism)이라고 한다.[151]

그럼에도 불구하고 터툴리안의 위격 구별은 종속론(subordinationism)의 위험에서 벗어날 수가 없었다. 그는 로고스, 곧 아들이 된 지혜는 창조 이전에 이미 '실재요 위격'(res et persona)이며 본질을 통하여 특성적 존재이지만 창조와 함께 성부로부터 나왔으며, 모든 것보다 먼저 출생한 장자(first-born)로서 출생적 완전함(nativitas perfecta)에 이르렀기 때문에 성부와 구별되며 영원하지 않다.[152] 출산자와 출생자는 다르다. 성부는 '온전한 본질'(tota substantia)인데, 성자는 그 온전한 본질에서 파생된 일부(derivation totius et portio)이다.[153] 비유하자면 성자는 마치 광선이 태양에서부터 발(發)하며, 초목이 뿌리로부터, 강물이 수원지에서 비롯되는 것과 같다. 이와 같은 구별은 하나님 안에 '내재하는 로고스'(Logos endiathetos)와 하나님이 '발출한 로고스'(Logos prophorikos)의 구별과 유사하다. 성령도 본질에 있어서 성부와 하나이지만, 성령이 제3의 위격인 것은 나무의 과실이 뿌리로부터 세 번째이듯이, 강의 지류가 근원에서 세 번째이듯이, 광선의 향점(apex)이 태양에서 세 번째이듯이 성부와 성자로부터 세 번째이기 때문이다.[154]

그러나 이와 같은 터툴리안의 종속론적 표현은 그가 프락세아스를 반박하기 위해 삼위의 구별을 강조할 수밖에 없는 상황에서 불가피했을 것이다. 그의 삼위일체의 기본 형식은 '한 본질, 세 위격'(una substantia, personae)이다. 세 위격은 분리가 아니라 구별될 뿐이다. 그의 '하나의 본질론'은 훗날 니케아신조에서 '동일본질'(homoousios)로 나타났고, 그의 삼위일체론은 서방교회의 정통 교리가 되었다.

4) 그리스도론

터툴리안의 그리스도론은 삼위일체론의 형성에서와 마찬가지로 반(反)영지주의, 반(反)가현론의 입장에서 형성되었다. 그것이 『프락세아스 논박』에서 잘 표현되었다. 가현론자들은 그리스도의 육체의 실재성을 부인해 왔기 때문에 그는 그리스도 육체의 실재성, 그리스도의 실제적인 인성을 강조하였다. 예수 그리스도는 이성적 인간의 혼과 영을 가진 실제적 인간이라는 것이다. 그는 다음과 같이 말한다.

> 그리스도 안에서 없어진 것은 '죄 많은 육체'(carnem peccati)가 아니라 '육체 안에 있는 죄'(peccatumcarnis), 물질적인 것이 아니라 그 조건, 본질이 아니라 그 흠집이라는 것을 주장한다. 우리는 이것을 "하나님은 육신에서 죄를 없애셨다"(롬 8:3)라고 말하는 사도의 권위에서 확언한다. 다른 문장에서 그는 말하기를, 그리스도는 '죄 많은 육체의 모양'으로(in) 존재했다고 한다. 그러나 그것은 마치 그가 '육체의 모양'을 몸에 입힌 것 같이 한 것이 아니라 몸의 외형에서 그렇다는 것이다. … 그리하여 우리는 그 본성이 인간에게서 죄가 많은 것과 같은 육체를 그리스도 안에 있다는 것을 확언하게 된다. 그러므로 죄는 육체에 업혀졌다고 말한다. 왜냐하면 그리스도에게서 같은 육체가 죄 없다고 주장되기 때문이다….[155]

그는 『그리스도 육체에 관하여』라는 글에서 그의 육체적 본질에 대해서 고찰해 보자고 제의하면서 논쟁의 초점은 그리스도의 육체의 실재성과 속성이라고 한다. 그리스도의 육체는 실존했는가? 어디서 유래했는가? 그리고 어떤 본질인가? 이와 같은 문제에 대해서 터툴리안은 그리스도의 출생은 현실적인 사건이었고, 그는 인간의 육체를 가지고 참으로 살았고 죽었다고 한다. 그리스도의 인성은 순수하고 완전하며 현실적이어서 그는 배고픔, 목마름, 슬픔, 출생과 죽음과 같은 '인간적인 고난'(passions humanas)을 견디어 낼 수밖에 없었다. 그는 영지주의자 발렌티누스가 주장했던 것과 같이 그리스도가 단지 동정녀 마리아를 통과(through)한 것이 아니라 동정녀에게서 낳았다고 주장한다. 그러면서 그는 마리아가 예수를 출산하는 과정에서 그의 순결(virginitas in partu)을 잃었다고까지 하였다.[156]

그런데 이와 같은 그의 그리스도 인간성의 강조는 단순히 가현론을 반대하기 위한 이론적 차원이 아니라 그리스도인의 구원의 기본적인 근거라는 차원에서 하는 주장이다. 즉, 죄로 죽어야 할 인간을 구원하기 위해서 그는 인간의 영혼과 함께 실제적인 인간의 육체를 취해야만 했다는 것이다. 그러므로 예수는 분명히 인간과 같이 가멸적이다. 그런데 그리스도의 인간성에 대한 질문에 터툴리안의 대답은 매우 비합리적이고 역설적이다.

> 하나님의 아들이 십자가에서 죽었다. 그는 부끄럽지가 않았다. 왜냐하면 그것은 부끄러운 일이 아니었기 때문이다. 하나님의 아들이 죽었다. 그것은 믿을 만하다. 왜냐하면 그것은 모순되기 때문이다. 그는 장사되었다가 다시 사셨다. 이것은 확실하다. 왜냐하면 그것은 불가능하기 때문이다.[157]

물론 이것은 그의 구원론의 관점에서 읽어야 한다. 인간으로서의 그리스도는 예수이고 신적인 구세주로서의 예수는 그리스도다. 이 둘은 결코 분리되지 않는다. 터툴리안은 가현론만이 아니라 양태론적 군주신론을 반대하기 위해서 그리스도의 육체적 실재성만이 아니라 그의 신성도 강조하지 않을 수 없었다. 그래서 그의 그리스도론의 핵심은 그리스도 안에 있는 두 본성을 구별하고 파악하는 것이다. 이 일을 위해서 그가 사용한 용어적 도구가 삼위일체론에서 사용했던

'본질' 또는 '본성'(substantia)과 '품격'(persona)이다.

우리는 하나님이면서 인간인 예수라는 '한 인격 안에서 혼합되지 않고 결합된 이중의 본성'[158]을 본다. 각 본성의 속성은 완전히 보존되기 때문에 한편으로 영은 예수 안에서 기적같이 대단하고 놀라운 일을 행하고, 다른 한편 육체는 자체에게 고유한 성정(性情)을 드러낸다. 즉, 사탄의 유혹에서 배고프고(마 4:2), 사마리아 여인과 함께 목말라 하며(요 4:7), 나사로 일로 우시고(요 11:35), 죽음을 두려워했고 결국 죽었다(마 26:38; 27:50). 그러나 만일 호박금(琥珀金)과 같이 그것이 두 본성으로 부터 형성된 어떤 혼합된 것, 단지 제3의 본질이었다면 각 본성의 명백한 특성을 입증하지 못할 것이다. … 두 본질이 각각 자기의 성격에서 뚜렷하게 행동을 했기 때문에 각개 자체의 활동과 결과가 필연적으로 생겨 났다.[159]

위 인용문에서 우리는 터툴리안의 그리스도론의 형식, 즉 '한 인격 안에서 두 본성'[160]이라는 형식을 읽는다. 이 형식은 200년 후 451년 칼케돈신조에서 나타난 그 완전한 형식의 원형이라고 할 것이다. 동시에 터툴리안은 그의 그리스도론 해설에서 이레니우스를 넘어서고 있다. 그와 같은 형식이 이레니우스에게서는 발견되지 않는다. 터툴리안은 반(反)영지주의적 원리를 방어하는 데 있어서 더욱 강한 항쟁을 했던 것이다. 그러나 터툴리안의 형식에서도 우리는 두 본성이 어떻게 한 인격에서 결합되어 있는지에 대한 만족한 설명을 들을 수가 없다. 이것이 후대 그리스도론 논쟁의 핵심이 된다.

터툴리안의 그리스도론에도 로고스론이 있다. 그러나 그의 로고스는 철학자들의 개념과는 달리 '말씀, 이성, 능력'(sermo, ratio, virtus)

이 있는 참 본질이다. 로고스는 하나님으로부터 유래하고 출생한 독자적인 품격이다. 그런데 이 로고스는 시작이 있고 (아들은) 존재하지 않았을 때가 있었다는 것이다. 이 사상은 아리우스의 주장과 같은 것으로 터툴리안의 삼위일체론이 종속론적 위험이 있다는 비판을 받듯이 오해를 받는 내용이다. 그러나 여기서 터툴리안이 분명하게 의도한 것은 성부와 성자(로고스) 사이에는 같은 하나의 본질이지만, 둘의 품격에는 구별이 있다는 것이다. 둘은 같은 신적 본질이기 때문에 '나눔'(division)이나 '분리'(separation)에 의해서가 아니라 '구별'(distinction)과 '배열'(disposition)에 의해서 식별된다는 것이다. 다시 말하면 성부와 성자(로고스)의 일치는 본질의 일치이지 수적인 일치가 아니라는 것이다.[161]

터툴리안의 그리스도론에서 또 하나 고찰할 것은 "말씀이 어떻게 육신이 되었는가?" 하는 문제이다. 즉, 선재하는 로고스가 동정녀 마리아에게서 출생했다고 하는데, 이때 육신으로의 '변형'인지 혹은 육신을 '옷' 입었는지 하는 문제다.[162] 달리 표현하면 '인간이 됨'(becoming)인가 아니면 '인간 본질의 수용'(acceptance)인가 하는 문제다. 터툴리안은 후자의 입장이다. 이레니우스는 "말씀이 육신이 되었다"는 명제가 변형이 아니라는 것을 자세하게 설명한 경우가 없다. 그는 변형 개념을 배제하고 로고스가 동정녀로부터 육체를 떠맡았음(assumption)을 강조한다. 다른 한편 터툴리안은 첫째로 요한복음의 진술 (1:14)을 말씀이 육신으로 변형되었다는 의미로 이해하는 영지주의자들의 주장에 직면하여 "동정녀로부터 육신을 떠맡았다"는 주장에 반대하고[163] 하나님은 아들이 되려고 육신을 입었다고 선언하였다.[164]

터툴리안은 만일 말씀이 그리스도 안에서 육신과 하나가 되기 위해서 변형되었다면 하나님의 불가변성과 모순될 뿐만 아니라 그리스도는 인간과 하나님 사이의 중간적인 존재로 참 하나님도 아니고 참 인간도 아닌 '괴상한 제3의 어떤 것'(tertium quid)[165]이 될 것이라고 한다. 그러므로 삼위일체론에서 한 본질에 세 위격이 분리되지 않고 구별되어 있듯이 한 품격에 두 본성이 분리되지 않고 구별되어 있다는 것이다. 두 본성은 예수 그리스도 안에서 손상됨이 없이 그 속성을 완전히 보존한다. 그래서 그리스도 예수 안에서 영은 영에 합당한 일을, 육신은 육신에 속한 애정을 나타낸다.[166]

현실적인 인간으로서 그리스도 예수를 주장한 터툴리안은 그의 가멸성을 인정한다. 십자가상에서 버림받은 자는 성부가 아니라 인간 아들이었다. 그는 그리스도가 오직 아들로서 고난을 당했다고 주장함으로써 '성부수난설'을 배격했다. 왜냐하면 프락세아스가 주장한 성부수난설은 성부와 성자를 혼돈하게 하기 때문이다. 그런데 터툴리안도 분명히 "십자가에 달린 하나님", "출생을 승인한 하나님"을 말한다.[167] 그렇다면 터툴리안의 이 말은 프락세아스의 성부수난설과 어떻게 다른가? 터툴리안은 마르시온을 비롯한 영지주의자들을 반대하고 정통 교리를 변증해야 했으며, 고통을 모르는 성부로부터 수난을 받을 수 있는 성자를 구별하고, 인간적인 약함을 그에게 돌리고, 그리스도 안에서 두 본성의 서로 다른 기능을 강조하기 위한 것이었다. 그러나 프락세아스는 군주신론적 입장에서 성부수난설을 언급한 것이다.

'십자가에 달린 하나님', '하나님의 죽음'의 문제는 현대 신학에서도 중요한 신학적 논제다. K. 바르트는 "예수의 죽음은 보이지 않는 하나님의 이미지다"라고 했다.[168] J. 몰트만은 그의 책 『십자가에 달린 하나님』에서 이 문제를 집중적으로 취급하고 있다. 한 곳을 인용한다.

아들을 버림으로써 아버지도 자신을 버리신다. 아들을 내어줌으로써
비록 같은 방법은 아니지만 아버지도 자신을 내어주신다. … 아들을 버
리고 내어주는 아버지는 사랑의 무한한 아픔 속에서 아들의 죽음의 고통
을 당한다. 그러므로 우리는 그것을 아버지도 고난당하고 죽으셨다는
성부수난론적으로 말할 수는 없다. 아버지에 의해서 버림받은 아들의
고난과 죽음은 아들의 죽음에서 겪는 아버지의 고통과 다른 고통이다.
그러므로 누구도 예수의 죽음을 단순히 '하나님의 죽음'이라는 성부수
난론적으로 이해할 수가 없다. 십자가 위에서 예수와 그의 하나님 아버
지 사이에 일어난 것을 파악하기 위해서는 삼위일체론적 용어가 필요한
것이다. 아들은 죽음이라는 고통을 당하고, 아버지는 아들의 죽음이라
는 고통을 당하신다.

여기서 아버지가 당하는 아픔은 아들의 죽음만큼이나 중요하다. … 만
일 하나님이 예수 그리스도의 아버지가 되신다면, 아들의 죽음에서 그
도 아버지로서 죽음의 고통을 당하신다.[169]

5) 공적과 구원

법률적 지식이 풍부했던 터툴리안은 하나님을 최고의 입법자로
본다. 즉, 법을 집행하는 재판관이다.[170] 그는 그리스도도 새 율법(nova
lex)[171]을 선포하여 인간의 자유의지를 강화하고 그것으로 하나님의
명령을 지키면서 살도록 가르치는 교사로 설명한다. 그에게 있어서
복음은 그리스도인들이 지켜야 할 법이었다.[172] 그러므로 죄는 이
법을 어기는 것이다. 그와 같은 죄는 결점(culpa)이고 하나님께 죄를
범하는 것이다.[173] 죄를 짓지 않고 선을 행하는 것은 하나님을 만족하게

하는 것이다. 그것은 하나님이 명령했기 때문이다. 입법자요 심판자인 하나님을 두려워하는 것이 구원의 시작이다.[174] 선한 삶의 근원도 하나님을 두려워하고 그의 명령에 복종하는 것이다. 구원은 값없이 분배되지 않는다. 하나님의 징벌을 면하려고 하면 회개와 세례 그리고 그 이후 계속되는 하나님의 법에 대한 순종의 삶이 있어야 한다.[175]

터툴리안은 그리스도인의 종교적 도덕적 생활 전체를 채무(債務)라는 각도에서 보았다. 인간은 하나님께 참회의 고백으로 빚을 갚아야 할 빚진 자다. 하나님과 인간의 관계는 채권자와 채무자의 관계다. 이 빚을 갚는 길은 하나님의 율법(계명)에 따라 살면서 하나님을 만족하게 해야 한다. 즉, 배상해야 한다(satisfacere deo). 그런데 율법을 지키고 선한 행위를 하는 것이 '공적'(merit)이기 때문에 하나님은 인간의 공적(merit)으로 속죄해 주신다.[176] 사실 그의 저술에는 '빚', '만족', '죄의식', '배상' 등의 용어가 자주 등장한다. 그는 조언과 훈계, 충고와 법칙을 구별한다. 이레니우스가 하나님의 '섭리'(economy)로 구원을 받는다고 한 데 반하여 터툴리안은 그리스도를 통한 하나님의 명령된 훈련을 말한다.[177] 그리하여 그는 교회의 교훈이 요약된 신조를 '신앙의 규범'(regula fidei)만이 아니라 '신앙의 법'(lex fidei)이라고 한 것이다.[178]

회개는 하나님의 용서에 지불해야 할 값이다. 그러나 인간에게는 원죄가 있으므로 참된 회개가 거의 불가능하다. 특히 수세 후에 지은 죄는 더욱 어렵다. 인간이 속죄함을 받기 위해서는 지은 죄에 따라 타당한 값을 지불해야 한다. 그것은 비통함, 죄인으로서 겸손한 고백, 탄식, 애통과 금식 등 금욕 생활을 통한 회개다. 이 값을 지불함으로 말미암아 인간은 영원한 형벌에서 자유하게 된다. 인간은 주님께 이르기까지 '참회의 고행'을 하고 '회개에 대한 보상적 교환'으로 형벌을 면하게 된다. 참회의 고행은 고백으로 이뤄지며 우리의 회개로 하나님은 그의 노여움을 풀게 된다.[179] 이와 같은 터툴리안의 입장에 대해서 A. 니그린은 다음과 같이 평한다.

그는 구약성서의 율법주의(nomism)와 로마의 도덕주의 그리고 법학을 결합시켰다. 그 결과로 '공적 신학'(theology of merit)이 생겨났는데, 그것은 후대 그리스도교 역사에 불행한 영향을 끼쳤다. 터툴리안에게서 나타난 노모스(nomos) 형태는 그리스도교 역사 어디에서도 찾아볼 수가 없다.[180] 하나님의 아가페에 나타난 불합리한 요소가 그에게는 매우 불쾌하고 비열하였다.[181]

그에 의하면 하나님으로 하여금 선하고 의로운 재판관이 되게 하는 길은 그가 인간을 그들의 공로에 따라서 선택하고 책망하게 하는 것이다. 만일 하나님의 보상이나 징계가 없다면 인간은 하나님을 두려워할 필요도 없고 선을 행할 이유 그리고 회개할 필요도 없게 될 것이다. 이 점에서 구원은 인간의 공로에 주어지는 보상이다. 공적이라는 말의 가장 엄격한 의미에서 인간이 구원을 얻기 위한 최선의 길은 금욕 생활이요 주님을 따라 십자가를 지는 순교다. "낙원에 들어가는 전체의 열쇠는 그대 자신의 피다."[182]

공적 사상, 응보 사상에서 보면 터툴리안의 사상에는 '노모스 동기'만이 있고 사랑을 위해서는 전혀 자리가 없다고 결론 내릴 수 있다. 그러나 터툴리안에게도 사랑과 선함이 하나님의 제일의 속성이었다. 하나님은 사랑으로 세상을 창조하셨다고 한다.[183] 그러나 인간의 타락으로 하나님의 속성의 다른 면, 즉 심판과 정의가 나타난 것이다.

그럼에도 불구하고 하나님의 사랑은 결코 끊어지지 않는다. 본래 인간은 악마에게 굴복했는데, 그것은 악마가 인간의 자유의지를 자기편으로 조종했기 때문이었다. 그러나 이제는 하나님의 계속되는 투쟁을 통해서 인간에게 같은 자유의지를 가지고 적을 정복할 수 있는 기회를 주셨다. 이 하나님의 사랑에 의한 기회로 인간은 구원을 얻기에 족하게 된 것이다.[184] 하나님의 보복적인 정의도 그의 사랑의 표현인 것이다. 징계는 선을 목적으로 한다.

터툴리안에 의하면 그리스도에 의한 사죄의 능력은 순전히 개인적인 것이고 교회에 전도된 것이 아니다. 용서의 능력은 신령한 사람(homines spiritales)에 속한 것이지 감독의 직무에 속한 것이 아니다. 영적인 사람들이 성령의 기관이다.[185] 이 말은 교회에 사죄의 권한이 없다는 것을 뜻한다. 즉, 사죄의 권능은 감독회의인 법적인 기관의 특권이 아니라는 것이다. 이것은 터툴리안이 비록 노모스 동기적 사고를 했다고 해도 아가페 사랑의 동기를 파괴했다는 흔적이 없다는 것을 의미한다. 중세 가톨릭은 터툴리안의 노모스 동기의 외형만 본받은 것이다.

6) 원죄론

터툴리안은 구약성서와 원시 그리스도교의 전통에 근거하여 '전인'(totus homo) 사상을 확고히 하였다. 그러나 스토아철학의 영향을 받은 그는 영혼도 형체적(形體的)인 것이라고 한다. 그는 영혼도 몸과 연합하여 부모로부터 유래하였다고 하는 영혼유전론자다. 그러므로 영혼은 선재하는 것도 아니다. 영혼과 몸은 너무 밀접하게 연합되었기 때문에 몸이 없는 영혼의 행위는 있을 수가 없다. 영혼의 행동은 몸

안에서, 몸과 더불어, 몸을 통해서 한다.[186]

터툴리안은 이와 같은 인간이 창조주에 대한 반역으로 그 원초적인 순결과 완전함을 상실하였다는 것이다.

> 결국 모든 괴로움의 경우, 모든 경멸과 증오의 표현에서 당신은 '사탄'이 라는 말을 한다. 우리는 그를 오류의 숙련공, 전 세계를 부패하게 하는 자, 곧 악한 천사라고 부른다. 그를 통해서 인간은 처음부터 속았기 때문에 하나님의 명령을 어기었다. 그러므로 인간의 씨가 굴절되어 전 인류를 감염시켜 죽음이 주어졌고 정죄가 유전되었다.[187]

참된 인간성을 가진 피조물인 아담은 그의 타락으로 후손들에게 부패한 인간성을 유전으로 넘겨주었다. 터툴리안은 『영혼에 관하여』에서 '원죄'(vitium originis)를 말한다. 즉, 악한 욕망의 독이 아담의 죄를 통하여 인간 본성에 침투하였다. 그리하여 원죄가 악마를 통하여 인간의 본성화가 되었다.[188] 물론 그의 원죄 유전론은 영혼유전론에 기초하고 있다. 이 원죄론은 후에 어거스틴에 의해서 크게 발전되어 서방교회의 공통적인 원죄 이해의 기초가 된다. 그런데 터툴리안은 원죄유전론을 주장하면서도 유아세례에 대해서 특별한 경우를 제외하고 허용하는 것을 반대한다.[189]

뿐만 아니라 원죄론과 모순되는 것 같이 보이는 자유의지를 터툴리안은 또한 강조한다. 인간은 선과 악을 선택할 수 있는 전적인 자유가 있다는 것이다. 이 자유는 타락 전만이 아니라 타락한 후에도 유지가 되어 인간은 선과 악 사이를 선택할 수가 있다. 그러므로 악은 제2의 본성일 수가 있다는 것이다. 그런데 그가 자유의지를 강조한 것은

마르시온을 논박하는 과정에서 나온 것이다.[190]

7) 교회론과 성만찬

터툴리안은 교회의 '어머니' 이미지를 사용한 첫 사람이다. 그는
교회를 '여인 어머니 교회'(domina mater ecclesia)라고 부른다.[191] 그것
은 교회에 대한 존엄과 애정과 존경과 사랑의 표현이었다. 그는 주기도
문을 해석하면서 '아버지'라는 말에는 성자의 기원도 포함하고 있고
어머니로도 이해된다는 것을 지적하려고 애를 썼다. 왜냐하면 어머니
없이 아버지와 아들이 존재할 수 없기 때문이다.[192] 그는 세례 후보자들
에게 "너의 '어머니 집'에서 첫 번째로… 형제들과 더불어 손을 벌려
주 아버지께 세례의 은총에 더하여 카리스마의 분배를 기도하라…"고
한다.[193] 아담의 갈빗대에서 이브가 만들어진 것이 주님의 상처 입은
옆구리에서 교회의 탄생을 예시한다는 것을 지적하려고 시도하는
가운데 이브가 살아있는 어머니 교회를 예표(豫表)한다고 한다.[194]
터툴리안은 어머니 교회 이미지를 평생 지니고 있었다.

터툴리안에 의하면 교회는 신앙의 보고(寶庫)요 계시 보호자다.
왜냐하면 사도들이 진리와 그 기록(성서) 그리고 전통(신앙의 규범)을
그들의 계승자들에게 전승했는데, 그것을 보관하고 있는 곳이 교회이
기 때문이다. 터툴리안이 정통 교회와 이단자들의 집단을 구별하는
표준은 사도들의 교훈의 계승과 통일된 교리의 가르침이다. 이단자들
과 논쟁할 때 성서에만 근거하는 것은 효과적이 아니다. 왜냐하면
마르시온주의자들도 성서를 그들 자신의 교설에 맞도록 왜곡하고
변경하기 때문이다. '신앙의 규범'에 어긋나지 않는 교회가 성서에

대한 올바른 해석의 열쇠를 가지고 있는 것이다. 이단자들은 사도들의 정당한 계승권을 합법적으로 주장할 수가 없기 때문에 사도적 전통에서 벗어나 있고, 그렇기 때문에 이단자들은 그리스도교의 교리에 대한 판단을 할 자격이 없다.[195] 교회는 사도들로부터, 사도들은 그리스도로부터, 그리스도는 하나님으로부터 성서, 신앙의 규범을 유산으로 받은 것이다. 그런데 이단자들은 이 유산을 받지 못하였다. 그러므로 그들에게는 사도성이 없다. 사도성은 오직 그리스도의 참 교회에만 속한다. 이 교회는 세계 어느 곳에 세워졌든지 간에 경건 훈련의 집중, 희망의 계약으로 함께 묶여 있는 몸으로 같은 신앙, 같은 교리를 전파한다.[196] 교회는 한 하나님, 한 그리스도, 한 소망, 한 세례가 있듯이 오직 하나의 교회다. 이 교회가 "그리스도인의 어머니"다.[197]

그러나 이상과 같은 그의 정통적 교회론은 그가 207년 몬타누스주의에 가담하면서 배타적으로 순수하고 영적 공동체인 믿는 자들의 몸으로 변경된다. 즉, 가시적이고 제도적인 교회가 영적 카리스마적인 공동체, 신령한 사람들로만 구성된 교회로 대치된다.[198] "성부, 성자, 성령이 있는 곳에 교회가 있고 교회는 이 셋의 몸"이라고 한다.[199] 몬타누스주의적 교회 개념이 가장 분명하게 진술된 『겸손에 관하여』에서 그는 교회를 성령 자체라고 하면서 죄를 용서할 수 있는 교회는 다수의 감독으로 구성된 교회가 아니라 영적인 사람에 의한 성령의 교회라고 한다.[200] 이것은 사도적 계승이론을 대치한 것이다. 성령의 교회와 감독의 교회는 전적으로 반대에 놓이게 된 것이다.

'유카리스트'(eucharist)라는 용어를 터툴리안은 자주 사용하지 않았다. 많은 학자들이 그는 그 말을 이따금 우연한 말로 사용했다고 한다. 그럼에도 불구하고 이 말에 대하여 신학자들 사이에서 많은 논란이 되고 다양한 해석을 하게 되는 이유가 무엇인가? 터툴리안이 유카리스트와 관련해서 사용한 용어들은 '성만찬', '성만찬의 성례전', '주의 엄숙한 축제', '주님의 잔치', '하나님의 잔치', '하나님의 화해', '성례전의 빵과 포도주' 등이다.[201] 터툴리안은 성만찬 예배 의식을 '영광을 돌리고 축복과 찬양과 찬송'이라고 부른다.[202]

터툴리안은 세례, 견신례 그리고 성만찬 등 세 가지 성례전이 영혼에 끼친 효과에 관하여 말하면서 육체와 영혼의 일치를 말한다.

> 육체는 구원이 달려 있는 실로 필요조건이다. 그리고 영혼이 육체의 구원의 결과로 하나님을 섬기도록 선택되었으므로, 그와 같은 섬김을 능히 할 수 있어 실제로 보답하는 것은 육체다. 참으로 육체는 영혼이 정결하게 되기 위하여 씻어지고, 육체가 기름을 바르므로 영혼이 성별되며, 육체가 십자가로 신호를 하면 영혼도 강하게 된다. 육체가 손의 속임으로 어둡게 되면 영혼은 성령으로 밝게 한다. 육체가 그리스도의 몸과 피에 먹을 것을 주면 영혼도 그와 같이 하나님께 부유하게 된다. 그것들은 그들의 섬김에서 연합될 때 상호 보상에서 분리될 수가 없다.[203]

터툴리안의 성만찬론은 몸의 실제적 임재를 주장하는 실재론이라고 한다. 그는 성만찬에서 그리스도의 몸과 피가 세례식 때의 물과 같이 실재한다고 생각한다는 것이다. 그래서 빵은 실제 주님의 살이요, 포도주는 실제 주님의 피라는 것이다. 그래서 이와 같은 터툴리안의 견해에서 화체설의 근거를 찾는 사람도 있고, 그것은 스토아철학의 영향으로 모든 것이 다 형체적이라는 사상에서 온 것이라고 해석하는 사람도 있다. 그런데 터툴리안은 성만찬의 물질의 성별화를 성만찬 제정의 말씀으로 돌리고 있는 것이다. 즉, 그리스도가 빵을 들어 제자들에게 주시면서 "이것은 내 몸이다"라고 하셨다는 것이다(마 26:26).[204] 이 말씀을 문자적으로 해석하면 화체설의 근거가 될 수도 있다. 그러나 터툴리안은 이 말씀 다음에 즉시 "빵의 상징 아래 실재하는 몸"[205]이라는 말을 첨가한다. 터툴리안은 마르시온이 십자가에 달린 그리스도의 몸의 실재(reality)를 부인하면서 성만찬 예배의 지속을 주장하는 것은 모순이라고 논박한다. 십자가상의 몸이 참 몸이 아니라면 성만찬 예식에서 어떤 실제적인 몸도 있을 수 없다는 것이다. '몸의 형상'(figura corporis)으로 빵은 그리스도가 참 몸을 가지고 있었다는 것을 전제로 한다.[206] 그는 다른 곳에서 "주님은 빵으로 당신의 몸을 현존하게 했다"고 말한다.[207]

터툴리안은 '주기도문' 중 "…일용할 양식"을 해석하면서 그리스도는 '일용할 양식'(빵)의 범주에 당신의 몸을 포함시키고 있다고 한다.

> "오늘 우리에게 일용할 양식을 주옵시고"를 우리는 영적으로 이해해야 한다. 그리스도는 우리의 생명이고 빵은 생명이기 때문에 그리스도는 우리의 빵이다. "나는 생명의 떡이다"라고 말씀하신다(요 6:35). 조금 전에는 "하늘에서 내려온 살아 계신 하나님의 말씀이 곧 빵"(요 6:33)이라고 말씀하신다. 더욱 그의 몸이 빵으로 자인(自認)되고 있다. "이것은 내 몸이다"(막 14:22).[208]

그러므로 터툴리안의 실재론에서 화체설의 근거를 찾는 것은 너무 성급한 것 같다. 그는 우리가 세례받을 때 몸과 함께 영혼도 깨끗하게 되듯이, 성만찬에서 빵과 포도주를 받을 때 그리스도의 몸과 피를 받는다고 한다. 십자가상의 그리스도의 몸과 피가 사실임을 강조하는 차원에서 성만찬에서의 빵과 포도주의 실재를 주장한 것이다.

터툴리안의 성만찬론에는 희생 개념도 있다. 그는 '희생의 기도', '희생의 참여'라는 용어를 사용한다.[209]

> 대부분의 사람들은 그들이 금식할 때 주님의 몸을 받으므로 금식이 깨어
> 진다는 근거에서 희생적 기도에 참석해서는 안 된다고 생각한다. 그렇
> 다면 성만찬이 하나님께 헌신하는 예배를 폐기한다는 것이냐? 혹은 그
> 것이 오히려 하나님께 더 결합시키는 것이 아니냐? 만일 네가 하나님의
> 제단에 서 있으면(성만찬을 받으면) 너의 위치는 더 종교적으로 신성하
> 게 될 것이 아니냐? 만일 네가 주의 몸을 받고 보존한다면 너의 희생의
> 참여와 너의 의무 이행 등 특전이 모두 안전하다.[210]

IV. 이레니우스와 터툴리안의 비교

두 사람이 영지주의를 반대하고 교회의 전통과 신앙의 규범 그리고 성서에 기초하여 정통 교회를 방어한 점에서는 공통적이지만, 이레니우스는 소아시아적인 배경에서, 터툴리안은 북아프리카적인 배경에서 각기 그들의 신학을 형성하고 발전시켜갔다. 전자가 알렉산드리아 학파의 순리주의와 지나친 현실적 법적 경향을 배제하고 보다 더 철저한 성서신학적 입장을 취했다면, 후자는 실재론적이며 철저한 실천적 경향, 엄격한 윤리 생활을 강조했다. 니그린은 터툴리안의 신학이 반(反)아가페적이며 노모스적이라고 평한다.

터툴리안은 구약의 노모스와 신약의 아가페를 혼합하였다. 이 혼합으로
부터 터툴리안은 자신의 신앙을 흡수하였다. 그의 구약성서의 방어는
하나님과의 '율법적' 관계의 방어요 구원의 '율법적' 방법의 방어였다.
최고의 하나님은 오직 선과 사랑의 원리에 의해서 행동하고, 창조주는
오직 응보적 정의에 의해서 행동한다고 주장하는 마르시온에게 터툴리
안이 응수하기를 하나님 창조주가 존재할 뿐이고 그가 곧 선과 의라고
한다. 그러나 사랑의 하나님과 보상과 징벌의 하나님 사이에 긴장이 불
가피할 때 터툴리안은 확실히 후자의 입장에 선다.[211]

캄펜하우젠은 "터툴리안은 평생 의를 사랑했고 불경한 자를 미워했
다. 그는 신약성서보다는 구약성서의 그리스도인이었다. 신학적으로
판단하면 그는 거의 유대인이었다"라고 하였다.[212] 이와 같은 비평에도
불구하고 터툴리안에 의해서 처음으로 서방 정신이 분명하게 표현되었
으며, 그가 서방 신학의 창시자라는 것은 부인할 수가 없다. 우리는
터툴리안을 통하여 그리스도인의 윤리적 진수를 읽어야 할 것이다.
    P. 틸리히는 이레니우스의 구원론과 관련하여 다음과 같이 그를
평한다.

이레니우스에 의하면 구원하는 힘은 교회 안에 임재하는 성령이다. 이
영이 교인들을 그리스도 안에서 새롭게 하고 그리스도는 그들에게 생명
과 빛을 준다. 이것이 구원의 역사이고 인간은 그것을 믿음으로 받아들
인다. 그러므로 우리가 하나님과 이웃을 사랑하는데 법이 필요 없다.
… 새로운 존재는 궁극적으로 신비적이며 윤리적이다. 이런 의미에서
이레니우스의 개념은 초기 가톨릭주의의 최고 형식이다.[213]

미주

1 북아프리카 학파는 초대교회 3대 학파 중(안디옥학파, 알렉산드리아학파, 서방 학파) 서방 학파에 속한다. 서방 학파의 중심인물들은 로마보다 북아프리카가 출신들이다.

2 Eusebius, *HE.*, 5. 20. 5-7. J. Quasten, *Patrology*, vol. I (Utrecht: Spectrum Publishers, 1066), 287에서 재인용.

3 그리스도교의 부활절은 유대교의 유월절에서 유래했기 때문에 파스카(Pascha)라고도 한다. 부활절 축제일에 관하여 동방(소아시아)에서는 유대의 태양력에 따라 요일에 관계없이 니산월(3~4월) 14일에 지켰다. 그러나 서방(로마)교회는 알렉산드리아 기원의 태양력에 따라 주님의 부활이 일요일이라는데 근거 니산월 14일 그다음 주일에 지켰다. 이 날짜를 일치시키려는 논쟁이 벌어졌다. 그것을 유월절 논쟁(Paschal controversy)이라고 한다.

4 J. H. Kurtz, *Church History*, tr. by John Macpherson (London: Nodder & Stoughton, 1888-90), vol. I, par. 31; Otto W. Heick, *A Hist. of Christian Thought*, vol. I, 107에서 재인용.

5 그러나 이레니우스와 터툴리안에게 공통점은 둘 다 신앙에 대한 철학적 사변적 접근을 반대하고 있다는 점이다. Otto W. Heick, 위의 책, 106-107.

6 Irenaeus, *Adv. haer.*, 2. 27. 28.

7 여기서 말하는 '권'은 한 권의 책을 의미하는 것이 아니라 한 권의 책 속에 포함된 '장'(章)과 같은 것이다.

8 Irenaeus, *Adv. haer.*, 1. 23-31; J. Gonzalez, 앞의 책 162; J. Quasten, 앞의 책, 289; Aloys Dirksen, *Elementary Patrology*, 51 등.

9 Irenaeus, 『사도적 가르침의 논증』(*Epideixis*), 43-51.

10 J. Quasten, 앞의 책, vol.I, 289에서 재인용.

11 예를 들면 로마의 클레멘트, 이그나티우스, 폴리캅, 파피아스, 저스틴 등의 글들.

12 B. Altarner, *Patrology*, 150-151; J. Quasten, 앞의 책, 289-290 등.

13 B. Altaner, 위의 책, 152; J. Quasten, 위의 책, 292.

14 Irenaeus, *Epideixis*, 86. J. Quasten, 위의 책, 292에서 인용.

15 Irenaeus, *Adv. haer.*, 2. 26. 1.

16 위의 책, 3. 12. 11; 4. 9. 3. 이레니우스에 의하면 하나님은 '지성적 영'이기 때문에 그에게 있어서 '이성'(nous), '영'(spiritus), '지성'(ennoia)이 분리되는 것이 아니라 그의 존재의 다른 면이다(*Adv. haer.*, 2. 13. 3-6; 1. 12. 2).

17 위의 책, 2. 1. 1.

18 위의 책, 3. 8. 3; 2. 28. 4; *Epid.*, 6 등.

19 Irenaeus, *Adv. haer.*, 2. 10. 4.

20 위의 책, 2. 2. 4; 2. 3. 2; 2. 10. 4; 2. 28. 3; 2. 30. 9 등.

21 Irenaeus, *Epid.*, 4; *Adv. haer.*, 2. 1. 4.

22 Irenaeus, *Adv. haer.*, 4. 6. 4.

23 P. Tillich, *A Hist. of Christian Thought*, 42.

24 Irenaeus, *Adv. haer.*,4. 20. 4.

25 F. L. Cross, *The Oxford Dictionary of the Christian Church* (London: Oxford U. Press, 1971), 1345.

26 Irenaeus, *Adv. haer.*, 4. 20. 1.

27 위의 책, 5. 1. 3; 5. 5. 1; 5. 28. 1; *Epid.*, 11 등. 욥 10:8과 시 119:73에도 "주의 손이 나를 만드시고 나를 지으셨으니…"라는 말씀이 있다.

28 Irenaeus, *Adv. haer.*, 4. 6. 3; 4. 6. 6.

29 위의 책, 4. 9. 1: 4. 10. 1; 5 .16. 2 등.

30 Irenaeus, *Epid.*, 6; 7.

31 P. Tillich, 앞의 책, 43.

32 이레니우스의 그리스도론에 대해서 졸저 "이레니우스의 기독론," 『역사와 신학적 증언』(서울: 대한기독교출판사, 1981), 66-91를 참조할 것. 이 논문은 1967년 한국신학대학 제2학기 개학 강연을 정리한 것이다.

33 Irenaeus, *Adv. haer.*,4. 7. 6; cf. 3. 21. 4; 5. 1. 2.

34 위의 책, 3. 19. 1; 4.. 33. 4; 5. 1. 2.

35 위의 책, 4. 33. 4.

36 위의 책, 4. 3. 11; 4. 4. 2.

37 위의 책, 1. 9. 2; 3. 16. 2f; 3. 16. 8; 3. 17. 4 등 참조.

38 이 용어는 그리스도론에서는 신성과 인성의 상호 침투를 의미하고, 삼위일체에서는 '삼위의 상호침투'(interpenetrate tres de hupostaseis)를 의미한다.

39 라틴어로 recapitulatio, 헬라어로 ανακεφαλαίωση(*Adv. haer.*, 3.18.7). 이레니우스는 에베소 1:10에 근거하여 '총괄 회복' 사상을 정립했다. "하나님의 계획은, 때가 차면, 하늘과 땅에 있는 모든 것을 그리스도 안에서 **그분을 머리로 하여 통일시키는 것입니다.**" 이 개념에 대해서 J. N. D. Kelly, *Early Christian Doctrines* (London: Adams & Charles Black, 1968), 170-174; J. Quasten, *Patrology*, vol. I, 295-196; P. Tillich, 앞의 책, 45등 참조.

40 Irenaeus, *Adv. haer.*, 5. 14. 2.

41 J. L. González, 앞의 책, vol. I, 169-170.

42 Irenaeus, *Adv. haer.*, 5. 21. 2; 5. 19. 1; 3. 22. 4. B. Altaner, 앞의 책, 156.

43 Irenaeus, *Adv. haer.*, 5. 9 .1. J. Quasten, 앞의 책, 309-310에서 재인용. 이레니우스의 인간 구성 3요소론은 플라톤의 영향을 받았을 것이다. 그는 인간은 땅으로부터 취한 몸과 하나님으로부터 영을 받은 혼으로 구성되었다는 것이다(위의 책, 3. 22. 1).

44 '형상'의 히브리어는 '첼렘'(tselem), 헬라어로는 '에이콘'(eikon), 라틴어로는 '이마고'(imago)이고, '모양'의 히브리어는 '데무트'(demuth), 헬라어로는 '호모이오마'(homoiōma), 라틴어로는 '시밀리투도'(simlitudo)다. 성서학자들은 '형상'은 구체적인 닮음으로서 신체와

관련된 것으로 보며, '모양'은 추상적인 유사성으로서 영적이고 도덕적인 본성으로 보았다. 초대 교부들은 두 단어를 구별하였으나 창세기에는 두 단어를 융통성 있게 유사한 단어를 반복하여 강조의 효과를 내기 위해 쓰인 곳이 있다(창 5:1, 3).

45 Gustaf Wingren, *Man and the Incarnation* (Philadelphia: Muhlenberg Press, 1959), 15.

46 Irenaeus, *Adv. haer.*, 3. 23. 5.

47 P. Tillich, 앞의 책, 43.

48 Ireraeus, *Adv. haer.*, 4. 37. 1.

49 위의 책, 4. 37. 5.

50 위의 책, 4. 39. 2; 4. 14. 1-2; 4. 11. 2; *Epid.*, 12 등.

51 Irenaeus, *Adv. haer.*, 3. 23. 1; 5. 24. 4.

52 G. Aulen, *Christus Victor*, 전경연 편집, 『속죄론 연구』, 복음주의 신학총서 4 (서울: 대한기독교서회, 1965), 28(*Adv. haer.*, 4. 41. 2).

53 Irenaeus, *Adv. haer.*, 4. 39. 2; 4. 41. 2-3.

54 위의 책, 3. 18. 1; 5. 2. 1; 5. 21. 3; *Epid.*, 16 등.

55 Irenaeus, *Adv. haer.*, 4. 37. 1; 4. 38. 3.

56 위의 책, 5. 12. 2-3; *Epid.*, 14; 15.

57 *Adv. haer.*, 5. 13 .1. 나면서부터 눈먼 자에 관해서는 *Adv. haer.*, 5. 15. 2-4에 있다.

58 위의 책, 4. 40. 3.

59 위의 책, 5. 1. 1.

60 위의 책, 4. 20. 5-6; 4. 22. 1; 3. 18. 7 등 참조.

61 위의 책, 5. 1. 2; 4. 28. 3 등 참조.

62 위의 책, 2 .13. 8. Otto W. Heick, *A Hist. of Christian Thougt*, vol. I, 108.

63 A. Harnack, *History of Dogma*, vol. II, 293. G. *Aulen, Christus Victor*, 전경연 편집, 앞의 책, 21, 25도 참고할 것.

64 Irenaeus, *Adv. haer.*, 3. 18. 7. 다른 곳에서는 "우리가 신들, 곧 하나님과 같이 되게 하기 위해서"라고 한다(위의 책, 2. 14 .7).

65 위의 책, 3. 6. 1.

66 위의 책, 5. 2. 2.

67 A. C. McGiffert, *A Hist. of Christian Thought*, vol. I, 139-140.

68 Irenaeus, *Adv. haer.*, 4. 13. 1; 4. 15. 1; 4. 16. 3 등.

69 위의 책, 4. 12. 1; 4. 15. 1; 4. 14. 2; 4. 20. 5 등.

70 위의 책, 4. 9. 2; 4. 11. 3; 4. 12. 2; 4. 13. 2; 4. 28. 2; 4. 34. 1 등. J. L. González, 앞의 책, 167-168 그리고 Otto W. Heick, 앞의 책,108 등은 넷째 계약을 말한다. 그러나 이것은 다른 학자의 분류에서 셋째 계약의 일부가 넷째 계약의 내용이 된 것이다. 이와 같은 차이는 계약을 연대기적으로 분류하는 데서 오는 차이다.

71 Irenaeus, *Adv. haer.*, 3. 16. 6; 3. 24. 1; 5. 32. 2; 5. 34. 1 등.

72 위의 책, 3. 3. 1; 4. 26. 2; 3. 1. 1; 3. 4. 2 등.

73 위의 책, 1. 10. 1-2. J. Quasten, 앞의 책, 300-301에서 인용.

74 Irenaeus, *Epid.*, 3; 그리고 *Adv. haer.*, 1. 21. 1; 3. 17. 1 등. 이레니우스는 터툴리안과 달리 유아세례를 인정한다. "…모든 사람, 곧 유아, 어린이, 소년, 젊은이 그리고 노인 모두가 하나님에 대해서 다시 태어나게 된다"(*Adv. haer.*,2. 22. 4).

75 Irenaeus *Adv. haer.*, 4. 18. 5; 4. 38.1; 5. 2. 2 등 참조.

76 위의 책, 5. 2. 3; 4. 17. 5; 4. 18. 5 등 참조.

77 A. C. McGiffert, 앞의 책, 148.

78 Otto W. Heick, 앞의 책, 109에서 재인용.

79 A. Harnack, *Hist. of Dogma*, vol. II, 236.

80 J. L. González, 앞의 책, 174.

81 Eusebius, *HE.*, 2. 2. 4. 그러나 R. 제베르크는 그 말은 서방의 지식 계급 사람들의 법률적 정신과 지식의 풍부함을 보여주는 것일 뿐이라고 하면서 터툴리안은 법률가가 아니었다고 한다(Otto W. Heick, 앞의 책, 124, n. 62).

82 Has von Campenhausen, tr.by Manfred Hoffmann, *The Fathers of the Latin Church* (London: Adam & Charles Black,1964), 5.

83 위의 책, 6.

84 K. Holl, *Gesammelte Aufsätze*, III, 2. B. Hägglund, tr. by Gene J. Lund, *History of Theology* (Saint Louis: Concordia Publishing House, 1968), 52에서 재인용.

85 B. Altaner, 앞의 책, 166.

86 Tertullian, 『스카풀라 서신』(*Ad Scapulam*), 2. J. Quasten, *Patrology*, vol. II, 247-248.

87 To know nothing contrary to the rule of faith is to know everything. (Adversus regulam nihil scire omnia scire est). Tertullian, 『이단들을 논박하는 취득시효』(*De praescriptione haereticorum*), 14.

88 Tertullian, 『프락세아스를 반대하여』(*Adv. praxean*), 7.

89 Tertullian, 『영혼에 관하여』(*De anima*), 5. 『그리스도의 육체에 관하여』(*De carne Christi*), 11 등.

90 Tertullian, *De anima*, 27.

91 위의 책, 20.

92 J. Quasten, 앞의 책, 249. Hans von Campenhausen, 앞의 책, 8-9.

93 Tertullian, *Apol.*, 1. 2. J. Quasten, *Patrology*, vol. II, 256.

94 위의 책, 2(*ANF*, 3:19). J. L.González, 앞의 책, 176에서 인용.

95 Tertullian, *Apol.*, 7. 13; 24. 1-2, 6-10; 30. 1-3. B. Altaner, 앞의 책, 169. J. Quasten, 앞의 책, 256-259.

96 Tertullian, *Apol.*,50. 13.

97 J. Quasten, 위의 책, 264-266.

98 그의 저서 『하나님의 교훈들』(*Divinae Institutiones*, 304?)은 4세기 초 반(反)그리스도교적 논술에 대한 반론인데, 그 방법에 있어서는 성서보다 고전적인 철학자들의 증언에 의존하여 기만적인 이교 제의(祭儀)를 논박한다. 그러면서 유신론의 그리스도교 신앙은 만물의 창조주 유일한 최고 존재에 대한 합리적인 믿음이라고 논증한다.

99 J. Quasten. 앞의 책, 267. 그 외 그가 저술한 책으로 『하나님의 직무』(*De opiticio Dei*)와 『하나남의 진노』(*De ira Dei*)가 있다.

100 『스카풀라 서신』, 5. J. Quasten, 위의 책, 268에서 인용.

101 J. Quasten, 앞의 책, 268-269.

102 이 항목은 B. Altaner, 앞의 책, 171-172. J. Quasten, 앞의 책, 269-272. 그리고 F. L. Cross, *The Early Christian Fathers*, 139-140에 주로 의존했음.

103 B. Altaner, 앞의 책, 171.

104 Tertullian, *De preas. haer.*, 7.

105 위의 책, 21.

106 위의 책.

107 위의 책, 32.

108 위의 책, 14.

109 J. L. Gonzaletz, 앞의 책, 177.

110 Tertullian, *Adv. Marc.*, 1. 3.

111 J. Quasten, 앞의 책, 273-275; B. Altaner, 앞의 책, 172-173; F. L. Cross, 앞의 책, 140-141 등.

112 그의 영향을 받은 후대 학자들은 로마의 히폴리투스(Hippolytus of Rome, d.235), 노바티안(Novatian,), 알렉산드리아의 디오니시우스(Dionysius of Alexandria) 등이다. 어거스틴은 그의 『삼위일체론』에서 터툴리안의 성 삼위와 인간 영혼의 활동 간의 유비를 채용하고 있다.

113 박해받고 있던 초대 그리스도인들이 자기들의 정체를 나타내는 데 사용했던 물고기 암호. 익크투스(ichthus)는 '예수 그리스도, 하나님의 아들, 구세주'(Iēsous Christos theou hios sotēr)의 약자다.

114 *De baptismo*, 1. John R. Willis, ed. *The Teachings of the Church Fathers* (New York: Herder & Herder, 1965), 424에서 인용.

115 Tertullian, *De baptismo*, 10; 16.

116 위의 책, 18. J. Quasten, 앞의 책, 278-280.

117 Tertullian, *De anima*, 3.

118 J. Quasten, 앞의 책, 290-292.

119 이 글은 서커스, 스타디움, 원형경기장, 육상경기, 검투사들의 대결 등의 관람과 기타

게임을 금하는 내용이다.

120 J. Quasten, 앞의 책, 296-297.

121 Tertullian, 『인내에 관하여』(*De patientia*), 15.

122 이상은 J. Quasten, 앞의 책, vol. II, 298-299에 의존했음.

123 위의 책, 299-301.

124 위의 책, 312.

125 여기서 감독이 누구인지는 불분명하다. 로마 교황 칼리스투스(Callistus, 217~222)라
는 설도 있고, 로마의 히폴리투스(Hippolytus, d. 235)라는 설도 있으나 모두 정확하지 않다.
터툴리안은 북아프리카 밖의 감독을 염두에 둔 것이 아니라는 설에 따라서 카르타고의 감독
아그리피누스(Agrippinus)를 지목한다(J. Quasten, 위의 책, 234-235; *Cyprian, Epist.*, 71.
4 등).

126 J. Quasten, 위의 책, 312-314; B. Altaner, 앞의 책, 177-178.

127 딤전 1:4; Tertullian, *De anima*, 3. 1; *De praes. haer.*, 7; *Adv. Hermogenem*,
8(이 글은 카르타고의 영지주의자 화가인 헤르모게네스를 반대하여 그리스도교의 창조론을
방어한 것이다).

128 Tertullian, *De anima*, 1.

129 이 인용문은 터툴리안이 한 말들을 모은 것이다. 『이단자들을 논박하는 취득시효』(*De
praes. haer.*), 7. 1; *De anima*, 3; *Apol.*, 46 등.

130 Hans von Campenhausen, *The Fathers of the Latin Church*, 21.

131 예를 들면 "하나님이 인정하는 것이라면" 또는 "하나님이 원하신다면" 등은 영혼에서
나오는 응답이며 이것이 진리의 가장 좋은 증거라고 한다(Tertullian, *De anima*, 2. Otto W.
Heick, 앞의 책, 125).

132 Tertullian, *Apol.*, 37. 10; 50. 12.

133 Tertullian, 『참회에 관하여』(*De paenitentia*), 1. 2; 4. 4.

134 Tertullian, *Adv. Marc.*, 5. 2; *De anima*, 3. 3; *De praes. haer.*, 7. 11 등.

135 Tertullian, *De pallio*, 6. 2. Hans von Campenhausen, 앞의 책, 19.

136 Tertullian, *De carne Christi,* 5; *De baptismo*, 2.

137 Tertullian, *De carnis resur.*, 3.

138 Wm. G, T. Shedd, *A Hist. of Christian Doctrine* (New York: Charles Scribner's
Sons, 1889), vol. II, 254.

139 Tertullian, *Adv. Marc.*, 1. 3; 2. 12.

140 Tertullian, *De carne. Christi*, 11; *Adv. Prax.*, 7과 27; *De baptismo*, 4 등.

141 테오필루스는 신적 위격을 "하나님, 로고스, 지혜"라고 불렀다(Theophilus, *2 Ad.
Autolicum*, 15).

142 Tertullian, *De pudicitia*, 21. "Trinitas unius Divinitatis, Pater et Filius et Spiritus
Sanctus." J. Quasten, 앞의 책, 325에서 재인용; B. Altaner, 앞의 책, 179.

143 위의 책, 2. "tres unius substantiae et unius status et unius potestatis." J. Quasten, *Patrology*, vol. II, 325; B.Altaner, 앞의 책, 179.

144 Tertullian, *De pudicitia*, 4; J. Quasten, 위의 책.

145 위의 책, 12. "unam substantiam in tribus cohaerentibus." J. Quasten, 위의 책, 325.

146 Tertullian, *Adv. Prax.*, 1.

147 J. Quasten, *Patrology*, vol. II, 325.

148 Tertullian, *Adv. Prax.*, 12.

149 Tillich, *A Hist. of Christian Thought*, 47.

150 Tertullian, *Adv. Prax.*, 2. '지위'(status), '등급'(gradus), '본질'(substantia), '형식'(forma), '능력'(potestas), '외관'(stecies).

151 J. L. González, *A Hist. of Christian Thought*, vol. I, 185; G. L. Prestige, *God in Patristic Thought* (London: S.P.C.K. 1964), 97-111.

152 Tertullian, *Adv. Prax.*, 7; *Adv. Hermogenem*, 3. 주님은 그의 창조 작업을 시작하기 전에 나를 "이미 데리고(소유하고) 계셨다"(잠 8:22). "…나는 이미 태어났다"(잠 8:24). "주님이 하늘을 만들 때… 내가 거기에 있었다"(잠 8:27).

153 Tertullian, *Adv. Prax.*, 9. 주님도 "내 아버지는 나보다 크신 분이기 때문이다"(요 14:28)라고 고백한다. 성부는 불가시적이고 성자는 가시적이다.

154 *Adv. Prax.*, 8.

155 Tertullian, *De carne Christi*, 16. John R. Willis, ed. 앞의 책, 346-347에서 인용.

156 *De carne Christi*, 20, 23; *Adv. Prax.*, 16, 26; 그리고 *Adv. Marc.*, 2. 27 등.

157 *De carne Christi*, 5. *Adv. Prax.*, 27; 29.

158 "duplex status non confuses sed conjunctus in una persona."

159 Tertullian, *Adv. Prax.*, 27. J. Quasten, 앞의 책, 328에서 인용.

160 "two substances in one person"(duae substantiae in una persona). 터툴리안은 '두 본질'이라는 말을 이미 사용한 바가 있다. "인간들은 두 본질을 가지고 있다"(*de anima*, 35).

161 Tertullian, *Adv. prax.*, 8, 11, 12, 19, 21, 25, 26 등.

162 *Adv. Prax.*, 27. '변형'(metamorphosis transfiguratus)인가? 옷 입다(clothed Himself in flesh, indutus carnem)인가?

163 "assumption carnis ex virgine." *de carne Christi*, 18을 볼 것.

164 *Adv. Prax.*, 27. *De carne Christi*, 3.

165 A. Harnack, *Hist. of Dogma*, vol. II, 283. J. L. Gonzalez, 앞의 책, 187.

166 Tertullian, *Adv. Prax.*, 27. 선재하는 로고스가 동정녀 마리아에게서 출생했다는 것에 관하여 De carne Christi, 17; 18; 20 등을 볼 것.

167 *De carne Christi*, 5.

168 K. Barth, *Church Dogmatics*, II, 2 (T.&T Clark, 1957), 123.

169 J. Moltmann, *The Crucified God* (New York: Harper & Row Publishers, 1974), 243. 변증가 멜리토(Melito)도 "고통당한 하나님"을 말했다(R. Seeberg, tr. by Charles E. Hay, *The Hist. of Doctrines*, vol. I, 115).

170 Tertulllian, 『참회에 관하여』(*De paenitentia*), 1; 2.

171 위의 책 3; Tertullian, *Adv. Judaeos*, 3. 6-7; *De oration*, 11. 22.

172 Tertullian, 『일부일처에 관하여』(*De monogamia*), 8.

173 Tertullian, *De paenitentia*, 3, 5, 7 등.

174 위의 책, 4.

175 위의 책, 4, 7.

176 위의 책, 2, 6.

177 Irenaeus, *Adv. haer.*, 3. 24. 1; Tertullian, 『인내에 관하여』(*De patientia*), 12.

178 Tertullian, *De praes. haer.*, 14.

179 Tertullian, *De paenitentia*, 5, 6, 7, 9.

180 A. Nygren, *Agape and Eros*, 347-348.

181 위의 책, 344-345.

182 Tertullian, *De anima*, 55; *Adv. Marc.*, 11, 21.

183 Tertullian, *Adv. Marc.*, 2. 11-12.

184 위의 책, 2. 10.

185 Tertullian, 『겸손에 관하여』(*De pudicitia*), 11, 21.

186 Tertullian, *De anima*, 9, 27; *De carnis resur.*, 15 등.

187 Tertullian, *De testimonio animae.*, 3. John R. Willis, ed. *The Teachings of the Church Fathers*, 268에서 인용.

188 Tertullian, *De anima*, 39, 40, 41 등.

189 Tertullian, *De baptismo*, 18.

190 Tertullian, *Adv. Marc.*, 2. 5-7, 2. 9.

191 Tertullian, *Ad martyres*, 1.

192 Tertuliian, 『기도에 관하여』(*De oratione*), 2.

193 Tertullian, *De baptismo*, 20.

194 Tertullian, De anima, 43. 터툴리안은 다른 곳에서도 교회를 어머니라고 부른다(*De pudicitia*, 5. 14).

195 Tertullian, *De preas. haer.*, 32; *De pudicitia*, 21. 9.

196 Tertullian, *De preas. haer.*, 37; 20.

197 Tertullian, *Apol.*, 39. 1; *Adv. Marc.*, 4. 11. '어머니' 이미지는 후에 키프리안 (*Unitate*, 6), 어거스틴(*Contra Petiliani*, 3.10) 존 칼빈(*Institute*, 4. 1. 4) 등으로 계승되었다. 교회 이미지에 관해서는 E. G. Jay, 주재용 옮김, 『교회론의 변천사』(서울: 대한기독교서회,

2002)을 참조할 것.

198 『순결권고에 관하여』(*De exhortatione. Castitatis*), 7.

199 "ubi tres, ecclesia est." Tertullian, *De baptismo*, 6; 『박해 때 도피에 관하여』(*De fuga in persecutione*), 14.

200 Tertullian, *De pudicitia*, 21. 17.

201 "eucharistia"(*De praes. haer.*, 36), "eucharistiae sacramentum"(『화관금지에 관하여』(*De corona*, 3), "dominica sollemna"(*De fuga.*, 14), "convivium dominicum" (『부인에게』*Ad uxorem*, 2. 4), "convivium dei"(*Ad uxorem*, 2. 9), "coean dei"(『쇼에 관하여』*De spectaculis*, 13), "panis et calicis sacramentum"(*Adv. Marc.*, 5. 8).

202 "gloriae relation et benedictio et laus et hymni"(B. Altaner, *Patrology*, 182).

203 Tertullian, *De carnis ressur.*, 8. John R. Willis, ed. 앞의 책, 411-412에서 인용.

204 Tertullian, *Adv. Marc.*, 4. 40.

205 "figura corporis mei." 많은 논란을 불러일으킨 표현인데, 정확한 의미는 "빵의 상징 아래 실재하는 몸"이라는 뜻이다(B. Altaner, *Patrology*, 182).

206 Tertullian, *Adv. Marc.*, 4. 40 그리고 3. 19에도 같은 사상이 나타나 있다.

207 "panem, quo ispum corpus suum repraesentat." 여기에 쓰인 동사 'repraesentat'는 '묘사하다, 설명하다'를 뜻하는 represent가 아니라 '현존하게 한다'를 뜻한다는 것이다(J. Quasten, *Patrology*, vol. II, 337).

208 Tertullian, *De oratione*, 6. Henry Bettenson, ed. tr. *The Early Christian Fathers* (London: Oxford U. 1963), 204에서 인용.

209 "orationes sacrificiorum", "participation sacrificii"(*De oratione*, 19).

210 Tertullian, *De oratione*, 19. Henry Bettenson, 앞의 책, 205에서 인용.

211 A. Nygren, 앞의 책, 344. Tertullian, *Adv. Marc.*, 2. 28-29도 참조할 것.

212 Hans von Campenhausen, 앞의 책, 35.

213 P. Tillich, 앞의 책, 47.

제6장

초기 알렉산드리아학파의 신학

— 클레멘트와 오리겐을 중심으로

I. 서론

1. 알렉산드리아

주전 4세기경 알렉산더 대왕에 의해서 건설되어 수도가 된 알렉산드리아는 본래는 상업 중심 도시로 건설되었으나 차츰 지적 중심 도시로 변모하여 헬레니즘 세계의 최대 도시로 발전하였고 경제적·문화적 중심지가 되었다. 세계 7대 불가사의 중 하나인 '알렉산드리아 등대'(파로스 등대)로 유명하다. 가장 큰 유대인 디아스포라 집단은 헬라-로마 문화를 그들의 전승에 접목시키면서 헬라적 유대교를 형성시켰다. 이들은 예루살렘을 중심으로 한 팔레스타인 유대교와 함께 당시 유대교의 두 축을 이루었다. 이 도시는 헬라 철학, 고대 이집트 사상, 동방 종교, 유대교 등이 서로 엇갈리는 교차점이 되었다.

주후 2~3세기경에는 로마제국에서 정치·경제·문화적으로 로마와 함께 가장 중요한 도시가 되었다. 특히 학문적 연구는 로마보다 더 활발하였다. 이 도시에는 유대인, 이집트 원주민 등 여러 민족이 거주하고 있었으나 다수를 차지하고 있었던 헬라인들에 의해서 헬레니즘 세계의 지적 수도가 되었다. 이 도시에는 당시 가장 큰 규모의 유명한 도서관과 박물관이 있었으며, 도서관에는 70만 권의 장서를 보유하고 있었다고 한다. 수년 전에 이 도서관은 재건되었다. 이 도서관과 박물관을 중심으로 세계적인 학자들이 학문을 연구하였다.

종교적으로도 이 도시는 매우 중요하였다. 여러 민족이 함께 거주하였기 때문에 다양한 종교적 제의식이 이 도시에서 공존하였고 혼합되기도 하였다. 유대주의와 헬레니즘이 교차된 곳도 이 도시였다.

구약성서의 헬라어 역본인 70인역(LXX)이 이 도시에서 번역 출판되었다는 것은 우연이 아니다. 초기 그리스도교 사상에 적지 않은 영향을 끼친 유대인 철학자 필로(Philo)의 활동 무대도 이 도시였다. 예수와 동시대 사람인 필로로 대표되는 헬라화 시대의 유대인들은 그들의 성경을 헬라 문화적 빛에서 해석하려고 했다. 그 대표적 예가 성서의 은유적 해석이다. 필로의 하나님은 플라톤의 미(美)의 개념과 족장들과 예언자들의 하나님을 결합시킨 것이다. 그에 의하면 하나님은 절대적 초월자다. 따라서 그 하나님은 세상과 관계 성립이 불가능하다. 그래서 하나님과 세상 사이에 중보적 존재가 필요했다. 이것이 그가 로고스 사상을 도입한 근거다. 또한 인간은 하나님을 이해할 수가 없기 때문에 결국 인간은 자기를 초월하여 황홀경(ecstasy)에 들어가야 한다고 하였다.

그리스도교가 이 도시에 일찍 전래되었을 것이지만, 2세기 중엽이 될 때까지는 이 도시에서 그리스도교의 상황을 알 수가 없다. 이 도시를 중심으로 발전된 신학적 유형을 알렉산드리아학파라고 한다. 이 학파는 안디옥학파, 라틴학파와 함께 초대 그리스도교의 3대 학파의 하나로 초대 그리스도교 교리 논쟁과 사상 발전에 큰 영향을 끼쳤다. 초기 이 학파의 중심인물들이 클레멘트와 오리겐이다. 이들은 고(古) 가톨릭 시대에 속하면서도 우리가 전장에서 취급했던 이레니우스와 터툴리안과는 전혀 다른 신학적 입장을 가지고 있었다.

2. 철학적 배경

제1세기경 알렉산드리아 지방에는 플라톤주의가 급속하게 발전하였다. 그러나 이때 발전된 플라톤 철학은 중기-플라톤주의(middle-Platonism)라고 한다. 이것은 헬라 철학의 말기에 해당되는 철학 사상이다. 이것은 고대 플라톤 사상을 계승하지만, 이론적 지식보다는 종교가 구성 요소가 되어 있는 철학이다. 즉, 종교적 철학이다. 그 대표적인 철학이 신-플라톤주의(Neo-Platonism)다. 신-플라톤주의는 플라톤에서 영감을 받은 헬레니즘 철학 학파 중 하나이다.

플라톤은 이데아를 철학적으로 존재 자체로 사유한 최초의 철학자다. 그는 세계를 이데아의 세계와 현상(現像)의 세계로 나눈다. 이데아의 세계는 참된 세계요, 현상 세계는 그림자, 거짓된 세계로 규정한다. 이데아의 세계는 초감각적, 초현실적 세계다. 그는 이데아 개념을 여러 가지 단어로 설명한다. 예를 들면 헬라어의 의미로 '본질'(usia), '일적 존재'(一的 存在, monos henas), '존재하는 바 그것' 등이다. 즉, 실재, 원형, 보편, 근거 유(類) 등이다. 이 이데아 개념이 특히 알렉산드리아 신학에 크게 영향을 주었다.

플라톤에게서 영감을 받은 헬레니즘 철학 학파 중 하나가 신-플라톤주의다. 이 철학의 창시자는 매우 독창적인 플로티누스(Plotinus, 205~270)다. 그는 플라톤 사상, 아리스토텔레스 사상, 스토아 사상 등을 절충하여 종교적이면서 동시에 철학적인 체계를 형성하였다. 북아프리카 리코폴리스(Likopolis)에서 태어난 그는 28세에 철학에 뜻을 세우고 당시 학문의 중심지 알렉산드리아에 와서 플라톤주의자 암모니우스 삭카스(Ammonius Saccas)의 강의를 듣고 그의 제자가 되었다. 그는 네 번이나 신적 체험을 했다고 한다. 그는 육체보다 영혼에 더 관심을 가졌다. 그의 중심 개념은 '하나'(Hen)다. 그를 신-플라톤주의의 창시자라고 부르는 것은 무엇보다도 "어떻게 하나에서 다수가 흘러나왔는가?", "영원한 것이 완전한 채로 머물러 있지 않고 이 세상의 불완전하고 다양한 다수로 존재하게 되었는가?" 하는 당시 새로우면서도 난해한 물음에 대한 답을 찾고자 했다는 데 있다. 신-플라톤주의의 최대 관심사는 '유출'(流出, Emanation)이다. 이 철학의 중심 도시가 알렉산드리아였다. 사실 알렉산드리아는 철학적 종교적 혼합주의 도시였다. 이 도시에서는 철학과 종교의 구별이 모호해져서 철학적 사고가 곧 도덕적이고 종교적인 사고가 되고 있었다. 이것은 "네 자신을 알라"가 "네 하나님을 알라"는 것을 의미하게 되었다는 뜻이다. 이러한 신-플라톤주의가 알렉산드리아 신학의 철학적 배경이다.[1]

그러므로 알렉산드리아 신학을 알기 위해서는 플로티누스의 중심 사상을 아는 것이 필요하다. 그가 말하는 신은 모든 것을 초월하는 말로 형용할 수 없는 '일자'(一者, ineffable One)다.[2] P. 틸리히에 의하면 그가 말하는 '일자'는 "하나라는 숫자까지도 초월하며, 실제의 분열, 주관과 객관의 분열, 자아와 세계의 분열을 초월하는 '일자'다." 이 신은 부동(不動)이며 불변(不變)이고 영원하다. 모든 한정된 것이 사라지는 심연(abyss)이다. 그 '일자'로부터 만물이 유출되어 나온다. 그 첫 단계가 '누스'(nous)인데, 이것은 지성, 마음, 영 등으로 번역이 가능하다. '누스'는 로고스와는 다르다. 로고스는 누스의 합리적인 측면이고 질서 있게 하는 힘이다. 그다음 단계가 인간의 혼이 그 일부인 '세계 혼'(world soul, psyche)이다. 이것은 영의 세계에서 최하위의 것이다. 그리고 마지막 단계가 물질(질료)인데, 이것은 '일자'에서 가장 멀고 다양성의 극단의 단계다. 이러한 존재의 계층 구조에서 보면 인간의 영은 육체 안에 갇혀 있는 것이고, 이 세계의 사건은 타락한 지성적 존재들이 훈련과 정화의 과정을 통하여 물질의 세계, 즉 육체의 속박에서 자유하여 황홀경에서 일어나는 '일자'와의 신비적 연합을 하려는 투쟁이라 할 것이다. 이것은 이미 플라톤이 말했듯이 "가능한 신을 닮는 것"이다.[3]

신-플라톤주의의 개념을 그리스도교 사상 표현에 도입한 사람이 클레멘트와 오리겐이었다. 그들은 박해와 영지주의 도전의 시대에 살고 있으면서도 2세기의 일반적인 그리스도교적 유형과는 달리 단순한 변증과 이단 논박의 차원을 넘어 고도의 사변적인 사색을 하면서 신학 사상을 형성해 갔다. 즉, 헬레니스틱 철학과 문화에 대해서 적극적인 입장을 취하였다. 초대 그리스도교 사상을 아가페 유형, 에로스 유형 그리고 노모스 유형으로 분류하는 니그린은 그들의 입장에 대해서 흥미 있는 분석을 하고 있다. 그에 의하면 그들이 헬라 철학을 그리스도교 사상 표현에 주저함이 없이 사용한 것은 헬라 철학적 교훈이 근본적인 종교적 견해와 유사하다고 보았기 때문이다. 그리하여 아가페와 에로스 개념은 그리스도교 사상에 적극적으로 공헌하였으며 둘 사이에 아무 긴장이 없었다. 헬라 철학의 에로스 경건은 그리스도교에서도 발견되어야 할 가치라고 생각하였다.[4]

그리스도교의 신학은 이교 또는 이단의 도전에 대한 논박과 대응 그리고 헬라 철학의 수용을 통하여 발전되었는데, 변증가들은 이교 세계의 도전에 사도적 전승과 그리스도교가 참 철학이라는 것으로 응전했고, 반(反)영지주의자들은 성서와 전통에 근거하여 사변적 사고로부터 그리스도교의 정통 신학을 발전시켰다면, 알렉산드리아학파는 철학적 통찰에 근거하여 조직적 세계관으로 신학을 발전시켰다. 이 학파도 그리스도교의 전통과 성서의 권위에 근거하였으나 그보다는 철학적 관점에서 계시의 내용을 체계화하려고 했다. 특히 오리겐의 고도의 사변적 사색에 의한 신학은 초월적이고 신비적이어서 해석에 어려움을 남겨두게 되었다. 그가 성서 해석에 은유적 방법을 강조한 것은 우연이 아니었다.

알렉산드리아학파의 철학적 성격에 대하여 쿠르츠는 "하나님의 구원의 본질적인 진리가 그 핵심이 무르익은 유대교의 껍질을 깨뜨리고 나왔을 때 헬라-로마 세계에서 성숙한 문화의 요소들은 그리스도교 관념을 보다 충분하고 분명하게 표현하는 방편이 되었다. 이제 남은 과제는 헬라-로마 문화와 조화하여 그리스도교를 발전시키는 것이다"라고 하였다.[5] 이 과제가 클레멘트와 오리겐에게 주어졌으며 그들은 이 과제를 충실하게 성취시켰다. 그러나 두 사람의 신학적 문제에 대한 접근방법은 많은 점에서 차이가 있었다.

II. 클레멘트의 신학

1. 생애

150년경 아덴에서 이교도의 부모 사이에서 태어난 클레멘트 (Clement of Alexandria, c. 150~215)는 자신도 이교도로서 교육받으면서 그리스도교로 개종할 때까지 태어난 곳에서 살았다. 그의 개종 동기, 연도 등에 대해서 알려진 것이 없지만, 개종한 후에도 그는 훌륭한 스승을 찾아 소아시아로부터 시리아, 이탈리아, 이집트 등 제국 내 헬라어를 사용하는 지역을 여행하였다. 그러다가 180년경 알렉산드리아에서 판타이누스(Pantaenus, d. c. 190)를 만나 그의 제자가 되었고 정착하여 스승을 계승하여 알렉산드리아 교리문답학교(the catechetical school)를 중심으로 가르치는 일을 하였다. 그는 "신성하고 참으로 훌륭한 사람의 강의를 들을 수 있다는 것이 특권이었다"라고 하였다.[6]

이 교리문답학교는 185년경 세례 지망생들을 준비시키기 위해서 설립되었다. 그러나 알렉산드리아의 도시에는 그리스도교를 비롯하여 수많은 종파와 사상적 계파들이 공존하고 있었다는 것을 고려한다면 이 학교의 학생들은 비단 그리스도인만은 아니었을 것이다. 이 학교의 첫 교장인 판타이누스도 시칠리아에서 태어났으며 원래 스토아철학자였다가 그리스도교로 개종하여 신학자가 되었다. 그는 성서주석가이면서 선교사였다. 185년경 인도까지 선교 활동을 하던 중 그곳에서 선교 활동을 한 바돌로매 사도가 그곳 그리스도교 공동체에 위탁했던 마태복음의 히브리어 원본을 발견하였다고 한다. 그는 알렉산드리아 교리문답학교에서 클레멘트의 스승이 되었고 교사로서 세계적인 명성을 얻었다. 그러나 그 이상의 어떤 정보도 우리가 갖고 있지 못한 것은 그는 초기 그리스도교 스승들처럼 말로만 가르쳤고 자기의 강의를 글로 남기는 것을 거절했기 때문이었다. 이 학교는 독립된 학교로서 이교도, 유대인들 그리고 각 학파의 철학도들이 여기서 교육을 받으면서 그리스도인들과 만나고 교제를 나누었을 것이다. 그들 가운데는 본래적으로 이단자들도 있었을 것이지만 결국 여기서 교회로 돌아올 수 있었다. 이 학교가 알렉산드리아학파의 중심지가 되었다.

클레멘트는 가르치는 일을 하면서 스스로 정통적 가톨릭 그리스도인이라고 생각했었다. 그는 영지주의자들과의 투쟁의 결과로 가장 중요한 구약성서와 창조 신앙을 받아들였으며, 성서를 그의 가르침의 근거로 삼았다. 이 점에서 클레멘트는 성서 주석가이며 신학자였다. 그러나 그는 동시에 주변의 다른 이론이나 철학을 무조건 배척하지 않고 대화의 상대로 끌어들였으며, 영지주의자들과 이단자들의 거짓된 교설에 맞서 싸우면서도 그들에게서 배우려고 했고, 무조건 그들을 반대하고 저주하기보다는 이해하고 가르쳐 주려고 했다. 알렉산드리아 도시의 지적 분위기가 클레멘트로 하여금 그렇게 할 수 있게 하였다. 그에게 있어서 그리스도교는 철학일 뿐만 아니라 인간을 총체적으로 변화시키고 위상을 높여줄 신비적 현실이요 힘이었다.[7]

그를 그리스도교 영지주의자로 평하는 것은 그의 '영지자'(gnostic)에 대한 이해 때문일 것이다. 그에 의하면 '완전한 영지자'는 "인식과 사랑에 있어서 하나님과 하나된 그리스도인"을 말한다. 그러므로 "영지주의자라는 말은 결코 이단자들과 관련해서만 쓰이는 것"이 아니라는 것이다. 사실 "그리스도교에 대한 클레멘트의 전체 개념은 '인식하는 그리스도인'이라는 관념에서 완성된 것이다".[8] 그에게 있어서 그리스도인의 최고 목적은 '주님을 아는 자'가 되는 것이다.

클레멘트에 따르면 완전하게 되는 것은 지식(gnosis)의 최고 단계에서 이루어진다. 완전한 영지자는 로고스를 통하여 하나님과 직접적으로 연결되었기 때문에 인간 스승이 필요가 없는 사람을 말한다. 그는 세상의 염려와 격정에서 자유스러우며 보이는 것에 더 이상 유혹되지 않는다. 그의 뜻은 하나님께 연결되어 있으며 그의 생활은 끊임없는 기도와 하나님과의 교통 그리고 축제의 삶이다. 참 영지자는 하나님을 사랑하고 하나님은 그 안에서 그를 사랑한다. 그는 그리스도의 살아있는 활동적 형상이 되어 이웃을 사랑하고 그들은 모두 하나님께 부름을

받고 신적 인식의 왕국에 들어가게 된다.[9]

그러나 클레멘트는 조직적 사상가는 아니었던 것 같다. 그는 오히려 절충주의자였다. 이것은 그 도시가 종교적, 철학적 혼합주의적인 것과 무관하지 않을 것이다. 철학적 사고는 곧 도덕적이고 종교적이기까지 했다. "너 자신을 알라"라는 철학적 슬로건은 곧 "너의 하나님을 알라"를 의미하는 것이었다.[10] 클레멘트의 사고는 플라톤 철학에 기초했고, 윤리적으로는 스토아철학을 따랐다. 그는 헬라 교부들의 신학의 배경과 근거를 형성한 사상적 토대를 놓는 데 누구보다도 큰 공헌을 했다고 할 것이다. 그는 전 정력을 저술과 가르치는 일에 헌신하였다. 이 점에서 그를 학자로 분류할 수 있는 첫 그리스도교 교부라고 해도 좋을 것이다. 그는 그의 저서에서 구약성서를 약 1,500번, 신약성서를 약 2,000번, 다른 고전문학에서 약 360구절들을 인용하고 언급할 만큼 그의 학문은 문학적 범위가 넓었다.[11] 그러나 그는 셉티무스 세베루스 황제의 박해 때(202~203) 알렉산드리아를 떠나 카파도키아와 안디옥 등 소아시아로 피신했다가 215년경 사망했다.

2. 신학 사상

1) 주요 저작 개요

클레멘트는 최초의 그리스도교 학자로 알려져 있다. 폭발력을 가진 그는 성서뿐만이 아니라 수많은 이교도 저술가들의 저서에도 친숙하였다. 그의 저술 중 가장 중요한 것은 '권면', '지도' 그리고 '가르침'의 3부작이다.

(1) 『이방인에게 하는 권면』(*The Exhortation to the Gentiles, Protrepichos pros Hellēnas*)

12장으로 구성된 이 글의 제목에서 '이방인'은 실제적으로는 헬라인을 의미한다. 이 논문은 그의 3부작의 첫 작품이다. 둘째 작품은 『개인교사』고, 셋째 작품은 『잡록』이다. 이 시리즈는 말씀의 세 기능, 즉 권면하고 인도하고 가르치는 기능에 따른 것이다. 이 『권면』을 쓴 목적은 이방 신을 섬기는 자들에게 그것이 어리석다는 것과 그 신앙이 무익하다는 것을 확신시키고, 이방인의 모호한 신비적 제의의 수치스러움을 지적하면서 그들에게 예언자들이 예언한 후 세계의 로고스를 가르치시는 그리스도의 참 종교를 받아들이도록 권유하려는 것이다. 그래서 우선적으로 새로운 세계의 스승으로서 그리스도를 찬양한다. 그는 이교도들에게 구원과 불멸이라는 인간의 최대 최후의 갈망을 성취시키는 삶을 약속하는 그리스도를 받아들이라고 권유한다.

내용적으로 보면 이 『권면』은 고대 신화를 반대하고 구약성서의 고대성을 방어했던 초기 그리스도교 변증과 밀접히 관련되어 있다. 클레멘트는 고대 그리스도교 변증가들의 변증서와 구약성서를 알고 있었고 그의 권면에 그것들을 사용하였다. 변증가들과 같이 그도 헬라 철학으로부터 이교도의 종교와 예배가 무익하다는 논증을 이끌어 냈다. 그러나 클레멘트는 그들과 비교할 때 더 이상 이방 종교에 대하여 단지 비난하고 비방하면서 그리스도교를 방어하는 것이 더 이상 효과적이지 않다는 것을 알게 되었다. 그는 보다 높고 깊은 확신을 가지고 그리스도교를 방어하려고 했다. 그것이 로고스론을 통한 방어다. 그래서 그는 이 작품 마지막 장에서 강력한 용어로 로고스의 장엄한 계시와 모든 인간이 염원하는 빛, 진리, 생명을 충족시키는 놀라운 신의 은총의 선물을 찬양한다. 이 로고스가 그리스도인을 구원하며 그것을 듣는 자는 심판과 은총, 죽음과 생명을 결단해야 한다.[12]

(2)『개인 교사』(Tutor, *Paidagōgos*)

'파이다고고스'는 갈라디아서 3장 24절에 나오는 용어 "개인 교사"다. 3권으로 구성되어 있는 이 작품은『권면』의 연속이다. 개종한 이교도들을 로고스가 개인 교사가 되어 그들의 일상생활을 가르친다는 것이 전체적인 내용이다. 제1권은 교사로서 로고스의 교육적 목표는 영혼을 향상시키며 단순히 지적 생활이 아니라 높은 덕망에 이르기까지 훈련시키는 것이다. '페다고지'(pedagogy)는 어린이를 훈련시키는 것인데, 어린이들이란 낮은 수준의 그리스도교 신앙생활을 하는 사람들이다. 그러나 세례를 받으므로 구원을 받고 다시 태어난 사람들은 모두 하나님의 자녀가 된다. "세례를 받으므로 계발(啓發)되며, 계발된 우리는 하나님의 자녀들이 되고, 자녀가 된 우리는 완전해지고, 완전해진 우리는 영원하게 된다."[13] 로고스의 하나님 자녀 교육의 원칙은 두려움을 통해 교육하는 옛 율법과는 달리 사랑에 근거한 교육이다. 그러나 그리스도 예수는 온순하고 관대할 뿐만 아니라 엄중하고 설득력 있게 통치한다. 왜냐하면 하나님은 선과 공정함이 동시적이기 때문이다. 성공적인 개인 교사는 선과 벌을 조화시킨다. 의와 사랑이 하나님에게 있어서 상호 배타적이지 않다. 여기서 클레멘트는 구약의 하나님과 신약의 하나님이 같지 않다는 마르시온의 이단적 교설을 언급하고 있는 것이다.

두려움도 죄에서 우리를 방어한다면 선하다. 두려움의 쓴 뿌리가 죄에 대한 우리의 아픔을 억제할 때 두려움 또한 유익하다. 병들면 우리는 방황하는 우리를 인도하는 구세주를 필요로 하고, 눈이 멀면 우리를 빛으로 인도하는 구세주를 필요로 하며, 목마르면 더 이상 목마르지 않는 생명의 샘의 구세주를 필요로 하고(요 4:13-14), 죽은 우리는 생명의 구세주가 필요하고, 양인 우리는 목자를 필요로 한다. 양의 목자요 어린이들의 개인 교사는 에스겔 예언자의 말과 같이 "헤매는 것은 찾아오고, 길 잃은 것은 도로 데려오며, 다리가 부러지고 상한 것은 싸매어 주며, 나의 거룩한 산에서 그들을 먹일 것이다"(겔 34:14, 16). 선한 목자는 양들인 우리를 먹이고, 주인은 의로서 우리를 충만케 한다. 오, 개인 교사여, 그는 당신의 거룩한 산 교회에서 우리를 먹이신다.[14]

제2권과 제3권에서는 먹는 것, 마시는 것, 쉬는 것, 레크리에이션, 체육, 의상, 주택, 사회생활, 결혼 등 삶의 전 영역에 대한 교육을 한다. 이와 같은 교육의 배경에는 사치와 방탕과 사악한 알렉산드리아 도시의 일상생활이 있었다. 클레멘트는 그와 같은 주변의 생활에 빠지는 그리스도인들을 경고하며 도덕적 규칙을 주지만, 그렇다고 금욕적 이상을 설교하지 않았다. 그리스도인들도 세상적인 즐거움과 기쁨을 누려야 하지만, 완전히 몰입해서는 안 되며 절제하여 단순하고 자연적 삶에 만족해야 한다는 것이다.[15]

(3) 『잡록』(Carpets, Stromata)

'스트로마타'는 '융단'(Carpets), '목초지', '향연', '벌집', '태피스트리'(Tapestry, 즉 색색의 실로 수를 놓은 벽걸이) 등을 의미한다. 일종의 '잡록'(雜錄, miscellanies)이다. 이것은 정리되지 않은 문학적 자료들의 수집록이다. 특별한 어떤 한 주제를 정하고 쓰기 위해 모아 놓은 자료집이 아니다. 그러니 조직적인 작품일 수가 없다. 그러나 이와 같은 형식은 당시 철학자들이 즐겼던 장르였다. 철학자들은 어떤 순서나 계획 없이 마치 카펫(carpet)의 색과 같이 다양한 문제들과 주제들을 놓고 격식 없이 무제한 토의하기를 즐겼다. 클레멘트는 당시 철학자들의 토론 형식을 마음에 두고 이 책을 구성했을 것이다. 그러므로 비록 책의 이름을 『잡록』이라고 번역하지만 내용 없는 잡동사니를 모아 놓은 것은 아니다. 클레멘트는 미리 구체적인 주제 구상을 해 놓고 글을 쓴 것이 아니라 써 가면서 논제를 발전시켜갔다.

여덟 권으로 구성된 이 작품의 목적은 그리스도교의 그노시스(gnosis)가 다른 어떤 그노시스보다 우월하다는 것을 입증하는 것이다. 그러므로 이 책에서 가장 중요한 주제는 그리스도교와 세속적 지식, 즉 그리스도교 신앙과 헬라 철학과의 관계다. 이것은 신앙과 지식의 관계, 계시와 이성의 관계와 같은 것이다. 클레멘트는 제1권에서 그리스도인들에게 철학은 별 가치가 없다는 주장에 이의를 제기하며 철학을 방어하였다. 그에 의하면 하나님은 유대인에게는 율법이 주어졌고, 헬라인에게는 철학이 주어졌다. 왜냐하면 "율법이 히브리인들을 그리스도에게 인도했듯이 철학은 헬라 세계를 그리스도에게 인도했기 때문이다."[16] 그리하여 만일 그리스도인이 신앙의 내용에 대한 지적 추구를 원한다면 철학의 도움을 받아야 한다고 한다. 클레멘트의 그리스도교 해석은 하나님이 로고스를 통하여 인간을 완전하도록 인도하고 훈련시킨다는 데 근거하고 있다. 이런 점에서 그리스도교와 철학은 대결이 아니라 '준비와 성취'의 관계다. 하나님은 여러 가지 방법으로 인간을 그리스도에게 인도하는데 유대인은 율법으로, 헬라인은 철학으로 인도하신다. 율법과 철학은 모두 가르친다는 공동의 목적이 있다. "교사는 그들의 목표요 성취인 그리스도에게로 우리를 인도한다."[17]

그러나 클레멘트는 헬라 철학에서 로고스의 씨를 발견할 수 있다는 변증가 저스틴을 극복한다. 그는 헬라 철학을 그리스도의 오심을 위해서 인류를 훈련시키는 한에서 구약과 비교한다. 다른 한편 그는 철학이 신의 계시를 대신할 수가 없다는 것을 강조하려고 한다. 그에 의하면 철학은 그리스도교 신앙을 받아들이기 위한 준비일 뿐이다. 그래서 그는 제2권에서 철학자들을 반대하여 신앙을 방어한다.

> 헬라인들이 무익하다고 비방하고 야만적이라고 생각하는 신앙은 미지 (未知)에 대한 자발적이고 자유의지적 선입관이다. 즉, 사도들에 따라서 "바라는 것들의 실상이고 보지 못하는 것들의 증거"(히 11:1)다. 신이 없는 철학은 하나님을 기쁘게 할 수가 없다.[18]

클레멘트에 의하면 신앙은 모든 지식의 근거이므로 신앙을 통하지 않고는 하나님을 알 수가 없다. 만일 다른 철학적 교설에서 신적 진리의 어린 싹(幼芽)이 발견된다면, 그것은 헬라 철학자들의 많은 교설이 구약의 예언자들로부터 유래했기 때문이다. 그는 플라톤까지도 그의 철학적 법칙의 틀에서 모세의 모방자이며, 헬라인들은 그들이 미개인들이라고 하는 유대인들과 그리스도인들로부터 표절하였다는 것을 해박한 역사적 고찰을 통해서 입증한다. 그는 이교도의 영지와 그 거짓된 종교적 도덕적 원리를 논박하면서 그 영지의 대응으로서 그리스도교의 참 영지와 신앙과의 관계를 장엄하게 묘사한다. 지식은 신앙을 통해서 도달할 수 있으며, 신앙이 지식의 근거다. 그리하여 그리스도인의 신앙적 윤리적인 차원이 영지자들의 윤리 교훈보다 우월하다.

그는 7권 마지막에 그리스도인의 일상생활과 중요한 종교적 지식에의 문제에 대답을 다 하지 못했음을 밝히면서 8권을 쓰기로 약속했으나 그 약속을 이루지 못하고 세상을 떠났다. 그러므로 이 책은 미완성의 책이다.

(4) 그 외의 저서 목록

이상에서 다루지 않는 저서로서 마가복음 10장 17-31절을 본문으로 그리스도인들의 올바른 재물관을 설교 형식으로 가르친 『구원받는 부자는 누구인가?』(*Who is the rich man that is saved?, Quis dives salvetur?*)와 『테오도토로부터 발췌』(*Excerpts from Theodoto, Excerpta ex Theodoto*)가 있다. 후자는 발렌티누스파 영지주의자인 테오도토의 글에서 발췌한 것이다. 그의 저작 중 잃어버린 것들이 많이 있다.

2) 로고스론

클레멘트에게 있어서 로고스 개념은 그의 신학적 체계의 시작과 토대를 이루고 있다고 할 것이다. 이것이 모든 그의 신학적 사고와 논법을 지배하였다. 이 점에서 그는 변증가 저스틴과 같은 토대 위에 서 있다고 하겠지만, 그는 저스틴의 위치에 머물러 있지 않고 그를 초월한다. 클레멘트의 로고스 개념은 더 구체적이고 풍요로웠으며 우주의 창조자로서 세계에 대한 종교적 설명의 최고의 원리였다. 로고스는 구약에서는 율법으로, 헬라인에게는 철학으로 그리고 마지막에는 때가 차서 성육신으로 하나님을 현현하였다. 그러므로 우리는 로고스를 통해서 하나님을 인지할 수 있다.

> 모든 것에 대한 제일 원리는 발견하기가 어렵다. 왜냐하면 유(類)도 아니고… 종(種)도 아니며, 다름(difference)도 아니고, 개체적(個體的)인 것도 아니고, 셀 수 있는 수(數)도 아닌 것을 어떻게 표현할 수 있겠는가? 누구도 로고스를 전체적으로 정당하게 표현할 수 없다. 그의 위대함 때문에 그는 전체(the All), 우주의 아버지의 위치를 점한다. 그는 분할할 수가 없는 한 분이기 때문에 그에 대한 어느 한 부분을 떼어 서술할 수도 없다. 그는 무한하기 때문에 부피가 있는 존재로 언급할 수도 없어 형식도 이름도 없다. 만일 이름을 붙인다면 한 분, 선한 자, 마음(Mind), 절대적 존재, 아버지, 하나님, 창조주 또는 주님이라고 할 수 있을 것이다. 그러나 어느 것도 단독으로는 적합한 것이 없고 다 함께 전능자의 힘을 나타낸다… 더 이상 그는 논증술로는 이해되지 않는다…. 출생하지 않은 자보다 앞선 것은 아무것도 없다. 우리는 신의 은총과 말씀으로 알지 못하는 자(the Unknown)를 이해한다.[19]

일반적으로 로고스는 신적 이성으로서 본질적으로 세계의 스승이고 인류의 입법자다. 그러나 클레멘트는 로고스를 또한 인류의 구세주, 신앙적 삶의 주조자(鑄造者)로 이해한다. 그것은 지식과 관상(觀想), 사랑과 자비를 통하여 불멸과 신격화에 이르게 한다. 클레멘트에게 있어서 그리스도는 성육신한 로고스며, 하나님이고 인간이며, '의의 태양인 그를 통하여 우리는 새 사람으로 거듭난다. 그러나 J. 쿠아스텐은 로고스 개념이 클레멘트의 신학 체계와 종교적 사고의 중심에 있다고 하지만, 그의 그리스도교 사상을 지배하는 관념은 로고스가 아니라 하나님에 대한 이해라고 한다. 그렇기 때문에 클레멘트는 과학적인 신학을 창출하려는 시도에서 실패했다고 한다.[20]

3) 신학과 지식

유대교의 정신과 헬라 철학이 상호 작용을 통하여 연합의 관계를 형성한 대표적인 도시가 알렉산드리아이고 필로의 사상으로 대표된다. 이와 비슷한 상황이 2세기 말경에 같은 도시에서 나타났다. 알렉산드리아 교리문답학교를 중심으로 판타이누스, 클레멘트 그리고 오리겐에 의해서 헬라적 학문(철학)과 복음의 진리가 놀라울 정도로 결합하였다. 영지주의자들과 변증가들은 여기서 탁월하였다. 그리스도교는 문학 형식에 있어서 학문적이 되었으며, 이 운동은 동방 신학사에 있어서 평가할 수 없을 만큼 중요한 의미가 있었다. 동방 신학의 정점은 오리겐에 의해서 이뤄졌지만, 그 예비적 기초를 놓은 것은 클레멘트의 가르침이다.

클레멘트에게 있어서 헬라 지식과 교회의 신앙은 신선하고 순수하게 결합되어 있다. 즉, 그의 관심은 신앙(pistis)과 지식(gnosis)의 관계였다. 여기 '지식'은 철학으로 대치될 수 있는 용어다.

클레멘트가 말하는 철학이란 어느 특수한 철학을 의미하는 것이 아니고 모든 철학자에게서 발견되는 '참된 것'이다. 따라서 '철학 한다는 것'(doing philosophy)은 단순히 지식을 습득하는 것이 아니라 '참된 삶을 살기 위하여 분투하는 것이다. 즉, 로고스에 따라서 가치 있고, 의미 있으며, 완전한 삶을 향해 부단히 노력하는 것이다. 이 철학은 로고스를 통하여 인간 안에 있는 이성의 빛이며, 이 빛을 통하여 인간은 신앙을 받아들일 준비를 할 수 있고, 그리스도교의 진정한 본질을 깨닫게 된다.

그러므로 클레멘트에게 있어서 그리스도교와 철학은 모순되지 않는다. 그는 하나의 진리만이 있다고 주장한다. 그는 헬라 철학에도 초월적 진리가 있다고 주장한다. 율법이 유대인을 교육시켰듯이 철학은 이방인들을 교육시켜 그리스도에게 인도하는 교사 역할을 한다. 클레멘트에 의하면 하나님은 헬라인들과 철학으로 계약을 맺었다. 그래서 율법으로 하나님과 계약을 맺은 유대인들에게 예언자가 있듯이 헬라인들에게는 지식으로 영감을 얻은 철학자들이 있다고 한다. 구약의 율법과 헬라 철학에서 신적 로고스는 자신을 계시한다. 다만 차이는 후자의 경우 예비적 방법으로 계시한다는 것이다. 클레멘트는 유대인과 초대 그리스도교의 전통을 따르면서도 헬라 철학자들이 고대성이 있고 우월한 구약의 계시, 즉 모세와 예언자들로부터 그들의 지혜를 표절했다고 주장한다. 이것은 마치 프로메테우스(Prometheus)가 신의 불을 훔친 것에 비유되기도 한다. 그럼에도 불구하고 그는 '훔친 금'도 여전히 '금'이라고 한다. 이것은 헬라 철학의 진리를 위한 증거를 마련하는 것이며, 철학도 궁극적으로는 하나님으로부터 온다는 것을 입증하는 것이다.[21] 율법(유대인)과 철학(헬라인)에서 발견되는 로고스는 같은 것이다. 클레멘트는 "나보다 먼저 온 사람은 도둑이고 강도다"(요 10:8)라는 그리스도의 말씀을 헬라 철학자들에게 적용하면서도 그들이 '훔친 지혜'도 여전히 '지혜'라고 한다. 그는 더 나아가 당시 그리스도인들의 일반적인 경향과는 달리 그 말씀을 거짓 지식인, 거짓 예언자들에게 적용한다.[22] 클레멘트에게 있어서 구약과 헬라 철학은 그리스도교에 이르는 예비적인 것이다. 니그린은 "구약의 노모스 동기와 헬라 철학의 에로스 동기가 클레멘트에 의해서 그리스도교의 아가페 동기의 예비적 단계로 고려되었다"고 한다.[23]

그렇다면 클레멘트가 말하는 '피스티스'(pistis)란 무엇인가? 하나님이 율법으로는 유대인을, 철학으로는 헬라인들을 그리스도교 신앙으로 인도하려고 했다면 신앙은 물론 높은 단계를 나타낸다. 그런데 그리스도인의 신앙생활이 그 단계에서 끝나는 것이 아니다. 그 단계는 그리스도인 신앙생활에서 가장 낮은 단계이고 그 위에 그리스도교 영지를 향한 '단순한 신앙'(haplōs pistis) 단계가 있다. 이것은 하나님에 의해서 이교 사상에서 그리스도교 신앙으로 오게 되는 첫 단계다. 그러나 온전함과는 거리가 멀다. 이 신앙 단계는 하나님에 대한 깊은 지식 없이 하나님을 고백하고 찬양하는 단계다.[24] 이 단계에서는 신앙 내용을 표면적이지만 받아들임으로 만족하며 성서의 문자에 얽매인다. 성서의 영적인 의미는 아직 그에게 열리지 않는다. 이 단계의 신앙에서 그를 지키는 것은 신앙의 필수성에 대한 통찰도 아니고 하나님에 대한 사랑도 아니라 두려움과 소망이다.[25] 그러므로 신앙도 자체를 넘어 보다 높고 더 완전한 단계, 곧 영지의 단계를 지향하게 된다.[26]

그래서 P. 틸리히는 클레멘트가 말하는 '피스티스'는 신앙으로 번역하기에는 충분하지 않은 "새로운 존재의 실재에 참여한 상태"라고 하였다.[27] 신앙은 정태적인 개념이 아니다. 그것은 참에 대한 확신, 의롭게 살게 하는 동기가 되는 확신이다. 만일 인간이 죄에 빠져 있다는 참 지식이 없으면 그는 회개하지 않을 것이며, 만일 인간이 하나님에 대한 참 지식이 없다면 그는 변화되지 않을 것이다. 그는 때로 구원의 조건을 한마디로 요약하여 '경건'(theosebeia)이라는 말을 사용하는데, 이 말은 "하나님과 일치하고 부합하는 행위"를 의미한다.[28] 이 행위는 동의와 복종으로 이해되는 단순한 신앙의 차원을 넘어 영지로 향해야 가능하다. 클레멘트가 말하는 이상적인 그리스도인은 신앙의 차원을 넘어 영지의 차원으로 들어온 사람이다. 이들이 '참 그리스도인'이고 도덕적으로 가장 완전한 그리스도인이다. 이들이 '참 영지자'(ho ontōs gnōstikos)다. 이들의 이상과 최고의 목표는 영지를 통하여 인간의 영역을 초월하여 '하나님을 닮는 것', 곧 신격화가 되는 것이다.[29] 그러나 참 영지자는 영혼의 평화에 이르는 길은 이웃과 하나님을 사랑하는 길임을 알고 있고, 지상의 삶도 하나님이 주신 임무로 생각한다. 이것이 참 신앙적 도덕적 삶이다. 영지자야말로 완전한 의에 이른 자다. 의는 이중적이다. 사랑에 의해서 연출되기도 하고 두려움에 의해서 연출되기도 한다.

클레멘트가 '단순히 믿는 자'와 '참 영지자'(참 그리스도인)를 구별하지만, 이 구별은 발전의 구별이지 근본적인 구별은 아니다. 그는 영지주의자들이 인간을 '물적인 인간'과 '영적인 인간'으로 구별하는 것을 반대한다. 클레멘트가 강조하려고 한 것은 단순한 외적 신앙, 두려움과 공포에 의한 신앙이 아니라 보다 심오한 것에 대한 자발적이며 내적인 확신에 의한 신앙, 하나님 사랑의 신앙이었다. 이것이 영지에 의해서 가능하다는 것이다. 영지는 하나님에 대한 환상(vision)으로 인도하고 이웃에 대한 자발적인 사랑으로 인도한다. 영지는 신앙을 완전한 단계에 이르게 한다.[30] 이것을 제베르크는 다음과 같이 기술하고 있다.

그 결과 두 유형의 그리스도인이 생겨났다. 외부적인 것에 관심을 갖고 계발되지 못한 초신자들에 비하여 하나님의 신비를 보며 마음의 이해를 가지고 하나님과 영구한 친교를 누리는 자들이다. 현자(賢者)와 발전 도상에 있는 자 사이에 대한 스토아적 구별이 여기서는 그리스도교로 이전되었다. 클레멘트가 말하는 영지자는 '단순히 믿는 자'보다 승화된 자다.[31]

여기서 말하는 '단순히 믿는 자'의 종교는 율법의 종교이며, 반면에 '영지자의 종교'는 구원의 종교를 의미한다. 그러나 율법의 종교는 낮은 단계의 종교이고, 그리스도교와 같은 구원의 종교는 종교 진화에서 높은 단계의 종교라는 이 구별은 현대 종교 진화론의 관점에서 본다는 비판을 받을 수가 있다.

클레멘트에게 있어서 '피스티스'와 '그노시스'의 관계는 영지주의 자들과 달리 모순 대결의 관계가 아니라 조화의 관계다. 그는 거짓 영지를 부정하는 데서 만족하지 않고 참된 그리스도교적 영지를 강조하였다. 물론 그에게 있어서 신앙이 근거요 모든 철학화의 출발점이다. 그러나 철학을 통하여 모든 신자는 영지를 얻게 되고 그리스도교 영지주의자가 된다. 이들이 가장 수준 높고 성숙한 그리스도인들이며, 단순하고 외형적인 신앙에 머물지 않고 그 핵심을 추구하며, 성서 본문의 문자에 얽매이지 않고 그 영적 의미를 추구한다. 이들의 신앙의 동기는 심판에 대한 두려움이 아니라 하나님에 대한 사랑이다. 그들은 선행을 할 때도 그 자체를 위해서 하지 외적인 이익을 위해서 하지 않는다.[32] 이 높은 수준에서만 믿는 자의 신앙은 완전에 이른다. 계시를 믿는 신앙이 구원에 필수적이지만, 그와 같은 신앙은 자체를 초월하여 영지(the Gnosis)를 가리킨다.

니그린은 클레멘트에게 있어서 '그노시스'와 '아가페'와의 관계에 대하여 흥미 있는 분석을 하고 있다.[33] 니그린에 의하면 클레멘트 사상에는 노모스에 의해서 수정된 사도 이후의 그리스도교[34]와 헬라화한 경건, 그것에 의해서 주형(鑄型)된 알렉산드리아 그리스도교가 혼합되어 있다고 한다. 이것은 다른 말로 하면 노모스 동기(Nomos motif)와 에로스 동기(Eros motif)의 혼합이다.[35] 그런데 클레멘트는 여기서 끝나지 않고 '참 영지자'의 특성을 말하면서 '아가페'를 말하고 있다는 것이다. 클레멘트의 '참 영지자'를 진정한 그리스도인이 되게 하는 것은 '아가페'라는 것이다. '영지'와 '아가페'가 그의 윤리의 중심이고 그리스도교의 영감이다. 참 영지자는 한계가 없는 역동적 원리인 아가페로 인해서 하나님을 닮게 되고 지상의 삶에서도 인간으로서 할 수 있는 완전에 접근하게 된다. 그러므로 "신앙은 시작이고 아가페는 끝이다"라고 한다.[36] 그러나 니그린은 클레멘트가 신약성서의 아가페 개념을 사용하고 있는 것은 틀림없지만 그의 아가페 개념은 플라톤이 '천상적 에로스'(heavenly Eros)라고 부르는 개념과 밀접하게 조화되고 있다고 비판한다.[37] 그럼에도 불구하고 클레멘트의 아가페에는 인간에 대한 하나님의 사랑과 이웃에 대한 인간의 사랑이 포함되어 있다. 이 두 사랑은 하나요 같은 것이다.

그러나 클레멘트는 다른 곳에서 단순히 믿는 자가 무지해도 구원을 받는다고 하여 신앙의 우선적 필요성을 말한다. "신앙이 지식보다 우월한 어떤 것이며 신앙이 지식의 표준이다."[38] 그러나 그의 사상 전체적인 맥락에서 보면 대중에게는 가려져 있는 심오한 복음, 진리의 지식 그리고 이것을 가능케 하는 아가페를 더 강조하는 것이 사실이다.

신앙은 초보적이고 지식은 고차적인 차원이다. 그리하여 그는 "아는 것이 믿는 것보다 더 중요하다"고 할 정도다.[39] 비록 아가페가 그리스도인의 삶의 최고 단계의 동기 작용을 하지만, 보다 낮은 단계인 신앙에서도 동기 작용으로 나타난다. 즉, 신앙까지도 아가페를 떠나서는 있을 수 없다는 것이다.[40]

아가페와 그노시스의 관계를 정의함에 있어서 클레멘트가 분명하지 못한 것 같기도 했지만, 이제는 아가페가 그리스도인 생활의 궁극적인 목표인 것으로 생각된다. 그럼에도 그의 구원의 길의 개념은 일관되게 단계적이다. 그 단계는 불신앙(이방 종교)에서 신앙으로, 신앙에서 그노시스로 그리고 그노시스가 아가페로 인도하는 단계다. 아가페는 영지자를 하나님과 내적 친교적 관계로 묶어 놓으며 인간을 더욱더 하나님과 같이 되도록 변형시킨다. 다르게 표현하면 '믿는 것', '아는 것', '사랑하는 것' 그리고 '하나님과의 연합'이다.[41] 클레멘트의 신앙과 지식의 관계를 곤잘레스는 다음과 같이 요약정리하고 있다.

철학은 대부분 합리적 논증에 기초한다. 그러나 철학자들까지도 모든 다른 논증이 기초하는 제일 원리를 입증할 수 없다는 데 일치하고 있다. 이 원리는 의지의 활동, 즉 신앙에 의해서만 받아들여진다. 그렇다고 신앙만이 지식의 출발점인 것은 아니다. 지식은 신앙을 위해서도 필요한 것이다. 신앙은 어떤 원리들이 참인지에 관해서 단순한 추측이나 독단적 결정이 아니다. 결정은 지식의 기초 위에서 내려진다. "그러므로 지식은 신앙에 의해서 특색이 나타나고, 신앙은 일종의 신적 상호 교류에 의한 지식에 의해서 특색이 나타나게 된다."[42]

끝으로 그의 학문적 노력은 단순히 그리스도교를 소개하는 것이 아니라 가장 높고 깊은 진리를 소개함으로 그리스도인들을 완전한 사람으로 만들려고 하였다. 그리하여 그는 영지주의를 반대하면서도 반(反)영지주의 교부들과는 달리 단순한 신앙을 넘어서 영원한 진리, '참 영지'의 세계에 도달하는 소수의 사람이 있다고 하였다. 이들은 미숙한 초신자들과는 달리 높은 수준의 윤리적 지적인 삶을 사는 완전한 사람들이다.[43] 클레멘트에게 있어서 영지는 이교를 논박하는 수단일 뿐만 아니라 동시에 그리스도교에 있어서 가장 중심적이고 높은 것을 확인하고 밝히는 것이 된다.

4) 신론

클레멘트의 하나님에 대한 이해는 철학적이면서 동시에 종교적이라고 할 것이다. 그는 『잡록』 여러 곳에서 하나님을 순전히 철학적 용어로 언급한다. 즉, 하나님의 초월성을 극단적으로 강조한다. 하나님은 절대자로서 접근할 수도 없고, 알 수도 없으며, 교통이 불가능할 정도로 초월하고, 존재하는 모든 것과 관계가 불가능한 존재다. 하나님은 순수한 존재다. 그는 말하기를,

> 하나님이 원하는 것은 몸과 격정을 떠난 불변하는 추상이다. 이것이 참 경건이다. … 어떤 다른 오관에 빠지지 않고 순수한 마음으로 목적물에 도달하게 되면 그는 참 철학을 따르는 것이다. 이것이 피타고라스가 그의 제자들에게 감각에서 떠나 5년간 침묵하고 오직 마음으로만 신을 바라보라고 한 이유다.[44]

클레멘트에게 있어서 하나님은 모든 것의 '제일원인'이다. 이 말은 하나님은 직접적으로 정의할 수 없다는 것이다. 즉, 우리의 사고의 범주에 들어오지 않는다는 것이다. 하나님은 속성이 없으며 본질의 범주를 넘어서 계신다. 그는 시공간, 이름 그리고 이해를 초월한다. 이와 같은 그의 부정적인 용어로 표현하는 하나님 이해는 신-플라톤주의의 영향을 받은 것으로 스토아철학에서 주장하는 신의 내재 교리와는 반대되는 것이다. 이 하나님의 창조 행위는 시간 안에서(in time)가 아니라 '시간과 더불어'(with time) 또는 '시간 밖에서'(outside time) 이뤄진다.[45] 그리고 그 하나님은 불변하고 무시간적이며 영원한 지금(eternal now)에 존재하고 알려지지 않은 존재다. 그리하여 그는 어떤 형태의 의인론(擬人論)도 반대하였다.[46] 클레멘트는 하나님은 지혜와 섭리로 알 수 있다고 한다.

> "만물을 만드신 하나님의 지혜의 가르침을 받아서 나는 드러나 있는 것은 물론 감추어진 모든 것까지도 알게 되었다"(외경 지혜서 7:21). 너희는 간단히 말해서 우리 철학의 거짓된 목표를 가지고 있다. 이들 철학파의 학문은 올바른 과정으로 추구하면 만물을 만드신 하나님이 지혜를 통하여 만물의 통치자로 인도하신다. 파악도 이해도 어려운 하나님은 추구하는 사람으로부터 물러나든가 퇴거해버리신다.[47]

> 하나님을 믿지 않을 만큼 불경건하고, 사람으로부터 증거를 요구하듯이 하나님으로부터 증거를 요구하는 사람이 누구인가? 어떤 질문들은 마치 불이 뜨거운지 아닌지, 눈이 흰지 아닌지를 묻는 것과 같이 감각의 증거를 요구한다… 섭리에 대한 증거를 묻는 것으로 징계를 받아 마땅

한 사람들이 있다. 그렇다면 섭리는 있는데, 구세주에 관련된 예언과 경륜이 섭리에 따라서 일어나지 않았다고 생각하는 것은 경건하지 못한 것이다. 그와 같은 점에 대해서는 논증을 시도해서도 안 된다. 시각과 선한 일로부터 증거된 신의 섭리는 질서에서 일어나고 나타난다.[48]

클레멘트의 하나님은 은혜로워 선한 사람을 위해서 섭리적 통치자로 세상을 지배한다. 그가 세상을 창조한 것은 인간을 구원하기 위한 것이다. 여기 세계 창조의 교육적 목적과 의미가 있다. 하나님은 인간을 심판한다. 그러나 복수하는 것이 아니고 교육과 훈련을 위한 것이다. 그렇기 때문에 클레멘트는 그리스도의 사랑의 하나님과 유대인의 정의의 하나님을 구별하는 마르시온의 교설을 논박하며 하나님에게 있어서 자비와 정의는 모순 갈등하지 않는다고 한다.[49] 이 점에서 그는 로고스 교리를 등장시킨다.

그는 로고스 관념을 가지고 그의 신학적 체계를 짜 맞추려고 하였다. 이런 점에서 그는 변증가들과 같은 근거에 서 있다고 하겠지만, 그의 로고스 관념은 그들을 넘어 더 발전되었고 더 풍부하다. 로고스에서 추상적 하나님은 구체화되고, 절대자가 관계 속에 들어오게 된다. 로고스는 세계에 대한 종교적 설명의 최고 원리다. 그것은 로고스가 신적인 것이 현현(顯現)된 모든 것의 매개체이기 때문이다. 여기서 로고스는 성부와 성령과 함께 신적 삼위일체를 형성하고 있다. 삼위일체 교리는 처음 3세기 이후 교회에 전통적 교설로 자리매김하고 있었다. 클레멘트도 교회의 전통적 신앙에 뿌리를 두고 있었을 것이다. 그는 말한다.

말씀이 이 모든 것을 행하고, 모든 것을 가르치고, 우리를 교육하기 위해서 만물을 사용하신다. … 그렇게 위대한 말씀, 이 교육자, 세계와 인간의 창조주가 그의 품격에서 또한 세계의 교육자가 되셨다. 그의 지배 통치로 우리 모두는 하나가 되어 그의 심판을 기다린다. … 오, 교육자여! 당신의 자녀들에게 자비를, 오, 교육자, 성부, 이스라엘의 지도자, 성자와 성부, 하나인 주여… 신이여… 우리는 성령과 함께 유일하신 성부와 성자, 성자와 성부, 교육자이며 선생에게 영원한 감사의 노래를 부른다. 만물이 한 분을 위해서 있으며, 그분 안에서 만물이, 그분을 통하여 만물이 하나가 되고, 그분을 통해서 영생이 있고, 모든 사람이 그분의 일부가 되고, 그분에게 영광이 세세토록.[50]

우리가 하나님을 인지할 수 있는 것은 로고스를 통해서다. 그것은 하나님은 그 어떤 명칭도 붙일 수가 없기 때문이다. 만일 이름을 붙인다면 이미 그 어휘에 제한된다. 그럼에도 불구하고 이름을 붙여야 한다면 그것은 우리가 그를 이해하기 위한 불가피성이다. 모든 다른 것들의 원인이며 절대적인 제일 원리인 하나님은 그 무엇으로도 나타내기가 어렵다. 아무도 그를 전체적으로 바르게 표현할 수가 없다. 다만 우리는 신의 은총과 로고스에 의해서만 알지 못하는 분(the Unknown)을 이해할 뿐이다.[51]

클레멘트에 의하면 로고스는 신적 이성이요 세계의 선생일 뿐만 아니라 인류의 입법자, 구세주며, 생명의 근거요, 지식과 관상(觀想)에 이르게 하고, 사랑을 통하여 불멸과 신격화에 이르게 한다. 로고스가 성육신한 그리스도가 하나님이요 인간이다. 그런데 곤잘레스는 그의 성육신론에 대해서 가현론적이라는 점을 지적하면서 비판한다. 즉,

클레멘트는 로고스의 성육신에서 신성과 인성의 연합을 말하면서도 인간의 근본적인 특성을 상실해 버렸다는 것이다. 그러면서 클레멘트의 말을 인용한다.

> 구세주의 경우에 있어서 그 몸이 인간의 몸과 같이 그 자체를 지탱하기 위해서 필요한 도움을 요구했다고 상상하는 것은 우스운 일이다. 왜냐하면 구세주가 음식을 잡수신 것은 거룩한 에너지와 함께 몸을 위한 것이 아니고, 그와 함께 있는 자들의 마음에 주님과 다른 생각이 들어가지 않도록 하기 위해서다. 분명 얼마 후 염려했던 대로 주님이 환영적(幻影的) 모습으로 나타났다고 상상했다. 그는 전혀 무감각적이며 기쁨이나 고통 같은 어떤 감정의 움직임에도 동요되지 않으셨다.[52]

그러나 클레멘트의 신학의 전체적인 맥락에서 보면 그는 분명히 가현론자는 아니었다. 우리가 그의 성육신론을 읽을 때 신-플라톤 철학의 영향 속에서 형성된 알렉산드리아학파의 특성적 관점에서 보아야 할 것이다. 알렉산드리아학파는 그리스도의 인성보다 신성에 우선적 관심을 갖고 있었다. 그것은 그들의 신학이 구원론에서 출발하기 때문이다. 영지주의자들은 불가피하게 가현론에 빠진다. 클레멘트는 거짓 영지를 배격하지만 참 영지를 수용하는 그리스도교 영지주의자였다. 그리스도교 영지주의의 최고의 선은 하나님 인식이다. 그런데 그 인식은 학문적 인식(episteme)이 아니고 신비적 참여적 인식(gnosis)이다.

클레멘트는 성육신한 그리스도를 "의의 태양"이라고 했다.[53] 그의 로고스 사상의 관점에서 보면 그의 신학적 체계와 모든 그의 종교적 사고가 로고스 관념에 근거한 것 같다. 그는 하나님의 내재를 반대하면서도 로고스는 초월적이고 동시에 내재적이라고 한다. 로고스는 신적이고 하나님 자신이라고까지 할 수 있다. 그는 로고스를 '테오스'(theos) 또는 '호 테오스'(ho theos)라고 표현하기도 한다. 그러나 로고스는 절대자가 아니다. 하나님을 참으로 완전하게 나타낼 뿐이다. 하나님은 너무 멀고 접근할 수 없지만, 로고스 안에서 하나님은 가깝고 모든 존재에 충만해 있다.[54]

5) 인간론

클레멘트에게 있어서 인간은 성장하는 인간이다. 인간은 어린아이와 같이 순진하게 창조되었으며 완전하도록 성장하여 하나님의 창조 목적을 이루어야 한다. 이 점에서 그는 사상적 경향이 다른 이레니우스의 인간론과 매우 유사하다. 그러나 클레멘트에 의하면 아담은 인류의 시조가 아니라 현실적 인간 삶의 상징이라는 점에서 이레니우스와 크게 다르다.[55] 하나님은 인간을 성장하는 인간으로 창조할 때 당신의 형상으로 창조했고 로고스를 소유하게 했다. 그러므로 인간은 이성적 존재요 자발적 자유인이다. 이 자유로 인간은 하나님의 선을 행하여야 한다. 그러나 태어날 때 '아담의 저주'(원죄) 아래 있지 않았던 인간은 자유하나 약하고 무지해서 죄에 빠지고 말았다.[56] 그렇기 때문에 인간은 로고스에 의한 교육과 계몽이 필요하다. 클레멘트의 인간론에서 '로고스에 의한 교육(계몽)'이 핵심이다.

로고스는 인간을 경고하며 위협도 하고 약속도 하면서 의의 길, 구원의 길을 가도록 가르친다.[57] 그 궁극적 목적은 하나님을 닮게 하는 것이다. 그런데 하나님을 아는 지식 없이 하나님을 닮을 수가 없다. 인간은 로고스에 의해서 하나님을 알 수 있도록 창조되었기 때문에 노력하면 하나님을 알 수 있다. 이렇게 하나님을 알고 그를 닮은 자가 참 영지자요 완전한 사람이다. 그는 하나님이 모든 것에서 자유하시듯이 그도 자유하게 된다. 영지자요 완전한 인간은 모든 욕망, 두려움, 유쾌함, 노하기, 질투심 그리고 격정의 지배로부터 자유한다.[58] 이 인간이 신격화된 인간이다. 클레멘트는 말한다.

> "가진 사람은 더 받아서"(마 13:12) 믿음에 지식이, 지식에 사랑이 더해지며 유업에 사랑이 더해질 것이다. 이것은 사람이 신앙, 지식 그리고 사랑을 통하여 하나님을 의지할 때 일어난다. 그리고 그는 우리의 신앙과 사랑의 보호자인 하나님이 계신 곳까지 올라간다. 그 하나님으로부터 특별한 은혜에 합당하고 받을 준비와 훈련에 대한 욕망이 충만하여 선택된 사람들, 삶을 훈련하고 의의 법을 잘 지켜 진보하라는 말씀에 경청할 준비가 된 사람들에게 지식은 전해진다. 이 지식이 그들을 끝없는 목적에 인도한다. 그것은 생명의 가르침이 우리의 것이 되고 하나님과 유사한 삶을 사는 것이다. 그때 우리는 신들(gods)과 함께 모든 징벌과 교정으로부터 자유하게 된다. … 이제 그들은 마음이 순결하게 되고 주님과 의 친밀한 관계 때문에 영원한 명상의 회복이 그들을 기다린다. 그리고 그들은 '신들'이라는 칭호를 받게 되어 구세주의 다음 단계까지 자리를 차지하게 된다. 이러므로 지식은 정화(淨化)의 지름길이다 …[59]

구원에 이르기 위해서는 믿음, 두려움, 사랑, 지식으로 이어지는 진행 과정이 있다. 인간은 신의 은총의 선언과 징벌의 위협을 듣게 되는데 주님은 징계와 은총으로 인간을 안내하면서 구원하신다는 것이며, 구원으로의 첫 경향은 믿음으로 드러나고 그다음에는 두려움, 희망 그리고 회개로 나타나고 훈련과 인내의 도움을 받아 사랑과 지식으로 우리를 인도한다. 그리고 이성으로 살아가는 인간이 첫 수업은 무지하다는 것을 인식하는 것이며, 무지한 사람은 지식을 추구하기 시작하고 그다음에 스승을 발견하고 그다음은 믿게 되고 희망을 갖게 되며 사랑하게 되면서 사랑한 그분과 같이 된다. 첫 출발은 두려움으로 배우는 것이며 그것이 사악함에서 우리를 건져주고, 두 번째 출발은 희망이며 그것이 우리를 최상의 목표에 도달하게 한다. 그리고 사랑은 이 모든 과정을 완전하게 하여 지식의 길에서 우리를 훈련한다.[60]

클레멘트는 금욕주의자는 아니다. 그는 당시 일반적인 경향이었던 이원론적 개념에 동의하지 않았다. 그는 물질이 악하기 때문에 추구하지 말라는 것이 아니라 하나님이 그것들을 공급해 주실 것이라는 것을 알고 믿어야 한다는 것이다. 물질은 우리가 사용할 수 있는 것이지만 우리에게 속한 것이 아니라는 것이다. 우리가 물질적인 욕망을 제어하는 것은 구원을 위한 삶의 훈련이다. 이런 점에서 그는 금욕주의자가 아니라 중용적 사람이었다.[61] 인간이 모든 욕망에서 자유하고 하나님을 닮기 위해서는 하나님을 사랑해야 한다. 왜냐하면 하나님이 사랑이기 때문이다(요일 4:7 이하). 사랑은 모든 선한 일을 하게 하는 최고의 동기다. 참 영지자는 징벌의 두려움이나 보상의 희망 때문이 아니라 오히려 사랑으로 행동한다. 이것이 율법의 의를 넘어서는 행위다. 참 영지자의 선한 행동은 법적인 선이 아니라 자발적인 하나님 사랑의 표현이다. 여기서 단순한 신앙인과 참 영지자 사이에 차이가 나타난다.[62] 클레멘트가 말하는 참 영지자의 삶은 본회퍼가 말하는

'성숙한 인간', '하나님 앞에서 하나님 없이' 사는 신앙인과 같은 뜻으로 해석할 수도 있을 것이다.

클레멘트는 일반 영지주의자들과는 다르게 결혼에 대해서 매우 긍정적이다. 그는 결혼을 도덕적이며 자녀의 생산 등의 이유에서뿐만 아니라 창조주와의 협력의 행위라는 점에서 적극 권장한다. "인간은 인간 창조에 있어서 인간과 협력하는 하나님의 형상이 된다"고 한다.[63] 인간은 결혼함으로 서로가 하나가 되며 상호 사랑과 협력을 하게 된다. "남녀의 덕목은 같다. 만일 남녀의 하나님이 한 분이라면 남녀의 주인도 하나다⋯. 그들의 음식은 공통이고 결혼은 동등한 멍에다. 호흡, 시각, 청각, 지식, 소망, 순종, 사랑 모두가 같다. 삶이 공통인 사람들에게는 사랑과 훈련도 공통적이다."[64] 클레멘트는 결혼을 단지 성적 연합으로만 보지를 않고 영적이고 종교적 연합으로 생각하기 때문에 "결혼의 상태는 거룩하다"라고 한다.[65]

이렇게 결혼을 찬양했다고 해서 그가 독신을 반대한 것은 아니다. 그 자신도 주님에 대한 사랑 때문에 독신으로 살았다. 그는 동정에 대해서도 찬양한다. 주님을 봉사하기 위해서 독신으로 사는 사람에게는 하늘의 영광이 있을 것으로 믿는다. 그럼에도 불구하고 그는 독신으로 사는 것보다 결혼하는 것이 더 낫다고 한다.[66]

6) 죄와 구원

클레멘트의 죄의 개념은 죄가 악한 물질 때문이라고 주장하는 영지주의와의 논쟁에서 형성되었다. 그에 의하면 인간 타락은 성욕과는 무관하며 오히려 출생은 전능자의 창조의 한 부분이다. 인간의 타락은 쾌락을 통해서 하나님의 명령에 불순종한 인간이 부패하여 마음으로 탈선했기 때문이다. 그에 의하면 죄는 출생을 통해서가 아니라 첫 인간의 행동을 인간이 따르므로 발생한다. 즉, 인간은 오직 개인적인 행동으로써만 더러워질 수 있다는 것이다. 이것은 생리적인 유전적 원죄론에 대한 부정적인 입장이다.[67] 오히려 그는 아담(인간)의 죄는 하나님의 교육에서 이탈한 인간의 무지 때문이라고 한다. 무지가 가지고 있는 무의식적 자극, 지식의 부족에서 일어나는 비합리적인 강박관념이 죄를 짓게 한다는 것이다. 참 영지자는 이와 같은 상황을 초월한다. 자유의지로 초래한 결과가 아닌 행위는 징계의 대상이 아니다.[68]

죄를 지은 인간은 하나님의 징계를 받게 된다. 이것은 정화의 특성을 가지고 있는 플라톤의 사상에 영향을 받은 것이다. 그에 의하면 플라톤은 "징벌을 받는 모든 사람은… 그들의 영이 항상 진보되었기 때문에 그들은 오히려 은혜를 입은 것이다"라고 말한다.[69] 그러므로 하나님의 징계는 '하나님의 교육'이다. 인간에게는 자유가 주어졌고 그는 이성적 존재이기 때문에 선과 악을 선택할 수 있다고 해도 그대로 방임하면 아담과 같이 타락하기 때문에 이 타락한 인간의 영이 다시 신적인 것과 재연합하기 위해서는 교육과 계몽이 필요하다. 구원은 계몽에 의해서 이뤄진다.[70] 이스라엘 백성의 광야 생활도 교육이요 훈련이었다. 물질세계가 존재하는 것도 하나님의 교육과 훈련을 위한 것이다. 이 교육과 계몽의 결정적인 사건은 그리스도 안에서 자신을 계시한 로고스에 의해서 일어난다. 로고스에 의한 교육과 계몽으로 구원이 이뤄지기 때문에 구원은 하나님의 선물이지 인간의 성취가 아니다. 구원은 인간의 연약함과 무지함에 대한 하나님의 자비심에 의해서 이뤄진다.

인간이 회개하고 세례를 받고 죄의 용서를 받으면 더 이상의 죄를 짓지 말아야 하지만, 변하기 쉬운 인간, 사탄의 교활한 계략에 넘어가기 쉬운 인간의 연약함에 대한 하나님의 자비심은 인간에게 두 번째 회개의 기회를 허용하신다.[71] 그러나 계속적이고 잇따른 뉘우침은 전혀 믿지 않는 사람들의 경우와 다를 바가 없다. 그때는 "더 이상의 속죄의 제사도 없고 무서운 심판과 반역자들을 삼킬 맹렬한 불길만 있을 뿐이다"(히 10:26-27). 가장 나쁜 경우는 알면서 죄를 짓는 사람의 경우와 죄를 회개한 후에 다시 위반하는 사람의 경우다.[72]

클레멘트의 구원론에 있어서 특이한 점은 그가 죄를 '자의적인 죄'와 '본의 아닌 죄'로 구별하고 세례를 받은 후 자의적으로 죄를 범하여 하나님과의 관계를 완전히 파괴한 사람은 용서받을 수가 없으며 하나님의 심판을 받아야 한다고 한다. 그러면서도 사실 클레멘트는 두 번째 회개에서 배제될 정도의 큰 죄는 없다고 한다. 그는 용서받을 수 없는 중한 죄를 알지 못했으며 배교자까지도 용서받을 수 있다고 보았다. 그는 이단자, 이교도가 하나님께 돌아오도록 기도한다. 그는 구원에 포함된 '영생', 곧 '불가사성'(不可死性)을 선인이나 악인 모두에게 적용하고 있다.[73] 그도 선인은 복을 받고 악인은 형벌을 받는다고 말은 하지만 이것은 단순히 그리스도교 전통을 따르는 것일 뿐, 그의 기본 입장은 형벌은 치료이고 하나님은 누구도 복수하지 않는다는 것이다. 구원의 영생은 그리스도인들과 그 이후의 사람들에게만 제한되는 것이 아니고 그리스도 이전에 율법과 철학 아래서 살았던 사람들도 믿음과 의로움으로 구원될 수 있다는 것이다. 로고스가 모든 세대, 모든 사람에게 생명의 길을 계시해 왔기 때문이다.[74] 클레멘트의 이 만인구원론은 오리겐에게 와서 더 발전된다.

7) 교회론

클레멘트가 죄와 구원론에서 인간 개개인의 자유로운 선택적 결단을 강조했다고 해서 그에게 교회가 인간 구원 과정에서 간과되어 있다고 해석하는 것은 너무 성급하다. 왜냐하면 인간 개인은 교회와의 관계에서만 구원이 보장되기 때문이다. 교회는 인간 구원 과정에서 필수적이다. 우선 그는 하나의 성부, 하나의 성자, 하나의 성령이 있듯이 오직 하나의 보편적(Catholic)이고 정통적(Orthodox)인 교회가 있다고 확신하고 있다. 이 교회는 일치와 고대성에서 이단자들과 다르다고 한다. 그는 이교도와 유대인들이 그리스도교로 개종하는 데 큰 걸림돌이 그리스도교가 이단적 종파로 분열되는 것이라고 보았다.

> 하나의 참된 교회, 진정으로 고대적 교회가 있다. 그 교회에 등록된 자들은 하나님의 법령에 따라 의로운 사람들이다. … 하나의 교회는 이단자들에 의해서 많은 종파로 분열되었다. 본질에 있어서, 개념에 있어서, 근원에 있어서, 탁월함에 있어서 고대 가톨릭교회가 유일한 교회다. 이 교회가 한 분 주님을 통하여 한 분 하나님의 뜻에 의해서 다양한 시대에 맺어진 하나의 계약에 따라서 이미 지명된 사람들을 하나의 믿음으로 모은다. … 이 교회의 탁월함은 그 조직의 근원과 같이 절대적인 일치에 근거한다. 이 교회는 다른 모든 것을 능가하며, 동등한 것도 경쟁자도 없다. … 사도의 교훈이 하나이듯이 전통도 하나다….[75]

이 교회는 감독, 장로 그리고 집사 등 세 등급으로 구성된 성직 제도적 교회다. 클레멘트에 의하면 이 등급은 천사의 등급을 모방한 것이며, 사도들의 발자취를 따르면서 복음에 따라 의롭게 산 사람들을 예비해 두신 섭리에 따른 것이고, 감독은 합법적으로 사도들을 계승한 사람들이며, 예수의 수제자인 베드로가 그리스도로부터 이 교회의 관할 수위권을 받았다.[76]

클레멘트는 이 교회를 말씀이라는 우유로 자녀들을 양육하는 '동정녀 어머니'라고 부른다. 그는 다른 구절에서 "어머니는 아이들을 자신에게 가까이 오게 하고 우리는 우리의 어머니, 교회를 찾는다"고 말하기도 하고,[77] 교회를 배우자, 개인 교사(Tutor)의 어머니라고 부르기도 하며, 교회의 배우자 예수가 선생인 학교라고도 한다.[78]

> 오, 놀라운 신비! 모두의 아버지인 한 분 또한 모든 것의 로고스인 한 분, 어디에서나 한 분 동일한 성령이 오직 한 분 동정녀 마리아 안에 계신다. 나는 그녀를 교회라고 부르기를 좋아한다. 이 어머니 홀로는 우유가 없다. 왜냐하면 그녀 홀로는 여인이 되지 않기 때문이다. 그러나 그녀는 동정녀로서 순결하고 어머니로서 사랑스러운 동정녀 어머니이시다. 그녀는 아이들을 자기에게 불러 모아 아이들을 위한 로고스인 거룩한 우유로 그들을 먹이신다.[79]

이 교회에서 세례가 베풀어진다. 클레멘트의 신학의 중심에 로고스 교리가 자리하고 있지만, 그는 '비밀', '상징'(musterion)이라는 의미가 있는 성례전에 대해서도 깊은 관심을 가지고 있었다. 사실 로고스와 무스테리온은 그의 그리스도론과 교회론을 움직인 두 기둥이었다. 그에게 있어서 세례는 죄의 씻음이고 재생이고 갱생이다.

하나님은 우리가 개종하기를 원하시고, 물로 다시 태어나서 그가 참으로 우리의 아버지임을 아는 자녀가 되기를 원하신다. 이것은 창조와는 다른 출생이다.[80]

구세주의 말을 경청하자. 나는 세상에 의해서 죽음에 이르도록 불행하게 태어난 너를 다시 태어나게 했다. 나는 너를 자유하게 했고 치유했으며 구원했다. 나는 너에게 끝이 없고 영원하고 초자연적인 생명을 줄 것이다. 나는 너에게 선한 아버지의 얼굴을 보여줄 것이다 …. 너를 위해 나는 죽음과 싸웠고 너의 과거 지은 죄와 하나님에 대한 불신앙에 네가 지불해야 할 너의 죽음을 대신 갚아 주었다.[81]

뿐만 아니라 클레멘트는 세례와 관련해서 '징표', '조명', '목욕', '완전', '신비'라는 용어를 사용한다.

세례를 받으면 조명(계몽)을 받게 되고, 조명을 받으면 우리는 아들로 입양된다. 아들이 되면 우리는 완전하게 된다. 완전하게 되면 불멸하게 된다. 성서가 말하기를 "너희는 모두 신들이고 가장 높은 분의 아들이다"(시 82:6). 이 일은 은혜, 조명, 완전, 목욕 등 여러 가지로 불린다. 목욕으로 우리는 죄가 씻어지고, 은총으로 우리는 범죄하여 받아야 할 징계에서 면제되고, 조명으로 구원의 거룩한 빛이 비추어져서 하나님을 확실하게 보게 된다. 이제 우리는 아무것도 원하는 것이 없는 완전이라 부른다. 하나님을 아는 그에게 아직도 원하는 것이 무엇이겠는가?[82]

교회에서는 세례 의식만이 아니라 성만찬 의식도 거행된다. 클레멘트는 이교도의 희생 개념에 반대하여 그리스도교인은 "아무것도 필요하지 않은 하나님께" 희생제물을 바치지 않는다고 역설한다.[83] 클레멘트에 의하면 성만찬 의식을 통하여 신앙이 성장하고 불멸을 공유하게 되지만, 그는 새로운 율법 시대의 희생으로서 유카리스트를 알지 못했다. 즉, 그는 "아무것도 필요한 것이 없고 모든 사람에게 모든 것을 공급하시는 하나님에게 우리는 희생제물을 바치지 않는 것이 옳다"는 것이다.[84] 그러나 그가 성만찬의 희생 개념에 대해서 소극적인 견해를 갖고 있다고 해서 신약성서의 희생으로서 성만찬 개념을 알지 못하고 있었다고 단정하는 것은 옳지 않다. 그는 교회의 희생에 대하여 알고 있었으며 유카리스트의 희생 식사에 대한 그의 믿음을 배제하지 않는다. 그는 이교도의 피의 희생 의식이 그리스도교의 하나님 개념에 상응하지 않기 때문에 이교도의 피의 희생을 반대한 것이다.[85] 클레멘트는 성만찬적 희생을 내적 도덕적 영혼의 산 제물로 생각했던 것 같다. 그는 이교도와 유대인의 희생 개념을 반대하는 논쟁에서 제물의 영적 특성을 강조했다. 물론 이 영적 특성은 제물의 상징적 봉헌을 배제하지 않는다.

그는 교회 규범을 따르지 않고 성만찬에 빵과 물을 사용하는 이단 종파가 있음을 지적하면서 빵과 포도주를 사용할 것을 주장한다. 그리고 그 봉헌을 육체적 목적과 연관시킨다. 살렘 왕이며 가장 높으신 하나님의 제사장인 멜기세덱이 빵과 포도주를 가지고 나와 아브람에게 복을 빌어 준 것(창 14:18-20)을 성만찬을 위해서 음식을 성별한 것으로 해석한다. 이것은 클레멘트가 성만찬의 희생 개념을 인지하고 있었다 해도 그는 희생 개념보다는 '음식' '자양분' 개념에 보다 깊은 관심을 가졌던 것 같다. 클레멘트에게 있어서 성만찬은 '새 양식'이었다.

말씀[그리스도]은 모든 것을 유아에게 주신다. … "내 살을 먹고 내 피를
마셔라"(요 6:53-58)라고 그는 말씀하신다. 이것은 주님이 우리에게 공
급하시는 알맞은 자양분이다. 그는 살을 바쳤고 피를 쏟았다. 자녀들은
성장하는데 부족하지 않아 필요한 것이 없다. 오, 놀라운 신비여! 우리에
게 과거 육체적인 부패에서 벗어나라고 명령한다. 옛 음식을 버리고 새
로운 식이요법에 참여하라는 것이다. 그것은 그리스도의 생명의 길을
택하는 것이며, 우리의 영혼에 구세주를 모시면서 우리의 육체의 성정
(性情)을 바로잡으라는 것이다.[86]

그러나 가장 중요한 것은 그가 성만찬에서 피의 이중성을 언급하고
있다는 점이다.

주님의 피는 이중적이다. 한편으로는 우리가 부패로부터 구원받는 육신
의 피고, 다른 한편으로는 우리가 성별 되는 영적인 피다. 예수의 피를
마시는 것은 주님의 불멸에 참여자가 되는 것이다. 피가 육체를 원기
왕성하게 하는 것과 같이 성령은 말씀의 힘의 원리다. 포도주가 물과
섞이듯이 성령이 사람과 섞인다. 이 혼합은 인간을 신앙으로 육성하고,
성령은 불멸로 안내한다. 음료와 말씀의 혼합을 성만찬이라 부른다. 그
것은 찬양과 영광의 은총이다. 그리고 믿음으로 여기에 참여하는 사람
들은 몸과 영이 성화된다. 그것은 성부의 뜻이 신비하게도 성령과 말씀
에 의한 신적 혼합인 인간을 만들기 때문이다.[87]

클레멘트는 분명히 인간의 피와 그리스도의 성만찬 피를 구별하고
있다. 이 피의 마심은 로고스와의 연합이며 찬양할 만하고 영광스러운

은혜의 선물이다. 이 성만찬 의식으로 교회는 신자들을 세상으로부터 격리시키는 것이 아니라 세상에 봉사하며 세상의 삶을 나누게 한다. 성만찬에서 떡과 포도주, 곧 그리스도 예수의 살과 피를 먹고 마시는 것은 세상에서, 세상과 더불어, 세상을 위하여 영과 몸으로 살게 하는 양식이다.

8) 그의 신학에 대한 평가

영지주의 도전에 저항하면서도 반(反)영지주의 교부들과는 다르게 오히려 '참 영지'를 추구했던 클레멘트는 이교 철학과 성서, 헬레니스틱 전통과 그리스도교 전통 사이의 긴장 속에서 조화를 모색하였다. 그는 초대 어느 신학자보다도 이교 철학에 대하여 개방적이었다. 그가 추구했던 진리는 배타적인 것이 아니라 포용적인 것이었다. 그는 이교 철학에도 진리가 있다고 인정하면서 대담하게 그것을 찾으려고 하였다.

그럼에도 불구하고 그의 사상을 지배했던 것은 신-플라톤주의였다. 그는 이 철학에 근거하여 신학적 문제에 해답하려고 노력했다. 그런 점에서 신학 사상적 경향은 '하향적'(from above)이었다고 할 것이다. 곤잘레스는 다음과 같이 평가한다.

"플라톤적인가 성서적인가." 클레멘트는 헬라인의 천재성과 동양의 천재성 사이, 인간의 사색과 신적인 계시 사이의 특별한 만남에 대한 독창적인 증인이다. 만남을 통하여 플라톤과 성서를 접맥시켜 보려고 했던 그의 노력이 언제나 성공한 것은 아니다. 그러나 그의 시도는 새롭고 누구도 다녀 보지 않았던 길을 연 개척자였다.[88]

클레멘트 신학에서 우리가 주목할 점은 성서적 진리에 대한 방어, 헬라 철학과 그리스도교와의 결합에 대한 방어 그리고 그리스도교의 하나님을 철학적 절대자와 결합시킨 점일 것이다. 이후 동방교회에서는 철학과 종교, 헬라 철학과 그리스도교 신학은 뗄 수 없는 관계를 계속하였다. 이와 같은 신학적 경향은 오리겐에서 그 정점에 도달한다.

III. 오리겐의 신학

알렉산드리아 신학이 클레멘트에 의해서 그 기초가 놓였다면 그를 계승한 오리겐(Origen, c. 185~254)에 의해서 그 전성기를 맞이했다. 그는 니케아공의회(325) 이전에서 가장 특출한 신학자였다. 초대 라틴 문화의 신학계에 어거스틴이 있었다면 동방 헬라 문화의 신학계에는 오리겐이 있었다. 오리겐 이후 동방교회의 신학적 논쟁은 오리겐의 좌파와 우파 간의 논쟁이었다고 해도 과언이 아니다.

1. 생애

오리겐의 생애와 그의 활동에 관해서 우리는 특히 역사가 유세비우스를 통하여 비교적 많은 것을 알고 있다.[89] 오리겐은 초대교회 지도자 중에서는 보기 드물게 교회 밖 이교에서 개종한 것이 아니라 알렉산드리아 그리스도교인 가정에서 태어나(185년경) 선생인 그의 아버지 레오니다스(Leonidas)의 각별한 관심 속에서 성서, 역사, 그리스도교 문학, 헬라 철학, 수학, 수사학 등 다방면의 좋은 교육을 받으면서 성장한 첫 번째 그리스도교 문필가였다. 그에게 그리스도교 신앙은 분명한 진리의 핵심이었다. 이 진리로부터 그는 모든 것을 고찰하였다. 유세비우스가 말했듯이 오리겐은 "요람기부터 주목할 만한 사람"이었다.[90] 그는 신-플라톤주의 창시자 암모니우스 삭카스의 강의를 들었으며, 그의 학문적 방법과 철학은 오리겐의 신학에 큰 영향을 미쳤다. 또한 알렉산드리아 교리문답학교에서 클레멘트의 제자였다.[91] 그가 받은 교육은, 그의 아버지가 셉티미우스 세베루스(Septimius Severus, 193~211) 황제의 박해(202~203) 때 순교하고 나서, 소년 가장으로 가족의 생계를 위하여 문학과 철학을 가르치는 데 큰 도움이 되었다.

박해 기간에 클레멘트가 알렉산드리아를 떠나자 감독 데메트리우스(Demetrius)는 클레멘트의 제자였던 오리겐에게 교리문답학교의 책임을 맡겼다. 그때 오리겐의 나이 18세였다.[92] 비록 나이는 어렸지만 그의 지도력에 의해 학교는 전성기를 이루었다. 원근 각지에서 많은 학생이 그의 강의를 듣기 위해서 몰려왔다. 그는 박식한 신학자요 철학자였을 뿐만 아니라 위대한 스승이었다. 그의 매력은 가르치는 것만이 아니라 그의 삶이었다. 그의 교육은 학문과 함께 덕과 경건을 진작시키는 것이었다. 그는 언행이 일치한 사람이었다. "그의 말은 곧 그가 나타내 보인 삶의 태도였고, 그의 삶의 태도는 곧 그의 말"이었으며, "그의 삶의 태도는 곧 그의 가르침이었고, 그의 가르침은 곧 그의 삶이었다."[93]

아버지가 셉티미우스 세베루스 황제의 박해 때 수감되자 18세의 소년은 아버지에게 가족 때문에 약해져서 굴복하지 말라는 편지를 써서 격려했으며, 전설에 의하면 그도 순교하려 했으나 어머니가 그의 옷을 감추었기 때문에 밖에 나갈 수가 없어서 순교할 기회를 갖지 못했다고 한다. 그는 당대의 제일의 학자이면서도 또 한편으로 철저한 신앙적 실천주의자였다. 이것은 그의 금욕주의에서 나온 신앙적 태도였다. 유세비우스는 그를 '철의 사람'(Adamantius)이라 불렀다.

> 그는 가능하면 가장 철학적인 삶의 태도를 유지하려고 했다. 금식으로 자신을 훈련하고, 수면을 위해서는 시간을 쪼개고, 소파에서 잔 일이 없이 마룻바닥에서 잤다. 무엇보다도 그는 두 벌 옷, 두 켤레의 신발을 갖지 말며, 내일에 대해 염려하지 말라는 구세주의 말씀을 지키려고 하였다.[94]

그는 내핍 생활, 기도, 금식, 자발적인 가난의 삶을 살았다. 202~203년경 그가 알렉산드리아에서 가르치고 있었을 때 그는 "하늘나라 때문에 스스로 고자가 된 사람도 있다"(마 19:12)는 말씀을 경직하게 문자적으로 해석하여 스스로 성기를 제거하였는데, 이것은 후에 그를 성직자로 안수하려고 할 때 적지 않은 논란의 동기가 되었다. 특히 알렉산드리아의 감독 데메트리우스는 오리겐이 성직자가 될 자격이 없다고 하여 그를 파문하므로 두 사람 사이에 갈등의 원인이 되었다.

J. 쿠아스텐은 교육자로서 오리겐의 생애를 두 시기로 나눈다.[95] 그 첫 시기는 그가 알렉산드리아학교의 교장으로 매우 성공적인 생애를 보낸 기간이다(203~231). 이 기간 오리겐의 명성은 계속하여 높아져 심지어 이단자와 이교도까지 그의 강의에 관심을 가지고 듣기 위해서 몰려왔을 정도였다. 이렇게 되자 오리겐은 자기의 제자이지 친구인 헤라클라스(Heraclas)에게 세례 후보자 교육을 비롯한 기초 학문을 맡기고 자기는 고등 철학, 사변적 신학, 성서 등 더 높고 깊은 진리를

추구하는 자들의 교육에 전념하였다. 이렇게 하여 오리겐은 이 학교를 단순히 세례 후보자 교육을 위한 교리학교 수준이 아니라 고대 철학자들의 학교를 모방하여 새로운 학교로 탈바꿈시켰다. 이 학교에서는 철학과 신학만이 아니라 변증학, 물리학, 수학, 기하학, 천문학, 심리학 등 다양한 교과과정을 운영하였다. 이러한 바쁜 교과과정을 운영하면서도 그는 신-플라톤주의의 창설자요 그의 사상과 학문 방법에 큰 영향을 준 암모니우스 삭카스의 강의를 수강하면서 그의 학문적 발전 노력을 계속하였다.

알렉산드리아에서 오리겐의 강의가 중단된 것은 몇 번에 걸친 그의 여행 때문이었다. 212년경 그는 "가장 오래된 로마인의 교회를 보고 싶어서"[96] 로마를 방문했을 때 로마교회의 장로인 히폴리투스(Hippolytus, d. 235)를 만났다.[97] 214년 말경 그는 아라비아를 거쳐서 그의 강의를 듣고 싶어 했던 알렉산더 세베루스 황제의 어머니 줄리아 맘마에아(Julia Mammaea)의 초청으로 안디옥을 방문하기도 했다(218~222). 그녀는 "신적인 사물을 꿰뚫어 보는 통찰력 때문에 일반적으로 널리 감탄하고 있는 오리겐"을 만나고 싶었던 것이다.[98]

알렉산드리아에 돌아왔던 오리겐은 카라칼라(Caracalla, 211~217) 황제의 대학살 명령으로 도시가 혼란에 빠지자 216년경 팔레스타인 가이사랴로 피신하였다. 이때 가이사랴와 예루살렘을 비롯한 팔레스타인 지역의 감독들의 요청으로 평신도인 오리겐이 감독들에게 설교와 성서 강의를 했다. 그러나 이것은 알렉산드리아 교회법에 위배되기 때문에 데메트리우스 감독은 즉시 오리겐을 소환했다. 팔레스타인 감독들의 반대에도 불구하고 오리겐은 감독의 명에 복종하여 알렉산드리아로 돌아왔고, 감독은 교리문답학교의 교장직에서 그를 해임했다. 그리하여 보다 자유로운 몸이 된 오리겐은 이 기간에 신학적 성서적 연구에 몰두하게 되었고 그의 주저의 하나인 『제일 원리』(De Principiis)와 일부 성서 주석서들을 집필하였다.

그로부터 15년이 지난 후 아테네의 이단자들을 논박하라는 감독의 명을 받고 그리스로 가던 중 팔레스타인을 통과하게 되었을 때, 이번에는 이곳 감독들이 오리겐에게, 스스로 고자가 되었음에도 불구하고, 성직자로 안수하였다. 이렇게 되자 화가 난 데메트리우스 감독은 교회법을 어긴 불법적 안수이며 정통 교회의 교리를 어겼다는 이유로 노회를 소집하여(230~231) 오리겐을 파문하고 성직의 직위를 박탈하였다. 이 일에 대해서 유세비우스는 이렇게 진술한다. 데메트리우스는 "오리겐이 발전하여 앞으로 모든 면에서 뛰어나고 유명한 사람이 될 것을 알았을 때 그의 인간적인 약점을 지적하므로 그를 극복하였다."[99] 감독이 죽은 후 오리겐은 알렉산드리아로 돌아왔으나 그의 제자요 후계자인 헤라클라스는 오리겐을 재차 파문하였다.

그의 생애 제2기(232~254)는 그가 알렉산드리아를 아주 떠나 팔레스타인의 가이사랴로 이주했을 때부터 시작된다. 가이사랴의 감독은 오리겐이 받은 정죄를 무시하고 안디옥에 알렉산드리아 교리문답학교와 유사한 학교를 세우고 제자들을 가르치도록 하였다. 이 학교를 중심으로 가이사랴학파가 형성되었다. 학교의 교과과정은 논리학, 변증학, 자연과학, 기하학, 천문학, 윤리학 그리고 신학이었다. 윤리학의 과정은 결코 도덕적 문제에 대한 이성적 토론에 그치는 것이 아니라 삶의 철학을 가르치는 과정이었다. 그는 하나님의 존재와 그의 섭리를 부인하는 책 이외의 모든 고대 철학서까지도 제자들에게 권장하여 그들이 광범위한 지식을 습득하도록 하였다.[100] 244년에는 다시 아라비아를 방문하여 보스트라의 감독 베릴루스(Beryllus of Bostra)를 성부 수난설의 오류로부터 전향시켰다.

오리겐은 가이사랴에서 데키우스(Decius, 249~251)의 박해 기간에 혹독한 고문을 받았다. 유세비우스에 의하면 오리겐의 많은 서신은 그가 그리스도의 말씀을 위해서 견디어야 했던 박해의 본질과 그 정도를 정확하게 밝히고 있다고 한다. 낙인을 찍히고, 깊은 지하 감옥에 수감되었으며, 여러 날 동안 고문 도구들과 채찍 자루들이 널려 있는 좁은 공간에서 온갖 위협과 적대자로부터 상처와 고통을 견뎌야 했다고 한다. 이 박해에서 받은 고통으로 건강을 잃은 그는 253년 69세의 나이로 옛 페니키아의 항구 도시인 튀루스(Tyre)에서 사망하였다.

그러나 그는 정통적인 교회의 사람이었다. 터툴리안의 '나의 그리스도'라는 말은 오리겐에게 있어서 '교회의 그리스도', '가톨릭의 전통의 그리스도', '정통 신앙의 그리스도'와 같은 말이었다. 좀 더 적극적으로 표현한다면 그는 성서적 규범이나 복음적 사도적 규범에 호소하지 않고 끊임없이 교회의 규범, 교회의 신앙, 교회에서 증거되는 말씀, 교회에서 선포되는 설교, 교회의 교리, 교회의 사상과 가르침에 호소한다.[101]

2. 신학 사상

오리겐은 그의 생전에 이미 동방 헬라 교회에서 가장 위대한 신학자로 평가받고 있었다. 그러나 그는 실천적 금욕주의자, 신비주의자였고, 성서에 철저하게 근거하면서도 그의 사상 형성에 사변적 철학의 영향을 누구보다도 많이 받은 사람이었다. 그의 저술과 사상은 참으로 광범위하고 추상적이다. 그리하여 때로는 이중적 해석을 할 만큼 모호하기도 하다. 그럼에도 불구하고 지지자는 물론 반대자들까지도 그의 영향을 받지 않은 사람이 없었다. 사후에도 생전에도 그만큼 많은 지지자와 적을 만든 사람은 없을 것이다. 어느 저자도 그리스도교 고대 문화 유산에서 오리겐만큼 논쟁을 일으킨 사람은 없을 것이며, 어느 이름도 그의 이름만큼 열광적으로 또는 분노하여 부른 이름도 없을 것이다. 귀족 학자들도, 이교도들도, 정통 교사들도 그를 따르고 호소하고 그에게서 배웠다. 그가 교리적 오류를 범한 것은 사실이지만 교회의 교리적 가르침에 중점을 두었으며 교리적 오류는 도덕적 과실보다 더 나쁜 것으로 생각했다는 사실에서 볼 때, 그가 정통적인 그리스도교 신앙인이 되기를 원했다는 것은 누구도 의심하지 않는다. 그는 그의 신학적 주저인 『제일 원리』 처음에 "교회적이고 사도적 전통에 합당한 것만을 진리로 받아들인다"라고 진술하고 있다.[102]

우리가 오리겐의 이념과 알렉산드리아의 클레멘트의 이념을 비교한다면 그는 클레멘트만큼 헬라 철학에 대한 높은 호감을 가진 것 같지는 않다. 오리겐은 헬라 철학이 그리스도에게 인도하는 안내자라는 클레멘트의 격언을 결코 되풀이하지 않는다. 그는 헬라 철학을 그리스도교에 대한 예비적 연구로 생각할 뿐이었다. 그래서 그는 클레멘트보다 성서의 중요성을 더 강조하였다. 그럼에도 불구하고 플라톤 철학의 영향을 의도했든 아니든 간에 받은 그의 신학은 그 자신이 생각한 것보다 더 심각한 교리적 오류를 범하게 되었다. 특히 인간 영혼의 선재설이 그렇다. 이것과 함께 은유적 성서 해석은 또 다른 교리적 오류의 함정이었다. 그가 가장 고차원적 성서 해석이라고 생각한 이 성서 해석은 독단적이고 오류를 범하도록 하는 위험한 주관주적 해석이다. 그리하여 그의 사후 곧 그의 정통성에 대한 논쟁이 벌어졌다. 이른바 '오리겐주의적 논쟁'으로 알려진 논쟁은 특히 살라미스의 에피파니우스(Epiphanius of Salamis)[103]와 알렉산드리아의 총대주교 테오필루스(Theophilus of Alexandria)가 오리겐의 교리를 공격한 400년경에는 논쟁의 폭풍이 사납게 휘몰아쳤다. 이 논쟁은 결국 동로마제국의 황제 유스티니안 1세(Justinian I, 527~565)가 543년 콘스탄티노플 회의에서 오리겐의 교리 중 15개 항목을 정죄하는 교서를 발표함으로 종결되었다. 곧 콘스탄티노플의 대주교 멘나스(Mennas)와 교황 비길리우스(Vigilius, 537~555)를 비롯하여 제국의 모든 감독이 이 판결에 동의했다.

1) 주요 저작 개요

실천적 금욕주의자, 신비주의자, 사변적 철학의 영향을 누구보다도 많이 받은 사람, 그러면서도 성서에 철저하게 근거한 오리겐의 저작들 대부분은 '오리겐 논쟁' 때문에 상실되었고, 남아 있는 것도 헬라어 원본이 아니라 라틴어 역본들이다. 그의 저작 목록을 유세비우스가 작성했다고 하는데 지금은 없다. 제롬에 따르면 오리겐의 저작 수가 2,000편보다 적지 않을 것이라고 하고,[104] 에피파니우스(Epiphanius)는 약 6,000편이라고 하지만,[105] 우리가 알고 있는 것은 800편의 목록 뿐이다.[106] 우리는 비록 라틴어 역본이지만 현존하는 그의 저작물을 통해서 그의 사상을 파악할 수밖에 없다. 그래도 주요한 그의 저서가 라틴어 역본으로 남아 있다는 것이 다행이다. 그의 저서들은 본문 비평, 주석, 설교 등 성서 신학적인 저서, 변증, 교리적인 저서 그리고 실천적인 저서 등으로 분류할 수 있을 것이다.

(1) 『육중원서』(Hexapla)

오리겐의 사상에는 비록 신-플라톤 철학의 영향을 받은 사변적 이론 신학자적 경향이 짙지만, 그는 우선적으로 성서학자였다. 그의 많은 성서 주석서들과 함께 그의 『육중원서』는 그가 성서학의 창시자요 성서 본문 비평의 선구자임을 보여준다. 이 책은 구약성서의 본문을 여섯 가지의 번역문을 나란히 병치(竝置)하여 그 본문의 뜻을 더 분명히 이해하게 한 것이다. 오리겐이 그의 전 생애를 바친 이 거대한 작업은 히브리어 본문, 발음을 따라 헬라어 문자의 히브리어 본문 그리고 헬라어 역본으로 하드리안 황제와 동시대 유대인 아퀼라(Aquila)가 번역한 아퀼라역, 셉티무스 세베루스 황제 시대의 유대인 심마쿠스(Symmachus)가 번역한 심마쿠스역, 셉투아진트의 헬라어 개정판(LXX) 그리고 180년경 유대인 테오도션(Theodotion)이 번역한 테오도션역을 병행한 것이다. 『육중원서』는 가이사랴 도서관에 보관되어 있으며 제롬은 이것을 이용했다고 진술한다.[107]

(2) 스콜리아, 설교, 주석들

오리겐은 '스콜리아', '설교' 그리고 '주석' 등 세 가지 문학 형식을 이용하여 성서의 거의 모든 책의 주석을 했다. '스콜리아'(scholia, excerpta)는 알렉산드리아 문법학자의 전례를 따라서 난해한 성서 구절이나 말들에 대하여 간단한 주해(註解)를 하는 것이다. 제롬에 따르면 오리겐은 출애굽기, 레위기, 이사야서, 시편 1-15편, 전도서 그리고 요한복음서에 대한 스콜리아를 썼으며, 루피누스는 오리겐의 설교 번역에서 민수기를 포함시키고 있다. 불행한 것은 이 저서가 현존하고 있지 않다는 것이다.[108]

'설교'(homiliai, tractatus)는 종종 사전에 준비됨이 없이 전하는 대중적이고 교화적인 강연이나 설교를 의미한다. 속기사들에 의해서 기록해 놓은 것을 후에 수정 보완해서 출판하였는데, 어떤 것은 그의 사후에 출판된 것도 있다. 물론 성서 구절을 본문으로 한다. 역사가 소크라테스는 오리겐이 매주 수요일과 금요일에 설교했다고 하지만, 오리겐의 속기사 팜필루스(Pamphilus)는 거의 매일 설교했다고 전한다. 그러나 헬라어 원문으로 현존하는 것은 20편의 예레미야서 설교와 사무엘상 28장 3-25절을 본문으로 한 한 편의 설교뿐이다. 그 외는 제롬, 루피누스, 포이티어의 힐러리(Hilary of Poitiers) 등에 의한 여러 편의 라틴어 역이 현존한다. 약 574편의 오리겐 설교 중에서 21편만이 헬라어 원문으로 현존하고 388편의 라틴어 역도 분실하였다. 대부분 매우 방대한 성서 주석적 이 설교들이 완전한 상태에서 보전된 것이 없지만, 그럼에도 불구하고 그의 설교가 우리로 하여금 새로운 빛에서 성서 본문을 읽게 하고 성서 주석을 통하여 영적 양식을 제공해 준다는 점에서 매우 가치가 있다. 목회적 영적 목적에 전력을 다한 이 설교들은 훗날 영적 신비적 신학에 큰 영향을 미쳤다. 그런 점에서 이 설교들은 성서학보다는 그리스도교 영성과 신비주의 역사에 속한다고 할 것이다.[109]

현대적인 의미에서 학문적인 주석(tomoi, voluminal)은 때로는 긴 신학적 논문에 해당하는 성서 해석이다. 오리겐의 설교가 대중적인 교화에 그 목적이 있었다면 주석(commentaries)은 학문적인 성서 석의에 그 목적이 있다. 주석은 철학적, 본문적, 역사적, 어원적 지식과 신학적이고 철학적인 관찰의 혼합이다. 성서 주석을 하는 오리겐의 주 관심은 성서 본문의 문자적 의미에 있는 것이 아니라 그가 은유적 방법을 통하여 발견한 본문의 신비적 의미를 찾는 데 있다. 비록 이와 같은 성서 해석에서 오리겐은 오류를 범하기도 했지만, 성서 책들에 대한 그의 내적 의미 파악은 후대 교회 저술가들에게서는 결여된 영적 통찰력이 풍부했음을 보여준다. 그러나 불행하게도 설교보다 현존하는 것이 적으며 온전하게 남아 있는 것은 하나도 없다.

244년 이후에 가이사랴에서 25권으로 구성한 마태복음 주석은 단지 8권의 헬라어 원본이 현존할 뿐이고, 최소한 22권으로 구성한 요한복음 주석은 8권의 헬라어 원본이 현존한다. 이 주석은 신비주의자 오리겐과 그의 내적 삶의 개념을 연구하는 데 매우 주요하다. 15권으로 구성된 로마서 주석은 1941년 카이로 근처에서 발견된 파피루스에 헬라어 원본 중 단지 단편들만이 남아 있고 우리는 루피누스의 매우 자유스러운 라틴어 역본을 가지고 있다. 오리겐이 편찬한 많은 구약성서 해석 중에서 우리는 루피누스의 라틴 역본으로 아가서 일부분만(1~4권)을 소유하고 있을 뿐이다.

오리겐의 은유적 성서 해석에 따르면 솔로몬에게서 그리스도의 모습을 보게 된다. 제롬의 라틴어 역본에 의하면 교회가 그리스도의 신부라는 것이 지배적이고, 루피누스 역에 의하면 모든 개인적인 그리스도인의 영혼이 그리스도의 배우자로 생각된다.[110]

(3)『켈수스 논박』(Against Celsus, Contra Celsum)

오리겐에게 있어서 가장 중요한 변증서인 이 책은 246년경 그의 친구 암브로스(Ambrose)가 플라톤 철학자 켈수스의『참 말씀』(Alēthēs logos)을 논박해 달라는 요청을 받고 그의 나이 60세가 넘었을 때 쓴 것이다.[111] 그때까지 오리겐은 켈수스와 그의 책을 알지 못했으며 그에 대한 왜곡된 비난에 대해서는 관심없이 지냈기 때문에 그에 대한 논박이 옳은지에 대한 확신이 없었다.[112] 처음에 켈수스 논박에 소극적이었던 오리겐은 철저한 신앙인들보다는 그리스도교 신앙을 전혀 모르는 사람들과 사도 바울이 말했듯이 "믿음이 약한 사람들"(롬 14:1)을 위하여 논박서를 집필하기로 하였다.[113] 오리겐의『켈수스 논박』은 그의 종교적 확신과 켈수스를 능가하는 신앙과 지식을 겸비하고 있음을 보여주는 대표적인 저술이다.

175~180년경에 이교 철학자 켈수스가 쓴『참 말씀』은 철학자로서 당시 신흥종교인 그리스도교를 맹렬하게 비판한 책이다. 그러나 그는 당시 흔히 있을 수 있는 근거 없는 중상모략적 비난을 하지 않았다. 그의 목적은 한편으로는 그리스도인들에게 그들의 종교가 저급하여 부끄럽고 창피스러운 것이라는 것을 알려서 그들을 개심케 하고, 다른 한편으로는 상류층의 사람들을 그리스도교로 개종하지 못하도록 하는 것이었다. 그리하여 그의 비판은 성서를 비롯하여 초대 교부들의 글을 폭넓게 고찰한 후 논리적이며 철학적이며 종교적으로 쓴 것이었다. 그는 영지주의 종파와 정통 교회 사이 다른 점이 무엇인지도 인지하고 있었다. 그는 책잡힐 일이 없을 만큼 숙련되고 기략이 풍부한 비판가였다. 그의 그리스도교 공격은 예수 그리스도를 반대하는 유대인의

견지에서 출발한 후 유대인과 함께 그리스도인의 신앙을 싸잡아 공격하였다.

그는 그리스도인들의 메시아 사상을 조롱하였고, 플라톤 철학자로서 그는 헬라인의 예배와 철학이 그리스도교보다 현저히 우수하다고 주장하면서 예수는 무식한 하층 계급에 속한 사람들을 신비 종교나 고대 철학자들의 말을 변절 왜곡하여 현혹시키는 사기꾼이며 마술사의 기질이 있는 자며, 따라서 그리스도교는 현실성이 없는 환상적이고 미신과 단편적인 철학의 혼합물이라고 비난했다. 예를 들면 "부자가 하늘나라에 들어가는 것은 낙타가 바늘귀로 들어가는 것보다 어렵다"는 말씀(마 19:24)은 이미 플라톤이 "유난히 선한 사람은 유난히 부유해지기는 불가능하다"고 했다는 것이며, "보물을 하늘에 쌓아 두라"(마 6:20)는 말씀은 이미 로마 장군 섹스투스(Sextus)가 "아무도 너희에게서 빼앗아갈 수 없는 것을 소유하라"고 했으며, "어린이와 같이 하늘나라를 받아들여야 한다"(막 10:15)는 말씀은 이미 철학자 헤라클리투스(Heraclitus)가 "왕국은 어린이의 것이다"라고 했다는 것이다.

켈수스가 그리스도교에 대하여 집중적으로 비판한 것은 예수의 부활이었다. 그는 이 미신을 사도들과 그 후계자들이 꾸며낸 것이라고 주장했다. 예수의 부활 사건은 부활 신앙을 가진 사람들에 의해서만 증언되었고, 예수의 부활을 처음 목격했다는 사람들도 모두 감정적으로 도취되기 쉬운 여인들이었다는 것이다. 또한 켈수스는 육체의 부활을 믿는 그리스도인들에게 맹수에 잡아 먹혀 죽은 다음에 육체가 되살아나느냐고 조롱하였다. 고대 신비적 종교나 신화에도 죽었다가 부활한 신인(神人)의 예가 있다고 하면서 예수의 부활과 신격성도 고대 신비적 종교에서 모방한 것이라고 한다. 켈수스에 의하면 예수 그리스도의 성육신론은 그리스도교의 또 다른 교설인 하나님의 불가변성에 모순된다고 하였다.

그러나 그가 모든 그리스도교의 가르침을 거부한 것은 아니다. 예를 들면 그리스도교의 윤리와 로고스 교리는 찬성하였다. 그는 그리스도교로 하여금 정치적 종교적 고립을 포기하고 로마제국의 공동 종교에 종속하라고 하였다. 그가 가장 염려한 것은 그리스도교가 로마제국을 분열시켜 국력을 약화시키는 것이었다. 그리하여 그는 그리스도교인들에게 필요한 경우에는 황제를 위해서 싸우고 정부에서 일하라고 권한다.[114]

켈수스를 논박하는 오리겐의 방법은 조목조목 켈수스의 논거를 따라 진행했기 때문에 때로는 설득력이 부족하고 편협하게 보이기도 했다. 그러나 깊은 종교적 확신과 신앙과 지식을 겸한 인격과 잔잔하면서도 위엄을 갖춘 그의 어조는 독자를 설득할 수 있었다. 참 헬라인으로서 헬라 철학의 성취에 자만하는 켈수스는 그리스도교가 야만족에 그 기원을 두고 있다고 비판하면서 그리스도교의 교리를 실천하는 것에 대한 판단과 확증 그리고 축소하는 데는 헬라인들이 훨씬 더 숙련되었다고 한다.[115] 이렇게 비난하는 켈수스에 대하여 오리겐은 오히려 성서에 대한 켈수스의 무지함을 반박하면서 구약의 예언서, 복음서들, 사도들의 글 속에 나타난 진리를 파악하라고 권한다. 그리고 대답한다. "복음은 헬라인의 변증법이 입증하는 어느 것보다 더 신적이고 성스럽게 스스로를 입증하고 있다. 그리고 이 예언자적 방법은 사도에 의한 성령과 힘의 현현이라고 한다…"[116]

오리겐에 의하면 그리스도의 신성은 그가 행한 기적이나 그가 성취한 예언으로부터 입증될 뿐만 아니라 그리스도인들에게서 역사하시는 성령의 힘에 의해서도 입증이 되고 있다고 한다.

> 비둘기의 모습으로 나타나는 성령의 흔적은 아직도 그리스도인들 가운
> 데 남아 있다. 성령은 악한 영을 내쫓으며 로고스의 뜻에 따라서 많은
> 사람들을 치유하며 미래 일어날 분명한 사건을 예견한다. 비록 켈수스
> 와 유대인들이 내가 말하고자 하는 것을 비난한다고 해도, 나는 많은
> 사람들이 마치 그들의 의지를 거역하듯이 그리스도교로 개종해왔으며,
> 어떤 영은 교리를 증오했던 마음에서 그것을 방어하는 데 목숨을 걸 정도
> 로 마음의 변화를 하기도 했다.[117]

오리겐은 그리스도를 믿는 믿음과 그리스도교의 교리는 은총을
전제로 한다고 주장한다.

> 하나님의 말씀(고전 2:4)이 단언하기를 설교가 비록 그 자체로 참되고
> 가장 믿을 만하다 해도 하나님으로부터 어떤 힘이 설교자에게 주어지고
> 설교자의 말에 은총이 임하지 않는다면 사람의 마음을 감동시키기에
> 충분하지 않다…. 시편 67편에서 예언자는 "주님이 전하는 자들에게
> 큰 권능으로 말씀을 주실 것이다"라고 말한다. 그렇다면 성서에서 발견
> 되는 것과 같은 교리가 헬라인에게서 발견된다 해도 그것들은 인간 영혼
> 을 매혹 감동시키고 그것들을 따르도록 하는 힘을 갖고 있지 못하다.[118]

시민 통치자와 관련한 오리겐의 대답은 특별히 흥미가 있다. 켈수
스는 법과 세속적 권력의 권위를 강조하는 반면에 오리겐은 세속 권력
이 하나님의 법과 모순되지 않을 때만 복종하는 것이라고 한다. 그는

민족과 제국의 역사는 하나님에 의하여 인류를 안내하는 역사이며, 국가의 목표가 권력의 증가에 있어서는 안 되고 문명과 문화의 확장 그리고 사해동포주의적인 것이어야 한다고 한다. 이 점에 있어서도 오리겐은 플라톤의 영향을 받은 것으로 보인다. 오리겐은 시민 통치자의 호의를 구하지 않는다. 그에 의하면 땅의 통치자에게 은혜를 구하는 것은 이방 신들의 도움을 통하여 위엄을 갖추려고 하는 것이어서 반대하며, 우리가 도움과 은혜를 구할 분은 우리에게 진실로 자비로우신 한 분 하나님밖에 없다는 것이다. 그리고 이것은 경건과 덕을 세우므로 얻을 수 있다고 한다.[119]

켈수스에 대한 오리겐의 논박이 때로는 편협하다는 비판도 받겠지만, 그럼에도 불구하고 이 책을 통하여 우리는 종교사의 중요한 자료를 얻을 수 있다. 이 책에서 우리는 이교와 그리스도교와의 투쟁을 분명하게 볼 수 있다. 초대교회에서의 이 변증서가 갖는 가치는 이 책에서 두 세계를 대표하는 고도의 두 교양인을 우리가 볼 수 있다는 것이다. 유세비우스는 오리겐의 논박의 힘을 너무 확신하기 때문에 그는 앞으로 오는 모든 세대의 이단들에 대한 논박의 모델을 제시했다고 생각했다.[120]

(4) 『제일 원리』(First Principles, De principiis)

『켈수스 논박』이 오리겐의 변증서를 대표한다면, 『제일 원리』는 그의 교리적 작품, 즉 조직신학을 대표한다고 할 것이다. 220~230년경 오리겐이 알렉산드리아에서 저술한 비교적 초기의 작품에 속하지만, 오리겐의 사상을 이해하는 데 가장 중요한 작품이며, 첫 그리스도교 신학의 체계화요 니케아 이전의 사변 신학을 대표하는 작품이다. 그래서 가장 오리겐적인 작품이며 "오리겐의 후기 저술들은 이 책에서 정립한 원론적인 사상을 각론화하고 확장하고 구체화했을 뿐"이라는 말이 있을 정도다.[121] 그러나 불행하게도 이 책의 헬라어 원본은 거의 상실되었고 두 개의 라틴어역이 전해지고 있는데, 하나는 오리겐의 비정통성을 비판하고 입증하기 위해서 문자적으로 번역한 제롬판이고(398년), 다른 하나는 오리겐의 신학을 서방에 추천하기 위해서 같은 해에 루피누스(Rufinus of Aquileia)가 번역한 것이다. 전자는 단편들만 남아 있고, 후자는 오리겐의 신학에서 오해될 부분을 자유스럽게 수정 삭제·보완했다는 비판을 받고 있다. 사실 오리겐의 이 책은 그의 잘못된 교리를 가장 분명하게 드러낸 작품이다.

이 책은 '하나님', '세계', '자유' 그리고 '성서'(계시)를 주제로 한 네 권으로 구성되었다. 이 책의 서론을 읽어보면 오리겐은 이 책에서 그리스도교 신앙의 근본적인 교설을 다루려고 생각했다. 즉, 모든 종교적 진리의 근원은 그리스도와 그의 사도들의 가르침이라는 것이다. 그래서 오리겐은 책 서문을 다음과 같은 말로 시작한다.

예수 그리스도를 통하여 얻는 은총과 진리를 믿고 확신하는 모든 사람, "내가 곧 진리다"(요 14:6)라는 예수의 선언에 기꺼이 동의하며 그리스도가 진리인 것을 아는 모든 사람은 오직 그리스도의 말씀과 가르침에 의해서만 인간은 선하고 행복한 삶을 살 수 있다는 지식(gnosis)을 얻는다. 우리가 '그리스도의 말씀'이라고 할 때 그것은 그가 육신을 입고 인간이 되었을 때 한 말만을 의미하지 않는다. 왜냐하면 그 이전 하나님의 말씀으로 그리스도는 모세와 예언자 안에 있었기 때문이다. 하나님의 말씀 없이 어떻게 그들이 그리스도의 예언을 할 수 있었겠는가?… 더욱이 하늘로 승천한 후, 사도 바울이 말했듯이 그는 사도들을 통해서 말씀했다. "여러분은 그리스도께서 내 안에서 말씀하고 계시다는 증거를 구하고 있으니…"(고후 13:3).[122]

오리겐은 성서와 전통이 그리스도교 교리의 원천이라는 것과 신앙의 규범은 사도들의 근본적인 가르침을 포함하고 있다고 지적한다. 그리고 오리겐은 모든 신학에 있는 두 요소, 즉 전통과 진보 발전, 실제적인 것과 사변적 신학을 지적한다. 그리스도교의 교리는 메마르지도 않고 고인 물과 같은 것이 아니라 자연법에 따라 성장하고 발전하는 생명과 같다고 한다. 그러므로 신학자는 지식의 빛으로 계몽된 교훈에 따라서 두 요소를 사용해야 한다. 이와 같은 일반적인 신학의 임무를 진술한 후 오리겐은 각 권에서 문제를 다룬다.

제1권은 초자연적인 세계, 하나님의 유일성과 영성, 삼위의 계급과 피조된 생명과의 삼위의 특성적 관계를 취급한다. 성부는 모든 존재에 작용하며, 정의할 수 없고, 순수한 지성이고, 절대적 일치다. 성자는 합리적인 존재 또는 영혼에 작용하는 말씀으로 신적 지혜이며 하나님의 현현자로서 보이지 않는 하나님의 이미지다. 이것을 오리겐의 종속론적 흔적으로 해석하는 경우가 있다. 성령은 합리적이고 성화된 존재에 작용한다. 그다음으로 천사의 기원, 본질 그리고 타락을 취급한다. 제2권은 세계(물질)의 창조, 천사의 변절의 결과로서 인간의 창조, 물질적 몸에 감금된 타락한 영으로서의 인간, 아담의 파계와 로고스가 성육신한 예수 그리스도에 의한 구원, 부활 그리고 종말의 문제를 다룬다. 우주는 시작이 있듯이 마지막이 있다. 제3권은 근본적인 도덕 신학이다. 자유의지와 신의 섭리가 인간 행위에서 어떤 관계가 있는지에 대한 문제다. 자유의지, 죄 그리고 모든 것이 하나님 안에서 회복된다는 것이다(전 15:28). 우리의 현재 삶은 몸과 영, 악마와 육체의 계속되는 투쟁이지만 결국 선이 악을 이기고 인간은 자유의지를 유지한다. 제3권은 자유의지와 책임의 한계를 고찰하면서 도덕 신학의 대요를 설명한다. 제4권에서 오리겐은 성서가 신앙의 원천이며 그 영감과 그 삼중의 의미라는 근본적인 교설을 다룬다. 오리겐의 성서 주석의 근본 원리요 방법인 성서의 삼중 의미 해석은 단점이 있고 받아들이기가 쉽지 않지만 오리겐이 이룩한 가장 걸출한 성취이다. 그는 인간이 몸, 영, 혼으로 구성되었듯이 성서의 의미 해석에도 삼중으로 해석할 수 있다는 것이다.[123]

이 책은 내용뿐 아니라 형식에서도 결점이 없는 것이 아니다. 내용이 되풀이되고 배열이 잘 되어 있지 않다는 평이다. 현대적인 감각에서 보면 내용이 너무 느슨하다고 한다. 그러나 우리는 이 책이 220~230년대의 작품이라는 것을 기억해야 한다. 이 책을 후기 과학적 신학 연구와 비교하는 것은 정당한 비교일 수가 없다. 그러나 중요한 결점은 지나치게 플라톤 철학의 영향을 받고 의존했다는 점이다. 그러한 시각에서 보면 이 책은 교회의 가르침에 대한 순수한 교의적 진술이라고 하기보다는 플라톤 철학적 사변을 사용한 진술이라고 할 것이다. 그러나 그는 자신의 사변적 신학적 탐구도 은유적으로 해석되는 성서 구절에 근거하고 있다는 사실은 사변적 이론에 있어서까지도 그는 성서적 진리와 교회의 가르침에서 이탈하지 않으려고 했다는 것을 가리킨다. 결점에도 불구하고 분명한 것은 이 책은 그리스도교 역사에 있어서 신기원을 이룬 작품이었다는 것이다.[124]

(5) 『헤라클리데스와의 토론』(*Discussion with Heraclides*)

정확한 원제목은 *Origenous dialektoi pros Herakleidan kai tous sun autō episkopous*이다. 오리겐, 헤라클리데스라는 이름이 나타나는 이와 같은 제목을 보지 않아도 사용된 어휘, 문학 형태, 내용 등은 이것이 오리겐의 작품임을 분명히 한다. 이것은 1941년 카이로 근처 투우라(Toura)에서 발견된 파피루스 가운데 오리겐과 헤라클리데스와의 토론이 포함된 6세기 말경의 사본이다. 토론 모임은 245년경 감독들과 백성들이 참석한 가운데 아리비아교회에서 비공식적으로 이뤄졌다. 두 사람의 토론의 핵심 주제는 삼위일체 문제였다.

헤라클리데스는 양태론에 대해서 회의적이었으며, 성부와 성자의 분명한 구별을 표현하기 위해서 사용한 오리겐의 '두 하나님'(duo theoi) 형식을 다신론의 위험이 너무 많기 때문에 좋아하지 않았다. 이에 대하여 오리겐은 성서에 근거하여 어떤 의미에서 둘이 하나일 수가 있는지를 설명한다. 즉, 아담과 이브는 둘이었지만 한 몸이라는 것이다(창 2:24). 그는 또 "주님과 합하는 사람은 그와 한 영이 된다"(고전 6:17)는 사도 바울의 말을 인용한다. 그리고 마지막으로 "나와 아버지는 하나다"(요 10:30)라고 하신 예수님의 말씀을 증거로 언급한다.[125] 이 세 성서 구절의 인용에서 첫째 것은 몸의 일치이고, 둘째는 영의 일치 그리고 셋째는 하나님과의 일치의 예증이다. 그런 까닭에 오리겐은 "우리의 주요 구세주는 성부와 우주의 하나님과의 관계에 있어서 한 몸도 아니고 한 영도 아니라 몸과 영보다 한없이 높은 한 하나님이다"라고 진술한다. 그리스도 말씀에 대한 이와 같은 해석은 군주신론에 대항하여 하나님의 이중성을 방어할 수 있고, 그리스도의 신성을 부인하는 유대인의 불경건한 교설에 대항하여 일치를 방어할 수 있게 한다. 여기서 중요한 것은 오리겐이 그리스도의 신성을 그리스도와 성부 사이의 일치의 구성 요소로 생각하고 있다는 점이다.

이 토론은 헤라클리데스가 오리겐의 견해에 동의하는 것으로 끝났다. 이 토론은 '두 하나님'(dua thoi) 형식과 '하나의 권능'(dunamis mia) 형식이 모두 수용되는 결과를 가지고 왔다. 이것은 후에 '두 품격 하나의 본성'(duo prosopa de hupostasis mia) 형식으로 발전하였다.[126]

(6) 『기도에 관하여』(On Prayer, peri euchēs, De oratione)

오리겐의 작품 가운데서 보석이라고 하는 이 저술은 그의 친구 암브로스와 그의 처 혹은 누이 타티아나(Tatiana)의 제안으로 233~234년에 구성한 것이다. 오리겐은 이들의 도움으로 보다 좋고 아름답고 정밀한 작품을 완성할 수 있었다. 이 책은 일반적으로 기도에 대한 교육이고 주기도문의 설명이지만, 그의 다른 작품보다 저자의 깊고 경건한 종교 생활에 대한 아름다운 증언이라는 평을 받는다. 이 작품은 두 부분으로 구성되었다. 제1부(3~17장)는 기도 일반을 다루고 있고, 제2부(18~30장)는 특히 주기도문을 다룬다. 그리고 추가로 기도할 때 몸과 마음가짐, 몸짓 그리고 기도의 장소와 방향 등을 다룬 부록(31~33장)이 있다. 이 글은 현존하는 그리스도교의 기도 중 최고(最古)의 학문적 논문이다.

저자는 기도란 인간으로는 불가능한 것이 하나님의 은총과 그리스도와 성령의 도움으로 가능하게 되게 하는 것이라고 한다. 하나님은 인간이 구하지 않아도 인간에게 필요한 것을 아시며 모든 것을 예정해

두셨는데, 인간의 청원이 필요한 것인지에 대한 문제가 제기되었을 때 오리겐은 하나님이 모든 인간에게 주신, 그의 영원한 계획과 동위(同位)로 자유의지를 지적한다. 기도를 통하여 하나님과의 반복되는 대화는 인간의 전 존재를 성화시키는 결과를 가져온다. 기도의 효과는 인간으로 하여금 주님의 영과 연합할 수 있게 하는 것이기 때문에 기도의 목적은 하나님에게 영향을 끼치는 것이 아니라 하나님의 삶을 공유하는 것이다. 기도는 영혼을 강하게 하여 유혹을 물리칠 수 있게 하며 악한 영을 쫓아내기 때문에 하루 일정한 시간에 기도해야 한다.

저자는 디모데전서 2장 1절의 주석에서 기도에 대한 네 종류의 성서적 예증을 제시한다. 즉, '간구'(deēsis), '기도'(proseuchē), '중보기도'(énteuksis) 그리고 '감사 기도'(eucharistia)다. 우리가 신약성서에서 헬라어 '프로슈케'(proseuchē)를 '기도'라고 번역하지만(눅 6:12; 9:18; 22:40; 막 14:32 등), '기도'의 또 다른 헬라어 '유케'(euchē, 약 5:15)와 다른 의미를 함축하고 있다. '프로슈케'는 숭배, 동경의 뜻이 있는 기도다. 아기 예수에 대한 동방박사 경배와 같은 경우다. 오리겐은 이 기도는 성부 하나님께만 향해야 하고 어떤 피조물이나 그리스도에게도 향해서는 안 된다고 한다. 그리스도 자신이 성부 하나님께 경배(기도)하라고 가르쳤기 때문이다. 우리는 예수의 이름으로 기도해야 하며, 성령 안에서 아들을 통하여 아버지께 기도(경배)해야 한다. 이 점에서 우리는 오리겐의 로고스의 종속론적 경향을 읽게 된다.[127]

제2부는 현존하는 최고(最古)의 주기도문 주석이다. 그는 마태복음(6:9-13)과 누가복음(11:2-4)의 본문의 차이를 논한 후 주기도문 첫 구절에 나오는 "하늘에 계신 우리 아버지"에 대한 해석을 한다. 하나님에 대한 '아버지' 명칭은 그리스도교적 의미의 양자(養子) 개념에 따른

명칭인데, 오리겐은 구약성서가 이와 같은 의미의 '아버지' 명칭을 몰랐다고 지적한다. 그리스도교적 양자 개념을 받아들인 사람들만이 기도를 통하여 그들이 하나님의 자녀요 형상이라는 것을 입증한다. 우리는 평생 "하늘에 계신 우리 아버지"라고 말해야 한다. 그것은 우리의 삶이 세속적이지 않고 거룩해야 하기 때문이다.

주기도문에서 네 번째 청원은 "일용할 양식"인데, 이 설명에서 오리겐은 그 '양식'이 땅의 것, 즉 육신을 위한 빵이 아니라 초자연적 보물, 천상적인 것으로 해석한다. 그는 신약성서의 주기도문에서만 사용된 헬라어 '에피우시오스'(epiousios, 마 6:11; 눅 11:3)를 본질을 뜻하는 헬라어 '우시아'(ousia)에서 유래했다고 보기 때문에 "일용할 양식"으로 번역된 헬라어 '아르토스 에피우시오스'(artos epiousios)를 영혼의 본질에 자양분을 주고 건강하고 강하게 하는 '하늘 양식'으로 해석한다. 그에 의하면 이 빵은 예수 자신이 말했듯이 "생명의 빵"(요 6:48), 로고스다. 그러나 필자는 오리겐의 이 해석에 동의할 수가 없다. 그의 해석은 지나치게 영적이고 사변적이다. 우선 어원적으로 '에피오시오스'가 본질을 의미하는 '우시오스'(ousios)에서 유래한 것이 아니라 '다가오는 날'(coming day)의 헬라어 '에피우사'(epiousa)에서 유래했다. 이 말은 '일용할', '내일의', '필요한' 등으로 해석되는 말이다. 그러므로 주기도문의 "일용할 양식"은 16세기 종교개혁자 루터가 해석했듯이 우리가 생존하는 데 필요한 모든 것을 의미한다. 주기도문의 이 간구는 우리가 세상에서 살아가는 데 육신적으로 필요한 것을 구하는 것이다. 우리의 생존에 필요한 모든 물질을 하나님이 채워 주신다는 신앙을 전제로 한다.[128]

기도의 효과가 있으려면 내적으로 준비해야 한다. 예를 들면 마음을 청결케 하기 위해서 죄와 전쟁을 해야 하고, 무질서한 애착, 모든 격정(pathē)을 물리쳐야 하며, 이웃과 전적으로 화해해야 하고(마 5:22), 주변에 의한 것이든 자신의 내부에서 일어난 것이든 간에 어지럽히는 마음과 생각을 떨쳐버려야 한다. 이런 초월함이 있어야 전능자에게 접근할 수가 있다. 그렇다고 기도가 내 노력으로 가능하다는 의미는 아니다. 그럼에도 불구하고 기도는 성령의 선물이다. 나를 기도하도록 인도하는 것은 성령이다.[129]

(7) 『순교 권유』(Exhortation to Martyrdom, Exhortatio ad martyrium)

235년경 팔레스타인 가이사랴에서 있었던 막시미누스 트락스 (Maximinus Thrax, 235~238) 황제의 박해 초기에 구성한 이 글은 고통받고 있는 친구이며 집사인 암브로스(Ambrose)와 그 도시의 존경받는 사제 프로텍투스(Protectus)에게 보낸 것이다.

유세비우스가 전하는 바에 의하면 순교의 불길이 맹렬하게 타오르고 수많은 사람이 죽어가고 있었을 때 오리겐의 마음에는 순교에 대한 열정이 타오르고 있었다. 그는 아직 소년이었음에도 불구하고 그는 박해의 위험에 바싹 접근하고 있었고 갈등에 뛰어들어가기를 원했다. 그의 어머니는 이러한 아들이 어머니의 마음을 헤아려 순교의 격정을 억지해 주기를 호소했다. 그러나 아버지가 황제의 박해에서 체포되고 투옥되자 오리겐은 전보다 더 확고하게 순교의 열정에 사로잡혔다. 이때 그의 어머니가 그의 옷을 감춰 외출할 수가 없었기 때문에 그는 순교할 수 없게 되었다. 오리겐은 아버지에게 "우리 때문에 아버지의

마음이 변하지 않도록 하시라"는 말로 아버지를 권하고 격려하는 편지를 보냈다고 한다.[130]

　이 책의 서론에서 저자는 이사야서 28장 9~11절을 신앙의 시련을 겪고 있고 성실함이 입증된 두 수신자 암브로스와 프로텍투스에게 적용한다. 짧은 고난의 시간이 지나간 후 영원한 보상이 주어지며, 순교는 하나님과 연합하고 그를 사랑하는 그리스도인들의 의무이기 때문에 고난을 굳건히 견디어야 한다고 훈계한다. 신앙을 용기 있게 고백한 사람들만이 영원히 행복을 누릴 수 있다(1~5장). 제2부는 배교 행위와 우상숭배를 경고한다. 창조주이신 참 하나님을 부정하고 피조물인 거짓 신들을 숭경(崇敬)하는 것은 가장 큰 죄이기 때문에 하나님은 우상숭배로부터 인간을 구원하시려고 한다(6~10장). 순교에 대한 실제적인 권유를 포함하고 있는 제3부는 그리스도와 함께 스스로 십자가를 진 사람만이 구원을 받을 것이며, 이 보상이야말로 세상에 남긴 그 어떤 소유물보다도 더 큰 보상이라고 한다. 순교자의 행위는 전 세계에 의해서 판단될 것이기 때문에 우리는 모든 종류의 순교에 책임을 져야 한다(11~21장). 제4부는 제2마카비서가 전하는 아론의 셋째 아들 엘르아살(Eleazar, 출 6:23)과 일곱 아들 그리고 영웅적인 그들의 어머니를 예로 들면서 인내와 감내에 대한 성서적 예증을 든다(22~27장). 그리고 순교의 필요성, 본질 그리고 종류를 다루는 제5부에서 저자는 물세례를 받은 후 지은 죄는 피의 세례를 통해서만이 용서받을 수 있다고 한다. 그리스도인들은 하나님이 베푸신 은혜에 보답하기 위해서 죽음 같은 고난을 어쩔 수 없이 받아야 한다. 하나님만이 아니라 그리스도도 이와 같은 희생을 요구하신다. 만일 우리가 하나님을 부인하면 그도 우리를 하늘에서 부인할 것이다. 세속적인 것을 미워하는 사람들만이 하늘나라를 상속받을 것이다. 아들을 부인하는 사람은 누구든지 아버지도 부인한다. 그러나 우리가 그리스도를 따라 우리의 생명을 바친다면 하나님의 위로가 함께할 것이다. 이 때문에 그리스도인들은 순교할 각오가 되어 있어야 한다(28~44장).[131]

오리겐에 의하면 하나님은 순교의 피에 대하여 원수를 갚아 주시며, 순교의 고난은 자신을 높이고 다른 사람을 구원하는 행위다. 이 저서는 그리스도의 이름을 위하여 고난을 받고 죽은 노인에 못지않게 젊은이로서 신앙에 대한 그의 충성과 구세주에 대한 불멸의 사랑을 보여준 오리겐의 행위에 대한 최선의 논평이다. 그가 강조한 원리는 자신의 삶에 대한 다스림이다. 그러나 이 모든 것보다 이 저서가 갖는 중요한 가치는 막시미누스 트락스 황제의 박해에 대한 역사적 자료다.

2) 신론

오리겐은 그의 사상을 가장 체계 있게 정리한 『제일 원리』를 신론으로 시작했는데 이 방법은 지금까지도 계속되고 있다. 하나님 이해가 신학의 핵심이며 기초이기 때문이다. 신앙 규범의 첫 조항도 하나님을 언급한다. 켈수스의 그리스도교에 대한 비판도 하나님 개념, 즉 하나님의 하강 문제였다. 플라톤 철학자 켈수스는 가장 높은 선(善)이고 존재인 신이 하강하여 인간 가운데 존재한다는 것은 불가능하다고 확신하고 있었다.[132] 하나님의 하강은 그의 불멸성, 불변성뿐만 아니라 하나님의 자족성(eudaemonia)과도 모순된다는 것이다.

오리겐은 그의 신학을 모든 지식의 근원인 로고스 교리에 기초한 알렉산드리아 클레멘트의 잘못을 되풀이하지 않고 최고의 그리스도교 이념인 하나님으로부터 그의 신학을 출발했다. 그런데 오리겐은 그 시대를 지배하고 있던 신-플라톤주의적 신 개념에 근거하여 그의 신론을 전개한 것은 피할 수가 없었다. P. 틸리히는 오리겐의 신 이해를 "존재 그 자체", "자존의 신"(God by Himself), "모든 존재와 인식의 초월자", "변화와 수난의 초월자", "모든 것의 근원"이라고 표현했다.[133] 오리겐에 의하면 하나님은 다양한 집합체와는 대조되는 한 분(the One)이다. 참 본질로서 하나님은 가시적(可視的)이고 소멸되는 실체와는 반대된다. 절대적인 비물질적 영으로 하나님은 물질로 얽매인 영과는 대조된다. 하나님은 빛이며, 존재이면서 존재를 초월하고, 출생한 바가 없고(agennētos), 모든 물질로부터 자유하며, 부족함이 없는 존재다.

> 그러므로 하나님은 몸이나 몸속에 있는 어떤 존재와 같이 생각되는 것이 아니라, 혼합되지 않은 순수한 지성적 본질(simplex intellectualis na-tura)로 생각되는 것이다. 자신 안에 어떤 것도 더해지지 않는 존재다. … 그래서 그는 모든 부분에서, 단자(monas)요 말하자면 하나(henas)다. 즉, 모든 지적 본성과 정신의 근원이다.[134]

그러므로 하나님은 이해할 수 없는 절대적인 존재, 우주의 절대적인 원리이며 동시에 그는 우주의 창조자요 우주를 지속시키는 분이며 통치자이기 때문에 우리는 그리스도 로고스를 통하여 그를 이해할 수 있고, 마치 광선을 통해서 태양을 인지할 수 있듯이 그의 피조물을 통해서 인지할 수가 있다.[135]

그러므로 우리의 모든 능력을 모두 동원하여, 하나님 안에서 물질적인 어떤 것을 이해할 수 있다고 암시하는 온갖 해석(성서의)을 논박하면서, 우리는 하나님의 참 본성은 우리의 사고로는 이해할 수 없다고 말한다. 왜냐하면 만일 우리가 하나님에 관해서 인식 내지 이해할 수 있는 어떤 것이 있다고 해도, 그는 우리가 생각하는 어떤 것보다 훨씬 초월적인 분이라고 믿지 않을 수가 없기 때문이다. 만일 어떤 사람이 빛의 광채를 가까스로 볼 수 있다면… 그리고 그에게 태양의 밝음과 광채에 관해서 가르쳐 주기를 원했다면, "태양의 광채는 말로 표현할 수도 없고 상상할 수도 없을 만큼 우리가 보는 모든 빛보다 더 위대하다"고 말하지 않겠느냐?… 우리 눈은 빛의 본질 자체, 곧 태양 그 자체는 볼 수가 없고, 단지 그 밝음과 광선을 볼 뿐이다. … 신적 섭리의 역사(役事)와 전 우주의 계획은 하나님의 존재 그 자체와 비교할 때, 하나님 본성은 광선이라고 할 수 있다. 우리의 지성은 하나님 그 자체를 볼 수가 없기 때문에 그가 하신 역사(役事)의 아름다움과 보기에 좋은 그의 피조물로부터 창조주에 대한 개념을 형성한다. … 하나님은 혼합되지 않은 지적인 존재(intellectual being)로 생각된다.[136]

그리고 켈수스를 반대하면서 말하기를,

하나님의 영에 관한 것들은 이해되지 않는다. … 켈수스는 우리가 하나님은 영이라고 말할 때, 하나님은 만물을 통하여 널리 퍼져 있고 그 자신 안에 만물을 포함하고 있는 영이라고 단언하는 헬라인 중 스토아주의자들의 개념과 다르지 않다고 상상한다. … 왜냐하면 하나님의 감시와 섭리는 모든 것에 널리 미치기 때문이다. 그러나 (우리가 하나님을 영이라고 말하는 것은) 스토아주의자들의 영과 같지 않다. 그리고 섭리는 예견되는 것은 무엇이나 내포하고 품지만, 육체적인 것은 내포하지 않는다.[137]

하나님이 육체적이고(corporeal) 어떤 모양으로 형성되었든 혹은 육체와 다른 본성이든 간에 하나님이 어떻게 이해되는지를 탐구해야 한다. 그러나 오리겐은 우리는 사변이나 논리에 의해서가 아니라 그리스도의 계시를 통하여 하나님께 도달해야 한다고 한다. 하나님이 영이라는 것은 그리스도인들 가운데서 일반적으로 믿어지고 있었다. 그러나 영의 본성에 관한 개념은 다양했다. 스토아주의자들이 영을 보다 우수한 물질의 종류로 보는 반면에 플라톤은 전혀 다른 본성으로 보았다. 오리겐의 입장은 후자를 수용한 것이다. 영으로서 하나님은 단순하고 나누어지지 않는다.

오리겐은 하나님에 대한 어떤 의인론적(擬人論的)인 표현도 피하려고 한다. 그는 특히 스토아주의자들, 영지주의자들, 마니교도들의 범신론적 이원론적 개념을 거부하고 하나님의 불변적 특성을 강조한다. 하나님은 인간과 같이 "선에서 악으로, 덕에서 부도덕으로, 행복에서 불행으로 변하지 않는다"는 것이다. 다만 그의 섭리 계획에 의해서 인간의 모습으로 자기를 낮춘다. 그래서 성서는 "당신은 한결같다"(시 102:27), "나 주는 변하지 않는다"(말 3:6)고 말한다.[138] 그러므로 성서에 하나님을 의인론적으로 표현한 것은 하나님이 피조물과 인간들과 관계를 갖는 여러 면을 보여주는 것으로서 은유적으로 해석해야 한다고 한다.

우리는 하나님이 무소부재(omnipresence), 전지(omniscience), 전능(omnipotence)하다고 말한다. 그러나 오리겐에 의하면 하나님의 무소부재(無所不在)는 아무 제한이 없다는 것이 아니라 오직 잠재적으로 어느 곳에나 존재한다는 것이다. 그는 공간적 한계로부터 벗어나며 공간 자체를 초월해 있다는 것이고, "하나님은 무엇이나 할 수 있다"(마 19:26)는 전능(全能)은 첫째로 그가 뜻하는 것만 할 수 있다는 그의 본질에서 제한이 있고, 둘째로 하나님은 본성에 어긋나는 것은 할 수 없다는 논리적으로 제한이 있으며, 셋째는 '무엇이나'는 불가능하고 상상할 수 없는 데까지 확대되는 것이 아니다. 부끄러운 일은 하나님에게 불가능하다. 무제한 존재는 완전히 파악될 수 없다는 점에서 제한적이다. 전지(全知)도 그에 상응하는 제한이 있는데, 하나님은 예지(豫知)의 능력을 가지고 있다.[139] 이 하나님이 삼위일체 하나님이다.

> 우리는 성부, 성자, 성령의 삼위(treis hupostaseis)가 있다는 것을 믿으며 동시에 성부만이 자존(自存)하다는 것을 믿는다. 그리고 우리는… 만물이 말씀을 통해서 존재하게 되었다는 것과 성령이 예수 그리스도를 통하여 하나님에 의해서 존재하게 된 만물의 질서를 무엇보다 먼저 세운다는 것을 긍정한다.
>
> 이것이 성령을 하나님의 아들이라고 부르지 않는 이유다. 독생자 아들만이 본질에 의해서 원형적 아들이다. 성령은 존재만이 아니라 지혜, 합리성 그리고 의로움으로 섬기려고 할 때 성자에 의존한다. … "은사는 여러 가지지만, 같은 성령이고, 섬김은 여러 가지지만, 같은 주님이시고, 일의 성과는 여러 가지지만, 모든 사람에게서 모든 일을 하시는 분은 같은 하나님이다"(고전 12:4-6).[140]

오리겐은 삼위일체(trias)라는 단어를 잘 알고 있었고 자주 사용했을 뿐 아니라[141] 삼위일체 교리 발전에도 공헌했다. 그는 삼위의 구별에 대한 양태론적 부정을 논박하고 거부한다. 그러나 오리겐의 신학은 거의 한 세기 후에 교회를 요동케 한 삼위일체 논쟁의 주된 원인의 하나가 되었다. 오리겐은 신앙의 규범에 따른 삼위일체 하나님을 굳게 믿고 있었다. 그런데 성부와 성자 사이의 관계를 설명하면서 그는 조화되기 어려운 두 경향을 나타내게 되었고, 그 자신은 천재성을 발휘하여 이 두 경향을 균형 있게 유지하였지만, 이것 때문에 그의 후계자들은 둘로 나누어져서 서로 격렬한 사상적 논쟁을 벌이게 된 것이다.

그 하나의 경향이 성자의 신성과 영원성을 강조하면서 성자와 성부의 동일성을 주장한 것이다. 누스(nous)가 신적 존재로부터 나온다고 가르치는 신-플라톤주의에서 영향을 받은 듯 오리겐은 성자가 성부에게서 나온다고 한다. 그러나 신-플라톤주의의 유출설과는 다르다. 오리겐은 '출생' 개념을 도입한다. 다르게 표현하면 이것은 나눔(division)의 과정에 의해서가 아니라 의지(will)가 이성에서 나오는 것과 같은 방법에 의해서다.

> 만일 성자가 성부가 하는 모든 것을 한다면… 성부의 이미지는 성부의 의지 행위가 이성에서 나오듯이 성부에게서 낳은 성자 안에서 형성된다. 그리고 나는 성부는 의지만으로 그가 존재하고 싶은 대로 존재하는 데 부족함이 없다고 생각한다…. 이러므로 성자의 본질(subsistentia) 역시 성부에 의해서 산출되었다… 성부 자신이 본성적으로 불가시적이듯이 그 또한 불가시적인 이미지를 낳았다. 성자는 지혜다. 지혜에는

체형적인 것으로 의심할 만한 것이 있을 수 없다. 그는 이 세상에 들어온 모든 사람을 계몽하는 참 빛이다. 그러나 그는 태양의 빛과 같지는 않다. 우리의 구세주는 보이지 않는 하나님의 이미지다. 성부 자신과의 비교에서 그가 진리이므로 그리고 우리와의 비교에서 그가 성부를 계시하는 까닭에 그는 우리가 성부를 알게 되는 이미지다. 그는 아들 이외는 아는 자가 없으며, 아들이 계시하기를 즐기는 성부다.[142]

성부와 성자 사이는 의지(will)의 일치다.

예수는 말한다. "나의 양식은 나를 보내신 분의 뜻(will)을 행하고, 그분의 일을 이루는 것이다"(요 4:34). … 그가 성부의 뜻을 행하는 자일 때, 성부가 뜻하는 것과 똑같은 뜻을 자신 안에서 이루는 것이다. 그러므로 하나님의 뜻이 아들의 뜻이다. 성자의 뜻은 성부의 뜻에서 분리될 수가 없다. 그래서 더 이상의 두 뜻이 없이 하나뿐이다. 이 의지의 일치로 아들은 "아버지와 나는 하나다"(요 10:30)라고 말하는 이유다. 의지의 일치 때문에 성자를 본 사람은 성부를 보았고, 나를 보내신 분을 보았다(요 14:9).[143]

성자는 성부로부터 낳았다. 그러나 이 출생(genesis)은 분할에 의한 것이 아니라 영적 행위이며 영원한 출생이고[144] 영원한 본질 (hupostasis)이다. 그러므로 시작도 없다. 양적 시간 개념으로 측량할 수 있는 그런 시작도 없을 뿐 아니라 마음으로 명상할 수 있는 시작도 없고 지력으로 인식할 수 있는 시작도 없다. "누가… 성부 하나님이 이제까지 한순간이라도 이 지혜(아들)를 산출(産出)하지 않고 존재한 일이 있다고 상상하고 믿을 수 있겠는가?"[145] 그러므로 성자는 성부와 더불어 영원하다. 성부가 존재하지 않았을 때가 없었듯이 성자도 존재하지 않았을 때가 없었다.[146] 이것은 "성자가 존재하지 않았을 때가 있었다"고 한 아리우스의 주장을 이미 예지하고 있었던 것 같다. 오리겐의 성자와 성부의 이와 같은 관계 정립, 즉 "참여(metousia)를 통해서"가 아니라 "본질(ousia)에 따라서"[147] 성부와 성자의 더불어 영원한 관계는 본질의 일치(unity of substance), 본질의 교통(communion of substance)을 의미하는 것이어서 다음 시대에 있었던 그리스도론 논쟁과 니케아회의(325)에서 핵심 개념이 된 '호모우시오스'(homoousios)라는 용어를 만들어 냈다. 호모시우스는 성부와 성자의 동일본질(同一本質)을 의미한다.[148]

오리겐의 또 다른 경향은 성부와 성자의 영원한 동일본질의 주장과는 달리 성부와 성자의 구별을 주장하는 것이다. 즉, 초월적이고 절대적인 한 분이고 우리의 인식의 한계를 넘는 성부는 세상에서 인간과 관계를 가져야 하는 제한적 존재인 성자와는 구별된다는 것이다. 오리겐에 의하면 근원이 없는 성부만이 '자존의 하나님'(autotheos)이고 성자는 비록 영원한 출생이지만 '제2의 하나님'(deutros theos)이며,[149] 성부만이 '최초의 선'(haplōs agathos)이고 성자는 '선의 형상'(eikon agathotētos)이지 선 자체(autoagathon)는 아니다.[150] 성자는 성부의 이름이며 얼굴이다. 성부는 절대적인 통일(Unity)이지만 성자에게는 다양성이 있어서 세상과 인간과 관계를 가질 수 있다.[151] 성자는 창조와 계시에 있어서 하나님의 대리인(agent)이다. 이것을 오리겐은 '하나님의 뜻의 아들'이라고 부른다. 아들은 일종의 성부의 복사다. 그는 성부에게만 기도를 드려야 한다는 주장까지 한다.[152] 오리겐은 우리가 가시적인 이 세상이 만물의 창조주 성부의 통치 밑에 있다고 말하는 것은 성자가 성부보다 힘이 덜하며 열등하다는 것을 분명히 하는 것이라고 한다.[153]

> 보이는 세계가 만물을 창조하신 성부(하나님)의 통치 아래 있다고 말하는 우리는 그것으로 말미암아 성자는 성부보다 능력에 있어서 못하며 성부보다 열등하다고 단언하게 된다. "나를 보내신 성부가 나보다 더 크시다"라고 하시며 그것 때문에 참되고 완전한 의미에서 '선'은 성부에게만 적용되어야 한다고 말하는 구세주(성자)를 믿는 우리는 성자와 성령이 피조된 모든 것보다 비길 데 없이 우월하지만, 성부는 성자와 성령이 피조물보다 우월한 것보다 더 초월해 있다.[154]

오리겐의 삼위일체 신학은 중기 또는 신-플라톤주의의 영향을 받은 전형적인 신학 체계로서 오리겐은 성자와 성령을 성부와 피조물 사이에 있는 중간자로 간주하고 있다. 그리고 성부, 성자, 성령 삼위의 관계를 계급 질서적으로[155] 생각하는 경향이 나타나고 있다. 그래서 성자는 성부보다 열등하고, 성령은 성자보다 열등한 것으로 보려고 한다. 이와 같은 그의 경향 때문에 종속론자라는 비난을 받게 된 것이다. 그는 삼위의 구별에 대한 양태론적 부정을 논박하고 거부하지만, 그가 종속론을 가르쳤다는 것에 대하여 긍정과 부정이 있다. 예를 들면 성 제롬은 오리겐이 종속론을 가르쳤다고 그를 비난하는 데 주저함이 없지만, 아타나시우스는 제롬과 달리 의심하지 않는다.

그러면 오리겐은 왜 이 모순되는 것 같은 표현을 사용할 수밖에 없었는가? 우리는 당시 교회 상황에서 이것을 이해해야 할 것이다.

당시 교회에서 극복해야 할 가장 큰 이단의 하나가 양태론적 군주신론이었다. 오리겐은 성부, 성자, 성령의 일치 때문에 삼위의 구별을 희생시킨 양태론적 군주신론을 반대하여 삼위의 구별을 강조해야 했고, 성부수난설을 극복하기 위해서 그는 성자의 신적 영원성, 성부와 성자의 동일성과 함께 그 구별을 주장할 수밖에 없었다. 오리겐은 한편으로 군주신론을, 다른 한편으로는 영지주의의 유출론을 막아야 했다. 그에게는 삼위의 구별을 강조하면서도 일치가 희생되어서는 안 되고 일치를 강조하면서도 삼위의 구별이 희생되어서도 안 되는 긴장이 있었다. 양태론적 군주신론을 주장하는 헤라클리데스 감독과의 토론에서 오리겐은 성자와 성부와의 관계를 "능력"(dunamis)에서 '하나'이지만 "두 하나님"(duo theoi)이라는 극단적 주장까지 하게 된 것이다.[156]

사실 오리겐의 종속론적 표현은 매우 엄격히 제한적이었다. 그는 영지주의자들의 유출설에 반대하여 "성자가 성부의 본질에서 나왔다"는 표현을 거부했으며 '동일본질'도 성부수난설적인 의미로 사용되는 것을 반대했다. 왜냐하면 성자는 성부와 구별되기 때문이다. 오리겐은 성자가 성부의 의지로부터 출생했다는 것이다. 그래서 성부의 의지가 성자에게서 객관화된 것이다. 오리겐이 그리스도를 '피조자'(ktisma)라고 부른 것도 오해할 수가 있다. 헤이크는 오리겐이 이 말을 성자가 성부 하나님에게서 출생했고 하나님에게서 독립된 생명을 가지고 있지 않은 한에서 쓴 것이라고 해명한다. 헤이크에 의하면 오리겐의 종속적 표현은 본질이나 본성의 종속이 아니라 존재와 근원의 종속이다.[157]

오리겐은 삼위일체 하나님을 설명하면서 성부와 성자의 관계에 집중하는 것 같이 보이지만, 그것은 그만큼 당시에 성자와 성부의 관계 문제가 교회에서 가장 시급히 해결해야 할 과제였기 때문일 것이다. 그러나 신앙의 규범이 성령을 삼위일체에서 제3의 위치에 배당하므로 그도 성령에 대한 자신의 견해를 표명해야만 했다. 그러나 그의 성령론은 매우 원론적이다. 그는 성부에 대한 성자의 관계를 묘사할 때는 철학적 유비를 사용했었으나 성령의 경우는 전적으로 계시에 의존한다.[158] 오리겐은 성령이 성부로부터 나왔으며 그 시작이 시간적이 아니었기 때문에 피조물이 아니며 성부와 성자와 함께 영원하다고 했다.[159] 그러나 성령은 성부와 성자와 마찬가지로 독립적인 실체인 '후포스타시스'(hupostasis)요 신적이다. 이 점에서 초기 신학자들은 물론 오리겐도 성자와 성부의 관계에서 고민했던 긴장 관계를 경험해야 했다.[160] 우리가 기억해야 할 것은 오리겐의 삼위일체 신학 형성에서 직면한 어려움은 절대적으로 초월하신 하나님과 창조된 만물과 관계해야 하는 제한된 초월성의 하나님을 대비하여 성부와 성자 또는 성령을 구별하려고 하는 데 있다는 것이다.

그러나 성령의 활동 영역은 분명하다. 성자 로고스가 지성적 영역에서 활동했다면 성령은 성도들의 영혼에서 활동한다. 그래서 성령은 그리스도인, 성서와 교회의 전통을 따르는 사람에게만 이해가 될 수 있다. 그러므로 이교도는 성부와 성자는 이해할 수 있지만 성령은 알 수가 없다고 한다. 성부가 존재의 영역을 지배하고 성자가 이성의 영역에서 활동한다면 성령은 그리스도인의 영혼에서 활동한다.[161] 그의 삼위일체는 경륜적(economic)이며 동시에 본체론적(ontological)이라고 할 것이다.

3) 로고스와 그리스도론

로고스는 그리스도교에 그 기원이 있는 것이 아니라 그 이전부터 사용되었던 철학적 용어였다.[162] 그는 로고스를 어떻게 이해하고 있는가? 로고스는 하나님의 의식(意識)이고 영적 활동이다. 존재하는 모든 것의 우주적 원리이며 창조적 힘이요 근거다. 그러므로 로고스는 한편으로는 하나님 안에 있는 세계 이념이고, 다른 한편으로는 하나님의 뜻에서 기원하는 신 지혜의 산물이다. 로고스는 하나님 자신의 자기 이념이며 동시에 하나님의 완전한 나타냄이다.[163]

> 만일 우리가 [말씀에] 참여하므로 죽음에서 일어나고 계몽되며, 보살핌을 받고 지배를 받는다면, 그 말씀을 통해서 우리는 신적 영감에 의해 합리적이 된다는 것이 분명하다. 왜냐하면 그가 말씀(이성)이고 부활인 까닭에 그는 우리 안에 불합리성과 죽음을 제거하기 때문이다 …. 사도들은 그 말씀을 찾기로 선택된 사람들에 의해서 찾아진다고 가르친다 …. 진리는 인간 안에 있는 이성(logos)이다. 그것은 두 의미로 이해할 수 있다. 하나는 모든 정상적인 인간들의 관념(ideas)의 총체를 의미할 수도 있고 혹은 완전한 사람에게서만 발견되는 합리성의 최고 정점에 관련된 것이기도 한다. … 로고스의 완전 수용 이전의 모든 인간의 능력은 불완전하고 부적절한 것으로 비난받을 만하다(요 10:8). 그리고 인간의 비합리적 요소들은 인간들에게 완전한 순종을 못 하게 한다. 이 비합리적 요소들을 비유적으로 '양들'이라고 부른다. 그리고 나는 "말씀이 육신이 되었다"는 것은 (로고스의) 첫 번째와 관련되었고, "말씀이 하나님이었다"는 두 번째 의미와 관련되었다고 생각한다 …. 말씀은 아버지

의 숨겨진 것들의 선포라는 점에서 아들일 수도 있다. 그것은 마치 한 사람의 말이 그의 속 마음의 아들이라고 불러도 좋은 것과 같다. 우리의 말이 마음에 있는 것의 메신저이듯이 하나님의 말씀은 성부를 알고 계시한다. "아들 밖에는 아버지를 아는 이가 없다"(마11:27).[164]

오리겐은 그의 로고스 교설과 성육신한 복음의 예수의 교설을 흥미 있게 결합시키고 있다. 하나님과 더불어 영원한 선재하는 로고스가 인간 구원을 위하여 육신이 되어 땅의 존재가 되었다. 그것은 타락으로 말미암아 본래의 순수한 지성적 상태로 돌아갈 자유의 능력을 상실한 인간에게 그 능력을 주기 위해서고 인간의 구원에 필요한 조명자(illuminator)가 되기 위한 것이었다. 그러나 그가 인간의 몸과 똑같은 몸이 되었다고 해서 그에게서 신적인 본성이 상실된 것이 아니다. 그는 분명히 인간의 본성을 지녔지만 그의 신성은 불변하고, 그는 인간의 몸과 같이 고난을 받으나 근원이 다르게 출생하였다. 오리겐은 그것을 "신-인"(theanthrōpos)이라고 한다. 오리겐이 최초로 사용한 이 용어는 그리스도교 신학의 전문 용어로 남아 있다.[165]

> 우리가 하나님의 말씀, 곧 지혜가 유다 땅에 사신 인간의 제한 속에 있다는 것을 믿는다는 것은 모든 신비를 넘는 신비의 행위다…. 우리는 그를 하나님이라고 생각하면서도 그를 가멸적인 인간으로 보고, 그를 인간으로 보면서도 죽음의 왕국을 정복한 하나님으로 보고 있다…. 그리하여 두 본질이 하나이며 같다는 것을 현실로 보여준다.[166]

이것이 알렉산드리아학파의 그리스도론의 주된 이론이 되었고 오리겐이 그리스도에게 있어서 신성과 인성의 상호 교환을 의미하는 '속성의 교류'(comminicatio idiomatum)다. 오리겐이 이 말을 가르칠 때 그는 두 본성의 일치의 통전성을 강조한다. 한 인격 안에 두 본성이 혼합됨이 없이 하나로 연합되어 있는 것도 신비적이지만, 그것을 믿는 것도 신앙의 신비적 차원이다.

> 만물이 그를 통해서 창조된 하나님의 아들은 예수 그리스도와 사람의 아들이라고 불린다. 왜냐하면 하나님의 아들도 분명히 죽음의 가능성이 있는 본성과 관련해서 죽는다고 말하기 때문이다. 그리고 그는 거룩한 천사들과 함께 아버지 하나님의 영광 중에 오신다고 선포되는 사람의 아들이라 불린다. 이 때문에 성서 전체를 통해서 인간의 말로 신성이 언급될 뿐만 아니라 인성은 신적 존엄의 이름으로 찬양되고 있다. "둘이 한 몸이 될 것이며, 그들은 둘이 아니라 한 몸이다"(마 19:5-6)가 가장 적절한 전거다.[167]

그럼에도 불구하고 "섭리에 따라(kat' oikonomia) 예수의 혼과 몸이 하나님의 로고스에 의해서 하나가 되었다"[168]는 오리겐의 진술에는 두 본성의 일치가 성육신 후의 사건이라는 의심을 갖게 한다.[169] 이것을 H. A. 울프손은 아리스토텔레스의 물질과 형식의 결합 개념과 같은 '지배의 연합' 개념으로 이해한다. 이 지배의 원리는 강한 것이 약한 것을 지배하는 것이다. 예수의 혼이 로고스와 연합하면 강한 것이 로고스이기 때문에 혼은 로고스의 지배를 받게 된다. 이것이 오리겐의 종속론적 그리스도론적 사고의 경향을 나타낸다고 지적한다.[170] 즉, 오리겐은 종속론적 감각에서 하나님에게 있어서 삼위(trias)의 관계를 정의한다. 물론 그가 하나님의 아들의 영원성, 즉 성부와 성자의 동일 본질(homoousios)을 강조했지만, 성부만이 독자적 하나님(autotheos)이고, 로고스(성자)는 제2의 하나님(deuteros theos)이라고 한다. 그리고 성령은 성자보다 하위적이다.[171]

오리겐에 의하면 그리스도에게 있어서 신성과 인성의 연합은 그의 '속성의 교류'에도 불구하고 단순히 교통(koinonia)의 차원을 넘어 완전한 일치(henosis)의 차원이다. 이때 로고스는 인간 예수를 지배하게 되고 영으로 변화되어 하나님과 하나가 된다. 이리하여 부활 승천 후 인간 예수는 완전한 영적인 존재가 된다. 하르낙은 이 개념에 양자론적 그리스도론이 함축된 가능성이 있다고 하면서 오리겐의 그리스도론에는 "양태론적 군주신론을 제외하고 상상할 수 있는 모든 이단 사상이 포함되었다"고 하였다.[172] 틸리히는 "로고스 자체가 예수의 혼과 결합하는데, 예수의 혼은 영원하고 선재한다. 이 인간 예수의 혼이 로고스를 완전하게 수용한다. 이때 예수의 혼은 로고스의 힘과 빛에 융합된다. 이 연합에 있어서 하나님의 로고스와 인간의 몸 사이를 매개한 것이 혼이다. 이렇게 해서 날카롭게 분리되어 있는 두 본성이 예수에게 있어서 결합되었다"고 오리겐의 교설을 설명하면서 "로고스가 육신이 되었다(become)는 요한복음의 진술은 형상적(形象的)인 표현일 뿐, 사실은 로고스가 육체를 취한 것(take on)이며, 성육신한 후 로고스는 인간이기를 그치고 예수의 육체는 영화(靈化)되고 신화(神化)된 것이어서 이것은 양자론에 더 가깝다"고 지적한다.[173]

물론 오리겐도 하나님의 독생자인 그리스도의 신성과 지상에서의 예수의 인성 사이를 엄격하게 구별한다. 그럼에도 불구하고 그는 그리스도의 신성에 더 관심이 있었던 것이 사실이다. 그리스도론에서 그리스도의 신성의 강조는 알렉산드리아 신학의 특징 중 하나다. 그것은 구원론적 입장에서 신학을 형성하려는 알렉산드리아학파에서는 불가피했을 것이다. 그리고 신-플라톤주의의 영향도 있었을 것이다. 이와 같은 그리스도론은 안디옥학파의 그리스도론과 충돌하면서 4~5세기 그리스도론 논쟁을 일으키게 된다.

엄격한 의미에서 그리스도의 속죄론(atonement)은 그리스도론에 포함되지 않는다. 그리스도론은 그리스도에게 있어서 두 본성의 문제이기 때문이다. 그러나 오리겐의 그리스도의 구속 사업은 2~3세기 교회의 특징적인 사상이었기 때문에 여기서 그의 속죄론을 중심으로 요약하고자 한다.

구속 사업의 관점에서 보면 예수 그리스도는 구원의 교리와 복음을 가르친 선생이요, 죄인을 부르러 온 의사요, 모든 사람이 받아들여야 할 사랑의 법을 준 입법자다. 그는 그리스도인들에게 모세와 같은 존재라고 할 수 있다. 그리고 고난을 견디는 인내의 모습에서 남을 위한 삶의 모습을 보여준 삶의 예증자라고 할 것이다.[174] 그러나 오리겐의 그리스도의 구속 사업은 그의 고난과 죽음을 통한 믿는 자의 속죄와 구원이다. 그런데 그의 속죄론은 철저히 희생 개념이다. 그의 죽음은 죄로부터 인간을 구원하기 위해서 하나님께 바쳐진 희생이다. 그는 하나님의 어린양으로 희생되었다. 세례 요한은 예수를 "세상 죄를 지고 가는 하나님의 어린 양"(요 1:29)이라고 한다.

우리 주 구세주는 스스로 어린양이라고 한다…. 그리스도를 어린양이라고 하는 것은 그의 즐겁고 선함이 하나님을 인간에게 자비롭고 죄를 용서하는 분으로 만들기 때문이다. 그는 어린양으로 모든 인간을 대신

해서 흠 없고 순결한 희생이며 이 희생으로 하늘과 인간의 화해를 믿게
한다. … 죄가 없다면 하나님의 아들이 어린양이 될 것도 없고, 성육신하
고 죽어야 할 필요도 없으며, 처음과 같이 하나님의 말씀으로 남아 있을
것이다. 죄가 세상에 들어와서… 희생은 죄 때문에 마련된 것이다.[175]

여기 배상(ransom)의 의미가 함축되어 있다. 즉, 죄로 인하여 인간
은 마귀의 지배하에 들어갔는데, 그리스도는 인간을 마귀의 지배하에
서 해방시키기 위해서 마귀에게 값을 지불해야 했다. 그것이 그의
죽음이다.[176] 이것이 그리스도교 사상사에서 말하는 보상론인데, 그
리스도의 고난은 죄의 보상(atonement)으로 하나님께 바쳐진 희생이
며 동시에 그의 영혼은 몸값(ransom)으로 사탄에게 넘겨진다는 것이
다. 그러므로 그리스도의 죽음은 우리가 받아야 할 형벌을 대신한
것이며, 그의 죽음으로 우리는 하나님의 은혜를 받고 자유할 수 있게
된다. 그 자유로 하나님과 인간은 화해하게 된다. 오리겐에 의하면
이 화해는 인간 세계를 넘어 천사의 세계까지 확대되며, 그리스도의
희생은 우주론적이다.[177] 그러나 그리스도는 마귀에게 정복당하지
않고 마지막에는 승리하였다. 이것이 그리스도의 구속 역사다.

4) 인간과 죄

오리겐은 인간이 하나님의 '형상'(imago)과 '모양'(similitude) 대
로 창조되었다(창 1:26)라고 한다. 그런데 오리겐은 이 인간 창조 설화
에서 다음에 이어지는 이야기에 주목한다. 즉, 하나님의 '형상'이라는
말은 다시 언급되고 있는데, '모양'이라는 말은 언급이 없다(창 1:27).

이것은 처음 창조에서 인간은 하나님의 형상의 존엄은 받았으나 모양의 완성은 마지막 완성을 위해서 유보했다는 것을 가리킨다고 한다. 오리겐에 의하면 인간은 하나님의 형상으로 창조되었으나 미완성의 존재다. 유보된 완성은 그 자신의 노력으로 이뤄야 하지만, 마지막 완성은 그리스도가 나타날 때 가능하다(요일 3:2).[178]

인간의 완성의 문제는 오리겐의 신비주의에서 다시 언급된다. 인간은 완성을 향해 가는 길에서 곁길로 갔기 때문에 죄를 범하게 되었다(롬 3:12). 인간은 하나님에 의해서 옳은 것을 택하여 옳은 길을 갈 수 있는 이성적 피조물로 창조되었다. 그러나 그는 죄의 길을 따라 빗나갔기 때문에 "곁길로 갔다"고 할 수밖에 없다. 그러므로 죄는 인간 본성의 악용이며 합리적 피조물의 불안정의 결과다.[179] 인간의 원죄는 모방하므로 아담으로부터 상속된 것이다. 오리겐에 의하면 아담의 타락은 인간 타락의 상징일 뿐이다. 인간의 죄는 아담의 행동을 모방함으로 짓는 것이다.[180]

오리겐에게 있어서 인간의 죄는 초월적이고 보편적이면서도 역사적이다. 즉, 모든 사람은 죄인이고, 그것은 시공간에 있는 우리의 현실에 선행한다. 그러나 그것은 첫 사람인 아담이 타락했기 때문이 아니라 자유하는 인간이 선택적으로 죄를 지었기 때문이다. 인간의 죄가 초월적이라 해도 그것은 역사적 현실로 드러난다. 오리겐이 죄를 초월적인 것, 하나님을 떠나가는 것, 그래서 영적인 것이라고 하지만, 인간의 육체적이고 사회적인 실존은 죄를 역사적 현실이 되게 한다. 오리겐은 죄뿐만 아니라 우리가 땅에서 경험하는 모든 것은 이미 결정된 것이라고 한다. 즉, 어떤 사람은 더 행복한 환경에서 태어날 수 있고 다른 사람은 그렇지 않을 수도 있다는 것이다.[181]

이 인간을 죄에서 구원하는 것이 하나님의 우선적인 관심이다. 그것은 타락한 인간이 하나님과 본래적인 관계로 회복하는 것이다. 그러나 인간은 자력으로 하나님과의 관계를 회복할 수 없기 때문에 그는 로고스의 성육신과 성령을 통해서 그 일을 이룬다. 오리겐에게 있어서 전자의 구원하는 사역은 복종과 불복종에 따르는 보상과 징벌, 지혜와 지식을 통하여 교육하며 계몽하는 것이고, 후자는 인간으로 하여금 그리스도를 따라서 살게 하는 능력이며 인간을 성화시킨다. 그러나 하나님은 이것을 목마른 사슴같이 갈망하는 사람에게만 역사하신다.[182] 죄 중에는 용서받을 수 없는 죄가 있다.

> 사도들, 사도들에 준한 사람들은 위대한 대제사장의 방식대로 사제들이 되어 하나님을 섬기는 지식을 얻은 자들로서, 이들 모두는 성령의 가르침을 통하여 희생을 바쳐야 할 죄들이 무엇이고… 그리고 무슨 죄들이 희생을 받아들이지 않는 것인지를 안다…. 그런데 사제다운 지식을 제대로 갖추지도 못하고, 사제의 권위보다 더 큰 권위를 자임하는 어떤 사람들이 우상숭배를 용서하고 음행을 용서할 수 있다고 주장하고 있는지 나는 모르겠다. 그들은 마치 그러한 중대한 죄, "죽을 죄"(요일 5:16)를 짓고도 움츠러들지 않으면서 자기들의 기도를 통하여 용서받을 수 있는 듯이 한다.[183]

비록 인간은 타락했다 해도 이성적 피조물로서 그의 자유를 상실하지 않았다. 그러므로 인간은 계속 악의 유혹을 받게 되고 따라서 끊임없이 악과 투쟁을 해야 한다. 이 투쟁에서 인간으로 하여금 승리하게 하기 위해서 로고스가 성육신하여 이 땅에서 인간에게 삶의 본을 보여준 것이다. 그런데 오리겐은 두 계층의 그리스도인을 말한다. 그 하나는 미숙하고 단순한 신앙인이다. 이들은 성서와 교회의 가르침에 대하여 그 내용을 충분히 이해함도 없이 그 권위를 받아들이는 계층이다. 가시적인 것이 있어야 믿는 이들을 구원하기 위해서 예수 그리스도는 악마에게 몸값을 지불하였다. 이들은 그리스도의 죽음이라는 역사적 사실에 대한 믿음을 통해서 하나님과 친교를 회복한다. 다른 계층은 참된 그리스도교 영지주의자들이다. 이들은 그노시스의 카리스마를 받은 사람들로서 그리스도와 직접적으로 교제를 나누는 계층이다. 이들은 그리스도의 죽음까지도 초월하는 로고스의 영원한 본질을 파악하는 지식과 사랑을 통해 하나님과 친교를 회복한다. 이들은 그리스도를 통해 심오한 진리를 깨달아 하나님의 삶에 참여하는 신격화(神格化)된 사람들이다. 하나님의 아들을 병 고치는 의사, 목자, 구속자보다는 지혜와 이성으로 받아들이는 지경까지 도달한 사람들은 복이 있다.[184]

5) 종말론

'만물의 회복'(apokatastasis ton panton)으로 표현되는 오리겐의 종말론은 그의 신학적 사색에서 가장 독특한 교설이다. 이 교리의 핵심은 만물이 결국에는 그 본래의 순수한 영적 상태로 회복된다는 것이다. 즉, 죽은 후 땅에서 죄를 지은 사람들의 영혼이 정화하는 불 속에 들어가 악마까지도 모두가 점차적으로 한발 한발 상승하여 하나님이 다시 한번 만물의 주님이 되실 때(고전 15:28) 순수한 영적 상태로 다시 일어나 회복한다는 것이다. 그러나 이 회복(apokatastasis)은 세계의 종말을 의미하는 것이 아니라 단지 예비적 결론인 것이다. 다른 세상은 이 세상 전에 있었고 후에 올 것이다. 세상은 끝없이 계속된다는 것이 오리겐의 생각이다. 그는 영원한 지옥을 부인한다. 결국 모두가 구원된다. 그러나 다시 또 타락한다. 그리고 구원의 과정은 계속된다는 것이다. 이것을 곤잘레스는 모든 지성이 하나님과 본래 가졌던 조화와 교제의 상태로 되돌아가는 것이라고 한다.[185] 여기서도 오리겐은 플라톤 철학의 영향을 강하게 받고 있음을 드러낸다.

오리겐에 의하면 죄를 지은 인간은 영원한 지옥의 불에 떨어지게 되는데, 그것은 인간을 정화시켜 다시 영적인 세계(또는 상태)로 돌아가게 하기 위한 것이다. 그러므로 오리겐은 지옥의 영원성을 부인하고, 훈육과 징벌을 위하여 통과하는 일시적인 과정으로 이해한다. P. 틸리히는 지옥을 "우리의 양심에서 타고 있는 불, 하나님으로부터 떠나 있는 절망의 불"이라고 한다.[186] J. 쿠아스텐은 오리겐이 "지옥의 영원한 불 혹은 징벌을 몰랐다"고 한다.[187] 그러나 몰랐던 것이 아니라 이해를 다르게 했다고 해야 한다. 왜냐하면 그는 지옥의 정죄는 영원한 것이 아니고 죄를 지은 존재들이 거쳐가야 하는 정화 또는 질병 치료의 불로 이해하고 있었기 때문이다.[188] 오리겐에 따르면 하나님이 세상을 창조한 것도, 지옥이 있는 것도 모두 인간을 교육시키고 정화시켜 다시 영적인 존재가 되게 하려는 것이다. 그런데 이것이 죄인들에게 국한되는 것이 아니고 악마(사탄)까지도 결국에는 로고스 그리스도에 의해서 순화되어 하나님께 돌아가게 된다는 것이다. 이때가 그리스도의 다시 오심의 때요, 모든 인간이 육체적으로 가 아니라 영적인 몸으로 부활하는 때며, '하나님이 만유의 주님이 되시는 때'(고전 15:28)다. 이때가 최후의 완성의 때요, 만물이 구원되는 때다. 그는 물질이 철저히 멸할 것이라고 생각하지 않는다. 물질적 실재 없이 산다는 것은 하나님만의 특권이다.[189] 오리겐은 사탄의 마지막에 관해서 다음과 같이 말한다.

마지막 적(사탄)이 파멸될 때 그것을 하나님의 창조인 그 본질이 소멸된 것을 의미하는 것으로 이해할 것이 아니라 그 목적과 적의(敵意)가 소멸된 것으로 이해해야 한다. 왜냐하면 이것은 하나님에게서 유래한 것이 아니라 그 자체에서 온 것이기 때문이다. 그러므로 사탄의 파멸은 존재하기를 그치는 것이 아니라 적이기를 끝내는 것이고 죽지 않게 되는 것이다. 전능자에게는 불가능이란 없다. 창조주에 의해서 치유될 수 없는 것이 없다. 창조주는 만물이 존재하도록 만들었다. 존재하도록 만들어진 것은 비존재가 될 수가 없다.[190]

또 그는 구원이 되는 미래 삶은 점진적으로 이루어지는 사건이라고 한다.

[하나님과] 일치가 되는 회복은 갑작스럽게 일어나는 사건이 아니다. 그것은 오히려 셀 수 없는 세대를 지나면서 천천히 점진적으로 나타나는 결과다. 조금씩 하나하나 고쳐지고 순화되어 완성된다. 어떤 사람은 선두에서 신속하게 전진하여 높은 데 오를 것이고, 다른 사람들은 그들 뒤를 바로 따르는 사람도 있고 멀리 떨어진 사람도 있을 것이다. 한때 적들(사탄)이었던 다수의 개체와 셀 수 없는 계층들이 앞장서서 하나님과 화해할 것이고, 결국 마지막 적에 이르게 될 것이다⋯. 모든 이성적 존재들이 회복될 때, 우리의 이 몸의 본성은 영적인 몸의 영광으로 변할

것이다.[191]

영혼에 있는 모든 악보다 더 강한 것이 말씀(로고스)이며, 이 말씀 안에 치유의 능력이 있고, 그는 이 치유의 능력을 하나님의 뜻에 따라 모든 사람에게 적용한다. 모든 것의 완성은 마지막 악이 파멸할 때다. 그러나 이 '만물의 회복'이 세상의 끝을 의미하지 않는다. 그것은 한 단계의 끝, 즉 통과하는 단계에 지나지 않는다. 지성적 인간은 여전히 자유하기 때문에 또 다른 악마의 유혹을 받고 타락할 수가 있고, 그러면 또 다른 회복의 역사가 진행된다. 오리겐은 플라톤의 영향을 받아 이 세상 앞에 다른 세상이 있었고, 이 세상 뒤에 다른 세상이 올 것이며, 세상은 끝없이 계속될 것이라고 하였다. 이것을 달리 표현하면 하나님 으로부터 떠남과 돌아옴이 되풀이하여 이어진다는 것이다.[192] 이것은 하나님의 창조 행위는 영원한 행위라는 것을 의미한다.

이와 같은 영원한 만물 회복론은 단순한 신앙인들에게는 숨겨진 것, 즉 비전(秘傳)에 속한다. 단순한 신앙인은 타락한 인간은 징벌을 받는다는 것만 알면 된다고 한다. 여기서 오리겐의 종말론은 하르낙이 지적했듯이 이레니우스와 발렌티누스 영지주의자들의 종말론의 중 간이 있는 것 같으면서도 후자에 더 가까운 것 같이 보인다.[193] 이 때문에 오리겐의 종말론을 영적 종말론이라고 부르기도 하지만, 헬라 의 순환사관을 벗어나지 못하였기 때문에 상승적 순환종말론이라고 부를 수 있을 것이다. 그는 초대 교부 중에서 누구보다도 강하게 천년왕 국설(chiliasm) 또는 전천년설(premillennialism)을 반대한다.[194]

6) 교회론

오리겐은 하나님의 구원의 섭리(계획)에서 교회와 성례전의 역할이 얼마나 중요한지를 알고 있었다. 그에게 교회는 계층적 통일체가 아니라 신앙의 공동체였다. 그래서 그는 교회를 '그리스도 백성의 모임', '모든 성자들의 모임', '믿는 백성' 등으로 정의하였다.[195] 이상과 같은 그의 교회 정의에는 두 가지 교회 이미지를 암시한다. 이것은 그가 그리스도인을 두 계층으로 나누는 것과 유사하다고 할 것이다. 그 하나는 경험적 교회다. 오리겐은 교회와 그 구성원의 결점을 충분히 인지하고 있었다. 그는 "주께서 그의 보고(寶庫)를 여시고 그의 진노의 그릇을 공개하셨다"[196]는 구절을 다음과 같이 주석하였다.

> 나는 분명히 말할 수 있다. 여기서 주의 보고란 그의 교회이며 그리고 그 보고, 곧 교회 안에는 종종 진노의 그릇들인 사람들이 몰래 숨어있다. 그러므로 주님이 그 보고를 열 때가 올 것이다. 그러면 교회는 종결되고 '진노의 그릇'들이 그 안에서 '자비의 그릇'들과 함께 있다(롬 9:22-24). 그리고 낟알과 마찬가지로 왕겨도 그리고 그물에 안에 들어온 고기들 중 좋은 고기에 더하여 버려야 할 고기도 있다(마 13:47 이하). 보고 밖의 죄 많은 그릇들은 진노의 그릇이 아니다. 그들은 보고 안에 있는 진노의 그릇들보다 죄가 덜하다. 그들은 주의 뜻을 몰라서 행하지 않는 종들이기 때문이다(눅 12:27). 그런데 교회에 들어온 자는 '진노의 그릇'이거나 '자비의 그릇'이다. 교회 밖에 있는 자는 아무것도 아니다. 교회 밖에 있는 머물러 있는 자에게는 또 다른 이름이 필요하다. 내가 확신 있게 말하는 것은 그는 자비의 그릇이 아니며, 내가 상식에 근거하여 솔직하

게 말하면 그는 '진노의 그릇'이라고 할 수 없고, 다른 어떤 것을 위해서 예비된 그릇이다. 성서에서 이 견해를 뒷받침할 수 있겠는가? … 사도는 말한다. "큰 집에 금과 은그릇들만이 아니라 나무와 질그릇들도 있다. 어떤 것은 귀하게 쓰이고, 어떤 것은 천하게 쓰인다"(딤후 2:20). … 그러면 당신은 이 큰 집을 귀히 쓸 그릇들과 천히 쓸 그릇들이 있는 기존의 집이라고 상상하는가? 혹은 장차 있을 그 집에 귀히 쓰게 될 금과 은그릇들이 자비의 그릇들로 나타날 것인 반면에, 나머지 곧 보고 밖에 있는 보통 사람들은 비록 진노의 그릇도 자비의 그릇도 아니지만, 그럼에도 불구하고 하나님의 동일한 신비한 섭리에 따라 큰 집의 그릇들이 될 수 있는 사람들일 것이고, 아직은 깨끗함을 받지 못해 천히 쓸 질그릇이지만, 그럼에도 그 집에 필요한 그릇이 아니겠는가?[197]

이 교회들은 가라지와 밀이 섞여 있는 교회이고, 죄를 숨기고 있는 사람들이 여전히 남아 있는 교회이며 세상에 있는 동안 완전히 정화될 수 없는 교회다. 이 교회에서 세례를 받았다고 모두가 구원을 위해서 씻음을 받은 것이 아니다.[198]

이 교회는 동시에 그리스도의 신비한 몸이다. 영이 몸에 거주하듯이 로고스가 그의 몸으로서 그 안에 살아 있는 교회, 그래서 로고스가 생명의 원리가 되는 교회다.

성서는 하나님의 아들에 의해서 생명 있게 된 그리스도의 몸을 하나님의 완전한 교회라고 선언하며, 이 몸의 구성원은 전체적으로 볼 때 믿는 자들로 이루어지고 있다고 선언한다. 그것은 마치 혼이 생명 있는 존재와 같이 스스로 움직일 수 있는 자연적 운동력이 없는 몸을 생기 있게

하고 움직이게 하듯이, 전체 몸을 일깨우고 움직이게 하는 말씀이 교회
와 더욱 교회에 속한 구성원들로 하여금 상응하는 행동을 하고 각성하게
한다. 그러므로 교회 구성원들은 말씀을 떠나서는 아무것도 할 수 없
다.[199]

오리겐은 교회를 땅 위에 있는 하나님의 도성이라고 한 첫 사람이
다. 어거스틴의 유명한 역사철학서 『신의 도성』(De civitate Dei)도
오리겐에게서 암시를 받았을 수도 있다. 이 세상에 있는 하나님의
도성인 이 교회가 당분간은 국가 안에 한 국가로 세속 국가와 함께
병존(竝存)할 것이고 세속 국가들의 헌법과 조화되는 법으로 보편적
특성을 가진 기관으로 존재하겠지만, 그 안에서 역사하는 로고스의
능력이 세속 국가를 극복할 것이다.[200] 이와 같은 교회가 사도 바울이
말한 "결점이나 흠이 없고 거룩하며 완전한"(엡5:27) 교회다. 이 교회는
창조만큼 오래된 선재하는 교회다.

여러분은 교회를 구세주가 육을 입고 이 세상에 오신 후부터 비로소 '그
리스도의 신부'(계 21:2) 또는 교회라고 불린 것으로 생각하지 않기를
바란다. 오히려 교회는 인류가 시작되면서부터, 세상이 창조되는 바로
그 순간부터 그렇게 불려왔다. 아니, 나는 이 세계가 창조되기 훨씬 전부
터 이 신비의 기원을 추적한 바울을 따르려 한다. 바울은 "세상 창조 전에
그리스도 안에서 우리를 택하시고… 거룩하고 흠이 없게…"(엡 1:4)하
셨다고 하였다. 사도 바울은 또 교회는 사도들뿐만 아니라 예언자들이
놓은 기초 위에 세워졌다고 한다(엡 2:20).[201]

오리겐에 의하면 로고스에 의해서 계몽된 교회는 '세계 중의 세계'(kosmos tou kosmou)[202]가 되어 이 교회 밖에는 구원이 있을 수 없다. 여호수아기 2장에 있는 창녀 라합의 이야기는 신비스럽게도 교회를 나타낸다. 그리스도의 피를 상징하는 홍색 줄을 창문에 매어 둘 때 그 집안에 있는 사람들만이 구원을 받는다.

> 만일 누구든지 구원받기를 원한다면… 그리스도의 피가 구속의 징조인 이 집으로 오게 하라. 왜냐하면 그 피는 "그의 피를 우리와 우리 자손들에게 돌리라"(마 27:25)라고 말하는 사람들에게 죄의 선고이기 때문이다. 예수는 "많은 사람을 넘어지게도 하고 일어서게도 하기 때문이다"(눅 2:34). 그러므로 징조에 반(反)하는 말을 하는 사람들에게 그의 피는 징벌의 효과가 있고 믿는 자에게는 구원의 효과가 있다. 그러므로 아무도 확신하지 말고 자신을 속이지 말자. 이 집, 즉 교회 밖에 있는 누구도 구원받는 자가 없다…[203]

"교회 밖에는 구원이 없다"는 교리는 카르타고의 감독 키프리안 (248~258)에 의해서 더욱 발전되어 가톨릭교회의 정통 교리로 자리매김하게 된다. 이와 같은 관점에서 오리겐은 "교회 밖에는 신앙이 있을 수 없다"고 한다. 즉, 이교도의 신앙은 신앙(fides)이 아니라 임의적이며 독단적으로 깊은 통찰 없이 가볍게 믿는 것이다.[204]

7) 성만찬과 세례 그리고 죄의 용서

오리겐은 성만찬의 몸과 피는 자연적 요소(빵과 포도주)에 미친 로고스의 영향과 인간들의 마력적 기도(epiklēsis)에 의한 결과라고 생각한다. 그에 의하면 인간은 창조주로부터 일용할 양식 등 받은 축복에 대하여 성만찬적 감사와 기도(eucharistias kai euchēs)를 통하여 감사를 드려야 하며, 이 빵은 그와 같은 기도에 의해서 '성별된 몸'이며, 그것에 진정으로 동참하는 사람들은 성화(sanctification)가 된다.[205] 그는 성만찬의 몸을 '봉헌된 선물'(munus consecratum)이라고 부른다. 그러므로 각자는 정말 마음으로 바치고 싶은 것인지 혹은 보류하고 싶은 것인지를 자신에게 질문해야 한다.

> … 늘 하나님의 신비에 참여하는 당신들은 주의 몸(성찬의 빵)을 받을 때 부스러기라도 땅에 떨어뜨리지 않기 위해, 신성한 선물을 하나라도 잃지 않기 위해 얼마나 조심스럽고 경외하는 태도를 유지하는지 안다. 왜냐하면 당신들이 부주의하여 그것을 조금이라고 땅에 떨어뜨린다면 그것이 죄인 줄을 잘 알고 있기 때문이다. 그와 같은 주의로 당신들이 주의 몸을 옳게 잘 지킬 때 주의 몸보다 하나님의 말씀을 소홀히 하는 것이 덜 질책 당할 만한 일이라고 생각할 수 있겠는가?[206]

하나님의 말씀과 기도를 통하여 거룩하게 된 빵과 포도주라고 해도 그것이 받은 사람을 저절로 거룩하게 하지는 않는다. 만일 그렇다면 그것은 주의 몸을 먹은 사람을 무가치하게 거룩하게 하는 것이다. "각 사람은 자기를 살펴서 빵을 먹고 잔을 마셔야 한다. 분별없이 먹고 마시면 병들고 약해지고 죽게 된다"(고전 11:30). 거룩하게 된 음식은 물질적인 성격상 배속으로 들어가 뒤로 나가게 된다. 그러므로 기도로 그것은 믿음에 따라 유익하게 된다(롬 12:6). 오리겐은 성만찬의

떡을 '거룩하게 된 몸'이라고 부르지만, 주의 몸이라고 분명하게 말한다.[207]

그러나 오리겐은 다른 글에서 성만찬에서의 '그리스도의 몸과 피'를 우리의 영혼에 자양분을 주는 그리스도의 교훈이라고 우의적 혹은 영적으로 해석하기도 한다. "'말씀인 하나님'(deus verbum)이 그의 몸이라고 인정한 빵은 영혼에게 자양분을 주는 말씀, 말씀인 하나님으로부터 나오는 말씀이다. … 말씀인 하나님이 그의 피라고 인정한 잔은 그것을 마신 사람들의 마음에 속속들이 젖어들어 취하게 하는 말씀이다."[208] 이것은 몸과 피에 대한 영적 해석이다.

> [민수기 23장 24절을 우의적으로 해석하면서]: 피를 마시는 이 사람들은 어떤 백성인가? 주님을 따르는 유대인 추종자들이 복음서의 그 말을 들었을 때 그들은 성이 나서 "누가 살을 먹고 피를 마실 수 있게 하겠느냐?"(요 6:52 이하)고 말한다. 그러나 그리스도인들, 성실한 백성들은 이 말을 듣고 크게 환영하면서 "내 살을 먹지 아니하고 내 피를 마시지 아니하면 너희 속에 생명이 없다. 왜냐하면 내 살은 참 양식이요, 내 피는 참 음료이기 때문이다"(요 6:53-55)라고 말하는 사람을 따른다. 실로 이것을 말하는 그는 인간들을 위해서 상처를 받았다. 이사야가 말했듯이 그는 "우리 죄를 대신하여 상처를 입었다"(사 53:5).
> 이제, 그리스도의 피를 마신다는 것은 단지 성례전의 의식만이 아니라 그의 말씀을 우리가 받아들일 때 그 자신이 '내가 한 말은 영이요 생명이다'(요 6:63)라고 말했듯이 우리 안에 생명이 있게 된다. 그러므로 그는 그의 피를 우리가 마시는 '상처 입은 자'이다. 다시 말하면 우리는 그의 가르침의 말씀을 받는 것이다.[209]

물론 이 말은 성만찬의 문자적 해석을 배제하는 것은 아니다. 오리겐은 그리스도의 피를 이중적 방식으로 마실 수 있다고 한다. 즉, 성례전적으로 마실 수 있고, 그의 생명의 말씀을 받아들일 때 마실수 있다는 것이다. 그러나 오리겐은 성만찬 의식에서 그리스도의 현실적(real) 임재를 믿는 자들, 즉 성만찬을 문자적으로 해석하는 자들을 '보통 그리스도인'(koinotera), 즉 '낮은 자의 믿음'으로 묘사하고 있고, 반면에 상징적 해석을 하는 자들, 소수자의 믿음, 즉 더 하나님에게 적합하고 배운 사람들의 믿음이라고 말한다.[210] 오리겐은 세례를 상징으로 본다. 그러나 이 상징은 그리스도가 행하신 기적들이 로고스의 치유하는 행위를 상징하는 것과 같은 상징이다. 그러므로 그리스도의 치유가 실제적이고 현실적이었듯이 추상적이며 이념적인 상징이 아니다. 세례는 로고스의 정결케 하는 능력을 상징한다. 세례 의식을 통하여 인간은 죄 씻음을 받고 성령의 임재를 경험한다. 이것이 사도전승에 따른 교회의 첫 죄 사면이다.[211]

오리겐은 세례와 원죄 그리고 유아세례에 대하여 증언한다. 그에 의하면 모든 인간은 죄 가운데 태어났기 때문에 죄에 오염되어 있고, 그러므로 새롭게 태어나는 유아들까지도 세례를 받아야 한다. 이것은 사도전승이다.

만일 너희들이 육신의 출생에 관하여 성자들의 생각을 알고 싶으면, 다윗의 말을 들어라. 그는 "나는 죄 중에서 태어났고, 어머니 태 속에 있을 때부터 죄인이었다"(시 51:5)고 했다 …. 하루를 산다 해도 죄 없는 사람은 한 사람도 없다 …(욥 14:4). 교회의 세례가 죄의 용서를 위해서 주어졌지만, 유아까지도 세례를 베푸는 것은 교회의 관습이다. 분명히, 만일 유아에게 죄의 용서가 필요한 것이 아무것도 없고 관대한 처분이 요구된다면 세례의 은혜는 필요 없게 될 것이다.[212]

사죄의 유일한 길이 세례라고 강조하면서도 오리겐은 다른 경우에 수세 후 지은 죄를 용서받을 수 있는 길 일곱 가지를 열거한다.

> 첫째, 죄의 용서를 위해서 세례를 받는 것, 둘째, 순교적 희생에 주어지는 죄의 용서, 셋째, 자비로운 행위에 주어지는 용서, 넷째, 이웃을 용서함으로 받는 용서(마 6:14-15), 다섯째, 죄인을 그릇된 길에서 돌아서게 하는 사람에게 내리는 용서(약 5:20), 여섯째, 많이 사랑하므로 용서받는 것(눅 7:47; 벧전 4:8), 일곱째, 아픔과 고통이 따르지만 회개를 통해 죄를 용서받는 것(시 6:6; 52:3) 등이다.[213]

오리겐은 참회와 고해성사를 통해서도 죄가 용서받는다고 한다. 그러나 죄를 고백할 때 누구에게 할 것인지에 대해서 신중해야 한다. 의사의 진찰을 받을 때도 그가 약한 자와 함께 약하고 애통하는 자와 함께 애통하는 의사인지를 알기 위해서 시험을 한다. 의사는 경험 많은 의사의 충고를 따르는 것을 알도록 환자의 병을 숙고해야 한다.[214]

오리겐의 사죄론은 모순되는 듯이 보이기도 한다. 그는 분명히 간음죄, 우상숭배의 죄 등 죽을 수밖에 없는 중대한 죄는 용서받을 수가 없다고 했다.[215] 그러나 오리겐은 그와 같은 죄가 전혀 용서받을 수 없다고 단언하지도 않고, 죄인이 공개적이고 장기간의 파문을 받으면서 참회함도 없이 기도만으로 죄가 용서받을 수 없다고 단언하지도 않는다. 성직자의 기도로 중대한 죄가 용서받을 수 없는 것은 사실이다. 그러나 이것은 죄인이 공개적인 참회를 한 그를 하나님은 용서하신 다는 확신을 가졌을 때도 그가 용서받을 수 없다는 것이 아니라는 것이다. 오리겐은 결국 모든 죄는 용서받을 수 있다고 진술한다. 그에 의하면 중대한 죄를 지은 사람들이 낙원을 잃고 하나님께 죽었기 때문에 슬퍼하지만, 만일 그들이 진지하게 마음을 변화시키고 그 증거를 보인다면 그들은 죽은 자가 부활하듯이 미래 어느 때에 교회에 받아들여질 것이라고 한다.[216] 여기서 다시 그의 만인구원론이 등장하게 된다.

8) 신비주의

오리겐의 신비주의를 고찰하기 전에[217] 신비주의의 성서적 근거, 그리스도교적 사용 등에 대한 고찰을 먼저 하기로 한다. 신비주의라는 말이 성서에 나오지는 않으나 신비적 현실은 성서에 나타나고 있다. 신비주의는 계시된 성서적 종교의 근본적인 본질에 매우 밀접하게 연관된 현실이라고 할 수 있다. 성서 주석가들은 신비주의가 성서적, 예언자적 종교와 조화될 수 없다고 생각하지 않으며 그리스도교 신비주의가 순수한 성서적 그리스도교의 헬레니스틱 왜곡이라는 견해에 동의하지 않는다. 성서 기자들은 역사의 사건들에 대한 심오한 의미, 구원론적 의미, 신비적 차원을 파악하고 글을 쓴 사람들이다. 이런 의미에서 초대 교부들이 유대인의 경전에서 영적, 신비적 의미를 찾으려고 한 것은 타당하다.[218]

구약성서의 예언자들의 본질적인 행동에서 그들은 신비주의자들이었다고 할 수 있다. 현존하시는 하나님에 대한 그들의 깊은 영적 경험은 하나님이 과거 그들의 백성을 위해서 역사하셨던 일과 현재 종교적, 사회적, 정치적, 경제적 상황에서 하나님이 하시는 일에 대해서 그들은 매우 예민했던 것이다. 예언자들뿐만 아니라 족장들도 거룩하고 놀랍고 엄청나며 황홀한 신비로서 하나님을 경험했던 사람들의 범례(paradigms)이다. 그것은 그들의 모든 삶의 목표는 이 살아 계신 하나님과 연합하는 것이었기 때문이다.[219] 특히 시편은 이스라엘의 신비적 신앙을 독특한 방법으로 표현하고 있다. 시편은 이스라엘의 신비적 신앙을 특별한 방법으로 증언한다. 우리는 시편에서 하나님의 무한성, 그러면서도 가까움 그리고 그 하나님과의 교통(코이노니아)의 즐거움에 대한 신비적 의미의 시적 표현을 읽게 된다. 빛이요 사랑이며 생명 자체인 하나님에 대한 믿을 수 없는 목마름이 시편에 깊숙이 스며들어 있는 것이다. 시편에 자주 사용되고 있는 '사랑'(ahabah)과 '인자'(hesed)라는 말은 하나님과 그의 백성과의 열애 같은 친교를 강조한다.[220]

신약성서에서의 신비주의는 예수 그리스도가 모든 그리스도교 신비주의의 근거요 성취라는 점이다. 왜냐하면 구약의 족장이나 예언자들보다도 그는 더 하나님을 깊고 완전하고 총체적으로 알고 있기 때문이다. 예수 그리스도 안에서 인성과 신성이 영원히 연합했기 때문에 그는 자신의 삶 속에서 신적 지식만이 아니라 성부, 성자로서 자기 자신 그리고 성령에 대한 직접적이고 유일한 인간적인 지식을 가지고 있는 것이다. 예수의 삼위일체적 자각과 의식은 가장 심오한 신비적 의식이라고 할 수 있다. 더욱 인성과 신성의 본질적인(hupostatic) 연합은 신비적 삶의 근거이고 목표이다. 왜냐하면 이것은 단순히 이론적 교의적 진술만이 아니라 신앙고백적 진술이기 때문이다.[221] 그의 하나님 지식은 그와의 완전한 연합을 위해서 사랑 가운데서 전적으로 자신을 하나님께 내어 준 경험에서 얻은 사랑의 지식이다.

그러나 라틴교회에서는 중세 후기까지 신비주의라는 말을 별로 사용하지 않았다. 광의로 말해서 예를 들면 어거스틴(354~430), 클레르 보의 성 베르나르(1090~1153)와 같은 초대 라틴 교부들은 우리가 신비 주의라고 부르는 것을 '관상'(觀想)이라는 말로 대신 사용하였다. 그리 스도교 신비주의 전통에서 '신비주의 신학'은 직접적이고 즉각적이며 말로 표현할 수 없는 관상에 의한 하나님 지식을 의미한다. 이것은 자연의 피조물을 통해 신 지식을 얻는다는 '자연신학'과 구별되며, 계시에서 신 지식을 얻는다는 '교의신학'과도 구별된다.[222] 보우어 (Louis Bouyer)는 "그리스도교 신비주의는… 언제나 보이지 않는 객관 적 세계의 경험이다. 그 세계는 예수 그리스도 안에서 우리에게 계시된 성서의 세계이며, 예배 의식을 통해서 또 교회에 늘 현존하는 예수 그리스도를 통해서 우리가 존재론적으로 들어가는 세계"라고 한다.[223]

오리겐이 그의 그리스도론에서 인간은 그리스도의 삶을 통해서 신성에 가담하게 되고 인간의 삶의 목적이 신을 닮는 것이라고 한 것에서 중세 신비주의의 근본적인 표현을 읽을 수 있다고 했다. 이것은 특히 그의 많은 설교에서 두드러지게 나타난다. 이미 위에서 언급한 바가 있어서 중복 기술한다고 비판할 수 있겠으나 그의 설교는 헬라어 원문, 라틴어 역으로 현존한다. 예를 들면 35편의 누가복음 설교의 종결 부분과 25편의 마태복음 설교의 헬라어 원문 단편들이 최근에 발견되었다. 그 외 루피누스(Rufinus)의 라틴어 역본으로 16편의 창세 기 설교, 13편의 출애굽기 설교, 16편의 레위기 설교, 28편의 민수기 설교, 26편의 여호수아기 설교, 9편의 사사기 설교, 9편의 시편 설교와

성 제롬(Jerome)의 라틴어 역본으로 2편의 아가서 설교, 9편의 이사야
서 설교, 14편의 예레미야서 설교, 14편의 에스겔서 설교, 39편의
누가복음 설교 그리고 포이티에의 힐라리(Hilary of Poitiers)의 라틴어
역본으로 20편의 욥기 설교 단편들이 현존하고 있다. 그러나 전체적으
로 상실된 것이 막대하다.[224] 그럼에도 불구하고 이 설교들은 오리겐을
새로운 빛에서 보게 하고, 그가 얼마나 그의 신앙과 영적 계발을 위하여
성서 해석에서 영의 양식을 갈망하고 있었는지를 보여주므로 매우
가치가 있는 자료들이다. 이 작품들은 성서학에 속한다고 하기보다는
그리스도교 영성과 신비주의 역사에 속하는 것들이다. 오리겐에게
있어서 금욕주의는 신비주의와 밀접하게 관계되어 있다. 사실 오리겐
의 영적 사상을 깊이 고찰해 보면, 클레르보의 성 베르나르(Bernard
of Clairvaux)와 아빌라의 성 테레사(Teresa of Avila, 1515~1582)의 신비주
의를 연상하게 된다.[225] 오리겐의 신비주의는 그동안 그의 연구에서
간과되어 왔으나 최근에 와서 그의 신비주의와 경건에 관한 연구 없이
그의 교훈과 인격을 정당하게 평가할 수가 없음을 알게 되면서 주목을
받게 되었다. 오리겐의 신비주의에서 '완전'의 개념은 흥미롭다.

하나님이 "우리의 형상을 따라서 우리의 모양대로 사람을 만들자"(창
1:26)라고 말씀하신 뒤, 성서는 하나님이 "당신의 '형상'대로 사람을
창조하셨다"라고 말함으로써 '모양'에 대해서는 침묵하고 있다(창
1:27). 이것은 첫 창조 때 사람은 하나님이 형상의 존엄은 받았으나, 모양
의 성취는 마지막 완성을 위해서 보류되었다는 것을 지적한다. 다시 말
해서 사람은 하나님의 형상의 존엄에 의해 처음에 받은 완전의 가능성을
가지고 하나님 닮음을 통하여 스스로의 근실한 노력으로 모양의 성취를

이루어가야 하고, 종국에는 자기 일을 완수함으로써 하나님의 모양을 완전히 성취해야 한다. 따라서 사도 요한은 "사랑하는 여러분, 앞으로 우리가 어떻게 될지는 아직 밝혀지지 않았습니다만, 그리스도께서 나타나시면, 우리도 그와 같이 될 것임을 압니다…"(요일 3:2)라고 했다.[226]

오리겐에게 있어서 '최고의 선', 곧 '완전'은 가능한 하나님과 같은 모양이 되는 것이다. 그런데 하나님은 인간을 만드실 때 "우리의 형상"(image)과 "모양"(likeness)으로 만들자고 하셨다(창 1:26). 그런데 다음에 이어지는 성서 구절에서는 '모양'이 생략되었다(창 1:27). 이것은 인간은 창조 때 '형상의 존엄'은 받았으나 '모양의 완전'은 그의 완성을 위해서 유보해 두셨다는 것을 의미한다. 즉, 인간은 이 완전, 곧 '하나님 닮음'을 위해서 하나님의 은총을 받으면서 노력해야 한다.

하나님을 닮은 '모양의 완전'에로 가는 최선의 길은 그리스도를 닮는 것이다. 그러나 그의 제자들이 모두 사도라 불리지 않는 것과 같이 초대받은 모두가 그를 닮는 것은 아니다. 복음 설화도 예수에게 온 사람 중에는 제자도 있고 단순한 무리도 있다고 구별한다. 하늘나라의 비밀을 알게 한 자들(제자들)과 그와 같은 지식(gnosis)이 주어지지 않는 군중들이 있다(막 10:11). 여기서 우리는 오리겐이 알렉산드리아 학파의 기본적인 입장, 즉 보통 믿는 자와 선택된 영혼, 단순히 그리스도의 말씀을 듣는 자와 하늘나라의 신비(비밀)를 아는 지식을 갖고 특별한 소명을 받은 자들 사이를 구별하는 그리스도인 두 계층론을 접하게 된다.[227]

후자에 속한 사람들은 해야 할 것과 해서는 안 될 것, 향상시킬 것과 유보할 것을 안다. 여기에 자기인식(自己認識)이 요구된다. 영혼이 완전한 경지를 향해서 진보하고 있을 때 우리는 그 영혼에게 하시는 하나님의 말씀을 경청해야 한다. 왜냐하면 영혼이 완전에 안전하게 도달하기 위해서는 경고가 필요하기 때문이다. 만일 영혼이 완전을 향해 가는 길에서 자각을 하지 않으며 하나님의 말씀과 그의 법을 실행하지 않으면, 그의 운명은 탁월함도 없고 성령의 격려도 없는 사람들의 말을 따르게 된다. 그러므로 영혼에게 가장 큰 위험은 자기인식, 곧 자각과 그것에 대한 이해를 하지 않는 것이다.[228]

그리스도를 닮고 완전에 이르도록 선택된 사람들은 자의식을 가지고 완전에 도달하는 것을 방해하는 '격정'(pathos)과 죄의 동기를 제공하는 세상과 싸워 완전히 '자유'(apatheia)해야 한다. 이 싸움에서 승리하고 진실로 그리스도를 닮기 위해서 오리겐은 독신 생활과 순결을 권한다. 우리가 가축이나 재산을 바치는 것보다 나의 육체적인 순결을 바치면 하나님으로부터 영의 순결을 받으며 이것을 행하는 사람은 그리스도를 닮는 사람이라고 한다. 그리스도가 완전의 모델이다. 그의 삶은 '순결'(castitas)과 '정숙'(pudicitia) 그리고 '동정'(virginitas)으로 이뤄졌다.[229] 이와 같은 그리스도를 닮으려면 세상적인 욕망에서 초연해서 하나님을 위하여 빈 마음(vacare deo)이 되어야 한다.[230] 그러기 위해서는 철야 기도, 끊임없는 성경 읽기와 명상 등의 금욕적 수련을 평생 해야 한다고 한다. 모든 죄와 악의 뿌리가 되는 교만을 물리치고 겸손의 덕을 이루기 위해서도 마찬가지다. 이 점에서 오리겐은 수도원주의의 선구자라고 할 것이다. 그는 설교에서 덕을 강조할 뿐만 아니라 완전하기를 원하는 사람은 '마지막'이라는 생각을 가지라고 요구한다.[231]

오리겐의 신비주의에는 이 세상에서의 혼란과 사악함을 떠나는 것으로 시작되는 내적 상승의 여정이 있다. 이 세상에서의 인간의 삶은 단지 통과하는 것에 지나지 않는다는 것이다. 즉, 인생은 구도의 나그네라는 것이다. 인간은 평생 덕행을 위해서 악마와 싸워야 한다. 인간에게는 끊임없는 유혹이 있기 때문이다. 예수 그리스도도 유혹을 받았으나 그것을 극복하였고 죽은 자로부터 부활하는 영광을 얻게 되었다. 그러므로 유혹은 있으나 그것을 극복하면 그리스도를 닮게 된다. 천상적이고 그리스도에 대한 깊은 열망은 모든 시련을 경과하게 되지만 환상(visions)의 선물을 받게 되고 영적 은혜는 꾸준히 증가하여 영은 보다 높은 산에 오르게 된다. 이것은 악마와의 싸움, 고통, 유혹이라는 사막에 있는 오아시스와 같은 것이다.[232]

이와 같은 오리겐의 신비주의의 절정은 영혼과 로고스와의 '신비적인 연합', 즉 오리겐이 '신비적 결혼'으로 표현하는 연합에서 이루어진다.

> 하늘의 신랑의 침실에 들어가듯이 하나님의 말씀(로고스)과 친교를 나누고 그의 지혜와 지식의 신비에 들어가려고 욕망하는 영혼을 데려오자. 이 영혼에게 하나님의 말씀의 선물은 [신부의] 지참금으로 이미 주어졌다. 교회의 지참금이 율법과 예언서들이듯이 영혼에게는 자연법, 합리적인 마음, 의지의 자유가 결혼 선물로 간주되어져야 한다. ⋯ 마음(mind)이 신적 지식과 이해로 충족되었을 때 ⋯ 그 마음은 하나님의 말씀의 입맞춤을 받는다. ⋯ 영혼이 자발적으로 숨겨진 것을 보기 시작하고 엉킨 것을 풀며 ⋯ 비유와 수수께끼 그리고 현자들의 말을 해석하기 시작할 때 ⋯ 영혼은 이제 연인, 즉 하나님의 말씀의 입맞춤을 받는다 ⋯. '연인의 입'으로 우리가 의미하는 것은 하나님의 말씀이 우리 마음을 계몽

시키는 능력이다. ⋯ 하나님의 말씀은 영혼에게 모든 알지 못하고 숨겨
진 비밀을 설명한다. 이것이 연인, 곧 하나님의 말씀이 그의 사랑하고
순결하고 완전한 영혼에게 하는 것보다 참되고, 보다 가깝고 보다 거룩
한 입맞춤이다.[233]

오리겐에게 있어서 로고스와의 영혼의 신비적 연합은 인간의 마음
에 그리스도의 출생과 경건한 자의 영혼에서의 로고스의 성장으로
상징할 수 있겠지만, 오리겐은 신비적 결혼이라는 형식에서 영혼과
로고스 사이의 관계를 설명한다. 영혼과 로고스의 신비주의적 결혼에
도 오리겐은 '영적 포옹'(spiritalis amplexus)과 '사랑의 상처'(vulnus amo-
ris)를 말한다.[234] 그의 로고스 신비주의는 그리스도의 십자가와 십자
가에서의 죽음이라는 깊은 신비주의가 뒤섞여 있다고 할 것이다. 그의
신비주의의 목적은 '완전'인데, 그를 위해서는 그리스도의 십자가의
고통과 죽음도 따라야 한다. 순교자는 그리스도의 참된 제자다. 그러
나 순교를 감당할 수 없는 사람들은 고행과 금욕적 극기라는 영적
죽음이 있다. 순교와 금욕은 그리스도의 완전에 이르는 하나요 같은
이상이다.

9) 성서 해석

오리겐의 성서 해석을 마지막으로 취급한다고 해서 다른 신학적
주제보다 덜 중요한 것이 아니다. 곤잘레스는 오리겐의 신학을 이해하
기 위한 최선의 출발점은 그의 성서 해석 방법을 고찰하는 것이라고
하였다.[235] 오리겐은 철학자, 비평가, 변증가, 논쟁자, 언어학자, 교의

학자 등으로 불릴 정도로 그의 광범위한 정신적 능력은 당대 존경의 대상이었다. 그러나 그는 우선적으로 성서학자였다. 그의 저서에는 성서 본문 비평이라 할 수 있는『헥사플라』를 비롯하여 알렉산드리아 문법학자의 예를 따라 어려운 성서 구절과 말에 대한 간단한 주석을 한『스콜리아』(Scholia) 그리고 수많은 주석과 설교가 있다. 주석이 그의 주된 신학적 관심이었다. 그의 조직신학이라 할 수 있는『제일 원리』까지도 성서 본문의 해석이 주 관심이었다.[236] 특히 이 책 제4권 은 그가 가장 고차원적 성서 해석 방법으로 사용하는 은유적 성서 해석(隱喩的 解釋) 방법을 집중적으로 발전시키고 있다. 그에게 성서는 단지 교의적 또는 도덕적인 책이라고 하기보다는 보이는 세계에 대한 보다 생생하고 보다 높은 차원에서 반영한 책이었다.

그의 성서에 대한 첫 원리는 성서가 하나님의 말씀이라는 것이다. 이 말씀은 과거에 갇힌 죽은 말씀이 아니고 오늘을 사는 인간에게 직접 말씀하시는 살아있는 말씀이다. 둘째 원리는 구약성서는 신약성 서의 빛에서 조명되어야 한다는 것이다. 이 두 성서 사이를 묶는 것은 은유다. 그리고 오리겐은 성서의 이해는 은혜라고 확신하였다.

> 성서는 하나님의 영을 통해서 구성되었으며, 밝히 알 수 있는 의미만이 아니라 대부분의 독자에게는 숨겨진 다른 의미도 성서에는 있다. 성서 의 내용은 어떤 신비한 것의 외형적 표현이며 신적인 것들의 이미지들이 기 때문이다 …. 율법 전체가 영적인 것이지만, 영감된 의미가 모든 사람 에게 인지되는 것이 아니고 지혜와 지식의 말에 나타난 성령의 은혜를 받은 사람들에 의해서만 인지된다.[237]

오리겐의 성서 해석에서 특징적인 것은 플라톤의 인간 구성 삼분법에 따라서 성서 본문에 삼중의 의미가 있다고 하는 것이다.[238] 즉, 성서 본문이 나타내는 문자 그 자체의 의미인 '육체적 의미', 성서 본문을 우리의 현실적 삶과 상황에 실존적으로 적용시키는 '혼적 의미' 그리고 성서 본문에 숨겨진 의미를 찾는 '영적 의미'를 말한다.[239] 오리겐은 성서 본문에 이 세 가지 의미가 있다는 것을 인정한다. 그러나 오리겐은 모든 성서 본문에 항상 이 해석 원리를 적용한 것은 아니다. 다만 그는 성서 해석에 있어서 성서 본문의 문자적 의미 뒤에 숨겨져 있는 영적 의미를 찾는 원칙을 고수했던 것이다. 그 과정에서 그는 성서 본문에서 신비적, 사변적 의미를 찾는 것을 가장 고차원적 성서 해석 방법으로 생각하게 되었다. 신비적 의미는 신비에 대한 집합적이고 보편적 의미를 제공하며, 도덕적 의미는 내적이고 개인적인 의미를 제공한다.

그렇다고 그가 성서 본문의 문자적 의미를 통례적으로 무시하여 제쳐놓았다는 것은 아니다. 그는 마태복음 19장 12절의 말씀을 지나칠 정도로 문자적으로 해석하여 스스로 고자가 되기도 했다. 그는 성서 본문 중에서 특히 신약성서의 기적이나 구약성서의 역사적 자료 등을 해석할 때 은유적 해석을 하기에 앞서서 기술된 그 사건의 역사적 현실성을 중요하게 다룬다. 그러나 그가 성서 해석에 있어서 발견한 심각한 문제는 본문을 문자적으로 해석할 때 매우 불합리하고 부도덕적인 내용이 나타난다는 것이다. 예를 들어 창세기 처음에 나오는 창조 설화를 문자적으로 해석할 때, "첫째, 둘째 그리고 셋째 날 해와 달과 별들도 없는데 저녁이 되고 아침이 되었다는 말씀을 어느 합리적인 사람이 믿겠으며, 첫째 날에는 하늘도 없었지 않았느냐?" 한다는 것이다.[240] 사실 구약성서에는 문자적으로 해석하면 윤리적으로 문제가 되는 것이 많다. 예를 들면 유다가 며느리를 창녀로 알고 동침한 것(창 38:16 이하), 족장들이 여러 첩을 두고 있었다는 것, 롯의 두 딸이 아버지와 동침하여 자식을 낳은 것(창 19:30-38) 등을 문자적으로 해석하면 부정(不貞)이 아무것도 아니라고 생각하게 된다. 구약성서의 레위기 율법도 문자적으로 해석하면 보다 정교하고 합리적인 로마법이나 아테네법 같은 인간이 만든 법이 더 우월하게 된다. 그러나 이것을 영적으로 해석하면 그 기원이 하나님이라는 것이 분명해진다. 모든 본문을 문자적으로만 해석하면 유대인들과 마르시온주의자들이 그랬듯이 오류에 빠지게 되고 그들의 비판에서 구약성서를 방어하기가 어렵다고 오리겐은 생각하였다.[241]

오리겐의 도덕적 해석은 그의 설교에서 주로 나타나는데, 그러나 비중이 별로 크지 않다. 그것은 사실상 영적 해석과 구별하기가 쉽지 않기 때문이다. 그러나 그의 도덕적 주석의 한 예를 든다면 "타작마당에서 곡식을 밟아 떠는 소의 입에 망을 씌우지 말라"(딤전 5:18)는 사도 바울의 고대 계명을 교회의 실천적 삶에 적용시켜 사도는 교회로부터 지원을 받을 권한이 있다는 것을 입증하는 본문으로 해석한 것이다.[242]

오리겐은 성서의 본문이 모두 영적, 신비적 의미가 함축되어 있다는 점에서 축자영감설(逐字靈感說)[243]을 방어하므로 문자적 해석으로 난처하게 되는 성서 내용을 은유적 해석 방법을 사용하여 극복하였다.[244] 오리겐은 이 해석 방법으로 복음의 어리석음을 숨기고 지혜로서 복음을 영광스럽게 하려고 하였다. 보다 단순하고 낮은 계층의 신앙인은 성서 본문을 문자적 의미로만 이해하기 때문에 성서가 말하는 심판도 정화의 의미로 이해하지를 못한다. 그래서 그들은 단지 심판의 두려움 때문에 그리스도를 믿게 된다.[245]

그러나 참 영지자(참 그리스도인)들은 성서의 문자적 의미(해석)에 얽매이지 않고 그 문자가 상징하는 것, 나타난 문자 뒤에 숨겨져 있는 신비적, 영적 의미를 찾으려고 한다. 그것은 신적 로고스가 죄인들에게는 단순히 '의사'이지만, 이미 건강하고 정화된 사람들에게는 신적 신비의 '선생'이 되는 것이며, 이제 그들은 권위에 근거한 신앙으로 출발하고 보다 높은 이해와 통찰의 단계에 이르게 된다.[246] 이러한 해석을 통해서만이 그리스도를 중심으로 하는 신·구약성서의 통일이 가능해지며, 마르시온주의자들이 지적하는 성서 해석의 어려움은 오히려 영적 성서 해석이 필요하다는 섭리적 이정표가 될 수 있다. 그리하여 오리겐은 성서에는 "모든 본문이 영적 의미를 갖고 있으나, 모든 본문이 문자적으로 해석될 수는 없다"라고까지 하였다.[247]

오리겐의 은유적 해석의 예를 들면 그는 디모데후서 2장 20절에 나오는 "큰 집의 질그릇"을 교회 밖 세상에 살고 있는 사람으로 해석하고, 여호수아 2장 18절에 나오는 "라합의 창문에 있는 홍색줄"을 그리스도의 속죄로, 그의 집은 구원의 장소로 해석한다.[248] 그러나 오리겐의 은유적 해석의 대표적인 예는 '착한 사마리아 사람의 비유'(눅 10:25 이하)의 해석이다. 그에 의하면 '강도 만난 사람'은 '아담', '예루살렘'은 '하늘 낙원', '여리고'는 '이 세상', '강도'는 '악마', '제사장'은 '율법', '레위인'은 '예언자', '사마리아 사람'은 '예수 그리스도', '짐승'은 '그리스도의 몸', '여관'은 '교회', '두 데나리온'은 '성부와 성자', '돌아오는 길'은 '그리스도의 재림'으로 해석하였다.[249] R. P. C. 한손(Hanson)은 오리겐의 책에서 그의 상투적인 은유의 예들을 모아서 그 목록을 제시한다.

'말'(馬)은 성서에서 통상적으로 '목소리'를 뜻한다. '오늘'은 '현대'를, '누룩'은 '교훈'을, '은'과 '나팔'은 '말씀'을, '구름'은 '거룩한 자'를, '발'은 '우리의 생의 여정에 주는 조언'을, '우물'은 '성서의 가르침'을, '마사'(옷감)는 '순결'을, '넓적다리'는 '시작'을, '섞지 않는 포도주'는 '불행'을, '병'(瓶)은 '몸'을, '비밀'과 '보화'는 '이성'을 의미한다.[250]

곤잘레스에 의하면 오리겐은 은유적 해석을 할 때 몇 가지 원칙이 있었다. 즉, "첫째, 모든 성서 본문은 은유를 통해서 발견되는 심오한 신비로 가득 차 있다. 둘째, 하나님에 대해서 부당하게 말하는 것은 아무것도 없다. 셋째, 각 본문은 성서의 전체적인 빛에서 해석되어야 한다. 그리고 넷째, 신앙의 규범에 위배되는 것은 아무것도 없다."[251]

그러나 오리겐의 영적 주석이 엄격한 의미에서 언제나 은유적 해석은 아니라고 하지만, 그 둘을 구별하기는 쉽지 않다. 그러므로 그 둘은 거의 같은 것이라고 봐도 무방할 것이다. 그런 점에서 오리겐의 은유적 해석이 성서 본문의 문자 배후에 숨겨진 영적 의미를 추구한다는 점에서 긍정적으로 평가할 수 있겠으나, 그 해석은 성서 본문의 역사적 배경 또는 근거를 무시한다는 점에서 비판의 여지가 있다. 그러므로 오리겐에게 있어서 은유적 해석과 유형론적 해석(類型論的 解釋)은 구별되어야 한다. 전자가 성서 본문을 영혼과 우주론적 사건의 힘의 상징으로 보며 순수한 영적 관념적 현상으로 보는 데 반해서, 후자는 성서 본문을 그 역사적 배경과 상황 속에서 읽으면서 성서를 구원사적 관점에서 그 유형을 찾아 해석한다. 즉, 인류 구원과의 관련에서 예수 그리스도의 구원사적 유형을 구약성서 속에서 찾으려고 한다. 예를 들면 이삭의 희생을 그리스도의 고난의 유형으로, 할례를 세례의 유형으로 해석하는 것이다.[252] 예수도 구리로 만든 뱀과 고래 배 속의 요나를 자기 자신의 속죄와 부활의 유형으로 해석하였다(요 3:14; 마 12:40; 눅 11:30).

10) 평가

오리겐은 서방 세계의 어거스틴과 나란히 고대 교회 신학자 중에서 가장 중요하고 영향력 있는 신학자였다. 그러나 그의 사변적 신학 세계는 너무나 높고 광범위하였기 때문에 후대 사람들이 그의 사상을 파악하기가 어려웠다. 그리하여 그가 죽고 난 다음에는 이단적 의견의 근원자로서 비판과 정죄까지 받아야 했다. 사실 오리겐의 종교적 종합은 양면적이었다. 그는 교회적이면서도 플라톤 철학적이었다. 그는 신학자이면서 철학자였다. 그의 신학 사상에는 한편으로 영지주의적 가현론의 의혹이 보이는가 하면, 다른 한편으로는 에비온주의적인 의혹도 보인다.[253] 곤잘레스는 오리겐의 사상이 너무 사변적이기 때문에 그 이후에 "그에 대하여 우파와 좌파가 생겨나게 되었다"고 하면서, 우파에 속하는 사람으로 "교회사가 가이사랴의 유세비우스, 알렉산드리아의 감독 아다나시우스, 카파도키안 신학자들과 서방 세계에서는 밀란의 암브로즈" 등이지만 그들도 "그의 사상을 전체적으로 수용하지 않았다"고 하였다.[254] 하르낙은 "오리겐의 사상은 다음 세기 동안 온전히 지배적이었다. 특히 동방에서 교리사, 교회사는 수세기 동안 오리겐의 철학사였다. 아리우스주의자들과 정통파들, 비판자들과 신비주의자들, 사제들과 수사들은 오리겐의 체계에 호소할 수 있었다."[255]

맥기페르트에 의하면 오리겐은 다음 세대를 위하여 신학에 학문적 기초와 동시에 과제를 부과했다고 하면서, "오리겐의 시대로부터 동방의 그리스도교 사상사는 주로 그의 신 관념의 역사였다. 그는 한동안 동방교회의 선두적 신학자들이었던 제자들로 하여금 학파를 형성하게 했으며, 그의 영향은 이 학파를 넘어 반대자들에게까지도 미쳤다. 그는 신학적 사변을 합법화했으며… (그에 의하여) 동방에서 그리스도교는 오랫동안 단순한 신앙이 아니라 철학으로 간주되었다…. 그의 호기심은 만족할 줄을 몰랐으며 그의 관심은 인간의 기능으로는 도달할 수 없는 저편에 있는 것들이었다. 신적 진리의 깊이에 침투해 들어가는 것, 신적 본질을 간파하는 것, 시간 이전에는 무엇이 있었으며, 시간 이후에는 무엇이 있을 것인가를 찾는 일 등이 그의 평생의 야심이었다. 변증가들에게 있어서도 그리스도교는 철학이었으나 그것은 도덕 철학을 의미했었다. 그러나 오리겐에게 철학으로서 그리스도교는 본체론이요 우주론이었다"고 평한다.[256]

이렇게 오리겐이 긍정적이며 동시에 부정적인 비판을 받게 된 것은 그의 사상 체계에 신-플라톤주의와 그리스도교 전통이 구별하기 힘들 정도로 결합되어 있기 때문이었다. "오리겐의 외적 생활은 그리스도적이고 율법에 반대하는 삶이었지만, 사물이나 신성에 대한 그의 사고는 헬라 철학인이었다."[257] 예를 들면 교육(pedagogy) 개념은 본래 헬라 사상이지만, 오리겐은 그 사상을 그리스도교 구원의 개념을 표현하는 데 사용하고 있는 것이다.

오리겐의 체계를 니그린은 에로스와 아가페의 조직적인 결합으로 이해한다. 즉, 그리스도적인 것과 헬라적인 두 위대한 종교적 흐름이 그의 사상에서 혼합되었다는 것이다. 이러한 혼합은 이미 영지주의자들에 의해서 이루어졌었으나, 오리겐은 자신의 혼합적 경향에도 불구하고 다른 한편으로 영지주의를 반대하였다. 그것은 오리겐이 성서와 신앙의 규범(그리스도교 전통)에 철저한 그리스도인으로 남아 있었기 때문이었다. 그럼에도 불구하고 오리겐은 두 경쟁적인 영적 세계에서 종교 생활을 한 것이 사실이다. 오리겐에게 있어서 하나님은 '에로스고 아가페'다.[258] 오리겐의 성서 해석에서 은유적 성서 해석이 강조된 것도 두 영적 세계에서 겪는 갈등적 동기를 극복하려고 했기 때문이었다. 그는 은유적 해석을 통해서 신-플라톤주의의 논증과 신화를 성서적 방향에서 재해석할 수 있었던 것이다. 이것이 그의 천재성의 결과였다. 오리겐에 의하면 구원의 에로스 방법이 원칙적으로 정당하지만 미숙한 인간이 아무 도움과 지지 없이 방치될 때는 구원을 받을 수가 없기 때문에 아가페 방법이 추가로 준비되었다는 것이다.[259]

곤잘레스는 오리겐과 그의 스승인 클레멘트를 흥미 있게 비교한다. 그에 의하면 오리겐은 신 중심(theocentric)적인 신학인 데 반하여 클레멘트는 말씀의 교리가 그의 신학의 중심이었다는 것이다. 후자는 이교도 철학과 그리스도교의 계시 사이의 접촉점을 말씀에서 찾았기 때문에 말씀으로 조명을 받아야만 참 영지자가 될 수 있다고 하였고, 오리겐은 성서보다는 신-플라톤주의적인 신 개념으로부터 시작하여 그의 신학의 전반적인 체계를 수립하였다는 것이다.[260] 그럼에도 불구하고 역사학자들은 그를 성서학자로 평가한다.

미 주

1 이와 다른 견해도 있다. 플로티누스에 의한 신-플라톤주의는 알렉산드리아 신학이 형성된 후인 244년경에 체계화되었기 때문에 그 철학이 알렉산드리아 신학의 배경이라고 하기보다는 필적되는 철학이라는 것이다(B. Hägglund, tr. by G. J. Lund, *Histoty of Theology*, 60). 그러나 오리겐은 플로티누스와 함께 암모니우스 삭카스의 제자들이었고, 알렉산드리아 신학은 절충적인 것이 사실이다.

2 P. Tillich, 앞의 책, 51.

3 위의 책, 54.

4 A. Nygren, *Agape and Eros*, 351-352.

5 J. H. Kurtz, tr. by John Macpherson, *Church History*, vol. I, par. 19. Otto Heick, 앞의 책, 114에서 재인용.

6 Clement of Alex., 『잡록』(*Stromata*), 1. 1. 11.

7 Hans von Campenhausen, *The Fathers of the Geek Church*, 27.

8 위의 책, 31-32.

9 위의 책, 34.

10 A. Nygren, 앞의 책, 350.

11 Aloys Dirksen, *Elemenatary Patrology*, 73.

12 B. Altaner, *Patrology*, 216와 J. Quasten, *Patrology*, vol. II, 7-8에 의존했음.

13 Clement of Alex., *Paida.*, 1. 6. 26. 1. J. Quasten, 위의 책, 9에서 재인용.

14 Clement of Alex., 위의 책, 1. 9. 83. 2-84. 3. J. Quasten, 앞의 책, 10에서 발췌했음.

15 B. Altaner, 앞의 책, 216-217. J. Quasten, 앞의 책, 10-11.

16 Clement of Alex., *Strom.*, 1. 5. 331; 4. 17. 823. R. Seeberg, *The Hist. of Doctrines*, 141에서 재인용.

17 Clement of Alex., 위의 책, 1. 5. 28. cf. *Strom.*, 6. 5. 41-42.

18 위의 책, 2. 2. 8. 4. J. Quasten, 앞의 책, 13에서 인용.

19 Clement of Alex., 위의 책, 5. 12. 82. J. Quasten, 위의 책, 22에서 인용.

20 J. Quasten, 위의 책.

21 *Strom.*, 1. 5. 28; 1. 17. 81; 6. 5. 41-42 등.

22 위의 책, 6. 8. 66; 1. 17. 85.

23 A. Nygren, 앞의 책, 354.

24 Clement of Alex., *Strom.*, 7. 10. 55.

25 위의 책, 2. 12. 53.

26 위의 책, 7. 10. 55.

27 P. Tillich, 앞의 책, 56.

28 Clement of Alex., *Strom.*, 2. 9. 45.

29 위의 책, 1 .6. 34; 2. 19. 97; 4. 23. 149; 6. 14. 113 등 참조.

30 위의 책, 2. 12. 53; 7. 10. 55.

31 R. Seeberg, *The Hist. of Docrines*, vol. I, 142.

32 Clement of Alex., *Strom.*, 4. 18. 112.

33 A. Nygren, 앞의 책, 359-368.

34 이 그리스도교는 클레멘트에게 낯설었으나 전적으로 거부하지 않고 상대적인 권위로 인정했다. 그리고 낮은 상태의 그리스도교, 단순히 신앙의 그리스도교로 받아들였다.

35 A. Nygren, 앞의 책, 358.

36 *Strom.*, 7.10.55; A. Nygren, 위의 책, 362.

37 A. Nygren, 위의 책, 364.

38 *Strom.*, 2. 4. 15.

39 위의 책, 6. 18. 114; 6. 14. 794. R. Seeberg, 앞의 책, 142에서 재인용. 그러나 이 말은 그가 다른 곳에서 "신앙이 지식보다 우월한 어떤 것이며 신앙이 지식의 표준이다"(*Strom.*, 2. 4. 15)라고 말한 것과 모순되는 것 같다. 그러나 그의 전체적인 사상 맥락에서 보면 신앙은 초보적이며 영지는 고차적인 것이다.

40 위의 책, 2.6.30. A. Nygren, 앞의 책, 364.

41 A. Nygren, 위의 책, 362, 363.

42 J. L. Gonzälez, *A Hist. of Christian Thought*, vol. I, 198-199.

43 *Strom.*, 4. 21. 23; 6. 9. 10. 이 때문에 그의 사상은 귀족적이며 비전적(秘傳的)이라는 비판을 받을 수 있다.

44 위의 책, 5. 11. 67.

45 위의 책, 6. 12. 142.

46 '의인론'의 영어 표기는 "anthropomorphism"이다. 이것은 인간의 특성, 행동, 감정 등의 속성을 하나님께 돌리는 학설이다. 예를 들면 "날이 저물고 바람이 서늘할 때, 주 하나님이 동산을 거니시는 소리…"(창 3:8)와 같은 표현이다. 가톨릭교나 개신교의 철학적 신학자들은 그와 같은 용어가 사용되는 것에 대해서 그것을 유비적, 상징적, 은유적으로 생각할 것인가를 놓고 전통적으로 논의해 왔다. 클레멘트의 논증은 *Strom.*, 5. 11. 67; 5. 11. 71; 7. 4. 27; *Protrept.*, 1 등을 참조할 것.

47 *Strom.*, 2. 2. John R. Wills, ed. *The Teachings of the Church Fathers*, 130에서 인용.

48 *Strom.*, 5. 1. John R. Wills, 위의 책, 131에서 인용.

49 *Strom.*, 2. 18. 86; 4. 24; 7 .3. 16; 7 .16. 102; *Paida.*, 1. 8 등 참조.

50 *Paida.*, 3. 12. John R. Willis, 앞의 책, 178에서 인용.

51 *Strom.*, 5. 12. 82; J. Quasten, 앞의 책, 22.

52 *Strom.*, 6. 9. J. L. Gonzälez, 앞의 책, 206-207에서 인용.

53 『이방인들에게 하는 권면』(*Potreptichospros Hellēnas*), 11; 88; 114; J. Quasten,

위의 책, 23.

54 *Protrept.*, 1, 9; *Strom.*, 5. 14. 89 등 참조.

55 J. N. D. Kelly, *Early Christian Doctrines*, 179.

56 *Protrept.*, 1; *Strom.*, 1. 17; 2 .15; 7. 1. 3; 7 .7 .42 등 참조.

57 *Protrept.*, 1; *Paida.*, 1. 12; *Strom.*, 7. 2. 6.

58 *Strom.*, 4. 23; 6. 9. 71; 7. 12. 80.

59 *Strom.*, 7. 10. 55-56. Henry Bettenson, ed. & tr. T*he Early Christian Fathers*, 243-244에서 인용.

60 *Protrept.*, 10; *Stroma.*, 2. 6. 31; 5. 7. 17. Henry Bettenson, 위의 책, 244-245에서 발췌.

61 Strom., 7. 7. 46; 4. 13. 94; 7. 6. 33 등.

62 위의 책, 7. 10. 57; 7. 11. 67.

63 *Paida.*, 2. 10. 83.

64 위의 책, 1. 4.

65 *Strom.*, 3. 12. 84. 그는 죽음도 결혼이라는 결합을 파괴할 수 없기 때문에 재혼을 금한다(위의 책, 3. 12. 82).

66 위의 책, 3. 7. 59; 3. 1. 4; 3. 12. 82; 7. 12. 70등 참조.

67 위의 책, 3. 14. 94; 3. 16. 100; 3. 100-104; *Protrept.*, 111 등 참조.

68 *Strom.*, 7. 3. 16; 2. 15. 66. Henry Bettenson, 앞의 책, 238-239.

69 *Paida.*, 1. 8. 67.

70 위의 책, 1. 6. 29.

71 이 점에서 그는 헤르마스와 일치한다. 그에 의하면 세례 받은 후에도 구원받는 회개가 있으며, 회개는 보편성을 가지고 있고, 회개는 개심케 해야 하고, 회개의 고유한 목적은 메타노이아에 있다고 한다(J. Quasten, *Patrology*, vol. I, 98-99).

72 *Strom.*, 2. 13. 56-57; 2. 13. 58-59; J. Quasten, *Patrology*, vol. II, 32-33.

73 클레멘트는 이것을 설명하기 위해서 마가복음 10:17-31을 본문으로 한 그의 설교『구원받을 부자는 누구인가?』(*Quis dives salvetur?*) 마지막에 사도 요한과 강도의 두목이 되었던 젊은이의 이야기를 소개한다. 젊은이는 결국 사도에 의해서 회개하고 교회로 인도되었다. 클레멘트는 이것이야말로 참된 회개와 다시 태어남의 위대한 예증이라고 한다(42. 7. 15).

74 *Protrept.*, 10; *Strom.*, 5. 14. 91; 6. 15. 121; 7. 3. 20 등.

75 *Strom.*, 7. 16. 107-108. Henry Bettenson, 앞의 책, 246-247에서 인용.

76 *Strom.*, 6. 13. 107;『구원받은 부자는 누구인가?』(*Quis div. salv.*), 42; 21. John R. Willis, *The Teachings of the Church Fathers*, 79.

77 *Paida.*, 1. 5. 21. 1; Strom., 7. 16. 96; 7. 17. 107 등. '어머니' 교회 이미지는 키프리안, 어거스틴, 칼빈에게서도 나타난다(E. G. Jay, 주재용 옮김,『교회론의 변천사』, 대한기독교서회, 2002, 133 이하; 239 이하).

78 *Paida.*, 3. 12. 98-99. 1; J. Quasten, 앞의 책, 24.

79 *Paida.*, 1. 6. 42. 1. J. Quasten, *Patrology*, vol. II, 24에서 인용. *Paida.*, 7. 42. Ep. 408; B. Altaner, *Patrology*, 221.

80 *Strom.*, 3. 12. 87. J. Quasten, *Patrology*, vol. II, 27에서 인용.

81 *Quis div. salv.*, 23. 1. J. Quasten, 위의 책, 27-28에서 인용.

82 *Paida.*, 1. 6. 26. Henry Bettenson, 앞의 책, 247에서 인용. J. Quasten, 앞의 책, 28.

83 *Strom.*, 7. 14; B. Altaner, 앞의 책, 221.

84 *Strom.*, 7. 3. J. Quasten, 앞의 책, 28에서 인용.

85 *Strom.*, 7. 3. 14-15; J. Quasten, 위의 책, 29.

86 *Paida.*, 1. 6. 42. Henry Bettenson, 앞의 책, 248-249에서 인용.

87 *Paida.*, 2. 2. 19-20. Henry Bettenson, 위의 책, 249에서 인용.

88 J. L. González, 앞의 책, 209-210.

89 오리겐이 말년을 보냈던 팔레스타인 가이사랴 출신인 유세비우스는 오리겐에 대한 열렬한 찬미자였다. 그는 가이사랴에 있는 오리겐 도서관에서 많은 자료를 수집할 수 있었다. 그는 그의 책 『교회사』제6권 대부분에서 오리겐을 다루고 있다. 오리겐은 100편이 넘는 편지를 썼으며 그의 삶을 아는 데 매우 귀중한 자료였는데 불행하게도 상실했다. 유세비우스보다 앞서 가이사랴의 장로 팜필루스(Pamphilus)가 5권으로 구성된 『오리겐 변증서』를 썼는데, 유세비우스는 여기게 추가하여 6권째를 쓴 것이다. 그리고 제롬(Jerome)이 그의 『인명사전』(*De viris illustribus, Who's Who*)과 그의 『서신, 33』에서 오리겐을 언급하고 있다.

90 Eusebius, *HE.*, 6. 2. 2; Hans von Campenhausen, 앞의 책, 37.

91 Eusebius, *HE.*, 6. 6.

92 위의 책, 6. 2. 3.

93 위의 책, 6. 3 .7; 6. 5. 7; J. Quasten, *Patrology*, vol. II, 38.

94 Eusebius, *HE.*, 6. 3. 9-10. J. Quasten, 앞의 책, 38에서 인용. 여기 "철학적인 삶의 태도"란 근검한 생활 태도를 의미한다.

95 J. Quasten, *Apology*, vol. II, 38-40.

96 Eusebius, *HE.*, 6. 14. 10.

97 히폴리투스는 로마나 라틴 태생이 아니라 동방교회 출신인데 3세기 초부터 로마에서 장로로서 활동했으며 헬라어로 저술 활동을 했다. 독자적인 신학자였다고 하지만 알렉산드리아 신학에 비하면 훨씬 낮다고 하겠다. 그는 추상적인 문제보다 실천적인 문제에 더 관심을 가졌다. 그는 양태론적 군주신론과 성부수난설을 반대했으며 성서의 영감론, 몸의 부활, 희생적 성만찬론을 주장했다. 그러나 무엇보다도 그는 참회 문제와 죄의 용서 문제에 있어서 매우 엄격주의자로 당시 로마 감독들과 대립하여 결국 귀향을 가서 사망했다. 오리겐이 로마를 방문했을 때 그의 설교를 들었다고 전해진다.

98 Eusebius, *HE.*, 4. 21. 3. Hans von Campenhausen, 앞의 책, 50에서 재인용.

99 Eusebius, 위의 책, 6. 8 .4. J. Quasten, 앞의 책, 39에서 재인용.

100 J. Quasten, 위의 책, 40.

101 G. W. Butterworth, tr. *Origen, On First Principles* (New York: Harper & Row, Publishers, 1966), Harper Torchbooks, xiii.

102 Origen, *De Principiis*, praef. 2. J. Quasten, 위의 책, 40에서 재인용.

103 315년경 유대 지방에서 태어난 그는 이집트에서 수도원을 세우고 30년간 운영하다가 367년 키프로스의 감독들이 그를 그 섬의 수도 살라미스의 감독으로 선출하였다. 제롬에 의하면 그는 헬라어, 시리아어, 히브리어, 콥트어 그리고 라틴어도 어느 정도 알고 있었다. 그는 392년경 예루살렘에서 오리겐을 반대하는 설교를 했고, 이것이 계기가 되어 오리겐 논쟁이 벌어진 것이다. 그는 한편으로 치우친 전통주의 파를 대표한다. 그는 카파도키아의 세 위대한 교부들과 다른 동시대인과 비교하여 교회에서 헬라 학문을 부정하고 역사비평과 신학적 사변을 거부하였다.

104 Jerome, 『루파누스의 책을 논박하는 변증』(*Apologia adv. libros Rufini*), 2. 22.

105 Epiphanius, 『약 상자』 혹은 『이단』(*panarion*), 64, 65.

106 Jerome, *Epist*., 33. 오리겐이 이렇게 다작할 수 있었던 것은 발렌티니안 영지주의에서 정통 교회로 개종한 암브로스(Ambrose)라는 부자 제자가 오리겐의 설교와 강의의 속기사들의 인건비와 출판비를 도와주었기 때문이라고 한다(Eusebius, *HE*., 6. 23. 1-2). J. Quasten, 앞의 책, 43.

107 B. Altaner, 앞의 책, 225-226; F. L. Cross, *The Early Christian Fathers*, 125; J. Quasten, 앞의 책, 44 등.

108 St. Jerome, *Ep*., 33; Rufinus, *Interpr. Hom. Orig. in Num. Prol*., J. Quasten, 46.

109 더 자세한 성서 본문과 설교, 라틴어 역 설교 목록들은 B. Altaner, 앞의 책, 226-228과 J. Quasten, 위의 책, 46-47을 참조할 것.

110 이상은 B. Altaner, 위의 책, 226-227; J. Quasten, 위의 책, 48-50에 의존했음.

111 Eusebius, *HE*., 6. 36. 1.

112 Origen, *Contr, Cels*., 서론, 1.

113 *Contr. Cels*., 서론, 6.

114 J. Quasten, 앞의 책, 52. 그러나 켈수스의 『참 말씀』은 현존하지 않는다. 그러므로 그의 그리스도교 비판은 오리겐의 인용에 의한 것이다. 그러나 다행히도 오리겐을 통하여 켈수스의 글의 4분의 3 정도를 읽을 수 있다고 한다.

115 Origen, *Contr. Cels*., 1. 2. J. Quasten, 위의 책, 54.

116 위의 책.

117 Origen, 위의 책, 1. 46; 2. 48; 1. 50. J. Quasten, 위의 책, 54-55에서 인용.

118 Origen, 위의 책, 6. 2. J. Quasten, 위의 책, 55에서 인용.

119 위의 책, 8. 64; J. Quasten, 위의 책, 55-56.

120 Eusebius, *Adv. Hieroclus*, 1; J. Quasten, 위의 책, 56.

121 C. Bigg, *The Christian Platonists of Alexandria* (ed. 1913), 193. F. L Cross, *The Early Christian Fathers*, 127에서 재인용.

122 Origen, *De princ.*, preface, 1-2. J. Quasten, 앞의 책, 58-59에서 발췌.

123 Origen, 위의 책, 4. 1. 11. 이 작품의 각 권의 개요는 F. L. Cross, 앞의 책, 18-130; B. Altaner, 앞의 책, 228; J. Quasten, 앞의 책, 60-61에 의존했음.

124 보다 자세한『제일 원리』에 대한 날짜, 구성의 환경, 루피누스의 역본, 제롬과 루피누스의 논쟁, 교리 내용 등에 대해서는 G. W. Butterworth, tr., *Orirgen, On First Principles*, xxviii-lviii를 참조할 것.

125 오리겐은 그의『켈수스 논박』에서(8. 12) 같은 본문을 그리스도와 그의 아버지 사이에 존재하는 일치의 증거로 제시하였다. 그러나 다만 사상의 일치, 의지의 일치만을 언급하였다.

126 J. Quasten, 앞의 책, 62-64.

127 이상은 J. Quasten, 위의 책, 66-67에 의존했음.

128 졸저, 『기도와 고백의 삶』(서울: 경건과신학연구소, 2006), 50; J. M. Lochman, *Auslegung des Unser Vater*, 정권모 옮김, 『기도와 정치』(서울: 대한기독교서회, 1995), 133.

129 J. Quasten, 앞의 책, 67-69.

130 Eusebius, *HE.*, 6. 2. 2-6; J. Quasten, 위의 책, 70.

131 J. Quasten, 위의 책, 70-72에 의존.

132 *Contr. Cels.*,4. 5.

133 P. Tillich, 앞의 책, 59.

134 *De princ.*, 1. 1. 1;1. 1. 6. John R. Willis, ed. *The Teachings of the Church Fathers*, 149에서 인용. J. Quasten, 앞의 책, 75; *De princ.*, 1. 1. 5; 2. 4. 4; 3. 5. 2; *Contr. Cels.*, 8. 8. 21 등도 참조할 것.

135 *De princ.*, 1. 2. 8; *Contr. Cels.*,7. 17; J. Quasten, *Patrology*, vol. II, 75.

136 *De princ.*, 1. 1. 5-6. Henry Bettenson, *The Early Christian Fathers*, 254-255에서 인용.

137 *Contr. Cels.*, 6. 71. A. C. McGiffert, *A Hist. of Christian Thought*, vol. I, 215에서 재인용.

138 *Contr. Cels.*, 4. 14.

139 Origen, 『지배자에 관하여』(*peri archon*), 2. 1. 3; 2. 9. 1; *Contr, Cels.*, 5. 23. A. Harnack, *Hist. of Dogma*, vol. II, 350-351.

140 Origen, 『요한복음 주석』(*Comm. in Ioannem*), 2.10. Henry Bettenson, 앞의 책, 315에서 인용.

141 Origen, *Comm in Ioannem*, 10. 39. 270; 6. 33. 166.

142 *De princ.*, 1. 2. 6. J. Quasten, 앞의 책, 77에서 인용.

143 *Comm. in Ioannem.*, 8. 36. Henry Bettenson, 앞의 책, 335에서 인용.

144 "aeterna ac sempiterna generatio"(*De princ.*, 1. 2. 4).

145 *De princ.*, 1. 2. 2. J. L. González, 앞의 책, 222-223에서 재인용.

146 "ouk estin hote ouk ēn"(*De princ.*, 1. 2. 9; 4. 4. 1; In *Rom.*, 1.5). Otto W. Heick, *A Hist. of Christian Thought*, vol. I, 117, n.37.

147 Origen, *In Psal.*, 135. 2. J. L. González, 앞의 책, 223.

148 *De princ.*, 1. 2. 12; *Contr. Cels.*, 8. 12. 곤잘레스는 오리겐이 호모우시오스를 알고 있었고 성부와 성자의 관계를 설명하기 위해서 사용했을 것으로 보며 오리겐의 『마태복음주석』단편에 그 용어가 4회 나온다고 한다. 다른 한편 310년에 사망하여 아리우스 논쟁을 알 수 없었던 가이사랴의 팜필루스(Pampjilus)의 『오리겐을 위한 변증』(*Apol. pro Origene*)에 한 번 나타난다. 이 단편은 오리겐의 신학이 니케아신조에 일치하고 있음을 강하게 암시한다. 그에 의하면 오리겐은 하나님의 아들은 하나님과 같은 본질로 태어났고, 피조물이 아니며, 입양된 아들도 아니고, 본질에서 성부 자신에게서 태어났다(J. L. Gonzalez, 위의 책, 223, n. 87).

149 *Contr. Cels.*, 5. 39. 오리겐은 로고스가 '제2의 하나님'이라는 것을 *Contr. Cels.*, 6. 61; 7. 57에서도 언급한다. Henry Bettenson, 앞의 책, 334-335.

150 *De princ.*, 1. 2. 13; Henry Bettenson, 위의 책, 321.

151 *Comm. In Job*, 1. 20; J. L. González, 앞의 책 224, n.92.

152 *De oratione*, 14-16; Henry Bettenson, 앞의 책, 327-329; 또한 *De princ.*, 1. 3. 7; *Contr. Cels.*, 6. 60; 8. 13 등; Heick, 앞의 책, 117.

153 *Contra. Cels.*, 8. 15.

154 *Comm. in Joannem*, 13. 25. J. Quasten, *Patrology*, vol. II, 79에서 인용.

155 J. Quasten, 위의 책, 79. Otto W. 헤이크는 "삼중의 동심원(同心圓)이라고 표현한다 (앞의 책, 118).

156 *Discussion with Heraclides*, 124. J. L. González, 앞의 책, 225.

157 O. W. Heick, 앞의 책, 118. 그러나 오리겐이 어느 글에서 '피조자'라는 말을 했는지 참고문헌이 없고 찾을 수가 없다.

158 성자와 성부의 관계에서는 신-플라톤주의자들이 누스(nous)가 하나님으로부터 나온다는 유비를 사용해서 누스 대신에 로고스를 대입시켰다. 계시에 의존했다는 것에 대해서는 *De princ.*, 1. 3. 1-4 참고.

159 위의 책, 3. 5. 8; 1. 3. 4; J. L. González, 앞의 책, 225.

160 초대교회의 삼위일체 논쟁이나 그리스도론 논쟁에서 심각했던 것은 중심되는 용어, 즉 우시아(ousia), 후포스타시스, 프로소폰(prosopon) 등의 개념이 정리되지 않아 사람에 따라서 지역에 따라서 각기 다른 의미로 사용했기 때문이었다. 그리스도론 논쟁에서 다시 설명할 것이다.

161 *De princ.*, 1. 3. 5; 2. 7 등 참조.

162 우리는 일반적으로 '말씀'으로 번역하고 '이성'으로 이해하고 있지만, 그 말의 의미는 매우 넓고 깊다. 그러나 가장 합리적이고 우주의 기본적인 원리이다. 이것이 그리스도교에 수용되

었고 그리스도에게 적용되었다. 신약성서와 그 이후 초대 교부신학의 중심에 자리 잡았다.

163 *Conr. Cels.*, 4. 81; 6. 47; 7. 70 등 참조.

164 *Comm.in Ioannem.*, 1. 37-38. Henry Bettenson, 앞의 책, 290-291에서 인용.

165 오리겐은 그리스도교 신학의 용어에서 '신-인'이라는 칭호를 처음 사용했다(*Hom. in Ezechielem.*, 3. 3). B. Altaner, *Patrology*, 232; J. Quasten, 앞의 책, 80등; *De princ.*, 2. 6. 3; Henry Bettenson, 앞의 책, 299; 그리고 *Contr. Cels.*, 1. 69; 2. 23; 3. 25; 3. 28; 7. 7 등 참조.

166 *De princ.*, 2. 6. 2.

167 *De princ.*, 2. 6. 3. Henry Bettenson, 앞의 책, 299에서 인용.

168 *Contr. Cels.*, 2 .9; *De princ.*, 1. 2. 1.

169 그리하여 오리겐이 마리아에게 '하나님의 어머니'(theotokos)라는 칭호를 사용했다고 전해지고 있지만 확실한 근거는 없다. 사실 이 칭호는 오랫동안 알렉산드리아학파에서 마리아의 신적 모성을 표현하는 데 사용해 왔다. 5세기 전반부에 그 칭호는 네스토리우스에 의해서 공격을 받아 네스토리우스 논쟁의 발단이 되었는데, 네스토리우스 논쟁에서 방어되었으며 431년 에베소회의에서 정의되었다(J. Quasten, 앞의 책, 81).

170 H. A. Wolfson, *The Philosophy of the Church Fathers* (Cambridge: Harvard U. Press, 1970), vol. I, 395, 384, 386 등.

171 *Contr. Cels.*, 5. 39; *De princ.*, 1. 2. 13; 그리고 *De princ., praef.*, 4 등; B. Altaner, 앞의 책, 232.

172 A. Harnack, 앞의 책, vol. II, 371-373; *De princ.*, 2. 6; 4. 31; *Contr. Cels.*, 2. 9; Otto W. Heick, 앞의 책, 122 등.

173 P. Tillich, 앞의 책, 61-62.

174 *De princ.*, 4. 2; 4. 24; *Contr. Cels.*, 1. 68; 2. 42; 3. 62; 5. 51 등.

175 *Hom. in Numeros*, 24. 1. Henry Bettenson, 앞의 책, 304-305에서 인용.

176 *Contr. Cels.*, 1. 31; Henry Bettenson, 위의 책, 308.

177 *Hom. in Leviticum*, 1. 3; *Comm. in Rom.*, 2. 13; *Comm, in Ioannem*, 1. 40; *Contr. Cels.*,7. 17; De princ., 4. 25 등.

178 *De princ.*, 3. 4. 1. Henry Bettenson, 앞의 책, 273에서 인용.

179 *Comm. in Ep. ad Romanos*, 3. 3; *De princ.*, 2. 9. 2.

180 *Comm. in Ep. ad Romanos*, 5. 1.

181 *Contr. Cels.*, 4. 40; *De princ.*, 2. 9. 6; 2. 9. 8. 이것은 이 세상의 모든 것은 천상적인 것의 사본이라는 헬라 철학 사상과 맥을 같이하는 것 같다.

182 *De princ.*, 1. 3. 8; 3. 2. 5; 3. 2. 3 등.

183 *De Oratione*, 28. H. Bettenson, 앞의 책, 349에서 인용.

184 *Contr. Cels.*, 3. 28; 6. 68; *De princ.*, 3. 2. 1 등. 물질의 세계는 영지주의자들과 같이 악의 세계가 아니라 하나님이 가르침의 세계다.

185 J. L. González, *A Hist. of Christian Thought*, vol. I, 230. 여기 '회복'은 '구원'을 의미한다.

186 P. Tillich, 앞의 책, 64.

187 J. Quasten, *Patrology*, vol. II, 87.

188 *De princ.*, 2. 10. 6. cf. *Contr. Cels.*, 4. 15.

189 *De princ.*, 1. 6. 1-4; H. Bettenson, 앞의 책, 354-355.

190 *De princ.*, 3. 6. 5. H. Bettenson, 위의 책, 355에서 인용.

191 *De princ.*, 3. 6. 6. H. Bettenson, 위의 책, 355-356에서 인용. *De princ.*, 1. 6. 4; 2. 2. 2 등.

192 *De princ.*, 353. 그러나 오리겐은 장차 올 세상은 이 세상의 단순한 반복은 아닐 것이라고도 한다(위의 책, 2. 3. 4).

193 A. Harnack, 앞의 책, vol. II, 377.

194 *De princ.*, 2. 11. 2.

195 "coetus populi christiani"(*Hom. in Ezechielem*, 1.11), "coetus omnium sanctorum"(*Comm. in Canticum Canticorum*, 1), "credentium plebs"(*Hom. in Exodum*, 9.3). J. Quasten, 앞의 책, 82.

196 70인역에 의하여 렘 1:25. Eric G. Jay, *The Church: Its Changing Image Through Twenty Centuries*, vol. I (London: SPCK, 1977), 62에서 재인용.

197 *Hom. in Jeremiam*, 20. 3. Henry Bettenson, 앞의 책, 337-338에서 인용.

198 *Hom. in Jesu*, 21. 1; *Hom.in Ezechielem*, 6. 5; *Hom. in Numeros*, 3. 1 등; E. G. Jay, 앞의 책, 62.

199 *Contr. Cels.*, 6. 48. J. Quasten, 위의 책, 82에서 인용.

200 *Hom. in Jeremiam*, 9. 2; *Hom. in Jesu*, 8. 7;*Contr. Cels.*, 4. 22; 8. 72. J. Quasten, 앞의 책, 82.

201 Origen, *Comm.in Canticum Canticorum*, 『아가서』, 2. 8. Henry Bettenson, 앞의 책, 338-339에서 인용.

202 *Comm. in Joannem*, 6. 59; J. Quasten, 앞의 책, 82.

203 *Hom. in Jesu*, 3. 5. Henry Bettenson, 앞의 책, 336-337에서 인용.

204 *Comm. in Ep. ad Romanos*, 10. 5.

205 *Comtr. Cels.*, 4.44; 8.33.

206 *Hom. in Exod.*, 13. 3. H. Bettenson, 앞의 책, 344에서 인용.

207 *Comm.in Matthaeum*, 11.14; Henry Bettenson, 앞의 책, 344-345.

208 *Comm. in Matt.*, 85. J. Quasten, 앞의 책, 86에서 인용.

209 *Hom. in Numeros*, 16. 9. Henry Bettenson, 앞의 책, 345에서 인용.

210 *Comm. in Matt.*, 11. 4; *Comm. in Joannem*, 32. 24; B. Altaner, 앞의 책, 233. J. Quasten, 앞의 책, 86-87.

211 *Hom. in Lucam.*, 21; *Comm. in Mtt.*, 15. 23; *Hom. in Leviticum*, 2. 4등.

212 *Hom. in Leviticum*, 8. 3. J. Quasten, 앞의 책, 83에서 인용.

213 *Hom. in Leviticum*, 2. 4. Henry Bettenson, 앞의 책, 350-351에서 인용.

214 *Hom. in Ps.*, 37. 2. 5; J. Quasten, 앞의 책, 84.

215 주 181 참조.

216 *Contr. Cels.*, 3. 50; *De oration*, 28; *Hom. in Lev.*, 2. 4. J. Quasten, 앞의 책 85.

217 신비주의에 대한 일반적인 정의는 제1장 "초대 그리스도교 사상 형성 배경"에서 언급했다.

218 Harvey D. Egan, *Christian Mysticism* (Collegeville, Minnesota: The Liturgical Press, 1990), 17.

219 위의 책, 18-19.

220 위의 책, 20.

221 위의 책, 21. 마 11:27; 요 5:19; 5:20, 23, 30; 7:29; 8:26, 55, 56 등.

222 위의 책, 3.

223 위의 책, 3에서 인용.

224 Socrates, *HE.*, 5. 22. 578편의 설교 중 단지 20편만이 헬라어 원문으로 전해지고 있고, 388편의 설교문은 라틴어 역본으로도 남아 있지 않다. J. Quasten, 앞의 책, 46-47.

225 성 베르나르는 12세기 초 라틴교회의 종교적 삶을 이끌어 간 프랑스의 신비가다. 22세 때 시토수도원에 들어가서 25세 때 클레르보에 위치한 수도원의 원장이 되었다. 그의 영향력에 의해서 영주를 비롯하여 상류층의 자녀들이 수도원에 몰려왔을 정도였다. 그는 그리스도의 사랑에 감동되어 하나님이신 그리스도에게만이 아니라 인간이신 그리스도에게 헌신하였다. 그는 '마지막 교부', '열세 번째 사도'라는 칭호를 받았다. 그는 설득력 있는 연설가, 설교가로서 1147년 제1차 십자군의 동원을 가능케 한 사람이었다. 경건, 복종, 명상의 신앙 지도자다. 그의 사상의 핵심은 『사랑의 하나님에 관하여』, 『명상에 관하여』, 『아가서 설교』 등에 나타나 있다. 성 테레사는 1535년경 성육신 카르멜 수녀원에 들어가 1559년에 그리스도가 창으로 자기의 가슴을 꿰뚫고 들어오는 환상을 보았다고 한다. 『완덕의 길』(1565~1566)을 저술하여 주기도문의 묵상적 주해를 하였다.

226 *De princ.*, 3. 6. 1. G. W. Butterworth, 앞의 책, 244-246에서 인용.

227 *Comm. in Matt.*, 11. 4; J. Quasten, 앞의 책, 94-95.

228 *Comm. in Canticum Canticorum*, 2. 143-145; J. Quasten. 위의 책, 95-96.

229 *Comm. in Canticum Canticorum*, 2. 155; J. Quasten, 앞의 책, 96.

230 *Hom. in Exodum*, 8. 4. 226. 2f. 이것이 없이 내적 상승도 불가능하다.

231 *Hom. in Exod.*, 13. 5; *Hom. in Josua*, 15. 3; *Hom. in Genesin*, 10. 3; *Hom. in Jer.*, 8. 4; *Hom.in Ezechielem*, 9. 2; J. Quasten, 앞의 책, 96-97.

232 *Hom. in Lucam*, 29는 H. Bettenson, 앞의 책, 301. *Hom. in Genesin*, 1. 7; *Hom. in Numeros*, 27. 11는 J. Quasten, 앞의 책, 98.

233 *Comm. in Cant*, 1. J. Quasten, 앞의 책, 99-100에서 발췌 인용.

234 위의 책, 1. 2; 67. 7; J. Quasten, 위의 책.

235 J. L. González, *A Hist. of Chriastian Thought*, vol. I, 216.

236 칼빈의 조직신학이라고 할 수 있는 『그리스도교 강요』도 성서에 대한 해석이다. 그래서 칼빈은 조직신학자보다는 성서학자로서 높이 평가받는다.

237 *De princ.*, 서론, 8. J. Quasten, 앞의 책, 92에서 인용.

238 삼분법이란 헬라 철학에서 말하는 인간 구성 3요소(몸, 혼, 영)에 따라 구분하는 것이다. R. 제베르크는 오리겐의 성서 삼중의 의미론을 잠 22:20 이하에 근거한 것이라고 한다(R. Seeberg, *The Hist. of Doctrines*, vol. I, 147). 물론 오리겐은 이 삼중의 의미가 다르지만 서로 보완적이라고 한다.

239 '육체적 의미'(somatic sense)는 '문자적 의미'(literal sense)이며, '혼적 의미'(psychic sense)는 '도덕적 의미'(moral sense)이고, '영적 의미'(pneumatic sense)는 '사변적 의미'(speculative sense) 또는 '신비적 의미'(mystical sense)라고 한다. 이 마지막 해석을 '우의적 또는 은유적 해석'(allegorical interpretation)이라고도 한다.

240 *De princ.*, 4. 3. 1; G. W. Butterworth, 앞의 책, 288.

241 *Hom. in Leviticum*, 7. 5; J. L. González, 앞의 책, 218.

242 *De princ.*, 6.12; J. L. González, 위의 책, 219.

243 축자영감설(verbal inspiration)의 현대적 의미는 성서의 매 글자가 모두 하나님의 영에 의해서 쓰였고, 성서의 저자(편자)는 단순히 받아쓰는 도구에 불과하기 때문에 성경말씀은 일점일획도 오류가 없다는 주장이다. 이 주장은 주로 근본주의신학자들에 의해서 주장된다. 우리나라에서 대표적인 학자는 박형룡 박사다. 그는 유기적완전축자영감설(有機的 完全逐字 靈感說)이라고 한다(박용규 엮음, 『죽산 박형룡 박사의 생애와 사상』, 165). 이와 같은 성서 해석에 관한 논쟁에서 한국장로교회는 분열되었다.

244 은유적 해석은 오리겐 이전에 고전문학해석에서와 특히 유대주의적 헬레니스틱 성서 본문 주석에서 사용되고 있었다. 오리겐은 필로의 영향을 받았음이 분명하다. 그러나 필로를 그대로 모방한 것이 아니어서 "필로를 벗어난 필로"라고 한다. (R. P. C. Hanson, *Allegory and Event*, London: S.C.M. Press, 1959, 237). 오리겐의 하나님의 영감론에 대해서는 같은 책, 187; Origen, *Hom. in Jeremiam*, 21. 2; *Hom. in Exod.*, 1. 4; *De ptinc.*, 1. 1-2; 4. 11-13; 5. 60; *Contr. Cels.*, 4. 38 등.

245 *Contr. Cels.*, 1. 42; 3. 53; 4. 9; 5. 6; 6. 7; *De princ.*, 4. 8 등.

246 *Contr. Cels.*, 3. 21; 3. 62; 1. 11. R. Seeberg, 앞의 책, 148.

247 *De princ.*, 4. 3. 5; G. W. Butterworth, 앞의 책, 296; J. L. González, 앞의 책, 218.

248 여기 "교회 밖"이라는 말은 "교회 밖에는 구원이 없다"는 의미로 해석이 되지만, 오리겐은 그 그릇들이 하나님의 신비스럽고 자비로운 섭리에 따라 '큰 집'에서 각기 그들의 위치를 차지하게 될 것이라고 말한다. 오리겐의 만인구원론이 여기서도 적용된다. Origen, *Hom. in Josua*, 3. 5; *Hom. in Jeremiam*, 20. 3; Eric G. Jay, *The Church*, 주재용 옮김, 『교회

론의 변천사』, 97.

249 *Comm. in Lucam*, 10:30-35. R. H. Stein, *In Intro. to the Parables of Jesus*, 오광만 옮김,『비유해석학』(엠마오, 1996), 71에서 재인용.

250 R. P. C. Hanson, 앞의 책, 247-248; J. L. González, 앞의 책, 220.

251 J. L. González, 위의 책.

252 *Hom. in Gen.*, 8. 8-9; *Comm. in Rom.*, 2. 11; J. L. González, 앞의 책, 219.

253 A. Harnack, *Hist. of Dogma*, vol. II, 369-370; A. Nygren, *Agape and Eros*, 369. 오리겐에 대한 격렬한 부정적 비판 논쟁은 400년경에 에피파니우스(Epiphanius)와 알렉산드리아의 테오필수스(Theophilus)가 주동이 되었으며, 543년 황제 유스티니안 1세(Justinian I)가 오리겐의 글 중에서 9가지(15가지라고도 함) 논제들을 정죄하였고, 곧이어 콘스탄티노플의 대주교 멘나스(Mennas)와 로마의 교황 비길리우스(Vigilius)가 동의하므로 종결되었다.

254 J. L.González, 앞의 책, 232.

255 A. Harnack, 앞의 책, 379.

256 A .C. McGiffert, *A Hist. of Christian Thought*, vol. I (NewYork, Charles Scribner's Sons, 1960), 230.

257 Eusebius, *HE.*, 6. 19. 7.

258 A. Nygren, 앞의 책, 368 이하, 370, 381, 387 이하.

259 *Contr. Cels.*, 4. 39; 1. 13 등.

260 J. L. González, 앞의 책, 232. "오리겐 이후의 동방교회 신학"에 관해서는 같은 책, 253-267을 볼 것.

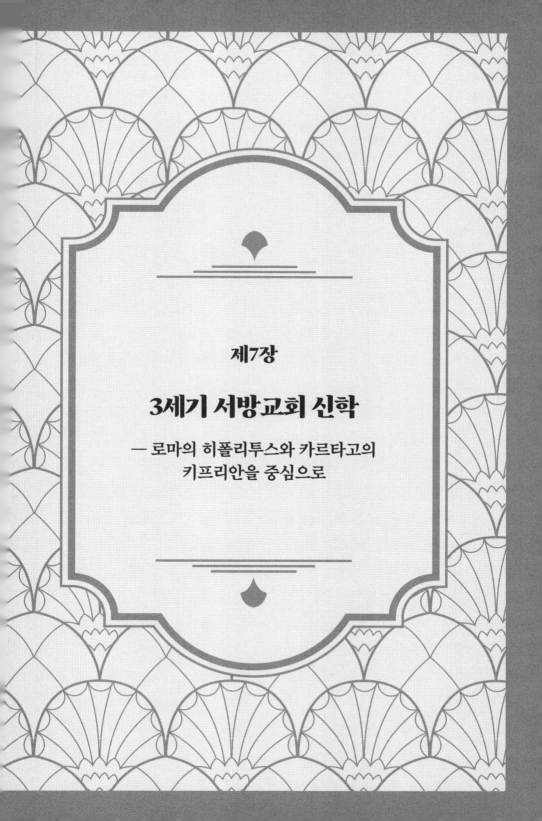

제7장

3세기 서방교회 신학

— 로마의 히폴리투스와 카르타고의
키프리안을 중심으로

I. 서론

서방 신학이라고 하면 대표적으로 터툴리안이나 어거스틴을 생각하게 된다. 더욱 3세기 서방 신학이 다른 세기와 다른 특별한 특징이 있는 것도 아니지만, 그럼에도 불구하고 3세기 서방 신학을 여기서 취급하는 것은 이 시기에 서방 신학은 라틴 신학의 일반적인 특징을 보지하면서 터툴리안이 놓은 기초 위에서 어거스틴에게서 절정을 이룰 미래 서방 신학의 발전을 위한 여러 주제를 논의하였고 매우 중요한 한 걸음을 내디디었기 때문이다.

우리가 이미 취급한 터툴리안의 신학에서도 나타났지만, 3세기 서방 신학은 같은 세기의 알렉산드리아 신학과 매우 대조된다. 후자가 사변적 경향이라면 전자는 실천적이라고 할 것이다. 후자가 플라톤 철학의 영향을 받았다면 전자는 스토아철학의 영향을 받았다. 후자가 영적이고 신비적이라면 전자는 법 지향적이다. 그러므로 서방 신학에서는 오리겐의 사색적 신학 체계를 찾을 수가 없다. 이 시기에 우리가 주목할 신학적 주제는 죄의 용서와 교회론이다. 그리고 이 시기에도 서방 신학의 중심지는 로마와 북아프리카였다. 그리하여 이 장에서는 어거스틴으로 넘어가기 전에 3세기 로마를 대표한 히폴리투스와 북아프리카를 대표하는 키프리안을 중심으로 서방 신학을 살펴보려고 한다.

II. 로마의 히폴리투스의 신학

1. 생애

3세기 초부터 장로로서 로마에서 활동한 히폴리투스(Hippolytus of Rome, c. 170~236)는 가장 특성 있는 인물로 뛰어났다고 말할 수 있는 첫 사람이었다. 그는 수수께끼 같은 인물이라고도 할 수 있다. 정통 로마교회의 감독들(교황들)과의 논쟁과 갈등 속에서 첫 반(反)교황(anti-Pope)으로 선출되기도 했지만, 결국 정죄를 받아 유배지에서 사망하였다. 그러나 한두 세기 후에 그는 성자로서 높은 존경을 받았다. 그럼에도 불구하고 그의 삶과 저작들 그리고 사상 등은 곧 잊혀졌다. 오랫동안 학계에서도 관심을 갖지 않았다. 그러다가 학계의 관심을 끌게 된 것은 1551년에 머리 없는 그의 동상이 로마의 티부르티나 거리(Via Tiburtina) 고적 발굴 과정에서 발견된 이후다.[1] 의자에 앉아 있는 모양의 이 동상은 감독으로서 그의 위상과 스승으로의 그의 위치를 나타내고 있었고 그의 저서 목록이 동상 의자에 새겨져 있었다.[2] 이 동상은 히폴리투스 생전에 건립되었던 것으로 추측한다. 그것은 그가 생전에 로마에서 존경과 높은 평판을 받고 있었다는 것을 입증해 준다.

그로부터 그에 대한 관심은 학계에 점진적으로 높아갔고 때를 맞춰 그의 잔존하는 저작 단편들이 빛을 보기 시작했다. 특히 그가 결정적인 인물로 학계의 주목을 받기 시작한 것은 1842년 그의 책 『모든 이단논박』(*Philosophumena*) 중 가장 중요한 장(章)으로 입증된 사본이 발견되었기 때문이었다. 처음에는 이 글의 저자가 누구인지 모르고 출판되었다가 1851년에는 오리겐의 이름으로 출판되었다. 그러나 여러 학자의 노력 끝에 그 글의 저자가 히폴리투스라는 것을 알게 되었다. 이 글을 통하여 기대하지도 않았던 3세기 로마교회의 역사에 새로운 빛이 비치게 되었다. 1916년에는 교회 전례적(典禮的)이며 표준적인 문서가 발견되었다. 이 문서는 '이집트 교회 규칙'으로 알려진 것이며 그 원저자가 히폴리투스였다. 이 책으로 그는 니케아회의 이전 가장 중요한 교회 전례 의식의 기념비적 저자가 된 것이다.

그의 책『모든 이단논박』에 의하면 히폴리투스는 로마의 감독 빅토르(Victor, c.189~198)와 친밀한 관계를 가지고 있었던 것 같다. 그는 그의 연대기적 관심을 가지고 빅토르를 도와 로마교회의 부활절 달력 제작을 도왔을 것으로 추정한다. 이 달력 제작은 유대인들로부터 로마교회의 독립을 의미한다. 이렇듯 그는 로마교회에서 최상층에 속해 있었다. 212년경 오리겐이 로마를 방문했을 때 히폴리투스의 "우리 주 구세주를 찬양하라"라는 설교를 들었는데, 그때 그는 히폴리투스의 발치에 앉았다고 기록되어 있다.[3]

히폴리투스는 감독 빅토르가 죽자 그를 계승한 제피리누스(Zephyrinus, 198~217)의 오른팔 역할을 했고 후에 그를 계승하여 감독이 된 칼리스투스(Callistus, 217~222)와는 갈등 관계가 되어 신랄한 논쟁과 충돌이 계속되었다. 두 사람의 갈등은 교회 훈련의 문제와 신학적인 문제 때문이었다. 당시 로마교회는 새로운 개종자들로 말미암아 교인 수가 급격히 증가하였다. 감독들은 그들에게 전통적인 교회 훈련 기준을 적용하기가 어렵게 되어 그 강도를 완화하려고 했고, 음행을 비롯하여 심각한 죄에 빠졌던 사람들을 교회의 성찬에서 영구히 배제하고 있는 옛 교회 규칙을 개정하여 그들이 참회하면 용서하고 교회에서 받아들이는 조치를 취하려고 했다. 그러자 매우 보수적이고 엄격한 성격의 히폴리투스는 큰 충격을 받고 감독들이 원시 그리스도교로부터 내려온 사도적 전통을 파기했다고 비난과 공격을 하였다.

그리고 동시에 히폴리투스는 감독 제피리누스와 그의 추종자들의 삼위일체 교리를 논박하기 시작했다. 히폴리투스에게 그들의 삼위일체 교리가 내용상으로는 서머나의 노에투스(Noetus)와 로마의 사벨리우스(Sabellius)가 주장했던 양태론적 군주신론, 성부수난설인 것을 베일로 가리고 있다고 생각했다.[4] 히폴리투스는 『노에투스 이단에 관한 설교』를 노에투스의 이단적 교리에 대한 해설로 결말을 짓고 있다. 현존하고 있는 이 작품의 단편은 양태론적 군주신론(성부수난설)을 강하게 논박하고 있다. 이 점에 대해서 포티우스(Photius)는 히폴리투스가 이레니우스의 제자였기 때문에 이단들에 대하여 정통 교회의 교리를 방어하는 데 스승의 열정에 함께 했을 것이라고 하였다. 그러나 히폴리투스의 양태론적 군주신론과 성부수난설에 대한 맹렬한 공격은 그의 로고스 교리가 종속론적 경향을 보일 정도로 지나쳤다는 비판을 받는다.[5] 이와 같은 신학적인 문제에다 개인적인 감정까지 더해져서 히폴리투스는 과도한 용어를 사용하면서 그들을 공격하였다. 특히 칼리스투스에 대해서는 지난날 신용 없는 금전적 거래 때문에 법정에서 유죄판결을 받은 사실까지 폭로하면서 공격하였다.

감독 제피리누스를 계승하여 칼리스투스가 감독으로 즉위하자 히폴리투스와 그의 동조자들은 칼리스투스를 감독으로 인정하지 않고 히폴리투스를 칼리스투스와 대립되는 로마의 감독(anti-Pope)으로 선출하였다. 그는 비록 수는 적지만 로마에서 영향력 있는 계층의 지지를 받고 있었기 때문에 그 세력을 무시할 수가 없었다. 이 일로 인해서 로마교회는 첫 분열의 역사를 기록하게 되었다. 히폴리투스의 반(反)교황으로서의 통치와 로마교회의 갈등과 분열은 칼리스투스를 계승한 우르반(Urgan, 222~230)과 폰티아누스(Pontianus, 230~235) 때까지도 계속되었다.

그러는 사이 정치적 상황이 변하였다. 로마제국의 황제가 된 막시미누스 트락스(Maximinus Thrax, 235~238)에 의한 박해가 235년에 발발된 것이다. 황제는 히폴리투스와 폰티아누스를 모두 귀양 보냈다. 그들은 유배지, '죽음의 섬'에서 죄책감에 시달리다가 얼마 후에 죽었다.[6] 그들의 유해는 로마로 이송되어 폰티아누스는 칼리스투스 묘역에 매장되었고, 히폴리투스는 로마 교외 티부르티나에 매장되었다. 그러는 사이 두 공동체는 화해하여 하나가 되었고, 논쟁의 역사는 잊혀졌으며, 두 사람은 모두 성자로 인정되어 로마교회의 달력에서 그들의 신분은 유지되었다. 유세비우스와 제롬은 그를 감독이라고 불렀다. 그러나 다마수스(Damasus I, 366~384) 교황 비문에는 히폴리투스를 노바티안 지지자들의 분열과 연계시키고 있다.[7]

2. 신학 사상

1) 주요 저작 개요

그의 넓은 관심과 다양성은 오리겐과 비교할 만하다. 그의 관심은 오리겐이 접근하지 못했던 범위까지 이르렀다. 그는 넓은 성서 지식을 가지고 있었으며 특히 성서 역사의 연대기에 깊은 흥미를 가지고 있었다. 상당한 수학적 능력도 있었고 우주와 신화의 기원이 되는 헬라인의 사변에도 호기심이 있었다. 지금은 대부분 단편으로 남아 있지만, 그의 저술의 범위는 300년간 로마교회의 저술가 중에서 첫째가 된다. 그는 종교적 시인이기도 했다. 그의 저작 활동 범위는 주석적인 것, 신학적인 것, 반(反)이단적인 것, 연대학적인 것, 철학적인 것 그리고 사도 전통에 관한 것 등이다.

3세기 초부터 로마에서 장로로서 활동했던 히폴리투스는 로마에서 작품 활동을 하면서도 헬라어로 글을 썼으며 많은 저술 활동은 당대 동방교회의 최고의 신학자 오리겐과 비교가 될 정도였다. 그는 태생적으로 로마인도 라틴인도 아닌 것이 분명하다. 그의 놀라운 헬라 철학 지식, 헬라 신비 종교 제의에 대한 친숙함 등은 그가 동방 출신임을 입증한다. 그의 신학적 태도, 헬라 신학자들의 로고스 교리와 연관이 있는 그의 로고스 교리는 라틴적인 훈련보다는 헬레니스틱 훈련을 받았음을 보여준다. 그는 사고에 있어서뿐만 아니라 표현에 있어서도 헬라인이었다. 아마도 그는 로마에서 헬라어로 글을 쓴 마지막 그리스도인일 것이다. 만일 그가 동방 태생이 아니라면 당시 로마에 정착한 동방 그리스도인의 한 집단에 속한 사람일 것이다.[8]

히폴리투스가 죽은 후 그의 많은 저작물 중 헬라어 원본은 거의 남아 있는 것이 없다. 그것은 그가 분리파에 속해 있었기 때문이기도 했겠지만, 그의 로고스 그리스도론이 이단적 경향을 보였기 때문일 것이다. 물론 그의 시대 이후 로마에서는 헬라어에 대한 관심이 점차적으로 없어졌다. 이유는 좀 다르겠지만 이와 같은 히폴리투스의 저작의 운명은 오리겐의 경우와 같은 것 같다. 다행인 것은 히폴리투스의 작품이 라틴어, 시리아어, 콥트어, 아라비아어, 에티오피아어, 아르메니아어 등 여러 역본이 완전하게 또는 단편적으로 남아 있다는 것이다.

이것은 그의 이름으로 발표된 작품 중 진정성이 의심되는 것이 있을 만큼 그의 이름은 동방에서 유명하게 남아 있었다는 것을 보여준다.[9]

(1) 『모든 이단 논박』(Philosophumena, Refutatio omnium haere-
sium)

이 책의 헬라어 원제목은 『모든 이단에 대한 고찰』(kata pasōn haireseōn elegchos)이고, 출판 대부분에는 라틴어 명칭 『모든 이단 논박』(Refutatio omnium haeresium)이 사용되고 있다. 책 전체는 10권으로 구성되었는데, 책명이 나타내는 철학적 교의 해설(Philosophumena)로서 저자 자신이 언급한 헬라인의 철학은 첫 부분(1~4권)에서만이 취급되어 있을 뿐, 그 외 부분에서는 내용이 책명과는 무관하다.[10] 제1권은 1701년 이후 알려졌으나 오리겐의 이름으로 유통이 되었으며, 제2~3권은 상실되었고, 제4~10권은 14세기 헬라어 사본으로 발견되었다. 그것도 처음에는 오리겐의 편집으로 알려졌었다. 히폴리투스의 저술로 확정된 것은 1859년이다.

저자는 책 저술에 있어서 그 자료와 방법을 그의 스승으로 알려졌고 이단에 대해 강한 반대를 했던 이레니우스에게 의존하였다. 저자는 이단이 이교 철학에 근거했음을 입증하고 있기 때문에 그리스도적이 아니라고 비판한다. 책은 제1~4권과 제5~9권, 이렇게 두 부분으로 구성되었다.

첫 부분(1~4권)은 여러 다른 이교도 사상 체계를 다룬다. 즉, 이단들의 교설은 그리스도교 계시에서 온 것이 아니라 이교도의 지혜에서 기원한 것이라는 것을 논증한다. 제1권은 주로 그가 열등하다고 보는 헬레니스틱 자료에 근거한 헬라 철학사의 개관이고, 제2~3권은 상실되었지만 헬라인들과 야만족의 신비 제의(祭儀)와 신화들로 충당되었을 것으로 생각한다. 제4권은 점성학과 마술을 취급하고 있다.

둘째 부분(5~9권)에서 제5권은 이 책의 중심 주제로 거짓된 그리스도교 교훈, 즉 33개의 영지주의 종파의 이단을 기술하고 있다. 이 부분은 이레니우스의 『이단논박』과 콥트어로 번역된 영지주의자의 원저작의 상당 부분의 자료들을 사용하였기 때문에 이 책의 다른 부분보다 더 가치가 있다.

제10권은 지금까지의 해설을 요약한 후 유대교 역사의 연표와 참 교리의 해설을 하고 있다. 따라서 히폴리투스의 『모든 이단논박』은 영지주의 역사 연구에 매우 중요한 자료로 평가받고 있다. 저자는 이 책에서 로마 감독 칼리스투스의 죽음을 언급하고 있기 때문에 저술 연도는 222년 이후가 된다.[11]

그러나 『모든 이단논박』 저술에 있어서 히폴리투스의 한계도 지적된다. F. L. 크로스에 의하면 그는 역사의식이 결여되어 있고, 그리스도교 이단들이 각기 특정한 헬라 철학자와 연계되어 있다는 그의 시도는 피상적이며 무리한 면이 있고, 그의 이단 기술(記述)은 신뢰를 주지 못한다는 것이다. 왜냐하면 그는 이전의 이단 연구 자료들을 재생하는 정도이고 새로운 자료가 발견되지 않기 때문이다. 그러나 그가 나름대로 공헌한 것이 있다면 발렌티누스주의자들에 관한 것이다. 물론 이 부분의 주요 자료는 이레니우스에 의존하고 있다. 일반적으로 히폴리투스는 믿을 수 있는 정보보다는 빈약한 자료를 사용하든가 또는 자기가 믿고 싶은 자료를 잘못 다루든가 한다는 것이다.[12]

(2) 『모든 이단을 반대하여』(*Against all Heresies, The Syntagma*)

이 저작은 앞에 소개한 것과 혼동하기 쉽다. 그러나 헬라어 원명을 보면 분명히 다르다. 두 책의 공통되는 것은 책명에서도 나타나 있듯이 이단을 비판하고 반대한 것이다. 이 저작이 앞의 책보다 짧으나 더 먼저 제피리누스가 로마의 감독으로 재직하고 있었을 때(198~217) 편집되었고, 그 책명을 『순타그마』(*Syntagma*)라고 한 것은 포티우스(Photius)다.[13] '순타그마'는 논문, 묶음 등을 의미하는 말이다.[14] 포티우스는 이 책에 대해서 기술하기를 "그것은 도시테우스파(Dositheans)[15] 로부터 시작해서 노에투스(Noetus)[16]와 그 추종자들까지 기록하고 있으며 이레니우스가 그의 강의에서 논박한 바가 있다. 그리고 현존하는 것은 개요다. 문체는 분명하며, 어느 정도 엄격하지만, 군말이 없다. 우아한 표현을 특징으로 하는 아테네어법의 경향을 보이지는 않는다."[17] 이 언급이 매우 의미 있는 것은 『모든 이단을 반대하여』의 원본이 상실되었기 때문이다.

(3) 『노에투스 이단에 관한 설교』(*Homily on the Heresy of Noetus*)

히폴리투스는 특히 노에투스 이단에 대해서는 매우 강한 부정적인 입장을 가지고 있었던 것 같다. 그의 저서 중에는 『노에투스 이단에 관한 설교』(*Homily on the Heresy of Noetus*)가 있다. 큰 부분의 단편이 바티칸 사본에 현존하고 있는데, 엄격히 말하면 이 글은 '설교'가 아니라 반(反)이단 '논문'이다. 포티우스는 『순타그마』의 기술에서 이 작품은 노에투스 이단의 해설로 끝을 맺고 있다고 하였다. 현존하는 단편을

통해서 봐도 이 작품은 양태론적 군주신론, 성부수난설을 논박하고 있다.[18]

(4)『적그리스도에 관하여』(*On the Antichrist, peri tou antichristou, De antichristo*)

200년경 쓰여진 이것은 히폴리투스의 교리적인 저술 중 헬라어 원본으로 완전하게 남아 있는 유일한 책이다. 이 글은 저자가 '나의 사랑하는 형제'라고 부르는 안디옥의 감독이며 변증가의 한 사람인 테오필루스(Theophilus)[19]에게 보낸 것이다. 그는 이 책에서 어떤 사람이 적그리스도이며, 적그리스도의 특징은 무엇인지를 논한다.

> 적그리스도의 도래는 어떤 식인가; 불경한 사람이 밝혀지는 것은 어떤 경우이며 어떤 때인지; 적그리스도는 어째서 그리고 어느 종족으로부터 오는 것인지; 성서에서 수시로 암시된 그 이름은 무엇인지; 적그리스도는 믿는 사람들에 대한 고난과 박해를 어떻게 선동하는지; 그는 어떻게 자신을 하나님으로 영화롭게 하는지; 그 끝은 어떻게 될 것인지; 주님의 갑작스러운 나타남이 어떻게 하늘로부터 계시될 것인지; 믿는 자들의 영광스럽고 천상적인 나라, 그리스도와 함께 통치하는 때는 어떤 것인지; 불로 악한자를 징계한다는 것은 무엇인지.[20]

히폴리투스는 많은 동시대인들이 로마를 적그리스도의 제국으로 주목하고 있다는 것을 인식하고 있었다. 그래서 그는 로마가 다니엘의 환상에 나오는 네 번째 짐승(단 7:7-8)에 해당된다고 했다. 이것은 적그리스도가 후에 나타날 것이라는 의미이다. 그래서 셉티미우스 세베루스(193~211) 황제의 통치하에서 새로운 그리스도인 박해가 있음에도 불구하고 적그리스도가 곧 닥쳐올 것으로 보지 않았다. 이 점에서 이 책은 교부문학 중에서 적그리스도 문제를 가장 포괄적으로 취급한 것으로 평가되고 있다. 이 작품의 진정성은 저자 자신이 『다니엘서 주석』에서 언급하고 있다.

(5) 다니엘서 주석

동시대인 오리겐과 마찬가지로 히폴리투스도 알렉산드리아학파의 공통적인 특징인 은유적이고 유형학적인 해석 방법으로 많은 성서 주석 책을 썼다. 그러나 오리겐의 신비적인 경향에 비해서 히폴리투스의 주석은 무미건조하여 영양가가 낮다고 할 수 있다. 불행하게도 그의 주석 저술은 남아 있는 것이 매우 적다.

다니엘서 주석은 가장 잘 보존된 주석 책이다. 전체 본문은 고(古) 슬라브역으로 현존하고, 대부분 헬라어 원문 단편들이 현존한다. 204년에 쓰여진 이 주석은 우리에게 전해진 그리스도교 교회의 성서 주석 중에서 가장 오래된 것으로 알려져 있다. 이 주석의 많은 구절은 저자가 202년에 시작된 셉티무스 세베루스 황제(193~211)의 박해 속에서 기록했음을 시사한다. 4권으로 구성된 이 주석 첫 권은 수산나(Susanna)[21]의 이야기다. 저자는 그녀를 유대인과 이교도로부터 박해를 받는 그리스도와 교회의 순결한 신부의 예표(豫表) 또는 원형으로 본다.

수산나는 교회와 그녀의 남편인 여호야김, 그리스도 그리고 교회에 열매를 많이 맺는 나무와 같이 심겨진 신자들의… 정원을 예표한다. 그리고 바빌로니아는 세상이다. 그리고 두 장로는 교회를 반대하여 음모를 꾀하는 두 사람, 즉 유대인과 이방인들이다. 왜냐하면 백성의 통치자와 재판관을 지명한다는 말은 그들이 세상에서 의로운 사람을 불의하게 재판하는 권위와 통치를 한다는 것을 의미하기 때문이다…. 교회의 적들이며 부패한 자들이 어떻게 의롭게 재판할 수 있겠는가?… 유대인과 이방인들은 언제나 그들 안에서 역사하는 사탄에 의해서 선동되어 교회를 박해하고 고통을 주려고 애쓰고, 교회를 타락하게 할 궁리를 한다. …축복받은 수산나는 이와 같은 말을 들었을 때, 고민하고, 침묵하며, 장로들에 의해서 더럽혀지지 않기를 원한다. 수산나에게서 일어난 모든 것의 참 의미를 이해하는 것 또한 우리의 힘 안에서다. 이것은 현재 교회 상황에서도 충분히 일어난다. 두 종족(유대인, 이방인)이 신자들을 해치려고 공모할 때, 적당한 때를 지켜보다가 하나님의 집(교회)에 들어와 교인들의 일부를 붙잡고, 열광하게 하며, 그들을 껴안고, 와서 우리와 같이 우리의 신들(Gods)에게 경배하자고 한다. 만일 거부하면 그들에 대하여 불리한 증인이 될 것이라고 한다. 신자들이 거절하면, 그들은 신자들을 법정에 끌고 가서, 황제의 명령을 거부했다고 고발하면 그들은 사형을 언도받는다.[22]

특히 제4권은 그리스도의 탄생과 죽음에 대하여 정확한 날짜를 제공해 주는 첫 교부학적 문서이기 때문에 의미가 있다. 히폴리투스에 의하면 예수의 탄생일은 아우구스투스(Augustus, B.C. 27~A.D. 14) 황제 통치 42년 12월 25일(수요일)이고, 그의 죽음은 티베리우스(Tiberius, 14~37) 황제 통치 18년 3월 25일(금요일)이라고 한다. 그러나 이 구절은

비록 매우 초기이긴 하지만 삽입한 것이 분명하다.[23]

(6) 아가서 주석

아가서 주석의 단편들은 헬라어, 슬라브어, 아르메니아어 그리고 시리아어로 남아 있지만, 완전한 본문으로는 영국 조지왕조 시대 (1714~1830) 사람의 번역만이 현존한다. 비록 이 번역은 3장 7절까지지만, 주석 전체를 대표할 수 있다고 생각한다. 주석의 어조는 연설적이고 몇몇 구절들은 저자가 회중에게 한 담화라는 것을 암시한다. 이런 점에서 이 주석은 설교로 이루어져 있는 것 같다. 해석 방법은 은유적이어서 오리겐의 아가서 주석을 연상시키는데, 아가서에서 왕은 그리스도이며 교회는 그의 신부다. 이 주석에서 히폴리투스는 아가서에 있어서 배우자가 가끔 하나님이 사랑하는 영혼을 나타낸다는 오리겐의 개념을 공유한다. 이 은유는 훗날 모든 서방 세계의 주석에 강하게 영향을 미쳤으며 중세 신비주의까지 잔존하였다. 성 암브로스는 시편 118편 해설에 히폴리투스의 작품을 폭넓게 사용한다.[24]

(7) 『사도전승』(The Apostolic Tradition, Apostolikē paradosis)

히폴리투스의 작품 중에서 215년경 쓰여진 『사도전승』만큼 우리의 주의를 끄는 것은 없을 것이다. 이 책은 『디다케』를 제외하고 가장 이르고 가장 중요한 고대 그리스도교회의 규칙서다. 이것은 다양한 성직 계급의 성직 수임과 기능, 성찬식과 세례 집례의 규칙과 형식을 정한 기본적인 성례전을 규정하고 있다. 이 책의 제목은 3세기 히폴리투스 동상 의자에 새겨지었다. 1910년 발견된 후 이 책은 로마교회의 전례사(典禮史)에 새로운 기초를 마련하게 했으며, 처음 3세기 교회의 설립과 삶에 대하여 우리가 소유하고 있는 어느 것보다 풍부한 자료를 제공하고 있다. 그러나 서방에서 이 책은 별로 영향을 주지 못했으며 히폴리투스의 다른 책과 함께 곧 잊혀졌지만, 동방, 특히 이집트에서는 전형적인 것으로 받아들여져서 동방교회의 삶과 교회 규칙 그리고 전례(典禮) 형성에 중요한 역할을 하였다.

『사도전승』의 내용은 크게 세 부분으로 나눌 수 있다. 제1부는 서론, 감독의 선출과 성직수임법, 성직수임 기도, 이어지는 성찬식, 기름으로의 축복, 장로와 집사 안수법과 기도가 언급되어 있으며, 마지막으로 참회자, 과부, 독경자, 처녀, 부집사와 치유 받은 자들이 취급되어 있다.

서론에 보면 히폴리투스는 새로운 규칙이나 법을 만들려고 한 것이 아니라 이미 확립되어 전통적으로 전승되어 온 형식과 의식을 기록하려고 했다. 그에 의하면 감독은 전 교인에 의해서 공개적으로 선출되어야 하며, 감독 선임식은 주일에 이웃 감독들, 장로들, 회중들이 모두 참석한 가운데 거행한다. 감독들은 선출된 감독에 안수를 하고, 장로와 회중들은 서서 침묵하며 성령의 임재를 기도한다. 그리고 감독 중 한 사람이 다음과 같은 안수 기도를 한다.

오, 하나님. 우리 주 예수 그리스도의 아버지, 자비와 위로의 하나님, 당신은 높은 데 계시면서도 낮은 자에게 관심을 가지시는 분, 모든 것이 일어나기 전에 모든 것을 아시는 분, 당신의 은총의 말씀으로 교회에 성찬식을 허락하신 분, 태초에 아브라함부터 의로운 종족의 운명을 미리 정하신 분···. 세계가 창설될 때부터 당신이 선택하신 당신의 백성이 영화롭게 되기를 기뻐하시는 당신께서 이제 당신의 사랑하는 아들 예수 그리스도에게 인도하신 관대한 영의 능력, 세상 어디에서나 당신의 이름을 영원히 찬양하고 영광을 돌려 당신을 거룩하게 하는 교회를 세운 당신의 거룩한 사도들에게 부여한 그 영의 능력을 쏟아 주십시오. 당신의 종의 마음을 아시는 아버지여, 전 교구를 위해서 당신이 선택하신 당신의 종에게 당신의 거룩한 양을 먹이고, 밤낮으로 비난할 점이 없이 당신을 섬기고, 당신의 노여움을 끊임없이 화해시키며, 당신의 거룩한 교회의 예물을 당신에게 바치고, 하늘의 제사장다운 영에 의하여 당신의 명령에 따라 죄를 용서할 수 있는 권위를 가진 사제직의 탁월함을 당신의 눈앞에 나타내도록 허락하소서. 당신의 명령에 따라서 많은 것을 부여하게 하시며, 당신이 사도들에게 주신 권위에 따라서 모든 매인 것을 풀게 하소서. 그리고 당신의 아들 우리 주 예수 그리스도를 통하여 달콤한 향기를 당신에게 바치면서 온순하고 순결한 마음으로 당신을 기쁘게 하는 사제직의 탁월함을 나타내도록 허락하소서. 영광과 능력이 성부와 성령과 함께 성자에게 지금과 영원히 함께 하소서. 아멘.[25]

이 기도에서 사도적 계승과 죄의 사면권이 강조되며[26] 그리스도의 고난, 죽음 그리고 부활을 통한 구원 사역을 중심으로 한 그리스도론적인 기도다. 여기에 '상투스'(Sanctus)[27]는 없으나 성령 강림을 기원하는 기도는 있다.[28]

제2부는 성직자 계급제도를 다룬 제1부와는 달리 평신도에 대한 규정이다. 새 개종자, 그리스도인들에게 금지된 기술과 직업, 예비신자, 세례, 견신례, 첫 성찬식 등에 관련된 법 제정이다. 특히 세례

규정은 첫 로마신조[29]를 제공하고 있기 때문에 매우 귀중하다. 히폴리투스가 이 책에서 기술하고 있는 로마신조는 사도신조와 매우 유사하지만, 수세 후보자에 대한 신앙고백적 신조이기 때문에 전능하신 성부, 성령으로 잉태되어 동정녀에게서 탄생하시고, 고난을 받고 죽었다가 사신 성자, 교회에서 역사하시는 성령과 육신의 부활에 관한 질문과 대답이 있게 된다. 후보자의 대답이 있을 때마다 침수를 한다.[30]

세례 의식 다음에 저자는 견신례 의식을 기술한다. 감독은 견신례를 받을 사람 위에 안수하고 기원한다.

> 오, 주 하나님! 이들을 갱생의 세례반(洗禮盤)에 의해서 죄의 용서를 받기에 족한 당신의 종들로 생각하소서. 그들을 성령으로 채워지기에 족하게 만드시고, 당신의 은혜를 베푸시고, 당신의 뜻에 따라 당신을 섬기게 하소서. 지금부터 영원히 성부와 성자에게 거룩한 교회에 임한 성령과 함께 영광이 있으소서. 아멘.[31]

이렇게 기원을 한 다음 성삼위 하나님의 이름으로 기름을 머리에 붓고 성별을 하고 평화의 인사를 한다. 그러나 견신례 후보자가 교회 공동체에 받아들여지는 것은 첫 성찬식이 끝난 다음이다. 성찬식은 집사가 감독에게 세 개의 성배(聖杯)와 빵을 가지고 오는데, 첫째는 물과 포도주의 잔, 둘째는 우유와 꿀이 섞인 잔, 셋째는 물만 있는 잔을 가지고 온다. 그러면 새롭게 세례를 받은 자가 성찬의 빵을 받은 다음 즉시 물이 담긴 잔, 그다음에는 우유와 꿀이 섞인 잔, 마지막으로 성별된 포도주 잔을 받아 마신다. 빵을 떼어 나눌 때마다 "예수 그리스도 하늘의 빵"임을 언급하며 잔을 나눌 때마다 "전능하신 아버

지 하나님, 주 예수 그리스도 그리고 성령과 거룩한 교회에서"를 한 절씩 말한다.[32]

제3부는 주일 성만찬 의식, 금식 법, 성만찬 빵과 구별해야 하는 애찬(Agape meal), 아침 기도 등 교회에서 지켜야 할 다양한 관습을 언급한다. 저자는 마지막에 "나는 이것들이 바르게 이해한 모든 사람에 의해서 지켜지기를 충고한다. 왜냐하면 사도전승에 귀를 기울이고 지킨 모든 사람에게 현혹케 하는 이단자의 뜻이 효력이 없기 때문이다"라는 말로 끝을 맺는다.[33]

그 외 그의 저서들은 『야곱 축복에 관하여』, 『모세 축복에 관하여』, 『다윗과 골리앗 이야기』, 『시편주석』, 『성서연대기』, 『부활절 날짜 확정』, 『유월절 설교』, 오리겐이 들었다는 설교 『우리 주 구세주를 찬양하라』, 『반(反)유대인 설교』 그리고 분실한 저서로 『부활론』, 『마르시온 반박』, 『헬라인과 플라톤을 반대하는 우주론』, 『요한복음과 계시록에 관하여』 등이 있다.

그러나 남아 있는 그의 작품을 통해서도 그는 박식하고 백과사전적인 관심을 가지고 있었다는 것을 알 수 있다. 그러나 그는 3세기 초 급격하게 팽창하고 진보적인 로마교회에 반동보수주의자로 나타난 것이 분명하다. 그렇기 때문에 비록 소화가 잘되지 않은 학식으로 과중했으며 해석적이라기보다는 편집적이라 할 것이다. 그럼에도 불구하고 후학들이 그에게 감사하는 것은 비록 단편적이고 흩어진 것이지만 그의 작품들이 니케아 이전 교회의 불분명했던 역사에 적지 않은 빛을 던져 주기 때문이다.

히폴리투스는 여러 측면에서 동시대인 오리겐과 비교가 된다. 그의 다작에서나 성서 주석에 대한 남다른 그의 편애에서 그렇다. 그는 이단을 논박하는 데 있어서는 스승 이레니우스를 닮았지만, 동시에 그는 오리겐과 같은 가톨릭의 학자였다. 그 점에서 그는 이레니우스와 오리겐 사이를 연결하는 고리이기도 하다. 그렇다고 그가 후대인들과 같이 어떤 신학적 체계를 세우려고 한 학자는 아니었던 것 같다. 그는 학술적인 문제나 신학적 사변보다는 실천적인 문제에 더 관심을 보였다. 그는 대단한 저술가였지만, 오리겐에게서 우리가 발견하는 감탄할 만한 깊이는 없다. 철학에 대한 그의 지식은 저스틴 마터와 같은 헬라 변증가나 알렉산드리아학파의 클레멘트나 오리겐에 비해서 피상적이라고 할 것이다. 왜냐하면 후자들은 헬라 철학에서 진리의 배아(胚芽)를 인지하면서 철학 사상과 그리스도교 신앙 사이를 연결하는 다리를 놓으려고 한 데 반하여 히폴리투스는 철학을 이단의 근원으로 보았던 것이다. 그런데도 그가 이레니우스보다 헬라 철학으로부터 더 많은 것을 차용한 것은 모순되는 것 같이 보인다.

2) 그리스도론

히폴리투스의 사상 가운데서 가장 흥미 있는 것은 그의 로고스 교리라고 할 것이다. 그의 로고스 교리는 저스틴 마터, 아테나고라스, 테오필루스 그리고 터툴리안 등 변증가들이 열어 놓은 길을 따른다. 그는 로고스를 하나님 안에 내재하고 영원한 로고스(logos endiathetos)와 발현되고 일시적인 로고스(logos prophorikos)로 구별하였다.[34] 그는 로고스를 하나님의 창조의 도구이며, 그의 품격은 그가 아들의 칭호를 받은 성육신에서 비로소 완전하게 된다고 생각하였다. 이것은 로고스와 성부와의 관계에 변화가 수반되는 로고스의 점진적인 발전을 함축하고 있는 것이다.

로고스가 개체(person)가 되는 것, 즉 로고스의 출산은 성부가 결정한 때와 방법에 전적으로 의존한다는 것이다. 그는 성자가 진실로 성부로부터 태어났다고 한다.

> 홀로 존재하는 하나님, 그가 세계 창조를 결정할 때… 그 옆에 아무것도 없었다…. 모든 것이 그 안에 있었고, 그가 모든 것이었다. 그가 뜻했을 때 그리고 그가 뜻한 대로, 그가 결정한 때에 그는 당신의 말씀(로고스)을 현재(顯在)하게 했다. 그리고 그에 의해서 만물을 창조했다…. 창조자로서, 동료 상담자로서, 형성 중에 있는 것들의 구성자(Framer)로서 하나님은 말씀을 낳았다. 하나님이 이 말씀을 자신의 몸에 지니고 있을 때 아직 창조된 세계에 불가시적인 그를 보이게 했는데, 처음에는 음성으로 하는 말로 그리고는 빛의 빛으로 낳으면서 그 자신의 생각과 마음(mind)을 가진 세계의 주로 발표했다.[35]

이 점에서 히폴리투스가 종속론자라는 비난을 받게 된 것이다.[36] 또한 그는 서머나의 노에투스(Noetus)가 주장하는 양태론적 군주신론을 반대하면서 그의 삼위일체 교리를 발전시켰는데, 히폴리투스에 의하면 노에투스가 "그리스도를 성부 자신이라고 하며, 성부 자신이 출산 되고, 고난 받고, 죽었다"고 주장한다는 것이다.[37] 이 주장은 후에 사벨리우스주의(Sabellianism)로 알려진 것이다. 히폴리투스는 로마의 감독 칼리스투스가 노에투스의 이론에 동정적이라는 이유로 그를 공격하였다.

로고스 자신이 아들이며 또한 그 자신이 아버지라고 주장한다. 이것은 비록 다른(different) 명칭으로 일컬어지지만, 실제로 그는 나뉠 수 없는 한 영이다. 그리고 아버지와 아들이 각기 다른 개체는 아니고 하나이며 같은 존재라고 주장한다. 그러나 만물은 위에 있는 것이나 아래에 있는 것이나 모두 하나님의 영으로 충만해 있다고 한다. 그리고 그는 동정녀 에게서 성육신한 영은 아버지와 다르지 않고 하나이며 같다고 단언한 다. 그리고 그는 이것은 구세주가 "내가 아버지 안에, 아버지가 내 안에 있는 것을 네가 믿느냐?"고 밝힌 것과 같다고 덧붙인다. 왜냐하면 나타 나 보이는 것은 아들인 사람이고, 반면에 아들 안에 거주하는 영은 아버 지라고 생각하기 때문이다.[38]

이렇게 히폴리투스는 양태론적 군주신론, 구체적으로 칼리스투스 를 반대하면서 삼위일체 교리를 발전시켰다. 그러나 그 과정에서 삼위 간의 구별을 강조한 나머지 삼위 간의 신적 통일성의 표현이 어렵게 될 정도가 되었다. 그래서 히폴리투스의 비판을 받고 있던 칼리스투스 가 이번에는 반대로 그를 이신론자(二神論者)라고 반박하였다.

그러나 히폴리투스는 그가 말하는 "다른 하나"는 이신론을 의미하 는 것이 아니라고 한다.

그러므로 성부 하나님 옆에 다른 하나가 출현했다. 그러나 내가 '다른 하나'(heteros)[39]라고 말했을 때 나는 두 하나님이 있다는 것을 의미하는 것이 아니라 빛으로부터의 빛, 수원(水源)으로부터의 물, 태양으로부터 의 광선과 같은 것이다. 모든 것으로부터 오는 오직 하나의 힘이 있을 뿐이다. 그 힘으로부터 이 힘, 곧 말씀이 온다. 그리고 이것이 세상에 왔으며 하나님의 아들(pais)로 현현된 로고스다…. 이 로고스가 성육신에서 '완전한 아들'(hios teleios)인 것이다.[40]

히폴리투스의 로고스 교리는 로고스가 세계 창조에 참여했을 뿐 아니라 성육신을 로고스의 출산으로 말하므로 변증가들을 초월한다. 히폴리투스는 분명히 독특한 발전 전개에서 로고스의 발전이란 그 불변성과는 모순되는 성장과 진보를 신의 본질에 받아들이는 것임을 분명히 실감하지 못했던 것이다. 그에게 또 다른 오류가 있다면 그가 로고스의 출산을 창조와 같이 자유로운 행위로 생각하고 있다는 것과 하나님은 만일 그가 원하기만 하면 어떤 사람도 하나님으로 만들 수 있다고 주장하고 있는 것이다.[41] 이 점에 대해서 로마의 교황 칼리스투스가 히폴리투스와 그 추종자들을 이신론자들, 두 신을 섬기는 자들이라고 비난을 했던 것이다. 이 비난에 히폴리투스는 크게 분개하여 자기의 입장을 천명했다.[42]

곤잘레스에 의하면 히폴리투스의 그리스도론은 아프리카 신학자 터툴리안과 같이 예수 그리스도에게 있어서 신성과 인성의 연합은 '두 본성'의 연합이며 각 본성은 그의 속성을 유지한다고 한다.

그리고 육체를 통하여 그[예수 그리스도]는 신성에 적합한 일들을 신적으로 처리하므로 그가 처리한 육적인 것과 신적인 것에서 자신이 양성을 모두 갖고 있다는 것을 보인다. 나는 그 양성을 신성과 인성이라고 생각한다. 이 양성에 따라 진실하고 현실적이며 자연적인 생존을 했다고 보며, 양성은 실재적이며 무한한 하나님과 유한한 인간이 하나요 같다는 것을 알게 하였다. 같은 행동, 즉 같은 자연적 속성으로 각 본성은 완전하

게 나타난다···.[43]

물론 히폴리투스는 그리스도가 마리아의 실체로부터 형성된 참된 몸을 가지고 있다고 하므로 그가 참 인성을 취했으며 합리적 영혼을 가지고 있다고 한다.[44] 그리고 동시에 성부와 같이 영원하며 성부와 본질이 같다고도 한다.[45] 로고스의 성육신인 그리스도에게 신성과 인성이 연합되어 있다는 것은 그의 구원론에서 더욱 분명해진다.

3) 구원론

히폴리투스의 구원론의 핵심은 '총괄 회복'[46]이다. 그것은 스승으로 알려진 이레니우스의 구원론을 따르고 있다는 의미다. 그는 이 이론을 전개하기 위해서 로고스의 성육신을 언급한다. 즉, 로고스가 아담의 육체를 취하고 고난을 받은 목적은 인류를 새롭게 하여 구원하기 위한 것이고, 인간에게 불멸성을 회복시키려는 것이라고 한다.

> 하나님의 말씀(로고스)은 육체가 없는 까닭에 그 스스로 동정녀를 통해서 거룩한 육체를 취했다. 그리고 신랑과 같이 십자가의 고난에서 자신을 위해서 짠 겉옷을 준비했는데, 그것은 그의 힘과 우리의 죽을 몸과 연합으로, 그의 부패하지 않음과 우리의 부패 그리고 그의 강함과 우리의 약함을 혼합하므로 그는 멸망하는 인간을 구할 수 있었다.[47]

> 형제들이여, 사도들의 전통을 따라서 말씀인 하나님이 하늘로부터 내려와 동정녀 마리아에게 들어가 그녀로부터 받아들이고, 인간의 영혼 곧

이성적인 인간을 취하며, 죄를 제외하고 모든 인간과 같이 된 것은 그가 타락한 인간을 구하고 그의 이름을 믿는 사람을 불멸케 하기 위한 것이라는 것을 믿자.[48]

히폴리투스의 구원론에서 이레니우스의 총괄 회복론은 분명하게 나타난다.

우리는 로고스가 동정녀로부터 몸을 받았다는 것, 옛사람을 새 창조로 개조했다는 것을 안다. 그리고 우리는 로고스가 스스로 모든 세대 사람을 위한 법으로 섬기기 위해서, 우리 가운데 현존하므로 이 세상 삶의 모든 시기를 꿰뚫고 지나갔다고 믿는다. 그는 모든 사람을 위할 목적으로 그 자신이 인간임을 드러내 보였다 …. 만일 그가 우리와 같은 본성의 존재가 아니라면, 그가 우리에게 스승(하나님)을 닮아야 한다고 명하는 것은 헛된 것이 된다. 만일 인간이 된 로고스가 우리와 다른 본질을 가진 것으로 나타났다면 그가 어떻게 약하게 태어난 우리에게서 받은 것과 유사한 명령을 내릴 수 있겠는가? 그러나 그는 우리와 다른 존재라고 생각할 수 없기 위해서 어려운 일을 겪었고 배고픔을 견디며 갈증을 느끼고 잠에 빠지기도 했다. 그는 자기의 수난에 저항하지 않고 죽기까지 복종했고 부활하였다.[49]

그러므로 그리스도 안에서 새로운 피조물이 되게 하는 구원자는 참으로 인간이지만, 그는 '무엇보다도' 하나님이다. 그가 인간이 되었다고 신성이 없어지는 것이 아니다. 이 점에서 히폴리투스의 구원론은 이레니우스를 따라 인간의 신격화로 이해된다.

4) 교회론

히폴리투스의 교회론은 그의 생애와 주요 저작 개요에서 보았듯이 두 측면이 있다. 그 하나는 성직 계급적인 측면이고, 다른 하나는 영적인 측면이다. 교회에 대한 성직 계급적 이해에서 히폴리투스는 이레니우스와 같이 진리의 담화자요 사도 교훈의 보증자로서 감독의 사도전승을 강조하였다. 그러나 그는 이레니우스와는 다르게 교회를 '어머니 교회'(Mother Church)[50]라는 표현을 쓰지 않고 그리스도의 '신부' 또는 '배우자'라는 표현을 사용한다.[51] 요한계시록 12장 16절의 해석에서 그는 "해를 둘러 걸친" 여자는 교회이지만, 그 여자가 분만 중인 남자아이는 충실하지 않지만 로고스라고 한다. 그는 '어머니'라는 말은 전혀 사용하지 않는다.

히폴리투스는 지나치게 배타적으로 교회를 의인으로 구성된 사회로 생각하고 비록 회개했을지라도 신앙과 도덕적으로 중대한 죄를 범한 사람들이 들어올 여지를 없게 만듦으로 교회의 영적인 측면에 관해서 잘못 판단하였다. 그는 평생을 통해 교회 문을 너무 넓게 개방하는 것에 저항했다. 그에 의하면 아담이 금단의 과일을 먹은 후 에덴동산에서 추방되었듯이 죄에 빠진 인간은 성령의 은총에서 제외되고 새 에덴인 교회로부터 추방되어 세속적인 상태로 머물러 있어야 한다.[52]

히폴리투스의 교회에 대한 다른 하나의 이미지는 선장인 그리스도가 안내하는 동방과 천국 낙원을 향하여 항해하는 배다.

바다는 세상, 거기 깊은데 던져진 배와 같은 교회, 그러나 노련한 선장 그리스도가 함께 하므로 배는 침몰하지 않는다 …. 배의 조정장치는 두 성서이며, 배의 주변을 팽팽히 잡아당기는 밧줄은 교회를 묶고 있는 그리스도의 사랑이고, 배가 지니고 있는 그물은 믿음을 새롭게 하는 중생의 세례반이다. 멋진 항해를 할 때 하늘로부터 성령이 임재하고 성령에 의해서 믿는 자들이 인침을 받으며, 그 배는 쇠의 닻, 곧 그리스도 자신의 거룩한 계명을 가지고 있다. 활대까지 올라가는 사닥다리는 그리스도의 수난을 상징하며… 활대 위에 돛들은 예언자, 순교자, 사도들의 동료다….[53]

노아의 방주 이미지는 또 다른 그의 교회 상징이다. 이 교회 이미지는 그가 로마 감독(교황) 칼리스투스와 죄의 사면에 관해서 논쟁할 때 중요한 역할을 했다. 사실 노아의 방주 이미지는 히폴리투스의 기본적인 교회 개념과 일치하지 않는다. 왜냐하면 그의 교회 개념의 핵심은 '의롭게 사는 성자들의 사회'(klēsis tōn hagiōn)[54]이기 때문이다. 교회에 대한 영적인 이해에 있어서 히폴리투스는 지나치게 배타적이고 엄격했다는 비판을 받는다. 그 당시 로마의 감독들은 새로 개종하는 사람들에게 전통적인 교회 규칙을 적용하는 것이 현실적으로 어렵다는 것을 실감하여 그 규칙을 완화하는 방향으로 개정하여 중한 죄를 범한 사람이라 해도 참회하면 교회에서 받아들이려고 했었다. 그러나 히폴리투스는 이와 같은 감독들의 정책에 대해서 극렬하게 반대한 것이다.

5) 죄의 사면

중대한 죄에 대한 히폴리투스의 입장은 엄격주의 그 자체였다.

그는 교회의 성직 계급적 직무 또는 직책을 인정하고 있음에도 불구하고 그의 윤리적 엄격주의에 있어서 그는 순결하고 성자들의 교회를 위해서 분투할 뿐만 아니라 성직 계급 제도의 전형적인 기능을 성직자의 개인적인 청렴결백함에 의해서 좌우되게 하였다.[55]

히폴리투스는 그의 『모든 이단논박』에서 칼리스투스를 비난한다.

… 그는 모든 사람은 자기들의 죄를 스스로 용서받았다고 말하면서 관능적인 쾌락에 대한 면죄부와 관련하여 사람들과 짜고 묵인하는 계획을 처음으로 창안하였다…. 많은 사람이 양심의 가책을 받으면서도 이 규정에 만족했고, 동시에 다수의 종파로부터 거부되었다. 그들 중 일부는 우리의 유죄 선고에 따라서 교회로부터(히폴리투스의 교회) 강제로 축출되었다…. (칼리스투스의) 추종자의 한 사람은 만일 감독이 어떤 죄를 지었다 해도, 죽을 죄를 범했다 해도 감독직을 면직시켜서는 안 된다는 의견을 제출했다. 이 시대에 두 번, 세 번 결혼한 감독, 사제, 집사들은 성직의 자리를 유지하도록 허락을 받기 시작했다. 칼리스투스는 그들이 죄를 짓지 않은 듯이 성직의 자리를 계속하도록 허락하면서 든 비유가 "밀과 함께 가라지도 자라게 하라"(마 13:29-30)는 것이었다. 그리고 노아의 방주를 교회의 상징으로 지지하였다. 그는 만일 여자들이 결혼하지 않고 나이에 걸맞지 않게 정열에 불타며, 만일 그들이 합법적 결혼으로 그들이 품위를 뒤집어엎을 생각이 없다면, 그들은 노예이든 자유인이든 잠자리를 함께할 사람을 선택할 수 있고 법적으로 결혼을 하지 않았다 해도 그를 남편으로 생각할 수 있다는 것을 여인들에게 허락하였다…. 보라, 간통과 살인을 동시에 되풀이하는 불법적인 진행이 얼마나 불경스러운지! 게다가 그와 같은 무례한 행동을 한 후도 그들은 부끄러

움을 모르고 자신들을 가톨릭교회라고 부르려고 한다.[56]

그러나 사실 이와 같은 히폴리투스의 신랄하고 격노한 비난은 심술 궂게 오해를 해서 생긴 위장된 사실과 철저한 거짓말 사이에서 구별하기가 어렵다. 터툴리안의 『겸손』에 의하면 대신관을 통솔하는 최고의 신관(Pontifex maximus)이 칙령을 통해서 참회한 후 간통과 우상숭배를 용서해줬다. 그런데 히폴리투스는 이 결정에 대해서 반대했는지 아닌지가 의심스럽다. 히폴리투스는 더러운 행위로 죄를 범한 감독의 경우, 한 번 이상 결혼한 사람들에게 성직을 허용하는 일에 대해서 엄중할 것을 요구하였으며, 자유로운 여인과 노예 사이의 결혼에 대한 교회의 효력도 부인하였다. 그는 동방인으로 로마에 거주하면서 태생적 로마인들보다 더 도덕적 엄격주의자였다. 그는 사도전승에 충실한 것 같지만, 실은 사도전승 어디에도 교회의 사면권을 반대하는 말을 한 곳이 없다.

III. 카르타고의 키프리안의 신학

1. 생애

터툴리안의 시대가 가고 어거스틴의 시대가 동터 오기 전, 아프리카 교회를 이끌고 간 가장 주목할 만한 인물은 카르타고의 키프리안(Cyprian of Carthage, d. 258)이었다.[57] 키프리안은 터툴리안을 '스승'이라고 불렀고,[58] 그의 글 도처에 터툴리안과의 관계가 나타나 있으며, 하루도 빠짐없이 터툴리안의 글을 읽을 만큼 신학적으로 터툴리안에게 의존해 있지만, 키프리안은 터툴리안과는 전혀 다른 인물이었다. 인내심이 없고 균형을 잃은 성격의 터툴리안에 비하여 키프리안은 고상한 마음에 신사적이고 신중한 성격의 소유자였다. 캄펜하우젠은 두 사람을 다음과 같이 비교한다.

> 터툴리안의 불안하고 극단적이며 불균형의 분파적인 것들이 키프리안에 의해서 평형을 이루고 교회 규율에 억제되었다. 키프리안의 사상 세계는 평온한 위엄과 확고부동함이 있었으며 그리고 터툴리안이 갖고 있지 못한 절제력이 있었다. 외골수적으로 타협도 할 줄도 모르고 무모할 만큼 열정적으로 파당심이 있는 터툴리안과는 달리 이 교회 지도자의 눈에는 같은 문제라도 다르게 보였다.[59]

그러나 그가 그리스도교로 개종한 중년(약 40세) 이전의 그의 삶에 대해서는 알려진 바가 많지 않다. 그의 집사 폰티우스(Pontius)가 키프리안 사후에 쓴 『키프리안의 생애』(Vita Cypriani)가 있지만, 다수의 필사본으로 현존하고 있고 자료로서 가치가 논란이 되고 있어서 역사적으로 신뢰하기가 어렵다는 평가를 받는다.[60]

그럼에도 불구하고 캄펜하우젠은 감독 이전의 키프리안을 소개한다. 그는 상류사회 출신으로 그 사회생활에 익숙해 있었으며 관원들과 개인적인 관계를 가지고 있었다. 그리고 그는 훌륭하고 철저한 교육도 받았으며 세네카의 작품과 스토아철학에도 친숙하였다. 그러면서도 "그리스도인들과 철학자들 사이에는 큰 차이가 있다"고 하였다.[61] 그는 카르타고에서 수사학 교사 생활을 하면서 고위 관직의 꿈을 가지고 있었기 때문에 헌법이나 정치적 이념에 대해서 풍부한 지식을 습득하였다. 이것은 키프리안이 감독이 된 후 집정관이나 지방 총독의 행정 양식을 교회 직무에 적용하여 성직 관료적 감독제를 시작하는 데 배경이 된 것이다.[62]

키프리안은 200~210년 사이에 카르타고에서 신분이 높고, 부유하고 교양 있는 이교도 가정에서 태어났다. 로마의 관직 경력(cursus honorum)을 위한 교육을 받고, 그 도시에서 유능한 수사학 교사와 웅변가로서 큰 명성을 얻었다. 그러나 개인은 물론 사회의 부도덕성과 부패한 정부 행정에 크게 실망한 그는 영적 갈등을 느끼기 시작했고, 은총에 의한 보다 높은 무엇을 추구하게 되었다. 때마침 장로 카에실리우스(Caecilius)의 인도로 그리스도인이 되었고, 세례를 받은 후(246년) 수사학 교사직도 포기하고 재산을 팔아 가난한 사람들에게 주고 엄격한 금욕 생활을 시작했다.[63] 그로부터 2년이 지난 248년에 장로가 되었으며 그 후 곧바로 248년 또는 249년 초에 '백성의 소리'에 의해서 카르타고의 감독으로 선출되었다. 이같은 그의 빠른 승급(陞級)에 나이 많은 장로들의 저항이 있었으며 그 가운데는 노바투스(Novatus)도 있었다.

그러나 키프리안이 감독이 된 후 1년도 되기 전에 데시우스(Decius, 249~251) 황제에 의한 박해가 250년 초에 돌발했다. 황제는 신들이 분노하여 제국에 위기가 왔다고 판단하고 고대 로마 종교의 복원을 열망했으며 그 신들에게 희생제물을 바치도록 명령을 내렸다. 그리고 희생제물을 바치는 자에게는 증명서(libellus)를 발부해 주고, 거부하는 자는 투옥되고 재산을 몰수당하고 고문을 받고 추방되거나 처형되기도 했다. 이것은 교회에 치명적인 것이었다. 황제는 교회 지도자들을 체포 구금, 처형하고, 뇌물과 속임수를 써서 교인들로 배교하게 하여 교회를 파괴하려고 했다. 실제로 250년 박해로 인해서 로마의 감독 파비안(Fabian)을 비롯하여 안디옥, 예루살렘, 가이사랴 감독들이 순교했다.

이와 같은 상황은 카르타고에서도 예외가 아니었다. 충격적인 수의 배교자가 나왔다. "원수의 위협하는 첫마디 말에 대부분의 형제들은 그들의 신앙을 포기했다. 그것도 폭력적인 박해 때문이 아니라 자유의지로 굴복했다."[64] 물론 개중에는 실제로 희생제물을 바치지 않고 관헌을 매수하거나 개인적인 친분을 통해서 거짓 증명서를 얻는 사람들도 있었다. 교회는 대혼란에 빠졌다. 키프리안도 결단해야만 했다. 카르타고에 머물러 있으면 분명히 그도 다른 지역의 감독들과 같은 운명을 맞이하게 될 것이었다. 그리하여 키프리안은 도시를 떠나 은신하였고, 그곳에서 비밀 서신을 통하여 사역을 계속하였다. 그럼에도 불구하고 그의 도피는 모든 사람에 의해서 지지를 받지 못하였다. 때마침 로마 감독이 순교했고, 로마교회를 지도하던 장로들과 집사들이 카르타고 교인들에게 감독의 순교를 알리면서 키프리안의 도피에 대해서 그들의 불만과 불신적인 놀라움을 표현하는 서신을 보냈다.

우리는 이와 같은 위기의 시기에 성직자의 행동에 대하여 고민하게 된다. 그 당시도 박해 때 성직자의 피신은 일반적으로 허락되었다. 그렇다고 회중의 영혼을 돌봐야 할 목자가 양 떼를 위험 속에 내버려 두어도 괜찮은가? 목자는 특히 어려운 때에 양 떼들과 함께 있으면서 견디다가 마지막에는 죽어서라도 고백자의 정신과 충성심의 본을 보여줘야 할 것이 아닌가? 카르타고의 교회에 이 문제는 뜨거운 논쟁점이 되었다. 우리나라에서도 일제 식민지 통치 기간에 일본의 신사참배의 거부로 죽은 순교자 또는 옥중 성도들과 일제에 비록 본의 아니게 형식적이지만 협조한 성직자 또는 해외로 도피했던 성직자들 사이에서 박해가 끝난 후에도 같은 문제로 논쟁이 있었고 교파가 분열되기도 했었다. 키프리안은 그의 피신을 설명하는 서신을 보냈다.

> 나는 내 행동, 내 규율, 내 근면에 대해서 여러분에게 설명할 이 서신을 여러분들에게 써야 할 생각을 했습니다. 왜냐하면 주님의 명령이 가르치듯이, 첫 소동이 일어난 직후 그리고 격렬하게 아우성을 치는 백성이 되풀이하여 나에게 요구했을 때, 내 경솔함이 나타나지 않고, 시작된 소동에 더 이상 자극을 주지 않기 위해서 나는 내 자신의 안전보다는 형제들 모두의 안전을 고려하여 잠시 피신하였습니다. 그럼에도 불구하고 비록 내 몸은 같이 있지 못하지만, 영적으로, 충고로 내 형제들이 나의 조언에 의해서 은혜 가운데서 안전하기를 기원했습니다.[65]

251년 데시우스 황제의 박해가 끝났을 때 그의 교구로 돌아온 키프리안은 목회적 신학적 많은 문제에 직면했다. 가장 긴급한 문제는 박해 기간 동안에 신앙을 지키지 못한 배교자(lapsi)들의 문제였다. 박해 기간에 형식적으로 희생제물을 바쳤으나 배교를 뉘우친 자들은 즉시 교회가 다시 받아줄 것을 갈망하였다. 배교자의 처리 문제에 있어서 엄격파와 관용파가 있었다. 그런데 양 파가 모두 키프리안이 감독으로 선출되는 일에 반대했던 사람들이었다. 키프리안은 상황의 심각성을 인식하고 배교자 처리 문제의 최종적 결정을 미루기로 했다. 그러나 박해 기간에 신앙을 지킨 '고백자들'(confessors) 중 일부가 박해 기간에 신앙을 지킨 공로로 배교자의 치리권이 자기들에게 있다고 주장하였다. 그들은 배교자와의 화해를 의미하는 '평화의 편지'를 발표했다. 즉시 교회에 들어오기를 갈망하는 배교자들과 일부 교회 지도

자들은 이 편지에 의하여 배교자들을 교회에서 받아들이기로 하였다. 그러나 키프리안은 이것은 교회에 큰 불화의 씨가 되어 분열에까지 이를 수 있다고 판단하고 그들의 주장에 반대하였다. 그러자 집사 펠리키씨무스(Felicissimus)는 고백자들과 배교자들과 함께 반(反)키프리안파를 형성하였고, 여기에 과거 그의 감독직 선출에 반대했던 성직자들도 가담했는데 그중에 분열주의자 노바투스(Novatus)도 있었다. 이들은 키프리안을 반대하여 극단적인 관용주의를 택하였다. 그 후 노바투스는 로마로 와서 새 교황으로 선출된 코르넬리우스(Cornelius, 251~253)를 반대하는 분열주의자 노바티안(Novatian)의 지지자가 되었다.

노바티안은 중병 중에 세례를 받았으나 견신례를 받지 않았다. 많은 평신도들은 물론 모든 성직자의 반대에도 불구하고 그는 사제가 되었다.[66] 뿐만 아니라 교황 코넬리우스가 그의 교활함과 이중성, 그의 거짓 맹세와 거짓말, 그의 무뚝뚝한 성격과 이리 같은 호의 그리고 그를 위험한 야수라고 부르기까지 했는데도[67] 250년경 그는 로마의 성직자 사회에서 좋은 평판을 받으면서 지도적 위치에 있었다. 그는 로마 성직자들의 이름으로 카르타고의 감독 키프리안에게 두 통의 편지를 보냈는데(Ep., 30, 36), 이것은 배교자(lapsi)에 관한 질문에 답한 것이었다.[68] 그의 서신들은 그가 높은 수준의 수사학, 스토아철학과 신학의 교육을 받았음을 보여준다. 사실 그는 로마에서 라틴어로 글을 쓴 첫 신학자였다. 그는 배교자 문제 처리에 있어서 처음에는 배교들에 대하여 일정 기간 참회를 비롯한 교회의 훈련을 받아야 한다는 키프리안의 견해에 동조했었다. 그러나 로마의 감독을 희망했던 그는 251년 코넬리우스가 로마의 감독으로 선출되자, 배교자에 대하여 관대한 입장을 보였던 전의 입장과는 달리 그들의 영원한 파문을 요구하며 극단의 엄격주의파의 두목이며 반(反)교황파로 자처하였다. 그는 남부 이탈리아 지역의 세 감독에 의해서 성직에 임명되어 결국 로마교회를 분열시켰다. 노바티안의 분열은 서방에서는 스페인까지, 동방에서는 시리아까지 확장되어 수 세기 동안 잔존한 중요한 종파가 되었다. 역사가 유세비우스가 전하는 바에 의하면 동방에서 노바티안의 추종자들은 '퓨리탄'(katharoi)이라고 자칭하였다.[69] 그러나 로마교회는 그들을 파문에 처했고 배교자 문제는 해결되었다.[70]

키프리안은 극단적 관용주의를 주장하며 교회를 혼란하게 하는 반대하는 자들을 파문에 처하고, 『배교자들에 관하여』와 『교회 일치에 관하여』를 다룬 두 개의 목회서신을 발표하였다. 같은 해 카르타고에서 열린 교회회의는 키프리안의 목회 원칙을 확인하고, 키프리안이 그 반대자들에게 내린 파문을 승인했다. 이 회의는 돈으로 증서를 매수한 사람들(libellatici)은 그에 맞는 참회를 한 다음 교회에 받아들이기로 했으나 불에 태운 제물을 바친 사람들(sacrificati)과 향을 피운 사람들(thurificati)은 그들의 삶의 길을 고쳤는데도 엄한 참회를 견디게 하였다. 즉, 모든 배교자는 구별 없이 참회한 후에 교회에 받아들여졌지만, 교회와의 진정한 화해는 죽을 때 이루어졌다. 그러나 만일 새로운 박해가 돌발했다면 그들은 참회의 기간이 끝나기도 전에 성만찬을 받겠다고 투쟁했을 것이다. 이 상황 속에서 키프리안의 교회 행정 능력은 유감없이 발휘되었다. 그러나 242~254년 로마제국에 무서운 역병이 퍼졌을 때 그 역병의 원인이 이방 신들의 진노에 책임이 있다고 주장한 그리스도인들에게 새로운 고난과 박해의 원인으로 작용하였다. 이 어려운 시기에 키프리안의 헌신적인 환자 돌봄과 파국으로 괴로움을 받는 모든 사람에 대한 그의 자비로운 도움은 이교도의 격분을 누그러뜨리는 데 크게 공헌하였다.

이 어려운 몇 년 사이에 키프리안의 교회 행정 능력은 유감없이 발휘되었으며 그의 교회적 지위는 더욱 확고해졌다. 그의 명성과 권위는 아프리카 교회의 한계를 넘어 라틴 세계 전역으로 확대되었다. 서방 세계 어디서나 그의 서신과 책이 낭독되었다. 원근 각처에서 사람들은 그에게 교회 사역의 정보와 충고를 구하였다. 이때 키프리안은 전 가톨릭 안에 있는 감독들로 하여금 교회 내외의 적과 대항하는 데 일치 단합하도록 권고하였다.

그러나 불행하게도 그의 말년은 이교적 세례 문제로 로마 교황 스테반 1세(Stephan I, 254~257)와 논쟁해야 했다. 박해의 여파로 야기된 교회 분열과 혼란은 분열자와 이단자의 세례에 대한 타당성, 즉 유효성의 문제가 새롭게 대두되었다. 이 문제에 있어서 키프리안은 그의 교회 개념에서 이미 분명한 입장을 가지고 있었다. 그에 의하면 구원의 유일한 교회인 가톨릭교회 밖에서 집행된 어떤 성례전도 무효라는 것이다. 이단자들은 성령의 은사에서 떠났기 때문에 성령이 활동하지 않는 그들의 세례가 유효할 수 없으며, 따라서 그들은 가톨릭교회에서 다시 세례를 받아야 한다는 것이다. 이와 같은 키프리안의 주장은 아프리카 교회의 전통에 일치하는 것이었다. 터툴리안도 그의 『세례론』(De baptism)에서 같은 주장을 했었다. 이것은 세 번에 걸친 아프리카 교회회의에서도 인준되었고 재확인된 바가 있었다(220, 255, 256년). 그러나 로마 교황 스테반은 아프리카 교회의 의견을 거부하면서 오히려 세례의 유효성은 오로지 세례 집례자의 인품과 베풂 그리고 올바른 지향에 달려 있다고 하였다. 이것은 결국 이단자의 세례의 타당성을 인정하는 것을 의미한다. 스테반은 한발 더 나아가서 분열자 노바티안 파(Novatian)가 집례한 안수 의식까지도 그들이 개종하면 인정하려는 뜻이 있음을 천명하였다. 그러면서 이것은 로마교회의 실행 규칙이며 '로마의 관습'71이라고 했다. 교황은 키프리안에게 로마 전통에 반하는 새로운 것을 소개하지 말라고 경고하면서 그를 가리켜 "거짓 그리스도, 거짓 사도, 속이는 일꾼"(고후 11:13)이라고 비판하였다.72 그러나 키프리안은 교황의 경고도 무시하고 자기의 주장을 견지했다.

이 논쟁은 황제 발레리안(Valerian, 253~256)이 그리스도인들을 반대하는 칙령을 내림으로 끝이 났다. 이 박해에서 교황 스테반이 257년에 죽었고, 키프리안은 같은 해에 체포 구금되었다. 이 사실을 주변의 성직자와 동료 감독들에게 알리면서 당부하기를,

"어디서든지 형제들을 권면하여 굳세게 하고, 영적 투쟁을 준비하며, 각자는 죽음보다 불멸을 더 생각하고, 신앙고백은 두려워하지 말고 기쁨으로 하고, 온전한 믿음과 전적인 용기를 가지고 주님께 헌신하라."73

그는 그다음 해인 258년에 참수형을 받고 첫 아프리카 순교 감독이 되었다.74 요약하면 키프리안은 그의 감독 생활 10년 동안 끊임없는 투쟁과 논쟁, 시련의 연속이었으나 그 상황 속에서 그의 감독으로서의 능력과 자기 정체는 더욱 확고해 갔다. 그는 자기주장이 분명했으며, 결국 그는 아프리카의 영역을 넘어 전 서방교회의 지도자가 되었다. 그는 서신을 통하여 악한 자를 바로잡아 주었고 경건한 자에게는 힘을 더해 주었다. 그의 서신은 교인들의 신앙을 증진시켰으며 불신자를 회심시키는 힘이 있었다. 어느 누미디아의(Numidian) 감독은 이렇게

썼다.

> 당신은 누구보다도 위대한 설교가이며, 연설의 대가이며, 현명한 조언
> 자이며, 당신의 지혜에는 솔직함이 있고, 당신의 활동은 관대하며, 당신
> 의 절제는 거룩하며, 겸손한 복종과 어떤 선행에서도 이기적인 것이 없
> 었습니다.[75]

키프리안의 성서에 대한 소박한 사용과 그의 실천적 도덕주의는 강한 성직자 의식과 결합되어 그 당시 라틴교회의 지향점과 일치하였다. 그의 강직한 신앙은 교회 규칙(disciplina)의 구체화였으며, 그의 교회 성직자로서의 충실함과 확고부동함은 고(古) 가톨릭 시대의 독자적 감독의 모델이었다고 평가된다.

2. 신학 사상

1) 주요 저작 개요

키프리안의 작품 활동은 누구보다도 그의 삶과 시대와 밀접한 관계를 가지고 있다. 모든 그의 작품은 주로 어떤 특별한 사건이 일어났을 때 그 문제를 해결하기 위해서 쓰였기 때문이다. 그래서 그의 작품에는 실제적인 문제가 주로 다뤄졌다. 그는 무슨 신기하고 깊은 이념이 있고 독창적인 것을 쓰려고 하지 않았다. 왜냐하면 그는 무엇보다도 실천적 사람이었다. 그래서 어떤 신학적 사변보다는 인간의 영적 삶의 지도에 관심을 가졌다. 물론 그의 사상과 작품에는 그가 '스승'이라고

부른 터툴리안의 최상의 사상이 구현될 정도로 그의 영향이 나타나고 있지만, 그와 같은 사상적 깊이나 표현의 은사나 불같은 열정 등은 그에게서 보이지 않는다. 반면에 그는 편파적인 과장과 다른 사람에게 본의 아니게 상처를 주는 일을 피할 수 있는 지혜를 가지고 있었으며, 그의 용어와 문체는 이해하기 쉽고 품위가 있었다. 그의 작품에는 그가 성서의 어휘와 비유적 표현에 큰 영향을 받았음을 보여준다. 그의 저서들, 특히 그의 가장 독자적인 작품이며 대표적인 작품으로 알려진『교회일치에 관하여』는 어거스틴 때까지 권위있는 라틴 작품이었고, 그의 작품들은 그리스도교 고대와 중세기에서 많이 읽혔으며 150개 이상의 필사본으로 남아 있다.[76]

(1)『교회 일치에 관하여』(*On the Unity of the Church, De ecclesiae unitate*)

비록『배교자들에 관하여』와 함께 저자의 목회서신의 범주에 속하지만, 이 작품은 키프리안에게 있어서 가장 독자적이며 그의 신학사상, 특히 교회론이 가장 분명하게 기술된 서신이다. 따라서 키프리안의 모든 저작 중에서 가장 오랫동안 영향을 준 작품으로 3세기 서방교회의 교회론을 대표한다. 이 작품은 키프리안이 피신에서 돌아온 후 로마에서 일어난 노바티안의 분열과 카르타고에서 일어난 펠리키씨무스의 분열이 집필 동기가 되었다. 그러므로 집필 연도는 251년 봄 카르타고에서 교회회의가 열렸을 때일 것으로 추정하고 있다.

저자는 이 서신 서두에서 교회의 분열과 이단은 악마의 소행이라고 한다. 그것들은 믿음의 공동체의 내적 일치를 위태롭게 하며 신앙생활을 타락하게 하고 성서적 진리를 부패하게 하기 때문에 박해보다도 더 위험하다고 한다. 그러면서 모든 그리스도인을 베드로 위에 세워진 오직 하나의 가톨릭교회에 머물러 있어야 한다고 한다. 이것이 그의 교회론의 핵심이다.

> 주님께서 베드로에게 "너는 베드로다. 나는 이 반석에 내 교회를 세우겠다"고 말씀하시고(마 16:18), 그리고 다시 부활하신 후 예수는 베드로에게 "내 양떼를 먹이라"(요 21:17)고 말씀하신다…. 비록 부활하신 후 모든 사도에게 같은 능력을 주시고 말씀하시기를 "아버지께서 나를 보내신 것 같이 나도 너희를 보낸다… 성령을 받아라. 너희가 누구의 죄든지 용서해 주면 그 죄가 용서될 것이요, 용서해 주지 않으면 그대로 남아 있을 것이다"(요 20:21-23)라고 하셨지만, 그는 하나의 성좌(聖座)를 지정했고 그의 권위로 하나로부터 시작하는 일치의 근원을 명령했다. 다른 사도들은 분명히 베드로와 같지만… 그리스도의 교회가 하나로 나타나도록 시작은 일치로부터 진행된다…. 베드로의 이 일치를 유지하지 않는 자가 신앙을 유지하고 있다고 하겠느냐? 교회가 세워진 베드로의 성좌를 거부하고 저항하는 자가 그 교회 안에 있다고 하겠느냐? … "몸도 하나요, 성령도 하나이며, 부르심의 희망도 하나이고, 주님도 한 분이고, 믿음도 하나요, 세례도 하나요 하나님도 한 분이다"(엡 4:4-6).[77]

(2) 『배교자들에 관하여』(Conserning the Lapsed, De lapsis)

이 글은 251년 데시우스 황제의 박해가 끝나고, 키프리안이 피신처에서 돌아온 후『교회일치에 관하여』와 함께 카르타고 교회에 보낸 그의 목회서신이다. 그 핵심은 배교자에 대한 처리 원칙이다. 그는 배교자들에 대한 처리에 있어서 지나친 관대함이나 지나친 엄격함을 피하려고 했다. 키프리안은 혹독한 고문을 견디지 못하고 배교한 사람들과 아무 저항도 없이 신앙을 포기한 사람들을 구별하였다. 전자의 경우는 자비를 받을 만하다고 생각했다. 그는 특히 강요를 받기도 전에 이방신에게 희생제물을 바친 사람들, 자녀들까지 그와 같은 의식에 참여하게 한 부모들, 재물에 눈이 멀어 신앙을 유보하든가 부인한 사람들에 대한 용서는 결코 쉽게 처리할 수가 없다고 하였다. 그러나 모든 배교자, 실제로 이방신에게 희생제물을 바치지 않고 증명서를 얻은 사람들, 즉 돈으로 매수하여 증명서를 받은 사람들(libellatici)까지도 참회를 감수해야 했다. 그들은 양심을 팔았기 때문이다. 키프리안은 변절은 죽을 죄에 해당되며 하나님의 눈을 피할 것은 아무것도 없기 때문에 그들을 성찬 의식에 다시 참여시키는 것은 매우 신중해야 한다고 강조하였다.

키프리안의 이 서신은 251년 봄 카르타고에서 회집한 교회회의에서 낭독되었으며, 그 이후 북아프리카 전 교회가 변절자의 문제를 다룰 때 일관되는 원칙의 기초가 되었다.

(3)『주기도문』(The Lord's Prayer, De dominica oration)

251년 말이나 252년 초에 썼을 것으로 추정되는 이 책은 터툴리안의『기도론』의 영향을 받았지만, 좀 더 깊고 포괄적인 작품이다. "우리 아버지"는 가장 높임의 칭호다. 이 칭호는 하나님 아버지는 그의 아들의 말을 듣는 것을 기뻐하시기 때문에 어떤 칭호보다 효과적인 칭호다. 그러므로 우리가 그렇게 부를 때마다 그리스도는 하나님 앞에서 우리의 변호자가 되신다. 또한 그 칭호는 세례를 받으므로 우리가 하나님의 자녀로 양자가 된 것의 표현이다. 그의 은총으로 말미암아 새로운 사람, 다시 태어남 그리고 하나님에게 복귀하는 사람이 되는 것이다. '아버지'라고 처음에 부르는 것은 이제 아들이기를 시작했기 때문이다. 청원에 속하는 "아버지의 나라가 오게 하시며"는 그리스도의 피와 고난으로 획득되는 종말론적 왕국, 즉 그리스도가 통치하는 나라를 의미한다. "일용할 양식"은 성만찬에서의 그리스도다.[78] 즉, 그리스도의 몸과 연합된 사람들의 양식이다. 우리는 이 양식, 곧 구원의 양식인 유카리스트인 이 빵을 매일 구하고 받아야 한다. 그렇지 않으면 그리스도의 몸으로부터 떨어져 나간다. "시험에 빠지지 않고 악에서 구하소서"는 모든 육체적이고 세상적인 생각을 버리라는 것이다. 그리고 성직자는 기도하는 사람의 마음을 안정시키고 준비시켜야 한다. 가장 특징적인 것은 금식과 자선이 함께 하는 기도를 강조하고 있다는 점이다. 하나님은 선행이 함께하는 청원을 즐겨 듣기 때문이다.[79]

(4) 『도나투스에게』(To Donatus, Ad Donatum)

이 작은 책자는 키프리안이 세례를 받은 직후에(246) 그의 친구 도나투스에게 보낸 글이다. 그러므로 그의 저서 중 첫 작품이다. 이 글에서 저자는 세례를 통하여 이방 세계의 퇴폐적이고 난폭하고 잔인한 행위, 맹목적이고 잘못되고 격정적인 이전의 자기의 삶에서 그리스도교로 개종하여 평화와 행복으로 자기를 이끈 하나님의 은총의 놀라운 결과를 열정적으로 기술하고 있다. 이 글의 형식은 변증적이면서 독백적이다. 자기의 타락과 동시에 하나님의 영광을 고백하는 이 글은 어거스틴의 '고백록'만큼 방대하지는 않지만 그것을 상기시키기에 충분하다.

> 나는 이전의 나의 삶의 수많은 잘못에 빠져왔었고, 거리로부터 자유할 수 있으리라고는 생각 못 했었다. 왜냐하면 나는 너무나 나의 악행의 노예였고… 나의 변치 않는 친구가 된 악행에 그렇게도 친절했기 때문이다. 그러나 세례의 물이 이전의 나의 삶의 더러움에서 나를 씻어주었고, 높은 데서 비쳐오는 빛이 나의 가슴을 비추어 나의 부패를 정화시켰으며, 하늘로부터 임재하는 성령이 나를 다시 태어나게 하여 새로운 사람으로 변화시켰다. 그 순간 나는 놀랍게도 의심 대신 확신을 갖게 되었다…. 자기의 변화를 스스로 찬양하는 것은 보기 싫은 자랑이지만, 그 변화가 인간의 미덕이 아니라 하나님의 축복으로 돌리는 것은 자랑이 아니라 감사인 것이다…. 나는 분명히 말한다. 모든 덕행은 하나님으로부터 온다는 것을, 우리의 생명과 힘도 하나님으로부터 온다는 것을….[80]

키프리안의 이 짧은 고백적 글은 그 자신의 개종을 정당화하려고 했을 뿐 아니라 다른 사람들도 같은 단계를 밟아 자기와 같이 개심하도록 하려고 했던 것이다. 모든 죄인은 키프리안이 죄의 심연으로부터 구원받은 것을 생각하면 용기와 힘을 얻을 수 있을 것이다.

(5) 『죽어야 할 운명에 관하여』(On the Mortality, De mortalitate)

이 글은 252년경 가공할 만한 전염병이 유행하고 있던 때 그리스도인들에게 믿는다는 것이 무엇인지를 설명하고 그들을 위로하고 힘을 돋아주기 위해서 쓴 목회서신이다. 삶의 마지막에 직면했을 때 그 정신면에 있어서 믿는 사람이 이교도와 큰 차이가 없을 것이다. 이 순간 그리스도인을 투쟁과 갈등으로부터 구원하는 것은 그리스도의 소환(arcessitio dominica)이다. 이것이 불멸성이고 영원한 보상인 것이다.

> 사랑하는 형제여, 우리는 세상을 포기했고, 그 사이에 세상에서 손님과 낯선 사람으로 살고 있다는 것을 숙고해야 합니다. 그 자신의 자택을 우리 각자에게 배당하고, 금후 우리를 잡아채어 세상의 덫으로부터 우리를 자유하게 하며, 우리를 낙원과 하늘나라로 복귀시키는 그날을 맞이합시다. 외국에 배치되었던 사람은 자기 고국으로 돌아가기를 서두르지 않겠습니까? 친구에게로 돌아가기를 서두르는 사람은 곧 친한 사람들을 포옹할 수 있는 순풍을 열망하지 않겠습니까. 우리는 낙원을 고국으로 생각하고 있습니다. 우리는 이미 총주교들을 우리의 부모로 생각하기 시작했습니다. 우리의 고국을 볼 수 있고 부모에게 인사할 수 있는데 왜 서둘러 뛰어가지 않겠습니까? 우리의 사랑하는 많은 사람들이 우리를 기다리고 있고, 부모, 형제, 아이들의 인파가 우리를 열망하고 있으며, 그들은 이미 그들의 안전을 보장받고 있고, 여전히 우리의 구원을 걱정하고 있습니다. 그들을 만나고 그들과 포옹을 한다면 그들과 우리 모두에게 공히 얼마나 기쁘겠습니까? 죽음의 두려움도 없는 하늘나라

에서의 기쁨이란 말로 다 할 수 없고, 영원한 삶이 함께 하는 행복이야말로 얼마나 고결하고 영구한지요.[81]

키프리안은 이 글에서 이것이 우리가 믿는 것이기 때문에 주님의 소환에 의해서 세상으로부터 자유하는 것을 슬퍼하지 말라고 한다. 주님이 부르실 때 그에게 가는 것을 주저하지 말고 기뻐하라고 한다. 이 글은 키프리안이 의식했든 아니든 간에 스토아철학, 특히 키케로와 세네카로부터 인용한 것이 많지만, 키프리안은 스토아철학의 체념을 극복하고 있다. 그는 불멸성과 행복의 문을 열어놓고 있다.

(6) 『인내의 유리함에 관하여』(The Advantage of Patience, De bono patientiae)

아프리카 교회가 세례 문제 때문에 논쟁과 분쟁으로 어려움을 겪고 있을 256년경 쓰여진 이 글은 터툴리안의 인내론(De patientia)에 근거하고 있다. 두 책을 비교해 볼 때 문학적, 문필적인 의존이 그의 다른 저술보다 크게 터툴리안에게 의존하고 있음이 나타난다. 특히 일반적인 개요와 예증의 선택에 있어서 그 의존이 분명하다. 그렇다고 이 말은 두 작품 사이에 차이가 전혀 없다는 것을 의미하지 않는다. 두 저자는 정신과 용어에 있어서 아주 다르다. 스토아철학의 무관심론에 반대하여 키프리안은 그리스도교인들의 특징인 인내를 격찬한다. 키프리안에 의하면 인내는 하나님과 공유하는 것이며, 미덕이나 덕행은 하나님으로부터 시작되고, 그 영광과 존엄도 하나님으로부터 기원한다. 성격이 온화하고 참을성이 있으며 온순한 사람은 누구나 하나님 아버지를 닮은 사람이다. 그는 불경스러운 신전과 땅의 우상들, 하나님의 존엄과 영광을 경멸하며 인간에 의해서 제정된 신성모독적인 예배 의식까지도 참을성 있게 견딘다. 그리스도의 십자가와 고난의 바로 그 시간에서까지 그리고 그의 전 지상에서 보여준 그의 삶은 그리스도인들의 인내의 예표다.

(7)『질투와 시기에 관하여』(*Jealousy and Envy, De zelo et livore*)

이 책은 저자의 다른 책『인내의 유리함에 관하여』의 자매 편으로 불렸다. 그러나 책의 기록 연대에 대해서는 일치된 의견이 없다. 어떤 사람의 목록에는『인내의 유리함에 관하여』다음에『질투와 시기에 관하여』가 기록되어 있기 때문에 이 책은 256년 또는 257년 초 이단자의 세례와 관련한 논쟁이 진행되고 있을 때 기록된 것으로 생각되었다. 그러나 다른 학자의 목록에는『교회 일치에 관하여』다음에 기록되어 있고, 또 다른 사람은 이 책을『배교자들에 관하여』와 더 밀접한 관계가 있다고 한다. 그래서 이 책 형성의 배경은 성례전의 논쟁이 아니라 카르타고 교회와 로마교회의 분열이라고 해서 저작 연도를 251년 후반이나 252년이 가장 유력하다고 한다.

저자는 무엇에 질투하는 것을 좋게 보기도 하고, 자기보다 더 나은 사람들이 질투하는 것을 대수롭지 않은 약간의 잘못으로 보기도 하지만, 주님은 사탄에 대해 경계하도록 경고한다고 한다. 세상 처음에 악마가 사람을 타락시킨 것은 질투와 시기에 의한 것이었다. 그러고 나서 같은 악이 사람들에게서 불멸성을 빼앗아 갔다. 그 이후 땅에는 시기가 휘몰아쳤고 질투하는 자는 파멸의 창조자에게 복종한다. 세상의 죽음은 악마의 시기와 질투를 통하여 세상에 침투된 것이다. 이와 같은 악의 성향은 증오, 불화, 야망, 탐욕, 불순종 등 많은 죄의 원인이 된다. 더욱 그와 같은 죄는 교회일치를 파괴하는 가장 위험한 적이다. 질투와 시기에 의해서 주님의 평화의 끈이 끊어지고, 이 때문에 형제의 사랑이 침해되며, 이 때문에 진리는 그 정당성을 잃게 되며, 사제들이 비난받고 감독들이 시기의 대상이 되어 사람이 자기가 성직에 임명되지 못한 것에 불평할 때 사람들은 이단과 분리주의에 빠지게 된다. 이와 같이 영적으로 죽을병에 걸렸을 때 치유할 수 있는 유일한 약은 "네 이웃을 사랑하는 것"이다. 만일 선한 사람을 따를 수 있다면 그를 모방하고, 따를 수 없다면 최소한 그들과 함께 기뻐하고, 자기보다 나은 사람을 축하하며, 연합된 사랑으로 그들과 자신을 공유하라.[82]

(8) 기타

그 외 그의 작품으로 『처녀들의 의상에 관하여』(*The Dress of Virgins, De habitu virginum*), 『순교 · 권면』(*Exhortation to Martyr- dom, Ad Fortunatum*), 『우상은 신이 아니다』(That the Idols are not Gods, Quod idola dii non sint)와 3세기 중반 아프리카 교회에서 가장 흥미 있는 시기의 역사적 자료로서 대단히 가치가 있어 특히 제롬, 어거스틴 등에 의하여 높이 평가받고 있는 서신들이 있다. 그중 12편의 서신 (44~55)은 노바티안 분열을 다루고 있고, 9편의 서신(67~75)은 이단적 세례에 관한 논쟁을 취급하고 있다. 데시우스 황제의 박해 기간에 그는 피난처에서 카르타고의 성직자들과 백성들에게 27편의 서신을 보냈다.

2) 교회론[83]

키프리안과 어거스틴 이전에는 본격적인 교회론의 형성이 거의 이뤄지지 않았다고 할 것이다. 이 말은 그 이전에는 교회에 관한 언급이 전혀 없었다는 것을 의미하지 않는다. 단지 교회의 본질에 대한 진지한 논의가 없었다는 것이다. 왜냐하면 교회론이 형성되기 위해서는 교회의 본질에 대한 진지한 반성의 필요성이 전제되기 때문이다. 여기서 반성이란 역사적 현실의 교회와 하나의 거룩한 교회(Una Sancta Ecclesia)의 관계를 논의하는 것을 의미한다. 처음 수 세기 동안 교회는 신앙의 규범(rule of faith)과 교회 지도자(감독)의 권위 위에 세워진 외형적 현실의 교회를 본질적인 교회와 동일시하는 경향이 강하였다. 그러므로 지금 우리가 생각하는 가시적 교회와 불가시적 교회의 구별 개념이 그 당시에는 거의 없었다. 노바티안파와 도나투스파의 분쟁에서 현실적인 교회와 본질적인 교회의 관계에 대한 문제가 제기되었음에도 불구하고 교회에 관한 교리를 철저하게 다룰 수 있는 충분한 계기가 되지는 못하였다.

철저한 과학적인 교회론의 형성을 지연시킨 다른 요인을 지적한다면 첫째, 초기 교회는 아직 그와 같은 실제적인 교회론의 문제를 결정적이고 확실하게 다룰 충분한 경험이 아직 없었다. 둘째, 고(古) 가톨릭 시대의 신학자들은 그리스도론, 삼위일체론, 인간론 등과 같은 주제에 전념하고 있었기 때문에 교회에 관한 근본적인 논의를 할 여가가 없었다. 마지막으로 처음 수 세기 동안의 그리스도인들은 교회의 실재를 잘 알고 있었으므로 교회에 관한 교리적 반성의 필요성이 거의 없었다.

안디옥 감독 이그나티우스(c. 35~107/117)가 '가톨릭'이라는 말을 처음 사용하였는데,[84] 이것은 교회 일치에 대한 새로운 표현이었다. 하나의 개념은 사도 바울의 말에서도 발견된다. "한 몸, 한 성령…, 한 주님, 한 믿음, 한 세례"가 있다고 했다(엡 4:4-5). 이그나티우스는 성만찬에서 교회 일치를 보았지만,[85] 이것은 삼위일체의 이름으로 행하는 세례, 주님의 윤리적 요구에 따른 훈련(disciplina), 주기도문의 주기적인 사용, 세례 의식문에서 구체화된 신앙의 규범 등을 고수한 사람들도 모두 통일된 가톨릭 신앙에 속한 자로 간주되었다. 그러므로 교회의 보편성(catholicity)은 가톨릭 시대의 교부들, 특히 이레니우스, 터툴리안, 오리겐과 그들의 후계자들에 의해서 되풀이해서 강조되었다. 이레니우스는 말하기를,

> 세상의 언어가 아무리 다를지라도, 교회 또는 사도의 전승의 내용은 어느 곳에서나 동일하며 그리고 독일에 세워진 교회라고 해서 다른 신앙이나 다른 전승을 가지고 있는 것이 아니며, 스페인, 이베리아, 골, 그 밖에 동방이나 이집트에 있는 교회들도 마찬가지인 것이다. 온 세계를 밝게 비추는 하나님의 태양이 하나요 같은 것처럼, 진리의 설교도 진리를 찾는 모든 사람을 가르쳐 교화한다.[86]

교회 교리를 발전시킨 두 가지 관심있는 요소가 있다. 첫째는 교회 가르침의 순수성 혹은 사도성에 대한 관심 때문에 성서, 신앙의 규범, 세례 의식문에 표현된 진리의 수호자로 감독이 인정받게 되었다. 여기서 다시 신령한 자들을 대신하여 장로-감독들이 인정받게 되었으며, 그다음 한 회중에 한 사람의 감독이 인정되고, 사도들이 활동했던 지역의 감독들에 대해서는 특별히 인정을 받았으며, 궁극적으로는

감독들의 단체가 생겼고 로마 감독의 수위성이 인정되었다. 둘째는 교회의 거룩성, 교회 생활의 순결성, 교회 제도에 대한 관심이다. 교회 즉 감독들의 가르침과 교회 신앙생활의 순결성은 교회와 그 제도를 발전시킨 현저한 동기가 되었다. 교회 가르침에 대한 비판과 이설, 로마제국의 정치제도를 모방한 제도로서의 현실적 교회에 대한 비판과 이설, 박해 기간에 생긴 배교자에 대한 논쟁, 이로 인한 교회의 분열 등은 보이는 현실의 교회와 보이지 않는 이상적 교회의 문제가 현실화되었다. 이것이 교회 본질에 대한 진지한 반성으로 이어졌다.

키프리안의 사상에는 터툴리안의 독창성이나 오리겐의 사변적 능력 모두 부족하다. 관념보다는 행위의 사람이었던 그는 그리스도교 교리를 조직적으로 진술하려고 하지 않았다. 그럼에도 불구하고 어거스틴의 시대까지 그는 서방교회의 신학적 권위자로 남아 있었다. 그의 저작들은 신구약성서와 나란히 목록에 기재되었다. 어거스틴 이후 전 중세기를 통하여 그의 글은 교회 교부 중 가장 많이 읽힌 것 중의 하나였으며, 교회법에 미친 그의 영향은 매우 컸다. 특히 그의 사상의 중심인 교회론은 그 이후 교회론에 결정적인 영향을 끼쳤다.

키프리안에게 교회는 구원의 유일한 길이요 필수적인 방주요, 어머니며, 따라서 이 교회 밖에는 구원이 있을 수 없다.

> 그리스도의 신부는 간부(姦婦)가 될 수가 없다. 그는 더럽혀질 수가 없으며 순결하다 …. 그녀는 하나님을 위하여 우리를 지키며 그녀가 낳은 자녀들을 하나님 나라를 위하여 보증하는 것도 그녀다. 누구든지 교회에서 떨어져 나가 간부(姦婦)에 간다면 그는 교회에 주어진 약속에서 배제된다. 그리스도교회에서 떠나간 사람은 그리스도의 보상을 받을 수 없

다. 그는 이방인이고 추방된 사람이며 적이다. "교회를 어머니로 갖지 않은 사람은 하나님을 아버지로 가질 수 없다."[87] 만일 노아의 방주로부터 도망칠 수 있는 사람은 누구나 교회 문 밖으로 도망친다…. 주님은 경고로 말씀하신다. "나와 함께 하지 않는 사람은 나를 반대하는 사람이다"(마 12:30). 그리스도의 평화와 화합을 해치는 자는 그리스도를 대항하는 것이다. 교회 밖에서 모이는 것은 그리스도의 교회를 흩뜨리는 것이다. 주님은 말씀하신다. "아버지와 나는 하나다"(요 10:30). 그리고 기록된 바, "아버지와 아들과 성령, 이 셋은 하나다"(요 5:7). 하나님의 불변성에서 유래하여 하늘의 신비들에 의해서 굳게 다져진 이 일치가 교회 안에서 깨어질 수 있다고 믿는 사람이 누가 있으며, 충돌을 목적으로 하고 일으키는 분열에 의해서 이 일치가 쪼개진다고 누가 믿겠는가? 이 일치를 지키지 않는 자는 하나님이 법을 지키지 않는 자요, 성부와 성자에 대한 신앙을 지키지 않은 자요, 생명과 구원을 유지하지 않는 자다.[88] "교회 밖에는 구원이 없다."[89]

키프리안은 교회를 그 밖에서는 구원이 없다는 노아의 방주, 한 성만찬 빵으로 형성되는 많은 알곡,[90] 감독을 선장으로 하는 배[91] 등에 비교한다. 그러나 그가 가장 즐겼던 표상은 어머니 이미지다. 무려 30회 이상이나 쓰고 있으며, 이 표상은 하나의 큰 가족에 자녀들이 함께 모여 결합하며 그의 가슴에 한 몸과 한마음이 된 백성이 행복을 누리는 것을 나타낸다. 그녀의 자궁으로부터 자신을 절단하는 자는 사망에 이르게 된다.[92] 키프리안에 의하면 신앙의 일치는 참 그리스도의 교회에서만 가능하다.

교회를 관장하는 우리 감독들은 이 일치를 확고히 지지하며 일치를 방어해야 한다. 우리 또한 감독단 자체가 하나요 나누어지지 않았음을 증명해야 할 것이다…. 감독단은 하나다. 각 일원은 각기 역할이 있으나 각 역할은 견고한 하나의 전체를 이룬다. 교회는 그 풍부한 열매로 멀리 넓게 다수의 형태로 확대되어 있어도 하나다. 그것은 마치 태양이 여러 광선을 가지고 있으나 빛은 하나이고, 나무는 많은 가지가 있으나 깊이 박힌 뿌리에 근거한 줄기가 하나이며, 한 발원지에서 많은 물줄기가 흘러내리는 것과 같다…. 이와 같이 주님의 빛을 받은 교회는 온 세상에 걸쳐서 그 광선들을 퍼트린다. 그러나 사방에 퍼져 있는 그 빛은 하나의 빛이며, 몸의 일치는 파괴되지 않는다. 교회는 풍부한 열매로 전 세계에 뻗어나간다. 교회는 그 흐르는 강줄기의 범위를 넘어 멀리 그리고 넓게 흘러가지만 머리는 하나다. 그럼에도 하나의 머리, 하나의 근원, 한 어머니가 있을 뿐이다. 그의 자궁에서 우리는 태어났고 그의 우유로 우리는 자라 났으며 그의 영으로 우리는 생기를 얻었다.[93]

키프리안이 여러 가지 표상으로 기술한 교회의 근본적인 성격은 일치다. 그는 이것을 그리스도의 솔기 없는 긴 옷으로 상징한다고 보고 있다.

복음서에서 주 예수 그리스도의 옷이 전혀 잘리거나 찢어지지 않았을 때, 이것은 일치의 성례전(신비), 곧 분리될 수 없고 나누어질 수 없는 평화의 연대를 가리킨다. 그러나 그들이(군병들) 누가 그리스도에게 입혀야 하는가를 물으면서 그리스도의 옷을 제비 뽑아 차지했을 때 그 옷은 더럽혀지지도 찢어지지도 않았다…(요 19:23-24). 이 옷은 '위로부터',

즉 하늘로부터 그리고 아버지로부터 오는 일치성을 보여주었다. 이 일치는 그것을 받아 소유한 자에 의해서 결코 찢기지 않는다. 그는 통체적으로 찢어지지 않은 그 옷을 가질 수 있다. 그리스도의 교회를 분열시키고 나누는 자는 그리스도의 옷을 가질 수 없다.[94]

키프리안이 교회의 일치를 목회의 사활을 걸고 방어한 것은 교회 분열의 위협이 있었을 때였고, 그래서 그는 『교회일치론』을 비롯하여 많은 서신을 쓰기까지 하였다. 그런데 그는 그리스도교회의 일치의 가시적이고 중심적인 권위가 감독에게 있다고 한다. "그럼에도 교회는 결코 그리스도로부터 이탈하지 않는다. 그리고 교회는 그 백성을 성직자에게 연합 시키고 양 떼를 목자에게 결합시킨다. 그러므로 '감독은 교회 안에 있고 교회는 감독 안에 있으며, 감독과 함께 있지 않는 자는 누구나 교회 안에 있지 않는 것이다'라는 것을 알아야 한다."[95] 가톨릭교회의 연대는 번갈아 감독들의 연대에 의존한다. 감독들이 계승한 사도들은 옛 감독들이다. "주는 사도들, 곧 감독들과 통치자들을 선택하셨다."[96] 교회는 베드로를 비롯하여 그를 계승한 감독들 위에 세워진다.

… 복음서에서 주님이 베드로에게 말씀하신다. "너는 베드로다. 나는 이 반석 위에다가 내 교회를 세우겠다"(마 16:18). 그러므로 세대에서 세대로, 감독에서 감독으로 감독의 직무와 교회 통치 원리가 전해졌다. 그 때문에 교회는 감독들 위에 세워졌고 교회의 모든 행위는 이 같은 통치자들에 의해서 지휘, 감독되는 것이다. 이 질서는 신의 명령에 의한 것이기 때문에 어떤 사람들[예: 박해 때 배교한 사람]이 무모하게 나에게

글을 쓰고 교회 이름으로 편지를 보내는 일에 나는 놀라움을 금할 수가 없다. 교회는 감독과 성직자 그리고 신앙에 확고한 사람들로 구성된다.[97]

P. 틸리히는 키프리안의 교회론을 다음과 같이 요약한다.

(1) "어머니로 교회를 갖지 않은 사람은 아버지로 하나님을 가질 수 없다." 왜냐하면 "교회 밖에는 구원이 없다"(extra ecclesiam nulla salus)고 하기 때문이다. 이것은 초기 교회의 '성도의 교제'로서의 교회 개념에서 '구원의 제도'로서의 교회 개념으로 전환을 뜻한다. 키프리안은 서방의 법률적 사고를 따르고 있는 것이다.

(2) 교회는 감독직 위에 세워져 있다. 이것은 신적인 법에 따른 것이며 그러므로 신앙의 대상이다. "그러므로 감독은 교회 안에 있고 교회는 감독 안에 있으며, 만일 감독과 함께 있지 않는 사람은 교회 안에 있지 않다"는 것을 알아야 한다. 이것은 비록 오늘의 의미와는 다르겠지만, 철저한 감독제중심주의적 주장이다.

(3) 교회의 일치는 감독직의 일치에 근거한다. 모든 감독은 이 일치를 대표한다. 그러나 그들 모두가 동등하지만, 이 일치의 한 대표자가 있다. 그가 베드로와 그 교구다. 베드로의 교구(로마)는 성직자의 일치가 발생하는 교회요 가톨릭교회의 자궁이며 뿌리다.

(4) 감독은 사제(司祭, sacerdos), 성직자다. 라틴어에서 그 말의 주 기능은 희생을 바치는 것이다. 사제는 성만찬예식에서 빵과 포도주를 희생으로 바친다. 이것으로 그는 골고다의 희생을 반복한다. "그는 그리스도가 했던 일을 모방한다. 그는 교회 안에서 아버지

하나님께 참되고 완전한 희생을 바친다." 이것은 아직 가톨릭 미사와 같은 것은 아니지만, 불가피하게 그리로 가는 선도적 역할을 했다. 더욱 상징적인 것을 실재적인 것으로 파악할 수밖에 없었던 원시적 민족들에게 있어서는 필연적이었다. 로마교회의 기본적인 법의 대부분은 키프리안이 살아있던 250년경까지 존속하고 있었다. 우리가 로마교회에 대해서 무엇이라고 말하든 간에 초기 그리스도교 발전은 이 길로 갔다는 것을 잊어서는 안 된다. 그러나 오늘날 처음 5세기 모든 교회가 일치했다고 말하는 것은 잘못이다…. 개신교는 키프리안의 교설을 받아들일 수가 없다.[98]

3) 로마의 수위성(首位性)

"교회 밖에는 구원이 없다"는 것을 어떻게 정의하고 인정할 것인가? 키프리안에 의하면 이 교회는 진리와 통일이 있는 교회다. 비록 키프리안이 진리가 교회의 본질적인 특성의 하나라고 단언했지만, 분파주의자들을 반대하면서 교회의 일치를 강조하게 되었다. 그런데 이 교회의 통일성이 감독권(episcopate) 안에 있다는 것이다. 감독들은 사도들의 계승자들이며, 이들은 그리스도가 사도들에게 준 것과 같은 권한을 갖고 있다. 이 감독이 교회 안에 있고, 교회는 감독 안에 있으며, 감독이 없는 곳에 교회는 없다. 이렇게 감독들의 권위와 신뢰를 받게 된 것은 이레니우스가 말했듯이 사도적 전승에서 감독들은 '확실한 진리의 은사'(charisma veritatis certum)를 받은 자며, 믿을 만한 전승을 소유한 자들로 간주되었기 때문이다.[99] 더욱 그들만이 사도적 전승을 올바르게 해석할 수 있는 특별한 은사를 받았다고 믿게 되었으며,

그들의 직무는 신약성서에 나타난 궁극적 계시에 대한 올바른 해석을 교회에 전달해 주는 것이었다. 몬타누스주의자가 된 후 터툴리안은 '신령한 자'(spirituals)로 간주될 수 있는 사람들만이 감독으로 인정되어야 한다고 했다.[100] 사도들의 가르침, 신약성서의 계시를 올바르게 해석할 은사를 받은 자, 신령한 자들인 감독들은 박해 가운데서 그리고 이단으로부터 교회를 방어할 최후의 보루가 되었다.

그러나 각 감독은 보편적 교회를 위한 중대한 의의를 가지고 있었다. 왜냐하면 각 감독은 모든 장소와 모든 세대의 교회가 완전한 상태에서 사도들의 가르침을 보존하는 임무를 맡고 있기 때문이다. 교리사가 피셔는 "감독은 이제 더 이상 단순히 한 지역 교회의 머리만이 아니다. 그는 보편적 세계교회와 관계를 갖게 되었으며, 단 하나의 감독권에서 일부를 차지하게 되었다"고 하였다.[101] 이와 같은 과정을 거쳐 교회의 중심이 된 감독들은 한 유기체를 형성하였으며, 개개의 감독들은 교회 전체를 대표하게 되었다. 그러나 이들이 가지고 있는 "감독권은 하나다". 그러나 이것은 모든 감독이 '감독들 중의 감독' 한 사람에게 예속된 그와 같은 성직 계층 질서가 이뤄졌다는 것이 아니라 오히려 개개의 감독이 감독권의 총체성을 대표한다는 사실이다.

그럼에도 불구하고 베드로와 바울이 가르치고 죽은 로마교회의 감독들이 보존하고 있는 사도적 전승은 다른 지역의 감독들이 보존하고 있는 전승보다 더 믿을만한 것으로 인식되었다. 로마교회는 서방교회를 대표하는 '로마신조'(Roman Symbol)라는 신앙의 한 형식을 가지고 있었고, 이 신조는 사도신조의 모델이 되었다. 로마의 감독들은 교회 통일의 수호자로 간주되었다. 그리하여 로마의 감독 칼리스투스(Callixtus, 217~222)는 스스로 '감독 중의 감독'인 '폰티펙스 막시무스'

(Pontifex Maximus)라는 칭호를 요구하였다. 그러나 터툴리안은 로마 감독을 혹평하면서 다양한 교회들의 동등성을 강조하였다. "만일 너희가 아케이아(Achaia) 근처에 있다면 거기에는 고린도가 있고, 만일 너희가 마케도니아에서 멀지 않은 곳에 있다면 거기에는 빌립보가 있고… 만일 너희가 아시아로 향하게 되면 거기에는 에베소가 있다. 만일 너희가 이탈리아에 접근하게 되면 거기에는 우리가 또한 알맞은 권위를 갖는 로마가 있다."[102] 반면에 그의 제자인 키프리안은 로마교회를 교회의 '자궁이며 뿌리'(matrix et radix)라고 언급하였다.[103]

키프리안은 보편적 교회를 위해서 로마교회가 중요한 것과 같이 사도들 가운데 베드로의 우위성을 높인다. 그것은 가이사랴 빌립보에서의 주님의 말씀(마 16:18)과 "내 양떼를 먹이라"는 주님의 말씀(요 21:15-17)으로 베드로에게 교회 통치권과 양육권이 주어졌기 때문에 베드로는 교회 일치의 상징일 뿐만 아니라 그를 통하고 그로부터 내적으로 확립된 일치의 진정한 근거이기 때문이다. 이것은 베드로가 가지고 있는 감독적 권위의 사법적 근거이기도 하다. 즉, 각 감독은 실질적으로 베드로와 연결되어 있다는 것이다. 물론 다른 감독들에게도 동일한 명예(honoris)와 권한(potestatis)이 주어졌지만(요 20:21-23), 이 권한을 제일 먼저 받은 것은 베드로이기 때문에 그가 교회일치의 원리인 것이 분명하다.[104] 이런 이유 때문에 로마교회와 그 감독(cathedra Petri)은 다른 그리스도교회 중에서 일종의 우위권 그리고 제사장적 일치(unias sacerdotalis)의 출처가 되는 '주된 교회'(ecclesia principalis)가 된다.[105]

그러나 다른 한편 키프리안은 자신의 교구 안의 내적 문제에 대해서는 어떤 경우에도 로마 감독의 관할권을 인정하지 않았다. 즉, 키프리

안의 기본적인 입장은 로마 감독(교황)이 다른 감독들보다 우선적
(prior)이지만 우월한 것(superior)은 아닌 것과 같이 로마교회의 우선권
이 다른 교회들에 대한 통치권을 의미하지 않는다는 것이다. 가장 대표적
인 것이 로마 교황 스테반과의 세례 논쟁에서 그가 보여준 태도다.

> 주님이 제일 먼저 선택하시고 그 위에 그의 교회를 세우신 베드로도 후에
> 바울이 할례 문제로 비난했을 때, 그는 무례하게 자기의 주장을 하지
> 않았으며, 주제넘게 핑계를 대지 않았다. 말하자면, 그는 수위권을 가졌
> 지만, 오히려 신참자요 나중에 들어온 자에게 틀림없이 순종했을 것이
> 다.[106]

이 글에 의하면 키프리안은 모든 감독이 일정한 자치권을 가지고
있다고 생각하는 것이다. 그리하여 그는 자기의 자치권을 양보하지
않았고 아프리카 지역의 다른 감독들의 자치권도 침해하지 않았다.
다만 그는 다른 감독권에 영향을 미칠 만한 결정을 할 때는 회의를
통해서 결정하였다. 이와 같은 키프리안의 입장을 곤잘레스는 "연방
감독제"(federated episcopacy)라고 표현한다.[107] 다음 인용문은 키프리
안이 교황 스테반과 이단자의 세례 문제에 대해 논쟁할 때 로마의
입장의 강요에 대한 수용불가방침을 256년 아프리카 교회회의를
통해 결정하고 그 의장으로서 입장을 밝힌 것이다.

> 우리 가운데 누구도 자신을 감독 중의 감독이라고 높일 수 없으며, 폭정
> 과 공포로 동료를 강제로 복종시킬 수도 없다. 각 감독은 자신의 자유와
> 능력이 허용하는 한도 내에서 독자적인 판단 권한이 있으며, 그 자신이

남을 판단할 수 없는 것처럼 다른 사람의 판단을 받을 수도 없다. 우리에게 그의 교회의 통치를 지시하고 그 안에서 우리의 행동을 판단할 능력을 오로지 갖고 계시는 우리 주 예수 그리스도의 판단을 우리 모두는 기다려야 한다.[108]

키프리안은 로마가 다른 교구에 대하여 법적으로 정한 보다 높은 권리를 소유하고 있다는 것을 인정하지 않는 것이 분명하다. 그는 그 자신의 주교관구에 대한 로마의 간섭을 기대하지 않는다. 각 독립된 목자에게는 관리하고 통치할 몫이 배당되어 있으며, 그 후 그의 사역 평가는 주님께 돌린다.[109] 그럼에도 불구하고 키프리안은 베드로가 교회 일치의 상징일 뿐만 아니라 실제적인 이유이며 그 위에 교회가 세워졌다는 것을 결코 부인하지 않는다.

4) 세례

키프리안은 이단자에 의한 세례와 그 세례의 무효성에 관해서는 터툴리안과 일치하지만, 유아세례 문제에 있어서는 다른 견해를 가지고 있다. 터툴리안은 어린이들이 그리스도를 자의식에 의하여 고백할 나이가 될 때까지 세례를 연기할 것을 권면하였다.[110] 그러나 키프리안은 세례 의식을 가능한 한 빨리 시행하기를 원했으며 심지어는 생후 8일까지 기다리는 관습까지도 거부했다. 그는 구원을 위한 세례는 어른만이 아니라 어린이들도 받아야 한다고 한다. 그는 세례에 의한 중생을 가장 분명하고 명확하게 주장한 교부 중 한 사람이었다. 유아세례를 반대하는 사람들과의 논쟁에서 유아들은 출생 때 이미 아담의 죄가 유전되어 있기 때문에 세례를 통하여 정결케 되어야 한다고 하였다. 그는 한 서신에서 다음과 같이 교회회의 결과를 언급한다.

> 여러분은 출생한 지 2~3일 안에 세례를 반드시 받아야 하는 것은 아니며, 옛 할례법이 고려되어야 한다고 말하고, 그래서 여러분이 바로 태어난 아이는 8일 안에 세례를 받지 않아도 되고 죄를 씻지 않아도 된다고 생각하는 유아의 경우에 관하여 우리 회의에서는 전혀 다르게 생각하고 있습니다…. 우리 모두는 태어난 어린이 누구에게도 하나님의 자비와 은총이 거절되어서는 안 된다고 판단합니다…. 영적 할례가 육체적 할례에 의해서 늦어져서는 안 됩니다…. 아담을 따라 육으로 태어난 것 이외에는 죄를 짓지 않고 최근에 태어난 유아의 할례는 빠를수록 좋습니다. 세례의 지연을 최소화해야 합니다. 죄의 용서를 받아들이는 유아의 접근은 자신의 죄가 아니라 다른 사람의 죄이기 때문에 더 쉽습니다.[111]

키프리안은 로마 교황 스테반과의 세례 문제 논쟁에서도 분명했지만, 보편교회 밖의 이단자들의 세례는 무효하다고 한다. 그러므로 그들이 신앙을 고백하고 정통 교회에 들어올 때 행하는 세례는 재세례가 아니라고 한다.

> 우리 동료 중 어떤 사람은 호기심 있는 추정으로 이단자들에게서 세례를 받은 사람들이 우리와 합류할 때 세례를 받지 않아도 된다고 생각한다. 그 이유는 세례가 하나이기 때문이라고 한다(엡 4:5). 물론 보편적 교회에서 세례는 하나다. 만일 교회가 하나라면 그 교회 밖에서는 세례가 있을 수 없다. 두 세례는 있을 수가 없다. 만일 이단자들이 실제로 세례를

베푼다면 그 세례는 그들에게 속하는 것이다…. 그리스도의 적에게는 사람의 죄를 씻고 순결케 하고 거룩하게 하는 능력이 없다. 우리는 이단으로부터 우리에게 온 사람들은 재세례가 아니라 우리에게서 세례를 받아야 한다. 그들은 모든 은혜와 진리가 있는 여기 우리에게 와서 받아야 한다. 은혜와 진리는 하나다.[112]

그는 다른 서신에서 교회는 하나이고 나뉘지 않으며 이 교회 밖에 성령은 임재하지 않기 때문에 교회 밖에 세례는 있을 수 없다고 한다.

교회는 하나이며 나뉘지 않는다. 그러므로 이단자들 가운데 교회가 있을 수 없다. 성령은 하나다. 이 교회 밖에 있는 자들에게 성령은 거주하지 않으며 임재하지도 않는다. 이 때문에 이단자들 가운데는 세례가 있을 수 없다. 세례는 교회 일치 위에 기초하고 있고 교회로부터 뿐만 아니라 성령으로부터도 분리될 수 없다.[113]

세례 형식에서 삼위일체 하나님의 이름으로 베푸는 것은 본질적이다.

부활하신 후, 주님은 제자들을 이교도에게 보내면서 성부와 성자와 성령의 이름으로 그들에게 세례를 주라고 명하셨다. 그런데 어떻게 교회 밖에 이방인들에게는 세례가 없다고 말하는가? 그것은 교회를 반대하여 예수 그리스도의 이름만으로 세례가 베풀어지기 때문이다. 그리스도 자신이 삼위일체의 이름으로 이교도들에게 세례를 베풀라고 명했을 때, 어느 곳에서나, 어떤 방법으로 하든 죄의 용서를 받을 수 있다.[114]

5) 성만찬

키프리안의 성만찬론의 핵심은 '희생'이다.[115] 성직자의 희생은 그리스도가 자신을 성부 하나님께 바친 주의 마지막 만찬의 반복이라고 한다. 예수 그리스도는 성부에게 그 자신을 희생한 첫 제물이다.

> 만일 예수 그리스도, 우리 주 하나님이 성부 하나님이 대제사장이라면 그리고 성부에게 희생으로서 자신을 드린 첫 제물이라면 그리고 이것을 자신에 대한 기념에서 행하도록 명령했다면, 분명히 성직자는 그리스도의 직무를 이행하는 것이다. 그가 그리스도가 행한 것을 본받을 때, 만일 그가 그리스도 자신이 바쳐진 것을 보듯이 바치기 시작한다면, 그는 성부 하나님께 참되고 완전한 희생을 드리는 것이다.[116]

이것은 주의 몸과 피가 봉헌되었다는 것을 입증하는 것이다. 주의 마지막 만찬과 교회에서 행하는 성직자의 희생(성만찬적 희생)이 다 같이 십자가 위에서의 그리스도의 희생을 나타낸다. 성만찬은 주님의 고난이고 우리의 구원을 위한 성례전이다. 우리는 모든 희생에서 주님의 고난을 언급한다. 그것은 주님의 고난이 우리가 바치는 희생이기 때문이다. 따라서 우리는 주님이 행하신 것 외에 달리 행할 것이 없다.[117] 유카리스트 의식은 '봉헌'(oblatio)과 '희생'(sacrificium)으로 구성된다. 봉헌은 빵과 포도주고 그것들은 성령을 통해서 그리스도의 희생이 된다. 포도주가 없는 잔으로는 그리스도의 피의 봉헌이 불가능하며, 우리의 봉헌과 희생이 주님의 고난에 대한 응답일 때 그리스도의 희생도 적법한 성별화의 의식이 된다. 키프리안에 의하면 성만찬의 빵과 포도주는 그리스도와 믿는 자들 사이의 유대와 교회 일치의 상징이다.

> 이 성례전에서 우리는 하나로 만들어졌음을 보인다. 그러므로 많은 낟
> 알들이 모아져서 갈고 한 덩어리로 혼합되어 하나의 빵이 되듯이 같은
> 방법으로 하늘의 빵이신 그리스도 안에서 우리는 우리 모두가 결합하고
> 일치하는 한 몸이 있다는 것을 알 수가 있다.[118]

> 물과 혼합된 포도주도 같은 의미다. 물이 잔에서 포도주와 섞일 때 사람
> 들은 그리스도와 하나가 되며, 믿는 자들의 집회는 그리스도와 연합되
> 고 결합된다.[119]

키프리안은 이단자들에 의해서 베풀어진 세례의 경우와 마찬가지
로 보편적 교회 밖에서 거행된 성만찬도 무효라고 주장한다. 그는
256년 71명의 아프리카와 뉴미디아 감독들의 회의에서 통과된 내용
을 서신으로 교황 스테반에게 알렸다. 즉, 가톨릭교회 밖에서의 성만
찬 희생은 '거짓된 것'이며, '신에 대한 불경'이고, '하나의 신적 제단에
대하여 반대하는 것'이라고 하였다.[120] 키프리안은 교황에 의한 출교
의 위협을 받으면서도 256년 9월에 카르타고에서 81명의 감독이
모인 회의를 소집하여 보편적 교회 밖에서의 성례전의 완전 무효를
결의하고 선언하였다. 이 사상은 성례전의 효력의 근거와 연결된다.
키프리안은 성례전의 효력은 성직자의 신앙에 의존하지 않는다고
한다.

세례를 받은 자는 기름을 부어 성별될 필요가 있다. 성유식(聖油式), 즉

성별되면 그는 하나님의 기름 부음을 받을 수 있다. 그리고 그 안에 하나님의 은혜가 있다. 더욱 세례를 받은 자가 제단에서 거룩하게 된 기름으로 성별 되는 데서부터 그것은 유카리스트다. 그러나 제단도 교회도 없는 자는 기름을 거룩하게 할 수 없다. 이단자들 가운데는 영적 성별됨이 있을 수 없으므로 그 기름은 성별될 수가 없고 성만찬은 이교도 가운데서 전혀 거행되지 않는다.[121]

키프리안의 주장은 후에 일어난 성례전의 효력이 의식을 집례하는 성직자의 신성에 의존한다고 주장한 도나투스주의자들과의 논쟁에서 모멘트가 된다.

미주

1 F. L. Cross, *The Early Christian Fathers*, 156.

2 다른 책 목록은 Eusebius, *HE.*, 6. 22; Jerome, *De Viris illustribus*, 61에 있음. A. Dirksen, *Elementary Patrology*, 61.

3 Eusebius, *HE.*, 6. 14. 10.

4 노에투스에 관한 우리의 지식은 그를 논박한 히폴리투스의 책 『모든 이단논박』을 통해서 얻는다. 노에투스는 200년경 서머나회의에서 정죄되었는데, 히폴리투스에 의하면 그의 제자 에피고누스(Epigonus)가 스승의 성부수난설을 소아시아로부터 로마로 전파했다.

5 J. Quasten, *Patrology*, vol. II, 164.

6 J. Quasten, 위의 책.

7 B. Altaner, Patrology, 184.

8 F. L. Cross, 앞의 책, 158.

9 J. Quasten, 앞의 책, 165-166.

10 이 명칭은 유세비우스의 글(*HE.*, 6. 22)에도, 제롬의 글(*De vir. ill.*, 61)에도, 그의 동상에도 언급되어 있지 않다.

11 이상은 B. Altaner, 앞의 책, 184-185; J. Quasten, 앞의 책, 166-168; F. L. Cross, 앞의 책, 162에 의존했음.

12 F. L. Cross, 위의 책, 162-163.

13 정확히 인용하면 "이레니우스의 제자 히폴리투스의 32 이단들을 반대하는 순타그마"다 (J. Quasten, 앞의 책, 169).

14 『모든 이단을 반대하여』(*Syntagma*)의 헬라어 원명은 *pros hapasas tas haireseis* 다. 여기 사용된 헬라어 pros는 초대 교부 시대에 문맥에 따라서 다양한 의미로 쓰여지고 있지만, "~에 관하여"의 의미고, hapasas는 "모든, all"의 의미다. 이와는 다르게 『모든 이단 논박』 (*Philosophoumena*)의 헬라어 원명은 *kata pansōn haireseōn elegchos*다. kata는 "~에 반대하여"의 의미고, elegchos는 "시험, 고찰" 등의 의미다.

15 도시테우스(Dositheus)는 시몬 마구스(Simon Magus)의 제자이며 2세기 팔레스타인 에 형성된 5개 영지주의 종파의 하나를 세운 유대인 영지주의자다. 오리겐에 의하면 그는 신명기 18:18에 언급된 메시아임을 자처했으며 엄격한 안식일 준수를 주장했다고 한다(*Contr. Cels.*, 6.2).

16 노에투스는 처음으로 성부수난설(양태론적 군주신론)을 주장한 사람이다. 즉, 성부 하나님이 성육신에서 태어났고 고난받고 죽었다는 주장이다. 그는 로고스 교리를 거부하고 요한 복음 서론에 있는 말씀은 순수한 은유적 해석으로만 받아들인다. 그는 반대파를 이신론 (ditheism)의 혐의로 고발까지 했다. 그에 관한 정보는 히폴리투스를 통해서 얻는다.

17 J. Quasten, 앞의 책, 169에서 재인용.

18 위의 책, 180.

19 테오필루스는 2세기 후반경의 사람이며, 로고스 교리를 그 이전의 누구보다도 발전시켰다. 특히 그는 로고스를 성부의 지성, 즉 '내재하는 로고스'(logos endiathetos)와 창조를 위해서 밖으로 돌아난 로고스, 즉 '발출한 로고스'(logos prophorikos)로 구별하였다. 또한 그는 신격에 대하여 '삼위'(trias)라는 말을 처음으로 사용했다.

20 J. Quasten, 앞의 책, 170에서 인용.

21 '백합화'라는 뜻인 수산나라는 이름은 눅 8:3에서 예수와 12제자들과 함께 여행하면서 자기들의 재산으로 그들을 섬긴 여인 중의 한 사람으로 기록되어 있다. 구약 위경(僞經, apocrypha) 중에 『수산나의 역사』(*The History of Susanna*)가 있는데, 이것은 선한 여인 수산나에 대하여 악의적인 중상모략자를 다니엘이 폭로하는 이야기다. 헬라어로 발견된 다니엘서 앞에 덧붙어 있다. 여호야김(Jehoiakim)이 그녀의 남편으로 나온다. 그러나 이 책은 저자도 연도도 알 수는 없다.

22 Hippolytus *Comm. on Daniel*, 1. 14-15, 20. J. Quasten, 앞의 책, 172에서 인용.

23 Hippolytus, 위의 책, 4. 23. B. Altaner, 앞의 책, 186.

24 *Comm. on the Canticle*; J. Quasten, 앞의 책, 173-174.

25 G. Dix, *The Treatise on the Apostolic Tradition of St. Hippolytus*, 3. J. Quasten, 위의 책, 187-188에서 인용.

26 히폴리투스는 로마 감독 칼리스투스가 죽은 죄를 용서하려고 하자 그를 맹렬하게 비난했음에도 감독의 사죄권에 대해서 의심하지 않았다.

27 로마교회의 미사와 성공회 성찬식의 한 부분으로 사 6:3의 "거룩하다, 거룩하다, 거룩하다, 만군의 주님…"에서 유래한 것으로 성찬식 때 로마가톨릭교회에서는 라틴어로 노래를 부른다.

28 J. Quasten, 앞의 책, 188-190.

29 제4장 "초기 이단의 도전과 교회의 반응", 주, 156과 157. 터툴리안은 2세기 종반에 이미 초기 로마신조를 잘 알고 있었으며, 로마 형식의 신조는 모든 서방교회 신조와 사도신조의 모체가 되었다(J. Quasten, *Patrology*, vol. I, 26 이하).

30 히폴리투스가 기술하고 있는 세례 의식은 터툴리안(*De baptismo*, 2. 1; *De corona*, 3)과 제롬(*De sacramentis*, 2. 7. 20)에서도 발견된다.

31 G. Dix, 앞의 책, 22. J. Quasten, 앞의 책, 192에서 인용.

32 J. Quasten, 앞의 책, 191-193.

33 위의 책, 194.

34 이와 같은 로고스 구별은 이미 필로(Philo)로부터 안디옥의 테오필루스 등 변증가들에 의해서 이루어지고 있었다(J. Quasten, 앞의 책 198).

35 *Contr. Noet.*, 10. John R. Willis, *The Teachings of the Church Fathers*, 202에서 인용.

36 *Contr. Noet.*, 위의 책.

37 *Contr. Noet.*, 1.

38 *Philos.*, 9. 7. J. L. González, *A Hist. of Christian Thught*, vol. I, 238-239에서

인용.

39 헬라어 '헤테로스'(heteros)는 신약성서에서 '다른 곳'(히 5:6), '이튿날'(행 27:3), '다른 예수'(고후 11:4), '다른 복음'(갈 1:6) 등으로 사용되고 있다.

40 *Contr. Noet.*, 10-11. John R. Willis, 앞의 책, 209-210에서 인용. J. Quasten, 앞의 책, 199-200. 여기 '파이스'(pais)는 남자아이, 하나님의 종, 특히 이사야서 51-53장에 나오는 메시아를 의미한다. 히폴리투스에 의하면 창조 전후에는 세계 발전 전개에서 두 단계 국면이 있었고 성육신이 제3 단계 국면이다(*Cpntr. Noet.*, 15).

41 *Philos.*, 10. 33.

42 위의 책, 9. 12; B. Altaner, *Patrology*, 189; J. Quasten, 앞의 책, 200.

43 J. L. González, 앞의 책, 240에서 인용.

44 *De antichristo*, 3; *Contr. Noet.*, 17; John R. Willis, 앞의 책, 162-163, 225- 226.

45 *Contr. Noet.*, 11; 위 주 36 참조.

46 recapitulatio, anakephalaiōsis(엡 1:10). 이레니우스의 구원론을 참고할 것.

47 *De antichristo*, 4. J. Quasten, 앞의 책, 201에서 인용. John R. Willis, 앞의 책, 162-163.

48 *Contr. Noet.*, 17. John R. Willis, 앞의 책, 225에서 인용.

49 *Philos.*, 10. 33. J. Quasten, 앞의 책, 201-202에서 인용.

50 Irenaeus, *Adv. haer.*, 3. 38. 1; 5. 20. 2.

51 『아가서 주석』과 『다니엘서 주석』에서 히폴리투스는 교회를 그리스도의 '신부'라고 표현한다(J. Quasten, 앞의 책, 172, 174).

52 *Comm. on Daniel*, 1. 17. 5-7; J. Quasten, 위의 책, 203.

53 *De antichristo*, 59. J. Quasten, 앞의 책, 203에서 인용.

54 *Comm. on Daniel*, 1. 17.

55 *Philos.*, 9. 12; *Comm. on Daniel*, 1. 17; *Antichr.*, 59. B. Altaner, 앞의 책, 189.

56 *Philosophumena*, 9. 12. J. Quasten, 앞의 책, 204-205에서 발췌 인용.

57 일반적으로 그를 '키프리안'이라고 하지만, 그의 생략되지 않는 정식 이름은 Thascius Caecilius Cyprianus다. Thascius는 가명(家名)이고 Caecilius는 그를 개종시킨 장로 Caecilianus의 이름을 딴 것이다.

58 Jerome, *Vill. Ill.*, 53.

59 Hans von Campenhausen, *The Fathers of the Latin Church* (London: Adam and Charles Black, 1964), 36.

60 집사 폰티우스는 키프리안이 처형될 때까지 유배지에서 함께 있었다고 전해지고 있다 (Jerome, *De viris illustribus*, 58). 『키프리안의 생애』는 초기 그리스도교 문학사에서 최초의 전기로 알려져 있지만, 저자는 그를 영웅시하여 후손에게 더 없고 고상한 본보기로 영원히 기억되도록 하기 위해서 과도한 칭찬을 하고 있다. 이 이외 그의 체포, 재판그리고 순교를 전해 주는 자료로 『키프리안에 대한 지방총독의 행위』(*Acta Proconsularia Cypriani*)가 있다. 그러

나 가장 믿을 수 있는 자료는 그의 서신들이다. *Acta Proconsularia Cypriani, The Proconslar Acts of St. Cyprian*에 관해서는 J. Quasten, *Patrology*, vol. I, 179 그리고 F. L. Cross, *The Early Christian Fathers*, 197을 참조할 것.

61 Cyprian, *Ep.*, 16. 55. Hans von Campenhausen, 앞의 책, 37에서 재인용.

62 위의 책, 37.

63 Jerome, 앞의 책, 67.

64 Cyprian, 『타락한 자들에 관하여』(*De lapsis*), 7. Hans von Campenhausen, 앞의 책, 41에서 재인용.

65 *Ep.*, 20. J. Quasten, *Patrology*, vol. II, 341-342에서 인용. Hans von Campen- hausen, 앞의 책, 42.

66 Eusebius, *HE.*, 6. 43. 17; B. Altaner, 앞의 책, 191.

67 위의 책, 6. 43. 6; J. Quasten, 앞의 책, 213.

68 Cyprian, *Ep.*, 30, 36; B. Altaner, 앞의 책, 191.

69 Eusebius, *HE.*, 6. 43. 1; J. Quasten, 앞의 책, 215.

70 위의 책, 6. 43. 2; J. Quasten, 위의 책.

71 Hans von Campenhausen, 앞의 책, 52-53.

72 위의 책, 56.

73 *Ep.*, 80. 2. Hans von Campenhausen, 앞의 책, 58에서 재인용

74 그의 생애에 관해서는 Hans von Campenhausen, 위의 책, 36-57; J. Quasten, 앞의 책, 340-343; B. Altaner, *Patrology*, 193-195; F. L. Cross, 앞의 책, 148, 150; H. R. Drobner, *Lehrbuch der Patrologie*, 하영수 옮김, 『교부학』(서울: 분도출판사, 2001), 253-256 등에 의존했음.

75 *Ep.*, 77. 1. Hans von Campenhausen, 앞의 책, 58에서 재인용.

76 B. Altaner, 앞의 책, 195-196; J. Quasten, 앞의 책, 344.

77 *De eccl. unit.*, 4-5; S. L. Greenslade, tr. ed. *Early Latin Theology, LCC.*, vol. V (Philadelphia: The Westminster Press, 1956), 126. 이 책은 이상훈·이은혜 옮김, 『초기 라틴 신학』(서울: 두란노아카데미, 2011)으로 출판되었다. H. Bettenson, *The Early Christian Fathers*, 363-365.

78 "일용할 양식"에 대하여 M. 루터는 우리의 일상생활에서 필요한 실제적인 물건으로 해석한다. 왜냐하면 하나님에게 있어서는 인간의 영만이 아니라 육신도 똑같이 중요하기 때문이다(졸저, 『기도와 고백의 삶』, 서울: 경건과신학연구소, 2006, 50).

79 J. Quasten, 앞의 책, 353-354.

80 *Ad Donotum*, 3-4장. J. Quasten, 위의 책, 346에서 인용.

81 *De mortalitate*, 26. J. Quasten, 앞의 책, 357에서 인용.

82 *De zelo et livore*, J. Quasten, 위의 책, 360-361에서 재인용.

83 키프리안의 교회론에 관해서는 Eric G. Jay, *The Church: Its Changing Image*

Through Twenty Centuries(London: SPCK, 1977), 주재용 옮김,『교회론의 변천사』(서울: 대한기독교서회, 2002), 99-111 참조할 것.

84 *Smyrnaeans*, 8.

85 *Philadelphians*, 4.

86 *Advesus haereses*, 1. 9. 5. Otto W. Heick, *A Hist. of Christian Thought*, vol. I, 94에서 인용.

87 *De eccl. unit.*, 6. "habere non potest deum patrem qui ecclesiam non habet matrem"(Otto W. Heick, 앞의 책, 104).

88 *De eccl. unit.*, 6; *LCC.*, 위의 책, 127-128; John R. Willis, *The Teachings of the Church Fathers*, 83-84. 이것은 "교회 밖에는 구원이 없다"는 격언의 간접적인 표현이다.

89 *Ep.*, 73. 21. "salus extra ecclesiam non est."

90 위의 책, 63. 13; J. Quasten, 앞의 책, 374.

91 위의 책, 59. 6; J. Quasten, 위의 책.

92 *De eccl. unit.*, 23; J. Quasten, 위의 책.

93 *De eccl. unit.*, 5; *LCC.*, vol. V, 126-127; John R. Willis, 앞의 책, 90.

94 *De eccl. unit.*, 7; *LCC.*, 128; Henry Bettenson, 앞의 책, 366.

95 *Ep.*, 66. 7. Henry Bettenson, 위의 책, 367-368에서 인용.

96 *Ep.*, 3. 3. J; Quasten, 앞의 책, 374.

97 *Ep.*, 33. 1. Henry Bettenson, 위의 책, 367에서 인용. John R. Willis, 앞의 책, 74.

98 Cyprian, *Ep.*, 33. 1; 66. 8; 48. 3; 63.14. 등. P. Tillich, *Hist. of Christian Thought*, 100-101 그리고 I. C. Henerr, ed., 송기득 옮김,『폴 틸리히의 그리스도교 사상사』(한국신학연구소, 1983), 144-145.

99 Irenaeus, *Aeversus haereses*, 4. 26. 2; Otto W. Heick, 앞의 책, 99.

100 Tertullian,『겸손에 관하여』(*De pudiciyia*), 21; Otto W. Heick, 위의 책, 100.

101 George P. Fisher, *Hist. of Christian Doctrine*(New York: Charles Scribner's Sons, 1913), 79.

102 Tertullian, *De praescriptione haereticorum*, 36. Otto W. Heick, *op .cit.*, 101에서 재인용.

103 Cyprian, *Ep.*, 48. 3.

104 *De eccl. unit.*, 4; *LCC.*, 126.

105 *Ep.*, 59. 14.

106 *Ep.*, 71. 3. J. L. González, *A Hist. of Christian Thought*, vol. I, 251에서 인용.

107 J. L. González, 위의 책.

108 *Cone. Carth. sub Cypriano* VII (*ANF*, 5:565). J. L. González, 위의 책에서 재인용. J. Quasten, 앞의 책, 376.

109 *Ep.*, 59. 14; 59. 5; J. L. Quasten, 앞의 책, 376; Henry Bettenson, 앞의

책, 370.

110 터툴리안은 주님이 "어린이가 나에게 오는 것을 금하지 말라"(마 19:14)고 하신 말씀을 인용하면서 "그들을 오게 하라, 그러는 동안 그들은 성장하고, 그들을 오게 하라, 그러는 동안 그들은 배우게 되며, 그들이 그리스도를 알게 될 때 그들로 그리스도인이 되게 하라. 왜 순결한 생의 기간에 죄의 용서를 서두르는가?"고 한다(De baptism, 18).

111 Ep., 64. 5. J. Quasten, 앞의 책, 378-379에서 인용. John R. Willis, 앞의 책, 273; Henry Bettenson, 앞의 책, 371 등.

112 Ep., 71.1. Henrty Bettenson, 위의 책, 374에서 인용.

113 Ep., 74. 4. Henry Bettenson, 위의 책, 374-375에서 인용.

114 Ep., 73. 18. John R. Willis, 앞의 책, 428에서 인용.

115 이것을 주로 다룬 그의 글이 서신 63, 『주님의 잔의 성례전에 관하여』(On the Sacrament of the Cup of the Lord, De sacramento calicis domini)이다. 이 글에서 키프리안은 일부 교회에서 발전시킨 주의 만찬에서 물을 섞은 포도주 대신에 물을 사용하는 특유한 습관을 거부한다. 이 글은 유카리스트 의식을 주로 다룬 니케아회의 이전의 유일한 것이며, 서신 전체가 유카리스트를 희생 개념의 관점에서 취급했다는 점에서 중요한 교리사적 가치가 있다.

116 Ep., 63.14. Henry Bettenson, 앞의 책, 375에서 인용.

117 Ep., 63. 17.

118 Ep., 63. 13. J. Quasten, 앞의 책, 382에서 인용.

119 위의 책.

120 Ep., 72. 2; J. Quasten, 위의 책.

121 Ep., 70. 2. John R. Willis, 앞의 책, 420에서 인용.

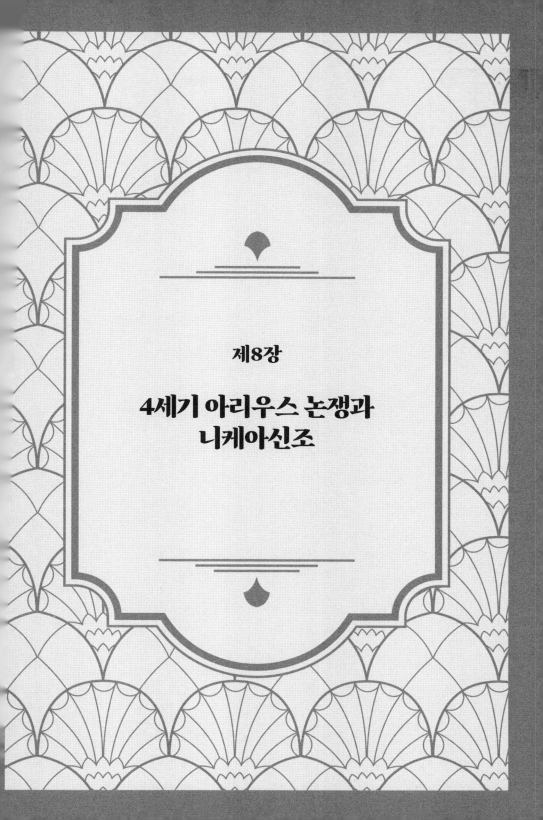

제8장

4세기 아리우스 논쟁과 니케아신조

I. 서론

초대 그리스도교 사상 발전에 있어서 4세기는 신기원을 이룩한 세기였다고 할 것이다. 이 말은 그 이전에는 신학 형성이나 발전이 없었다는 의미가 아니다. 그 이전에도 외부의 도전에 대응하여 신학을 발전시킨 변증가들이 있었으며, 알렉산드리아를 중심으로 하는 사변적 신학 형성도 있었고, 영지주의를 비롯한 초기 이단들의 도전에 대응하여 신학을 형성 발전시켰던 반(反)영지주의 교부들도 있었다. 그러나 4세기에는 콘스탄틴 황제의 그리스도교 박해 종식 선언에 이어 로마제국의 친 그리스도교 정책에 의해서 그리스도교 지도자들은 지금까지의 선배들과는 다른 차원에서 신학 활동의 출구를 찾게 되었다.

그것은 새로운 정치와 종교의 관계 상황 속에서 사회, 문화, 철학적 영향을 받으면서 교회 내에서 직면하는 신앙생활에 대한 신학적 해답을 찾는 길이었다. 이 상황에서 다양한 의견이 분출될 수밖에 없었고, 따라서 외부적 박해의 도전이 아니라 사상적 접근방법의 차이에서 오는 신학적 논쟁이 활발해졌다. 지금까지 로마 황제가 교회를 박해하는 적그리스도적 권력자였다면 지금은 교황적 황제(Caesaro-papism)로서 교회를 지배하는 권력자가 되었으며, 신학적 논쟁은 많은 신학자들을 배출하여 신학 사상 발전에 획기적인 시대를 가능케 했으나 반면에 그 논쟁으로 갈등과 분열의 아픔을 겪어야 했다. 이 시대는 콘스탄틴 이후 시대, 국가정치체제적 교회 체제가 되어가는 시대의 신학이 형성되는 시대다.

알렉산드리아를 중심으로 하는 알렉산드리아학파, 안디옥을 중심으로 하는 안디옥학파, 로마와 카르타고를 중심으로 하는 라틴(서방) 학파 간의 논쟁과 분쟁은 끊임없이 계속되었으며, 여기에 옛 수도로서의 로마의 보편적 권위 주장과 새 로마제국의 수도인 콘스탄티노플의 보편적 권위주의의 갈등이 더해지면서 신학 형성과 교리 형성에도 영향을 미치었다. 이 시기에 배출된 대표적인 신학자들은 후기 알렉산드리아학파를 대표하는 아타나시우스(Athanasius, c. 296~373), 세 사람의 카파도키아 신학자들(the Cappadocians),[1] 4세기 후반에서 5세기초 그리스도론 논쟁의 중심에 서 있었던 네스토리우스(Nestorius, d. c. 451)를 비롯하여 안디옥학파의 신학자들[2] 그리고 서방 세계에서는 제롬(Jerome, c. 342~420), 암브로스(Ambrose, c. 339~397), 어거스틴(Augustine, 354~430) 등이다. 그리고 '교회사의 아버지'라 불리는 유세비우스(Eusebius of Caesarea, c. 260~340)를 포함시킬 수 있을 것이다.

고(古) 가톨릭 시대(170~325)를 이어 보편적 가톨릭 시대(325~787)가 계속되었는데, 특히 니케아공의회(325)로부터 칼케돈공의회(451) 사이에는 삼위일체와 그리스도론을 비롯한 중요한 신학적 체계가 확정되었다. 그 이전의 신학자들이 교회의 외적 도전과 내적 이단의 도전에 대응하면서 신학의 기초를 놓았다면 이후의 신학자들은 4~5세기 신학을 재해석하는 역할을 했다고 할 것이다. 이것이 우리가 그리스도교 사상사에 있어서 고대 가톨릭 시대를 중요하게 생각하는 이유다. 이 장에서는 삼위일체 교리를 중심으로 이 시대의 신학 형성을 고찰할 것이다.

II. 니케아공의회 이전의 삼위일체론 개관

'삼위일체'라는 용어가 성서에는 사용되지 않았다. 그렇다고 삼위일체라는 용어로 표현되는 교리가 비성서적이요 비그리스도적이라는 것은 아니다. 성서에 삼위일체적 흔적이 전혀 없는 것은 아니다. 하나님의 인간 창조 역사에서 "우리"라고 하나님을 복수로 기록한 것이 있다(창 1:26; 3:22). 이 구절에 대하여 터툴리안은 "… 하나님에게는 제2위격이며 말씀이신 성자가 함께 있었고, 제3위격인 성령이 말씀 안에 있었다"는 것을 의미한다고 해석한다. 즉, 하나님은 인간성을 입고 이 땅에 오신 성자와 인간을 거룩하게 할 성령과 함께 인간을 창조하셨다는 것이다. 그러면서 만일 창조주 하나님이 오직 한 분이신 단독자였다면 "왜 '그 자신의 형상대로'라고 하지 않았는가?"라고 묻는다.[3] 그 외도 아브라함에게 나타난 세 사람의 출현 설화(창 18:1-15), 이사야가 본 환상에서의 삼중의 거룩함(사 6:3), 지혜문학에서 종종 나란히 쓰이고 있는 하나님, 그의 지혜 그리고 그의 영 등은 삼위일체 하나님 신앙을 보여 준다.[4]

신약성서에서는 삼위일체적 형식이 보다 분명하게 나타난다. 예수가 명한 '세례 형식'(마 28:19)에서 삼위가 '그리고'(kai)로 연결되어 사용되고 있고, 그리스도가 요단강에서 요한에게 세례를 받을 때 삼중적인 신성의 현현이 기록되어 있으며(마 3:16), '수태고지'(눅 1:35)에서도 삼위가 나타나 있고, 요한복음에는 마지막 만찬 후 성부, 성자, 성령(보혜사)의 상호관계가 매우 분명하게 서술되어 있다(14:11, 16 이하, 26 등). 복음서에서뿐만 아니라 서신서에서도 삼위일체 형식을 읽을 수 있다(벧전 1:2; 고후 13:14). 특히 마태복음보다 먼저 기록된 고린도전서 12장 4-6절에서 "같은 성령", "같은 주" 그리고 "같은 하나님"이 나란히 기록되어 있는 것은 동격의 삼위일체를 분명하게 나타내고 있다.

그러나 신약성서 시대 이후 초대교회에서 이 용어는 건전한 신앙생활을 위하여 신학적으로 표현한 용어다. 초대교회에서 삼위일체론적 신 개념은 성서적 구속사관의 기초가 되고 있었다. 삼위일체 신앙은 하나님에 대한 논리적 사변적 결과가 아니라 경건한 신앙생활을 위한 실제적인 필요에서 입증된 교회의 교리적 표현인 것이다. 그러므로 삼위일체적 형식이 거의 무의식으로 최초의 교회 세례 의식문(baptismal formula)에 나타났다. 그러나 이것은 철학적 형이상학적인 관심에 의한 것이 아니라 종교적인 관심의 표현이었다. 터툴리안, 이레니우스 등의 시대는 철학적 관심과 종교적 관심이 혼합되고 있었던 시대였으나 그들의 삼위일체론은 철학적 관심의 결과가 아니라 종교적 관심의 결과였다.

초대교회는 세례의식문에서 삼위 간의 관계에 대한 신학적 깊은 성찰이 없이 삼위일체 형식(trinitarian formula)을 사용하였다. 사실 처음 그리스도교 저술가들의 관심은 창조주 하나님과 그의 아들로서 그리스도와의 관계에 집중되어 있었다. 왜냐하면 교회 안에 그리스도의 임재를 하나님 아버지의 임재와 동일시함으로써 그들은 구원에 대한 확신이 있었기 때문이었다. 그렇다고 그들이 성령을 모르고 있었다든가 무관심하였다는 것은 아니다. 그들도 성부, 성자와 함께 성령을 언급하였다.[5] 다만 속사도 시대에 있어서도 삼위일체의 제 삼위(성령)보다는 성부와 성자를 믿는 '이일신론적 사고'(二一神論的 思考)가 지배적이었다. 즉, '성부와 성자-성령'의 사고였다. 여기서 성령은 그리스도와 동일시는 아니라 할지라도 그의 영으로 간주되었을 뿐(고후 3:17), 한 위격(hupostasis)으로 볼 만큼 신학적으로 발전되지는 못하였다.[6] 그리스도교 신학사에 있어서 최초로 논리적으로 신학 체계를 수립하려고 했던 초기 변증가들도 성부와 성자의 관계에 집중했고 삼위일체의 용어는 확정적이지 못했기 때문에 후대의 입장에서 보면 종속론에서 자유롭지 못한 것 같다.

그러나 안디옥의 감독 테오필루스(Theophilus)가 180년경 하나님에게 있어서 세 신적 위격(persons)의 연합을 설명하면서 '삼위'(trias, trinitas)라는 말을 처음으로 사용하였다. 즉, 하나님, 로고스(말씀) 그리고 지혜라는 말을 사용했다.[7] 물론 이 구절의 의미는 분명하지는 않다. 그러나 제베르크는 "삼위일체는 변증가들의 공통적 신앙 항목이었음이 분명하다···. 비록 그들이 이 신비에 관해서 말할 기회가 거의 없었지만, 그 신비에 대한 이해는 그들에게 가장 심오한 문제였고 최고의 원망(願望)이었다"고 확신하고 있다.[8] 변증가 아테나고라스에 의하면 변증가들은 "성부와 성자의 일치는 무엇인가? 성자와 성부의 사귐은 어떤 것인가? 성령은 무엇인가? 성령, 성자, 성부의 일치는 무엇이며 차이는 무엇인가 등 하나님과 그와 함께하는 로고스에 관하여 알고 싶은 욕망에 사로잡혀 있었다."[9]

초대교회가 직면한 어려운 문제 중의 하나는 삼위일체 하나님의 문제였다. 즉, 그리스도의 신성을 주장하면서 그가 하나님과 동일하다고 할 때 이신론(二神論)의 위험이 있고, 성부 하나님보다 낮다고 할 때는 종속론에 빠질 위험이 있기 때문이다. 성령의 경우도 삼신론(三神論)에 빠질 위험이 있다. 그러므로 이와 같은 위험에서 벗어나려고 군주신론이 주장되었으나 이 교리는 성부, 성자, 성령의 위격적 구별

이 부인되는 결과를 가져왔다. 그러므로 초대교회는 성부, 성자, 성령
의 위격적 구별을 하면서도 한 하나님을 설명해야 했다. 이것이 삼위일
체론의 기본이다.

반(反)영지주의 교부인 이레니우스는 사색적이 아닌 신앙의 규범
에 기초하여 성자와 성령이 신적 본질에 참여한다고 하면서 삼위일체
에 대하여 말한다.

처음부터 그의 피조물과 함께 현존한 하나님의 말씀은 성부가 원할 때와
그가 원하는 방법으로 그가 뜻한 모든 사람에게 성부를 계시한다. 그러
므로 만물 안에서 그리고 모든 사람을 통하여 한 성부 하나님이 있고
한 말씀 즉 성자가 있으며 한 성령이 있다. 그리고 그를 믿는 모든 사람에
게 하나의 구원이 있다.[10]

성령은 인간으로 하여금 하나님의 아들을 준비하게 하고, 성자는 성부
에게 인간을 인도하며, 성부는 인간을 영원하게 한다 …. 이러므로 하나
님은 계시되었다. 왜냐하면 이 모든 진행에서 성부 하나님이 드러났기
때문이다. 성령은 작용하고 성자는 그의 사역을 완수하며 성부는 만족
한다.[11]

그리스도의 이름으로 (기름 부음을 받은 자)는 기름을 붓는 자, 기름 부음
을 받은 자 그리고 바르는 기름을 수반한다. 성부는 기름을 붓는 자요,
성자는 기름 부음을 받은 자며, 성령은 바르는 기름이다. 이사야를 통해
서 말씀하신다. "주께서 나에게 기름을 부으시니, 주 하나님의 영이 나에
게 임하였다"(사 61:1).[12]

반(反)영지주의자며 서방 신학의 창시자라고 할 수 있는 터툴리안은 '한 본질, 세 위격'(una substantia in tres personae)이라는 형식을 만들어 서방 세계에 삼위일체 교리를 설명하였다. 그는 프락세아스(Praxeas)의 양태론적 군주신론을 논박하는 과정에서 그의 삼위일체 교리를 형성하면서 이것을 '트리니타스'(trinitas)라고 표현했다. 그에 의하면 "셋이 결합된 하나의 본질을 여러 곳에서 볼 수 있다"고 한다.[13]

> 이것은 여전히 경륜(oikonomia)의 신비다. 즉, 본질이 하나인 통일체를 성부, 성자, 성령이라는 세 위격의 순서로 정렬하는 분류의 신비를 그대로 보존한다. 그러나 셋은 신분(status)에서가 아니라 등급(degree)에서, 본질에서가 아니라 형식에서, 능력에서가 아니라 현현에서 셋이다. 한 본질, 한 신분, 한 능력이 있다. 하나님은 한 분이지만, 등급과 형식과 현현들이 성부, 성자, 성령이라는 이름으로 표현되었기 때문이다.[14]

초기 알렉산드리아학파를 대표하는 클레멘트의 삼위일체에 관한 진술이 있다.

> 오! 얼마나 놀라운 신비인가? 만물의 성부가 한 분이고 만물의 말씀도 하나이며 성령도 하나인데, 그것이 어디에서나 동일하다니. 유일하신 성부와 유일하신 성자에게 찬양과 감사를 드린다. 성자는 성령과 함께 우리의 교훈자요 선생이니 한 분에게 모든 찬양을 드린다. 그분에게 만물이 있고, 그를 통하여 만물이 하나이고, 그를 통하여 영원이 있다 …[15]

오리겐은 로고스가 성부로부터의 '영원한 출생'을 통하여 그 본질적 신성과 인성, 성령의 '역동적 실재성'이 피조되지 않았다는 것을 강조하므로[16] 교회의 삼위일체 교리에 표현된 '영원한 공존, 동격'(co-eternity, co-equality)을 지향하게 되었다. 그는 "성자의 출생은 마치 태양에 의해서 광채가 나듯이 영원하고 영속적이다"라고 하였다.[17] "요한은 '하나님은 빛이다'(요일 1:5)라고 하고, 바울은 아들이 '영원한 빛의 광채'라고 한다(히 1:3). 그러므로 빛이 광채 없이 있을 수 없듯이, 어떻게 아들이 없을 때 시간이 있다고 말할 수 있겠는가?"[18] "성령 자체는 율법과 복음 안에 있으며, 성부와 성자와 항상 함께 있다. 성부와 성자와 같이 항상 있었고, 있으며, 있을 것이다."[19]

그러나 오리겐이 비록 성자의 '영원한 출생', '성령의 영원한 존재성'과 그 비피조성 그리고 세 위격의 독특한 영역의 구별로 삼위일체론을 진술하고 있지만, 유스티니안(Justinian)의 인용에 따르면 그는 성자와 성령에 대하여 종속적 진술을 하는 것이며 그뿐만 아니라 삼위 사이의 상위와 하위 개념을 가지고 있다고 한다.

[오리겐이 말한다]: 성부 하나님은 만물을 포용하기 때문에 존재하는 각 실체를 접촉한다. 또한 그는 자신의 존재로부터 다른 모든 것을 존재하게 한다. 그는 "스스로 있는 자다"(출 3:14). 성자는 이성으로 부여된 것들만 접촉하기 때문에 성부와 관련해서 열등하다. 왜냐하면 성자는 성부에 종속되어 있기 때문이다. 성령은 성도들만 관계하기 때문에 등급에서 낮다. 그렇다면 성부의 능력은 성자와 성령보다 우월하다. 반면에 성자의 능력은 성령의 능력보다 크다. 또한 성령의 능력은 다른 모든 거룩한 것들보다 뛰어나다.[20]

만일 성부가 모든 것을 알고 있다면 그리고 그 모든 것 속에 성자가 포함되었다면, 그러면 성부는 성자를 알고 있는 것이다. 그러나 누군가가 독생자 성자가 성부를 아는 지식이 성부의 자기인식과 동일한지 아닌지를 묻고, "나를 보내신 성부가 나보다 크신 분이다"(요 10:29; 14:28)라는 말이 모든 점에서 참이라는 것을 입증한다면, 성부가 스스로 아는 지식에 대해서는 성자에 의해서 알려지는 것보다 더 충분하고 분명하고 완전하다.[21]

삼위일체적 신 이해가 점점 교회에서 심각한 신학적 문제로 부각된 것은 교회 내에서 대두된 군주신론적 신 이해 때문이었다. 전통적인 유일신 사상에서 성자와 성령의 신격을 주장하게 되면서 성부, 성자, 성령 사이의 관계를 정립하는 과정에서 종속론에 빠지기도 하고 한분 하나님을 지나치게 강조하다가 군주신론에 빠지기도 하였다. 이 둘을 피하면서 유일신 하나님과 성부, 성자, 성령의 위격을 정립한 것이 삼위일체론의 기본이다. 이것이 4세기에서 논쟁을 통하여 어느 정도 정립되었다. 그러나 완성은 아니었다. 동방에서는 다메섹의 요한(John of Damascus)과 서방에서는 어거스틴에 의해서 잠정적이지만 해결을 했다고 하지만, 삼위일체론은 고대 교회사 말기까지 계속 논의되어야 했다. 그들의 삼위일체론에도 비판의 여지가 있기 때문이다. 삼위일체란 하나의 신비이다. 그것에 대한 적절한 표현을 위해서 모든 세대 교회에게 논의는 개방되어 있을 수밖에 없다.

III. 니케아공의회 배경

니케아공의회의 배경, 과정 그리고 결과(신조)가 과연 삼위일체론적인가 하는 것은 논의의 여지는 있을 것이다. 실제로 니케아신조에는 성령에 관하여 "그리고 성령을 믿는다"라는 단 한 줄만 고백되고 있으며, 중심 주제는 성부 하나님과 성자 그리스도와의 본질에 관한 것이다. 그럼에도 불구하고 니케아회의를 고찰하는 것은 이 회의에서 결정된 신조가 앞으로 삼위일체 신학화의 배경을 이루고 있다고 보기 때문이다. 그동안 깊은 신학적 성찰 없이 단순히 세례문답적 형식과 신앙고백적 형식이 니케아회의를 거쳐 콘스탄티노플공의회(381)에서 카파도키안 교부들에 의하여 신학적 용어개념이 분별되면서 삼위일체론은 한층 신학적 형식을 형성하게 되었다.

그리스도론의 논쟁은 물론이고 삼위일체 논쟁은 서방교회보다 동방교회에서 더 활발하였다. 이 논쟁을 주도한 것은 동방교회의 신학적 주류의 쌍벽인 알렉산드리아학파와 안디옥학파였다. 이 두 학파는 헬라 철학의 영향을 받아 실천적인 서방교회에 비하여 사변적이고 철학적인 점에서는 공통적이었으나 전자는 그 사고 유형이 '하향적'(from above)인 반면에 후자는 '상향적'(from below)이었다. 그런데 동방교회의 어거스틴으로 불리는 오리겐의 신학적 진술이 너무 광범위하고 사변적이며 철학적이고 신비적이어서 그가 죽고 난 다음에 그의 신학에 대한 해석에 있어서 제자들 간에 좌파와 우파가 생겼다.

P. 틸리히에 의하면 오리겐의 우파는 "삼위(trias) 가운데 피조되거나 종속된 것이 없다. 처음부터 삼위에 없었던 것이 첨가된 것도 없다. 아들은 아버지보다 열등하지 않으며, 성령은 성자보다 열등하지 않다.

예수 안에 있는 성자는 성부 자신보다 못하지 않다"는 입장이다.[22]
반면에 좌파는 우파와 정반대의 입장이다. 즉, "아들은 본질적으로
아버지와 같지 않으며 피조되었기 때문에 낳기 전에는 존재하지 않았
다"는 것이다.[23] 이것은 비록 오리겐의 로고스 그리스도론이 동방교회
에서 양태론적 군주신론을 극복했지만, 이 로고스론을 계층적인 관계
로 이해하게 되면 영원하고 초월적인 '일자'(一者)인 성부가 있고, 그다
음 계층인 로고스가 있기 때문에 자연히 로고스(성자)는 성부보다 열등
하게 보게 된다. 니케아회의와 관련해서 우파를 대표하는 사람이 아타나
시우스(Athanasius, c. 296~373)고, 좌파를 대표하는 사람이 아리우스다.

동방교회에서 일어나고 있는 이 두 파의 논쟁에 서방교회는 교회정
치적으로 접근하였다. 즉, 로마는 사변적 헬라 철학적 사고를 피하고
실제적인 해결의 길을 모색하였다. 예를 들면 로마의 감독(교황) 디오
니시우스(Dionysius, 259~269)는 같은 이름의 알렉산드리아의 감독 디
오니시우스에 대해서 다른 의견을 가지고 있었다. 후자는 오리겐의
제자요 그의 로고스론에 집착하여 성부로부터 성자의 위격적 구별을
주장하였다. 그는 사벨리우스의 양태론적 군주신론을 논박하는 과정
에서 너무 지나친 나머지 반대자들로부터 비난을 받았다. 그의 반대자
들의 비판에 의하면 그는 "하나님의 아들은 피조자며… 본질에 있어서
아버지와 다르다. 이는 마치 농부가 포도나무와 다르고, 조선가(造船
家)가 선박과 다른 것과 같다. 그러므로 피조자인 아들은 창조되기
전에는 존재하지 않았다"고 한다는 것이다.[24]

감독 디오니시우스의 가르침은 아들의 영원한 존재와 출생을 믿고
있었던 알렉산드리아의 지성적 그리스도인들의 반감을 사게 되었고,
그들은 그를 로마의 감독 디오니시우스에게 고소했다. 이에 대한 응답

에서 로마의 감독은 알렉산드리아의 감독을 정죄하는 일이 없이 한편으로 군주신론을 유지하면서 다른 한편으로는 신적 삼위를 강조하였다. 그러면서 "로고스는 우주적 하나님과 연합되어야 하고 성령은 하나님 안에 거주해야 한다"고 하였다.[25] 로마의 감독은 성자가 피조자이고, 시작이 있다고 가르쳐서는 안 된다고 했을 뿐이다. 삼위일체론의 논쟁의 중심지는 동방교회였다.

그리스도교 역사상 최초의 에큐메니칼공의회라고 하는 니케아공의회가 열리게 된 것은 아리우스와 아타나시우스와의 신학적 논쟁 때문이었다. 콘스탄틴 황제가 로마제국의 일인 통치자가 된 후 수도를 콘스탄티노플로 옮기기까지 하면서 그가 품었던 정치적 관심은 제국의 통일정책이었다. 그가 그리스도교에 대하여 호의적이었던 것도 종교적인 동기가 아니라 정치적 동기였다. 그는 이미 제국 내 어느 종교보다도 강한 세력으로 확장된 그리스도교를 박해하기보다는 오히려 그리스도교를 통해서 제국의 통일정책을 실현하려고 하였다.[26] 그러나 뜻하지 않게 아리우스와 아타나시우스와의 논쟁은 그의 통일정책을 위협할 정도로 심각하게 전개되어가고 있었다. 그리하여 황제는 그의 종교 고문인 코르도바의 호시우스(Hosius of Cordova)를 양편에 보내 분열을 막고 화해를 시도했다. 그러나 화해가 실패하자 황제는 제국의 통일정책을 위하여 교회의 분열을 막아야 했기 때문에 니케아회의를 소집한 것이다.

황제가 종교회의를 소집한 것은 교회사에 중대한 변화를 가져왔다. 즉, 세속정치권력이 교회의 교리 문제에 간섭하기 시작했다는 것이다. 이때로부터 공의회의 결정이 정통 교리로 선포되었는데, 그것이 황제의 종교적 성향에 따라서 좌우되었다. 즉, 교회의 교리가 정치권력과 밀접하게 연관되게 된 것이다. 그리하여 각 학파와 교회 감독들은 자기들의 주장이 공의회를 통해 정통 교리가 되도록 세속정치세력과 야합하기에 이르렀다. 이후 계속된 공의회에서 교리 논쟁은 세속정치권과 연관되어 매우 복잡하고 혼탁하게 전개되었다. 신학적 논쟁들이 정치적 음모의 침해를 받기 시작한 것이다. 이와 같은 신학적 논쟁은 서방교회보다 동방교회에서 더욱 심각하게 진행되었다.

1. 아리우스와 감독 알렉산더의 충돌

알레산더(Alexander, 312~328)는 알렉산드리아의 감독이고, 아리우스(Arius, c. 250~336)는 알렉산드리아 교회의 장로였다. 니케아공의회의 논쟁의 중심에 아리우스와 아타나시우스가 있었으나 실은 이에 앞서서 알레산더 감독과 아리우스 장로 사이에 신학적 갈등과 논쟁이 있었다. 아리우스와 아타나시우스와의 논쟁은 아타나시우스가 알렉산더 감독을 대신하여 이 논쟁에 가담한 것이다. 아타나시우스는 후에 알렉산더를 이어 알렉산드리아의 감독이 되었다. 아리우스는 오리겐주의의 좌파에 속해 있었고, 알렉산더 감독은 오리겐주의의 우파적 입장에 서 있었다. 지도자의 은사를 받은 아리우스는 자기의 사상을 가르치면서 감독을 공격하였다.

알렉산드리아의 감독 알렉산더는 단순히 종교 지도자 그 이상의 인물이었다. 알렉산드리아의 감독은 콘스탄틴 황제의 치하에서 어느 대주교보다도 교권만이 아니라 막강한 세속적 권력을 행사하고 있었다. 그는 그 도시의 유일한 사회복지사업 조직을 관장하고 있었고, 그리스도인과 이방인을 막론하고 논쟁의 중재 역할을 했으며, 도시의 정치, 경제, 사회문제의 최고의 자문자였을 뿐만 아니라 수많은 하부 관리들을 비롯하여 건축업자들, 장인들, 예술인들 그리고 각종 노동자들의 인사 문제까지 관리하였다. 그는 교회 재정은 물론 수천 명에 이르는 사제, 수도승, 수녀들에 관련된 업무를 감독하였다. 다른 한편 아리우스는 목회와 설교 그리고 순수한 인격 때문에 일반 사회인들로부터 존경을 받고 있었다. 알렉산더 감독이 그를 도시에서 추방하려고 했을 때 교회 여성들이 주교에게 항의하기도 했다.[27]

1) 아리우스의 신학

(1) 주요 저작 개요

니케아회의 이전 논쟁 기간에 그는 세 편의 서신을 쓴 것으로 알려져 있는데, 그중에 제일 중요한 것은『니코메디아의 유세비우스에게 보낸 서신』(*Letter to Eusebius of Nicomedia*)[28]이다. 니코메디아의 유세비우스는 아리우스의 절친한 친구로 안디옥의 루키안의 제자다. 그는 318년 조금 전에 소아시아에서 가장 중요한 니코메디아의 감독으로 임명되었다. 이 서신은 아리우스가 알렉산드리아 알렉산더 감독에 의해서 정죄를 받은 후 그의 도움을 요청하기 위해서 보낸 서신이다. 여기서 아리우스는 자신과 추종자들이 감독 알렉산더에 의해서 그의 사상에 일치하지 않는다고 부당하게 억압을 받고 박해를 받으며 무신론자들이라는 누명을 쓰고 도시에서 추방되고 있다는 것을 전하면서 "아들은 시작이 있고 하나님만이 시작이 없으며, 아들은 무에서 창조되었기 때문에 아버지의 본질의 일부가 될 수가 없고, 아버지와 유사한 또 다른 존재도 아니다"라는 자기의 입장을 밝힌다.

『알렉산드리아의 알렉산더에게 보낸 서신』은 아리우스가 니코메디아에서 자기의 신앙에 대한 해설을 서신 형식으로 보낸 것이다.[29] 그리고 『향연』(*The Banquet, Thaleia*)[30]은 운율 형식으로 쓰여진 긴 서사시다. 아타나시우스는 이 글을 가리켜 이집트 향연 노래를 모방했다고 했다. 아리우스는 자기의 교리를 대중화하기 위해서 운문과 산문을 섞어가며 적당한 곡을 붙여 노래를 부르도록 했다. 아타나시우스가 아리우스의 『향연』에서 그 중심 부분을 인용한 것이 있다.

> 누구도 그 본성에 있어서 하나님 자신을 표현할 수가 없다…. 하나님을 낳지 않으신 분이라고 부르는 것은 그가 태생적으로 낳으신 분이기 때문이다. 우리가 그를 시작이 없는 분으로 찬양하고 영원한 분으로 경배하는 것은 그가 때를 맞춰 오셨기 때문이다. 시작이 없으신 분이 아들을 사물의 시작의 근원이 되도록 만드셨다. 그리고 그를 양자로 택해 아들이 되도록 그를 높이셨다. 그(아들)는 본래의 존재에서 하나님에게 고유한 것을 아무것도 가지고 있지 않다. 왜냐하면 그는 하나님과 동등하지도 않고 본질이 같은 것도 아니기 때문이다. 하나님은 모든 존재에 불가시적이라는 충분한 증거가 있다. 그는 아들을 통해 만들어진 사물과 아들에게도 불가시적이다. 나는 아들을 통해서 불가시적인 분을 어떻게 볼 수 있는지를 분명히 말하려고 한다. 그것은 하나님이 보시는 능력에 의해서 그리고 하나님의 척도에 따라서 아들은 하나님을 볼 수밖에 없는 것이 당연하기 때문이다. 삼자일조(三者一組, Triad)가 있으나 동등한 영광을 누리는 것은 아니다. 그들의 존재들은 상호 섞이지 않는다. 아버지는 시작이 없으므로 본질에 있어서 아들과 다르다. 일자일조(一者一

組, Monad)는 있었다고 이해되지만, 그것이 존재하기 전에 이자일조(二者一組, Dyad)는 없었다. 아들이 아니라 아버지가 하나님이었다는 것이 곧 드러난다. 이제부터 아들은 아버지의 뜻대로 존재하기 때문에 하나님의 독생자다. 그리고 아들은 어느 한쪽으로부터 이질적이다. 지혜는 지혜로운 하나님의 뜻에 의해서 지혜로서 존재한다. 왜냐하면 하나님은 무수한 개념, 즉 영, 능력, 지혜, 영광, 진리, 형상 그리고 말씀으로 생각되기 때문이다. 하나님을 광휘(光輝)와 빛으로 생각하는 것은 이해된다. 아들과 동등한, 뛰어난 자를 낳을 수가 있다. 그러나 더 탁월하고, 더 뛰어나고, 더 위대한 자를 그는 낳을 수가 있다. 하나님이 뜻에 따라 아들은 무엇이든지 존재하게 된다. 그가 존재했고 존재한 이래, 그때부터 아들은 하나님으로부터 존속하게 된다. 강력한 하나님인 그는 초월자로 찬양을 받는다. 간단히 하나님은 말로 나타낼 수 없다. 왜냐하면 하나님은 자신에게만 스스로 인식되기 때문이다. 즉, 말로 표현할 수 없는 분이다. 그래서 아들이 하나님을 이해할 수 있다고 할 수 없으며 또 말할 수도 없다. 왜냐하면 스스로 존재하는 아버지를 탐색할 능력이 아들에게 없기 때문이다. 아들은 아버지 자신의 본질을 알지 못한다. 아들인 그는 아버지의 의지에 따라 실제로 존재할 뿐이다. 아버지로부터 유래한 아들이 이해력에 의해서 아버지를 알아야 한다는 논법을 어떻게 용납할 수 있겠는가? 이것은 시작이 있는 자가 시작이 없는 자가 어떻게 존재하는지를 생각하고, 그에 대한 개념을 파악하는 것이 불가능한 것처럼 명백하다.[31]

(2) 신학 사상

아리우스는 리비아(Libya) 출신으로 루키안(Lucian)이 설립한 신학교에서 교육을 받고 알렉산드리아에 와서 교회의 장로가 된 사람이다. 사모사타에서 태어난 루키안은 모든 면에서 매우 뛰어난 사람이었다. 중용적 삶을 살았으며, 넓고 깊은 종교적 학식을 가지고 있었고, 안디옥의 사제였다. 그러나 그는 다작의 저술가는 아니었다. 그러나 성서학 특히 히브리어 학자로서 루키안은 구약의 헬라어판을 원문에서 교정했으며 그의 70인역의 개정은 높은 평가를 받아 시리아와 소아시아의 안디옥으로부터 비잔티움의 많은 교회에서 채택되었다. 그는 비록 네 복음서에 제한되기는 했지만 신약성서의 본문 비평을 시행했다. 그는 알렉산드리아학교의 은유적 성서 해석에 반대하여 안디옥에 학교를 세웠다. 아리우스와 그의 지지자들이 이 학교에서 배웠다. 아리우스는 그의 제자임을 자인했고 자신을 루키안주의자라고 불렀다.

이 때문에 알렉산드리아의 감독 알렉산더가 루키안을 아리우스주의의 아버지라고 부른 것이다. 그가 사모사타의 바울의 제자로 오랫동안 알려져 왔으나 지금은 이에 대해서 회의적이다.[32] 물론 루키안도 사모사타의 바울과 같이 성자(로고스)와 성부(하나님) 사이를 날카롭게 분리하였다. 그러나 루키안은 그리스도를 단순히 인간으로 보는 사모사타의 바울과는 달리 선재적 존재인 로고스가 성육신한 하나님의 아들로 보았다. A. 하르낙에 의하면 루키안이 가장 강조한 것은 "무존재로부터"(ek ouk ontōn)와 "발전"(prokopē) 개념이다. 하나님은 한 분이고 성자의 피조성, 성부와 영원히 공존하지 않으며, 그의 불변함은 끊임없는 진보에 의해서 도달된다는 것, 성자는 성부와 본질(ousia)이 같지 않다는 것이 루키안의 주요한 항목이다. 그리고 루키안의 로고스 양자론은 로고스를 피조물(ktisma)로 인식하는 그의 교리와 아리스토텔레스 철학의 영향을 받고 발전된 교리에 의한 것이다.[33] 하르낙은 "이 학파(안디옥)는 아리우스 교리의 온상이며 그 우두머리인 루키안은 아리우스 이전의 아리우스"라고 하였다.[34] 아리우스는 루키안의 제자다. 그러므로 그의 신학적 고향은 안디옥학파다.

이와 같은 사상적 전통에 따라서 아리우스는 절대적 유일신 사상에서 출발한다.[35] 제베르크는 아리우스의 지배적 사상을 "군주신론자들의 유일신론적 원리"라고 표현했고, Otto W. 하이크는 아리우스가 이중적 목적을 달성하려고 노력한다고 하면서 "교회와 더불어 독립된 존재로서 로고스-그리스도를 보존하려고 했고, 동시에 군주신론자들과 더불어 그리스도교의 유일신론적 원리를 지키려고 했다"고 한다.[36] 그러므로 아리우스에게 있어서 창조주 하나님 이외에 어떤 존재도 하나님과 동등하거나 본질적으로 같으며 자존하고 영원할 수 없었다. 그에 의하면 성자는 본질에 있어서 성부 하나님과 동일하지 않으며 제2의 하나님이다. "하나님은 시작이 없으나 성자는 시작이 있고",[37] 세상이 있기 전이지만 하나님에 의해서 "무존재로부터 만들어진 '피조물'(ktisma)"이다.[38] 그러므로 성자는 창조 이전에 "존재하지 않았을 때가 있었으며"(ēn hote ouk ēn), 따라서 영원하지 않다.[39] 아리우스에 의하면 성자의 본성은 성부 하나님의 본성과 같지 않고 다른 피조물의 본성과 같다. 즉, 하나님은 불변하지만, 성자는 가변적이다. 성자는 지혜와 지식에 있어서 발전한다. 이 발전에 의해서 그는 신적 존재가 된 것이다. 그가 하나님의 아들인 것은 형이상학적인 의미에서 아들인 것이 아니라 도덕적 의미에서 아들인 것이다. 성자를 하나님이라고 하는 것은 어울리지 않게 붙여진 명칭이다. 오직 참된 한 분 하나님이 그를 양자로 삼았기 때문이다.

성부 하나님만이 기원이 없고 낳지 않았으며(agennētos), 성자는 낳음을 받았다고 했을 때, 다시 말하면 아리우스가 전통적 양식에서 하나님이 성자를 '출생했다'(begotten)고 했을 때 그 의미는 '창조되었다'와 동의어였다.[40] 이 때문에 성자의 본질(ousia)은 성부의 본질이 아니라 그 자신의 본질이다. 그렇다고 성자의 본질이 인간의 본질과 같은 것도 아니다. 성자는 시간과 세대에 앞서서 완전하고 불변하는 하나님의 뜻과 섭리에 따라서 존재하게 되었다. 이 때문에 아리우스는 성자가 "존재하지 않았을 때가 있었다"고 한 것이며, 따라서 성자가 존재하지 않았을 때 홀로 있는 하나님을 성부라고 부르는 것은 타당하지 않다.[41]

아리우스도 성자를 로고스라고 한다. 이 로고스는 성부의 지혜다. 그런데 이 로고스는 하나님 안에 내재하는 로고스와 구별된다. 하나님 안에 내재한 로고스는 '신적 에네르기'(dunamis)다. 창조된 신적 존재인 성자는 내재적 로고스에 참여하는 로고스다. 그러므로 아리우스는 두 로고스를 말한다. 하나는 하나님께 고유하고 그와 함께 영원히 공존하는 지혜(sophia)이고, 다른 하나는 성자를 낳고 성자와 나누어 갖고 있는 지혜다. 이 후자가 하나님과 세계 사이의 매개자다.[42] P. 틸리히는 이 점에 대해서 "예수 안에서 활동한 하나님의 능력은 영원한 신적인 힘 그 자체가 아니라 한계가 있고 보다 낮은 계층이다"라고 하였다.[43] 곤잘레스는 아리우스의 주장을 한 문장으로 요약하기를 "구세주는 하나님이 아니고 피조물이다."[44] 하나님과 로고스에 관한 아리우스 사상을 요약한다면, 하나님만이 본질적으로 피조물로부터 초월한 존재다. 로고스가 예수 그리스도 안에서 성육신했다면 그는 피조물이다.

아리우스는 창조된 능력들(dunameis) 가운데 성령을 두 번째로 독립된 본질 또는 위격인 성자 옆에 위치시킨다. 성령은 로고스의 첫 창조다. 그는 더군다나 말씀(로고스)보다 더욱 하나님과 동일하다고 할 수 없다. 로고스의 성육신은 성령이 예수 그리스도 안에서 영의 기능을 완성했다는 의미로 이해하였다. 이것이 그의 삼위일체론에서 성령의 위치다.

이상과 같은 아리우스 사상에 대해서 비판론자들은 그가 결국 그리스도를 '반신반인'(半神半人)과 같은 신화적 인물로 전락시켰으며, 어떤 점에서는 영지주의자들이 주장하는 데미우르지와 같은 존재로 이해했다고 비판하며, 그에게는 구원론적 관심이 결여되었다고 비판한다. 비록 그가 학자요 금욕적인 사람으로 존경을 받았고, 인간 그리스도를 강조했다는 측면이 있다 해도 하나님과 인간의 신비적인 연합인 '참 신, 참 인간'(vere deus, vere homo)인 예수 그리스도를 통해서 구원의 역사가 가능하다는 그리스도교의 기본적인 교리를 간과했다는 것이다. 아리우스의 신학을 A. 하르낙은 다음과 같이 요약, 정리해 주고 있다.[45]

i. 오직 한 분이신 하나님만이 출생하지 않고 시작이 없으며 영원하다. 그는 표현할 수 없으며 이해할 수도 없고 그와 동등한 것은 아무것도 없다. 하나님은 그의 자유의지로 만물을 창조했기 때문에 그가 창조하지 않은 것은 하나님 이외 아무것도 없다. '출생한다'는 것은 '창조

한다'는 것과 동의다.

ii. 지혜와 로고스는 '위격'이 아니라 하나님의 본질과 일치하는 능력 (dunamis)으로서 하나님 안에 내재한다.

iii. 세상이 있기 전에 자유의지의 하나님은 다른 모든 피조물이 창조되는 도구로서 독자적인 본질(ousia) 또는 본체(hupostasis)를 창조하셨다. 이 존재를 성서에서는 지혜, 성자, 의지, 말씀이라고 부른다. 그러나 이 내적 신적 지혜와 다른 창조된 지혜다. 그것은 하나님에 의해서 창조되었다는 점에서 하나님에게 근원이 있다. 성서는 이 본질을 '출생했다'(begotten)는 말을 사용한다.

iv. 본질상 성자는 성부의 본질과 전적으로 분리되어 있으며, 하나요 같은 본질이 결코 아니고 유사하지도 않다. 만일 그렇다면 두 하나님이 있게 되는 셈이다. 반대로 모든 합리적인 피조물과 같이 그는 자유의지를 가지고 있으며 변화의 능력이 있다. 따라서 그는 선할 수도 있고 악할 수도 있으나 의지로 선을 따랐고 흔들림 없이 선을 계속 따르고 있다. 이러므로 그는 자기 자신의 의지로 불변하게 되었다.

v. 성자는 본질에 관한 한 신성과 관계가 없기 때문에 그는 참 하나님이 아니다. 따라서 본성적으로 신적 속성이 없다. 그는 단지 소위 로고스와 지혜일 뿐이다. 그가 영원하지 않듯이 그의 지식도 완전하지 않다. 그의 신 지식은 완전하지 않으며 상대적이다. 그렇기 때문에 그는 성부와 동등한 영광을 주장할 수가 없다.

vi. 그럼에도 불구하고 성자는 피조물이 아니고 다른 피조물과 같이 생산품도 아니다. 그는 완전한 피조물(ktisma teleion)이며, 그로 말미암아 만물이 창조되었다. 그는 하나님과 특별한 관계에 있지만, 그것은 오로지 은총과 양자(養子)로 택함을 받았기 때문이다. 하나님의 은총과 그 자신의 끊임없는 진보에 의해서 그는 하나님이 되었다. 그래서 우리는 그를 '독생자 하나님', '강한 하나님'이라고 부른다.

vii. 성자의 성육신과 인간성에 관한 성서와 전통의 모든 주장은 충분하다고 생각한다. 성자는 참으로 인간의 몸(soma)을 취했다.

viii. 성서와 전승은 모두 이 존재의 성육신과 인간성에 관하여 선하다고 주장한다. 그는 참으로 인간의 몸(sōma apsuchon)을 취했다. 역사적 그리스도가 보인 느낌은 로고스가 고난을 받을 수 있다는 것, 절대적으로 완전한 존재가 아니며 노력에 의해서 완전에 도달할 수 있다는 것이다.

ix. 창조된 생동력(dunamis) 가운데서 성령은 제2의 독자적인 본질 또는 본체(ousia, hupostasis)인 성자 옆에 위치한다. 왜냐하면 그리스도인들은 셋으로 분리되고 다른 본질(ousiai) 또는 위격(hupostseis), 즉 성부, 성자, 성령을 믿기 때문이다. 아리우스는 성령이 성자에 의해서 창조되었으며 그에게 종속되었다고 생각했다.

아리우스는 왜 예수 그리스도를 하나님에게 가장 가까운 인간이라고 했을까? 창세기의 저자는 하나님의 인간 창조 역사를 "하나님이 당신의 형상(imago)에 따라, 모양(similitude)대로 지으셨다"고 했다(창 1:26). 예수 그리스도는 바로 이 창조 역사의 원본이 아닐까? 그래서 아리우스는 진실된(real) 인간 그리스도를 강조함으로 인간 구원의 역사를 설명하려고 했던 것은 아닐까? 그는 구원은 진정한 '인간화'라고 생각한 것은 아닐까? 그의 교리가 신학적 합리주의의 정형적 산물인 것은 사실이다. 그래서 성부 하나님과 성자 하나님 사이의 어려운 관계 문제에 대하여 알렉산드리아 신학자들보다 단순하고 쉬운 해답을 주고 있다. 그의 주장대로 예수는 '진정한 인간'이 아닌가? 그가 현실적 인간이었기 때문에 인간의 현실적인 아픔, 고통, 억울함을 현실적으로 체감할 수 있었지 않았겠는가? 진정하고 완전한 인간이 인간을 구원할 수는 없는가? 교회사에 의하면 아리우스의 주장은 계속 이단으로 정죄를 받았다. 그러나 그는 과연 교회회의가 그를 정죄했던 만큼 그렇게 큰 죄를 범했을까? 교회가 그에게 판결했던 죄명이 과연 그의 진심과 일치하는 것일까? 우리는 그의 사상을 다시 검토할 필요는 없겠는가? 그의 진정한 생각(mind)이 밝혀질 수 있는 자료가 발견되기를 희망해 본다.

2) 알렉산더의 반격과 신학 사상

(1) 반격

아리우스의 사상은 곧 교회 전통에 어긋난다고 비난을 받았다. 그것은 아리우스가 사실상 그리스도교의 본질을 공격했다고 생각되었기 때문이었다. 즉, 아리우스의 사상은 참 하나님에 의한 인간 구원을 부인하는 것으로 생각되었다. 그렇다면 이것은 그리스도교의 본질적 특징을 믿는 신앙을 파괴하는 일이었다. 알렉산드리아학파의 입장에서는 용납할 수가 없었다. 그리하여 아리우스와 그 추종자들에게 그들의 주장을 포기하도록 권유했고, 그다음에는 감독의 이름으로 명령했다. 그럼에도 불구하고 그들이 권유와 명령을 완고하게 거부하자 상황은 심각해졌다.

알렉산드리아의 감독 알렉산더는 318년 알렉산드리아에서 교회회의를 소집했고 약 100명의 성직자는 아리우스를 정죄하고 그와 그의 추종자들을 면직시켰다. 아리우스는 파문을 수락하기보다는 판결에 반대하고 옛날 안디옥학교 동료 학생들에게 호소하고 제휴하려고 했다. 그들 중 일부는 이미 영향력이 있는 감독이 된 사람들도 있었다. 특히 아리우스의 스승이자 안디옥의 루키안의 제자이기도 했던 니코메디아의 유세비우스(Eusebius of Nicomedia)는 아리우스를 열렬하게 지지하며 그와 사상을 공유하였다.

이 분쟁은 동방교회를 위태롭게 했고 콘스탄틴 황제는 논쟁을 진정시키기 위해서 325년에 니케아공의회를 소집했다. 대부분 동방교회 감독이지만 300명이 넘는 사람들이 참석해서 아리우스를 반대하는 아타나시우스의 주장을 승인하고 확정했다. 회의는 논쟁의 재발을 막기 위해서 니케아신조를 작성하였다. 황제는 아리우스를 추방했으나 328년에 다시 돌아오게 했고, 335년에 두로와 예루살렘 교회회의는 그를 다시 교회에 받아들이기로 결의했으며, 성직에 복직시켰다. 그러나 복직 전날 아리우스는 갑자기 사망하였다(336). 왜 아리우스는 추방되었다가 돌아왔으며 그와 반대로 아타나시우스는 정통으로 인정을 받았다가 추방되고 복귀하기를 계속해야만 했는가?

알렉산더 감독의 저서로는 70편의 서신이 수집되어 있었고, 그의 설교 중 하나가 시리아어와 콥트어로 번역, 보존되어 있는 것으로 전해진다. 그러나 불행하게도 그의 서신들은 키루스의 테오도렛(Theodoret of Cyrus, c. 466)과 역사가 소크라테스(Socrates)가 보존하고 있는 두 회칙(回勅)만이 현존하고 있으며,[46] 아리우스 논쟁에 관련된 매우 중요한 문서들이다. 테오도렛이 보존하고 있는 서신은 알렉산드리아회의에서 아리우스가 처음으로 정죄를 받은 후인 324년에 비잔티움 시 감독인 알렉산더에게 쓴 것이지만, 이집트 밖의 모든 감독에게 그들의 교구에 아리우스와 그 추종자들의 침입을 경고하기 위하여 보낸 서신이다. 여기서 그는 아리우스파들이 그리스도의 완전성을 부인하고 경건하고 사도적 교리에 대해 문제를 제기하며, 그리스도의 신성을 부인하고 다른 인간 존재와 동등할 뿐이라는 것을 설교하고 있다고 비난한다. 알렉산더는 아리우스의 이단의 근원이 안디옥의 루키안과 사모사타의 바울이라고 확신했다. 그러나 니코메디아의 유세비우스는 알렉산더의 경고를 무시하고 아리우스를 자기 교구에 받아들였다.

역사가 소크라테스(Socrates)가 보존하고 있는 서신은 319년에 쓰여진 것으로 아리우스 이단의 시작을 보여주는 서신이다. 여기서 알렉산더 감독은 모든 교회 문제의 결정권을 행사하고 있는 니코메디아의 유세비우스가 변절자에 가담했고 모든 곳에 이 새로운 이단의 전파를 위해서 글을 쓰고 있다고 하면서 더 이상 침묵할 수가 없어 이 서신을 쓴다고 한다. 그는 아리우스 교리에 대하여 다음과 같이 요약한다.

하나님은 언제나 성부가 아니었다. 그는 성부가 아니었을 때가 있었다. 하나님의 말씀은 언제나 있었던 것이 아니고 무(無)로부터 만들어졌다. 왜냐하면 하나님이신 그는 현존하지 않는 것(non-existing)으로부터 현존하지 않는 것(non-existing)을 만들었기 때문이다. 그러므로 하나님의 말씀은 존재하지 않았을 때가 있었다. 성자는 창조된 것이고 만들어진 것이다. 그래서 본질에 있어서 성부와 같지 않으며, 성부의 참 되고, 본래의 말씀도 아니고, 성부의 참 지혜도 아니다. 그는 형상화되고 만들어진 것의 하나다. 그가 말씀이고 지혜라고 불리는 것은 그 용어의 잘못된 적용 때문이다. 하나님의 고유한 말씀, 곧 하나님 안에 있는 지혜로 그 자신을 만드신 성부는 하나님으로서 만물을 만드셨고 또한 그렇게 성자를 만들었다. 그러므로 성자는 가변적인 본성으로 존재하며 다른 합리적 존재와 동등하다. 말씀은 하나님의 본질과 이질적이며 분리된다. 성부 또한 성자가 말로 표현할 수 없는 분이다. 왜냐하면 말씀은 성부를 완전하고 정확하게 알지 못하며, 성부를 완전하게 보지 못한다. 성자는 있는 그대로의 그 자신의 실체를 실로 알지 못한다. 그것은 그는 우리를 위해서 만들어졌고, 하나님이 우리를 창조할 때 그의 도구로 만들어졌기 때문이다. 하나님이 우리를 만들기를 원하지 않았을 때 그는 존재하지 않았다. 어떤 사람들은 악마가 변하듯이 하나님의 아들이 변할 수 있느냐고 묻는다. 그리고 그들은 두려움 없이 변할 수 있다고 대답한다. 왜냐하면 하나님의 아들이 창조되었으며, 변하기 쉬운 본성을 가지고 있기 때문이다.[47]

그러나 우리가 여기서 간과해서는 안 될 점이 있다. 그것은 이 자료들이 아리우스의 주장을 반대하고 그의 가르침이 정통이 아니라 이단적이기 때문에 정죄하려는 의도에서 쓰여진 것이라는 점이다.

(2) 신학 사상

니케아공의회에서 주동적 역할을 한 인물 중 하나는 312년에 알렉산드리아의 감독이 된 알렉산더였다. 그는 자기의 가르침이 '우리가 그것을 위해서 죽을 수도 있는 사도적 교리'라고 했다. 그는 "나와 아버지는 하나다"(요 10:30)라는 말씀을 근거로 하나님의 아들이 무존재로부터 만들어졌으며 없었을 때가 있었다는 아리우스의 주장을 논박하면서 아들은 아버지가 낳았으며 불변하며 부족함이 없는 아버지와 동등하다고 한다. 성자는 스스로 성부라고 하지 않으며, 아버지의 모양을 가장 정확하게 표현하고 있고, 모순 없는 아버지의 형상이라고 한다. 즉, 아들은 아버지의 원시적인 본보기의 현상이라고 한다. 아버지만이 낳지 않으신 분이며, 아들은 시작이 없이 아버지로부터 출생하였으며 세상이 있기 전에 "존재했고 언제나 존재한다." 그것은 구세주가 "내 아버지는 나보다 크시다"(요 14:28)라고 하시기 때문이다.

알렉산더는 '본질로부터'(ek tēs ousia)와 거의 같은 의미로 "아들은 아버지 자신이 낳았다"(ek autou ontos patros)[48]라고 하면서도 니케아신조의 중심 용어인 '동일본질'(homoousios)이라는 말을 아직 사용하고 있지 않는 것은 흥미롭지만, 그는 성부와 성자의 본질의 일치를 강조한다. 그는 요한복음 14장 9절의 말씀을 근거로 성자가 어떻게 성부와 본질이 같지 않을 수 있느냐고 묻는다. 아들이 하나님의 말씀이고 지혜이며 이성이라면 아들이 없었을 때가 있을 수 없다는 것이다. 그것은 하나님이 말씀과 지혜 없이(alogos kai asopos) 존재했을 때가 있었다는 것과 같다는 것이다.[49] 만일 그리스도가 하나님의 광채라면(히 1:3), 그의 영원성을 부인하는 것은 성부의 빛의 영원성을 부인하는 것이 된다. 즉, 아버지와 아들은 서로 분리할 수 없는 두 실재(pragmata)이며, 한 품격(person, hupostasis) 안에 두 본질(duo phuseis)이라는 것이다.[50] 요약하면 알렉산더는 성자의 영원성 부인, 성자의 무존재로부터의 창조, 그의 가변성, 도덕적 발전을 통한 완전성, 성자의 양자론 등을 단호하게 거부한 것이다. 말씀은 양자결연(養子結緣)에 의해서가 아니라 본질에 의해서 하나님의 아들인 것이다.

> 우리 구세주의 아들됨은 여타 다른 아들됨과 공통되는 것이 전혀 없다고
> 말해도 좋다. 왜냐하면 그의 불가해한 본질은 존재하는 다른 모든 것과
> 비교할 수 없을 만큼 보다 탁월하기 때문이다. 그러므로 성부의 신성에
> 따라 그의 아들됨은 이루 말할 수 없는 우월함에 의해서 하나님의 양자가
> 된 사람들의 아들됨을 초월한다.
> 더욱 시편에서 구세주는 말씀하시기를 "주께서 나에게 이르시기를 너
> 는 내 아들, 내가 오늘 너를 낳았다"고 하신다(시 2:7). 그가 진정 참된
> 아들이라는 것을 밝히면서 그는 자기 이외 다른 참된 아들들이 없다는
> 것을 나타낸다. 그리고 이것이 의미하는 바는 "새벽녘에 모태로부터 내
> 가 너를 낳았다"[51]는 것이 아니겠는가? 그는 예법에 의한 것도 아니고
> 미덕에 의한 것도 아니라 육체적 욕망에 의해서 출생되는 아버지의 아들
> 됨을 솔직히 암시하지 않는다. 그러므로 성부의 독생자는(monogenēs
> theos) 결점이 없는 아들의 신분을 소유한다…[52]

알렉산더의 주장에 부분적으로 모호하고 모순되는 점이 없는 것은
아니지만,[53] 성부와 성자는 시작이 없고 영원히 공존하며, 분리할 수
없다는 종교적 신념에 확고했다. 알렉산더의 교훈은 이미 오리겐이
즐겨 썼던 '완전한 이미지' 또는 '완전한 반영'과 맥을 같이한다고 할
수 있다.

성자가 본질에 있어서 성부와 동일하기 때문에 알렉산더는 예수를
낳은 마리아를 '하나님의 어머니'(theotokos)라고 불렀다. 예수 그리스
도는 단순히 외관상으로가 아니라 하나님의 어머니 마리아의 몸을

지닌 것이다(ek tēs theotokou Marias).

IV. 니케아공의회와 신조

교회의 분열이 제국의 통일정책 실천에 위험 요인으로 작용하는 것을 두려워했던 콘스탄틴 황제는 교회의 일치보다 제국의 통일을 위해서 결국 대규모 회의를 소집하였다. 이것이 325년 콘스탄티노플에서 멀지 않은 소아시아 비트니아에 있는 니케아(Nicea)에서 교회 역사상 처음으로 열린 전국 규모의 교회회의였다. 이 회의를 제1차 에큐메니칼공의회라고 한다. 약 300명 정도의 감독들이 참석했다고 하지만, 대부분 헬라어를 사용하는 동방교회에서 온 감독들이었고[54] 라틴 문화권의 서방교회에서 온 감독들은 극소수였다. 그들에게 아리우스 논쟁은 사변적 신학 논쟁으로 인식되었기 때문에 니케아회의의 중심 의제에 별로 관심이 없었다. 그들은 '한 본질, 세 위격'이라는 터툴리안의 삼위일체 형식에 만족하고 있었다. 회의에 참석한 감독들도 몇 년 전까지만 해도 제국의 박해 상황에서 고문을 당하고 투옥되고 추방되는 일이 있었는데, 지금은 황제의 초대를 받고 황실의 보호를 받으며 황실의 숙소에서 회의가 진행된다는 사실 앞에 시대의 변화를 체감했을 것이다. 그들은 참으로 기적같이 느꼈을 것이다. 이 회의에 참석한 감독들이 속한 지역 이름과 회의를 소집한 황제에 대한 찬양의 글이 교회사가 가이사랴의 유세비우스의 글에 나온다. "… 콘스탄틴 대제야말로 평화의 끈으로 묶은 그 같은 화환(공의회)을 모은 최초의 통치자요, 이 화환을 자신의 전승에 대한 감사의 제물로 그의 구세주에게 바친 최초의 통치자였다."[55]

그러나 참석한 감독 중에 냉철한 역사적 통찰력이 있고 먼 미래 교회의 현실을 내다볼 수 있는 혜안을 지닌 감독이 있다면 그는 결코 기뻐할 수만은 없는 또 다른 두려움을 예지하고 있었을 것이다. 교회의 권력화, 정치화, 세속화를 예견하였을 것이다. 그리스도교 교리가 황제의 정치적 결단에 의해서 좌우될 것이며, 교회 내의 패권 다툼, 정치권력과 교회권력 간의 투쟁의 역사가 전개될 것이며, 어용학자의 등장도 예견하였을 것이다. 그 어용학자 중 대표적인 사람 중 하나가 가이사랴의 유세비우스다. 그는 콘스탄틴 황제를 칭송하는 글을 썼다.

서쪽과 동쪽 그리고 온 땅을 눈여겨보고 하늘까지 살펴봐도 나는 언제나 어디서나 축복받으신 콘스탄틴이 같은 제국을 통치하시는 것을 본다.[56]

회의에 참석한 대다수의 감독은 회의의 주된 쟁점에 대해서 정확하게 알지를 못했던 것 같다. 그나마 회의의 주된 쟁점을 알고 있는 감독들은 세 파로 나누어져 있었다. 첫째는 니코메디아의 유세비우스가 주도하는 아리우스 지지파다. 이들은 비록 소수였으나 아리우스의 사상에 대해서 확신을 가지고 있었기 때문에 참석한 감독들을 설득하면 승리할 것이라고 믿었다. 다른 한 소수는 알렉산드리아의 알렉산더가 주도하는 그룹으로 아리우스에 대하여 강력하게 반대하는 그룹이다. 그러나 회의에서 실제로 주도적 역할을 한 사람은 훗날 알렉산더를 계승하여 알렉산드리아의 감독이 된 아타나시우스(Athanasius)였다. 그들은 아리우스가 그리스도교 신앙의 핵심을 파괴한다고 생각하고 그의 정죄를 강하게 주장하였다. 이들 가운데는 성부수난설의 경향을 보이는 군주신론자들도 있었던 것으로 추정되지만, 아리우스를 정죄하는 데는 일치하였다. 마지막으로 가이사랴의 유세비우스가 주도하는 중도파다. 이들은 양극단을 피하고 교회가 평화롭기를 희망하였다.

그러한 분위기를 반영하듯 처음 회의는 아리우스의 주장을 성서적 용어를 사용하여 아들이 창조된 것이 아니라는 것을 분명히 밝히는 문서를 작성하려고 했으나 아리우스파들이 인용한 성서 구절이 결국은 그들에게 불리하게 작용하는 것을 보고 성서적 용어로 반론하기보다는 신조를 만들어 아리우스파들을 정죄하기로 한 것이다.

니코메디아의 유세비우스는 아리우스의 사상을 중심으로 신앙고백을 제안했다.[57] 그러나 그 제안 내용이 극단적인 형식이었기 때문에 참석자들이 분노하였으며, 아리우스의 열성적 지지자들까지도 지지하지를 하지 않아 부결되었고, 이 상황 속에서 감독들은 아리우스주의를 지지할 수가 없게 되었다. 그러자 중도파의 가이사랴의 유세비우스가 애매하지만 오리겐적인 고백을 제안했다. 그 내용은 다음과 같다.

우리는 보이는 것과 보이지 않는 모든 것을 지으신 전능하신 아버지 한 하나님을 믿는다. 그리고 하나님의 로고스, 한 분 주 예수 그리스도를 믿는다. 그는 하나님으로부터의 하나님, 빛으로부터의 빛, 생명으로부터의 생명이며, 독생자요 모든 피조물의 첫 출생이시고, 모든 세대에 앞서서 아버지에게서 낳으셨다. 그를 통하여 만물도 만들어졌으며, 우리의 구원을 위하여 육이 되셨고, 사람들 가운데 사셨다. 그리고 고난을 받으셨고 제3일에 부활하셔서 성부에게 올라가셨다가 산 자와 죽은 자를 심판하기 위해 영광중에 다시 오실 것이다.[58]

이 제안은 알렉산더를 지지하는 측이나 아리우스를 지지하는 측이나 받아들일 수 있는 타협 형식이었다. 대다수의 견해를 반영한 것으로 받아들여졌다. 황제도 찬성했다. 왜냐하면 아들이 아버지에게 종속되는 것처럼 보이지 않으면서 예수의 신성이 강조되었기 때문이다. 아리우스파도 예수가 신적인 존재라는 것을 부인하지 않았다. 그것은 하나님이 예수를 아들로 입양하여 신적인 존재로 높였다고 생각했기 때문이다. 위 문안 속에 있는 "하나님으로부터의 하나님, 빛으로부터의 빛, 생명으로부터의 생명" 같은 구절도 아리우스파는 성자와 성부의 동일을 반드시 의미한다고 해석하지 않고 성자의 신적 존재를 의미하는 것으로 생각했다. 아리우스도 예수가 "하나님이지만, 참 하나님은 아니라"고 말하였다.[59] 즉, 예수는 도덕적으로 가장 높은 지경까지 올라간 하나님다운 인간이라는 것이다. 아리우스는 "하나님의 로고스"라는 구절도 문자적으로 해석하기보다는 은유적으로 해석했고, 예수의 '선재성'도 인정하였다.[60]

그러나 알렉산더파들이 '동일본질'(homoousios)의 추가를 원했고, "로고스"는 그 말의 뜻이 애매하기 때문에 삭제를, "모든 피조물의 첫 출생이시고, 모든 세대에 앞서서 성부에게서 낳으셨다"라는 표현은 아리우스주의적인 오해가 있을 수 있다는 이유로 삭제를 요구했으며, "사람들 가운데 사셨다"를 성육신을 보다 확실하게 하기 위해서 "사람이 되셨다"로 수정할 것과 "하나님으로부터의 하나님"을 "참 하나님으로부터 참 하나님"으로, "아버지에게서 낳으셨다"를 "아버지와 한 본질(homoousios)로부터 낳으셨다"로, "만들어졌다"를 "만들어진 것이 아니다"로 수정할 것 그리고 마지막에 저주 구절을 추가할 것을 요구하였다.

알렉산더파가 성자와 성부와의 관계에 대하여 가장 강력하게 요구한 술어가 호모우시우스(동일본질)다. 이 술어는 아리우스의 지지자 니코메디아의 유세비우스도 동의했다. 이 단어는 성서 어디에서도 발견되지 않는 철학 용어로서 그리스도교 역사상 성서 밖에서 채용된 단어 중 가장 중요한 것이다. 호모(homo)는 '똑같다'라는 뜻이고, 우시아(ousia)는 '본질' 또는 '본성'을 뜻한다. 그러나 '우시아'라는 단어는 '존재'(being), '본질'(essence), '실체'(reality) 등 매우 다의적이고 복잡한 의미를 가지고 있다.[61] 따라서 '호모우시오스'는 '동일본질', '동일실체', 동일존재, 더 나아가서 동일양태(type)를 의미할 수 있어 어떤 점에서는 모호한 단어다.

그러나 알렉산더파의 수정 요구가 받아들여졌으며, 그 배후에는 황제의 종교 문제 자문관으로 니케아회의 전에 황제의 요청으로 양편의 화해를 시도했던 호시우스 감독이 있었다. 그는 서방인으로 알렉산더 감독에게 동정적이었다. 이렇게 하여 만들어진 니케아신조에서 아리우스파의 주장은 완전히 배제되었고, 최종 니케아신조가 작성되었다.

우리는 한 분 하나님을 믿는다. 그는 전능하신 아버지이시며, 보이는 것과 보이지 않는 만물을 만드신 창조주이시다.
우리는 한 분 우리 주 예수 그리스도를 믿는다. 그는 하나님의 아들이시며, 아버지로부터 나셨고, 독생자 곧 아버지의 본질로부터 나오신 분이다. 그는 하나님으로부터의 하나님이시며, 빛으로부터의 빛이시며, 참 하나님으로부터의 참 하나님이시다. 그는 만들어진 것이 아니라 아버지와 한 본질로 낳으신 분이시다.

그를 통하여 하늘에 있는 것이나 땅에 있는 모든 것이 만들어졌다. 그는 우리 인간들과 우리의 구원을 위하여 내려오셔서 성육신하셨고, 인간이 되셨으며, 고난을 받고 제3일 만에 부활하셔서 하늘로 승천하셨다. 그리고 산 자와 죽은 자를 심판하러 오실 것이다.

그리고 성령을 믿는다.

그러나 아들이 계시지 않았던 때(potè)[62]가 있었다고 말하거나, 그가 낳기 전에는 존재하지 않으셨다고 하거나, 그는 무로부터 지음을 받았다고 하거나, 하나님의 아들은 아버지와 다른 품격(hupostaseōs) 혹은 다른 본질(ousias)을 가졌고 피조되었으며, 변화 또는 변경될 수도 있다고 말하는 자들은 거룩하고 사도적인 교회가 저주한다.[63]

이 형식은 니케아회의에서 가결되었으며 황제의 재가를 얻은 후 공식으로 선포되었다. 황제는 모든 감독에게 이 신조를 수락하도록 강요했다. 그리하여 아리우스를 비롯하여 서명하지 않은 모든 감독은 정죄를 받았으며, 이로써 '동일본질론'이 정통 교리가 되었다. 그러나 이 교리에 대한 황제의 강압이 있었기 때문에 교회사에서 황제가 교회 교리 문제에 개입하는 선례를 남기게 되었다. 콘스탄틴은 '황제-교황'의 위치에 있게 되었다.

니케아공의회에서 결국 알렉산더파가 원하는 대로 신조가 만들어졌고, 황제의 승인이 있었으며, 아리우스파는 정죄되었기 때문에 알렉산더파의 일방적 승리인 것 같지만, 문제는 그렇게 단순하게 끝나지를 않았다. 교회는 평화롭지 못했으며, 아리우스에 의해서 촉발된 논쟁은 특히 동방에서 더욱 복잡하고 심화시키는 결과를 가져왔다. 그것은 무엇보다 신조 결정에 정치적인 힘이 개입했으며, 사용된 용어에 대한 개념이 불투명하고 해석의 차이가 드러났기 때문이었다.

알렉산더가 328년에 죽고 그를 계승하여 감독이 된 사람이 니케아 회의 때 알렉산더의 비서였고 신조 작성에 주도적 역할을 했던 아타나시우스다. 그는 니케아신조의 수호자였다. 그러나 니케아신조 작성에 정치적인 힘이 강하게 작용했듯이 정치적 상황이 바뀌고 황제의 심정이 변하면서 상황이 달라졌다. 황제는 아리우스를 비롯하여 니코메디아의 유세비우스를 추방으로부터 돌아오게 했고, 교회의 성만찬에 참석할 수 있게 했으며, 복직시켰다. 특히 유세비우스는 노련한 정치가로서 황제의 별장이 있는 니코메디아의 감독으로 복직한 후 황제를 설득하여 아타나시우스를 추방하였다. 콘스탄틴 황제는 임종 시 니코메디아의 유세비우스에게 세례를 받았다. 337년 황제가 죽자 제국은 세 아들들에 의해서 분할 통치하게 되었다. 장남 콘스탄틴 2세(Constantine II)는 서방 지역을 통치하면서 니케아신조를 지지했고, 차남 콘스탄티우스(Constantius)는 동방을 통치하면서 아리우스를 지지하여 지금까지 니케아신조 옹호자들이 독점했던 콘스탄티노플을 비롯한 동방 중요 교구를 아리우스파 감독들이 지배하게 되었다. 삼남 콘스탄스(Constans)는 두 형들 중간을 통치하였다. 이와 같은 격동기와 혼란기를 거치면서 처음 니케아신조에 대한 수정이 불가피하게 되었다. 그 작업을 마무리한 사람들이 카파도키아 교부들이다. 이들이 381년 콘스탄티노플공의회에서 주동적 역할을 하였다.

미 주

1 세 사람은 가이사랴의 바질(Basi of Caesarea c. 330~379), 니싸의 그레고리(Gregory of Nyssa, c. 334~395) 그리고 나지안주스의 그레고리(Gregory of Nazianzus, 329~389)이다.

2 대표적인 사람으로는 다소의 디오도레(Diodore od Tarsus, d. c. 390), 몹수에스티아의 테오도레(Theodore of Mopsuestia, d. 428), 요한 크리소스톰(John Chrisostom, c. 347~407) 등이다.

3 Tertullian, *Adv. Prax.*, 12. 터툴리안은 이사야서 42:1; 45:1; 49:6; 61:1 등을 예로 들면서 성서가 삼위일체와 그 구별에 대하여 분명한 증거를 제시한다고 한다(*Adv. Prax.*, 11). 그와 함께 이레니우스도 창세기 19:24과 시편 110:1을 연결시키면서 삼위일체의 성서적 근거를 제시한다(*Adv. Prax.*, 16; Irenaeus, *Adv. haer.*, 3 .6. 1).

4 구약성서의 지혜문학은 잠언, 전도서, 욥기 그리고 시편을 말한다. 구약의 지혜문학의 기초는 하나님을 두려워하고 하나님을 지혜의 원천이라고 하는 것이다. 바울도 그리스도를 "하나님의 지혜"라고 했다(고전 1:24). F. L. Cross, *The Oxford Dictionary of the Christian Church* (London: Oxford U. Press, 1958), 1375.

5 Otto W. Heick, *A Hist. of Christian Thought*, vol. I, 144; J. Pelikan, *The Christian Tradition* (Chicago: The U. Chicago Press, 1971), 184.

6 헤르마스는 성자와 성령을 완전히 동일시한다(*Similtudes*, 5. 6; 5. 59).

7 Theophilus, *Ad Autolycum*, 2. 15. 여기서 그는 "해와 달이 창조되기 전 3일은 하나님, 그의 말씀 그리고 그의 지혜의 삼위일체 유형이다"라고 했다. 그는 로고스를 '내재적 로고스'와 '발출한 로고스'로 분리한 첫 그리스도교 저술가다(위의 책, 2. 10).

8 R. Seeberg, *The Hist. of Doctrines*, vol. I, 114.

9 Athenagoras, *Supplication for the Christians*, 12. R. Seeberg, 위의 책, 114-115에서 인용.

10 Irenaeus, *Adv. haer.*, 4 .6. 6. Henry Bettenson, *The Early Christian Fathers*, 119에서 인용.

11 위의 책, 4. 20. 4. Henry Bettenson, 위의 책, 120에서 인용.

12 위의 책, 3. 18 .3. Henry Bettenson, 위의 책, 121에서 인용.

13 Tertullian, *Adv. Prax.*, 12. Henry Bettenson, 위의 책, 187-188.

14 Tertullian, 위의 책, 2. John R. Willis, *The Teachings of the Church Fathers*, 116-117에서 인용. 터툴리안의 삼위일체론에 대해서는 *Adversus Praxean*, 9, 13, 25, 26등도 참고할 것.

15 Clement of Alexandria, *Paida.*, 1. 14; 3. 12. Henry Bettenson, 앞의 책, 237-238에서 인용.

16 오리겐은 성서에서 성령의 피조성을 암시하는 구절을 발견하지 못한다고 한다(*De princ.*, 1. 3. 3; H. Bettenson, 위의 책, 315).

17 Origen, *De princ.*, 1.2. 4. 그는 또 "성부는 성자를 낳지 않았거나 낳은 후 자유롭게 버려둔 것이 아니라 성부는 성자를 항상 낳고 있는 것이다"라고도 하였다(*Comm.in Jeremiam*, 9. 4; Otto W. Heick, 앞의 책, 146).

18 Origen, *De princ.*, 4. 4. 28. Henry Bettenson, 앞의 책, 320에서 인용.

19 Origen, *Comm. in Ep. ad Rom.*, 6. 7.

20 Justinian, *Ep. ad Menam*, Henry Bettenson, 앞의 책, 330에서 인용.

21 Origen, *De princ.*, 4. 35(Greek in Justinian, *Ep. ad Menam.*). Henry Bettenson, 위의 책, 322에서 인용.

22 P. Tillich, 앞의 책, 68.

23 위의 책, 69.

24 Athanasius, *Defense of Dionysius*, 4. Otto W. Heick, 앞의 책, 153에서 인용. 이 글은 그에 대한 아타나시우스의 방어적 글에 나오는 것이어서 디오니시우스의 글을 직접 읽지 않은 상태에서는 그 진위를 판단하기가 쉽지 않다.

25 이 글은 아타나시우스의 "니케아 정의에 대한 방어"라는 글 단편에 보존되어 있다. *Nicene and Post Nicene Fathers* (*NPNF*), 4. 165 이하. Otto W. Heick, 앞의 책, 153에서 인용.

26 콘스탄틴 황제는 평생 정복되지 않는 태양신을 숭배했으며 그리스도교인이 아니었다. 정치적 군인으로 그는 이 두 종교 사이에 아무런 모순을 느끼지 못하였다. 그가 세례를 받은 것은 임종 직전으로 알려져 있다.

27 Richard E. Rugenstein, *When Jesus Become God*, 한일철 옮김, 『예수는 어떻게 하나님이 되셨는가?』(한국기독교연구소, 2004), 66, 68에서 인용.

28 소아시아의 니코메디아는 아리우스가 318년 알렉산드리아 교회에서 정죄된 후에 피신한 곳이다. 여기서 그는 많은 영향 있는 감독들과 황제로부터 지지를 얻어냈다. 325년 니케아회의도 같은 지역 소아시아에서 열렸다. 니케아회의가 끝난 후에도 이 지역은 여전히 아리우스파가 지배적이었고, 감독 니코메디아의 힘에 의해서 황제가 아리우스를 유배지에서 귀환하게 했고 아타나시우스를 추방했다. 그를 계승한 황제 콘스탄티우스는 완전히 니코메디아의 유세비우스 영향을 받고 있었다. 그러므로 소아시아 지역은 아리우스파의 중심지가 되었다. 그럼에도 아리우스주의를 반대하고 니케아 신앙을 방어하면서 삼위일체 교리의 마지막 형식을 마련한 카파도키아 교부들도 소아시아 출신들이다. 이 서신의 헬라어 텍스트는 Epiphanius of Salamis, *Panarion* (*Haereses*), 69. 7; Theodoret of Cyrus, *Historia ecclesiastica*, 1. 5에 보존되어 있다.

29 *Letter to Alexander of Alexandria*, 헬라어 원문은 Epiphanius, *Haereses*와 Athanasius, *De synodis*, 16에 보존되어 있다.

30 Athanasius, *Oratio contra Arianos*, 1. 2-10에서 인용된 문장으로 구성된 단편들이 있다.

31 이 내용의 영역문은 J. Quasten, *Patrology*, vol. III, 12; J. L. González, 앞의 책, 271-272에 있다. 인용 내용이 약간 다르기도 하지만, 번역에 있어서도 차이가 있다. 원문을

접할 수 없는 필자로서는 둘을 종합 비교하면서 번역할 수밖에 없었음을 밝혀 둔다.

32 이 문제를 처음 제기 한 사람은 교리사가인 루프스(H. Loofs)다. 그래서 지금은 제자라고 하지 않고 친분이 있는 사이라고 기술한다(F. L Cross, *Oxford Dictionary of the Christian Church*, 825. 사모사타 바울에 대해서는 제4장, "역동적 군주신론"을 참조할 것).

33 A. Harnack, *Hist. of Dogma*, vol. IV, 5-6. 루키안은 아리스토텔레스의 비판적이고 변증법적 철학의 영향을 받은 것이 분명하다. 비록 그의 신 개념은 플라톤적이지만, 특히 그의 로고스 교리는 아리스토텔레스의 가르침을 공유하고 있다.

34 A. Harnack, 위의 책, 3.

35 Aloys Grillmeier는 성육신의 교리를 '말씀-육신'(Logos-sarx)의 틀 안에서 이해하려고 하는 것이 아리우스 체계의 출발이라고 한다(*Christ in Christian Tradition*, New York: Sheed and Ward, 1965, 189-192).

36 R. Seeberg, *The Hist. of Doctrines*, vol. I, 202. Otto W. Heick, 앞의 책, 155.

37 Arius, *Ep. to Eusebius of Nicomedia*. J. Quasten, 앞의 책, vol. III, 10에서 재인용. R. Seeberg, 위의 책, 203.

38 Epiphanius, *Panarion* (*Haereses*), 69 . 6; J. L. Gonzáez, 앞의 책, 270.

39 Arius, *Thalia* (*The Banquet*); J. C. Ayer, *Source Book of Ancient Church History* (New York: Charles Scribner's Sons, 1948), 302-304; Athanasius, *Oratio contra Arianos*, 1. 2. 5; Otto W. Heick, 앞의 책, 155.

40 Theodoret, *Historia Ecclesiastica*, I, 4; A. C. McGiffert, *A Hist. of Christian Thought*, vol. I, 248.

41 Athanasius, *Tres Orationes contra Arianos*, 1. 2. 5; J. L. González, 앞의 책, 270; R. Seeberg, 앞의 책, 203 등.

42 R. Seeberg, 위의 책.

43 P. Tillich, 앞의 책, 71.

44 J. L. González, 앞의 책, 271.

45 A. Harnack, *History of Dogma*, vol. I, 14-19와 해당 주를 참조할 것.

46 키루스의 테오도렛(Theodoret of Cyrus), *HE.*, 1. 4; 역사가 Socrates, *HE.*, 1. 6에 보존되어 왔다.

47 Socrates, *HE.*, 1. 6; 2-3. J. Quasten, 앞의 책, 16에서 인용.

48 알렉산더는 아들과 아버지의 관계에 대해서 "언제나 하나님, 언제나 아들"이라고 하고, "아들은 하나님 안에서 비출생적으로(unbegottenly, agennētōs) 존재"하며, "언제나 출생하고 비출생적으로 출생한다"고 한다(R. Seeberg, *The Hist. of Doctrines*, vol. I, 205).

49 Socrates, *HE.*, 1. 4; 1. 9; 1. 11; 1. 12; J. Quastern, 위의 책, 18.

50 R. Seeberg, 앞의 책, 205; A. Harnack, 앞의 책, 24.

51 이 번역은 공동번역을 따랐다. 영어성경에는 from the womb before morning이다.

52 Socrates, *HE.*, 1.8; *ANF.*,6. J. Quasten, 앞의 책, 19에서 재인용. 알렉산더는

자기의 주장을 성서에서 입증하려고 했다. 요 1:1-3, 18; 10:30; 14:8, 9, 28; 마 3:17; 11:27; 요일 5:1; 골 1:15, 16; 롬 8:32; 히 1:2 이하; 잠 8:30; 시 11:7; 110:3; 사 53:8 등(A. Harnack, *Hist. of Dogma*, vol. IV, 22, n. 2).

53 예를 들면 헬라어 ousia, hupostasis,, phusis 사이의 의미가 모호하며, 따라서 구별없이 사용한다. 이것이 그리스도론과 삼위일체론 논쟁의 원인이기도 했다. 이 용어의 구별은 후대에 와서 가능했다.

54 참석한 지역은 Eusebius, *Vita Constantini*, 3. 7; R. Seeberg, 앞의 책, 216을 참조.

55 Eusebius, *Vita Constantini*, 307. 이형기 지음, 『세계교회사』(서울: 한국장로교출판사, 1996), 289에서 재인용.

56 J. L. González, *The story of Christianity*, vol. I, 129.

57 그의 견해는 Theodoret of Cyrus, *HE.*, 1. 5에서 볼 수 있다. R. Seeberg, 앞의 책, vol. I, 216.

58 R. Seeberg, 위의 책, 216에서 재인용. J. N. D. Kelly, *Early Christian Creeds*, 182에는 헬라어 원문과 끝에 "우리는 또한 한 성령을 믿는다"라는 구절이 있다.

59 R. P. C. Hanson, *The Search for the Christian Doctrine of God: The Arian Controversy*, 318-381 (Edinburgh: T. & T. Clark, 1988), 13. R. E. Rubenstein, 한인철 옮김, 앞의 책, 103에서 재인용.

60 한인철 옮김, 위의 책, 103-104.

61 J. N. D. Kelly, *Early Christian Creeds*, 243.

62 여기 쓰여진 헬라어 '포테'(potè)는 '포테'(póte)와 같은 시간을 나타내는 단어이지만, 함축하고 있는 뜻이 다르다. 후자는 부정확한 시간으로 '어느 때, 언제든지, 한때는' 등을 의미한다면, 전자는 '언제, 어느 시간에, 언제까지, 얼마나 오래' 등을 의미하는 말이다(H. G. Liddell, *An Intermediate Greek-English Lexicon*, Oxford: At the Clarendon Press, 1888, 664).

63 R. Seeberg, 앞의 책, 217; J. L.González, *A Hist. of Christian Thought*, vol. I. 274-275. 헬라어 원문은 J. N. D. Kelly, *Early Christian Creeds*, 215-216에 있음.

제9장

아타나시우스의 신학

I. 상황 변화와 아타나시우스의 생애

알렉산드리아의 감독 알렉산더를 중심으로 한 동일본질론자들이 승리하여 정통주의자로 인정받고, 아리우스파는 패배하여 이단으로 정죄받는 것으로 끝난 니케아공의회는 그러나 논쟁을 종식시키지는 못했다. 니케아공의회에서 아리우스파를 이끌었던 니코메디아의 유세비우스는 뛰어난 전략가요 노련한 정치가였다. 그는 황제 콘스탄틴을 설득하여 328년 아리우스주의자들을 추방에서 돌아오게 했으며 그 자신도 니코메디아의 감독으로 복귀하였다. 니코메디아는 황제의 별장이 있는 곳이기도 하고 동방에서 정치적으로 매우 중요한 지역이다. 이곳 감독은 황제와 직접적인 교류를 할 수 있는 위치에 있었다. 이 해가 바로 아타나시우스가 알렉산더를 이어 알렉산드리아의 감독으로 선출된 해였다(328).

아타나시우스가 교회 역사에서 그 이름이 등장하고 가장 당당한 인물로 평가된 것은 알렉산드리아 감독 알렉산더의 비서 격으로 니케아회의에 참석하여 아리우스주의자들을 논박하고 니케아 신학 논쟁의 중심인물이 되었으며, 그 이후 4세기 아리우스 논쟁에서 니케아 신앙의 수호자로 다섯 번이나 추방 당하는 그의 생애 때문이었다. 그 이전의 생애에 대해서는 거의 알려진 것이 없다. 곤잘레스가 아타나시우스의 출생지를 이집트 나일강 유역 어느 작은 마을이라고 추측하는 것은 그가 그 마을의 원어 콥틱어(Coptic)를 사용했고, 콥틱 사람들처럼 얼굴색이 까맣기 때문이고, 그래서 니케아회의 때 그의 적수들이 그를 '깜둥이 난쟁이'라고 불렀다는 것이다. 또한 그가 이집트 하층계급 출신일 것이라고 생각하는 것도 아타나시우스 자신이 자기 신분에 대해서 상류계급 출신이라는 어떤 암시도 한 일이 없으며, 당시 상층 계급의 문화였던 헬라-로마문화에 대한 풍부하고 깊은 지식을 가지고 있는 행태를 나타낸 일이 없다는 것 때문이다.

그가 알렉산드리아 주교관과 관계를 맺기 전 젊은 시절에는 이집트 사막의 수도승들과 두터운 친교를 나누고 있었던 것으로 알려져 있다. 제롬은 아타나시우스가 '은둔자 바울'에게 외투를 주었다고 확언하고 있고, 아타나시우스 자신은 그의 책『성 안토니의 생애』에서 이 유명한 수도승을 방문하여 그의 수족을 씻어준 일이 있다고 기록하고 있기 때문이다.[1] 이와 같은 이야기가 얼마나 역사적으로 검증이 되었는지는 확실하지 않지만, 그의 감독 시절의 삶을 보면 그는 이집트 사막의 수도승들과 밀접한 관계를 가지고 있었다는 것이 나타난다. 당시 다른 대교구 감독들과는 달리 그는 수도원적 삶으로 검소했으며 사치스럽지 않았고, 확신에 찬 신앙으로 어떤 어려움과 억압 속에서도 굽히지 않는 확고한 신학적 신앙의 삶을 살았다. 그리고 355년 밀란회의에서 정죄되고 추방되었을 때 이집트 사막 수도승들에게로 피신하여 6년간의 세월 동안 도움을 받으면서 콘스탄티우스 황제에게 자기의 신학적 입장을 변증하는 글을 쓴 것을 비롯하여 몇 권의 책을 집필하였다는 것이 그것을 입증한다. 그리하여 그의 논적들인 아리우스주의자들도 그를 가장 무서운 사람으로 인정하였다. 그래서 더욱 그를 제거하려고 했을 것이다.

그는 알렉산드리아 교리문답학교에서 고전과 신학 교육을 받았고, 319년에 감독 알렉산더에게서 집사로 안수를 받은 후 그의 비서가 되어 니케아공의회(325)에 그를 수행하여 참석했다.[2] 그로부터 3년 후 328년에 아타나시우스는 알렉산더를 계승하여 알렉산드리아의 감독이 되었다. 교회사는 그를 알렉산드리아 감독 중에서 가장 탁월한 감독이었다고 평한다. 그것은 불굴의 용기와 위험과 역경 속에서도 굽히지 않고 니케아 신앙의 확고부동한 옹호자였기 때문이다. 나지안주스의 그레고리는 그를 "교회의 기둥"[3]이라고 불렀다. 아리우스 논쟁이 타협에 의해서 진정되었을 때 동방교회는 그를 '정통의 아버지', '진리의 우승자'라고 불렀다. 그는 잘못에 대한 타협 없는 적개심을 가지고 있음에도 불구하고 싸움이 한참일 때라도 선한 신앙에서 길을 잃은 자들에 대해서 관용을 베푸는 특성을 가지고 있었다. 동방의 많은 감독들이 그의 입장을 오해하여 니케아신조의 동일본질론을 거부했을 때도 그는 동정과 이해심을 가지고 그들이 정통 신앙으로 돌아오기를 기다렸다.

니케아공의회에서 추방되었던 니코메디아의 유세비우스는 콘스탄틴 황제의 명에 의해서 니코메디아의 감독에 복직한 후 강적인 아타나시우스를 제거하기로 결심하고 동방교회에서 가장 강력한 세 반(反)아리우스파 감독인 안디옥의 유스타티우스(Eustathius of Antioch), 앙키라의 마르셀루스(Marcellus of Ancyra) 그리고 아타나시우스에 대한 온갖 유언비어를 퍼뜨렸다. 유스타티우스에게는 사생아를 출산시켰다는 유언비어를, 마르셀루스에게는 사모사타 바울의 이론(역동적 군주신론)을 주장한다는 이유로 각각 정죄하였다. 그리고 특히 아타나시우스가 아리우스를 다시 받아들이라는 황제의 명을 거절했을 때 유세비우스는 아타나시우스가 알렉산드리아에서 로마로 운송될 곡물 수출을 방해하고 있다고 고발하고, 335년 두로(Tyre)회의를 소집하여 그를 정죄하고 추방하였다. 이것이 아리우스주의의 강력한 지지자 발렌스(Valens, 364~378) 황제에 의하여 365년 추방당하기까지 다섯

번에 걸친 그의 추방과 17년이 넘는 유배 생활의 시작이었다.[4]

337년 콘스탄틴 황제가 사망한 후 로마제국은 그의 세 아들들인 콘스탄틴 2세(Constantine II, 337~340), 콘스탄스(Constans, 337~350) 그리고 콘스탄티우스(Constantius, 337~361)가 분할 통치를 하였다. 서방(고올과 북아프리카)은 콘스탄틴 2세가 통치하고, 동방은 콘스탄티우스가 통치하였으며, 콘스탄스는 두 형제 사이 지역인 이탈리아와 일리리아(Illyria)를 지배하였다. 서방 통치자 콘스탄틴 2세는 니케아신조를 지지했고, 동방을 차지한 콘스탄티우스는 아리우스주의를 지지했으며, 콘스탄스는 니케아 신앙 편에 기울고 있었으나 유보적이었다.

340년에 콘스탄틴 2세가 사망했고, 서방까지 다스렸던 콘스탄스도 350년에 사망하자, 콘스탄티우스가 로마제국을 통일하여 지배하게 되었다. 이 때문에 아리우스주의자들의 세력은 더욱 강화되었고, 아타나시우스는 355년에 밀란회의에서 정죄를 받고 추방되었다(3차 추방). 이때 아타나시우스는 이집트의 수도승들이 있는 수도원으로 피신하였다. 그는 추방된 상태에서도 언제나 니케아 신앙에 대한 확고한 수호자 역할을 했지만, 이번에도 그는『콘스탄티우스에게 변증서』를 비롯하여『도피에 대한 변증』,『수도승들에게 보내는 서신』그리고『아리우스주의자들의 역사』등을 저술하면서 니케아 신앙의 정통성을 강조하였다. 그러나 361년 콘스탄티우스가 갑자기 죽자 그를 이어 줄리안(Julian, 361~363)이 황제가 되었는데, 그는 복잡한 정치적, 종교적 상황 속에서 그리스도교의 대항 세력을 키우기 위해서 이교를 부흥시키려고 하였다. 그의 이와 같은 종교정책 때문에 역사가들은 그를 '배교자'(the Apostate)라고 부른다. 그는 예민한 그리스도교 교리 문제에 대해서는 어느 쪽도 지지하지 않았다. 그 덕분에 아타나시우스는 추방지에서 다시 귀향할 수 있었고 황제의 무관심 속에서 니케아신조에 대한 논쟁을 종식시킬 해법을 찾기 시작했다.

세월이 가고 반복되는 유배 생활에서 아타나시우스는 교회의 평화를 위한 길을 모색하기 시작한 것이다. 그는 아리우스파 중에서 온건한 반(半)아리우스주의자(semi-Arians) 그룹과 니케아 지지 그룹과 화해를 시도했다. 4세기 중반이 되면서 논쟁에 피곤함을 느끼게 된 감독들이 많아졌고, 극단적인 입장보다는 온건한 입장을 취하려는 사람들, 교회의 평화를 희망하는 감독들의 수가 늘어나면서 교회의 분위기도 많아 달라졌다. 니케아신조에 사용된 동일본질(homoousios)을 반대하는 아리우스주의자들 가운데서도 세 경향이 나타나게 되었다. 즉, '상이본질'(anomoean, 相異本質)의 경향, '동류본질'(Homoean, 同類本質)의 경향 그리고 유사본질(homoiousian, 類似本質)의 경향이다.[5] 이 세 아리우스주의자의 경향 중에서 아타나시우스가 접근할 수 있는 그룹이 유사본질파[6]인 것은 사실이다. 그 지도자는 안키라의 바질(Basil of Ancyra)이다. 아타나시우스도 처음에는 유사본질론자들을 아리우스파로 생각하고 비판했었으나 오랜 유배 생활과 동일본질이 받는 오해가 무엇인지를 인지하고 유사본질론자들을 받아들이게 되었다.

안키라의 바질(Basil of Ancyra)은 358년 안키라에서 회의를 소집하여 최초로 유사본질론에 따른 신앙 형식을 채택하였다.[7] 그는 "성자는 단순히 의지에 따라서(kata boulēsin)가 아니라 영적 존재(pneuma)로 본질에 따라(kat' ousian) 모든 것에서(kata panta) 성부와 같다"고 하였다.[8] 여기서 성자는 성부 다음의 존재라는 것, 그러나 피조물이 아니라는 것 그리고 성부와 성자 사이의 본질(ousia)은 하나가 아니고 둘이라는 것을 확실하게 하였다.

이 논쟁이 이렇게 오래 지루하게 계속된 것은 서방교회보다도 사변적 경향이 짙은 동방교회에서 성부와 성자 사이의 관계를 표현하는 술어의 개념이 아직 확실하게 형성되지 못했기 때문이었다. 라틴 문화권의 서방교회에서는 교리를 진술하는 용어의 개념이 이미 확정되어 있었다. 예를 들면 터툴리안에 의해서 삼위일체 교리 형식은 "세 위격(tres personae), 한 본질(una substantia)"로 확정되어 있었다. 이것은 삼위일체 교리에서 하나의 신성을 나타낼 때는 '본질'(substantia)을 사용하고, 성부, 성자, 성령이라는 세 객체를 말할 때는 '위격'(persona)을 사용한 것이다. 그러나 동방교회에서는 오랫동안 본질(ousia)과 근원적으로 실재하는 본체(hupostasis)가 동의어로 쓰여 왔고, 학자에 따라서는 독특한 개체적인 실재를 나타낼 때 '후포스타시스'를 사용하여 라틴어의 '페르소나'와 같은 의미로 사용하기도 했다. 즉, 동방에서는 '후포스타시스'가 성부, 성자, 성령의 위격(person)의 구별을 나타낼 때, 위격의 내재하는 속성을 나타낼 때 사용되었다. 이렇게 용어의 의미가 확실하게 정의되지 못했다.[9] 그리고 서방 세계에서 위격으로 사용한 '페르소나'(persona)에 정확하게 일치하는 용어가 사실상 헬라어에서는 찾기가 어렵다. 일반적으로 헬라어 '프로소폰'(prosopon)을 생각할 수 있겠지만, 그 말이 사람의 얼굴, 가면을 의미하기 때문에 양태론적 군주신론, 즉 성부수난설을 주장한 사벨리우스적인 해석을 가능케 하므로 일반적으로 사용하기를 주저하였다.

이 문제의 해결의 실마리는 362년 알렉산드리아회의에서 찾아졌다. 아타나시우스는 성부, 성자, 성령은 동일본질(homoousios)이지만 셋은 구별된다는 입장을 밝혔고, 중요한 것은 용어가 아니라 그 속에 함축되어 있는 의미라고 선언하였기 때문이다. 그래서 지금까지는 삼위(三位)를 세 본체(three hupostases)라고 쓴다면, 니케아신조파들은 그 표현이 세 본질(three ousiai), 세 신적 존재, 근본적으로 다른 본질, 심지어 삼신(三神)을 의미하는 것으로 의심했었다. 그러나 그것이 삼위이체론(tritheism, 三位異體論)을 의미하는 것이 아니라면 사용할 수 있다고 하게 되었으며, 여기에 대응하는 성부, 성자, 성령의 한 본질(ousia)의 경우도 '한 본체'(one hupostasis)라는 표현을 사벨리우스적 의미가 아니라면 사용할 수 있다고 한 것이다. 즉, 아타나시우스가 '후포스타시스'를 라틴어의 '페르소나'의 의미로 사용할 수 있다는 것을 받아들인 것이다.[10] 그리하여 '한 본질, 세 위격'(one ousia, three hupostaseis)이라는 형식이 정통의 형식이 되었다. 여기서 우리가 주목할 것은 후포스타시스(hupostasis)가 라틴어 페르소나(persona)의 개념으로 사용될 수 있게 되었다는 점이다. 그리고 이 회의는 325년 니케아 공의회가 삼위일체 문제를 전반적으로 토의하지 못했음을 인정하고 "그리고 성령을 믿는다"라는 문구를 삽입하기로 결정하였다. 사실 일부 신학자들은 그때까지 성령의 신격 동질성을 반대해 왔던 것이다.

여기에 이르기까지 아타나시우스와 유사본질파의 지도자 안키라의 바질의 노력이 컸지만, 또한 동방에서는 카파도키아의 세 신학자, 서방에서는 암브로즈의 영향이 있었음을 기억해야 할 것이다. 이것에 대한 제베르크의 지적은 다음과 같다.

옛 니케아신조에 수정이 가해진 것은 매우 분명하다. 아타나시우스[그리고 마르셀루스]는 자신을 삼중의 위격으로 계시하시는 한 분 하나님이 있다고 가르쳤다. 카파도키아 교부들은 세 위격(hupostases)이 같은 활동을 하며 같은 영광으로 인정되는 한 본질이라고 가르쳤다.[11]

363년 안디옥회의는 니케아신조에서 사용된 동일본질(homoou-sios)을 성자가 그 본질에 따라서 성부와 단순히 비슷하다(like)는 의미라는 것에 합의한 것이다. 이렇게 하여 니케아신조는 테오도시우스(Theodosius, 379~398) 황제가 소집한 381년 콘스탄티노플회의에서 성령 부분이 첨가되어 재확인되었고 저주 항목이 삭제되었다.[12]

아타나시우스는 어디까지나 '교회의 사람'(Churchman)이었다.[13] 지금까지 대부분의 헬라 교부들은 그들의 신학적 틀을 헬라 철학적 영향을 받아 형성하였다. 그러나 아타나시우스는 헬라 교부 중에서 처음으로 그리스도교 철학의 학문적 분위기에 익숙하지 못한 사람이었다. 그는 알렉산드리아의 성직제도의 행정관리에서 훈련받았으며, 그의 신학적 사고의 고향은 학파가 아니라 교회 행정관리 사무실과 예배였다. 아타나시우스는 그 속에서 그의 사상을 발전시킨 것이다. 그러므로 그는 신앙적 신념에 철저하면서도 교회의 분위기를 파악할 줄 알았다.

아타나시우스는 17년간의 오랜 유배 생활을 겪으면서 싸워왔으나 동방의 유사본질파의 지도자 안키라의 바질과 화해하면서 신학적 오해를 해소하고 니케아 신앙에 대한 충분한 이해를 도출한 후 366년 그의 직무에 복귀하였고 373년에 세상을 떠났다. 이리하여 이후에 계속되는 동방교회에서의 삼위일체론은 카파도키안 교부들에 의해서 발전된다.

II. 아타나시우스의 신학

1. 신학 사상

아타나시우스는 조직신학자는 아니었다. 그의 많은 서신과 저서는 아리우스주의를 반대하기 위해서 그리고 자기에 대한 반대파들의 고소, 고발에 대한 자기방어를 위해서 그때마다 필요에 의해서 급히 쓴 것이 많기 때문에 문장이 다듬어지지 못하였고 언어 선택에 있어서도 격정적인 경우가 많다. 그뿐만 아니라 그는 사변적인 문제보다 교회 신앙적이고 실제적인 문제에 더 많은 관심을 가지고 있었다. 그는 새로운 신학적 체계를 수립한 일도 없고 새로운 신학적 술어를 창안한 것도 거의 없다. 그럼에도 불구하고 그의 신학적 활동을 제외하고 4세기 교회 사상사 연구는 불가능하다. 4세기 교리사 또는 사상사는 그의 생애와 신학 활동의 역사라고 해도 과언이 아니다. 특히 아리우스주의를 이해하는 데 대단히 중요하다. 이 시대는 아리우스 논쟁으로 신학이 형성된 시기다.

그의 신학 사상은 아리우스주의자들과의 논쟁에서 출발했고, 그 논쟁 과정에서 발전했으며, 그 논쟁이 끝나면서 그의 사상도 끝났다고 할 것이다. 그러므로 그의 가장 큰 공적이 있다면 이성적 헬라화의 위험으로부터 사도들이 전하고 교부들이 지킨 전통적인 가톨릭 신앙을 지킨 것이었다고 할 것이다.[29] 그는 알렉산드리아 출신으로 오리겐의 영향에서 완전히 벗어날 수가 없었기 때문에 헬라적 사상의 형식과 개념을 사용할 수밖에 없었지만, 그의 관심은 사색적인 학문적인 것보다는 복음의 진리에 근거한 신앙적인 데 있었기 때문에 그가 추구하는 방법에 있어서는 고대 알렉산드리아 신학자들과는 달랐다. 그에게 중요했던 것은 모든 교리의 주제의 종교적 의미였다. 그는 논적들의 이성적 경향에 반대하여 이성을 넘어 계시와 신앙을 우선시했다. 그가 이성적 철학을 사용했을 때 그것은 교회 교리를 밝히고 명료하게 하기 위한 것일 뿐 인간의 지성으로 신의 본질을 간파하려고 한 것이 아니었다. 그는 태생적으로 논쟁자다. 그러므로 그의 관심은 관념보다 형식에 있었고, 광범위한 것보다 정확하기를 원했다. 그는 복음의 진리가 헬라 사상에 의해서 모호해지든가 왜곡될 때는 언제든지 그리스도교 계시에 의해서 복음의 진리를 방어하였다.

그렇기에 그는 초기 그리스도교 어느 신학자보다도 성자와 성부의 본질만이 아니라 로고스의 본질과 그 출산을 성공적으로 설명할 수 있었다. 그는 아리우스주의자들과의 논쟁을 통하여 다음 세기를 위한 신학적 발전, 특히 교회의 삼위일체론과 그리스도론의 기초를 놓았다고 할 것이다.

1) 주요 저작 개요

아타나시우스(Athanasius, c. 296~373)의 저서에 나타난 그의 관심은 단순한 지적 호기심이 아니라 신학적 확신에 의한 목회적이며 논증적인 것이다. 그는 작품의 형식보다는 사상을 분명하고 정확하게 표현하려고 했다. 그러나 그는 조직신학자도 아니었고 사변적 신학에 흥미가 있었던 것도 아니었다.

(1) 『이교도 반박』(*Against the Heathen, Oratio contra gentes*)

(2) 『말씀의 성육신에 관하여』(On the Incarnation of the Word, Oratio de incarnatione Verbi)

이 저술은 두 권으로 되어 있지만, 실은 한 권의 두 부분이라고 해도 좋을 만큼 내용이 연결되어 있다. 그래서 제롬은 『이교도를 반박하는 두 책』이라고 하였다.[14] 그리고 여기서 '이교도'는 헬라인을 의미한다. 이 작품들은 318년경 아리우스의 교리가 아직 널리 알려지기 전, 아타나시우스가 20대 때 썼을 것으로 학자들은 생각한다.[15] 첫 권은 유일신론을, 두 번째 책은 성육신론을 다루는데 이 두 주제는 그의 신학의 두 핵이다.

첫 작품은 이교도의 신화, 숭배, 신앙을 논박하면서 잡다한 우상의 부도덕함을 기술하고 있다. 그리고 자연과 하나님을 구별하는 단 하나의 합리적 종교는 유일신교라고 한다. 이 종교 이외의 자연 숭배 종교나 철학적 범신론, 다신 숭배 등은 모두 배척되어야 한다고 한다. 인간은 그 불멸성에 있어서 하나님과 비슷하고 로고스의 거울로서 영혼을 가지고 있기 때문에 적어도 창조를 통해서 하나님을 알 수 있다고 한다. 이 글의 배열이나 내용은 2세기 변증 문학의 형태를 따르고 있다.

앞의 작품을 계승하고 있는 두 번째 작품은 유대인들과 이교도들에게 그리스도의 성육신을 믿어야 하는 이유를 설명한다. 그리스도의 성육신 외에는 하나님의 형상과 모양으로의 인간의 회복이 불가능하며 인간의 부패를 치료할 길이 없다는 것이다. 이것은 그가 후에 아리우스와 논쟁을 할 때 신학적 논거의 핵심이었다. 그리스도의 성육신, 죽음 그리고 부활이라는 이 신비를 믿는 신앙은 유대인들과 이교도들의 이의제기가 오히려 방어가 된다고 한다.[16] 이형기는 이 두 작품에 대해서 다음과 같이 기술하고 있다.

> 그의 사상에서는 클레멘트(알렉산드리아)나 오리겐의 사변이 보이지 않는다…. 아타나시우스에 의하면 인류 가운데 거하시는 하나님의 현존, 즉 하나님의 성육신은 기독교의 심장이다…. 그의 신앙의 중심적 요소이다. 따라서 그가 아리우스주의를 기독교의 본질 자체를 위협하는 것으로 본 사실은 놀라운 일이 아니다.[17]

(3) 『아리우스주의자들에 대한 논박강화』(*The Discourses against Arians, Tres Orationes contra Arianos*)

세 권으로 구성된 이 저작은 그의 가장 중요한 교리적 작품이다. 그 제1권은 아리우스의 『향연』(*Thalia*)에 나타난 그의 교리를 요약하면서,[18] 성자는 성부의 영원한 출생이며 창조되지 않았으며(agennētos), 불변적이며, 성부와 성자의 본질의 일치라는 니케아 교리를 방어한다. 제2~3권은 아리우스주의자들이 성서적 예증으로 제시하는 성서 구절, 즉 성자의 출산과 관련된 성서 구절(히 3:2; 행 2:36; 잠 8:22), 요한복음으로부터 성부와 성자의 관계 구절 그리고 성육신(마 28:18; 요 3:35; 마 26:39; 요 12:27; 막 13:32; 눅 2:52)에 관련된 구절들이 조심스럽게 토의된다.
　이 세 강화의 저술 연도에 대해서 적지 않은 논란이 있다. 관례적으로 아타나시우스가 이집트 사막의 수도승들에게로 도망을 갔던 그의 세 번째 유배 기간(356~362)에 쓰였다고 생각한다.[19]

(4) 『아리우스주의자들의 역사』(*Hist. of the Arians for the Monks, Historia Arianorum ad monachos*)

이 저서는 아타나시우스가 세 번째 유배형을 받았을 때 사막 수도승들의 초대에 의해서 피난을 갔던 해인 358년에 편집한 것이다. 『콘스탄티우스 황제에게 보낸 변증』에서 아타나시우스는 그의 호의를 얻으려고 한 반면에 이 글에서는 그를 그리스도의 적, 이단의 지지자, 적그리스도의 선봉자로 공격한다. 이 역사에는 예루살렘회의에서 아리우스에게 성만찬 참여를 허락한 데부터 시작해서 335년부터 357년까지 아리우스주의자들의 사건을 기술하고 있다.

(5) 『성육신과 아리우스주의자들에 대한 논박』(*On the Incarnation and against Arians, De incarnatione et contra Arianos*)

이 짧은 글의 저자에 대한 의문이 없는 것은 아니나, 그렇다고 아타나시우스가 저작자가 아니라는 더 확실한 논거도 없다. 의심을 받는 것은 이 글에 나오는 "세 본체 가운데 한 하나님"(One God in three hupostases)[20]이라는 삼위일체 형식인데, 아타나시우스는 삼위일체를 이렇게 언급하지 않는다는 것이다. 왜냐하면 그는 '후포스타시스'(hupostasis)를 '우시아'(ousia)와 동의어로 항상 사용하기 때문이다. 그러나 362년 알렉산드리아회의에서 아타나시우스는 '후포스타시스'를 '페르소나'의 의미로도 사용할 수 있다는 것을 받아들인 일이 있다. 그러므로 아타나시우스도 '세 본체'라고 말할 수 있다는 것이다.[21] 중요한 내용은 성서적 전거에 근거한 그리스도와 성령의 신성에 관한 것이다.

(6) 『아리우스주의자들에 대한 반대 변증』(*Apology against the Arians, Apologia contra Arianos*)

357년 그가 두 번째 유배에서 돌아온 후 쓴 이 작품은 아리우스주의자들이 그에 대한 옛날 고소 사건을 재개했을 때 그가 자신의 방어를 위해서 그동안 자기에 관해서 열렸던 교회회의들의 과정, 결의 문서, 고위층에게 보냈던 서신들을 묶어 엮은 것이다. 그러므로 이 변증은 아리우스 논쟁사의 제1차적인 가치가 있는 역사적 자료다. 그 자신의 변호에서 아타나시우스는 로마를 향해 떠난 후 다시 알렉산드리아로 돌아왔을 때까지(339~347)의 일련의 최초 문서를 수록한다. 그러므로 3~19장은 338년 말 개최된 이집트 교회회의에서 발표된 교황의 회칙(回勅)을 제출하는데, 여기에는 이집트의 고위 성직자들이 아타나시우스를 중상 모략하며 개입한 것과 그의 방어에 유효한 증거 그리고 모든 감독에게 그와 같은 불의에 복수자가 될 것을 요구하는 내용이 들어있다. 20~35장에서는 교황 율리우스 1세(Julius I, 337~352)가 로마 교회회의의 요구에 의해서 안디옥의 유세비우스파 감독들에게 쓴 서신이 이어진다. 이 서신은 아타나시우스를 방어하며 니케아공의회에서 보여준 이집트 고위 성직자들의 무례함을 비난하는 내용이다.

36~50장은 세르디카회의(343/4)의 세 편의 서신이 포함되어 있다. 이 서신에는 논쟁 과정에서 인내해 준 알렉산드리아 교회에 대한 격려와 율리우스 교황의 결정에 대한 재확인, 아타나시우스의 복직과 아리우스주의 지도자들의 면직과 파문 등이 언급되어 있다. 우리는 이 작품을 통해서 그동안 아리우스 논쟁이 어떻게 진행되어 왔으며, 어떤 정치적 종교적 고위층이 정의롭지 못하게 개입되었는지를 엿볼

수 있다.[22]

(7) 『성 안토니의 생애』(*The Life of St. Antony, Vita S. Antonii*)

이 저서에서 아타나시우스는 자기 교리를 변증하지 않으며 전문적인 교리 문제를 다루지도 않지만, 아타나시우스는 젊었을 때부터 개인적으로 알고 지냈던 그리스도교 수도원 운동의 아버지인 『성 안토니의 생애』를 집필함으로 특히 서방 세계에 수도원의 이상을 알리는 데 큰 공헌을 하였다. 이 작품은 성 안토니가 사망한(356) 그다음 해에 쓰였다. 그가 이 전기를 쓰게 된 것은 수도승들이 안토니의 청년 시절, 어떻게 고행 생활을 실천했는지, 어떻게 그는 죽음을 맞이했는지, 그에 관한 온갖 신비스러운 이야기들이 사실인지를 설명해 달라는 요청을 받았고 그에 대해 답변해야 했기 때문이었다. 아타나시우스는 안토니의 단편들을 수집하여 하나의 이야기를 만들었다. 저자는 안토니의 삶의 목적도 진술한다. 아타나시우스는 이 책을 하나님을 섬기는 자의 헌신적 삶의 모델을 제시하기 위해서 썼다고 하면서 독자들에게 성 안토니의 기적이나 환상이 아니라 그의 성스러움을 본받기를 권유한다.

나지안주스의 그레고리는 이 책을 "이야기 형식으로 쓴 수도원 삶의 규칙"이라고 했다.[23] 저자는 안토니에 대한 개인적인 친분부터 기록한다. 그는 서론에서 기록하기를, "그의 손을 씻어주었고 오랫동안 그의 동료로 그를 자주 보아 왔던 나는 그에게서 배울 수 있는 것이 무엇이든 간에 존경하는 그분에 대하여 쓰기를 서둘렀다. 나는 처음부터 사실에 대하여 면밀하게 생각해 왔다"고 하였다.[24] 성 어거스틴은 그의 『고백록』에서 이 책이 자기의 회심과 수도원적 삶에 결정적인 영향을 주었다는 것을 증언하고 있다.[25] 성 제롬은 헬라어 원본과 라틴어 역본을 모두 언급한다.[26]

안토니의 전기는 읽는 사람으로 하여금 한편으로는 부단한 자기 성찰과 노력을 하게 하고, 다른 한편으로는 하늘이 주신 능력 또는 은사를 실현하게 한다. 안토니의 전기는 물론 다른 수도사들에게 수도 생활의 본보기를 제공하려고 했지만, 동시에 잠재적 회심자들인 이교도들을 마음에 두었다. 안토니는 예수 그리스도는 우리로 하여금 그분처럼 존재하고 살게 하기 위해서 우리처럼 되셨다고 한다. 말씀(로고스)의 역사화, 하나님의 인간화는 추상적인 것이 아니라 우리의 삶에서 다시 일어나야 할 역사적 사건이라는 것이다. 수도 생활은 속세로부터의 도피가 아니라 속세에서 바르게 살기 위한 영적 훈련인 것이다.

이 책은 『성 안토니의 생애』라는 이름으로 우리말로 번역이 되었다.[27] 한국어 번역 "서문"에서 안토니의 경험의 몇 가지 특징을 다음과 같이 기술하고 있다.

첫째, 안토니는 타 종교에서 그리스도교로 개종하는 회심이 아니라 그리스도교적 구원을 향해 가는 사람의 회심을 경험했다. 악한 자의 공격에 맞서 영적으로 한층 높은 차원에 도달할 수 있게 되는 경험이다.

둘째, 수도적 거룩의 경험이다. 거룩한 생활이 지닌 사다리와 같은 특성, 높이 올라갈수록 떨어질 위험이 크다는 경험이다. 안토니는 마귀의 유혹과의 처음 싸움은 승리했으나 마귀는 더 강포해지고 교활한 전략으로 공격해 오는 경험이다.

셋째, 사탄의 끈질긴 공격에 대응하기 위해서 영성 훈련을 했으나 지친 안토니는 자기 자신의 힘으로는 승리할 수 없다는 것을 깨닫고 구세주에게 완전히 의존하게 되었다. 그리하여 안토니의 정체성은 구주의 정체성이 되었고, 그의 행위는 하나님의 사역을 위해 준비된 행위가 되었다.

넷째, 그리스도와 정체성에 일치한 안토니는 그리스도가 행하신 것과 같이 이웃을 위한 선한 행위를 하게 되었다.

다섯째, 안토니라는 이름을 가진 인간으로서의 개인적인 정체성을 상실하지 않으면서도 그리스도를 닮은 사람으로 변화되었다.[28]

2) 삼위일체론

당시 알렉산드리아학파에서 널리 유행하고 있던 오리겐의 우파주의에 영향을 받은 아타나시우스의 교리적 중요성은 주로 삼위일체 교리, 특히 로고스 교리에 대한 그의 정확한 진술과 설명에 기인한다. 아타나시우스는 진술한다.

성부, 성자 그리고 성령 안에서 하나님으로 고백 된 삼위일체는 거룩하고 완전하다 … 이는 창조하는 자와 시작된 자로 구성된 것이 아니라 모두가 창조력이 있다. 그것은 일관적이고 사실상 분할할 수 없으며 그 활동은 하나다. 성부는 성령 안에서 말씀(로고스)을 통하여 모든 것을 하신다. 이렇게 하여 거룩한 삼위의 일치는 보존된다. 한 하나님이 교회에서 설교되는데, 그는 '모든 것 위'(over all)에, '모든 것을 통하여'(through all), '모든 것 안'(in all)에 계신다(엡 4:6). 아버지로서 모든 것 위에, 말씀을 통하여, 곧 모든 것을 통하여, 성령 안에서 곧 모든 것 안에 계시는 한 분이다. 삼위일체는 단지 명목상이나 말의 형식으로만이 아니라 사실적이며 실제적이다. 성부로서 그는 또한 그의 말씀과 하나이며 모든 것 위의 하나님이다. 성령은 현존하며 참으로 존재한다….[30]

위의 인용문에서 우리에게 주목되는 부분은 "창조하는 자와 시작된 자로 구성된 것이 아니라 모두가 창조력이 있다"는 말이다. 이 말로 아타나시우스는 하나님이 세계 창조를 위하여 로고스를 매개로 했다는 믿음에 동의할 수 없음을 분명히 하고 있다. 로고스의 매개설은 아리우스가 필로와 오리겐의 사상을 따라 주장하고 있는 이론이었다.[31] 하나님이 세상을 창조하기 위해서 중간 존재로서 로고스를 필요로 했다는 아리우스 주장에 대해서 아타나시우스는 하나님이 중간 존재 없이 창조할 수 없을 만큼 그렇게 무능한 존재가 아니라고 답한다.[32] 즉, 그는 아들이 창조의 대행자로 존재하게 된 것이 아니라고 한다.

하나님의 말씀은 우리를 위해서 만들어진 것이 아니라 우리가 그를 위해서 만들어졌으며, "만물이 그분 안에서 창조되었다"(골 1:16). 우리의 약함 때문에 강한 그가 아버지에 의해서 존재하게 되었다는 것은 진실이 아니다 …. 만일 하나님이 창조된 것들을 만들 결심을 하지 않았다 할지라도 말씀은 여전히 '하나님과 함께' 존재할 것이다. 그리고 아버지는 그 안에 계신다. 반면에 창조된 것들은 말씀 없이 존재하게 될 수가 없다…. 마치 빛이 그 광휘로 모든 것을 비추듯이 그리고 광휘가 없이는 아무것도 밝게 되지 않듯이, 아버지는 손에 의하듯 말씀을 통하

여 만물을 만드셨다…[33]

말씀은 창조된 것이 아니라 창조력이 있는 말씀이다.

아리우스주의의 이단이 형성될 초기에 알렉산더에게 그들이 한 답변을 보자. 그들은 "그는 창조물이지만, 창조물 중의 하나는 아니다. 작품이지만 작품 중의 하나는 아니다. 자식(offspring)이지만 자식 중의 하나는 아니다." … "창조물인데 창조물이 아니다"? 이 무슨 부정직한 말인가?… 아리우스주의자들은 '출산되다'(generated) 혹은 '만들어지다'(made)[34]의 글에서 '자식'을 '작품'과 같다고 하지만, 비록 아들이 나머지 피조물과 비교하여 탁월할 수 있다 해도, 그럼에도 아들은 여전히 나머지들과 같이 피조물인 것이다…. "별마다 영광이 다르다…"(고전 15:31). 그러나 만일 온 세상이 창조주이시며 진리이신 분께 찬양을 드리고 송축하며 그 앞에서 전율한다면 그리고 만일 그 창조주가 말씀이라면 그리고 그 자신이 "내가 진리다"(요 14:6)라고 한다면, 말씀은 피조물이 아니며, 오직 아버지에게 지당하다고 해야 한다. 그리고 그 안에서 만물이 질서를 찾고, 창조주로서 만물로부터 찬양을 받아야 한다. 왜냐하면 그 자신이 "나는 그분 옆에서 창조의 명공이 되어"(잠 8:30)라고 말하고, "아버지께서 이제까지 일하고 계시니 나도 일한다"(요 5:17)라고 말씀하기 때문이다.[35]

아리우스는 아들이 아버지의 피조물이고 아버지의 뜻(will)의 산물이라고 한 것이다. 그러나 아타나시우스는 '아들'이라는 말에는 '출산된 존재'라는 개념이 포함되어 있는 말이며, '출산되었다'는 것은 뜻

(will)으로부터가 아니라 아버지의 존재로부터 나왔다는 것을 의미한다. 그렇기에 하나님의 아들은 아버지의 피조물이라고 부를 수 없으며 그는 아버지의 신성을 그와 함께 충분히 공유하고 있다.[36] 여기서 말하는 '출산'은 인간의 출산의 경우와 같은 의미가 아니다. 하나님은 보이지 않는 영적 존재이기 때문이다. 아타나시우스는 이것을 논증하기 위해서 태양으로부터 빛이 발하는 것, 영혼으로부터 사고(思考)가 진행되는 것과 같은 것이라고 한다.[37]

> 아들은 아버지 안에 있다…. 왜냐하면 아들의 전 존재는 아버지의 본질에 특유하고 고유한 것이기 때문이다. 그것은 빛으로부터 광채(radiance)가 나오고, 수원(水源)에서 시냇물이 흘러나오는 것과 같다. 그러므로 아들을 본 자는 누구나 아버지의 고유한 특성을 본다. 그리고 아들의 존재는 아버지로부터 왔기 때문에 아버지 안에 있다는 것을 안다. 아들이 아버지로부터 왔고 아버지의 고유한 특성이기 때문에 광채 안에 태양이 있고, 말씀에 사고가 있으며, 수원에 시내가 있듯이 아들 안에 아버지가 있다. 그러므로 아들을 관조(觀照)하는 자는 누구나 아버지의 본질의 고유성을 관조하며, 아버지가 아들 안에 존재한다는 것을 안다.[38]

이것은 아들이 아버지와 같이 영원하기 때문이다. 아타나시우스는 하나님과 아들은 둘이지만, 둘은 같은 본질(phusis)이기 때문에 동일(tauton)하다고 한다.

아버지와 아들은 하나다. 이것은 두 부분으로 나누어진 하나같은 것이 아니다. 이들은 오직 하나일 뿐이다. 두 번 이름이 붙여진 하나같은 것이 아니다. 한때는 아버지이고 다른 때는 스스로 아들이 되는 그와 같은 동일체다 …. 그러나 이들은 둘이다. 왜냐하면 아버지는 아버지지 또한 아들이 아니며, 아들은 아들이지 또한 아버지가 아니기 때문이다. 그러나 본질은 하나다. 아버지의 모든 것이 아들의 모든 것이다 …. 아들과 아버지는 본질의 특성에서 하나다 …. 광체(光體)도 역시 빛이며, 태양에게 두 번째가 되는 다른 빛이 아니다. 그 빛은 태양에 참여로부터 오는 것이 아니라 태양의 전체적이고 고유한 자손이다. 그와 같은 자손은 필연적으로 한 빛이다. 누구도 그것들이 두 빛이라고 하지 않는다. 그러나 태양과 광채는 둘이면서도 하나다. 태양으로부터 오는 빛은 광채에서 모든 것을 비춘다. 그와 같이 아들의 신성은 또한 아버지의 신성이다. 그래서 보이지 않는다 … 한 하나님이 있을 뿐이다. 그리고 그의 존재가 아버지라는 것을 제외하고는 아버지에 대해서 언급하는 것과 같은 것을 아들에게도 언급한다.[39]

그러므로 이와 같은 로고스 교리에는 종속론의 여지가 없다. 아들이 "아버지는 나보다 크시다"(요 14:28)라고 한 것은 아버지가 근원(origin)이고 아들은 거기로부터 기원된 것이라는 뜻이다.[40] 영원히 출생하는 아들은 아버지의 본질이다(ek tēs ousias tou patros). 아들은 아버지와 동질(同質)이다. 즉, 그는 동일본질(homoousios)이다. '우시아'(ousia)와 '호모우시오스'(homoousios)라는 용어가 모두 니케아회의에서 사용되었는데, 아타나시우스는 이 말들을 통해서 본질적인 일치를 나타내려고 했다. 반면에 성부와 성자가 '유사하다', '같다'(like)라는 '호모이오스'(homoios), 즉 유사본질이라는 표현은 성부와 성자의 본질적인 일치 관계를 표현하는 데 충분하지 않기 때문에 반대하였다.

오직 "본질에 따라 유사하다"(homoios kat' ousian)라고만 말하는 것은 그들 스스로가 말했듯이 오히려 성자가 진짜 성부의 아들임을 의미하는 '본질로부터'(ek tēs ousias)의 의미와는 매우 거리가 멀다. 주석(朱錫)은 은과 유사할 뿐이고, 이리는 개와 비슷할 뿐이며, 놋쇠 금박은 진짜 금속과 유사할 뿐이다. 그러나 주석이 은에서 온 것이 아니며, 이리를 개의 후손이라고 할 수는 없다. 그러나 그들이 아들이 '본질로부터'(of essence) 그리고 '본질에서 유사'(like in essence)하다고 말한다고 해서 이 말이 '동일본질'(consubstantial)을 의미한다고 할 수 있는가? 왜냐하면 단지 '본질에서 유사'하다고만 말하면 그것은 반드시 '본질로부터'라는 의미를 전하는 것이 아닌 반면에 반대로 '동일본질'이라고 말하면 그것은 '본질에서 유사'하다는 것과 '본질로부터'라는 말의 의미를 모두 나타낸다. 따라서 반(半)아리우스주의자들은 말씀(Logos)이 성자라고 말하지 않고 피조물이라고 말하는 자들과 논쟁하면서 그들을 반대하여 아들과 아버지의 육체적 출산을 예증으로 들어 자기들의 주장을 입증하였다…. 그래서 그들은 성부를 지혜와 생명의 원천이라고 부르고, 성자를 "내가 생명이다"(요 14:6), "나 지혜는… 분별력을 가지고 있다"(잠 8:12)라고 말하듯이, 영원한 빛의 광채, 근원으로 나온 자손이라고 불렀다. 그러나 빛으로부터의 광채, 원천으로부터의 자손, 아버지로부터의 아들이라는 말들이 어떻게 '동일본질'이라는 말로 표현되는 것과 정확히 같은 내용의 표현이 될 수 있겠는가?[41]

이렇게 아타나시우스는 아리우스주의자들만이 아니라 후에 그가 니케아 신앙에 대한 논쟁을 종식하기 위해서 화해하고 함께 노력했던 반(半)아리우스주의자들의 입장도 반대하면서 동일본질론을 방어한 것이다. 그는 이렇게 하여 아들의 영원한 출산을 포기하지 않는다.

> 아들을 아버지의 영원한 자식이라고 부르는 것은 옳다. 왜냐하면 아버지의 본질은 결코 불완전하지 않기 때문이다. 그러므로 그것에 속한 것은 후에 첨가될 수도 있다. 때를 맞춰 생산하는 것은 인간의 특색이다. 인간의 본성은 불완전하기 때문이다. 하나님의 자식은 영원하다. 그것은 그의 본성이 언제나 완전하기 때문이다.[42]

그리하여 영원한 아버지는 영원한 아들을 필연적으로 수반한다고 한다.

> 하나님이신 그가 말씀 없이 존재한 적이 있었느냐? 빛이신 그가 광채 없이 존재하였느냐? 혹은 그는 언제나 말씀의 아버지였느냐? … 하나님은 말씀 없이도 있으신 적이 있었다든가 … 혹은 하나님은 언제나 아버지가 아니었다고 하는 그들의 말을 누가 참고 들을 수 있겠느냐? … 하나님은 영원히 존재한다. 성부가 언제나 존재하기 때문에 그의 밝음도 영원하다. 그리고 그것이 그의 말씀이다 …. 말씀은 이전의 무존재로부터 부수적으로 생긴 것이 아니다. 아버지는 한 번도 말씀 없이 존재한 적이 없다. 만일 사람이 태양을 바라보고 그 광채에 관해서 "전에 없었던 무엇인가가 만들어졌는가 혹은 이미 존재했던 무엇인가?"라고 묻는다면,[43] 그는 분별력 있게 추리했다고 생각할 수가 없을 것이다. 빛으로부터 오는 것을 빛에 속하지 않는 외적인 어떤 것이라고 상상해서 그것이 언제,

어디서 그리고 과연 만들어진 것이냐고 묻는다면 그는 미친 사람일 것이다. 성부와 성자에 관해서 그런 사유와 질문을 한다면 훨씬 더 미친 사람이다. 왜냐하면 그것은 "그는 나기 전에 존재하지 않았다"라고 말함으로써 말씀(성자)을 성부에게 추가된 외적 부가물로 만들고, 자연적 소생을 피조된 것으로 잘못되게 말하기 때문이다.[44]

아타나시우스의 하나님은 성부, 성자, 성령으로 존재하는 삼위일체의 하나님이다. 그러나 그의 신학 논쟁은 주로 아들의 신성, 성부와의 동일본질론 방어에 치중되어 있었다. 그는 이것이 아리우스주의를 붕괴시킬 뿐만 아니라 삼위일체 신론을 지키는 우선적인 최선의 길이라고 확신하고 있었다. 다만 현실적으로 그는 성령의 문제를 뒤로 미루어 둘 수밖에 없었을 것이다. 그렇다고 그가 성령의 문제에 대해서 아무 활동도 하지 않았다는 것은 아니다. 그는 세라피온(Serapion)에게 보내는 편지에서 성령의 동일본질, 신성을 주장했다. 그의 성령에 대한 기본 형식은 "성령은 아들을 통하여 아버지로부터 발원(發源)한다"(ek patros dia huioū)는 것이다.[45]

아리우스와 그의 추종자들은 성령을 한 위체(hupostasis)라고 생각하면서도 아들의 본질이 아버지의 본질과 전혀 다르듯이 성령의 본질은 아들의 본질과 전혀 다르다고 하였다.[46] 니케아회의에서 아타나시우스를 지지했던 가이사랴의 유세비우스도 성령을 한 위체라고 분명히 말하면서도 성령을 '제3의 등급', '셋째 능력', '최고의 능력에서 나오는 제3의 것' 등으로 생각하였다. 그는 성령이 '아들을 통하여 창조된 것 중의 하나'를 논증하기 위해서 오리겐의 요한복음 1장 3절의 주석을 인용하기도 한다.[47] 325년 니케아신조에도 단지 "우리는 성령을 믿는다"라고만 표현되었다. 그러나 초기 세례문답 형식에 이미 성령을 포함한 삼위일체 형식이 만들어져 있었으며(마 28:19), 성부와 성자와 함께 성령에게도 영광을 돌리는 초기의 송영이나 찬송에서 성령이 인지되고 있었다.

아타나시우스는 그의 생애 말년에 동일본질론에 대한 오해를 해소하고 교회의 평화를 모색하는 과정에서 성령의 문제도 다루었다. 362년 그가 주관한 알렉산드리아회의에서 아타나시우스는 성령의 동일본질론을 확립했으며 성령을 성부와 성자와 같은 위격이라고 선언하였다. 이와 같은 그의 주장에 성자와 성부의 동일본질은 동의하면서도 성령의 동일본질을 반대하는 파가 생겼다. 그 대표적인 사람이 콘스탄티노플의 감독 마케도니우스(Macedonius)였다. 그는 성령을 성자에게 종속된 피조자라고 한다. 이들을 '성령 신성 부정론자들'(Pneumato-machians)이라고 한다. 아타나시우스가 세라피온 감독에게 보낸 네 편의 서신(358~362)은 주로 성령 문제를 다루는 서신이다. 그는 성령의 성화(聖化)의 역사(役事) 그리고 창조에 있어서 성령의 역할을 통하여 성령이 삼위의 한 체격임을 증명하려고 했다.

> [성령 신성 부정론자들은 아들을 피조자로 격하시키는 아리우스주의자들에 대하여 저항하면서, 성령을 창조된 것으로 말한다.] 그들은 하나님의 아들이 피조자라는 생각을 거부한다. 그런데 그들이 어떻게 아들의 영을 그렇게 말하는 것을 참고 들을 수 있는가? 만일 그들이 말씀(아들)과 아버지가 하나이기 때문에 아들을 피조된 것들과 동급으로 분류하는 것을 거부한다면… 그들이 어떻게 성자가 성부와 일치하듯이 성자와 일치한 성령을 창조된 것이라고 뻔뻔스럽게 부를 수가 있는가? 그들

은 성자를 성부로부터 나누지 않으므로 하나님과의 일치를 보호한다. 그런데 그들은 성령을 말씀으로부터 나누므로 그들이 더 이상 삼위일체에 하나의 신성의 보호자가 아니라는 것을 왜 이해하지 못하는가? 그들은…다른 본질의 성령을 만듦으로 삼위일체의 하나의 신성을 해체하고 이질적인 다른 요소와 그것을 혼합하였다. 이것이야말로 어떤 종류의 신적 생명인가? 창조자와 창조된 것의 혼합의 생명인가?[48]

성령의 신성과 성부와 동일본질이라는 아타나시우스의 가르침은 알렉산드리아인의 그리스도론적 사고에 따른 것이다. 그에 의하면 성령은 하나님이어야 한다. 왜냐하면 만일 성령이 하나님이 아니고 피조자라면 우리는 그 안에서 하나님에게 참여할 수가 없기 때문이다.

만일 우리가 우리의 성령 참여를 통하여 신적 본질을 공유하게 만들어졌다면, 성령을 창조된 본질이고 하나님의 본질이 아니라고 말하는 것은 미친 사람이다….자기 안에서 창조된 존재를 성화하는 성령은 성부의 신성과 관계없이 존재할 수가 없다.[49]

아타나시우스는 성령의 신성, 성령과 하나님과의 관계를 설명하기 위하여 유비를 사용한다. 그는 고린도전서 2장 11절의 말씀에 근거하여 '인간의 영'과 '하나님의 영'을 구별하고 있으며, 야고보서 1장 17절의 말씀에 근거하여서는 하나님 안에 존재하는 성령은 변화와 타락을 할 수 없다고 말한다.[50] 펠리칸(J. Pelikan)에 의하면 아타나시우스는 이사야서 63장 14절의 "주의 영"을 63장 9절의 말씀과 연관시켜 하나님의 영은 천사도 아니고 피조물도 아니라 하나님에게 속했

다는 것을 입증한다고 한다.[51]

아타나시우스는 성령이 성자와 마찬가지로 성부와 동일본질이고, 성령은 성부로부터 나왔다는 점에 대해서 확고하다. 문제는 그가 이중적 발현의 교리를 가르치느냐는 것이다. 즉, 성령이 성부로부터 발현되듯이 성자로부터 발현된다고 가르치느냐는 것이다. 그의 전체 논법에서 보면 성자로부터의 성령의 발현 혹은 성자를 통한 성부로부터의 성령의 발현이라는 추론이 가능했다. 물론 그가 성령이 성자로부터 발현되었다고 확신하고 명백하게 언급한 곳은 없다. 만일 그가 성령이 성자로부터도 나온다는 것을 확신시키지 못한다면 성령의 발현에 관하여 그가 말한 모든 말은 납득이 안 된다. 그는 하나님이 성령 안에서 창조하셨다고 한다.

> "주께서 호흡(spirit)을 거두어들이시면 그들은 죽어서 본래의 흙으로 돌아갑니다. 주님께서 주님의 영을 불어넣으시면, 그들이 다시 창조됩니다"(시 104:29-30). 이 사실에서 성령은 창조된 것이 아니라 창조 역사 (役事)에 함께 했다는 것이 분명하다. 성부는 말씀을 통하여, 성령 안에서 만물을 창조하신다. 말씀이 있는 곳에 성령도 있다. 말씀을 통하여 창조된 것들은 말씀에 의하여 성령으로부터 존재하게 된다. "주의 말씀 으로 하늘을 지으시고, 입김으로 모든 별을 만드셨다"(시 33:6).[52]

그는 성령이 피조물일 수가 없으며 성부, 성자, 성령의 일치를 강조했다. 만일 성령이 피조물이라면 우리는 삼위(trinity)를 믿는 것이 아니라 이위(diad)를 믿는 것이다. 삼위는 나누어지지 않으며, 동질이고 하나다.

성서 어디에도 성령을 [하나님의] 아들 또는 성자(Son)의 아들(son)이라고 부른 곳이 없다. 그러나 성자는 성부의 아들이며, 성령은 성부의 성령이다. 그러므로 거룩한 삼위일체에 한 신성이 있고 거룩한 삼위일체에 한 믿음이 있다…. 만일 성령이 피조물이라면 그는 삼위일체에 포함되지 않는다. 왜냐하면 전 삼위일체가 한 하나님이기 때문이다. 삼위일체에는 이질적인 것이 섞이지 않으며 그것은 나누어지지 않고 동일한 본질이다.[53]

삼위일체에서 세 위격은 혼합이나 혼돈됨이 없고 나눔이나 분리가 없이 셋은 각각의 속성이 있으나 상호관계 속에 있다.

거룩한 삼위일체에 동등과 일치가 있는데 누가 성자를 성부로부터, 성령을 성자 또는 성부로부터 나누겠는가? 누가 삼위일체가 내부적으로 같지 않고 이질적이라고 감히 말하겠는가? 또는 누가 성자를 성부와 다른 본질이라고, 성령을 성자와 다른 본질이라고 감히 말하겠는가? 그러나 만일 누가 이런 일이 어떻게 일어날 수 있느냐고 묻는다면… 그에게 빛에서 밝음을, 현자(賢者)로부터 지혜를 분리하게 하고, 그것을 설명하게 하자. 만일 그가 설명하지 못한다면, 하나님에 관하여 그와 같은 것을 묻고 억측하는 일은 더 미친 일이다…. 그러나 그와 같은 억측은 첫째는 믿음으로, 둘째는 유비 등으로 치유할 수가 있다. …성서에는 그와 같은 유사 비유들이 있다. 그러므로 우리는 성부로부터, 성자를 통하여, 성령 안에서 하나의 성화가 있다고 믿는다…. 성자는 성부로부터 보냄을 받았고(요 3:16), 아들은 성령을 보낸다(요 16:7). 아들은 아버지께 영광을 돌리고…(요 17:4), 성령은 성자에게 영광을 돌린다…(요

16:14). 성자는 "나는 아버지로부터 들은 대로 세상에 말한다"고 한다 (요 8:26). 반면에 성령은 성자로부터 받는다. "그가 나의 것을 받아서 너희에게 알려줄 것이다"(요 16:14)라고 한다. 그리고 성부의 이름으로 오신 성자는 "아버지께서 내 이름으로 보내실 성령께서…"(요 14:26) 라고 말한다…. 이렇게 순서와 본질에서 성자가 성부에게 속했듯이 성령은 성자에게 속했다. 그러므로 만일 누가 성령을 피조자로 부른다면, 그는 성자도 그렇게 불러야 한다. 왜냐하면 "아버지 안에 있고 아버지가 그 안에 있는"(요 10:38 등) 아들이 피조된 것이 아니고 아버지의 본질에 속하듯이… 아들 안에 있고 아들이 그 안에 있으며, 말씀으로부터 분리 가 안 되는 성령을 피조자로 분류하는 것은 온당하지 않다.[54]

아타나시우스에게 있어서는 성부, 성자, 성령이 영원하기 때문에 삼위일체도 영원하다.

주님은 가톨릭교회의 신앙을 삼위일체 위에 세웠다…(마 28:19). 만일 삼위일체가 현존하고 신앙이 삼위일체를 근거하고 있다면, (반대자들) 로 하여금 삼위일체가 언제나 존재했는지 아닌지, '삼위일체가 존재하 지 않았을 때가 있었는지' 말하도록 하자. 만일 삼위일체가 영원하다면 성령은 피조물이 아니다. 그 이유는 성령이 영원히 말씀과 더불어 그리 고 말씀 안에 존재하기 때문이다…. 성령 신성 부정론자들은 삼위일체 가 전개와 발전의 결과로 생겨났다고 한다. 즉, 처음에는 아버지와 아들 에게 합류할 피조물의 생산을 기다렸던 이위(二位)였는데 그것이 생산 되어 삼위일체가 있게 되었다는 것이다. 그와 같은 사고가 그리스도인 의 마음에 들어와서는 결코 안 된다. 삼위일체는 전에도 있었듯이 지금

도 있고, 지금 있듯이 언제나 있다.[55]

아타나시우스는 그의 삼위일체론을 다음과 같이 요약하여 결론을 맺는다.

하나의 신격 형식이 있다⋯. 모든 것 위에 초월하므로 스스로 존재하는 한 분 하나님 아버지, 만물을 지배한다는 것을 생각하면 아들 안에서 나타나는 한 분 하나님 아버지 그리고 말씀을 통하여 그분 안에서 만물 가운데서 활동한다고 생각하면 성령 안에서 나타나는 한 분 하나님 아버지가 계신다. 이러므로 우리는 삼위일체를 통한 한 분이신 하나님을 고백한다.[56]

아타나시우스의 삼위일체론은 신비적이고 종교적이라고 할 것이다. 신비적이라 함은 성부, 성자, 성령이 신적 본질을 각각 공유하고 있기 때문에 모두 동등하게 하나님이고 동등하게 자존하면서도 동시에 성자와 성령이 성부로부터 기원한다는 것이고, 종교적이라 함은 그의 삼위일체론의 기초에 인간 구원을 위한 그리스도의 신성이 있기 때문이다. 그러므로 그의 삼위일체론에도 철학적 요소라 할 수 있는 로고스 그리스도론이 내포되어 있지만, 그에게 더 중요했던 것은 그리스도의 신성을 부인하는 자들로부터 그 신성을 방어하는 일이었다. 이것이 니케아회의의 중심 의제였다.

그러나 아타나시우스의 삼위일체 교리는 성자의 신성을 부인하는 아리우스주의를 패배시켰다는 점에서 삼위일체 교리 발전에 적극적인 공헌을 했다고 하겠지만, 아리우스와의 논쟁에서 성부와 성자와의 관계성에 집중한 결과로 삼위일체 교리에서 성령의 문제가 뒤로 미루어졌다. 물론 성령의 신성을 부인하는 자들이 등장하자 성령도 성부와 동일한 본질을 가졌다고 했다.[57]

아타나시우스의 삼위일체 신학은 예민한 종교적 감수성을 보이고 있지만 신학적 체계화에 약점을 드러내고 있다. 즉, 삼위일체를 설명하는 확정된 용어가 없다는 것이다. 결국 이 작업은 카파도키안 신학자들에게 넘겨주어야 했다.

3) 로고스와 구원

비록 아타나시우스가 헬라 교부들 가운데서는 처음으로 그리스도교적 철학의 학문적인 분위기에 숙달하지 못하고, 그의 정신적, 신학적 성향이 학파가 아니라 성직제도의 교회 체제였기 때문에 '교회의 사람'이라고 불리운다 해도, 그의 신학에는 철학적 접근에서 통상적인 로고스 그리스도론이 있었다. 그에 의하면 하나님은 피조물인 인간과 같지 않으시고 시작이 없으며 영원히 존재하는데, 그의 말씀인 로고스도 역시 언제나 존재하며 빛의 광선으로서 아버지와 함께 영원하다. 로고스는 하나님의 형상으로서 하나님이시다. 말씀은 하나님이다. 이와 같은 로고스 이해는 무엇보다도 구원론에 그 뿌리를 두고 있다. 그의 구원론은 성자의 신성을 변호하기 위한 그의 두 번째 논제다. 구원론은 그의 신학의 근본적 원리의 하나이며, 그에게 있어서 구원은 인간의 신격화다. 그의 구원론은 그리스도교 유일신관과 함께 그의 신앙의 두 기둥 가운데 하나다.

말씀은 우리를 신적인 존재가 되게 하려고 인간이 되었다. 그가 몸을 통하여 스스로를 나타낸 것은 우리로 하여금 보이지 않는 아버지를 알게 하려는 것이다. 그가 인간의 손에서 무례함을 견딘 것은 우리로 불멸하게 하기 위함이다. 기본적으로 아픔을 느끼지 않으며 불멸하고 실로 하나님의 말씀인 그는 상처 없이 고난을 받았다. 그러나 그의 무통증에서 그는 고난 받는 인간을 구원하였다. 인간을 위해서 그는 이 취급을 견디었다.[58]

아타나시우스는 성육신과 그리스도의 죽음의 불가피성을 하나님의 구원하시는 의지로부터 추론한다. 만일 하나님 자신이 인간이 되지 않았다면 그리고 만일 그리스도가 하나님이 아니었다면 우리는 구원받지 못했을 것이다. 하나님으로서 로고스는 스스로 인간의 본질과 연합하므로 인간을 신격화하였다. 그는 자신 안에서 죽음을 극복하므로 우리 모두를 위해서 죽음을 정복했다.

이 목적[인간을 위한 죽음의 극복]을 이루기 위해서 무체적(無體的)이고 불멸적이며 비물질적인 하나님의 말씀(로고스)은 인간의 신분까지 내려오셨다. 그러나 그는 그의 본질을 잃지 않았다. 왜냐하면 그를 빼앗아 갈 피조물이 없기 때문이며, 그가 아버지와 함께 머물러 있으면서 만물을 완전히 충족시켰기 때문이다. 그러나 그는 우리에 대한 그의 사랑을 통해서 그리고 우리에게 나타남으로 우리 가운데 거주하기까지 내려오셨다. 그리고 인간의 멸망을 보면서… 그는 우리의 약함을 불쌍히 여겼다…. 그리고 인간을 위한 아버지의 일을 헛되게 하지 않아야 하기 때문에 우리와 같은 인간의 몸을 취하였다…. 그리고 우리 모두가 죽음을 면할 수가 없기 때문에 그는 자기의 몸을 인간의 신분에서 죽음에 넘겨주었고 아버지에게 바쳤다⋯. 그가 온전히 죽음으로 인간을 지배하고 있는 파멸의 법은 폐기 되었다⋯. 그리고 그는 그의 몸의 대속적 희생으로 그리고 부활의 은총으로 인간들을 죽음에서 다시 살아나게 할 수 있었다.[59]

니그린에 의하면 성육신이란 아가페가 에로스의 컨텍스트에 들어오는 것이다. 이 시각에서 아타나시우스의 성육신론에 접근하면 인간이 스스로 '천상적 에로스'[60]에 올라갈 수가 없기 때문에 아가페인 하나님 자신이 이 땅에 내려오셔서 사람 중의 사람으로서 인간과 대화를 나누어야 했다. 그리스도는 그의 사랑 때문에 우리의 수준까지 내려오셨고 인간의 타락을 받아들이면서 죽으셨다. 이것은 인간으로 하여금 신적 수준까지 올라갈 수 있게 하기 위함이다. 아가페의 하강은 결국 에로스의 상승의 수단이며, 하나님의 인간화는 인간의 신격화를 가능하게 한다.[61] 니그린에 의하면 그리스도 안에서 구원의 역사를 완성하신 분은 하나님 자신이라는 것을 신학의 근본으로 하고 있는 아타나시우스는 아리우스주의자들의 이론에 반대하여 구원의 아가페 동기를 매우 분명하게 표현하고 있다고 한다.

그러므로 이 땅에서의 그리스도의 삶은 하나님의 사랑의 현실이다. 이것이 그리스도와의 친교가 곧 하나님과의 친교가 되는 근거이며, 아타나시우스의 구원론에서 그리스도(성자)가 성부와 본질이 같다는 사상적 배경이다. 성자는 성부의 의지의 행위에 의해서가 아니라 본질에 의해서 하나님의 아들이다.[62] 만일 그리스도가 하나님과 본질이 같지 않다면 우리는 그리스도에게서 하나님의 사랑을 체험할 수가 없을 것이며, 그에 의한 우리의 구원도 불가능하게 된다. 만일 그리스도가 본질에 의해서가 아니라 교통이나 참여로 하나님의 특권을 가졌다면 그는 사람들에게 그것을 전달하여 형성하지 못했을 것이다.

그의 참여로 말미암아 우리는 아버지에게 참여한다. 그것은 그 말씀이 아버지 자신이기 때문이다. 그러므로 만일 그 스스로가 그의 본질적인 신성과 형상을 아버지로부터가 아니라 참여를 통하여 부여받았다면, 그는 신격화된 자신이 신격화한 것이 아니다. 왜냐하면 다만 참여로부터 소유한 그는 참여하여 얻은 것을 다른 사람에게 주는 것이 가능하지 않기 때문이다. 그가 소유한 것은 그 자신의 것이 아니라 준 분(the Giver)의 것이다.[63]

로고스는 하나님의 형상을 갱신한다.

[인간이 죄를 지으므로 하나님을 아는 지식과 '형상' 곧 말씀을 비이성적이 될 만큼 상실했다]. 하나님이 어떻게 하시겠는가? 그는 악마에 의해서 현혹된 인간, 하나님 지식을 잃은 인간을 그냥 내버려 두실 수 있겠는가? 만일 그렇다면, 인간이 하나님의 형상을 따라 만들어진 것이 무슨 소용이 있겠는가? 이성적인 존재로 창조되어 비이성적인 피조물의 삶을 사느니 차라리 비이성적인 피조물로 창조되었더라면 더 좋지 않았을까? … 만일 하나님의 피조물인 인간들이 하나님을 예배하지 않는다면 하나님에게 무슨 유익이 있겠는가? … 그렇다면 하나님은 무슨 일을 하셔야 했겠는가? … 그것은 틀림없이 '형상대로' 지음을 받은 존재의 상태로 갱신하는 것이었다 …. 그리고 하나님의 참 형상인 우리 구세주 예수 그

리스도가 오시는 길 이외에 다른 방법이 있겠는가?[64]

그러므로 아타나시우스는 아리우스가 정통 그리스도교의 구원론을 파괴한다고 비판한 것이다. 아리우스주의자들의 주장대로 만일 로고스(아들, 지혜)가 가변적이고 피조자라면 로고스는 아버지를 계시할 수 없다는 것이다.

> 만일 피조자로서 말씀이 인간이 되었다면 그는 인간 이상도 이하도 아닌 존재로 머물러 있게 되고 하나님과 함께 할 수도 없을 것이다. 어떻게 피조물에 의한 피조물이 하나님과 함께 할 수가 있겠는가? … 만일 로고스가 피조물이라면 어떻게 그가 하나님의 명령을 거역하고 죄를 용서할 수 있겠는가? 만일 아들이 참으로 하나님이 아니었다면, 피조자에 참여한 인간은 신격화가 될 수 없고, 만일 몸을 입은 성자가 본질적으로 성부의 참 로고스가 아니었다면 그 인간은 성부와 동등 될 수가 없었을 것이다.[65]

아타나시우스에 의하면 하나님은 인간이 무(無)로 돌아가지 않고 당신의 말씀에 참여하게 하기 위해서 인간을 당신의 형상과 모양으로 창조하였는데 인간이 타락하므로 그 형상을 상실했고 가멸적인 존재가 되었다는 것이다. 인간의 죄는 다시 정정할 수 있는 실수나 갚을 수 있는 빚, 하나님께 이르는 길을 잊은 그런 차원이 아니라 새로운 창조를 통해서만이 극복이 가능한 차원에 속하는 것이기 때문에 인간의 구원이란 전적인 재창조를 의미한다. 그러나 이 구원은 인간을 창조하신 하나님만이 가능한 것이고, 그것이 곧 인간의 신격화다.

4) 그리스도론

아리우스주의자들과의 논쟁을 통하여 아타나시우스의 신학적 주 관심은 성부와 성자와의 관계에 대한 신학적 논구, 즉 성부와 성자의 본질적 일치 문제에 집중할 수밖에 없었다. 그것은 물론 인간의 구원 문제 때문이다. 우리가 하나님과 친교할 수 있고 신격화될 수 있는 것은 오직 그리스도를 통해서다. 그러므로 그리스도는 동일본질의 의미에서 하나님이어야 한다. 이 점에서 그의 사상은 요한 문서의 표현과 사도 바울의 '주-성령'(kurios-pneuma) 형식을 상기시킨다.

성부와 성자의 본질 문제에 집중할 수밖에 없었던 그는 그럼에도 불구하고 인간 구원의 문제에 있어서 그리스도론적 해답을 하지 않을 수가 없었다. 특히 362년 알렉산드리아회의를 계기로 그는 그리스도 론의 문제로 관심을 돌렸다고 할 수 있다. 엄격히 말해서 그리스도론은 성육신한 그리스도의 인성과 신성의 문제다. 아타나시우스는 성육신 한 그리스도의 신성과 인성을 구별하면서도 그리스도의 인격적 통일 을 강조한다. 다시 말하면 그리스도의 행위는 인성과 신성이 분리된 행위가 아니라 함께 역사(役事)하는 행위이다.

> 하나님이신[그리스도], 그는 그 자신의 몸을 가지고 있고, 그것을 도구 로 사용하신다. 그는 우리를 위해 인간이 되셨다. 그리고 이것 때문에 육체의 특성, 즉 배고픔, 갈증, 고난 그리고 육체가 체험할 수 있는 것들을 그 자신의 것으로 말한다. 반면에 죽은 자를 살리고, 눈먼 자를 보게 하며 혈루증 여인을 치유하는 등 말씀에 적합한 일을 그 자신의 몸을 통하여 하셨다. 말씀은 육체의 허약함을 그 자신의 것으로 지녔고… 육체는 신

적인 일을 했다. 왜냐하면 신성이 그 안에 있고 몸은 하나님의 것이기 때문이다.[66]

그리스도 안에서 두 본성은 연합한다.

비록 '말씀이 육신 되었다' 해도, 그럼에도 육체에는 육체다운 성정(性情)이 있으며, 비록 육체가 말씀에서 하나님의 소유가 되었다 해도, 은혜와 능력은 말씀에 속한다. 그리하여 그는 육체를 통하여 아버지의 일을 하였고, 실로 그 반대로 육체는 그 성정을 말씀 안에서 드러낸다. 예를 들면 그는 나사로를 문병하고 그를 살리셨고(요 11:15-44), "아직도 내 때가 오지 않았다"고 어머니를 꾸짖으셨으나(요 2:4), 곧 물로 포도주를 만드셨다(요 2:7-10). 그는 육체 가운데서 참 하나님이시고 말씀 가운데서 참 육체이시다. 그러므로 그는 그의 일을 통하여 하나님의 아들로서 자신과 아버지를 공히 계시한다. 그리고 그는 육체의 성정(性情)을 통해 그가 참 몸을 지녔다는 것과 그것이 자신의 것임을 나타내 보였다.[67]

주님이 하나님으로 그리고 인간으로서 무엇을 행하셨든 간에 그것은 같은 한 사람에게 속한다.

실로 하나님의 아들인 그가 사람의 아들이 되었으며, 하나님의 독생자인 그가 동시에 여러 형제 중 맏아들이 되었다. 아브라함 이전에 한 하나님의 아들이 있었고, 아브라함 후에 또 다른 하나님의 아들이 있는 것이 아니며, 나사로를 살린 분이 있고 그에 관해서 질문을 한 또 다른 한 분이 있는 것이 아니다. 하나님으로서 그를 살린 분이나 인간으로서 "그를 어디에 두었느냐?"(요 11:34)고 묻는 분은 같은 한 분이다. 사람으로서 그리고 몸에 침을 뱉는 분이나, 하나님의 아들로서 신의 힘에 의해서 날 때부터 눈먼 사람을 보게 한 분은 같은 분이다. 베드로가 "그리스도께서 육신으로 고난을 받았다"(벧전 4:1)고 말하지만, 하나님으로서 그는 무덤을 열고 죽은 자를 살리셨다.[68]

아타나시우스의 그리스도론적 진술의 성서적 근거는 요한복음 1장 14절이다. 그에게 있어서 이 구절은 그리스도에게 있어서 존재의 일치를 인지하는 그의 표현이었다. 그리고 사모사타의 바울의 '구분 그리스도론'(divisive christology)을 반대하는 그의 성서적 전거로 삼는다. 아리우스주의를 반대하는 그의 주저에서 아타나시우스는 그의 중심적인 그리스도론 형식을 제시한다. 즉, "(말씀이) 인간이 되신 것이지 인간 속에 온 것이 아니었다."[69] 이것은 로고스-인간 유형의 그리스도론에 반대되는 로고스-육체(Logos-sarx) 유형의 신학의 고전적인 형식화다. 그 극단적인 형식을 아폴리나리우스의 그리스도론에서 볼 수 있다.

아타나시우스에게 있어서 인간이 '되는 것'(to become), 육신이 '되는 것'은 필시 특별한 깊은 의미를 가졌을 것이다. 그는 이것을 전통적인 사도 바울의 의미에서, 육신을 '취함'(taking)으로 해석한다. 그러나 그것이 의미하는 바가 너무 강해서 "로고스가 사람이다"라고 말할 수 있고 또 말해야 할 정도로 해석한다. 물론 이것을 로고스와 육체의 혼합을 표현한다고 생각해서는 안 된다. 그의 그리스도론의 근본은 일치에 있지만, 다른 그의 진술들을 종합해 보면 그가 뜻하는 것은 옷을 입듯이 '인간성을 걸치다', '육체 속으로 들어옴' 등일 것 같다.

만일 그가 육체적인 본성의 '취함'(taking)으로 말했다면 그는 빌립보서 2장 7절을 참고했을 것이다. 또는 골로새서 1장 19절 또는 2장 9절 등에서 나타나는 '내주 형식'(indwelling formula)과 같은 것으로 이해했을 것이다. 로고스-육체 그리스도론의 반대자들의 표적이 되어가고 있었던 이 내주하는 형식은 그럼에도 불구하고 아타나시우스가 그리스도에게 있어서 일치를 표현할 때 즐겨 출발점으로 삼았던 근본적인 입장이었다. 그가 때로 '육신이 됨'(becoming) 대신에 "성전에 거하듯 육신 안에 거함"(dwelling)[70]이라는 표현을 쓰기도 하지만, 그의 기본적 입장은 로고스가 '육신이 됨'이라는 것이다. 이것은 '됨'(becoming)을 '취함'(taking)이라고 하는 그의 설명으로 인해서 그 '됨'의 의미가 로고스가 육신으로 '변한다'(change)는 의미로 해석될 위험이 있음을 그도 경계하고 있다. 그러므로 아타나시우스의 그리스도 안에서의 일치는 그리스도 안에서 일치와 이원성이 각기 서로 다른 양상에서 추구되는 '긴장의 일치'다.[71]

그런데 아타나시우스의 그리스도론에는 그리스도의 인간 영혼 (psyche)의 문제가 두드러지게 나타나지 않는다. 아리우스주의자들을 논박하는 아타나시우스의 논법에도 약점이 드러난다. 아리우스주의자들은 로고스의 내적 고난, 두려움, 고뇌 등을 언급하는 성서 구절에 근거하여 그리스도의 신성을 반대한다. 이 점에 대해서 아타나시우스는 당연히 그것들은 그리스도의 신성과 무관하며 그의 인간적인 영혼으로 말미암은 것이라는 것을 밝혀야 할 것이다. 그러나 그는 아리우스주의자들을 전혀 공격하지 않는다. 그 이유는 초기 그리스도론의 특정적인 형식이 '로고스-육체'(Logos-Sarx) 그리스도론이었기 때문일 것이다. 이 그리스도론의 대표적인 옹호자들인 아리우스와 아폴리나리우스(c. 310~390)는 로고스가 성육신할 때 인간 영혼의 자리를 차지했기 때문에 그리스도에게는 인간의 영혼이 존재하지 않는다고 한다.

아타나시우스도 그리스도에게 있어서 인간 영혼의 존재를 분명히 부정하지 않는 점에서 아리우스와 아폴리나리우스와는 다르다고 해도, '로고스-육체' 그리스도론 형식이 대표적인 정통 형식이라고 하는 점에서 비록 온건하지만 그들과 다르지 않다. 그는 단지 그의 구원론적 입장에서 그리스도에게 로고스와 육체가 현저하다고 말할 뿐 로고스와 그의 육체 사이를 연결하는 고리에 관한 문제에 대해서는 답변하지 않는다. 한 세기 전 알렉산드리아의 대표적 신학자 오리겐은 그리스도의 영혼의 개념을 하나님과 육체 사이의 중간 매체로서 소개한 바가 있다.[72] 그렇다면 같은 알렉산드리아의 신학적 전통을 따르고 있는 아타나시우스가 그리스도의 영혼의 존재에 대하여 소극적인 입장을 취하는 것은 놀라운 일이 아닐 수 없다.

그러나 아타나시우스가 그리스도의 인간적 영혼을 믿었다는 것을 증거할 수 있는 구절이 한 곳 있다. 그 문장은 다음과 같이 번역된다.

구세주는 '영혼 없는 몸'(oú sōma apsychon)을 갖고 있지 않다. 지각이나 지성이 없는 것도 아니다. 주님이 우리를 위하여 인간이 되셨을 때, 그의 몸이 지성이 없었다는 것은 불가능하기 때문이다. 구원은 단지 몸만 있는 말씀 자체만으로 실행이 되는 것이 아니라, 영혼도 있는 말씀에서 실행이 되는 것이다.[73]

그러나 아타나시우스는 죽음이란 몸으로부터 영혼의 분리임을 알고 있으면서도 그리스도의 죽음을 말할 때 로고스-육체 그리스도론을 따를 뿐 영혼에 대한 언급을 전혀 하지 않는다. 그도 영혼을 로고스로 대치하고 있는 것이다. 그는 아리우스주의자들과의 극심한 논쟁 중에 무의식적으로 아리우스와 아폴리나리우스의 그리스도론을 인정하게 된 것 같다. 그에게 있어서 그리스도의 죽음은 로고스와 몸의 분리다. 이 사상은 그의 주된 교리적 저작인 『아리우스주의자들에 대한 논박 강화』에서 더욱 분명하다. 그는 요한복음 1장 27절과 10장 18절을 토론하면서 그리스도의 죽음을 '로고스-몸'(soma)의 용어로 설명한다.

> 그는 인간적으로 "지금 내 마음이 괴롭다"라고 말하고, 신적으로 "나는 목숨을 버릴 권세도 있고, 다시 얻을 권세도 있다"고 말한다. 괴롭다는 것은 육체에 해당하는 것이고, 목숨을 버릴 권세와 다시 얻을 권세를 가졌다는 것은 인간의 고유성이 아니라 말씀의 권세의 특성인 것이다. 인간이 죽는 것은 그 자신의 판결에 의한 것이 아니라 그의 의지와는 반대로 본성의 필연에 의한 것이다. 그러나 주님 자신은 불멸하지만 가멸적인 육체를 가지고 있으며, 하나님으로서 그 자신의 자유의지로 몸에서 분리하기도 하고 다시 얻기도 한다.[74]

성육신한 그리스도의 신성과 인성의 인격적인 일치를 주장하는 아타나시우스는 그의 어머니 마리아가 '하나님의 어머니'(Theotokos) 또는 '하나님의 잉태자'(Theotokou)임을 단언한다. 성서에 의하면 구세주에 대한 이중의 설명이 있다. 즉, 그가 언제나 하나님이라는 것이고 아버지의 말씀이요 광채요 지혜인 아들이라는 것이다. 그리고 그 후에 우리를 위하여 그는 동정녀의 육체를 취했다는 것이다.[75]

그리스도 안에서 신성과 인성의 인격적인 일치는 '속성의 교류'(commumicatio idiomatum)[76]라는 교리를 형성했다. 이와 같은 신학적 선구자는 안디옥의 이그나티우스다.

우리는 피조물을 예배하지 않는다. 그럴 생각은 전혀 없다. 그와 같은 잘못은 이교도들과 아리우스주의자들이나 하기 때문이다. 그러나 우리는 성육신하신 하나님의 말씀인 창조주를 경배한다. 왜냐하면 육체 역시 본래 창조된 세계의 부분이지만, 그럼에도 불구하고 그것이 하나님의 몸이 되었기 때문이다. 우리는 말씀에서 몸을 분리하여 그것만으로 말씀을 예배하지도 않으며, 우리가 말씀을 예배하기를 원할 때 육체로부터 말씀을 멀리 떨어지게 하지도 않는다. 그러나 "말씀이 육신이 되었다"(요 1:14)는 것을 인지하면서 육신으로 오신 후에도 그를 하나님으로 인정한다. 따라서 누가 "내가 당신께 경배하도록 몸에서 떠나시오"라고 주님께 말할 만큼 몰상식하겠는가?[77]

아타나시우스는 그리스도가 인간으로서 숭배된다고 한다.

말씀이 몸을 받아들였다고 해도 손상되지 않았다. 말씀은 은혜를 받으려고 시도해야 했으나 오히려 그는 인간을 신격화했으며, 그 위에 더하여 인간에게 친절하게 은혜를 주었다. 그는 존재하는 말씀으로서 그리고 하나님의 모습으로 존재하면서 이제까지 경배를 받았듯이, 비록 인간이 되고 예수라고 불리지만, 지금까지와 같은 존재로 전 피조물을 발아래 두었고, 예수의 이름에서 그에게 피조물의 무릎을 꿇게 하고, 말씀이 육신이 되었음을 고백하고, 육신으로 죽음을 경험하면서도 그의 신성의 영광에 불명예로운 일은 일어나지 않았고, 아버지 하나님께 영광을 돌리게 하였다…. 하늘의 천사들과 대천사들이 주님을 지금까지 경배했듯이 그들이 이제는 예수의 이름으로 그에게 경배한다. 이것은 우리의 은혜요 높임이다. 그가 인간이 되었을 때도 하나님의 아들로 경배를 받는다. 하늘의 권능자들도 우리 모두를 보면서 놀라지 않을 것이다….[78]

결론적으로 아타나시우스의 그리스도론적 형식과 로고스–육체 구조가 갖는 미래적 의미는 일반적으로 그리스도 안에서의 '주체의 일치'(unity of subject)라고 표현될 것이다. 로고스가 모든 것을 지배하며, 모든 존재의 유일한 원리이고, 그리스도에 관한 모든 진술의 주체다. 아타나시우스의 그리스도론은 로고스 중심적이다. 로고스와 인간을 동격으로 놓는 상칭적(相稱的) 그리스도론 형식보다 내적 구조에서는 우월하다. 그의 그리스도론에서 그리스도 안에서 인간성은 로고스에 의해서 지배된다. 로고스는 '육체를 낳은 로고스'(fresh-bearing Logos)지 '하나님을 낳는 인간'(God-bearing man)이 아니다.[79]

5) 성령론

성령의 신성과 성령이 성부와 같은 본질이라는 아타나시우스의 교훈은 알렉산드리아학파의 그리스도론적인 사고와 맥을 같이한다. 성령은 하나님이고 창조되지 않았다. 아타나시우스는 『세라피온에게 보낸 서신』에서 특히 성령이 피조물이 아니라는 것을 거듭 언급한다.

[성령 신성 부정론자들은 성자를 '피조물'로 격하시키는 아리우스주의 자들을 비판하면서도 그들은 성령이 '창조되었다'고 말한다.] 그들은 하나님의 아들이 피조물이라고 생각하기를 거부한다. 그런데 그 아들의 영을 그렇게 말하는 것을 어떻게 참고 들을 수 있겠는가? 만일 그들이 말씀(성자)과 성부의 통일성 때문에 성자를 피조물로서 분류하기를 거부한다면⋯ 어떻게 성자와 성부의 연합과 동일하게 성자와 연합하고 있는 성령을 감히 피조물이라고 부를 수 있겠는가? 그들은 성자를 성부로부터 구분하지 않음으로써 하나님의 통일성을 변호한다. 그러면서도 성령을 말씀(성자)으로부터 구분함으로써 그들은 더 이상 삼위일체 안에 하나의 신성에 대한 변호를 못 한다는 것을 깨닫지 못하고 있는 것이다. 왜냐하면 그들은 성령을 분열시키고 성령을 이질적이고 다른 요소와 혼합시켜⋯ 다른 본질의 성령을 만들기 때문이다. 창조주와 피조물이 혼합된 이것이 어떤 종류의 신적 생명인가?[80]

아타나시우스는 성령이 삼위일체의 한 위격이며 삼위일체가 동원(同原)이기 때문에 성령은 창조되지 않았으며 하나님이라고 한다.

성령을 피조물이라고 부르는 것은 미친 짓이다. 만일 성령이 피조물이었다면 그는 삼위와 나란히 설 수 없었을 것이다. 왜냐하면 완전한 삼위는 한 하나님이기 때문이다. 성령은 피조물이 아니라는 것, 그뿐만 아니라 성령은 창조물의 구성요소로 간주될 수가 없다는 것을 아는 것으로 충분하다. 왜냐하면 삼위는 이물질과 혼합하지 않기 때문이다. 성령은 불가시적이고 일관되어 변치 않는다.[81]

성령은 하나님의 창조 역사에 동참하셨기 때문에 피조물이 아니다. 더욱 성령은 피조된 존재를 성화(聖化)시킨다.

시편 104편 29-30절에 기록되기를 "… 주께서 영(호흡)을 거두어들이시면 그들은 죽어서 본래 흙으로 돌아갑니다. 주께서 주의 영을 불어넣으시면 그들이 다시 창조됩니다." 따라서 성령이 피조물이 아니라 창조 역사에 동참했다는 것이 분명하다. 성부는 말씀을 통하여, 성령 안에서 만물을 창조하신다. 왜냐하면 말씀이 계신 곳에 성령도 계시기 때문이다. 말씀을 통해서 창조된 것들은 말씀에 의해서 성령의 힘으로부터 존재하게 된 것이다. "주의 말씀으로 하늘을 지으시고, 그의 입김(입의 영)으로 하늘의 모든 힘(별들)을 만드셨다"(시 33:6).[82]

만일 우리가 성령에 참여함을 통하여 신성에 참여하게 된다면, 성령이 피조된 본질로서 하나님의 본질과 다르다고 말하는 사람은 미친 사람밖에 없다…. (끝까지) 창조된 존재들을 신격화하는 성령은 성부의 신성 밖에 있을 수가 없다.[83]

삼위일체의 삼위의 상호관계에서 성령의 위치가 있다.

… 따라서 우리는 성부로부터, 성자를 통해서, 성령 안에서 하나의 성화가 있음을 믿을 수 있다. 왜냐하면 성자가 독생자이듯이 성자에 의해서 보냄을 받은 성령도 하나이다. 살아 계신 말씀인 성자가 한 분이므로 성자를 완전하고 충만하게 성결케 하고 밝히는 생명력 있는 에너지와 선물인 분도 하나이어야 한다. 그가 성부로부터 나온다고 하는 것은 '성

부로부터' 기원하는 것으로 인정된 성자로부터 비춰지기 때문이다. 그리고 그는 성자로부터 보냄을 받았다. 성자는 성부에 의해서 보냄을 받는다…(요 3:16). 성자는 성령을 보낸다…(요 16:7). 성자는 성부를 영화롭게 하고…(요 17:4), 성령은 성자를 영화롭게 한다…(요 16:14). 성자는 "나는 그분(성부)에게서 들은 대로 세상에 말하는 것이다"(요 8:26)라고 하는 반면에 성령은 성자로부터 받으신다. "그가 나의 것을 받아서 너희에게 알려주실 것이다"(요 16:14). 그리고 성자는 성부의 이름으로 오셨다. 그와 같이 성자는 "성부께서 내 이름으로 보내실 성령"(요 14:26)이라고 한다. 따라서 성령과 성자의 관계는 순서와 본질에서 성자와 성부의 관계와 같은 관계를 맺고 있다. 그러므로 만일 누가 성령을 피조물이라고 한다면, 그는 성자에 대해서도 같은 말을 해야 한다. "아버지께서 내 안에 계시고, 또 내가 아버지 안에 있다"(요 10:38)고 하시는 성자가 창조된 존재가 아니고 성부의 본질에 속해 있듯이… 성자 안에 계시고 그 안에 성자가 계신 성령을 피조물로 분류하는 것은 옳지 못하며, 성령을 말씀으로부터 분리하여 삼위일체를 불완전하게 하는 것도 옳지 않다.[84]

그러므로 성령은 성자가 성부와 동일본질이듯이 성부와 동일본질(homoousios)이다.

만일 성령이 하나이고 다수의 피조물과 천사들이 있다면, 성령과 그 다수의 것 사이에 어떤 것이 근원과 유사하겠는가? 성령은 다수에 속하지도 않고 천사도 아닌 것이 분명하다. 그러나 성령이 하나이기 때문에, 하물며 성령이 하나인 말씀과 정당한 관계이기 때문에 한 분이신 하나님에게도 정당한 관계에 있다. 그리고 하나님과 동일본질이다.

이와 같은 성령에 관한 성서의 말씀은 본성과 본질에 있어서 피조물과 공유하며 정당한 관계가 없고, 피조된 것들과 다르게 근원적이며, 신성과 성자의 본질과 정당한 관계에 있으며 이질적이지 않다. 본질과 본성에 의해서 성령은 성 삼위일체에 속한다.[85]

아타나시우스는 성령이 성부로부터 나온다고 분명히 진술하지만,[86] 문제는 성령의 이중적 발현 교설, 즉 성부로부터 뿐만 아니라 성자로부터도 나왔다는 교설을 가르쳤느냐 아니냐는 것이다.

그가 성령이 성자로부터 나왔다고 분명히 진술한 곳이 없다. 그러나 성령이 성자로부터 혹은 성자를 통하여 성부로부터 나왔다는 것은 그의 전체적인 논거에서 본 필연적인 추론인 것이다. 엄격히 말하면 만일 그가 성령이 성자로부터도 나왔다고 확신하지 않는 한 성령의 발현에 관하여 그가 말한 모든 것은 의미가 없다. 성부로부터 성령이 진짜 발현되었다는 것은 우리에 의해서 지각(知覺)된다. 그리고 그 지각은 말씀(성자)으로부터 받은 성령의 임무에 대한 우리의 지식에서부터 온 것이다. 이것은 다음의 아타나시우스의 말에서 분명하다.

살아있는 말씀인 성자가 한 분이듯이 [말씀으로부터 받은 성령의 임무] 곧, 신성하게 하고 계몽하는 생명적 행위와 은사도 하나이고 완전하고 충만해야 한다. 성부로부터 존재하게 되었다고 고백하는 말씀으로부터 성령이 오기 때문에 성령은 성부로부터 발현한다고 말하는 것이다. 성령은 밝게 비추고 보내어지고 주어진다.[87]

6) 세례와 성만찬

아타나시우스는 아리우스주의자들에 의해서 집행된 세례는 효력이 없다고 생각했다. 그것은 그들이 참되고 진실된 삼위일체의 이름으로 세례를 베풀지 않았기 때문이다. 『세라피온 제1서신』에서 그는 다음과 같이 말한다.

> 우리에게 전해져 온 삼위를 믿는 신앙은 우리를 하나님과 결합시킨다. 삼위 중에서 무엇이라도 생략하여 성부 이름만으로 혹은 성자 이름만으로 혹은 성령을 배제한 채 성부와 성자의 이름만으로 세례를 받은 자는 아무 성체도 받은 것이 없다···. 왜냐하면 세례 의식은 삼위에서 시작되기 때문이다. 성자를 성부로부터 분할한다든가 혹은 성령을 피조물의 수준으로 떨어뜨리는 자는 성자와 성부와 함께하지 않는 자다. 하나님이 없는 자는 불신앙인보다 더 나쁘며, 그리스도교인이라고 할 수 없다. 이상의 말에서 미루어 보아 아타나시우스는 아리우스주의자들의 세례를 비난하고 있다고 생각된다. 왜냐하면 그들은 필수적인 세례 의식을 행하지 않았기 때문이다. 그러나 아타나시우스가 반대한 주된 내용은 예루살렘의 키릴(Cyril of Jerusalem, c. 315~386), 대 바질(Basil the Great, c. 330~379), 『사도규범』(the Apostolic Canon, 46; 47) 그리고 『사도규약』(the Apostolic Constitutions, 19) 등이 세례 문제에 대하여 반대한 것과 같은 것이다.[88]

아타나시우스는 그의 제2『아리우스주의자들에 대한 논박강화』에서 분명하게 언급한다.

… 아리우스주의자들은 성례전(나는 세례를 의미한다)의 완전한 의식을 위태롭게 한다. 왜냐하면 만일 세례 의식의 시작이 성부와 성자의 이름에서 주어졌다면, 그들이 참 성자도 부인하기 때문에 참 성부를 고백하지 않는다면 그리고 그들 자신의 틀에서 무로부터 피조된 다른 이름으로 세례식을 거행한다면 전혀 무의미하고 유익함이 없으며 허식인데, 실제 종교를 위해서 도움이 되는가? 왜냐하면 아리우스주의자들은 성부와 성자의 이름으로 세례를 베풀지 않고 창조주와 창조물의 이름으로, 만든 자와 작품의 이름으로 세례를 베푼다. 피조물이 성자와 다른 것과 같이… 성서의 말씀이기 때문에 그들이 성부와 성자의 이름으로 베푸는 체하지만 그들이 베푸는 세례도 성실하지 못하다…. 그러므로 이런 이유 때문에 구세주도 단순하게 '세례를 베풀어라'라고 명령하지 않고, 첫째로 '가르치고' 그리고서 '성부와 성자와 성령의 이름으로 세례를 베풀라'고 명령하셨다. 바른 신앙은 배움에 뒤따르는 것이며, 신앙과 함께 세례에 의한 성화가 가능할 수 있다.

올바른 의미에서가 아니라 단지 말로만 성서의 말씀을 따르는 많은 이단들이 있다. 내가 말하듯이 건전한 신앙을 가진 것도 아니고, 그들이 집행한 물 때문에 무익하며, 경건에서 부족한 것과 같이 그들에게서 세례를 받은 자도 구원보다 반종교에 의해서 타락하게 된다…. 그와 같이 마니교도들, 몬타누스주의자들 그리고 사모사타의 바울의 제자들은 비록 이름들을 사용하지만, 그럼에도 불구하고 이단자들이다. 아리우스주의자들도 비록 그들이 성서의 말씀을 읽고, 이름들을 사용한다 해도 이단자의 과정을 따르고 있다. 그런데도 그들은 이단자들로부터 받은 세례 의식을 모방한다.[89]

흥미 있는 것은 여기서 아타나시우스가 규정된 세례 형식을 사용한 이단자들 가운데서 사모사타의 바울의 추종자들을 언급하고 있다는 것이다. 니케아공의회까지도 아타나시우스와 마찬가지로 그들의 세례가 무효하다고 했다. 왜냐하면 니케아공의회 규범 19는 바울의 추종자들에게 정통 교회로 돌아오려면 다시 세례를 받으라고 명령했기 때문이다.

성만찬에 관한 아타나시우스의 글은 『세라피온에게 보낸 서신』(4. 19)에서 읽을 수 있다. 어떤 학자는 이 문장을 종교개혁자 츠빙글리가 의미하는 성만찬의 상징설을 아타나시우스가 주장했다고 하지만, 그와 같은 해석은 잘못된 것으로 본다. 문장 전체적인 맥락에서 이 구절을 보면 아타나시우스는 그의 살과 피를 영적 양식(pneumatikōs)으로 사도들에게 주기로 약속하는 예수를 소개하고 있다. 아타나시우스는 명료하게 말한다. "청원과 기도가 있기 전에는 이 빵과 포도주는 자연 그대로의 통상적인 빵과 포도주로 있지만, 장엄하고 거룩한 기도와 청원을 드린 후에는 빵은 우리 주 예수 그리스도의 살이 되고 포도주는 그의 피가 된다."[90]

미 주

1 이상의 젊은 시절의 이야기는 J. L. González, *The Story of Christianity*, vol. I, 173-174; 이형기, 『세계교회사』(서울: 한국장로교출판사, 1996), I, 295-296을 참조했음.

2 Athanasius, *Apologia contra Arianos*, 6; Socrates, *HE.*, 1. 8.

3 "The Pillar of the Church." Gregory of Nazianzus, *Orations*, 21. 26; Aloys Dirksen, *Elementary Patrology*, 99.

4 1차 추방은 335년 두로회의에서, 2차 추방은 339년 안디옥회의에서, 3차 추방은 355년 밀란회의에서, 4차 추방은 362년 알렉산드리아회의에서 그리고 5차 추방은 365년 발렌스 황제에 의하여 추방되었다. 이 과정에 관해서는 J. Quasten, *Patrology*, vol. III, 21; J. L. González, 앞의 책, 281-293; B. Altaner, 앞의 책, 313; 이형기, 앞의 책, 298-303 등.

5 '상이본질파'(Anomoean)는 헬라어 anomoios에서 유래했는데, 성자와 성부는 모든 면에서 다르다는 극단의 아리우스주의자들이고, '유사본질파'(Homoiousians)는 헬라어 homoiouios에서 유래한 말인데, 이들이 세미 아리우스주의자들이며 온건한 아리우스주의자들이다. 즉, 동일본질이 사벨리우스주의(성부수난설, 양태론적 군주신론)적인 경향이 있다고 주장하고 반대한 사람들이다. '동류본질파'(Homoean)는 헬라어 homoios에서 유래한 말로, 성자와 성부의 관계가 같은 동류성(同類性)이라는 것인데, 그 말 자체가 애매하다. 그래서 이들은 상황에 따라서 자신들의 입장을 달리 설명한다. 아리우스주의자들 중에는 상이본질파와 유사본질파가 주류를 이루고 있다. 동일본질과 유사본질 사이에 문자적 차이는 헬라어 요타(i)다. 그래서 이 논쟁을 요타 논쟁이라고도 한다(J. L. González, *A Hist. of Christian Thought*, vol. I, 287-289).

6 유사본질파의 지도자는 안키라의 바질(Basil of Ancyra)이다. 336년 마르셀루스(Marcellus)을 계승하여 감독이 되었다. 343년 사르디카(Sardica)회의에서 면직되었다가 콘스탄티우스 황제에 의해서 348년에 복직되었다. 이 바질은 카파도키아의 대 바질과 혼동하지 말아야 한다. 유사본질파에는 예루살렘의 시릴(Cyril of Jerusalem)과 안디옥의 멜레티우스(Meletius of Antioch)도 포함된다.

7 Epiphanius of Salamis, *Panarion* (*Medicine Box*), 73. 3, 11에 인용되어 있음. *Panarion*에 관해서는 J. Quasten, *Patrology*, vol. III, 387-388을 참조할 것.

8 Epiphanius, 위의 책, 73. 12-22; R. Seeberg, *The Hist. of Doctrines*, vol. I, 225.

9 동방교회 초대 교부 시대 사용되었던 ousia와 hupostasis의 어의는 사실 쉽게 정의하고 구별하기가 어렵다. 일반적으로 ousia는 존재(being), 실재(reality), 본질(substance)의 의미로 사용되고, hupostasis는 기원적 존재(origination), 기본적 구성요소(basic element), 실재하는 본체(subsistent entity), 본질(substance) 등의 의미로 쓰인다. 이 용어의 사용 예에 대해서는 G. W. H. Lampe, ed., *A Patristic Greek Lexicon* (Oxford: Oxford U. Press, 1968), 980-985, 1454-1460; 졸자의 Ph.D. 학위논문, *A Study of the Person of Christ according*

to Nestorius (Montreal: McGill U. 1974), 128-169 등을 참조할 것.

10 *Tom. ad Antioch*, 5; J. N. D. Kelly, *Early Christian Doctrines* (London: Adam & Charles Black, 1968), 253-254.

11 R. Seeberg, 앞의 책, 232.

12 니케아신조의 원문(J. N. D. Kelly, *Early Christian Creeds*, 215-216)과 콘스탄티노플 신조의 원문(J. N. D. Kelly, 위의 책, 297-298)을 비교 참조할 것.

13 Hans von Campenhausen, *The Fathers of the Greek Church*, 69.

14 Jerome, *De viris illustribus*, 87; J. Quasten, 앞의 책, 24.

15 E. Schwartz는 그 저작 연도를 아타나시우스가 335년 두로회의에서 추방되어 트레베스(Treves)로 유배를 갔을 때 썼다고 생각하지만, 이 작품들은 아리우스 논쟁과 니케아 신앙에 대한 언급이 없기 때문에 그의 생각은 받아들여지지 않는다. 아타나시우스가 20대에 이 글을 썼다는 것은 그는 이미 자기의 신학적 입장이 분명했다는 것을 보여준다. 왜냐하면 이 책에 이미 아리우스주의와의 논쟁의 기본이 있기 때문이다.

16 J. Quasten, 앞의 책, 24; B. Altaner, *Patrology*, 314 등.

17 이형기, 앞의 책, 296-297.

18 아리우스의 『향연』은 지금 단편적인 것만이 전해지고 있는데, 그것은 아타나시우스가 그의 『아리우스주의자들에 대한 논박강화』 제1권에서 주로 인용한 문장들로 구성되어 있다.

19 그러나 아타나시우스가 『강화』 서론에서 아리우스 이단이 "이제 발생한 것", "아리우스의 궤변이 사람들을 현혹시켜 그리스도에 대한 잘못된 생각을 하게 할까" 두렵다고 언급하고 있어 그 연도를 그의 두 번째 유배 직전인 338~339년으로 앞당기는 학자도 있다. 그러나 아타나시우스가 수도승들에게 보낸 첫 서신이 쓰여진 358년까지 『강화』는 존재하지 않았던 것으로 보인다. 『강화』는 아타나시우스의 다른 저서 『수도승들에게 보낸 아리우스주의 역사』와 같은 해인 358년경에 구성되었다.

20 헬라어로 heis theos en trisin hupostasesin이다. 여기서 논쟁의 핵심이 되는 용어는 hupostasesin이다. 즉, 이 용어가 개체적 위격을 의미하느냐 아니면 '본질'(ousia)과 동의어로 쓰였느냐는 것이다.

21 J. Quasten, 앞의 책, 29.

22 위의 책, 34-35.

23 Gregory Nazianzuz, *Orations*, 21. 5; J. Quasten, 위의 책, 40.

24 J. Quasten, 위의 책에서 인용.

25 Augustine, *Confessions*, 8. 6 .14.

26 Jerome, *De vir.*, ill., 87, 88, 12 5. 아타나시우스의 책의 라틴어 역은 제롬의 친구인 안디옥의 에바그리우스(Evagrius)에 의해서 번역이 되었다. 성 안토니의 생애에 관해서는 다른 장에서 다시 언급할 것이다.

27 아타나시우스/엄성옥 옮김, 『성 안토니의 생애』 (서울: 은성출판사, 1995).

28 엄성옥 역, 『성 안토니의 생애』, 8-10. 이 전기의 내용은 J. Quasten, 앞의 책, 40-43에

수록되어 있다.

29 Athanasius, *Ep. ad Serapionem*, 1. 28; J. Quasten, 앞의 책, 66.

30 이 글은 아타나시우스가 『세라피온 감독에게 보낸 서신』에서 한 말이다. J. Quasten, *Patrolog*, vol. III, 66-67에서 인용.

31 오리겐은 하나님에게 있어서 세 위격의 관계를 정의하면서 '하나님의 아들의 영원성, 성자와 성부의 동일본질(homoousios)'을 언급하면서도 성부만이 '정말 참된 그 자신의 본질에서 하나님'(autotheos, very God)이고 로고스는 '제2의 하나님'(deuteron theos)이기 때문에 성부와 같지 않다고 한다. 로고스는 '신적인 선의 형상'(eikon agathotē tos)이다 (Origen, *contr. Cels.*, 5. 39; *De Princ.*, 1. 2. 13). 오리겐은 로고스에 대해서 '신-인'이라는 용어를 사용했으며, 마리아를 '신의 어머니'(Theotokos)라고 불렀다(B. Altaner, *Patrology*, 232; J. L. González, 앞의 책, 222-226).

32 Athanasius, *Tres Oratio. contra Arianos*, 2. 24. 25; B. Altaner, 위의 책, 321.

33 Athanasius, *Tres Oratio. contra Arianos*, 2. 31. H. Bettenson, *The Early Christian Fathers*, 389-390에서 인용.

34 헬라어로 gennēthenta hē poiēthenta다. 이 말과 gennēthenta oú poiēthenta(begotten, not made)를 비교하라.

35 Athanasius, *Tres Oratio. contra Arianos*, 2. 19-20. H. Bettenson, 앞의 책, 387-388에서 인용.

36 Athanasius, 위의 책, 1. 16; 3. 6. B. Altaner, *Patrology*, 321.

37 Athanasius, 위의 책, 1. 16; 3. 3; 3 .6; J. Quasten, 앞의 책, 68.

38 Athanasius, 위의 책, 3. 3. J. Quasten, 앞의 책, 68에서 인용.

39 Athanasius, 위의 책, 3. 4. J. Quasten, 위의 책, 69에서 인용.

40 위의 책, 3. 3; B. Altaner, 앞의 책, 321.

41 Athanasius, *Epistula de synodis*, 41. J. Quasten, 앞의 책, 69-70에서 인용.

42 Athanasius, *Tres Oratio. contra Arianos*, 1. 14. H. Bettenson, 앞의 책, 380-381에서 인용.

43 이것은 아리우스주의자들이 성부와 성자와의 관계에 관해서 물었던 질문이다.

44 Athanassius, 앞의 책, 1. 24-25. H. Bettenson, 앞의 책, 382에서 인용.

45 Athanasius, *Ep. ad Serapionem*, 3. 1; B. Altaner, 앞의 책, 322.

46 Athanasius, *Tres Oratio. contra Arianos*, 1. 6과 비교.

47 Eusebius, *Preaparatio evangelica*, 11. 20; *De ecclesiastica theologia*, 3. 6. 3; J. N. D. Kelly, *Early Christian Doctrines*, 255.

48 Athanasius, *Ep. ad Serapionem*, 1. 2. H. Bettenson, 앞의 책, 405에서 인용.

49 Athanasius, *Ep. ad Serapionem*, 1. 20-21. H. Bettenson, 위의 책, 408에서 인용.

50 Athanasius, 위의 책, 1.26.

51 위의 책, 1. 12; J. Pelikan, *The Christian Tradition*, vol. I, 214.

52 Athanasius, 위의 책, 3. 4. H. Bettenson, 위의 책, 408에서 인용.

53 Athanasius, *Ep. ad Serapionem*, 1. 16-17. H. Bettenson, 위의 책, 406에서 인용.

54 Athanasius, 위의 책, 1 .20-21. H. Bettenson, 위의 책, 406-408에서 인용.

55 위의 책, 3. 6. 7. H. Bettenson, 위의 책, 408-409에서 인용.

56 Athanasius, *Tres Oratio. contr Arianos*, 3. 15. H. Bettenson, 위의 책, 411에서 인용.

57 본장 아타나시우스의 "성령론"을 참고할 것.

58 Athanasius, *De incarnatione*, 54. H. Bettenson, 위의 책, 404에서 인용.

59 Athanasiua, 위의 책, 8. H. Bettenson, 위의 책, 401-402에서 인용. J, Quasten, 앞의 책, 71.

60 니그린에 의하면 이것이 본래 구원의 올바른 길이며 하나님과의 친교의 정상적인 길이다.

61 A. Nygren, *Agape and Eros*, 427-428.

62 Athanasius, *Tres Oration. contr Arianosm* 3, 60-64.

63 Athanasius, *Epistula de synodis*, 51. J. Quasten, 앞의 책, 71-72에서 인용.

64 Athanasius, *De incarnatione*, 13. H. Bettenson, 앞의 책, 402-403에서 인용.

65 Athanasius, *Tres Oration. contra Arianos*, 2. 67; 2. 70. R. Seeberg, *The Hist. of Doctrines*, vol. I, 207-208에서 인용.

66 Athanasius, *Oration. contr Arianos*, 3. 31. John R. Wills, ed. *The Teachings of the Church Fathers*, 374에서 인용.

67 Athanasius, *Oration. contra Arianos*, 3. 41. John R. Wills, 위의 책, 367-368에서 인용.

68 Athanasius, *Tomus ad Antiochenos*, 7. J. Quasten, 앞의 책, 73에서 인용.

69 Athanasius, *Oration. contra Arianos*, 3. 30. Aloys Grillmeier, *Christ in Christian Tradition* (New York: Sheed and Ward, 1965), 217에서 재인용.

70 성전 이미지는 『아델피우스에게 보낸 서신』(*Epistula ad Adelphium*), 7에 있다. A. Grillmeier, 위의 책, 218.

71 Athanasius, *Contra arianos*, 2. 47; A. Grillmeier, 위의 책.

72 오리겐은 선재하는 예수의 영혼 개념을 소개하면서 그 영혼을 무한한 로고스와 유한한 그리스도의 몸 사이를 연결하는 고리로 생각한다. 영혼의 본질은 하나님과 육체 사이의 중간적 존재이다(J. Quasten, *Patrology*, vol. II, 80).

73 Athanasius, *Tomus ad Antiochenos*, 7; J. Quasten, *Patrology*, vol. III, 73-74. 그러나 oú sōma apsychon을 '영혼 없는 몸'이라고 번역하기보다는 '생명이 없는 몸이 아닌' 것으로 변역해야 한다는 것이다(위의 책, 74).

74 Athanasius, *Orationes contr Arianos*, 3. 57. J. Quasten, 위의 책, 74에서 인용.

75 Athanasius, 위의 책, 3. 14; 3. 29; J. Quasten, 위의 책, 75; B. Altaner, 앞의 책, 322.

76 이 말의 문자적 의미는 '재산의 교류'(communion of the properties)이다. 이것이 그리스도론의 전문 용어가 되면서 예수 그리스도에게 있어서 신성과 인성이 너무 밀접하게 연합되어 있기 때문에 신성의 속성과 인성의 속성을 구별하기가 어려울 정도가 되었다. 그래서 "신이 고난을 받았다"고 말할 수 있을 정도가 되었다. 그리고 인간 그리스도 예수는 하나님의 창조 행위에 동참했다고 하게 되었다. 루터는 하나님이 그리스도 안에서 너무 완전하게 인간이 되었기 때문에 고난, 죽음 같은 인간적인 속성이 신성에 나눌 수 없을 정도로 융합되었고, 반면에 신성은 인성에 각인되었다고 했다.

77 Athanasius, *Ed. ad Adelphium episcopum et confessorem*, 3. John R. Wills, 앞의 책, 375에서 인용.

78 Athanasius, *Tres Orationes contra Arianos*, 1. 42. John R. Wills, *op .cit.*, 378-379에서 인용.

79 A. Grillmeier, 앞의 책, 219.

80 Athanasius, *Ep. ad Serapionem*, 1. 2. H. Bettenson, 앞의 책, 405에서 인용.

81 Athanasius, 위의 책, 1. 17. J. Quasten, 앞의 책, 76에서 인용.

82 Athanasius, 위의 책, 3. 4. H. Bettenson, 앞의 책, 408에서 인용.

83 Athanasius, 위의 책, 1. 24-25. H. Bettenson, 위의 책 408에서 인용.

84 Athanasius, 위의 책, 1. 20-21. H. Bettenson, 위의 책, 407-408에서 인용.

85 Athanasius, 위의 책, 1. 27. J. Quasten, 앞의 책, 77에서 인용.

86 Athanasius, 위의 책, 1. 2.

87 Athanasius, 위의 책, 1. 20. J. Quasten, 위의 책에서 인용.

88 Athanasius, *Ep. ad Serapionem*, 1. 30. J. Quasten, 위의 책, 78에서 인용.

89 Athanasius, 『제2아리우스주의자들에 대한 논박강화』, 42. J. Quasten, 위의 책에서 인용.

90 B. Altaner, 앞의 책, 323; J. Quasten, 위의 책, 79 등.

제10장

세 카파도키아 교부들의 신학

— 대 바질, 나지안주스의 그레고리,
니싸의 그레고리

I. 서론

4세기 전반부에 소아시아 교회는 아리우스 논쟁으로 말미암아 분열과 혼란 속에서 신앙적 신학적 교리와 사상을 정립하고 교회가 가야 할 길을 찾아야 했다. 동시에 교회는 외부로부터 오는 정치적 박해에서 벗어났으나 사회적 문화적 갈등 속에서 교회 지도자들은 교회 체제를 형성해 가야 했다. 아리우스 논쟁에서 아타나시우스파에 의한 성부와 성자의 동일본질론이 승리했으나 삼위일체 교리는 미완의 문제로 남게 되었다. 그러나 카파도키아 지방이 가이사랴의 바질(Basil of Caesarea), 그의 동생 니싸의 그레고리(Gregory of Nyssa) 그리고 그들의 평생의 친구인 나지안주스의 그레고리(Gregory of Nazianzus)로 대표되는 세 사람의 위대한 신학자들을 배출한 것은 4세기 중반이 되기 전이었다. 이 화려한 카파도키아 삼총사들에 의해서 니케아 신앙은 수정 보완되어 계승되었고 그 절정에 이르게 되었다. 이들은 동방교회의 신학을 발전시키고, 반(半)아리우스주의와 니케아신조파와의 평화를 회복시켰으며, 수도원주의를 확장 발전시켰다. 특히 신(neo) 알렉산드리아학파에 속하는 이들의 신학적 공헌은 동방교회의 정통적 삼위일체 교리를 정립했다는 점일 것이다. 서방교회는 터툴리안에 의해서 정립되어 있었다.

세 카파도키아 교부들은 형제지간에 평생 친구처럼 교회와 신학 발전에 뜻을 같이하고 공동의 관심을 가지고 함께 활동했지만, 바질은 교회 예배와 행정면에서 행동의 사람으로, 니싸의 그레고리는 신비적 사상가로 체계적인 조화와 보편성 면에서 그리고 나지안주스의 그레고리는 수사학과 시학(詩學) 면에서 각각 다른 특성을 나타내고 있었다.

II. 대 바질의 신학

1. 생애

대 바질(Basil the Great, c. 330~379)[1]이 출생하고 성장할 때 교회는
국가의 적극적인 후원을 받으면서 정치적, 사회적, 지적 중심이 되고
있었다. 교회의 감독들은 고난과 투옥 대신에 화려한 고위층으로 생활
하며 부와 명예를 얻었고 정치적 사회적 영향력을 확대해가고 있었다.
교회는 공적 생활에서 매우 중요한 위치를 점하고 있었다. 어떤 면에서
그리스도교 교회와 지도자들은 종교적이라고 하기보다는 정치적 사
회적 시류를 따르는 기회주의적 유형이 되어가고 있었다고 할 것이다.
이와 같은 교회 삶의 상황에 대하여 교회 안과 밖의 예리한 관찰자들은
개탄과 조롱의 비판을 하였다.

325년 니케아회의와 그 이후 교회에 화해의 분위기는 움트기 시작
했으나, 아리우스가 제기한 교회의 종교적 신학적 기초에 대한 질문과
그에 따른 신학적 갈등은 아직 완결되지 못했음에도 감독들은 교회에
대한 위기의식이 별로 없었으며 신학적 결단을 회피하고 개인적인
신앙생활에 몰두하고 있었다. 그들의 메시지는 생동감이 없는 신학적
갈등의 주제가 되었을 뿐 종말론적 역동성이 없었다. 그리하여 교회는
외적으로 찬란하고 문화적으로 발전하는 듯이 보였지만 오히려 신앙
적으로는 쇠퇴하고 있었다. 이것이 바질을 비롯한 카파도키아 교부들
의 시대적 배경이다.[2]

바질은 330년경 카파도키아의 가이사랴에서 품위와 부를 겸비했
을 뿐만 아니라 조부모때부터 대대로 경건하고 열정적인 신앙의 가정,

헬레니즘과 그리스도교 신앙이 조화를 이룬 가정에서 태어났다. 그의 아버지는 카파도키아 가이사랴 지방의 유명한 수사학자였으며, 바질은 초등교육을 아버지로부터 받았다. 그의 어머니 에멜리아(Emmelia)는 순교자의 딸이었다. 그녀는 10명의 자녀를 낳았는데, 그들 중 세사람이 감독이 되었고,[3] 그의 장녀 마크리나(Macrina)는 금욕 생활의 모범으로 바질이 수도사가 되는 데 영향을 주었다.

바질은 15세가 되었을 때 고향 카파도키아 가이샤랴의 수사학교에서 고등교육을 받은 후, 콘스탄티노플 그리고 351년부터는 헬라 철학의 중심 도시인 아테네에서 수학하였다. 그의 아버지는 아들이 편견 없는(one-eyed) 교육을 받을 수 있도록 깊은 교육적 배려를 해 주었으므로 바질은 고전적이고 철학적인 폭넓은 교육을 받을 수 있었다. 이와 같은 교육의 영향으로 그의 저서에는 플라톤, 호머, 역사가들, 수사학자들의 영향이 나타나며, 이교도와도 열린 관계를 유지할 수 있었다.[4] 그는 아테네에서 수학하는 동안 평생의 동력자요 친구가 된 나지안주스의 그레고리와 후에 황제가 된 줄리안(Julian, 361~363)을 만났다.

356년 "교양이 가득 실린 배"[5]로 표현될 만큼 풍부한 지적 소유자가 되어 고향으로 돌아온 바질에게는 수사학자로서의 길만이 아니라 모든 면에 출세할 길이 열려 있었다. 그러나 그는 그 길을 단호히 포기하고 세상과의 관계를 끊고 주님의 명령을 따라 금욕적 삶을 살기 위하여 세례를 받고, 전적으로 하나님께 헌신의 생활로 들어갔다. 그 생활이 수도승이 되는 것이었다. 그가 이렇게 결심하고 행동으로 옮기는 데는 몇 가지가 종합적으로 영향을 주었을 것이다. 무엇보다도 누이 마크리나의 열심 있는 권면과 시리아, 팔레스타인, 이집트 그리고 메소포타미아 등지의 수도원을 방문했을 때 유명한 금욕주의자들로부터 받은 충격과 깊은 인상 그리고 그의 고향에서 전부터 내려오는 초기 금욕주의 운동은 그에게 결정적인 영향을 주었을 것이다. 특히 그는 카파도키아에 많은 추종자들을 얻고 있는 이 지역 수도원 운동의 선구자 세바스테의 유스타티우스(Eustathius)의 제자가 된 일도 있었다.[6] 그는 자기의 영적 각성을 다음과 같이 묘사하였다.

> 나는 어리석은 일에 많은 시간을 허비했고, 내 젊음을 헛된 일을 하는 데 보냈으며, 하나님이 미련케 하신 세상의 지혜를 가르치는 데 헌신해 왔다(고전 1:20). 갑자기 나는 깊은 잠에서 깨어났다. 나는 복음적 진리의 놀라운 빛을 보았으며, 수포로 돌아가는 이 세상의 통치자들의 지혜가 아무것도 아님을 깨닫게 되었다(고전2:6). 나는 나의 비참한 삶에 대하여 홍수 같은 눈물을 흘렸으며 경건의 원리가 내 안에서 형성될 수 있도록 기도했다.[7]

그는 가장 유명한 금욕주의자들을 만나기 위해서 이집트, 팔레스타인, 시리아 그리고 메소포타미아 등지를 여행할 때 받은 자극과 감명을 다음과 같이 기록하고 있다.

> 나는 절제되고 극기의 삶과 온갖 신고(辛苦)를 견뎌내는 그들의 삶에 감복했다. 나는 쏟아지는 잠도 이겨내면서 끊임없이 기도하는 그들의 삶에 놀랐다. 배고픔과 목마름, 추위와 결핍 속에서도 높고 자유한 영혼의 목적을 항상 지키면서 자연의 궁핍에도 정복되지 않은 그들은 결코 육체에 굴복하지 않았다. 그들은 그런 것에 응대하며 낭비하는 일을 결코 하지 않았다. 그들은 언제나 육에서 살면서도 그것이 자기들의 것이

아닌 듯이 살면서, 현세의 삶은 잠시 머물다가 가는 것, 인간의 시민권과 고향은 하늘이라는 삶을 살았다. 모든 이런 것들이 나를 감동케 했다. 나는 이들의 삶을 축복받은 삶이라 부른다. 그들의 삶은 그들의 몸에서 예수의 죽음을 지니고 있음을 보여주고 있다. 그리고 나도 가능한 한 그들을 닮도록 기도한다.[8]

바질은 네오가이샤랴에서 멀지 않은 사막으로 은둔하여 수도사의 생활을 시작했다. 우리가 바질을 이해하려고 할 때 그가 수도승이었다는 점은 매우 중요하다. 왜냐하면 그는 평생을 영육 간에 철저한 금욕주의자로 살았기 때문이다. 그렇다고 그가 교회와 교회 교리를 부정하고 갈등을 일으키면서 금욕 생활을 했다는 것은 아니다. 그는 평생동안 수도원 생활과 교회생활의 조화를 이루면서 살았다. 그가 엄격한 금욕 생활을 했지만 그는 마르시온주의나 마니교적인 이원론자는 아니었다. 물론 그의 사고도 '헬라인' 답게 물질과 정신, 육과 영, 땅과 하늘, 시간과 영원의 안티테제에 기초하고 있으며, 그의 엄격한 금욕적 자기 훈련과 신학적 사고는 종말론적 관점에서 이해되어야 한다. 그는 육체적이고 시간적인 세계를 악 자체라고 생각하지 않았고, 단지 악으로 향하게 하는 지속적 자극제라고 생각했다. 그러나 그에게 있어서 가장 의미 있는 삶은 물질적 소유의식을 초월하여 영적이고 하나님의 축복받은 영생을 누리는 것이었다. 수도승이 이와 같은 목표를 세우고 엄격한 자기 훈련과 금욕적 삶을 살게 되면, 인간적인 자아가 파괴되는 것이 아니라 오히려 진정한 자유의 몸이 되어 전적으로 하나님께 자신을 맡기고 하나님과 하나가 될 수 있다는 것이다.[9]

수도사들이 속세를 떠나 은둔의 금욕 생활을 하게 된 배경에는 세속 정치권력과 야합한 성직자들의 사치와 부패가 있었지만, 이것을 더욱 자극시킨 사상은 헬라 철학이었다. 특히 자족의 원칙을 가르친 견유학파, 참 행복은 정욕을 억제하는 데서 얻는다는 스토아학파, "유일한 존재에로의 나 홀로의 비행"이라는 신-플라톤주의적 형이상학 등의 영향이었다.

물론 바질의 경우에 있어서 모든 것으로부터 자유하는 삶의 참된 힘은 단순한 인식이 아니라 하나님을 사랑하고 이웃을 사랑하는 아가페였다. 그러므로 바질의 수도원 생활은 근본적으로 공동체 안에서 사는 삶이다. 모두가 서로 섬기며 도우며 서로에 의해서 발전하는 삶이다. 이것이 모든 인간적인 가능성을 북돋우는 진실된 삶, 곧 최상의 그리스도교적 삶이라고 생각했다. 수도사 바질은 순간순간 찾아오는 유혹을 이기고 하나님의 진리를 알며 "신적인 아름다움"[10]을 즐길 수 있는 힘으로 수도원에서 평안함과 고적한 삶을 이어갔다.

바질이 은둔 생활을 시작하자 그와 함께 수도원 생활을 하려는 동료들이 그의 주변에 몰려왔다. 나지안주스의 그레고리가 358년 그를 방문하자,[11] 두 사람은 오리겐의 명문 선집인 『필로칼리아』(*Philocalia*)를 함께 편집하였고, 동방 수도원 생활의 발전과 확장에 결정적인 영향을 끼친 두 권의 수도원 규칙서를 저술하였다. 바질은 이 책의 저술로 "헬라 수도원주의의 입법자", "아버지"라는 이름을 얻었다.[12] 고적한 은둔 생활을 즐기면서도 그는 6년간의 짧은 수도원 생활 기간에 여러 개의 수도원을 세우는 등 '행동적인 사람'이었고, 윤리적 책임을 다하는 사람이었다.

이와 같은 바질을 은둔 생활로부터 불러내어 공적인 교회 생활로 불러낸 사람은 카파도키아 지방 가이사랴의 감독이 된 유세비우스였다. 364년경 유세비우스의 권유에 의해서 성직자로 안수를 받은 바질은 그에게 가장 좋은 상담자요 조력자요 성서 해설자며, 신앙의 지지자요 경험 많고 신뢰받는 동역자였다고 그레고리가 전하고 있다.[13] 자부심이 강한 지방 귀족인 바질은 수도원에서 익힌 금욕적 영적 열정으로 교회의 부정과 비도덕적인 것을 개혁하려고 했다. 교회정치는 나태하여 부적당한 사람을 책임적인 자리에 지명하기도 하고, 교회에는 매관매직과 수회(收賄) 사건, 독신의 규칙을 어기는 성직자들이 있었고, 교리적인 갈등 이외에 파당과 언쟁과 비방과 험담이 난무했다. 바질은 지금까지 등한히 했던 교회 규정을 다시 강화해야 할 필요성을 절감하고 단호한 조치를 취하였다.

370년 유세비우스가 죽자 그를 이어 카파도키아의 대도시 가이사랴의 감독이 된 바질은 수도원적 사제와 감독의 이상을 대표하는 위대한 지도자의 역할을 할 위치에 오르게 되었다. 그는 가이사랴 백성들의 사랑을 받으면서 병자와 전염병 환자들을 위해서는 병원을, 가난한 사람들을 위해서는 집을, 여행자들을 위해서는 숙박소를 교회와 수도원 근처에 건설하는 등 사회 속에서, 사회를 위한 교회의 사명을 다하였다. 그레고리가 말하는 대로 바질 감독으로 말미암아 도시가 완전히 '새 도시'[14]가 되었다.

그러나 감독으로 바질의 생애가 순탄한 것만은 아니었다. 니케아 신앙을 옹호하는 바질은 아리우스주의를 지지하는 황제 발렌스의 압력을 이겨내야 했다. 황제는 바질의 권력을 축소하기 위해서 카파도키아를 둘로 분할하였다. 이 때문에 바질의 대감독구도 나누어졌다. 동방에서 위협을 받고 있는 정통 교리를 안전하게 지키기 위해서 바질은 동·서방 감독들 간의 관계를 친밀하게 하고 만장일치의 정책을 수립했으며, 동·서 교회의 화해를 위해서 교황 다마수스 1세(Damasus, I, 366~384)와 직접 접촉했다. 이것은 안디옥에서 소위 멜레티안 (Meletian) 분열이 362년 이후 지속되어 왔기 때문이었다. 그러나 바질 의 노력은 성공하지 못하였다. 그 와중에 황제는 바질에게 아리우스주 의에 충성하겠다는 서명을 하지 않으면 재산을 몰수하고 추방하겠다 고 위협을 했다. 그러나 나지안주스의 그레고리의 기록에 의하면 바질 은 교회의 참 통치자의 권위 있는 모습으로 응답하였다고 하였다.

재물의 몰수는 아무것도 없는 사람에게는 해로울 것이 없습니다. 만일 어쩌다가 나를 위협한 것이 아니라면, 이 고문과 고통을 위해서 당신에 게 필요한 것은 내 소유의 전부인 외투와 몇 권 책이 전부일 것입니다. 나는 어느 한 곳에도 매인 곳에 없기 때문에 유배를 알지 못합니다. 내가 살고 있는 내 자신의 땅뿐만 아니라 내가 추방될 전 세계까지도 내 자신의 것으로 갖고 있습니다. 내가 거주자인 전 세계는 하나님의 것이기 때문 입니다…. 죽음은 나를 하나님께 더 가까이 가게 하는 친절한 행위입니 다. 나는 그분을 위해 살고 있고, 그분을 위해 창조되었으며, 보다 큰 부분 에서 나는 그분에게 죽었고, 그분을 향하여 나는 서두르고 있습니다.[15]

황제의 특사로 바질과 대화하던 정부의 고위관리 모데스투스 (Modestus)는 바질의 말에 놀라서, "지금까지 그와 같은 모습과 거침없 는 말로 나에게 말한 사람은 아무도 없었다"고 했다. 이에 대하여 바질이 대답한다.

아마도 당신은 전에 감독을 만난 일이 없었던 것 같습니다…하나님이 위태롭게 되고 세상에 웃음거리가 되는 곳에서는 다른 모든 것은 생각할 여지가 없습니다. 우리는 하나님 쪽만 보고 있습니다. 불, 칼, 짐승 그리고 육체를 잡아 찢는 듯한 수단들은 공포보다는 기쁨으로 우리가 바라는 것들입니다. 우리가 괴롭힘을 당하는 그와 같은 고문이나 위협들은 당신들이 고안해 낼 수 있고 당신들의 권력을 즐기는 모든 것들입니다. 좌우간 당신들이 잔혹한 행위로 위협한다 해도, 우리를 설득하지 못할 것이며 불경한 교리인 아리우스주의로 우리를 이길 수 없다는 것을 황제에게 전해 주시오.[16]

이와 같은 바질의 담대하고 불굴의 의지에 감명을 받은 황제는 감독을 설득할 생각을 포기하고 추방명령도 취소하였다.

바질은 아리우스주의자들과의 투쟁을 신앙의 기본적인 투쟁으로 당연하다고 생각하였다. 그에 의하면 그리스도가 창조주의 구원을 가능케 했다면 그가 피조물일 수가 없다는 것이다. 그리스도는 시간 이전에도 하나님이셨고 본질적으로도 하나님이다. 그 하나님이 사망과 악마로부터 잃어버린 인간을 구원하기 위해서 성육신하신 것이다. 그는 은총으로 변화된 새로운 그리스도인의 삶의 기초가 되셨다. 바질은 여기서 멈추지 않고 삼위일체 신학을 확고하게 하기 위해서 신성 안에 존재하는 삼위의 관계를 조직적으로 명시하기 시작했다. 362년 알렉산드리아회의에서 아타나시우스가 불가피하게 동의를 했지만, 바질은 그를 넘어서서 '본질의 삼위'(Trinity of Hupostases) 형식을 확고하게 하였다.[17] 그럼에도 불구하고 바질도 성령의 품격에 대해서 자세한 논술을 하지 않았다. 다만 성령은 성부와 성자와 나란히 존재한다고 했을 뿐이다. 그러면서 그는 니케아신조에서 아들과 아버지의 본질이 같다는 것은 동의하면서도 성령의 신성을 부인하는 소위 '성령 신성 부정논자들'을 설득하려고 노력하였다. 바질은 처음부터 교회의 교리적 문제는 편협적이고 배타적인 토대 위에서는 해결될 수 없다는 것을 알고 있었다.

바질이 감독이 된 후에도 동방에는 아직 연합된 니케아 전선이 형성되고 있지 않았다. 그러므로 그는 정통적인 교회 확립을 통한 교회의 일치를 주어진 시대적 사명으로 받아들이지 않을 수가 없었다. 그는 동방의 그리스도인들 사이의 불협화, 동방과 서방 감독들 사이의 불일치 등을 해결해야 했다. 바질은 수도원 생활을 통하여 얻은 높은 윤리적이고 영적인 힘, 신학적 통찰력, 감독의 권위 그리고 교회 사랑의 열정으로 그 사명을 수행해갔다. 바질의 노력은 황제 발렌스(Valens)가 죽고(378), 그를 계승한 황제 데오도시우스 1세(Theodosius I, 379~395)때 결실을 맺게 되었다. 새 황제가 니케아신조파를 수용하므로 평화 회복의 외적 여건이 마련된 셈이었다. 그러나 바질은 379년 50세의 나이에 세상을 떠났다. 2년 후 381년에 황제는 제2공의회인 콘스탄티노플회의를 소집하여 니케아 신앙을 수정, 보완하여 확정 지었으며 니케아 신앙으로 교회일치를 회복시켰다. 비록 바질은 이 결과를 보지 못했으나, 그가 그리스도교 역사에서 이 위대한 결과의 기초를 놓은 것은 의심의 여지가 없다. 그는 9년간의 감독 생활을 마감했다.

2. 신학 사상

이론적 조직신학자가 아닌 바질은 단순히 신학을 위한 신학 작업을 하지 않았다. 그렇기 때문에 그의 모든 교리적 저술 활동은 당시 횡행했던 교리적 오류를 반박하는 데 집중하였다. 그 대표적인 것의 하나가 하나님의 절대성과 성자의 상대성, '태어나지 않은 하나님'(agennetos)과 '태어난 아들'(gnennēmia)을 비교하여 하나님(성부)과 성자는 본질이 같지 않다고 주장하는 아리우스주의의 상이본질론파인 유노미우스(Eunomius)의 논증을 반박하는 것이다. 바질에 따르면 하나님의 본질(ousia)은 '태어났느냐' 아니면 '태어나지 않았느냐'의 단순 대비로 정의될 수 있는 것이 아니라는 것이다. 왜냐하면 '태어나지 않았다'는 것은 불가시성, 불멸성과 같이 단순히 부정하는 것뿐이기 때문이다. 그러니 '본질'은 부정의 차원이 아니라 하나님의 존재 자체인 것이다. 바질은 하나님과 성자의 본질에 관하여 출생과 불출생의 개념으로 설명하는 것에 만족하지 않는다. 왜냐하면 우선 '불출생', '출생'의 개념은 인간의 육체적 감각적 활동에 따른 개념들이기 때문에 신적인 속성에 적용시킬 수 없다는 것이다. 그는 신적 본성을 다룰 때는 하나님에게 합당한 출생 개념을 사용해야 한다. 다음으로 '태어났다'라고 하면 그것은 태어나기 전에는 존재하지 않았다는 논리적 결론에 이르기 때문이다. 사실 이 논리가 아리우스주의자들의 논증이었다. 그러므로 바질은 '영원'의 개념을 도입한다. '영원한 존재'와 '태어나지 않은 존재'를 혼동하지 말아야 한다고 한다. '태어나지 않은 자'가 자존적 존재라고 한다면 '영원한 존재'는 시간적 제한을 초월하는 존재다. 그러므로 '아들'에게 '태어났다'는 개념을 적용하려면 '영원히 태어난 자'라고 할 수 있다고 한다. 그러나 '영원히 태어난 자'에 대한 논리적 명확성의 요구를 받은 바질은 "영원한 출생 교리는 인간의 이성으로 이해할 수 없다"고 한다.[18]

이것이 무슨 출생이며, 무슨 종류의 출생이고, 어떻게 그러한 출생이 가능하냐고 나에게 묻지 말라. 이 출생의 방법은 말로 표현할 수 없고, 인간의 머리로 이해할 수 없는 것이다. 그러나 우리의 신앙은 성부와 성자의 기초 위에 여전히 세워져 있어야 한다. 왜냐하면 만일 우리가 우리의 지성에 따라서 모든 것을 판단하고, 우리의 마음이 이해할 수 없는 것은 불가능한 것이라고 단정해 버리면 신앙도 없어지고, 희망의 보상도 없어진다.[19]

다른 하나는 하나님과 성자의 동일본질을 인정하면서도 성령의 동일본질을 부정하는 성령 신성 부정론자들을 반대하여 '성자와 성령은 연합하여 하나님께 영광'이라는 송영을 옹호하는 것이다.

그러므로 단적으로 말하면 바질의 사상 형성은 이미 그의 생애에서도 암시되었듯이 여러 다른 아리우스주의파들을 반대하여 니케아 신앙을 수호하기 위한 것이었다. 그는 아타나시우스가 정통 신앙을 지키는 챔피언이라고 생각했기 때문에 평생의 우정을 가지고 그를 지지하였다. 바질은 분명하게 성령이 아버지와 본질이 같다는 것 이외에 니케아신조에 아무것도 추가할 것이 없다고 했다.[20] 그럼에도 불구하고 그리스도교 사상사에 있어서 바질의 가장 큰 공로는 아타나시우스를 넘어 삼위일체론과 그리스도론의 술어를 분명하게 정화했다는 것이다.

1) 주요 저작 개요

그의 모든 신학적 활동에는 전제가 있었다. 그는 가능한 동방교회의 특성과 신학적 포용력을 유지하면서도 상응하는 동방교회의 신학 형성에 니케아 신앙을 지지하는 서방교회의 중요성을 강조하였다. 그를 '헬라인 가운데 로마인'[21]이라고 부르는 것은 대부분의 헬라 교부들이 복음에 신학적 사변에 주로 관심을 갖는 것과는 달리 그의 저서들조차 그가 행위의 사람이며, 그리스도교 신앙과 메시지의 실천적이고 윤리적인 결과에 주로 관심을 보여주고 있기 때문이다. 나지안주스의 그레고리에 의하면 바질의 저서들은 내용과 형식에서 높은 평가를 받았으며, 유무식을 막론하고 그리스도인들과 이방인들이 즐겨 읽었다고 한다.[22]

포티우스(Photius)가 기록하듯이 바질은 순수하고 명확하고 적절한 문체, 설득력 있는 문체, 찬사의 문체, 근원에서 시원스럽게 솟아오르는 시냇물과 같은 문체, 플라톤이나 데모스테네스(Demosthenes) 등에 뒤지지 않는 웅변적인 문체를 구사할 수 있었던 것 같다.[23] 그의 저술에는 다수의 설교와 서신들 외에 교리적인 것, 금욕적인 것, 교육적인 것 그리고 예배 의식적인 것 등이 큰 손실 없이 남아 있다.

(1) 『유노미우스를 반대하여』(*Against Eunomius, Adversus Eunomium*)

이것은 바질이 363~365년 사이에 세 권으로 구성한 그의 가장 오래된 교리적 작품이다. 헬라어 원본의 제목에 의하면 이 책은 극단의 아리우스주의파(상이본질파)의 지도자인 유노미우스가 361년에 출판한 작품 『변증서』를 논박한 것이다.

제1권은 하나님의 본질은 태어나지 않음(agennēsia)에 있으며, 이 때문에 출생한 말씀은 참 하나님의 아들일 수가 없으며, 태어난 그는 비록 다른 창조물과는 다르지만, 창조물에 지나지 않기 때문에 아들과 아버지는 본질이 같지 않다는 상이본질론을 반박한다. 제2권은 제1권에 근거하여 아타나시우스 신학의 핵심이며 아리우스를 정죄한 니케아 교리의 핵심인 말씀(아들)과 아버지의 동일본질론을 방어하고, 제3권에서는 성령 신성 부정론자들을 반대하여 성령의 동일본질론을 옹호한다. 이 내용이 381년 콘스탄티노플회의에서 신앙고백으로 확정된 것이다.

(2) 『성령에 관하여』(On the Holy Spirit, De Spiritu Sancto)

『유노미우스를 반대하여』 제3권에서도 성령 신성 부정론자들을 의식하여 성령이 성부와 동일본질이라는 것을 논증하였지만, 여기서는 특히 송영과 관련하여 성령이 성자와 같이 성부와 동일본질이라는 것을 논증한다. 375년경 쓰여진 이 글은 바질이 공중예배 때 통상적으로 사용하던 송영(doxology) 형식, 즉 "성령 안에서(in) 성자를 통하여(through) 성부에게 영광이 있으소서" 대신에 "성령과 더불어(together with) 성자와 함께(with) 성부에게 영광이 있으소서"라고 한 것에 대하여 비판을 받았기 때문에 그것에 대한 해명을 한다.

바질의 형식은 혁신적인 것이었다. 바질이 송영 형식을 이렇게 혁신한 것은 그의 형식이 통상적인 형식보다 정통적이라고 생각했기 때문이다. 그리고 교회는 옛 형식만이 아니라 혁신적인 형식도 알고 있었다. 바질은 아들과 성령이 아버지와 하나요 같은 본질이기 때문에 아들과 성령에게도 아버지와 동등한 영광을 돌릴 수 있다는 것이다. 바질의 형식이 통상적인 형식보다 더 건전한 성서적 전통적 근거를 가지고 있다고 한다. 왜냐하면 바질의 형식이 삼위의 신적 위격의 특성을 분명하게 할 뿐만 아니라 삼위 사이의 영원한 교통과 영구한 결합을 분명히 증거하고 있기 때문이다. 그러므로 이 형식이야말로 아리우스주의는 물론 사벨리우스주의를 가장 강력하게 논박하는 형식이라고 한다. 이것은 6년 후 암브로스의 『성령론』에 자료가 되었다. 이것을 봐서 바질의 사상은 서방교회에 많이 전해진 것 같다.

(3) 『헥사메론』(Homilies on the Hexaemeron)

이것은 비록 즉석에서 한 설교의 흔적을 보이지만 동서 교회에서 높이 평가를 받으며 그의 설교 중에서 가장 훌륭한 설교의 하나다.[24] 그 이후 수사학적 아름다움에서 이 설교에 비교될 만한 헬라 문학 작품이 없을 정도였다고 한다. 그리하여 암브로스는 그의 같은 제목의 설교에서 바질의 설교를 많이 채용한 것으로 나타난다. 이 설교는 바질이 그의 시대의 철학적이고 과학적인 지식을 충분히 갖고 있다는 것을 보여주는 설교였다. 그의 설교가 매우 유명했다는 것은 400년이 되기 전에 아프리카인 유스타티우스(Eustathius)에 의해서 라틴어로 번역이 되었다는 것이 입증한다.

이 책은 창세기 1장 1-26절을 본문으로 '육일 간'(the Six Days)의 하나님의 창조 능력과 자연의 아름다움을 장엄하게 서술한 그의 아홉 번에 걸쳐 행한 긴 설교를 모은 설교집이다. 특성은 창세기 창조 설화에 대한 문자적 의미에 치중되어 있는 설교다. 이 설교는 아직 그가 교회의 장로로 교회를 섬기고 있었던 370년경 사순절 절기 중 한 주일 동안에 전한 설교다. 그래서 어느 날에는 아침저녁 하루에 두 번 설교했다고 한다. 이 설교에서 바질은 창세기의 은유적 해석을 하지 않는다.

> 나는 다른 사람들의 작품을 통해서 은유의 법칙을 알고 있다. 어떤 설교
> 자들은 성서의 통상적 의미를 인정하지 않는다. 그들은 물을 물이라 부
> 르지 않고 다른 어떤 것으로 부른다. 그들은 초목이나 물고기를 그들의
> 환상적 소원에 따라 해석한다. 그들은 파충류의 동물과 야생 짐승의 특
> 징을 그들의 은유에 적합하게 변경한다. 이것은 마치 꿈에 나타난 형상
> (現象)을 그들 자신의 목적에 맞게 설명하는 것과 같다. 나는 초원이라는
> 말을 들었을 때 초원을 문자대로 초원이라고 이해한다. 초목, 물고기,
> 야생동물, 가축 등 모든 것을 문자대로 이해한다. 나는 복음을 부끄럽게
> 여기지 않기 때문이다.[25]

바질은 이 설교를 통해서 고대 이교도들과 마니교 등의 세계관과는 다른 그리스도교 세계관을 제시하려고 했다. 그는 자연의 아름다움을 다채롭게 설명하고 있으며 천지 만물의 기적을 자연 과학적이고 철학적인 표현으로 설명한다. 그의 지구에 대한 중심적인 입장은 단지 설(說)이다. 창세기 창조 설화에 대한 그의 설명은 아리스토텔레스, 플라톤 등 철학자들의 이론에서 빌려온 것이 많다. 그러므로 이 설교는 그 자료 면에서도 중요하다. 이 설교의 마지막은 하나님의 형상으로서 인간에 대한 강연을 예고하고 있으나 시행되지는 않았다.

(4)『두 수도원 규칙서』(*The Two Monastic Rules*)

이 두 세트의 규칙서는 바질이 방문했던 수도원의 수사들이 질문한

것에 대한 답변으로 쓴 것이다. 하나는 보다 긴 규칙서(Regulae fusius tractatae)라고 하고, 다른 하나보다 짧은 규칙서(Regulae brevius tractatae)라고 한다. 전자는 55개 주된 항목하에 수도원 생활의 원리를 논의한 것이고, 후자는 남자 수도원 공동체의 일상적인 생활에 적용할 313개의 항목을 기록해 놓은 것이다. 두 규칙서는 바질과 그의 수도원 동료 사이에 목회적인 대화에 근거하여 묻고 대답하는 형식으로 구성되었으며, 속기사에 의해서 기록된 것이다. 그러나 묻고 대답하는 형식의 가장 오래된 편집물의 헬라어 원본은 현존하지 않으며, 다만 시리아어역과 루피누스의 라틴어역으로 현존할 뿐이다. 후자는 그의 이집트 스승인 에바그리우스 폰티쿠스(Evagrius Ponticus)로부터 그 규칙서를 받았을 것으로 보인다. 에바그리우스는 대 바질에 의해서 독경사로 안수를 받았고, 바질의 평생의 동료인 나지안주스의 그레고리에게서 집사로 안수를 받았으며 381년 콘스탄티노플공의회에 그를 따라 참석했다. 그는 숙련된 이단 논박자로서 젊은이의 열정을 보였으나, 그의 영혼과 도덕 생활에 위험과 유혹을 받게 되자 예루살렘으로 왔다가 곧 382년경에 이집트로 돌아가 그리스도교 수도원 운동의 근원지의 하나인 니트리아(Nitria)산에서 2년간 유랑생활을 했다. 그리고 나서 켈리아(Cellia)[26]에서 14년간 살기 위하여 사막으로 들어갔다. 역사가 소크라테스에 의하면 그는 저술 활동으로 생활비를 벌었는데, 특히 그의 옥시링쿠스(Oxyrhynchus)[27] 문체는 매우 훌륭했다고 한다.[28] 알렉산드리아의 테오필루스(Theophilus of Alex, d. 412)가 그를 감독으로 추천했으나 그는 거절하고 399년 54세로 세상을 떠났다.

　바질의 수도원 규칙서는 부분적으로 세바스테의 감독 유스타티우스(Eustathius of Sebaste, c. 300~377)의 영적 자산이기도 했다. 그는 젊었을 때 알렉산드리아에서 아리우스의 제자였으며, 아리우스 논쟁에서 그의 입장은 유사본질론이었다. 그러나 그는 수도원 운동의 발전과 확장에서 주도적 역할을 하였다. 이 관계에서 그는 바질에게 영향을 주었으며 오랜 친구가 되었다. 말년에 그는 소아시아의 정신적 지도자가 되었다. 바질의 규칙서는 동방에서 헬라 교회의 수도원의 중요한 규칙으로 지금도 남아 있다. 뿐만 아니라 서방에서 이 규칙서는 널리 유통되었으며, 4세기 말경에는 이미 루피누스에 의해서 라틴어로 번역이 되었고, 후에 서방 수도원의 입법자인 성 베네딕트(Benedict, c. 480~550)도 이 규칙서를 사용했고 추천도 하였다.

(5) 『청년들에게』(*Ad adolescents*)

이 작품은 이교도의 문학을 가장 유익하게 사용할 수 있는 것에 관해 젊은이들에게 권고하는 소논문이다. 바질은 여기서 이교도의 문학과 지식에 대한 그리스도인의 태도와 특별히 이에 관한 교육 문제를 다룬다. 비록 이 글은 바질이 성서의 깊은 의미를 파악할 때까지 이교도 고전 문학을 공부하고 있는 족하들에게 하는 충고 형식이지만, 매우 중요한 이유는 헬라 고전 문학의 가치에 대한 바질의 견해를 나타내기 때문이다. 그는 교육적 목적을 위하여 이교도 문학을 사용하는 것을 금하지 않는다. 그는 헬라 고전 문학을 성서보다 낮게 평가했지만, 그럼에도 불구하고 그는 시인, 역사가, 수사학자의 글 중에서 선택을 잘해서 고대 작가들을 연구하는 것은 독자의 도덕적 교육을 위해서 가치가 있다고 본 것이다. 비록 이교도의 고전 문학이라 할지라도 독자는 그 작품에서 꿀 만을 찾는 벌을 모방해야 하고 독물을 피해야 한다. 그리하여 가이사랴의 젊은 그리스도교인들은 기원전 10세기경의 헬라 시인 호머(Homer), 기원전 8세기경의 헬라 시인 헤시오도스(Hesiod), 기원전 7세기경 헬라 7현(賢)의 한 사람이며 아테네의 입법가 솔론(Solon), 주전 5세기경의 헬라 비극시인 유리피데스(Euripides) 그리고 그가 자주 인용하는 플라톤을 비롯한 철학자들의 작품에서 덕목의 많은 예증을 찾을 수 있었다. 이 글은 헬라 학문의 영원한 가치에 대한 특별한 감정과 그 학문에 대한 넓은 마음의 해설로 전승되어 내려온 고전 문학에 대한 교회의 태도에 결정적인 영향을 끼쳤다. 바질은 물려받은 이교 문화와 그리스도교 진리가 결합했을 때 그 결과로 나타나는 박식(博識)이 얼마나 유익한지를 충분히 알고 있었다. "정신적인 결실은 탁월한 진리이지만, 외적이고 형식적인 지혜로 그것을 표현하는 것도 장점이 없는 것이 아니다. 우거진 숲을 제공하고 결실을 엄호하는 것이 결코 추한 모습은 아니다."[29]

(6) 추천 서한(*Letters of Recommendation*)

언제나 도움을 줄 준비가 되어 있는 바질은 가난하고 억압받는 자들을 추천하고, 도시와 마을을 중재하며, 친척과 친구들을 위하여 고위 관리와 부한 사람들에게 수많은 서신을 보냈다.[30] 안디옥의 리바니우스(Libanius)에게 보낸 25편의 서신(335~359)도 같은 류에 속한다. 물론 서신의 진정성에 대해서는 많은 논란이 있다. 위조라고 하는 사람도 있고, 최소한 매우 의심하는 사람도 있지만, 특히 리바니우스에게 보낸 서신 중 335~346편과 358편의 서신에 대해서는 그 진정성을 인정해야 한다고 한다. 왜냐하면 사본 전승에 있어서 그 서신들이 갖고 있는 권위와 그 속에 포함되어 있는 역사적인 정보 때문이다. 리바니우스에게 보낸 신서(信書)에서 바질은 카파도키아 젊은이들에게 그를 뛰어난 헬라 소피스트며 수사학자라고 소개하고 있다. 바질은 그의 다른 어떤 서신에서보다 리바니우스에게 보낸 서신에서 수사학적 방책의 사용을 권유하고 있다.

리바니우스는 바질에게 보낸 답신에서(서신 338), "나는 아름다운 서한체를 정복해 왔습니다. 그런데 승자는 바질 당신입니다"라고 진술하고 있다.[31]

당대에 제일가는 사제 바질과 확고부동한 이교도 리바니우스 사이에 그와 같은 서신 교환이 전적으로 가능했다는 사실은 매우 흥미가 있다. 두 사람의 서신에서 우리는 그리스도교 세계와 헬레니스틱 세계의 위대한 두 대표자가 서로에게 최고의 찬사를 보내는 역사를 읽게 된다.

2) 삼위일체론

니케아신조를 방어하는 바질에게 직면한 과제는 우시아(ousia)와 후포스타시스(hupostasis)의 의미를 분명하게 해서 고정시키는 일이었다. 사실 아타나시우스를 포함하여 니케아신조를 구성한 사람들은 두 단어를 동의어로 사용했던 것이다. 그러다가 아리우스 논쟁 과정에서 아타나시우스는 니케아신조에 사용된 후포스타시스 용어에 오해의 여지가 있음을 인식하고 362년에 모인 알렉산드리아회의에서 '후포스타시스'의 또 다른 의미도 인정하는 입장을 취했다. 즉, '하나의 후포스타시스'(mia hupostasis)와 '세 후포스타세스'(treis hupostases)를 공히 사용할 수 있다고 한 것이다. 그러나 이 결정은 오히려 오해와 혼란을 가중시켰다.

그리하여 바질은 우선적으로 '우시아'와 '후포스타시스'를 구별하여 하나님 안에서 '하나의 우시아'(mia ousia)와 '세 후포스타세스'(treis hupostases) 형식을 처음으로 강조하였다. 그는 이 형식만 받아들일 수 있는 형식이라고 주장하였다. 바질은 이 두 용어가 동의어가 아니기 때문에 신성을 언급할 때 구별없이 사용해서는 안 된다고 주장한 것이다. 그러면서 그는 두 용어를 구별하여 설명하였다.

> 본질(ousia)과 본체 또는 위격(hupostasis)의 구별은 보편(general)과 특수(particular)의 구별과도 같다. 예를 들면 '동물'과 '특정한 인간'(the man X)을 구별하는 것과 같다. 그러므로 신성에 관해서는 우리는 하나의 본질(one ousia)을 인정하고, 존재에 대하여 다른 설명을 하지 말아야 한다. 그러나 우리는 또한 아버지, 아들 그리고 성령에 대하여 혼돈되지 않고 분명한 개념을 갖기 위해 특수한 위격(hupostasis)을 고백한다. 만일 우리가 아버지 신분, 아들 신분 그리고 성화(聖化)의 능력 각각에 대한 독특한 특징에 대해서 별개의 개념이 없고, 존재에 대한 일반적인 개념에 기초하여 하나님에 대한 우리의 믿음을 고백한다면, 그렇다면 우리는 난처하여 우리의 신앙을 건전하게 설명할 수 없을 것이다. 그러므로 우리는 보편(공통)에 특수를 더하여 우리의 신앙을 고백해야 한다. 신성은 보편적이지만, 아버지 신분은 특수개체적이다. 그러므로 우리는 이 둘을 묶어서 '나는 아버지 하나님을 믿는다'라고 말해야 한다. 또한 아들에 대한 우리의 고백에서도 똑같은 과정을 따라서 보편에 특수(개체)를 묶어서 '나는 아들 하나님을 믿는다'고 말해야 한다.

마찬가지로 성령에 관하여, 우리는 이러한 선언 형식과 진술에 따라서 '나는 신적인[32] 성령, 거룩한 분을 믿는다'고 말해야 한다. 이렇게 해서 단일성이 하나의 동일한 신성을 고백하는 데서 보존되고, 반면에 위격 들의 개체적인 특성은 그들 각각 안에서 관찰된 특별한 속성들의 구별에 의해서 인정된다. 그러나 본질(usia)을 본체(hupostasis)와 동일시하는 자들은 단지 세 다른 특성들을 고백하지 않을 수가 없게 되고, 그들이 마지못해 세 위격(three hupostases)[33]이라는 말을 하게 되어, 그들은 분명히 사벨리우스 재앙을 피하지 못한다. 왜냐하면 사벨리우스 자신도 여러 곳에서 그 개념을 확인하면서도, 똑같은 본체(hupostasis)가 각각 의 경우에 그 필요에 응하기 위해서 양식을 바꾼다고 말함으로써 그 본체 의 특성을 구별하려고 한다.[34]

그러므로 바질에게 있어서 '우시아'는 하나님의 본질(essence) 또는 하나님의 실재를 의미하는 한편 '후포스타시스'는 특별한 양식의 존재, 즉 각 위격의 존재 방식을 의미한다. 라틴어로 표현하면 '우시아'는 성부, 성자, 성령에게 공통적인 본질적인 존재인 '섭스탄티아'(sub- stantia)에 해당되고, 반면에 '후포스타시스'는 보편적 개념으로부터 특별한 한계를 가진 개념의 분리를 의미한다. 라틴어로 표현하면 법적 술어인 '페르소나'(persona)에 상응한다. 바질이 라틴어의 페르소나를 헬라어 프로소폰 대신에 후포스타시스로 표기한 것은 프로소폰을 단지 현세적이고 외적인 구별을 표현하기 위하여 사용한 사벨리우스 의 사상을 반대하기 위한 것이다. 바질은 "본질의 공통성을 고백하지 않으면 다신론에 빠지고, 위격(hupostasis)의 구별을 부인하면 유대주 의에 빠진다"고 하면서 "프로소폰의 차이만을 열거하는 것은 불충분하며, 각 프로소폰은 자연 그대로의 실체(hupostasis)를 가지고 있다고 고백해야 한다"고 한다.[35]

우시아와 후포스타시스의 개념 정리를 한 바질은 거기서 끝내지 않고 성령을 포함한 세 위격의 특성을 강조하였다. 그리하여 바질은 니케아신조가 성부와 성자의 문제에 집중했기 때문에 상대적으로 소극적으로 취급된 성령의 문제를 니케아신조에 추가로 보충하고 성령을 영화롭게 할 필요성을 느꼈던 것이다. 사실 성령은 원시 그리스도교회의 삶에 큰 역할을 했었고, 초기 그리스도교 작품에 자주 언급이 되었고 세례문답 형식에서도 언급되었지만, 특성을 가진 위격으로 분리되어 신학적 접근을 한 것은 4세기경이었다. 이것은 초기 교회가 성자 또는 로고스로부터 성령을 구별하는 것이 신학적으로 어려웠기 때문이었을 것으로 생각된다. 성자와 성령의 기능을 구별하지 않았다. 뿐만 아니라 때에 따라서 성령을 하나님의 영으로 언급하기도 하고, 그리스도의 영으로 언급하기도 하였다. 성령의 위격에 관해서도 처음에는 혼란스러웠다. 성령을 단순히 신적 활력으로 생각하기도 했고, 하나님의 현존을 표현하는 데 사용되기도 했었다. 그러나 시간이 지나감에 따라 성령도 성부와 성자와 같이 위격적 개념으로 생각하게 되었다.

바질은 삼위일체 속에서 성령을 새롭게 강조하므로 아타나시우스를 극복하였다. 바질은 성자에 대한 성령의 관계는 성부에 대한 성자의 관계와 같다고 한다. 그러므로 성령의 신성을 부인하는 것은 성부, 성자, 성령의 이름으로 세례를 받아 구원에 이르는 것을 부인하는 것과 같다는 것이다. 바질에 의하면 인간은 성령을 통하여 미래에 대한 예지(豫知)를 얻으며, 신비에 대한 깨달음이 있게 되고, 하나님

안에 거하며 하나님과 하나가 되어 그와 같은 존재가 된다고 한다.[36]

성부, 성자, 성령은 구별되지만 하나다. 한 본질의 일치 속에 세 위격이 있다고 한다.

…비창조성과 불가해성의 원리는 성부, 성자, 성령의 경우 매우 똑같기 때문에 비창조성과 불가해성의 정도는 높고 낮음이 없다. 그리고 삼위일체의 경우, 차별되는 특정에 의해서 혼돈되지 않는 구별을 유지하는 것이 필수적이다…. 아들은 아버지로부터 기원되고, 아들을 통하여 만물이 존재하고, 아들과 함께 성령은 언제나 우리의 사고 속에 나뉨이 없이 연결되어 있다. 누구든지 먼저 성령에 의해서 조명되지 않는다면 아들에 대해 생각할 수 없다. 따라서 선한 것들을 피조물에게 내려주는 공급의 원천인 성령은 아들에게 결부되어 있어 그와 불가분적으로 이해되며, 동시에 그 원인으로서 아버지에 의존하여 존재하고, 아버지로부터 또한 발출(發出)한다. 이 점에 있어서 성령은 그의 특유한 위격(hupostasis)이 구별되는 특성을 보인다…. 마찬가지로 아버지를 받아들이는 자는, 그의 능력과 함께 아들과 성령을 받아들인다. 왜냐하면 어떤 식으로도 분리하여 아버지 없이 아들을 생각하고, 아들로부터 떨어진 성령을 생각할 수 없기 때문이다….[37]

…성부 하나님, 성자 하나님, 성령 하나님이라고 고백하는 것은 영감받은 말 그리고 그 말의 깊은 뜻을 이해한 사람들의 가르침에 따라 한 것이다. 삼신론(三神論)으로 우리를 비웃는 사람들에게 우리는 '하나님이 한 분이라는 것은 본질적인 차원에서 하는 말이지 수적인 차원에서 하는 말이 아니다'라고 고백하므로 응답한다. 왜냐하면 수적으로 하나

라고 불리는 모든 것이 절대적으로 하나가 아니며, 본질에서도 단일하지 않기 때문이다. 그러나 하나님은 보편적으로 단일하고 합성되지 않은 분이라고 받아들인다. 그러므로 하나님이 한 분이라는 것은 수적인 것이 아니다. 내가 의미하는 것은 이것이다. 우리는 세계는 수적으로 하나라고 말한다. 그러나 본질에서 하나가 아니며 단일한 것도 아니다. 왜냐하면 우리는 세계를 불, 물, 공기 그리고 땅으로 그 구성요소를 구분하기 때문이다. 또 인간은 수적으로 하나라고 불린다. 우리는 흔히 '한 사람'(one man)이라는 말을 한다. 그러나 그는 단일하지 않다. 인간은 몸과 영혼으로 구성되어 있다 …. 그러므로 만일 수에서 하나인 것이 본질에서 하나가 아니라면, 본질에서 하나이고 단일한 것이 수에서 하나가 아니라면 그리고 우리가 본질에서 하나님을 한분이라고 한다면, … 어떻게 그들은 수로 우리를 비난할 수 있겠는가? 수는 양과 관련된 것이고, 양은 물질적인 본성과 관계된다. 그러므로 수는 물질적인 본성과 관련된다….[38]

주님이 '성부, 성자, 성령'이라는 형식을 명령할 때, 그는 어떤 수적인 조정을 한 것이 아니다. 그는 '첫째로, 둘째로 그리고 셋째로'라고 말하지도 않았고, '하나로, 둘로, 셋으로'라고 말하지도 않았다 …. 한 분 하나님 아버지, 한 분 독생자 아들 그리고 한분 성령이 있을 뿐이다. 우리는 위격들(hupostases) 각각을 따로따로 선포한다 …. 그리고 우리는 오늘날까지 '두 번째 하나님'을 들은 바가 없다. 우리는 하나님으로부터 하나님을 예배함으로써 유일신론을 지키면서도 위격의 개체성을 고백한다 …. 성자는 성부 안에 있고 성부는 성자 안에 있다. 그래서 성부가 이를테면 성자이고, 성자가 이를테면 성부다. 그 안에 일치가 있다. …성령도 하나다. 그리고 우리는 성령을 한 위격으로 선포한다. 성령은 한분아들을 통하여 한 분 아버지에게 결부되었고, 그를 통하여 숭배할 만하고 성스러운 삼위일체가 완성된다.[39]

이렇게 바질은 니케아신조의 기본 입장을 방어하면서 동방교회에 혼란을 일으켰던 두 술어의 뜻을 분명하게 정의하므로 동방교회의 삼위일체 형식을 만들어 381년 콘스탄티노플회의에서 카파도키아 교부들의 입장을 승리로 이끄는 데 큰 공헌을 하였다. 다른 두 카파도키아 교부들은 바질의 신학적 입장을 발전의 토대로 삼았다.[40] 바질에 의해서 "한 본질 세 본체(위격)"(mia ousia treis hupostseis)라는 동방교회의 확고한 삼위일체 형식의 기초를 놓았다고 할 것이다. 서방교회는 터툴리안에 의해서 "세 위격 한 본질"(una substantia in tres personae)이라는 삼위일체 형식이 확정되었다. 우리가 주목할 것은 '위격'을 나타내는 용어가 서방에서는 페르소나(persona)가 사용된 반면에 동방에서는 후포스타시스(hupostasis)가 사용되었다는 점이다.

3) 성령론

아타나시우스도 아리우스와의 논쟁에서는 주로 성부와 성자의 관계에 집중했으나, 성령 신성 부정론자들이 대두되자 그는 『성령론』을 통하여 그들을 논박하였다. 이 신학적 전통을 이어받은 바질은 381년 콘스탄티노플공의회가 성령에 대하여 정의를 내리는 데 주도적인 역할을 하였다.

4세기는 초대교회에서 신학의 전성기였다. 성령론도 예외가 아니다. 삼위일체에서 성령의 특성과 위격이 분명하고 확고하게 된 것도 이때였다. 특히 바질은 성령에 대하여 앞선 신학자들보다 더 강조해야 했다. 그것은 성령 신성 부정론자들이 바질의 시대에 와서 강력한 집단으로 대두되었기 때문에 이들에 대한 배격 없이 아리우스주의를 배격할 수 없게 되었다. 왜냐하면 성자와 성부에 관한 문제에 있어서는 아리우스주의를 배격하면서도, 성령과 관련 아리우스주의는 배격하지 않는 집단이 있었기 때문에 바질은 성령의 문제를 분명히 밝히지 않고서는 아리우스주의를 더 이상 공격할 수 없게 되었다. 그리하여 바질은 그의 저서, 특히『유노미우스를 반대하여』와『성령에 관하여』에서 성령의 신성(theotēs autou)과 아버지와 아들과 동일본질인 것을 밝힌다.[41]

그러나 바질은 성령을 '하나님'이라고 분명히 부르는 것을 절제했다. 그는 삼위일체의 제삼의 위격에 대해서 '아버지와 동일본질'(homo-ousios tōi patri)이라는 용어를 사용하지 않았다. 이 일 때문에 그가 반(半)아리우스주의자들의 견해에 동조했다는 의혹을 받았고, 수도 승들로부터 공격을 받기도 했다. 아타나시우스는 바질을 지지하는 글을 쓰기도 했고, 수도승들에게 바질의 의도와 목적, 즉 그의 에큐메니칼 정신(oikonomia)을 이해시키려고 했다. "약한 자에게 그는 약한 자를 얻기 위해서 약하게 된다"는 것이다.[42] 사실 바질은 늘 모든 감독에게 '에큐메니칼'한 자세를 가지라고 충고하였다. 그의 태도는 논적들을 파멸시키기보다는 설득시켜 성령의 신성을 인정하도록 노력했다. 바질이 과열된 감독들로부터 맹렬한 공격을 받자 그의 평생의 친구 나지안주스의 그레고리도 바질의 입장을 변호하였다. 그에 의하면 바질은 매우 극단적인 아리우스주의자들이 격분하지 않을 정도로 성령에 대한 그의 입장을 밝혔다는 것이다. 왜냐하면 당시 가이사랴의 감독직을 노리는 바질의 반대파 극단적인 아리우스주의자들이 있었기 때문이다. 그들의 세력이 만만치 않았던 것이다. 그들은 바질이 실수하기만을 기다리고 있었던 것이다. 만일 바질이 아직 성령에 대하여 어떤 공식적인 형식이 정립되기 전에 너무 직접적인 언급을 하는 것은 그들에게 기회를 제공하게 되는 것이었다. 그러면 바질은 감독직을 잃을 위험이 있었다. 그렇게 되면 교회에서 매우 중요한 그의 감독구가 정통성을 잃게 될 것이었다. "구원은 용어에 있는 것이 아니라 그것들이 표현하는 것에 있다"는 것이다.[43] "미숙한 사람들 앞에서 성령을 하나님이라고 부르는 사람은 목회적인 신중함(oeconomically)이 없이 행동하는 사람이다. 그들은 진주를 진흙에 던지는 사람들이고, 우유 대신에 단단한 음식을 주는 사람들이다."[44] 그레고리는 신약성서에서도 성령의 신성은 암시를 할 뿐이며, 아직도 성자의 신성과 동일본질의 문제가 완전하게 그리고 일반적으로 인정되지도 않은 상황에서 성령의 신성의 문제는 사람들에게 큰 짐이 되는 모험이라는 것이다.[45]

바질이 비록 상대방의 입장을 고려하여 신중하게 접근을 했지만, 그는 성령의 신성과 동일본질을 분명히 가르쳤다.

> …우리는 성서에서 언급된 세 가지 창조를 발견한다. 첫째는 무존재로부터 존재하게 했다는 것, 둘째는 악을 선한 것으로 변화시킨 것 그리고 셋째는 죽은 자의 부활이다. 이 모든 것에서 당신은 아버지와 아들과 함께 협동하는 성령을 발견할 것이다… '주님은 말씀으로 하늘을 지으시고, 입김(성령)으로 그들의 모든 능력을 만드셨다'(시 33:6). 사람은 세례를 통하여 다시 태어난다. 왜냐하면 '사람이 그리스도 안에 있으면

새로운 피조물이기 때문이다'(고후 5:17). 그리고 구세주는 제자들에게 '가서 모든 민족을 제자로 삼아서 아버지와 아들과 성령의 이름으로 세례를 주라'(마 28:19)고 하셨다. 여기서도 성령이 아버지와 아들과 함께 현존하는 것을 본다 ···. 하나님을 '테오스'(Theos)라고 부르는 것은 그가 만물을 배열(tetheikenai)하거나 만물을 바라보기(theasthai) 때문이다 ···. 영은 우리 안에서 우리의 모든 것을 아는 것처럼 하나님의 모든 것을 안다(고후 2:11). 그래서 성령은 하나님이다. 게다가 '성령의 검이 하나님의 말씀'(엡 6:17)이라면, 성령은 하나님이다. 왜냐하면 검은 말씀이라 불리는 그에게 속하기 때문이다. 말씀은 '하나님의 오른손'이라 불린다. '주의 오른손이 힘차시다. 오, 주의 오른손이 적을 산산이 부수셨다'(시 118:16). 성령은 하나님의 손가락이다. '만일 내가 하나님의 손가락으로'(하나님의 영으로, 마 12:28) 귀신을 쫓아낸다면, 성령은 아버지와 아들과 같은 본성을 지니고 있다.[46]

성령은 성부와 성자와 동일본질이다.

당신은 성령이 피조물이라고 말한다. 그리고 모든 피조물은 창조주의 종이다. 왜냐하면 '만물이 모두 주님의 종'(시 119:91)이기 때문이다. 그래서 만일 성령이 종이라면, 그의 거룩함은 후천적으로 취득한 것이다. 취득한 거룩함의 모든 것은 악을 받아들인다. 그러나 본질에서 거룩한 성령은 '거룩함의 원천이라 불린다'(롬 1:4 비교). 그러므로 성령은 피조물이 아니다. 만일 성령이 피조물이 아니라면, 그는 아버지와 한 본질이다.[47]

이렇게 바질은 성령의 신성을 단정적으로 확언함과 동시에 성령이 피조물이 아니며 예배를 받으시기에 합당하다고 확정함으로써 성령 신성 부정론자들의 입장이 제거되었다.

더욱이 성령은 한 분이며, 우리는 성령이 단독으로 한 분 아들을 통하여 한 분 아버지에게 연결되어 있다고 말한다. 그리고 성령 자신을 통하여 찬탄할 만하고 축복받을 삼위일체가 완성된다고 말한다. 성령과 아버지와 아들과의 밀접한 관계는 성령이 피조물의 다수에 자리하지 않고 단독으로 언급되는 사실에 의해서 충분히 밝혀진다. 성령은 다수 중의 하나가 아니라 한 분이다. 한 분 아버지와 한 분 아들이 있듯이 한 분 성령이 있다. 합리적으로 보더라도 단독은 복합적이고 복수의 몸과는 별개인 것처럼 성령도 창조된 자연은 결코 아니다. 하나가 하나와 친화적 관계에 있듯이 성령은 그와 같은 방법으로 아버지와 아들과 연합되어 있다.[48]

대부분의 헬라 교부들의 공통적인 견해에 따라 바질도 성령이 "아들을 통하여 아버지로부터 발출한다"고 말한다. 성령은 아버지로부터 오지만 그러나 아들과 같이 출생하는 것은 아니라 그의 입의 숨이다.[49] 그렇지만 "천부의 선이나 거룩함은 독생자 아들을 통하여 아버지로부터 성령까지 확대된다."[50] 그러나 바질은 성령을 '그리스도의 영'이라고도 부르지만, 유노미우스가 주장하듯이 아들이 성령의 유일한 근원이라는 것은 아니다. 바질은 유노미우스의 가르침을 비난하였다.[51] 바질은 반대로 아들은 모든 것을 아버지와 공유하지만, 성서에서 성령을 "아버지의 영"일뿐만 아니라 "아들의 영"이라고도 부른다는 것이다.[52] 그러나 이와 같은 바질의 말은 성령이 어떤 의미에서는 아들로부터

발출한다는 것을 직접적으로 주장하지는 않지만 암시하는 것 같다.[53]

III. 나지안주스의 그레고리의 신학

1. 생애

나지안주스의 그레고리(Gregory of Nazianzuz, c. 329~390)는 329년 경 카파도키아 남서쪽에 위치해 있는 아리안주스(Arianzus)에서 아버지 그레고리아와 어머니 논나(Nonna) 사이에서 태어났다. 그의 아버지는 본래 휘프시스타리안이었다.[54] 그러나 그의 어머니 논나는 그리스도교의 가정에서 태어난 여성으로 열정적이고 경건한 그리스도교 신자였다. 그녀는 남편 그레고리가 325년 그리스도교로 개종하는데 결정적인 영향을 미쳤을 뿐만 아니라 아들 그레고리의 초기 교육에도 강력한 영향을 행사했다. 후에 그녀의 남편은 나지안주스의 감독이 되었고, 아들 그레고리는 나지안주스에서 멀지 않은 곳에 있는 감독의 별장에서 태어났다. 그러므로 그레고리는 그의 친구 바질과 다른 많은 친구들과 같이 카파도키아의 부하고 귀족적인 가문 출신이며, 그리스도교 전통에서 성장하였다. 그가 스스로 말하고 있듯이 그는 출생하기도 전에 그의 어머니에 의해서 주님께 바쳐졌고 성별되었다.[55] 그는 철저한 종교교육을 받았기 때문에 좋은 땅에 떨어진 씨와 같았다. 그는 '속세적인' 생각에 골몰하지 않았으며, 자기를 구원해 준 구세주를 위하여 전적으로 살고자 했다. 그가 성장하던 시대는 이미 그리스도교적인 분위기가 지배하고 있었기 때문에 그는 자기의 이상을 펼치는 데 큰 어려움이 없었다.

바질과 동년배이며 지칠 줄 모르는 지적 욕구에 목말라 하던 그는 카파도키아의 가이사랴에 있는 수사학 학교, 팔레스타인의 가이사랴와 이집트의 알렉산드리아의 그리스도교 학교에 잠시 다니다가 356~357년경에는 학문의 명문지에서 그의 연구를 완성하고자 아테네로 왔다. 이때 전에 만난 일이 있는 바질을 만났으며, 두 사람은 평생의 친구관계를 맺게 되었다. 그때만 해도 그레고리는 바질보다 자기가 선배요 우월하다고 생각하였다. 그리하여 이 젊은 동향 친구를 보호하여 학문적 삶으로 인도하고 세상의 유혹에 빠지지 않도록 그를 보살피려고 하였다. 여기서 그는 후에 콘스탄티우스를 이어 황제가 된 줄리안도 만났던 것으로 전해진다.

거의 바질과 같은 교육과정을 밟았으나 둘은 매우 다른 유형의 사람들이었다. 그레고리는 바질과 같이 대감독의 정력이나 지도자로서 능력을 타고나지 않았다. 그에게는 영웅적인 면이 없었다. 그는 4세기 신학자 중 휴매니스트라 불릴 수 있었기 때문에 그를 바르게 이해하려면 사사로운 인간성에서 접근해야 할 것이다. 무엇보다도 그에게서 우리는 순수한 의도, 섬세한 윤리적 감정을 감지하게 되고, 내성적인 성격이지만 남의 어려움에 동정적(同情的)이며, 깊은 종교적 헌신을 끝까지 할 수 있다는 것을 깨닫게 할 만큼 순수한 감성이 있음을 발견하게 된다. 실천적이고 활동적인 바질과는 달리 금욕적 경건과 문학적 교양의 융합을 선호했다. 그는 수사학자로서 연설가였으며, 시인다운 정서가 풍성하여 4세기 가장 유명한 설교가라는 평을 받는 사람이었다. 그는 실제 목회보다는 학문적이고 조용하고 관상적인 삶, 수도원적 명상의 삶, 하나님께 부요해지려는 삶, 세상적인 이상보다는 피정적인 삶이 그의 성격에 맞는 사람이었다.

그리하여 그는 자기의 정신적 열망을 추구하지 못하였고 저항적이지 못했다. 그의 문학적 지식은 대단히 넓고 풍부했으며, 그도 철학적 교육을 받았으나 독자적 사상가나 학자는 되지 못하였다. 그는 늘 동료에게 의존적이었고 다른 사람의 반응에 예민하였다. 즉, 외부로부터 영향을 받는 사람이었다. 결과적으로 그의 전 생애에서 결연하고 불굴의 의지가 부족하였다. 그는 고독을 열망했지만, 친구들의 소원, 분쟁을 조정하는 그의 기질과 그의 의무감 때문에 거친 세상으로, 그 시대의 논쟁과 분쟁으로 돌아왔다. 이리하여 그의 일생은 세상으로부터 도피와 귀환의 연속이었다.[56]

357년경 아테네를 떠나 고향으로 돌아온 그는 얼마 후에 세례를 받고 수도사가 되려고 했었다. 358~359년경 광야에서 수도원적 은거 생활을 하고 있는 바질을 방문하고 그와 함께 오리겐의 명문 선집인 『필로칼리아』(*Philocalia*)와 『수도원 규칙서』를 편집하였다. 그레고리도 수도승으로 이론적이며 철학적인 명상에 전적으로 헌신하려고 했다. 그는 사막에서 홀로 하나님과 대화를 나누고 가시적인 것들을 초월하여 그 저편에서 자기의 삶을 살아가는 것이 더 없는 놀라운 일이라고 생각하였다.

> 그는 이러한 '신적인 영감을 세상의 속임수와 현상에 더럽혀지지 않고 항상 순수하게 보존하고자 했고, 하나님과 신적현실에 참으로 티없는 거울이 되고자 했으며, 끊임없이 새로워져 있기'를 원했다. 그는 '자기의 빛에 빛을 더하고, 어스름 빛을 대신하여 밝은 빛을 받고, 오는 세상의 축복을 희망으로 미리 즐기며, 천사와 더불어 교제하고, 땅에 살면서도

이미 땅에서 벗어나서 영으로 하늘에 올리워지기'를 원했다.[57]

그러나 362년경 나지안주스의 감독인 아버지의 강요와 시민의 요청을 받고 성격상 거절하지 못하고 자기 의지와는 반대로 성직자의 안수를 받지만, '폭력적인 행위'에 화가 난 그는 아버지의 행동을 '독재'라고 비난하고 사막에 있는 친구에게로 도피하였다. 그러나 자기의 의무에 대한 진정한 전망을 가지고 곧 나지안주스로 돌아와 교구 행정과 영혼치유의 일을 하면서 아버지를 도왔다.[58]

로마 공화정치시대 동로마제국의 황제 발렌스(Valens, 367~387)가 371년경 카파도키아를 둘로 분할하였을 때 바질의 대교구도 둘로 나누어지게 되어 바질의 영향력도 축소되는 상황이 되었다. 바질은 카파도키아의 제일 수도로서 그 지역 대감독직의 센터인 가이사랴의 감독이었다. 그는 자기의 권리와 지위를 강화하기 위하여 관할구역의 새 부감독들을 선발할 때, 나지안주스 근처에 있는 사시마(Sasima)의 감독으로 친구 그리고리를 임명하였다. 이 도시는 작고 초라한 마을이었다. 그레고리는 그 임명에 마음이 몹시 상했고 저항하여 한번도 그 작은 교구에 가지 않았으며, 감독직을 착수하지도 않았다. 그는 나지안주스에 머물면서 아버지를 돕고 있었다. 이 일에 대하여 캄펜하우젠은 이렇게 묘사하면서 시 한 편을 소개한다.

교회정치의 목적으로 그레고리와 같은 사람을 푸른 잎사귀나 자유인이 무성하게 자랄 수 없는 타락한 말몰이꾼들의 마을에다 옮겨 심으려고 했던 것은 얼마나 무리한 요구였던가!

신자의 영혼을 구원한답시고,

지배욕만 채우려 급급하니

이자와 세금 때문에 세상이 갈기갈기 찢기나,

차마 그렇다고 말하지는 못하겠도다.[59]

384년 아버지가 사망하자 그레고리는 아버지의 뒤를 이어 감독이 되었으나, 약 1년 후에 셀류시아(Seleucia) 지역으로 은거하여 다시 명상에 전념하는 생활을 하였다. 그러나 이 생활도 잠시 즐겼을 뿐, 379년에 아리우스주의자 황제(발렌스)와 그리고 총주교의 박해를 받고 상당히 축소된 콘스탄티노플의 니케아파 공동체가 다시 조직을 강화하려고 했을 때 그는 니케아파로부터 긴급한 청원을 받았다. 이때는 황제 발렌스가 사망했기 때문에 상황이 바뀌어가고 있었다. 그레고리가 이 청원을 수락하고 콘스탄티노플에 도착했을 때, 도시의 모든 교회는 아리우스주의자들의 손에 들어가 있었다. 이 상황에서 그는 교회정치사에서 뛰어난 인물이 되었는데, 친척의 집에서 시작한 '부활교회'에서 행한 그의 감동적인 설교는 많은 사람들을 니케아신앙으로 돌아오게 하였다. 이때 그가 한 설교가 유명한 『다섯편의 신학적 연설』이다.

380년 테오도시우스(Theodosius)가 동방의 새 황제로 즉위하자 니케아 정통파들은 회복의 새 전환기를 맞이했고, 황제는 그레고리를 수도의 사도들의 교회에 취임시켰고, 381년에는 그가 소집한 콘스탄티노플공의회에서 그를 수도의 감독으로 확인시켰다. 그러나 참석한 성직자들 중에서 교회법을 들어 그의 추천을 반대하자, 그레고리는 수도의 감독직에 대하여 너무 혐오한 나머지 모든 논쟁을 종식시키기 위하여 며칠 후에 사임을 하고, 감독들과 시민들에게 고별 설교를 했다. 이것이 유명한 '이별 설교'(Parting Speech, Oration, 42)이다.[60] 나지안주스로 돌아온 그레고리는 384년까지 2년간 교구의 일을 하다가 모든 짐을 벗은 후 생애 마지막을 가족들의 별장이 있는 곳에서 전적으로 글 쓰는 일과 수도원적 수덕 생활을 실천하다가 390년경 사망했다.

결론적으로 요약하면 그레고리는 바질에 비해 감성적이고 관상적인 본성을 지닌 사람이었고, 실천적이고 행동적인 은사는 별로 받은 것 같지가 않다. 그는 비록 때때로 자기의 지적 능력을 실현하고 문제가 있는 교회나 친구에게 필요한 존재가 되고자 하는 고상한 욕망 때문에 공적인 활동을 했지만, 그가 가장 즐겼던 삶은 학문적이고 명상적인 여가의 삶이었다. 건강이 좋지 못한 생의 말기에는 신경이 과민하여 타인에 대해서도 매우 비판적이었지만, 이러한 약점을 그는 타협적인 그의 기질로 억제하려고 애를 썼다. 무엇보다도 수사학은 그의 삶을 유지시키는 요소였다. 그의 산문이나 시에는 그의 유능한 수사학적 기법이 나타난다. 문학적 지식의 영향력이나 폭에 있어서 4세기 그와 견줄 만한 설교가는 아무도 없었다. 그는 분명히 고대 그리스도교에 있어서 가장 위대한 매혹적인 웅변가의 한 사람이었다. 헬레니스틱 수사학의 자원을 활용하는 능력에 있어서는 바질을 능가하고 있었다. 만일 그를 성공한 삶을 산 사람이라고 평한다면 그것은 오직 그의 연설 능력 때문이라고 할 것이다. 그래서 동방 사람들은 그를 '그리스도교 데모스테네스'(Christian Demosthenes)라고 불렀다.[61] 그의 '연설'(Orations)은 16세기까지 논평이 이어졌으며, 그는 천년 이상 매혹적인 학자로 평가되고 있다. 그가 행한 수많은 종교적 연설과 강연은 성서 본문에 대한 설교가 아니라 웅변의 대작들이었다. 그렇다고 그의 글에 신학적인 내용이 없다는 것이 아니다. 그의 서신들에는 에베소공의회(431)와 칼케돈공의회(451)에서 채택된 그리스도론의 내용이 이미 함축되어 있었다. 그의 신학적 해설은 성서와 전통을 엄격하게 따르지도 않는다. 이 때문에 그는 오히려 그 시대 헬라 교회의 교리적 실상에 대한 믿을 만한 증인으로 생각되고 있다.

2. 신학 사상

나지안주스의 그레고리가 어떤 신학적 입장을 가지고 있는지는 그가 바질에게 보낸 서신의 서두를 보면 암시를 받는다. "나는 당신이 내 삶의 안내자요 나의 교리 스승이기 때문에 처음부터 당신을 택했고 지금도 마찬가지입니다."[62] 이 말은 신학에 있어서 그레고리는 바질에게 신세를 지고 있다는 것을 자인하고 있는 것이다. 그레고리의 신학 사상을 집중적으로 연구하게 되면 그가 바질에게 얼마나 의존적이었는지를 확인하게 된다. 그러나 이 말은 그레고리가 바질의 사상을 답습하고 복사했을 뿐이라는 것은 아니다. 그는 오리겐이나 터툴리안과 같은 기발하고 창의적인 사상가는 아니었으나 바질을 통하여 전승된 사상을 진보 발전시키므로 후대가 그에게 '신학자'라는 칭호를 붙여줄 만큼 그 시대의 대표적 신학자의 한 사람이었다. 그에 의해서 신학적 술어와 교리적 형식이 개선되었을 뿐만 아니라 학문으로서의 신학을 실현시켰다.

그의 저술에는 신학의 본질과 그 방법론이 언급되고 있다. 그는 신학자로서 신학을 신학 되게 하는 원천, 신학의 목적, 신학의 정신, 신학자의 특성, 신앙과 이성, 가르치는 교회와 배우는 교회 그리고 교리적인 정의를 공식화하는 교회의 힘 등에 대하여 깊은 관심을 갖고 있다.

1) 주요 저작 개요

나지안주스의 그레고리는 그의 명성에 비해서 다산작가는 아니었으며, 초대교회 신학자로서는 예외적으로 특이하게 성서 주석이나 교리서적인 글을 쓴 일이 없다. 그의 글은 주로 연설, 시, 서신들이다. 그는 4세기 신학자들 중에서 유일하게 시인이다. 그의 글의 형식이나 문체는 동시대의 어느 그리스도인도 도달할 수 없는 완벽에 가까운 수사학자의 모습을 보여준다. 이 때문에 중세기 동방의 주석가들과 문예부흥기의 인문주의자들이 그의 글에 관심을 가졌던 것이다. 그는 직접 성서 주석이나 신학적 주제로 글을 쓰지는 않았으나, 연설, 시, 서신들을 통해서 신학적 관심을 나타냈다.

(1) 『45편의 연설』(*The 45 Orations*)

그레고리의 가장 위대한 저작인 이것은 그가 죽은 후 그의 수사학적이고 문학적 작품에서 발췌하여 편집한 『연설』이며 현존한다. 주로 379~381년에 행한 연설들인데, 이 기간은 그레고리의 일생에서 가장 중요했던 시기였다. 비록 짧은 기간이었지만, 그가 콘스탄티노플의 감독으로 크게 주목을 받고 있었던 시기였기 때문이다. 이 시기에 그는 가장 정통적 신학자적 위치에서 381년 니케아-콘스탄티노플 신조 형성의 틀을 잡아줬다.

이 작품은 다른 작품들보다 그레고리의 수사학적 솜씨와 그의 아시아적 웅변가의 이미지를 매우 분명하게 보여준다. 그가 사용한 다양한 문장들은 현대 독자들에게도 과다할 정도다. 그리하여 이 연설들은 곧 수사학교의 기본적인 교재가 되었으며 수사학생들은 반드시 읽어야 하는 필독서가 되었다. 그의 산문을 읽으면 시적 리듬의 아름다움을 함께 감상할 수 있었다고 한다. 그리하여 그의 연설의 구절들이 후대 교회 찬송가 가사의 기초가 되었다. 399년경 아퀼레이아의 루피누스(Rufinus of Aquileia)가 이 연설 중 아홉 편[63]을 라틴어로 번역하였으나 너무 조급했고 세심하게 주의를 기울이지 못했다는 평을 받고 있다. 그 외에 아르메니아어, 시리아어, 콥틱어, 슬라브어, 그루지야어, 아라비아어, 에티오피아어 등 옛 역본들이 현존하고 있다.[64]

(2) 『다섯 편의 신학적 연설』(*The Five Theological Orations*)

이것은 앞서 언급한 『45편의 연설』 중에서 27~31편의 연설들을 가리키는 것이고,[65] 380년경 콘스탄티노플에서 행한 그레고리의 교리적 설교다. 즉, 그는 교인들에게 니케아 신앙을 방어할 목적으로 한 설교였지만, 결과적으로는 유노미우스주의자들과 마케도니우스주의자들을 반대하여 정통적 삼위일체교리를 방어한 설교가 된 것이다.[66] 이 설교는 삼위일체 교리에 대하여 그가 장기간 집중적으로 연구한 성숙된 결과물이었다. 그리하여 이 설교를 통해서 그레고리는 '신학자'라는 명칭을 얻게 되었으며, 이 저작은 그의 다른 어떤 저작보다도 그에게 명성을 안겨준 작품이었다.

J. 쿠아스텐은 연설 내용을 요약하여 소개한다. "제1연설은 신적 진리를 토론하기 위하여 필요한 일련의 선행 조건들을 소개하고, 제2

연설은 엄격한 의미에서 '신학'(theologia)을 취급한다. 여기서 그는 인간의 지력(智力)이 정의하고 이해할 수 있는 끝까지 하나님의 존재, 본성 그리고 속성 등을 다룬다. 제3연설에서 그는 삼위(三位)에 있어서 본질의 일치, 특히 로고스의 신성과 아버지와의 동등성을 논증한다. 제4연설은 아들의 신성에 대한 아리우스주의자들의 반대와 그들에 의한 성서의 오용(誤用)에 대한 논박이다. 마지막으로 제5연설에서는 성령의 신성을 부인하는 마케도니우스주의자들에 대하여 성령의 신성을 방어한다. 그레고리 자신이 마지막 네 연설들을 '말씀의 신학'(tēs theologias logoi)이라고 부른다."[67]

(3) 『시(詩)』(Poems)

그레고리가 시작(詩作)을 한 것은 그의 말년, 아리안주스(Arianzus)에서 은퇴 생활을 하고 있었을 때다. 비록 그는 영감 받은 시인이라고 부를 수 없다고 하지만, 그럼에도 불구하고 그의 시구(詩句)들은 정말 시적인 감정과 순수한 미적 감정을 나타내고 있다. 물론 어떤 시들은 산문에 불과한 것도 있다. 그리스도인들이 퇴보했다는 비난을 논박하기 위해서 쓴 시들이 그렇다. 모두 약 400편의 시가 현존하고 있는데, 그중에서 〈함께 위를 향하여〉(In suos versus)라는 제목의 시는 그가 말년에 왜 시를 쓰게 되었는지를 자세하게 설명하는 시다. 그가 시를 쓰게 된 첫째는 새로운 그리스도교 문화가 결코 이교 문화보다 열등하지 않다는 것을 입증하려는 것이었고, 둘째는 어떤 이단들, 특히 아폴리나리우스(Apollinarius, c. 310~390)[68]같은 이단이 시적 표현으로 그들의 교훈을 전파하는 것을 보고 그들의 거짓된 교훈을 성공적으로 논박하기 위해서는 같은 시적 방법을 쓰는 것이 필요하다고 생각했기 때문이었다. 그렇기 때문에 그의 시 가운데 38편은 교리적인 시들이다. 이 시들은 삼위일체 교리를 비롯하여 하나님의 창조 역사(役事), 신의 섭리, 인간의 타락, 주님의 성육신, 주님의 기적과 비유들, 정경적인 성서 책 등을 다룬다. 그리고 40편의 도덕적인 시들도 있다.

그러나 최고의 시들은 역사적인 시(Poemata historica)와 자서전적인 206편의 시들이다. 여기서 우리는 매우 부드러운 애가적(哀歌的) 감정에 접할 수가 있다. 구도자(求道者)의 생각과 감정, 천국에서 잠자고 있는 친척이나 친구들에 대한 그리움, 그의 영혼의 사랑과 희망, 잘못에 대한 각성과 실수 등을 시로 읊고 있다. 가장 긴 시는 자서전적인 시(De vita sua)다. 이 시는 출생부터 콘스탄티노플을 떠날 때까지 그의 삶의 자료로서 가치가 있을 뿐만이 아니라 모든 헬라 자서전 문학에서도 최상의 작품으로 평가받고 있다. 모든 그의 자서전적인 시들은 그리스도인 영혼의 영적 삶을 묘사하고 있다. 이와 같은 그의 자서전적인 시들은 어거스틴의 『고백록』에 비교되고 있다.

그레고리는 그의 시작(詩作)을 통해서 그가 고전적 전통에 깊이 뿌리내리고 있다는 것을 보여준다. 그는 그리스도인의 삶의 철학에 유익하다고 생각되면 그는 언제라도 고전적인 전승의 보화를 활용하였다. 그러나 그는 창의적인 지성으로 그것들을 그리스도교적인 정신이 나타나는 새로운 형식으로 탈바꿈하였다.[69]

2) 삼위일체론

나지안주스의 그레고리의 삼위일체론은 바질과 마찬가지로 아리우스주의자 유노미우스, 성령 신성 반대론자들에 대한 반대에서 출발한다. 그레고리의 많은 설교, 서신, 시, 특히 '신학적 연설'로 일컬어지는 그의 다섯 설교는 모두 그들을 논박하는 것이었다. 그레고리는 신학 연구와 토론의 원리를 다루는『신학적 연설』처음 부분에서 아무 때나 만나는 사람마다 신학적 논쟁을 하는 아리우스주의자들의 습관을 공격하고 있다.[70] 그에 의하면 신학적 토론은 우리의 지성이 파악할 수 있는 한계 내의 주제들만을 취급해야 하고, 우리의 지성이 더 이상 진전시킬 수 없음을 보이는 점까지만 진행해야 하며, 토론해야 하는 신학적 주제들은 지성적 능력이 충분하여 그것들을 이해할 수 있고 수용할 수 있는 사람들에 의해서 진행되어야 한다고 한다.

그와 같은 그레고리에게 있어서 거의 모든 신학적 토론이나 강화의 귀착점은 삼위일체 교리의 방어였다. 그는 다음과 같이 그의 교훈을 정확하게 요약하고 있다.

나는 평생의 안내자와 보호자로서 이 신앙을 고백한다. 오직 하나의 신성과 하나의 능력을 일치 가운데 셋에서 발견했다. 셋은 따로따로 구성되면서 본질에 있어서 동일하며, 추가나 대치에 의해서 증가되지도 않고 축소되지도 않는다. 모든 점에서 동등하며 모든 점에서 하나요 같다. 그것은 하늘의 아름다움과 광대함이 하나인 것과 같다. 셋은 무한한 일자(一者)의 무한한 결합이다. 아들처럼 아버지, 성령처럼 아들로서 따로따로 하나님으로 생각한다. 각 존재는 그만의 속성(idiotēs, proprietas)에 의해서 구별된다. 셋을 함께 정관(靜觀)할 때 셋은 한 하나님이다. 동일본질(homoousiotēs)이기 때문에 각기 하나님이고, 군주(monarchia)이기 때문에 한 하나님이다.[71]

그도 정통적인 삼위일체론의 기본인 세 위격, 하나의 신성을 강조한다.

우리는 헬라의 다신론을 피하기 위하여 세 개의 근원을 가정하지 않는다. 또한 우리는 유대인의 하나님처럼 좁고, 질투하고, 무기력한 의미에서 한 분 하나님을 믿는 것도 아니다. 또한 우리는 아들이 아버지로부터 낳았다고 하고 나서 그를 변형시켜 다시 아버지에게로 돌아가게 하는 이론에서처럼, 신성을 자기 소모적인 것으로 만들어 일치를 보존하는 것도 아니다 …. 우리는 아들을 출생하지 않은 자로 말하지 않는다. 왜냐하면 아버지는 오직 한 분이기 때문이다. 우리는 성령을 아들이라고 말하지 않는다. 왜냐하면 독생자는 한 분이기 때문이다. 그래서 위격들은 그들 각기 신적 묘한 모습을 갖고 있는데, 하나는 아들 신분으로, 다른 하나는 아들 신분이 아닌 발출의 신분으로 그 특이성을 나타낸다 …. 아버지, 아들, 그리고 성령은 피조되지 않았고 신적인 존재라는 점에서 공통적이다. 아들과 성령은 공통적으로 아버지로부터 기원한다. 아버지의 특성은 출생하지 않았다는 것이고, 아들의 특성은 출생했다는 것이며, 성령의 특성은 보냄을 받은 것이다. 단일체(monad)는 삼위(triad)에서 숭배를 받고, 삼위는 단일체로 숭배를 받는다는 것을 아는 것으로 만족하라.[72]

그레고리는 분명히 사벨리우스 이단은 물론 아리우스 이단을 무효화하려고 했다.

하나님은 구별이 분명한 속성들, 혹은 위격들(hupostases) 혹은 같은 개념으로 누가 쓰기를 원한다면 '프로소파'(prosopa)에 있어서 셋이다. 왜냐하면 우리는 그 술어들이 같은 의미를 나타내는 한 그 말에 대해서 논쟁하지 않을 것이기 때문이다. 그러나 본질의 범주, 즉 신성에 있어서는 하나다. 왜냐하면 신성은, 말하자면, 구별없이 판별되고, 차별들이 없어지지 않고 하나로 결합된다. 신성은 셋 안에서 하나이고, … 우리는 위격들 사이의 우월이나 열등의 개념을 피해야 한다. 우리는 연합을 혼돈으로 변질시켜서도 안 되고, 구별을 본질의 차이로 변질시켜서도 안된다. 우리는 사벨리우스의 동일시와 아리우스의 차별로부터 똑같이 거리를 두고 떨어져 있어야 한다. 그들은 정반대적으로 오류를 범하고 있지만, 불경스러운 점에서는 똑같다.[73]

바질의 삼위일체론과 비교하면, 그레고리는 한편으로 일치와 군주(monarchia), 곧 하나님의 주권을 더 강하게 강조하지만, 다른 한편으로는 '신적 관계'에 대한 보다 명확한 정의를 하고 있다.

성부와 성자의 본질 논쟁에 있어서 아리우스주의자들은 성부는 출생하지 않았고, 성자는 출생했다는 것으로 성부와 성자 간의 본질의 부동성을 주장해 왔다. 출생과 불출생의 논리는 정통 교부들도 사용해 온 것이 사실이다. 그러나 이 문제에 대하여 그레고리는 그 진술의 논리적 딜레마를 지적하면서 적절한 진술이 아니라고 한다. 즉, 만일 아버지가 아들을 낳았다면, 그것은 자의적이든 타의적이든 둘 중에 하나일 것인데, 만일 하나님이 타의적으로 아들을 낳았다면 그것은 하나님보다 더 힘 있는 다른 존재를 인정해야 한다는 것이다. 반대로 하나님이 자의적으로 아들을 낳았다면 그 아들은 의지(will)의 아들이지 하나님 자신의 아들이 아니라는 것이다. 여하간 우리가 자신의 출생에 대해서도 이해할 수 없으면서 하나님의 아들의 출생을 이해하려고 하는 것은 중요한 일이 아니다. 그러므로 "시작부터 출생한 것이 출생 이전에 존재했느냐 안 했느냐는 문제를 토론을 하는 것은 어리석은 일"이다.[74]

사실 그레고리의 논증의 핵심은 '아버지', '아들' 그리고 '성령'이라는 칭호들이 '관계의 술어', '관계의 개념'들이라는 것을 강조하는 데 있었다. 여기서 그는 바질을 능가할 수 있었고, 관계의 교리는 훗날 삼위일체의 학문적 분석의 핵심이 되었다. 그레고리는 그의 적대자들이 '아버지'라는 용어가 '본질'에 관련된 것인지, '행위'에 관련된 것인지를 물었을 때, 그는 그 둘을 모두 부인하고 "아버지와 아들 사이에 존재하는 본질의 교류는 '관계'를 뜻한다"고 하였다.[75] 그레고리의 삼위일체론의 특징은 성부, 성자, 성령이라는 삼위를 '관계 개념'으로 이해하고 있다는 점이다. 그에 의하면 세 신적 위격 사이의 각각은 '기원의 관계'를 제외하면 완전히 동일하다.[76] 신적 위격들은 그들 사이에서 '관계'에 의해서만 구별된다고 주장한다.

> '아버지'는 본질의 이름도 아니고 행위의 명칭도 아니다 …. 그러나 아버지는 아들에게, 아들은 아버지에게 속성을 지키는 관계의 이름이다. 왜냐하면 우리에게 이름들이 순수하고 친밀한 관계를 알게 하는 것과 같이 그 이름들은 출생한 자와 출산한 자 사이의 본질의 일치를 나타낸다.[77]

'관계 개념'과 함께 그레고리가 삼위일체론 발전에 공헌한 다른 하나는 신적 위격들의 구별되는 특성에 대하여 분명한 정의를 했다는 것이다. 그에 의하면 세 위격은 각기 관계의 속성을 가지고 있다는 것이다. 그런데 바질은 삼위일체의 첫 두 위격(성부, 성자)의 속성 (idiotētes)을 관계의 특성으로 이해하고 제 삼의 위격의 속성에 대해서 는 표현할 수 없다고 한 반면에 그레고리는 첫 두 위격의 속성만이 아니라 성령의 구별되는 속성까지도 정의한다. 그는 '기원'을 통하여 삼위일체의 세 위격을 구별한다.

> 우리에게는 한 분 성부 하나님이 있고, 만물이 '그분으로부터'(from whom) 났다. 그리고 한 분 성자 하나님이 있고, 만물이 '그를 통하 여'(through whom) 존재한다. 그리고 한 분 성령이 있는데, 만물이 '그 안에'(in whom) 있다. '그로부터', '그를 통하여', '그 안에'라는 구절들 은 본성의 상이함을 말하지 않는다. (만일 그렇게 한다면, 전치사들이 교체될 수 없고, 혹은 호칭들의 순서가 바뀔 수 없을 것이다). 그러나 그것 들은 혼돈되지 않는 하나의 본질 안에서 위격적인 구별을 나타낸다⋯. 아버지는 아버지고, 기원이 없다. 왜냐하면 다른 누구를 통하지 않고 자존하기 때문이다. 아들은 아들이고, 그는 아버지로부터 파생했기 때 문에 기원이 없지 않다. 그러나 만일 '기원'(origin)이라는 말을 시간의 의미로 쓴다면, 아들도 기원이 없다. 왜냐하면 시간을 만든 자는 시간에 예속되지 않기 때문이다. 성령은 참으로 아버지로부터 나온 참된 영이 다. 그러나 아들과 다른 방법으로 오신다. 왜냐하면 출생에 의한 것이 아니기 때문이다. 더 명확성을 위하여 새로운 용어를 만들어야 한다면, '발출'(procession)에 의한 것이다.[78]

위에 인용한 글 속에 아버지의 경우 '기원이 없다'는 것은 '출생하지 않으신 분'(agennēsia)을 뜻하는 것이고, 아들의 경우 '아버지로부터 파생했다'는 것은 '출생한 분'(genesis)을 뜻하고, 성령의 경우 아버지로 부터 '나왔다'는 것은 '발출한 분'(ekporeusis)을 뜻한다.[79] '기원'을 통해서 세 위격을 구별하기 위해서 그레고리가 채용한 술어들은 니케아회의에서 차별이 불투명했던 사벨리우스주의와의 관계를 분명하게 했으며, 동·서방교회가 다 같이 삼위일체 사이의 구별을 정확하게 표현한 것으로 받아들인 것들이다. 그레고리는 "기원이 없는 고유 이름은 성부이고, 기원이 없이 출생한 이름은 성자이며, 출생함이 없이 발출한 고유 이름은 성령"이라고 하였다.[80]

그레고리는 바질과는 달리 성령의 신성을 분명하고 공식적으로 진술하기를 주저하지 않았다.[81] 그는 372년에 이미 대중 설교에서 성령을 '하나님'이라고 불렀는데, 이것은 삼위일체 교리의 발걸음에 있어서 한 발 더 진보했음을 가리킨다. 그는 묻는다.

언제까지 등불을 켜서 되로 덮어두고 성령의 신성에 대한 충분한 지식을 다른 사람들에게 숨기려고 하는가? 등불은 전체 교회와 영혼과 전 세계를 충분히 비추도록 촛대 위에 놓아야 한다. 이것은 더 이상 은유나 지적인 스케치가 아니라 뚜렷한 선언이다.[82]

만일 아버지가 계시지 않았던 때가 있었다면, 아들도 있지 않았을 때가 있었다. 만일 아들이 없었을 때가 있었다면, 성령도 없었을 때가 있었다. 그러나 만일 한 분이라도 시작부터 계셨다면, 세 분도 마찬가지로 시작부터 계셨다.[83]

그레고리는 바질보다 성령의 신적 지위를 더 분명히 강조한다.

물론 이 말은 바질이 성령에 관한 언급을 하지 않았다는 것이 아니다. 바질도 성령의 이름이 없는 세례는 삼위일체론에 있어서 정통이 아니라고 하면서, 반대자들에게 성부와 성자로부터 분리되지 않은 성령을 지킬 것을 촉구하였다. 뿐만 아니라 영광송에서도 삼위일체의 형식을 나타내고 있다. 즉, "'성령과 더불어', '성자와 함께' 성부에게 영광이 있으소서."[84] 그레고리는 영적인 세계와 영이 종교의 근본적인 영역이라고 한다. 그것은 하나님의 영(성령)이 우리의 영을 세상의 속박에서 참으로 자유하게 하기 때문이다. 그러므로 삼위는 다 같이 숭배와 경배의 대상인 것이다. 이렇게 성령의 신성을 특히 강조함으로써 그레고리는 아리우스주의만을 주적으로 생각하여 작성한 니케아신조의 성부와 성자의 동일본질론을 수용하면서도 니케아회의에서 불분명하게 취급되었던 사벨리우스주의와의 차이를 분명하게 하였다.

P. 틸리히에 의하면 카파도키아 신학자들, 특히 나지안주스의 그레고리는 삼위일체 교리에 사용되었던 개념들을 두 계열로 엄밀하게 구별하였다. 즉, '한 신성'(mia theotes), '한 본질'(mia ousia), '한 본성'(mia physis) 그리고 '세 실체'(treis hupostases), '세 위격'(treis prosōpa), '세 속성'(treis idiōtētes)이다. 신성은 세 형태에서의 한 본질이다. 즉, 세 독립된 실재들이다. 셋은 같은 의지, 같은 본질을 가지고 있다. 그럼에도 불구하고 셋은 각기 그의 특별한 속성을 가지고 있다.[85]

3) 그리스도론

나지안주스의 그레고리의 그리스도론은 앞서 취급한 삼위일체론에서 성령의 교리보다 더 진보한 것이었다. 그의 그리스도론은 제3차 에큐메니칼회의인 에베소회의(431)와 제4차 에큐메니칼회의인 칼케돈공의회(451)에서 승인되기도 했다. 그는 분명히 그리스도에게 있어서 하나의 품격을 입증하고 있다. "그리스도는 둘로부터 한 분, 그에게서 하나로 연합된 두 본성, 두 아들은 없다"고 한다.

> 그는 존재했었고, 한 상태에서 다른 상태로 되어지고 있다. 그는 시간을 초월하여 존재하였었지만, 시간에 종속되었다. 그는 불가시적 존재였지만, 가시적이 되었다. '그는 태초에 있었으며, 하나님과 함께 있었고, 그는 하나님이었다(요 1:1). '있었다'(was)는 말을 강조하기 위하여 세 번 반복되고 있다. 그는 과거의 자신을 버리고, 과거의 자기가 아니었던 모습을 취했다. 그는 둘이 되지 않았으나, 그는 스스로 두 요소들로 구성된 단일체(unity)가 되도록 허용했다. 왜냐하면 취한 것과 취해진 것이 신적 존재로 결합되기 때문이다. 두 본성은 단일체로 연합된다. 그리고 두 아들이 있는 것이 아니다. 왜냐하면 우리는 본성의 혼합에 대하여 잘못 알면 안 되기 때문이다.[86]

그레고리는 그의 마리아론을 통해서도 그리스도의 두 본성을 강조한다. 마리아에게 붙여진 '하나님의 어머니'(Theotokos)[87]라는 칭호는 그레고리를 통하여 에베소공의회(431) 이전에 정통 교리의 시금석이 되었다.

> 만일 마리아가 하나님의 어머니라는 것을 믿지 않는 사람은 누구나 신성으로부터 끊어진다. 마찬가지로 신성은 인간의 매체적 수단이 없지만, 인성은 정상적인 잉태 과정을 따른다는 이유로 그리스도가 동정녀 안에

서 단번에 신성과 인성으로 형성되지 않고, 통로를 통과하는 것처럼 동정녀를 통과했다고 말하는 사람은 누구나 신을 믿지 않는 것과 같다. 만일 누가 인성이 먼저 형성되고 후에 신성을 부여받았다고 주장한다면, 그도 정죄된다. 왜냐하면 이것은 하나님이 출생이 아니라 출생의 회피이기 때문이다. 만일 어떤 사람이 두 아들을 받아들여 하나는 아버지 하나님에게서 나왔고, 다른 하나는 그의 어머니에게서 나왔기 때문에 하나요 같지가 않다고 한다면, 그는 올바르게 믿는 자들에게 약속된 '양자들'(엡1:5)에 도달하지 못한다. 참으로 신성과 인성(인성은 영혼과 몸으로 이뤄졌다)의 두 본성이 있다. 그러나 두 아들 혹은 두 하나님은 없다.[88]

그러나 카파도키아 신학자들, 특히 나지안주스의 그레고리에게 있어서 그리스도 이해는 그리스도의 완전한 인간성을 방어하는 것이었다. 그는 그리스도에게 있어서 인간 영이 신적 로고스로 대치되었기 때문에 예수 그리스도는 완전한 인간이 아니라고 주장하는 아폴리나리우스를 반대하여 그리스도가 완전한 인간이라는 근본적인 교리를 강하게 방어하였다.

만일 누가 인간의 마음(mind)이 결여된 인간 존재에게 희망을 둔다면, 그는 참으로 분별이 없는 사람이고, 구원받을 가치도 없다. 왜냐하면 (인간의 몸)을 취하지 않고는 인간을 치유하지 못하기 때문이다. 구원받는다는 것은 하나님과 일치되는 것이다. 만일 아담이 절반 정도만 타락했다면, 그리스도가 인간을 취하시는 것도, 우리의 구원도 절반에 불과할 것이다. 그러나 아담의 전 본성이 타락했다면, 독생자 그리스도의

전 본성에 연합해야 하고 그러면 총체적으로 구원을 받게 된다.[89]

그레고리는 그리스도에게 인간의 마음(soul)이 없다고 주장하는 사람은 누구나 하나님과 인간 사이의 '칸막이벽'을 제거한다. 그리스도에게는 인간의 마음(nous)[90]이 있어야 한다. 왜냐하면 마음은 신적 지성의 이미지이기 때문이다. 그러므로 그리스도 안에서 인간의 '누스'는 하나님과 인간의 육체 사이를 연결하는 고리다.

> 아포리나리우스주의자로 선한 선생, 당신은 하나님을 육체에 결부시켜 내 마음을 경멸하는데, 이것이 하나님을 육체에 결부시킬 수 있는 유일하게 가능한 양식이라는 이유에서 그렇게 한다. 당신은 나를 '인간을 경배'(anthropolatry)한다고 비난하지만, 당신은 '육신을 경배'(sarcolatry)한다는 비난을 자초하고 있다. 당신의 이론은 '중간 담을 허무는 것'(엡 2:14)이다…. 나는 마음과 마음이 섞여서 더 가깝고 더 동질이 된다고 생각한다. 이렇게 신성과 인성은 신성과 육신의 총체 사이에 있는 마음의 중재를 통하여 연합이 된다.[91]

그레고리는 그리스도의 인간의 속성을 '푸시스'(phusis)라고 단언한다. 푸시스는 생명을 불어넣는 요소로서 몸과 혼으로 되어 있다.

> 만일 그의[그리스도의] 인성이 '푸시스'를 결여했다면, 그것은 아리우스주의자들이 증거도 없이 주장하는 것이다. 그들은 몸에 생명을 주는 것은 몸의 경험을 공유해야 한다는 이유로 [그리스도의] 고난을 신성에 돌린다. 만일 그의 인성이 푸시스를 가졌다면, 그것은 비합리적이거나

지성적이었을 것이다. 만일 비합리적이라면, 어떻게 참된 인간일 수 있겠는가? 왜냐하면 인간은 지성 없는 동물이 아니기 때문이다.[92]

그레고리는 아폴리나리우스주의적인 그리스도론을 반박하는 서신을 클레도니우스(Cledonius)에게 보낸 일이 있는데, 이 서신에서 그는 '로고스-육체'(Logos-Sarx) 그리스도론이 궁극적으로는 아폴리나리우스의 교리를 논증하는 것이 되기 때문에 이것을 반대하고 '로고스-인간'(Logos-Man) 술어로 사용하여 자기의 주장을 설명하려고 했다.[93] "그리스도에게는 하나님과 인간이라는 두 본성이 있다. 그것은 그에게 몸과 동시에 혼이 있기 때문이다."[94] 그레고리는 그리스도에게 있어서 두 본성의 연합을 정의하면서 이후 그리스도론의 발전에 매우 중요하게 된 형식을 만들었다. 즉, "이 연합은 은총에 의한 것이 아니라 '본질에 있어서의 연합'이다."[95]

> 만일 누가 신성이 '본질에 의해서는 영원한 연합'으로, 인성에 결합되는 대신에 예언자에 있어서와 같이 '은총에 의해서' 그 안에서 작동한다고 말하면, 그와 같은 사람은 그 안에서 하나님의 그와 같은 역사(役事)가 없는 사람이다.[96]

그레고리의 그리스도론 형식은 후대 이어지는 그리스도론 논쟁을 해결하는 데 중요한 역할을 한다.

IV. 니싸의 그레고리의 신학

1. 생애

니싸의 그레고리(Gregory of Nyssa, c. 335~394)는 어릴 때부터 "주님께 던져졌고 성별된" 것으로 생각된 사람이었다. 형인 대 바질과 같은 가정적 사회적 지적 분위기에서 성장했기 때문에 그의 친구들은 그도 영적이고 교회적인 행정적 지도자로 성직에 헌신할 것으로 생각했었다. 그러나 그는 감독직에 있을 때도 교회 행정가로 별로 큰 능력을 보이지 못했다. 형 바질은 이 점을 늘 아쉽게 생각하고 있었다고 한다. 그는 수사학자로, 사상가와 철학자로 더 적합한 사람이었다. 그는 형 바질과 같이 뛰어난 교회 행정가도 아니었고, 수도원의 규칙 제정가도 아니었으며, 나지안주스의 그레고리와 같은 매력적인 설교가도 시인도 아니었다. 그는 누구보다 뛰어나게 영리했음에도 다른 두 카파도키아 신학자들에게 밀려 오랫동안 제2급에 머물러 있었다. 그 결과로 그의 독창성과 신학까지도 외면당한 채 베일에 쌓여 있었고, 그의 위치도 애매모호하였다.[97] 그럼에도 불구하고 그는 사변적 신학자와 수도승 그리고 신비가로서 자기의 삶을 살았으며 신학과 철학을 통하여 분명한 공헌을 하였다.

니싸의 그레고리의 초기 삶에 대해서는 알려진 것이 거의 없다. 그는 335년경에 태어났는데, 무슨 이유인지는 모르겠으나 형 바질만큼 교육을 받은 것 같지 않다. 그는 카파도키아의 가이사랴, 콘스탄티노플, 아테네 등 명성 있는 학교를 다녔다는 기록이 없다. 그 자신도 고백하기를 자기는 "자랑할 만큼 유명한 선생에게서 배운 것이 없다"

고 한다.[98] 그레고리는 어렸을 때 아버지를 잃었기 때문에 형 바질이 사실상 가장의 역할을 하고 있었다. 그리고 확실하지는 않지만 바질이 356년경 가이사랴에서 수사학을 가르치고 있었을 때 그레고리가 그의 학생이었다고 전해지고 있다. 그래서 형 바질은 그레고리에게 있어서 형이면서 아버지이고 스승이었던 것이다. 그는 형 바질을 "온 세상이 낳은 경이로운 자며 참 철학자의 원형"이라고 하였다.[99] 그는 형을 성인의 반열에 올려놓고 그의 글들을 영감을 받은 것들이라고 선언하기도 하였고, 형을 가리켜 "하나님의 뜻에 따라 창조되었으며, 그의 영혼은 창조주의 형상"이라고도 했다.[100]

그러나 이 말은 그레고리에게는 자신의 것이 전혀 없었다는 말이 아니다. 그의 작품을 보면 그도 당시의 수사학, 철학, 기타 일반학문에 대한 자기 나름의 지식을 가지고 있었을 뿐만 아니라 독자적 해석을 하고 있었다. 그는 특히 플라톤, 플로티누스(Plotinus), 필로 그리고 그리스도인 저자들 중에서는 오리겐의 책을 많이 읽은 것으로 전해지고 있다. 그는 오리겐의 책을 탐독하면서 신학 연구에 철학이 유용하다는 것에 공감하였다고 한다.[101] 그리고 오리겐의 영향을 받아 그도 성서에 대한 은유적 해석을 하였다. 그는 비록 이교학자라도 거부하지 않고 자기 지식에 도움이 되면 존경하고 그의 책을 읽었다. 예를 들면 그는 이교 수사학자 리바니우스(Libanius)를 헬라 고전 문화의 최고 현존하는 대표자라고 격찬하였다. 나지안주스의 그레고리가 그에 대하여 성서를 세상의 '쓰고 맛없는 책들'과 교환하고, 자신을 '그리스도교인보다는 수사학자'라고 부르게 했다고 비난할 정도였지만,[102] 그의 많은 독서는 그가 당시 가장 다방면의 신학자가 되는 데 큰 도움이 되었을 것이다. 그는 카파도키아 교부들 중에서 가장 이교도의 철학을 이용할 줄 안 사람이었다. "그의 작품의 적지 않은 구절은 그의 주위환경과 인간의 행동 방식에 관한 정확한 관찰과 상세한 자연과학적 지식, 특히 의학지식을 보여준다."[103]

그는 처음에 교회에서 독경자(lector)가 되었다가 세상적인 경력을 위해서 수사학 교사가 되었고, 매우 고매하고 사랑스러운 여인 테오세비아(Theosebia)와 결혼했다. 그러나 그는 그의 첫 금욕주의 작품 『동정성에 관하여』(*On Virginity*)에서 한번 "세속생활에 발을 들여놓은 후에 비로소 다른 사람들이 경험하는 세속적 행복의 증인으로서 금욕의 이상에 관해서 이제 말할 수 있게 되었다"고 한탄했다.[104] 결국 그는 형이 세운 수도원으로 은거를 결심하게 되었는데, 이것은 그의 친구 나지안주스의 그레고리의 영향을 받은 것으로 전해진다.

371년경 동로마제국의 황제 발렌스가 카파도키아 지역을 둘로 분할하자 바질의 감독 구역인 가이사랴도 둘로 나누어지게 되면서 바질의 영향력이 축소되었다. 바질은 이를 만회하기 위해서 니케아파를 강화하려고 자기 지역의 주교좌의 수를 늘려 감독들을 임명하였다. 이때 다른 그레고리를 나지안주스의 주교로, 동생 그레고리를 니싸의 주교로 임명한 것이다. 이 임명은 모두 본인들의 의사에 따른 것이 아니었다. 그래서 친구 그레고리는 임명된 지역에 부임하지도 않았으나, 동생 그레고리는 형의 강요를 받아들여 작지만 정치적으로 중요한 도시 니싸로 갔다. 그때 그는 수사학자와 철학적 신학자로서 사는 그의 자유로운 삶을 포기했으며, 개인적인 교양과 연구와 명상의 삶에서 교회를 섬기는 일에 부르심을 받은 것이다. 그러나 그는 형의 기대에 미치지 못했던 것 같다. 바질은 동생 그레고리가 대인관계와 교회정치적 문제에 있어서 우유부단하고 정치적 감각이 부족하여 모든 일을 너무 단순하게 처리하는 관계로 적임자가 아니라고 비판하였으며, 375년에는 "교회 업무에 전혀 경험이 없다"는 이유로 그를 로마로 보내는 협상 대표단에 포함시키지 않았다.[105]

그레고리는 니싸의 감독직을 수행하는 데 많은 어려움을 겪었던 것 같다. 형의 기대에 못 미쳤다는 것뿐만 아니라 그 지역에서 득세하고 있었던 아리우스파의 격렬한 반대에 직면하고 있었다. 그들은 그레고리가 교회 재정을 횡령했다는 날조된 고발로 376년에 아리우스파 감독들만의 교회회의에서 면직되고 추방되었다. 이 일에 대해서 바질까지 나서서 항의했으나 소용이 없었다. 결국 니싸에는 아리우스파 감독이 선출되었고 니싸는 그레고리를 잃은 것이다. 그레고리가 다시 니싸로 돌아온 것은 378년 아리우스파 황제 발렌스가 사망하고 니케아파 지지 황제가 즉위한 뒤였다. 그는 교회로부터 뜨거운 환영을 받으면서 귀환했다.

379년경 그레고리가 '여자 스승'이라고 부를 만큼 그에게 영적 영향을 주었던 누이이며 수녀인 마크리나(Macrina)와 형이요 아버지요 스승이었던 바질이 모두 세상을 떠났지만, 이후 그레고리의 활동은 급변하였다. 그 배경에는 아리우스파를 지지했던 황제가 사망하고 니케아파의 입장에 선 새 황제 테오도시우스가 즉위하는 국가 정치정세의 변화가 있었다. 이제부터 그레고리는 실제적으로 교회 문제에 있어서 가장 영향력 있는 신학자요 감독으로 등장하여 죽을 때까지 콘스탄티노플의 황실과 친밀한 관계를 유지하면서 활동하였다.

379년 안디옥회의는 그에게 폰투스(Pontus) 교구를 방문하여 세바스테(Sebaste)의 새 감독 선출을 주재하도록 위임하였다. 이곳은 그가 니싸의 감독직에서 면직되고 추방되었을 때 몇 개월 동안 '바벨론 포로' 생활을 했던 곳이다. 그러나 세바스테 교회는 그의 뜻과는 상관 없이 그를 수석 대주교로 선출하였기 때문에 수개월 동안 그 일을 해야 했다. 381년 제2차 공의회인 콘스탄티노플회의에서는 나지안주스의 그레고리와 함께 정통의 두 기둥의 하나로 주도적 역할을 하였다. 회의가 끝난 후 그는 정부의 신임을 받는 자문관이 되어 아리우스파의 감독을 면직하고 니케아파 감독을 새로 선출할 때마다 그의 승인을 받아야 할 정도로 위상이 높아졌다. 공의회의 위탁을 받고 그는 381년 로마의 속령인 아라비아와 예루살렘의 논쟁을 해결하기 위하여 두 곳을 방문하였다. 383년 콘스탄티노플회의에서는 '성자, 성령의 신성론'이라는 연설을 통하여 니케아 신앙의 정통성을 강조하였다. 이제 그의 명성은 형 바질에 못지않을 정도가 되었다. "그의 이름이 도시들과 교회들과 민족들 가운데 알려졌고, 교회들은 그를 부르고 사람들을 보내어 그들의 투쟁을 도와 질서를 잡아 주기"를 원하게 되었다.[106] 황실의 존경을 받고 있는 그는 종종 콘스탄티노플을 방문해야 했는데, 그것은 예를 들면 385년 공주 풀케리아(Pulcheria)와 그의 어머니 황후 플라칠라(Flaccilla)의 장례식 설교를 하기 위한 것이다. 그의 사망 연도는 정확하게 알 수 없다. 다만 394년 콘스탄티노플회의에 참석한 기록이 그의 마지막 역사적 기록인 것으로 봐서 같은 해가 아니면 그다음 해에 그가 사망했을 것으로 추론한다.[107]

2. 신학 사상

그레고리는 내성적인 성격의 사람이었고 사변적인 사람이었다. 철학자와 신학자로서 그는 철학적 통찰력으로 그리스도교 신앙의 교리를 이해하고 해석하는 데 다른 카파도키아 교부들보다 뛰어났다. 그의 교리적 사색은 동시대인들 누구도 따를 수가 없었으며 그는 오리겐 이후 그리스도교 신학에 대한 조직적인 진술을 한 최초의 사람이었다. 그렇다고 그를 쉽게 비교회적인 신학자로 여기는 것은 잘못이다. 신학적으로 그는 교회의 근거 위에 서 있는 사람이었다. 그의 교회정치적 활동은 교회의 공적이고 신성한 권리를 방어하는 것이었다. 그는 순수한 학문적인 분위기에서만 발전한 신학은 실용성이 없다는 것을 알고 있었다. 그의 글과 설교에는 교회의 예배가 그 중심에 자리하고 있다. 그는 교회에서 선포되는 설교야말로 깊은 사상의 출발점으로 중요한 의미를 가진다고 하였다. 그는 설교를 할 때 성서에서 그 근거를 입증하려고 하는 것보다 일관된 지적 논리적 체계에서 근거를 찾으려고 하였다.

그렇다고 그가 성서를 무시하고 철학적 논리적 사변적 근거만을 고집했다는 것은 아니다. 그는 사변적 학자였으나, 사변 그 자체가 목적이 아니었다. 사변은 윤리와 자연철학과 세속적 문화 전체와 같이 "신비스러운 계시의 신적 성전을 꾸미는 장식품에 불과하다." 중요한 것은 그리스도가 그 중심에 있는 인간의 구원인 것이다. 즉, 개별적인 영혼이 순수하게 되어 창조주 하나님께로 올라가는 것이다. 그레고리의 신학의 궁극적 목적은 하나님과의 생명적인 관계를 추구하는 것이었다. 그러므로 신학은 파악할 수 없고 규명할 수 없는 하나님을 예배하고 그분과의 사랑의 연합으로 끝난다.[108]

그의 사상에 영향을 준 사상가들은 주로 필로, 신-플라톤의 대표자 플로티누스, 오리겐 등이다. 오리겐의 영향을 받았음에도 불구하고 제2차 니케아공의회(787)가 오리겐의 사상을 정죄했을 때 그레고리는 정죄 되지 않았고, 오히려 '교부들 중의 교부'라는 명칭을 부여받았다.

1) 주요 저작 개요

다른 초대교회 사상가들의 경우와 마찬가지로 니싸의 그레고리의 저작의 경우에도 직접 원전에 접할 수 없고, 문학평론가적 능력이 부족한 저자로서는 그의 저서에 대한 문학적 평가를 하기는 어렵다. 그러나 평론가들에 의하면 그의 저술은 다른 카파도키아 교부들에 비해서 사상의 깊이나 폭에서 뛰어나고 재주가 많았다고 한다. 그는 그 시대의 지성계의 흐름에 개방적이었고 예민한 사상가임에도 타 문화와 사상에 매우 적응적이었다고 한다.

그의 언어 선택은 의식적으로 고전적 문학 형식을 따르고 있으며, 코이네(koine)와 셉투아진트(LXX)로부터 인용이 없는 것은 아니지만, 아테네에서 공부한 일이 없음에도 아테네 어법이 축적되어 있는 것을 보인다고 한다. 그의 은유법, 역설적이고 모순어법 등은 당시 헬라 수사학의 영향을 받은 것이 분명하다. 그럼에도 그는 예술의 달인은 되지 못했다. 그의 문체는 매력이 없으며 문장은 너무 무겁다. 찬사를 할 때, 장례 설교를 할 때, 특히 논쟁적 글에서 그의 솜씨는 불과 활력이 넘친 나머지 과장된 파토스에 빠질 때가 있다. 이것은 그의 사상의 깊이와 종교적 확신을 이해하려는 현대 독자들을 어렵게 한다.

그의 저작에서 큰 어려움의 하나는 저작 연도가 추측일 뿐 불확실하다는 것이다. 단 한 가지 어느 정도 분명한 것은 대부분의 그의 저술이 생의 말기, 즉 379년에 시작되었다는 점이다. 379년이면 그가 귀향에서 돌아와 화려하게 복직한 후 감독으로 활발하게 활동을 하기 시작했을 때다. 그러므로 그의 현존하는 그의 저작만으로는 그의 내적 발전과 사상적 발전의 과정을 이해하는 데는 한계가 있을 수밖에 없다.

(1) 『유노미우스 논박』(Against Eunomius, Adversus Eunomium)

그레고리의 대부분의 교리적 저술들은 당시 이단을 반대하는 논쟁적인 것인데, 이 책은 그중에 하나이며, 바질도 유노미우스[109]를 논박하는 글을 썼다. 그러므로 그레고리의 이 책의 내용은 바질의 책과 함께 읽으면 도움이 될 것이다. 바질이 363~365년 사이에 세 권으로 쓴 책은 유노미우스가 성부와 성자의 본질이 동일하지 않다고 주장하는 극단적인 아리우스주의파(Anomoean)의 지도자의 한 사람이었을 때인 361년에 쓴 『변증』(Apologia)에 대한 논박이었다. 모두 세 권으로 구성되었는데, 그 첫째 권은 하나님(아버지)의 본질은 출생하지 않음(agennēsia)인데, 말씀(아들)은 출생을 했고 창조물에 불과하기 때문에 참 하나님의 아들이 아니라는 논증을 논박한다. 둘째 권은 말씀이 아버지와 동일본질(homoousios)이라는 니케아 교리를 방어하고, 제삼 권은 성령의 동일본질을 강조한 것이다.

형 바질도 유노미우스를 반대하는 글을 썼지만, 동생인 그레고리가 유노미우스를 반박하는 글을 380년부터 383년경까지 계속하여 적어도 네 편이나 쓴 것은 형이 생존했을 때 유노미우스로부터 받은 공격에 대하여 형의 입장을 대변하고 싶었던 것이다. 그만큼 그레고리는 형에 대한 존경심이 깊었다. 형이 받은 고통을 그는 충분히 헤아리고 있었던 것 같다. 그는 콘스탄티노플공의회(381)에서 주도적 역할을 했을 때도 유노미우스를 논박하는 글들을 동료 나지안주스의 그레고리와 제롬에게 읽었다고 한다.[110] 383년 유노미우스가 그의『신앙해설』(*Expositio fidei, Ekthesis pistteōs*)을 테오도시우스 황제에게 제출했을 때, 그레고리는 그의 책 제4권에서 유노미우스의 글에 대한 매우 상세한 비판을 하고 있다.

(2)『삼신 (三神) 부정에 관하여』(*That there are not three Gods, Ad Ablabium quod non sint tres dii*)

390년경으로 추정되는 이 글은 교회의 삼위일체 교리를 방어하고 설명하는 그레고리의 글 중의 하나다. 이 글은 우리가 아버지, 아들, 성령의 신성을 인정한다면 왜 세 하나님을 말해서는 안 되는지에 대하여 문제를 제기한 아블라비우스(Ablabius)에게 보낸 것이다. 그레고리는 '신'(god)이라는 술어는 위격이 아니라 본질을 나타내기 때문에 각 위격의 이름과 함께 언제나 단수로 사용되어야 한다고 한다. 그래서 아버지 하나님, 아들 하나님, 성령 하나님이라고 말해야 한다. 아버지, 아들, 성령은 존재의 양식이고 셋 사이는 관계이며 존재는 하나이고 동일하다.

(3)『성 삼위일체에 관하여』(*On the Holy Trinity, Ad Eustathium de sancta Trinitate*)

이 글은 아블라비우스에게 보낸『세 하나님 부정에 관하여』, 주교좌 심플리키우스(Simplicius)에게 보낸『신앙에 관하여』(*De fide sanc-*

ta)[111] 그리고 『이교도를 반대하여』(*Adversus paganos*)와 함께 그레고리의 삼위일체론의 중요한 작품이다.

의사 유스타티우스에게 보낸 이 글은 성령 신성 부정론자들에 대한 논박이다. 그레고리는 그들의 견해와 자기의 견해를 기술한다.

> 그들은 신성의 능력이 아버지로부터 아들까지 확대되는 것을 받아들인다. 그러나 그들은 성령의 본성을 신적 영광으로부터 분리한다. 이와 같은 견해에 반대하여 내가 할 수 있는 최선은 내 입장을 간단히 방어하는 일이다. 그들은 새롭고 신기하다고 나를 고발하고, 그 근거로 내가 세 위격(hupostses)을 고백한다는 것이다. 그리고 내가 하나의 선함, 하나의 능력, 하나의 신성을 주장한다고 비난한다. 이 점에서 그들은 진리에서 멀지 않다고 나는 주장한다.[112]

(4)『대교리문답』(*Oratrio catechetica magna, Great Cathechesis*)

385년경에 작성된 이『대교리문답』은 이단자들, 유대인들 그리고 이교도들에게 그리스도교의 중요한 교리를 확립하고 방어한 책으로 그의 교리적 작품 중에서 가장 중요한 것으로 평가된다. 사실 이 책은 교리 교육에 체계가 필요한 선생들을 위한 그리스도교 교리의 요람(要覽)이다. 오리겐의『제일 원리』이후 처음으로 시도된 조직신학일 것이다. 그레고리는 단지 성서의 권위보다는 형이상학적 근거위에서 그리스도교 교리의 전 복합체를 확립하려고 했다. 제1부(1~4장)는 삼위의 한 하나님, 성자와 성부의 동일본질과 성령의 신성을 취급하고, 제2부(5~32장)는 그리스도와 그의 사명, 즉 그리스도의 성육신과 구원에 의한 질서의 회복을 다룬다. 그리고 제3부(33~40장)는 세례와 성만찬이라는 두 성례전을 통한 구원의 문제와 거듭남의 본질적인 조건으로 삼위일체를 믿는 신앙에 관한 글이다. 그레고리의 이 책은 알렉산드리아의 오리겐의 영향, 특히 그의 종말의 우주론적 가르침에 크게 영향을 받았지만, 동방교회에 널리 퍼질 정도로 큰 성과를 거두었다.

(5) 『영혼과 부활에 관한 대화』(On the Soul and Resurrection, Dialogue de anima et resurrectione)

이 글은 그레고리가 영적으로 영향을 받은 누이 마크리나(Macrina)와 영혼과 부활에 관하여 대화를 나눈 것이다. 형 바질이 죽은 얼마 후인 379년 그레고리가 안디옥회의를 마치고 수도원 원장으로 있는 누이를 방문했을 때 있었던 대화다. 이때 그의 누이는 임종 직전에 있었다. 그래서 그레고리는 매우 우울했고 슬픔과 실망에 잠겨 있었다. 그러나 마크리나는 소란을 억제하고 가쁜 숨을 숨기면서 즐거운 제목의 이야기를 하려고 했다. 그레고리는 생의 마지막에 와 있는 누이, 자기가 '스승'이라고 부르는 누이를 통해서 영혼, 죽음, 불멸성, 부활 그리고 마지막 날 만물의 회복(apokatastasis ton panton)에 대한 그리스도교의 견해를 진술하게 하였다. 마크리나는 대화를 한 다음 날 세상을 떠났다. 이 대화록을 그레고리는 그녀가 세상을 떠난 후 출판하였다.

일반적으로 그레고리의 철학을 신-플라톤주의라고 하는데, 이러한 그의 철학적 경향을 가장 잘 나타낸 작품이 이 대화록이다. 이 대화록은 플라톤의 『파이돈』(Phaedon)[113]의 형식을 따른다. 그레고리는 플라톤 철학의 특징을 그리스도교 사상과 세계관에 적합하게 변형시켜 적용했다. 이 때문에 그레고리는 다른 두 카파도키아 교부들과 달리 심오한 철학적 사상가의 명성을 얻었다.

특히 마지막 날 악마와 마귀를 포함한 만물이 본래 상태로 돌아간다는 '만물회복론'은 그가 오리겐의 사상을 따른 것이 확실하다.

그레고리의 다른 짧은 대화집,『운명 반대론』(*Contra Fatum*)은 382년 콘스탄티노플에서 이교 철학자와 논쟁을 한 것이다. 그레고리는 점성학적 운명론에 반대하여 의지의 자유를 주장했다. 그는 인간이 출생할 때 별의 위치가 그의 운명을 좌우한다는 사상은 매우 어리석은 것으로 비판한다.

(6)『**주님의 기도에 관하여**』(*On the Lord's Prayer, De oration dominica*)

이것은 대부분의 그리스도인들이 기도를 게을리하고 있어 이에 대하여 기도의 필요성을 강조한 다섯편의 설교문이다. 첫 편을 제외하고는 대부분 도덕적인 입장에서 우리 아버지가 원하는 여러 가지 요청을 설명하는데, 특히 사치와 폭음폭식에 대하여 금하라는 것이다. 그는 기도의 신비적 해석을 위하여 문자적 의미를 포기한다. 기도에서 그가 가장 선호하는 주제는 인간 영혼에 나타나는 신적 형상이다. 우리가 다섯 편의 설교 중에서 제삼 편에 대해서 특별히 관심을 갖는 것은 삼위일체 교리에 매우 중요한 설교 내용을 담고 있기 때문이다.

그러므로 아버지의 위격의 특성은 아들과 성령으로 전이(轉移)될 수가 없으며, 다른 한편 아들의 위격은 다른 또 하나의 위격에 순응될 수가 없고, 성령의 특성은 아버지와 아들에게서 기인하지 않는다. 그러나 속성의 나누어질 수 없는 구별은 공동 본질이다. 원인 없이 존재하는 것은 아버지의 특성이고, 이 특성은 아들과 성령에 적용되지 않는다. 왜냐하면 성서가 말하듯이 아들은 아버지로부터 왔고(요 16:28), 성령은 하나님 아버지로부터 발출(發出)했기 때문이다(요 5:26). 아버지만이 원인 없는 속성의 존재이고 아들과 성령에게는 원인 없는 속성이 적용될 수가 없고, 아들과 성령의 특성은 그 본질상 아버지로 생각할 수 없다. 다른 한편 출생됨은 아들과 성령에게 공통적이다. 그러므로 실체에서 혼돈을 피하기 위해서 우리는 특성에서 순수한 차이를 다시 찾아내야 한다. 그래야 공통의 본질이 보호된다. 그럼에도 속성은 혼합되지 않는다. 왜냐하면 그는 성서에 의해서 아버지의 독생자라 불리기 때문이다. 이 술어는 아들을 위한 아들의 특성이다. 그러나 성령은 아버지로부터 온 존재라고 말한다. 그리고 아들의 영이라는 것이 증거된다. 왜냐하면 성서가 "그리스도의 영이 없는 사람은 그의 사람이 아니다"(롬 8:9)라고 하기 때문이다. 그러므로 성령은 하나님으로부터 왔으나 또한 그리스도의 영이다. 그러나 하나님으로부터 온 아들은 성령도 아니고 성령으로부터 온 것도 아니다. 이 상관적인 반복진행은 영구적이고 상환할 수 없다 ···. 삼위일체는 위격에 따라서 열거된 것이고 각기 다른 본질의 부분으로 나누어지지 않는다.[114]

(7) 『솔로몬 애가 설교』(Homilies on the Canticle of Canticles)

이 글은 솔로몬 애가 1장 1절-6장 8절까지를 본문으로 한 15편의 설교로 구성된 성서 주석이다. 서문에서 그레고리는 은유 방법으로 불리는 성서의 영적 해석의 필요성과 그 정당성을 교회 저술가들을 향해 방어한다. 오리겐의 신비적 주석이 그에게 크게 영향을 주었음이 분명하다. 그렇다고 그레고리가 오리겐을 비열하게 따른 것은 아니다. 그가 플로티누스의 사변적 도움을 받은 것이 사실이지만, 하나님에 관하여, 하나님과 모든 피조물의 관계, 성령의 성화 행위 등에 대하여 깊고 독자적인 사상가였다. 솔로몬의 애가에서 그레고리는 하나님과 인간의 영혼과의 사랑의 연합을 신랑과 신부의 사랑의 연합으로 묘사한다. 이것이 오리겐과 비교하여 그레고리의 주석의 탁월한 측면이다. 오리겐은 같은 주제에 관한 설교에서 애가의 신부(新婦)를 교회로 해석했었다.[115]

(8) 『동정(童貞)에 관하여』(On Virginity, De virginitate)

이 글은 그레고리의 금욕주의 저술 중의 하나다. 그는 금욕주의 저술을 통해서 그의 영성 교리를 진술하고 있다. 최근 영성신학에 대한 폭넓은 관심과 함께 그의 금욕주의 저술들에 주목하게 되었고, 이 글들로 인하여 그레고리는 '신비주의의 아버지'라는 칭호를 받았다. 동방교회의 금욕주의 발전사에 있어서 그레고리의 위치는 결코 과소평가될 수가 없다. 이 역사에서 그레고리의 이름은 형 대 바질의 이름 때문에 가리워지지 않는다. 바질이 수도원 규칙서를 써서 동방 금욕주의의 입법자였고, 그의 누이 마크리나가 여자 수도원 발전에 큰 역할을 했다면, 그레고리는 형과 누이의 결과에 영성에 대한 가르침으로 그들을 보충했다고 할 것이다. 바질이 동방 수도원을 조직화했다면 그레고리는 동방 수도원 특유의 종교적 전망을 고취시켰기 때문이다.[116]

이 책은 그레고리의 금욕주의적 글에서만이 아니라 모든 그의 저술 중에서 가장 초기의 작품이다. 그 연도는 바질이 카파도키아 대도시 가이사랴의 감독으로 취임한 370년에서 자신이 니싸의 감독으로 헌신하기 시작한 371년 어간일 것이다.

그레고리에게 있어서 '동정'은, 그가 서론에서 말한 대로, 경건한 삶을 사는 데 필수적일 뿐이다. 더욱이 동정은 신이 인간의 욕망을 공유하는 것을 막는 루트이며, 동정은 인간의 욕망을 신성한 것으로 끌어올리고 유지시키며, 인간의 신적인 면과 인간적인 면을 연합시키고, 크게 분할되어 있는 신적인 면과 인간적인 면을 조화시키는 매개체이기도 하다. 그레고리는 동정의 빛에서 신의 전 섭리(econmy), 구원의 전 연쇄(連鎖)를 생각한다. 이 연쇄는 삼위일체의 세 위격과 하늘의 천사의 힘으로부터 그 마지막 연쇄로서 인류에게까지 도달한다. 그러므로 그레고리는 그리스도를 '첫 동정녀'(archiparthenos)라고 부른다.

물론 동정의 현저한 표본은 동정녀 마리아다. 그는 모든 동정녀의 영혼에는 하나님의 영적인 성육신이 있다고 한다. 순결한 마리아에게서 그리스도의 신성이 충만하게 나타난다. 이리하여 "우리는 이제 육신의 잣대로 그리스도를 알지 않는다"(고후 5:16). 그러나 그리스도는 영적으로 우리 안에 거하시고, 그의 아버지에게 우리를 인도한다. 동정은 모든 미덕(aretē)의 근거이며, 하나님에 대한 환상을 위한 준비이고, 더욱이 부패하지 않는 신격과의 영혼의 연합은 동정의 상태가 가장 순결할 때만이 이룰 수 있고 그 외의 어떤 방법으로도 불가능하다. 그 상태란 하나님과 같은 상태다. 동정녀는 하나님의 깨끗한 거울에 자신을 놓고 모든 미(美)의 원형에 따라 그 자신의 아름다움을 만든다. 진정한 동정, 순결하고자 하는 진정한 열의는 그것을 통하여 하나님을 찾고자 하는 것뿐이다. 물론 그레고리는 인간 자신의 노력만으로 도달할 수 있는 것이 아니고 은총의 도움이 필요하다는 것을 알고 있었다. 하나님의 은총에 의하여 지지를 받고 도움을 받으려면 고결한 사랑의 목적을 이루려고 투쟁해야만 한다. 결혼한 그레고리는 이 동정의 상태에서 제외된 것을 유감스럽게 생각하고 있었다.

그레고리는 지상에서의 결혼과 영적인 결혼을 언급하면서 이것은 한 인간에게서 동시적으로 가능한 것이 아니라고 한다. 더욱 우리의 감정적인 힘으로 관능적 육체적 쾌락을 추구하고 동시에 영적 연합을 구애할 수도 없다. 한 인생 과정에서 이 두 결혼의 목적을 성취할 수 있는 것도 아니다. 성욕에 대한 절제, 격정의 억제, 욕정을 비롯한 육체가 필요로 하는 것에 대한 멸시 등은 인간 각 의식과 이성이 연합한 결과인 것이고 그 반대는 육체적 욕망이 그 동기가 된 것이다. 두 결혼을 선택해야 할 경우에는 두 결혼과 동시에 계약을 맺을 수가 없기 때문에 더 유익한 것을 선택하는 것이 건전한 정신의 목표인 것이다. 영원한 신랑에게 충실하는 영혼은 참 지혜, 곧 하나님에 대한 그녀의 사랑의 결실을 갖게 될 것이다.

이와 같은 니싸의 사상은 오리겐이나 메토디우스(Methodius)[117]의 선례를 따르고 있다고 생각된다. 그가 자주 그리고 의식적으로 철학적 용어를 사용하는 것은 금욕 생활에서 관상적(觀想的) 삶(vita contemplativa)에 대하여 고대 헬라 철학자들이 꿈을 실현하는 것을 그가 알고 있다는 것을 보여준다.[118]

니싸의 저술들은 그 외도 다수가 있다. 『이단 아폴리나리우스주의 논박』을 비롯하여 『성령 신성 부정론자들을 반대하여』, 『반(反)운명론』, 주석적인 작품으로 『인간의 직무』, 『모세의 생애』, 『시편강해』,

『전도서 해설』,『축복강해』, 금욕주의 저서로『세례명과 그리스도인의 직업론』,『완전론』그리고 다수의 예배 의식적 설교, 장례 설교, 도덕 설교, 교리적 설교와 서신들이 있다.

2) 철학과 신학

4세기 교부 중에서 니싸의 그레고리보다 더 신앙의 신비에 대한 인간의 이해를 위해서 광범위하게 철학을 사용한 학자는 없을 것이다. 그는 철학이 우리로 하여금 하나님을 향해 가도록 가르치기 때문에 그것을 신부(新婦)로 비유하기도 한다.[119] 그러나 그가 이교 철학을 무비판적으로 수용하고 사용한 것은 아니다. 그는 이교 철학이 결실이 없다고 비판한다. 분만의 고통이 언제나 생명 있는 후손을 보는 것은 아니다. 하나님의 지식의 빛에 들어오기 전에 유산이 될 수도 있다는 것이다. 그레고리도 철학이 절대적이지 않다는 것과 독립적일 수 없다는 것을 잘 알고 있었다. 그는 성서가 모든 교리의 규범이고 표준이라고 한다. 그래서 성서의 목적에 조화를 이룰 수 있는 것만을 승인한다. 그레고리는 성서를 '이성의 안내'요, '진리의 표준'이라고 강조하면서 성서가 이교도의 지혜보다 우월하다는 것을 확신하고 있었다.[120]

그와 같은 전제 위에서 그는 이교 지혜를 분별 있게 사용하였다. 그는 이집트인들의 문화적 종교적 전통의 보물이 이스라엘 자손들의 보다 진실하고 깊이 있고 높은 수준의 종교적 문화적 사회적 생활을 위해서 큰 도움이 되었듯이, 이교의 철학의 굴레에서 벗어나고, 보다 높은 미덕 생활을 위해서 지혜가 사용되어야 한다고 한다.[121]

철학에 대한 그레고리의 태도는 오리겐의 충실한 추종자라고 할 수 있다. 그가 교리적 입장이나 사상을 기술함에 있어서 세속적 지식에 빈번히 의존했기 때문에 그의 신학적 성취를 이해하기가 쉽지 않을 수가 있고, 그리스도교에 대한 그의 근본적인 입장이 애매모호할 때가 있는 것이 사실이다. 그리하여 플라톤으로부터 받은 영향을 잘못 강조하여 그레고리가 일부 정통 교리를 플라톤 학설에 그리스도교 이름을 적용하여 그것을 그리스도교 신학이라고 한다는 비판을 받는다. 그러나 그레고리가 그의 삶의 훈련, 세계관, 전문 술어, 문제의 접근방법 등에 플라톤의 영향이 컸던 것은 사실이지만, 그것이 그레고리의 사상 체계의 유일한 근거는 결코 아니었다. 신-플라톤주의, 특히 플로티누스의 사상도 그에게 영향을 주었으며, 윤리적 교리에는 스토아철학의 영향도 나타난다. 이와 같은 것을 고려하면 그레고리의 사상 형성에는 다양한 철학적 요소들이 공동의 자산으로 작용했다고 할 것이다. 그의 신지식은 필로와 플로티누스의 영향을 받았다. 다니엘루(J. Daniélou)는 그레고리와 플라톤과의 관계에 대하여 한편으로는 문자적으로 의존했고, 다른 한편으로는 그레고리의 신학은 플라톤 사상의 완전한 그리스도교적 변형이었다고 한다.[122]

방법적으로 그레고리는 다른 카파도키아 교부들보다 합리적 신학 (ratio theologica)에 더 관심을 가졌다. 그는 심오한 계시의 신비까지도 가능한 한 이성(합리적)으로 실증해야 한다고 확신하였다. 그러나 우리가 주목할 것은 그럼에도 불구하고 결국 그는 지성을 가지고 신앙에 침투하려는 모든 시도에 있어서 교부들의 전통에 안내를 받았다는 점이다. 그는 분명하게 말한다. "만일 우리의 이성이 문제해결에 부적절하고 불충분하다면, 우리는 교부들의 전승에 의해서 받은 움직일 수 없는 전통을 지켜야 한다."[123]

3) 삼위일체론

그레고리의 삼위일체론을 이해하는데 있어서 어려운 점이 있다.[124] 무엇보다도 그의 삼위일체론에서 그의 독창적인 것이 얼마 정도인지, 형인 바질의 사상으로부터 어느 정도 끌어왔는지를 파악하기가 쉽지 않다는 것이다. 그럼에도 불구하고 그는 플라톤의 이데아 사상과 신-플라톤주의에 근거하여 삼위일체 문제에 대한 동시대인들의 난제를 해결하려고 노력했다고 할 수 있다. 그는 본질(실재)을 보편적 개념으로 이해하려고 했다. 그러나 이 말은 그가 삼위일체론에서 '통일'(Unity)만 강조했다는 것은 아니다. 그는 '삼위'와 '통일'을 조화시키려고 노력하였다. 플라톤의 이데아 사상을 따라 실재(본질)를 보편적 개념으로 보려고 했던 그레고리는 예를 들면 '사람'이라는 용어는 개체가 아니라 본질을 가리키는 말이며, 베드로, 바울, 바나바는 하나의 인간성을 공유하고 있는 '세 사람'이라고 한다. 그는 '삼위'(Trinity)와 '통일'(Unity)을 조화시키려고 했다는 점에서 중세기 극단의 실재론(實在論)을 예고하고 있다. 그는 『삼신 부정에 관하여』서두에서 말하기를,

> 그렇다면 우리는 사람들이 공유한 본성을 본성에 의해서(by nature)가 아니라 실제 각 명칭에 의해서(by the very name) 나누어진 사람들을 부르는 습관부터 시작해 보자. 그들이 '많은 사람들'이라고 말하는것은 언어의 습관적인 오용이며 그리고 그것은 '많은 인간 본성들'이 있다고 말하는 것과 같은 것이다.
>
> … 따라서 같은 본성을 공유한 많은 사람들이 있다. 말하자면 많은 제자들, 사도들, 순교자들이 있다. 그러나 그들 모두는 사람으로 하나다. 왜냐

하면 '사람'(man)이라는 용어는 그 자체 개개의 본성에 속한 것이 아니라 공통의 본성에 속하는 용어다···. 그러므로 본성의 명칭을 더 이상 다수로 확대하지 않기 위해서 우리의 잘못된 언어 습관을 고쳐야 한다. 그래서 우리는 우리의 언어 잘못을 신학적 교리에까지 투사해서는 안된다.[125]

곤잘레스는 다음과 같이 설명한다.

『삼신 부정에 관하여』에서 아블라비우스(Ablabius)가 우리가 베드로, 야고보 그리고 요한 등을 볼 때 본성이 똑같지만, 세 사람이라고 부르는 것과 같이 삼위일체의 세 위격에 대해서도 또 같이 삼신이라고 부르는 것이 합당하지 않느냐고 묻자, 이에 대해서 그레고리는 우리가 베드로, 야고보 그리고 요한을 '세 사람'이라고 부르는 것은 우리의 언어의 부정확성 표현이며, 이것은 우리의 언어 습관에 따른 것이다. 사실 인간의 본성은 오직 하나뿐이어서 베드로라는 사람 속에 있는 본성은 요한이라는 사람 속에 있는 본성과 같은 것이다.[126]

여기서 그는 분명히 플라톤의 이데아 사상의 영향을 보여주고 있지만, 삼위일체를 보다 잘 설명하고 삼신론(삼위이체론)의 비난을 논박하기 위해서 실재(본성)를 보편적 개념으로 생각하고 있는 것이다. 그레고리의 삼위일체론에서 설명하려고 노력한 것은 '통일성'과 '구별'이다. 그가 '하나와 셋'의 관계를 설명하기 위해서 사람의 이름을 예로 들지만, 그를 이해할 때 유의할 점은 그의 개념에는 세 위격들 사이에 유전학적 관계와 상호거주의 개념이 함축되어 있다는 것이고, 다른 하나는 사람의 인간성의 통일에 대해서 언어의 부정확성이 있을 수 있고, 본성의 통일을 부정할 수도 있지만, 이와 같은 부정확성이나 본질의 통일의 부정이 하나님에게는 허용될 수 없다는 것이다. 이것이 그가 신적 위격들의 특성을 강조하면서도 삼신론을 극복한 근거다. 그레고리에 의하면 세 신적 위격의 구별은 오로지 그들의 내재적 상호 관계로 된 것이다.

'신성'이라는 말은 본성보다는 활동을 나타낸다. 많은 사람들이 같은 일에 함께 동참할 때 그들은 하나하나 열거되어 복수로 언급된다. 그러나 신성(deity)은 비록 세 위격(hupostases)이 '신성'으로 표현된 의미로부터 분리되지 않는다 할지라도, 한 하나님, 한 신성으로 단수로 언급된다. 이 사실을 다음과 같은 말로 설명하는 것이 합리적일 것이다. 즉, 많은 사람들이 같은 활동에 종사할 때조차도, 각자는 같은 업무에 종사하는 다른 사람들과 함께, 그의 개별적인 활동이라는 점에서 참여함이 없이 지정된 일을 분리해서 한다고 말할 수 있다. 예를 들면 많은 연설자들이 있지만, 그들이 같은 일을 추구하고 있기 때문에 똑같은 이름이 다른 경우에서 활동하는 그들에게 주어진다. 그러나 이 직업의 각 회원들은 개인적으로 역할을 하는 자기 고유의 특별한 활동에 종사한다. 그러므로 같은 일에 종사할 때, 사람들의 분리된 활동 때문에 그들이 복수로 언급되는 것은 당연하다…. 그러나 신성의 경우에는 그렇지가 않다. 우리는 아버지가 아들이 협력하지 않는 어떤 일을 단독으로 행하신다는 것을 듣지 못하였고, 아들 또한 성령과 동떨어져서 어떤 특별활동을 한다는 것을 듣지 못했다. 하나님으로부터 창조물까지 확대되는 모든 활동들은 그것들이 우리의 사고에 제시된 다른 방법에 따라서 다른 이름으로 묘사된다. 그러나 그와 같은 모든 활동은 아버지로부터 기인하고, 아들을 통하여 계속되며 성령 안에서 성취된다. 이러한 이유 때문에 활동의 이름은 대리자들의 복수성 사이에서 쪼개지지 않는다. 그것은 각자의 에너지는 여하간 분리되지 않고 개별적이기 때문이다. 우리를 위한 섭리에 관계되는 것이든, 전 우주의 통치나 질서에 관계되는 것이든 간에 일어나는 일은 무엇이든지 셋(삼위)의 활동을 통해서 일어난다. 그러나 발생한 것은 세 가지가 아니다.[127]

비록 그가 플라톤 철학의 영향을 많이 받았다고 하지만, 그럼에도 불구하고 삼위일체론의 근거를 성서와 교부들로부터 받은 전통에서 찾고 있었다. 그는 세 위격에 의해서 나누어진 '본질의 하나됨'을 강조하면서, 말씀과 성령이 동등한 실재임을 증명하기 위해서 시편의 말씀을 인용한다. "주님은 말씀으로 하늘을 지으시고, 입김으로 모든 별을 만드셨다"(시 33:6). 또한 그는 누가복음 11장 2절의 주기도문의 첫 구절을 "당신의 성령이 우리에게 임하사 우리를 깨끗하게 하소서"라고 번역하였다.[128] 즉, 성령의 활동이 곧 성부의 활동이며, 성자도 구별할 수가 없다는 것이다. 그는 성부는 능력의 근원이고 성자는 능력이며, 성령은 능력의 영으로 셋을 동일시한다.[129]

그레고리도 다른 헬라 교부들과 같이 성령을 아들을 통하여 아버지로부터 나온다고 생각한다. 달리 표현하면 아들로부터 직접적으로, 아버지로부터 간접적으로 발출 진행한다. 그는 『성령론』에서 성부, 성자, 성령을 세 횃불에 비교한다. 즉, 횃불의 첫째 것이 그 빛을 두 번째에게 전달하고 두 번째의 것이 세 번째에게 전달한다는 것이다.[130] 그러나 그는 유노미우스가 성령이 항상 세 번째로 언급된다는 이유로 성령의 종속설을 주장하는 데 대해서 수적인 순서와 본성과는 아무 관계가 없다고 반박한다. 즉, 바울, 실바누스 그리고 디모데라는 순서로 언급되었다고 해서 이 셋이 다른 본성을 가진 종류가 아니라는 것이다. 그는 『주기도문』에서 "성령은 아버지로부터 존재한다고 할 수 있으며, 아들로부터는(ek tou hiou) 그 존재가 증거된다"고 하였다.[131] 이것을 역으로 말하면 그리스도의 영을 갖고 있지 않는 사람은 하나님의 영 안에 있는 것이 아니다(롬 8:9). 그래서 하나님으로부터 온 성령은 또한 그리스도의 영이라고 할 수 있다. 그레고리는 성령의 신성과 동일본질 그리고 아버지로부터의 나옴을 강조했을 뿐 아니라 성령과 아들과의 관계를 카파도키아 교부들 중에서 가장 깊이 연구한 사람이었다.

[유노미우스는 성령의 종속을 항상 세 번째로 언급되고 있다는데 근거하여 주장한다.] 우리는 두 번째 또는 세 번째로 연달아 언급되는 것을 열등하고 종속적인 지위로 격하시키는 그러한 철학을 지금까지 들어본 적이 없다. 그러나 이것은 위격들의 수적 열거에 있어서 전통적인 순서가 지위와 본성의 우월성과 열등성에 대한 증거라고 주장하는 그 자신이 원하는 것일 뿐이다. 사실 그는 잇따른 순서가 본성에서 차이를 나타내는 것이라고 주장하고 있다···. 수적인 순서는 본성의 다양성을 산출하지 않는다. 계수되는 것들은 그것들이 계수되든 않든 똑같은 본성으로 남아 있다···. 바울과 실바누스와 디모데를 말하는 사람이 특별한 의도를 가지고 참고로 언급을 했다고 하자. 바울 다음에 실바누스를 언급한 것이 그가 한 인간과 다른 어떤 것이라는 것을 지시하는가? 디모데는 세 번째로 위치한다. 그러므로 그는 이러한 순서로 언급되었기 때문에

다른 본성을 지닌 종류에 속한다고 간주되는가? 전혀 그렇지 않다. 그들 각자는 이렇게 계수되기 전과 후에 같은 인간 존재다. 다만 한 번의 발언으로 셋 모두를 언급하는 것이 불가능하기 때문에 우리의 어법은 마음에 드는 순서로 각각 따로 언급하는 것이다…. 내가 생각하듯이 이름들의 결합에 의해서 그 셋 사이에 존재하는 목적이 조화를 이루게 된다.[132]

니싸의 그레고리의 삼위일체론을 요약하자면, 그는 위격들의 동등, 비분리를 말하면서도 동시에 구별을 분명히 한다.

하나이며 동일한 성부의 위격이 있고, 그로부터 성자가 출생하고 성령이 나온다(發出). 성부는 다른 위격들의 원인이다. 그리고 성부는 다른 위격들과 공존하기 때문에 우리는 한 분 하나님을 주장한다. 하나님(the Godhead)의 위격들은 시간, 장소, 의지, 업무, 활동, 혹은 자질 등 인간적 존재에서 관찰되는 그런 구별에서 나누어지지 않는다. 여기에서 유일한 구별은 성부는 아버지고 아들이 아니라는 것, 성자는 아들이지 아버지가 아니라는 것, 성령은 아버지도 아들도 아니라는 것이다.[133]
아버지는 창조되지 않았고 출생되지 않았다고 인정된다…. 이 비창조성은 그가 아들과 성령과 함께 공통적으로 지니는 속성이다. 그러나 아버지의 신분의 특성을 나타내는 비출생은 다른 위격에서는 발견되지 않는 그의 특별하고 비공유적인 속성이다. 아들은 비창조성에서 아버지와 성령과 연결되어 있다. 독생자라는 신분과 이름에서 그는 지고(至高)의 신이나 성령에게 속하지 않는 유일한 특성을 가지고 있다. 성령은 비창조성이라는 공통적인 속성에 의해서 아버지와 아들에게 연결되어 있으나, 그는 자신의 특별한 특징들에 의해서 그들과 구별된다.[134]

4) 그리스도론

니싸의 그레고리의 그리스도론은 동료인 나지안주스의 그레고리보다 깊지 못하다는 평을 받는다. 비록 그가 아폴리나리우스를 반대하면서 그리스도의 인성의 통전성을 방어하였지만, 그는 그리스도에게 있어서 두 본성을 매우 예민하게 구별한다. 말씀은 태초에 하나님과 함께 있었고, 인간은 죽음의 재판에 복종해야 한다. 따라서 인성은 영원하지 않다.

> 육신과 신성의 각기 그 속성에 대한 우리의 생각은 이들 각각을 따로 묵상하는 한 혼돈되지 않는다. 예를 들면 "말씀은 세대 전에 존재했으나, 육신은 이 마지막 때에 존재하게 되었다"라는 말이 있다. 어떤 사람은 이 진술을 뒤집지 못하고, 육신은 현세 이전에 존재하게 되었다고 말하거나 혹은 말씀은 최근에 존재하게 되었다고 말할 수 있을 것이다. 육신은 본성에 있어서 수동적이지만, 말씀은 능동적이다. 육신은 우주를 창조할 수 없으나 신성의 능력은 고통을 받지 않을 수 있다…. 나사로를 일으킨 것은 인성이 아니다. 무덤에 누워 있는 그를 위해 우는 것은 인간의 감정의 힘이다…. 고난의 광풍은 그 안에 주님이 존재하는 종에게 속하지만, 영광은 종에 의해 가려진 주님에게 속한다는 것이 확실하다.[135]

이렇게 그리스도 안에서의 두 본성을 구별하면서도 그레고리는 그 두 본성의 속성들은 혼합됨이 없이 상호 교류한다고 한다. 즉, 그는 '속성의 교류'(communication idiomatum)의 가능성을 충분히 인식하고 있는 것이다.

> 결합과 연결 때문에 각 본성의 속성들은 양편에 모두 공통적이 되고, 주님은 종의 채찍 자국을 스스로 지니는 반면에 종은 주님의 영광에 의해서 영화롭게 된다. 이 때문에 십자가는 "영광의 주님"(고전 2:8)의 십자가라고 하게 되고, "모든 입으로 예수 그리스도를 주라고 고백하게 된다"(빌 2:11).[136]

> 아폴리나리우스는 우리가 독생자 하나님이 언제나 그리스도는 아니었다고 주장한다면서 우리의 논증을 거짓으로 묘사해서는 안 된다. 그리스도는 섭리(economy) 때만이 아니라 그 후에도 언제나 존재했다. 그러나 인성은 섭리의 전후에는 존재하지 않았고 오직 섭리의 시기에만 존재했다. 왜냐하면 인성은 동정녀에게서 태어나기 전에는 존재하지 않았고, 육신도 하늘에 오른 후에 그 자신의 속성을 지니고 남아 있지 않기 때문이다. "만일 우리가 전에 그리스도를 육신으로 알았다면, 이제는 우리가 그렇게 알지 않는다 …"(고후 5:16). 인성은 변화에 종속되지만, 신성은 불변한다 …. 그들은 우리가 고난 받은 자는 인간이었고 하나님이 아니었다고 말한다며 증거 없이 주장한다. 우리가 말하는 것을 그들로 듣게 하자. 우리는 신성이 고난 받은 자 안에 있었다고 단언한다. 우리는 고난 받을 수 없는 본성이 고난 받을 수 있게 되었다는 것을 부인한다. 인성은 지성적 영혼이 몸과 결합함으로써 현존한다 …. 신적 능력은 이 복합적인 모든 본성을 통하여 동등하게 퍼져서, 그 결과 어떤 부분도 신성을 공유하지 않는 부분이 없다. 두 부분(몸과 영혼) 안에서 두 요소(신성과 인성)는 적당히 연합하고 조화를 이루었다 …. 신성은 상응하는

정도에서 몸과 영혼에 이식되어 둘은 연합되었다.[137]

그레고리는 그리스도의 두 본성은 그가 높임을 받은 후에도 별개로 남아 있다고 확신한다. 그리스도 안에 인성과 신성이 있음에도 불구하고 그 안에 두 품격(personae)이 있는 것이 아니다. 우리는 복수의 그리스도를 설교하는 것이 아니라 신성과 인간의 연합을 설교하는 것이 우리의 교리다. 그러므로 한 품격(hen prosōpon)이 있을 뿐이다.

그리스도 안에서 신성과 인성이 분리되지도 않고 혼합되지도 않고 일치를 이루며 속성의 교류 논증은 그리스도를 출생한 마리아에 대하여 '하나님의 어머니'(Theotokos) 칭호로 연결된다. 그레고리는 아폴리나리우스를 논박하면서 그리스도의 완전한 인성을 방어하고, 그리스도가 참 인간의 혼(nous)과 자유의지를 갖고 있다는 것을 분명히 한다. 그렇지 않으면 그리스도의 삶이 우리의 진정한 표본과 도덕적 본보기 그리고 인간을 구원할 수도 없다는 것이다. 하나님의 아들은 동정녀 마리아의 육신으로부터 인성을 스스로 형성하였다는 것이다. 그러므로 그는 마리아를 '하나님의 어머니'라고 주장했고, 혁신자로서 감히 '사람의 어머니'(Anthrōpotokos)라고 말하지를 못했다. 마리아를 '사람의 어머니' 혹은 '그리스도의 어머니'(Christotokos)라고 주장한 것은 안디옥학파, 특히 네스토리우스였다. 그는 안디옥학파의 주장을 따르게 되면 우리는 또 하나의 다른 예수를 고지하는 것이 되고, 다른 성서를 출판하는 것이며, 하나님의 어머니 거룩한 동정녀를 우리 중에 누가 뻔뻔스럽게 '사람의 어머니'라고 말하겠느냐고 한다. 그레고리는 마리아가 예수를 출산한 후에도 동정녀성이 파괴되지 않았다고 보았다.[138] 이것은 이레니우스의 마리아론을 연상시킨다. 이레니우스는 마리아가 참 이브(Eve)이며 생명의 참 어머니이며 존경을 하게 되었다(causa salutis)고 하였다. 이리하여 마리아는 이브의 동정론자(advocata Evae)가 된 것이다. 그레고리는 모세와 아론의 누이(출 2:4; 15:20) 미리암에게서 하나님의 어머니 마리아의 유형을 본다. 그녀의 동정은 죽음의 힘을 파괴하였다. "하나님의 어머니 마리아의 세대에서 아담 때부터 그때까지 힘을 발휘했던 죽음은 마치 바위에 부딪뜨리듯이 그녀의 동정의 열매에 부딪뜨렸을 때 죽음은 그녀 위에서 박살이 났다."[139]

5) 종말론

그레고리는 특히 종말론에서 오리겐의 사상을 계승하고 있다. 그러나 이 말은 그가 오리겐의 사상을 무조건 따르고 있다는 것은 아니다. 그리고리는 오리겐의 영혼선재설 또는 이전설에 대하여 동의하지 않으며, 전생에서 범한 죄의 형벌로 영혼이 육체에 갇혀 있다는 교설은 명백하게 거부한다. 그러나 지옥의 고통이 다만 병을 고치기 위한 것이기 때문에 영원한 것이 아니라 일시적이라는 알렉산드리아의 사상에 동의한다. 그는 영원히 타오르는 지옥의 불, 죽지 않고 들끓는 구더기, 끝나지 않는 제해 등을 되풀이하여 말하고,[140] 죄인들이 겪는 영원한 고통과 형벌을 말하면서도 하나님의 지성적 피조물들인 그들이 영원히 하나님으로부터 소외된다고는 생각할 수 없었다. 그는 오리겐의 만인구원론(apokatastasis), 종국에는 선이 악을 이긴다는 완전 승리론을 믿었으나, '아포카타스타시스'가 세상의 종말이 아니라 하나의 지나가는 국면이며, 하나님에 대한 배반과 귀환이 끝없이 계속되는 세계의 과정일 뿐이라는 주장은 거부한다. 그레고리에 의하면 '아포카타스타시스'는 전 구원사의 장엄하고 조화로운 결말이며, 모든 피조물이 구세주에 대한 감사의 찬양을 하고, 악의 원조까지도 치유되는 그와 같은 종말이다.

> 오랜 시간이 지난 후, 지금은 본성과 혼합되어 있고 본성과 함께 성장하고 있는 우리의 본성의 악이 물리쳐지고, 지금은 최초의 죄의 상태에 있는 자들이 회복이 되었을 때, 정화의 과정에서 응징의 고통을 겪고 있는 사람들뿐만 아니라, 전혀 정화의 필요가 없는 사람들도 마찬가지로 모든 피조물로부터 감사의 찬송이 울려 퍼질 것이다. 이것은 신의 성육신의 신비가 은혜인 것처럼 주어지는 것이다. 왜냐하면 성육신하신 그는 인간성과 혼합되었다는 점에서 그리고 출생, 성장 그리고 죽음에 이르기까지 인성에서 일어나는 모든 재난을 통해 그가 행하신 것을 통과하면서 그는 악으로부터 인간을 자유하게 하시며 악 자체를 전래한 자까지도 치유하시는 일을 성취하시기 때문이다.[141]

6) 신비주의신학

그레고리의 신학에 대한 대부분의 연구는 카파도키아 교부들의 한 사람으로 니케아 신앙의 수호라는 차원에서 그에 관련된 주제, 예를 들면 삼위일체론에 집중되어 왔다. 그러나 최근에 와서 그의 신비주의신학이 그의 지적 성취의 절정인 것을 발견하게 되었다. 이 점에서 선구적 노력을 한 사람이 다니엘루(J. Daniélou)이다. 그는 "신비주의 신학의 창시자"의 가르침에 대하여 폭넓게 요약하였다. 그것은 그레고리와 플라톤주의와의 관계를 밝히는 중요한 논문이다. 여기서 다니엘루는 그레고리와 오리겐을 대비시키고 있다. 어떤 사람들은 '완전'[142]에 대한 그레고리의 견해가 금욕적이고 윤리적으로 방향 지어진 것을 특별히 강조하기도 한다.

그레고리가 그리스도교 신비주의를 기초하고 발전시키는 데 현저한 역할을 한 것은 의심할 수가 없다. 그는 필로, 신-플라톤 철학의 창시자 플로티누스로부터 아테네 아레오바고 법정의 판사 디오니시우스(Dionysius, 행 17:34)에 이르는 알렉산드리아 사상가들 그리고 비잔티움 신비주의 사이의 연결고리였다. 비록 후에 그는 위(僞) 디오니시우스[143]의 권위에 빛을 잃게 되기도 했고, 중세 서방 신비주의자들, 예를 들면 성 휴,[144] 성 빅토르의 리처드,[145] 성 보나벤투라,[146] 존 게르송[147] 등이 그레고리의 논문보다는 사도 바울의 제자의 『신비 신학』(*Theologia mystica*)에 대한 논평을 하였지만, 그들 모두는 그레고리에게 직간접으로 은혜를 입고 있는 것이다. 그의 신비주의 신학을 J. 쿠아스텐에 따라 다음 항목으로 나누어 고찰하기로 한다.

(1) 인간에 있어서 하나님의 형상(Image)

하나님이 인간을 당신의 형상으로 창조했기 때문에(창 1:26) 인간에게는 그의 형상이 있다는 그레고리의 주장은 그의 기본적인 생각의 하나이다. 이것은 하나님에 대한 그의 직관론뿐만 아니라 인간의 신비적 상승론의 근거를 형성하기도 한다. 하나님의 창조 역사(役事)에 있어서 소우주로서 인간의 창조는 가장 영광스럽고 최고의 걸작품이다. 그 인간은 우리가 대우주에서 경탄하는 것과 같은 질서와 조화를 이 세계에서 나타낸다.

만일 전 우주의 질서정연함이 음악의 하모니와 같다면 그것을 만든 예술가는 하나님이다…. 그리고 만일 인간 자신이 소우주라면 그 또한 우주를 만든 하나님의 모방자다. 그러므로 소우주에서 발견되는 것과 조화를 인간의 마음에서 찾는다고 생각하는 것은 지극히 합리적인 생각이다…. 이러므로 우주에서 관찰되는 모든 하모니를 소우주, 즉 인간성에서도 발견되는 것이다. 그리고 인간성은 그 부분의 선행으로 전체에 조화를 이룬다….[148]

그러나 이와 같은 고대 철학적 관념은 인간을 단순히 소우주나 물질적 세계의 모방이 아니라 그 이상이라고 보는 그리스도교 인간론에 의해서 그 타당성이 낮아졌다. 그레고리에 의하면 인간의 우수성과 그 위대함은 "창조된 우주와 유사함 때문이 아니라 창조주의 본성의 형상에서 만들어졌기 때문이다."[149] 인간이 창조주의 참 형상인 것은 이성, 의지의 자유 그리고 초자연적 은혜를 갖고 있는 '혼'(nous) 때문이다. 그레고리는 '형상'(eikōn)이라는 용어를 인간이 타고 난 신의 선물(은총), 곧 인간의 본래적인 완전 상태에 대한 포괄적 표현으로 사용한다. 클레멘트와 오리겐 같은 초기 알렉산드리아 신학자들은 인간 혼에 있어서 하나님의 형상을 인간의 합리적 부분이라고 했고, 이레니우스에게 있어서 하나님의 형상이 자유의지였다면, 그레고리는 하나님의 '에이콘'은 혼과 자유의지(autekousion)만이 아니라 인간의 도덕적 탁월함(aretē)으로 이뤄진다고 한다. 그는 '형상'(eikon)과 '유사함'(homoiōsis)을 구별하는 알렉산드리아학파의 입장을 거부한다. 이 '유사함'은 후에 '형상'에 기초한 인간의 윤리적 노력으로 이해된 개념이다. 그러나 그레고리는 "순수성, 격정으로부터 자유, 축복, 악을 멀리함 그리고 인간이 하나님과 유사(likeness)하도록 돕는 같은 종류의 모든 속성"[150]을 의미하기 위해서 두 용어를 동의로 취급한다. 사람 이외에 어떤 피조물도 인간과 같이 하나님의 모양으로 창조된 것이 없기 때문에 인간이야말로 세상에서 가장 놀랍고 위대한 존재인 것이다.[151]

(2) 하나님에 대한 직관

하나님의 형상으로 인간은 하나님과 상대적 존재가 되었으며 그를 알 수 있게 되었다. 그레고리는 "유사한 것은 유사에 의해서 알려진다"(like is known by like)라는 고대 유명한 격언을 사용한다. 우리의 영혼의 유사함이 하나님의 본성을 알려고 할 때 어떤 다른 것도 조건이 될 필요가 없다. 이것은 피타고라스가 처음 소개한 것으로 헬라 철학사에서 중요한 역할을 한 원리다. 플라톤 시대를 지나 신-플라톤 철학의 신비주의에서 특별히 부각되었는데, 그것은 이 원리가 신은 신에 의해서만 알려진다는 교리를 요약하는 것으로 인식되었기 때문이었다. 눈이 빛의 광채를 볼 수 있는 것은 빛이 눈의 특징의 부분이기 때문이다. 비슷하게 인간이 하나님을 알 수 있는 것은 인간 안에 신적 성분이 있기 때문이다.

인간이 하나님의 형상으로 지음을 받았다는 것은 인간은 하나님에 대한 신비적 환상에 도달할 수 있다는 것을 뜻한다. 그리고 하나님의 형상은 인간 이성의 결핍과 합리적 하나님 지식의 한계를 보충한다. 이것을 그레고리는 『축복의 설교』[152]에서 설명한다. 그에 의하면 신적 본성은 그것이 본질적으로 무엇이든 간에 모든 정신적 지적 개념을 초월한다. 왜냐하면 신성은 추론이나 추측할 수 없으며 인간에게는 불가해한 것을 지각(知覺)할 수 있는 능력이 없기 때문이다. 신의 본질을 아는 길은 사고(思考)로는 접근하기 어렵다.

그러므로 불가시적이고 불가해적인 것을 보고 이해하려면 다른 방법을 택해야 한다. 예를 들면 지혜로 만물을 만드신 분을 알려고 하면 우주에 나타난 지혜를 통하여 추리하는 길이다. 이것은 인간의 예술 작품에서도 같다. 즉, 우리의 마음 또는 지성은 작품 앞에서 어느 정도 작가를 감지할 수 있다. 왜냐하면 작가는 자기 작품에 자기의 소인(消印)을 남겨놓았기 때문이다. 그러나 이것은 작가가 작품에 인상으로 남긴 작가의 예술적 솜씨만을 볼 뿐, 작가의 본성은 알 수가 없다. 마찬가지로 우리가 창조 질서를 볼 때, 본질이 아닌 형상을 마음에 그릴 수는 있어도 만물을 만드신 그분의 지혜는 상상할 수 없다. 만일 우리가 하나님이 인간을 필요해서가 아니라 그의 선함의 자유로운 결단으로 창조하게 되었다고 우리 생명의 원인을 생각하면서 하나님을 깊이 생각하고 그의 선함을 이해한다고 말한다. 그러나 이 경우도 하나님의 본질이 아니라 그의 선함이다. 이 모든 것을 우리는 하나님 이해라고 할 수 있다. 이 숭고한 명상에 의해서 우리는 하나님을 볼 수가 있다. 순결, 불변성, 모순으로부터 자유, 이 모든 것이 영혼에 하나님의 인상을 조각해 놓는다.

만일 인간의 마음이 모든 피조물과 감당할 수 없는 성정(性情)으로부터 깨끗하게 된다면 그는 자신의 아름다움에서 하나님의 본성의 형상을 볼 것이다. 그 안에는 참 선을 명상하려는 욕망이 있기 때문이다. 그러나 하나님의 형상을 계속 타격하면서 피조물 모든 주변에 쏟아지고 있는 악은 하나님의 형상이 무용지물이 되게 한다. 그러므로 만일 우리가 석고와 같이 우리 가슴에서 떨어지지 않는 오물을 선한 삶으로 씻어낸다면 하나님의 선은 다시 우리 안에서 빛날 것이다.

신성은 순결이며 격정으로부터 자유이고, 모든 악으로부터의 분리다. 그러므로 만일 우리 안에 신성이 있다면 하나님은 우리 안에 계신다. 우리의 사고가 어떠한 악의 오물도 없으며 격정에서 자유하고, 오점이 없다면 우리의 시각이 깨끗하기 때문에 축복을 받는다. 그리고 순결하지 않는 사람들에게는 보이지 않는 것을 지각할 수 있다. 또한 물질적인 얽힘이 원인이 된 어두움은 우리의 영혼의 눈으로부터 물러나게 되고, 우리 마음의 순수한 하늘에서 빛나는 축복받은 환상을 보게 된다.

그레고리에 의하면 가장 위대한 신지식(神知識)은 영혼을 통한 하나님의 신비적 환상에서 얻을 수 있다. 그레고리는 이것을 때에 따라 '신적이고 순수함에 취함'이라고 부른다. 이 취함에서 인간은 황홀경에 들어간다. 물론 이와 같은 이례적인 은총은 카타르시스와 정화(淨化)와 악과의 혹독한 전쟁에 의해서 인간 안에 있는 하나님의 본래적인 형상으로 돌아가도록 스스로 준비한 사람들에게 주어진다. 이러한 사람들은 무감정(apatheia)의 상태에 도달할 때까지 격정과 세속적인 것과 계속적으로 싸워야만 한다.[153]

이렇게 해서 마지막으로 신비적 상승 단계(mystic ascent)에 이르게 된다. 인간의 본성을 하늘로 돌아가게 이끄는 길은 세상의 악과 싸워서 피하는 길밖에 없다. 다른 한편 악을 피하는 목적은 틀림없이 하나님과 같이(likeness) 되려는 것이다. 하나님과 같이 된다는 것은 정의롭고 거룩하고 선하고 그와 같은 것이 되는 것이다. 만일 누가, 본질적으로 속이지 않는 한, 위에 언급한 덕목들의 특성을 분명히 나타내 보인다면, 그는 자동적으로 힘들지 않고 현세적 삶으로부터 하늘의 삶으로 넘어갈 것이다. 왜냐하면 신성과 인성 사이의 거리는 어떤 기계적 장치가 필요할 만큼의 공간이 아니기 때문이다. 만일 덕목이 정말 악과 분리되어 있다면, 덕목은 인간의 자유로운 선택안에 있다. 그러므로 만일 선을 선택했다고 할 때 그것은 육체적 노력에 의한 것이 아니다. 선택된 것을 소유하는 것은 선택의 행위에 따른 것이다. 우리가 누스(nous, mind)로 하나님을 붙잡을 때 우리는 하늘에 있다고 하게 된다. 잠언에 보면 "하나님은 하늘에 계시고"(잠 5:2), 시편은 예언자가 말하는 바에 따르면 우리는 "하나님께 가까이 있다"(시 73:28). 이 말씀은 우리는 하나님과 하나가 되었기 때문에 하나님이 계신 곳에 있어야 한다는 것이다. 우리는 기도할 때 '하나님 아버지'라고 부른다. 이것은 아버지께 어울리는 삶에 의해서 하늘에 계신 아버지와 같이 되라는 것이다. 더 분명하게 말하면 "하늘에 계신 너희 아버지께서 완전하신 것 같이, 너희도 완전하여라"(마 5:48)는 것이다.[154]

V. 니케아-콘스탄티노플 신조 형성

카파도키아의 세 신학자, 즉 바질은 예배 의식과 행정을 통하여, 나지안주스의 그레고리는 수사학과 시문학을 통하여 그리고 니싸의 그레고리는 신비주의를 통하여 교회 생활에 크게 기여했다는 것을 떠나서 이 세 교부들의 저작은 삼위일체 교리를 분명히 하고, 정의하며 방어하는 데 특히 크게 공헌을 하였다. 물론 그리스도교 사상사학자들 중, 예를 들면 하르낙 같은 학자는 '고대 니케아 사상'과 '후기 니케아 사상' 사이에 차이가 있다고 주장하면서 카파도키아 교부들의 성부와 성자와 성령의 관계 교리 형식은 동일본질이 아니라 유사본질이었다고 하였다. 그는 "최후의 승리를 한 것은 '동일본질'(homousios)이 아니라 반대로 '동일본질'이라는 개념으로 위장된 '유사본질론'(homoiusian doctrine)"이라고 하였다.[155]

그럼에도 불구하고 신학적 방법론과 시대의 변화에 따른 사고의 차이는 있을 수 있겠으나, 카파도키아 교부들이 그리스도교 사상 발전에 끼친 가장 큰 공헌의 하나는 삼위일체 형식을 확정했다는 것은 분명하다. 그들이 니케아 신앙 형식을 방어하고 용어 개념을 분명히 하면서 수정 보완하고 만든 삼위일체 형식은 특히 니싸의 그레고리가 주도한 381년 콘스탄티노플공의회에서 공식적으로 채택되었다. 이 회의는 초대교회에서 니케아공의회에 이어 두 번째로 모인 에큐메니칼회의다. 황제 테오도시우스 1세(Theodosius I, 379~395)는 니케아공의회 이후에도 오랫동안 계속된 아리우스 논쟁을 종식시키고 동방교회를 통일시키기 위해서 이 회의를 소집했다. 이 회의에는 약 150명의 정통 교회 감독들과 36명의 이단적 감독들이 참석했을 뿐, 서방교회와 로마 교황의 사절단은 참석하지 않았다. 그러나 이 회의에서 결정된 교리들은 동·서방교회가 공히 제2차 공의회라고 할 만큼 의미 있는 것들이었다. 이 회의는 그리스도론에 관한 니케아회의의 결정을 비준하므로 한편으로 아리우스주의를 정죄하면서, 다른 한편으로는 아폴리나리우스의 그리스도론을 정죄하므로 그리스도의 인성을 방어하였다. 그리고 '세 위격 속에 한 본질'(mia ousia in treis hupostases)이라는 삼위일체 형식과 함께 성령의 동일본질론을 공식화했다.

그러나 이 형식을 확정하기 위해서는 용어상의 개념 정리가 필수적이었다. 동방교회에서는 아타나시우스 이전부터 그리스도와 하나님과의 관계를 표현하는 용어로 헬라어 '우시아'와 '후포스타시스'가 동의어로 상호교환적으로 사용되고 있었다. 니케아신조도 예외가 아니었다. 362년 알렉산드리아회의에서도 두 용어는 동의어로 인정되고 있었다. 이 때문에 서방교회와는 달리 동방교회에서는 325년 이후에도 신학적 혼란과 논쟁이 계속되었던 것이다. 이 두 술어의 개념을 분명하게 정리하여 구별한 사람들이 카파도키아 교부들이었다. 그들에 의해서 '우시아'는 모두에게 공통되는 본질로 정리되었고, '후포스타시스'는 개별적인 속성이 있는 분리된 실체를 가리키는 것으로 정의되었다. 구(舊) 니케아파는 '하나의 신적 후포스타시스'를 말하므로 그 용어를 '우시아'와 동의어로 사용한 반면에 신(新) 니케아파는 '세 후포스타시스'를 말하므로 그 용어를 '우시아'와 구별하였다. 여기서 '후포스타시스'의 특수성과 '우시아'의 공통성(koinon)이 대조된다. 이 관계 속에서 동일본질(homoousios)에 나타난 표현을 이해해야 한다.

이 회의가 니케아신조를 재확인했으나, 내용과 표현에 있어서 반드시 동일한 것이 아니기 때문에 이 회의에서 결정된 신조를 학술적으로는 '나케아-콘스탄티노플 신조'라고 한다. 이 신조가 4세기에 가장 영향력 있는 신경적 산물이고, 451년 칼케돈공의회에서 인용되기도 하였다. 맥기페르트(A. C. McGiffert)는 "현재의 니케아신조는 콘스탄티노플회의에서 결정된 것이다"라고 한다.[156] 논란은 있을 수 있겠으나 분명한 것은 콘스탄티노플회의는 니케아회의가 강경하게 주장했던 '저주 구절'을 삭제했고 니케아신조에서 단 한 줄로 언급된 '성령'에 관해서 수정 보완하였다. 콘스탄티노플공의회에서 통과된 신조는 다음과 같다.

우리는 하늘과 땅 그리고 보이는 것과 보이지 않는 모든 것을 창조하신 전능하신 한 분 하나님 아버지를 믿는다. 그리고 하나님의 독생자 한 분 주 예수 그리스도를 믿는다. 그는 모든 세대 전에 아버지가 낳으신 분이고, 그는 빛으로부터 빛이요, 참 하나님으로부터 참 하나님이며, 만들어진 것이 아니고 낳으신 분이며 아버지와 한 본질이시다. 그를 통하여 만물이 만들어졌다. 그는 우리 인간들과 우리의 구원을 위하여 하늘로부터 내려오셨고 성령과 동정녀 마리아에게서 성육신 하셨으며, 우리를 위하여 본디오 빌라도에게 십자가형을 받으셨으며 장사되었고 성서에 따라서 사흘만에 다시 사서서 하늘에 오르사 아버지의 오른편에 앉아 계신다. 그리고 산 자와 죽은 자를 심판하기 위하여 영광 중에 다시 오실 것이며, 그의 나라는 영원할 것이다. 그리고 주(主)요 생명을 부여하는 분 성령을 믿는다. 성령은 아버지로부터 나왔고, 성부와 성자와 더불어 예배를 받으시고 영광을 받으실 분이다. 그는 예언자들을 통하여 말씀하셨다. 우리는 한 공교회와 사도교회를 믿는다. 우리의 죄의 용서를 위하여 한 세례를 고백한다. 우리는 죽은 자의 부활과 오는 세계의 삶을 기다린다. 아멘.[157]

초대교회의 삼위일체론의 형식은 콘스탄티노플회의에서 사실상 완성되었다고 할 수 있을 것이다. 그러나 삼위일체론에 대한 논의가 그 이후에 없었다는 것은 아니다. 삼위일체에 대하여 우리가 학문적인 설명으로 접근하고 있지만 삼위일체란 신비다. 그러나 그 기본 형식과 신학은 적어도 동방에서는 콘스탄티노플회의를 거쳐서 다메섹의 요한(John of Damascus, c. 675~749)에 의해서, 서방에서는 어거스틴에 의해서 일단 끝이 났다고 볼 수 있다. 그러나 그들의 진술도 니케아–콘스탄티노플 신조에 대한 해석이었다.

다메섹의 요한의 삼위일체론은 그의 『정통 신앙론』(De fide ortho-doxa)에 나타난다. 요약하면 성부, 성자, 성령은 한 하나님 또는 한 본질(ousia)이지만 한 위격(hupostasis)은 아니라는 것이다. 세 위격이 서로 연합되어 있는 것은 사실이지만 서로 구별되어 혼합된 것은 아니다. 한 본질, 한 신성, 한 능력, 한 의지, 한 근원, 한 주권, 한 나라가 완전한 세 위격에 공통적으로 존재한다. 이 점에서 로고스가 본질에서 성부와 같은 것이다. 그의 삼위일체 신학은 카파도키아 교부들의 신학을 전승하고 있지만, 그는 특히 세 위격의 내적 관계를 '상호 침투' 또는 '상호 순환'(perichōresis)으로 정의하고 있다.[158] 어거스틴의 삼위일체론은 후에 논의할 것이지만, 그가 『삼위일체론』을 마감하면서 한 말이 매우 아름답고 인상적이며 우리에게 암시하는 바가 많아 인용한다.

> 주 우리의 하나님, 우리는 성부, 성자 그리고 성령이신 당신을 믿습니다. 당신의 삼위가 아니시라면, 진리는 "가서 세례를 베풀라…"(마 28:19) 고 말씀하시지 않았을 것이기 때문입니다…. 나는 당신을 기억하고 당신을 사랑합니다…. 주님, 한 분 하나님이시며 성 삼위일체시여, 내가 한 분이신 당신의 영감으로 이 책에 기록한 모든 것을 삼위이신 당신이 받아주소서. 만일 내 자신의 생각이 그 속에 있다면 한 분이시며 삼위이신 당신이 그것을 간과해 주소서.[159]

미주

1 세 카파도키아 교부들 중에서 바질에게만 '대'(the Great)라는 칭호를 붙이는 것은 그가 교회정치가와 조직가로서, 교회의 사회활동가로서, 그리스도교 정통 교리 수호자와 해설자로서 그리고 동방 수도원의 규칙과 예배 의식의 개혁자로서의 현저한 업적 때문이다.

2 Hans von Campenhausen, *The Fathers of the Greek Church*, 84.

3 바질(Basil the Great), 니싸의 그레고리(Gregory of Nyssa) 그리고 세바스테의 베드로 (Peter of Sebaste) 등이다.

4 Gregory of Naz., *Orations*, 43. 12. Hans von Campenhausen, 앞의 책, 85-86.

5 Gregory of Naz., 위의 책, 43. 21. Hans von Campenhausen, 위의 책, 87에서 재인용.

6 그러나 두 사람은 유스타티우스가 니케아신조를 반대하고 아리우스파라는 비방을 받게 되자 갈라섰다. 그 만큼 바질에게는 니케아 신앙의 수호가 금욕적 수도원 운동의 스승과의 관계보다 중요했다. 바질은 교리를 무시하는 그리스도교를 결코 용납할 수가 없었다(Hans von Campenhausen, 위의 책, 87).

7 Basil, *Ep.*, 22 3. 2. J. Quasten, *Patrology*, vol. III, 204-205에서 인용.

8 Philip Schaff and H. Wace, ed. *A Select Library of Nicene and Post-Nicene Fathers of the Christian Church(LNPF)*, J. Quasten, 위의 책, 205에서 재인용.

9 Hans von Campenhausen, 앞의 책, 88.

10 위의 책, 89.

11 바질은 그곳에서 멀리 떨어져 살고 있는 그레고리를 자기와 함께 하도록 부추기는 편지를 보낸 일이 있다(Basil, *Ep.*, 14, *ad Gregory of Naz*. Hans von Campenhausen, 앞의 책, 89). 그레고리의 방문은 바질의 편지를 받은 다음일 것이다.

12 B. Altaner, *Patrology*, 336. J. Quasten, 앞의 책, 205 등.

13 Gregory of Naz., *Orations*, 43. 33. J. Quasten, 앞의 책, 205.

14 Gregory of Naz., 위의 책, 43. 63. Hans von Campenhausen, 앞의 책, 91.

15 위의 책, 43. 49. J. Quasten, 앞의 책, 206에서 재인용.

16 위의 책, 43. 50. J. Quasten, 위의 책.

17 여기 '후포스타세스'(hupostases)는 라틴어의 '페르소나'(persona)에 해당되는 말이다. 그러므로 '위격'의 뜻이다. 위격은 각기독립된 독자적 특성을 가지고 있다. 이 점에 대해서는 9장을 참조할 것.

18 J. L. González, *A Hist. of Christian Thought*, vol. I, 313-314.

19 Basil, *Adv. Eunomium*, 2. 24(PG. 29:625-28). J. L. González, 위의 책, 314에서 재인용.

20 *Ep.*, 258. 2.

21 B. Altaner, 앞의 책, 337. J, Quasten, 앞의 책, 208 등.

22 Gregory of Naz., *Oratioms*, 43. 66, J, Quasten, 위의 책, 208.

23 J. Quasten, 위의 책, 208.

24 바질은 위대한 동시대인들과는 달리 성서에 대한 학문적인 주석서를 쓰지 않았고, 그의 설교에서 성서 주석에 대한 그의 노련함을 나타냈다. 그는 설교에서 고대 수사학적 솜씨를 유감없이 발휘하였다. 그는 우의, 비교, 평행 등 당시 관행이었던 집필 형식을 충분히 사용하지만, 이런 형식을 그의 설교에서 가장 중요한 요소로 생각하지 않는다. 그는 표현의 명확성과 사고의 단순성을 수사학적으로 잘 표현하는 가장 빛나는 교회 연설가 중의 하나였다. 무엇보다도 그는 청중을 기쁘게 하기보다는 청중의 양심을 어루만지는 영혼의 의사와 같았다.

25 *Hexaemeron*, 9. 80. J. Quasten, 앞의 책, 217에서 인용.

26 4세기 이집트 니트리아 사막 수도원 공동체.

27 나일강 상부 이집트 카이로에서 남남서쪽으로 160km 떨어져 있는 고고학적 발굴로 유명한 도시. 이집트 프톨레마이오스 왕조 시대(Ptolemaic dynasty, 주전 305~주전 30)와 로마시대 파피루스 문서가 발견되었다. 그 대표적인 것들은 메난드로스(Menandros, 주전 342~주전 292)의 희극, 옥시링쿠스 복음서, 헬라어 도마복음서가 있다.

28 Socrates, *HE*., 4. 23. J. Quasten, 앞의 책, 169.

29 이상은 B. Altaner, 앞의 책, 339-340과 J. Quasten, 위의 책, 214-215를 참고한 것임.

30 예를 들면 *Ep*., 3, 15, 31-37, 72-78, 83-88, 96, 104, 108-112, 137, 142-144, 177-180, 271, 273-276, 279-281, 303-319 등이다. J. Quasten, *Patrology*, vol. III, 222.

31 J. Quasten, 위의 책, 222에서 재인용.

32 헬라어 원문은 eis to theion pneuma to hagion이다. 다른 문서에는 eis ton theon(God the Spirit)으로 되어 있다(J. L. González, 앞의 책, 315). 바질이 여기서 '하나님' 대신 '신적인'(the divine)이라는 표현을 쓴 것은 그가 성령에게 '하나님'이라는 말을 직접 적용하는 것을 피하려고 했던 것 같다. 바질은 『성령론』(*De Spiritu Sancto*)에서 이를 피하고 있다.

33 표현이 세 위격(three hupostases)이지만 사실은 후포스타시스를 우시아와 동의어로 사용하는 그들에게 있어서는 '세 본질'과 같은 의미를 나타내는 것이다. 그러므로 성부수난설에 빠지게 된다. 바질은 *Ep*., 210. 5에서도 사벨리우스주의를 반대하고 있다.

34 *Ep*., 236. 6. Henry Bettenson, ed. tr., *The Later Christian Fathers* (London: Oxford U. Press, 1970), 77-78에서 인용. J. L. González, 앞의 책, 315 참조할 것. 바질은 *Ep*., 214. 4에서도 ousia와 hupostasis의 구별을 비슷한 논조로 설명하고 있다(Henry Bettenson, 위의 책, 77).

35 *Ep*., 210. 5. 바질에 의하면 헬라어 prosōpon이나 라틴어의 persona 모두가 '마스크', '무대 변장' 등의 의미가 있으나, 라틴어에는 법적이며 '자율적 인격' 개념이 더 강하고, 헬라어에는 '분장 연출'의 개념이 더 강하다고 한다(J. Quasten, 앞의 책, 229).

36 Basil, *De Spiritu Sancto*, 9. 23; 10. 26; 29.75. J. Pelikan, *The Christian Tradition*, vol. I, 216-217, 과거 알렉산드리아의 시릴도 성령이 하나님과 다른 본질이라면 우리는 모든 희망을 잃게 된다고 하였다(Dial. *Trin*., 7).

37 *Ep*., 38. 3, 4. Henry Bettenson, 앞의 책, 79-81에서 인용.

38 *Ep.*, 8. 2. H. Bettenson, 위의 책, 75에서 인용.

39 *De Spiritu Sancto*, 18. 44, 45. H. Bettenson, 위의 책, 76에서 인용.

40 하르낙은 니케아파를 서방과 아타나시우스로 대표되는 고(古) 니케아파와 카파도키아 교부들로 대표되는 신(新) 니케아파로 나눈다. 그는 신 니케아파는 동일본질을 유사본질의 의미로 이해한 반(半)아리우스파와 같은 입장을 가지고 있다고 하였다. 실제로 바질의 공로 중 하나는 반(半)아리우스주의자들을 교회로 들어오게 한 것이다. 그러나 J. 쿠아스텐은 고 니케아파와 신 니케아파와의 차이는 형식적인 차이일 뿐이며, 신 니케아파는 신적 본질의 일치보 다는 세 신적 위격의 구별을 더 강조를 했을 뿐이라고 한다(J. Quasten, 앞의 책, 230).

41 Basil, *Adv. Eunomium*, 3. 4 그리고 3. 5; *De Spiritu Sancto*, 41-47, 58-64, 71-75, J. Quasten, 앞의 책, 232.

42 Athanasius, *Eps.*, 62; 63. J. Quasten, 앞의 책, 231.

43 Gregory of Nazianzus, *Orations*, 43. B. Altaner, *Patrology*, 343에서 재인용.

44 Gregory of Naz., 위의 책, 41. B. Altaner, 위의 책.

45 Gregory of Naz., 위의 책, 31. B. Altaner, 위의 책.

46 Basil, *Ep.*, 8. 11. H. Bettenson, 앞의 책, 72-73에서 인용. 이 구절의 저자가 불확실하다 는 주장이 있음.

47 Basil, *Ep.*, 8.10. John R. Willis, *The Teachings of the Church Fathers*, 218에서 인용.

48 Basil, *De Spiritu Sancto*, 45. J. L. Gonzalez, 앞의 책, 317-318에서 재인용.

49 Basil, *De Spiritu Sancto*, 46. 38. J. Quastenn, 앞의 책, 233.

50 위의 책, 47. J. Quasten, 위의 책.

51 Basil, *Adv. Eunomium*, 2. 34. B. Altaner, 앞의 책, 343.

52 Basil, *De spiritu Sancto*, 18. 45. B. Altaner, 위의 책.

53 Basil, *Adv. Eunomium*, 2. 32. J. Quasten, 앞의 책, 233.

54 휘프시스타리안(Hypsistarian)은 최고의 하나님을 아무 형상도 없이 경배드리며 믿는 유대적-이교적 혼합종파다(Hans von Campenhausen, *The Fathers of the Greek Church*, 102).

55 Gregory of Naz., *Orations*, 2.77. J. Quasten, *Patrology*, vol. III, 236. 그러나 Hans von Campenhausen은 *Oration*, 1. 77이라고 한다(위의 책, 102). 원본이 없기 때문에 비교 검토할 수 없다.

56 Hans von Campenhausen. 위의 책, 102-103; J. Quasten, 위의 책, 236.

57 Gregory of Naz., *Orations*, 2. 7. Hans von Campenhausen, 위의 책, 105-106에서 재인용.

58 J. Quasten, 앞의 책, 237. B. Altaner, 앞의 책, 346 등. 그레고리는 자기의 도피와 귀향을 『도피의 변증』(*Apologeticus de fuga*)에서 설명하고 있다.

59 Hans von Campenhausen, 앞의 책, 108. 김광식 옮김, 『희랍교부연구』(서울: 대한기

독교출판사, 1977), 148-149.

60 B. Altaner, 앞의 책, 346. 이 설교는 니케아신조의 새로운 확정에 중요한 역할을 하였다.

61 데모스테네스는 주전 384-322에 살았던 아테네의 유명한 연설가. 이상의 요약은 B. Altaner, 앞의 책, 347에 주로 의존했음.

62 J. Quasten, 앞의 책, 248에서 재인용.

63 아홉 편은 2, 6, 16, 17, 26, 27, 38-40이다(J. Quasten, 앞의 책, 240).

64 위의 책, 그러나 우리는 확인할 능력이 없다.

65 그러므로 나지안주스의 그레고리 항목의 주(註)에서 *Orations*, 27-31의 숫자는 '신학적 연설'을 의미한다.

66 유노마우스주의에 관해서는 가이사랴의 바질의 『유노미우스를 반대하여』를 참고하고, 마케도니우스주의자들은 마케도니우스(Macedonius, d c. 362)를 추종하는 자들인데, 그는 아리우스를 지지했던 니코메디아의 유세비우스(Eusebius of Nocomedia)가 죽은 후 (341), 콘스탄티노플의 감독이 된 사람이다(342). 그는 반(半)아리우수주의를 강하게 지지했다. 359년 셀뤼키아(Seleucia)회의에서 자기의 주장을 방어했으나, 360년 아리우스파의 콘스탄티노플회의에서 정죄되었다. 4세기 말부터 그가 성령 신성 부정론자들(하나님과 성령의 동일본질을 반대하는 자들)의 창시자로 알려졌으나, 그래서 그들을 마케도니우스주의자들이라고 하지만, 성령의 신성에 관한 논쟁은 마케도니우스가 정죄된 후까지도 일어나지 않았기 때문에 그 주장은 믿을 수가 없다.

67 J. Quasten, 앞의 책, 242.

68 아리우스주의자들을 반대하여 정통을 강력하게 옹호한 그는 346년 유배에서 돌아온 아타나시우스와 가까운 친분을 맺었고, 360년에는 라오디기아의 감독이 되었다. 그리스도교 사상사에서 그의 이름이 유명하게 된 것은 그의 독자적인 그리스도론 때문이다. 초대교회에서 첫 번째 그리스도론 이단인 아폴리나리우스주의 목적은 (1) 그리스도에게 있어서 신성과 인성의 일치를 주장하는 것, (2) 그리스도의 완전한 신성의 강조 그리고 (3) 그리스도의 삶에서 도덕적 발전을 부인하는 것이다. 이 목적을 달성하기 위해서 아폴리나리우스는 인간은 몸(body), 혼(soul), 영(spirit)으로 구성되었다는 인간구성 삼분법을 도입했는데, 그리스도의 경우는 로고스가 인간영의 위치를 대신했기 때문에 그리스도는 영이 없기 때문에 완전한 신일 수는 있으나 완전한 인간이 아니라고 주장하였다. 결국 그는 성육신한 그리스도의 하나의 본성(神性)을 주장하게 되었다. 이와 같은 그의 가르침은 374~380년 로마회의에서 정죄되었고, 381년 콘스탄티노플공의회에서도 정죄되자 그는 교회를 탈퇴했다. 가톨릭 정통의 견해에서 그의 주장에 대한 근본적인 반대는 만일 그리스도에게 완전한 인성(人性)이 없다면 그는 완전한 인간일 수가 없고 그렇다면 통전적인 인간의 구원자가 될 수 없다는 것이다.

69 이상의 내용은 B. Altaner, 앞의 책, 348과 J. Quasten, 앞의 책, 244-245에 주로 의존했음.

70 Gregory of Naz., *Orations*, 27. 3. J. L. Gonzálezz, 앞의 책, 320.

71 Gregory of Naz., *Orations*, 40. 41. J. Quasten, 앞의 책, 249에서 인용.

72 Gregory of Naz., 위의 책, 25.16-17. Henry Bettenson, *The Later Christian*

Fathers, 116에서 인용.

73 Gregory of Naz., 위의 책, 39. 11. Henry Bettenson, 위의 책, 118에서 인용.

74 Gregory of Naz., 위의 책, 9(*NPNF*. 2nd series,7: 304). J. L. Gonález, 앞의 책, 321에서 재인용.

75 Gregory of Naz., 위의 책, 16. J. L González, 위의 책, 321.

76 Gregory of Naz., 위의 책, 20; 31; 34; 41 등. J. Quasten, 앞의 책, 250.

77 Gregory of Naz., 위의 책, 29. John R. Willis, 앞의 책, 220에서 인용.

78 Gregory of Naz., 위의 책, 39. 12. Henry Bettenson, 앞의 책, 119에서 인용.

79 Gregory of Naz., 위의 책, 29. 2. J. L. González, 앞의 책, 323.

80 Gregory of Naz., 위의 책, 30. 19. J. Quasten, 앞의 책, 250에서 인용.

81 바질은 반(半)아리우스주의자들의 견해에 동조하면서 성령을 분명하게 '하나님'이라고 부르지 않았다.

82 Gregory of Naz., 위의 책, 12. 6. J. Quasten, 앞의 책, 251에서 인용.

83 Gregory of Naz., 위의 책, 31. 4. J. L. González, 앞의 책, 322에서 인용.

84 Basil, On the Holy Spirit, 1. 3; 10. 16; 11. 27 등.

85 P. Tillich, 앞의 책, 77.

86 Gregory of Naz., Orations, 37. 2. Henry Bettenson, 앞의 책, 106에서 인용.

87 이 칭호는 일찍부터 마리아에 대한 존경의 표시로 사용되어 왔다. 역사가 소크라테스(Socrates)에 의하면 오리겐은 마리아를 '하나님의 어머니'라고 불렀다(Socrates, *Hist*., 7.32. B. Altaner, 앞의 책 232).

88 Gregory of Naz., *Ep*., 101. 4-6. Henry Bettenson, 위의 책, 107에서 인용. J. Quasten, 앞의 책, 253.

89 Gregory of Naz., *Ep*., 101. 5. John R. Willis, 앞의 책, 361에서 인용.

90 '누스'(nous)는 플라톤 철학에서 이성(reason), 직관(intuition))과 같은 것이다. 인간의 지성적 기능이다. 하나님이나 그리스도에게 적용이 될 수 있다(롬 11:34; 고전 2:16). 초대교회 그리스도론 논쟁, 특히 아폴리나리우스 논쟁에서 중요한 술어다.

91 Gregory of Naz., *Ep*., 101. 10. Henry Bettenson, 앞의 책, 108에서 인용.

92 위의 책.

93 Gregory of Naz., *Ep*., 102. J. L. González, 앞의 책, 261.

94 Gregory of Naz., *Ep*., 101. J. Quasten, 앞의 책, 252에서 재인용.

95 kat' ousian sunēphthai te kai sunaptesthai.

96 Grefory of Naz., *Ep*., 101. 5. Henry Bettenson, 앞의 책, 107-108에서 인용. 그리고 주(註) 1 참조.

97 Hans von Campenhausen, 앞의 책, 116.

98 Gregory of Nyssa, *Ep*., 13. 4. ad Liban. Hans von Campenhausen, 위의 책에서 재인용.

99 Hans von Campenhousen, 위의 책, 116-117에서 재인용.

100 위의 책, 117.

101 그레고리의 철학과 신학에 관해서는 그의 신학 사상, '철학과 신학' 항목에서 설명할 것이다.

102 Gregory of Naz., *Ep.*, 11. Hans von Campenhausen, 앞의 책, 117에서 재인용.

103 H. R. Drobner, *Lehrbuch der Patrologie*, 하성수 옮김, 『교부학』(서울: 분도출판사, 2001), 390.

104 Gregory of Nyssa, *De virginitate*, 3. Hans von Campenhausen, 위의 책, 117에서 재인용.

105 Basil, *Ep.*, 58. 59. 60. 100. 그리고 215. H. R. Drobner, 앞의 책, 391.

106 Hans von Campenhausen, 앞의 책, 119에서 재인용.

107 H. R. Drobner, 위의 책, 391-392. J. Quasten, 앞의 책, 254-255 등.

108 Hans von Campenhausen, 앞의 책, 120-121.

109 유노미우스(d.c. 395)는 본래 카파도키아 농민 출신이었으나 이집트 알렉산드리아에 와서 아에티우스(Aetius)의 제자가 되었고(356), 359년 셀류키아(Seleucia)회의에서 성부와 성자 사이이 동류본질(Homoean)을 고백하여 키지구스(Cygicus)의 아리우스파 감독이 되었다. 그러나 곧 극단적 아리우스주의파인 상이본질(Anomoean)을 주장하여 면직되었다. 그후 그는 계속하여 니케아 교리를 반대하는 글을 썼다. 그의 기본적인 사상은『변증』에 나타난다. 그는 하나의 '본질'(ousia)과 '능력'(energeia)으로 구분하여, 하나님은 본질 차원에서는 자기분여(自己分與) 행위를 하지 않지만, 능력 차원에서는 의지에 의해서 자기분여의 행위를 한다고 주장한다. 아들은 본질에서가 아니라 아버지의 의지에 의해서 무에서 창조된 아버지의 능력의 이미지라고 한다. 이 아들에 의해서 만물이 창조되었다. 그러므로 아들은 아버지와 동일본질이 아니며 피조물이라는 것이다.

110 Jerome, *De viris illustribus*, 128. J. Quasten, 앞의 책, 257.

111 이 글은 아리우스주의자들의 주장을 반대하여 성자와 성령의 신성과 동일본질론을 방어하고, 성서 구절에 대한 그들의 잘못된 해석을 공격하는 글이다.

112 이 글의 중요한 부분은 바질의 서신 189 가운데서 발견된다. J. Quasten, 위의 책, 260에서 재인용.

113 플라톤의 대화집 『파이돈』은 철학자 파이도(Phaedo, BC. c. 417~?)에서 유래하였다. 파이도는 귀족 출신으로 스파르타와의 전쟁(주전 400~399)에서 포로가 되어 팔렸으나, 소크라테스의 친구인 한 아테네인에게 팔렸기 때문에 자유의 몸이 된 후, 소크라테스의 제자가 되었다. 변증론과 윤리학에 관한 저서를 남겼다. 소크라테스가 죽은 후 소크라테스 학파를 창시하였다. 그는 많은 대화집을 쓴 것으로 추정되나 현재는 Zopyrus와 Simon만이 남아 있다.

114 J. Quasten, 앞의 책, 267-268에서 인용.

115 J. Quasten, *Patrology*, vol. III, 266. 오리겐의 해석에 관해서는 J. Quasten, *Patrology*, vol. II, 50을 참조.

116 다행하게도 그레고리의 금욕주의 저작들은 현재 하버드 고전 연구소의 W. Jaeger에 의하여 일천 편 이상의 사본을 근거로 만든 훌륭한 원본 비판 연구본이 있어 이용할 수 있다.

117 그의 생애에 관해서 아는 것이 없지만, 가장 오래된 유효한 정보인 제롬(*De viris illustribus*, 83)과 역사가 소크라테스(*HE*.,6. 13)에 의하면 현재 터키의 남부 해안에 위치한 고대 헬라 도시 리키아(Lycia)의 올림푸스와 후에는 두로의 감독이었고 칼키스(Chalcis)에 서 순교했다고 주장되고 있으나 믿을 만하지 않다. 우리가 그의 저작을 통해 판단해 보면 그는 감독이었던 증거가 거의 없다. 그는 리키아와 팜필리아(Pamphilia) 등지에서 프리랜서 스승과 금욕주의자로 살았으며, 사사로운 청중을 모아 철학을 강의하고 성서해설을 해 주었다. 그의 『동정에 관하여』(*On Virginity*)는 플라톤의 심포지움(Symposim)을 모방하고 있다.

118 이 항목은 J. Quasten, 앞의 책, 269-272를 참조했음.

119 Gregory of Nyssa, *Hom. on Cant. Cant.*, 6. J. Quasten, 위의 책, 283.

120 이와 같은 문제에 대해서 그레고리는 그의 책 『영혼과 부활에 관한 대화』에서 논증한다.

121 Gregory of Nyssa, *De vita Moysis*, 2. 11; 2. 37, 38. 『모세의 생애』에 관해서는 J. Quasten, 위의 책, 265 그리고 283-284.

122 J. Quasten, 위의 책, 285에서 재인용.

123 Gregory of Nyssa, *Quod non sint tres dii.* J. Quasten, 위의 책, 285에서 재인용.

124 그의 저서 중 삼위일체론의 중요자료는 『성 삼위일체에 관하여』, 『삼신 부정에 관하여』 그리고 『유노미우스를 반대하여』다.

125 J. Quasten, 앞의 책, 286에서 인용.

126 J. L. González, *A Hist. of Christian Thought*, vol. I, 327.

127 Gregory of Nyssa, *quod non sint tres dei*, H. Bettenson, *The Later Christian Fathers*, 153에서 인용.

128 Gregory of Nyssa, *Oratio catechetica magna*, 3. J. N. D, Kelly, *Early Christian Doctrines*, 261에서 재인용.

129 Gregory of Nyssa, *Sermo de Spiritu Sancto.*, 13; J. Pelikan, *The Christian Tradition*, vol. I; *The Emergence of the Catholic Tradition*, 223.

130 Gregory of Nyssa, *Sermo de Spiritu Sancto*, 3. J. Quasten, 앞의 책, 287.

131 Gregory of Nyssa, *De oration dominica*, J. Quasten, 위의 책, 267.

132 Gregory of Nyssa, *Adv. Eunomium*, 1.16. H. Bettenson, 앞의 책, 155에서 인용.

133 Gregory of Nyssa, 『통념에 관하여』(*Ad Graecos ex communibus notionibus*). H. Bettenson, 위의 책, 158에서 인용.

134 Gregory of Nyssa, *Adv. Eunomium.*, 1. 22. H. Bettenson, 위의 책, 156-157에서 인용.

135 Gregory of Nyssa, 위의 책, 5. 5. H. Bettenson, 위의 책, 138에서 인용.

136 위의 책.

137 Gregory of Nyssa, *Antirrheticus adv. Apollinarem*, 53. 54. Henry Bettenson,

위의 책, 136-137에서 인용. 그레고리의 아폴리나리우스의 반박글은 아폴리나우스의 책『인간의 이미지에 있어서 하나님의 성육신에 대한 논증』을 반박한 것이다.

138 Gregory of Nyssam, *De virginitate*,19. J. L González, 앞의 책, 330.

139 Gregory of Nyssa, 위의 책, 13. J. Quasten, 앞의 책, 289에서 재인용.

140 Gregory of Nyssa, 『대교리문답』(*Oratio catechetica magna*), 40. J. Quasten, 위의 책, 289.

141 Gregory of Nyssa, 위의 책, 26. J. Quasten, 위의 책, 290에서 인용.

142 그레고리는 그의 책『완전론』(*De perfectione et qualem oporteat esse Christianum*)에서 "참 완전이란 결코 멈춰 서는 것이 아니라 더 좋은 것을 향해 계속 성장하는 것, 즉 완전이란 경계에 의해서 제한되지 않는다"고 하였다(J. Quasten, 위의 책, 273).

143 500년경의 시리아의 수사로 알려져 있으나 그의 이름은 가명인 것으로 전해지고 있다. 그는 신-플라톤 철학을 그리스도교 신학 및 신비주의 철학과 통일시킬 목적으로 여러 편의 글을 썼다. 중세기 그리스도교, 특히 서방교회의 교리와 영성에 신-플라톤주의의 경향이 강하게 미친 것은 이들 책들에 의한 것이다.

144 St. Hugh(1096~1141)는 12세기 독일의 최대 신학자, 철학자. 성 빅토르 수도사, 수도원학교장으로 신비주의를 변증법과 결합하여 신의 관상을 철학의 최고 목표로 삼았다. 그의 신비주의 삼 단계는 "사고로 자연에서 신을 만나고, 묵상으로 우리 속에서 신을 만나고, 명상으로 신이 얼굴을 만난다"는 것이다.

145 Richard of St. Victor(?~1173)는 파리에 있는 성 빅토르 수도원에 들어가 스콜라 신학자요 철학자인 성 빅토르의 위그에게서 배우고, 1162년에 수도원 부원장이 되었다. 12세기 성 빅토르 학파의 전성기에 그는 영혼은 감각에서 벗어나 상상, 사유, 직관을 통해 황홀경에 들어간다고 하였으며, 신적인 명상 속에서 신과 합일에 이른다고 하였다. 그의 신비주의는 13세기 성 보나벤투라와 14세기 존 게르송에게 영향을 끼쳤다.

146 St. Bonaventura(1221~1274)는 프란체스코 수도회의 신학자며 스콜라 신학자. 어거스틴으로부터 내려오는 전통에 충실하여 아리스토텔레스보다 플라톤 철학의 영향을 받았다. 그는 세계의 창조는 이성의 빛에 의해서 논증될 수 있다고 한다. 그러나 모든 인간의 지혜는 하나님이 신실한 그리스도인들에게 비추는 신비적 조명에 비교하면 어리석다고 강조한다. 이것이 그의 신비적 지식이론이다. 하나님께 대한 신비적 명상, 이성의 자발적인 복종으로 하나님을 향유하는 것, 교회 계명에 대한 양심의 맹목적 추종으로 그는 신비주의와 정통주의를 결합시킨다.

147 John Gerson(1363~1429)은 프랑스의 성직자, 영적 저술가. 경건하고 사랑 때문에 '세라픽 박사'라고도 한다. 그는 기도와 희생의 정신을 소생시켜 교회개혁을 위해 일을 했다. 그는 '회의운동'에 가담하여 교황권제한주의를 적극 지지했다. 도덕 신학에서 그는 본래 죄스러움이란 없으며, 행위의 죄됨과 선함은 하나님이 뜻에 달린 것이라고 한다. 그의 대부분의 논문은 영적 삶에 대한 것이다. 『관상의 산』, 『신비주의 신학』, 『마음의 완전』. 그의 저서들은 초기 루터에 의해서도 높이 평가되었으며, 프랑스 학자들은 『그리스도를 본받아』를 그의 작품으로 생각하기도 한다.

148 Gregory of Nyssa, *In Psalmorum inscriptions*, 1. J. Quasten, 앞의 책, 292에서 재인용.

149 Gregory of Nyssa, 『인간의 직무』(*De epificio hominis*), c. 16. J. Quasten, 앞의 책, 292에서 재인용.

150 위의 책, 5. J. Quasten, 위의 책 292에서 재인용.

151 이 항목은 J. Quasten, 위의 책, 292-293에 주로 의존했음.

152 *De beatitudinibus.* 여기서 그레고리는 축복을 말씀이 우리를 완전의 높이까지 끌어올리는 사다리에 비교한다. 그레고리의 가르침에는 플로티누스의 사상을 상기시키는 것이 많은데, 특히 신격화로 이끄는 순결의 교훈이 그렇다. 그러나 그레고리는 신-플라톤주의에서 빌려온 것을 철저히 그리스도교화한다(J. Quasten, 위의 책, 268).

153 이 항목은 J. Quasten, 위의 책, 293-295에 의존했음.

154 위의 책, 295-296에 의존했음.

155 A. Harnack, *Hist. of Dogma*, vol. IV, 82.

156 A. C. McGiffert, *A Hist. of Christian Thought*, vol. I, 273. 그러나 '니케아-콘스탄티노플 신조'라는 명칭은 17세기 중엽에 베네딕트(John Benedikt)에 의해서 처음으로 사용되었다고 한다. 그래서 두 신조의 관계에 대해서 많은 논란이 있는 것도 사실이다(J. N. D. Kelly, *Early Christian Creeds*, 296ff. 296, n. 1).

157 헬라어 원문과 영어 번역문은 J. N. D. Kelly, *Creeds*, 297-298. A. C. McGiffert, A Hist. of Christian Thought, vol. I, 273에는 영어 번역문이 있음. 이 신조에서 '주'와 '성령'이 밀접하게 연관되어 있는데, 초대 교부들은 그리스도를 '영'으로 묘사하기도 했다. 그러나 주와 성령을 동일시하는 것은 아니었다. 그리스도의 신성을 위해서 '성령'을 사용하였다.

158 John of Damascus, *De fide orthodoxa*, 1. 2; 1. 8; 3. 5. R. Seeberg, *The Hist. of Doctrines*, vol. I, 236-237.

159 Augustine, *De trinitate*, 11. 21. 51. Otto W. Heick, *A Hist. of Christian Thought*, vol. I, 166에서 재인용.

제11장

안디옥학파의 신학

— 그리스도론을 중심으로

I. 서론

4~5세기는 초대교회 역사에서 가장 신학적으로 발전한 황금기였다고 할 것이다. 콘스탄틴 황제의 통치 이후 박해의 시대를 넘긴 그리스도교회는 내외적으로 새로운 시대에 직면하게 되었다. 새로운 삶의 상황에서 그리스도교회는 급격한 교인의 증가와 교인들에 대한 신앙적, 신학적 교육과 삶의 훈련 그리고 신앙의 교리화 등의 과제를 해결해야 했다. 이와 같은 활동이 가장 논쟁적이면서도 활발하게 진행된 시기가 4~5세기였다. 이 시기는 초대교회에 있어서 신학 사상의 발전과 교리 형성의 절정기였다고 할 것이다. 이 시기에 그리스도교 세계에 새로운 신학적 문제로 동방 지역에는 앞장에서 논의했던 아리우스주의를 비롯하여 마케도니우스주의,[1] 아폴리나리우스주의(Apollinarianism), 네스토리우스주의(Nestorianism) 그리고 그리스도 단성론(Monophysitism)이 일어났고, 서방 지역에서는 도나투스주의(Donatism)를 비롯하여 펠라기우스주의(Pelagiansm), 소위 반(半)펠라기우스주의(Semi-Pelagianism) 논쟁이 일어났다. 그러나 엄격히 말하면 반(半)어거스틴주의이다. 이와 같은 문제를 해결하기 위해서 이 시기는 가장 많은 문학 작품과 교리적 논쟁적 논문들이 생산되었다.

후대 많은 역사가들은 교회 역사가 유세비우스로부터 시작된 교회사 저작을 최고의 작품으로 인정했으며 역사가들에게 새로운 연구를 하도록 자극했다. 교회 역사와 연대기(年代記)뿐만 아니라 이 기간은 거의 배타적으로 유명한 수도승들의 전기 작품도 풍부하였다. 교회의 위대한 인물들에 대한 우리의 지식에 중요한 자료를 제공하는 서한체 문헌들, 라틴 문화권에서 특히 번성했던 시문학 등이 풍부하게 생산되었으며, 특히 이 시대의 설교 문헌은 당대 유명한 설교가들이 옛 수사학을 어떻게 설교에 응용했는지를 보여주는 매우 중요한 자료들이다.

그러나 무엇보다도 이 시대의 신학적 발전 과정에서 우리의 관심을 끄는 것은 특히 동방교회에서의 성서 연구와 그리스도론일 것이다. 이것은 알렉산드리아학파와 안디옥학파 사이의 논쟁사를 통해서 나타난다. 알렉산드리아의 클레멘트와 오리겐을 통하여 초기 알렉산드리아학파에 관해서는 논의한 바가 있다.[2] 2세기 변증가들의 문헌과 반(反)이단 교부들의 문헌은 학문적 신학 형성의 첫 단계였다. 지성적 삶과 성장의 시기에 신학은 조직적이고, 이해 가능하며, 과학의 반열에 올라와야 했다. 이 요구에 부응한 것이 학파의 등장이었고, 그것은 학문적 신학의 산실이 되었다.

동방교회의 신학 발전사에서 가장 크게 공헌한 학파는 이집트 알렉산드리아를 중심으로 한 알렉산드리아학파와 시리아 안디옥을 중심으로 한 안디옥학파다. 이 두 학파는 4~5세기 격렬한 신학 논쟁을 통하여 신학을 발전시켰다. 그 논쟁의 중심에는 성서 주석 방법과 그리스도론이 있었다.

주전 331년 건설된 이후 이집트의 알렉산드리아는 동방, 헬라, 유대인의 문화가 조우하면서 혼합의 결과로 헬레니스틱 문명을 형성했다. 유대주의는 헬라어와 문화를 수용했으며, 알렉산드리아 교리문답학교(신학교)는 180년경 역사에 나타난다. 판테아누스(Pantaenus)가 지도하고 있었을 때 그의 제자이자 후계자인 클레멘트에 의해서 신학의 체계화가 처음으로 시도되었다. 그 후 알렉산드리아학교는 젊은 오리겐이 책임을 맡으면서 공식적으로 교회의 인정을 받게 되었는데, 그의 지도하에 학교는 최고의 명성을 얻었다. 오리겐 이후 이 학파에 속한 신학자로서 우리가 기억해야 할 사람들은 반(反)아리우스주의자로 니케아회의에서 아버지와 아들의 동일본질을 주장했던 아타나시우스와 그리스도론 논쟁에서 알렉산드리아학파의 대표자인 키릴(Cyril)이다.

플라톤 또는 신-플라톤 철학을 배경으로 한 알렉산드리아학파는 클레멘트와 오리겐의 영향을 받아 성서를 알레고리칼(隱喩的 또는 寓意的) 주석 방법으로 해석하였다. 이 방법은 헬라 철학자들이 신화와 시의 해석에 사용했던 방법이다. 유대인 종교철학자 필로(Philo)도 성서 해석에 이 방법을 사용하였다. 알렉산드리아 신학자들은 문자적, 역사적, 문법적 성서 주석이 하나님을 보잘것없는 존재로 전락시키고 반(反)신앙적인 결과를 가져올 것으로 확신하였다. 그래서 그들은 성서의 본문들에 함축되어 있는 보다 깊고 신비적인 의미를 찾고자 노력했고, 그 결과 빈번히 그들은 성서를 수수께끼 같은 책이 되게 했으며 성서 주석은 퍼즐 게임이 되게 했다.

그리고 그리스도론에 있어서 이 학파는 구원론적 입장에서 그리스도의 신성과 인성의 일치를 주장하였다. 물론 혼합은 아니다. 그리스도의 인성을 지나치게 강조하게 되면 인간으로서 그리스도를 부각시키기 때문에 구세주로서 예수 그리스도가 부인될 수 있다는 것이다. 그래서 마리아를 '하나님의 어머니'(Theotokos)라고 해야 한다고 주장하였다. 그러나 알렉산드리아의 그리스도론도 지나치게 일방적으로 강조하게 되면 그리스도 단성론이나 그리스도 단의론에 빠질 위험이 있다.

이와 같은 알렉산드리아학파의 은유적이며 사변적이고 신비적 성서 주석 방법과 그리스도에게 있어서 신성과 인성의 연합 강조에 반대 입장을 분명히 한 학파가 3세기 말경에 나타난 안디옥학파다. 이 학파를 '성서 주석 학파'라고도 부르는 것은 이 학파의 신학자들이 주로 성서 주석 분야에서 활동했기 때문이다. 이 학파 학자들은 냉철한 이성과 엄격한 학자적 정신력을 가지고 있었다. 이들은 성서를 주로 그들의 역사적, 문법적 분별력에 따라서 주석했다.[3] 그리고 그리스도에게 있어서 신성과 인성의 구별을 강조하였다. 물론 분리는 아니다. 그래서 마리아에 대하여 '그리스도의 어머니'(Christotokos)라는 칭호를 선호했다.

초대교회의 교리 형성과 신학 사상의 발전사에서 가장 크게 영향을 준 학파들을 크게 나누면 서방 라틴 문화를 기반으로 한 라틴학파, 알렉산드리아학파 그리고 시리아 안디옥을 중심으로 하여 형성된 안디옥학파 등 세 학파라고 할 것이다. 라틴학파는 '노모스'(nomon) 유형으로 의식, 질서, 체제적이고, 알렉산드리아학파는 초월적, 사변적, 신비적이다. 신학적 사고는 하향적이라고 할 것이다. 반면에 안디옥학파는 역사적이며 현실적이고 문법적이다. 신학적 사고는 상향적이라고 할 것이다. 예를 들면 그리스도론에서 알렉산드리아학파는 '신성에서 인성으로' 오는 사고인 데 반하여 안디옥학파는 '인성에서 신성으로'의 사고방식이다.

안디옥은 예루살렘에서 북쪽으로 500km, 지중해로부터 30km 내륙에 남북 교통의 요지에 위치해 있는 도시다. 주전 300년 알렉산더 대왕이 죽은 후 그의 장군이었던 셀류쿠스(Seleucus Necator)가 세워 이곳을 중심으로 셀류쿠스 왕조를 일으켰다. 주전 64년에 로마제국에 정복되어 로마의 통치를 받게 되었다. 지금은 그 화려했던 도시의 흔적만 남아 있지만, 사도 바울 당시에는 로마의 속주 중의 하나인 시리아의 수도로 로마와 알렉산드리아 다음가는 제3의 도시였다. 문학의 중심도시로서 '동방의 여왕'이라는 명칭이 붙을 정도로 아름답고 화려한 도시였다.

신약성서에 의하면 스데반이 순교를 당하고(행 7:54-60), 예루살렘 교회가 큰 박해를 받게 되었을 때 신자들이 각지로 흩어지면서 그 일부가 안디옥에서 예수의 복음을 전하기 위해 정착하고 안디옥교회를 형성하였다(행 11: 19). 이 지역에서도 신자들은 박해를 피하여 비밀리에 예배를 드렸다. 그 흔적이 동굴 교회로 남아 있다. 이 교회는 산 중턱에 사람이 허리를 굽혀 겨우 들어갈 수 있는 입구와 길이 4km의 비밀통로가 있다. 안디옥은 제자들이 처음으로 '그리스도인'이라고 불리었던 곳이기도 하며(행 11:26), 각 곳으로 흩어졌던 처음 신자들은 그들이 가는 곳에서 유대인들에게만 말씀을 전했으나(행 11:19), 키프로스 사람과 구레네 사람들은 이곳에서 헬라어를 하는 유대인들에게도 말씀을 전하였다(행 11:20). 이 소문을 듣고 예루살렘 교회는 바나바를 안디옥에 보냈다(행 11:22). 그리고 바나바는 다소에 머물고 있는 사울(바울)을 안디옥으로 데리고 와서 1년간 같이 선교 활동을 하였다(행 11:25-26). 이렇게 안디옥은 바울의 이방 선교의 거점이 되었다.

그뿐만 아니라 안디옥은 초기 영지주의자 시몬 마구스(Simon Magus)의 제자인 메난데르(Menader)와 그의 제자인 사투르니누스(Saturninus)의 고향이다. 후자는 100~150년 사이 안디옥에서 활동했었다.[4] 그러나 다른 한편 마르쿠스 아우렐리우스(161~180)와 코모두스(180~192) 통치 기간에 안디옥의 감독 테오필루스(Theophilus)의 저서는 서방교회에서까지 주목을 받았다.[5] 이렇게 안디옥은 신학의 중심지였다. 안디옥에도 알렉산드리아의 교리문답학교와 같은 교육기관

이 있었다.[6]

　안디옥학파가 역사의 주목을 받게 된 것은 안디옥교회의 장로로 안디옥학교의 설립자인 안디옥의 루키안(Lucian of Antioch, d. 312)에 의해서다.[7] 그는 에뎃사와 가이사랴에서 수학했으며, 오리겐의 영향을 받아 성서 연구에 관심을 갖게 되었다. 그의 성서 연구에서의 가장 큰 공헌은 히브리어 학자로서 셉투아진트(LXX)의 개정판을 완성했다는 것이다. 이 개정판은 시리아 지역은 물론 안디옥에서 비잔티움까지 소아시아 전역에서 높은 평가를 받아 채용되었다. 그의 성서 본문 비평은 비록 네 복음서에 국한되었지만 신약성서에까지 확대되었다. 안디옥학파의 성서 주석이 알렉산드리아의 은유적 방법에 반대하여 역사적, 문법적 주석 방법을 주장한 것은 루키안의 영향이었다. 이 방법은 성서 주석에 영구한 가치를 제시했으며 성서 주석의 교육을 받은 많은 후대 교회 저술가들을 배출하였다.

　그러나 이 학교는 특유한 신학적 방향으로 발전되었다. 사모사타의 바울(3세기)의 양자론[8]과 오리겐의 로고스 그리스도론의 절충으로 알려진 그의 가르침은 결국 로고스의 종속론을 강하게 주장하게 되면서 아리우스주의의 길을 열어주었다는 비판에 직면하게 되었다. 실제로 아리우스주의의 두 지도자인 아리우스와 니케아회의에서 그를 적극적으로 지지했던 니코메디아의 유세비우스는 안디옥학교에서 수학한 루키안의 제자들이다. "루키안은 아리우스주의의 아버지다"라는 비판을 받는다.[9] 하르낙은 루키안을 중심으로 한 안디옥학파의 특징으로 첫째는 이 학파가 아리스토텔레스의 비판적 변증법적 철학에 근거하고 있다는 것이고, 둘째는 성서의 역사적 문자적 주석을 하는 것이라고 지적한다.

루키안의 가르침에는 양자론이 하나님의 창조물(ktisma)로서 로고스 교리와 결합되어 있다. 이 교리 형식은 아리스토텔레스 철학의 도움으로 발전되었으며 성서의 비평적 주석에 근거하고 있다. 아리스토텔레스 철학의 합리주의가 이 학파를 지배하였다.[10]

아리우스가 안디옥학교에서 신학 교육을 받았고, 그 학파의 설립자 루키안의 제자로서 그의 가르침이 삼위일체 논쟁으로 이어진 것은 사실이다. 그리고 안디옥이 아리우스주의자들에 의해서 지배된 첫 감독구가 된 것도 사실이다. 그럼에도 안디옥학파의 가르침이 필연적으로 아리우스주의로 이어졌다고 할 수는 없다. 왜냐하면 이 학파의 중요한 대표자들이라고 할 수 있는 사람들, 즉 다소의 디오도레(Diodore of Tarsus), 그의 제자들인 몹수에스티아의 테오도레(Theodore of Mopsuestia), 요한 크리소스톰(John Chrysostom) 그리고 키루스의 테오도렛(Theodoret of Cyrus) 등은 아리우스주의자들을 반대하는 글을 통하여 니케아 신앙을 방어했기 때문이다.

아리우스 논쟁을 통해서 초대교회는 아들의 신성 문제, 아버지와 성령과의 관계 문제에 집중하였다. 그러나 두 번의 공의회를 통하여 삼위일체의 신성 문제가 해결되었다고 생각되었을 때, 이번에는 그리스도 안에서 신성과 인성의 관계에 관심을 갖게 되면서 문제가 제기된 것이다. 이와 같은 문제 제기는 자연스러운 것일 수 있다. 왜냐하면 삼위일체 교리와 그리스도론은 교리사에 있어서 분리될 수 없기 때문이다. 모든 그리스도론적인 진술은 언제나 삼위일체에 대한 분명한 이해를 포함하고 있다. 그러나 초대교회에서 그리스도론의 형성은 삼위일체 논쟁과 마찬가지로 알렉산드리아학파와 안디옥학파 간의 긴 논쟁의 과정을 통해서 이루어졌다.

P. 틸리히는 안디옥학파가 알렉산드리아학파와 달리 역사적 예수를 강조했다는 점에서 현대 신학의 선구자가 되었다고 하면서 그 일반적인 특징을 세 가지로 기술하고 있다.

(1) 안디옥학파는 강한 철학적 관심, 문헌학적, 역사적 관심을 가졌으며 그리스도의 역사적 묘사에 대한 정확한 이해와 강조를 하였다. 이러한 의미에서 현대에서 발전된 역사비평학의 선구자가 되었다.
(2) 이 학파는 알렉산드리아학파의 플라톤 또는 신-플라톤 철학보다는 아리스토텔레스적인 의미의 합리적 경향을 가지고 있다.
(3) 안디옥학파의 신학자들은 신비적-존재론적 관심 대신에 로마와 스토아학파의 철학자들과 같이 윤리적-인격주의적 관심을 가졌다.[11]

II. 안디옥의 유스타티우스의 신학

1. 생애

알렉산드리아의 감독 알렉산더가 죽자(328) 그의 오른팔 역할을 했고 니케아공의회에도 참석하여 감독을 도왔던 아타나시우스(Athanasius, 328~373)가 그의 뒤를 이어 알렉산드리아의 감독이 되었다. 그가 선임자 알렉산더의 신학 노선을 따른 것은 당연하였으며 니케아 신앙의 가장 위대한 방어자가 되었다. 그리하여 동방에서 아리우스주의자들을 반대하는 삼총사는 안키라의 마르셀루스(Marcellus of Ancyra), 알렉

산드리아의 아타나시우스 그리고 안디옥의 유스타티우스였다. 안디
옥학파를 전기 학파와 후기 학파로 나눈다면 유스타티우스(Eustathius
of Antioch, d. 337)는 전기 안디옥학파에 속한다. 밤빌리아(Pamphylia)
의 시데(Side)에서 출생한 유스타티우스는 안디옥의 감독이 되기 전
(324) 시리아의 베로에아(Beroea)의 감독이었다. 325년 니케아공의회
에서는 아리우스주의의 격렬한 반대자로 니케아 정통 신앙을 지지하
였다. 키루스의 테오도렛에 의하면 유스타티우스는 그 공의회에서
첫 연설자였고 황제가 입장할 때 환영사를 하는 영광을 얻었다고 한다.
환영사에서 그는 교회의 업무 규정에 따를 것을 권고하였다.[12]

그러나 니케아공의회에서 아리우스를 열렬히 지지했던 니코메디
아의 유세비우스(Eusebius of Nicomedia, d. c. 342)는 유스타티우스를
비롯한 친(親)니케아파들에 대한 개인적인 공격을 하였는데, 겉으로
는 도덕적 혹은 교회 훈련에 관한 비난을 내세웠으나 그의 본심은
니케아의 결정 사항에 대한 것이었다. 니케아공의회가 끝나고 5년
후인 330년에 니코메디아의 유세비우스는 아리우스주의자들이 주동
이 되어 소집한 안디옥회의에서 간부(姦婦), 폭군, 이단 등의 죄목으로
유스타티우스를 정죄하는 데 성공하였다. 그때만 해도 안디옥은 니케
아 신앙 지지파와 아리우스파의 세력이 대등하게 대결하고 있었다.
아리우스주의자들은 교회회의에 한 여인을 오게 하여 자기 아들이
유스타티우스의 아들이라고 거짓 증언을 하게 하였다. 회의는 유스타
티우스의 방어권도 주지 않고 여인의 말만 인정하였으며, 폭군의 고소
는 안디옥 같은 중요한 교구의 감독의 막강한 권력으로 정치적 폭거를
행사했을 것이라는 짐작으로 폭군의 죄명을 붙였고, 아버지와 아들은
같은 본질이라고 주장하면서도 둘 사이의 구별을 분명히 하지 않아

하나님의 본질적인 단일체를 강조한다고 양태론적 군주신론자 사벨리우스주의자로 의심하고 정죄했다.[13] 그리하여 콘스탄틴 황제는 그를 추방하였다(330). 그러나 동방 지역을 통치했던 콘스탄틴 황제의 차남 콘스탄티우스가 그를 귀환시키라는 칙령을 내렸으나(337) 그는 자기 교구로 귀환하지 못하고 유배지에서 죽었다. 그가 죽은 후 안디옥은 아리우스주의의 중심지가 되었다.

2. 신학 사상

1) 주요 저작 개요

제롬은 유스타티우스가 아리우스주의를 논박하는 많은 글, 특히 『영혼에 관하여』(De anima)와 『오리겐을 반대하는 엔돌의 마녀에 관하여』(De engastrimytho adversus Origenem) 그리고 수많은 서신을 언급한다.[14] 역사가 소조멘(Sozomen)은 유스타티우스의 멋진 웅변은 그의 놀라운 전달 방법에 의해서 입증되듯이 감탄할 만하다고 한다. 그의 적절한 언어 선택, 표현의 묘미, 온화한 감정의 표현, 이야기의 우아함과 세련됨은 그의 작품의 특성이라고 진술한다.[15] 그럼에도 불구하고 대부분의 그 저술들은 현존하지 않는다.

(1) 『오리겐을 반대하는 엔돌의 마녀에 관하여』(On the Witch of Endor against Origen, De engastrimytho adversum Origenem)

유스타티우스의 저서 중 유일하게 현존하는 작품이다. 엔돌은 사무엘상 28장 7절에 나온다. "사울의 명령으로 부하들이 엔돌에 망령을 불러올 무당이 있다"고 보고한다. 아리우스 논쟁이 시작되기 전에 썼을 것으로 추정되는 이 소논문에서 그는 이 본문에 대한 오리겐의 해석만이 아니라 그의 은유적 성서 주석 전체를 통렬하게 비판한다. 왜냐하면 그의 주석 방법은 성서의 역사적 특성을 간과하기 때문이다.

(2) 『아리우스주의자를 반대하여』(Against the Arians, Adversus Arianos)

대부분의 그의 저술은 초록(抄錄)으로 우리에게 전해지고 있는데, 주로 교리적인 시가집(詩歌集)의 형식이다. 그의 저술 중 가장 중요한 것이 8권으로 구성된 이 책으로, 그 단편들이 알렉산드리아 율로기우스(Eulogius)에서 헬라어로 발견되었다.

(3) 『영혼에 관하여』(De anima, On the soul)

역시 단편으로 남아 있는 이 책은 시편과 잠언의 주석적 저작이며 두 부분으로 구성되었다. 첫 부분은 철학자들에 대한 논박인데, 특히 몸과 영혼과의 관계에 대한 플라톤 철학자들의 견해를 논박한다. 둘째 부분에서는 로고스가 인간의 혼 없이 인간의 몸을 입었다는 아리우스주의자들의 교리를 공격한다. 현존하는 단편들은 그리스도의 완전한 신성과 완전한 인성을 방어하고 있다.

그러나 유스타티우스의 이론이 후기 안디옥학파의 네스토리우스 그리스도론으로 이어지는 견해를 지지했다는 그 어떤 암시도 없다.

그의 그리스도론에 관한 중요한 저술 중에는 시편 15편과 92편 그리고 잠언 8장 22절에 관한 주석이 남아 있다.

> "주님은 일을 시작하시던 그 태초에, 주님께서는 모든 일을 지으시기 전에 나를 창조하셨습니다"(잠 8:22).

2) 그리스도론[16]

쿠아스텐에 의하면 유스타티우스의 그리스도론은 아리우스주의 자들에 의해서 사모사타의 바울의 후계자라는 비난을 받아 왔다.[17] 사실 그가 안디옥의 감독이 되었다는 것은 사모사타의 바울의 역사가 재현된다는 것을 의미하기에 충분한 점이 없지 않았다. 사모사타의 바울의 그리스도론의 핵심은 아버지와 아들의 관계를 묘사하는 데 '호모우시오스'라는 말이 부적합하다는 이유로 거부한다는 점이다. 그는 하나님 안에서의 삼위를 부인한다. 그는 만물의 창조주 하나님에게는 '아버지'라는 이름이, 순전히 인간인 그리스도에게는 '아들'의 이름이, 사도들에게 있었던 은총에게는 '성령'이라는 이름이 주어졌을 뿐이다. 그러므로 삼위일체는 이름에 불과하다. 예수는 모세와 예언자들보다 위대하지만 로고스는 아니었다. 그는 모든 점에서 우월하지만 우리와 같은 인간이다. 그러므로 그는 군주신론의 견해를 가지고 있으며 그의 그리스도론은 양자론을 상기시킨다.[18] 물론 네스토리우스의 선구자라는 비난도 받았다.[19] 현재 단편들만 현존하는 그의 저술들만으로는 그의 가르침에 대한 충분한 이해가 어렵지만, 그는 그리스도의 인성의 실재성을 옹호하기 위해서 두 본성의 참된 연합(union)을 희생하면서까지 그리스도 안에서 신성과 인성 사이의 분명한 구별을 강조하였다. 그래서 그는 그리스도에게 있어서 신성과 인성의 연합은 인간적 의지가 신적인 의지와의 결합(conjunction)에 기인하기 때문에 인간적인 의지는 항상 신적인 의지와 동일하게 의지를 발동한다는 것이다. 결론적으로 예수는 인간적인 몸(body)과 혼(soul)이 있는 참 인간으로 다른 사람들처럼 성장하고 발전했다고 한다.

그러나 그는 당시 동방교회에서 지배적이었던 로고스-육체(Logos-Sarx) 그리스도론을 반대하고 처음으로 로고스-인간(Logos-Man) 그리스도론을 주장하였다. 그가 교리사에서 중요한 위치를 차지할 수 있었던 것은 로고스-육체 유형의 그리스도론에 대한 그의 논박 때문이었다. 로고스-육체에는 태생적으로 그리스도가 영혼 없이 인간의 몸(육신)만을 취했다는 생각이 있기 때문에 아리우스주의나 아폴리나리우스주의가 될 위험이 상존한다. 아리우스주의자들이 그리스도의 신성을 부인한 것은 로고스 자신이 가변적이라고 생각했기 때문이다.

> 왜 그들[아리우스주의자들]은 엄청난 속임을 쓰면서 그리스도가 영혼 없는 육신을 취했다는 것을 그렇게 중요하게 생각하는가? 그래서 그들이 이 거짓된 이론을 믿도록 사람들을 꾈 수 있다는 것만으로도 수난(pathē)으로 인한 변화를 성령에 의한 것으로 생각할 수 있다. 그래서 그들은 가변적인 본성은 불가변적인 본성으로부터 출생될 수 없다고 사람들을 쉽게 설득시킨다.[20]

이와 같은 이유로 유스타티우스는 로고스-육체 그리스도론 구조를 반대하고 로고스-인간 유형의 그리스도론을 주장하게 되었다.

그러나 로고스-육체 그리스도론은 일치에 대한 과장된 해석을 경계해야 할 것이고, 로고스-인간 그리스도론은 단일성을 위태롭게 한다. 즉, 유스타티우스는 연합보다 두 본성의 구별을 강조했기 때문에 그의 그리스도론의 특성을 '분리 그리스도론'(divisive christology)이라고 한다. 여기서 우리는 안디옥학파의 전형적인 형식을 발견하게 된다. 아리우스주의자들을 반대한 결과 유스타티우스는 '속성의 교리'(communicatio idiomatum)에 관한 그의 입장을 철회하게 되었다.[21] 그에 의하면 하나님이 그리스도에 내주한다는 것은 어린양이 도살되는 것 같은 것도 아니고, 양같이 살해당하는 것과 같은 것도 아니라 불가시적인 본성에 의한 것이다. 말씀 또는 하나님이 죽었다고 말하는 것은 옳지 않다.[22] 반대로 유스타티우스는 위격의 단일성이 위태하게 될 정도까지 본성 사이의 엄격한 구별을 강조한다.

> 그러나 "나는 아직 나의 아버지께로 올라가지 않았다"라는 것은 로고스에 의해서 언급된 것도 아니고, 하늘에서 내려와 아버지의 품에서 살고 있는 하나님에 의한 것도 아니며, 창조된 만물을 품고 있는 지혜에 의한 것도 아니라 죽음에서 부활했으나 아직 아버지에게 올라가지 않은 다른 요소로 형성된 '인간'에 의하여 언급된 것이다.[23]

본성들을 구별하는 것이 우선적인 관심이었던 유스타티우스에게 통일성에 대한 설명은 필연적으로 다른 각도에서 해결해야 할 각별한 문제였다. "그리스도 안에 온갖 충만한 신성이 몸이 되어 머물고 계십니다"(골2:9)와 같이 그는 '인간' 그리스도 안에 '로고스의 내주'라는 단순한 사상으로 시작한다. 그리스도의 혼은 로고스와 더불어 살고 있다. 몸은 로고스의 성전이요, 장막이며, 집이고, 외투다. 이것은 대중적으로 무분별하게 전승되어 온 용어이며 그의 반대자들도 사용하는 용어였다. 그러던 것이 유스타티우스에 의해서 거의 배타적으로 귀중한 용어가 되었다. '내주 구조론'의 역사는 그리스도에게 있어서 위격의 단일성의 특성을 분명하게 하는 것이 얼마나 어려운지를 보여준다. 종종 '내주의 충만함'으로 언급된다. 유스타티우스는 로고스의 '충만한 내주'라는 점에서 예언자들로부터 그리스도를 구별하기를 원한다.

그러나 본성들을 구별하려는 그의 노력은 불가피하게 오해할 수 있는 형식을 만들게 된다. 안디옥의 이그나티우스가 '육체를 몸에 지닌 하나님'(theos sarkophoros)이라는 말로 그리스도에게 있어서 실체의 단일성에 대한 매우 묘한 표현을 했다면, 유스타티우스는 그것을 뒤집은 문구인 '하나님을 몸에 지닌 인간'(anthrōpos theophoros)과 같은 형식을 만들었다. 그것은 아리우스주의자들의 로고스-육체 그리스도론을 반대하기 위해서 그리스도에게 있어서 전인간(全人間)을 강조한 결과였다. 그러나 성육신한 로고스가 인간 예수에게 기초하고 있고 육신이 된 그리스도는 예언자들과 정도에서만 다를 뿐이라고 주장하는 한 그는 양자론이나 네스토리우스주의의 혐의를 벗어나기가 어렵다. 그래서 그를 네토리우스주의의 선구자라고 하는 것이다. 그가 정죄를 받은 것도 이와 같은 오해에 근거했을 것이다. 그의 그리스도론은 후계자들인 다소의 디오도레와 몹수에스티아의 테오도레에 의해서 계승되었다.

III. 다소의 디오도레의 신학

1. 생애

알렉산드리아의 성서 해석이 암브로스를 통하여 서방에서 그 전성기를 이루었을 때, 동방에서 안디옥학파의 전성기는 다소의 디오도레(Diodore of Tarsus, d. c. 390)에 의해서 시작이 되었다. 그는 니케아파 정통 신앙을 지지하고 방어한 선구자였다. 이 때문에 381년 콘스탄티노플공의회에서 교회 공동체가 정통 신앙의 규범으로 정한 '규범 주교'라는 영광을 받기도 했다. 디오도레는 안디옥학교가 배출한 가장 위대한 학자요 스승이다. 그는 높고 깊은 학식과 고결한 성품 그리고 이단에 대한 과감한 저항, 정통에 대한 열정적 수호 때문에 동방교회에서 가장 존경받는 인물 가운데 한 사람이었다. 그럼에도 불구하고 그의 출생 연도는 알려지지 않고 있고 사망 연도도 394년 이전이라고 알려져 있을 뿐이다. 다만 안디옥의 상류층 출신이며 다소의 감독이 되기까지 안디옥에서 거의 그의 생을 보냈다고 전해지고 있다. 그는 아테네에서 철학을 비롯하여 일반고전교육을 수학했다. 여기서 카파도키아의 대학자 바질과 후에 황제가 되고 배교자가 된 줄리안(Julian) 등과 교우 관계를 맺었을 것이다. 후에 그가 카파도키아의 정통 교리와 안디옥의 정통 교리의 연합을 시도한 것도 우연은 아닌 것 같고, 줄리안이 디오도레가 아테네에서 배운 지혜로 고대 이방 신을 비방하는 심술궂은 혀를 가지고 있었다고 진술하는 것도 아테네에서의 관계를 상기시킨다.[24] 안디옥에서는 후에 다소의 감독이 된 실바누스(Silvanus)와 에메사의 유세비우스(Eusebius of Emesa)의 제자로 신학 교육을 받았고 후에 다소

의 감독이 되었다.[25]

　역사가 소크라테스와 또 다른 역사가 소조멘에 의하면 그는 오랫동안 안디옥 근처에 있는 수도원에서 은둔 생활을 하면서 한편으로 학교를 세워 가르치는 일도 겸하였다. 그 수도원에 바질도 함께 있었던 것으로 전해진다.[26] 이 학교가 후에 안디옥학교로 발전한 것 같다. 그는 교사로서 이교도와 이단들로부터 니케아 신앙을 방어하여 학교의 명성을 높였다. 그는 생전에 '정통의 기둥'(pillar of orthodoxy)이라는 평가를 받았다.[27] 아리우스파를 지지하는 콘스탄티우스 황제가 동방 지역을 통치하고 있을 때, 아직 평신도였던 디오도레는 아리우스파들의 공격에 대항하여 평신도들을 소집하여 시편의 교송성가를 부르면서 정통 신앙을 포기하지 않도록 격려했다고 한다.[28] 황제 발렌스(Valens, 364~378)가 정통 신앙인들의 도시 내 집회를 금지하자 그는 도시 외곽으로 집회 장소를 옮겨 정통 신앙 수호를 강변하였다. 요한 크리소스톰이 전하는 바에 의하면 거기 모인 사람들은 "젖과 꿀이 흘러나오는 그의 혀"로부터 "건전한 교리라는 양식"을 받아먹었다고 한다. 그의 웅변의 힘은 진격 '나팔' 같아서 마치 여호수아가 여리고 성을 함락하듯 이단들의 주장을 격퇴하였다고 한다.[29] 요한 크리소스톰과 몹수에스티아의 테오도레는 그의 가장 유명한 제자들이다.

　그러나 그는 줄리안 황제 통치 기간에 어려움에 직면하였다. 황제는 362~363년 어간에 디오도레가 강력하게 반대했던 고대 신들의 예배를 복원시키도록 명령한 것이다. 키루스의 테오도렛에 의하면 이 명령에 대항하여 디오도레는 "대양의 큰 바위"와 같이 일어나 그리스도의 신성을 방어하였으며 교회라는 배가 "잘못된 신앙의 파도에 휩쓸려 들어가는 것"을 구해냈다고 했다.[30] 이에 크게 분노한 황제는 그를 "갈릴리인의 사제 마법사", "농부들의 종교를 방어하는 자"라고 부르면서 수척한 모습, 핼쑥한 얼굴, 좋지 못한 건강 등은 모두 신들의 노여움의 증거라고 하였다. 뿐만 아니라 황제는 그리스도의 신성은 디오도레가 고안해 낸 것이고 그리스도가 영원하다는 것은 전설에 근거한 것이며 그리스도는 부끄럽게 죽었다고 하였다.[31] 그를 계승한 황제 발렌스에 의해서 디오도레는 아르메니아로 추방되었으나(372), 이곳에서 그는 오히려 카파도키아의 대 바질과 친분 관계를 맺게 되는 축복을 받았다.[32] 황제가 죽은 후에 디오도레는 안디옥으로 귀환했고, 378년에 길리기아 다소의 감독이 되었다. 381년 제2차 공의회인 콘스탄티노플회의에 참석한 그는 황제 테오도시우스 1세(Theodosius I, 397~395)로부터 '신뢰할 수 있는 정통 조정자'라는 칭호를 받았다.[33]

'정통의 기둥'이요 '정통의 조정자'라는 칭호를 받았음에도 불구하고 그는 438년에 이미 알렉산드리아의 키릴(Cyril of Alex., d. 444)에 의해서 네스토리우스의 교훈에 대한 책임이 있다는 이유로 고발당하게 되었다.[34] 그리고 같은 죄과로 499년 콘스탄티노플회의에서 마지막 정죄를 받았다.[35] 그러나 과연 그가 네스토리우스의 선구자며, 네스토리우스의 선구자라면 왜 정죄를 받아야 했는지에 대한 문제는 다음 장 "네스토리우스의 신학"에서 고찰하도록 한다.

2. 신학 사상

1) 주요 저작 개요

그의 저술 활동은 매우 다양하고 폭넓었으며, 작품의 수는 60편으로 추정되고 있다. 그러나 그가 정죄를 받은 후 불행하게도 대부분의 책은 손실되었고 단편들만 남았다. 14세기 이후 많은 학자들이 이것을 수집하고 번역하는 작업을 계속하고 있다. 그는 철학자 플라톤, 아리스토텔레스, 헬라 신-플라톤주의 철학자 포르피리오스(Porphyrios, c. d. 305) 등의 신관과 우주론적 저술 이외도 아리우스파, 마케도니우스파, 아폴리나리우스파, 마니교도 등 이단자들과 유대인들을 논박하는 교리적이고 논쟁적이며 변증적인 작품들을 저술한 것으로 전해지고 있으나, 우리는 특별히 그의 성서 주석 방법에 주목한다. 그의 성서 주석의 특징은 알렉산드리아학파의 알레고리적 해석 방법을 비판하고 반대하면서 그가 배운 세속 문헌학과 해석학을 성서 주석 방법의 토대로 삼은 것이다. 그는 성서의 역사적 상황 분석으로 성서 주석을 하는 후포테시스(hupothesis) 방법을 시작했으며, 자신의 성서 주석 방법을 알레고리아(allēgoria)와 구별되는 테오리아(theōria)라고 하였다.[36] 이것은 신 · 구약성서에 일관되는 하나님의 구원 계획(pronoia)의 실재성(alētheia)을 이해하기 위해서 성서에 대한 역사적 접근을 하는 것이다. 은유적 성서 주석이 더 높은 의미를 위해 문자적 의미를 거부하는 데 반하여 테오리아는 문자적 의미를 우선적으로 고찰하고 그 토대 위에서 성서의 예언적 진술을 인식하려고 하는 성서 주석이다.

그러나 그의 성서 주석의 근본 원리는 은유적 성서 주석 방법만을 반대하는 것이 아니라 조악한 축자주의적 성서 해석도 거부한다. 그는 건전하고 상식적인 성서 해석을 지향한 것이다. 즉, 성서 본문에 담겨 있는 저자들의 의도를 정확하게 발견해 내고 전개하기 위해서 비평과 언어학과 역사, 그 밖에 다른 외적 자료들의 도움을 받는 것이었다.

이것은 성서의 내적 영적 의미를 살펴봐야 할 필요성에 긍정적이면서도 성서의 의미를 정확하게 이해하려면 문법적 역사적 주석 방법을 사용해야 한다고 주장한 것이다.

그의 제자 몹수에스티아의 테오도레의 증언에 의하면 그는 구약성서의 모든 책과 신약성서 중에서 복음서들, 사도행전, 로마서 그리고 요한1서 등의 주석을 했다.

2) 그리스도론

제롬은 디오도레와 에메사의 유세비우스(Eusebius of Emesa) 사이에 적어도 사상적 교류가 있었다고 한다. 두 사람 사이는 정신적인 스승과 제자였다는 것이다. 이와 같은 생각을 하게 되는 것은 유세비우스가 자주 안디옥에 왔었으며 그는 안디옥에서 죽고 매장되었기 때문이다.[37] 그러나 이것만으로 두 사람의 관계를 제롬과 같이 말하기는 그 근거가 충분하지 않다. 왜냐하면 유세비우스의 신학적 입장은 아리우스파에 기울어져 있었기 때문이다. 두 사람의 사상에는 적어도 표면상으로도 적지 않은 차이가 있었다. 그럼에도 불구하고 유세비우스는 니케아 신앙의 주동자 알렉산드리아의 감독 아타나시우스를 적극 지지했던 교회사가 가이사랴의 유세비우스의 제자요 그의 신학적 영향을 깊이 받은 것이 사실이다.

300년경 시리아 에데사에서 출생한 유세비우스는 일찍부터 성서 연구에 관심이 있었으며, 그의 첫 스승은 아리우스파 감독이었다. 그러나 이때도 그는 가이사랴의 유세비우스의 신학적 견해의 영향 아래 있었다. 그 후 그가 더 발전된 성서 연구 교육을 받기 위해서 안디옥에 왔을 때(326 혹은 330)는 마침 안디옥의 감독 유스타티우스가 반(反)니케아 신앙파에 의해서 면직되었을 때다. 안디옥에서 공부를 끝낸 유세비우스는 더 큰 교육의 도시 알렉산드리아에 와서 철학을 공부하였다. 그때 그는 알렉산드리아 태생이면서 후에 라오디기아의 감독이 된 조지(George)와 친밀한 친구가 되었다. 그는 아리우스의 추종자였다. 유세비우스는 340년 안디옥의 아리우스파회의에서 알렉산드리아의 아타나시우스의 후계자로 선출되었으나 정중히 사양하였고 얼마 후 고대 이교도 태양 숭배의 중심 도시인 에메사의 작은 교구의 감독으로 선출되었다. 그러나 도시민들이 그와 같은 학자 감독을 원하지 않는다는 이유로 그의 지명에 소란을 피웠고 잠시 그 도시를 떠나 있다가 감독 지명에 관해 조정이 이뤄진 후 다시 그 도시로 돌아왔다.[38] 제롬이 언급했듯이 그가 안디옥에 매장되었다는 것은 359년 이전에 사망했다는 것을 분명히 암시한다고 볼 수 있다. 제롬이 유세비우스를 "아리우스파 도당의 표준적 담지자"라고 불렀고,[39] 그가 아리우스파와 계속 유대를 가지고 있었으나 학자들이 그를 정통 아리우스주의자로 보지 않는 이유가 궁금하다.

그가 니케아 신앙을 반대한 것은 분명하지만, 동시에 그는 순수 이론적인 아리우스주의를 강하게 비판하였다. 유세비우스는 성부가 성자보다 위대하다는 것을 입증하려는 의도에서 아리우스주의의 영향을 받아 글을 썼지만, 그는 그리스도의 신성은 전혀 고통을 느끼지 않는다는 것을 방어하였다. 이러므로 그를 반(半)아리우스주의자라고 부른다. 제롬은 에메사의 유세비우스의 문필 활동에 대해서 매우 훌륭한 수사학적 재능을 가진 사람이며 대중의 박수갈채를 받을 만큼 저술 활동을 했고, 그의 역사적 저술은 대중적 연설을 연습하는 사람들이 가장 열심히 읽었다고 한다.

디오도레와 에메사의 유세비우스와의 관계에 대하여 우리는 알렉산드리아의 아타나시우스가 논쟁자들과 화해하기 위해서 반(半)아리우스파와 협력했음을 기억할 필요가 있다. 즉, 그는 극단의 강경한 아리우스주의자는 아니었다. 그리고 그의 그리스도론은 '로고스-육체'(Logos-sarx) 그리스도론이었다. 이 그리스도론과 디오도레가 접촉했을 가능성을 암시하는 것은 있다. 그 중재적 역할을 한 사람이 에메사의 유세비우스다. 그는 안디옥과 알렉산드리아 사이를 연결하면서 '로고스-육체' 유형의 '분리-그리스도론'(divisive christology)의 전형적인 사람이다. 그와 연결되고 있는 디오도레는 비록 부분적이지만, '로고스-육체' 유형의 '분리-그리스도론'을 대표한다. 그는 적어도 한동안 '로고스-인간' 구조에서가 아니라 '로고스-육체' 구조 안에서 그의 '분리' 신학을 체계화해 왔다. 이것은 사실상 모순될 수 있는 시도다. 분리-그리스도론은 '로고스-인간' 구조와 조화가 되는 것이기 때문이다.

그럼에도 불구하고 아폴리나리우스주의와의 논쟁에서 디오도레는 결국 그리스도에게 있어서 영혼을 인정하게 된다. 그러나 영혼을 그의 그리스도론의 구성 분자로 삼지는 않았다. 그리고 그의 저작에 나타난 표현의 대부분이 '로고스-육체' 구조에서가 아니라 '로고스-인간' 구조에서 유래했다는 점에 주목해야 한다. 신성과 인성을 구별하는 '분리-그리스도론'의 옹호자는 필연적으로 '로고스-인간' 그리스도론적 구조의 대표자일 수밖에 없다.[40]

디오도레의 그리스도론을 반(反)아폴리나리우스라는 빛에서만 너무 판단한다는 비판이 없지 않지만, 기본적으로 그의 그리스도론은 아폴리나리우스주의 개념에 대한 반정립(反定立)으로 특징짓는다. 그의 그리스도론은 특히 379과 381년 후 반(反)아폴리나리우스 논쟁에서 완성되었다고 할 것이다. 디오도레는 381년 콘스탄티노플공의회에서 특별한 역할을 했으며, 이 회의에서 아폴리나리우스는 정죄되었다. 381년 회의는 로고스–육체 구조를 반대하고 로고스–인간 유형의 그리스도론에 찬동하는 '내재 개념'(indwelling)의 그리스도론 형성 논의에 큰 도움이 되었다. 여기서 네스토리우스 경향이 주목된다. 그러므로 디오도레가 '내주 형식'에 친숙했다는 것은 놀랄 일이 아니다.

그는 아폴리나리우스의 그리스도론을 논박하면서 그리스도의 완전한 인간성을 강조하였다. 그가 "네스토리우스의 선구자", "네스토리우스 이전의 네스토리우스주의자"라는 비판을 받은 것은 그의 신학적 운명이었다. 그와 같은 의심과 비판을 받게 된 근거를 찾는다면 그가 아폴리나리우스를 반대하는 과정에서 그리스도의 인성을 지나치게 강조한 것이 아닐까 생각된다. 그에 의하면 그리스도의 인성은 신성과 구별되며 독립된 위격이라는 것이다. 그리하여 그는 하나님과 함께 선재했던 '영원한 로고스'인 아들, '말씀이신 하나님'인 아들과 하나님의 뜻과 선택에 의한 아들, 즉 은총에 의하여 택함을 받은 '하나님의 아들'을 구별하였다. 그리고 전자는 다윗의 자손이라고 부를 수 없다고 하였다. 왜냐하면 다윗의 자손은 혈통에 따라 명명되는 것이기 때문이다. 다윗의 자손 인자(人者)인 예수 안에 말씀(로고스)이신 하나님이 '마치 성전 안에 있듯이' 또는 '구약성서의 시대의 예언자 안에 거주하듯이' 거주한다는 것이다. 그러나 이 문제는 거주하는 장소와 내주하는 자가 다르다는 문제일 뿐만 아니라 하나님의 아들과 다윗의 아들 사이를 구별하는 문제이기도 했다. 바로 이 점에서 그는 '두 아들론자'라는 비판을 받았으며 후세대 사람들에 의해서 그의 저작들이 파괴되는 결과에 이르렀다. 그러나 그가 과연 실제로 '두 아들'(two sons)을 주장했는지는 더 고찰이 필요할 것이다. 이것은 결국 마리아가 '하나님의 어머니'가 아니라는 주장에 이르게 되고, 이것은 후에 네스토리우스(Nestorius, c. d. 451)가 성육신한 그리스도에게는 두 분리된 품격(persons)이 있으며, 따라서 마리아는 '하나님의 어머니'라고 불릴 수가 없다고 설교한 것을 예상하게 한다. 그러므로 디오도레를 '네스토리우스의 선구자'라고 한 것은 네스토리우스 논쟁의 시각에 붙여진 이름이다.

그리스도론적 형식사에서 특별히 중요한 것은 디오도레가 '하나의 본질'(mia hupostasis) 형식과 충돌한 것이다. 현존하는 단편에서 우리는 불행하게도 디오도레가 그의 반대자들의 글에서 인용한 본문만 가지고 있기 때문에 그 자신의 입장이나 그 이유는 알 수가 없지만, 디오도레는 그리스도 안에서 두 본성의 혼합뿐만 아니라 그리스도에게 있어서 실체적 본질적 일치 또는 성육신(compositum huanum) 후 말씀(로고스)과 육체의 일치를 거부한다. "성육신한 하나님의 말씀의 하나의 본성"(one incarnare nature of the Word of God) 형식은 아폴리나리우스의 그리스도론의 핵심이다. 이 때문에 아폴리나리우스는 381년 공의회에서 카파도키아 신학자들의 주도로 정죄를 받았는데, 디오도레는 아폴리나리우스의 체계에서 로고스의 신성이 위태롭게 되는 것을 비판했을 뿐, 주님의 인간성의 축소에는 관여하지 않았다. 그는 아폴리나리우스의 '하나의 본질' 형식이 오히려 신성을 위태하게 한다고 보았다. 왜냐하면 그 형식이 말씀과 육체의 본질적인 통일에 이른다고 보았기 때문이다. 그러나 디오도레는 '말씀-인간' 구조를 가진 효과

적인 그리스도론을 형성하지는 못했지만, 다른 안디옥 신학자의 길을 예비하였다고 할 수 있다.[41]

디오도레의 그리스도론을 더 발전시킨 사람은 그의 제자 몹수에스티아의 테오도레다. 그런데 테오도레가 훗날 정죄를 받게 된 것은 스승 디오도레의 그리스도론까지 의심받게 했다. 디오도레를 고발한 알렉산드리아의 키릴은 네스토리우스의 논쟁에서 반대파의 수장으로, 그는 네스토리우스가 '두 아들'을 주장한다고 비난하였다. 이 논쟁은 알렉산드리아학파와 안디옥학파 사이에 있는 철학적 배경에 따른 사고의 차이에 기인한다.

IV. 몹수에스티아의 테오도레의 신학

1. 생애

길리기아 몹수에스티아의 감독 테오도레(Theodore of Mopsuestia, c. 350~428)는 스승인 디오도레와 같이 안디옥 출신이다. 테오도레는 요한 크리소스톰(John Chrysostom, c. 347~407)과 함께 디오도레의 제자였을 뿐 아니라 리바니우스(Libanius)[42] 밑에서도 함께 수학하였다. 이것이 인연이 되어 테오도레와 크리소스톰은 평생의 친구가 되었다. 테오도레는 안디옥학파에서 가장 위대한 신학자요 성서 주석가였다. 그의 신학적 주 활동은 성서 주석과 이단에 대한 논박이었다. 그는 평생의 친구 요한 크리소스톰과 같이 안디옥의 그리스도교 상류 계층 가정에서 태어났다. 자기보다 2, 3세 위인 요한 크리소스톰과는 어릴 때부터 함께 놀던 친구였지만, 그들이 평생의 친구 관계를 맺게 된 것은 유명한 헬라 소피스트 리바니우스(Libanius) 밑에서 함께 수사학과 문학을 배울 때였다. 그러나 바질의 영향을 받아 수도원에 관심을 가졌던 친구 요한 크리소스톰의 예증과 충고를 받은 테오도레는 리바니우스 밑에서의 배움을 중지하고 안디옥 근처에 있는 디오도레의 수도원학교(askētērion)에 들어가 친구와 함께 은둔 생활을 추구하였다. 그때 그의 나이는 10대 후반이었다. 그는 성격대로 정열을 가지고 새로운 학문에 몰두하였으며 수도원의 생활에서의 규칙 생활도 충실하게 지켰다고 한다. 낮에는 독서하고 밤에는 기도했으며 때로는 금식도 하는 등 금욕적인 자기 수련을 충실하게 하였다. 그는 그리스도에게 봉사하는 것이 완전한 자유를 누리는 것임을 깨달았다. 그러나 그에게는 품위 있고 부유한 안디옥 사람들의 사치스러운 DNA가 있었던 것도 사실이었다. 어느 날 테오도레는 세속적 유혹에 빠져 수도원을 떠났다. 그것은 열정이 식기도 했고, 법률가가 되고 결혼도 하고 싶었기 때문이었다.[43] 그때 테오도레는 한 소녀의 아름다움에 매혹되어 있었다.[44] 그러자 그의 친구들이 테오도레로 하여금 다시 수도원의 제 자리로 돌아오게 하려고 기도하고 서신을 보내 그를 설득하였다고 한다. 그들 중에서도 특히 크리소스톰은 충격과 걱정 그리고 친구 이상의 애정을 가지고 책망하면서도 감동적인 편지를 보내 그로 하여금 돌아오도록 설득했다. 이들의 설득으로 테오도레는 다시 수도원의 침묵 생활로 돌아왔다.

383년경(30세경) 그는 안디옥의 플라비안(Flavian) 감독에 의해서 장로로 안수를 받았는데, 플라비안은 디오도레의 옛 친구로 테오도레를 '사랑하는 제자'로 여길 정도로 그에게 관심을 가지고 있었다. 그가 몹수에스티아의 감독이 된 것은 392년이었다. 이때부터 그는 높은 학문과 정통 신앙의 수호자로서 두터운 신망을 받으면서 감독직을 수행했다. 394년 그는 플라비안과 함께 콘스탄티노플회의에 참석해 황제 테오도시우스 1세 앞에서 설교했을 때 황제는 이제까지 이와 같은 선생을 만나 본 적이 없었다고 극찬했다고 한다.[45] 당대 가장 유명한 설교가는 '황금의 입'으로 평가되고 있었던 그의 친구 요한 크리소스톰이었다. 테오도레는 안디옥에 같이 있으면서 친구의 웅변 재능의 빛에 가려질 것을 두려워했다고 한다. 그럼에도 불구하고 테오도레에 대한 요한 크리소스톰의 사랑은 너무 진실하고 너무 진지했으며 훈훈했다고 한다. 그가 유배지에 있었을 때 테오도레에게 "자기가 유배지에 있는 동안 그러한 보물(테오도레)을 친구로 가졌다는 것에 비길 데 없는 위안을 받고 있으며, 그토록 변함없고 그토록 고상한 영혼의 사랑이 그의 마음속의 부(富)의 보고(寶庫)가 되고 있다"고 했다.[46] 그 후 428년에 그는 사망했다.

그에 대한 존경은 그가 죽은 다음에 더 높아졌다. 동방 지역에서는 테오도레의 신앙이 모두가 따라야 할 표준신앙이 되었고, 그를 정죄하려는 사람들에게 시리아 감독들은 그를 정죄하기보다는 자신들이 화형을 받겠다고 할 정도였다.[47] 키루스의 테오도렛은 테오도레를 '보편교회의 박사'라고 했다.[48] 그러나 '진리의 방어자'라는 칭호를 받으면서 존경을 받던 그는 죽은 후 125년이 되던 553년 제5차 콘스탄티노플공의회에서 이단자로 정죄를 받았다. 그리하여 스승 다소의 디오도레와 같은 운명을 맞이했다. 그는 왜, 무슨 이유로 이단자가 되었는가?

2. 신학 사상

테오도레의 신학적 위치에 수반되는 기본적인 논쟁점은 그의 그리스도론이다. 그러나 그의 그리스도론에 들어가기에 앞서서 그의 신학의 철학적 배경은 무엇이며 그는 어떤 영향을 받았는지를 간단하게 고찰하기로 한다. 초대교회의 신학적 저술들이 플라톤 철학에 깊은 영향을 받았다고 하지만, 소위 '플라톤적(Platonic) 배경'이라고 불릴 수 있는 것에는 저항적이었다. '플라톤적'이라는 말이 사용되었을 때, 그것은 어떤 조리 있는 철학적 체계보다는 인간과 인간이 살고 있는 세계에 관한 잇따른 가설을 언급한다. 테오도레 신학의 플라톤적 배경은 헬레니스틱 시대에 일반적이었던 특별한 세계관(Weltanschauung)이었다. 그것은 절충주의라고 말할 수 있을 것이다. 즉, 여러 철학 학파가 사상을 교류하는 것, 예를 들면 '스토아철학적 플라톤주의자들'(Stoicizing Platonists) 혹은 '플라톤 철학적 스토아주의자들'(Platonizing Stoics)과 같은 것들이다.[49]

이와 같은 절충주의적 철학에 따르면 인간은 죽음에 이르는(可死的) 몸에 죽지 않는(不死的) 영혼이다. 그러므로 인간의 본질적인 문제는 물질인 몸에 영혼이 갇혀 있기 때문에 몸으로부터 영혼의 해방인 것이다. 그러므로 영혼은 본래 나온 신적 본질과 재연합해야 한다.

그런데 플라톤 철학의 세계관이 원인이 되어 일어난 실제적 문제는 천상적 근원인 인간의 영혼과 운명에 관하여 그리스도를 통한 구원의 표현이 포함되어 있다는 것이다. 그리스도교인들은 인간의 영혼이 불멸적이라는 플라톤의 견해를 쉽게 수용할 수 있었지만, 그들은 또한 영혼이 '타락'했다는 것을 믿었다. 그렇기 때문에 그들에게 영혼은 가멸성이 수반된 불멸적인 것이었다. 이 점에서 영혼의 구원은 불멸성의 상태로 돌아가는 것이다. 테오도레는 플라톤의 견해에 수정을 가한 것이다. 그는 이분적 사고를 하지 않았다. 그는 『창세기 주석』에서 인간의 가변성, 도덕적 자유 그리고 합리성을 이유로 플라톤의 인간관을 수정하였다. 테오도레는 창세기 주석에서 하나님은 인간에게 죄지을 가능성을 주셨다는 것을 설명하려고 했던 것이다. 하나님은 그것이 유익할 것이라는 것을 아셨기 때문이다. 하나님은 인간이 가멸성과 가변성에서 불멸성으로 인도되는 시대와 그리고 새 시대에서 불변성으로 존재하는 시대, 이렇게 역사를 두 시대로 분리했다. 이 신적 훈련(paideia)이라는 개념을 쓴 테오도레의 이유는 합리성과 가변성은 상호 의존적이라는 것이다.[50] 그런데 테오도레에게 있어서 가변성은 단순히 철학적 범주가 아니라 인간의 선택의 자유와 밀접한 관계가 있는 윤리적인 문제였다. 즉, 윤리적 자유를 잘못 사용한 결과로 생긴 타락할 가능성이 있는 가변성이다.

플라톤의 인간론을 수정한 테오도레는 창조주 하나님과 피조물 인간이라는 개념에 철저했다. 이것을 설명하기 위해서 그가 사용한 술어가 '출생'(genetos)과 '비출생'(agenetos)이다. 즉, 인간은 영혼을 포함하여 출생했고 하나님 자신만이 출생하지 않았다는 것이다. '출생'과 '비출생'으로 하나님의 형상으로 창조된 인간과 하나님과의 관계를 표현하는 것은 원본(original)과 사본(copy)의 관계로 묘사하는 것이 적격이다.[51] 이것은 인간 영혼의 불멸성을 부정하는 것도 아니고 인간의 불변적 운명을 부인하는 것도 아니다. 그러나 그것은 신성과의 연합으로서 구원과 하나님과의 내적 신앙적 친교로서의 구원 사이의 구별을 초래하였다. 테오도레가 묘사한 창조는 '한 몸'(hen sōma)이다.

가시적이든 불가시적이든 모든 것의 총화를 '코스모스'라고 부르기 때문이다.

　그렇다면 테오도레의 '타락'의 개념은 무엇인가? 이것의 근본적인 문제는 창조된 인간이 완전하냐 불완전하냐는 것이다. 사실 이 두 견해는 교부 시대 동안 일관되어 왔다. 예를 들어 변증가 타티안은 인간은 완전하게 창조되었으나 타락했고 그리스도 안에서 본래의 상태로 회복되었다고 주장했다. 이레니우스는 "그리스도가 그의 피로 우리를 참으로 구원하지 않았다면, 만일 그가 참으로 인간이 되지 않았다면 인간은 처음 창조된 모습으로 회복되지 못했다"고 말한다.[52] 즉, 이레니우스의 총괄 회복(anakephalaiosis)이다. 그리스도의 완전한 복종과 아담의 불복종을 평행시키는 아담과 그리스도의 유형론적 관계에 근거한 이 교리는 교부들, 사도 바울 그리고 유대인의 사변에서도 발견된다. 그러나 이레니우스의 사상에는 아담-그리스도 유형론의 다른 견해도 발견된다. 즉, 그리스도는 아담의 총괄 회복 정도가 아니라 아담의 불완전의 완전을 나타낸다. 그러나 사상의 유형론적 형식에 따르면 아담과 그리스도의 비교가 은연중 함축된다. 사실 불완전하게 피조된 인간이 신적인 훈련(paideia)에 의해서 불완전으로부터 완전으로 구원되도록 되어 있다는 개념은 교부들의 사상에서 매우 설익은 것이다. 이것은 인간의 천상적인 기원과 그리고 그 본래의 자리로 회복되도록 운명지어졌다는 플라톤의 인간론의 영향일 것이 분명하다.

　테오도레에게는 인간은 순수하게(nēpios) 창조되었다는 사상적 경향이 강하다. 그럼에도 불구하고 인간의 구원은 그의 원상태(origina state)로의 회복에 있다. 테오도레는 인간의 원상태를 인간의 현재와 궁극적인 상태와 연결시킨다. 인간은 육체적으로 개인적으로 완전을 향해 점차적으로 성장한다. 교회에서의 그 첫 과정이 세례다. 테오도레의 인간 타락론은 인간이 자유하고 이성적이고 가변적 영혼(정신)으로 창조되었다는 인간론에서 출발한다. 구원은 불멸성과 불가변성이라는 말로 생각되고 있지만, 이 신의 뜻은 인간에게만 이 선택의 자유를 행사할 수 있게 마련해 주었다는 것이다. 선택의 실행은 가변성이 포함되어야 한다. 가변성과 합리성은 모두 인간의 도덕적 자유 때문에 가능한 것이다. 그러므로 잘못된 선택의 결과는 복종이 아니라 불복종이다. 그리스도는 복종의 완전한 형상이다. 그러므로 그리스도인들은 하나님 섬김이라는 완전한 자유의 방향에서 그 자신의 도덕적 자유를 행사하므로 그리스도를 따르도록 노력해야 한다.

테오도레에게 있어서 하나님과 창조의 교설은 합쳐서 전체를 이루는 동체다. 왜냐하면 그는 하나님을 근본적으로 창조주로서 생각하기 때문이다. "신성은 창조의 개념 안에서 타락할 수 없다. 모든 창조물은 그들의 존재를 하나님이신 창조주의 역사(役事)로 돌린다."[53] 이것 이외의 그의 신관을 말한다면 플라톤의 범주를 일반적으로 수용한 것으로 한 분이고, 영원하고, 출생하지 않으셨고, 시작이며, 불멸적이고, 불변적이라는 것이다. 이것은 분명히 초월적 하나님을 표현한 것인데, 그럼에도 불구하고 테오도레에게 하나님은 창조 질서에서 현재적이고 창조 존재의 근원이다. 하나님이 이 세계에 현존하기 때문에 우리는 세계로부터 하나님을 추론할 수 있다.

테오도레의 삼위일체 교리는 특별한 것이 없이 전통적으로 형성된 형식, '한 본체(본질)에 세 위격'(three persons in one substance)을 따른다. 그에 의하면 하나님이 한 분이라는 고백만이 이교도의 다신론을 피할 수 있다고 확신하였다.

> 이방인들은 젊은이와 노인들, 약함과 강함에 따라 수가 많고 서로 다른 복수의 신들을 가르쳤기 때문에… 그리스도는 이에 반대하여 제자들에게 모든 백성은 다신론의 오류에서 돌아설 것을 가르쳤고, 신성에서 본질의 통일을 믿도록 명령하였다. 이것은 인류에게 최초로 가르쳤던 교설이며 그 교설로부터 종교 지식을 습득했던 것이다. 그리고 영원부터 계신 한 분을 배웠으며, 모든 것의 존재의 원인은 성부, 성자, 성신의 세 위격에서 알려진 하나의 신성이라는 것도 배웠다…. 이 위격들의 각각은 참 하나님이시다. 그러나 우리가 만물의 근원이라고 믿는 성부, 성자, 성령의 신성은 한 분이다.[54]

테오도레는 삼위일체론의 새로운 교리 형식에 관여할 필요가 없었다. 오히려 그는 기존의 교리 형식을 다시 주장했다. 그의 교리 형식에 대한 그의 진술에 특히 두 점에 관심을 가질 것이 있는데, 그 하나는 테오도레가 하나님을 '통치자' 또는 '최초'라는 의미가 있는 헬라어 '아르케'(archē)로서 성부를 생각하고 있다는 것과 둘째로는 '한 본질(one oussia)과 세 위체(three hupostases)' 형식에 얽매이지 않는다는 점이다. 그의 그리스도론에서는 '프로소폰'(prosōpon)을 사용하였다. 그는 '프로소폰'을 '후포스타시스' 대신 사용하기도 한다. 테오도레의 삼위일체 형식에 있어서 프로소폰과 후포스타시스는 거의 동의어로 사용되고 있는 것 같다. 마태복음 28장 19절에 따르면 성부는 성부의 프로소폰을, 성자는 성자의 프로소폰을 그리고 성령은 그 자체의 프로소폰을 가지고 있다는 것을 알게 된다. 그리고 각각은 동등하며 신적이고 영원한 본질이다. 그럼에도 불구하고 테오도레는 후포스타시스를 엄격하게 본체론적인(ontological) 말로 사용하는 것 같다. 이것은 신 또는 신격의 본질을 묘사하기 위한 것이다. 반면에 프로소폰은 어디에 서나 계시와 그것에 대한 인간의 판단과 연결되어 있다. 테오도레는 "구약 시대의 사람들은 성령 자체의 후포스타시스를 그 자체의 프로소 폰에서 하나님으로부터 구별된 것으로 이해하지 않았다"고 한다.[55] 하나님은 세 후포스타세스(hupostases)에서 존재하며 세 프로소파 (prosōpa)에서 인지하게 된다. 테오도레에게 있어서 프로소폰은 네스 토리우스에게 있어서와 같이 무언가 뚜렷하고 명확하고 한정적인 것을 말한다. 그것은 실재하는 것 또는 실재(entity)이지 추상적인 것이 아니다. 테오도레는 전문적이고 철학적인 어휘를 형성하는 데는 흥미 가 없고 오히려 성서적 이미지로 만들어진 신학을 형성하는 것이 그의 사상적 경향이었다. A. 그리어(Greer)는 테오도레의 일반적인 신학적 경향을 다음과 같이 요약한다.

> 성서적 영향이 테오도레의 신학을 관통하고 있다는 것이 간파되고 있 다. 그는 플라톤의 선입관(편견)을 수정하고, 그의 인간론을 통제하였 다. 우리는 그것을 그의 인간 타락과 창조론에서 발견했으며, 성령의 교설에서 인식했다. 그리고 테오도레에게 있어서 삼위일체 교리까지도 계시와 관계되고 있다…. 우리는 그의 그리스도론 그리고 교회론과 성 례전론에서 그의 신학의 성서적 근거를 보게 될 것이다….[56]

그러나 교회는 553년에 그를 이단자로 정죄하였다. 그리하여 그는 교회사에서 잊혀진 인물이 되었다. 그런데 근년에 발견된 테오도레

작품의 다양한 단편들은 그의 사상에 대한 새로운 관심을 불러일으킬 뿐만 아니라 553년 제5차 콘스탄티노플공의회가 그를 정죄한 이유에 대하여 재검토하게 하였다. 그가 죽던 같은 해(428)에 콘스탄티노플의 대주교가 된 그의 제자 네스토리우스(Nestorius, d. c. 451)의 몰락과 그의 운명은 밀접하게 연관되어 있다. 네스토리우스는 소위 431년 제3차 공의회인 에베소회의에서 정죄를 받는데, 이 회의 직후부터 테오도레의 생전에는 그의 정통성을 의심하지 않았던 사람들까지 그를 공격하기 시작했다. 마리우스 메르카토르(Marius Mercator)는 테오도레가 펠라기우스주의의 아버지라고 비난했다. 그가 테오도레를 고발하기 위해서 그의 글에서 발췌하고 제5차 공의회가 인용한 테오도레의 글, 예를 들어 그의 원죄론을 보면 테오도레가 인간은 죽지 않게 창조된 것이 아니라 가멸적으로 창조되었고, 아담과 하와는 오직 그들의 죄 때문에 징계를 받았으며, 보편적 가멸성은 아담의 죄에 대한 응징이 아니고, 아담의 죄의 결과는 처벌이 아니라 하나님이 설정한 시험이라고 한다는 것이다. 그런데 테오도레의 믿을 만한 작품들을 주의 깊게 검토한 현대 학자 데브리쎄(R. Devreesse)는 테오도레의 글에는 그와 같은 내용이 전혀 없으며, 그의 원죄론은 매우 정통적이고, 따라서 마리우스 메르카토르의 발췌는 위조라고 하였다.[57]

에뎃사의 라불라(Rabbula of Edessa)는 과거에 요한 크리소스톰을 지지했다가 에베소회의 이후에는 테오도레의 글을 발췌하여 공격의 선봉에 섰고, 다소의 디오도레(d. c. 390)와 몹수에스티아의 테오도레(c. 350~428)를 공격하는 글을 썼다[58] 알렉산드리아의 키릴은 그의 편지들(67, 69, 71, 73, 74)에서 테오도레에 대하여 인간이 할 수 있는 가장 모진 정죄를 하면서 네스토리우스주의를 고발하였다. 이것은 둘을 동일선상에 놓았다는 것을 의미한다. 키릴(d. 444)은 그의 서신 69에서 "그들(디오도레와 테오도레)은 네스토리우스의 교훈을 싫어하는 척하면서, 비록 테오도레의 교훈도 한결같이 오염되어 있고, 더욱 통탄할 만큼 불경스러운데도 불구하고, 그의 가르침을 찬탄(讚嘆)하는 방법으로 그의 교훈에 박수갈채를 보낸다. 테오도레는 네스토리우스의 제자가 아니었는데도 거꾸로 돌아섰고, 둘이 한 입으로 하듯 말하고, 마음으로부터 이단의 독을 품어내고 있다"고 진술한다.[59]

이리하여 테오도레의 가르침은 제5차 콘스탄티노플공의회에서 정죄되었고, 이 사건은 "삼장"(Three Chapters)의 정죄까지 이어진다.[60] 이 때문에 테오도레의 이름은 6세기 이후 서방교회 문헌에서 거의 사라지고 만다. 이 위대한 신학자요 성서 주석가인 안디옥 사상가에 대한 재평가는 오랫동안 침묵의 시간을 보냈으나 19~20세기에 이르러서야 몇몇 단편들이 완전한 상태로 발견되어 그의 사상의 진실을 추론할 수 있게 되었다. 특히 시리아 교회는 그를 매우 존경했으며 수 세기 동안 그의 두 편의 작품 목록을 보존하고 있다.

1) 주요 저작 개요

테오도레는 안디옥학파의 성서 주석 방법에 있어서 전형적인 대표자라고 할 수 있다. 당연히 가장 유명한 저술가다. 그의 저술 활동에 나타난 그의 사상은 근본적으로 스승 디오도레를 계승한 것이지만, 독자적인 발전과 성숙한 사상 체계를 형성하여 안디옥학파의 전성기를 이루었다. 무엇보다도 성서 주석가로서 성서의 거의 모든 책을 주석할 때 그는 성서의 저자, 저술 연도 등에 대한 비판적 연구를 했으며 전반적으로 과학적이고 철학적이며 역사적인 접근에 있어서 고대 교회에서는 볼 수 없는 비범함을 보여주었다. 그는 현대적 성서 본문 비평학의 선구자라고 할 만하다. 네스토리우스주의자들의 교회는 그를 누구에게도 뒤지지 않는 '위대한 성서 해설자'라고 존경했다. 그뿐만 아니라 그는 당대의 많은 신학적 문제들에 대하여 독자적인 판단에 의한 교리적이며 논쟁적인 저술을 하였다. 그는 생전에 정통파로 간주되었다.

다만 그의 사후에 있었던 네스토리우스 논쟁 동안 이단적 그리스도론을 주장한다는 이유와 네스토리우스가 그의 제자일 것이라는 이유로 공격을 받았다. 알렉산드리아의 키릴은 테오도레의 스승인 다소의 디오도레의 사상을 논박하고 고발했듯이, 이번에도 비판적 반대의 글을 썼다. 동로마제국의 황제 유스티니안 1세(Justinian, I, 527~565)는 553년에, 제5차 콘스탄티노플공의회를 소집하여 이미 544년에 정죄된 테오도레와 그의 저서들을 다시 정죄하였다. 그 결과 거의 모든 그들의 저서들은 상실되었다. 그러나 지난 25년간의 동방 역본의 발견으로 그의 신학에 대한 새로운 이해를 하게 되었다. 리차드(M. Richard), 데브리쎄(R. Devreese) 그리고 그릴마이어(A. Grillmeier) 등은 테오도레가 아폴리나리우스주의를 반대하고 정통 교리를 방어했다고 밝히고 있다. 즉, 그의 그리스도론은 로고스-육체 그리스도론이 아니라 칼케돈회의(제4차 공의회, 451)에서 인정된 로고스-인간 그리스도론을 분명히 진술하고 있다고 한 것이다. 그리고 553년에 네스토리우스의 아버지라고 정죄된 '삼장'은 가장 거짓된 것이라고 비판하였다.[61]

(1) 『시편 주석』(*Commentary on the Psalms*)

　테오도레는 성서학자로서 구약의 12소예언서를 비롯하여[62] 신약의 요한복음, 마태복음, 누가복음 그리고 사도행전과 바울의 거의 모든 서신을 주석하였다. 구약의 12소예언서 주석들은 그의 많은 저술 중에서 유일하게 헬라어 원문으로 남아 있는데, 그것은 의심없이 그 안에 그리스도론적인 의미가 거의 없기 때문이다. 비록 테오도레는 예언서에 나타난 직접적인 메시아적 구절을 쉽게 인정하지 않았지만, 그는 여러 본문에서 유대인 국가의 회복 혹은 마카비의 승리와 관련하여 메시아의 본문을 언급하고 있다.

　그의 사무엘 주석은 현존하지 않으며, 제5차 콘스탄티노플공의회 (553) 의사록에는 그가 412년 이후에 구성했고 알렉산드리아의 키릴에게 바친 욥에 관한 두 권의 책의 단편이 보존되어 있으며, 같은 의사록에는 테오도레의 서신에서 인용한 내용이 있는데, 그중에는 그가 애가서를 이집트 공주와 결혼을 반대한 자에게 한 솔로몬의 응답이라고 생각한다는 것을 암시하는 내용이 있다. 그러면서 그는 거기에 어떤 은유적 의미를 부여하는 것도 거부한다. 그러나 그것으로 그가 애가서 주석을 구성했다는 추측은 정당화되지 않는다.

　그러나 그의 성서 주석의 대표적인 것은 그의 『시편 주석』이다. 이것은 테오도레의 첫 작품이며 그의 나이 20세 때 쓴 것이다. R. 데브리쎄는 시편 32-80편을 거의 완전히 복원시켰으며, 1-31편은 작은 단편으로 현존한다. 1편-16편 11절의 주석은 고(古) 라틴어 역본으로 완전히 남아 있고, 16편 12절-40편 13절은 큰 단편으로 남아 있다.[63]

테오도레는 시편을 역사적 배경에서 읽어야 한다고 주장한 첫 해석자다. 그는 다윗이 시편의 저자라는 것을 인정하면서도 동시에 많은 시편의 역사적인 컨텍스트는 전혀 다윗에게 어울리지 않는다고 한다. 그것은 다른 시대를 반영한 시편들을 다윗이 쓴 것으로 했기 때문이다. 그는 시편의 제목은 후에 첨가한 것이며, 시편의 저술 연대를 다윗으로부터 마카비 시대까지로 분류한다. 그에 의하면 다윗의 예언자적 지평은 마카비보다 짧으며, 따라서 시편 2편, 8편, 44편, 109편을 제외하고는 직접적으로 언급하는 메시아 구절이 없다. 그는 이 구절들을 선민을 위하여 준비된 미래와 관련된 의미에서 메시아적 구절이 아니라 성육신과 교회를 기술하는 것으로 설명한다. 그는 알렉산드리아학파의 은유적 방법에 의한 메시아적 해석을 거부한다. 그는 각 시편은 완전한 문학으로 취급되어야 하고, 절은 그 관계 상황에서 분리될 수가 없다. 같은 시편에서 인물, 시간, 상황은 변하지 않는다. 즉, 한 시편이 미래를 언급하고 있다면 그것은 오로지 미래를 언급하는 것이기 때문에 다른 신비적 의미를 부여해서는 안 된다.

이런 점에서 볼 때 그의 주석은 전반적으로 성서 해설자로서 테오도레에 관해서 지금까지 알려져 왔던 것보다 더 현대적인 것이 확실하고 신비적 해석을 거부하지 않으며 성서의 유형적 해석도 부인하지 않지만, 그는 알렉산드리아의 성스러운 해석 방법을 거의 쓰지 않는다는 것이 확실해졌다.[64]

(2) 『교리문답 설교』(Catechetical Homilies)

이 설교는 그가 아직 안디옥의 장로로 있었을 때, 즉 388~392년 사이에 했을 것이다.[65] 그러니까 그의 나이 33~42세 때에 한 설교다. 모두 16장으로 구성되었으며 크게 두 부분으로 나눌 수 있는데, 제1부 (1~10장)는 니케아신조를 포함하여 신앙에 관한 항목을 취급한다. 이 부분은 입교 성만찬을 위해 마지막 준비를 하고 있는 예비 신자들에게 한 설교이고, 제2부(11~16장)는 주의 기도문 설명(11장), 세례 의식 (12~14장) 그리고 유카리스트(15~16장)를 다루는데, 이 부분은 비법전 수(秘法傳授)의 교리문답으로서 수세 후 다음 주간의 과정을 밟고 있는 초신자들에게(neophytes) 한 설교다. 이것은 예루살렘의 키릴(Cyril of Jerusalem, c. 315~386)이 수세 전과 수세 후에 행한 강좌[66]와 정확히 짝이 되는 교훈적 형식의 시리즈다.

이 설교는 그가 죽은 후 곧 시리아어로 번역이 되었던 것 같다. 그러나 17세기의 시리아어역 사본이 1932년에 민가나(Mingana)에 의해서 발견되었고(Cod. Mingana Syr, 561), 영문 번역본이 출판되었을 때 테오도레의 저술과 교리에 대한 학계의 새로운 관심을 불러일으 켰다. 이 글이 발견되고 출판됨으로 그의 성례전론(De sacramentis)과 신앙론(De fide)을 암시 받을 수 있게 되었고, 그가 예비 신자들에게 진술한 교회의 신앙의 전문을 이용할 수 있게 되었다.

『교리문답 설교』는 교리, 윤리 그리고 제의식(祭儀式) 삼중의 관계 에 나타난 테오도레의 교훈을 이해하는 데 매우 귀중한 가치를 가지고 있다. 예를 들면 10장은 그의 성령 교리가 요약되어 있다. 그는 신약성 서 이전 성령의 활동에 대하여 건전한 비판을 한다. 성령은 영원한 후포스타시스로서 존재한다. 성령은 예언자를 통하여 말한다. 그리고 그것은 구약성서의 하나님으로부터 분리된 것이 아니다. 성령은 신의 후포스타시스이며, 탁월한 '진리의 영'이며, 성부로부터 나오고, '생명의 수여자'다.[67] 11장 '주기도문' 부분에서 그는 선행의 중요성을 강조한다.

> 기도는 말이 아니라 선행, 사랑, 의무에 대한 열정으로 이뤄진다…. 만일 여러분이 기도에 대해서 염려한다면, 기도는 말의 잔치가 아니라 미덕의 선택과 하나님의 사랑과 의무에 있어서 부지런함으로 이행된다는 것을 알아라. 만일 여러분이 이것들에 열심을 다 한다면 여러분은 일생 동안 기도할 것이다.[68]

그는 주기도문에서의 '일용할 양식'을 실제적으로 인간 몸의 실체에 필요한 양식이라고 설명한다. 이것은 오리겐의 해석과는 전혀 다르다. 오리겐은 '일용할'(마 6:11; 눅 11:3)이라는 말이 헬라어로 '에피우시오스'(epiousios)인데, 그 말은 '본질'을 의미하는 헬라어 '우시아'(ousia)에서 유래했다는 것이고, 그렇기 때문에 '일용할 양식'(artos epiousios)을 영혼에 영양분을 주는 하늘의 양식, 영혼을 건강하게 하고 강하게 하는 양식이라고 해석하였다. 그 양식은 자신을 '생명의 떡'이라고 부르는 로고스라고 하였다.[69] 그러나 루터도 '일용할 양식'을 생존하는 데 필요한 모든 것이라고 했다. 즉, 먹고 마시는 것만이 아니라 의복, 신발, 집, 가축, 현금, 재산, 좋은 배우자, 착한 자녀들, 충실한 고용인, 정직한 관리, 바른 정부, 좋은 날씨, 평화, 건강, 교육, 명예, 좋은 친구 등이다.[70]

테오도레의『교리문답 설교』는 4세기 안디옥의 성찬식 의식을 정확하고 거의 완전하게 설명해 주고 있으며, 의식에 대한 주석은 성만찬 교리와 임재설의 설명을 위한 틀을 제공해 주고 있다. 테오도레는 성만찬을 첫째는 영적 양식, 그다음은 희생으로 이해한다.[71]

(3) 『성육신에 관하여』(On the Incarnation, De incarnaione)

테오도레의 중요한 교리적 작품으로 그의 작품 중 가장 많이 인용되는 논문이다. 이 글은 안디옥학파의 신학을 아는 데 귀중한 자료가된다. 1905년에 시리아어 역본으로 된 전문이 발견되었으나 불행하게도 출판되기도 전에 제1차세계대전 때 없어졌다. 다만 라틴어 역본, 헬라어 역본, 시리아어 역본들의 단편들이 얼마간 남아 있을 뿐이다.

그러나 분명한 것은 이 논문이 테오도레가 몹수에스티아의 감독이되기 전에 아리우스, 유노미우스(Eunomius) 그리고 라오디기아의 아폴리나리우스 등을 반대하기 위해서 쓰였다는 것이다. 겐나디우스(Gennedius)가 전하는 바에 의하면,[72]

안디옥교회의 장로요 신중한 연구자 그리고 영리한 혀를 가진 테오도레가 아폴리나리우스주의자들과 상이본질론자들(相異本質論者, anom-oeans)을 반대하여 『주의 성육신론』을 썼다. 15권으로 구성된 이 책에서 그는 분명한 논구와 성서의 증언에 의해서 주 예수가 완전한 신성을 가지고 있으며, 그렇기 때문에 완전한 인성도 가지고 있다는 것을 논증하고 있다. 그는 또한 인간은 혼과 몸, 두 본질로만 구성되었다는 것과 감각(sense)과 영(spirit)은 다른 본질이 아니라는 것, 그러나 몸을 고무하고 합리성을 갖게 하며 감각할 수 있게 하는 혼의 타고난 기능을 가르쳤다. 더욱 이 책의 제14권은 전체적으로 성 삼위의 비창조성과 비물질적이고 지배적인 본성을… 취급한다.

(4)『유노미우스 논박』(*Against Eunomius, Contra Eunomium*)

유노미우스를 반대하는 글은 대(大) 바질과 니싸의 그레고리도 썼다. 유노미우스(d. c. 395)는 니케아 신앙의 핵심인 아버지와 아들의 동일본질론뿐만 아니라 유사본질론을 반대하고 극단파인 '상이본질'(相異本質, Anomoean)을 주장했다. 아버지의 본질(ousia)은 자기분여(自己分與)가 없으며 '출생하지 않는다'. 아들은 이 본질에서 출산하지 않았고 아버지의 능력(energia)에 따라 의지에 의해서 산출되었다는 것이다. 그러므로 아들은 본질 면에서 아버지와 다르다고 주장한 사람이다.[73]

포티우스(Photius)는 테오도레의 유노미우스 논박에 대해서 다음과 같이 말한다. "바질을 방어하면서 유노미우스를 논박하는 안디옥의 테오도레의 스물다섯 권의 책을 읽어라. 그의 문체는 약간 모호한 데가 있지만, 그의 저서는 사상과 건전한 이성으로 차 있고, 풍부한 성서적 증거를 가지고 있다. 그는 유노미우스의 논증을 축어적으로 논박하고, 유노미우스가 외부 지식, 특히 우리 종교에 대하여 매우 무식하다는 것을 상세히 입증한다. 나는 그가 몹수에스티아의 감독 테오도레라는 것을 믿는다."[74] 테오도레의『유노미우스 논박』은 바질이 죽고 그의 유노미우스 논박이 완전히 상실된 수년 후에 구성되었다.

2) 그리스도론

테오도레의 그리스도론은 기본적으로 안디옥학파의 전통적인 형식의 중심에 있다. 그는 단순히 유스타티우스나 다소의 디오도레의 패턴을 답습한 것은 아니었다. 오히려 그에 의해서 안디옥학파의 신학적 결과는 절정에 이르렀다고 할 것이다. 그렇기 때문에 안디옥 신학자 중에서 네스토리우스 다음으로 그리스도론에 있어서 가장 곤욕을 치렀고 어려움을 겪어야 했다.

근년에 그의 저작들이 발견되면서 그의 그리스도론에 대하여 새로운 해석을 하게 되었다. 가장 중요한 것은 그를 '네스토리우스주의의 아버지'라고 비난하고 정죄한 것에 대한 재평가다. 최근까지도 553년 콘스탄티노플 제5차 공의회에서 테오도레를 '네스토리우스 이전의 네스토리우스주의자'라는 이유로 정죄한 것에 대해 의심하지 않았으나, 아폴리나리우스주의자들과 단성론자들의 격렬한 논쟁의 영향 아래에서 알렉산드리아의 키릴에 의한 네스토리우스 논쟁이 일어난 후 그리고 6세기 '삼장의 논쟁' 후 테오도레에 대한 평가는 심각할 정도로 부정적인 비판의 대상이 되었다. 이것은 그 자신이 제공한 것이 아니라 그의 그리스도교 신앙의 역사에 끼친 긍정적인 공헌에 대한 그의 적대자들의 고의적인 오해 때문이었다. 즉, 최근에 제5차 공의회가 테오도레를 정죄한 것은 그의 적대자들이 그의 교설을 의도적으로 왜곡하고 삽입한 내용에 근거한 결과임을 밝혀냈다.

테오도레의 그리스도론은 안디옥학파의 신학의 총체적인 구조와의 관계에서 설명되어야 한다. 그의 출발점은 인간구원론이다. 출발점만 놓고 보면 그의 그리스도론의 출발은 알렉산드리아학파의 그리스도론의 출발과 다르지 않다. 그런데 같은 구원론에서 출발하면서도 두 학파 간의 그리스도 논쟁이 그렇게도 긴 세월 동안, 그렇게도 치열하게 전개되었던 원인은 무엇인가? 그것은 무엇보다도 사고의 방향 때문이다.

테오도레의 신학적 논거는 근본적으로 유형론에 근거한다. 그는 인간 역사를 두 세계(kata-staseis), 즉 현재와 미래로 나눈다. 그에 의하면 구약성서는 교회의 삶을 상징한다. 그리고 교회와 그리스도인의 삶은 하늘에서의 삶의 패턴이다. 그런데 두 번째 세대는 그리스도의 구원의 역사(役事)로 시작된다. 그리스도의 사역은 인간을 불멸케 하고 불변케 하는 하나님의 구원의 전 계획(oikonomia)을 계시하는 것이다. 그리스도는 인간 불멸성과 불변성의 첫 열매다. 우리는 그리스도를 믿음으로 불멸과 불변의 신비에 참여할 수 있다. 세례를 받음으로 주님의 죽음과 부활에 동참하는 것이 그 신비다. 하나님의 자녀로 받아들여지므로 인간은 하나님의 아들, 로고스의 참 아들의 지위에 참여하게 되며, 이 참여는 인간 그리스도의 매우 유일한 방법에서 현실이 된다. 우리는 성찬 의식에서 하나님의 현재적, 미래적 전 구원의 계획에 참여하게 된다. 구원이란 단순히 미래 삶에서 불멸하고 불변하며 부패하지 않게 되는 것이 아니라 현재에서 성령의 내적 참여로 그것들을 경험하는 것이다.

테오도레가 인식한 그리스도의 사명은 신성과 인성이 결합한(sunapheia) 전인적인 삶을 통하여 타락한 인간에게서 하나님의 형상의 완전 회복, 곧 죄와 죽음으로부터 인간의 구원과 파괴된 우주 질서(kosmos)의 회복이었다. 그리하여 테오도레는 하나님 안에서 인간의 참여, 그리스도에게서 하나님과 인간의 결합에 대한 새로운 해석을 추구하였다. 이것은 아리우스주의자들과 아폴리나리우스주의자들의 공격에도 불구하고 우리와 그리스도 안에서 하나님의 내재와 초월 사이의 종합을 이룰 수 있게 하려는 것이었다. 그리스도 안에 로고스의 내재는 로고스의 신성과 그리스도에게 있어서 인성의 완전함을 모두 보존한다. 그러므로 테오도레의 그리스도론은 그의 신학 전체 구조에서 다루어야 한다.

그의 그리스도론의 근본은 마니교도와 영지주의자들은 물론 아리우스주의자들과 아폴리나리우스주의자들의 교설을 반대하면서 로고스-육체(logos-sarx) 그리스도론을 비판하는 것이다. 특히 아리우스주의자들과 아폴리나리우스주의자들의 결합은 그의 그리스도론에서 중요한 의미를 갖는다. 테오도레의 가르침을 해석하는 데 가장 중요한 문서의 하나인 제5의 교리문답 설교에서 그는 유노미우스와 아리우스주의자들이 그리스도가 몸만을 취했을 뿐 영혼은 아니라고 하며, 신성이 영혼의 자리를 취했다고 하는 것을 격렬하게 비판한다. 그렇게 되면 예수는 배고픔도, 갈증도 피곤함도 느끼지 못하는 비인간이 된다는 것이다.[75]

테오도레에 의하면 그리스도는 구원 사명을 완수하기 위해서 로고스는 '완전한 인간'이 되어야 했다. 그는 인간성의 완성을 위해서 선택의 자유의지(autekousios)가 있는 이성적 인간 정신이 있어야 했으며, 성장의 과정을 비롯하여 악한 존재와의 투쟁, 인간적 고뇌, 영혼의 수난 등 인간의 총체적 경험을 해야만 했다. 만일 그에게 유혹과 갈등, 고통과 슬픔, 죽음의 체험이 없었다면 그의 무죄함도 입증될 수가 없었을 것이며 죄인의 구원도 불가능했을 것이다.[76] 그렇다고 테오도레가 예수 그리스도를 우리와 똑같은 보통 인간으로만 취급한 것은 아니다. 그는 그리스도가 완전한 인간이라고 하면서도 그의 도덕적 판단, 선을 향한 그의 의지에 있어서 보통 인간들과는 비교될 수 없을 만큼 강하여 죄로부터 자유하다고 한다. 이와 같은 우월성은 그의 동정녀 탄생과 하나님의 말씀(로고스)과의 결합 때문이다. 예수 그리스도에게 하나님은 '그의 은혜가 넘치는 의지(will)'로 임재한다. 그리하여 인간이신 그리스도는 세례를 받을 때 성령을 통해서 "너는 내 사랑하는 아들이다. 내가 너를 좋아한다"(요 1:14)라는 말씀으로 아들이 된 것이다. 테오도레는 그리스도가 몸만이 아니라 영혼도 취했다고 한다. 그 반대도 진리다.

일반적으로 테오도레가 안디옥학파의 전통에 따라서 비록 그리스도 안에 '두 아들' 또는 '두 주님'이라는 극단적인 입장을 취하지는 않았다고 해도 두 본성의 일치보다는 구별을 더 강조했다고 주장한다.[77] 안디옥학파의 일반적인 양식에 따르면 그렇다. 그러나 테오도레는 동정녀 마리아가 '사람의 어머니'(Anthropotokos)이지만, 동시에 '하나님의 어머니'(Theotokos)라고 한다. 왜냐하면 마리아가 그 인간을 낳았을 때 그 인간 속에 이미 하나님이 내재하고 있었기 때문이다.[78]

> "마리아가 인간의 어머니냐 혹은 하나님의 어머니냐?"라는 문제에 대해서, 우리는 "둘 다"라고 대답해야 한다. 그녀는 육체적인 의미에서는 전자에 해당되며, 함축적인 의미에서는 후자에 해당된다. 그녀의 태 안에 있었고 거기로부터 출산한 자가 인간이었다는 자연적인 수준에서 보면 그녀는 인간의 어머니다. [그러나] 자연적으로 그 안에 감금되어 있었던 것이 아니라 의지의 행위로 그 안에 감금되어 있었고, 태어난 인간 안에 하나님이 계셨다는 점에서 보면 그녀는 하나님의 어머니다.[79]

그의 여덟 번째 설교는 '한 품격 안에 두 본성의 일치'[80]를 분명하게 말하고 있다.

그는 단지 하나님만도 사람만도 아니다. 그는 진실로 본성에 있어서 하나님이고 사람이라고 할 것이다. 그는 육신을 입으신[형체를 취한] 말씀 하나님이고, 육신이 입혀진[형체가 취해진] 인간이다. '하나님의 모습을 지니신' 그가 '종의 모습'을 취하셨다(빌 2:6-7). 그리고 종의 모습은 하나님의 모습이 아니다. 하나님의 모습을 가진 그는 본성에 있어서 하나님인데, 그분이 종의 모습을 취하신 것이다. 반면에 종의 모습은 본성에 있어서 인간이며 그 모습은 우리의 구원을 위해서 취해진 것이다. 육신을 입은 자와 육신이 입혀진 자는 같지 않다…. 육신을 입은 분은 본성에 있어서 하나님 아버지와 같은 분이다. 왜냐하면 그는 '하나님과 함께 계신 하나님'(요 1:1)이기 때문이다…. 그러나 육신이 입혀진 그는 본성에 있어서 다윗과 아브라함과 같은 인간이다. 그는 다윗과 아브라함의 아들이며 자손이다. 따라서 그는 다윗의 주님이며 그의 아들이다(마 22:45과 비교). 다윗의 아들인 것은 그의 본성 때문이며, 주님인 것은 그에게서 나온 영광 때문이다. 그리고 그가 아버지 다윗보다 높은 것은 그에게 입혀진 본성 때문이다.[81]

그러나 이 두 본성 사이의 분명한 구별은 두 품격(prosōpa)의 구별을 말하는 것이 아니다. 그는 여섯 번째 설교에서 위격의 일치를 언급한다.

우리의 축복받은 [니케아] 교부들은 그들의 신앙 고백에서 말하기를… 그들은 두 본성 사이가 너무나 밀접하게 연합되어 있기 때문에 두 본성을 한 품격(prosopon)으로 언급하면서도 본성을 다르게 말하는 성서를 따랐다. 그러므로 그들은 육신을 입은 분[형체를 취한 분]과 육신이 입혀진 분[형체가 취해진 분] 사이의 완전한 연합이 분리되어 있다고 믿어지지 않았다. 만일 이 연합이 파괴된다면 육신이 입혀진 분은 우리와 같은 단순한 인간 이상으로 보이지 않을 것이다.[82]

테오도레는 이 연합이 결코 무너지지 않는다고 한다.

우리는 성서로부터 두 본성 사이의 구별을 배운다. 그러므로 육신을 입은 분과 육신이 입혀진 분을 확인하는 것은 우리에게 절대적으로 필요하다. 육신을 입은 분은 우리를 위해서 모든 것을 행하시는 신성이며, 다른 하나는 만물의 원인이신 그분(the One)에 의해서 우리 모두를 위하여 육신이 입혀진 인성이다. 그리고 인성은 결코 분리되지 않을 연합으로 신성과 하나가 되었다….[83]

우리는 파기할 수 없는 결합에 대한 지식을 확고하게 가지고 있어야 한다. 결코 한순간이라도 종의 모습이 종의 모습을 입은 신성으로부터 분리될 수가 없다. 본성의 구별은 완전한 결합을 파기하지 않는다. 또한 완전한 결합은 구별을 파괴하지 않는다. 본성들은 그들의 현존에서 각기 구별된 채로 존재하며, 그들의 결합은 필수적인 것이다. 왜냐하면 육신이 입혀진 것이 명예와 영광 가운데서 육신을 입은 자와 연합되어 있기 때문이다.[84]

우리가 두 본성을 말한다고 해서 우리는 부득이 '두 주님' 또는 '두 아들'을 말하게 되는 것이 아니다. 이것은 말도 안 되는 매우 어리석은 일일 것이다. 이 측면에서는 둘이고 다른 측면에서는 하나인 모든 것들을 하나로 만드는 그들의 연합은 본성의 구별을 폐기하지 않는다. 그리고 본

성의 구별이 그들의 일치를 방해하지도 않는다.[85]

이와 같은 구절들은 6세기 그에 대한 정죄가 그의 교설에 대한 과장과 생략, 왜곡에 의한 것이었다는 것을 증언한다. 물론 그가 사용한 용어에는 오해될 불확실성이 있었다. 그가 사용한 반어법적 표현인 '하나님의 아들–다윗의 아들'(Filius Dei-Filius David)은 때로 수용될 수 없었다. 그것은 '두 아들론'으로 이어질 위험이 있었기 때문이었다. 그러나 사도 바울도 로마서에서 예수 그리스도에 관해서 이와 같은 표현을 사용하고 있다.[86] 더욱 우리가 유의할 것은 테오도레의 생전에는 그리스도의 품격론과 관련되어 사용되는 '푸시스'(phusis), '후포스타시스'(hupostasis) 그리고 '프로소폰'(prosopon) 등의 용어에 대한 개념 정의가 어느 교회 공의회에서도 공식적으로 이뤄지지 않았다는 것이다. 그러므로 553년 콘스탄티노플공의회가 451년 칼케돈공의회가 결정한 그리스도론 형식을 그가 고수하지 않았다고 정죄한 것은 시대착오적인 것이다. 그릴마이어는 테오도레의 진정한 저작들을 검토한 후 제2차 공의회인 콘스탄티노플회의(381)부터 제3차 공의회인 에베소회의(431) 사이 신학자 중에서 그만큼 그리스도론 발전에 공헌한 사람은 없다고 하였다.[87] 어느 시대 어느 사상가에게도 부정적인 차원과 긍정적인 차원이 있을 수 있다. 테오도레의 그리스도론에 위험한 경향이 있었다면, 동시에 그의 교설에는 칼케돈공의회를 지향하는 긍정적인 요소도 있었다. 특히 아폴리나리우스와 로고스–육체 그리스도론에 대한 그의 논박은 가장 큰 공헌이었다고 할 것이다. 그가 비록 교회정치적인 이유에서 두 아들 이론으로 정죄되었으나 그는 분명히 그리스도 안에서 완전한 두 본성이 혼합되지 않는 일치

(kata sunapheian)를 강조하고 있다는 점에서 정통 신앙의 수호자라고 평가되어야 할 것이다.

3) 세례 신조

테오도레가 그의 교리문답 강좌에서 입문자들에게 세례 신조를 설명하고 있는데, 그가 여러 곳에서 중복적으로 인용하고 있는 내용을 엮어 보면 신조는 다음과 같다.

> 우리는 보이는 것과 보이지 않는 만물의 창조주 전능하신 한 분 하나님 아버지를 믿는다. 우리는 하나님의 독생자 한 분 주 예수 그리스도를 믿는다. 그는 모든 피조물 중 첫 출생자며 모든 세대에 앞서서 그의 아버지로부터 출생하셨으며, 피조되지 않았고 아버지와 한 본질로 참 하나님으로부터 참 하나님이요, 그를 통하여 세대가 형성되었고, 만물이 존재하게 되었다. 우리 인간들 때문에 그리고 우리의 구원 때문에 하늘에서 내려오셔서 육신을 입은 인간이 되셨으며, 동정녀 마리아에게서 나셨고, 본디오 빌라도에게 십자가형을 받으시고 죽으셨으며 장사되어 성서에 따라 삼일만에 다시 살아나셨으며, 하늘에 오르사 하나님 우편에 앉아 계시다가 살아있는 자와 죽은 자를 심판하러 오실 것이다. 그리고 우리는 아버지로부터 나아오는 한 성령을 믿는다. 그는 생명을 주는 영이다. 우리는 한 세례와 한 거룩한 공교회와 죄의 용서와 육(sarkos)의 영생을 믿는다.[88]

이 신조는 마리우스 메르카토르(Marius Mercator)[89]가 테오도레의 것으로 돌렸고, 553년 제5차 공의회 때 정죄를 받은 바 있는 '신앙고백'(symbolum fidei)과는 전혀 다른 것이다. 그러므로 이 고백의 진정성은 매우 의심스러우며 더욱 그것을 테오도레에게 돌리는 것은 온당하지 않다.

4) 성례전론

태오도레의 교회론의 기본은 "그리스도 자신이 몸인 교회의 머리"라는 것이다. 즉, 만물을 창조하신 분을 교회가 공동으로 교회의 머리로 생각하였다. 왜냐하면 교회가 영적인 재생을 통하여 그의 몸이 되었기 때문이다. 교회는 미래 부활의 형식(formam)이다. 말하자면 교회는 미래의 유형이다. 우리는 교회에서 세례를 받으므로 그리스도와 친교를 기대하게 되고, 불멸성과 불변성이라는 특별한 형식에 참여하게 된다. 테오도레에게 있어서 교회는 성례전적 실재인 것이 분명하다.

> 각각의 성례전은 징표와 표상을 통하여 보이지 않고 말할 수 없는 것들을 표현하는 것으로 이뤄지기 때문에 설명과 해석을 필요로 한다. 그것은 성례전에 참여하는 사람들로 하여금 성례전의 힘을 알게 하기 위한 것이다. 만일 성례전이 가시적인 요소들만으로 구성된다면, 말은 쓸모없게 될 것이다. 눈에 보이는 모든 사건 하나하나를 다 우리에게 보여주기 때문이다. 그러나 성례전은 지금 일어난 일 또는 이미 일어난 일의 징표를 내포하고 있기 때문에 징표와 신비의 힘을 설명할 말이 필요한 것이다.[90]

미래를 상징하는 것이 우리에게 주는 기쁨은 미래에 현실이 되는 일에 필연적으로 참여할 수 있다는 희망이다. '상징'은 미래를 현재화하고 그 실재에 참여하게 한다. 그것은 마치 교회가 미래 하늘에서의 우리의 상태의 성례전적인 상징이듯이 세례와 성만찬은 하늘에서 우리가 새로운 상태로 태어나고, 태어난 후 받아먹을 자양분의 성례전적인 유형인 것이다. 태오도레는 세례의 의미를 다음과 같이 요약한다.

> 이와 같이 "성부와 성자와 성령의 이름으로"라는 문장은 세례가 주는 유익한 것들, 즉 재탄생, 갱신, 불멸성, 부패하지 않음, 아픔을 느끼지 않음, 불변성, 죽음과 노예 상태 그리고 모든 악에서 해방, 자유의 만족 그리고 우리가 기대하는 말로 나타낼 수 없는 선한 일들을 주는 분을 나타낸다.[91]

세례는 재탄생, 즉 부활을 성례전적으로 상징적으로 나타내는 의식이다. 상징을 다르게 묘사한다면 세례의 물은 재탄생을 위한 경건한 자궁의 물로 묘사된다. 태오도레가 일반적으로 세례를 재탄생, 부활의 유형으로 언급하고 있지만, 그는 다른 이미지도 사용한다. 그리스도가 첫 아담을 총괄 회복한 제2의 아담인 것과 똑같이 세례를 받은 개별 그리스도인은 원형에 의해 예지되는 아담의 대형(對型)이다. 세례를 받은 자는 하나님의 구원의 목적에 따라서 용광로에 던져져서 다시 만들어지고 개조된다. 그것은 도예가가 그의 불완전한 제품을 물에서 고쳐 만드는 것과 같이 그리스도인도 세례의 물에서 다시 만들어진다. 재탄생을 부활로 보는 개념에 함축된 이미지에서 태오도레는 세례를 그리스도의 죽음과 부활의 형식으로 묘사한다. 태오도레가 여러 이미지를 사용하게 된 것은 그가 세례의 '인장'(sphragis, seal)[92]을 언급할 때이다. 세례는 어린 양들에게 소인을 찍는 것과 같이 신자들에게 인장을 찍는 것이다. 이 모든 이미지는 세례가 재탄생 또는 그리스도인들이 희망하는 다음 세계에서의 상태를 성례전적으로 나타낸다. 그리스도의 세례는 우리의 세례를 확립한 제도적 의미가 있다.[93] 그의 세례는 우리의 세례의 원형이다. 그리스도는 우리가 세례를 통하여 양자(養子)된 성례전적 의미를 보여주었다.

테오도레의 성만찬은 세례와 밀접하게 연관되어 있다. 우리가 세례 의식에서 출생한 아이에게 자양물이 필요한 것과 같이 빵과 포도주의 사용도 다시 태어난 후 우리가 받은 하늘의 자양물이라는 것이다. 성만찬을 미래 영원한 삶의 행복에 참여하는 것과 연결시키는 것은 테오도레의 특이한 입장이다. 테오도레는 성만찬의 빵을 받는 것은 불멸의 기쁨을 누리도록 뿌려진 씨와 같다고 기술한다. 마치 씨가 땅에 뿌려진 후 자라 완성되듯이 미래 시대(age)가 성례전에 참여하는 우리에 의해서 우리 안에 씨 뿌려지는 것이다. 물론 뿌려진 씨의 완성은 미래를 위해 준비해 둔 것이다.[94]

그러나 테오도레에게 있어서 성만찬은 미래 불멸성의 유형만이 아니다. 성만찬 의식 자체는 상징적 표현이지만, 성만찬은 죽음으로부터 부활하신 우리 주님 그리스도의 기념(anamnesis)이다. 사실 주님의 삶과 죽음과 부활이 테오도레가 성만찬론에서 마음에 두고 있는 핵심적인 내용이다. 여기서 성만찬은 불가피하게 그의 고난을 나타낸다. 그러므로 성만찬은 금요일 마지막 만찬의 기념일이기보다는 고난의 사건의 기념인 것이다. 주님은 우리가 이 세상에서 우리 스스로를 유지하도록 우리에게 빵과 잔을 주셨다. 그리고 빵을 '몸'이라고 하셨고, 잔을 '피'라고 말씀하셨다. 그것은 그의 고난이 우리에게서 완성되게 하기 위한 것이다. 성별화(聖別化)가 특별히 부활을 상징한다면, 빵과 잔의 봉헌(Offertory)은 갈보리에서의 그리스도 자신의 봉헌을 상징한다. 성만찬에 대한 이와 같은 의식이 강한 테오도레의 글에는 빵과 포도주가 실제로 그리스도의 몸과 피로 변했다는 글이 여러 곳에서 나타난다. 사실 테오도레의 『교리문답 설교』의 발견은 우리에게 그의 성례전 신학을 새롭게 접근할 수 있게 했다. 그는 성례전의 상징적 해석을 부인하면서 성만찬의 실제적 임재(Real Presence)와 회생적 성격을 분명히 한다.

> 그러므로 그는 빵을 줄 때 "이것은 내 몸의 상징이다"라고 말하지 않고, "이것은 내 몸이다"라고 말했으며, 이와 같이 그는 잔을 나눌 때 "이것은 내 피의 상징이다"라고 말하지 않고, "이것은 내 피다"라고 말했다. 왜냐하면 그는 우리가 은혜를 받고 성령이 임한 후, 빵과 포도주를 자연물로가 아니라 주님의 몸과 피로 받아들이기를 원하기 때문이다. 우리는⋯ 성찬물을 단순히 빵과 잔으로만 생각해서는 안 되고 그리스도의 몸과 피로 생각해야 한다.[95]

테오도레는 마태복음 주석의 헬라어 단편 본문에서도 이와 같은 가르침을 한다. 거기서 그는 성취한 감사를 통하여 빵과 포도주가 살과 피로 변화된다고 한다. 빵과 포도주가 그리스도의 몸과 피로 변화되는 것은 성직자가 봉헌된 빵과 포도주에 성령이 임하기를 하나님께 기원한 결과(epiclesis)다. 성직자가 기도하면 은혜가 성체물에 임하게 되고, 그러면 그 봉헌된 성체물은 진실로 주님의 몸과 피로 보인다. 봉헌된 빵과 포도주는 우리를 위해서 십자가에서 흘린 피와 그의 몸을 상징한다. 그 후 우리는 봉헌된 성체물을 부활 후 주님의 몸으로서 영원하고 부패하지 않으며 변치 않는 것으로 소유하게 된다.[96] 이 점에서 테오도레의 성만찬론은 예루살렘의 감독 키릴(Cyril of Jerusalem, c. 315~386)과 같은 의견이다.

> 처음에는 단순한 빵과 물이 섞인 포도주가 제단에 놓인다. 그러나 성령이 임하므로 그것은 몸과 피로 변한다. 그리고 그것은 영적 힘과 죽지 않는 자양물로 변한다.[97]

그리고 각 성찬배수자(聖餐拜受者)는 전체 그리스도를 받는 것이다.

> 우리 각자는 작은 조각을 받고도 그 작은 조각으로 주님의 전부를 받는다고 믿는다. 만일 혈루증을 앓고 있는 여인이 주님의 몸 일부분도 아닌 단지 주님의 옷자락에 손을 대기만 해도 신의 은총을 받았다면, 우리가 주님의 몸의 일부분을 받으면서 주님의 전체를 받는다고 믿지 않는 것은 매우 이상한 일이다.[98]

이상의 테오도레의 성만찬 교설을 실제적 임재설로 정의하기도 하지만, 이것은 로마가톨릭의 화체설(化體說)에 더 접근한 것 같다.[99]

V. 요한 크리소스톰의 신학

1. 생애

고리대금업으로 이자를 받아들이고, 가축처럼 노예를 사들이고, 부당한 방법으로 사업을 확장하면서 어떻게 그리스도의 명령에 순종한다고 생각할 수 있는가?… 그뿐만이 아니다. 가난한 사람들의 땅과 집들을 착취하여 가난과 배고픔을 증가시키면서 당신들은 불의를 쌓아 올리고 있다.[100]

이 인용문은 요한 크리소스톰(John of Chrysostom, c. 347~407)의 사상과 삶을 가장 함축적으로 표현하고 있다. 그리고 그는 평생 수도사였다는 것과 성직자가 그의 시대에서 무엇을, 어떻게 설교해야 하는지를 보여준다. 그는 오직 수도사였고 오직 그리스도를 증거하는 설교자였다. 그는 불의한 권력에 타협하지 않았고 음모적, 책략적 정치를 하지 않았다. 이 때문에 그는 추방당했고 순교했다. 캄펜하우젠은 요한 크리소스톰을 소개하면서 먼저 동방에서의 국가(황제)와 교회(성직자) 사이의 관계를 설명한다. 동방교회에는 서방의 중세기적 의미의 교회와 국가 사이의 갈등 같은 것이 없다. 권력 투쟁이 있다면 그것은 어디까지나 교회 자체 안의 권력 문제였다. 최고 지위의 주교도 국가 정치적인 문제에는 간섭하거나 결정하려고 하지 않는다. 오히려 황제가 지상 최고의 권력을 가진 그리스도인으로서 교회의 성직자 임명, 교리 형성까지도 지도·감독한다. 그러므로 동방에서 교회정치는 황제를 자기편으로 만들고 그의 힘을 빌려 반대파를 제거하는 것이었다. 여기서 실패하면 정치적 저항으로 순교의 길로 가야 했다. 이것은 콘스탄틴 황제 이후 동방교회의 현실적 삶의 상황이 되었다. 그러므로 만일 크리소스톰이 성직자의 원형으로 말씀의 설교자요 해석자로, 회중의 스승으로, 모든 가난한 자와 억압받는 자의 친구요 돕는 자로만 살았다면 그는 자기 일생을 평화롭게 살다가 마쳤을 것이다. 그러나 그는 정치적 예민함이나 책략적 교권주의자보다는 불의와 부정과 부패에 대하여 오직 교회의 성직자로서 설교와 목회라는 영적 사명으로 저항했던 것이다.[101] 크리소스톰의 생애를 다섯 단계로 나눌 수 있다. (1) 안디옥에서 출생부터 교회 독경자가 되기까지의 시기(347~370), (2) 금욕적 수도원 생활 시기(370~381), (3) 집사, 장로로 안수 받고 설교자로 봉직하던 시기(381~398), (4) 콘스탄티노플의 감독 시기(398~404) 그리고 (5) 유배와 죽음의 시기(404~407)다.

고대 교회사에서 크리소스톰만큼 전기 작가와 찬양 작가의 대상이 된 사람도 없을 것이다. 그럼에도 불구하고 그의 출생 연도에 대한 확실한 정보가 없다.[102] 그러나 그가 안디옥의 고상하고 유복한 그리스도교인 가정에서 출생한 것은 분명하다. 그의 아버지는 로마제국의 황제 군대 지휘관이었으나 요한이 어릴 때 사망한 것 같다. 그의 어머니 안투사(Anthusa)는 20대에 과부가 된 후 오직 아들이 안디옥의 세속적 유혹에 빠지지 않고 하나님의 일을 할 사람으로 성장하도록 신앙적 교육에 온 힘을 기울였다. 아들에 대한 그녀의 헌신을 많은 전기 작가들은 어거스틴의 어머니 모니카, 나지안주스의 그레고리의 어머니 논나(Nonna)와 같이 높이 평가한다. 10대 후반경에 요한은 안드라가티우스(Andragathius)에게서 철학을 배우고, 유명한 이교도 소피스트인 리바니우스(Libanius, d. c. 395)에게서 수사학을 배웠다.[103] 역사가 소조멘

이 전하는 바에 의하면 어떤 사람이 리바니우스에게 "누가 당신의 뒤를 계승하게 되겠느냐?"고 묻자 "그것은 당연히 요한이지, 만일 그리스도인들이 나에게서 그를 빼앗아 가지 않는다면 말이야"라고 대답했다고 한다.[104]

교육을 마친 후에 그는 법률가로서 변호사 업무를 시작했다. 그의 뛰어난 웅변술로 인해서 그는 곧 명성을 얻었고 출세의 길은 열려 있었다. 그런데 이상하게도 어릴 때부터 어머니에게서 배운 복음적 가치와 그가 선택한 직업 사이에서 갈등이 생겼다. 변호사로 받는 보수가 자기 영혼에 죄를 짓게 하는 계기가 된다는 자각을 하게 된 것이다. 더욱 이 무렵 안디옥 근처에서 이미 수도원 생활을 하고 있는 친구 바질의 삶은 그에게 큰 자극제가 되었다. 이때 안디옥의 감독 멜레티우스(Meletius)는 이 영리하고 뛰어난 재능과 훌륭하고 아름다운 성격을 가진 소년을 주목하고 예언자적 눈으로 이 소년의 미래를 예견하고 있었다. 그리하여 소년을 늘 자기 모임에 참여하게 하면서 교제를 나누었다. 감독의 영향을 얼마나 받았는지는 알려진 것이 없지만, 아직 변호사 직업을 계속하고 있었던 크리소스톰은 마음의 결단을 하고 3년간의 훈련을 시작하였다. 그 기간이 끝난 후에 그는 멜레티우스 감독에게 세례를 받고(20세쯤) 교회의 독경자로 임명되었다. 그러나 크리소스톰은 친구 바질과 함께 엄격한 금욕 생활을 소원하고 있었고 적당한 장소가 정해지는 대로 세속을 떠나려고 하였다. 그러나 이것을 실행하기에는 너무나 마음 아픈 일이 생긴 것이다. 홀로된 그의 어머니가 아들에게 자기 곁은 떠나지 말 것을 간곡하게 부탁하기 때문이었다.[105]

어머니에 대한 남다른 애정을 갖고 있었던 요한은 어머니의 부탁을 차마 거절할 수 없었고, 그렇다고 수도원 생활의 꿈을 접을 수도 없었다. 그래서 궁리해 낸 것이 어머니 집을 수도원으로 만드는 것이었다. 그는 바질의 강권에도 불구하고 집에서 어머니가 세상을 떠날 때까지 수도원 생활에 뜻을 같이하는 친구들과 금욕 생활을 하였다.[106] 어머니가 세상을 떠나자 그는 곧 시리아의 산악 지역에 있는 수도사들에게 합류하여 4년간 은둔 생활을 하였다. 이때 그와 함께 수도원 생활을 한 사람 중의 하나가 후에 몹수에스티아의 감독이 된 테오도레다. 크리소스톰은 수도원 생활 도중 한 소녀에게 연모의 정을 느끼고 세속적 삶의 유혹으로 수도원을 떠난 테오도레에게 간곡한 편지를 보내 그를 다시 수도원으로 돌아오게 하였으며, 수도원학교를 운영하고 있었던 다소의 디오도레 밑에서 성서 해석을 중심으로 신학 공부를 했다. 그 후 그는 완전히 세상으로부터 자신을 감추기 위해서 동굴로 들어가 2년간 혼자 금욕 생활을 하였다. 이 2년 동안 그는 밤낮 눕지를 않았으며 지나친 금욕으로 극도로 건강이 악화되어 교회로 돌아왔다. 이때 그는 이와 같은 삶이 목회자를 위한 훈련으로 적합하지 않다는 것을 깨달았다. 그는 후에 "수도사의 은둔 생활을 오랫동안 하다가 세속사회의 사제나 감독의 생활로 전환한 많은 성직자들이 새로운 삶의 상황에 직면했을 때 어려움에 대처할 능력이 전혀 없었다"고 했다.[107]

6년간의 은둔 금욕 생활을 끝내고 안디옥에 돌아온 크리소스톰은 381년에 멜레티우스 감독에 의해서 집사(부제) 안수를 받고, 가난한 사람, 과부, 고아, 어린이 교육 등 자선활동과 사회복지 활동과 관련된 일을 주 업무로 하는 사역을 하였다. 386년에 멜레티우스의 후계자인 플라비안(Flavian) 감독에게 사제 안수를 받았다. 사제의 경험이 거의 없는 그에게 감독은 그 도시에서 가장 중요한 교회 설교를 맡겼다. 그의 설교 형식은 제목 설교보다는 성서 말씀의 주석 설교라고 하겠지만, 그 내용은 실제적이며 윤리적이었다. 그의 설교는 추상적인 것이 아니라 현실적이었다. 회중의 삶의 자리의 문제가 설교의 동기였다. 빈부의 현저한 격차, 사회 한편에는 몰지각한 사치가 극심하고, 다른 한편에는 극심한 빈곤이 그리스도교적이라고 불리는 같은 한 사회에 있다는 현실에 그는 침묵하지 않았다. 개인적이든 사회적이든 삶의 문제에 대하여 뛰어나고 적절한 수사학적 용어로 설파하는 그의 설교는 곧 회중들의 마음을 사로잡았고 목마른 사람들에게 생수와 같이 받아들여졌다. 매력적이고 참신하고 자연스러운 그의 설교는 곧 설교가로서 그의 명성을 최고로 높이는 데 충분하였다. 그는 회중이 하늘의 말씀에 굶주렸듯이 그는 설교에 굶주린 사람이었다. 그는 "설교는 나를 건강하게 만든다. 내가 입을 열자마자 모든 피곤이 싹 사라진다"고 하였다.[108] 비록 '황금의 입'(Chrysostom)이라는 별명은 6세기에 얻었지만, 그는 이미 당시에 그 별명에 어울리는 설교가였다. 이 별명은 그의 본이름인 '요한'보다 더 잘 알려져 있었다. 서방교회에서 그와 같은 명예로운 칭호를 받은 사람은 라벤나의 감독 베드로(380~450)뿐이었다.

이때로부터 397년까지 약 10년 동안 그는 가장 위대한 그리스도교 설교가라는 영원히 남을 명성을 얻을 만큼 열정적이고 능력 있고 성공적인 자기 업무를 수행했다. "나는 여러분에게 성서의 보화로 영양을 공급하지 않고는 하루도 지낼 수가 없다"고 했다.[109] 그의 이름은 곧 헬라어를 사용하는 전 지역에 널리 퍼졌다. 그의 설교와 관련해서 전해지는 일화는 크리소스톰이 회중들에게 교회에 올 때는 지갑을 집에 두고 오라고 했다고 한다. 그것은 회중들이 그의 설교에 넋을 잃고 듣고 있는 사이 지갑을 잃어버리는 사례가 속출했기 때문이었다.[110] 안디옥에서 행한 수많은 그의 설교 중에서 가장 뛰어난 수사력을 구사하여 안디옥 시민들을 감동시킨 설교는 387년에 행한 『조상(彫像) 설교』다. 이 설교를 '기둥 설교'(Hofmilies on the Statues)라고도 하는데, 이 설교는 황제의 조세정책에 저항한 안디옥 시민이 폭도화하여 황제의 조상을 파괴하는 상황이 되자, 황제의 보복이 두려워 공포에 휩싸여 절망하고 있는 시민들에게 위로와 희망을 북돋아 준 설교다.[111] 이 기간 (386~397) 크리소스톰은 설교만이 아니라 대부분의 성서 주석을 집필하였다.[112]

그러나 그의 일생에서 가장 행복했고 축복받았다고 할 안디옥에서의 그의 생활은 갑작스럽게 끝났다. 그것은 콘스탄티노플의 총주교 넥타리우스(Nectarius)의 사망으로(397) 황제가 크리소스톰을 그의 후계자로 지명했기 때문이었다. 그러나 이 사실이 알려지면 그의 명성 때문에 안디옥 시민이 폭동을 일으킬 것이 두려워 황제의 명령은 비밀리에 수행되었다. 크리소스톰 자신도 알지 못하고 납치되듯이 콘스탄티노플에 도착했다. 당시 황제는 위대한 테오도시우스 1세가 죽고 아들 아르카디우스(Arcadius, 395~408)가 동로마제국을 통치하고 있었는데 매우 무능하였고, 실권은 황궁 의전관인 유트로피우스(Eutropius)가 장악하고 있었다. 그는 권모술수에 능하고 권한을 이용하여 이익을 챙기는 사람이었다. 그가 크리소스톰을 선택한 것은 무엇보다도 교권에 야욕이 없어 자기의 부정에 별 해가 없을 것으로 알았기 때문이었다. 그런데 알렉산드리아의 감독 테오필루스(Theophilus)는 안디옥학파의 크리소스톰이 콘스탄티노플의 총주교가 되는 것을 원하지 않으면서도 알렉산드리아의 장로에게서 뇌물을 받고 그를 수도의 총주교로 추천했던 것이다. 여기서 우리는 동방교회의 정치세력 구조를 참고해야 한다.[113]

다른 한편 황궁에서는 환관 유트로피우스와 황후 유독시아(Eudoxia) 사이에 권력 암투가 있었다. 유독시아는 환관 유트로피우스의 도움으로 황후가 되었으나 그를 제거할 음모를 계획하고 있었던 것이다. 그러므로 수도의 총주교 크리소스톰의 앞으로의 운명은 환관과 황후의 권력 투쟁, 알렉산드리아 감독의 교권적 공격 그리고 수도 관할 구역의 성직자들의 사치와 윤리적 타락에 대하여 그가 어떻게 대응하느냐에 달려있게 되었다. 사실 정치적 감각이 둔한 수도사요 금욕주의자인 크리소스톰에게는 힘겨운 일이었다. 이와 같은 복잡한 사정을 알지 못했던 그는 여하간 398년 알렉산드리아의 주교가 마지못해 집전하는 예배에서 콘스탄티노플의 영적인 주인이며 궁중의 설교가인 수도의 총주교가 되었다. 이 예배에 그의 설교를 듣기 위해서 운집한 수많은 군중에게 행한 그의 취임 설교는 불행하게도 현존하지 않는다.[114]

크리소스톰은 수도의 주교 이전에 금욕주의적 수도사였다. 그는 취임하자 곧 전임자들 밑에서 사치와 향락에 젖어 있는 도시의 개혁과 영적 지도보다 세속적 부의 축적에 몰두하고 비윤리적인 세속적 삶으로 타락한 사제들을 제거하기 시작했다. 그는 솔선수범하여 주교관의 사치한 물건들을 팔아 가난한 자와 병원에 기부했고, 연회에 참석하는 대신 홀로 명상했으며, 일반 사제들에게는 간소하고 금욕적 생활을 하라고 명령했고, 부도덕한 죄를 지은 사제들에게는 성례를 집례하지 못하게 금지령을 내렸다. 사제들이 여인들과 영적으로 동거 생활을 한다는 소위 '영적 자매들'(suneisaktai)이라는 관습을 폐지시켰다.[115] 방랑적 수도사들을 수도원으로 쫓았으며 엄격한 수도 생활을 하도록 했다. 401년에는 크리소스톰 자신이 에베소를 방문하여 성직매매죄로 여섯 명의 감독들을 면직시키므로 사제들의 사치와 금전적 횡령과 음란함을 개혁하였다.[116] 그의 개혁적 열정은 사제들에게만 국한된 것이 아니었다. 그는 평신도들에게도 예수의 가르침에 따라 도덕적이고 검소한 생활을 하도록 촉구했다. 황금의 입을 가진 수사학적 웅변적 설교자는 강단에서 외쳤다.

> 여러분의 말 입에 물린 금 재갈과 여러분의 노예 손목에 끼워진 금팔찌와 여러분의 신발에 달린 금 수술은 여러분들이 고아를 약탈하고 과부를 굶주리게 했다는 사실을 의미합니다. 여러분이 죽음 후에 여러분들의 거대한 저택을 바라보는 통행인들은 "저 저택을 짓기 위해 얼마나 많은 눈물이 쏟아졌을까? 얼마나 많은 고아들이 헐벗었을까? 얼마나 많은 과부들이 학대를 받았을까? 얼마나 많은 노동자들이 그들의 정직한 임금을 착취당했을까?" 하고 말할 것입니다. 여러분은 죽어서도 그 죄에 대한 고발로부터 자유롭지 못할 것입니다.[117]

이로써 그는 한편으로 힘없는 시민들과 일부 성직자와 수도사들에게서 전폭적인 지지를 받았으나, 다른 한편으로는 타협을 모르는 그의 강한 정의감, 불같은 성격에 의한 개혁은 수도사 출신인 그로서는 방어하기 어려운 저항과 대응하기 어려운 적을 만들게 되었다. 그는 사치와 향락으로 오염된 수도의 공기와 지방의 수도 안디옥의 순결한 풍토 사이의 근본적인 차이를 실감하지 못한 채 콘스탄티노플의 주교가 된 것이다. 그는 정치적 모략과 음모를 통해서 사태를 파악하고 수습하기에는 그의 영혼이 너무 고상했고 순수했다. 결과적이지만 수도의 주교로 임명된 것은 그의 생애에서 가장 큰 불행이었다고 할 것이다. 그는 그 자리를 맡기에 적합하지 않았던 것이다.

그는 황제나 황후와 같은 최고의 권력자들이 자기의 마지막을 보호해 줄 수 있는 위치에 있다고 해도 비굴하게 굴복하기에는 너무나 고상한 개인적인 존엄 의식을 가지고 있었다. 그리하여 동방교회에서 가장 큰 성소피아성당에서 외쳐지는 그의 정의로운 개혁적인 명설교는 사치와 부정과 몰역사적인 삶을 살고 있는 사람들에게는 견딜 수가 없는 것이었다. 부패한 사제들과 평신도들에 대한 그의 개혁운동은 그 당시에는 너무 비현실적이었고, 그의 개혁 이념에 대한 비타협적 집착은 결국 그를 반대하는 적대세력을 하나로 뭉치게 하였다. 그는 적대자들을 맞붙게 만드는 능숙한 외교술을 갖고 있지도 못했다.

그는 교회법을 누구도 침해하지 못하게 했다. 예를 들면 그의 주교 임명에 주동적 역할을 했던 궁정 의전관 유트로피우스의 박해를 피해 교회로 피신해 온 시민들을 체포하기 위해서 궁정 의전관이 보낸 군인들의 교회 침입을 허락하지 않았다. 의전관은 황제에게 호소했으나 황제도 그가 비록 충신이지만 그의 부탁을 들어줄 수가 없었다. 오히려 주교는 이 문제를 강단에서 설교를 통하여 의전관을 비판하였다. 의전관은 주교에게 특별한 호의를 기대했으나 주교는 그가 권력을 이용하여 불법적 행동을 하고 있다는 것을 알고 있었다. 의전관은 크리소스톰의 주교 임명을 후회했다. 399년경 유트로피우스는 황후 유독시아의 분노를 사서 권력의 중심에서 밀려나 몰락하기 시작했을 때 교회로 피신했다. 이때 크리소스톰은 그를 체포하기 위해서 온 군인들에게 그를 넘겨주지 않았다. 이 일로 주교는 황제 앞에 소환되었으나 오히려 그는 황제를 설득하여 자기의 권위를 강화했다. 이렇게 그는 자기의 적수라도 교회법을 지켰다. 그러나 유트로피우스는 교회를 탈출했다가 체포되어 칼케돈에서 참수형을 받았다.[118]

이런 와중에 제국의 실권은 유트로피우스에게서 황후 유독시아에게로 넘어갔다. 그러나 황후는 날로 영향력이 증대해가는 주교를 질투하기 시작했고, 사치와 비행에 대한 주교의 혹평이 자기를 향한 것이라는 음험한 생각으로 주교에 대한 편견을 갖게 되었다. 더욱 크리소스톰의 동료 감독들[119]까지도 주교로부터 등을 돌려 황후의 분노를 조장하였다. 특히 크리소스톰이 에베소를 방문했을 때 수도의 주교권을 임시로 위임할 만큼 믿고 있던 세베리아까지도 눈치 빠른 아첨꾼으로 황후를 통해서 권력을 잡으려는 야망을 가지고 있었다. 에베소에서 돌아온 크리소스톰은 배반한 감독들을 향하여 기생충들이라고 비난하였다. 그는 엘리야에 관한 성서 본문을 택하여 "이세벨의 식탁에서 음식을 먹는 사악한 제사장들을 내게로 데려오라. 그러면 나는 그들에게 엘리야가 말했던 대로 '너희가 어느 때까지 두 사이에서 머뭇거리고 있겠느냐? 여호와가 하나님이면 그를 좇고, 바알이 하나님이면 그를 좇으라'고 말해 줄 것이다"(왕상 18:19-21)라고 했다.[120] 여기서 이세벨은 황후 유독시아를 의미하는 것은 분명했다. 이것을 알게 된 황후는 주교를 결코 용서할 수 없었다. 그러나 아직도 주교는 일반 회중들에게는 최고의 존경의 대상이었다. 그래서 황후는 겉으로는 주교에게 존경을 표하면서도 속으로는 그를 쫓아낼 궁리를 하고 그때를 기다리고 있었다.

그러나 크리소스톰의 가장 위험스러운 적은 키릴(Cyril of Alex.)의 전임자인 알렉산드리아의 감독 테오필루스(Theophilus, d. 412)였다.

그는 398년 황제 아르카디우스(Arcadius)의 강압에 의해서 억지로 크리소스톰의 주교 임명식을 집례했는데, 그 이후 내내 그 일을 불쾌하게 생각하고 있었다. 그러던 중에 402년 황제가 테오필루스를 수도로 소환한 일이 있었다. 그것은 이집트 사막의 수도사들이 그를 고소, 고발한 사건이 있었기 때문이었다. 황제는 테오필루스에게 크리소스톰이 의장인 교회회의 앞에서 고소, 고발에 대한 해명을 하라고 명령했다.[121] 테오필루스는 이 소환의 주동자가 크리소스톰이라고 오해하여 격분하고 적개심을 갖게 되었다. 그리하여 그는 크리소스톰을 제거하려고 음모를 꾸미고 있는 황후의 도움으로 국면을 일변하려는 계획을 세웠다. 그는 막대한 자금을 동원하여 평소 크리소스톰에게 비판을 받았던 감독들을 매수하여 403년에 회의를 소집했다. 36명의 감독이 참석했는데, 이집트에서 참석한 감독은 단지 7명뿐이었고 나머지는 모두 테오필루스의 하수인들로서 크리소스톰의 적들이었다. 칼케돈 교외 오크(Oak)에서 모인 소위 '참나무 교회회의'는 29개의 날조된 죄목[122]으로 크리소스톰을 고발하였다. 크리소스톰은 이 불법적인 종교재판의 소환을 모두 거부하였다. 그러자 회의는 403년에 결석재판으로 그를 정죄하고 황제에게 유배시키도록 요청했다. 무능하고 심약한 황제는 황후의 강력한 요청에 회의의 결정을 받아들여 크리소스톰을 비두니아로 추방했다.[123]

이 소식이 전해지자 시민들은 분개했고, 인근 지역 감독들은 수도로 모여들어 크리소스톰을 옹호하였다. 그들은 주교관으로 몰려가서 주교가 강제로 추방되지 않도록 그를 지켰다. 그만큼 크리소스톰은 시민들의 영적 아버지로서 존경받고 있었다. 만일 크리소스톰이 수사학적 명연설가답게 한마디만 했다면 시민들은 폭동을 일으켰을 것이다. 사실 도시의 상황은 폭동의 소용돌이 속에 빠질 위험에 처해 있었다.[124] 그리고 테오필루스 일당들을 정죄하고 그들의 음모가 밝혀졌을 것이다. 그러나 크리소스톰은 평화를 사랑하는 사람이었다. 그는 오히려 시민들에게 인내심을 요구했고 기꺼이 유배의 길을 떠났다. 그러나 이 추방은 폭동을 일으킬 것 같은 시민들의 격분과 때마침 황궁에서 일어난 비극적인 사고[125]를 하나님의 진노로 해석한 황후는 크리소스톰의 귀환을 간청했고, 황제의 명에 의해서 주교는 그다음 날 개선장군과 같이 시민들의 환호를 받으며 수도로 돌아왔고 사도교회에서 설교했다.[126] 또 그다음 날 주교는 황후를 높이 찬양하는 설교를 했고, 알렉산드리아의 감독 테오필루스는 사태가 불리해지자 이집트로 돌아갔으며, 콘스탄티노플에서는 종교회의가 열려 전에 오크회의에서 결정된 모든 내용을 무효화했다.[127]

그러나 이 평화스러운 상황은 두 달이 지나자 돌연한 사건으로 깨어지고 말았다. 황후는 그녀의 은 조상(彫像)을 소피아 성당 앞 광장에 세워 봉헌하면서 대대적인 이교적 대중 축제를 열어 그 시끄러움이 예배를 방해하자 크리소스톰은 격분하여 이들을 비난하는 설교를 하였다. 깊은 상처를 입은 황후는 분노를 참지 못했고, 반면에 크리소스톰은 황후의 반복되는 적의적 행동에 분개하여 결과적으로 그에게 치명적인 설교를 하였다. 그는 세례 요한의 축제일에 다음과 같은 말로 설교를 시작하였다. "또다시 헤로디아가 소리를 지르며 또다시 그녀가 날뛰며 또다시 그녀가 춤을 추며 또다시 그녀가 쟁반에 요한의 목을 요구하고 있다"고 한 것이다.[128] 이 선동적인 설교를 그의 적대자들은 황후를 빗댄 것으로 생각하고 그를 제거하기로 뜻을 모았다. 이번에는 341년 안디옥회의에서 결정된 제12법규[129]를 적용하여 크리소스톰을 정죄하기로 했다. 403년 황제는 교회회의를 소집했고, 크리소스톰에게 주교로서 모든 교회적 직무를 중지시켰다. 그러나 그는 그 명령을 따르지 않았다. 그 결과 그에게는 어떤 교회도 사용할 수 없도록 금지명령이 내려졌다. 그럼에도 불구하고 크리소스톰과 그의 충성스러운 사제들은 하나님께 복종할 것을 결심하고 404년 부활절 전야 철야기도회에서 3천여 명의 교리문답 중인 예비 신자들에게 세례 의식을 거행했다. 그러나 이 세례 의식은 무장한 군인들의 난입으로 무산되었으며 신자들은 그 장소에서 쫓겨나고 살해되었다. 이때 세례용 물은 피로 변했다고 한다.[130] 이 해 콘스탄티노플의 부활절은 완전히 아수라장이 되어 버렸다. 그 해 오순절 닷새 후에 크리소스톰은 제국의 서기로부터 즉시 도시를 떠나라는 통지를 받았고 그는 황제의 명을 따랐다.

칼펜하우젠은 이때의 상황을 다음과 같이 묘사하고 있다.

크리소스톰 자신은 홀로 싸움을 이겨야 할 근거가 동요되고 있는 데 대하여 경멸하였다. 그는 비록 운명의 신이 두 번째로 승리의 기회를 주는 것이 보였지만, 결국 그는 굴복할 수밖에 없었다. 그는 교회의 군주와 통치자로서가 아니라 자기의 직분과 신앙의 순교자로서 자기 앞에 놓인 길을 완주해야 했다.[131]

크리소스톰이 콘스탄티노플을 떠난 후 소피아성당에 불이 났고 그 주변에 있던 몇몇 공공건물이 화재로 파괴되는 일이 일어났다.[132] 크리소스톰의 적대자들은 그의 추종자들의 소행으로 판단하고 그들을 고문하고 추방하였다. 크리소스톰은 힘겨운 고통을 겪으면서 아르메니아의 황폐한 쿠쿠수스(Cucusus)에 유배되어 3년을 보냈다. 전에 크리소스톰이 섬겼던 안디옥 교인들은 그를 보기 위해서 그의 유배지까지 순례했다. 이 광경을 그의 적들은 "마치 안디옥교회가 아르메니아 교회로 이주하는 것으로 알았으며 요한의 은혜로운 지혜를 유배지에서 안디옥교회까지 영창하면서 돌아가는 것을 보았다. 그리하여 그들은 요한의 생명이 갑자기 끝나기를 열망하였다."[133] 그들의 탄원을 받고 황제 아르카디우스는 더 먼 곳 흑해 동쪽 끝 황량한 곳인 피티우스(Pityus)로 유배지를 옮기도록 명하였다. 거친 땅, 혹독한 기후 속을 매일 같이 걸어서 가야 하는 이 여정은 크리소스톰에게는 죽음의 길이었다. 호송하는 병사들은 늙고 허약한 크리소스톰을 가혹하게 다루었다. 가는 도중 그는 결국 중병에 걸려 임종이 가까이 왔음을 알고 가까운 교회로 옮겨줄 것을 부탁하여 그곳에서 성찬을 받고 주위에 있는 사람들에게 작별을 한 후 그의 생애에서 가장 짧으면서도 가장 감동적인 설교를 하고 운명하였다. "모든 일에 있어서 하나님께 영광을. 아멘."[134] 그 장소는 폰투스(Pontus) 지역의 코마나(Comana)요, 그날은 407년 9월 14일, 그의 나이 60세였다.

크리소스톰은 수도를 떠나기 전에 로마 감독 인노센트 1세(Innocent I, 401~417)를 비롯하여 밀란의 감독 등에게 사실을 알리고 이 문제에 대한 재판을 호소하였다. 이를 받아들인 교황은 그의 면직과 유배에 대하여 동·서방교회의 감독들로 구성된 회의에서 조사할 것을 요구했으나 거절되자, 교황과 전 서방교회들은 콘스탄티노플, 알렉산드리아, 안디옥 등 교회들과 교제(성찬 나눔)를 끊기로 했다. 그로부터 30년이 지난 438년 유독시아의 아들 테오도시우스 2세가 황제에 오르고 크리소스톰의 제자 프로클루스(Proclus)[135]가 콘스탄티노플의 주교가 되었을 때 코마나 근처에 안치되었던 크리소스톰의 유해를 황제들과 콘스탄티노플 주교들이 안치되어 있는 콘스탄티노플 사도교회로 이장했다. 이때 황제가 참석했고 직접 관에 얼굴을 대고 주교를 분별없이 박해했던 부모를 용서해 주기를 빌었다고 한다.[136] 그의 시신은 1626년 로마의 베드로 대성전에 안치되었다. 서방교회는 그를 1568년부터 아타나시우스, 대 바질, 나지안주스의 그레고리와 함께 "동방의 네 명의 위대한 교회학자" 가운데 한 사람으로, 동방교회는 대 바질, 나지안주스의 그레고리와 함께 최고의 성직자로서 존경한다.[137] 캄펜하우젠은 크리소스톰에 대하여 다음과 같은 말로 마무리한다.

크리소스톰의 사후의 명성은 대단했다. 교부들 중 어느 누구의 글도 그만큼 읽히고 손으로 베껴서 널리 퍼뜨린 글이 없었다. 그의 글은 일찍이 라틴어와 여러 동방어로 번역이 되었다. 오늘날까지도 요한 크리소스톰은 모든 교파에서 사랑하고 존경한다. 그의 삶은 적들에 의해서 비참한 일을 당하고 파멸되었지만, 지금은 적이 아무도 없다. 그는 깊이 있는 신학자도 아니고 창의적인 신학자도 아니었다. 그는 자기 학파, 자기 시대 그리고 교회적이고 금욕적인 이상의 전형적인 대표자였다….그의 설교는 신학이 교회에서 아직도 그 임무를 성취할 수 있다는 것을 보여준다. 크리소스톰의 설교들은 아마도 전체 헬라어 고전 문헌 중에서 아직도 그리스도교 설교로서 적어도 부분적으로 읽힐 수 있는 유일한 것일 것이다. 그것들은 신약성서의 참된 삶을 반영하고 있다. 왜냐하면 그 설교들은 매우 윤리적이고 매우 단순하며 매우 명민(明敏)하기 때문이다.[138]

크리소스톰의 성격적 매력은 맑고 온유한 영혼을 소유하고 있으면서도 의지가 굳고 신실하다는 데 있었다. 그는 단순했고 이중적이지 않았다. 권력에 아부하지 않았고 순수했다. 그렇기 때문에 그는 싫어하는 사람과 좋아하는 사람이 너무 분명했다. 죽음보다 더 사랑하는 친구가 있는가 하면 지옥 불보다도 더 뜨겁게 타오르는 증오심을 가진 적들이 있었다. 그는 어디까지나 성직자였다. 세속 속에 살면서도 세속을 초월할 줄 알았다. 그는 지나치다 할 만큼 금욕적이었고 지나치게 비정치적이었다. 이것이 그의 장점이었으나 동시에 그의 말년을 고통스럽게 했다. 그의 삶의 비극은 그의 성실하고 진실한 성격으로 봉사한 것이 원인이었다. 그러나 이것은 그의 영광과 명성을 높여주었다. 그는 헬라 교부 중에서 가장 매력적이었고, 그리스도교의 고대성에 가장 맞는 품격의 소유자였다.

2. 신학 사상

1) 주요 저작 개요

크리소스톰은 무엇보다도 영혼의 실천적 안내자였고, 특히 후세대인 뿐만 아니라 동시대인들도 그를 헬라 교회에서 가장 위대한 설교자라고 하는 데 이의가 없을 것이다. 그는 남다른 천재적 웅변가였으며, 그래서 '황금의 입'이라는 별명이 붙여졌기 때문인지는 모르겠지만, 그의 작품은 대부분 설교 형식이다. 헬라 교부 중에서 크리소스톰만큼 광범위하고 많은 문학적 유산을 남긴 사람도 없을 것이다. 그의 작품은 안디옥과 콘스탄티노플의 교회적, 정치적, 사회적, 문화적 상황들을 담고 있어서 신학자들만이 아니라 문학사학자와 고고학자들에게 정보의 보고(寶庫)가 되고 있다.

더욱이 그의 작품들은 거의 보존되어 있다. 현존하는 작품들은 그것들의 우수성뿐만 아니라 저자의 인격에 대한 긍정적인 평가를 하게 한다. 동방의 저술가 중에서 크리소스톰만큼 후세의 칭찬과 사랑을 받은 사람도 없을 것이다.

서방교회의 어거스틴에 비교될 만큼 연설가로서의 그의 표현력은 가히 환상적이라고 할 수 있다. 내용은 물론 수사학적 효과적인 진술은 누구보다 뛰어났다. 그의 표현법은 헬라적 아름다운 형식에 그리스도교적 정신을 결합시키고 있다. 통상 두 시간 동안 이어지는 그의 설교는 지루하지 않았고 피곤하지 않았다고 한다. 그의 설교는 처음부터 끝까지 동시대의 사건들을 언급하면서도 비유적 표현에 의해서 능숙하게 생기를 불어넣어 주었다. 그래서 많은 그의 저작들은 불후의 명성을 얻게 되었다. 다행히 우리는 풍부하고 귀중한 자료들을 가지고 있고, 위조품을 가려내는 작업도 좋은 결실을 맺고 있다. 귀중한 헬라어 사본들, 수많은 단편, 주석적 시리즈의 발췌문들 그리고 금욕적 명시선(名詩選)들을 보유하고 있다. 그의 글은 일찍부터 라틴어, 시리아어, 아르메니아어로 번역이 되었다. 이와 같은 번역문들은 비평적 본문 연구에 귀중한 자료적 가치가 있다.

그의 저작 중에서 가장 많고 중요한 것은 주석 설교들이다. 왜냐하면 대부분의 크리소스톰의 저술은 신·구약성서의 주석적 설교 형식을 취하고 있고 그 사본 전승은 그의 다른 저작들보다 양호하고 풍부하기 때문이다. 대부분 386~397년 사이 안디옥에서 한 이 설교들은 그가 안디옥학파의 사상에서 얼마나 엄격하고 철저한 지적 훈련을 받았는지를 보여준다. 그는 은유적 해석을 반대하고 문자적 의미를 찾으려고 노력하면서도 성서 본문의 영적 의미를 식별하는 것과 그의 사역에 직접적으로 적용할 수 있는 능력을 겸비하고 있다. 그의 깊은 사상과 건전한 성서 해석은 현대 독자들에게도 매력적이다. 어려움이 있다면 그의 설교의 연대 문제다.[139]

(1) 『시편 설교』(Homilies on the Psalms)

구약성서를 본문으로 한 크리소스톰의 설교 중 58편의 시편들(시 4-12; 43-49; 108-117; 119-150)을 선정하여 행한 설교는 단연 최고다. 그 연도는 그의 안디옥 시대 말기일 것이다. 그런데 크리소스톰의 설교로 추정되는 시편 설교 중 상당수는 그 진위가 의심스러운 것으로 여겨지는 것들이 있다. 사실 크리소스톰이 58개의 시편을 실제로 설교로 전달했는지에 대한 의심은 남아 있다. 왜냐하면 그것들이 '설교' 형식이 아니라 '해설'(hermēneiai) 형식으로 전해지고 있기 때문이다. 물론 내용적으로 보면 크리소스톰이 최선을 다한 것으로 나타난다. 그는 시편을 해설하면서도[140] 여기저기에서 아리우스주의자들, 마니교도들 그리고 사모사타의 바울에 대한 논쟁적 공격을 하고 있다(시 46; 109; 148). 그의 시편 주석적 설교에서 흥미 있는 것은 구약성서를 인용함에 있어서 다른 저술에서와 같이 70인역(LXX)에 제한하지 않고 다른 역본을 사용한다는 점이다. 그는 시편을 주석할 때 히브리어, 시리아어 성서 본문을 병행하기도 하고, 심마쿠스 역본, 아퀼라 역본, 케오도션 역본 등을 사용하기도 한다.[141]

크리소스톰의 이름으로 시편 이외에도 창세기, 열왕기서, 이사야서, 예레미야서, 다니엘서, 잠언, 욥기 등의 주석 설교가 전해지고 있으나 부분적 단편들이고 그 진정성은 아직 확실하지 않다.

(2)『마태복음 설교』(Homilies on the Gospel of St. Matthew)

우리는 공관복음서 중에서 크리소스톰의 설교로 마태복음 설교 90편만을 가지고 있다. 마가복음과 누가복음의 설교를 하지 않았는지 아니면 분실했는지는 알 수 없다. 390년경 안디옥에서 한 그의 마태복음 설교는 교부 시대로부터 전해진 가장 오래된 마태복음의 완전한 주석서다. 토마스 아퀴나스는 "자신은 파리의 가장 뛰어난 스승을 택하기보다는 크리소스톰의 이 설교집을 택하겠다"고 했다.[142]

이 설교들의 여러 곳에서 마니교도들의 주장을 논박하고 있다. 마르시온주의자들과 같이 마니교도들도 엄격하고 율법적인 구약의 하나님과 신약의 사랑의 하나님과를 구별한다. 그래서 그들은 구약성서가 신약성서와 광범위하게 다르다고 주장한다. 이에 대해서 크리소스톰은 신·구약의 하나님이 모두 같은 입법자라고 논증하며, 다만 구약은 신약의 예비요 전조(前兆)라고 한다. 그리스도의 계명은 유대인의 율법의 완성이며 그 단점을 보완한다는 것이다. 그는 복음서들을 다윗왕의 편지들이라고 부르면서 복음서들 사이의 약간의 모순과 불일치는 각 복음서가 독립되었다는 증거로서 네 복음서의 비교에서 나타난다고 한다.

한 사람의 복음 전도자가 모든 것을 말할 만하지 않은가? 한 사람이 말할 만하다. 그러나 만일 동일한 시간, 동일한 장소도 아니고 한데 모이지도 않았으나 서로 교류해서 쓴 것이 네 개라면, 그것들은 마치 한 입에서 나온 듯이 모든 것을 말한다. 이것은 진리에 대한 매우 큰 논증이 된다. 그러나 반대도 일어난다고 말할 수 있다. 왜냐하면 많은 장소에서 복음서들의 불일치의 과오가 입증되기 때문이다. 아니, 이것이야말로 진리의 가장 큰 확증이다. 왜냐하면 만일 시간과 장소 그리고 말 한마디까지 모든 것이 정확하게 일치한다면 우리의 적들 누구도 오히려 믿지 않을 것이기 때문이다…[143]

크리소스톰은 비록 아들의 인간성을 언급할 때는 그에 관해서 인간적인 방법으로 말할지라도 아들은 아버지와 동등하며 결코 저급하지 않다고 강조함으로 아리우스주의자들을 반대한다. 그의 그리스도의 비유 설명은 명인다우며 저자의 도덕적이고 금욕적인 권유는 시대의 관습과 태도를 나타낸다. 예를 들어 극장은 그가 자주 책망하는 주제이고 수도승은 그의 찬양의 주제다.[144] 그는 자선을 특히 권유하며 가난한 자들을 그리스도와 우리의 형제들이라 부른다.

(3) 『요한복음 설교』(Homilies on the Gospel of St. John)

복음서 중 마태복음 이외 크리소스톰의 설교로 전해지고 있는 것이 88편의 요한복음 설교다. 권유적이고 실제적이기보다는 교리적이고, 10~15분을 넘지 않는 짧은 설교며, 391년경에 전했다. 요한복음 설교에서 흥미 있는 것은 '음행하다 잡혀 온 여인의 이야기'(요 7:53-8:11)가 생략되었다는 점이다. 요한복음 설교가 마태복음의 설교보다 논쟁적이고 교리적인 이유는 극단적 아리우스주의자들인 상이본질론자(相異本質論者, anomeans)들의 잘못된 교훈에 대한 반론적 설교이기 때문이다. 그들은 아들이 아버지와 유사한 본질이라는 것도 부인한다. 크리소스톰은 그리스도의 인간적인 연약함, 즉 두려움이나 고난에 관한 진술을 오해하지 말 것을 권유하며 겸손의 교리를 발전시킨다. 그는 그리스도가 한 말을 소개하기도 한다. 즉, "나는 하나님이고 하나님의 참으로 낳은 아들이고, 순수하고 은총을 입은 본질이다. 나는 나에 대한 증언이 필요 없다. 아무도 그렇게 하지 않는다 해도 이것으로 인해서 내 본질에 어떤 감소도 없는 나다. 왜냐하면 나는 많은 사람의 구원을 원하고, 나는 나에 대한 증언을 사람에게 위임할 만큼 낮아졌기 때문이다."[145] 크리소스톰은 낮아짐의 역설을 종종 언급한다. 그는 아홉 번째 설교에서 다음과 같이 진술한다.

> 왜냐하면 사람들의 아들들을 하나님의 자녀가 되게 하기 위해서 하나님 자신의 아들이었던 그가 사람의 아들이 되었기 때문이다. 높음이 낮음과 관련될 때 그의 영광에는 전혀 관계가 없다. 오히려 그 과도한 낮음으로부터 다른 것을 끌어 올린다. 이것은 주님의 경우에도 그렇다. 주님은 그의 겸손에 의해서 그 자신의 본성이 감소하지 않는다. 오히려 항상 불명예와 어두움에 앉아 있는 우리를 말로 할 수 없는 영광의 자리에 끌어 올린다.[146]

크리소스톰에 따르면 이단들은 그들의 목적을 위해서 성서를 사용할 권리가 없다. 그것은 성서가 교회에 의해서 구성된 완전한 진리이기 때문이다. 이 요한복음 설교가 그의 다른 성서 해석과 형식, 배열, 내용에 있어서 다르다고 해서 그 진정성이 의심스러운 것은 아니다. 451년 제4차 공의회인 칼케돈회의에서 이 설교가 그의 작품으로 인용되고 있기 때문이다.

(4) 『사도행전 설교』(*Homilies on the Acts of the Apostles*)

크리소스톰의 대부분의 설교가 안디옥 시대에 행한 것이지만, 이 사도행전 설교는 그가 콘스탄티노플 주교가 된 지 3년째가 되는 400년경 콘스탄티노플에서 한 설교다. 55편이 되는 이 일련의 설교는 문학적인 형식이나 내용에 있어서 다른 그의 작품에 비해서 세련되지 못하다는 평을 받고 있다. 에라스무스(Erasmus, c. 1466~1536)는 "술에 취한 사람들과 잠을 자고 있는 사람들도 이보다 더 좋은 작품을 쓸 수 있다"라고 혹평했다.[147] 이 작품이 이와 같은 혹평을 받게 된 원인에 대해서 대부분의 학자들은 이 설교가 속기사의 초고에서 작성되었고 설교자가 다시 교정할 여유가 없었기 때문이었으며, 당시 콘스탄티노플은 고트족의 반란 등 연일 일어나는 분쟁과 불안으로 평화롭지 못했고, 그는 수도의 주교로서 무거운 책임감 때문에 지쳐 있었으며, 저술에 전념할 수 없었던 시기에 한 설교였기 때문이라고 한다.

그럼에도 불구하고 우리는 이 설교에서 충분한 역사의식이 있는 해설을 읽게 된다. 크리소스톰은 많은 사람들에게 사도행전이 알려져 있지 않으며 읽히지 않고 있다고 지적한다. 사도행전에는 그리스도인의 지혜와 특히 성령에 관한 건전한 교리 등 귀한 보물이 숨겨져 있기 때문에 스쳐 지나가지 말고 면밀히 고찰해야 한다고 한다. 크리소스톰은 사도행전의 누가의 보고에 주의를 기울이면서 선교 여정의 일정까지 일일이 세기도 한다. 그는 세례를 늦추는 일에 대해 비판하며,

마술과 대비시켜 기적의 본질과 목적을 취급하면서 그것보다 그리스도를 위해서 고난을 받는 것이 더 좋으며, 귀신을 쫓아내는 것보다 죄를 회개할 것을 강조한다. 그는 기도, 성서 연구, 친절 그리고 구제할 것을 강조하며 맹세와 선서를 금한다.

(5) 『로마서 설교』(Homilies on Romans)

사도행전 설교가 그의 작품 중에서 매우 부정적인 평가를 받고 있다면, 로마서에 관한 그의 32편의 설교들은 가장 뛰어난 교부학적 주석서로 평가되고 있다. "박학한 크리소스톰의 지혜는 로마서에 대한 그의 해설에 특히 뛰어나다. 로마서야말로 그의 지혜의 가장 풍부한 보고(寶庫)다. 만일 성 바울이 그 자신의 작품들이 고대 아테네(Attic)말로 해설하기를 원했다 해도 이 유명한 스승과 다르게 언급되지 않았을 것이다. 그만큼 크리소스톰의 해설은 내용, 형식의 아름다움 그리고 표현의 타당성에서 남다르다."[148]

이 설교집은 381~398년 어간 안디옥에서 편집된 것으로 보인다. 왜냐하면 여덟 번째 설교에서 그는 감독이 아니라 집사 또는 사제(장로)인 것을 분명히 하고 있고, 서른세 번째 설교는 설교자가 사도 바울의 가르침에서 살고 있는 청중들의 삶의 장소를 언급하고 있기 때문이다. 그때는 요한복음 설교를 끝낸 직후였을 것이다. 이 설교는 문체, 언어 그리고 주석 방법에 있어서 크리소스톰의 저작임이 분명하다. 422년 펠라기우스(Pelagius) 논쟁에서 성 어거스틴은 크리소스톰의 로마서 설교 열 번째 설교에서 여덟 구절을 인용하고 있는데, 그것은 크리소스톰이 원죄에 관한 펠라기우스주의자들의 어떤 견해도 동의하지 않았

다는 것을 입증하기 위한 것이었다.[149]

로마서 주석 설교가 교리적인 문제를 다루고 있는 것은 분명하지만, 크리소스톰은 여기서 그 교리들을 토론할 의도가 없었다. 그는 신학적 사변보다는 도덕적이고 금욕적인 문제에 더 많은 관심을 가지고 있었다. 신학적인 관점에서 본다면 그의 과장되지 않고 냉정한 안디옥학파적 주석은 실망스럽기도 하다. 그러나 사도 바울에 대한 그의 감동적인 열광은 우리의 주의를 끌기에 충분하다. 그는 설교의 시작과 끝을 이방인의 스승 사도에 대한 애정과 열광으로 채우고 있다.[150]

로마서 설교 23번은 그리스도교 정치사상에 대한 간결하고도 재기 있는 설교다. 크리소스톰은 여기서 신적 기원의 권세와 인간 기원의 직무 사이를 분명히 구별한다. 이 규정들을 세속적 직업을 가진 사람들만이 아니라 사제와 수도사들까지 모든 사람에게 적용된다. "모든 영혼은 위에 있는 권세에 복종하라"(롬 13:1). 사도이든, 전도자이든, 예언자이든 간에 종교를 파괴하지 않는 한 모두는 위에 있는 권세에 복종해야 한다. 그러나 크리소스톰은 단순히 '복종'이라고 말하지 않고 '지배를 받는'(subject)이라고 한다. 어떤 법령의 첫 요구는 나에게 내려지지만, 신실한 신자에게 적합한지의 추론은 모두 하나님의 결정에 속한다. "왜냐하면 하나님으로부터 오지 않은 권세는 없기 때문이다." 그렇다고 모든 개별적인 통치자가 하나님에 의해서 선택되는 것은 아니다. 여기서 바울은 개별적인 통치자에 관해서 말하는 것이 아니라 본질적인 것에 관해서 말하는 것이다. 통치자가 있어야 하지만, 어떤 사람은 통치를 하고, 다른 사람은 통치를 받는다. 혼란이 계속되어서는 안 되기 때문이다. 백성은 파도와 같이 이리저리 흔들린다.

그것은 하나님의 지혜의 역사(役事)다. 그래서 바울은 "하나님으로부터 나오지 않은 통치자는 없다"라고 하지 않고 "하나님으로부터 나오지 않은 권세는 없다"라고 한 것이다. '권세'는 하나님이 정한다.

크리소스톰은 정치적인 권위의 기원을 인간들 사이에서 맺는 협정에서 찾은 첫 신학자다. "예부터 모든 사람은 통치자가 우리에 의해서 유지되어야 한다는 데 일치하고 있다. 그렇지 않으면 그들은 직무에 게으르기 때문이다. 그들은 공공의 일을 맡고 있는 것이다. 이 일에 그들은 그들의 전 시간을 보내는 것이며, 그래서 우리의 이익은 안전한 것이다."[151]

(6) 『고린도전 · 후서 설교』(Homilies on the two Epistles to the Corinthians)

고린도전서의 설교 44편과 고린도후서의 설교 30편은 그의 사상과 가르침을 나타내는 가장 좋은 표본으로 평가되고 있다. 이 설교들은 모두 안디옥에서 집필되었으며, 구성 연도는 정할 수 없다.

바울의 그리스도교 신비 개념을 자세히 토론하고 있는 고린도전서 설교 7은 고린도전서 2장 6-10절에 대한 크리소스톰의 이해를 위한 열쇠를 제공한다. 이 구절에 대한 그의 깊은 해설은 그리스도교의 신비적인 측면을 부정한 상이본질론자들의 이성적인 경향을 반대한 것이다. 고린도전서 15장 29절에 관한 설교 40에서 그는 선언신조의 단편을 인용한다. 이 신조를 부활절 전야 철야 기도를 하는 동안 세례반(洗禮盤)으로 나아가는 예비자들 앞에서 선언하는 신조다. 이 안디옥 신조는 적어도 "그리고 죄의 용서 그리고 죽은 자의 부활에서 그리고 영원한 삶에서"라는 조항을 포함하고 있음이 분명하다. 이 설교는 세례전례(洗禮典禮)와 침묵 규정(disciplina arcani) 역사에 귀중한 자료다.

그 외 빌립보 설교 15편 중 빌립보서 2장 5-11절의 설교 7은 마르시온주의, 사모사타의 바울, 아리우스주의 이단자들을 반대하여 성육신 교리를 방어한 설교다. 크리소스톰은 그리스도의 완전한 신성과 완전한 인성을 강조하며, 그리스도의 완전한 인성은 몸과 영혼으로 구성되었다고 한다. 그래서 그는 말한다. "본성을 혼돈하거나 나누지 말자. 한 분 하나님이 있고, 하나님의 아들 한 분 그리스도가 있다. 내가 하나라고 말할 때 나는 '혼돈'이 아니라 연합(union)을 의미한다. 한 본성은 다른 본성으로 변질되지 않고 그것과 연합한다."[152]

(7) 『조상(彫像) 설교』(Homilies on the Statues, Homiliae 21 de statuis ad populum Antiochenum)

이 설교는 성서 주석 설교가 아니라 특별한 경우에 하는 강화 형식의 설교다. 이 설교는 안디옥 시대에 플라비안 감독 밑에서 장로 사제로 있을 때 한 설교이지만, 그의 웅변술의 절정을 이룬 설교이며 기념비적 설교이다. 이 설교의 가치를 알려면 그 배경을 알아야 한다.

당시 황제 테오도시우스 1세가 속국민들에게 부과한 막대한 세금 때문에 387년 안디옥 시민이 격분하여 반(反)정부 운동을 전개하였다. 그 수는 증가했고 마침내 폭도로 변하여 공공건물을 점령하고 황제와 황후의 초상화를 파괴하기까지 했다. 감독 플라비안은 이 소요를 진정시키려 했으나 뜻을 이루지 못하였다. 결국 관군에 의해서 데모대는 해산되었고, 진압되자 이번에는 안디옥 시민들이 황제의 보복의 두려움에 휩싸이게 되었다. 안디옥은 완전히 파괴될 것이고 개인들의 형 집행이 이미 시작된 도시 전체는 마비 상태가 되었다. 도시는 마치 "벌통을 쑤셔 놓은" 것과 같았다.[153] 3년 전에도 데살로니가에서 이와 비슷한 사건이 있었기 때문에 안디옥 시민들은 극도의 공포 속에서 떨고 있었다. 감독 플라비안은 콘스탄티노플로 가서 황제 앞에 무릎을 꿇고 안디옥 시민의 폭동에 대해 용서해 줄 것을 간청하였다.

그사이 크리소스톰은 불안과 공포, 두려움에 속에서 동요하고 있 는 안디옥 시민들을 열정적인 웅변과 최고의 수사학적 지혜를 총동원 하여 그들을 감동시켜 공포와 두려움에서 해방시키고 회개하여 희망 을 가지고 살도록 해야 했다. 파멸의 절망 속에 있던 시민들이 크리소스 톰의 설교에 감동이 되어 연일 교회에 몰려왔다. 이때 그가 한 강화 형태의 설교가 이 설교다. 이 설교의 드라마틱한 절정은 크리소스톰의 부활절 설교에서 플라비안 감독이 황제의 안디옥 시민들의 사면장을 가지고 왔다는 소식이었다. 크리소스톰은 이 설교에서 위기 속의 양 떼들의 참 목자요 아버지임을 입증했고, 그의 책임 의식은 깊은 동정과 열정적이고 신실한 연설만큼이나 높이 평가받을 만했다. 그의 장로 초기에 행한 이 용기 있는 설교는 그를 당대에 가장 유명한 연설가로 만들었다.

(8) 『사제론』(On the Priesthood, De sacerdotio)

크리소스톰의 작품 중에서 여섯 권으로 구성된 이 작품보다 더 자주 번역되고 잘 알려진 책은 없을 것이다. 그의 사후 몇 년 안 되어 펠루시움의 이시도레는 "하나님의 사랑에 흥분하는 감정 없이 이 책을 읽은 사람은 없다. 이 책은 사제의 직무가 얼마나 존경스러우며, 얼마나 어려운지를 설명한다. 그리고 성취되어야 할 만큼 어떻게 성취하는지를 알려준다. 왜냐하면 신적 신비의 지혜로운 해석자요 전체 교회의 빛인 비잔티움의 감독 존은 하나님이 원하는 대로 사제직을 성취한 사제들과 태만으로 사제직을 수행한 사제들이 그들의 미덕과 과오가 극적으로 표현된 것을 그 책에서 발견하게 될 정도로 대단한 깊이와 정확함으로 이 작품을 구성했기 때문이다"라고 단언하였다.[154] 사실 이 작품은 사제론의 고전이요 교부문학의 가장 훌륭한 보물로 간주된다.

작품은 저술 연도에 대한 아무 단서도 제공하지 않는다. 그러나 역사가 소크라테스는 그가 집사직을 수행할 때로 생각한다(381~386).[155] 여하간 제롬은 392년에 이 책을 읽었기 때문에 그 연도는 그 이전이 분명하다.[156] 이 소논문은 크리소스톰과 친구 바질과의 대화 형식을 취했다. 370년경 크리소스톰이 감독직을 맡고 싶지 않아 의도적으로 도망하면서 바질을 속여 그로 하여금 감독의 자리를 맡게 한 일이 있었고, 크리소스톰에게 속은 것을 안 바질이 마음에 깊은 상처를 받은 일이 있었다. 이 글에서 크리소스톰은 이에 대한 변명을 하고 싶었고 그때의 상황을 설명하고 싶었던 것이다.

제1권 마지막 장은 바질의 분개와 크리소스톰의 방어의 시작을 기술하고 있다. 크리소스톰에 의하면 사제의 최고의 등급은 감독직이라고 한다. 제2권에서도 크리소스톰의 변명은 계속된다. 즉, 그는 친구에게도 좋고 양 떼들에게도 좋은 목자를 공급하기 위한 것이었다고 말이다. 그는 비난에서 주눅 들었다. 왜냐하면 감독의 직무는 위대하고 고상한 영혼을 요구하고 어려움과 위험이 많기 때문이다. 바질의 덕목과 불타는 자비는 그로 하여금 이 위엄(威嚴)이 있는 직을 맡기에 매우 적합한 사람이 되게 했다. 제3권에서 크리소스톰은 그가 교만하고, 사제에 대한 참 개념을 갖고 있지 않으며, 허영심이 있다고 의심하는 사람들을 논박한다. 그는 최상의 멋진 구절로 사제의 위대함을 강론한다.

사제의 직분은 지상에서 실행된다. 그럼에도 그것은 하늘의 일로 분류된다. 그리고 그것은 충분한 이유가 있다. 왜냐하면 이 사역은 천사나 천사장이나 혹은 어떤 창조된 능력이 아니라 그 사역을 설립하고 육신 가운데 살고 있는 인간들에게 천사들의 행위를 본받으라고 명령하는 성령 자신에 의해서 설정된 것이기 때문이다. 그러므로 사제는 마치 그가 하늘에서 그 권세들 가운데 서 있는 것처럼 순결해야 한다…. 당신이 거기서 희생제물로 드려진 주님을 볼 때 그리고 사제가 서서 기도하고 모든 것들이 귀중한 피에 의해서 붉게 된 것을 볼 때, 당신은 여전히 땅에서 사람들 가운데 서 있다는 느낌이 드는가? 당신은 오히려 곧장 하늘로 올라간 것 같은 느낌이 들지 않는가?…. 엘리야를 상상해 보라. 수많은 사람들이 둘러싸고 있는 가운데 서 있고, 희생제물이 제단 위에 놓여 있으며 그리고 사방이 조용하고 깊은 정적에 휩싸여 있는 그 장면을 상상해 보아라. 그 예언자는 홀로 서서 기도를 드린다. 그리고 즉시 하늘로부터 제단 위로 불이 떨어진다. 그다음에 그 장면을 지금 바친 희생제물로 바꾸어 보아라. 그러면 경이로울 뿐만 아니라 찬탄을 넘어서는 어떤 것을 보게 될 것이다. 왜냐하면 사제가 거기 서 있을 때, 그 불이 아니라 성령이 내려오도록 할 것이기 때문이다. 그의 긴 기도는 불이 하늘로부터 내려와서 봉헌물을 태워 달라는 것이 아니라, 은총이 제물 위에 임하여, 그 제물을 통하여 모든 사람의 영혼들이 불 속에서 단련되어 온 은보다도 더 광채가 나도록 만들어 달라는 것이다. 만약 당신이 아직도 육과 피로 옷을 입고 있는 어떤 사람이 순수하고 축복받은 본성에 접근한다는 것이 얼마나 굉장한 일인가를 생각해 본다면, 당신은 성령의 은총이 사제들을 얼마나 높은 위엄으로 올려놓았는지를 쉽게 깨닫게 될 것이다. 왜냐하면 이런 일들이 성취되고, 우리의 구속과 구원에 관련된 중요한 다른 것들이 성취되는 것은 사제들에 의한 것이기 때문이다. 그들에게는 땅에 거주하고 거기서 삶을 보내고 있는 사람들을 위해서 하늘의 일들을 알리는 책임이 주어졌다. 그들은 하나님이 천사나 천사장에게도 주지 않았던 권세를 받았다. 왜냐하면 "무엇이든지 너희가 땅에서 매면 하늘에서도 매일 것이다…"(마18:18)라는 말씀이 천사들이나 천사장들에게는 언급되지 않았기 때문이다. 지상의 통치자들은 맬 권세를 가지고 있다. 그러나 그들은 단지 육체만을 맨다. 이 매임은 영혼 자체까지 미치고, 하늘에까지 이른다. 왜냐하면 사제들이 지상에서 행하는 것을 하나님이 저 높은 곳에서 확고히 하시기 때문이다. 주님이 그의 종들의 결정을 재가한다. 그들에게 주어진 것은 다름 아닌 하늘의 권세다. "만약 너희가 사람의 죄를 용서한다면, 그들은 용서받을 것이다…"(요20: 23). "이보다 더 큰 권위가 있을 수 있겠는가?" "아버지가 모든 심판을 아들에게 맡기셨으니"(요5:22). 그리고 여기서 나는 아들이 사제의 손에 그 모든 것을 주시는 것을 본다.[157]

위의 인용문은 사제라는 높은 존엄의 지위를 피하는 것에 대해 누구도 비난받아서는 안 된다는 것을 입증한다. 사도 바울도 사제직에 대해서 떨었고 두려워했다. 그 이유는 사제야말로 예외적으로 덕이 높고 거룩해야 하기 때문이다. 공명심은 마음에서부터 추방해야 한다. 그는 가장 현명해야 하고, 신중하고 조심하고 명민(明敏)하고, 비난과 모욕을 받을 때도 인내하고 참아야 한다.

제4권은 어울리지 않게 성직자가 된 사람들, 설교할 자격이 없는 사람이 억지로 설교자가 된 사람들의 운명을 취급한다. 좋은 설교자가 되기 위해서는 이방인, 이단들의 공격에 대응할 만한 지적 능력을 갖추어야 한다. 사도 바울도 그의 기적을 위해서뿐만 아니라 그의 웅변을 위해서도 놀라운 장비를 준비하였다.

제5권은 설교자의 편람이라고 불릴 정도로 저자는 설교자의 힘든 일과 근면을 논한다. 훌륭한 설교자는 성공적인 설교를 했을 때 아첨을 경멸해야 하고, 다른 사람이 자기보다 더 큰 박수갈채를 받았을 때 질투해서는 안 된다. 설교자의 첫째 목표는 하나님을 기쁘게 해 드리는 것이다. 비판을 위한 비판이나 감사의 결핍이 그를 저해해서는 안 된다.

제6권에서 크리소스톰은 활동적인 삶과 관상(觀想)의 삶을 대비시키면서 관상적 삶을 찬양하지만, 그 자신은 활동적인 삶을 살았다. 그것은 그 삶이 훨씬 더 큰 영혼의 관대함을 요구하기 때문이다. 수도원의 삶의 어려움과 위험은 성직자의 사도직의 어려움과 위험에 비교될 수 없다. 다른 사람을 구하는 것보다 자신의 영혼을 구하는 것이 훨씬 쉽다. 사제들은 다른 사람의 죄까지도 해명할 책임이 있지만 수도승은 자기 자신의 죄만 해명한다. 그러므로 사제가 수도사보다 더 완전해야 한다. 그래서 크리소스톰은 감독직의 책임과 위험은 같지 않다고 느꼈던 것 같다.[158]

그의 작품은 이 외에도 교리적이고 논쟁적인 설교로『신의 본성의 불가해론』, 『새롭게 발견된 세례 문답집』이 있고, 『도덕강화』, 『전례적(典禮的) 축제 설교』, 『찬사』(Panegyrics), 『수도원 삶』, 『처녀성과 과부생활』, 『고난』 그리고 많은 『서신들』이 있다.

2) 그리스도론

크리소스톰은 다소의 디오도레의 제자이지만, 자신을 공개적으로 안디옥학파의 그리스도론의 챔피언이라고 생각하지 않았다. 그는 알렉산드리아와 콘스탄티노플 사이의 경쟁을 더 이상 조장하는 것이 교회 평화에 도움이 되지 않을 것 같아 절제했던 것 같다. 통상적인 사전(事前) 판단에 따라 우리는 크리소스톰이 아폴리나리우스를 공개적으로 반대했고, 그래서 그리스도의 영혼(soul)과 완전한 인성을 강조했다고 생각해 왔다. 그러나 크리소스톰은 아폴리나리우스 이단에게 유일하게 선취(先取)되지 않았던 것 같다. 그는 아폴리나리우스를 단 한 번 인용하고 있다. "이단자 아폴리나리우스에 대한 언급에 이어진 빌립보서 2장 7절에 대한 설교에서 크리소스톰은 그리스도에게 영혼의 존재를 확언하고 그것을 부인하는 사람들을 공격한다."[159] 그러나 빌립보서 설교는 그가 콘스탄티노플 감독으로 있을 때 한 것이다. 안디옥 시대에 그는 아폴리나리우스를 직접적으로 공격한 것 같지 않다. 오히려 알렉산드리아의 키릴과 그의 모델인 아타나시우스의 그리스도론에 근접한 입장에 있었던 것 같다.

크리소스톰의 지배적인 그리스도론은 그리스도의 영혼을 부인하는 아리우스의 주장을 반대하는 것이다. 그러므로 그의 그리스도론의 주된 관심은 그리스도의 신적 본질의 초월성과 불변성에 있다. 그는 가현론자들과 마니교도들을 반대하여 예수의 몸의 실재를 강조할 때조차도 주의 신성을 보다 강조하였다. 그에 의하면 하나님은 스스로를 위해서 거룩한 성전(naon hagion)을 예비하였으며, 그것을 통하여 그는 천상의 세계에서 지상의 세계로 내려 왔다.[160] 그는 신적 영에 의해서 고취되고 지탱되는 인간의 영적 삶과 같은 그리스도의 자연적 삶에는 관심이 없고 인간성 안에서 로고스가 로고스에 의해서 나타나는 삶에 관심이 있다. 그리스도의 영혼이 육체적인 실재이기는 하지만 그리스도 해석에 있어서 신학적인 요인은 아니라는 입장이다. 그는 그리스도의 지력과 의지의 행위에는 거의 주목하지 않는다. 그리스도에게 있어서 로고스와 그의 영적 영혼 사이가 너무나 밀접한 소통 관계이기 때문에 크리소스톰은 그리스도의 인간적 지식에 한계를 두지 않는다. 로고스가 그리스도 안에 거주하기 때문에 인간의 감각적 경험에 의해서 얻어지는 지식은 필요하지 않다. 크리소스톰에 의하면 그리스도는 그의 신적 본성에 모든 것을 소유하고 있으며 별개의 인간적 지식을 소유하고 있지 않다. 그리스도의 의지의 활동, 예를 들면 인간 구원을 위한 그리스도의 고난 수용의 결단은 로고스의 신적 의지에 의한 것이다.

그렇다고 크리소스톰이 그리스도의 인간적 활동을 부인하는 것은 아니다. 그리스도는 인간으로서 행동한다. 그러나 이와 같은 인간적인 행동은 그의 신적인 품격에 의해서 통제된다. 여기서 인간적 활동은 단지 제한된 영역, 즉 종속이성적(從屬理性的) 영역에서만 깨닫게 된다. 그러므로 로고스의 순수한 영적이고 신적 활동과 감정적이고 감각적인 속이성적 활동은 이 독특한 그리스도의 모습에서 대립된다. 그는 그리스도의 인간적인 경험의 예증을 겟세마네에서의 예수 그리스도의 기도에서 찾는다.

　결과적으로, 말씀하시기를, "하실 수 있다면 이 잔을 내게서 지나가게
해 주십시오. 그러나 내 뜻대로 하지 마시고 아버지의 뜻대로 해 주십시
오"(마26:39). 이 말은 그가 죽음을 두려워하는 육신을 입었다는 것 이외
에 다른 것을 가리키는 것이 아니다. 왜냐하면 죽음을 두려워한다는 것,
주저하는 것 그리고 그것에 대한 공포심을 갖는다는 것은 육신의 특성이
다. 그러므로 그는 때로는… 연약함을 보이면서 본성을 신뢰할 수 있기
위해서 육신의 특성을 남겨둔다. 때로는 그는 단순한 인간이 아니라는
것을 여러분이 알도록 그 같은 연약함을 숨기기도 한다…. 그러므로 그
는 사모사타의 바울, 마르시온, 마니교도의 질병과 광기에 구실을 주지
않기 위해서 말과 행위에 변화를 주고 뒤섞기도 한다. 그러므로 그는
하나님으로서 장래의 일을 예언하고 인간으로서 (죽음 앞에서) 떨기도
한다.[161]

　크리소스톰에 의하면 그리스도는 신적 활동과 조화된 인간성을
취했다. 그리스도는 때로는 인간으로, 때로는 하나님으로 행동해 왔
다. 그렇게 하여 그는 인간성을 보여주었고, 동시에 성육신을 믿도록
했다. 그리고 보다 비천한 것들은 인성으로, 보다 고귀한 것은 신성으
로 간주되도록 했다. 그리고 이와 같은 행위들의 '부동한 혼합'(unequal
mixture of actions)으로 본성들의 '부동한 연합'(unequal unon of natures)
을 설명한다. 크리소스톰은 '행위의 부동한 혼합'이 '본성의 부동한
연합'과 일치한다는 것이다. 그리스도는 인간적인 경험을 통제함으로
고통들을 스스로 선택했음을 보여주었다. 그리스도는 하나님으로서

본성을 제한하여 40일간 금식을 견디었으며, 인간으로서 배고팠고 지쳤다. 그는 하나님으로서 바다의 요동을 잠잠케 했으며, 인간으로서 마귀의 시험을 받았다. 하나님으로 마귀를 쫓아냈으며, 인간으로서 인간을 대신하여 고난을 받으려고 했다.[162]

비록 그릴메이어가 안디옥 시대의 크리소스톰의 그리스도론에는 알렉산드리아의 키릴과 그 모델인 아타나시우스의 그리스도론과 매우 유사한 입장을 보이고, 모든 것을 로고스의 빛과 조건 없는 신성의 우월의 빛에서 생각하기 때문에 그리스도의 일치 해석에 있어서 안디옥학파가 정형적으로 겪는 어려움이 크리소스톰에게는 없다고 하지만,[163] 그의 그리스도론은 그의 성서 주석과 마찬가지로 안디옥학파의 계보에 속한다고 할 것이다. 그는 그리스도에게 두 분리된 본성이 있음을 확신한다. 그가 한 분 그리스도를 말하는 것은 연합에 의한 주장이지 혼합을 의미하지 않는다. 뿐만 아니라 한 본성이 다른 본성으로 변화되는 것을 의미하는 것도 아니다.

> 그는 본래의 그 자신으로 남아 있으면서 본래 그가 아닌 것을 취했고, 인간이 되었으나 하나님으로 남아 있다. 그때 그는 말씀이었다…. 그는 한 [사람]이 되었고(became), 한 [사람]을 취했다(took). 그는 다른 (other) 하나님이었다. 그러므로 혼돈이 없으며 분리도 없다. 한 분 하나님, 한 분 그리스도, 하나님의 아들이 있을 뿐이다. 그러나 내가 한 분 [그리스도]라고 말할 때, 그것으로 내가 의미하는 것은 연합(union)이지 혼합이 아니다. 한 본성이 다른 본성으로 변질되는 것이 아니고 다른 본성과 연합하는 것이다.[164]

그는 본성을 나타내는 술어로 헬라어 '우시아'(ousia)와 '푸시스'(phusis)를 구별하며, 품격을 나타내는 술어로 헬라어 '후포스타시스'(hupostasis)와 '프로소폰'(prosōpon)을 구별한다. 그는 아들과 관계에서 사용되었던 '동일본질'(homoousios)을 사용한다.[165] 아들은 아버지와 함께 영원히 공존한다.

어떤 사람이 물을 수가 있다. "어떻게 그리스도가 아버지보다 더 젊지도 않으면서 아들이 될 수 있는가? 왜냐하면 어떤 것으로부터 발출(發出)한 것은 그 기원보다 반드시 늦어야 하기 때문이다." 이에 대해서 우리는 이렇게 대답할 것이다. 그런 논법은 인간적인 상황을 가정한 것이라고⋯. 그런데 우리는 인간의 본성이 아니라 하나님의 본성에 대해서 논하고 있다고⋯. 태양의 광선이 태양 자체의 물체로부터 발출하는가 혹은 어느 다른 것으로부터 나오는가? 상식적인 사람이라면 그것이 태양 자체의 물체로부터 나오는 것임을 인정할 수밖에 없다. 그러나 비록 그 광선이 태양으로부터 나온다 해도, 우리는 그 광선이 태양의 물체보다 시간적으로 나중의 것이라고 말할 수 없다. 왜냐하면 태양은 광선이 없이는 결코 나타난 적이 없기 때문이다⋯. 그렇다면 당신은 왜 이것이 불가시적이고 말로 표현할 수 없는 본성의 경우에도 똑같이 적용될 수 있다고 믿지 않는가? ⋯ 이것이 바울이 그를 '영광의 광채'(히 1:3)라고 부른 이유다. 그렇게 하여 그는 그리스도의 유래된 존재와 영원한 공존성을 보여주고 있는 것이다. 더 나아가서 모든 세대와 모든 시간의 척도가 그에 의해서 창조되지 않았는가? ⋯ 그러므로 아들과 아버지 사이에는 어떤 시간적 간격도 없다. 만일 그렇다면 아들이 '후'(after)일 수가 없으며, 영원히 공존하는 것이다. 왜냐하면 '전'과 '후'는 시간을 함축하는

개념들이기 때문이다….[166]

크리소스톰은 아리우스주의자들을 반대해서 그리스도의 완전한
신성을 강조하고, 아폴리나리우스주의자들을 반대해서는 그리스도
의 완전한 인성을 강조한다. 그는 그리스도의 두 본성의 실재성과
완전한 모습을 주장한다. 그리스도는 아버지와 같은 본성(ousias)의
존재다.[167] 그러나 동시에 그는 본성에 있어서 우리와 같다. 그는 인간
의 몸을 가지고 있다. 다만 우리와 같은 죄는 없다. 그리스도에게는
신성과 인성이라는 두 본성이 있으나 한(one) 그리스도다.

크리소스톰에 따르면 그리스도 안에서 두 본성의 연합(henōsis)과
결합(sunapheia)으로 말씀인 하나님과 육신이 하나가 되었다. 그것은
혼합이나 없어지는 것이 아니다. 형언할 수 없는 연합이다. 이것은
에베소공의회(431)와 칼케돈공의회(451)에서도 안디옥학파에 의해
서 제시된 것이다. 그러나 우리가 주목할 것은 크리소스톰은 한 품격에
서 두 본성의 연합의 성격을 조사하는 것을 원하지 않는다고 한 것이다.
그는 "어떻게 이 연합이 가능한가?"라고 묻지 말라고 한다.[168] 그것은
그리스도만이 아신다. 이것은 그리스도론의 문제에 임하는 그의 불변
하는 태도다. 크리소스톰은 경우에 따라서는 로고스가 인간 그리스도
안에 거주하는데, 그것은 마치 성전에 거주하는 것과 유사하다고 한다.
그는 하나님에 의해서 "육신을 취했다"고도 하지만, 안디옥학파에
공통적인 그와 같은 수사학적 표현에 그는 특별한 강조를 두지 않는
다.[169] 그것들이 교리적 원리가 된 것은 네스토리우스에 의해서다.

3) 성만찬

크리소스톰은 고대 가톨릭교회의 성만찬 교리의 그리스도교 고전적 증인으로 '성만찬론 박사'(Doctor Eucharistiae)라 불린다.[170] 그는 그의 글 여러 곳에서 매우 명확한 용어로 성만찬을 언급하고 있다. 비록 '성만찬론 박사'라는 칭호가 공식적인 교회의 재가를 받은 칭호인지는 불확실하지만, 그가 성만찬에 있어서 그리스도의 실제적 임재와 그 희생적 성격에 대한 탁월한 증인임에는 틀림없다. 성만찬의 효력에 대하여 그는 여러 곳에서 분명하고 적극적이며 상세하게 진술하고 있다. 쿠아스텐에 의하면 크리소스톰은 성만찬에 경외와 헌신 또는 전심(全心)으로 접근한다. 그래서 그는 유카리스트를 여러 가지로 표현한다. 이를테면 "거룩한 두려움의 식탁", "경외심을 자아내는 신적 식탁", "놀라운 신비", "신적 신비", "형언할 수 없는 신비", "경의와 전율을 일으키는 신비", "거룩한 경외의 잔", "경외심을 자아내는 피", "귀중한 피", "경외심을 일으키는 무서운 희생", "두렵고 거룩한 희생", "가장 경외심을 자아내는 희생" 등으로 부른다.

그리고 제단에 대해서는 "살해된 그리스도가 누워 있다", "그리스도의 몸이 지금 우리 앞에 누워 있다", "성배(聖杯)에 있는 것은 그리스도의 옆구리에서 흘러나온 것과 같은 것이다. 빵은 무엇인가? 그리스도의 몸이다", "오! 인간이여, 당신이 손에 받아 들고 있는 희생적 육신을 반향(反響)하라. 유해일지라도 당신은 그리스도의 피와 몸을 받고 있다는 것을 기억하라." 그는 더 강한 표현도 사용한다. "우리는 주님을 다만 바라보아서는 안 된다. 우리는 우리의 손에 그를 받아 들고 그를 먹고 그의 육체를 씹어 우리 자신을 그와 밀접하게 연합시켜야 한다."[171] 그것은 매일 바쳐진 참된 희생이다. 그러나 그것은 오늘은 이 희생, 내일은 다른 희생이 아니라 항상 같은 희생이다. 그러므로 희생은 하나다.

우리는 그의 죽음을 기념하면서 매일 제물을 바친다. 이것은 많은 희생이 아니라 한 번의 희생이다. 그렇다면 왜? 왜냐하면 그것은 단 한 번에 드려졌기 때문이다. 이 점에서 이것은 거룩한 자 중 거룩한 분께 드려진 희생을 닮았다. 이 [유대식] 희생은 [그리스도의] 희생의 유형이다. 우리는 항상 같은 사람을 바친다…. 같은 성체(聖體)를 바친다. 그러므로 그것은 하나의 희생이다…. 같은 징표에 의해서 많은 장소에서 희생이 드려진다고 해서 물론 많은 그리스도가 있다는 것을 의미하지 않는다. 그리스도는 이 장소에서나 저 장소에서나 어느 곳에서나 완전히 한 분이며 한 몸이다…. 그리고 따라서 한 희생이다. 우리의 대제사장은 우리의 순결해짐을 위해서 희생제물을 바치는 그분이다. 우리는 그때 드렸던 것을 드린다. 다함이 없는 제물을…. 우리는 같은 희생제물을 드린다. 혹은 우리는 오히려 그 희생제물을 기념하고 있다.[172]

그는 성만찬의 실재론을 다음과 같이 표현한다.

주님이 십자가에서 당하지 않았던 것[다리의 부러뜨림]을 그는 이제 당신에 대한 사랑 속에서 행한 희생을 통하여서 감내한다. 그는 모두가 포만하여 채워지도록 갈기갈기 찢기는 것을 자신에게 허락한다…. 성배 안에 있는 것은 그리스도의 옆구리에서 흘러나온 것과 같다. 떡은 무엇인가? 그리스도의 몸이다.[173]

우리는 다만 주님을 바라보고만 있어서는 안 된다. 우리는 그를 우리의 손에 취해서, 그를 먹고, 우리의 이로 그의 살을 씹어 가장 밀접한 결합의 형체로 우리 자신을 그와 결합시켜야만 한다.[174]

크리소스톰은 실재적 임재를 진실화하고, 성만찬의 희생과 십자가상에서의 희생을 가능한 분명히 일치시키기 위해서 엄격히 말하면 빵과 포도주인 그리스도의 몸과 피의 본질로 옮긴다. 그는 성만찬적 현존을 말한다.

동방의 세 박사는 이 몸이 심지어 말구유에 뉘어 있을 때도 경배를 드렸다. 이 이방의 외국인들은 집과 조국을 떠나 먼 여정에 올랐고, 와서 두려워하며 크게 떨면서 그에게 경배했다. 우리는 하늘의 시민이다. 우리도 이 외국인들을 본받도록 하자…. 왜냐하면 당신은 그를 말구유에서가 아니라, 제단 위에 있는 그를 보기 때문이다. 거기에는 그를 안고 있는 여인이 있는 것이 아니라, 그 앞에 서 있는 사제가 있다. 성령이 그 떡과 포도주 위에 큰 자비와 함께 내려온다.[175]

VI. 키루스의 테오도렛의 신학

1. 생애

393년경 안디옥에서 태어난 테오도렛(Theodoret of Cyrus, c. 393~458)은 안디옥학파의 마지막 위대한 신학자였다. 그의 아버지에

관해서는 경건한 사람이었다는 것과 아이를 갖고 싶어 안디옥 근처의
은둔자들을 찾아가 그들을 괴롭힐 만큼 중보기도를 요청했다는 것만
이 전해지고 있다. 그의 어머니는 17세 때 결혼하여 부유하고 사치스
러운 삶을 즐겼으며 경건한 생활과는 거리가 먼 생활을 하는 여인이었
다. 그러다가 23세 때 이유를 알 수가 없는 안질을 앓게 되었는데,
어떤 약으로도 치유되지 않았다. 그때 안디옥 근처 빈 무덤에서 은둔
생활을 하는 페트루스라는 사람을 알게 되어 찾아갔더니 그녀의 사치
와 요염한 자태를 꾸짖고 경건한 삶을 살도록 훈계와 격려한 후 기도로
그녀의 안질을 낫게 해 주었다. 그녀는 페트루스와의 약속을 지키기
위해서 금은보석, 사치품들을 다 버리고 금욕 생활을 죽을 때까지
계속했다. 이제는 그들 부부가 함께 은수사들에게 기도를 간청하던
중 마케도니우스(Macedonius)라는 은수사가 그들에게 아기가 태어날
것을 예언했다. 그 후 3년이 지난 다음 그 은수사는 그들에게 구약성서
의 한나와 같이 아이가 태어나면 하나님께 바치겠다는 서원을 해야
한다는 것이었다. 그들이 그 제안을 받아들인 후 4개월이 지났을 때
임신했고, 남자아이를 출산하였다. 그들은 서원한 대로 아이를 하나님
께 바치기로 하고 그 이름을 '하나님의 선물'이라는 뜻의 헬라어 '테오
도레토스'(theodōrētos)라고 하였다.[176] 그리하여 그는 요람에서부터
(ek sparganōn) 거룩한 신앙적 분위기에서 성장했다. 젖을 뗐을 때 테오
도렛은 어머니로부터 니케아신조에 따른 사도적 정통 신앙을 들으면
서 자랐고,[177] 그의 잉태를 예언한 은수사 마케도니우스의 경건의
권면을 받기도 했다.

이렇게 수도원적 분위기인 가정에서 자라난 그는 안디옥의 수도원
학교에서 교육을 받았으며, 비록 입증할 수는 없지만, 몹수에스티아의

테오도레가 스승이었으며 네스토리우스와 안디옥의 요한(John of Antioch)이 동료 학생들이었다고 한다. 이것이 사실이든 아니든 간에 분명한 것은 그의 신학은 안디옥학파의 신학 사상에 깊이 감염되어 있었으며 알렉산드리아학파의 그리스도론에 있어서 인성과 신성의 혼합을 위험시하고 있었다는 점이다. 그는 알렉산드리아의 키릴의 가르침에 아폴리나리우스의 이단이 잠복해 있다고 확신하고 있었다.

그는 소년 때에 이미 독경사가 되어 예배를 도왔으며, 모든 고전 작가의 글에 대한 폭넓은 지식을 가지고 있었다. 이와 같은 지식에 의해서 그는 웅변가요 시인이며 철학자였다. 그러나 그의 연구의 중심은 성서였다. 그는 무엇보다도 성서 주석가였다. 그는 헬라어는 물론 시리아어, 히브리어에 능통했으나 라틴어는 알지를 못했다고 한다. 그가 성서 주석에 주력한 것은 스승이었던 몹수에스티아의 테오도레와 다소의 디오도레의 영향이었을 것이다.

23세 때에 부모를 잃은 그는 부모로부터 물려받은 막대한 유산을 모두 포기하여 가난한 사람들에게 나눠주고 수도원에서 금욕 생활을 하면서 독서와 명상 그리고 연구에 전념했다. 그는 이 시기가 자기의 일생에서 가장 행복했던 시기였다고 술회하고 있다. 이 시기에 대하여 뉴먼은 다음과 같이 기술하고 있다.

> 그는 그때 젊은 정열을 가지고 있었고, 거기에다가 그 자신 안에 신앙과 헌신의 샘을 깊게 팠으며, 보이지 않는 영원한 미래의 세계에 관한 생생한 이해와 환상을 가지고 있었다. 이와 같은 생생한 이해와 환상은 그가 그 후에 당했던 모든 고난과 갈등을 통해서도 계속해서 영적인 힘의 신비스러운 샘으로 남아 있었다.[178]

423년 그는 자기의 뜻과는 상관없이 안디옥 동쪽에 있는 작은 도시 키루스(또는 키르후스, Cyrrhus)의 감독이 되었다. 그는 양 떼들의 정신적이고 물질적인 행복을 위해서 열정적으로 감독직을 수행했다. 이 도시는 테오도렛 자신이 언급하듯이 "작고 황폐하고 사람들도 별로 없지만 그나마 거주민 대부분이 가난한 사람들"이었다. 이와 같은 도시를 테오도렛은 사비를 들여 공공건물을 짓고 교량, 목욕탕을 건설하는 등 도시를 행복하고 잘 사는 도시로 일신하였다.[179] 뿐만 아니라 이 도시는 금욕주의자들이 많은 반면에 마르시온주의, 아리우스주의를 비롯하여 각종 극악한 이단들이 도시를 어지럽히고 있었다. 그리하여 그는 이단자들을 정통 신앙으로 회복시키기 위해서 정열을 쏟았다. 그는 이단자들로부터 돌에 맞기도 했고 죽을 고비를 넘기기도 했다. 그러면서도 그는 어느 누구로부터 옷 한 벌, 빵 한 조각을 받는 일이 없이 청렴한 생활을 하였다. 그는 일상적인 시리아어로 설교했기 때문에 안디옥뿐만 아니라 주변 여러 도시에서도 큰 인기를 얻었다. 그가 설교를 끝내면 그중에는 "그를 껴안고 그의 이마와 손, 발에 입을 맞추기도 하고, 그의 가르침을 사도들의 가르침에 버금가는 가치가 있다고 선언하였다"고 한다.[180]

그러나 그의 생애에서 사상적 절정과 동시에 힘겨운 싸움에서 패배의 고통을 겪게 된 결정적인 사건은 알렉산드리아의 키릴과 네스토리우스의 논쟁에 가담하여 네스토리우스를 지지한 일이다.[181] 이 논쟁이 급속도로 격렬해진 것은 알렉산드리아의 키릴이 콘스탄티노플 주교 네스토리우스를 정죄하는 『12개 항목 저주문』(The Twelve Anathemata)을 430년에 발표하고,[182] 431년 초 테오도렛이 네스토리우스 편에서 이 저주문을 반박하는 논문을 발표했을 때였다.[183] 이 논쟁을 해결하기 위해서 모인 회의가 431년 제3차 공의회인 에베소회의다. 그러나 공식적으로 이 회의는 소집도 못 하고, 각파가 각기 자기들의 회의를 소집하여 키릴과 네스토리우스를 각각 정죄하였다.

테오도렛은 에베소회의가 끝난 후에도 네스토리우스를 정죄한 에베소공의회를 비판하는 글을 썼다.[184] 그는 네스토리우스의 사상이 결코 정죄 받을 것이 없다는 것과 그의 정죄는 키릴의 교권적 이유 때문이라고 확신하고 있었다. 그러나 안디옥의 감독 요한을 비롯하여 교회의 평화를 희망하는 동방의 감독들은 432년에 키릴과 화해를 모색하기 시작하였다. 양 파의 화해의 시도에는 황제의 압력도 영향을 미치었다. 테오도렛은 네스토리우스가 정죄되는 조건에서는 그 어떤 화해 내용에도 동의하기를 거절했다. 왜냐하면 그는 네스토리우스를 정죄하는 것은 그리스도교 신앙을 정죄하는 것과 마찬가지라고 생각했고, 네스토리우스를 "진리에 따라 사는 지극히 고결하며 하나님으로부터 큰 사랑을 받는 신부"라고 지칭하면서 네스토리우스 교리를 정죄하는 데 서명한다면 차라리 자기 두 손을 잘라 버리고 싶다고 할 정도로 네스토리우스를 지지했기 때문이었다.[185] 그러나 결국 433년 네스토리우스의 정죄에 대한 형식적인 인정이라는 요구가 받아들여진 후에 그 자신이 구성한 '433년 재연합의 신조'(Formulary of Reunion of 433)에 합류했다. 이 신조에 의해서 안디옥의 요한파에서는 네스토리우스를 희생시키고, 키릴파는 안디옥의 사상을 어느 정도 인정하는 선에서 이뤄진 타협이었다. 그 핵심적인 부분은 다음과 같다.

그러므로 우리는 하나님의 독생자 완전한 하나님이며 이성적 혼과 몸으로 구성된 완전한 인간 우리 주 예수 그리스도를 고백한다 ⋯ 두 본성의 연합(henōsis)이 완성되었기 때문에 우리는 한 그리스도, 한 아들, 한 주를 고백한다. 혼돈이 없는 이 연합의 개념에 따라 동정녀 마리아를 하나님의 어머니(Theotokos)라 고백한다…. [186]

'연합의 신조'에 양 파의 대표자 모두 서명했고, 키릴도 444년에 사망하므로 논쟁은 끝난 줄 알았다. 그러나 이 타협은 오래가지 못했다. 테오도렛 자신도 유티케스(Eutyches, c. 378~454) 이단 논쟁에 또다시 연루된 것이다. 유티케스는 콘스탄티노플 근처의 매우 큰 수도원의 원장이었고 조정에도 큰 영향력을 끼치는 사람이었다. 그는 네스토리우스주의자들과 정반대가 되는 주장을 하면서 그들과 극단적으로 대치되는 입장을 취했다. 즉, 네스토리우스주의자들이 신성이 한 품격을 가진 그리스도에게 있어서 인성과 참으로 연합되었다는 것을 부정했다면, 유티케스는 정반대로 그리스도에게 있어서 두 본성이 구별되어 있다는 것을 부인하였다. 즉, 유티케스는 성육신 전에는 그리스도가 두 본성이었으나 성육신 후에는 한 본성이라고 주장하였다. 그 형식은 '성육신한 하나님의 말씀의 한 본성'이다. 이와 같은 유티케스의 주장을 가장 먼저 예리하게 관찰하고 인식하여 논박한 사람이 테오도렛이었다.

한편 키릴이 죽은 후 알렉산드리아의 감독은 디오스쿠루스(Dioscurus, d. 454)가 계승했고, 콘스탄티토플은 네스토리우스를 계승하여 플라비안(Flavisn, d. 449)이 주교직에 있었다. 448년 플라비안이 콘스탄티노플 노회에서 그리스도 품격에 관한 이단적 가르침을 한다는 이유로 유티케스를 정죄하였다. 그러자 유티케스가 알렉산드리아 감독 디오스쿠루스에게 호소했고, 플라비안은 로마의 감독(교황) 레오 1세(Leo I, d. 461)에게 호소했다. 이미 테오도렛을 파직시킬 결심을 하고 있었던 디오스쿠루스는 유티케스를 통하여 테오도렛을 파면시킬 계획으로 그를 적극적으로 지지했다. 다른 한편 교황 레오 1세는 플라비안의 주장을 지지하는 교황의 교서(Tome)를 발표했다. 알렉산드리아의 감독 디오스쿠루스는 황제 테오도시우스 2세(Theodosius II, 408~450)의 힘을 빌려 449년에 에베소 노회를 소집하여 콘스탄티노플 주교 플라비안을 정죄하고 테오도렛을 파면하여 유배에 처하게 했다. 그리고 유티케스를 복권시켰다. 이 회의에서 교황 레오 1세의 교서는 완전히 무시되었다. 그리하여 교황은 이 회의를 라트로키나움(Latrocinium), 즉 '강도의 회의'(Robber-Synod)라고 칭하고 이 회의의 결의를 모두 무효라고 선언하였다.

테오도시우스 1세의 뒤를 이어 동방의 황제가 된 마르키안(Marcian, 450~457)은 테오도렛을 키루스로 귀환시켰고 교황 레오 1세와 합의하에 제4차 공의회인 칼케돈회의를 451년에 소집하였다. 테오도렛이 칼케돈회의에 나타나자 디오스쿠루스의 지지자들이 일제히 그의 참석을 반대하였고 네스토리우스에 대한 정죄를 선언하라고 주장하였다. 그들은 "테오도렛은 이단자다. 네스토리우스와 똑같은 사람이다. 이 이단자를 밖으로 쫓아내라"고 소란을 피웠다.[187] 그리하여 그는 결국 마지못해 그들의 요구를 받아들였고 다음과 같은 선언을 했다. "네스토리우스에게 아나테마를! 그리고 동정녀 마리아를 하나님의 어머니라고 고백하지 않고, 독생자 한 아들을 둘로 나누는 모든 사람에게 아나테마를!"[188] 이 선언으로 그는 감독직에 복귀되었고 모든 교부에 의해서 '정통파의 스승'으로 인정받았다. 그 후 그는 약 7년간 키루스 교회를 통치했고 466년경 사망했다.[189]

434년 그가 연합의 신조에 동의할 때부터 451년 칼케돈회의까지 그는 알렉산드리아와 안디옥의 두 다른 그리스도론에서 정통적인 요소를 조화시키면서 조정하는 역할을 할 수 있었다고 할 것이다. 비록 칼케돈회의에서 반대파의 압력이 있었다고 해도 그는 나름대로 신학적 권위를 가지고 자기의 결정을 하였다. 그러나 553년 제5차 공의회인 콘스탄티노플회의는 알렉산드리아의 키릴과 에베소회의에 대한 그의 비판적인 글들과 그의 서신들이 '삼장'(Three Chapters)의 이름으로 정죄를 받았다. 그러나 우리는 이와 같은 역사적 사건 속에서 역사 발전 과정의 실체를 보게 된다. 이미 우리가 살펴보았지만, 교회 회의는 결코 오류가 없는(無誤謬) 성회(聖會)가 아니라는 것이다. 이와 같은 오류는 교회가 교권 지향적이 될수록 더욱 빈번했다.

2. 신학 사상

1) 주요 저작 개요

테오도렛은 동방의 헬라 교회에서 가장 다작을 하고 성공한 작가 중의 하나였으며, 안디옥의 어느 신학자보다도 다양한 문학적 유산을 남긴 교부였다. 그는 거의 모든 신학 분야에 관한 저술 작업을 하였다. 그러나 그가 정죄를 받으면서 그의 저작들은 대부분 손실되어 비교적 적은 수만이 현존하지만, 다행히 현존하는 자료를 통해서도 그의 사상을 이해하는 데 큰 어려움은 없다. 특히 고전 문학에 정통한 그는 호머, 플라톤, 고대 헬라 웅변가들인 이소크라테스(Isocrates, 주전 436~338)와 데모스테네스(Demosthenes, 주전 c. 384~322), 고대 헬라 역사가들인 헤로도투스(Herodotus, 주전 c. 484~425)와 투키디데스(Thucydides, 주전 c. 460~400), 주전 8세기경 헬라 시인 헤시오도스(Hesiod), 아리스토텔레스, 주전 140년경 헬라 학자로서 헬라 연대기적 역사를 쓴 아폴로도루스(Apollodorus), 고대 헬라 후기 철학자 플로티누스(Plotinus, 205~270), 헬라 영웅전으로 유명한 역사가 플루타르크(Plutarch, c. 46~120), 신-플라톤 철학자 포르피리오스(Porphyrios, c. 234~305) 등 여러 저서를 읽었을 것으로 보인다. 뿐만 아니라 그는 모국어인 시리아어 이외 몇몇 다른 언어도 알고 있었다. 주로 그는 헬라어로 글을 썼는데, 그 글은 완벽했으며, 문체도 분명하고 단순하였다. 독자들은 그의 고대 아테네의 고전풍의 우아한 아티카 방언(Attic)의 순수함에 찬탄하였다.[190]

그의 저술들은 주석적인 것, 변증적인 것, 교리적이고 논쟁적인 것, 역사적인 것 그리고 설교와 서신들로 분류할 수 있다.

(1) 『모세 5경에 있어서 질문들』(Quaestiones in Octateuchum, Quesons on the Pentateuch)

이 책은 성서 주석 저술에 속하는 대표적인 책이다. 453년 이후에 사랑하는 아들이라고 부르는 히파티우스(Hypatius)라는 사람의 요청에 의해서 쓴 책이다.

테오도렛의 성서 주석의 일반적인 특징은, 비록 독창적인 것은 아니라 할지라도, 안디옥학파의 주석서 중에서 가장 정제된 표본에 속하고, 간결하고 명석함이 잘 결합되었다는 점에서 주목할 만하다. 그는 몹수에스티아의 테오도레 다음으로 안디옥학파의 선도적 주석가였으며 고대 그리스도교에서 가장 위대한 헬라 성서 해석자였다. 그는 안디옥학파의 성서 주석 방법에 따라 문법적 역사적 해석을 하면서도 유형학적 은유적 방법도 사용한다. 이것은 그의 성서 주석 방법이 안디옥학파의 극단적 방법을 피하고 중도적 입장을 취했음을 보여준다. 그는 다수의 성서 책에 대한 완전한 주석을 했을 뿐만 아니라 난해한 성서 구절들을 선택해서 질문과 대답의 형식으로 논문을 쓰기도 했다. 그 대표적인 것이 이 주석이다. 이 주석서 부록에는 여호수아기, 사사기 그리고 룻기의 주석이 첨가되어 있다.

테오도렛은 창세기에서 110개의 질문, 출애굽기에서 72개의 질문을 선택해서 해답을 제시한다. 여기서 그는 주로 다소의 디오도레와 몹수에스티아의 테오도레의 견해에 따라 대답하면서 자연히 은유적 해석 방법보다는 안디옥학파의 전통적인 해석 방법을 사용하여 해답한다. 레위기에서 38개의 질문과 민수기에서 51개의 질문을 선별하여 해답하되 여기서는 비유적, 은유적 해석 방법을 사용한다. 그것은 테오도렛이 레위기의 제사 의식, 도덕적 규범들을 그리스도의 희생적 중보적인 사역과 율법의 정형으로 이해했기 때문이다. 신명기에서 뽑은 46개의 문제에 대해서도 같은 방법으로 해답을 한다.

테오도렛은 여호수아의 역사에서 예수 그리스도의 전형을 보며 기생 라합은 이방인 교회의 유형이고, 요단강가에 세워진 12개의 돌은(수 4:1-9) 열두 사도를 의미하며, 기드온의 양털이 첫 번에는 젖었다가 그다음 번에는 마른 것은(삿 6:36-40) 이스라엘 백성이 처음에는 하나님의 은혜를 받아들이는 백성이었다가 그다음에는 그리스도를 거부함으로 하나님의 은혜에 참여하지 못하는 백성의 유형이며, 입다의 딸의 희생(삿 11:30-39)은 하나님께 서원한 것은 반드시 지켜져야 한다는 것을 가르치기 위한 것으로 보았다.

테오도렛은 구약성서 중에서 사무엘 상하, 열왕기 상하, 역대기 상하, 시편, 아가서, 이사야서, 예레미야서, 에스겔서, 다니엘서 등의 주석도 하였다.

그의 신약성서 주석은 의문시되는 히브리서를 포함하여 사도 바울의 14개 서신이다. 그의 바울서신 주석이 성서에 대한 깊은 이해와 통찰력 그리고 문장의 간결함, 뛰어난 감식력(感識力) 등에 있어서 다른 주석서보다 우수한 것으로 평가되고 있지만, 독창적이지 못하다는 비평도 함께 받고 있다. 그것은 저자 자신도 밝히고 있듯이 이미 요한 크리소스톰과 몹수에스티아의 테오도레라는 두 거성이 이미 바울서신의 주석을 해 놓았기 때문에 자기는 그들의 주석으로부터 자료들을 모아 자기 주석의 창고에 쌓아 둔 것에 불과하기 때문일 것이다.[191]

(2) 『이교도 질병의 치료』(*The Cure of Pagan Diseases, Graecarum affectionum curation*)

이 저작은 변증적인 작품이다. 완전한 제목은 『헬라 철학으로부터 입증된 복음의 진리』다. 고대 그리스도교의 변증서 중에서 마지막에 해당되며 완전하게 남아 있고, 우리에게 전해지고 있는 이교주의에 대한 최선의 논박적 변증서다. 그 작품 연도에 대해서는 여러 설이 있다. 그가 자기의 서신 113에 이 작품을 언급하고 있기 때문에 449년 이전에 집필되었어야 한다는 주장이 있는가 하면, 대부분의 학자들은 그 출판을 437년경으로 생각하고 있으나 근거는 충분하지 않다. 다른 학자는 사용된 용어로 봐서 그리스도론으로 아직 신학자들 사이에 분열이 있기 전으로 추정하기도 하고, 또 다른 학자는 그가 키루스의 감독이 되기 전으로 추정하기도 한다.

그 내용은 12강화(講話)로 구성되었다. 구성 방법은 저자가 철학과 신학의 근본적인 질문들에 대한 이교도와 그리스도인들의 대답을 나란히 기술해 놓고 헬라 철학보다 복음의 우수성이 즉시 인정되도록 했다. 제1강화는 종교적 지식의 자료로서 신앙과 그 정당성 및 필요성에 충당하고, 제2강화는 만물의 기원과 하나님의 본질에 관한 질문과 해답이며, 제3강화는 그리스도교 천사론과 저급한 이교도 신들의 우화와 비교하고, 제4강화는 그리스도교의 우주 개벽설과 이교도의 우주 개벽설을 비교한다. 제5강화는 인간의 본성을, 제6강화는 하나님의 섭리를 취급한다. 제7강화는 이교도와 유대인의 희생을 비난하고 예배에서 가장 중요한 행위가 무엇인지를 설명한다. 제8강화는 순교자에 대한 존경심을 방어하고, 제9강화는 헬라, 로마 그리고 그외 다른 나라의 법과 비교하여 그리스도교 윤리의 우수성을 밝히고, 제10강화는 이교도의 신탁(神託)과 그 본질을 논하며, 제11강화는 세상 종말과 마지막 심판에 관한 이교도와 그리스도인들의 가르침을 기술하며, 마지막으로 제12강화는 사도들과 그들의 발자취를 따르는 사람들의 삶과 이교 철학자들의 삶을 비교한다. 이 작품은 그의 어느 다른 저술보다 그가 고전에 대한 박식함을 보여준다. 그는 비록 원본이 아니라 제2자료에서 인용한 것이긴 하지만,[192] 약 340개의 구절에서 100명 이상의 이교 철학자들, 시인들, 역사가들을 인용하고 있다.

(3) 『알렉산드리아 키릴의 네스토리우스 저주 12개 항에 대한 논박』

(*Refutation of the Twelve Anathemas of Cyril of Alex. against Nestorius, Reprehensio duodecim capitum seu anathematismorum Cyrilli*)

테오도렛의 교리적이고 논쟁적인 논문 중 대표적인 이 작품은 안디옥의 감독 요한의 요청에 의해서 431년 초에 쓴 것이다. 이 글을 통해서 그는 그리스도론 논쟁에 가담하게 되었다. 이 글과 함께 유사한 논박의 글을 또 쓴 것이 있다. 물론 후자는 키릴뿐만 아니라 네스토리우스를 정죄한 에베소회의(431)의 결정에 대한 논박을 포함한 다섯 권의 저술이다.[193] 그는 이 두 글에서 네스토리우스의 주장이 정통적이라는 것을 안디옥의 입장에서 설명하고 방어하며 키릴이 단성론(單性論)을 주장한다고 비난한다. 그러나 이 글은 553년 제5차 콘스탄티노플공의회에서 정죄되었고, 그 원본은 없어졌으나 테오도렛의 논박에 대한 키릴의 응답문에 보존되어 있으며, 네스토리우스주의자들에 의해서 시리아어로 번역이 되었다.

(4) 『에라니스테스』(*Eranistes*)

'에라니스테스'는 유티케스주의를 대변하는 탁발수도사의 이름이다. 그와 같은 수사의 이름을 책 이름에 붙인 것으로 이미 테오도렛이 이 책에서 무엇을 쓰려고 했는지를 짐작하게 한다. 이 책은 테오도렛의 주된 그리스도론적 저술이다. 즉, 단성론자들을 비판한 논문이다. 테오도렛에 의하면 단성론자들은 시몬 마구스, 마르시온, 발렌티누스, 아폴리나리우스, 아리우스, 유노미우스 등 여러 어리석은 이단적 교리들을 조금씩 인용, 혼합해서 자기들의 교리를 만든 잡동사니와 같은 것이다. 그것은 마치 거지와 같다고 해서 책의 다른 이름이『거지』(*Beggar*)이기도 하다. 447년경 집필했을 것으로 추정되는 이 책은 4권으로 구성되어 있는데, 모두 다 현존한다.

첫 세 권은 에라니스테스(유티케스파 이단자)와 오르토독소스(orthodoxos, 정통)와의 대화 형식이다. 첫 번째 대화의 주제는 '불변'이라는 뜻의 아트레프토스(atreptos)다. 즉, 그리스도의 불변적 성격을 다룬다. 두 번째 대화의 주제는 '혼합됨이 없다'는 뜻의 아수그쿠토스(a-sugchutos)다. 즉, 그리스도의 신성과 인성의 혼합이 없다는 것이다. 세 번째 대화의 주제는 '고난 당할 수 없다'는 뜻의 아파테스(apathēs)다. 즉, 그리스도의 신성은 고난을 당하실 수 없다는 것을 다루는 대화다. 그리고 마지막 제4권에서는 삼단논법으로 세 대화를 종합한다. 이 논문의 평가하기 힘든 가치는 88개의 다른 교부의 자료에서 238개의 구절을 인용하고 있다는 점이다. 물론 책의 배열, 삼중의 대화 구성 그리고 교부들로부터의 많은 인용 등이 안디옥의 감독들이 알렉산드리아의 키릴과 431년 에베소공의회에서 그가 주장했던 그의 그리스도론을 반대하며 사용하려고 했던 포괄적인 교리적 시가집에서 빌려왔다.[194]

교리적이고 논쟁적인 저술은 그 외에도 테오도렛이 네스토리우스주의의 대표자가 아님을 밝히고 있으며 저스틴 마터의 이름으로 전해지고 있는『참 신앙 해설』(*Expositio rectae fidei*)과 같은 류의『정통에 대한 질문과 대답』(*Quaestiones et responsiones ad orthodoxos*) 그리고『한 아들, 우리 주 예수 그리스도』(*That there is One Son, Our Lord*

Jesus Christ) 등 다수가 있다.

(5)『교회사』(*Historia ecclesiastica, Ecclesiasical History*)

5권으로 구성된 이 책은 유세비우스의 『교회사』를 이어서 쓰려고 의도했던 것 같다. 그러나 이 책은 아리우스 논쟁이 시작되었을 때(323)부터 몹수에스티아의 테오도레가 사망했을 때(428)까지의 교회 역사다. 하지만 428년 콘스탄티노플의 주교가 된 네스토리우스에 관해서와 저자 자신이 말려들었던 네스토리우스 논쟁에 관해서는 완전히 배제되어 있다. 그것은 객관성과 타당성의 문제 때문이었을 것이다. 그리고 테오도렛은 소크라테스(Socrates)와 소조멘(Sozomen)의 『교회사』도 알고 있었던 것 같다. 왜냐하면 그는 이 두 역사가가 빠뜨린 것, 잘못 기록한 것 등을 보충하고 정정하려는 의도를 보이고 있기 때문이다.

비록 이 책이 네스토리우스 논쟁을 취급하지 않고 있다 해도 내용은 강한 반(反)이단적이며 변증적이고, 그 저술 목적은 아리우스주의자들에 대한 정통 교회의 승리를 진술하려고 했음이 분명하다. 저자는 모든 이단자를 검은 양으로 묘사하고 있고 모든 정통 감독에게는 그들의 잘못에는 침묵한 채 미화하고 있다. 이 교회사의 책이 갖고 있는 불변하는 가치는 다른 어느 작가에서도 찾아볼 수 없는 역사적 자료와 문서들을 보유하고 있다는 점이다. 이 자료에 관해서는 오랫동안 토론되어 왔다. 처음에는 저자가 특히 소크라테스, 소조멘 그리고 루피누스(Rufinus)[195]의 작품들을 알고 있었기 때문에 그들의 글을 표절하는 데 주저하지 않았다는 인상을 받았으나, 최근의 연구 결과 대부분의 경우 아주 매우 유사한 내용들은 수집된 같은 자료를 사용했기 때문에 생겨난 결과라고 믿게 되었다. 저자는 인용문의 선택이나 평가를 조급하고 무비판적으로 했던 것이다. 이 책의 연도의 전후 관계는 신뢰할 수가 없다. 이 책은 저자가 아파메아(Apamea)에 유배 중이었던 449~450년에 완성되었다.[196]

역사적 저술로는 그 외에도 『종교사』(*Historia religiosa*), 『이단의 역사』(*History of Heresis*) 등이 있다. 그리고 다수의 설교와 서신들이 있다.

2) 그리스도론

430년 네스토리우스를 비판하는 알렉산드리아의 키릴의 『12개 항목 저주문』이 콘스탄티노플의 총주교 네스토리우스에게 전달되었고, 이것을 네스토리우스는 안디옥의 감독 요한에게 보냈다. 그리고 요한은 네스토리우스의 요청에 의해서 키루스의 감독 테오도렛에게 키릴의 『12개 항목 저주문』에 대한 논박문을 쓰도록 했다. 이것은 431년 에베소공의회 이후 433년에 타협이 이뤄지고, 결국 네스토리우스가 정죄를 받았음에도 불구하고 동방교회에 큰 파장을 일으켰으며, 그리스도론의 형식을 조형하는 데 의미 깊은 시작이 되었다. 그리고 테오도렛의 그리스도론이 정립되는 계기가 되었다.

431년 사순절이 시작되기 전에 동방교회의 지적 투쟁에서 가장 고결한 테오도렛은 그 '저주문'에 대한 논박문을 발표했고, 이것과 함께 키릴을 아폴리나리우스주의자라고 비난하였다. 그는 아폴리나리우스 이단으로부터 '육과 신성의 한 본질'이라는 사상이 움텄다고 보았다. 테오도렛은 키릴이 성서에서나 교부들에게서 발견되지 않는 그리스도 안에서의 '본질적 일치'(kath' hupostasin) 사상의 고안자라고 했다. 테오도렛은 분명히 '후포스타시스'(hupostasis)와 '푸시스'(phusis)를 동의로 취급하고 있으며, 그 의미를 '본질'(substance) 또는 '본성'(nature)으로 이해하고 있는 것이다.[197] 그렇기 때문에 그에게 있어서 '본질 또는 본성에 의한 연합'은 필연적으로 불가피하게 단성론에 빠지게 되고 '본질의 혼합'으로 귀결된다.

그렇다고 그는 그리스도의 품격에 있어서 두 본질 또는 두 본성(duo hupostases)을 부인하는 것이 아니라 분명히 인정한다. 그렇기 때문에 그는 만일 키릴이 그리스도에게 있어서 신성과 인성의 본질이 완전하다고 인정한다면 두 본질(본성)을 당연히 받아들여야 한다고 한다. 이 때문에 키릴도 '후포스타세스'(본성들)의 분할(복수)을 말하고 있다는 것이다. 그러므로 두 본질의 연합을 말하는 것은 이상하지도 비논리적이지도 않다. 테오도렛은 이것을 그의 주요 교리 논문인 『에라니스테스』(Eranistes) 제2권(두 번째 대화)에서 언급한다. 그 형식은 단성론자인 에라니스테스(에)와 정통 신자(정)와의 대화 형식이다.

에: "그러므로 예수 그리스도는 단지 하나님일 뿐이다."
정: "당신은 말씀인 하나님이 인간이 되었다고 말했다. 그런데도 당신은 그를 단지 하나님이라고 만 부를 것인가?"
에: "그는 변질됨이 없이 사람이 되었다. 그는 존재했던 대로 지금도 있다. 그러므로 그는 존재했던 대로 불리어야 한다."
정: "확실히 말씀인 하나님은 과거에도, 현재에도 그리고 미래에도 불변할 것이다. 그러나 그는 인성을 취함으로써 인간이 되셨다. 그렇

다면 우리는 취한 것과 취해진 것의 두 본성을 인정하는 것이 옳
다."[198]

그러나 그는 두 본성(본질)을 인정하면서도 키릴의 『12개 항목
저주문』에 대한 논박에서 그 통일성(일치)과 구별을 분명히 한다.

우리는 사도들의 영감 받은 가르침을 믿으면서 한 분 그리스도를 고백한
다. 그리고 우리는 연합 때문에 그를 하나님이며 사람이라고 부른다.
그러나 우리는 '본질적 연합'(hupostatic union)에 대해서는 전혀 알지
를 못한다. 왜냐하면 이것은 영감 받아 쓰여진 성서와 그것을 해석한
교부들에게 낯설고 용납되지 않는 교리이기 때문이다. 만일 이 개념들
을 창시한 키릴이 '본질적 연합'이라는 구절로 육신과 신성의 혼합이
발생한다는 것을 주장하려는 뜻이었다면, 우리는 그를 격렬하게 반박하
고 그의 신성모독을 논박할 것이다. 왜냐하면 '혼합'의 필연적 결과는
혼돈이기 때문이다. 그리고 혼돈해지면 각 본성의 구별되는 특성은 없
어진다. 왜냐하면 사물이 혼돈되면 그것들의 본래 특성이 유지되지 않
기 때문이다…. 우리는 두 본성을 나타내 보이셨고, 유대인들에게 "이
성전을 허물어라, 내가 사흘 만에 다시 세우겠다"(요 2:19)라고 말씀하
신 주님을 믿어야 한다.[199]

그런데 테오도렛은 『에라니스테스』제3권(세 번째 대화)에서 좀 더
발전된 모습을 보인다. 즉, 여기서 그는 '프로소폰'(prosōpon)과 '후포
스타시스'(hupostasis)를 사실상 동일시한다. 즉, '하나의 위격'이라는
것이다. 정통 신앙인의 입장을 다음과 같이 진술한다.

당신은 신성이 하늘에서 내려왔지만, 결합했기 때문에 사람의 아들이라고 불리었다고 말했다. 따라서 육신이 나무에 못 박혔다고 말하는 것이 옳다. 그러나 비록 신성이 고통을 당하지 않았다고 해도 본래 고난을 받을 수 없고 죽을 수 없고, 영원하고 고통을 받을 수 없는 본질(ousia)을 가졌다고 해도 신성은 십자가에서, 무덤에서 육신과 나누어질 수 없다고 고백하는 것이 옳다. 그래서 바울은 고통받을 수 없는 본성의 형용어구(epithet)를 고통받을 수 있는 본성에 적용시키면서 "십자가에 달린 영광의 주"(고전2:8)라고 말했다. 그것은 몸이 신성의 몸과 같은 등급으로 정해지기 때문이다⋯. 나는 자주 한 위격(prosōpon)이 신성과 인성 모두가 형용어구를 받아들인다고 말해 왔다. 그것은 니케아에 참석한 교부들이, 우리가 아버지를 어떻게 믿어야 할지를 우리에게 가르친 후에, 그들이 아들의 위격까지 전했을 때, 왜 곧바로 '그리고 하나님의 아들 안에서'라는 말을 하지 않은 이유다⋯. 그러나 그들은 '그리고 우리 주 예수 그리스도 안에서'라는 말을 계속하였다⋯. 그리스도는 말씀인 하나님이 성육신한 후의 칭호다. 그러므로 이 칭호는 신성에 속한 모든 것과 인성에 속한 모든 것을 포함한다⋯.[200]

테오도렛은 아브라함의 희생에 대한 해석에서 이삭과 숫양으로 상징된 그리스도의 두 본성을 언급한다. 그러나 이 비교는 분할을 함축한 것으로 이해할 것이 아니라 그리스도 안에서 본성들의 구별을 의미하는 것으로 이해해야 한다. 그러므로 그림과 실재는 일치하지 않는다.

[이삭과 숫양은 그리스도의 두 본성을 상징한다.] 그러나 나는 종종 그림

과 원본이 모든 면에서 일치하는 것은 불가능하다고 말해왔다. 여기에 그것을 분명하게 해 주는 예가 있다. 이삭과 숫양은 본성들의 다름에 관한 한 원본 [즉, 그리스도]에 상응한다. 하지만 분리된 위격들(hupo-stases) 사이의 나뉨에 관해서는 그렇지 않다. 왜냐하면 우리가 나눌 수 없는 하나의 위격을 생각하고, 그를 하나님이며 동시에 인간이며, 가시적이며 불가시적이고, 제한받으며 제한받지 않는 존재로 인정하는 그러한 신성과 인성의 연합을 우리가 인정하기 때문이다. 그리고 신성과 인성을 나타내는 모든 다른 속성들을 우리는 하나의 위격에 속한다고 생각한다.[201]

테오도렛이 '후포스타시스' 용어의 의미를 분명히 하는 데 힘든 싸움을 했지만, '우시아'(ousia)와 '푸시스'(phusis)의 경우에는 별다른 어려움이 없었다. 왜냐하면 네스토리우스 논쟁 이전에 이미 그는 두 용어를 동의어로 인식하고 있었기 때문이다. 그리스도에게 있어서 본성의 이중성을 나타내기 위하여 이 용어들을 사용한 것은 테오도렛의 강점이었으며 칼케돈신조를 향한 그리스도론의 발전에 기여한 테오도렛의 그리스도론의 부분이었다. 그는 키릴의 '한 본질'(mia phusis) 형식을 거부한다. 그리스도에게 있어서 두 본질의 결합은 자연적 결합이며 필요한 결합인 것이다. 그것은 한쪽이 다른 쪽을 흡수하는 결합이 아니다.

이 본성적 연합은 서로가 시간 속에서 똑같이 제한받고 창조되어 똑같이 종의 상태에 종속되는 결합이다. 그러나 주 그리스도 안에서 모든 것은 그의 선한 기쁨, 그의 동정, 그의 은총에 의존한다. 만일 자연적인 연합이

있다고 해도 본성들의 구별된 속성들은 온전히 남아 있다.[202]

그리스도에게 신성과 인성의 연합은 한쪽이 다른 쪽을 흡수하는 것이 아니라 완전히 은혜에 따른 것이며, 그러므로 강요에 의한 것이 아니라 자유에 따른 것이다.

테오도렛에 의하면 '본성'은 강제적이고 무의식적인 어떤 것이다. 그것은 필연적이고 의지와 관계가 없는 어떤 것이다. 예를 들면 우리가 배고픔을 느끼는 것은 본성에 의한 것이다. 우리는 배고픔을 우리의 자유의지적 결단에 의해서 느끼는 것이 아니라 강제적으로 느낀다. 그래서 테오도렛은 키릴이 "'본성들'(hupostases)이 연결[203]에 의해서 결합한다는 것은 옳지 않고, '함께 모임' 또는 '본성적 함께 모임'[204]에 의한 결합이라고 하는 것이 옳다"고 말하는 것을 비판한다. 그것은 그가 무슨 말을 하는지 깨닫지도 못하고 고의로 모독하는 것이라고 한다. "그는 자기를 비워서 종의 모습을 취하셨다"(빌 2:7)는 성서의 말씀은 "성육신이 강제적이고 무의식적인 행동이 아니라 자발적인 행동이었음을 보인다."[205]

테오도렛 자신은 항상 그리스도에게 있어서 실재적이고 본질적인 통일성(unity)을 인정한다. 이 통일성을 묘사하기 위해서 그는 안디옥 학파가 즐겨 사용하는 '프로소폰'(prosōpon)이라는 용어를 사용한다. 그는 '본성의 구별과 프로소폰의 단일성'을 인정한다. 그는 안디옥학 파가 혹평한 '혼합된 프로소폰'이 아니라 그리스도 안에서 '하나의 프로소폰'을 강력하게 주장했다. 그런데 그가 사용한 프로소폰이라는 그리스도론적 용어를 본체론적 내용을 가지고 있는 우리의 '인간'(person) 개념으로 이해하는 것은 잘못될 수가 있다. 테오도렛에게 있어서 프로소폰은 '용모', '표정' 등의 그 본래적 의미를 지니고 있다. 테오도렛은 에스겔서 11장 22-23절과 1장 27-28절을 주석하면서 "한 프로소폰의 두 본성"을 설명하고 있으며, 그리스도에게서 신성과 인성을 생김새의 모습으로 보이게 하는 빛의 모습을 보고 있는 것이다.[206] 그러므로 테오도렛에게 있어서 '프로소폰'의 의미는 그리스도에게 있어서 하나님과 인간의 단일성에 대한 가시적이고 실체적인 표현이다. 이것은 '외관' 또는 '겉보기'라고 할 수 있다.

이렇게 표현된 관념을 이해하기 위해서는 그의 그리스도론의 기본적 전제인 '내재하는 구조'를 끌어들여야 한다. 그리스도론의 발전과정에서 '내재론'은 변증가 저스틴 마터 이후 몇 번이고 되풀이되어 왔다. 사실 그리스도의 통일성과 그리스도로서의 존재는 인간 예수에게 독생자의 신성이 충분히 내재하고 있기 때문이다.[207] 그런데 이 구조 때문에 하나님과 인간의 결합이 느슨해질 수 있다는 것을 간과해서는 안 된다. 이 때문에 테오도렛은 내재론과 함께 균형 있는 표현을 하지 않을 수가 없었다. 이것이 테오도렛이 강조하는 그리스도에게 있어서 '하나의 결합되어 나타남'(one combined appearance), 즉 '한 용모'로 나타나는 연합이라는 것이다. 신성은 그리스도의 인간 존재 상태에서 가시적이며, 그렇게 해서 그리스도의 '한 용모'를 조명한다. 테오도렛은 고린도후서 4장 6절의 주석에서 그리스도의 '한 용모' 형식을 설명하고 있다.

"예수 그리스도의 얼굴에 나타난"(en prosōpō Iēsou Christou)이란 말은 다음과 같은 의미를 가지고 있다. 불가시적인 신성은 이것을 취한 인간 존재 상태를 통하여 그 내부에서 가시적이 된다. 왜냐하면 이것은

신적 빛으로 조명되며 그리고 빛을 발하기 때문이다.[208]

이것이 그리스도에게 있어서 통일성을 설명하는 신학이 그리는 그리스도의 묘사다. '빛나고 변화된 그리스도' 형상은 '하나의 용모'에서 신성과 인성을 함께 볼 수 있는 이미지다. 이와 같은 이미지로 표현되는 그리스도에게 있어서 실재적인 일치는 상호 완전 침투라고 묘사할 수 있을 것이다. 이 안디옥학파의 은유는 그리스도의 단일성에 대한 알렉산드리아의 본질적 일치 표현과는 다른 것이다. 그러나 양 학파에 의해서 주어진 그리스도의 묘사가 다르다 해도 공통적인 것은 '변화된 그리스도' 묘사다.

테오도렛이 신성의 우월성을 강조하지만, 그럼에도 불구하고 그의 근본적인 그리스도 묘사는 지나치게 상칭적(相稱的)인 것이 사실이며, 때문에 로고스의 본질에 대해서는 그의 중심 관심일 수가 없었다. 그의 그리스도론의 공동 주제는 두 본성의 연합으로서 '그리스도'였기 때문에 신성, 인성의 표현은 한 주제에 불과했다. 그에게 있어서 로고스는 신성, 인성의 문제에 공동적 주제가 되지 못했다. 따라서 테오도렛에게 있어서 "로고스가 고난을 받았다"는 것은 그의 신성에서 고난을 받았다는 것을 의미하는 것이었다. 그러므로 448~449년까지도 그는 여전히 '하나님의 어머니'(Theotokos)라는 칭호를 인정하기가 어려워 최초로 '인간의 어머니'(Anthrōpotokos)라는 칭호를 추가하기를 원했다. 키릴의 '12저주문'이 안디옥에 도착했을 때 테오도렛은 '하나님의 어머니'라는 존경의 칭호에 대하여 얼마간의 설명이 필요하다고 생각했었다. 그는 마리아가 '하나님의 어머니'인 것은 연합에 의한 것이고 본성에 따라서는 '사람의 어머니'라고 생각했다. 이 구별은 이미 다소의 디오도레가 사용했었다. 그러나 '사람의 어머니'라는 칭호는 결국 사라졌다.

안디옥의 두 본성의 엄격한 구별은 반대자들로부터 '두 그리스도' 또는 '두 아들'을 주장한다는 비난을 받았다. 그러나 그와 같은 비판을 하는 키릴을 비롯한 알렉산드리아학파의 중상모략에 대하여 테오도렛은 강력히 논박하며 방어한다.

> 우리가 두 아들을 선포하는 것을 아무도 들어 본 일이 없다는 것을 너희도 확신할 수 있다. 사실 그러한 가르침은, 내 견해로는, 가증스러운 신성모독이다. 왜냐하면 예수 그리스도는 한 분 주님으로, 그를 통하여 만물이 창조되었기 때문이다. 나는 그를 만세 전의 하나님으로 그리고 종말에는 인간으로 시인하고 독생자 한 분만을 예배한다. 그러나 나는 육신과 신성의 구별을 가르쳐 왔다. 왜냐하면 연합은 혼돈됨이 없기 때문이다. … 우리는 두 위격(prosōpa)으로 분리하지 않고, 한 분 독생자에게 속하는 양면적 유형(both types)이라고 가르친다. 그들 중 어떤 것은 우주의 창조자와 주님인 하나님으로서 그에게 속하고, 어떤 것은 우리를 위해 인간이 된 그에게 속한다.[209]

그는 '두 아들론'을 말한 일이 없다고 단언한다.

> 나는 지금까지 두 아들을 믿는 신앙을 가르쳐 본 적이 없다. 왜냐하면 나는 지금까지 독생자 한 분, 우리 주 예수 그리스도, 인간이 된 말씀 하나님을 믿도록 가르쳤기 때문이다. 그러나 나는 육신과 신성 사이의 차이를 이해하고, 내 의견으로는 한 분인 우리 주 예수 그리스도를 두 아들로

나누는 것은 불신앙이고, 그렇다고 그와 정반대로 우리 주 그리스도의 신성과 그의 인성을 하나의 본성이라고 말하는 것도 불신앙이다.[210]

테오도렛은 하나님의 말씀이 독생자로 성육신했다고 해서 삼위일체의 수가 증가하여 사위일체(quaternity)가 되는 것이 아니라고 한다. 삼위일체는 성육신 후에도 삼위일체로 남아 있다. 하나님의 독생자 안에는 취하는 본성과 취해지는 본성이 있다. 하나는 신성이고, 다른 하나는 인성이다. 이 둘의 결합은 혼합이 아니며 그렇다고 분열도 아니다. 금에 열을 가했다고 금의 본질이 없어지지 않는다.[211]

미주

1 Macedonius(d. c. 362)의 이름에서 유래한 사상. 그는 콘스탄티노플의 감독(342)으로 아리우스의 적극적인 지지자 니코메디아의 유세비우스가 죽은 후(342) 분열 상황에서 세미(半)아리안파를 지지했으며, 360년 아리우스파가 주도한 콘스탄티노플회의에서 정죄되었다. 그가 성령 신성 부정반대론(Pneumatomachi)의 창설자로 알려졌고 그래서 마케도니우스주의라는 명칭으로도 불리지만 성령신성의 논쟁은 그가 정죄된 이후에 일어났기 때문에 그 명칭은 정확하지 않다.

2 6장을 참조.

3 B. Altaner, *Patrology*, 212-214, 298-299.

4 David Christie-Murray, *A Hist. of Heresy* (Oxford, Oxford U. Press, 1976), 24-25.

5 그는 2세기 후반(c. 185) 메소포타미아에서 출생한 이방인으로 훌륭한 헬레니스틱 교육을 받았고, 성년이 되어서 그리스도교인이 된 후(*Ad Autolicum*, 1. 14) 그리스도교 변증가로 시리아 안디옥의 여섯 번째 감독이 되었다(Eusebius, *HE.*, 4. 20. 1). 현존하는 그의 책은 아우톨리쿠스(Autolycus)에게 보낸 세 권의 책이다(*Ad Autolycum*). 그는 변증가 중에서 신약성서를 가장 많이 인용했고, 신·구약이 공히 영감으로 쓰여졌다는 것을 처음으로 분명히 진술했으며, 요한복음의 존재를 증언했다(*Ad Autol.*, 2. 22; 3. 12-14). 그는 '삼위'(trias, trinitas)라는 말을 처음으로 사용했으며, 신적 위격은 '하나님', '로고스', '지혜'로 구성되었다고 했다(*Ad Autol.*, 2. 15). 그리고 그는 로고스를 '내재하는 로고스'(logos endiathetos)와 '발출한 로고스'(logos prophorikos)로 구별하였다. 인간 영혼은 가멸적으로 창조된 것도 불가멸적인 것으로 창조된 것도 아니지만, 자유의지의 결단에 따라 죽을 수도 있고 죽지 않을 수도 있다고 한다. 그는 저스틴 마터가 복음을 사도들의 회상록이라고 부른 반면에 복음서와 바울의 서신들을 거룩한 신적 말씀이라고 부른다.

6 Eusebius, *HE.*, 7. 29. 『기독교대백과사전』 (서울: 기독교문사, 1983), vol. 10, 1195.

7 창설자의 이름이 '사모사타의 루키안'(Lucian of Samosata)으로 표기된 곳도 있다(J. Quasten, *Patroloy*, vol. II, 121; B. Altaner, 앞의 책, 214 등). 그러나 그는 이교도 풍자문학가 사모사타의 루키안(c. 115~200)과 동명이인이다. 안디옥의 루키안을 '사모사타의 루키안'으로 표기한 것은 그의 출생지가 사모사타이기 때문이다(J. Quasten, 위의 책, 142).

8 269년 안디옥회의는 사모사타의 바울을 정죄했다. 오랫동안 루키안이 사모사타의 바울의 제자라는 설이 있었으나 최근에 F. Loofs 등 학자들에 의해서 논박되고 있다.

9 사실 아리우스를 비롯하여 대부분의 아리우스주의자들은 안디옥학교에서 루키안의 교육을 받았다. 아리우스는 스스로 이 사실을 자랑하면서 자신을 '루키안파'(Lucianist)라고 했고, 니코메디아의 유세비우스에게 보낸 편지에서는 '공동 루키안파'(Collucianist)라고 했다. 이것이 루키안이 아리우스주의의 아버지임을 가리킨다는 것이다.

10 A. Harnack, *History of Dogma*, vol. IV, 6-7.

11 P. Tillich, *A Hist. of Christian Thought*, 81.

12 Theodoret, *Historia ecclesiastica*, 1.7. J. Quasten, vol. III, 302. 그러나 가이사랴의 유세비우스는 그의 책『콘스탄틴의 생애』(*Vita Constantini*) 3권 11장 "감독 유세비우스의 말씀 후 공의회의 침묵"이라는 제목의 글에서 회의 개회 때 황제의 환영사를 한 사람으로 기록하고 있다. 그 외 여러 경우에 같은 말을 한다(*Vita Const.*, 1, 1; 3. 60; 4. 33, 45-46). J. Quasten, 위의 책, 342.

13 이 점에 대해서는 곤잘레스와 F. L. 크로스는 유스타티우스가 사벨리우스주의를 주장한 다고 정죄되었다고 하지만(J. L. González, *A Hist. of Christian Thought*, vol. I, 282; F. L. Cross, *The Oxford Dictionary of the Christian Church*, 475), 쿠아스텐은 사모사타의 바울의 후계자라는 비난을 받아 정죄되었다고 한다(*Patrology* III, 305). 사벨리 우스는 양태론적 군주신론자요 사모사타의 바울은 역동적 군주신론자로 모두 정죄를 받았다.

14 Jerome, *De viris illustribus*, 85; *Ep.*, 70. 4; 73. 2 등.

15 Sozomen, *HE.*, 2. 19.

16 자세한 유스타티우스의 그리스도론에 관해서는 Robert V. Sellers, *Eustatius of Antioch and His Place in the Early Hist. of Christian Doctrine* (Cambridge: Cambridge U. Press, 1928), 100-120을 참조할 것.

17 유스타티우스의 교설이 사벨리우스주의적인지 사모사타의 바울적인지 의견이 다르지 만, 분명한 것은 그의 그리스도론에서 후에 안디옥학파와 알렉산드리아학파 사이를 갈라놓게 하는 결정적인 특징을 보게 된다는 것이다.

18 J. Quasten, *Patrology*, vol. II, 141. 사모사타의 바울은 260년경 안디옥의 감독이 되었으나 그의 사상은 안디옥회의에서 정죄를 받았고 268년에는 추방되었다.

19 네스토리우스에 관해서는 다음 장을 참조할 것.

20 Eustathius, *frag.*, 15(*De anima adv. arian.*). Aloys Grillmeier, tr. by J. S. Bowden, *Christ in Christian Tradition*, 246에서 재인용.

21 그는 멜기세덱(Melchisedech)에게 보내는 서신에서 속성의 교리를 분명히 인정했으 며 마리아에 대하여 '하나님의 어머니'(Theotokos)라는 칭호를 기탄없이 사용하였다.

22 Eustathius, *frag.*, 37, 48; Aloys Grillmeier, 앞의 책, 247.

23 Eustathius, *frag.*, 24. Aloys Grillmeier, 위의 책, 248에서 인용.

24 J. Quasten, *Patrology*, vol. III, 397.

25 Basil, *Ep.*, 244.3. 에메사의 유세비우스는 온건한 아리우스주의자로 안디옥, 에뎃사, 가이사랴, 알렉산드리아 등 학교에서 수학했으며 다소의 디오도레의 성서 주석에 영향을 준 사람이다(Jerome, *De viris illustribus*, 119).

26 Socrates, *HE.*, 6. 3; Sozomen, *HE.*, 8. 2; 기독교문사 발행, 『기독교대백과사전』 (서울, 1981), vol. 4, 857.

27 B. Altaner, 앞의 책, 369.

28 교송성가는 박해 때 신앙적 열정을 고취시키는 수단으로 순교자 안디옥의 감독이었던 이그나티우스가 만들었다고 전해진다(Socrates, *HE.*, 6. 8; Theodoret of Cyrus, *HE.*,

2. 24;『기독교대백과사전』, 위의 책).

29 기독교문사 발행,『기독교대백과사전』, vol. 4, 857에서 재인용.

30 Theodoret of Cyrus, *HE*., 4. 22; 5. 4. 그의 책에 관해서는 J. Quasten, 앞의 책, 550-551를 참조할 것.

31 J. Quasten, 위의 책, 397.

32 Basil, *Ep.*, 135.

33 *Cod. Theodos.*, xvi 1.3; J. Quasten, 위의 책, 397.

34 키릴이 그를 고발한 글은『디오도레와 테오도레를 반대하여』(*Contra Diodorum et Theodorum*)이다. 이 책은 3권으로 구성되어 있으며, 438년경에 편집되었다. 헬라어와 시리아어로 단편들이 남아 있다.

35 B. Altaner는 안디옥회의에서 정죄를 받았다고 한다(369). 그러나 필자가 콘스탄티노플 회의라고 한 것은 J. Quasten의 입장을 따른 것이다(vol. III, 398). 그 이유는 디오도레의 사망 연도가 394년 이전이기 때문에 그의 정죄는 사실상 그가 이미 죽은 다음이었다. 그리고 그는 381년 황제 테오도시우스 1세로부터 '신뢰할 수 있는 정통의 조정자'라는 칙령을 받았다. 그렇기 때문에 그에 대한 징계는 수도에서 했을 것이다.

36 Hubertus R. Drobner, *Lehrbuch der Patrologie*, 하성수 옮김,『교부학』(서울: 분도출판사, 2001), 441.

37 Jerome, *De vir. ell.*, 91. A. Grillmeier, *Christ in Christian Tradition* (New York: Sheed and Ward, 1964), 260.

38 Socrates, *HE*., 2. 9.

39 Jerome, *The Chronicle of Eusebius*; J. Quasten, 앞의 책, 349.

40 A. Grillmeier, 앞의 책, 266-267.

41 A. Grilleier, 위의 책, 269-270.

42 리바니우스는 이방인 헬라 소피스트요 수사학자다. 그가 안디옥에 도착했을 때는 그의 명성이 절정에 달했을 때였다. 그와 대 바질이 주고받은 서신은 유명하다. 친척이나 친구들, 그 지역을 위해서 고위직에 있는 사람이나 부한 사람들에게 가난하고 억압받는 사람들을 추천하기를 좋아하는 바질이 리바니우스에게 젊은 카파도키아 학생을 추천하는 서한을 보냈다. 그 서한에서 바질은 그의 어느 서신보다도 가장 뛰어난 수사학적 표현을 사용했다고 한다. 그러자 리바니우스는 답장에서 "서신 형태의 아름다운 문장에 압도당했습니다. 승리자는 바질입니다" 라고 썼다. 이 서신 왕래는 두 개인의 역사뿐만 아니라 정통 교회 성직자와 명백한 이교도와의 사이에 그와 같은 교류가 가능했다는 사실에 관심이 있는 것이다.

43 Sozomen, *HE*., 8. 2; 기독교문사 발행,『기독교대백과사전』, vol. 4, 128.

44 John Chrysostom,『테오도르의 타락에 관하여』(*Ad Theodorum lapsum*), Migne, 47. 297. 이 책에 관해서는 J. Quasten, 앞의 책, 463 참조할 것.

45 기독교문사 발행,『기독교대백과사전』, vol. 4, 129.

46 위의 책, 130에서 재인용.

47 Cyril of Alex., *Ep.*, 69, 72.

48 Theodoret of Cyrus, *HE.*, 5. 39.

49 Rowan A. Greer, *Theodore of Mopsuestia: Exegete and Theologian* (Westminster, The Faith Press, 1961), 13.

50 Theodore of Mop., *Commentarius in Genesin*, Migne's edition, vol. 66, 633; Rowan A. Greer, 위의 책, 16.

51 Rowan A. Greer, 위의 책, 19.

52 Irenaeus, *Adversus haereses; LCC, Early Christian Fathers*, 387.

53 Rowan A. Greer, 앞의 책, 25에서 재인용.

54 위의 책, 27에서 재인용.

55 Theodore of Mop., 『학개서 주석』(*Commentarius in Aggaei*), Migne, vol. 66, 485; A. Rowan A. Greer, 위의 책, 28에서 재인용.

56 Rowan A, Greer, 위의 책, 30. Greer는 이 책 제2장은 "네스토리우스 논쟁", 제3장은 "테오도레의 그리스도론", 제4장에서 "구원론, 교회론과 성례전 그리고 그리스도인의 생활", 제5장에서 "테오도레의 성서 주석 방법", 제6장은 "테오도레의 주석과 신학을 대표하는 요한복음 주석"을 취급하고 있다.

57 J. Quasten, *Patrology*, vol. III, 419.

58 『다소의 디오도레와 몹수에스티아의 테오도레를 반대하여』(*Contra Dodorum et Theodorum*)를 438년경 출판했다.

59 Cyril of Alex., *Ep.*, 69. J. Quasten, 앞의 책, 414에서 재인용.

60 "삼장"의 정죄란 553년 제5차 공의회에서 몹수에스티아의 테오도레의 글, 그의 제자들인 에뎃사의 이바스(Ibas of Edessa)와 키루스의 테오도렛(Theodoret of Cyrus)의 글 중에서 알렉산드리아의 키릴을 반대한 글들을 정죄한 것을 말한다.

61 이상의 내용은 B. Altaner, 앞의 책, 370-371; J. Quasten, 앞의 책, 402; W. Walker, Richard A. Noris, David W. Lotz, *A History of the Christian Church* (Edinburgh: T. & T. Clark, 1986), 송인설 옮김, 『기독교회사』(서울: 크리스챤 다이제스트, 2000), 204-205를 참고했음.

62 12소예언서: 호세아, 요엘, 아모스, 오바댜, 요나, 미가, 나홈, 하박국, 스바냐, 학개 스가랴, 말라기.

63 J. Quasten, 앞의 책, 404.

64 B. Altaner, 앞의 책, 370-371; J. Quasten, 위의 책, 404-405.

65 H. Lietzmann은 이보다 늦게 그가 몹수에스티아의 감독으로 있었을 때(392~428)로 생각한다. 그러나 대부분의 학자들은 388~392년 설을 따른다.

66 그는 24개의 요리문답 강좌를 347년경 사순절과 부활절 계절에 성 토요일에 세례를 받을 예비 신자들에게 하였다. 강좌의 첫 부분은 서론적 강화(Procatechesis)이고, 두 번째 부분의 18개의 교리문답(Catecheses)은 부활주일에 성례전(성만찬)을 받을 신자들에게

한 것이다. 두 번째 부분의 마지막 5개의 교훈은 '비법 전수적 교리문답'(Mystagogical Catecheses)이라 부르는데, 부활 주간에 초신자(neophōtistoi)들에게 한 것이다.

67 Rowan A. Greer, 앞의 책, 29.

68 J. Quasten, 앞의 책, 409에서 인용.

69 Origen, *On Prayer*(*De oration*); J. Quasten, *Patrology*, vol. II, 68.

70 졸저, 『기도와 고백의 삶』(서울: 경건과신학연구소, 2006), 50.

71 J. Quasten, *Patrology*, vol. III, 409.

72 Gennadius, *De vir. ill.*, 12. J. Quasten, 앞의 책, 410- 411에서 재인용.

73 본서, 제10장, 주 107 참조할 것.

74 Photius, *Brbliotheca Cod.*, 4. J. Quasten, 앞의 책, 412에서 재인용.

75 Theodore, *the Fifth Catechetical Homily*, v. 9; R. A. Norris, *Manhood and Christ* (Oxford: Oxford U. Press, 1963), 150.

76 Theodore of Mopsuestia, *Comm. on Ps.*, 8; *De incarn.*, 15 등.

77 J. L. González, 앞의 책, 351.

78 Theodore of Mopsuestia, *Contra Apoll.*, 4.

79 Theodore of Mop., *De incarn.*, 15. H. Bettenson, *The Later Christian Fathers* (London: Oxford U. Press, 1970), 168에서 인용.

80 이것은 (two natures in one person) 그리스도에게 있어서 인성과 신성의 구별과 연합을 표현하는 형식이다. 터툴리안을 비롯하여 정통적 표현으로 사용되었다. 테오도레는 이 형식에서 'one person'을 'one hupotasis'(한 본체)라는 말보다 'one prosopon'(한 품격)에서의 연합이라고 하기를 즐겼다(Francis A. Sullivan, *The Christology of Theodore of Mopsuestia*, Rome: Gregorian U. Press, 1956, 78-82).

81 Theodore of Mop., *Caechetical Homilies*, 8. 1. Henry Bettenson, 위의 책, 167에서 인용.

82 Theodore of Mop., 위의 책, 6. 3. J. L. Quasten, 앞의 책, 416에서 재인용.

83 Theodore of Mop., 위의 책, 8, 10, H. Bettenson, 앞의 책, 167에서 인용.

84 Theodore of Mop., 위의 책, 8. 13. H. Bettenson, 위의 책에서 인용.

85 Theodore of Mop., *Cat. Hom.*, 8. 14. H. Bettenson, 위의 책에서 인용. 그가 '두 아들'론을 부정했음에도 불구하고 후대 사람들이 그의 저작을 파괴하였다.

86 육신으로는 다윗의 후손, 그의 아들로 태어났고, 성령으로는 부활에서 나타난 권능에서 하나님의 아들로 확인되었다(롬 1:3-4).

87 Aloys Grillmeier, *Christ in Christian Tradirion: From the Apostolic Age to Chalcedon*(451) (New York: Sheed and Ward, 1965), 특히 제2부 "로고스-인간 그리스도론"(The Logos-Anthropos Christology) 중에서 테오도레에 관해서는 338-360을 참고할 것.

88 영문과 헬라어 텍스트는 J. N D. Kelly, *Early Christian Creeds* (1964), 187- 88을 참조할 것.

89 마라우스 메르카토르는 5세기 초, 아프리카 출신의 라틴 그리스도인 작가다. 성 어거스틴의 친구이자 제자다. 418년경 로마에서 펠라기우스를 논박하는 글을 썼다. 약 10년 후 교황 켈레스틴(Celestine)의 대리자로서 콘스탄티노플에서 다시 네스토리우스주의자들과 펠라기우스주의자들을 공격하고 정통을 방어하는 글을 썼다. 네스토리우스의 글을 라틴어로 번역한 그의 글은 네스토리우스의 교설에 대한 중요한 자료다.

90 Mingana A., ed, *Catechetical Commentary on the Nicene Creed* (Cambridge, W. Heffer and Sons, 1934), Woodbrook Studies VI(약저 WS. VI), 17. Rowan A. Greer, 앞의 책, 78에서 재인용.

91 WS. V, 62. Rowan A. Greer, 위의 책, 79에서 재인용.

92 여기서 '인장'이라고 번역한 헬라어 '스프라기스'는 예술가들의 옥쇄 같은 것이다. 그리스도의 성만찬 몸, 그리스도인을 나타내는 구별된 기호로서 십자가, 사탄에서 그리스도인을 보호하는 십자가도 그 예의 하나다.

93 WS. VI, 56, 54, 56-57, 58, 46, 66 등 참고. Rowan A. Greer, 앞의 책, 80에서 재인용.

94 MS. VI., 71-72, 111, 77 등 참고. Rowan A. Gteer, 위의 책, 81에서 발췌 인용.

95 Theodore of Mop., 앞의 책, 5. J. Quasten, 앞의 책, 420에서 재인용.

96 Theodore of Mop., 위의 책, 6; J. Quasten, 위의 책, 420-421.

97 Theodore of Mop., 위의 책, 118-119. J. Quasten, 위의 책에서 재인용.

98 Theodore of Mop., 위의 책, 6. J. Quasten, 위의 책에서 재인용.

99 화체설을 로마가톨릭교회가 공식적인 교리로 채택한 것은 트렌트공의회(1545~1563)에서였다. 그러나 그 근원은 초대교회에 있다. 이그나티우스도 빵과 포도주를 그리스도의 몸과 피로 간주했다. 다만 그 이론적 정립을 못 했을 뿐이다. 이레니우스와 터툴리안에게 와서 어느 정도 이론적 정립이 가능했으나 본질적인 화체설은 예루살렘의 키릴(Cyril of Jerusalem, c. 315~386)에 의해서다. 테오도레는 이 전통을 전승한 것 같다.

100 J. L. González, *The Srory of Christianity*, vol. I, 194.

101 Hans von Campenhausen, *The Fathers of the Greek Church*, 140-141.

102 J. Quasten은 344~354년 사이로 보고 있고(앞의 책, 424), B. Altaner는 381년 이전이라고 말하고(앞의 책, 373), W. Walker는 345~347년이라고 추측하며(*A Hist. of the Christian Church*, 1959, 129), A. Dirksen은 354년경이라고 하고(앞의 책, 122), F. L. Cross는 347년경으로 생각하고(*The Oxford Dictionary of the Christian Church*, 282) 그리고 J. L. González는 연도를 언급하지 않는다(앞의 책, 194).

103 리바니우스에 대해서는 제10장 "대 바질의 신학", 주요 저작 개요 중, (6) "추천 서한" 항목 참고할 것.

104 Sozomen, *HE*., 8.2. 『기독교대백과사전』, vol. 4, 1476에서 재인용.

105 어머니는 자기를 다시 과부로 만들지 말라고 했다고 한다. John Chrysostom, *De sacerdotio*(『사제론』), 1.4; J. Quasten, 앞의 책, 425.

106 John Chrysostom, 위의 책, 6. 12; 기독교문사, 『기독교대백과사전』, vol. 14,

1477.

107 J. L.González, 앞의 책, 196에서 재인용.

108 Hans von Campenhausen, 앞의 책, 145에서 재인용.

109 John Chrysostom, *Hom. in Genesin*, 28. 1; 82 2. Hans von Compenhausen, 위의 책, 145에서 재인용.

110 John Chrysostom, *De Incomprehen Dei Natura*(『이해할 수 없는 하나님의 본성』), Homilies, 3.7; 기독교문사 발행, 『기독교대백과사전』, vol. 14, 1479.

111 이 설교에 대한 설명은 "주요 저작 개요" 항목을 참고할 것.

112 이때 그가 집필한 주석서로 알려진 것은 창세기, 시편, 이사야서, 마태복음, 요한복음, 사도행전, 로마서, 고린도전후서, 갈라디아서, 에베소서, 빌립보서, 골로새서, 데살로니가전후서, 디모데전후서, 디도서, 빌레몬서, 히브리서 등이다.

113 동방교회에서 양대 총주교좌는 콘스탄티노플과 알렉산드리아다. 이 두 감독은 항상 라이벌 의식을 갖고 있었다. 전자는 행정수도의 감독이고, 후자는 문화와 무역의 중심도시 감독이다. 그런데 381년 콘스탄티노플공의회는 콘스탄티노플 감독이 로마 감독 다음의 제2의 주교로 확정했다. 이 때문에 알렉산드리아 감독은 항상 시기와 질투심을 가지고 콘스탄티노플 감독의 약점을 탐색하고 있었다. 신학적으로 알렉산드리아학파와 안디옥학파가 논쟁의 중심이지만, 여기에 콘스탄티노플 감독의 역할이 크게 작용한다. 그러므로 콘스탄티노플의 감독의 선출은 제국만이 아니라 교회의 정치적으로도 매우 중요했다. 이와 같은 교회정치 상황은 아리우스 논쟁에서도 나타났지만 앞으로 교리 논쟁에 항상 작용한다.

114 Socrates, *HE.*, 6. 2; Sozomen, *HE.*, 8. 2; 『기독교대백과사전』, vol. 14, 1480.

115 J. L. González, 앞의 책, 196; Hans von Campenhausen, 앞의 책, 149; 『기독교대백과사전』, vol. 14, 1480 등.

116 Socrates, *HE.*, 6. 10; Sozomen, *HE.*, 8. 6; 『기독교대백과사전』, vol. 14, 1482 등.

117 John Chrysostom, *Homly*, 2. 4. J. L. González, 앞의 책, 197에서 재인용.

118 Socrates, *HE.*, 6. 5; Sozomen, *HE.*, 8. 7; 『기독교대백과사전』, vol. 14, 1481.

119 예를 들면 크리소스톰이 에베소 교회를 방문할 때 수도의 주교권을 임시로 위임했던 가발라의 감독 세베리아(Severian of Gabala)를 비롯하여 베레아의 아카키우스(Acacius of Beroea), 프톨레마이스의 안티오쿠스(Antiochus of Ptolemais) 등이다.

120 Palladius of Helenopolis, *Dialogus de vita S. Joannis*, 74. 이 책에 관해서는 J. Quasten, 앞의 책, 179를 볼 것.

121 이 사건의 내용은 알렉산드리아의 감독 테오필루스의 비리를 알고 있는 이집트 근처 니트리안(Nitrian) 사막 수도사들을 주교 테오필루스가 그들이 정죄 받은 오리겐주의를 추종한다는 허위 내용으로 추방했는데, 그들이 콘스탄티노플로 피신하여 크리소스톰의 영접을 받았고, 황제에게 호소하여 테오필루스를 고발한 것이다. 그 수도사들을 '키 큰 형제단'(Tall Brothers)이라고 한다(Hans von Campenhausen, 앞의 책, 151).

122 예를 들면 은밀하게 여자들과 정을 통한다는 것, 예배가 끝난 후 술을 마신다는 것, 금식의 율례를 어긴다는 것, 무자격자를 성직에 임명한다는 것, 교회 공금을 사취한다는 것, 이단적 설교를 한다는 것, 무엇보다도 황후를 이세벨에 비유하여 황후를 모독했다는 것 등이다.

123 J. Quasten, 앞의 책, 426;『기독교대백과사전』, vol. 14, 1484 등.

124 Socrates, *HE.*, 6. 16; Sozomen, *HE.*, 8. 18;『기독교대백과사전』, vol. 14, 1485; J. L. González, 앞의 책, 199 등.

125 이 사고를 지진이 일어났다고 하기도 하고(J. L. González, 앞의 책, 199;『기독교대백과사전』, 위의 책, 1485), 황후가 유산을 했다고도 전해진다(Hans von Campenhausen, 앞의 책, 153).

126 이 설교는 현존한다. 크리소스톰은 403년 유배 전과 돌아온 후에 설교를 했다(*Sermons before and after Exile*).

127 Sozomen, *HE.*, 8. 18; 19; Socrates, *HE.*, 6. 17;『기독교대백과사전』, vol. 14, 1485 등.

128 Socrates, *HE.*, 6. 18; Sozomen, *HE.*, 8. 20. J. Quasten, *Patrology* vol. III, 427에서 재인용.

129 이 법규의 주 내용은 교회법으로 면직된 성직자가 복직한 후 다시 회중을 선동했을 때 복위된 감독을 정죄하는 규정이다.

130 Socrates, *HE.*, 6. 18; J. Quasten, 위의 책, 427.

131 Hans von Campenhausen, 앞의 책, 155.

132 Socrates, *HE.*, 6. 18; Sozomen, *HE.*, 8. 22;『기독교대백과사전』, vol. 14, 1487.

133 J. Quasten, 앞의 책, 427에서 재인용.

134 J. L. González, 앞의 책, 200; Hans von Campenhausen, 앞의 책, 157.

135 프로클루스는 네스토리우스의 두 번째 계승자로 434년에 콘스탄티노플의 주교가 되었다. 그는 설교가로서 명성을 얻었으며, 특히 428년경 네스토리우스가 임석한 자리에서 동정녀 마리아를 '하나님의 어머니'라고 칭송하는 설교를 했다. 이 일로 네스토리우스의 경고를 받기도 했다.

136 Socrates, *HE.*, 7. 45; Theodoret, *HE.*, 5. 36; J. Quasten, 앞의 책, 427.『기독교대백과사전』, vol. 14, 1490 등.

137 하성수 옮김,『교부학』, 453.

138 Hans von Campenhausen, 앞의 책, 157.

139 이상은 J. Quasten, 앞의 책, 429-433에 의존했음.

140 악과 미덕에 관하여(시 100, 142, 146), 기도의 올바른 종류에 관하여(시 7, 9, 141), 그리스도인의 가정에서 성시를 노래하고 찬송을 부르는 것에 관하여(시 41, 134, 150) 그가 좋아하는 생각들을 발견한다. 뿐만 아니라 그는 베드로의 로마 거주(시 48), 성지 순례(시 109), 사제의 존엄성(시 113, 116), 처녀성(시 44, 113) 그리고 성만찬을 바르게 받는 것(시 133) 등이다.

141 이 역본들은 오리겐의 『육중원서』에 있는 역본들이다(제6장 초기 알렉산드리아학파의 신학 중 오리겐 항목을 참조할 것).

142 『기독교대백과사전』, vol. 14, 1491에서 재인용.

143 *Hom.*, 1.5-6. J. Quasten, 앞의 책, 437에서 인용.

144 설교 69와 70에는 수도사들의 삶의 태도, 의상, 피정, 노동 그리고 그들의 노래를 부자와 대비시킨다. 여기서 크리소스톰은 악을 이기는 수도사들의 승리를 마음에 그리고 있으며 모든 것에 유익이 되는 표본으로서 수도사들의 헌신을 진술한다.

145 *Hom.*,6. J. Quasten, 앞의 책, 439에서 재인용.

146 *Hom.*, 11.J. Quasten, 위의 책에서 재인용.

147 『기독교대백과사전』, vol. 14, 1492에서 재인용.

148 Isidore of Pelusium, *Ep.*, 5. 32. J. Quasten, 앞의 책, 442에서 재인용. Isidore of Pelusium(c. 360~435)은 알렉산드리아에서 출생했으며 이집트 펠루시움 인근에서 수도 생활을 했고 펠루시움의 사제였다. 그는 '올바른 신앙의 사제, 신적 지혜와 성서적 지혜가 풍부한 사제', '그리스도의 제단', '교회 섬김의 그릇', '수도사의 아버지'라고 불린다. 그는 존 크리소스톰의 제자다. 그는 아라우스주의자들을 반대해서는 그리스도의 신성을 주장했고, 마니교도를 반대해서는 그리스도의 인성을 방어했다. 문자적 성서 해석 방법을 따랐다.

149 Augustine, *Adversus Julianum*, 1. 27; J. Quasten, 앞의 책, 442. 이 작품은 펠라기우스주의를 반대한 내용이다.

150 그 내용의 인용문은 J. Quasten, 위의 책, 442-444를 참고할 것.

151 J. Quasten, 위의 책, 444.

152 J. Qusaten, 위의 책, 448에서 재인용.

153 John Chrysostom, *Hom. on the Statues*, 2. 1; Hans von Campenhausen, 앞의 책, 147.

154 Isidore of Pelusium, *Ep.*, 1. 156. J. Quasten, 앞의 책, 459에서 재인용.

155 Socrates, *HE.*, 6. 3; J. Quasten, 위의 책.

156 Jerome, *De vir. ill.*, 129; J. Quasten, 위의 책.

157 John Chrysostom, *De sacerdotio*, 3. 4-6. Henry Bettenson, *The Later Christian Fathers*, 175-176에서 인용.

158 이 부분은 J. Quasten, 앞의 책, 461에 의존했음.

159 John Chrysostom, *Hom. on Phil.*, 6. 1; 7.2-3. Aloys Grillmeier, *Christ in Christian Tradition*, 334-335에서 재인용.

160 John Chrysostom, *On the Incomprehensible Nature of God*, 6; A. Grillmeier, 위의 책, 335.

161 John Chrysostom, *In eos qui ad synaxim non occurrerunt*, 6. Henry Bettenson, 앞의 책, 171에서 인용. A. Grillmeier, 위의 책, 337.

162 John Chrysostom, I*n quatrid. Lazarum*, 1; Henry Bettenson, 앞의 책, 171.

163 A. Grillmeier, 앞의 책, 334, 338.

164 John Chrysostom, *Hom.* 7 in *Phil.*, n. 2-3. J. Quasten, 위의 책, 475에서 재인용.

165 John Chrysostom, *Hom.* 7. 2 contra Anomoeos; *Hom.* 52.3; 54.1 in *John*; *Hom.*, 54. 2 in *Matth* 등; J. Quasten, 위의 책, 474.

166 John Chrysostom, *Hom.* 4 in J*ohn.* Henry Bettenson, 앞의 책, 170에서 인용.

167 John Chrysostom, *Hom.* 1 in *Matth*, n. 2; *Hom.* 4 contra Anomoeos n. 4; J. Quasten, 앞의 책, 375.

168 John Chrysostom, *Hom.* 11 in *Joh.* 2; B. Altaner, 앞의 책, 383.

169 John Chrysostom, *Hom. in Ps.* 44. 3; *Hom.* 4 in *Matth.* 3; *Hom.* 11 in *Joh*; J. Quasten, 위의 책, 476.

170 J. Quasten, 위의 책, 479.

171 이상의 여러 인용문은 J. Quasten, 위의 책, 480에 의존한 것임.

172 John Chrysostom, *Hom.* 17in *Heb.* 3. Henry Bettenson, 앞의 책, 174에서 인용.

173 John Chrysosstom, *Hom.* 24 in *1Cor.* Henry Bettenson, 위의 책, 174-175에서 인용.

174 John Chrysostom, *Hom.* 46in *Joh.* Henry Bettenson, 위의 책, 175에서 인용.

175 John Chrysostom, *Hom.* 24in *1Cor.* Henry Bettenson, 위의 책, 174에서 인용.

176 라틴어는 테오도레투스(Theodoretus)이고, 영어로는 테오도렛(Theodoret)으로 표기한다.

177 Theodoret, *Epp.*, 81, 88;『기독교대백과사전』, vol. 4, 105.

178 J. H. Newman, *Historical Sketches*, iii. P. 313. 『기독교대백과사전』, 위의 책에서 재인용.

179 Theodoret, *Epp.*, 79, 81, 183;『기독교대백과사전』, 위의 책 106에서 재인용.

180 *Ep.*, 147. 『기독교대백과사전』, 위의 책, 107에서 재인용.

181 이 논쟁에 관해서는 다음 장을 볼 것. 동방 지역에서 알렉산드리아학파와 안디옥학파 사이에는 끊임없는 신학적 논쟁이 계속되어 왔다. 콘스탄티노플의 주교 중에는 존 크리소스톰과 네스토리우스가 안디옥학파의 신학적 전통을 따랐던 대표적 교부들이다. 알렉산드리아의 주교 와 콘스탄티노플의 주교 사이는 전통적으로 정치적 교권적 라이벌 관계다.

182 키릴이 네스토리우스에게 보낸 세 번째 서신이지만, 키릴의 서신, 17이다. J. Stevenson, ed., *Creeds, Councils, and Controversies* (London: SPCK, 1966), 286-288.

183 *Refutation of the twelve anathematisms of Cyril of Alexandria against Nestorius*. 이 반박문은 현존하지 않는다. 그것은 이 논쟁에서 테오도렛이 결국 네스토리우스 지지를 포기하므로 승리자들에 의해서 소각되었을 것이다.

184 431년에 쓰였으며, 5권으로 구성되었고, 앞선 책보다 포괄적인 책이다. 책 이름은 *Pentalogium*이라고 붙여졌다.

185 『기독교대백과사전』, 앞의 책, 111.

186 소위 '연합의 신조'의 전문은 J. N. D. Kelly, *Early Christian Doctrines*, 328-329를 참조할 것. 문자적으로 번역하여 '연합의 신조'라고 하지만 실은 일시적으로 갈등을 봉합하는 '타협의 신조'다.

187 『기독교대백과사전』, 앞의 책, 117에서 재인용.

188 J. Quasten, 앞의 책, 537에서 재인용; 『기독교대백과사전』, 위의 책, 117.

189 칼케돈회의에서 키루스의 감독직에 복직된 후 그의 삶에 대해서는 다른 설도 있다. 그는 비록 감독으로 복직되었으나 교구의 일은 다른 사람에게 맡기고 수도원으로 은퇴하여 젊은 시절부터 희망했던 기도와 독서 그리고 집필 생활을 하면서 영원한 평화를 바라면서 살았다는 것이다(『기독교대백과사전』, 앞의 책, 118).

190 J. Quasten, 앞의 책, 538.

191 『기독교대백과사전』, 앞의 책, 119.

192 제2자료는 주로 알렉산드리아의 클레멘트의 『잡록』(*Stromata*)와 가이사랴의 유세비우스의 『복음을 위한 준비』(*Praeparatio evangelica*)다. J. Quasten, 앞의 책, 543-544.

193 *Refutation of the Anathemas, Pentalogium*.

194 J. Quasten, 앞의 책, 547; 『기독교대백과사전』, 앞의 책, 120.

195 345년경 아퀼레이아(Aquileia)의 그리스도교 가정에서 출생했고, 로마에서 공부할 때 제롬(Jerome)과 친분을 맺었다. 아퀼레이아 근처 수도원에서 제롬과 함께 수도사 생활을 했으며 371년에 이집트를 방문하여 니트리안(Nitrian) 사막 수도사를 방문한 후 알렉산드리아의 맹인 디디무스(Didymus)의 제자가 되었다. 그의 감화를 받아 오리겐의 열성적 지지자가 되었다. 378년 예루살렘에 와서 올리브 산에서 수도사 생활을 했고 예루살렘 감독 요한에게 사제로 안수를 받았다. 397년 로마로 돌아온 그는 서방에서 헬라 지식이 계속 쇠퇴되자 오리겐의 *De principiis*를 비롯하여 대 바질의 *Rule for Monk*, 유세비우스의 *Historia ecclesiastica* 등 헬라 신학 서적을 라틴어로 번역하여 서방에 소개했다.

196 J. Quasten, 앞의 책, 551.

197 Aloys Grillmeier, *Christ in Christian Tradition*, 420.

198 Theodoret, *Eranistes*, 2. Henry Bettenson, 앞의 책, 269에서 인용.

199 여기서 hupostasis는 '본질'(phusis)를 의미함. Theodoret, 『알렉산드리아의 키릴의 네스토리우스 저주 12개 항에 대한 논박』(*repr. anath*), 2. Henry Bettenson, 앞의 책, 270에서 인용.

200 *Eranistes*, 3. H. Bettenson, 앞의 책, 269-270에서 인용.

201 Theodoret, *Eranistes*, 3. H. Bettenson, 위의 책, 270에서 인용.

202 Theodoret, 위의 책, 2. H. Bettenson, 위의 책, 272에서 인용.

203 헬라어로 sunapheia, 영어로 표현하면 connexion 또는 conjunction이다.

204 헬라어로 sunadō phusikē, 영어로 표현하면 coming together 또는 natural coming together다.

205 Theodoret, *repr. anath*., 3. Henry Bettenson, 앞의 책,. 271에서 인용.

206 그의 에스겔서 주석은 436년 이전에 쓰였고, '하나의 프로소폰'에 관한 그의 견해는 448년에 쓰인 그의 서신 83에도 나타난다(Aloys Grillmeier, 앞의 책, 423-424).

207 Theodoret, *Interpretatio in Isaiam*, 11:2-3.

208 Theodoret, *Interpretatio in II Cor*. 4:6. Aloys Grillmeier, 앞의 책, 424에서 재인용.

209 Theodoret, *Ep*., 104. Henry Bettenson, 앞의 책, 272에서 인용. 이와 같은 주장이 그의 서신들, 92-96, 99-101, 103, 106에도 있다.

210 Theodoret, *Ep*., 109. H. Bettenson, 위의 책, 272-273에서 인용.

211 Theodoret, *Ep*., 145; H. Bettenson, 위의 책.

제12장

5세기 그리스도론 논쟁

— 알렉산드리아의 키릴과
네스토리우스의 논쟁

I. 서론: 그리스도론의 위치와 그 임무

앞의 장 "안디옥학파의 신학"은 그리스도론을 중심으로 한 고찰이었다. 그 과정에서 알렉산드리아학파와의 논쟁을 경우에 따라 일부 언급했다. 그러나 신학에서 그리스도론의 위치와 그 임무 그리고 엄격한 의미에서 전문적인 그리스도론의 문제를 제기한 아폴리나리우스는 다루지 못했다. 본 장에서는 초대교회의 그리스도론 논쟁의 절정을 이룬 사건을 다루려고 하기 때문에 그리스도론의 서론적인 문제와 아폴리나리우스의 그리스도론을 먼저 언급하려고 한다. 제기된 그리스도론 문제로 알레산드리아 학파와 안디옥학파 간의 끊임없는 논쟁적 갈등이 이어져오다가 콘스탄티노플 주교 네스토리우스와 알렉산드리아의 주교 키릴 간의 교권적 투쟁까지 겹쳐 초대교회 그리스도론 논쟁이 그 절정에 오르게 된다. 본 장에서는 이 논쟁의 과정과 논쟁의 결과 그리고 교회사적 의의를 다루려고 한다.

그리스도교는 예수 그리스도 사건, 즉 예수 그리스도에게서 나타난 하나님의 계시 사건, 무엇보다도 예수 그리스도의 인격과 그의 사역에서 나타난 사건에서 시작한다. 그리스도론은 예수 그리스도의 역사적 존재가 가지는 의의를 관심하는 신학의 일부다. 그 문자적 의미는 "그리스도에 관한 말"이다.[1] 그것은 그리스도가 하나님의 성육신한 아들이라는 것을 주장하며 그리스도 안에서 그의 신성과 인성 사이의 관계를 규명하려고 노력한다. 그리스도의 구원 사역이 구속론으로 취급되지만, 그 구속론은 그리스도의 품격을 다루는 그리스도론과 밀접하게 연관되어 있다. 그것은 한 인격체에서 품격과 기능을 분리해서 취급할 수 없기 때문이다. 교리사를 통해서 볼 때 그리스도론은 예수 그리스도가 구속주요 계시자라는 확신에 늘 영향을 받아왔다. O. 쿨만은 "그리스도교는 창조로부터 시작되는 계시와 구원의 전역사에 관계되어 있다. 그리스도론 없는 구속사(Heilsgeschichte)가 있을 수 없으며, 시간 안에서 실현되는 구속사 없는 그리스도론도 있을 수 없다"고 하였다.[2]

　　예수도 "내가 누구인가?"라고 물었다(막 8:27, 29). 이 질문은 제자들로 하여금 자기의 인격과 사업의 의의를 보다 깊이 이해하게 하고, 그래서 거기에 상응하는 인격적이고 실제적인 결단을 하게 하려 했던 것이다. 예수의 질문은 그리스도교 신앙의 핵심 문제였다. 우리의 신앙은 그 질문에 대한 대답에 따라 신앙의 양태가 달라진다. 이것은 그리스도론이 그리스도교 신학의 중심에 위치한다는 것을 의미한다. E. 브룬너는 "예수 그리스도를 믿는 신앙이 그리스도교를 형성한다. 전체 그리스도교 신앙의 중심과 근거는 그리스도론이다. 즉, 예수 그리스도, 중보자를 믿는 신앙이다. 그리스도교 교회는 처음부터 이것을 인지하고 있었다"고 했다.[3] K. 아담은 그리스도론은 모든 가톨릭교회의 핵심이라고 말하면서 "그리스도교는 그리스도론이다"라고 결론지었고,[4] R. 프렌터는 대담하게 "그리스도론은 단순히 신학, 즉 신학의 한 부분이 아니라 신학이 곧 그리스도론, 즉 그리스도론이 모든 신학의 중심이다"라고 하였다.[5] P. 틸리히에 의하면 초대교회에서 그리스도론이 교리 형성 작업의 중심이었으며, 그 외의 모든 교리는 그리스도론 교리의 전제가 아니면 그 결과들이었다.[6] K. 바르트는 그의 교의학에서 "교의학은 전체로서 그리고 모든 부분에 있어서 그리스도론적으로 확정되어야 한다 ···. 교의학은 그 자체를 근본적으로 그리스도론으로서 고려해야만 하며, 만일 그렇지 못할 때는 그것은 교의학으로서의 그 성격을 잃을 위험에 직면한다…. 교의학의 기본 설명에서 그리스도론이 지배적이라는 것이 인지되어야 한다…"라고 하였다.[7] 이와 같이 여러 신학자의 진술들은 그 표현에 있어서는 차이가 있을지라도 그리스도에 대한 해석과 이해가 그리스도인의 신앙과 신학의 방향 설정에 알파가 된다고 하는 공통점이 있다.

그리스도론의 임무는 그리스도에 대한 그리스도인 공동체의 고백, 그것이 칼케돈공의회(451)에서 제정된 것과 같은 후대의 형식이든, "주 그리스도"(Christos Kyrios, 롬 1:4; 10:9; 고전 12:3)와 같은 초기 사도들의 고백 형식이든 간에 공동체의 고백을 나타내 보이는 것으로 끝나지 않는다. 그 임무는 오히려 그와 같은 고백들의 근거를 제시하는 것이다. W. 판넨버크가 지적했듯이 "그리스도론의 임무는 예수 안에서 하나님이 계시되었다고 말함으로써… 예수의 역사로부터 그의 의의를 참으로 이해할 수 있게 하는 데 있다."[8] G. 에베링도 이와 비슷한 결론에 도달했는데, 그에 의하면 그리스도론의 임무는 예수에게서 계시된 것을 표현하는 것이다.[9] 그러나 F. 고가르텐에 의하면 이와 같은 그리스도론의 임무의 정의는 단순히 과거에 관심을 가진 "한 역사가가 역사를 기술하는 것과 같은 방법으로 과거의 예수 그리스도에 대한 신앙을 성공적으로 기술했다고 해서 그리스도론의 임무를 다한 것"이라고 결코 말할 수 없다. 예수 그리스도는 과거에 생존했던 존재만이 아니라 부활하고 영광 받은 자로서 현재도 살아있는 것이다. 그리스도인은 그리스도가 과거의 증언에서는 물론 현재의 경험에서도 살아있다고 확신하고 있다. 그러므로 그리스도론은 과거의 그리스도뿐만 아니라 현대인을 위한 그의 존재의 의의도 추구해야 한다. 그리스도론의 임무는 "예수의 실존 그리고 그의 전 실존이 근거하고 있었던 그의 신앙을 새로운 술어로 표현하는 것인데, 이 표현은 예수의 신앙이 우리의 전 실존을 유지하며 또 그 안에 실존적인 결단을 하게 하는 요소가 있다는 것을 분명하게 보일 수 있는 방법에서 표현되어야 한다."[10] 틸리히 용어를 빌리면, 그리스도로서 예수의 "그리스도-특성"(Christ-character)과 그리스도로서 예수의 "예수-특성"(Jesus-character)[11]의 긴장 관계를 유지하여야 하며, 그 어느 한 편도 부정하는 결과를 가져와서는 안 된다.

예수 그리스도에 대한 해석의 문제는 신약성서 시대로부터 제기되어 왔던 것이고, 초기 그리스도교에서는 일직부터 에비온주의와 가현설에 의한 그리스도 해석의 문제가 제기되기도 했었다. 3~4세기 삼위일체 논쟁에서 니케아공의회(325), 콘스탄티노플공의회(381)가 소집되어 토론되었으나, 엄격한 의미에서 그리스도론의 문제를 제기한 사람은 아폴리나리우스였다. 삼위일체 논쟁에서 그리스도의 문제는 주로 아들과 아버지와의 본질의 문제였다. 그러나 엄격한 의미에서 그리스도론의 문제는 아버지와 아들의 본질의 문제가 아니라 그리스도에게 있어서 신성과 인성의 관계 문제다. 그리스도에게 있어서 품격과 본성의 문제를 치열한 논쟁을 통하여 정립하려고 시도했던 시기가 4~5세기였다. 이 문제를 최초로 제기한 사람이 아폴리나리우스다.

II. 아폴리나리우스의 그리스도론

1. 생애

아폴리나리우스(Apollinarius of Laodicea, c. 310~390)의 생애에 대해서는 많은 것이 알려져 있지 않다. 그리스도교 사상사에 있어서 그의 위치는 본격적인 그리스도론의 문제를 제기하면서 그 해결로 제시한 것이 오히려 논쟁의 불씨를 제공하게 되었으며, 그 결과 최초의 그리스도론적 이단의 저자가 된 것이다. 그는 안디옥에 인접해 있는 시리아 라오디기아(Laodicia)에서 4세기 초에 같은 이름의 장로요 문법교사의 아들로 태어났다. 탁월한 지적 천품의 소유자로 태어난 그는 부모의 배려로 깊은 교육을 받은 관계로 유머 감각을 겸비한 세련된 연설가요 진실한 학자로 성장하였다. 니케아공의회를 전후하여 그는 아리우스를 이단으로 정죄하는 데 대표적인 학자인 아타나시우스와 가까운 친구 사이가 되었으며, 이 때문에 342년 라오디기아의 아리우스파 감독인 조지(George)에 의해서 파문을 받기도 했지만, 그럼에도 불구하고 346년 유배지에서 돌아온 아타나시우스를 환영하며 맞이하였다. 그리고 361년 라오디기아의 니케아파 감독이 되어 죽을 때까지 그 신분을 유지했다. 그러나 감독이 되기 전, 그가 젊었을 때 라오디기아의 아리우스파 감독 테오도투스(Theodotus) 밑에서 독경사로 봉사한 일이 있었기 때문에 그는 정통적 사상보다 먼저 아리우스의 종교적 지적 분위기를 경험하였다고 할 수 있다.

그는 고전적 역사와 문학에 대한 박식함을 수사학적 솜씨로 잘 표현하는 매우 탁월한 학자였다. 배교자 줄리안 황제가 그리스도인들에게 성서를 이교의 고전이라고 금지시켰을 때 그는 성서를 시적인 운율이나 철학적 대화록의 형식으로 다시 써서 유포하기도 했다. 374년에는 서방의 제롬까지도 안디옥에서 그의 제자 중 한 사람이었다고 한다. 그는 당시 가장 다산적(多産的)이고 다예(多藝)한 교회 저술가 중의 한 사람이었다. 그는 누구보다도 니케아신조의 유능하고 열광적인 지지자였으며 정통주의의 수호자였다. 그가 이단자로 정죄를 받기 전까지 그는 아타나시우스와 대(大) 바질과 친분을 나누면서 함께 아리우스주의를 반대하는 대열에 동참했었다.[12] 그러나 아리우스주의를 반박하는 과정에서 그는 오히려 그리스도론의 문제에 대한 심각한 도전에 직면하게 되었다. 즉, 영원하고 불멸적인 로고스가 한시적이고 가멸적인 인간의 몸과 결합될 수 있는지, 있다면 예수 그리스도는 어떤 존재가 되는 것인지에 대한 의문이 생긴 것이다. 그러나 그가 지금까지 그렇게도 열렬하게 지지하고 옹호했던 니케아신조에서는 그 해답을 찾을 수가 없었다. 그래서 그는 그리스도론의 문제에 대한 정확한 논증의 필요성을 절감하게 되었다. 이 과제를 풀기 위해서 그가 최선의 사변적 노력을 다해서 얻어낸 학설이 아폴리나리우스주의인 것이다.

그러나 그의 그리스도론은 377년 로마의 감독 다마수스 1세(Damasus I, 366~384)에 의해서 이단으로 정죄를 받으면서 정통 교회의 공격을 받았다. 그리고 그는 390년경에 사망했다. 그렇다면 그가 문제를 제기하고 해결한 그리스도론 형식이 무엇이기에 오히려 정죄를 받았는가?

2. 신학 사상

1) 주요 저작 개요

그는 성서 주석을 비롯하여 변증서, 논쟁적인 저술, 교리적인 저술 그리고 시 등 광범위하게 저술 활동을 했으나 이단으로 정죄되면서 대부분은 소실되었으며, 지금은 약간의 단편들과 정통파 저술가의 이름으로 남아 있을 정도다. 그러므로 그에 대한 우리의 지식은 그를 정죄한 사람들의 저술을 통해서 얻게 된다. 제롬에 의하면 그는 대단히 많은 신·구약성서에 관한 책을 저술했다고 한다.[13] 비록 흩어진 단편들로 남아 있지만, 구약의 잠언서를 비롯하여 이사야서, 말라기서 등의 주석들과 신약의 마태복음을 비롯하여 고린도전서, 갈라디아서, 에베소서, 로마서 등의 주석들이 현존하고 있다.

그의 많은 변증적 저술 가운데 신-플라톤주의자인 포르피리 (Porphyri, c. 234~305)를 논박한 30권의 변증서가 있다. 이 책에 대하여 제롬은 "일반적으로 그의 저술 중 최고의 저술이라고 할 만하다"라고 칭찬했다.[14] 철학자 포르피리가 그리스도인을 공격하는 책에서 예수의 혈통과 부활 설명에 관한 복음서의 모순을 지적하였다. 이에 대하여 가이사랴의 유세비우스가 응답하였지만,[15] 아폴리나리우스의 논박으로 유세비우스의 논박은 무색해졌다. 다른 하나의 변증서는 황제 줄리안에게 한 『진리』(The Truth)이다. 이 변증서는 황제가 의존하고 있는 이방 철학자들이 하나님에 관한 올바른 견해를 갖고 있지 못하다는 것을 성서의 권위로가 아니라 이성으로 증명을 한 변증서다.[16]

그의 저서 중에는 가치 있는 교리적인 것들이 있다. 예를 들면

아타나시우스의 이름으로 되어 있는 주현절 설교 형식으로 출판된
『한 분 그리스도론』(*Quod unus sit Christus*), 『하나님 말씀의 성육신
에 관하여』(*De incarnatione Dei Verbi*), 『그리스도에게 있어서 인성
과 신성의 연합에 관하여』(*De unione corporis et divinitatis in
Christo*), 『신앙과 성육신에 관하여』(*De fide et incarnatione*) 등이다.
그러나 그의 가장 중요한 교리적 저술은 『인간의 형상에 따른 하나님의
성육신 증명』(*Apdeixis peri tēs theias sarkōseōs*)이다.[17] 이 저술의 내용은
니싸의 그레고리의 가장 중요한 반(反)아폴리나리우스 작품인 『아폴리나
리우스 이단을 반대하여』(*Antirrheticus adv. Apollinarem*)에서 부분적으
로 복원되었다. 여기서 그레고리는 그리스도에게 있어서 두 본성의
연합을 취급하고, 그리스도의 육체가 하늘에서 내려왔다든가, 로고스
가 그리스도에게 있어서 인간적 영혼의 자리를 점유했다는 이단 사상
을 논박한다.

2) 그리스도론

아폴리나리우스는 니케아 신앙(동일본질론)의 열렬한 지지자임과
동시에 고대 안디옥 전통을 반대하는 알렉산드리아 신학의 위대한
방어자이기도 했다. 다른 알렉산드리아학파의 구성원과 같이 구원론
에서 출발하는 그의 그리스도론은 예수 그리스도 안에서 신성과 인성
을 구별하려는 안디옥학파의 그리스도론에 동의할 수 없었다. 동시에
그는 말씀(로고스)의 불변성을 단언하면서 아리우스의 그리스도론을
반대하였다. 그런데 아폴리나리우스가 그의 그리스도론을 형성함에
있어서 주된 동기와 관심이 아리우스주의를 반대하여 하나님의 로고

스의 불변성을 지키려는 것이었는지 아니면 안디옥학파를 반대하여 그리스도의 품격의 통전성을 확고하게 하려는 것이었는지에 대한 논란이 있다.[18] 전자와 관련해서 다음과 같은 그의 진술이 있다.

인간의 육체로 성육신하신 하나님은 본래 그가 가지고 있는 본질을 순수하게 보존하고 계시며, 자연적이며 육체적인 감정에 얽매이지 않는 마음을 갖고 계시고, 육체와 육체적인 활동은 신적이며 무죄하심으로 보유하고 계시며, 사망의 권세에 굴복 당하시지 않으셨을 뿐만 아니라 멸망시키기까지 하셨다.[19]

두 번째 관심과 관련해서는 다음과 같은 그의 진술이 있다.

하나님의 말씀과 인간 예수가 각기 별개의 품격으로 존재했던 것이 아니라, 마리아를 통하여 하나의 육체가 되시기 전 아들로서 생존했던 것과 똑같은 품격으로 존재한다. [그는] 스스로 완전하고, 거룩하고, 죄 없는 인간으로 계셨으며, 인류의 갱신과 온 세계의 구원을 위하여 경세적 위치를 지키셨다.[20]

그릴메이어는 아폴리나리우스의 그리스도론의 기원을 아리우스 논쟁사에서 아폴리나리우스 이전 아폴리나리우스주의가 있었다는 개연성을 언급한다.[21] 쿠아스텐에 의하면, 비록 아폴리나리우스가 아리우스주의자들을 반대하여 니케아 교리를 옹호했지만, 그의 독특한 그리스도론을 아리우스주의자들의 가르침에서 이끌어 내려고 했다고 보는 입장도 있고, 다른 한편으로는 아폴리나리우스주의를 플라톤의 인간론에 근거한 단성론의 숙련된 형식으로 묘사하려는 경향도 있다. 그러나 이와 같은 설명은 모두 아폴리나리우스의 궁극적인 동기를 정당하게 평가하는 데 실패한다. 그의 작품들을 보면 그는 예민하고 사려 깊은 지력의 신학자요 변증법적 노련함이 뛰어난 신학자라는 것이다. 그의 철학은 소요학파와 금욕주의자의 요소가 복합된 혼합주의적이다. 그로 하여금 그의 이론을 안출(案出)하게 한 것은 반(反)아리우스주의적인 그의 입장에 근거한 것이라고 한다.

그의 중요한 동기와 관심이 무엇이든 간에 아폴리나리우스의 그리스도론의 가장 중요한 원리는 그리스도에게 있어서 신성과 인성의 절대적인 연합인 것은 분명하다. 그는 아리우스주의자들을 향하여 로고스의 불가변성을 역설하면서 예수 그리스도의 생애에 있어서 도덕적 성장과 발전을 주장하는 그들의 교설에 의해서 그의 연합의 교리가 파괴될 수도 있다는 잠재적 가능성을 본 것이다. 반면에 안디옥 학파의 분리 그리스도론에서는 그리스도의 품격의 완전성이 파괴되는 것을 인지한 것이다. 그리하여 그는 그리스도에게 있어서 신과 인간의 완전한 연합을 설명할 수 있는 보다 합리적인 길을 추구했다. 그것은 이 완전한 연합의 존재만이 인간을 구원할 수 있기 때문이다.

그에 의하면 그리스도의 구원은 죄 있는 가멸적 인간 존재를 죄 없는 불멸적 인간 존재로 변화시키는 것이다. 그러므로 이 구원자 예수 그리스도는 하나님만도 아니고 인간만도 아니어야 했다. 만일 그가 인간만이라면 그는 우리의 구세주가 되지 못했을 것이고, 반대로 만일 그가 오직 하나님이었다면 하나님과 인간 사이의 중보자가 되지 못했을 것이다. 그러므로 그는 그리스도가 우리의 구원자이기 위해서는 완전한 인간이고 동시에 완전한 하나님이어야 한다는 확신을 가지고 있었다. 그런데 그가 풀어야 할 가장 심각한 문제는 한 인격 안에 완전한 인성과 완전한 신성이 어떻게 동시적으로 존재할 수 있는가였다. 이것은 사실상 불가능한 것으로 보였다. 완전한 신성과 완전한 인성론은 결과적으로 두 품격론(duo prosōpa), 두 아들론, 두 그리스도론이 된다는 것이다. 아폴리나리우스도 "만일 완전한 하나님과 완전한 인간이 연합되었다면, 하나는 본성에 의한 하나님의 아들과 다른 하나는 양자(養子)에 의한 다른 아들이라는 두 아들이 있게 된다"고 생각하였다.[22] 후자는 양자 그리스도론으로 정통 교회에서 배척된 교설이다. 아폴리나리우스의 사상을 지배한 것은 두 본성의 분리에 대한 두려움을 극복하고 성육신한 로고스에 있어서 일치를 납득시키려는 노력이었다. 그는 자기 노력의 지지자와 후원자들이 필요했다. 그리하여 그는 268년 안디옥회의가 '분리–그리스도론'(divisive-christology)을 주장한 사모사타의 바울을 정죄한 것을 기억하고, 그 결정을 자기주장의 정당한 발판으로 삼았다. 니싸의 그레고리가 전하는 것에 의하면 아폴리나리우스는 자기주장을 사모사타의 바울을 정죄한 교부들의 견해의 재진술이라고 생각했다.[23]

사모사타의 바울은 안디옥 감독으로 역동적 군주신론의 대표적 인물이다. 그에 의하면 "하나님은 한 인격(단일성)으로 생각되어야 하며, 로고스 혹은 아들, 지혜 또는 하나님 안의 영에 대해서 말할 수는 있겠으나 그것들은 하나님이 영원 전부터 계획해 온 그의 속성에 불과하며 비인격적인 작용(dunamis)에 불과하다는 것이다."[24] 그는 예수 그리스도의 순수한 인성을 주장하여 그리스도의 존재의 기원이 마리아에게 있다고 하였다. 동정녀에게서 낳은 예수는 신적 로고스의 능력을 충분히 받아 하나님을 향해 계속 발전해 갔으며, 그 결과 "아래로부터 난"(katōthen) 그리스도가 하나님과 일체가 될 수 있었다는 것이다. 인간 예수와 로고스의 연합인 그가 하나님의 아들이 될 수 있었던 것은 "위로부터 내려온"(anōthen) 로고스의 내주에 의한 것이다. 로고스의 활동은 "예언자들에게도 있었으나 그리스도에게 있어서는 하나님의 성전으로 그 내주가 특별한 방법으로 이루어졌다. 그러므로 예수는 하나님과 인간 사이의 도덕적 연합을 나타낼 뿐이다."[25] 하르낙은 사모사타의 바울의 교설을 평하면서 "그는 [예수 그리스도] 성령의 감화와 의지의 일치에 의해서 확고부동하게 하나님과 긴밀한 연합을 이루었으며, 그리하여 기적을 행하는 능력이 있었고, 합당한 구세자가 될 수 있었으며, 더 나아가서는 하나님과 항구적인 '하나'가 될 수 있었다"고 한다.[26] 사모사타의 바울에 의하면 로고스는 예수로부터 구별된다. 마리아는 로고스를 잉태한 것이 아니라 우리와 같은 인간을 잉태한 것이다. 예수가 세례를 받을 때 성령으로 성별된 것은 로고스가 아니라 인간 예수였다.

사모사타의 바울의 정죄에 힘을 얻은 아폴리나리우스는 그리스도의 인격적 통일이 유지되고, 다른 한편 그리스도의 무죄함과 불변성이 보장될 수 없는 그의 인성의 강조는 피해야 했으며, 신적 능력의 구세주로서 그리스도를 확고하게 하기 위한 자기 이론을 전개해야만 했다. 나지안주스의 그레고리에 의하면,[27] 아폴리나리우스의 이단의 시작은 352년경이었으나 그가 라오디기아 감독이 된 1년 후인 362년 알렉산드리아회의까지 표면에 나타나지 않았다. 그러나 이 회의에서 그의 가르침이 공개적으로 문제가 되었으며, 그 후 10년도 되기 전에 심각한 논쟁의 불길에 휩싸였다. 아들의 동일본질론의 열광적인 지지자인 아폴리나리우스는 안디옥학파의 그리스도론, 즉 그리스도의 두 본질론(dyophysite)을 철저하게 반대하였다. 아폴리나리우스는 두 본질론이야말로 사모사타의 바울의 치명적인 영향을 반영한 것이며, 안디옥의 유스타티우스, 다소의 디오도레, 콘스탄티노플의 주교 플라비안(Flavian, d. 449) 등의 사상의 부활이라고 믿었다. 그는 그들을 '하늘의 사람'(the Heavenly Man)과 '땅에서 유래한 사람' 사이를 구별하는 사모사타의 바울의 노예적인 추종자들이라고 하였다.

그릴메이어에 의하면 '하늘의 사람'이라는 아폴리나리우스의 형이상학적 구조는 그리스도의 존재가 몸과 혼의 종합으로서 인간의 실질적인 통일의 모습이라고 그가 해석하기 위한 구조다. 아폴리나리우스에게 신-인이란 인간 모양으로 나타난 결합의 일치(sunthesis anthrōpoeidēs)다. '결합의 일치'라는 구절의 목적은 하나님과 인간이 그리스도 안에서 어떻게 결합하는지를 묘사하는 것이다. '인간 안에 내주하는 하나님'은 단순히 인간이 아니다. 성육신은 신적 영과 땅의 육체가 함께 실질적인 단일성을 형성할 때만이 일어나는 사건이다. 그러므로 그리스도의 인간성이 성육신의 실현을 위하여 전제조건이 되어서는 안 된다. 사람이 '된다는 것'(to be-come)은 사람을 '취하는 것'(to take)과 같은 것이 아니다. 그러므로 아폴리나리우스에게 있어서 그리스도의 성육신은 로고스가 인간의 본성과 결합하는 것이며, 이 연합을 통하여 몸(육체)과 영을 가진 인간 존재를 구성하는 것을 의미한다. 아폴리나리우스는 성육신한 자를 '하늘의 사람'이라고 부른다.[28] 그리스도의 인간적이고 육체적인 본성은 동정녀로부터 취한 것이고 그것은 신성과의 연합을 통해서만이 신적인 것이 된다. 그리스도의 육체와 실제적인 인간 육체는 다르다. 그리스도가 '하늘의 사람'인 것은 신의 영(divine pneuma), 곧 로고스가 인간 존재를 구성하는 육체

(sark)와 실체적으로 결합하기 때문이다. 이것이 성육신을 결정하는 기본적인 개념이다. 이렇게 그리스도의 성육신을 이해하는 아폴리나리우스는 그리스도를 '성육신한 하나님'(theos ensarkos)이 아니라 하나님과 '합쳐진 인간',[29] 즉 단순히 하나님과 우연하게 외형적으로 결합된 인간이라고 고백하는 자들을 논박한다. 하나님의 아들과 마리아의 아들, 이렇게 두 아들을 구별하는 것은 결국 두 그리스도를 의미하는 것이기 때문이다.

아폴리나리우스는 그가 직면한 그리스도론적 문제를 해결하고 보다 설득력 있게 진술하기 위해서 데살로니가전서 5장 23절에 근거하여 몸(sōma),[30] 혼(psuchē) 그리고 영(pneuma)이라는 인간 구성 3요소론을 도입한다. 여기서 '혼'은 비이성적 비합리적 혼(psuchē alogos) 혹은 동물적 혼, 몸에 생명을 주는 활력소이다. 그리고 '영'은 이성적 합리적 혼(psuchē logikē) 또는 지력적(智力的) 혼(psuchē noera), 즉 지배적이고 결정적인 원리(nous)다. 아폴리나리우스는 이와 같은 3분법적인 해석에 기초하여 그리스도의 불가변성을 상실함이 없이 로고스가 그리스도 안에서 인간성과 연합되어 있다는 것을 설명할 수 있다고 믿었다. 그에 따르면 그리스도에게 있어서 첫 번째 요소인 인간적 육체와 그리고 두 번째 요소인 비이성적 비합리적 혼은 발견되는데, 세 번째 요소인 합리적이고 이성적 혼인 영(nous)은 발견되지 않는다는 것이다. 왜냐하면 영의 자리가 신적 로고스에 의해서 대치되었기 때문이다. 그리스도는 육, 혼 그리고 로고스로 구성되었다는 것이다. 영이 없기 때문에 그리스도는 일반적인 인간과 같을 수가 없다. 그리스도는 영에 의해서 지배되는 것이 아니라 신적 로고스에 의해서 지배된다. 아폴리나리우스에 의하면 이미 완전한 존재인 하나님과 육, 혼,

영으로 구성된 이미 완전한 존재인 인간은 하나로 연합될 수가 없으며, 그것은 단지 하이브리드일뿐이라는 것이다. 만일 그리스도에게 선악을 결정할 수 있는 근본적인 원리요 능력인 이성적이고 합리적인 혼(영)이 있다면, 그리스도에게 선택의 능력이 있다는 것이기 때문에 그에게 범죄의 가능성이 있음을 인정하는 것이다. 그렇다면 그리스도는 구세주가 되지 않을 수가 있다. 왜냐하면 그리스도는 죄가 없어야 하기 때문이다.

그러므로 아폴리나리우스는 결과적으로 '한 본질'(mia phusis), '한 본체'(mia hupostasis)를 주장하게 된 것이다. 이 내용을 형식화한 것이 '성육신한 하나님의 말씀의 한 본질'(mia phusistheou logue sesarkōmenē)이다.[31] 여기서 말하는 '한 본질'은 신성이다. 그는 "내가 나를 거룩하게 한다"(요 17:19)라는 구절을 "단 하나의 살아있는 실재의 비분리성, 즉 말씀(로고스)과 그의 육체와의 본질적 하나"를 나타낸다고 해석한다.[32] 그는 그리스도 안에서 신성과 인성의 분리라는 이원론을 배제하기 위해서 로고스-육체 그리스도론의 극단적인 변형을 제안하였다. 그가 즐겨 쓰는 그리스도에 대한 표현은 '성육신한 하나님'(theos énsarkos), '육신을 지닌 하나님'(theos sarkophoros), '여인에게서 낳은 하나님' 등이다.[33] 이것은 그가 결과적으로 단성론을 위한 길을 닦아 놓은 것을 의미한다.

그의 그리스도론의 중심에 있는 '한 본질'(phusis) 개념은 구원론에서 유래한다. 그에 의하면 성육신한 그리스도에게 있어서 로고스는 우월성을 철저히 유지한다. 그것은 육신적 본성(인성)을 효과적으로 움직이며 생명을 주는 영이다. 아폴리나리우스는 고린도전서 15장 45절, "마지막 아담은 생명을 주는 영"을 주석하면서 그리스도에게는 신성에 의해서 배타적으로 지배되는 한 생명만(kata tēn mian zōēn)이 있다고 한다. 완전한 인간 구원은 저항할 수 없는 신적 이성(nous aēttētos), 양도할 수 없는 의지 그리고 능력이 그리스도의 육체 안에 영혼을 불어넣으므로 이루어진다. 구원을 위하여 필요한 요소로 '자결(自決)의 이성'(nous autokinētos)과 한결같이 움직이는 '불변하는 이성'(nous tautokinētos)이 있어야 하는데, 이것들은 그리스도의 신적 프뉴마에서만 실현이 가능하다. 여기에 한 본질의 근거가 있다. 몸(또는 육체)은 그 자체만으로는 저절로 생명을 줄 수 없기 때문에 본질이 아니다. 본질은 생명을 주는 로고스로부터 전혀 분리될 수가 없다. 분리되면 로고스는 이미 없는 것이다. 로고스는 육체와 연합되었을 때만 세상에 내주한다. 그러므로 두 본질(phuseis)을 말하는 것은 그리스도에게 있어서 단일성을 파괴하는 것이며, 이원성이 있는 곳에는 분열만이 있게 되고, 분열된 그리스도에 의해서는 인간의 구원이 불가능한 것이다. 그러므로 두 본질을 말하는 것은 사람을 현혹시키는 것이다.

> 창조된 몸은 창조되지 않은 신성으로부터 분리되어 살 수가 없다. 그러므로 우리는 창조된 본질을 구별할 수 있다. 그리고 창조되지 않는 로고스는 몸으로부터 분리되어 세상에 내주하지 않는다. 그러므로 우리는 창조되지 않은 본질을 구별할 수 있다.[34]

그러므로 본질 개념은 생명을 주는 힘을 포함하고, 존재의 전 영역에서 생명의 실재적 근원으로 생각될 수 있는 자기결정(autokinēton)에만 적용될 수가 있다. 그러므로 만일 로고스가 그리스도 안에서 생명을 주는 모든 능력을 제공한다면, 몸(육체)은 그 자체로 본질이라고 할수 없다. 그렇게 되면 자연히 '한 본질' 형식이 따르게 마련이다. 아폴리나리우스에게 있어서 '본질'의 의미는 정적이고 추상적인 실재(essentia)도 아니고 칼케돈회의에서 언급된 후포스타시스와 푸시스라는 두 요소의 본래적인 연합도 아니라 스스로 결정하는 생명적 존재다. 주도권, 지배권(hegemonikon)에 자리하고 있는 자결(自決)이 본질에 있어서 결정적인 요소다. 이와 같은 한 본질 형식은 명백하고 배타적인 로고스-육체 구조를 가진 그리스도론에서만 나타난다.[35]

비록 아폴리나리우스의 그리스도론이 논리적으로 철저하게 구원론에 근거한 것이어서 그의 추종자들이 증가했지만, 결과적으로 그리스도의 인성에 대한 그의 부정은 분명히 전통적이며 정통적인 교회교리와 모순되었다. 완전한 인간에게서 가장 중요한 요소인 이성적혼(영)을 부정함으로써 구원론에서 출발한 그의 사상이 오히려 아이로니컬하게 성육신과 구원의 의미를 상실하게 된 것이었다. 동방과 서방교회에서 공히 그와 그의 추종자들을 강하게 반대한 것도 구원론의문제였다. 서방에서는 교황 다마수스의 재위 기간인 377년에 그를정죄했으며, 동방교회에서는 378년 알렉산드리아회의를 시작으로안디옥회의(379) 그리고 콘스탄티노플공의회(381)가 그를 정죄했고, 황제 테오도시우스 1세(379~395)는 383, 384 그리고 388년에 발표된일련의 칙령에 의해서 아폴리나리우스파의 예배를 금지시켰으며 그추종자들을 이단자로 처리하였다. 칼케돈공의회(451)는 그리스도가"이성적 혼과 육체(몸)를 가진(ek psuches logikēs kai sōmatos) 참 하나님이며 참사람이고, 그의 인간성에 따라 우리와 똑같은 본성을 가진분"이라고 선언하면서 아폴리나리우스주의를 분명히 배격하였다.[36]

동방교회에서 그에 대한 정죄를 주도한 대표자들은 세 사람의 카파도키아 교부들과 안디옥학파의 다소의 디오도레, 몹수에스티아의 테오도레 등이었다.

아폴리나리우스주의에 대한 특히 카파도키아 교부들의 반대를 다음과 같이 종합하여 요약할 수 있을 것이다. 첫째는 아폴리나리우스가 주장한 그리스도의 육체의 신격화, 그리스도 인성의 부정, 육체 가운데서 비육체적 현현 등은 참사람이 아니라 '사람같이 보였을 뿐'이라는 사실상의 가현론이라는 것이다. 둘째는 그가 주장하는 그리스도는 오히려 구원의 능력이 없다는 것이다. 인간의 구원은 전인적이어야 한다. 즉, 육체만의 구원도, 혼만의 구원도, 영만의 구원도 아니기 때문에 그리스도는 그의 육체로 우리의 육체를, 그의 혼으로 우리의 혼을, 그의 영으로 우리의 영을 구원해야 한다. 셋째는 아폴리나리우스의 전체 이론에 대하여 의문이 제기된다는 것이다. 즉, 신성과 인성이라는 두 완전한 실재는 실제적 통일체를 형성하기 위해서 합체(合體)할 수 없는가? 한 개체 안에 두 구별되는 의지적 원리가 공존한다는 것은 생각할 수 없는가? 신-인에게 있어서 인간의 자유의지가 있으면 죄를 범하게 되는가? 넷째는 인간 구성에 있어서 가장 특징적인 요소인 합리적 이성과 의지가 그리스도에게 결여되었다면, 그리스도는 기형적일 수밖에 없다. 다섯째는 정상적인 인간의 심리를 거부하는 것은 발전과 고난 등 모든 인간적 경험을 겪은 복음서의 그리스도 상(像)과 충돌한다. 마지막으로 아폴리나리우스의 그리스도론에 있어서 결정적인 문제는 인간의 죄의 자리가 합리적인 혼인 영 또는 이성인데, 그가 주장하듯이 만일 로고스가 이 영과 연합하지 않고 그 영의 자리를 오히려 차지했다면 인간의 구원은 성취될 수가 없다는

것이다.[37]

카파도키아 교부들에 의하면 하나님의 성육신의 목적은 단지 그가 인간적인 삶에 참여하려는 것뿐만 아니라 그보다도 인간들로 하여금 신적인 삶에 참여하게 하려는 것이었다. 즉, 인간의 신격화(神格化)다. 대부분의 헬라 교부들과 마찬가지로 그들도 인간의 신격화가 그리스도교 구원론의 근본적인 과제라고 생각했다. 나지안주스의 그레고리의 유명한 구절이 있다.

> 만일 누구든지 그리스도를 합리적인 혼, 곧 인간적인 마음(mind)이 없는 사람으로 믿는다면, 그는 정신이 나갔을 뿐만 아니라 전혀 구원도 받을 자격이 없는 사람이다. 왜냐하면 그가 인간이 되지 않고는 인간을 구원하지 못하기 때문이다. 그러나 그리스도의 신성과 연합되어 있으면 구원받을 수 있다. 만일 아담이 절반만 타락했다면, 그리스도가 인간을 취하고 우리를 구원하는 것도 절반에 불과할 것이다. 그러나 아담의 전 본성이 타락했다면, 독생자 그리스도의 전 본성에 연합되어야 하고, 그래서 전체적으로 구원을 받아야 한다.[38]

그렇다면 아폴리나리우스의 그리스도교 사상사적 의의는 무엇인가? 그것은 그가 결국에는 이단으로 정죄를 받았지만, 그리스도에게 있어서 두 본성의 문제, 즉 엄격한 의미에서 그리스도론의 문제를 교회에 처음으로 제기했다는 데 있다. 그의 문제 제기는 옳았다. 다만 결론이 문제였다. 루프스는 말하기를,

> 아폴리나리우스는 [그리스도론] 문제에 실로 예민한 통찰력을 가지고

철저하게 접근했기 때문에 그 후 680년 제3차 콘스탄티노플공의회에 이르기까지 300년이 넘게 계속된 토론도 겨우 약간의 새로운 견해를 추가할 수 있었을 뿐이었다. 후대 여러 논쟁에서 사용된 전문적인 용어들까지도 대부분 그에게서 발견되는 것들이었다.[39]

III. 알렉산드리아의 키릴의 그리스도론

1. 생애

네스토리우스 그리스도론에 앞서서 알렉산드리아의 키릴(Cyril of Alexandria, d. 444)의 그리스도론과 마리아론을 취급하는 것은 그가 소위 네스토리우스 논쟁에서 반대편의 주동적 인물이었기 때문이다. 앞장에서 다룬 크리소스톰과 테오필루스의 사이의 싸움은 단순히 두 인물 간의 충돌이 아니었다. 그것은 두 지역, 두 신학적 전통, 근본적으로 다른 두 지성적, 영적 태도가 서로 맞부딪친 것이다. 크리소스톰에게 있어서는 헬라의 학문적 전통이 전적으로 윤리적이고 금욕적인 것으로 나타났고, 그것이 그리스도교 정신에 너무 깊숙이 침투되어 있었기 때문에 이것을 양보할 수 없었다. 반면에 테오필루스가 속한 이집트의 알렉산드리아는 교회적으로 볼 때 그 당시에는 헬라적 동방으로 간주되지 않았고, 엄격하게 중앙집권화된 독자적 세계였으며, 감독들에게서 구체화된 전제적 정통은 결코 저지당한 일이 없었다. 이 둘의 투쟁에서 크리소스톰이 신학 사상적으로 승리했다면 테오필루스는 교회정치적으로 승리하였다. 이 전통이 그다음 세대인 키릴에

게 전승되어 선배들 못지않게 철저하게 추진되었다.[40]

우리는 키릴의 소년 시절과 성장에 대하여 아는 것이 거의 없지만, 다만 그는 숙부이자 선임자인 테오필루스가 속한 알렉산드리아의 대가문의 후손이었다. 그는 분명히 학문의 중심지인 이 도시에서 고전과 신학 교육을 받았을 것이며, 일찍부터 교회적인 분위기 속에서 성장했고, 교회적인 경력을 운명적으로 타고난 것 같다. 그러나 그의 생애에서 분명한 날짜가 기록된 것은 403년이다. 그는 이때 숙부를 따라 콘스탄티노플에 갔었으며, 칼케돈 근처 오크(Oak)회의에서 요한 크리소스톰의 파면에 참가하였다. 알렉산드리아의 주교로서 그는 논쟁적인 인물로 기억되고 있다. 이것은 그의 숙부의 편견적 성격에서 유전되었을 것이다. 이리하여 요한 크리소스톰에 대한 적의는 오래전부터 그의 마음과 머리에 잠재해 있었다. 반대자들에 대한 그의 무자비한 행위도 숙부와 공유하였다. 그러나 유대인들과 노바티우스주의자들에 대한 가혹한 처리는 추방이나 몰수의 위협에도 그들이 물러서지 않았으며, 오히려 제국의 도시 통치자와 갈등을 일으켰다.

알렉산드리아 주교 테오필루스가 412년에 사망하자 황제 주변 사람들은 서열상으로 가장 높은 후보자 디모데(Timothy)를 후임 주교로 선임하려고 했다. 그러나 테오필루스가 사망한 지 이틀 만에 그의 조카 키릴이 선출되었다. 그 후 그는 32년 동안 성 마가교회의 교좌를 지켰으며 꺾을 수 없는 열정으로 자기의 의무를 끝까지 수행하였다.[41] 그러나 그의 이름이 역사에 나타나고 유명하게 된 것은 네스토리우스가 콘스탄티노플의 주교가 된 428년 이후이다. 키릴은 네스토리우스주의를 반대하고 정통을 수호하는 일에 있어서 교회 교리사에서 현저한 인물로 등장한 것이다. 그 이후의 그의 삶은 네스토리우스 논쟁의 역사에서 읽을 수 있다.

2. 신학 사상

1) 주요 저작 개요

키릴을 단지 교회정치가요 영적 지배자로만 생각하는 것은 그에
대한 정당한 평가가 아니다. 왜냐하면 그는 숙부보다 훨씬 신학자이
기를 원했고, 감독으로뿐만 아니라 스승으로 참된 신앙의 전통을 대표
하고 체현시키려고 했기 때문이다. 키릴은 설교자인 동시에 가장 위대
한 초대 그리스도교 저술가 중 한 사람이었다. 많은 저서 중 대부분이
상실되었지만, 10권의 저서가 현존하고 있다. 물론 헬라어 원본은
현재 없으나 그 저서 중 일부는 라틴어, 시리아어, 아르메니아어, 에티
오피아어 그리고 아라비아어로 번역되어 있다.

그의 문체와 용어는 매력적인 것과는 거리가 멀다. 그의 문체는
산만하며, 단조로우면서도 때로는 너무 공을 들여 화려하기도 하다.
그러나 그는 언제나 자기가 말하고자 하는 것을 오해할 수 없게 표현하
였다. 그의 저술 내용은 사상의 깊이와 풍부한 생각, 논증의 정확성과
명료성을 나타낸다. 그리하여 그의 저술은 저자의 사변적이고 변증법
적인 재능을 입증하고 있으며, 그리스도교 교리사의 제1급 자료가
되고 있다.

키릴의 저술 활동은 네스토리우스 논쟁을 기점으로 두 시기로 나누
어진다. 428년까지의 첫 기간은 성서 주석과 아리우스주의자들에
대한 논박에 몰두했고, 그의 죽음으로 끝난 둘째 기간은 네스토리우

스주의를 논박하는 데 거의 전부를 바쳤다.[42] 그의 주석적 저술은
대단했지만, 그의 문필적 작품 수에서 대부분을 차지한 것은 아니었
다. 그의 구약성서 해석은 알렉산드리아 전통에 크게 영향을 받아
매우 은유적이었다. 그러나 오리겐의 은유적 성서 해석의 방법과는
달랐다. 그는 구약성서의 모든 세밀한 것까지 영적 의미가 있는 것이
아니라고 주장했다. 즉, 그는 오리겐의 비통합적 영적 해석을 반대하
였다. 그의 신약성서 주석은 보다 문자적이고 역사적이다. 그럼에도
불구하고 역사적-철학적 접근을 싫어하였다. 그가 성서를 사용하는
것은 이단의 거짓된 가르침을 논박하고 삼위일체와 그리스도의 신성
과 인성의 참 개념을 확립하기 위한 것이다.

(1) 삼위일체에 관한 저술들

키릴의 교리적 처녀작인 『거룩한 동일본질의 삼위일체에 관한
보고(寶庫)』(*Thesaurus de sancta et consubstantiali Trinitate*)는 아리
우스주의자에 대한 반대, 그들의 논박과 4세기 논쟁의 성과로 구성되
어 있는 삼위일체론 대전(大典)이다. 423~425년 사이에 쓴 것으로
추측되는 이 글은 네스토리우스 논쟁이 일어나기 전에 구성한 것이
다. 이 글이 동일본질의 삼위일체에 대한 바른 지식의 보고이지만,
그 3분의 1은 아타나시우스의 『아리우스주의자들을 반대하는 강화』
(*Contra Arianos*)를 복제한 것에 불과하다. 키릴은 아타나시우스를
교회의 대변인으로 생각했다. 뿐만 아니라 키릴은 4세기 후반에 활동
한 평신도로서 오리겐주의자인 맹인 신학자 디디무스(Didymus)의 글
『유노니우스를 반대하여』(*Contra Eunomium*)도 사용했다.

또 다른 글은 『거룩함과 동일본질의 삼위일체에 관하여』(*De sancta et consubstantiali Trinitate*)다. 이 글은 『보고』를 쓴 후 즉시 구성한 그의 두 번째 반(反)아리우스주의 저술이다. 이 저술은 키릴 자신과 친구 헤르미아스(Hermias)와 나눈 7개의 대화로 이루어져 있다. 키릴은 서론에서 왜 대화 형식을 선택했는지를 밝히고 있다. 그것은 그가 대답하려고 하는 질문이 너무 미묘하고 만감하기 때문이었다. 첫 번째 저술인 『보고』와 비교할 때 이 저술은 교리에 대하여 더 적극적인 진술을 하고 있다. 여기서 키릴은 아타나시우스의 그리스도론과 같은 인간의 혼이 완전히 무시된 소위 로고스-육 도식(Logos-sarx-schema)의 그리스도론을 따르고 있다. 1~6장에서 키릴은 성자의 동일본질을 취급하고 7장에서 성령을 다룬다.

(2) 반(反)네스토리우스 저술들

(i) 『네스토리우스의 신성모독을 반대하여』(*Adversus Nestorii blasphemias*)
키릴의 첫 반(反)네스토리우스주의 저술인 이 책은 430년경에 쓰여졌으며 다섯 권으로 구성되었다. 주된 목적은 429년에 네스토리우스가 발표한 설교들에 대한 비판적 검토였다. 비록 이 저술에 직접 네스토리우스의 이름은 나오지 않지만, 그의 설교에서 많은 부분이 인용되고 있다. 다섯 권 중 제1권은 마리아에 대한 '하나님의 어머니' 칭호를 공격하는 구절들을 발췌하여 논박하고 다른 네 권에서는 그리스도의 품격을 다룬다.

(ii) 『네스토리우스에 대한 12개 항의 저주문』(*The Twelve Anathemas against Nestorius*)

430년 네스토리우스 논쟁이 시작되었던 같은 해 쓰여진 이 글은 키릴이 네스토리우스에게 보낸 세 번째 서신에 첨부된 것이다. 이 서신은 키릴이 430년 말경 알렉산드리아회의의 이름으로 보낸 것인데, 첨부된 '12저주문' 때문에 큰 다툼을 일으켰다. 비록 이 서신이 에베소공의회의 회의록에 포함된 것이지만, 투표에 의해서 공식적 비준으로 받아들여진 것이 아니다. 그럼에도 불구하고 훗날 이 서신과 저주문은 에베소공의회와 칼케돈공의회에서 채택되었다.[43] '12저주문'의 중요한 부분은 다음과 같다.[44]

1) 만일 누구든지 참 하나님인 임마누엘을 고백하지 않으며, 거룩한 동정녀를 하나님의 어머니로 인정하지 않는 자는 저주를 받는다.

2) 만일 누구든지 아버지 하나님의 말씀이 스스로 육신과 연합되었다는 것과 그 자신의 육체를 가진 한 분 그리스도를 고백하지 않는 자는 저주를 받는다.

3) 만일 누구든지 한 분 그리스도 안에서 본질의 연합에 의해서보다는 존엄이나 권위 또는 관례에 의해서만 그것들을 결합시키면서 연합한 후 신성과 인성(hupostaseis)을 나누는 자는 저주를 받는다.

4) 만일 누구든지 복음서나 서신 또는 신자들에 의해서 그리스도에 관해 사용된 표현들을 가지고 두 위격(two Persons)이나 두 본성(hupostasis)을 그럴듯한 말로 사람을 속이는 자는 저주를 받는다.

5) 만일 누구든지 그리스도가 육신이 된 말씀으로서, 본질적으로 한 분 아들로서 참으로 하나님이라고 하지 않고 오히려 그 안에 하나님을

지니고 있는 인간이라고 감히 말하는 자는 저주를 받는다.

6) 만일 누구든지 아버지 하나님의 말씀을 하나님 또는 그리스도의 스승이라고 감히 말하면서, 하나님과 인간이 공히 같으며, 성서에 따라서 육신이 되신 말씀이라고 고백하지 않는 자는 저주를 받는다.

7) 만일 누구든지 예수를 한 인간으로 보고 말씀인 하나님에 의해서 피동적으로 행위를 하며, 독생자의 영광을 옷 입듯이 입었다고 말하여 예수를 다른 사람으로 말하는 자는 저주를 받는다.

8) 만일 누구든지 외관상 가장(假裝)한 인간을 말씀인 하나님과 연대하여 공동으로 숭배해야 하고, 영광을 돌려야 하며, 임마누엘이 아니라 다른 이름으로 하나님의 이름을 공유해야 한다고 감히 말하는 자는 저주를 받는다.

9) 만일 누구든지 한 주 예수 그리스도가 행한 능력이 그 자신의 능력이 아니고 마치 성령을 통하여 받은 다른 사람의 능력인 것처럼 생각하고 그가 성령에 의해서 영광을 받았다고 하고, 예수 그리스도가 성령을 통하여 필적하는 더러운 영을 받았다고 말하는 자는 저주를 받는다.

10) 성서는 그리스도께서 "우리가 고백하는 신앙의 사도요, 대제사장"(히 3:1)이 되셨으며, "그가 우리를 위하여 아버지 하나님 앞에 향기로운 예물과 제물로 자기 몸을 내어 주셨다"(엡 5:2)고 말한다. 그런데 만일 누구든지 우리의 대제사장이요 사도가 된 분이 바로 하나님의 말씀 자신이 아니라고 말하든가 혹은 만일 누구든지 그리스도가 그 자신을 위해서도 희생제물이 되셨고 우리만을 위해서가 아니라고 말하는 자는 저주를 받는다.

11) 만일 누구든지 주님의 몸은 생명을 주며, 그것은 아버지 하나님의

말씀 자신의 몸이라는 것을 고백하지 않고, 존엄하여 하나님의 말씀과 연결된 다른 사람의 몸이라고 단언하는 자는 저주를 받는다.

12) 만일 누구든지 몸으로 고난을 받았으며, 몸으로 십자가에 달리셨고, 몸으로 죽음을 경험하셨으며, "죽은 사람들 가운데서 제일 먼저 살아나신 분"(골1: 18)이 되었다는 것을 고백하지 않는 자는 저주를 받는다.

2) 신학 방법

키릴은 그의 아이디어를 통해서뿐만 아니라 그의 방법론을 통해서도 신학 사상에 영향을 주었다. 사실 그는 헬라 교부들 가운데서 스콜라 철학적인 방법을 사용한 중요한 대표자다. 그는 의도적으로 제기된 문제를 해결하기 위하여 그동안 오랫동안 실행해 왔던 '성서로부터 증거'를 제시하는 방법을 '교부로부터 증거'까지 확대하였다. 물론 이 방법은 그가 처음으로 개발한 것은 아니다. 다만 그동안 아무도 키릴만큼 그 방법을 그렇게 전문적으로 능숙하고 완벽하게 사용한 사람이 없었을 뿐이다. 신학적 논쟁에 있어서 교부들의 증거를 성서적 증거와 동일한 권위를 가진 것으로 인정한 것은 분명히 그의 공로라고 할 것이다. 특히 삼위일체에 관한 저술에 있어서 그는 교부들의 가르침을 증거로서 조직적으로 진술하려고 했다. 그는 네스토리우스와의 논쟁에서 정통으로 인정되는 결정적인 요인은 교부들의 증거에 일치하는 것이 진정 유일한 승리의 길이라는 것을 확신하였다. 그가 429년 수도사들에게 보낸 서신(서신 1)을 보면 그는 이미 이 입장을 분명히 하고 있었다. 네스토리우스에게 보낸 그의 제2의 서신에서는 물론(서신 4), 제3의 서신에서 키릴은 자신을 '교부들의 발자국을 밟아가는 건전한 교리를 사랑하는 자'이며, 모든 점에서 교부들의 고백을 따라서 성육신의 교리를 확립한다고 한다. 에베소공의회가 교부들의 저술에서 증거를 채택한 후 이 방법은 동방의 모든 신학적인 논쟁에서 고전적인 절차가 되었다.

키릴이 후대 스콜라주의 형성에 방법론적으로만 공헌한 것이 아니다. 그는 교회 학문에 이성으로부터의 증거를 도입하였다. 그러나 이 방법은 그보다 먼저 아리우스주의자들과 아폴리나리우스주의자들이 사용한 전례가 있다. 이 때문에 키릴이 반(反)아리우스주의 저술에서 역으로 같은 방법을 썼던 것 같다. 특히 그는 『보고』에서 이성으로부터 증거의 수를 각 논제에 매번 추가하고 있다. 키릴의 모든 반(反)아리우스주의 저술에는 이 방법이 매우 보편화되어 있다.[45]

3) 그리스도론

키릴의 그리스도론은 전반부와 후반부 사이에 큰 차이가 있다. 그의 초기 작품들, 예를 들면 『보고』와 『거룩한 동일본질의 삼위일체』(일명 『대화』라고도 함)에서는 단순히 아타나시우스의 그리스도론을 반복할 뿐이었다. 그 형식이 '로고스-육 그리스도론'이다. 이 형식은 말씀이 인간 위에 내려온 것이 아니라 인간이 된 것이다(was made). 이때 그는 그리스도 안에서의 하나님과 인간의 관계에 대하여 '거주'라는 말을 주저하지 않고 사용하였다. 그래서 육체에 로고스가 거주한다고 말할 때 그의 초기 저술에서는 '성전'이나 '집'이라는 개념들이 자주 발견된다.[46]

그러나 429~430년부터 키릴은 그리스도론에 대한 보다 깊은 연구에 몰두하게 되는데, 그것은 네스토리우스 그리스도론에 대한 논박을 준비하기 위한 것이었다. 그의 그리스도론 술어는 더 분명해졌고 그의 개념은 더 예민해졌다. 예를 들면 초기에는 성육신에 관하여 '떠맡다', '외관(外觀)을 띠다', '나타내다'의 뜻이 있는 '취하다'(assume)는 말을 주저하지 않고 사용했다면, 이제는 말씀(로고스)이 인간이 된 것이지 인간을 취한 것이 아니라고 한다. 제2의 네스토리우스 서신에서 그는 성육신을 설명한다.

> 우리는 말씀의 본성이 변화를 겪고 육체가 되었다든가 혹은 혼과 몸으로 구성된 전체적이고 완전한 인간으로 변형되었다고 단언하지 않는다. 그러나 우리는 말씀이 이루 말할 수 없고 상상할 수 없는 방법으로 스스로 살아있는 혼이 넘치는 말씀 자신의 육체에 연합하면서 인간이 되고 사람의 아들(the Son of Man)이라 불렸다고 말한다. 그리고 이 참된 일치로 결합된 본성들은 다양하지만, 모두 한 그리스도와 한 아들의 본성이다. 마치 이 연합으로 본성의 다양성이 없어지지 않은 것처럼, 오히려 신성과 인성은 한 분 주 그리스도와 아들을 우리를 위하여 완전한 것으로 만든다 …. 그래서 비록 그가 세상 이전에 존재했고 아버지에게서 낳았다 하더라도, 그도 역시 여인의 육체를 따라 태어났다고 말할 수 있다. 그러나 그의 신성은 거룩한 동정녀에게 그 존재의 시작이 있는 것이 아니다 ….[47]

키릴은 로고스(말씀)와 로고스가 스스로 연합한 육체 간의 '본체적 연합'(henōsis kath hupo-stasin)을 가르친 것이 분명하다. 그는 '연합'에 헬라어 '헤노시스'를 사용하였다. 키릴은 그리스도에게 있어서 두 본성의 연합을 표현할 때 '본질의 연합'(henōsis phusikē), '본체에 따른 연합'(henōsis kath' hupostasin) 또는 '본질을 통한 연합'(henōsis kata phusin)의 술어를 사용하는 반면에 네스토리우스는 '밀접한 참여'(henōsis schetikē), '결합'(sunapheia) 또는 '내주'(enoikēsis, 內住) 등을 사용한다. 키릴은 네스토리우스의 술어를 거부하였다. 그는 분명히 진술하기를 "만일 우리가 불가능하든 혹은 부적당하든 간에 본체적 연합을 거절하면, 우리는 두 아들을 만드는 오류에 빠지게 된다."[48] 그런데 그가 주장하는 이 연합은 두 본성의 혼합이 없는 연합, 즉 어느 본성도 변화나 변질이 없이 유지되는 연합이다. 키릴이 주장하는 본체적 연합이 두 본성을 변화시키지 않기 때문에 인성이 신성과 연합했을 때도 인성에는 이성적인 혼(psyche logikē)이 그대로 있다. 여기서 말하는 '혼'(psyche)은 피조물의 생명 유지에 필요한 원리다.

키릴은 이와 같은 그리스도 안에서의 두 본성의 연합에 가장 좋은 비교를 인간 존재에 있어서 몸과 혼의 관계에서 찾았다. 왜냐하면 하나요 유일한 그리스도는 이중으로 존재하지 않기 때문이다. 우리는 한 인간이 몸과 혼으로 구성되었다고 해도 이중으로 생각하지 않고 둘을 하나로 생각한다. 이와 같이 비록 우리가 그리스도를 분리할 수 없게 연합된 두 별개의 본질로 구성되었다고 생각할지라도, 이중적이 아니라 하나인 것이다.

만일 누구든지 한 분 그리스도 안에서 본질의 연합(henōsis phusikē)에 의해서가 아니라 존엄이나 권위 혹은 관례의 결합에 의해서만 그것들을 연결시키면서 연합한 후에 신성과 인성(hupostaseis)을 나눈다면 그는

저주를 받는다.[49]

키릴은 성육신한 로고스에게 있어서 구별과 통일을 다음과 같이 진술한다.

확실히 본질적으로 하나님인 독생자가, 네스토리스가 주장하듯이 단지 외적인 고리로 혹은 도덕적인 결합(sunapheia)[50]에 의해서 인간이 된 것이 아니라, 설명이나 이해할 수 없는 방법으로 참된 연합(nuion, henōsis)에 의해서 인간이 되었다는 것은 논의할 여지가 없다. 따라서 그는 단일한 존재로 생각되어진다. 그가 말하는 모든 것은 자신에게 일치하는 것이고, 전적으로 한 위격(posōpon)의 발언이라는 것을 입증할 것이다. 왜냐하면 이 연합이 이뤄지자마자 … 말씀 자신의 성육신한 본성이 있기 때문이다 ….[51]

뿐만 아니라 성서가 그리스도에 관하여 내포하고 있는 '이디오마타'(idiomata), 즉 특질적인 속성, 유일한 특성, 표현의 특별한 양식 등의 의미를 가지고 있으며, 인간으로 그리스도에게 적용하기도 하고 로고스에 적용하기도 하는 헬라어 '이디오마다'를 분리하는 것도 키릴은 용납할 수 없었다. 왜냐하면 키릴에게 있어서 속성의 교류(communicatio idiomatum)[52]는 곧바로 본질의 연합에 뒤이어지기 때문이다. 그러므로 "만일 복음서와 서신에서 사용되었고, 신자들에 의해서 그리스도에게 사용된 표현들을 가지고 두 품격이나 두 본성(prosōpois égoun hupostasesi)을 그럴듯한 말로 속이는 자는 저주를 받는다."[53] 그리스도에 관해서 사용된 복음서의 모든 표현은 하나의 품격에 기인하는 것이다. 그 형식은 '성육신한 하나님의 말씀의 한 본질'이다.

요약하면 키릴이 발전시킨 그리스도론은 그리스도 안에서 신성과 인성이 '본체적 연합'으로 연합되었다는 것이다. 그러나 그가 사용한 용어는 매우 오해할 소지가 있다. 그가 사용하는 술어 중에 본성 또는 본질을 의미하는 헬라어 '프시스'(phusis)와 본체, 실체를 의미하는 헬라어 '후포스타시스' 등을 '품격'(prosōpon)뿐만 아니라 '본성'(nature)을 의미하는 데도 아무 구별 없이 사용하기 때문이다. 그는 그리스도의 품격의 통일을 나타내려고 할 때 '성육신한 하나님의 말씀의 한 본질'(mia phusis theou logue sesarkōmene)을 말한다.[54] 이 때문에 키릴은 아폴리나리우스주의자와 단성론자라는 비난을 받았다. 왜냐하면 그 형식은 품격과 본질을 동일시하고 그리스도에게는 한 본질만 있다고 가르친 아폴리나리우스가 창안한 것이기 때문이다. 키릴이 '한 본질'(mia phusis)의 구절에서 의도한 것은 로고스(말씀)가 몸과 합리적 이성을 가진 혼으로 구성된 완전한 인간의 본질과 연합했다는 것을 주장하려고 한 것이다. 이 때문에 그는 로고스가 육신과 연합하기 전에는 '두 본질'(duo phuseis)이었으나 연합한 후에는 '한 본질'이라고 주저없이 말했던 것이다. 그래서 그는 분명하게 선언한다. "두 본질이 연합했다. 그러나 연합한 후에는 더 이상 두 본질로 나누어지지 않는다. 그러므로 우리는 아들의 '한 본질'을 믿는다. 왜냐하면 비록 그가 인간과 육신이 되었다 해도 그는 하나이기 때문이다."[55] 문제는 동방 헬라 신학에서는 그리스도의 한 품격에 두 본성을 구별하여 나타낼 술어가 확정되지 않았다는 것이다. 이 문제를 일단 명료하게 한 것이 칼케돈공의회(451)이었다. 이 공의회는 '그리스도에게 있어서 두 본성의 연합'(duo phuseis eis hen prosōpon kai mian hupostasin)이라고 정의하여 쌍방을 결합하였다.[56]

4) 마리아론: 테오토고스

키릴이 마리아를 '하나님의 어머니'(theotokos)라고 부른 것은 속성의 교류로부터 끌어낸 결론일 뿐이다. 그리고 '하나님의 어머니' 칭호는 네스토리우스의 '그리스도의 어머니'(Christotokos) 또는 '사람의 어머니'(anthrōpotokos)와 대치(對峙)된다. 즉, 태어나고 십자가에서 죽은 분이 하나님이라면 마리아는 진정으로 하나님의 어머니다.[57] 그러나 마리아를 하나님의 어머니라고 하는 교리는 키릴의 창작이 아니다. 이 칭호는 오랫동안 마리아의 신적 모성을 표현하기 위해서 알렉산드리아학파에서 사용되어 왔다. 역사가 소조만(Sozoman)의 보고에 의하면 오리겐도 이 칭호를 사용했다.[58] 다만 키릴은 이 긴 전통을 잘 알고 네스토리우스 논쟁에서 그를 반대하기 위해서 이 칭호를 도구로 사용한 것이다. 더욱 키릴은 '하나님의 어머니'라는 이 말을 일종의 그리스도론의 개요라고 생각했다. 왜냐하면 그 칭호가 그리스도에게 있어서 품격의 통일과 본성의 이중성을 전제로 하기 때문이다.

IV. 네스토리우스의 그리스도론[59]

1. 시대

로마제국의 영구한 분열로부터 서방의 교회와 동방의 교회는 서로 다른 정치적 운명을 경험하게 되었으며 서로 다른 신학적 발전의 길을 걸어가게 되었다. 큰 신학적 논쟁은 주로 동방 지역에서 일어났다. 제국의 세속적 권위가 쇠퇴하고 로마교구가 서방의 중심으로 부상하면서 서방교회는 교황제도의 발판을 놓게 된 반면에 동방교회는 세속적 권위의 지배를 받는 국가교회 유형이 되었다. 서방교회는 원죄, 은혜, 선택 교리 등 신학적 인간론이 발전한 반면에 동방의 거의 모든 교회는 아리우스 논쟁 이후 오랫동안 삼위일체 논쟁과 그리스도론 논쟁의 파도에 휩쓸렸다. 콘스탄티노플공의회(381)를 비롯하여 소위 에베소공의회(431)[60] 그리고 칼케돈공의회(451)가 모두 그리스도론을 중심 문제로 다루었다. 이와 같은 공의회의 결정으로 많은 사람들은 논쟁이 종식될 것으로 생각했다. 조직된 그리스도교가 그 결정을 실행할 수 있는 힘을 갖게 되면 동방에서 신학적 논쟁은 끝날 것이라는 희망을 가졌었다. 그럼에도 불구하고 4, 5세기에서 보듯이 논쟁은 계속해서 사납게 휘몰아쳤다. 이 논쟁에서 주도적 역할을 한 것은 알렉산드리아학파와 안디옥학파였다.

두 번의 에베소회의를 소집했던(431, 449) 동로마제국의 황제 테오도시우스 2세(408~450)의 통치 기간에 알렉산드리아, 콘스탄티노플 그리고 안디옥의 대교구들은 서로 라이벌 교구들이었다. 특히 알렉산드리아 교구와 안디옥 교구는 동방에서 가장 서로 다른 철학적 전통에 근거하여 서로 다른 신학적 지적 성향을 가진 중심지였으며, 이 때문에 우월성을 놓고 싸우는 대적들이었다. 다른 한편 콘스탄티노플 교구는 새 제국 수도의 교회로서 동방의 로마와 같은 권위를 가지고 있었다. 콘스탄티노플공의회(381)는 동방교회에서 이 수도의 감독의 수위권을 공식화하였다. 이에 대해서도 알렉산드리아 감독은 항상 질투와 시기심에 불타있었다. 알렉산드리아는 동방에서 지적 수도라고 할 만큼 문화적으로 동방에서 제일가는 도시였다. 알렉산드리아 교회는 정치적, 종교적, 상업적 이유로 로마교회와는 서로 돕는 관계를 유지했다. 당시 로마를 비롯하여 이탈리아는 주로 알렉산드리아 항구를 통해 동방 물품을 수입했는데 그 권한을 알렉산드리아 감독이 쥐고 있었기 때문이다. 반면에 안디옥교회는 콘스탄티노플 교회를 지원하였다. 알렉산드리아 교회와 로마교회의 동맹은 고대성과 거만한 교회들인 두 교회가 신흥 콘스탄티노플 교회의 영향력이 증대되는 것에 대한 질투심에 의한 반사였다. 그리하여 알렉산드리아 감독과 콘스탄티노플 감독은 때때로 신학적인 문제와 교회정치적인 문제로 충돌하였다. 요한 크리소스톰의 역사가 콘스탄티노플의 총주교에 대한 알렉산드리아의 총주교의 적개심의 예를 보여준다.[61] 네스토리우스의 경우도 예외가 아니었다.

2. 생애

네스토리우스의 초기 생애에 대해서는 전해진 것이 거의 없다. 단지 그가 안디옥 감독구에 속한 시리아 유프라텐시스(Euphratensis) 지역의 게르마니키아(Germanicia, 현재 터키 남부에 있는 마라스)에서 페르시아 농부의 아들로 태어났고,[62] 신학 교육은 안디옥학파의 몹수에스티아의 테오도레 밑에서 받았다는 것, 그래서 일찍부터 안디옥학파의 신학적 공기를 마실 수 있었다는 것 그리고 그 후 안디옥 근처의 성 유프레피우스(Euprepius) 수도원에 들어가 금욕 생활을 했으며 안디옥교회의 장로가 되어 명설교가로 유명해졌다는 것이 알려지고 있을 뿐이다.[63] 428년 그가 동로마제국의 수도 콘스탄티노플의 주교가 된 후부터 그의 생애는 비교적 자세히 알려져 있으나 이때로부터 그의 생은 오히려 극적이고 논쟁적이며 비극적이었다.[64]

네스토리우스가 동로마제국의 수도 콘스탄티노플의 총주교가 된 것은 그의 명성을 들은 황제 테오도시우스 2세가 지역 후보자들의 강력한 요구를 거절하면서까지 그를 총주교로 임명하였기 때문이었다(428). 이로써 요한 크리소스톰에 이어 그는 안디옥학파 사람으로 이 높은 자리에 오른 두 번째 사람이 되었다. 두 사람의 임명 과정에서 다른 것이 있다면 요한 크리소스톰은 그 직에 임명된 것도 모르고 수도에 도착했으며, 무능한 황제보다도 정치 수완이 많은 실권자 황궁 의정관인 유트로피우스(Eutropius)에 의한 것이었으나, 네스토리우스는 황제가 친히 임명했다는 것이다. 네스토리우스는 임지로 가는 도중 스승인 테오도레를 방문하였다. 이 자리에서 테오도레는 네스토리우스에게 "나는 당신의 열심에 탄복합니다만, 그것이 당신에게 불행한 결과를 가져온다면 유감스럽기 이를 데 없겠습니다"라고 했다.[65] 죽기 얼마 전 중직을 맡고 임지로 떠나는 제자요 후배인 네스토리우스를 마지막으로 만난 자리에서 후배에게 한 테오도레의 말은 동방교회의 총주교로서 네스토리우스가 짊어지고 갈 비극적인 그의 삶을 예언한 말이었다.

황제에 의해서 네스토리우스가 콘스탄티노플의 감독으로 임명될 당시 수도는 매우 어지러운 상황 가운데 있었다. "정직하고, 웅변에 능하며, 수도원적 경건의 사람 그리고 정통에 대한 열광적 지지자인"[66] 그는 감독으로 취임하자 곧 강력한 정화 작업으로 분파주의자들, 유대인들, 도시에 잔존하고 있는 아리우스주의자들, 마케도니우스 추종자들, 노바티안들 그리고 십사일준수주의자들[67]을 공격하였다. 그러나 서방으로부터 추방된 펠라기우스주의자들(Pelagians)에 대해서는 관대했다. 네스토리우스는 그의 감독 취임 설교에서 "오 황제여, 이 땅에서 이단들을 정화하도록 해 주소서. 그 대신 나는 당신에게 천국에 들어가도록 하겠습니다. 이단들과 싸우는 나를 도와주소서. 나는 당신의 페르시아인과의 싸움을 돕겠습니다"라고 했다.[68] 그리하여 감독 취임 닷새 후에는 황제의 명에 의해서 콘스탄티노플에 있는 아리우스파 교회가 모두 문을 닫게 되었고, 마케도니우스 추종자들은 근절되었다. 그러나 감독은 노바티안들을 박멸시키는 데는 성공하지 못하였다. 그들은 조정에 많은 지지 세력을 확보하고 있었을 뿐 아니라 교리적으로 이단성이 분명하지 않았기 때문이다. 이 점에 대해서 역사가 소크라테스는 "네스토리우스가 교회의 실제상황과 반대되는 행동을 했다"고 지적하였다.[69] 사실 네스토리우스는 그의 논박과 성급한 개혁 작업 때문에 많은 적을 만들었고 이단의 의심까지 받게 되었다. 이것은 요한 크리소스톰이 강단에서 안디옥학파의 신학을 선포한 것 때문에 그 자리에서 물러나게 되었다면, 네스토리우스는 그가 즐기는 그리스도론적 설교 때문에 주교 자리에서 폐위되었다는 것을 의미한다.

네스토리우스는 콘스탄티노플에 올 때 그의 전속 신부인 아나스타시우스(Anastasius)를 비롯하여 몇 명의 사제들을 안디옥으로부터 대동하고 왔다. 그들은 콘스탄티노플 사제들로부터 환영받지 못하였다. 그것은 아마도 황제가 그 지역의 감독들의 추천을 거부하고 네스토리우스를 총주교로 임명했기 때문이 아닌가 생각된다. 그와 같은 분위기에서 전속 신부인 아나스타시우스가 428년 11월에 동정녀 마리아에 대한 '하나님의 어머니' 또는 '하나님을 잉태한 자'(Theotokos)라는 칭호 사용을 반대하는 설교를 한 것이다. 즉, "누구도 마리아를 하나님의 어머니라고 부르면 안 된다. 마리아는 다만 인간일 뿐이며, 하나님이 인간에게서 출생한다는 것은 있을 수가 없다"고 한 것이다.[70] 이 설교는 큰 물의를 일으켰으며 많은 비판을 받게 되었다. 그것은 오래전부터 동서를 막론하고 그 명칭이 동정녀 마리아에게 일반적으로 적용되어 왔으며,[71] 마리아에 대한 숭배심이 높아짐에 따라서 그 칭호도 확고해 지고 있었기 때문이다. 이 명칭은 신학적 사색의 결과가 아니라 교회의 케리그마적인 전승의 고백이기 때문에 동정녀 마리아에게 적용된 그 명칭을 반대하는 것은 마리아의 모성의 영광을 반대하는 것이며 교회의 케리그마를 거부하는 것이 되었다. 그리하여 아나스타시우스의 설교는 뜻하지 않게 네스토리우스 논쟁의 불을 붙인 것이 되었다.

아나스타시우스의 설교에 대하여 찬반의 소란이 일어났을 때 네스토리우스는 그의 전속 신부의 입장을 지지하는 설교를 같은 해 성탄절 설교에서 했다. 즉, "마리아는 하나님의 어머니가 아니다. 왜냐 하면 육에서 난 것은 육이고 영에서 난 것은 영이기 때문이다."[72] 그러나 네스토리우스가 마리아에 대한 '하나님의 어머니'라는 칭호에 소극적이었던 것은 이유가 있었다. 그는 당시 '신(神)들의 어머니' 사상을 주장하고 있는 이교도들을 용납할 수 없었기 때문이었다. 하나님에게 어머니가 있을 수 없다고 생각했다. 하나님에게는 "아버지도 어머니도 없다"는 히브리서의 말씀(7:3)도 있기 때문이다. 그래서 대안으로 하나님이 내주하는 '성전'이라는 뜻의 칭호가 오해를 덜 받을 수 있다고 생각한 것이다.[73] 네스토리우스가 마리아에 대한 '테오토코스' 칭호를 반대한 것은 마리아를 존경하지 않기 때문도 아니었다. 그 칭호가 갖는 오해 때문이었다. 그는 속성의 교류(communicatio idiomatum)의 오용(誤用)과 함께 그리스도의 신성의 출생, 수난 그리고 죽음의 교설을 내포한 아리우스와 아폴리나리우스의 '테오토코스' 개념을 반대한 것이다. 사실 네스토리우스가 콘스탄티노플에 도착했을 때 이미 그 도시에는 마리아에 대한 칭호로 '하나님의 어머니'와 '사람의 어머니'(Anthropotokos) 문제로 논쟁이 일어나고 있었다. 이 논쟁자들이 감독의 중재와 교시를 요구했을 때 네스토리우스는 두 칭호의 바른 이해를 권했고, 그러고 나서 이교적이지 않고 두 개념을 모두 포함할 수 있는 '그리스도의 어머니'(Christotokos)라는 칭호가 보다 건전한 명칭이라고 교시하였다.[74]

그럼에도 불구하고 특히 그의 적들에게 네스토리우스의 설교는 성육신 그리스도에게 두 분리된 위격이 존재한다는 의심을 불러일으켰다. 그리고 논쟁은 더욱 격렬해졌다. 이 소식을 들은 알렉산드리아의 키릴도 네스토리우스를 공격하기 시작했다. 그 표면상의 이유는 네스토리우스가 마리아에 대한 '테오토코스' 칭호를 부정한다는 것이었지만, 그보다는 교회정치적인 이유가 그 배후에 있었다. 428년경 키릴에 의해서 직위가 박탈당한 4명의 알렉산드리아 사람이 콘스탄티노플로 피신해서 키릴의 부당한 처사를 황제에게 고발한 일이 있었다. 황제는 이 고발 사건 처리를 네스토리우스에게 위임하였다. 키릴은 자기의 가장 강력한 경쟁자인 감독이 자기 문제의 재판관이 된다는 것은 자기 자신에게뿐만 아니라 알렉산드리아 지역 감독 전체에 치명적인 수치라고 생각했고, 네스토리우스가 그들을 매수하여 자기에게 불리한 증언을 하게 하리라고 확신하고 있었다.[75] 그리하여 네스토리우스를 공격할 구실을 찾고 있었다. 그때 마침 콘스탄티노플에서 '테오토코스' 칭호 문제의 논쟁이 벌어진 것이다. 당시 대표적인 신학자일 뿐만 아니라 정치적 수완이 남다른 키릴이 이 기회를 네스토리우스 공격의 절호의 기회로 삼은 것은 너무나 당연하다. 키릴은 네스토리우스의 교훈에서 비정통적인 요소를 찾아내서 공격하고, 그것이 교회에서 인정만 된다면 자기 문제에 대한 네스토리우스의 어떠한 판결도 그 효력을 발생할 수 없게 될 것이라고 확신하고 수단 방법을 가리지 않고 그를 공격하기 시작했다. 이것을 H. 채드윅은 다음과 같이 기술하고 있다.

> 키릴은 자기 자신에 대한 공소 심의 과정을 교리적인 문제를 전면에 내세워 변경시킬 수 있는 수완가였다. 신학적인 논쟁으로 사건을 회전시켜 첫 라운드부터 키릴이 승리했고, 이것이 키릴에게 결정적인 승리의 계기를 마련해 주었는데도 네스토리우스는 그 사실을 깨닫지 못했고, 우둔하게도 키릴의 책략에 넘어가 그리스도론 싸움에 뛰어들게 되었다.[76]

키릴과 네스토리우스는 둘이 모두 로마의 감독(교황) 켈레스틴 (Celestine, 422~432)에게 자기들의 입장을 알리고 문제 해결에 관여해 줄 것을 호소하였다.[77] 이미 지적했듯이 흥미 있는 것은 초대교회에서 대부분의 큰 신학적인 논쟁은 동방교회에서 일어났는데, 로마의 감독은 대부분의 경우 제3자적 입장을 취하다가 동방교회의 감독들이 호소가 있을 때 관여하여 비록 편파적일 때가 많았으나 판결을 해줌으로 로마 감독의 위상을 높이고 있었다. 이번 경우에 로마 감독 켈레스틴은 키릴의 주장에 동의하고 그를 지지하였다. 그리하여 교황은 430년 8월에 로마에서 회의를 소집하여 네스토리우스를 정죄하고 10일 이내에 네스토리우스로 하여금 자기의 주장을 철회하지 않으면 파문할 것을 결의하고, 그 집행권을 키릴에게 위임하였다.[78] 교황이 이와 같은 결정을 하게 된 것은 물론 신학적인 이유도 있을 수 있었겠지만, 그보다는 그도 역시 키릴과 같이 교회정치적 관심에 의한 결정이었다. 왜냐하면 몇 사람의 펠라기우스주의자들(Pelagians)이 서방으로부터 피신하여 콘스탄티노플에 살고 있었기 때문이다.[79] 예를 들면 탁월한 펠라기우스주의의 대표적 인물 중의 한 사람인 켈레스티우스(Caelestius)가 424년에 교황에게 축출당하여 이탈리아로부터 콘스탄티노플에 와서 살고 있었으며, 소위 반(半)펠라기우스주의자인 줄리안 감독(Julian, c. 386~454)도 최근에 길리기아(Cilicia)로부터 피신하여 콘스탄티노플에 와서 살고 있었다.[80] 그런데 네스토리우스는 다른 이단들에 대해서는 강력한 정책을 쓰면서도 자신이 펠라기우스주의를 지지하지도 않으면서 그 피난자들에 대해서는 명예가 훼손된 사람들이라고 생각하고 매우 동정적이며 관대하게 대하였다. 이것이 로마 감독으로 하여금 키릴을 지지하게 한 중요한 원인이 되었다. 이 사실도 초대교회의 교리 형성이 순수 신앙적이며 신학적인 차원보다 얼마나 많이 교회정치의 영향을 받았는지를 보여준다.

교황의 지지를 얻은 키릴은 확신을 가지고 430년 11월에 알렉산드리아에서 회의를 소집하여 교황의 위임을 공표하고 집행할 것을 결의하였으며, 이 사실을 네스토리우스에게 통보하였다.[81] 키릴은 이 서신에 네스토리우스를 저주하는 글『12개 항목 저주문』을 첨가하고 그로 하여금 수락하도록 요구하였다. 이 문서를 받은 네스토리우스는 그것을 안디옥의 요한에게 보냈고, 요한은 키루스의 테오도렛에게 그 문서에 대한 반박문을 쓰도록 요청하였다. 키릴이 네스토리우스에게 보낸『12개 항목 저주문』[82]의 내용은 실제적으로 로마와 알렉산드리아 교회가 공유하는 신앙과 일치하지 않았다. 특히 시리아의 입장에서는 매우 불리하게 생각되는 것들이었다. 그것에 대하여 휴스(P. Hughes)는 다음과 같이 논평하였다.

> 12개의 제안은 그것에 서명한 사람 편에서 애매하지 못하도록 작성된 매우 능숙한 신학자의 작품이다···. 그것들은 교황의 결정을 키릴 자신의 특유한 용어로 신앙을 진술한 것이다···. 로마는 12개의 제안에 대해서 아는 것이 전혀 없다. 성 켈레스틴은 그것들을 결코 언급한 일이 없다.[83]

다른 한편 로마교회 회의의 결정을 거부한 네스토리우스는 자기를 수도의 주교로 임명한 황제의 지지를 얻어 세계적 교회회의 수준에서 직면한 문제의 해결을 희망하면서 교회 공의회 소집을 황제에게 요청하였다. 모든 것을 마음에 둔 키릴은 황제로 하여금 네스토리우스에 대한 신임을 약화시킬 작정으로 황제, 황후(유도키아) 그리고 황제의 누이(풀케리아)에게 서신을 보냈다.[84] 그러나 황제는 문제의 심각성을 인식하고 공평한 해결과 교회의 평화를 회복하기 위하여 네스토리우스의 요청을 받아들여 서로마제국의 황제 발렌티니안(Valentinian)과 함께 431년 에베소에서 회의를 소집할 것을 공포하였다. 이것이 제3

차 에베소공의회로 알려진 회의다.

이 회의에서 네스토리우스가 기대했던 것과는 정반대의 결과가 나타났다. 키릴과의 싸움에서 완전히 패하고 만 것이다. 그 이유는 교리적인 데 있지 않았다. 투쟁 의지의 문제였다. 첫째로 키릴은 주도면밀한 전략 아래 적극적으로 승리를 위해서 활동한 데 비하여 네스토리우스는 황제의 지지를 과신했는지 알 수 없으나 엉성한 계획에 낙관적으로 회의에 임하였다. 둘째는 키릴은 정치적 감각이 뛰어난 사람인 데 비하여 네스토리우스는 순결하고 고지식하고 정치 감각이 둔한 수도사였다. 셋째는 키릴 지지자들에 비해서 네스토리우스 지지자들은 결속력이 부족했다. 키릴파는 이미 에베소에 도착하여 회의에 임할 모든 준비를 끝내고 개회를 기다리고 있었는 데 반하여 네스토리우스 지지자들은 예정된 날에 회의 장소에 도착하지도 못하고 있었다. 예정된 일보다 16일이 지난 6월 22일에 반(反)네스토리우스파는 네스토리우스 지지자들과 교황의 사절단이 아직 회의 장소에 도착하지도 않았고, 이미 도착해 있던 네스토리우스와 황제의 사절단의 반대에도 불구하고 더 기다릴 수 없다고 선언했다.[85] 에베소 감독이며 회의의 사회를 맡은 멤논(Memnon)과 도착해 있는 다수의 감독(주로 키릴파 200여 명) 그리고 키릴이 알렉산드리아에서 데리고 온 많은 사제들의 지지를 업고 키릴은 "이 위대하고 거룩한 회의는 참석할 것으로 기대되는 경건한 감독들을 기다리면서 충분히 인내하였다"고[86] 선언하고 회의를 개회했다. 네스토리우스는 말했다. "키릴 당신은 이 회의를 당신 자신을 위한 회의로 만들었지 우리 모두를 위한 것이 아니었다…. 당신은 당신이 원하는 대로 행동했다…."[87] 그리고 덧붙여 말하였다. "나는 회의를 소집한 키릴, 그 두목인 키릴에 의해서 소환되었다. 누가 재판관인가? 키릴이다. 누가 고소인인가? 키릴이다. 누가 로마의 감독인가? 키릴이다. 키릴이 모든 것이다. 키릴이 알렉산드리아의 감독인데 거룩한 로마의 감독, 켈레스틴 자리도 취했다고 했다.”[88]

그러나 이미 회의는 개회되었고, 니케아신조가 낭독된 후 키릴이 주도하는 회의는 즉시 네스토리우스의 고발된 가르침에 대한 심사를 진행했으며, 200명의 감독들의 전원 일치의 투표로 네스토리우스가 없는 궐석재판(in absentia)에서 그의 정죄가 결정되었다. 그 순간 참석했던 감독들이 외쳤다.

만일 누구든지 네스토리우스를 저주하지 않는다면, 그 자신을 저주하게 하겠다. 참 신앙이 그를 저주한 것이다. 거룩한 교회회의가 그를 저주한 것이다. 만일 누구든지 네스토리우스와 친교를 나눈다면, 그를 저주받게 하라. 우리 모두는 네스토리우스의 서신과 교리를 저주한다. 우리 모두는 이단자 네스토리우스와 그의 지지자들을 그리고 불경스러운 신앙과 그의 불경스러운 교리를 저주한다. 우리 모두는 신성을 모독하는 불경스러운(asebē) 네수토리우스를 저주한다.[89]

그들은 계속하여 외쳐 댔다.

우리는 많은 눈물을 머금고 네스토리우스에 대한 이 선고, 즉 그가 모독한 우리 주 예수 그리스도가 거룩한 교회회의를 통하여 네스토리우스는 감독의 존엄으로부터 그리고 모든 성찬식에서 배제된다고 판결하신 이 선고를 하기에 이르렀다.[90]

이와 같은 결과로만 보면 이 회의는 430년 키릴이 주도했던 알렉산드리아회의가 다시 열린 것처럼 보이고, 그 확대요 그 회의의 결정을 인준하는 회의였다고 할 것이다. 네스토리우스를 지지하는 안디옥 감독들은 에베소에 26일(또는 27일)에 도착하여 즉시 소수파로서 약 43명이 모여 대항적 회의를 열고 키릴과 멤논을 불법적 회의 진행의 책임을 물어 감독직에서 해임시켰다. 그들은 키릴파의 회의는 자기들이 도착하기 전에 네스토리우스를 해임시킬 권한이 없다고 주장했다. 그러나 그들은 네스토리우스의 장점이나 공적에 대해서는 전혀 언급하지 않았다. J. W. C. 완드는 "네스토리우스를 직접적으로 방어하지 않고 키릴의 『12개 항목 저주문』에 대하여 공격한 것은 좋은 책략이었다"고 지적한다.[91] 사실 안디옥의 감독 요한이 주도한 회의는 키릴의 '저주문'만을 이단적 제안으로 정죄하였다. 그렇다면 엄격한 의미에서 아직까지 황제 테오도시우스 2세가 소집한 공의회 격인 에베소회의는 개회되지 않았다고 봐야 할 것이다.

에베소에서 각파가 각기 자기들만의 회의를 소집하고 상대방을 정죄한 후 양 파는 황제에게 호소하였다. 앞서 키릴과 네스토리우스는 로마 감독에게 호소했는데, 이번에는 에베소회의를 소집한 황제에게 호소한 것이다. 첫 황제의 반응은 매우 뜻밖이었다. 그는 키릴, 에베소의 감독 멤논 그리고 자기가 콘스탄티노플의 주교로 임명하고, 자기를 믿고 에베소회의 소집을 요구했던 네스토리우스를 모두 구속 수감한 것이다. 그러나 양 파의 대표자들을 같은 해 9월에 칼케돈에서 접견한 후 황제는 네스토리우스가 주교직을 계속 수행하는 것에 대한 대중들의 부정적인 감정을 알게 되었고, 여론에 굴복하여 키릴과 멤논을 석방하고 네스토리우스는 안디옥 근처 수도원으로 추방하였다. 황제는 키릴을 알렉산드리아로 돌아가게 했고, 멤논은 에베소 감독직을 유지했으며, 모든 감독도 각기 자기 교구로 돌아갔다. 이 모든 과정에서 키릴의 정치적 수완만이 발휘되었고, 양 파의 대표단 사이의 분열은 더 심화되었다.

제국의 정치를 위해서도 교회의 평화가 필수적이라는 것을 알고 있는 황제는 양 파의 연합을 위한 조정에 개입했고, 18개월간의 황제의 설득과 압력 그리고 교회의 평화를 원하는 많은 동방의 감독들의 압력에 의해서 드디어 양 파는 433년에 '재연합의 신조'(Formulary of Reunion of 433)[92]를 작성하게 되었고, 이 연합의 신조에 알렉산드리아학파를 대표하는 키릴과 안디옥학파를 대표하는 요한이 서명함으로 양 파의 싸움은 표면상 일단락되었다. 이 과정에서 우리가 간과해서는 안 될 것이 있다. 그것은 협상 과정에서 양 파를 대표하는 키릴과 요한은 각기 두 가지의 조건이 있었다는 것이다. 첫째로 키릴은 네스토리우스의 정죄와 그의 '저주문'이 인정되는 것이었고, 반면에 요한은 그 두 가지가 철회되는 것이었다. 키릴은 끝까지 자기의 조건을 철회하지 않았고, 결국 요한이 키릴의 주장을 수용했다는 점이다. 둘째는 키릴이 사실상 431년 안디옥 감독들이 작성한 '안디옥 신조'에 근거한[93] 연합의 신조에 서명했다는 점이다. 이 안디옥 신조는 안디옥 신학의 위대한 해설자 키루스의 테오도렛이 초안한 것이다. 이 점에서 볼 때 이 논쟁에서 키릴의 목적은 안디옥학파의 신학을 반대하는 것이 아니라 네스토리우스의 정죄에 있었다는 것이 분명해진다. 자기의 큰 목적을 달성하기 위해서 작고 지엽적인 것을 양보할 줄 아는 책략가 키릴은 신학적인 문제에서 양보하고 네스토리우스 정죄라는 교회정치적인 목적을 달성한 것이다. 그러므로 네스토리우스의 정죄는 교회 평화를 위한 희생제물로 바쳐진 것이었고, 그의 신학과는 아무 관계가 없으며, 네스토리우스 연구가 루프스가 지적한 대로 그는 안디옥 옛 동지들로부터 버림받은 것이다.[94] 이때로부터 431년 제3차 에베소공의회에서의 네스토리우스 정죄는 사실상 효력이 나타난 것이다.

435년에는 네스토리우스의 책까지 모두 이단적 문서로 정죄를 받아 소각되었다. 네스토리우스 자신은 전에 콘스탄티노플의 감독 요한 크리소스톰이 그러했듯이 황제의 명에 의해서 체포되어 이곳저곳으로 끌려다녔으며, 같은 해 또는 436년에는 이집트 상류 오아시스(Oasis)로 유배되었다. 네스토리우스는 여러 해 동안 휴식조차 취할 수 없었으며 어떤 인간적인 위안을 받는 일도 없었으나 그 자신은 유배지에서 겪은 고난에 대해서 일절 이야기하지 않았다. 그는 세상에 대한 흥미를 잃은 것 같았으며 자신을 위한 모든 인간적인 일도 방치하고 있었다. 그는 세상에 대해서 죽었고, 살아 있으나 죽은 것이나 다름이 없었다. 그는 생의 마지막에 이렇게 써 놓았다.

> 나는 나의 삶의 고통을 견뎠으며, 이 세상에서 내 모든 운명을 한 날의 괴로움으로 생각하고 견뎠다. … 내 죽음의 시간이 이미 내게 이르렀고, 나는 매일 나의 소멸이 이루어지기를 하나님께 간절히 원하고 있다. 그리고 내 눈은 하나님의 구원을 바라보고 있다. 축하해다오. 나의 사랑하는 사막이여! 나를 길러준 부모요 내가 거주하는 가정이요, 나의 어머니 유배지의 땅이여, 내가 죽은 후에도 하나님의 뜻에 의하여 부활할 때까지 내 몸을 지켜줄 사막이여 축하해다오.[95]

그는 자기의 생애에 대하여 쓴 글에 '비극'(Tragedy)이라는 의미심장한 칭호를 붙였고, 『비극』은 그의 제1 변증서이기도 하다. 그러나 우리는 그의 마지막에 대한 분명한 자료가 없다. 그의 마지막 책 『헤라클레이데스의 바자』(*The Bazaar of Heracleides*, 이하 『바자』라고 함)[96]에 449년에 소집되었던 에베소 노회(강도의 노회로 알려진 회의), 450년에 사망한 테오도시우스 2세의 죽음, 451년 칼케돈공의회에서 면직된 알렉산드리아 감독 디오니코루스의 도주 등이 언급되어 있다는 것에 근거하여 그가 칼케돈공의회 전에 죽지 않았을 것이라는 설도 있고, 칼케돈공의회에 초청을 받았다는 설도 있지만,[97] 『바자』에는 칼케돈공의회에 대한 직접적인 언급이 없다. 그가 칼케돈공의회를 예상했던 것은 확실한 것 같으며, 칼케돈공의회 전야까지 생존해 있었을 것으로 추측된다(451).[98]

네스토리우스는 죽기 전에 이단으로 정죄를 받았을 뿐만 아니라 이미 정통 교회에서 잊혀진 사람이었다. 그가 받은 고통은 이단자로서 받을 처벌일 뿐이었다. 그가 사망한 후 페루시아를 제외하고는 수 세기 동안 모든 사람의 관심에서 그는 사라졌었다. 다만 네스토리우스주의자들의 선교사들이 6세기경부터 중국에서 '경교'(景教, Ching Chiao)라는 이름으로 활동했을 뿐이다. 네스토리우스의 극적이고 비극적인 삶을 잘 요약한 글이 있다.

> [네스토리우스], 박식하고 웅변가요 안디옥 교외 유프레피우스(Eup-repius) 수도원의 금욕적 수도사, 요한 크리소스톰과 같이 예기치 않게 갑자기 콘스탄티노플의 주교로 부름을 받고, 제국의 수도에 그리스도교 신앙을 현실화시키려고 열정을 쏟았던 사람. 그러다가 어느 날 갑자기

이단적 교훈을 가르친다고 고소를 당하였고, 무자비한 교리적 논쟁에 휘말렸고 감독직에서 면직을 당하고, 파문을 받았으며, 그의 신앙을 함께 나누었던 동료들로부터 버림을 받아 이집트의 사람 없는 외딴곳에 유배되어 죽은 그 사람만큼 전 그리스도교 교리사에서 흥미 있는 인물은 거의 없을 것이다.[99]

3. 신학 사상: 이단인가? 정통인가?

1) 주요 저작 개요

(1) 『헤라클레이데스의 바자』(*Bazaar of Heracleides*)

14세기 가장 유명한 네스토리우스계의 신학자인 에베드예수(Ebedjesu)의 목록에 의하면 네스토리우스는 다양한 문제에 관하여 많은 논문을 썼다. 그러나 네스토리우스가 키릴파의 에베소회의(431)에서 이단으로 정죄를 받은 후 승자 키릴파에 의해서 그의 글들은 파괴되어 거의 남아 있지 않다. 황제 테오도시우스 2세는 435년 모든 그의 글을 정죄하고 소각하도록 명령했다.[100] 이와 같은 경우는 비단 네스토리우스의 경우만은 아니다. 역사 연구에서 늘 확인되는 것이지만, 그리스도교 교리 논쟁사에서, 특히 4~5세기의 논쟁에는 순수 교리적인 논쟁보다는 정통 교리 수호라는 명분으로 교회정치적인 권력 투쟁에 의한 논쟁이 극심했고, 이에 따라서 승자는 정통이 되고 패자는 이단이 되어 그들의 작품이 소각되는 경우가 많았다.

네스토리우스의 저작 중에는 설교, 서신 그리고 논문 등이 있었다.

특히 논문 중에는 알렉산드리아의 키릴이 네스토리우스에게 보낸 『12항목의 저주문』에 대한 반박문으로『12개 항목의 반(反)저주문』, 키릴파의 에베소회의에서 정죄를 받은 후 황제의 명에 의해서 안디옥 근처 수도원에서 유배 생활을 했던 시기(431~435)에 썼을 것으로 추측되는『비극』(*Tragedy*)과 대화의 형식으로 키릴을 논박한『하나님의 고난』(*Theopaschite*)이 있다. 이 글의 제목이 암시하듯이 네스토리우스는 키릴이 하나님을 그리스도 안에서 고난받는 존재로 만들었다고 비난한다. 이와 같은 네스토리우스의 작품들이 있지만, 그의 그리스도론에 가장 중요하고 기본이 되는 자료는『바자』다.

지금까지 네스토리우스의 그리스도론에 대한 지식은 주로 그를 비난하고 반대했으며 그의 정죄에 가장 열정적이었던 키릴의 글과 그의 인용문, 네스토리우스를 정죄했던 에베소회의의 회의록 등에 의존해 왔다. 네스토리우스를 연구하는 학자들은 이 자료들이 과연 네스토리우스의 사상을 바르게 반영하고 있는지에 대하여 회의적이면서도 자료의 한계 때문에 연구를 더 이상 진전시킬 수가 없었다. 14세기 에베드예수가 시리아어로 된 여섯 저서를 소개한 후[101] 수 세기 동안 네스토리우스에 대한 연구는 답보 상태에 있었다. 그러다가 1905년 F. 루프스가 많은 단편들을 수집하여『네스토리아나』(*Nestoriana*)를 출판함으로써 네스토리우스 연구에 새로운 전기를 마련하였다.[102]

이미 지적했듯이『바자』에는 고독과 비극적인 삶 그리고 생의 최후가 암시되어 있기 때문에 이 책은 이집트 상류 그의 유배지에서 네스토리우스 자신이 기록하였음이 분명하다. 그렇다면 책명에는 왜 네스토리우스라는 이름 대신 헤라클레이데스라는 이름이 붙었는가? 헤라클레이데스는 네스토리우스의 변증서 『바자』를 시리아어로 번역한 다마스쿠스에 살고 있는 고상하고 교양 있는 현자라고 전해지고 있다. 네스토리우스가 정죄 받은 자기 이름을 숨기고 그의 이름을 사용한 것은 이단으로 정죄 받은 자의 이름의 책을 사람들이 읽는데 두려워할 것을 염려했기 때문이었다고 한다.[103] 그러나 불완전하지만 현존하고 있는 그의 책에는 헤라클레이데스에 대한 언급이 없다. 그래서 학자들은 네스토리우스의 추종자들이 스승의 책을 보존하기 위하여 그와 같은 익명을 사용했을 가능성을 언급한다.[104]

『바자』는 난해한 책 가운데 하나로 알려져 있다. 그것은 저자 자신의 문장 형식에도 그 원인이 있겠지만, 헬라어 원본이 없다는 것이 가장 큰 이유다. 최초의 시리아어 역본은 6세기 중엽에 완성되었을 것으로 추측한다. 그것도 네스토리안 교파의 신부 오샤나(Oshana)에 의해서 O 사본으로 알려진 12세기의 사본이 19세기 초에 발견되었을 때 비로소 알 수 있었다.[105] 그러나 1908년 베툰 베이커(Bethune-Baker)가 새로운 증거에 대하여 처음으로 숙고한 책, 『네스토리우스와 그의 교훈』을 출판하기까지 『바자』는 영미학계에 거의 알려지지 않았었다. 그의 책이 높이 평가받는 것은 케임브리지대학에 보관되어 있는 C 사본을 대본으로 하고 그 변증서로부터 긴 인용을 하고 있기 때문이다. 그의 책은 저서라고 하기보다는 편역이라고 하는 것이 더 적합하다. 그로부터 2년 후인 1910년에 베드얀(P. Bedjan)의 편집으로 시리아어 역본이 출판되었고, 같은 해에 나우(F. Nau)가 그것을 불어로 번역하여 출판하였다.[106] 그리고 다시 1925년에 드라이버(G. R. Driver)와 호지슨(L. Hodgson)에 의해서 영역본이 출판되었다.[107] 이것이 20세기에 네스토리우스 신학 사상에 대하여 새로운 관심을 불러일으킨 활력소가 되었다.

『바자』는 2권 다섯 부분으로 구성되었다. 전반부에서 저자는 이단적 그리스도론을 소개하면서 논박하고, 니케아공의회(325) 이후 전개되었던 그리스도론 논쟁에 대해서 언급한다. 그가 말하는 이단들은 사모사타의 바울, 마니교의 교훈, 아리우스주의, 아폴리나리우스주의 그리고 키릴의 그리스도론이다. 이 부분이 그의 책에서 저자의 그리스도론을 이해하는 데 가장 중요한 부분으로 평가되고 있다. 그것은 저자가 이 부분에서 이단들을 비판하면서 자신의 그리스도론의 기본 입장을 분명하게 밝히고 있기 때문이다. 그에게 있어서 그리스도론의 핵심이 되는 두 가지 문제는 그리스도 안에서 두 본성의 연합이 본체적 연합(uion of hupostasis)이냐 아니면 프로소폰의 연합(union of prosōpon)이냐는 것과 동시에 두 본성을 어떻게 구별하느냐는 것이었다. 이것은 초대교회 그리스도론 발전단계에서 제3단계에 속한다.[108] 니케아공의회는 그리스도의 신성을 부인한 아리우스의 교훈을 정죄했고, 콘스탄티노플공의회(381)는 그리스도의 인성을 부인한 아폴리나리우스를 정죄했다. 5세기에 와서 교회는 그리스도 안에서 두 본성이 어떻게 존재하는지와 그 관계에 관심을 기울이게 되었다. 4세기에 그리스도가 참 하나님이고 참사람이라는 형식을 공식화했으나 문제는 어떻게 한 그리스도가 동시에 하나님이고 사람이 될 수 있느냐는 것이다. 이것이 키릴과 네스토리우스 사이의 그리스도론 논쟁의 핵심이었다.

『바자』의 후반부에서 저자는 자기에 대한 고발과 정죄에 대하여 논박하고 에베소공의회의 불법적인 진행을 비난한다. 그리고 그는 콘스탄티노플의 감독 플라비안(Flavian)의 그리스도론을 지지하고 그와 논쟁하는 유티케스(Eutyches)의 그리스도론은 논박하였다. 유티케스는 알렉산드리아의 그리스도론을 극단적으로 이끌어 간 사람으로 아폴리나리우스의 신학적 경향과 같이 결국 '성육신한 하나님의 말씀의 하나의 본질(신성)'을 주장한 사람이다. 플라비안과 유티케스의 논쟁도 역시 알렉산드리아학파와 안디옥학파 사이의 싸움이라고 할 것이다. 유티케스는 448년 콘스탄티노플회의에서 정죄를 받았고, 이 회의의 반동으로 열린 449년 에베소회의(교황은 이 회의를 강도의 회의라고 했음)는 플라비안을 정죄했다.

비록 헬라어 원본은 아직 발견되지 않았고 시리아어 사본이 불완전한 상태로 현존하지만, 『바자』는 초대교회의 그리스도론 논쟁, 특히 네스토리우스의 그리스도론을 이해하는 데 가장 중요한 현대의 발견 중의 하나임에는 틀림없다.

2) 네스토리우스에 대한 현대적 해석

네스토리우스의 문제, 즉 "네스토리우스의 가르침이 정말 정통교회의 교리를 파괴했느냐?", "그가 참으로 이단이었느냐?", "네스토리우스에 대한 에베소회의의 판결은 정당했느냐?", 더 구체적으로 말해서 "그가 동정녀 마리아에 대한 존경을 거부하고 그에게 붙여진 '하나님의 어머니' 칭호를 반대했느냐?", "그가 그리스도의 신성 또는 인성을 부정했느냐?", "그가 그리스도의 신성과 인성을 분열시켜 두 그리스도론, 두 아들론을 주장했느냐?", "그가 그리스도의 두 품격(two prosōpa)을 주장했느냐?" 등의 문제는 그의 책 『바자』가 발견되면서 기존의 교회사학의 주장에 대하여 재평가하게 되었다.[109]

그러나 『바자』가 발견되기 전에도 네스토리우스의 사상이 적대자들에 의해서 오해되고 왜곡되었다는 지적은 있어 왔다. 교회사가 소크라테스는 역사가로서 5세기에 이미 네스토리우스의 교설을 오해한 사람들을 향해서 그를 방어한 일이 있었다. 그는 네스토리우스가 그리스도의 인성만을 가르쳤고 신성을 부정했다는 것은 그의 반대자들의 주장이라고 하면서 네스토리우스는 결코 그와 같은 주장을 한 일이 없다고 하였다.

> 나는 네스토리우스의 작품을 읽었으며 참을 말하려고 한다. 그는 사모사타의 바울이나 포티누스(Photinus)와 같은 견해를 주장한 일이 없으며, 주님을 단순히 인간으로만 생각한 일도 없다. 그는 단지 테오토코스(Theotokos)라는 용어에 대하여 매우 신중했을 뿐이다.[110]

이 문장에 의하면 네스토리우스는 그리스도의 신성을 결코 부인하지 않았으며, '테오토코스'라는 용어가 그리스도교인들에게 미칠 영향 때문에 매우 주저했고 불안해했으며 두려워했던 것 같다. 그것은 그 용어를 용납하면 이교도의 신화에 나타나는 신모(神母) 사상도 용납해야 했기 때문이었다. 키릴과 네스토리우스의 논쟁에서 로마의 감독(교황) 켈레스틴(d. 432)이 비록 키릴을 지지했으나 이것은 신학적인 것이 아니라 교회정치적인 이유 때문이었다. 왜냐하면 교황의 그리스도론이 네스토리우스의 사상과 결코 다른 것이 아니었기 때문이다. 네스토리우스가 교황에게 보낸 서신에서 밝힌 그의 그리스도론 형식은 "혼합됨이 없이 완전히 결합된 두 본성을 독생자의 한 품격에서 숭배한다"는 것이다.[111] 하르낙은 설명하기를 이 형식은 사실상 서방의 형식이며

교황 켈레스틴 자신의 견해이기도 하다고 한다.[112]

16세기 M. 루터는 네스토리우스가 그의 반대자들이 선언했듯이 그리스도를 단지 인간으로만 보고 있다고 생각하였으나 네스토리우스를 고발한 내용을 더 정확하게 검토한 후 네스토리우스의 교설이 그의 적대자들에 의해서 왜곡되었음을 발견하였다고 하였다. 루터는 단언하기를 "네스토리우스는 한 그리스도만을 가르쳤다. 그러므로 그는 두 품격의 그리스도를 생각할 수 없었을 것이다. 그렇지 않았다면 그는 같은 조항에서 예와 아니오라는 모순되는 말을 했을 것이다"라고 하였다.[113] 결국 에베소회의가 네스토리우스를 너무 경솔하게 취급했다는 것이다. 그러나 네스토리우스의 가장 큰 잘못은 '속성의 교류'를 부인한 것이라고 한다.[114]

네스토리우스 신학에 대한 신학자들의 새로운 통찰과 본격적인 재평가는 1905년 루프스가 『네스토리아나』(Nestoriana)를 출판한 이후이다. 그는 네스토리우스가 두 아들론을 주장하지 않았다고 네스토리우스의 말을 인용하면서 주장한다. "비록 로고스가 성육신 전에도 하나님의 아들이었다 해도, 그럼에도 불구하고 인간성을 취한 후에 그는 우리가 두 아들이 존재한다고 주장하지 않도록 했다."[115] 네스토리우스는 옛 신학적 전통에 서서 그리스도의 한 품격을 강조했으며 칼케돈공의회의 표준으로도 그는 정통이었다고 그를 옹호하였다.[116] 그의 연구에서 중요한 한 가지는 네스토리우스의 품격(prosōpon) 개념을 "분리되지 않은 외부 현상"으로 정의했다는 점이다.[117]

R. 제베르크는 네스토리우스의 그리스도론에서 그 어떤 이단성도 발견할 수 없다고 하면서 그의 신학은 안디옥학파의 통상적인 교설일 뿐이며 그리스도의 신성이나 두 본성의 교리를 부정한 일이 없다고

확신한다.[118] 네스토리우스의 그리스도론에서 두 본성의 이념은 하나님으로서 로고스는 인성으로부터 엄격히 구별된다는 의미다. 영미학계에서 『바자』를 주의 깊게 연구한 J. F. 베툰-베이커는 네스토리우스의 그리스도론은 플라비안의 교설과 칼케돈공의회(451)에서 인정한 교황 레오 1세의 가르침과 다른 것이 없다고 주장하면서, 따라서 그는 결코 이단이 아니며 비록 그의 이름을 따라 붙여진 명칭이기 때문에 오해의 소지가 있지만, 네스토리우스는 소위 네스토리우스주의자가 아니라고 한다.[119]

근세 위대한 프로테스탄트 교리사가인 A. 하르낙은 네스토리우스 논쟁을 주의 깊게 고찰한 후 네스토리우스는 한심스러운 감독(키릴)과 그의 지지자들에 의해서 가장 불명예스러운 취급을 받아 정죄를 받았다고 확신하였다.[120] F. J. F.잭손은 키릴과 네스토리우스 사이의 개인적이며 신학적인 대립을 지적하면서 네스토리우스가 정죄를 받을 아무 이유가 없으며 그는 당시 교회정치의 희생물이었다고 지적한다.[121] 그에 의하면 키릴은 "우수한 신학자이지만 나쁜 사람"이었다.[122] 네스토리우스 논쟁을 그리스도교 교리의 정의(定義)의 발전단계로 해석하는 H. R. 맥킨토쉬는 안디옥학파의 현실적 접근을 강조하면서, 네스토리우스가 그리스도에게 있어서 품격의 이원성을 가르쳤다는 고발이 옳았느냐고 묻는다. "칼케돈신조에 대한 반대도 아닌 점에서 네스토리우스에게 내릴 수 있는 이원성이 어떤 것인지 참으로 의문이다."[123] 맥킨토쉬는 키릴에게 있어서 그리스도의 인성은 비인격적인 것이며, 그가 '타고난 본성'(phusis)과 '각기 특성 있는 본체'(hupostasis)를 동의어로 사용하고 있다면서 그의 교설은 아폴리나리우스의 이론과 유사한 단성론적 경향을 보인다고 지적한다.[124] A. C.헤드람은

1915년에 발표한 논문 "네스토리우스와 정통교설"에서 키릴과 네스토리우스의 교훈을 신중하게 비교하면서 전자의 비난에 대하여 후자를 변호하였다. 그는 베툰–베이커와 루프스의 결론에 동의하면서 말하기를, "네스토리우스는 그리스도의 두 품격을 가르치지 않았다. 그러나 그는 그리스도의 품격과 로고스의 품격을 구별하였다. 이것은 그의 사상의 근본이었다. 그렇다고 그가 두 그리스도를 가르친 것은 아니었다"라고 하였다.[125] 성공회 신학자 R. V. 셀러스는 안디옥학파와 알렉산드리아학파 간의 그리스도론의 문제에 대하여 주의 깊고 충분한 문서적 고찰을 한 후 네스토리우스는 '네스토리안'이 아니며 그리스도에게 있어서 두 위격 교설을 가르치지도 않았다고 확신하였다.[126] S. 케이브는 『바자』가 발견되기 전 네스토리우스 신학에 관한 유일한 자료였던 단편들만 해도 그가 받았던 비난이 사실과 다르다는 것을 충분히 보여주고 있으며, 『바자』는 네스토리우스의 가르침에 대한 지금까지의 잘못된 전통적인 해석이 키릴의 적개심 때문이었다는 확실한 증거라고 하였다.[127] C. E. 브라텐은 "네스토리우스의 현대적 해석"이라는 논문에서 부당하게 정죄 받은 네스토리우스에게 동정하면서 다음과 같이 진술하였다.

그는 범 세계적인 일치는 아닐지라도 세계적인 동정을 얻었다. 네스토리우스주의를 반대하고 교회 공의회의 결정을 따르는 교회 신학자들까지도 부당하게 취급된 이단자에게 동정의 마음을 갖게 될 것이다. 정통교설은 이단자에게 깊은 감사의 빚을 지고 있다. 현대 그리스도론 학자들은 성서적 그리스도의 완전한 인간성을 위해 성공적으로 투쟁한 안디옥학파와 네스토리우스에게 특히 감사해야 한다.[128]

로마가톨릭 신학자인 M. 슈마우스는 그의 『교의』라는 책에서 네스토리우스 그리스도론 형식에 애매한 점도 있지만, 그리스도의 두 본성이 한 품격 안에서 연합되었다는 정통적인 그리스도론을 그도 가르쳤으며, '테오토코스'라는 용어도 전적으로 거부한 것이 아니라고 하였다. 그리고 그는 네스토리우스의 교설에 대한 우리의 사상은 주로 키릴에 의해서 형성된 것이라고 하였다. 그러면서 그는 네스토리우스의 정통성을 주장한다.

> 네스토리우스는 그리스도 안에서 각 본성의 완전한 모습을 보존하려고 하였다. 그는 단성론을 반대하는 서신(449)에서 교황 레오 1세가 제안한 교리만을 받아들일 준비를 갖추었다고 했다. 또한 그는 마리아에 대한 '하나님 어머니'라는 용어를 모든 의미에서 거부하지 않았다. 그리스도는 오히려 로고스로서 세상적 사건에 종속될 수가 없다. 그러므로 마리아는 하나님과 분리될 수 없을 만큼 연합된 인간을 출산해야 한다. 그러나 그렇게 연합했기 때문에 이 인간은 하나님이라고 호칭되어야 한다.[129]

G. L. 프레스티지에 따르면 네스토리우스의 비정통성은 부정적이고, 그의 정통성은 긍정적이다. 그는 "그의 교리의 핵심적인 내용은 451년 칼케돈공의회에서 그리스도교 신앙으로 받아들여졌다"고 했다.[130] J. W. C. 완드는 프레스티지와 같이 네스토리우스의 그리스도론에서 긍정적인 요소와 부적절한 요소를 모두 인식하면서 말한다.

> 네스토리우스가 품격의 특이성을 주장한 점에서는 물론 옳았다. 그러나

품격의 이중성의 오해를 분명히 해소하지 못한 점은 그의 잘못이다. 왜 나하면 이미 완전하고 완벽한 근본적 실체로부터(ek hupothesi) 존재하게 된 두 품격은 감소됨이 없이 제3의 것이 만들어질 수 없기 때문이다 …. 네스토리우스는 이미 그리스도 안에서 두 완전한 품격을 단정했기 때문에 성육신한 결과로써 어떻게 오직 하나인지를 설명할 기회를 얻지 못하였다.[131]

그러나 네스토리우스에 대한 동정적이고 긍정적인 해석만 있는 것은 아니다. 『바자』가 발견되고 출판된 후에도 학자들 사이에서 그 책에 대한 해석의 차이와 그에 대한 부정적 비판은 여전히 있다. 『바자』를 시리아어로 번역하여 출판한 가톨릭 신학자 P. 베드얀은 네스토리우스가 『바자』에서 기술한 그의 변증을 검토한 후 그는 네스토리우스 파문의 원인이 되었던 그의 이단적 교설을 계속 유지했다고 확신하였다. 그는 네스토리우스의 행위를 권위에 대한 완강한 도전으로 생각했고, 그의 변증의 발견도 역사의 평결을 정당화할 뿐이라고 한다.[132] 『바자』를 불어로 번역한 F. 나우는 베드얀의 결론에 동의하면서 분명하게 말한다.

네스토리우스의 교훈에 나타난 '두 본성'은 다른 특성을 가진 별개의 두 본체(hupostases)와 단순히 상호교환의 입장에서 하나로 연합된 두 품격(prosōpa)을 함축하고 있으므로 그의 '변증'[바자]에도 불구하고 그는 이단으로 정죄를 받아 왔다.[133]

H. M. 렐톤은 그의 논설 "네스토리안 네스토리우스"(1912)에서

1908년 베툰-베이커가 '네스토리우스는 네스토리안'이 아니라고 한 것을 논박하면서, 만일 네스토리우스주의의 그리스도의 신성과 인성의 구별이 품격의 분리까지 간다면 네스토리우스는 네스토리안이라고 지적한다. 렐톤에 의하면 네스토리우스 문제의 실제적인 뿌리는 그가 프로소폰 없는 본성을 상상할 수 없었다는 것이다.[134] 5년 후 렐톤은 그의 『그리스도론 연구』에서 소위 네스토리우스주의와 네스토리우스의 실제적인 교설 사이에 구별이 필요하다고 인정하면서도 네스토리우스의 정죄는 시대적 배경에서 불가피했다고 한다.[135] 그는 네스토리우스의 두 본성의 구별은 결국 두 품격론이며, 따라서 주님은 한 품격이 아니라 두 품격이고, 로고스는 예수로부터 구별된 품격이며, 하나님의 아들은 사람의 아들과 구별되고, 신성과 인성은 참된 연합이 아니라 결합이나 연결 정도이고, 따라서 사모사타의 바울의 비난을 면치 못할 것이며, 그의 '두 아들' 교설은 신성에 제4의 품격을 삽입하고 삼위일체를 사위일체로 변형하게 하였다고 고소하였다.[136] 그는 새로운 증거가 발견되었다고 해도 네스토리우스는 여전히 이단일 수밖에 없다고 주장한다.

B. J. 키드는 네스토리우스가 그리스도의 품격의 통일을 유지하는 데 실패했다고 비판한다.

> 네스토리우스는…말씀과 인간적 품격을 혼성된 품격에서 서로 이용하는 두 이론에 의해서 그리스도의 통일을 확립하는 데 실패했다. 그리고 그는 그리스도에게 있어서 두 품격의 주장을 피하는 데 전혀 성공하지 못하였다.[137]

A. R. 바인도 네스토리우스의 정죄는 불가피했다고 주장한다. 그에게 네스토리우스의 문제는 "네스토리우스의 정죄가 옳았느냐, 잘못된 정죄냐"는 것도 아니고, "네스토리우스가 이단이냐"는 것도 아니며, "네스토리우스가 그리스도론 문제에 분명하고 이해할 수 있으며 확실한 해법을 제시했느냐, 아니했느냐"는 문제도 아니라고 한다.[138] 그는 『바자』를 분석한 후에 다음과 같이 말한다.

> 첫째, 네스토리우스는 그의 동시대인들에 의해서 적절하게 정죄를 받았으며, 그 평결은 개정할 필요가 없다. 둘째, 그럼에도 불구하고 네스토리우스의 사상과 방법에 일부 가치 있는 요소들이 없지는 않다. 수정하고 확장하면 그리스도론 문제의 해결에 접근하는 길을 준비할 수도 있을 것이다.[139]

3) 네스토리우스의 그리스도론 술어

초대교회 그리스도론 연구 과정에서 가장 큰 어려움은 사용된 전문 술어들의 개념 정의다.[140] 모든 인문과학에서 공통적인 것이지만, 사용된 술어의 개념이 분명하지 않고 정의되지 않으면 해석에 혼란이 있게 되고 격한 논쟁을 하게 된다. 네스토리우스 그리스도론 논쟁의 경우도 예외가 아니었다.

그리스도론에 사용된 주요 전문 술어들은 헬라어 '우시아'(ousia), '후포스타시스'(hupostasis), '프로소폰'(prosōpon) 그리고 '푸시스'(phusis) 등이다. 그리고 여기에 평행되는 라틴어 '섭스탄티아'(substantia), '에센티아'(essentia) 그리고 '페르소나'(persona)다. 이 술어들의 개념이 네스토리우스 논쟁 때까지도 확실하게 정의되지 않고 있었으며, 문맥과 철학적 문화적 배경과 지역과 사람에 따라 그 의미가 다르게 사용되고 있었다. 그러므로 A와 B가 같은 술어를 사용하면서도 의미하는 것이 다를 수가 있었고, 그 반대로 다른 술어를 사용했는데도 같은 뜻을 나타내는 경우가 있었다. 예를 들어 고대 교회의 관용법에 따르면 본질(ousia), 본성(phusis) 그리고 형식(morphē)이 동의어로 같은 것을 가리켰다.[141] 그리고 삼위일체론에서 삼위 또는 삼위가 공유하는 공동본질을 가리키는 전문적인 술어도 확정되어 있지 않았다. 예를 들면 삼위일체 교리에서 삼위를 나타낼 때 헬라어에서 개별적인 실재(entity)의 특성을 의미하는 '우시아'를 사용함으로써 헬라어 '후포스타시스' 또는 '프로소폰'과 같은 의미로 사용되었다. 라틴어로는 '우시아'와 같은 뜻의 '섭스탄티아' 또는 '페르소나'(persona)가 삼위일체 교리의 삼위를 가리킬 때 사용되었다. 삼위가 공유하는 공동본질을 나타낼 때도 헬라어로 근본적인 질(essential quality)을 의미하는 '우시아' 또는 '푸시스'가 사용되었고, 라틴어로는 '섭스탄티아', '에센티아'가 사용되었다. 그래서 카파도키아 신학자들은 삼위일체 교리 형식을 헬라어로 τρεισ ηυποστασεισεν μια ουσια로 표현했으나, 네스토리우스는 τρεισ προσōπαεν μια ουσια의 형식으로 표현했다.[142] 그러므로 네스토리우스는 후포스타시스를 프로소폰의 개념으로 이해한 것이다. 왜냐하면 삼위일체에 있어서 후포스타시스는 개체화된 본성을 의미하기 때문이다.

그런데 그리스도론의 경우에서 네스토리우스는 헬라어 후포스타시스, 우시아 그리고 푸시스를 동의어로 사용하였다.[143] 그렇기 때문에 네스토리우스는 키릴의 그리스도에게 있어서 '본체적 연합'(hupostatic union) 형식을 용납할 수 없었다. 왜냐하면 그 형식은 본질의 통합(연합)을 의미하는 것이기 때문에 결국 본질의 혼합, 혼화(混和)를 뜻하게 되고, 신성의 수난(성부 수난), 신의 죽음을 결과적으로 함축하기 때문이다. 네스토리우스의 그리스도론에서 가장 물의를 일으킨 술어는 '프로소폰'(prosōpon)이다.

'프로소폰'의 일반적인 본래의 의미는 '얼굴, 용모 또는 표정' 등이다. 이 의미에서 '인품, 외적 출현, 표면, 표면에 나타난 존재, 표현, 개개의 자아' 등을 의미한다.[144] 그러나 삼위일체론이나 그리스도론에서 사용될 때는 단순하지가 않다. 우선 네스토리우스의 프로소폰은 그의 동시대인과 같이 현대인의 인간(person) 개념과는 정확히 같지 않다. 그것은 현대 철학에서 논의되고 있는 내적 자아(inner ego)와 아무 관련이 없다.[145] 일반적으로 말해서 프로소폰이란 술어는 한 본성의 내적 외적 특성에 모두 적용하는 술어다. 그리스도론에서 네스토리우스는 프로소폰을 그 기본적인 의미에서 유래되는 다양한 의미로 사용한다. 네스토리우스가 "교회의 프로소폰"이라는 말을 했을 때,[146] 그것은 단순한 '출현'을 의미한다. 네스토리우스는 또한 "그리스도가 스스로에서 죄로부터 자유한 인성의 '프로소폰'을 밝혔다"고 하였다.[147] 그는 "'프로소폰'으로서의 대사"라는 표현도 사용한다.[148] 이와 같은 경우 프로소폰은 '스키마'(schema)와 거의 동의어로 사용된 것이다. A. R. 바인에 의하면 '스키마'는 '거동, 태도, 형식, 형상, 외부로 나타남, 인물, 외관, 겉치레, 계획, 기획' 등 의미를 갖지만, 스키마는 사물의 실재와 반드시 동일할 필요가 없다는 데서 포로소폰과 다르다.[149] 『바자』에서는 '외부로 나타남'으로 사용되고 있다.[150]

네스토리우스가 삼위일체론에서 삼위를 세 위격(treis prosōpa) 형식으로 표현했는데, 그리스도론에서는 그리스도 안에서 두 품격(duo prosōpa) 형식을 언급한 것이다. 즉, 그는 '인성의 프로소폰', '신성의 프로소폰'을 말한 것이다.[151] 이 형식이 많은 사람들로부터 오해를 받게 되었고, 특히 알렉산드리아 신학자들에 의해서 그가 그리스도를 둘로 나누었다는 비난을 받게 되었다. 그러나 그것은 네스토리우스의 '프로소폰' 용법을 모르기 때문에 생긴 것이다. 즉, 그는 '두 품격'을 말하지만, 동시에 '한 품격'(mia prosōpon)을 말하기도 한다는 것이다. 후자의 경우는 그리스도의 양성의 연합과 관련되어 실재에 대한 분할되지 않은 외적 출현의 의미로 사용된 것이고,[152] 전자의 경우는 '우시아' 개념과 밀접하게 관련된 것으로, 그리스도의 신성 또는 인성은 인간의 구성 요소인 몸, 육, 혼과 달리 완전한 본질이기 때문에 다른 것과 구별되는 그 자체의 독특한 성격을 가지고 있어 이것을 표현할 때 사용한 것이다.[153] 그러므로 네스토리우스는 그리스도의 두 본질의 구별되는 특성을 나타낼 때와 그리고 양성의 연합을 나타낼 때 모두 '프로소폰'이라는 술어를 사용한 것이다. 네스토리우스의 프로소폰 용법을 A. R. 바인이 잘 기술하고 있다.

> 네스토리우스에게 있어서 프로소폰은 개별적이고 독특한 본성의 일치의 자기 계시, 자기 현현을 의미한다. 그것은 사물의 존재를 나타내고 그 자체의 표현을 포함한다. 그 말은 우리가 근원적인 특성이라고 불러야 하는 것과 그 근원적인 특성의 현현을 똑같이 함축하고 있다. 이 두 양면은 각각 동등하게 강조되어야 한다.[154]

여기서 우리가 주목할 것은 네스토리우스의 '프로소폰' 개념이 알렉산드리아학파에서 사용하는 '후포스타시스' 개념에 해당한다는 것이다. 그리고 후포스타시스와 우시아를 동의어로 사용하는 네스토리우스는 키릴의 '본체적 연합'(henōsis kath' hupostasin) 형식을 받아들일 수 없었다. 반면에 키릴은 이 연합형식을 부인하면 그것은 두 아들론이 된다고 가르쳤다. 이 점에서 키릴이 그의 후포스타시스가 네스토리우스의 프로소폰에 해당되고, 네스토리우스는 그의 프로소폰이 키릴의 후포스타시스에 해당되는 술어라는 것을 서로가 알았다면 두 신학자 사이의 상호이해가 가능했을 것이다. 그러나 두 사람 또는 두 학파는 신학적 관점부터 달랐다. 그리고 두 사람 또는 두 학파의 싸움은 신학적이라고 하기보다는 교회정치적, 교권적인 성격이 강했다. 키릴파는 네스토리우스가 사용한 술어의 개념을 이해하려고 하기보다는 그를 공격하는 도구로 사용하려고 했고, 알렉산드리아학파의 신학적 입장에서 상대방의 신학을 비판하여 그 권위를 훼손시키려고 했을 뿐이었다. 키릴파의 에베소회의(431)의 결정은 바로 이와 같은 편견에 의한 것이었다.[155] 그러므로 초대교회 신학을 연구하는 역사 신학도는 초대교회 신학자들은 같은 술어를 사용하면서도 다른 교리를 표현하고 있다는 것(그 반대도 같다)을 인식하는 것이 우선적으로 중요하다.

4) 초기 작품에 나타난 그리스도론

여기서 초기 작품이라 함은 네스토리우스가 428년 콘스탄티노플의 감독이 된 후 키릴과의 논쟁 기간에 쓴 작품들, 주로 설교와 서신들을 말한다. 물론 이것들은 그의 신학의 조직적인 논문들은 아니다. 우리의 관심은 이 초기 작품들에 나타난 그의 그리스도론과 말년에 쓰인 마지막 변증서『바자』에 나타난 그리스도론 사이에 근본적인 신학적 변화가 있느냐는 것이다. 물론 현존하는 초기 작품 대부분이 적대자들의 작품에 인용된 글들이고 단편들이기 때문에 그 내용이 왜곡되었을 가능성이 높다. 그래서 그의 초기 작품에서 진정한 그의 그리스도론을 발견할 수 없다고 주장하기도 한다. 다른 견해는 초기 작품과『바자』사이의 차이는 시기와 상황 때문이라고 하기도 한다. 전자는 동로마제국의 수도 감독으로 있을 때이고, 후자는 징계를 받고 유배지에서 쓴 것이다. 다른 한편 P. 베드얀은 같은 그리스도론적인 경향이 양 작품에서 발견되며,『바자』의 발견으로 말미암아 에베소회 의의 평결이 확인되었고 정당화되었다고 확신하기도 한다.[156] 그러나 새로운 단편들의 발견과 새로운 해석 그리고『바자』의 출판과 그 해석 등의 출판으로 초기 작품들에 나타난 그의 그리스도론을 어느 정도 확인할 수 있게 되었다.

(1) Theotokos인가, Christotokos인가?[157]

이 칭호 문제는 신학적 사색이나 논쟁의 결과로 발생한 것이 아니라 동정녀 마리아에 대한 케리그마적인 전승의 고백으로 오랫동안 교회 에서 사용해 온[158] 칭호를 네스토리우스가 과연 반대했느냐는 것이다. '하나님의 어머니'(Theotokos)[159] 칭호를 네스토리우스는 그의 마지막 변증서인『바자』에서도 언급하고 있다.[160] 그러므로 그는 그 칭호를 반대한 것이 아니라 칭호를 사용할 때 오는 위험성을 경고하고 올바른 사용을 위하여 비판했을 뿐이다. 그럼에도 불구하고 이 칭호는 그의 논쟁의 중심적 논제가 되고 말았다. 네스토리우스는 '테오토코스'에 대한 첫 설교를 428년 말경에 했다. 그 일부를 소개하면 다음과 같다.

여러분이 마리아를 '하나님의 어머니'라고 불러도 좋으냐고 묻습니다. 그렇다면 하나님이 어머니를 가지셨습니까? 그렇다면 이교도의 신모 (神母) 교설도 용납해야 할 것입니다. 그러면 바울은 거짓말쟁이입니다. 왜냐하면 그리스도의 신성은 아버지도 없고 어머니도 없으며 족보도 없다고 하였기 때문입니다(히 7:3). 사랑하는 여러분, 마리아는 하나님을 낳지 않았습니다 …. 피조물은 자존하는 창조주를 낳은 것이 아니라 신성의 도구인 인간을 낳았습니다. 성령은 마리아를 통하여 로고스를 수태한 것이 아니라 그가 거주할 성전을 마리아로부터 형성한 것입니다 …(요 2:21). 나는 본성을 분리합니다. 그러나 예배에서 연합합니다. 이것이 의미하는 것을 숙고하십시오. 마리아의 자궁에서 형성된 그는 하나님 자신이 아니라 인간을 입은 하나님입니다. 그리고 취하신 그 때문에 취함을 받은 그도 하나님이라 불립니다.[161]

네스토리우스가 마리아에 대한 '하나님의 어머니' 칭호에 대하여 취한 부정적인 입장을 요약하면, 첫째는 반(反)아리우스와 반(反)아폴리나리우스적인 그의 입장 때문이다. 왜냐하면 아리우스의 교설은 그리스도의 신성을 부인하고, 아폴리나리우스의 가르침은 그리스도의 인성이 불완전하다고 하기 때문이다. 그리고 알렉산드리아의 속성의 교류 교리는 결국 신성이 변화와 출생과 고난과 죽음에 종속된다고 생각했다.[162] 둘째는 동정녀 마리아는 신성을 잉태하지 않았다는 것이다. 네스토리우스는 참 어머니는 그가 낳은 자와 같은 본질을 가져야 한다는 것이다.[163] 셋째는 그 칭호로 이교도의 신모(神母) 사상을 정당화시킬 위험이 있기 때문이다. 그 술어는 이교도에게 그리스도교를 조롱할 기회를 주며, 이교도의 불신앙의 구실을 준다고 생각했다.[164] 넷째, 그 칭호는 비성서적이기 때문이다. 그에 의하면 성서는 항상 '그리스도', '아들', '주님'이 마리아에게서 낳았다고 표현하며, "어린아이와 그의 어머니"라고 하지 "하나님과 그의 어머니"라고 하지 않는다는 것이다.[165] 마지막으로 그 칭호는 니케아 교부들에 의해서 재가를 받지 못했기 때문이다. 그는 켈레스틴 1세 교황에게 보낸 그의 첫 서신에서 말하기를,

> 이루 다 칭찬할 수 없는 니케아 교부들이 "우리 주 예수 그리스도는 성령과 동정녀 마리아로부터 성육신했다"고 말할 뿐 거룩한 동정녀에 관해서 더 이상의 언급이 없는데도 그들은(아리우스파와 아폴리나리우스파) 그녀를 하나님의 어머니라고 부르기를 멈추지 않습니다.[166]

네스토리우스는 '테오토코스'와 관련된 첫 설교에서도 그리스도를 하나님이라고 부르는 것을 부인하지 않았다. 그는 429년 봄 설교에서 "만일 여러분들이 순연한 신앙에서 '테오토코스' 용어를 사용한다면 여러분에게 그 칭호를 못 하게 하는 것은 내 관행이 아닙니다"라고 하였다.[167] 그는 그 칭호의 건전한 사용을 위해서 조건을 붙였을 뿐이다. 그는 테오토코스의 보완으로 '사람의 어머니'(Anthropotokos)를 사용할 것을 권했다.[168] 그러나 여기서 분명한 것은 그는 마리아에 대한 칭호로 '사람의 어머니'라는 칭호로도 만족하지 못했고 '하나님의 어머니' 칭호로는 위험을 느끼고 있었다. 그리하여 그가 제안한 칭호가 '그리스도의 어머니'(Christotokos)였다. 그것은 이 칭호가 첫째, 가장

성서적이기 때문이다. 신약성서는 인간적인 요소가 하나님의 속성이 아니라 그리스도의 속성이라고 한다.[169] 둘째, 그리스도의 어머니 칭호가 다른 두 칭호의 약점과 모호성, 위험성을 극복할 수 있기 때문이다. 그 칭호는 사모사타의 바울, 아리우스, 아폴리나리우스 등 이단들의 악과 신성 모독을 피할 수 있다는 것이다. 인간의 어머니 칭호만 사용하면 '신성의 인간화'(humanizing of Godhead)의 위험이 있고, 하나님의 어머니 칭호만 사용하면 '인성의 비인간화'(dehumanizing of manhood)의 위험이 있다.[170] 셋째는 그리스도의 어머니 칭호만이 신성과 인성의 혼돈 없는 그리스도의 품격의 통일을 나타낸다.[171] '그리스도'라는 말은 두 본질의 공동 명칭이다. 마지막으로 니케아신조는 두 본질을 다 지적하는 '그리스도'라는 칭호를 사용했다는 것이다. 로고스가 성육신하고 십자가에 달리고 부활한 것이 아니라 그리스도, 주님, 아들이라는 것이다.[172] 그러므로 네스토리우스는 마리아를 하나님의 어머니라고 부르기보다는 '하나님을 받아들인 자'(Theodochos), 그리스도의 어머니라고 부를 것을 주장한다.[173] 네스토리우스는 『바자』에서 그가 마리아에 대한 칭호로 '그리스도의 어머니'를 선호하는 이유를 분명하게 요약한다.

> … 매우 솔직하고 확정적인 복음서의 말씀, 즉 "그리스도가 태어났다"(마 1:16), "예수 그리스도의 계보"(마 1:1) 등의 말씀을 이용해 보자. 그리고 이와 같은 것으로 우리는 그리스도가 하나님이고 사람이라고 고백한다. 왜냐하면 만물 위에 계신 하나님이신 그리스도도 육신으로는 그들(유대인)에게서 태어나셨기 때문이다. 여러분이 그 여자(동정녀 마리아)를 분리할 수 없이 연합된 그리스도의 어머니라고 부를 때, 그것

은 여러분이 한 존재와 또 다른 한 존재를 아들의 신분에서 말하는 것이다.[174]

이상에서 네스토리우스가 결코 하나님의 어머니 칭호를 부정하지 않았다는 것은 분명하다. 그렇다면 키릴을 비롯한 그의 적대자들의 공격과 이에 따른 그의 정죄는 정당하지 못했던 것이다.

(2) 그리스도론 형식

아리우스와 아폴리나리우스의 그리스도론을 모두 반대하는 네스토리우스의 주 관심은 그리스도에게 있어서 완전한 신성과 완전한 인성을 분명히 구별하는 것과[175] 두 본성의 단일성을 적극적으로 설명하는 것이다. "사람들 가운데서 뽑혀서", "연약함 때문에", "큰 부르짖음과 눈물로서", "순종을 배운" 대제사장인 그리스도(히 5:1-8), 고난받고 죽은 그리스도는 인간이었다. 하나님으로부터 보냄을 받고 여인에게서 나고 율법 아래 놓였으며(갈 4:4),[176] "나의 하나님, 나의 하나님, 어찌하여 나를 버리셨습니까?"(막 15:34)라고 울부짖는 그는 우리와 같은 인간이었다.[177]

그렇다고 네스토리우스가 그리스도를 "단순 인간"(psilos anthrōpos)이라고만 한 것은 아니다. 그는 "로고스인 하나님과 결합된 자"이며, "완전한 인간이고 완전한 하나님"이다.[178] 그는 그리스도의 "인성을 비인간화하지 말고 신성을 인간화하지 말며, 인성의 경험과 신성의 경험을 혼돈하지 말라"고 하면서 "본성의 속성을 구별하면서 연합의 존엄을 지키자"고 한다.[179] 그리스도는 마지막 만찬에서 "내 신성을 먹고 마시라고 하지 않고 내 살을 먹고 내 피를 마시라"고 했으며, "그러므로 성만찬에서 우리는 신성이 아니라 육체를 받는다"고 한다.[180] "육신으로는 그리스도가 사람이지만, 말씀인 하나님으로는 영원한 하나님이다."[181]

네스토리우스가 두 본성의 날카로운 구별 때문에 두 품격, 두 그리스도를 주장한다고 비난을 받았으나, 그는 결코 두 아들을 가르친 일이 없으며 오히려 아들됨의 일치를 강조했다.[182] 물론 네스토리우스가 '한 품격'과 함께 '두 품격'을 말한 것은 사실이다. 이 말이 오해될 수 있겠지만, 그가 '두 품격'이라 할 때 그것은 각 본성이 그 자체만의 독특한 위격을 갖고 있기 때문이다. 그러나 '한 품격'이라 함은 신-인(God-man)은 두 본성의 유일한 품격이기 때문이다. 그러므로 '한 품격'은 각 본성의 품격과 동일한 것이 아니다. 네스토리우스의 그리스도론 형식에서 '한 품격'은 아리우스와 아폴리나리우스의 일치 교설을 정정하면서 그리스도에게 있어서 일치를 설명하는 데 특별한 역할을 한다. 그는 그리스도에게 있어서 구별은 오직 본성의 차원에서 생각하는 것이고, 일치는 위격의 차원에서 생각하는 것이다. "우리는 '위격들'의 연합이 아니라 신성과 인성의 연합을 말한다." 그리고 다시 "신성과 인성은 단 하나의 위격에서 그들의 연합으로 하나가 된다."[183] 그리고 "본성들은 그들의 속성을 그대로 유지해야 하며⋯ 그러나 두 위격을 한 위격으로 만들지 않는다⋯."[184] 이와 같은 네스토리우스의 설명에서 그가 진술하려고 한 사상은 병치(倂置)된 두 위격이 아니라 두 개의 구별된 본성들이 스스로 연합된 하나의 위격을 진술하려고 한 것이다. 그리스도에게서 두 본성은 합병되는 것이 아니라 연합되는 것이다. 성육신한 그리스도는 신성과 인성을 각기 유지하면서 연합을 한 위격이다. 연합의 위격은 그의 첫째 되는 논거다.

이 연합의 개념을 표현하기 위해서 네스토리우스는 헬라어 '수나페이아'(sunapheia)를 사용한다. '결합' 또는 '연결'이다. 수나페이아는 어원적으로 '상호 접촉, 연결'의 뜻이 있는 헬라어와 관련이 있다.[185] 이 술어의 철학적인 배경은 아리스토텔레스의 철학이다. 그는 '병치'(倂置)의 구성을 나타내기 위하여 이 술어를 사용했다.[186] 이 때문에 비록 네스토리우스가 수나페이아를 본성의 혼돈이나 혼합의 혐의를 모두 피할 수 있을 것으로 보고 사용했지만, 그가 성육신을 하나님의 말씀과 인간의 병치로서 이해하고 있다는 비난의 구실을 준 것도 사실이다. 키릴은 그 술어가 그리스도의 신, 인성의 참된 연합을 겨우 함축할 뿐이라고 반대했다.[187] 그러나 수나페이아는 터툴리안 등 정통 교회 교부들에 의해서도 이단의 암시 없이 이미 사용되고 있었다.[188] 우리가 주목할 것은 네스토리우스가 수나페이아를 '연합'의 또 다른 헬라어, 키릴이 사용한 '헤노시스'(henōsis)의 반어(反語)로 사용한 것이 아니라 '혼합'(klasis), '뒤섞임'(miksis), '혼돈'(sugchusis) 등을 비롯하여 두 본질을 하나로 합체(合體)시키는 모든 말의 반어(反語)로 사용했다는 점이다.[189] 이것은 네스토리우스가 수나페이아를 키릴이 그리스도의 두 본성의 연합에 사용한 '본질의 연합'(henōsis phusikē) 또는 '본체적 연합'(hupostatic union)에 대치하여 사용했다는 것을 의미한다.

그러나 네스토리우스가 『바자』에서는 '수나페이아'보다 '헤노시스'를 더 자주 사용하고 있다는 점을 주목한다. 그 이유를 정확하게 알 수는 없다. 다만 네스토리우스는 자기의 가장 큰 관심, 즉 그리스도에게 있어서 각 본성의 개체성과 특성이 유지되어야 한다는 것과 두 본성이 그리스도의 한 품격에서 통일이 되어야 한다는 주장을 분명히 하면서도 자기가 사용하는 술어, '수나페이아'의 오해를 피하려고 한 것이 아닌가 짐작할 뿐이다. 그럼에도 불구하고 그는 연합을 강조하기 위해서 수나페이아에 '완전한'(akra), '정확한'(akribēs), '계속적인'(diē-nekēs)과 같은 서술어를 첨가하여 연합의 질을 높이고 있다.[190] 수나페이아를 사용하는 네스토리우스의 의도는 그의 그리스도론 형식에서 가장 분명하다. 즉, '두 본성의 구별과 한 품격에서의 통일'이다.[191]

네스토리우스의 초기 작품에서도 어떤 이단적인 의도를 발견할 수 없으며, 오히려 청중과 독자들에게 그리스도의 신비를 이해시키고 보다 깊은 신앙으로 인도하려고 했던 그의 열정을 보여주고 있다. 현존하는 초기 작품의 단편들도 그가 고소당한 것은 그의 가르침에 대한 왜곡에 의한 것이었다는 것을 보여주고 있다. 그는 정통 신앙의 근본적인 원리를 부정하지 않았다. 이것은 433년 재연합의 신조를 검토하므로 더 확실해질 것이다.

5) 네스토리우스와 '433년 재연합의 신조'

431년 에베소에서 키릴파와 안디옥의 요한파(네스토리우스 지지파)가 서로 정치적 교리적 투쟁을 하면서 각각 키릴과 네스토리우스를 정죄한 후 약 18개월 동안 분열 상태가 계속되었다. 안디옥의 요한은 한편으로는 황제의 도움을 얻으려고 노력하면서 키릴의 제안(네스토리우스 저주문)에 서명한 감독들에게 합류할 것을 탄원하였다. 그러나 그들이 이 제안을 거부하자 안디옥학파는 그들의 참 신앙을 고백하는 일과 쓰여진 성명서로 키릴의 제안을 논박하는 길밖에 없다고 생각했다. 이때 황제의 고문이 화해를 위해서 양 파에게 신앙의 진술을 요구했다. 키릴파는 그 요구를 거부했으나 안디옥학파는 431년 8월에 수용했다. 이것이 후에 '안디옥 신조'(the Creed of the Antiochenes of 431)로 알려진 것이다. 그 중심 부분은 다음과 같다.

> 우리는 하나님의 독생자 우리 주 예수 그리스도가 분별 있는 영혼과 몸으로 구성된 참 하나님이고 참사람이라는 것과 그의 신성으로는 모든 세대 전에 성부에 의해서 출생하셨으며, 그의 인성으로는 마지막 날에 우리와 우리의 구원을 위하여 동정녀에게서 출생하셨다는 것과 그의 신성에 관해 말한다면 성부와 한 본질이시고, 그의 인성에 관해 말한다면 우리와 한 본질이신 것을 인정한다. 왜냐하면 두 본성(two natures)이 연합되었기 때문이다. 그러므로 우리는 한 그리스도, 한 주님, 한 아들, 한 주님을 인정한다. 혼합되지 않은 이 연합 때문에 우리는 또한 거룩한 동정녀가 하나님의 임신자(God-bearer)인 것을 고백한다. 왜냐하면 말씀이신 하나님이 성육신에 의해서 육신이 되셨고, 수태 때부터 그 스스로 동정녀를 취하여 성전(인성)과 연합하셨기 때문이다.[192]

이 '안디옥 신조'가 우리의 연구에 중요한 것은 키릴이 서명한 '433년 재연합의 신조'(the Formulary of Reunion of 433)가 '안디옥 신조'에 기초해서 작성되었기 때문이다. 재연합의 신조는 다음과 같다. 두 신조의 내용을 비교하면 쉽게 이해가 된다.

> 그래서 우리는 하나님의 독생자, 우리 주 예수 그리스도가 분별 있는 영혼과 몸으로 구성된 완전한 하나님이시며 완전한 사람이시고 그의 신성으로는 세대 전에 성부에게서 출생하셨으며, 그의 인성으로는 마

지막 날에 우리와 우리의 구원을 위하여 동정녀 마리아에게서 출생하셨다는 것과 그의 신성에 관해 말한다면 성부와 동일본질(homoousios)이시고, 그의 인성에 관해 말한다면 우리와 동일본질(homoousios)이라는 것을 고백한다. 왜냐하면 두 본성이 연합되었기 때문이다(duo gar phuseōn henōsis gegone). 그러므로 우리는 한 그리스도, 한 아들, 한 주님을 고백한다. 혼합되지 않은 연합이라는 사상에 따라서 우리는 거룩한 동정녀가 '하나님의 어머니'(Theotokos)인 것을 고백한다. 왜냐하면 신적 로고스가 성육신하여 인간이 되셨고, 수태 때부터 그 스스로 동정녀를 취하여 성전(인성)과 연합하셨기 때문이다. 주님에 대한 복음서와 사도의 글들을 통하여 우리는 신학자들이 한 품격과 관련해서는 대체로 공유한 것으로, 두 본성과 관련해서 그들은 그것들을 구별하는 것으로 취급하는 것을 안다. 이것은 그리스도의 신성에 관해서는 하나님과 상응함을, 인성에 관해서는 겸손함을 설명하는 것이다.[193]

네스토리우스의 정죄를 놓고 양측의 대립이 첨예하게 대립되자 황제 테오도시우스 2세는 교회의 평화와 재통합을 위해서 432년에 안디옥학파에게는 네스토리우스의 포기를, 키릴에게는 네스토리우스 저주의 철회를 제안했다. 안디옥학파의 대표자 요한은 교회의 평화가 더 중요하다는 인식하에 황제의 제안을 수락할 의사와 키릴과 협상할 의사가 있음을 알렉산드리아학파에 전달하였다. 키릴은 베로에아의 감독 아카키우스(Acacius of Beroea)에게[194] 그의 반(反)네스토리우스 저술의 설명이 포함된 타협의 서신을 보냈다. 그는 안디옥학파가 네스토리우스의 면직과 그의 저주문을 수락해야 한다는 것과 그리스도는 분별 있는 인간의 영혼을 소유하고 있다는 것을 고백한다는 것,

그리스도의 본성의 혼합이나 혼돈을 가르친 일이 없다는 것 그리고 로고스는 불변하고 고난을 받을 수 없다는 것을 가르쳤다고 하였다.[195] 안디옥의 요한은 이 서신을 통해서 키릴이 네스토리우스의 파면을 조건으로 안디옥의 그리스도론 형식을 수용할 의사가 있음을 확인하여 키릴에게 '433년 재연합의 신조'를 보냈다.

황제의 설득과 압력으로 드디어 433년에 재연합을 위한 신조에 키릴과 안디옥의 요한이 서명하므로 논쟁은 표면상으로 끝이 났다. 여기서 우리가 관심을 갖는 것은 '433년 재연합의 신조'에 키릴이 동의하여 서명했다는 점이다. 이 '연합의 신조'는 서론과 마지막 문장을 제외하고는 431년 안디옥학파가 작성한 '안디옥 신조'와 같은 교리적 형식이다. '안디옥 신조'는 안디옥학파 중에서 끝까지 네스토리우스를 지지했던 감독 중 한 명이며, 키릴의 『네스토리우스에 대한 12개 항의 저주문』을 논박한 키루스의 테오도렛에 의해서 초안이 작성된 것이다. 뿐만 아니라 키릴이 433년에 서명한 '연합의 신조'도 테오도렛이 작성한 것이다. 그는 키릴이 끝까지 네스토리우스의 정죄를 철회하지 않기 때문에 키릴파와의 화해를 반대했으나 마지막 네스토리우스의 정죄의 형식적 인정을 요구한 후 '연합의 신조'에 합류한 사람이다.

키릴은 이 연합의 신조를 어려움 없이 수용했다. 그는 이 신조를 통해 안디옥학파가 자기의 그리스도론을 받아들인 것으로 생각했을 것이다. 왜냐하면 이 신조에 "하나님의 어머니"를 의미하는 '테오토코스'라는 칭호 그리고 네스토리우스가 즐겨 사용했던 '수나페이아'(sunapheia) 대신에 '헤노시스'(henōsis)가 사용되었기 때문이다. 그러나 네스토리우스도 '테오토코스'와 '헤노시스'를 무조건 반대하지 않았다는 것을 기억해야 할 것이다. 연합의 신조에서 '헤노시스'는 본질적 연합의 의미로 쓰인 것이 아니라 '혼돈이 아닌 통일'의 의미로 쓰인 것이다. 더욱이 연합의 신조가 그리스도는 "분별력 있는 영혼과 몸으로 이루어졌다", "그의 인성으로는 우리와 동일본질"이라고 명기한 것은 분명히 반(反)아폴리나리우스적이며, 연합의 신조가 키릴의 형식인 '본체적 연합'(hupostatic union)을 거부하고 "한 품격", "두 본성의 관계" 등 네스토리우스의 형식을 표기함으로써 그리스도의 두 본성의 구별과 품격에서 그리스도의 통일을 분명히 하고 있다.[196]

433년의 신조가 안디옥학파의 형식, 즉 네스토리우스의 형식에 근거했다는 것은 키릴이 그 신조에 서명한 후 그의 열렬한 지지자들로부터 비난을 받은 것으로도 분명하다. 이시도레(Isidore of Pelusium, d. 440)는 키릴이 연합의 신조에 사용된 술어들을 과소평가했다고 비난했고,[197] 아카키우스(Acacius of Melitene)는 연합의 신조를 받아들이는 것은 431년 에베소회의 결정에 모순되며 "두 본성의 연합"은 '두 아들의 형식'을 함축하고 있다고 비판했으며,[198] 콘스탄티노플의 장로 율로기우스(Eulogius)는 "왜 키릴이 '두 본성'을 재가했느냐? 이제 네스토리우스주의자들이 그(키릴)가 우리 쪽으로 건너왔다고 할 것이다"라며 비판했다.[199] 이들이 키릴을 비난한 것은 연합의 신조 뒤에 네스토리우스주의자들이 은신하고 있었다고 의심했기 때문이었다. 이와 같은 비난이 쏟아지자 키릴은 방어, 변명하기를, 비록 연합의 신조에서 안디옥학파가 '두 본성'을 말하지만, 그것은 네스토리우스의 가르침과 다르다고 했다. 즉, 후자는 '한 아들'을 둘로 나누지만, 전자는 '하나이며 같다'. '한 아들', '한 그리스도', '한 주님'을 고백하고, 동정녀 마리아를 '하나님의 어머니'라고 부른다는 것이다.[200] 그러나 연합의 신조는 그 중심부에 있어서 네스토리우스의 그리스도론과 다르지 않다는 것이 확실하다.

키릴이 지지자들로부터 비난과 비판을 받으면서까지 433년의 연합신조에 동의했다는 것은 그의 논쟁의 목적은 정통적 교리와 신학사상의 확립에 있었던 것이 아니라 경쟁자인 네스토리우스의 정죄에 있었다는 것을 반증한다. 그래서 그는 처음부터 네스토리우스의 정죄만을 고집했던 것이다. 다시 말하면 키릴과 네스토리우스의 논쟁은 신학적 논쟁이 아니라 교권 싸움이었고, 이 싸움에서 교리적으로 정통이면서도 정치적 수완이 없는 네스토리우스는 패배했던 것이고, 그의 유배형은 교회정치적 희생이었다.

6) 『바자』에 나타난 그리스도론

(1) 세 기본 전제

네스토리우스는 그리스도가 참 하나님인 것을 부정하는 사모사타의 바울주의, 그리스도가 참 인간인 것을 부정하는 마니교 그리고 극단적인 안디옥학파로서 그리스도를 반신반인(半神-半人)으로 가르치는 아리우스주의를 이단으로 비판해 왔으며 또한 그리스도에게 있어서 두 본성의 본질적인 연합을 주장하므로 결국 두 본성의 혼합을 초래하는 아폴리나리우스주의를 반대해 왔다.

여기에 근거하여 그의 그리스도론의 기초적 조건은 첫째, 그리스도는 참으로 하나님이라는 것, 즉 완전한 신성을 가지고 있어야 한다는 것이다. 그에 의하면 그리스도에게서 하나님이 참으로 계시되는 것은 그가 본래 참 하나님이기 때문이다.[201] 그는 성서를 인용한다.

주님이 말씀하신다. "나와 하나님은 하나다"(요 10: 30). 그리고 "나를 본 사람은 하나님을 보았다"(요 14:9). 그리고 "하나님께서 이제까지 일하고 계시니 나도 일한다"(요 5:17, 36; 10:37-38). 그리고 하나님이 그의 본체 속에 생명을 가지고 계셔서 뜻하는 사람에게 생명을 주듯이, 나도 내가 뜻하는 사람에게 생명을 준다.[202]

둘째, 그리스도는 참으로 인간이라는 것, 즉 완전한 인성을 가지고 있다는 것이다. 그에 의하면 그리스도는 실제적인 인간이 가지고 있는 모든 것을 가지고 있다. 그는 몸, 동물적 혼 그리고 생명을 주는 힘을 가지고 있다.[203] 그는 그리스도의 현실적인 경험과 유혹을 강조한다. 그리스도는 복종으로 유혹을 이겼다고 한다.[204] 그리고 셋째는 예수 그리스도는 하나라는 것이다. 그리스도에게는 그 자체의 속성을 가지고 있는 두 완전히 구별되는 본성이 있으나 그것들은 분리도 없고 갈라놓음도 없이 한 품격(one prospon)에서 통일된다.[205] 그의 그리스도론에서 '한 품격' 교설은 항상 되풀이된다.

그렇다면 신성의 품격에서 그[그리스도]는 숭배를 받는다. 다른 것으로는 아니다. 그리고 이 결과로 품격은 하나이며 아들의 이름도 하나다.[206]

지금까지 그리스도론의 역사에서 그리스도의 품격의 통일 방식에 관해서는 거의 토의되지 못하였다. 그것은 네스토리우스 시대에 와서 그의 처음 두 기초 조건이 정통 그리스도론에서 근본적이라는 것을 알게 되었다. 니케아공의회(325)로부터 예수 그리스도가 참 하나님이라는 기초 조건은 정통 교부들에 의해서 수용되었다.[207] 그러나 니케아 공의회는 또 다른 근본적인 그리스도론 문제, 즉 그리스도가 참으로 하나님이라면 어떻게 동시에 또 참으로 인간일 수 있는지의 문제까지는 생각하지 못했다. 이것에 대한 문제를 제기한 첫 사람이 아폴리나리우스였으나 그는 그리스도의 참된 인성을 부인하므로 콘스탄티노플 공의회(381)에서 정죄를 받았다. 이것이 그리스도론 발전사 제3단계의 중요한 문제였다. 이 문제 해결을 위해서 네스토리우스는 정통 노선임을 확신하고 '품격적 연합'(prosōpic union)을 제안했고, 키릴은 정통 신앙을 안전하게 지킬 수 있다는 확신을 가지고 '본체적 연합'(hupostatic union)을 제안하였다. A. R. 바인은 두 사람의 입장을 다음과 같이 설명한다.

> 예수 그리스도가 참 하나님이고 예수 그리스도가 참사람이라는 두 기초 조건은 의심할 여지가 없다. 각자는 그리스도 안에 한 품격을 인정하고 있다. 그러나 두 사람 모두 다른 사람의 의견이 수용할 수 있는 모든 조건을 성취할 수 있다는 것을 생각하지 않았다.[208]

(2) 두 본성의 구별과 연합

네스토리우스의 그리스도론에서 근본적인 것은 신성과 인성의 구별이다. 그는 창조와 창조된 것, 불변적인 것과 가변적인 것, 영원한 것과 일시적인 것, 불가사적(不可死的)인 것과 가사적(可死的)인 것, 아픔을 느끼지 않는 것과 고통을 느끼는 것 등으로 구별해 왔다.[209] 그러나 아폴리나리우스의 그리스도론을 반대하는 과정에서 그는 그리스도의 인성을 더 강조하지 않을 수가 없었다. 이런 관점에서 네스토리우스 논쟁은 그리스도의 인성의 통전성에 관한 논쟁의 종결판이라고 할 것이다. 네스토리우스는 그리스도의 성장의 삶을 말한다. 즉, 그리스도가 인간과 동일본질이라는 교설은 그리스도가 영혼만이 아니라 육체적 유혹을 극복하기 위하여 도덕적 영적 투쟁을 통하여 완전하게 되었다는 것을 의미한다. 이렇게 완전하게 된 인성은 인간의 구원을 위해서 필수적인 것이다.

> 그[그리스도]는 승리할 때까지 그에게 주어진 하나님의 형상에서 흔들리지 않으려고 노력했다. 그러나 모든 유혹에서 그 자신의 이미지를 완전하게 확립했고, 실패나 무엇에 부족함이 없었기 때문에… 우리 모두를 그의 나라의 아들들, 동료들, 상속자들 그리고 하나님의 아들들을 만들기 위하여 우리를 위하여 대신 행동하였다.[210]

그리스도는 하나님이 내주하는 인간이다. 이 내주는 먼저 하나님의 인간 예수 그리스도의 선택과 그러나 또한 그 내주에 대한 인간의 복종과 반응에 근거한다. 네스토리우스가 인간으로서 그리스도를 언급할 때 그는 항상 인간의 다양한 체험의 단계를 통과하면서 보여준 하나님의 뜻에 대한 그리스도의 자발적이고 다함이 없는 복종에 호소한다. 받을 필요가 없음에도 불구하고 그의 복종으로 요한의 세례를 받았고, "죽기까지 복종"(빌 2:8)하므로 하나님은 "그를 지극히 높이고, 뛰어난 이름을 주시고 모든 것이 그 이름 앞에 무릎을 꿇게 하셨다"(빌 2:9-10).[211] 이 복종은 새로운 인간이 되고 하나님을 본받는 데(엡 4:24; 5:1) 필수적이다. 인간의 구원이 성취되려면 그리스도가 참으로 인간이어야 한다.

그렇다고 네스토리우스는 결코 그리스도의 신성을 부정하거나 축소하지 않는다. 네스토리우스는 사모사타의 바울주의자들이 하나님으로서 그리스도를 부인한 것을 논박하고 이단으로 생각했다. 네스토리우스에 의하면 시작과 성장과 완전해진 그리스도는 "본질에 의해서"가 아니라 "현현에 의해서" 하나님이다.[212] 그는 하나님의 완전한 계시자다. 그를 통하여 우리는 완전한 신지식을 얻을 수 있고, 그를 통하여 구원이 완성된다.

> 하나님은 첫 사람을 그의 형상을 따라, 그의 모양으로 창조했고 성부, 성자, 성령이라는 창조주 하나님의 위격들(prosōpa)을 우리에게 계시해 주셨기 때문에 우리는 또한 창조주를 알 수가 있고, 하나님 지식을 완전하게 얻을 수 있으며, 하나님의 형상의 완전한 개념을 받아들일 수 있다…. 그는 창조주를 알려줬고 보여주었다. 처음부터 하나님과 함께 한 말씀이었던 그는 또한 만물의 창조주 하나님이셨다(요 1:3).[213]

그리스도 이전에는 예언자들도 천사들도, 비록 그들이 어느 정도 하나님의 대행자들이었다고 해도, 누구도 그 자신의 품격에서 하나님의 품격을 사용한 사람이 없다(요 10:30; 10:37-38; 14:9). 그리스도 자신이 또한 하나님이고 말씀인 하나님이다. 이렇게 인성만이 아니라 신성에 대한 그의 강조는 그리스도에게 있어서 두 본성의 구별이 분명하게 나타난다. 네스토리우스는 그리스도에게서 인성의 속성과 신성의 속성을 제거해서는 안 된다고 강조한다. 그가 키릴의 '본질적 연합'을 거부한 것은 그것이 결과적으로 그리스도에게 있어서의 두 본성의 속성을 억제하거나 삭제하기 때문이다.²¹⁴ 『바자』에서 네스토리우스는 그리스도에게 있어서 신성과 인성의 구별을 여러 다른 문맥에서 되풀이하여 논하고 있다. 그는 "자궁에서 형성된 자는 하나님이 아니다…. 또한 하나님은 무덤에 매장되지도 않는다"고 한다.²¹⁵ 신성은 여인에게서 출생하지 않았으며, 고난 받고 죽고 부활하지도 않는다. 이 모두는 인성에 속하는 것들이다. J. F. 베튠-베이커가 네스토리우스의 주된 관심을 잘 지적하고 있다.

> … 신성 자체가 여인에게서 출생했다는 생각은 고난 받고 죽는다는 것을 배냇옷에 숨긴다는 것, 다른 한편 성육신한 말씀의 인성은 우리와 같은 참 인성이 아니라는 생각은 어떤 희생을 하더라도 방지되어야 한다.²¹⁶

그리스도에게 있어서 두 본성의 구별론에 근거하여 네스토리우스는 두 본성의 혼돈이나 혼합을 강력하게 반대한다. 각 본성은 그 자신의 품격과 본체를 가지고 있기 때문에 각 본성은 완전히 독립적이며 상호 배타적이다. 그러므로 성육신은 신성의 인간화도 아니고 인성의 신격화도 아니다. 성육신 교훈에서 네스토리우스는 본질(ousia)의 불변성을 주장한다. 성만찬에서 빵은 빵이다. 우리는 신앙으로 그것을 그리스도의 몸이라고 믿는다.²¹⁷ 네스토리우스가 키릴이 주장하는 '속성의 교류'를 거부하는 것은 "어린이의 본질과 어린이의 조물주의 본질이 말씀 하나님과 같은 본질에서 존재"하기 때문이다. 이렇게 되면 신성과 인성의 구별, 창조주와 피조자의 구별의 근거가 무너진다. 키릴은 "그리스도에게 있어서 한 품격(prosōpon)이 아니라 한 본질(ousia)를 인정한다."²¹⁸

네스토리우스의 두 본성의 철저한 구별은 결국 그리스도에게 있어서 '두 품격론'으로 이어진다. 『바자』에는 "주님의 품격"과 "종의 품격", "하나님의 품격"과 "사람의 품격", "신성의 품격"과 "인성의 품격" 등의 표현이 자주 나타난다.[219] 이것은 완전한 각 본성은 그 자체의 품격에 의해서 알려지고 구별된다는 의미다. 이 두 품격은 그리스도에게 있어서 혼돈이나 혼합이 없다. 그러므로 431년 키릴파의 에베소회의가 네스토리우스의 '두 품격론'을 정죄한 것은 네스토리우스의 참뜻을 이해하지 못했거나 아니면 의도적으로 곡해한 결과다. 네스토리우스는 '두 품격'만이 아니라 '한 품격'도 가르쳤다. 즉, '두 품격'에서 '한 품격'이다. '두 품격'은 각 본성의 각각의 품격을 의미하고, '한 품격'은 분리됨도 구별됨도 없는 굴욕과 높임을 받은 자의 같은 품격을 의미한다. 여기에 근거하여 그는 '두 아들', '두 그리스도', '두 주님'의 교설을 가르쳤다는 키릴파의 고발을 논박한다. 그의 두 본성 그리스도론에서 그는 "두 본성은 한 품격에서 연합되어야 한다는 것은 두 아들, 두 그리스도를 말하는 것이 아니라 각 본성의 차별성을 유지하는 것이다" 라고 한다.[220]

네스토리우스에게 있어서 두 본성은 하나님에게 속한 것이 아니라 그리스도에게 속한 것이다. 즉, 한 그리스도가 두 본성에서 존재하는 것이다. 네스토리우스에 의하면 성서가 동정녀 마리아에게서 그리스도의 출생을 말할 때 또 그의 죽음을 말할 때, 어디에서도 하나님이 아니라 그리스도, 아들, 주님이라고 한다는 것이다. 이 세 칭호는 두 본성을 나타낸다. 하나님은 아들을 보냈고 여인에게서 출생하게 했지 말씀인 하나님을 보내지 않았다(갈 4:4).[221]

네스토리우스는 두 본성의 구별만 강조하는 것이 아니라 그 연합도 강조한다. 그러나 그 연합은 키릴이 주장하는 '본체적(본질적) 연합'이 아니다. 그 이유를 네 가지로 요약한다. 첫째, 두 본성의 철저한 구별을 강조하는 네스토리우스에게 키릴의 본질적 연합론은 불가피하게 두 본성 이외 또 다른 제3의 새로운 본질의 형성을 포함한다는 것이다.[222] 둘째, 키릴의 '본질적 연합'은 혼돈과 혼합의 본성이나 본성의 변화를 함축한다는 것이다.[223] 그리스도에게 있어서 두 본성은 구체적인 실재이며 각각 다른 특성을 가지고 있다. 셋째, '본질적 연합'의 개념은 하나님의 고난을 함축한다는 것이다. 본질에서 연합되었기 때문에 본질적 연합에서 신성은 아픔이 없는 본성이 아니라 아픔이 있는 본성이다. 이것은 실제적으로 그리스도에게 있어서 하나님의 참 본질을 부정하는 아리우스의 입장과 같다.[224] 그러므로 그는 마지막으로 '본질적 연합'을 이해할 수 없다는 것이다.[225]

본질적 연합의 문제를 피하기 위해서 네스토리우스는 그리스도에게 있어서 연합을 본질에서 품격으로 옮긴 것이다. 신성의 품격과 인성의 품격이 한 품격에서 결합하는데, 이것을 그는 "연합의 품격", "공통 품격", "자발적 품격"이라고 부른다.[226] 그리스도에게 있어서 한 품격은 각 본성의 품격과 일치하는 것이 아니라 두 본성의 일치의 품격이다. 네스토리우스는 두 본성의 한 품격이라는 그의 교설을 설명하기 위해서 불타는 수풀, 종의 모양을 취한 왕 그리고 성전의 표상을 사용한다. 즉, 불과 수풀은 하나다. 그럼에도 둘은 구별할 수 있다.[227] 왕과 종의 예증은 빌립보서 2장 5절 이하에 나타난 이미지의 역작이다.[228] 요한복음의 전승에 따르면(요 2:19-21) 육체적인 틀은 말씀 하나님의 신성의 성전이며, 그 성전은 신성에 대한 최고의 지지와 연합되어 왔다.[229]

한 품격은 두 본성의 연합으로 가는 수단이나 길이 아니라 연합의 결과다.[230] 그리고 그것은 하나님의 뜻에 의존한 자발적인 행위의 결과다. 그러므로 성육신은 어떤 외적인 힘에 의해서 일어난 사건이 아니다. 그것은 우리를 위한 하나님의 자발적인 인성의 사용이다. 그러므로 신성과 인성의 연합은 하나님의 경세(經世, oikonomia)에 따른 것이다. 그러나 연합이 자발적이라 함은 하나님의 자유로운 행위 때문만이 아니라 하나님의 뜻에 대해 자유롭게 반응할 수 있는 인간의 선천적인 능력 때문이다. 그러므로 그리스도 안에서 두 품격은 의지에 의한 연합이다.

네스토리우스는 그리스도 안에서 두 품격의 연합은 품격들의 '상호 유무상통'을 통하여 이뤄진다고 한다. 그리스도 안에서 두 본성은 그들의 품격을 상호 이용한다. 즉, 위격들의 상호 보상이다. 그는 이 사상을 빌립보서 2장 5절 이하에서 추론하면서 이 구절을 다음과 같이 해석한다.

> … 그[사도]는 처음에 '하나님의 모습'(likeness), 즉 하나님과 유사함 (similitudo)을 말했고, 그다음에 '종의 모습'을 취했다고 한다 …. 그는 종의 모습에 참여하고 종의 모습이 하나님의 모습에 참여하기 위해서 두 본질로부터 하나의 품격이어야 할 필요가 있었다. 왜냐하면 '모습'은 '품격'이기 때문에 그것은 '본질'(ousia)에 의해서는 하나이고 굴욕과 높임이라는 점에서는 다르다.[231]

이 구절에서 네스토리우스는 '모습'(morphē)을 '본성'(phusis) 또는 '본질'(ousia)이라는 술어와 동의어로 사용하고 있다.[232] 네스토리우스에 의하면 성육신은 본질적 위격들의 상호 유무상통으로 이루어진다.[233] 즉, 신성의 굴욕과 인성의 높임이다. 이와 같은 상호 유무상통은 긴장 속에서 유지된다. "종의 품격을 자기 자신의 품격으로 취한 그가 그의 품격을 종에게 준다."[234] 상호 유무상통에서 신성의 품격이 인성이고, 인성의 품격이 신성이다. 이렇게 해서 그리스도 안에서 위격들의 연합이 일어난다.

그러나 상호 유무상통 사상은 위격에 엄격히 제한되어 있다. 위격의 교환은 두 본성에서 변질을 포함하지 않는다. 위격적 연합은 본질적 연합이 아니다. 이 연합의 교리는 품격의 상호 완전 침투(perichoresis)다.[235] 비유하자면 '소금물'과 같다. 소금과 물이라는 둘이 있지만 품격에서 소금물은 하나다. 네스토리우스의 품격의 상호 침투 사상은 그의 삼위일체 교리와 평행한다. 삼위일체에서 삼위가 하나의 본질(ousia)에 침투하듯이 그리스도에게 있어서 두 본성이 한 품격에 혼돈 없이 침투한다. 네스토리우스의 내주 교리는 이 상호침투의 또 다른 표현 방식이다.[236]

그렇다면 키릴의 속성의 교류 사상과 네스토리우스의 품격의 상호 침투 사상 사이의 차이는 무엇인가? 네스토리우스가 키릴의 속성의 교류 사상을 거부한 것은 그것이 인성을 신성에 합체시키고 신성의 감수성을 함축하기 때문이다. 네스토리우스에 의하면 속성의 교류는 본성에서 일어나지 않고 품격에서 일어난다. 신성과 인성의 공동 품격은 두 품격의 교류를 의미한다. 이 공동 품격에 신성과 인성의 속성이 모두 속한다.[237] 공동 품격 때문에 하나님은 인간의 고통을 경험하신다. 그러나 하나님은 고통을 본질적으로가 아니라 자발적으로 경험하신다. 만일 우리가 "속성의 교류라는 술어로 성육신자의 품격에서

두 본성의 관계라는 가톨릭의 교리를 의미한다면", 그것은 네스토리
우스가 진심으로 "유지하고 싶어 했던" 교리였다.[238] 이 교리는 교황
레오 1세의 교서(Tome)에서 발전되어 451년 칼케돈공의회에서 정통
교리로 받아들여진다.

　네스토리우스의 그리스도론적 고찰에 무슨 이단적인 요소가 있는
가? 네스토리우스는 그의 적대자들이 그에게 돌렸던 견해를 주장한
일이 없다. 『바자』는 그가 정통 교리의 근본적인 원리들을 보전하려고
진심으로 원했다는 것과 어느 날인가는 그의 적대자들이 자기의 사상
을 이해할 날이 올 것을 희망하고 있었다는 것을 충분히 보여준다.
네스토리우스는 초기 작품과 『바자』 사이에서 그의 입장에 변경된
것이 없으며, 그리스도는 혼돈이나 분열 없는 두 본성의 한 품격임을
일관되게 주장해 왔다.

미주

1 R. Prenter, *Creation and Redemption* (Philadelphia: Fortress Press. 1967), 291.

2 O.Cullmann, *The Christology of the New Testament* (London: SCM Press, 1959), 9.

3 E. Brunner, *The Mediator* (London: Lutterworth Press, 1934), 232.

4 K. Adam, *The Christ of Faith* (New York: The New American Library of World Lierature, 1957), 18.

5 R. Prenter, 앞의 책, 295.

6 P. Tillich, *Systematic Theology* (Chicago: The U. of Chicago Press, 1957), vol. II, 139.

7 K. Barth, *Church Dogmatics* (Edingurgh, T. & T. Clark, 1956), 1/2, 123.

8 W. Pannenberg, *Jesus-God and Man* (Philadelphia: The Westminster Press, 1969), 30.

9 G. Ebeling, *Word and Faith* (London: SCM Press, 1963), 304.

10 F. Gogarten, *Christ the Crisis* (London: SCM Press, 1970), 44, 45.

11 P. Tillich, 앞의 책, 142.

12 아폴리나리우스와 바질과의 친분관계에 대한 논란이 있다. 이것은 바질의 서신 361-364의 진정성에 대한 의심 때문에 일어났다. F. Loofs나 H. Lietzmann 등은 그 진정성을 의심하고 있는 반면에 G. L. Prestige는 진정성을 확신한다. 우리는 그 서신들을 직접 읽을 수가 없어 판단하기가 어렵다. 그러나 아폴리나리우스가 이단으로 정죄를 받기 전 니케아 신앙을 지지할 때는 두 사람 사이의 친교가 있었을 것이다.

13 St. Jerome, *Dr vir. ill.*, 104; J. Quasten, *Patrology*, vol. III, 377.

14 St. Jerome, 위의 책; J. Quasten, 위의 책, 378.

15 Eusebius of Caesarea, *Against Porphyry*. 이 책에 관해서는 J. Quasten, 위의 책, 333을 참조할 것.

16 Sozoman, *HE.*, 5. 18; J. Quasten, 위의 책, 378.

17 376~380년 어간에 구성되었을 것으로 추정되는 이 저술에서 아폴리나리우스는 플라톤의 인간 구성 3요소, 즉 몸(body), 혼(soul) 그리고 영(spirit)으로 구성되어야 완전한 인간이라는 교설에 근거하여 그리스도의 경우는 로고스가 그리스도의 영의 위치를 점령했기 때문에 영이 없어 완전한 인간이 아니라고 주장한다.

18 곤잘레스에 의하면 고대 역사가들은 아폴리나리우스의 그리스도론을 반(反)아리우스주의적 입장에서 형성되었다고 해석하고, 반면에 대부분의 현대 역사가들은 반(反)안디옥적인 입장이 그의 그리스도론을 형성했다고 해석하는 경향이다. 그러면서 현존하는 아폴리나리우스의 글에서는 아리우스주의의 지도자들에 대한 언급은 없고 안디옥 신학자들에 대한 언급이 자주

나온다고 한다(J. L. González, *A Hist. of Christian Thought*, vol. I, 357, n. 32).

19 J. L. González, 위의 책, 357에서 재인용.

20 위의 책, 재인용.

21 Aloys Grillmeier, *Christ in Christian Tradition*, 220.

22 Athanasius, *Contra Apollinarium*, 1.2. 아타나시우스의 이 작품은 그의 사후 380년경에 구성된 것으로 추정하며, 그 용어, 문체, 형식에 있어서 그의 다른 저작과 다르다는 평가를 받고 있다.

23 Gregory of Nyssa, *Antirrheticus adversus Apollinarem*, 9; J. N. D. Kelly, *Early Christian Doctrines*, 290.

24 Otto W. Heick, *A Hist. of Christian Thought*, vol. I, 148.

25 위의 책.

26 A. Harnack, *History of Dogma*, vol. III, 40-41.

27 Gregory of Nazianzus, *Ep.*, 2.

28 아폴리나리우스의 '천상의 인간론'은 Aloya Grillmeier, 앞의 책, 222-223.

29 여기서 '합쳐진'은 union(henōsis)이 아니라 conjoined(sunaptos)이다.

30 헬라어로 소마(sōma)는 영어로 body인데, 우리는 '몸'이라고 번역하지 않고 '육'이라고 번역한다. 사도신경에서는 '육신'(flesh, sark)을 우리는 '몸'으로 번역한다.

31 Apollinarius, *De fide et incarnatione*, 6; J. Quasten, 앞의 책, 358.

32 Apollinariius, *De unione corporis et divinitatis in Christo*, 10. J. N. D. Kelly, 앞의 책, 291에서 재인용.

33 위의 책.

34 Apollinarius, *Ep. ad Dionys.*, A 8. Aloys Grillmeier, 앞의 책, 226에서 재인용.

35 Aloys Grillmeier, 위의 책, 227.

36 Otto W. Heick, 앞의 책, 173.

37 이상은 J. N. D. Kelly, 앞의 책, 296. Otto W. Heick, 위의 책, 172 등.

38 Gregory of Nazianzu, *Ep.*, 101. 7. J. L. González, 앞의 책, 361에서 재인용. J. N. D. Kelly, 위의 책, 297-298.

39 F. Loofs, *Leitfaden zum Studium der Dogmengeschichte*, 266. Otto W. Heick, 위의 책, 173에서 재인용.

40 Hans von Campenhausen, *The Fathers of the Greek Church*, 158.

41 위의 책, 159.

42 J. Quasten, 앞의 책, 119.

43 J. Quasten, 위의 책, 134.

44 J. Stevenson, ed.. *Creds, Councils and Controversies: Documrnts illustrative of the history of the Church A.D. 337-461* (London: SPCK, 1966), 286-288.

45 J. Quasten, 위의 책, 135-136.

46 Cyril of Alex., *Thesaurus*, 23, 24, 28; *Dialogues*, 5. J. Quasten, 위의 책, 137.

47 Cyril of Alex., *Ep.*, 4. J. Quasten, 위의 책, 137에서 재인용.

48 Cyril of Aex., *Ep.*, 4. J. Quasten, 위의 책, 138에서 재인용.

49 Cyril of Alex., *Ep.*, 17; *anath.*, 3.

50 이 술어는 아무 이단성의 암시도 없이 초기 그리스도론 저술가들에 의해서 사용되었다. 몹수에스티아의 테오도레와 네스토리우스에 의해서 사용되었는데, 이 술어에 대한 첫 반대자는 알렉산드리아의 키릴이다. 이 단어의 영어 표기는 conjunction, combination이다.

51 Cyril of Alex., *adv. Nest.*, 2. H. Bettenson, *The Later Christian Fathers*, 254에서 인용.

52 이 술어의 문자적 의미는 재산 또는 고유한 성질의 교통이며, 두 본성의 본체적 연합과 관련된 그리스도론의 전문 용어다. 키릴의 교설에서 그 용어는 한 품격이 각 본성을 동등하게 공유하는 것이다. 그러나 안디옥학파는 그 용어에 대하여 깊이 의심스럽게 생각한다.

53 Cyril of Alex., *Ep.*, 17; *anath.*, 4.

54 이 형식의 영어 표현은 the one incarnate nature of the Word of God이다. Cyril of Alex., *Ep.*, 46, 2; J,. Quasten, 앞의 책, 140. 여기서 '한 본질'은 신성을 의미한다.

55 Cyril of Alex., *Ep.*, 40. J. Quasten, 앞의 책, 140에서 재인용.

56 13장 "칼케돈공의회(451)와 그 신조"를 참조할 것.

57 Cyril of Aex., *Ep.*, 17, 11; J. Quasten, 위의 책, 142.

58 Sozoman, *HE.*, 7. 32; J. Quasten, *Patrology*, vol. II, 81.

59 "네스토리우스 그리스도론"에 대한 보다 자세한 학문적인 자료는 졸저, *A Study of the Person of Christ according to Nestorius*(1974년 McGill대학교에 제출한 Ph.D. 학위논문)을 참조할 것. 이 논문의 사본은 한신대 신학대학원 도서관에 소장되어 있음.

60 엄밀히 말하면 황제가 소집한 에베소공의회는 열리지 못하고 시릴파(반-네스토리우스파)와 안디옥의 요한파(친 네스토리우스파)가 각기 회의를 소집하여 네스토리우스와 키릴을 각각 정죄하는 결정을 내렸을 뿐이다. 그러나 후에 결국 키릴파의 회의가 에베소공의회로 교회사에 기록되었다. 이것은 공의회를 소집한 황제 테오도시우스 2세가 키릴의 정치적 수완에 의해서 네스토리우스의 정죄를 승인하고 그를 유배시켰기 때문이다.

61 제11장 "요한 크리소스톰의 신학" 항목을 참조할 것.

62 Socrates, *HE.*, 7. 29.

63 Gennadius, *De vir, ill.*, 53. J. Quasten, 앞의 책, 514.

64 J. F. Bethune-Baker, *Nestorius and his Teaching* (Combridge: at the University Press, 1908), 1.

65 P. Bedjan, *Nestorius: Le Livre d'Heraclides de Damas*(Leipzig and Paris, 1910), iii. 졸저, Ph.D 학위논문, 41.

66 P. Schaff, *Hist. of the Christian Church* (Grand Rapids: Wm. B. Eerdmans Publishing Co., 1968), vol. III, 715.

67 마케도니우스(Macedonius, d. c. 362)는 아리우스를 지지했던 니코메디아 감독 유세비우스의 사망 후 분열 속에서 콘스탄티노플의 감독이 되었고(c. 342), 반(半)아리우스주의를 지지했다. 그러나 아리우스파가 소집한 콘스탄티노플회의에서 파면되었다(360). 4세기 후반부터 '성령 신성 부정론'(Pneumatomachi)의 창시자로 알려졌고 이들은 마케도니우스 추종자라고 불리게 되었으나 그가 창설자라는 것은 믿기가 어렵다. 노바티안들은 데시우스(Decius) 황제의 박해(249~250) 때 일어난 서방교회의 극렬한 분열주의의 지도자 노바티안의 추종자들이다. 노바티안은 로마의 장로였으나 코르넬리우스가 교황으로 선출되자(251) 불만을 품고 온건파에 반대하는 극단파와 결합하여 로마의 라이벌 교황이 되기도 했다. '14일 준수주의자들'(Quartodecimans)은 부활일을 주일에 관계없이 유대교 유월절인 니산월 14일에 지키기를 주장하는 사람들이다. 이것은 소아시아에 뿌리가 있는 전통이며 세례 요한, 서머나의 폴리캅도 주장했다.

68 Socrates, *HE.*, 7. 29.

69 위의 책, 7. 31.

70 위의 책, 7. 32; J. Stevenson, ed. *Creeds, Councils, and Controversies*, 273.

71 Ignatius, *Ad Eph.*, 7. 2; Irenaeus, *Adv. Haer.*, 19.1; Tertullian, *De Patientia*, 3; Origen, *Comm. in Ep. ad Romanos*, 1.1.5; Athanasius, *Orationes c. Arianos*, 3.14; Basil of Caesarea, *Ep.*, 360 등.

72 B. J. Kidd, *A Hist. of the Church to A.D. 461* (Oxford: at the Clarendon Press, 1922), vol. III, 202, 43.

73 B. J. Kidd, 위의 책.

74 G. R. Driver & L. Hodgson, *Nestorius: The Bazaar of Heracleides* (Oxford: at the Clarendon Press, 1925), 99.

75 Cyril of Alex., *Ep.*, 4, 10; B. J. Kidd, 앞의 책, 210-211.

76 H. Chadwick, "Eucharist and Christology in Nestorian Controversy," in *JThs.*, N.S.,vol. II, Part 2 (1951), 145.

77 Cyril of Alex., *Ep.*, 11. 그 외도 키릴은 네스토리우스의 설교, 서신 등을 수집하여 교황에게 보냈으며, 네스토리우스는 429년부터 430년 사이에 세 편의 서신을 교황에게 보냈다 (*Ad Caelestium*, 1, 2, 3).

78 Celestine, *Ep.*, 11; J. Stevenson, ed. 앞의 책, 279-280.

79 펠라기우스와 그 사상 그리고 펠라기우스 논쟁에 관해서는 "어거스틴' 항목을 참고할 것.

80 B. J. Kidd, 앞의 책, 212.

81 이것은 키릴이 네스토리우스에게 보낸 세 번째 서신(*Cum Salvaor*)이며, 키릴 서신으로는 *Ep.* 17에 속한다. 그 서신 영역본은 J. Stevenson, ed. 앞의 책, 280-288에 있음.

82 『12개 항목 저주문』의 내용은 본 장, 주 44를 참조할 것. 그 요약은 H. Bettenson, *Documents of the Christian Church* (London: Oxford U. Press, 1967), 46-47에 있다.

83 P. Hughes, *A Hist. of the Church* (London: Sheed and Ward, 1936), vol.

I, 299-300.

84 M. L. Duchense, tr. by C. Jenkins, *The Early Hist. of the Christian Church* (London: John Murray, 1922과 1924), vol. III, 236.

85 G. R. Driver & L. Hodgson, 앞의 책, 133.

86 G. R. Driver & L. Hodgson, 위의 책, 133.

87 위의 책, 135.

88 위의 책, 132.

89 C. J. Hefele, tr. by H. N. Oxenham, *A Hist. of the Councils of the Church* (Edinburgh: T. & T. Clark, 1883), vol. III, 47-48.

90 위의 책, 51.

91 J. W. C. Wand, *A Hist. of the Early Church to A.D. 500* (London: Methuen and Co., 1965), 222.

92 이 신조의 영역문은 *LCC*, vol. III, Edward. R. Hardy, ed., *Christology of the Later Fathers* (Philadelphia: The Westerminster Press, 1961), 355-358과 한글 역본, 염창선 · 원성현 · 임승안 옮김, 『후기 교부들의 기독론』 (서울: 두란노 아카데미, 2011), 462-466에 있음.

93 R. V. Sellers, *The Council of Chalcedon* (London: SPCK, 1961), 17.

94 F. Loofs, *Nestorius and His Place in the Hist. of Christian Doctrine* (Cambridge: at the University Press, 1914), 56.

95 Nestorius, *The Bazaar of Heracleides*, D. R. Driver & L Hodgson (Oxford: at the Clarendon press, 1925), 379-380.

96 '바자'(Bazaar)라는 말은 페르시아에서 아라비아, 터키, 북아프리카로 퍼져나간 말인데, 본래는 상점을 뜻하는 아람어 '수크'(sūq)와 같은 뜻을 가지고 있다. 현대 영어에서는 개개의 상점, 잡화점을 가리키고, 자선을 목적으로 잡다한 물건을 파는 시장을 뜻한다. 그러나 여기서는 책을 뜻하는 라틴어 '리베르'(liber)와 같은 뜻이다.

97 위의 책, 345 f, 369, 375; J. F. Bethune-Baker, *Nestorius and his Teaching*, 34.

98 J. F. Bethune-Baker, "The Date of the Death of Nestorius," *JThS.*, IX, No. 36 (1908), 603.

99 J. F. Bethune-Baker, *Nestorius and his Teaching*, 1.

100 F. Loofs, 앞의 책, 3.

101 A. R. Vine, *An Approach to Christology* (London: Independent Press, 1948), 33, n. 1. 그의 헬라어 원본은 현존하는 것이 없다. 여섯 저서는 제1변증서라고 할 수 있는 『비극』(Tragedy)), 마지막 변증서인 *Bazaar of Heracleides*, 『코스모스의 서신』 (*Letter of Cosmos*), 『예배 의식서』, 『서신집』, 『주석집』 그리고 『설교』다.

102 F. Loofs, *Nestriana* (Halle, Max Niemeyer, 1905. 저자는 *Bazaar*이 현존하고 있다는 것을 확인하였다. 책명에 대해서 헬라어 원제목인 *Pragmateis Hrakleidou tou*

*Damaskēnou*에 상응하는 『헤라클리데스의 논문』(*Treatis of HeraClides*)이라고 해야 한다는 주장도 있으나(F. Loofs, *Nestorius and His Place in the Hist. of Christian Doctrine*, Cambridge: at the U. Press, 1914, 13), 헬라어 pragmateis의 시리아어 동의어인 *Tegurta*(상업)와 관련해서 『헤라클레이데스의 바자』(*Bazaar of Heracleides*)라고 부르는 것이 일반화되었다(J. F. Bethune-Baker, *Nestorius and his Teaching*, 27, n.1).

103 P. Bedjan, *Nestorius: Le Livre d' Heraclide de Damas* (Leipzig and Paris: 1910), 3. 졸저, "네스토리우스 기독론 연구,"「신학사상」, vol. X, No. 3 (한국신학연구소, 1975), 601, n. 4.

104 J. F. Bethune-Baker, *Nestorius and his Teaching*, 33.

105 A. R. Vine, 앞의 책, 33, n. 5.

106 F. Nau, *Nestorius: Le Livre d' Heraclide de Damas* (Paris: Letouzey et Ané Editeurs, 1910).

107 G. R. Driver & L. Hodgson, *Nestorius: The Bazaar of Heracleides* (Oxford: at the Clarendon Press, 1925).

108 Otto W. Heick, *A Hist. of Christian Thought*, vol. I, 170-171.

109 이 문제에 대한 보다 자세한 것은 졸저 Ph, D. 학위논문 17-32를 참고할 것.

110 Socrates, *HE.*, 7. 32. F. Loofs, *Nestorius and His Place in the Hist. of Christian Doctrine*, 20에서 재인용.

111 Nestorius, *Ep.*, 11. A. Harnack, *Hist. of Dogma*, vol. IV, 18에서 재인용.

112 A. Harnack, 위의 책.

113 F. Loofs, 앞의 책, 20-21에서 재인용.

114 F. Loofs, 위의 책, 21; A. Grillmeier, *Christ in Christian Tradition*, 496.

115 F. Loofs, *Nestoriana*, 275; G. R. Driver & L. Hodgson, *Nestorius*, 54.

116 F. Loofs, *Nestorius and His Place in the Hist. of Christian Doctrine*, 126, 96f., 101.

117 위의 책, 76-78.

118 R. Seeberg, tr.by Charles E. Hay, T*ext-Book of the Hist. of Doctrines* (Phiadelphia: Lutheran Publication Society, 1905), vol. I, 262. 이 책의 이름은 1977년에 *The History of Doctrines*(Grand Rapids, Michigan: Baker Book House)으로 변경되어 출판되었다.

119 J. F. Bethune-Baker, *Nestorius and his Teaching*, 189-196, 82, 87, 198 등.

120 A. Harnack, *Hist. of Dogma*, vol. IV, 189.

121 F. J. F. Jackson, *Hist. of the Christian Churchto A. D. 461* (London: George Allen amd Unwin, 1914), 461-462.

122 위의 책, 465.

123 H. R. Mackintosh, *The Doctrine of the Person of Jesus Christ* (Edinburg: T. & T. Clark, 1962, 1st edition,1962), 204, n. 1.

124 위의 책, 207.

125 A. C. Headlam, "Nestorius and Orthodoxy," *The Church Quarterly Review*, ed. by A. C. Headlam, vol. LXXX, No. 160 (July 1915), 461.

126 R. V. Sellers, *Two Ancient Christologies* (London: SPCK, 1940), 164-165.

127 Sydney Cave, *The Doctrine of the Person of Christ*, Studies in Theology, ed. by N. Micklem (London: Gerald Duckworth & Co., 1962, 1st edition, 1925), 110.

128 Carl E. Braaten "Modern Interpretations of Nestorius," *Church History*, vol. XXXII, No. 3 (Sept. 1963), 265.

129 M. Schmaus, *Dogma* (New York: Sheed & Ward, 1971), 223-224.

130 G. L. Prestige, *Fathers and Heretics* (London: SPCK, 1968), 144.

131 J. W. C. Wand, *The Four Great Heresies* (London: A. R. Mowbray and Co., 1955), 98-99.

132 P. Bedjan, *Nestorius: Le Livre d'Heraclide de Damas*, xiii, xxxvii 등.

133 F. Nau, *Nestorius: Le Livre d'Heraclide de Damas* (Paris: Letouzey et Ané Editeurs, 1910), xxviii.

134 H. M. Relton, "Nestorius the Nestorian," *The Church Quarterly Review*, ed. by A. C. Headlam (London: 1875~), 293-325.

135 H. M. Relton, *A Study in Christology* (London: SPCK,1917), 26.

136 위의 책, 26-27.

137 B. J. Kidd, *A Hist. of the Church to A. D. 461* (Oxford: at the Clarendon Press, 1922), vol. III, 208.

138 A. R. Vine, *An Approach to Christology* (London: Independent Press, 1948), 47.

139 위의 책, 18.

140 보다 자세한 신학적 설명은 졸저 Ph. D. 학위논문, 127-169를 참조할 것.

141 Damascenus, *Dialectica*, xxx; M. Chemnitz, *The Two Natures in Christ*, tr. by J. A. O. Preus (St. Louis: Concordia Publishing House, 1971), 29.

142 G. R. Driver & L. Hodgson, *Nestorius*, 247. 참고로 서방교회의 삼위일체론 형식을 확정한 터툴리안은 tres persōnae in una substantia라고 표현하였다(Tertullian, *Adv. Praxean*, 2).

143 G. R. Driver & L. Hodgson, 앞의 책, 98, 162, 182, 208 등.

144 G. W. H. Lampe, ed. *A Patristic Greek Lexicon* (Oxford: The U. Press, 1968), 1186.

145 F. Loofs, *Nestorius and His Place in the Hist. of Christian Doctrine*, 76.

146 위의 책, 77.

147 Nestorius, *Sermon*, V (F. Loofs, *Nestorians*, 239). *Nestorius and His Place in the Hist. of Christian Doctrine*, 77.

148 G. R. Driver & L. Hodgson, 앞의 책, 57; P. Bedjan, *Nestorius*, 83; F. Nau, *Nestorius*, 53 등.

149 A. F. Vine, 앞의 책, 108, 109 등.

150 G. R. Driver & L. Hodgson, 앞의 책, 20 이하.

151 위의 책, 89, 207, 211 등.

152 위의 책, 52, 69, 218, 252 등.

153 '신성의 프로소폰', '인성의 프로소폰'을 말하는 것이다. 위의 책, 160, 170.

154 A. R. Vine, *An Approach to Christology*, 99.

155 프로소폰뿐만 아니라 후포스타시스, 우시아, 푸시스 등의 자세한 어의, 용법 등에 관해서는 졸저, Ph.D 학위논문 128-169를 참고할 것.

156 P. Bedjan, *Nestorius*, xxxvii.

157 이 항목에 대한 자세한 논구는 졸저 Ph.D 학위논문, 171-186을 참조할 것.

158 이 칭호는 많은 교부들의 글에 나타난다. 예를 들면 Ignatius, *Ad Eph.*, 7.2; Irenaeus, *Adv. Haer.*, 19.1; Tertullian, *De Patientia*, 3; Origen, *Comm. in Ep. ad Romanos*, 1.1.5; Athnasius, *Orat. c. Arianos*, 3.14; Basil of Caesaeia, *Ep.*, 360; Gregory of Naz., *Ep.*, 101; Gregory of Nyssa, *Epp.*, 3, 17, 19; Augustine, *De Fide ad Petrum*, 18 등.

159 헬라어 Theotokos는 라틴어 문화와 로마가톨릭교회를 통해 '하나님의 어머니'라고 번역되고 있지만, '하나님을 담지하고 있는 자'(God-bearing) 또는 '하나님 담화자'(God-bearer) 등으로 번역된다. 그러므로 그 말에는 항상 임신, 자양분 공급, 배태(胚胎) 등이 함축된다. 그래서 Theotokos보다 Theophoros가 더 정확한 칭호라고 한다. Theotokos가 단성론의 위험이 있다고 반대하는 학자도 있다.

160 G. R. Driver & L. Hodgson, *Nestorius, Index*, 424.

161 P. Schaff, *Hist. of the Christiian Church* (Grand Rapids: Wm. B. Eerdmans Publishing, 1968), vol. III, 717-718에서 인용.

162 Nestorius, Serm., 5.2; 7.4; F. Loofs, *Nestoriana*, 277 이하, 266.

163 Nestorius, *Serm.*, 7, 8; C. J. Hefele, tr. by H. N. Oxenham, *A Hist. of the Councils of the Church* (Edinburgh: T. & T. Clark, 1896), vol. III, 3.

164 Nestorius, *Serm.*, 4.2; F. Loofs, 앞의 책, 252, 353 등.

165 F. Loofs, 앞의 책, 278. J. F. Bethune-Baker, *Nestorius and his Teaching*, 64에서 인용. 그리고 Nestorius, *Serm.*, 5.9 참조.

166 Nestorius, *Ep. ad Caelest.*, 1. J. F. Bethune-Baker, 위의 책, 17에서 인용.

167 F. Loofs, *Nestorius and His Place*, 31에서 인용. 그리고 S. Cave, *The Doctrine*

of the Person of Christ (London: Gerald Duckworth & Co., 1962), 111 등.

168 Nestorius, *Ep. ad Caelest.*, 1; F. Loofs, *Nestoriana*, 167.

169 Nestorius, *Serm.*, 10. A. Grillmeier, *Christ in Christian Tradition*, 377-378에서 인용. Nestorius, *Ep. ad Cyril*, 2. J. M. Carmody "Theotokos" in *New Catholic Encyclopedia*, ed. byW. J. McDonald (New York: McGraw-Hill Co., 1967), vol. 14, 75에서 인용.

170 F. Loofs, *Nestoriana*, 182; J. Pelikan, *The Emergence of the Catholic Tradition* (100-600), vol. I, of *The Christian Tradition* (Chicago: The U. of Chicago Press, 1971), 242에서 인용. 그리고 Nestorius, *Serm.*, 5. J. F. Bethune-Baker, 앞의 책, 113도 참고할 것.

171 F. Loofs, 위의 책, 79 이하. A. Grillmeier, 앞의 책, 379에서 인용.

172 Nestorius, *Ep. ad Cyril*, 2; F. Loofs, 위의 책, 174 이하, 295; A. Grillmeier, 위의 책, 377.

173 Nestorius, *Ep. ad Caelest.*, 3; R. Seeberg, *The Hist. of Doctrines*, vol. I, 269.

174 G. R. Driver & L. Hodgson, *Nestorius*, 99; P. Bedjan, *Nestorius*, 153. F. Nau, *Nestorius*, 91.

175 두 본성을 구별하는 안디옥학파의 그리스도론의 특성은 안디옥의 유스타티우스(d. 330)의 그리스도론에서 그 배종(胚種)을 발견한다(R. V. Sellers, *Eustathius of Antioch and His Place in the Early Hist. of Christian Doctrine*, 100-120). 그의 사상이 다소의 디오도레, 몹수에스티아의 테오도레 그리고 네스토리우스에게 전승되었다.

176 Nestorius, *Serm.*, 5, 17; F. Loofs, *Nestoriana*, 231 이하, 297.

177 F. Loofs, 위의 책, 360; R. V. Sellers, 앞의 책, 192.

178 Nestorius, *Serm.*, 12. R. V. Sellers, 위의 책, 152에서 재인용.

179 J. F. Bethune-Baker, *Nestorius and his Teaching*, 113-114에서 재인용.

180 F. Loofs, 앞의 책, 227-228. H. Chadwick, "Eucharist and Christology in Nestorian Controversy" in J*ournal of Theological Studies*, N. S., vol. II, part 2 (1951), 156에서 재인용.

181 F. Loofs, 위의 책, 248. J. F. Bethune-Baker, 앞의 책, 61-62에서 재인용.

182 F. Loofs, 위의 책, 275; A. Grillmeier, 앞의 책, 379.

183 F. Loofs, 위의 책, 252. J. N. D. Kelly, *Early Christian Doctrines*, 315에서 재인용.

184 Nestorius, *Ep.*, 11 (F. Loofs, 위의 책, 196). J. F. Bethuene-Baker, 앞의 책, 84에서 재인용.

185 예를 들면 haptesthai, sunapis, haphē, haptomenon 등. 이 모두는 접촉, 연결의 의미로 쓰이는 술어들이다.

186 H. A. Wolfson, *The Philosophy of the Church Fathers* (Cambridge: Harvard U. Press, 1970), vol. I, 375 이하, 462.

187 Cyril of Alex., *Ep.*, 11. 안디옥의 세베루스(Severus)는 네스토리우스의 병치

개념을 거부했고(H. A. Wolfson, 위의 책, 463), 쥬기(M. Jugie)는 그 술어에 이단적인 관념이 있다고 의심하였다(A. Grillmeier, 앞의 책, 382, n. 5).

188 Tertullian, *Adv. Prax.*, 27; Basil, *Ep.*, 210; Gregory of Nyssa, *Adv. Eunomius*, 5 등.

189 J. F. Bethune-Baker, 앞의 책, 91.

190 Nestorius, *Ep. ad Cyrill*, 2; *Serm.*, 2; Cyrill, *Contr. Nest.*, frg. 71; Nestorius, *Serm.*, 2; J. N. D. Kelly, 앞의 책, 314.

191 헬라어로 'eis henos prosōpou sunapheian'. F. Loofs, 앞의 책, 176; A. Grillmeier, 앞의 책, 382.

192 C. J. Hefele, *Hist. of the Councils of the Church*, vol. III, 93-94; 졸저, Ph.D. 학위논문, 202.

193 R. V. Sellers, *The Douncil of Chalcedon* (London: SPCK1961), 17-18; Edward R. Hardy, with Cyril C. Richardson, ed. *Christology of the Later Fathers*, *LCC*, vol. III (Philadelphia: The Westerminster Press, 1954), 356.

194 그는 378년 안디옥의 멜레타우스(Meletius)에 의해서 시리아 베로에아의 감독이 되었으며, 한때 요한 크리소스톰과 친한 친구였으나 총주교의 잘못 전해진 경멸로 감정이 상한 후 크리소스톰 징계에 가담했다. 키루스의 테오도렛은 크리소스톰의 비극에 나쁜 판결에 동조했음에도 그의 경건을 격찬하였다. 그는 콘스탄티노플공의회(381)에 참석했고, 에베소회의(431)에는 늙어서 참석하지 못했으나 '433년 재연합의 신조' 형성을 위한 협상에 결정적인 영향을 끼쳤다. 그 시작은 황제 테오도시우스가 나이 많은 그에게 안디옥의 요한과 알렉산드리아의 키릴을 설득하기를 희망하는 서신을 보낸 것이다.

195 Cyril, *Ep.*, 33; C. J. Hefele, 앞의 책, 122.

196 이 부분에 대해서 졸저, ph. D. 학위논문, 199-204를 참조할 것.

197 C. F. Hefele, 앞의 책, 264.

198 Cyril, *Ep.*, 40(*Ad Acacius of Melitene*).

199 Cyril, *Ep.*, 44 (*Ad Eulogius*); B. J. Kidd, *A Hist. of the Church to A. D. 461*, 265에서 인용.

200 Cyril., *Ep.*, 40; R. V. Sellers, 앞의 책, 23.

201 G. R. Driver & L. Hodgson, *Nestorius: The Bazaar of Heracleides*, 79, 89; P. Bedjan, *Nestorius: Le Livre d'Heraclide de Damas*, 116, 129; F. Nau, *Nestorius: Le Livre d'Heraclide de Damas*, 75, 83등.

202 G. R. Driver & L. Hodgson, 위의 책, 52; P. Bedjan, 위의 책, 76. F. Nau, 위의 책, 49.

203 G. R. Driver & L. Hodgson, 위의 책, 35; P. Bedjan, 위의 책, 51-52; F. Nau, 위의 책, 31.

204 G. R. Driver & L. Hodgson, 위의 책, 67-68; P. Bedjan, 위의 책, 98-99;

F. Nau, 위의 책, 64.

205 G. R. Driver & L. Hodgson, 위의 책, 182; P. Bedjan, 위의 책, 266; F. Nau, 위의 책, 160.

206 G. R. Driver & L. Hodgson, 위의 책, 23, 58; P. Bedjan, 위의 책, 33, 85; F. Nau, 위의 책, 20, 55.

207 니케아신조의 첫 문장을 참조할 것. H. Bettenson, Documents of the Christian Church (London: Oxford U. Press, 1967), 25.

208 A. R. Vine, *An Approach to Christology*, 59.

209 G. R. Driver & L. Hodgson, 앞의 책, 27; P. Bedjan, 앞의, 39-40; F. Nau, 앞의 책, 24 등.

210 G. R. Driver & L. Hodgson, 위의 책, 67; P. Bedjan, 위의 책, 97-97; F. Nau, 위의 책, 63-64 등.

211 G. R. Driver & L. Hodgson, 위의 책, 64, 69; P. Bejan, 위의 책, 94, 101; F. Nau, 위의 책, 61, 66 등.

212 G. R. Driver & L.Hodgson, 위의 책, 204; P. Bedjan, 위의 책, 286; F. Nau, 위의 책, 181.

213 G. R. Driver & L. Hodgson, 위의 책, 58-59; P. Bedjan, 위의 책, 85-86; F. Nau, 위의 책, 55.

214 G. R. Driver & L. Hodgson, 위의 책, 92; P. Bedjan, 위의 책, 133; F. Nau, 위의 책, 86.

215 G. R. Driver & L. Hodgson, 위의 책, 236; P. Bedjan, 위의 책, 329; F. Nau, 위의 책, 209 등.

216 J. F. Bethune-Baker, *Nestorius and his Teaching*, 62.

217 G. R. Driver & L. Hodgson, 앞의 책, 327-328; P. Bedjan, 앞의 책, 449; F. Nau, 앞의 책, 288.

218 G. R. Driver & L. Hodgson, 위의 책, 231, 232 그리고 138; P. Bedjan, 위의 책, 322, 323 그리고 203; F. Nau, 위의 책, 205, 206 그리고 122 등.

219 예를 들면 G. R. Driver & L. Hodgson, 위의 책, 55, 69, 246, 251, 260, 261, 262 등; P. Bedjan, 위의 책, 81, 101, 340, 348, 360, 361, 362 등; F. Nau, 위의 책, 52, 66, 218, 223, 231, 232, 233 등.

220 G. R. Driver & L. Hodgson, 위의 책, 235; P. Bedjan, 위의 책, 327; F. Nau, 위의 책, 209.

221 G. R. Driver & L. Hodgson, 위의 책, 188; P. Bedjan, 위의 책, 141-142; F. Nau, 위의 책, 166.

222 G. R. Driver & L. Hodgson, 위의 책, 303f, 313f; P. Bedjan, 위의 책, 418, 431; F. Nau, 위의 책, 268, 276f. 등.

223 G. R. Driver & L. Hodgson, 위의 책, 92; P. Bedjan, 위의 책, 133; F. Nau, 위의 책, 86 등.

224 G. R. Driver & L. Hodgson, 위의 책, 36, 94, 162; P. Bedjan, 위의 책, 54, 136, 237; F. Nau, 위의 책, 33-34, 88, 143 등.

225 G. R. Driver & L. Hodgson, 위의 책, 155; P. Bedjan, 위의 책, 227; F. Nau, 위의 책, 137.

226 G. R. Driver & L. Hodgson, 위의 책, 143, 171, 181; P. Bedjan, 위의 책, 211, 250, 264; F. Nau, 위의 책, 127, 151, 159 등.

227 G. R. Driver & L. Hodgson, 위의 책, 160; P. Bedjan, 위의 책, 235; F. Nau, 위의 책, 141 등.

228 G. R. Driver & L. Hodgson, 위의 책, 55; P. Bedjan, 위의 책, 81; F. Nau, 위의 책, 52 등.

229 G. R. Driver & L. Hodgson, 위의 책, 157; P. Bedjan, 위의 책, 230; F. Nau, 위의 책, 139 등.

230 G. R. Driver & L Hodgson, 위의 책, 262; P. Bedjan, 위의 책, 362; F. Nau, 위의 책, 233 등.

231 G. R. Driver & L. Hodgson, 위의 책, 166-167; P. Bedjan, 위의 책, 243-244; F. Nau, 위의 책, 147.

232 J. F. Bethune-Baker, *Nestorius and his Teaching*, 52, n. 1. '모습'(창 1:26에서도 쓰였음)을 의미하는 헬라어 '모르페'(morphē)는 단순히 외관적인 것을 의미하지 않는다. 외관적인 것과 함께 본질적인 특성을 의미한다. 이 단어는 가변적이고 외관적 패션을 의미하는 헬라어 '스키마'(schema)와 비교하여 불변적이다. 빌립보서 2:6에서는 신적 속성을 가진 성육신 이전의 그리스도를 언급한다.

233 G. R. Driver & L. Hodgson, 앞의 책, 262; P. Bedjan, 앞의 책, 362; F. Nau, 앞의 책, 233 등.

234 G. R. Driver & L. Hodgson, 위의 책, 55; P. Bedjan, 위의 책, 81; F. Nau, 위의 책, 52.

235 A. Grillmeier, *Christ in Christian Tradition*, 448.

236 G. R. Driver & L. Hodgson, 앞의 책, 233; P. Bedjan, 앞의 책, 324; F. Nau, 앞의 책, 206.

237 G. R. Driver & L. Hodgson, 위의 책, 319-320; P. Bedjan, 위의 책, 439; F. Nau, 위의 책, 281.

238 J. F. Bethune-Baker, 앞의 책, 81.

제13장

칼케돈공의회(451)와 그 신조

— 그리스도론을 중심으로

I. 서론

431년 키릴파 에베소회의에 의한 네스토리우스의 정죄는 그가 실제로 이단이었다는 결정적인 증거가 되지 못하였다. 이 정죄는 알렉산드리아의 키릴과 안디옥의 요한에 의해서 타협이 이뤄진 433년 재연합의 신조가 만들어진 후 정치적인 타협의 결과로 그 효력이 발생하였을 뿐이었다. 재연합의 신조라고 하지만 양 학파 사이에서 진행된 오랜 그리스도론 논쟁을 종식시키지는 못하였다. 키릴은 네스토리우스를 정죄하는 것으로 정치적 목적을 달성했기 때문에 지금까지 자기 의견에 동조했던 동료들의 비난에도 불구하고 연합의 신조에 서명할 수밖에 없었다. 그리하여 곤잘레스가 지적했듯이, 키릴의 옛 동료들은 "참 신앙은 그리스도의 단일 본성을 고백하는 것이며, 안디옥학파의 두 본성론을 받아들이는 것은 배교 행위와 같다고 확신하여 '433년 재연합의 신조'가 평화를 확정한 것으로 생각하기를 거부하였다."[1]

그러나 이와 유사한 사건이 알렉산드리아학파에서만 일어난 것이 아니라 안디옥학파에서도 발생하였다. 안디옥학파 측의 대표자로서 재연합의 신조 작성에 가장 적극적이었던 안디옥의 요한은 433년의 신조에 그리스도의 두 본성론을 확고히 했기 때문에 두 본성만이 참 신앙이라고 주장하는 보다 극단적인, 동료를 버리지는 않았으나 그의 옛 동료 네스토리우스를 배반하는, 결과를 가져왔다. 사실 대부분의 네스토리우스의 동료들은 그가 인성을 신성에 흡수, 혼합시키는 자들의 오류를 공격한 죄밖에 없다고 생각한 것이다.[2] 이미 지적했듯이 네스토리우스의 교설도 이 연합의 신조의 교리적 기초와 다르지 않다. 그러므로 이와 같은 불안한 상황에서 433년의 신조에 의한 교회의 평화는 오래 지속될 수 없었다.

결국 네스토리우스 그리스도론의 이단 여부를 측정하는 표준은 451년 칼케돈공의회의에서 결정되어야 했다. 칼케돈공의회는 초대교회에서 제4차 에큐메니칼회의로 알려져 있으며, 이 회의에서 결정된 그리스도론 신조는 초대교회 그리스도론 발전사에 있어서 획기적인 사건이었다. 그런 점에서 이 회의는 초대교회에서 그리스도론의 첫 공의회이자 마지막 회의라고 할 것이다.[3] 물론 칼케돈공의회 이후에도 반(反)칼케돈신조 운동이 없었던 것은 아니다. 예를 들면 동방그리스도교 세계에서 상당한 영향을 끼쳤던 이른바 단성론(單性論)[4]과 단의론(單意論)[5] 등의 등장이다. 이와 같은 그리스도론의 문제를 해결하기 위해서 모인 공의회가 제5차 콘스탄티노플공의회(553)와 제6차 콘스탄티노플공의회(680)다.[6] 그러나 이 공의회들이 칼케돈신조를 근본적으로 파기할 수 없었다. 칼케돈신조는 현재까지도 정통 그리스도교 신조로 받아들여지고 있다. 그러나 이 말은 그 신조에 대한 재해석이나 비판이 용납되지 않는다는 의미는 아니다. 칼케돈신조가 초대교회 그리스도론 논쟁에 있어서 완전한 신학적인 해결을 주지 못했다고 비판하는 현대 학자도 있다.[7]

II. 회의의 역사적 신학적 배경

433년 재연합의 신조 형성의 주역들인 알렉산드리아의 키릴과 안디옥의 요한이 사망한 후(키릴은 444년, 요한은 441년에 사망) 키릴은 디오스코루스(Dioscorus)에 의해서 감독직이 계승되었고, 요한은 돔누스(Domnus)에 의해서 계승되었다. 후자는 안디옥학파의 신학 사상 전통에 더욱 열렬한 지지자였으나,[8] 교회 행정보다는 수도원적 삶에 더 관심이 있었기 때문에 교구 문제는 키루스의 테오도렛에게 위임하였다. 테오도렛은 네스토리우스의 적극적인 지지자였다. 반면에 디오스코루스는 알렉산드리아 감독권의 지배 영역을 동로마제국 전역에 확대시킬 야심을 가진 교회정치가로서 권모술수에 능한 사람이었다. 그는 433년 재연합의 신조는 안디옥학파의 이단적 신학의 수용이라고 판단하고 정통 신앙을 지켜야 할 알렉산드리아 교구에 대한 치욕으로 간주하였다. 그리하여 그는 수단 방법을 가리지 않고 안디옥학파를 공격하기 시작하였다. 이때 동로마제국의 수도 콘스탄티노플의 감독은 플라비안(Flavian)이었다. 그는 안디옥학파적 신학적 경향을 가지고 433년 재연합의 신조를 적극적으로 지지하고 있었다.

양 학파의 싸움의 재발은 488년 콘스탄티노플회의에서 유티케스(Eutyches)가 공격을 받고 정죄를 받은 사건에서 시작되었다. 그는 이 회의에 참석한 대부분의 감독들이 정통 신앙의 표준으로 받아들이고 있는 433년 재연합의 신조에 대하여 부정적으로 비판한 사람이었다. 특히 '그리스도에게 있어서 두 본성'이라는 이론을 거부하였다. 그는 알렉산드리아 신학의 적극적인 지지자요 수도원 원장이며 정부의 두터운 신임을 받고 있었다. 그에 의하면 성육신 이전의 그리스도에게는 두 본성이 있었으나 그 이후에는 한 본성만 있다는 것이다.[9] 여기서 말하는 '한 본성'은 물론 '신성'을 의미한다. 그러므로 성육신한 그리스도의 몸은 신격화되었기 때문에 그에게 인성은 없으며, 따라서 그는 우리와 동일본질일 수가 없다는 것이다. 그의 주장은 아폴리나리우스에 의해서 형성된 그리스도론 형식에 대한 적극적이고 극단적인 재현이었다. 그런데 이미 아폴리나리우스는 교회 공의회에서 이단으로 정죄를 받은 바가 있다(381).

유티케스가 이와 같은 주장을 하게 된 것은 술어의 혼돈에 그 원인이 있다고 할 수도 있다. 초대 그리스도론 형식에서 물질적 세계에 현재(顯在)한 본성인 '푸시스'(phusis)가 개체적인 실재(entity), 즉 본질적 객체를 뜻하는 '후포스타시스'(hupostasis)와 동의어로도 사용되고 있었으며, 개별적 재산 또는 본질을 의미하는 '우시아'(ousia)는 그 용법에 있어서 아리스토텔레스가 정의한 '프로토 우시아'(prōtē ousia)와 같은 뜻으로 사용되고 있었다.[10] 그러므로 이 용법에 의하면 '우시아'가 '프로소폰'(prosōpon)의 의미로 사용될 수도 있는 것이다. 이와 같은 용법에 따르면 유티케스의 그리스도론 형식에서 성육신 후 그리스도에게 두 본질은 용납될 수가 없다. 왜냐하면 그것은 그리스도에게 있어서 두 품격을 말하는 것이고, 그것은 다시 그리스도를 둘로 분열시키는 것이 되기 때문이다.

448년 콘스탄티노플회의는 감독 플라비안의 주재 아래에서 유티케스의 교설을 정죄하고 그리스도의 품격의 통일이 '두 본성으로부터'(out of two natures)가 아니라 '두 본성 안에서'(in two natures)라고 결정했고, 푸시스와 후포스타시를 구별하여 후포스타시스와 프로소폰을 동의어로 사용하기로 하였다. 이것은 푸시스와 후포스타시스 술어 사용 역사에 있어서 대단히 중요한 의미를 갖는다.[11]

448년 회의에서 정죄를 받은 유티케스는 알렉산드리아의 감독과 황제 테오도시우스 2세의 지지를 얻어 로마의 감독 교황 레오 1세(Leo I)에게 호소하였다. 레오 1세는 콘스탄티노플의 감독이며 448년 회의를 주재했던 플라비안으로부터 그 회의의 경위를 들은 후 그의 서신

(Tomus ad Flavianum)을 플라비안에게 보냈다. '교서'는 회유적인 어조로 쓰였지만, 이 서신에서 교황은 유티케스의 정죄는 적법적이었다고 선언하고 자신의 그리스도론을 공표하였다. 그러면서 유티케스는 "대단히 분별없고 비참할 정도로 미숙함을 드러냈다"고 했다.[12] 곤잘레스가 인용한 글에 의하면 교황은 유티케스가 "결코 진리의 제자가 아닌 뛰어난 오류의 우두머리"라고 했다.[13] 유티케스의 가장 큰 오류는 성육신의 영광이 그리스도의 인성을 파괴하지도 않았는데 구세주의 인간성과 우리의 인간성이 동일본질이라는 것을 부인한 것이다. "왜냐하면 하나님이 동정(同情)을 보이심으로 변화하는 분이 아니듯이 인간도 신성에 삼키워지지 않기 때문이다."[14] 이 때문에 교황 레오는 유티케스의 형식인 "성육신 이전에는 두 본성이었으나 연합한 후에는 한 본성이다"를 받아들일 수 없었던 것이다. 이 형식은 이미 아폴리나리우스의 경우에서 정죄 받은 것이었다.

그럼에도 불구하고 유티케스를 지지하는 알렉산드리아의 감독 디오스코루스는 유티케스의 문제를 통하여 자기의 정치적 입지를 확대할 야심으로 교회 총회 소집을 요구하였다. 황제로 하여금 총회를 소집하도록 하기 위해서 그는 의도적으로 448년 콘스탄티노플회의 결정을 거절하고 유티케스에게 성찬을 베풀었다.

드디어 449년에 알렉산드리아파를 적극적으로 지지하는 황제는 에베소회의를 소집하고 디오스코루스 감독을 사회자로 지명하였다. 사회자가 된 그는 처음부터 자기 정책에 반대되는 어떠한 의견도 용납하지 않았다. 그러므로 이 회의는 안디옥학파의 지도자들에 대한 공공연한 적개심에서 열렸으며 448년 회의에서 정죄 받은 유티케스에 대한 재심의 회의였다. 회의 결과는 예상했던 대로 유티케스는 복직이 되었고, 반면에 유티케스를 448년 회의에서 처음 고발했던 도릴레아의 유세비우스(Eusebius of Dorilea)는 면직되고, 회의를 주재했던 콘스탄티노플의 감독 플라비안은 그 직이 박탈되었다. 그뿐만 아니라 433년 재연합의 신조의 초안을 작성한 키루스의 테오도렛을 비롯하여 안디옥학파의 작품들을 시리아어로 번역한 에뎃사의 이바스(Ibas of Edessa) 등 안디옥학파 그리스도론의 대표적 해설자들을 파면하고 유형에 처했다. 회의는 디오스코루스의 일방적인 승리로 끝나는 듯했다.

그러나 로마의 감독 교황 레오가 있었다. 그는 이미 자기의 입장을 『교서』(Tome)를 통해 전달하였다. 교서 중 그리스도론의 부분은 다음과 같다.[15]

> 따라서 본성(nature)과 본질(substance)[16] 모두의 구별이 보존되며 그리고 모두 한 품격에서 만난다. 비천함이 위엄을 취했고, 연약함이 권능을 얻었고, 죽어야 할 운명은 영원하게 되었다. 그리고 우리가 지불해야 할 빚을 갚기 위해서 신성하고 죽을 수 없는 본성이 죽을 수 있는 본성과 연합하였다. 그리하여 우리의 질병을 적절하게 치료해 주시는 자로서 한 분이며 동일하신 "하나님과 인간의 중보자이신 인간 그리스도 예수"(딤전 2:5)는 한편으로는 죽을 수 있는 본성으로부터, 다른 편으로는 죽을 수 없는 본성으로부터 오셨다. 그러므로 참 인간의 온전하고 완전한 본성에서 바로 하나님이 나셨으며, 그것은 전적으로 그의 존재 안에서(totus in suis) 그리고 전적으로 우리의 존재 안에서(totus in nostris) 일어난 일이다. ⋯ 바로 하나님과 똑같은 분이 바로 인간이시다. 그리고 이 연합에는 어떤 환영(幻影)이나 환상도 존재하지 않고, 다만 인간의 낮음과 신성의 높음이 함께 만난다. 왜냐하면 '하나님'이 연민의 정을

보이므로 변하지 않는 것과 같이, '인간' 역시 [주어진] 존엄에 의해서 소멸되어 없어지지 않는다. 왜냐하면 각각의 '존재 형체'(form)는 다른 존재 형태와의 교제에서 그 자신에게 속한 행위를 하기 때문이다. 말씀은 말씀에 속한 것을 행하고, 육은 육에 속한 것을 실천한다. 이 중의 한 본성은 기적 속에서 빛나며, 다른 본성은 상해와 모욕에 굴복했다. 그리고 말씀이 아버지의 영광과 동일함을 철회하지 않는 것과 같이 육신도 우리가 지닌 본성을 포기하지 않는다.[17]

교황 레오는 전통적인 라틴교회의 형식인 "한 품격 안에서 두 본성"(duae substantiae in una persona)를 확인함으로써 그리스도의 품격의 통일과 각 본성의 완전성과 실재성을 강조하였다. 레오에 의하면 유티케스는 그리스도의 신인성(神人性)의 긴장을 파괴했다는 것이다. 레오는 그리스도가 신성에 있어서나 인성에 있어서 완전하다고 하였다(totus in suis, totus in nostris).[18] 그러므로 하나가 다른 것에 흡수당하거나 하나가 다른 것으로 변질되든가, 둘이 서로 혼합되든가, 그래서 본성이 하나가 되는 일이 있을 수 없다. 이것은 그리스도에게 있어서 각 본성이 그 자체의 특성을 지닌 채 한 품격 안에 있다는 것을 의미한다. 이와 같은 레오의 톰은 433년 재연합의 신조나 네스토리우스의 형식과 다를 바가 없었다.

이렇게 유티케스를 둘러싸고 일어난 논쟁에서 초대교회 세 유형의 그리스도론이 만나게 되었다. 그 하나가 키릴과 디오스코루스를 대표로 하는 알렉산드리아학파의 그리스도론이다. 이것은 말씀-육신(Logos-sarx) 유형의 그리스도론이며, '신성과 인성의 통일'을 강조한다. '성육신 이전에는 두 본성이었으나 연합 이후에는 한 본성(신성)'이라는 형식이다. 다른 하나의 유형은 다소의 디오도레, 키루스의 테오도렛, 네스토리우스로 대표되는 안디옥학파의 그리스도론이다. 로고스-인간(Logos-anthrōpos) 유형의 그리스도론이며 '한 품격과 철저히 구별되는 두 본성'을 강조한다. 따라서 '한 품격, 두 품격'을 말하며 속성의 교류에 대하여 부정적이다. 두 본성의 연합이 혼합되는 것을 거부한다. 마지막 유형은 오래전 터툴리안이 정립해 놓은 고대 형식으로부터 출발하여 레오, 제롬, 어거스틴에 의해서 일반화된 서방교회 유형이다. 그 대표적인 것이 레오의 톰이다.

499년 에베소회의는 이상의 세 유형의 그리스도론이 한자리에서 만난 회의였다고 하겠지만, 회의를 소집한 황제가 알렉산드리아학파를 지지하고 회의의 사회까지 디오스코루스가 맡으면서 회의 진행과 상황은 알렉산드리아학파의 승리 쪽으로 기울어졌다. 이 회의의 사회자는 반(反)안디옥학파적으로 회의를 진행했을 뿐만 아니라 교황 레오의 사절단은 물론 그의 『교서』까지 완전히 무시하였고 회의에서 낭독하는 것조차 거부하였다. 오히려 회의는 첫째로 안디옥학파와 레오의 톰의 그리스도론의 핵심인 성육신 후의 두 본성론을 정죄했고, 도릴레아의 유세비우스가 그리스도를 둘로 절단했으니 그도 둘로 절단하여 산 채로 화형에 처하라고 소리쳤으며,[19] "성육신 후 두 본성을 말하는 자들은 모두 저주를 받으라"고 외쳐 댔다.[20] 둘째로 회의는 니케아공의회(325)와 알렉산드리아파의 에베소회의(431)만을 정통적인 권위의 회의로 인정하고 호소함으로써 433년 재연합의 신조는 그 권위를 잃게 되었다.[21]

449년 회의의 사회자 알렉산드리아의 감독 디오스코루스는 모든 수단, 방법을 동원하여 자파(自派)의 그리스도론의 권위를 회복시키는 데 성공했다. 그러나 이 성공은 개인적인 폭력도 불사하는 협박에 의한 승리였다. 디오스코루스와 유티케스에 의해서 동원된 군인들과 수도사들은 448년 콘스탄티노플회의 때 유티케스를 정죄했던 감독들의 투표권을 강제로 박탈했으며, 알렉산드리아학파의 신학에 반대하는 어떤 의견도 폭력으로 진압하였다. 콘스탄티노플의 감독 "플라비안과 그의 동료들은 폭력 때문에 감히 입을 열지를 못했다."[22] 안디옥파 감독들은 유티케스의 복권과 자기파의 지도자들에 대한 정죄를 폭력적 위협 속에서 강제로 서명해야만 했다. 안디옥 감독 돔누스까지도 "플라비안의 정죄에 무력으로 협박을 받았다."[23] 그러므로 이 회의에서 그리스도교적 도덕은 찾을 수가 없었으며 거룩한 교회의 성회(聖會)라 할 수 없었다. 로마의 감독 레오는 이 회의에 대해서 표현하기를, "에베소에는 정의의 법정은 없고 강도들의 폭력단만 있었다"고 했다.[24] 이 회의는 교회사에서 '강도 회의'(Robber Synod)로 알려져 있다.

레오는 449년 로마에서 회의를 소집하고, 이 회의의 이름으로 동로마 황제 테오도시우스 2세에게 449년 에베소회의 문제를 논의할 세계교회회의 소집을 요구하였다.[25] 그러나 교회 총회 소집권을 갖고 있는 황제는 레오의 요구를 거부하였다. 그러나 황제 테오도시우스 2세가 갑자기 죽고(450) 그의 누이동생 풀케리아(Pulcheria)와 결혼한 마르키안(Marcian)이 황제로 즉위한 후 교회의 평화와 통일을 회복하기 위해서 레오의 요구를 받아들여 세계교회회의를 소집하였다. 이것이 제4차 공의회인 칼케돈회의다.[26]

이 회의는 비록 황제의 대리자들이 모든 행정적인 실제적 업무를 총괄하고 있었으나 로마 감독 레오의 사절단들의 주도하에 진행되었다. 그들은 영적인 회장의 역할을 담당했다.[27] 회의 첫 회기에서 449년 에베소회의의 결정을 무효화했고, 플라비안의 신학의 정통성을 재확인했으며,[28] 디오스코루스는 정죄를 받고 파면되어 유배되었다. 회의에서 그는 "그리스도는 '두 본성으로 이루어졌으나'(of two natures), '두 본성 안에'(in two natures) 있는 것은 아니다"라고 주장하면서 그의 입장을 고수하였다.[29] 회의 두 번째 회기에서는 니케아신조(325), 콘스탄티노플 신조(381), 네스토리우스에게 보낸 키릴의 제2서신,[30] 안디옥의 요한에게 보낸 그의 서신,[31] 433년 재연합의 신조 그리고 레오의 톰 등이 받아들여졌다. 그런데 여기서 주목할 것은 키릴이 네스토리우스에게 보낸 그의 세 번째 서신, 『12개 항목 저주문』이 칼케돈공의회에서 재가되지 않았다는 점이다.[32] 레오의 톰이 낭독되었을 때 회의에 참석한 대다수의 감독들은 "이것이 바로 교부들의 신앙이요 사도들의 신앙이다. 그러므로 우리 모두는 믿으며, 정통인들은 믿는다. 다르게 믿는 자들은 저주를 받아라. 베드로가 레오를 통해서 말씀하셨다…"라고 외쳤다.[33] 그러나 회의는 반(反)알렉산드리아파적 일변도만은 아니었다. 키드(Kidd)는 칼케돈회의가 레오와 433년 재연합의 신조의 작성자 키루스의 테오도렛의 입장에서 진행되었으므로 반(反)키릴적이었다고 평하지만,[34] 네스토리우스에게 보낸 제3서신(Epistola synodica)의 저자 키릴은 거부되었으나 안디옥의 요한과 함께 433년 재연합의 신조에 서명한 키릴은 인정되었던 것이다.

III. 칼케돈신조

1. 형성 과정과 그리스도론

레오의 사절들은 교황의 교서를 무조건 '신앙의 규범'(regula fidei)으로 받아들여야 하며, 전체적으로(in toto) 받아들여 오랫동안 계속되어 교회를 분열시킨 그리스도론 논쟁을 종식하고 교회를 안정시킬 것을 주장하였다. 그들은 이 주장이 칼케돈신조 작성에 반영되어야 한다고 역설했다.[35] 그러나 다른 한편 황제의 대리자들은 싸우는 양파가 일치하는 새로운 신조를 만들어야 한다고 주장했다. 그것이 황제의 뜻이라는 것이다.[36] 신조 작성에 관하여 오랫동안 논의를 한 후에 합동위원회에 의해서 작성하도록 최종 결정을 했다. 위원회에 의해서 작성된 신조는 창의적이고 새로운 창조물이 아니라 네스토리우스와 안디옥의 요한에게 보낸 키릴의 두 서신, 433년 재연합의 신조, 플라비안의 신앙고백 그리고 레오의 톰 등에서 발췌한 하나의 모자이크였다. 이것은 칼케돈신조가 초대교회의 그리스도론의 세 유형, 즉 알렉산드리아학파의 그리스도론 유형, 안디옥학파의 그리스도론 유형 그리고 라틴교회의 그리스도론 유형의 조화를 이루기 위한 노력의 결과였음을 보여준다. 그러나 레오의 톰이 가장 결정적이었다.

칼케돈신조의 그리스도론[37]을 이해하기 위해서는 특히 신조에서 그리스도의 품격에 관한 구절들을 해석할 필요가 있다. 첫째로 신조에는 '한 분 동일하신'(one and the same)[38]이라는 구절이 세 번, '동일한'(the same)이라는 표현이 여덟 번 나타난다. 이것은 신조가 그리스도에게 있어서의 통일이 '본질적 통일'이 아니라 '품격의 통일'이라는 것을 강조하는 것이다. '한 분 동일하신'이라는 구절은 네스토리우스에게 보낸 키릴의 제2서신과 레오의 톰에서도 발견된다.[39] 이와 같은 관념이 433년 재연합의 신조와 플라비안의 신앙고백에는 '한 그리스도, 한 아들, 한 주님'의 형식으로 표현되고 있다.[40] 그릴메이어에 의하면 '한 분 동일하신'이란 형식은 '한 분 동일하신 주체'에 두 본질의 실재를 역설한 사도 교부 안디옥의 이그나티우스에게까지 소급한다.[41] 그리스도가 '한 분 동일하신' 인격체라는 것을 되풀이하여 강조함으로써 신조는 그리스도교의 전통적인 신앙, 즉 그리스도가 영원히 성부 하나님과 하나요 동일하며 동시에 우리의 구원을 위하여 성육신하셔서 우리와 하나요 동일하다는 신앙을 고수하고 있다.

그러나 칼케돈신조에서 통일은 본질의 통일이 아니라 품격의 통일이다. 주목할 것은 칼케돈공의회가 키릴적인 의미의 '본체적 연합'(hupostatic union)은 본성의 구별을 위태롭게 하기 때문에 거부했다는 점이다. 신조는 "한 품격(prosōpon)과 한 본체(hupostasis) 안에 다 같이 보전되고, 두 품격으로 분리되거나 분할되지 않는다"라고 말한다. 여기서 우리가 극복해야 할 문제는 "한 품격과 한 본체"의 해석이다. 왜냐하면 신조가 품격의 통일이지 본질의 통일이 아니라고 하면서도 신조가 "한 품격과 한 본체"라고 했기 때문이다. 우리가 초대교회의 삼위일체론과 그리스도론의 접근에서 혼란스러운 것은 '프로소폰', '후포스타시스', '우시아' 등의 술어가 삼위일체론과 그리스도론에서 사람 또는 문화적 배경, 학파에 따라 같은 술어가 다른 뜻으로, 다른 술어가 같은 뜻으로 사용되고 있었다는 점이다. 예를 들면 바질로 대표되는 카파도키아 신학자들은 삼위일체론의 형식을 'treis hupostaseis en mia ousia'로 표현했는데, 안디옥 신학자들은 'treis prosōpa en mia ousia'의 형식으로 표현했다.[42] 여기서 분명한 것은 '후포스타시스'와 '프로소폰'이 동의어로 사용되고 있었다는 것이다.

적어도 칼케돈공의회 이전까지 초대교회에서 '후포스타시스'가 두 가지 의미로 사용되고 있었다. 삼위일체론에서 카파도키아 신학자들은 '후포스타시스'를 개체적 의미의 용법으로 사용한 경우다. 이 용법은 '후포스타시스'의 후기 용법에 속한다. 초기에는 '후포스타시스'가 일반적 의미로서의 '우시아'와 동의어로 사용되기도 했다. 니케아신조에서는 '우시아'와 '후포스타시스'가 동의어였다. 그러나 라틴 신학자 터툴리안이 '페르소나'(persona)라고 할 때 그는 헬라어 '후포스타시스'의 후기 용법의 의미로 사용한 것이다.[43] 그러나 어원상으로는 헬라어의 '후포스타시스'는 라틴어의 '섭스탄티아'(substantia)로 번역되어야 한다. 그럼에도 불구하고 라틴 신학자들은 어원상의 의미를 떠나서 삼위일체 교리를 'tres personae in una substantia' 형식으로 표현하였다.[44] 이와 같은 동방교회 사이의 술어상의 용법의 차이는 3세기 알렉산드리아의 감독 디오니시우스(Dionysius, d. c. 264)와 로마의 감독 디오니시우스(Dionysius, 259~268)와의 논쟁의 원인이 되었다. 로마 감독은 '후포스타시스'를 일반적 어원적 의미로 이해하여 동방의 'treis hupostaseis' 형식을 삼신론적 형식(tritheistic formula)이라고 비판할 수밖에 없었고, 반면에 알렉산드리아의 감독은 '후포스타시스'를 후기의 의미로 이해하고 있었기 때문에 서방의 'una substantia' 형식을 사벨리우스주의적인 입장이라고 비판할 수밖에 없었다.

'후포스타시스'와 '프로소폰'의 용법 문제가 그리스도론의 경우에는 알렉산드리아학파와 안디옥학파 간의 논쟁의 불씨가 되었다. 전자는 그리스도의 통일을 그리스도 안에서 '하나의 후포스타시스' 형식으로 '본질적 연합'을 주장했고, 후자는 그리스도 안에서 '한 프로소폰' 형식으로 '품격적 연합'을 주장했다. 그런데 문제는 안디옥학파가 알렉산드리아학파의 형식에서 '후포스타시스'를 '우시아'(phusis)의 의미로 이해하여 그리스도의 인성과 신성의 혼합, 변질을 주장하는 것으로 비판했으며, 반면에 알렉산드리아학파는 안디옥학파의 형식에서 독특한 형식인 '두 품격론'[45]을 문제시함으로써 안디옥학파가 두 그리스도(two Christs)를 주장한다고 비판하였다.

다시 칼케돈신조로 돌아와서 신조에 쓰여진 '후포스타시스'는 레오의 톰에서 라틴어 '페르소나'(persona)의 헬라어 번역이다.[46] 그러므로 칼케돈공의회에 참석한 교부들이 '한 품격'(one prosōpon)에 '한 본체'(one hupostasis)를 첨가한 것은 두 술어를 동의어로 이해하면서 한 품격의 의미를 보다 강조하려고 했고, 형식상으로는 알렉산드리아학파 형식의 술어를 사용하여 양 학파 간의 화해를 모색하려고 하였다. 그들은 키릴의 그리스도론 형식인 '본체에 따른 연합'(henōsis kath' hupostasis)을 형식적으로 받아들인 것 같지만, 본질적 연합의 의미에서가 아니라 네스토리우스가 즐겨 사용했던 형식인 '품격적 연합'(prosōpic union)의 의미로 받아들인 것이다.[47] 칼케돈신조는 삼위일체 교리의 형식과는 달리 그리스도 품격의 통일을 표현할 때 더 이상 '한 본질'(mia phusis=ousia) 형식을 사용하지 않았다. 그것은 신조가 품격이나 본체라는 술어를 그리스도의 품격의 통일을 표현하기 위해서 사용하였고, 본질(pusis)을 그리스도의 신성과 인성의 구별을 나타낼 때 사용하였음을 의미한다. 사실 그리스도론 형식에 있어서 '후포스타시스'와 '푸시스'의 구별은 이미 448년 콘스탄티노플회의에서 결정되었다.[48]

그러므로 신조는 두 본성의 혼돈이나 혼합 또는 두 본성의 특성이 상실되는 그와 같은 방법으로는 그리스도의 품격의 통일을 나타내지 않았다. 신조는 선언한다.

　　그러므로 거룩한 교부들을 따라서 우리 모두는 한목소리로 다음과 같이 고백할 것을 가르치기로 한다. 우리 주 예수 그리스도는 한 분 동일하신 아들이시며, 신성에 있어서 동일하게 완전하시고, 인성에 있어서 동일하게 완전하시며, 참 하나님이시고 참 인간이시며, 그는 이성적 영혼과 몸으로 동일하게 이루어지셨다. 그는 신성에 있어서 아버지와 같은 동일본질(homoousios)이시고, 인성에 있어서 우리와 동일본질(homo-ousios)이시다. 오직 죄를 제외하고는 모든 것에서 우리와 똑같으시다. 그는 신성에 관해서는 세대 전에 성부로부터 출생하셨고, 동일하신 분이 마지막 날에 우리와 우리의 구원을 위하여 동정녀 마리아에게서 나셨다. [그러므로] 그의 인간성에 관해서는 동정녀 마리아가 하나님의 어머니(Theotokos)다. 우리는 한 분 동일하신 그리스도, 아들, 주님, 독생자는 두 본성에 있어서 혼돈이 없고(without confusion), 변화도 없고(without change), 분할도 없고(without division), 분리도 없이(without separation) 존재한다고 인정되지만 두 본성의 차이가 연합으로 인해서 결코 없어지지 않으며, 각 본성의 속성은 한 품격(prosōpon)과 한 본체(hupostasis) 안에 [다 같이] 보전되고 함께 역사한다. 두 위격(prosōpa)으로 나누어지거나 분리되지 않고, 한 분 동일하신 아들이며 독생자이시고 하나님의 말씀이시며, 주 예수 그리스도이시다. 옛 예언자들이 그에 관하여 예언한 대로 우리 주 예수 그리스도 자신이 우리에게 가르치셨고, 우리에게 전달된 신조가 그렇게 가르친다.[49]

이 진술에서 신조는 첫째로 그리스도에게 있어서 두 본성은 본질적으로 완전하고 참되다는 것을 강조한다. 이것은 이미 레오가 그의 『교서』에서 주장한 사상이다. 둘째는 4세기 아리안 논쟁에서 중요한 술어였던 '동일본질'을 다시 사용함으로써 니케아신조의 권위를 인정하면서, 다른 한편으로는 그리스도가 "이성적 혼과 몸"을 가지고 있다는 것을 강조함으로써 알렉산드리아학파의 극단적인 그리스도론을 배격하고 있다. 아폴리나리우스를 비롯한 알렉산드리아의 좌파에 의하면 완전한 인간은 몸(sōma)과 혼(psuchē) 그리고 영(pneuma)으로 구성되었는데, 혼은 비이성적 비합리적 혼(psuchē alogos)이고, 영은 합리적이고 이성적인 혼(psuchē logikē)이다.[50] 그런데 성육신한 그리스도의 경우는 로고스가 영의 위치를 점령했기 때문에 그의 인성이 우리와 동일하지 않다는 것이다. 칼케돈신조는 이와 같은 사상을 배격하고 433년 재연합의 신조와 플라비안의 신앙 고백[51]을 따르면서 그리스도의 인성은 연합 후에도 계속 유지된다는 것이다.

셋째로 신조는 "한 분 동일하신 그리스도는… 두 본성에서(in) 인정된다"라고 한다. 여기 '인정된다'(acknowledged)는 술어는 헬라어 '그노리조메논'(gnōrizomenon)이다.[52] 즉, 그리스도는 참 신성과 인성에서 객관적으로 인지되어야 한다는 것이다. 다시 말하면 성육신한 그리스도에게 있어서(in) 신성과 인성은 현실적으로 인정되어야 한다. 그런데 "두 본성에서"라는 술어에서 전치사 '에서'(in)에 대한 논의가 있어 왔다. 그것은 신조의 헬라어 본문에는 '에크 두오 푸세온'(ek duo phuseōn), 즉 전치사가 '에크'(ek)로 되어 있는데, 라틴어 역본에는 '인 두아부스 나투리스'(in duabus naturis), 즉 '인'(in)으로 되어 있기 때문이다. 네안더(Neander)와 헤펠(Hefele) 등은 후자가 본래

적인 것이라고 생각한다.[53] 그러나 신조의 첫 초안은 분명히 '에크'(ek)
로 되어 있었는데, 레오의 사절단이 만족하지 않아 '에크'가 '인'(in)으
로 수정되었다고 한다.[54] 그들은 '에크'(ek)라는 전치사를 사용한 형식
(ek duo phuseōn)은 그리스도에게 두 본성이 성육신 전에만 있었을
뿐 그 후에는 하나의 본성만 있다는 의미를 함축한다고 보았다. 그러므
로 '에크'(ek) 형식의 반대는 유티케스의 그리스도론을 반대한 것이다.
이와 같이 '에크' 형식에서 '인'(in) 형식으로의 수정은 하나의 본성론에
대한 두 본성론의 승리를 의미한다. "두 본성에서 인정한다"는 형식에
는 두 본성의 혼합 개념이 침투할 여지가 없다.

　　마지막으로 신조는 두 본성의 차이를 그 특성에 따라 분명히 한다.
두 본성의 구별은 연합으로 인해서 없어지지 않으며 오히려 그 특성이
유지된다. 이 선언의 전반부는 네스토리우스에게 보낸 키릴의 두 번째
서신에서 온 것이고, 후반부는 레오의 입장을 따른 것이 분명하다.[55]
이와 같은 신조의 진술에 대해서 펠리칸(Pelikan)은 다음과 같이 설명
한다.

> … 비록 말로는 두 본성을 한 분 동일하신 그리스도의 속성이라고 할
> 수 있다고 하더라도 각 본성의 고유한 행동과 특성은 본체론적으로 그
> 본성만의 속성이라고 할 수 있다.[56]

　　펠리칸이 정확하게 지적했듯이 성육신은 신을 인간으로, 인간을
신으로 전환시키지 않는다. 즉, 신적인 것의 인간화, 인간적인 것의
신격화는 없다. 신적인 것은 영원히 신적인 것이고, 인간적인 것은
영원히 인간적인 것이다. 그러므로 신조가 강조하는 것은 성육신한

그리스도의 두 본성의 구별이 그리스도를 두 품격으로 분할하거나 분리하지 않는다는 것이다. 신조는 연합 후에 본성들은 한편으로는 '혼합이나 변화도 없고', 다른 한편으로는 '분할이나 분리됨이 없이' 존재한다고 고백한다. 이 네 부사[57]의 전반부 둘은 반(反)키릴적인 입장의 표현이고, 후반부 둘은 반(反)네스토리우스적인 입장의 표현이라고 해석해 왔다. 그러나 이 표현들은 반(反)키릴적인 것도 아니고 반(反)네스토리우스적인 것도 아니다. 왜냐하면 키릴은 네스토리우스에게 보낸 두 번째 서신에서 "본성들의 다름이 연합 때문에 소멸되지 않는다"고 했고, 다른 사람에게 보낸 서신에서도 "로고스와 육신은 각기 그 본질적 속성으로 남아 있고 또 유지되고 있다"고 했으며,[58] 이미 위에서 분명히 밝혀진 것과 같이 네스토리우스는 두 본성의 구별을 강조했으나 두 그리스도, 두 아들을 주장한 일이 없기 때문이다. 신학적으로 키릴이나 네스토리우스는 모두 극단론자들이 아니었다. 그들이 논쟁하고 투쟁한 것은, 다시 분명히 하지만, 교회정치적인 권력투쟁이었지 신학적인 것이 아니었다. 그러므로 신조의 네 부사는 극단적인 알렉산드리아학파와 안디옥학파의 그리스도론을 반대한 것이다. 그러나 일반적으로 칼케돈신조의 신학적인 경향은 알렉산드리아학파의 경향보다는 안디옥학파 또는 라틴 신학적 경향이었다고 할 것이다.

요약하면 칼케돈공의회의 신조에 나타난 그리스도론적 형식의 핵심은 그리스도의 품격의 통일이 '두 본성에서' 인정되며 그 각각의 특성은 유지된다는 것이다. 그러므로 키릴적인 의미에서 '본질적 연합'(henōsis kath' hupostasin)은 신조에서 완전히 배제되었다. 이 때문에 알렉산드리아파의 극단주의자들은 신조에 대해서 불만을 표했고,

네스토리우스 지지자들은 그들의 입장이 확인된 것으로 생각했다. 비록 칼케돈회의가 키릴의 정통성을 확인했지만, 실은 레오의 톰에 대한 절대적인 지지 속에서 키릴은 무시되고 버림받았다고 해도 과언이 아니다. 키드(Kidd)는 다음과 같이 표현한다.

교리적으로 공의회에서의 승리는 키릴보다는 레오와 키루스의 테오도레의 입장에서 반(反)키릴적인 정통파였다. 공의회는 네스토리우스주의와 유티케스주의를 다 같이 정죄하였다. 그러나 … 공의회는 키릴이 그의 12저주문이 포함된 네스토리우스에게 보낸 세 번째 서신의 재가를 거부하고 그의 주장인 '성육신의 한 본성론'을 거부하고 '두 본성에 있어서 한 품격론'을 채택하였다. 이것으로 키릴의 주장은 그 빛을 잃었고, 네스토리우스의 주장이 빛을 보게 되었다. 그러나 레오의 톰과 일치하게 신조를 초안할 때 성육신 교리의 진술은 관례상 키릴의 진술과 균형을 잡으려고 했다. 그러나 공의회는 분명히 레오의 입장을 공식화했으며, 반면에 키릴의 용어와는 외형적으로 조화를 이루려고 했을 뿐, 공의회는 실제적으로 키릴을 무시했고 레오를 위해서 그를 포기했다.[59]

다시 확인하지만 공의회에서 인정된 키릴은 12저주문을 쓴 키릴이 아니라 433년 재연합의 신조에 서명하고 안디옥의 요한에게 서신을 보낸 키릴이었다. 그러나 대부분의 교회사가들이 이해하듯이 칼케돈 신조는 반대파들 사이의 화해를 위해서 중도적인 길(via media)을 선택했다. 그리고 칼케돈신조는 오늘날 동서방교회에 의해서 고대 교회의 가장 훌륭한 그리스도론의 표현으로 평가되고 있다.

2. 신조와 네스토리우스

그렇다면 제기되는 문제는 칼케돈신조의 표준에 따라서 네스토리우스가 정통으로 인정될 수 있겠는가 하는 것이다. 달리 말하면 네스톨리우스가 그 신조를 받아들일 것인가 하는 것이다. 물론 431년 키릴파 에베소회의가 결정한 네스토리우스의 정죄는 칼케돈공의회에서 재확인된 것이 사실이다. 그러나 지금 우리의 문제와 관심은 네스토리우스의 입장이다. 이 문제에 대하여 네스토리우스 자신은 아무 도움을 주지 않는다. 그의 마지막 변증서(Bazaar)까지도 그가 칼케돈공의회의 결과를 알고 있었는지에 대한 아무 증거가 없기 때문이다. 그러나 사르키씨안(Sarkissian)은 네스토리우스가 신조를 받아들였을 것으로 확신한다. "만일 그가 칼케돈공의회가 끝났을 때까지 살아있었다면, 비록 정죄를 받았다 해도 그는 자기의 교리가 공의회에서 공식적으로 받아들여졌다고 환호했을 것이 분명하다"라고 하였다.[60] 베툰-베이커도 비슷한 주장을 하였다. "그[네스토리우스]는 자기가 논쟁하며 싸워 왔던 그 신앙의 최후의 승리로서 칼케돈공의회의 회의록을 환영했다…. 이 승리로 모든 개인적인 문제가 사라졌다. 실로 이 신앙은 그가 일찍이 관심하여 왔던 모든 것이었다."[61]

그러므로 네스토리우스가 키릴파 에베소회의에서 정죄를 받고 칼케돈공의회에서 재확인되었다고 해도, 그의 사상이 이단으로 정죄를 받은 것은 교회정치적인 판단이지 신학적 판단이 아니었다는 것이 분명하다. 다음 몇 가지가 이와 같은 견해를 뒷받침한다. 첫째, 433년 재연합의 신조, 플라비안의 고백 그리고 무엇보다도 신조가 주로 의존했던 레오의 톰들은 네스토리우스가 전적으로 받아들일 수 있는 것들이다. 둘째, 네스토리우스는 키릴이 그에게 보낸 제2서신에서 그가 해설한 본질적 연합(hupostatic union)을 품격적 연합(prosōpic union)으로 이해한다면 받아들일 수 있었다.[62] 칼케돈공의회도 키릴의 형식을 네스토리우스 형식의 의미로 해석했다. 네스토리우스는 키릴의 '본질적 연합'을 '품격적 연합'의 의미로 해석하고 받아들일 수 있었으나 타고난 본질의 연합(henōsis phusikē)은 칼케돈공의회와 같이 본성의 혼합이나 변질을 함축할 수 있기 때문에 반대하였다. 셋째, 네스토리우스와 칼케돈신조는 공히 그리스도의 품격의 통일을 "두 본성으로부터"가 아니라 "두 본성에서" "인정한다". 네스토리우스와 칼케돈공의회에 참석한 교부들은 그들의 그리스도론을 두 본성의 교리에 두고 있다. 넷째, 키릴파는 네스토리우스에 의해서 그리스도가 둘로 분할되었다고 생각했으나 네스토리우스는 결코 그리스도를 '두 품격', '두 아들', '두 그리스도'로 분할하지 않았다.[63] 그러므로 신조에 기술된 "분할도 없고, 분리도 없다"는 구절은 네스토리우스를 향한 것이 아니라 소위 네스토리우스주의자들을 향한 것이다. 왜냐하면 네스토리우스 자신은 "구별도 없고 분할도 없는 동일한 한 품격"을 강조했기 때문이다.[64] 이 점에서 칼케돈신조가 네스토리우스 자신을 향한 것이라고 주장하는 오르(Orr)에 동의할 수 없다.[65] 다섯째, 네스토리우스는 그리스도가 "이성적인 혼과 몸으로 구성"되어 있어서 완전한 인간이며 "인간과 동일본질"이라고 주장한다.[66] 그러나 네스토리우스는 그리스도가 아버지와 동일본질인 것을 부인하지 않는다. 그는 말하기를 "나는 그리스도가 하나님인 것을 부인하지 않는다. 그러나 본성에 의해서 하나님이다"라고 한다.[67] 마지막으로 칼케돈공의회에서 네스토리우스가 속해 있는 안디옥학파의 그리스도론 전통의 대표적 인물들인 키루스의 테오도렛과 에뎃사의 이바스 등이 네스토리우스의 정죄에 동의한 후에 정통파로 인정되고 복권되었다. 그러나 테오도렛은 반(反)키릴적인 작품에 대해서 철회할 것을 강요받지 않았다. 그리고 그가 압력을 받고 정죄했던 소위 네스토리우스의 가르침이라는 것은 사실 네스토리우스가 가르친 것과는 다른 것이었다.[68] 이바스는 속성의 교류를 부인하고 키릴을 아폴리나리우스주의에 빠졌다고 비판했음에도 그의 말을 철회하라는 압력을 받지 않고 감독단에 복직되었다.[69] 칼케돈공의회가 끝난 후 네스토리우스주의자들도 공의회의 회의록과 규범과 레오의 톰을 공식적으로 수집하고 인정하였다.[70]

이와 같은 관점에서 볼 때 네스토리우스와 칼케돈신조는 그리스도의 품격론을 동일한 방법으로 접근했다고 말할 수 있다. 피셔(Fisher)는 "칼케돈공의회에 참석한 교부들이 키릴의 가르침에 경의를 표함에도 불구하고 네스토리우스는 '하나님의 어머니'라는 칭호를 포함하여 그 신조에 서명할 수 있었다"라고 말한다.[71] 네스토리우스는 자기의 입장을 매우 간명하게 요약한다.

> 나는 혼돈 없는 연합에 따라 두 본성은 그 다양성에 의해서 구별된다고 말해왔다. 그러나 나는 본성들에 대하여 찬미하여 왔다. 이런 점에서 구별되는 것이면서 동시에 구별되지 않는 것이다. 본성들은 한 품격에서 결합되어 하나로 보인다. 그러나 하나의 본질(ousia)에서는 아니다. 왜냐하면 본성의 연합은 혼돈으로 이루어지는 것이 아니며, 더욱 한 본성의 완전을 위해서 [연합]이 이루어지는 것도 아니다. 왜냐하면 연합은 불완전한 본성으로부터 일어나는 것이 아니라 두 온전한 본성으로부터 일어나는 것이기 때문이다.[72]

그렇다면 네스토리우스의 정죄가 칼케돈공의회에서 재확인되었다는 것은 무슨 의미인가? 그것은 첫째, 칼케돈공의회에 참여한 알렉산드리아 교부들이 아직 네스토리우스의 참 교설을 이해하지 못했다는 것을 의미한다. 그들의 오해는 테오도렛이 서명하도록 요구받은 저주문에 반영된 것이다. 그 문장은 이렇다. "네스토리우스를 저주한다. 그리고 거룩한 동정녀 마리아를 '하나님 잉태자'라고 부르지 않는 모든 자, 독생자 한 아들을 두 아들들로 나누는 모든 자는 누구든지 저주한다…."[73]

둘째는 안디옥파 사람들이 비록 그들이 마음속으로는 동의하지 않았다 해도 사실상 네스토리우스의 정죄를 받아들였다는 것을 의미한다. 431년 에베소회의에서 네스토리우스는 알렉산드리아 주교로서의 키릴의 권위, 그의 신학자로서의 높은 명성에 의해서 정죄를 받은 것이다. 그러므로 네스토리우스의 복권은 다만 키릴을 정죄한다든가 에베소회의의 결정을 폐기하는 것으로 가능한 것이 아니다. 안디옥파 사람들은 어느 행로가 알렉산드리아파 사람들이 교회의 평화와 일치를 위태롭게 할 만큼 예민한 반응을 할 것인지를 실제적으로 알고 있었다. 칼케돈공의회 첫 회기 때 키루스의 테오도렛의 입장까지도 폭풍을 일으켰다. 알렉산드리아파 사람들은 "신앙을 파괴했다. 교회 규정은 테오도렛에게 관대하지 않다. 네스토리우스의 스승을 추방하라"고 소리쳤다. 디오스코루스는 "테오도렛이 키릴을 저주했다. 지금은 키릴이 추방될 것인가?" 하고 울부짖었다.[74] 그리하여 칼케돈에서 안디옥학파는 네스토리우스의 입장이기도 한 그리스도론적 전통의 정통성을 안전하게 하기 위해서 그들의 옛 지도자의 형식적인 정죄를 선언한 것이다. 사르키씨안이 말하듯이 네스토리우스는 "자기 이름하에 정죄 받은 교리의 생존을 위해서 희생되었다."[75]

3. 신조에 대한 현대적 비판

무엇보다도 칼케돈신조의 소극적인 표현에 대한 비판이 있다. 즉, 공의회가 그리스도의 신성과 인성에 대한 신약성서의 교훈, 나름대로 교회의 정통 신앙을 방어한다는 소위 신학적인 근거 위에서 논쟁하고 있는 알렉산드리아학파와 안디옥학파 간의 화해에 지나치게 관심을 집중한 결과, 그리스도에 대한 잘못된 해석을 지적하는 것으로 끝내고 적극적으로 진술을 하지 못했다는 것이다. 로빈손(Robinson)은 "솔직히 말해서 신조칼케돈는 문제를 해결한 것이 아니라 문제를 진술했을 뿐이다"라고 했다.[76] 물론 그도 당시 모든 이단에 대응하는 지침으로서 칼케돈신조는 비록 철학적 개념들을 사용했다고 해도 귀중한 가치를 가지고 있다는 것을 인정한다. 그러나 그리스도론적 교리가 교회를 구했으나 사용된 개념적 도구들은 매우 부적절했다는 것이다. 비유를 들자면 그리스도의 하나의 품격을 물과 기름의 연합으로 진술했다면, 이것은 '본질의 혼동'에 대하여 구별되는 두 본성이 있다는 것과 그리스도 품격의 통일을 파괴하려는 모든 시도에 대해서 하나의 분할할 수 없는 품격이 있다는 것을 강조하기 위한 최선의 가능한 시도 또는 유일한 시도일 수가 있을 것이다. 그러나 통속적인 그리스도교에 있어서 물과 기름은 분리되며, 그 둘 중 어느 하나가 위로 온다는 것은 당연한 일이다.[77] 사실 일반적으로 초자연주의적 그리스도론은 가현론적인 경향이 우세하다. 말하자면 그리스도는 인간처럼 보였을 뿐이지 사실에 있어서는 하나님이었다는 것이다.

둘째로 신조가 라틴어로 번역되기 전 사용된 술어들이 고대 헬라 철학적인 개념들이기 때문에 현대적으로 의미를 이해하기가 어렵다는 것이다. 신조는 정적인(static) 헬라 철학의 용어를 사용한 철학적인 교리 형식이 되었다. 물론 신학 사상, 그 진술뿐만 아니라 교리적 형식도 그 시대의 사고와 용어에서 벗어날 수 없지만, 신조에 사용된 술어, 개념들이 현대인에게는 너무 추상적이며 비현실적이다. 현대철학적 사고에서는 실재를 정적으로 이해하지 않고 동적으로(dynamically) 이해한다. 현대과학적 사고방식에 따르면 5세기 교부들이 사용한 술어들은 '파산된 은행'과 같이 그 기능을 상실하였다는 것이다. 템플(Temple)은 칼케돈신조에 대하여 언급하기를 "그것은 헬라 교부신학의 파산 고백"이라고 하면서 신조는 그와 같은 철학 용어로 그리스도의 성육신을 설명하려는 모든 노력은 실패한다는 것을 보여주고 있다고 하였다.[78] P. 틸리히는 그 당시로서는 불가피했겠지만, 칼케돈신조에 사용된 헬라 철학적 개념들은 본래의 메시지를 왜곡한 원인이 되었다고 한다. 그 개념들은 현대적 시각에서 볼 때 적절하다고 할 수 없다는 것이다. 그는 심지어 '본성'(nature)이라는 술어를 인간에게 적용하면 모호하고, 하나님에게 적용하면 잘못이라고 한다.[79] O. 쿨만은 성서의 그리스도론은 직무상의(functional) 그리스도론이지 신분상의(status) 그리스도론이 아니라는 입장에서[80] 예수의 본성에 대한 어떤 철학적 사색도 합당하지 않다고 말한다. 왜냐하면 성서의 계시는 철학적 용어로 표현되고 있지 않다는 점과 신구약은 하나님, 그리스도의 활동에 관심이 있지 본체론적인 정의에 관심이 있는 것이 아니기 때문이다. 그런 점에서 헬라 철학적 개념으로 표현된 칼케돈신조를 비판한다.

셋째로 칼케돈신조가 이원론적인 경향을 보인다는 비판이 있다.

A. 하르낙은 신조에 절대적인 큰 영향을 끼친 레오의 톰이 그리스도에게 있어서 각 본성이 서로 교통하면서 그 자체의 고유한 특성과 행위를 한다고 하는 것은 실제로 두 주체가 있다는 것을 의미하는 것이라고 말한다.[81] H. R. 맥킨토쉬도 칼케돈신조가 신성과 인성의 영원한 평행을 주장하고 있다고 말하면서 그와 같은 사실은 이해할 수도 없고 또 있을 수도 없다고 한다.[82]

이와 같은 현대적 비판은 칼케돈신조가 5세기 헬라 문화권에서 형성되었다는 점을 고려한다면 가능하다. 칼케돈신조가 초대 그리스도론 논쟁의 이정표가 되었으며 정통 교회의 교리로 오늘날까지 전승되고 있지만, 그리스도에게 있어서 두 본성의 엄격한 구별, 그래서 두 품격, 그러나 동시에 품격의 연합으로 한 품격이라는 형식은 현대적 관점에서 이해하기가 쉽지 않다. 그럼에도 불구하고 그 신조는 지금까지 교회에서 정통 그리스도론으로 받아들이고 있다. 그렇다면 우리의 과제는 그 신조를 현대적 용어로 재진술하는 것이다.

4. 신조의 재진술

우리는 칼케돈신조의 기본 사상을 부정할 수는 없다. 그러나 5세기 헬라 로마문화 세계에서 형성된 칼케돈신조는 현대인을 위하여 현대적 형식으로 재진술될 필요가 있다. 우리가 관심할 것은 "그리스도가 오늘 우리에게 무엇을 의미하는가?"이다. 그러면 먼저 실제로 신약성서의 진술을 살펴보자. 왜냐하면 실제로 우리의 일반적인 설교나 가르침에서는 그리스도에 대한 초자연적인 견해가 진술되고 있지만, 신약성서에서는 그 근거를 찾을 수가 없기 때문이다. "예수가 하나님이었다"라고 단순히 말하는 것은 "그리스도와 하나님"이라는 용어가 상호 교환할 수 있는 것이 된다. 그러나 그것은 성서적 용법이 아니다. 신약성서는 "예수는 하나님의 말씀이었다", "그리스도 안에 하나님이 존재했다", "예수는 하나님의 아들이다"라고 말할 뿐, 단순하게 "예수가 하나님이었다"라고 말하지 않는다.[83]

신약성서의 주장을 가장 간단하고 정확하게 진술한 곳이 요한복음 첫 절이다. 우리말 새 번역 성서에는 "그리고 그 말씀은 하나님이셨다"라고 번역되어 있다.[84] 로빈슨에 의하면 이 번역문은 '예수'와 '하나님'이 동일하고 상호 교환적인 견해를 암시한다는 것이다. 헬라어 원문은 "카이 테오스 엔 호 로고스"(kai theos en ho logos)다. 번역하면 "말씀 안에 계시는 하나님"이다. 그런데 흠정음역이나 우리말 번역이 암시하듯이 '예수'(로고스)와 '하나님'을 동일시하고 상호 교환적인 뜻을 나타내려면 '하나님'(theos) 앞에 정관사 '호'(ho)가 붙어서 '테오스'(theos)가 아니라 '호 테오스'(ho theos)라고 해야 한다. 헬라어 원문에 의하면 요한은 말씀(예수 그리스도)과 하나님을 동일시하지 않는다. 오히려 예수를 바라본 사람은 하나님을 보았다고 한다(요 14:9). 즉, 예수는 하나님의 현현자(顯現者)다. 하나님의 완전한 표현이다. 하나님이 오직 그를 통해서만 말씀하시고 행동한다. 사도들이 전한 예수도 바로 이 사람이었다. 그들은 예수의 삶과 죽음과 부활을 통하여 행동하는 하나님을 경험하였다. 십자가 앞의 백부장이 그 시대의 용어로 "참으로 이분은 하나님의 아들이었다"(막 15:39)라고 고백한 것과 같다. 이 그리스도 안에서 하나님은 세상을 자기와 화해하게 하였다(고후 5:19).

복음서에서 묘사되는 예수는 매우 역설적이다. 그는 자기 자신에 대해서 아무 권리도 주장하지 않으면서도 하나님이 자기를 통해서만일하신다고 주장한다. 그래서 그에 대한 인간들의 반응이 곧 하나님에 대한 인간들의 반응이 된다. 예수는 자기 자신이 하나님이라고 주장하지 않는다. 그러면서도 언제나 그는 하나님을 완전히 현현한다고 주장한다. 요한복음은 이 역설을 밝히 보여준다. "아들은 아버지가 하시는 것을 보는 대로 따라 할 뿐, 아무것도 마음대로 할 수 없다"(요 5:19)고 하는가 하면, "아무도 나를 거치지 않고는 아버지께로 갈 사람이 없다"(요 14:6)고 한다.

베일리(Baillie)는 이 역설을 그리스도론의 출발점으로 삼았다. 그는 "만일 어떤 사람이 그리스도에게 있어서 신성과 인성의 관계를 이해한다고 말한다면, 그는 성육신이 의미하는 것을 전혀 이해하고 있지 못하다는 것을 밝히 드러낼 뿐이다"라는 템플의 말을 인용하고 있다.[85] 물론 템플의 이 말은 하나님이 예수 안에서 성육신이 되었다고 말할 때 우리는 그 뜻을 알지도 못하고 고백한다는 것을 의미한다. 베일리는 성육신의 파라독스에서 "참 하나님과 참사람"을 취급하는데, 이 역설에서 그의 그리스도론은 출발한다.[86] 로빈손도 현대인에게 그리스도의 성육신의 교리와 그의 신성을 이해시키려고 한다. 왜냐하면 그것이 그리스도교 메시지의 핵심이며 근거이기 때문이다. 그는 칼케돈신조를 거부하지 않고 비판하면서 재진술을 시도하는데, 그 근거는 복음서에 기록된 예수의 생이다.

이 역설이 복음서 전반에 흐르는 기저의 사상이다.[87] 예수는 자신을 하나님이라고 결코 주장하지 않지만 늘 하나님과 하나가 되기를 추구하였고 하나님과 내재적 일치를 주장하였다. 그것은 예수가 자기에게서 하나님의 궁극적이고도 영원한 사랑만이 나타나도록 살았다는 것을 의미한다. 그는 자기를 늘 완전하게 비웠으며 하나님의 영광의 계시자로 현존하였다. 하나님의 영광은 하나님의 사랑에 의한 것이다. 그는 자신을 위해서는 아무것도 하지 않았고 오직 사랑에 의한 남을 위한 존재(Being for others)로 자신을 내어 주었다. 이렇게 하여 인간 존재의 근거가 사랑이라는 것을 보여준 것이다.[88] 이 사상을 틸리히의 표현을 빌리면 궁극계시의 매개자인 그리스도는 그 자신의 유한성을 극복하므로 궁극계시와 하나가 되었다고 할 수 있다. 궁극계시의 매개자는 자기의 생명, 힘, 지식 등 모든 것을 포기함으로써 궁극적 계시의 매개자, 곧 하나님의 아들이 될 수 있었다. 이때 그는 칼케돈신조가 말하는 신성의 존재가 된다. 그러나 자기 자신을 완전히 비우고 내주기 위해서는 먼저 자기 자신을 완전히 소유해야 한다. 자기 자신의 존재 이유를 완전히 인식해야 하고 존재의 근거와 일치하고 분리되어서는 안 된다. P. 틸리히는 이것을 예수가 하나님의 마지막 계시라는 그리스도교 주장의 기준으로 삼는다.

마지막 계시의 문제는 자기 자신의 유한한 조건들의 희생과 아울러 자기 자신까지도 극복하는 계시의 매개자의 문제다. 마지막 계시를 구현하는 그는 그의 유한한 것, 즉 그의 생명뿐만이 아니라 그의 유한한 능력과 지식과 완전함까지도 버려야 한다. 그렇게 함으로써 그는 자기가 마지막 계시의 구현자, 고전적 용어로 '하나님의 아들'이라는 사실을 확언한다. 그는 자기가 나타내려고 하는 신비를 위해서 완전히 투명체가 된다. 그러나 자기 자신을 완전히 버리기 위해서는 자기 자신을 완전히 소유해야 한다. 분열과 분리됨이 없이 자기 존재와 의미의 근거와 일치될 수 있는 사람만이 자기 자신을 완전히 소유할 수 있으며, 따라서 자기 자신을 완전히 버릴 수 있는 것이다. 그리스도로서의 예수의 모습에서 우리는 이와 같은 성품을 가지고 있는 사람, 마지막 계시의 매개자라 불릴 수 있는 사람의 모습을 보게 된다.[89]

그러나 로빈손은 틸리히보다 본회퍼의 그리스도론에서 칼케돈신조의 재진술을 찾는다. 우선 본회퍼에게 '하나님'은 누구인가? "그는 이 세상에서 밀려 십자가를 스스로 지는 하나님, 이 세상에서 무력하고 약한 하나님, 그렇게 해서 우리와 함께하고 그의 전능으로 아니라 약함과 고난으로 우리를 도울 수 있는 하나님(마 8:17)이다. 그에게 하나님은 '임시응변의 하나님'(Deus ex machina)이 아니다. 고난 받는 하나님만이 우리를 도울 수 있다."[90] 이것이 그가 그리스도론의 윤곽을 묘사하는 출발이다.

'하나님'으로 우리가 의미하는 것이 무엇인가? 그것은 첫째로 하나님의 전능을 믿는 추상적인 신앙은 아니다. 이 신앙은 순수한 하나님 경험이 아니라 세상의 부분적 연장일 뿐이다. 예수 그리스도와의 만남, 이것은 오직 남을 위한 관심만을 가지고 있는 예수의 경험에서 인간 존재의 완전한 방향 전환을 의미한다. 남을 위한 예수의 관심이 초월의 경험이다. 죽음에 이르기까지 자신으로부터 자유하는 것, 이것만이 그의 전지전능 무소부재의 근거가 된다. 신앙은 예수의 존재(성육신, 십자가, 부활)에 참여하는 것이다. 우리와 하나님과의 관계는 무상의 존재, 절대적 능력과 선과의 종교적 관계가 아니라 ‥ '하나님의 존재'에 참여함으로 일어나는 남을 위한 새로운 삶을 의미한다. 초월이란 우리의 역량이나 능력을 초월하는 어떤 과업에 있는 것이 아니라 가장 가까이 있는 '너' 안에 있다. 인간의 형상을 취한 하나님은 다른 종교에서와 같이 동물의 형상이나… 추상적 현상이… 아니다. 그렇다고 헬라인들이 말하는 자율적 인간의 신-인도 아니다. 그는 남을 위해 존재하는 인간, 그래서 십자가를 진 인간이다. 초월에 근거한 인간의 삶이다.[91]

로빈손은 '예수의 자신으로부터 자유' 사상을 그 출발점으로 한다. 로빈손에 의하면 그리스도는 전적으로 타자에 대해서만 관심하였는데, 이 관심이 그의 초월적 경험인 것이다. 자신으로부터의 해방자만이 죽음의 자리까지 갈 수가 있고, 그것이 전지전능의 근거가 된다. 그리스도는 헬라인의 반신반인적인 추상적 존재가 아니라 타자를 위해 살다가 십자가에서 죽은 참인간으로서 하나님이다. 그러므로 '남을 위한 삶'이 곧 초월의 삶이요 하나님의 삶이다. 그리스도가 남을 사랑했고, 사랑이기 때문에 그는 하나님과 하나가 되었다. 하나님이 사랑이기 때문이다. 그러나 이것을 역으로 말하면 하나님의 사랑의 대상은 인간이고, 그 때문에 하나님이 인간이 되었기에 그리스도는 현실적인 완전한 인간이요 사람의 아들이며 주님의 종인 것이다. 그는 '우리 중의 하나'다.[92] 이렇게 해서 로빈손은 칼케돈신조의 기본 사상을 받아들인다. 그는 헬라 철학적 형이상학적 표현이나 개념으로 형성된 칼케돈신조를 극복하고 역동적이고 인격적이며 기능적인 개념으로 재진술하였다.

미주

1 J. L. González, *A Hist. of Christian Thought*, vol. I, 379.

2 안디옥학파에 속하는 일부 사람 중에는 키릴이 정통이라고 기꺼이 선언하면서도 네스토리우스를 정죄하는 데 동의하지 않는 사람들이 있는가 하면, 더 과격한 입장을 취하여 키릴은 이단이며, 요한의 재연합의 신조에 동의하는 것은 참 신앙을 파괴하는 것이라고 주장하는 사람들도 있었다. R. V. Sellers, *The Council of Chalcedon*, 20-22; J. L. González, 앞의 책, 380. n. 2.

3 제1차 공의회(325년 니케아회의)와 제2차 공의회(381년 콘스탄티노플회의)는 엄격한 의미에서 그리스도론의 회의가 아니라 아들과 아버지와의 관계에 관한 문제가 다뤄졌다. 431년 에베소회의를 제3차 공의회라고 하지만, 엄격한 의미에서 공의회라고 할 수 없다. 황제가 소집한 회의는 열리지도 못했고, 논쟁하는 양 파의 각기 회의가 불법적으로 개최되었을 뿐이었기 때문이다.

4 영어로 Monophysitism(mia phusis)이라고 한다. 예수 그리스도의 불변적이고 완전한 본성을 강조하며, 성육신 후에 그리스도에게는 오직 하나의 지배적인 본성, 곧 신성만이 있다고 주장한다. 이것은 한 품격에 두 완전한 본성이 있다는 칼케돈신조와 다른 주장이다. 공의회 이후 주로 팔레스타인, 안디옥, 이집트에서 번성했던 그리스도론적 신앙의 한 유형이다. 결국 단성론은 제6차 공의회인 콘스탄티노플회의(680~681)에서 정죄를 받았다.

5 영어로 Monotheletism(mia thelēma)이다. 이것은 동로마제국이 단성론 논쟁으로 몹시 분열되어 있었고 아랍의 팽창으로 위협을 받고 있을 때 제국의 통일을 위해 콘스탄티노플과 알렉산드리아 감독들에 의해서 제안된 그리스도론의 한 유형이다. 중심 사상은 예수 그리스도의 행위는 인적 의지와 신적 의지라는 두 작동하는 의지들(wills) 대신에 하나의 신-인의 활동력(energia)의 표현이라고 본다. 그러므로 단의론의 형식은 "우리는 주 예수 그리스도의 한 의지를 고백한다"는 것이다. 이 형식은 그리스도에게는 하나의 신적 의지와 하나의 인적 의지라는 두 의지가 완전한 조화를 이루고 있다는 이의론(二意論,Dyothelitism)과 새로운 논쟁의 원인이 되었다. 이 두 의지론은 제6차 공의회에서 교의적 지위가 주어졌다." 두 본성적 의지와 두 본성적 활동력은 분리할 수 없고, 논쟁의 여지가 없으며, 분리되지 않고 혼돈되지 않는다 …" 단의론과 이의론에 대해서 W. Pannenberg, *Jesus-God and Man* (Philadelphia: The Westminster Press, 1968), 293-296 참조할 것.

6 Otto W. Heick, *A Hist. of Christian Thought*, vol. I, 185-187.

7 W. Pannenberg, 앞의 책, 292.

8 F. Loofs, "Eutychianism," *The New Schaff-Herzog Encyclopedia of Religious Knowledge*, ed. by S. M. Jakson (New York: Fund and Wagnalls, 1909), vol. IV, 217.

9 H. Bettenson, *Documents of the Christian Church* (London: Oxford U. Press, 1967), 49.

10 아리스토텔레스는 ousia의 용법을 '최초의 우시아'(prōtē ousia)와 '제2의 우시

아'(deutera ousia)로 구분하였다. 전자의 경우는 '우시아'가 개별적이고 독특한 성격을 가진 실재의 뜻을 나타내며, 후자는 보다 일반적이고 포괄적인 뜻으로 사용된 경우다(J. McIntyre, *The Shape of Christology*, London: SCM Press, 1966, 88; J. N. D. Kelly, *Early Christian Creeds*, 243-244).

11 C. J. Hefele, *A Hist. of the Coucils of the Church*, vol. III, 190 이하.

12 R. V. Sellers, *The Cpouncil of Chalcedon*, 228에서 재인용.

13 Leo, *Ep.*, 28. 1(*NPNF*, 2nd series, 12:38). J. L.González, 앞의 책, 382에서 재인용.

14 위의 책, 4(*NPNF*, 2ndseries, 12:40). J. L.González, 위의 책, 384에서 재인용.

15 Leo, *Ep.*, 28. 영역문은 E. R. Hardy, ed. *Christology of the Later Fathers*, vol. III of *LCC.*, 360-370을 참조..

16 본성(natures)과 본질(substances)은 오래전에 터툴리안에 의해서 동의로 사용되었음을 주목할 것.

17 E. R. Hardy, 앞의 책, 363-365. 레오의 톰 전문은 359-370. J. Stevenson, ed. *Creeds, Councils, and Controversies* (London: SPCK 1966), 315-323 참고.

18 Leo, *Tome*, 3; E. R. Hardy, 위의 책, 363; J. Stevenson, 앞의 책, 317.

19 P. Schaff, *Hist. of the Christian Church* (1968), vol. III, 739.

20 C. J. Hefele, 앞의 책, 248.

21 C. J. Hefele, 위의 책, 244; A. Neander, tr. by J. Torrey, *General Hist. of the Christian Religion and Church* (London: Henry G. Bohn, 1851), vol. 4, 215 등.

22 P. Schaff, 앞의 책, 738.

23 J. S. MacArthur, *Chalcedon* (London: SPCK, 1931), 119.

24 Leo, *Ep.*, 95. "in illo Ephesino non iudicio sed latrocinio." A. Grillmeier, *Christ in Christian Tradition*, 463에서 재인용.

25 Leo, *Ep.*, 44.

26 회의 소집을 위한 황제의 칙령은 P. Schaff, 앞의 책, 741-742를 볼 것.

27 C. J. Hefele, 앞의 책, 296-297.

28 회의에 참석한 대다수 교부들은 "순교자 플라비안이 신앙을 정확하게 설명했다"고 한목소리로 외쳤고(C. J. Hefele, 위의 책, 309), 교황 사절단의 수장은 플라비안의 신앙에 대한 해설은 건전하고 레오의 톰과 일치한다"고 했다(B. J. Kidd, *A Hist. of the Church to A. D. 461*, vol. III, 317).

29 J. L. González, 앞의 책, 389.

30 Cyril, *Ep.*, 4. 네스토리우스에게 보낸 두 번째 서신으로 '교리서신'(epistola dogmatica)으로 불린다. 430년경에 쓰였을 것이며, 431년 키릴과 에베소회의에서 니케아신조와 완전히 일치하며 가톨릭(정통) 교리의 참된 표현이라는 이유로 만장일치로 승인되었다. 450년 교황 레오는 그 서신에 대한 그들의 판단에 서명했다. 451년 칼케돈공의회와 553년 콘스탄티노플공의

회에서도 같은 이유로 승인되었다(J. Quasten, *Patrology*, vol. III, 133).

31 Cyril, *Ep*., 39. 433년에 쓰였다. J. Stevenson, 앞의 책, 290-294.

32 H. Bettenson, 앞의 책, 47; P. Schaff, 앞의 책, 744; B. J. Kidd, 앞의 책, 319 등. 네스토리우스에게 보낸 키릴의 제2서신은 승인하면서 그의 제3서신은 재가하지 않은 것은 칼케돈회의가 양 극단적인 입장은 피하려고 했음을 의미한다. 그것이 칼케돈신조에서 분명히 나타난다.

33 C. J. Hefele, 앞의 책, 317에서 인용. 단지 일리리쿰(Illyricum)과 팔레스타인의 일부 감독들만이 레오의 톰(Tome)에 네스토리우스적 경향이 있다는 이유로 반대했다(Leo, *Tome*, 3; J. Stevenson, 앞의 책, 317).

34 B. J. Kidd, *A Hist. of the Church to A. D. 461* (Oxford: at the Claendon Press, 1922), vol III, 395; M. L. Duchesne, *The Early Hist. of the Christian Church*, tr. by C. Jenkins (London: John Murray, 1924), vol. III, 317.

35 교황의 사절들이 신조의 초안에 불만을 나타내자 레오의 톰에 따라서 수정해야 했다(C. J. Hefele, 위의 책, 343 이하).

36 그러나 참석한 감독들은 황제의 제의를 반대했다. 그것은 431년 에베소회의가 법규 6에서 니케아신조에 새로운 신조를 추가하는 것을 금지했기 때문이다(졸저, Ph. D. 학위논문, 316, n. 148).

37 헬라어 본문은 C. J. Hefele, 앞의 책, 349-350. 영역 본문은 J. L. González, 앞의 책, 390-391; E. R. Hardy, 앞의 책, 372-374. 신조에 대한 주석은 R. V. Sellers, *The Council of Chalcedon* (London: SPCK, 1961), 207-228을 볼 것.

38 'heis kai ho autos'(그리고 ton auton).

39 J. Stevenson, 앞의 책, 278, 317. 레오는 '동일한 품격'(the self-same person)이라는 표현을 사용했다(위의 책, 320).

40 E. R. Hardy, 앞의 책, 356; C. J. Hefele, 앞의 책, 191.

41 Ignatius, *Ad Eph*., 7. 2; A. Grillmeier, *Christ in Christian Tradition*, 483.

42 G. R. Driver & L. Hodgson, *The Bazaar of Heraclides*, 247.

43 J. F. Bethune-Baker, "Tertullian's Use of Substantia, Natura, and Persona," *JThS*., vol. IV, No. 15 (April, 1903), 440-442.

44 Tertullian, *Adv. Prax*., 2; A. Roberts & J. Donaldson, ed. *The Ante-Nicene Fathers* (New York: Charles Scribner's Sons, 1925), vol. III, 598. 카파도키아 신학자들의 삼위일체 형식과 안디옥 신학자들의 삼위일체 형식과 비교할 것.

45 안디옥학파의 '두 품격론'은 그리스도에게 있어서 인성과 신성은 각기 다른 본성과 구별되는 그 자체의 특성이 있다는 사상을 표현한 것이다. 즉, 인성에는 인성만의 품격이 있고, 신성은 신성만의 품격이 있다는 것이다. 그런데 이 각각의 품격이 한 품격에서 통일이 되기 때문에 '한 품격'(one prosōpon)을 동시에 말하게 된 것이다.

46 J. Meyendorff, *Christ in Eastern Christian Thought* (Washington: Corpus

Publications, 1969), 13.

F. Loofs, *Nestorius and His Place*, 97, 98.

C. J. Hefele, *A Hist. of the Councils of the Church*, 191.

49 J. Stevenson, 앞의 책, 337; R. V. Sellers, 앞의 책, 210-211 등.

50 제12장 네스토리우스의 그리스도론 중 "아폴리나리우스의 그리스도론" 항목을 참고할 것.

51 E. R. Hardy, 앞의 책, 356.

52 이 술어는 '알려진다'(made known), '전시된다'(shown forth), '선언된다'(declared), '진술된다'(presented), '인지된다'(recognized), '이해된다'(understood) 등의 의미로 쓰인다 (R. V. Sheller, 앞의 책, 216).

53 A. Neander, *General Hist. of the Christian Religion and Church*, tr. by J. Torrey (London: Henry G. Bohn, 1851), vol. IV, 228; C. J. Hefele, *A Hist. of the Councils of the Church*, vol. III, 348, n. 1.

54 C. J. Hefele, 위의 책, 342; F. Loofs, *Nestorius and His Place*, 96, n. 6. T. H. Bindley, *Oecumenical Documents of the Faith* (London: Methuen, 1925), 240 등. ek duo phuseōn은 '두 본성으로부터'다.

55 Cyril, *Ep.*, 4. H. Bettenson, ed., *Documents of the Christian Church*, 47에서 인용. Leo, Tome, 3. J. Stevenson, ed., *Creeds, Coucils, and Controversies*, 318에서 인용. 레오의 사상과 유사한 가르침이 터툴리안에게서도 발견된다(*Adv. Prax.*, 27).

56 J. Pelikan, *The Emergence of the Catholic Traditon(100~600)*, vol. I of *The Christian Tradition* (Chicago: The U. of Chicago Press, 1971), 265.

57 네 부사의 헬라어는 asugchutōs, atreptōs,, adiairetōs, achōristos다.

58 Cyril, *Ep.*, 4; *Ep. Succesus*. R. V. Sellers, *The Council of Chalcedon* (London: SPCK,1961), 145에서 인용.

59 B. J. Kidd, *A Hist. of the Church to A. D. 461*, vol. III, 395.

60 K. Sarkissian, *The Council of Chalcedon and the Armenian Church* (London: SPCK, 1965), 57-58.

61 J. F. Bethune-Baker, *Nestorius and his Teaching*, 190.

62 G. R. Driver & L. Hodgson, *Nestorius: The Bazaar of Heracleides*, 156, n. 2; 졸저 Ph.D. 학위논문, 159 이하.

63 G. R. Driver & L. Hodgson, 위의 책, 47 이하, 54, 215, 225, 295 등.

64 위의 책, 310; P. Bedjan, *Nestorius: Le Livre d'Heraclide de Damas*, 428; F. Nau, *Nestorius: Le Livre d'Heraclide de Damas*, 274 등.

65 J. Orr, *The Progress of Dogma* (London: Hodder and Stoughton, 1901), 192.

66 G. R. Driver & L. Hodgson, 앞의 책, 32 이하, 173, 294; P. Bedjan, 앞의 책, 48 이하, 253, 405; F. Nau, 앞의 책, 29 이하, 152 이하, 260.

제13장 칼케돈공의회(451)와 그 신조 | 1091

67 G. R. Driver & L. Hodgson, 앞의 책, 259; P. Bedjan, 앞의 책, 358; F. Nau, 앞의 책, 230.

68 C. J. Hefele, 앞의 책, 356 이하; F. Loofs, 앞의 책, 99 이하.

69 P. Schaff, *Hist. of the Christian Church*, vol. III, 769.

70 K. Sarkissian, 앞의 책, 58; J. F. Bethune-Baker, 앞의 책, 211, n. 1.

71 G. P. Fisher, *Hist. of Christian Doctrine*, vol. IV of *The International Theological Library*, ed. by C. A. Briggs and S. D. F. Salmond (New York: Charles Scribner's Sons, 1913), 155-156.

72 G. R. Driver & L. Hodgson, 앞의 책, 313; P. Bedjan, 앞의 책, 431; F. Nau, 앞의 책, 276 등.

73 C. J. Hefele, 앞의 책, 357에서 재인용.

74 위의 책, 300에서 인용. J. Kidd, 앞의 책, 316.

75 K. Sarkissian, 앞의 책, 40.

76 J. A. T. Robinson, *Honest to God* (London: SCM Press, 1963), 65. 이와 같은 비판은 Charles Gore도 이미 그의 책 *The Incarnation of the Son of God* (New York: Charles Scribner's Sons, 1891), 118에서 하였다.

77 J. A. T. Robinson, 위의 책.

78 Wm. Temple, *Christus Veritas* (London: Macmillan, 1962), 134.

79 P. Tillich, *Systematic Theology* (Chicago: U. of Chicago: 1957), vol. II, 141, 142. 그는 니케아, 칼케돈공의회들의 역사적 의의를 인정하면서도 두 공의회의 신조들이 "그리스도로서 예수의 그리스도-특성"이나 "그리스도로서 예수의 예수-특성"을 부인할 위험을 보고 있는 것 같다.

80 O. Cullmann, *The Christology of the New Testament* (London: SCM Press, 1950), 326.

81 A. Harnack, *Hist. of Dogma*, vol. IV, 223-224.

82 H. R. Mackintosh, *The Doctrine of the Person of Jesus Christ* (Edinburgh: T. & T. Clark, 1962), 296. 그러나 필자는 칼케돈신조가 이원론적이라는 비판에 반대한다. 칼케돈 신조는 비록 중도적인 입장에서 적극적인 진술은 하지 못했지만, 두 본성의 관계는 이원론적인 관계라고 하기보다는 긴장의 관계라고 할 것이다.

83 J. A. T. Robinson, 앞의 책, 70. 물론 성서에 그렇게 해석될 수도 있는 구절이 있다. 예를 들면 로마서 9:5과 히브리서 1:8의 경우다.

84 "And the Word was God." 이것은 King James 역에 따른 것이다. 공동번역은 "말씀은 하나님과 똑같은 분이셨다"라고 번역했다. 우리나라 옛 번역은 "이 말씀은 곧 하나님이시니라"라고 했다.

85 W. Temple, *Christus Veritas*, 139; D. M. Baillie, *God was in Christ* (London: Faber and Faber Limited, 1948), 106.

86 위의 책, 125-132.

87 J. A. T. Robinson, 앞의 책, 73.

88 위의 책, 74-75.

89 이 인용은 틸리히의 말을 로빈손이 나름대로 이해한 것이다. P. Tillich, *Systematic Theology*, vol. I, 148. J. A. T. Robinson, 앞의 책, 73-74에서 인용.

90 E. Bethge, "The Challenge of Dietrich Bonhoeffer's Life and Theology," *Chicago Theological Seminary Register*, vol. 51, 164; J. A. T. Robinson, 앞의 책, 75.

91 E. Bethge, 앞의 책, 179. J. A. T. Robinson, 위의 책, 76에서 재인용.

92 J. A. T. Robinson, 앞의 책, 76-77.

제14장

4~5세기 서방교회의 신학

— 암브로스와 제롬을 중심으로

I. 4~5세기 신학적 상황

우리는 이미 서방 신학자들로서 터툴리안(c. 155~220)의 신학과 로마의 히폴리투스(c. 170~236) 그리고 카르타고의 키프리안(d. 258)의 신학을 고찰하였다. 그러나 이들은 모두 2~3세기의 신학자들이다. 그들은 서방 신학의 기초를 놓았다고 할 것이다. 그들 이후의 서방 신학은 어떻게 발전했는가?

콘스탄틴 황제가 로마제국의 일인 통치자가 되고(324) 제국의 수도를 로마에서 비잔티움(콘스탄티노플)으로 옮기면서 교회적 결정의 중심(重心)이 동방으로 옮겨졌다. 그 이후 초대교회의 신학적 논쟁은 주로 동방교회에서 일어났다. 따라서 신학적 큰 이슈도 서방교회보다는 동방교회에서 더 활발했다. 비록 이 일로 교회회의에서 이단으로 정죄 받고 불행한 삶을 산 신학자들이 많았고 부정과 부패에 의해서 교회의 평화와 일치가 파괴되는 불행한 일도 있었으나, 그럼에도 이와 같은 신학적 논쟁은 초대교회의 신조 형성과 신학적 발전에 필요조건과 동기가 되었던 것이 사실이다. 초대교회의 주된 신학적 논쟁의 주제가 되었던 삼위일체론, 그리스도론, 구원론 등에 대한 논쟁과 그 형성을 주도한 것은 알렉산드리아학파와 안디옥학파 그리고 카파도키아 신학자들이었다. 이들은 모두 동방 지역에 속한다. 영지주의의 도전을 비롯하여 마르시온의 개혁, 몬타니즘의 반동, 아폴리나리우스 논쟁, 네스토리우스 논쟁 등이 모두 동방교회에서 일어났으며, 이와 같은 논쟁을 해결하기 위해서 모인 니케아, 콘스탄티노플, 에베소, 칼케돈공의회 등이 모두 동방 지역에서 열렸다.

콘스탄틴 대제의 국가와 종교정책에 따라서 동로마제국에서는 황제와 교회가 밀접하게 결속되었다. 동로마제국의 황제는 황제-교황 체제(Caesaro-Papalism) 아래에서 콘스탄티노플 감독의 임면권만이 아니라 교회 공의회의 소집권을 가지고 있었으며 교회의 신학적 결정권까지 행사하였다. 이것은 황제의 종교정책에 따라서 언제든지 교회의 상황이 달라질 수가 있었다는 것을 의미한다. 반대로 특히 중요한 도시의 감독들은 황제의 힘을 빌려 자기주장을 펼치거나 출세의 길을 도모하기도 했고 어용신학자가 되기도 했다. 그러나 서방교회의 상황은 동방교회의 상황과는 전혀 달랐다. 서방교회의 감독들은 비교적 독립적이었고, 로마의 감독(교황)과의 갈등이 있었을 뿐 정치세력에 의해서 교회 상황이 바뀌는 일은 거의 없었다. 적어도 초대교회에서는 그랬다.

동·서방교회의 차이를 니그린의 유형학적으로 보면 동방교회의 신학적 경향은 에로스와 아가페 유형이 주류인 반면에 서방교회의 신학적 경향은 노모스(Nomos) 유형이 주류이다. 물론 니그린은 어거스틴의 그리스도교 해석의 중심으로 '사랑'을 언급하며 어거스틴의 세계관의 기본적 요소로서 '아가페 동기'를 언급한다.[1] 그러나 서방교회의 문화적 배경은 라틴 문화적 법 중심주의이다. 이 문화에서 서방교회의 신학적 틀을 최초로 형성한 교부가 터툴리안이다. 그는 법률적 지식과 시각에서 그리스도교 신앙을 신학적으로 해석하고 표현했으며 형식화했다. 그는 정확하고 엄격하며 실천적인 라틴 전통의 전형적인 교부다. 그의 사상적 배경은 그리스도교의 전통과 법률 지식 그리고 스토아철학이었다. 그는 신앙의 규범에 철저했고, 모순되기 때문에 믿어야 했으며, 아테네와 예루살렘이 아무 상관이 없다고 했다. 그에게 그리스도는 '새 율법'(nova lex)을 가져온 자이며,[2] 종교는 현실 속의 삶이었다. 그는 존재하는 모든 것은 형체를 가지고 있기 때문에 "영혼은 형체다"(corpus est anima)라고 한다.[3] 그가 법률적으로 신학 사상을 체계화한 것 중에 대표적인 것이 삼위일체 형식이다.[4] 터툴리안은 라틴교회사 전체의 시조요 서방 신학의 창시자다. 그에게서 처음으로 서방 정신이 뚜렷하게 나타났다. 그를 통하여 실천적 윤리적 법적 사상적 경향은 서방교회의 특성이 되었다. 이에 따라 서방교회에서 그리스도 구속론과 공로 사상은 최고의 신학적 윤리적 주제가 되었다. 이것은 동방 그리스도교가 발전시킨 신학적 주제부터 서방 그리스도교를 분리하는 증거가 된다. 터툴리안은 사변적 신학자가 아니다. "사변은 그의 요새가 아니다."[5] 오히려 그는 좋은 의미로든 나쁜 의미로든 간에 궤변가(sophist)였다. 그는 아리스토텔레스와 스토아철학의 변증법이 그의 본령(本領)이었다.

그의 법률 지식에 근거한 신학 사상은 중세기의 철학과 신학 그리고 윤리학에서 중요한 위치를 차지하였다. 터툴리안에 의해서 창시된 서방 신학은 키프리안에 의해서 재확인된 다음, 암브로스와 제롬을 거쳐 어거스틴에 의해서 절정에 이르렀다. 그들에 의한 서방교회의 훈련과 규율(disciplina), 엄격한 법(lex)에 따른 감독 중심의 교회, 성례전적인 교회 체제는 중세기의 교회 모델이요 신학으로 전승되었으며, 오늘의 로마가톨릭의 원형이었다. 그렇다고 서방교회에 신학적 논쟁이 전혀 없었던 것은 아니다. 그 대표적인 것이 도나투스 논쟁과 펠라기우스 논쟁일 것이다. 전자가 교회론에 집중된 논쟁이었다면, 후자는 인간론을 중심으로 한 논쟁이었다.

서방에서는 터툴리안, 카르타고의 키프리안 등이 신학적 활동을 한 것 이외는 동방에서 일어난 것과 같은 신학적인 논쟁이 거의 일어나지 않았다. 서방교회의 정치적 독립은 동방에서 일어난 신학적 논쟁 사건의 관점에서 보면 지적 고립의 원인이 되었고, 이에 따라 서방은 항상 '시대에 뒤떨어져' 후진 상태에 있었다고 할 것이다. 그 때문에 라틴교회의 발전은 락탄티우스(Lactantius, c. 240~320)가 죽은 후 한동 안 침체되어 있었다.[6] 그러다가 그 세기 중엽이 지나 서서히 깨어나기 시작하여 동방과 새로운 접속 관계를 맺게 되었는데, 이는 외적인 교회의 정치적 상황의 충격 때문이었다. 콘스탄틴 대제가 죽자(337) 제국은 세 아들들에 의해서 분할 통치하게 되었는데, 니케아신조를 지지하는 장남 콘스탄틴 2세와 동정적인 삼남 콘스탄스가 서방을 통치하게 되었다. 이때까지만 해도 서방 감독들 대부분은 알렉산드리 아 감독이며 니케아공의회에서 아리우스 정죄를 주도했던 아타나시 우스 편에서 교회 문제를 결정했다. 그러나 아리우스를 지지하며 동방 을 통치하던 차남 콘스탄티우스(Constnatius)가 353년 서방까지 지배 하게 되면서 사정이 달라졌다. 그는 동방에서 실행했던 반(反)니케아, 반(反)아타나시우스 교회 정책을 서방에서도 실시하였다. 이 정책 때문에 서방에서도 아리우스파와 아타나시우스파(니케아신조파)의 갈등이 생기고 지배권의 다툼이 일어났다. 그러나 실제로는 소수의 확고한 신앙 고백자들만이 추방 당했고 대다수 서방교회는 비록 황제 측 감독들로부터 온갖 압력을 받았으나 '정통 신앙'을 지키고 있었다.

콘스탄티우스를 계승한 배교자 줄리안(Julian, 361~363) 황제는 아 리우스 논쟁에 흥미가 없고 이교의 부흥 정책을 폈기 때문에 이 기회에 니케아 감독들이 다시 급격히 세력을 확장할 수 있었다. 그러나 그를 계승한 발렌티니안 1세(Valentinian, I, 364~375)는 개인적으로는 니케 아파 정통 신앙을 지지했으나 아직 정치적으로 완전한 통일을 이루지 못했고, 정치적 기반이 약하여 콘스탄티우스 황제가 임명한 아리우스파 감독들이 현직에 있도록 묵인했으며, 교회회의가 결정한 사항도 실행에 옮기는 데 매우 주저하였다. 뿐만 아니라 제국과 교회의 전체적인 분위기는 오랫동안 계속되어 온 교회의 분쟁에 지쳐 있었기 때문에 황제도 교회 문제에 간섭하기보다는 무시하고 현상을 유지하는 것이 최선이라고 생각했다. 사실 적어도 100년 전 오리겐에 의해서 창의된 헬라 철학적 사변적 신학은 아리우스 논쟁을 시작으로 지루할 정도로 계속된 신학적 논쟁에 의하여 교회는 혼란에 빠졌고, 그뿐만 아니라 통일된 제국 건설에도 나쁜 영향을 끼쳤다. 이와 같은 교회 간의 계속되는 갈등과 혼란은 교회의 지적 상황을 불분명하게 했을 뿐 아니라 보편적 교회의 평화를 위협하였다. 이와 같은 상황에서 분명하게 된 것은 교회의 궁극적 안정은 확고한 교리적 토대 위에서 이루어져야 한다는 것과 정치권력과 적극적인 관계, 즉 국가교회적인 새로운 질서 없이는 불가능하다는 것이었다. 이 임무를 지적으로 정치적으로 성취한 4~5세기 서방교회의 신학자들이 암브로스를 비롯하여 제롬, 어거스틴 등이다. 니케아 신학에 기초하여 국가교회의 새로운 조직을 이룬 첫 사람은 암브로스였다.[7]

참고로 P. 틸리히는 서방교회의 전통을 몇 가지로 요약한다.

(1) 서방교회는 사변적인 경향이 강한 동방교회보다는 실천적 행동적 경향이 강해서, 하나님과 인간 사이의 관계도 [채권자와 채무자와 같은] 법적인 관계로 생각했고, 일반 그리스도인들에게 자기 자신에 관해서가 아니라 세계에 관하여 아주 강한 윤리적 행동을 장려하였다. 그리고 여기에 종말론적 관심이 결부되었는데, 그러나 신

비적 비전적(秘傳的) 색채는 결여되어 있었다. 간단히 말해서 서방을 특성화한 것은 아주 처음부터 참여보다는 법이었다고 할 것이다.

(2) 원죄를 비롯하여 죄의 관념은 배타적으로 서방적인 것이다. 동방의 주 관심은 죽음과 불사(不死), 오류와 진리의 문제인 데 반하여 서방에 있어서 주된 관심의 초점은 죄와 구원에 있다. 예를 들면 만민의 교사(doctor gentium)라고 불렸던 암브로스는 죄와 구원의 스승인 사도 바울을 높이 존경하였다. 중세기를 통하여 지식의 열쇠를 가지고 있는 바울과 힘의 열쇠를 가지고 있는 베드로 사이에 갈등이 계속되었다면, 종교개혁에 있어서는 지식의 열쇠가 승리했지만 로마가톨릭교회에 있어서는 언제나 힘의 열쇠가 지배적이었다. 그러므로 암브로스에 의하면 은혜란 원래 죄의 용서로서 해석되었지 동방의 플라톤적 사고에 따라 파악되는 신격화로 해석되지 않는다.

(3) 이것과 관련해서 서방 그리스도교는 그리스도의 역사적 인간성, 그의 겸허가 강조되는 반면 그의 영광은 강조되지 않는다. 예를 들면 로마의 성 사비나(Sabina)성당 문에는 4세기부터[8] 전해오는 세계적으로 유명한 목판 양각(woodcut)으로 새겨진 십자가상의 조각이 있는데, 여기서 서방은 비잔티움의 모든 모자이크에서 우리가 볼 수 있는 영광의 그리스도상과는 다른 것을 보여준다. 이것은 많은 신학적인 형식에서 표현된 것보다 더 서방과 동방의 차이를 나타낸다…. 비잔틴의 영향을 받고 있었던 라벤나의 모자이크상과 성 사비나의 조각상을 비교하면 분명한 두 그리스도론을 발견하게 된다. 하나는 우주의 놀라운 권능의 주, 모든 영광 중에 나타난 세계의 심판 주 또는 천사들, 인간, 동물들 그리고 그의 영광에 참여

하는 자연의 모든 무생물로 둘러싸인 위엄 있는 부활의 그리스도 조각이고, 다른 하나는, 그 조형(造形)에 있어서는 예술적으로 초라하지만, 고난 받는 그리스도의 감동적인 모습이다. 전자(비잔티움의 그리스도 조각)는 그리스도의 육체적 실재가 신적인 형식에 흡수되어 있는 알렉산드리아의 그리스도론을 나타내고, 후자[성사비나의 그리스도 조각상]는 무엇보다 그리스도의 고난 받는 인간성을 포함하는 그리스도의 인간성을 강조하는 안디옥의 그리스도론, 즉 로마의 그리스도론을 대표한다. 이리하여 우리는 서방의 전(全) 회화사(繪畵史)에서 가장 놀라운, 가장 잔인한, 가장 파괴적인 십자가의 조상(彫像)을 소유하고 있다.

(4) 교회에 대한 관념이 동방에서보다 서방에서 더 강조되었다. 서방 교회의 조직은 로마제국의 법 구조를 따른 것이다. 그것은 이중의 법, 곧 교회법과 시민의 법을 대표한다. 교회의 계층 구조적 힘은 교황에 집중되어 있다. 그래서 수도사를 포함한 모든 사람은 각각 고해성사의 성례전에 참여한다.[9]

II. 암브로스의 신학

1. 생애

하나님은 모든 사람이 충분히 먹을 수 있을 만큼 생산되도록 만물을 준비하셨다. 그러므로 땅은 모든 사람에게 공동의 유산이다. 그래서 본성은 공동의 권리를 생산하지만, 탐욕은 그것을 소수의 특권으로 만들었다.[10]

4세기 서방교회에서 활동한 신학자 중 가장 극적인 삶을 산 사람 중 한 사람은 밀란의 암브로스(Ambrose of Milan, c. 339~397)일 것이다. 그는 339년 트레베(Trèves)[11]의 로마 귀족 그리스도교 가문에서 태어났다. 그의 가문은 전통적으로 정통 신앙에 속해 있었다. 그의 고모는 디오클레티안 황제(284~305)의 박해 때 순교했으며, 그의 누이 마르셀리나(Marcellina)는 평생 동정을 지키며 살았다. 그가 태어날 때 그의 아버지는 그 지방의 집정관 또는 지사라는 높은 지위에 있었다. 그러나 아버지가 일찍 세상을 떠나자 그의 어머니는 세 자녀와 함께 로마로 이주하였다(352). 여기서 청소년 암브로스는 높은 교양과 문화생활을 하는 로마 귀족들과 친교를 나눌 수 있었으며 높은 교양 교육도 받을 수 있었다. 라틴어가 모국어인 그가 헬라어까지 능통한 것은 이때 배운 결과다. 이것은 그의 생애에 큰 도움이 되었다. 귀족 가문 출신답게 수사학과 법학을 전공한 그는 공무원으로 출발하여 빠르게 출세하였다. 캄펜하우젠에 의하면 360년대 말경 그는 발칸 지역에서 가장 중요한 대도시 시르미움(Sirmium)에 있는 중앙법원에서 그의 형 사티루스(Satyrus)와 함께 변호사 생활을 했다.[12] 370년경 그의 나이 30세가 갓 넘었을 때 황제 발렌티니안 1세는 그를 북부 이탈리아 지역(Liguria와 Emilia)의 집정관으로 임명하였는데 그의 공식적인 공관은 밀란에 있었다. 밀란은 북이탈리아의 수도이며 이미 서로마제국의 황제들이 계속하여 거주하였던 곳이었다. 여기서 암브로스는 가문의 배경과 수사학과 법학의 높은 교육, 뛰어난 능력으로 그의 직책을 완벽하게 수행하였다고 한다.

374년 밀란의 아리우스파 감독인 아욱센티우스(Auxentius)가 사망하였다. 그는 아리우스주의를 지지하는 콘스탄티우스 황제가 서방까지 통치하면서 정통파 감독 디오니시우스(Dionysius)를 축출하고 임명한 감독이었다. 이제 그가 죽음으로써 새 감독의 선출 문제로 밀란은 극심한 혼란에 빠져 평화의 질서가 무너질 위험에 처하게 되었다. 정통파와 아리우스파가 각기 자기파의 사람을 감독으로 선출하기 위하여 필사적으로 싸웠기 때문에 소요 사태가 벌어졌다. 밀란을 자기 관할구역으로 하는 암브로스는 감독 선거가 평화 속에서 진행되게 하기 위해 선거 현장에 참석했다. 이미 유능하고 공정한 행정관이라는 좋은 평을 받고 있었던 그는 최고의 수사학적 능력으로 흥분한 군중 앞에서 연설하여 질서를 회복하였다.

그러자 군중 속에서 갑자기 어떤 아이가 "암브로스를 감독으로!!" 라고 소리질렀다. 그러자 군중들도 "암브로스를 감독으로, 암브로스를 감독으로" 하고 소리지르며 호응하였다. 누구도 예기치 못했던 이 사건에 가장 놀란 사람은 암브로스 자신이었다. 왜냐하면 그때 그는 세례도 받지 않은 단지 예비 신자에 불과했으며 감독직과 같은 높은 영적 직분을 맡을 꿈도 꾼 일이 없었고 전혀 준비되어 있지 않았기 때문이었다. 그리하여 그는 그 도시를 탈출하려고까지 하면서 완강하게 거절했으나 실패로 돌아갔고 이 비정상적인 선출에 발렌티니안 1세까지 재가를 하고 동·서 교회의 감독들로부터 승인도 받게 되자[13] 그는 더 이상 저항을 하지 못하고 감독직을 수락하였다. 그러나 세례 입문자에 불과했기 때문에 그는 성직을 맡기 위한 모든 절차와 과정을 8일 동안에 끝내고 35세의 국가 관리가 밀란의 감독이 되었다 (374년 12월 7일).[14]

암브로스는 이교도가 아니라 로마의 그리스도인 귀족 가문 출신으로 태어나 성장하고 교육 받고 고위공직으로 있다가 감독이 되어 평생을 교회를 위해 헌신한 최초의 라틴 교부다. 캄펜하우젠에 의하면 암브로스는 삶의 외부적 위기나 폭풍우를 만났을 때도 침착함과 내적 안정을 잃지 않았으며, 뛰어난 지성에 열정을 겸비하고 있었고, 타고난 외교관적 행위와 필요할 경우에는 빈틈없는 지략가이기도 했다. 그는 진실된 목적과 종교적 윤리적 확신에 있어서는 주저하지 않는 사람이었다. 그리하여 감독으로서 그의 목표와 행동 방법에 우리가 비판적일 수 있다고 해도 그는 존경 받을 만한 사람이었다. 그의 적대자들까지도 그를 존경하지 않을 수 없었다고 한다. 신학 교사로서도 그는 분명하고 성실하였다.

그의 수많은 실천적인 글 그리고 교리적인 글들은 독창적인 것도 아니고 찬란하게 빛나는 것도 아니지만, 그 객관성과 진실함에 있어서는 확신과 신뢰를 주고 있었다. 수사학 교육을 잘 받은 라틴 교부로서 그는 사상 표현에 적절한 기교와 과장법도 사용할 줄 아는 사람이었고, 설교자와 정치적 지도자로서의 이중의 책임을 훌륭하게 수행했으며, 그의 언사는 복잡하지 않고 항상 단순하면서도 본질적인 것이었고, 가식적이지 않고 사실주의적이고, 항상 듣는 사람의 마음을 주시하고 인격을 존중하여 진지하게 말하기 때문에 사람들의 마음을 움직일 수 있었으며, 수년간의 잘 쌓아 올린 자의식이 있었음에도 불구하고 허영심이나 자만심이 없는 사람이었다.[15]

예기치 못하게 암브로스가 밀란의 감독으로 선출된 것은 '중립적인 사람'을 통해 정통 신앙으로 교회의 평화를 원하시는 하나님의 섭리였을 것이다. 그는 이 하나님의 섭리에 충실하였다. 우선 유배지에서 죽은 선임 감독 디오니시우스의 유해를 송환하여 정중하게 모셨으며, 반면에 아리우스파의 성직자 참모 전원을 유임시켰다. 이것은 신앙적이면서도 정치적인 행동이었다고 생각되며, 그만큼 그는 그리스도교 적 신앙에 확신이 있었고, 다른 한편으로는 관리직에서 숙련된 행정 능력을 가지고 있었다. 그렇다면 정통 신앙의 가정에서 태어나 성장했 던 그는 왜 감독이 되기 전까지 세례 입문자로 남아 있었던 것인가? 그 당시까지만 해도 아직 세례 후에 지은 죄에 대한 용서의 문제가 일반 신앙인들 사이에 심각한 문제로 남아 있었을 것이다. 당시 공직자 는 때로는 피를 흘리게 하는 법령을 반포해야 할 경우도 있을 것이며, 그리스도인 삶의 이상과 모순되는 의견이나 관습을 참을 수밖에 없을 때도 있을 것이다. 그러므로 암브로스가 일찍 세례를 받지 않은 것은 로마제국의 관리로서 세속적인 일과 신앙 사이의 갈등 때문이었을 것이다. 그러나 그는 감독직을 수락한 후 즉시 세례를 받았고 감독직에 임명되자 감독으로 최선을 다했다.

감독이 된 후 암브로스는 적지 않은 재산을 가난한 사람들에게 나누어주고 자기는 엄격한 금욕 생활을 시작했다. 그의 집은 상하를 막론하고 모든 사람에게 개방되었으며, 그는 항상 도움을 구하는 사람 들로 둘러싸여 있었다. 그러나 그는 감독의 본질적인 임무는 신학 연구, 성서 교육 그리고 설교라고 생각했다. 그리하여 그는 심플리키 아누스(Simplicianus, d. 400)[16]의 지도를 받으면서 특히 헬라 교부들의 책을 연구하였다. 뛰어난 지성을 겸비한 그는 짧은 기간에 서방 세계에 서 교회적이고 정치적인 상황에 결정적인 영향을 줄 수 있는 뛰어난 신학자가 되었다. 그는 이교 사상, 아리우스주의, 기타 이단들에 대하 여 두려움 없이 때로는 무자비할 만큼 교회의 배타적 권리를 위해서 싸우기도 했다. 그러나 모든 일을 혼자 감당하기가 어려워지자 그는 감독의 본질적인 임무를 성공적으로 완수하기 위해서 날로 밀려오는 일반적인 교회 업무와 잡다한 감독청의 일은 형 사티루스(Satyrus)에게 맡겼다. 형은 동생이 감독으로 선임되자 국가 고위 공무원직을 사임하고 동생을 돕기 위해서 밀란으로 왔으나 얼마 후 378년에 사망했다.

378년 암브로스가 감독이 된 지 겨우 4년이 지났을 때 고트족(Goths)이 로마군을 전멸시키다시피 하고 발칸 반도(Balkans) 전체에 밀어닥쳤다. 고트족은 울필라스(Ulfilas)에 의해서 개종했으나 아리우스파 그리스도인들이었다. 정통 신앙에 굳게 서 있던 암브로스의 통치 하에서 아리우스주의자들은 점점 그 세력이 약화되어 갔기 때문에 그들은 자연히 감독에 대하여 불만을 품고 있었다. 이러한 상황 속에서 피난민들이 밀란으로 밀려 왔고, 고트족은 자기들이 포로로 잡은 로마인들의 석방을 위한 몸값을 요구하였다. 이 포로들은 아드리아노플(Hadrianople) 전투에서 패하여(378년) 일리리쿰(Illyricum)과 트리키아(Thricia)에서 고트족에게 사로잡힌 사람들이었다.[17] 암브로스는 교회에서 사용하는 거룩한 각종 용기(容器)와 장식품들을 녹여 피난민들을 위한 자금과 포로들의 몸값을 마련하도록 지시하였다. 이 일로 인해서 암브로스는 감독의 약점을 노리고 있던 아리우스주의자들로부터 강한 비판을 받았다. 그들은 감독이 신성을 모독했다는 것이다. 그러나 암브로스는 "당신들이 가장 값지게 여기는 것이 무엇인가? 교회의 기물인가 아니면 살아있는 영혼인가?"라고 응수했다.[18]

주님을 위해서 황금보다는 영혼을 보존하는 것이 더 좋다. 사도들을 황금 없이 보내신 주님께서는 또한 황금 없이 교회를 모으셨다. 교회는 저장하기 위해서가 아니라 필요한 사람들이 그것을 쓰도록 하기 위해서 황금을 소유하고 있다…. 금그릇들보다 살아있는 그릇들을 간직하는

것이 더 좋다.[19]

성서 말씀의 선포를 감독의 가장 중요한 임무의 하나로 생각했던 암브로스는 감독으로서 치리와 목회, 성직자 교육과 교회정치 및 일반 정치 등과 관련된 많은 일들이 밀려왔지만, 그는 한 번도 설교자로서 자기의 의무를 소홀히 하거나 실패한 일이 없었다. 그는 설교를 통해서 자기의 영적 소명의 의미를 인지하였다. 그의 음성은 약했기 때문에 열변을 토하는 설교는 아니었지만, 뛰어난 설교가로 평가되고 있었다. 그의 설교는 교인들만이 아니라 일반 사회 인사들까지도 즐겨 들었다고 한다. 그 외부인들 가운데 한 사람이 어거스틴이었다. 어거스틴은 밀란에 수사학 선생으로 왔다가 암브로스의 설교에 감동되어 오랫동안 방황했던 시간을 끝내고 어머니의 신앙으로 돌아오게 되었다. 결국 암브로스에게 세례를 받고 고향으로 돌아온 어거스틴은 후에 히포의 감독이 되고 서방교회 최고의 신학자가 되었다. 그는 당시 암브로스의 생활을 다음과 같이 묘사하고 있다.

그는 가난한 사람들의 무리에 포위되어 있었다. 저들 때문에 나는 그에게 접근할 수 없었다. 그는 저들의 병약함을 돌보는 하인이었다. 저들이 그를 잠시 혼자 놓아두게 되면, 그제야 그는 육의 양식을 먹고, 독서로서 영혼의 갈급함을 채웠다…. 내가 그의 골방에 들어갈 때마다 그가 부드러운 음성으로 책을 읽고 있는 모습을 자주 볼 수 있었다. 그러면 나는 그 자리에 앉아 오랫동안 그를 바라보며 조용히 기다리곤 하였다. (누가 감히 그 심오한 집중을 방해할 수 있겠는가?) 그러다가 나는 조용히 돌아오곤 했다. 잠시 수많은 업무의 번잡함에서 떠나 있는 그를 내가 나섬으

로써 방해하지 않을까 하는 두려움 때문이었다.[20]

　암브로스는 정통 신앙을 방어하는 일에 있어서는 어느 세속 정치세력에도 굴하지 않고 성직자의 권위로 대항하였다. 암브로스가 감독으로 있는 동안 서로마제국은 그라티안(Gratian, 375~383)과 그의 이복형제 발렌티니안 2세(Valentinian II, 375~392)[21]가 공화(共和) 체제로 통치하고 있었다. 그러나 발렌티니안 2세는 12세의 어린이였기 때문에 그라티안이 그의 섭정까지 담당했다. 그라티안 황제가 378~381년 사이 밀란에 거주하고 있었을 때 그를 신앙적으로 지도한 사람이 암브로스였다. 그때(381) 감독은 아리우스주의자들을 반대하며 성자의 신성을 방어한 책 『신앙에 관하여』(De fide ad Gratianum) 5권을 저술하여 황제에게 헌정하였다.[22] 암브로스는 황제를 설득하여 381년에 아퀼레이아(Aquileia)에서 회의를 소집하여 아리우스파 감독들을 해임하고 니케아 신앙을 공인하도록 했다. 결국 암브로스의 노력에 의해서 이탈리아와 일리리아(Illyria)에서도 정통 신앙이 배타적 지배권을 획득하였다. 한편 381년 같은 해 동방에서는 황제 테오도시우스 1세 (Theodosius I, 379~395)가 콘스탄티노플공의회를 소집하여 니케아 신앙을 공인하였다.

　그런데 황제 그라티안은 383년 고올(Gaul)로부터 역모를 꾸민 공동 황제인 찬탈자 막시무스(Maximus)에 의해서 살해당하였고, 발렌티니안 2세의 영역까지 위협 받게 되었다. 어린 황제는 방어 능력이 없어 속수무책이었을 때 그와 그의 어머니 유스티나(Justina)가 도움을 요청하자 암브로스는 막시무스와 외교적 협상 끝에 황제를 보호하였을 뿐만 아니라 이탈리아만이라도 확보하게 하였다. 그러나 그 당시에는 성직자가 정치적 사명을 수행한다는 것이 가장 생소한 일이었다. 이와 같은 일은 중세기에서나 있을 수 있었다. 그러나 암브로스는 중세기적 고위 성직자가 아니었다. 그는 이와 같은 정치적 행동을 약자를 위하여 중재하는 감독의 전통적인 특권의 관점에서 이해하였다.[23] 어린 황제의 어머니가 황제를 그의 손에 맡기며 도움을 애원했을 때 암브로스는 거절할 수 없었을 것이다. 그러나 그는 감독으로서 그의 직무상 의무의 틀을 벗어나지 않았다.

암브로스의 영향력이 제국의 정치적 상황에서 점점 더 증대해지자 그는 그동안 로마제국의 정치 사회에서 묵인되고 일반화되었던 여러 가지 이교적인 색채와 관습을 제거하였다.[24] 그러나 그리스도인의 수가 아직 다수를 차지하지 못한 원로원은 특별히 로마에 적지 않은 영향을 주고 있는 전통적인 관습을 파괴하는 감독의 법 조례에 즉시 반대하였다. 그 대표자 중의 하나가 심마쿠스(Symmachus)였다. 그는 384년 로마시에서 황제 같은 직책의 소유자였고, 당시 로마에서 가장 유명한 문사(文士)요, 수사학자요, 신-플라톤 철학의 교육을 받은 권위있는 지식인이었을 뿐만 아니라 가장 오래된 귀족 가문 출신의 원로원 의원이고, 암브로스의 친척이기도 했다. 심마쿠스는 발렌티니안 2세에게 원로원에 빅토리아 여신의 동상과 승리의 제단을 복구하는 청원서를 제출했다. 이것들은 그라티안 황제에 의해서 제거되었던 것들이다(382). 심마쿠스는 로마제국의 옛 영광을 여러 이방신들의 도움과 연관시키면서 재난, 기근, 그라티안의 급서 등을 그리스도교 신앙과 연관시켰다. 빅토리아 여신은 그리스도교 황제 치하에서도 가호신으로 보전되었으며, 그 신의 통치가 유익했다고 강조했다.[25] 그는 자기의 청원은 역사적으로 지나간 날의 질서를 다시 세우는 일에 대한 투쟁이라고 생각했고 선조의 종교에 대한 관대함을 호소하는 것 이상을 요구하는 것이 아니라고 했다. 그는 철학자로서 모든 종교에는 공동의 유산이 있음을 언급하였다. 다음은 그의 말이다.

각자가 진리를 탐구하는 데 이런 노력 저런 노력으로 한들 무엇이 다르겠는가? 우리가 위대한 신비에 도달하는 길은 한 길만 있는 것이 아니다. 그러나 이 토론은 마음 편한 사람들의 화제다. 우리는 청원하는 것이지 투쟁하려는 것이 아니다.[26]

이에 대한 암브로스는 이교도의 흔적을 지우는 것은 하나님의 일이며 종교의 문제이기 때문에 그것은 감독의 권한에 속하는 일이라고 선언했다. 그리고 그는 직무상 경로를 통하거나 어떤 특별한 권한위임을 기다리지 않고 황제의 영적 고문의 자격으로 직접 그들에게 서신을 보냈다.

로마 통치 밑에 사는 모든 백성은 각하와 세상의 황제들과 황태자들을 섬깁니다. 그러나 각하 자신은 전능하신 하나님과 거룩한 신앙에 순종해야 합니다 … 여러분 중에 어떤 사람들이 어떻게 이교의 신들에게 제단을 새로 만들어 주자는 의무감이 생겼는지 나는 놀라울 뿐입니다.[27]

암브로스는 어린 황제 발렌티니안 2세가 막시무스의 위협을 받고 있었을 때 보호해 준 일이 있었음에도 불구하고 아리우스주의자인 유스티나와의 관계는 좋지 않았다. 두 사람의 갈등은 지역 감독 선출에서 나타나기도 했다. 암브로스가 형과 함께 변호사로 활동했던 시르미움의 감독을 선출할 때 유스티나의 위협에도 불구하고 암브로스는 니케아 신앙파를 감독으로 선출했다(380). 황후 유스티나는 385년 부활절에 암브로스에게 밀란에서 아리우스주의자들이 예배를 드릴 수 있는 예배당을 요구하였다. 이때 암브로스는 황후의 요청을 단호하게 거절했다. 그것은 이단적 예배에 의해서 밀란이 오염되고 황후의 지지하에 아리우스파가 밀란에서 증가되는 것을 용납할 수 없었던 것이다. 그의 입장은 분명했다. "하나님의 사제로서 자기는 하나님의 성전을 이단적 늑대들에게 내어줄 수 없다."[28] 암브로스와 그의 추종자들이 황후의 병사들에 의해서 교회에 감금되고 위협을 받게 되자 암브로스의 설교와 연설을 들은 군중들은 그가 작곡한 찬송가를 부르면서 죽음을 각오하고 저항하였다. 황후 유스티나는 결국 승산이 없다는 것을 알고 명예롭게 물러나기 위해서 교회를 허락할 수 없다면 교회 제단의 집기라도 양보하라고 했다. 그것은 전에 암브로스가 피난민과 포로들을 위해서 교회의 거룩한 집기들을 매각한 일이 있었기 때문이었다. 그러나 암브로스는 이것도 거부하였다.

> 나는 하나님의 성전으로부터 아무것도 취할 수가 없습니다. 나는 내가 받은 것을 내어줄 수가 없습니다. 내어줄 수 없고 지켜야 합니다. 이렇게 하는 것이 내가 황제를 돕는 것입니다. 왜냐하면 이 거룩한 집기들을 내어주는 것은 나에게 옳은 일이 아니고, 황제가 그것을 취하는 것도 옳지 않기 때문입니다.[29]

사실 국가 권력이 하는 일에 반대하고 저항한다는 것은 결코 쉬운 일이 아니었다. 그것은 암브로스에게도 예외는 아니었다. 그래서 그는 황후에게 "항의하는 무리를 자기는 선동하지 않았으며, 그들을 진정시키는 것은 만일 하나님이 원하신다면 그분의 일이지 나의 일이 아니다"라고 하면서도,[30] 자기는 순교할 각오로 이 일을 하는 것이라고 했다. 그는 그리스도가 제자들에게 고난을 받아야 한다고 하셨음을 상기시켰다. 그래서 그는 "나는 내가 받아야 할 고난이 무엇이든지 그리스도를 위해서 받는 고난이라는 것을 안다"라고 하였다.[31] 암브로스는 특히 황제 권력과 공모한 이단자들에 대하여서는 강한 공격을 주저하지 않았다. 군중이 점하고 있는 교회를 공격의 대상으로 삼는 것이 정부로서 쉽지 않다는 것을 알게 된 황후는 암브로스를 추방할 생각으로 그를 궁내 심문에 호출하였다. 그러나 암브로스는 황제에게 직접 서신을 보내면서 "신앙과 교회 헌법의 문제에 있어서의 판단은 직분상 그 일에 지명된 사람과 법적으로 그와 동등한 지위에 있는 사람만이 할 수 있습니다. 즉, 감독들은 오직 감독들에 의해서만 재판을 받습니다"라고 주장하면서 호출을 거부하였다.[32] 암브로스는 황제(정치권력)와의 관계에 있어서 감독의 통치 영역을 분명히 하였다. 그것은 그가 성직자로서 그 합법성 여부의 결정을 평신도(황제)에게 맡길 수는 없다고 할 때 분명하다. 그는 어떤 긴급한 상황에서 감독의 권리와 독립성이 존중되지 않는다면 교회의 자유란 거짓말이고 환상에 불과하다고 한다. 암브로스에 의하면 황제에게 속한 것은 궁궐이지 교회가 아니라는 것이다. 황제도 그리스도인으로서 교회 안에 있지 교회 위에 있지 않다고 한다. 교회 안에서는 감독들이 황제를 관리하는 것이 정상이지 황제가 감독들을 통치하는 것이 정상이 아니다.[33] 황제는 "교회의 아들"이라고 하였다.[34] 암브로스는 황제를 그렇게 불러도 그것은 모독이 아니라 영광이라고 생각한 것이다.

그러는 사이에 제국의 정치적 상황이 변하였다. 황후 유스티나의 설득에 의해서인지 아니면 묵인에 의해서인지는 불분명하지만, 그라티안 황제를 살해한 찬탈자 막시무스가 황후의 아들 발렌티니안 2세의 영토를 침입하는 사건이 일어났다. 상식적으로 일어날 수 없는 사건의 원인으로 역사가들은 황후가 다루기에 버겁고 가시 같은 존재였던 밀란의 감독 암브로스를 제거하기 위한 것이라고 해석한다. 그러나 동방의 황제 테오도시우스 1세가 이 사건에 개입하여 막시무스를 패배시켜 사건이 마무리되는 듯했으나 발렌티니안 2세가 정적들에 의해서 살해되자 테오도시우스 1세는 다시 개입하여 결국 로마제국의 유일한 통치자가 되었다. 그는 이미 지적했듯이 381년 콘스탄티노플 공의회를 통하여 니케아 정통주의 신앙을 재확인한 그리스도교 신자다.

그러나 이와 같은 신앙적인 일치에도 불구하고 황제와 암브로스는 충돌하였다. 테오도시우스 1세와의 충돌에서도 그의 입장은 전과 다르지 않았다. 그는 하나님의 법(교회)과 인간의 법(황제권)을 비교하면서 하나님의 법은 우리가 반드시 해야 할 일을 가르쳐 주지만 인간의 법은 그것을 가르쳐 주지 못할 뿐만 아니라 폭력으로 인간의 마음을 바꾸도록 강압할 뿐 신앙을 고쳐시키지 못한다고 한다. 그는 "나는 하나님을 신뢰하므로 내 생각에 옳은 것을 황제에게 말하기를 주저하지 않겠다"고 하였다.[35]

드디어 황제와 충돌하는 사건이 발생하였다. 그 첫 번째 사건은 칼리니쿰(Callinicum)이라는 작은 마을에 거주하는 열광적인 그리스도인들이 유대인 회당을 방화한 사건이 도화선이 되었다. 황제는 지방의 공공 평화를 파괴한 이 사건의 책임을 물어 방화자들을 처벌하고 회당의 재건을 명령하였다. 그러자 암브로스가 그리스도인 황제가 그리스도인들에게 회당 재건을 명령하는 것은 하나님께 버림받은 유대인에게 승리를 안겨주는 것으로서 신성모독이라고 반대하였다. 그는 "법과 질서 의식과 종교의 동기 중에 어느 것이 더 중요하냐?"고 물은 것이다.[36] 감독은 황제가 명령을 취소할 때까지 미사 드리는 것을 거절하였다. 격렬한 회담 끝에 결국 황제가 양보하였다. 그러나 이 결과는 제국 안에서 그리스도교 이외의 다른 종교가 법의 보호를 받지 못한다는 것을 의미하게 되었고 종교와 신앙의 자유를 억압하는 결정이라는 비판을 면하기가 어려웠다.

두 번째 사건은 매우 심각하였다. 마케도니아의 도시 데살로니가에서 폭동이 일어났고 도시 경비 사령관이 폭도들에게 살해되는 사건이 발생한 것이다. 황제의 격렬한 성격을 알고 있는 암브로스는 황제를 찾아가 인내와 관대한 처분을 간청하였다. 감독의 수사학적 능력과 외교적 능숙함으로 황제는 설득되었다. 그러나 얼마 후에 분노가 다시 폭발한 황제는 도시의 무질서를 바로잡고 난폭한 시민들에게 황제의 권위를 보여주기로 결심하고, 시민들을 원형 경기장으로 유인한 다음 군인들을 시켜 포위하고 7,000명을 학살하는 잔인한 행동을 하였다 (390). 이 학살 사건은 야만적인 처벌에 익숙했던 그 당시에도 공포스러웠다고 한다. 황제는 자기의 명령을 후회하고 취소하려고 했으나 너무 늦었다.

황제는 암브로스의 교회에 속한 신자였다. 이 소식을 들은 암브로스는 비록 황제라 할지라도 범죄 후의 참회의 고행을 그에게 명할 수밖에 없었다. 그러나 감독은 신중했다. 며칠 동안 밀란을 떠나 다른 감독들의 동의를 얻은 후 황제에게 친필 편지를 썼다. 그 서신은 암브로스의 서신 중에서 가장 수신인의 인격을 존중한 서신 중의 하나이며, 정치적이면서도 하나님의 명령으로 참회에 대한 종교적 신학적 이해를 돕고 복음적 위로가 담긴 서신이었다고 한다. 서신의 중심 내용은 다음과 같다.

하나님은 자비하셔서 죄인까지도 포기하지 않으십니다. 그러나 하나님은 죄인이 정말 회개하고 그 결과를 감당할 각오가 되어 있을 때만 그의 죄를 용서합니다. '죄는 눈물과 참회 이외의 다른 방법으로 우리에게서 제거되지 않습니다.'[37] 이와 같은 하나님의 질서에는 변함이 없습니다. "나는 폐하가 은총을 입기를 빌고 폐하의 소원에 따라 행동했으면 물론 더 좋겠습니다. 그러나 사태가 그렇지 못합니다."[38] "만일 사제가 타락한 사람에게 진리를 말해주지 않는다면, 그는 죄 가운데서 죽게 될 것이고, 그 사제는 죄를 지은 사람을 타이르지 않았기 때문에 그의 벌에 대한 죄를 면하지 못할 것입니다."[39] "누구든지 죄를 짓고 자신을 꾸짖으면 의롭지만, 스스로 자화자찬하려고 하는 사람은 그렇지 못합니다." 만일 폐하가 그리스도인이라면, 자기의 죄를 변명하는 헛된 일을 하지 않으실 것입니다.[40] 폐하는 무엇이 자기에게 유익한 것인지를 결정하셔야 합니다. 그러나 만일 폐하가 거절하신다면, 감독은 이후 폐하를 위하여 교회에서 희생제를 드릴 수 없게 될 것입니다. "만일 폐하께서 믿으신다면, 제가 드린 말씀을 따르십시오. 만일 폐하께서 믿으신다면 제가 드린 말씀을 인정하십시오. 만일 믿지 않으신다면, 제가 한 일을 용서하여 주십시오. 저는 하나님께 영광을 돌릴 수밖에 없습니다."[41]

암브로스의 편지 내용은 정중하고 신중하면서도 황제가 참회의 고행을 하지 않을 경우 출교시키겠다는 것을 분명히 했다. 암브로스의 전기 작가는 테오도시우스 황제가 교회에 왔을 때 감독은 그를 문에서 가로막고 "멈추십시오. 양손에 불의의 피가 가득한 자, 죄로 더럽혀진 당신 같은 사람은 회개할 때까지 이 거룩한 장소에 들어올 수 없으며, 성찬에 참여할 수 없습니다"라고 했다고 기록하고 있다.[42] 이때 일부 황제의 수행원들이 암브로스를 폭행하려고 했으나 황제는 암브로스의 말이 정당하다고 인정하고 공개적으로 회개하였다. 이 사건에 대하여 캄펜하우젠은 다음과 같이 기술하고 있다.

> … 우리는 이 점에서 첫 '카노사'[43]를 볼 수 있다. 그러나 그 당시 사람들은 이 사건에서 후에 있었던 중세기 전설과는 다른 것을 보았다…. 세속 권력이 굽히고 사제(司祭)의 지배권이 승리한 것이 아니라 영적인 사건이 일어난 것이고 황제가 하나님의 계명의 불가침성을 인정한 그의 양심의 결단이었다. 이렇게 볼 때 테오도시우스 황제의 교회에서의 참회는 콘스탄틴 대제 때부터 시작된 황제의 권력의 그리스도교회 과정에서 마지막 단계가 된 것이다. 이제 교회는 지배권력의 단순한 도구나 이용물이 되지 않게 되었다. … 교회는 그의 윤리적 원칙이 공개적으로 무시당하는 것을 교리적 명령이 거부되는 것과 똑같이 용납할 수 없었다.[44]

황제는 그때부터 그의 명령에 의해서 이미 사형 언도를 받은 사람이라 할지라도 30일간 집행을 유예할 것도 지시하였다. 이와 같은 충돌 후 황제의 신앙은 더 성숙해졌고 두 사람 사이의 관계는 정치적으로도 더 좋아졌다. 테오도시우스 황제는 자기의 죽음이 임박했음을 감지했을 때 자기에게 감히 저항했던 암브로스를 자기 앞에 불러 기도를 부탁했다고 한다.

이와 같은 일련의 사건이 원인이 되었는지는 확실하지 않지만, 여하간 이때쯤 암브로스의 명성은 그 정점에 있었다. 그는 설교가요, 스승이요, 신학 저술가요, 자기에게 관계된 모든 일에 양심적인 고문으로 일을 했다. 그러나 암브로스는 외지에서 감독 안수식에 참여하고 돌아오는 길에 알 수 없는 치명적인 병에 걸렸다. 사람들이 그에게 회복을 위해 기도하라고 했으나 그는 거절하면서 말하기를, "내가 여러분 가운데서 더 오래 사는 것이 부끄러울 정도로 그렇게 살지는 않았으나, 그렇다고 죽음을 두려워하지도 않습니다. 우리는 선한 주님을 모시고 있기 때문입니다"라고 했다.[45] 그는 397년 4월 4일 부활주일에 숨을 거두었다. 암브로스는 오늘날까지 초상화가 보존되어 있는 유일한 교부다.

2. 신학 사상

1) 주요 저작 개요

암브로스는 그와 접촉하는 모든 사람에게 강한 인상을 줄 만큼 청렴하고 사심이 없는 탁월한 인물이었다. 그는 그 시대에 가장 빛나는 사람이었다. 그의 작품과 사상은 훗날 점점 증대해 가는 중세적 문화를 위하여 본질적인 재료를 공급한 위대한 정신의 소유자였다. 그는 누구보다도 광범위한 실천적 목회자였고 학자로서 가르치는 일을 했는데도 불구하고 그렇게 많은 책을 쓸 수 있었다는 것은 놀라운 일이다. 저서의 대부분, 특히 주석서들은 목회 사역에서 싹튼 것이다. 그의 다른 저술들도 목회적 도덕적 관심이 최우선이었다. 그는 누가 뭐라 해도 로마인이었고 실천적인 사람이었다. 그가 비록 철학적 교육을 받았다 해도 그것을 교리적 사변을 위해서 지적 도구로 사용하지 않았다. 그런 점에서 그의 도덕적이고 금욕주의적 작품들은 사변적이고 교리적인 헬라 교부들의 저술과는 달리 매우 독자적이다. 특히 설교에서 그의 용어는 웅변적 활력이 넘치면서도 시적 아름다움이 있으며 로마 고전을 풍부하게 인유(引喻)하는 것으로 유명하다. 그의 용어는 금언적으로 간결하고 품위가 있다.

(1) 성서 주석서들

암브로스의 가장 광범위한 문학적 유산은 성서 주석서이다. 이 분야에서 그는 대 바질의 영향으로 다소 완화되기는 했지만 성서의 삼중의 의미를 취함에 있어서 필로와 오리겐을 따르고 있다. 설교자로서 그는 도덕적 은유적 성서 해석을 선호한다. 그러므로 그의 주석은 성서 본문에 대한 은유적 유형적(typological) 해석의 요약이라고 할 것이다. 그는 가장 무의미한 성서적 역사 사실에서도 신앙과 삶의 깊은 교훈을 찾는다. 예를 들면 노아 역사에 대한 그의 해설이다. 그는 방주를 인간의 몸으로 해석하고, 방주의 다양한 부분은 몸의 구성 요소들이며, 방주 안의 동물들은 인간의 육체적인 욕망이라고 해석한다.

암브로스의 성서 주석은 주로 구약성서에 집중되었다. 신약성서 주석으로는 10권으로 구성된 가장 포괄적인 작품으로 평가되는 누가복음 주석이다. 25편의 설교와 수 편의 논문이 포함되어 있다. 이 작품에서 제1권과 제2권은 분명히 오리겐에게 의존하고 있고, 바질의 영향은 '6일간의 세계 창조'(Hexaemeron)에 관한 여섯 권에서 식별된다. 이 헥사메론 여섯 권은 자연을 묘사한 걸작품이다. 그의 다른 주석적 논문들 대부분은 그의 설교로부터 유래했고 발전된 것이다. 그 주제는 "낙원에 관하여"(De Paradiso), "가인과 아벨에 관하여"(De Cain et Abel), "노아에 관하여"(De Noe), "아브라함에 관하여"(De Abraham, 2권), "이삭과 영혼에 관하여"(De Isaac et anima), "야곱과 축복의 삶에 관하여"(De Jacob et vita beata, 2권), "요셉에 관하여"(De Joseph), "족장에 관하여, 창 49"(De Patriarchis), "엘리야와 금식에 관하여"(De Helia et ieiunio), "나봇에 관하여"(De Nabuthe), "토빗서에 관하여"(De Tobia), "야곱과 다윗의 말을 가로막음에 관하여"(De interpellatione Job et David), "예언자 다윗의 변증"(Apologia prophetae David), "12편의 시편 해설, 1, 35-40, 43, 45, 47, 48, 61편"(Enarrationes in 12 psalmos) 그리고 "시편 118편의 서술"(Expostio in psalmum 118) 등이다.[46]

(2) 『섬김의 의무에 관하여』(De officiis ministrorum, On the duty of Ministry)

도덕적 금욕적 저술에서 대표적인 책이다. 386년 이후에 기록된 이 작품은 3권으로 구성되었으며 밀란 교회의 사제들에게 보낸 것이다. 그래서 『사제의 의무』라고도 한다. 스토아철학적 경향을 보인 키케로의 같은 제목의 책과 자매 편인 그리스도교 윤리에 대한 첫 포괄적인 진술이다. 암브로스는 동정(童貞), 특히 여러 책에서 신에게 바쳐진 처녀성을 찬양한다. 예를 들면 『누이 마르셀리나를 위한 동정에 관하여』(*De virginibus ad Marcelliam sororem*), 『과부에 관하여』
(*De viduis*), 『처녀성에 관하여』(*De virginitate*) 등이 있다.

(3) 교리적인 저술

그 대표적인 것은 그라티안 황제의 요청으로 그의 신앙적 지도를
위해서 쓴 『신앙에 관하여』(*De fide ad Gratinum*)이다. 다섯 권으로
되어 있는 이 책은 381년에 썼으며, 아리우스주의를 반대하여 아들의
신성을 방어한 책이다. 역시 황제에게 헌정된 세 권의 『성령에 관하여』
(*De Spiritu Sancto*)와 『성육신에 관하여』(*De incarnatione domnicae
sacramento*)도 반(反)아리우스주의 책들이다. 『신비에 관하여』(*De
mysteriis*)는 새로 세례를 받는 자를 위하여 쓴 것인데, 여기서 저자는
세례, 견신례 그리고 유카리스트를 취급하고 있다. 같은 문제를 다룬
그의 책 『성례전에 관하여』(*De sacramentis libri VI*)는 주기도문 해설
을 첨가하고 있다. 이 책들은 모두 390~391년 사이에 쓰여진 것들인
데 초대교회 전례의식사(典禮儀式史) 연구에 매우 중요하다. 『참회에
관하여』(*De paenitentia*)는 노바티안주의자들의 엄격주의에 반대하
여 387~390년 사이에 썼다. 이 책은 죄의 사면권은 이단자들이 아니
라 정통 교회만이 가지고 있다고 주장한다. 교회의 참회는 중한 죄
(peccata graviora)에만 적용되며 단 한 번만 가능하다(엡 4:5).[47]

(4) 연설과 서신

암브로스의 연설은 훌륭한 문학적 솜씨를 보여주는 작품들이며

그 시대를 연구하는 데 귀중한 자료가 되고 있다. 현존하는 그의 추도사들은 형 사티루스의 장례식 추도사(378), 살해된 황제 발렌티니안 2세의 장례식 추도사(392), 황제 테오도시우스 1세의 매장식 추도사(395) 등이다. 다른 하나의 주목할 만한 설교는 황후 유스티나가 밀란의 교회를 아리우스주의자들에게 양도하라는 요구가 있었을 때 한 것이다.[48] 현존하는 그의 서신은 모두 91편이다. 그중에 23편은 진정성이 의심된다. 암브로스 자신에 의해서 출판된 서신들은 불완전한 상태로 보존되어 왔다. 이 서신들 대부분은 교회회의의 진행에 관한 공한(公翰), 기록, 설명들이다.[49]

밀란의 감독으로서 매우 바쁜 생활을 했던 그가 그렇게도 많은 작품을 생산했다는 것은 놀라운 일이다. 더욱 그의 작품에 나타난 신학은 시종일관 분명했다. 비록 그의 교리서들이 헬라 교부들에게 의존했다는 비판이 있지만, 도덕적이고 금욕적인 작품들은 그의 개성이 분명하고 독자적 사상의 산물이다. 그는 철학적 신학적 사변에는 별로 흥미가 없었지만, 그의 예리한 지성은 신학적 개념들의 명료함에서 나타난다. 암브로스는 동·서방 교부 중에서 가장 대표적인 대변인이라고 할 만하다. 그는 앞선 시대의 교부들의 신학적 저술들을 주의 깊게 고찰하므로 자기가 연구한 것을 재검토하여 최선의 것을 생산하였다.

2) 삼위일체론

노모스 유형과 실천적 경향에 스토아철학이 지배적인 서방에서는 아리우스주의자들과의 논쟁이 사변적이고 신-플라톤 철학이 지배적인 동방에서처럼 과열되지도 않았고 교회가 분열될 정도로 위협적이지도 않았다. 그렇다고 아리우스주의가 전혀 힘을 쓰지 못했다는 것은 아니다. 아타나시우스가 니코메디아의 유세비우스파에 의해서 두로로 추방되고(335) 콘스탄틴 황제가 사망한 후(337) 황제의 차남이며 아리우스주의를 지지하는 콘스탄티우스 황제가 서방까지 통치하게 되자 아리우스 논쟁은 서방에서 점점 확산되어 갔다. 아타나시우스의 니케아 정통신학과 그의 교회정치적 노선이 두로와 로마에서 많은 지지를 얻었으나 신학 논쟁은 정치적 권력투쟁에서 자유할 수 없었다.[50] 그럼에도 불구하고 터툴리안에 의해서 형성된 삼위일체론 형식, 즉 '세 품격 안에서 한 본질'(una substantia in tres personae)이라는 형식은 라틴 그리스도교의 삼위일체론의 전통으로 계속 전승되고 있었다. 서방에서의 삼위일체론은 터툴리안 이후 포이티에르의 힐라리(Hilary of Poitiers)와 암브로스를 거쳐 어거스틴의 『삼위일체에 관하여』(*De Trinitate*, 15권) 발표에서 그 절정에 이르렀다.

힐라리(c. 315~367)는 이교도 귀족 출신으로 철학적 수사학적 연구와 삶의 의미를 추구하다가 성서를 연구하게 되었고 결국 세례를 받았다. 그가 결혼했음에도 불구하고 고향인 포이티에르의 사제들과 백성들이 그를 감독으로 선출했다(350). 감독이 된 후 곧 힐라리는 반(反)아리우스주의 입장에서 그 논쟁에 가담하게 된다. 그는 아타나시우스가 정죄를 받은 아를르(Arles)회의(353)와 밀란회의(355)와는 거리를 두고 참가하지 않았고, 오히려 아리우스주의의 선도자인 아를르의 감독 사투르니누스(Saturninus)를 반대하는 고올의 정통 감독들로 저항 세력을 조직하였다. 이 일로 콘스탄티우스 황제는 그를 소아시아로 추방하였다. 추방지에서 돌아온(359) 힐라리는 황제 콘스탄티우스에게 사투르니누스와의 공개 토론을 허락해 달라고 청원했으나 거절당했다. 그는 아리우스주의자들에게 "동방의 이간질하는 사람"[51]이라고 불리며 골치 아프게 되어 고올로 보내졌다(360).

361년 콘스탄티우스 황제가 사망하고 배교자 줄리안이 계승하자 힐라리는 서방에서 자신의 신학적 입장을 보다 자유롭게 교회에서 추구할 수 있었다. 361년 그는 파리회의에서 사투르니누스를 다시 파문했고, 이리하여 거의 모든 고올에서 가톨릭 신앙이 회복되었다. 364년에 모인 밀란회의에서 의장이 된 그는 이탈리아 아리우스주의의 선도자 밀란의 아리우스파 감독 아욱센티우스를 제거하려고 했으나 성공하지는 못하였다. 그러나 그에 의해서 서방의 아리우스주의자들은 그들의 노선을 바꿀 수밖에 없었다. 힐라리는 367년에 사망했다.

힐라리는 '서방의 아타나시우스'라고 불릴 만큼 서방에서 가장 강력하고 중요한 반(反)아리우스주의자였다. 그의 성격도 아타나시우스와 닮았다. 그는 전형적인 통치자의 특성을 가진 사람답게 겉으로는 온화하면서도 확고함을 겸비하였다. 그의 목회적인 활동 기간은 서방에서 아리우스주의가 가장 강력한 힘을 발휘할 때였다. 그러므로 아리우스주의 지지자 콘스탄티우스 황제가 사망하자(361) 서방교회가 그렇게 빨리 회복되고 아리우스주의의 몰락이 곧 가시화된 것은 그의 힘 때문이었다.

힐라리는 서방에서 최초의 교리학자요 주석가였다. 그는 문학적 미를 사랑했고 허구적인 표현법을 싫어하는 문장가였다. 그는 매우 적절한 용어로 정통 교리의 장엄한 진리를 표현하였다. 그의 용어는 박력이 있으면서 동시에 모호하기도 했다. 모호하다는 것은 부적절한 단어 선택 때문이 아니라 그의 사상의 심오함 때문이었다. 그러므로 그의 작품은 읽기가 쉽지 않다. 그는 사상의 깊이와 대담성에서 특출하며, 특히 그의 성서 지식은 그의 작품의 독특성을 대표한다. 그는 동방교회의 중요한 신학적 사상을 서방에 소개한 첫 주석가라고 할 것이다. 교황 피우스 9세(Pius IX)는 1851년에 그를 '교회의 박사'라고 선언하였다.

4세기 후반에 힐라리는 12권으로 구성된 『삼위일체에 관하여』(*De Trinitate*)를 저술했다. 이 책은 저자 자신이 동방에 유배당했을 때(356~360) 쓴 것이기 때문에 동방에서 받은 영향이 강하게 반영되어 있다. 그러므로 비록 그가 열의를 가지고 저술했고 독자적인 사상가임을 보여준다고 하지만, 솔직히 말하면 그 시대의 헬라인의 사상에 영향을 받았다고 할 것이다. 그는 서론에 이어 정통적인 교리를 반대하는 이단자들(사벨리우스와 아리우스)을 열거한 후 정통 신앙을 이해하는 원칙을 열거한다. 즉, 힐라리는 동일본질에서 하나의 우시아를 매우 편협하게 이해하여 성부와 성자를 동일시하는 사벨리우스주의와 동시에 성부와 성자를 창조주와 피조물로 명백히 구분하는 아리우스주의를 다 같이 배격한다. 그러나 엄격히 말하면 삼위일체론보다는 그리스도론에 더 가깝다.

> 우리 중 많은 사람들은 하나님이 아들들이다. 그러나 이 성자[그리스도 예수]와 같은 것이 아니다. 그는 양자결연(養子結緣)에 의해서가 아니라 근원적으로 참되고 타당한 아들이다. 실로 이름에 의해서가 아니다. 창조에 의해서도 아니라 태생적으로 아들이다.[52]

그러므로 삼위일체론을 전개하는 논법에 있어서 독창성은 없다. 그럼에도 불구하고 이 책의 중요한 가치는 서방 세계에 아리우스 논쟁의 쟁점을 요약해서 소개했다는 것과 서방교회에서 니케아 신앙을 옹호했다는 것이다.

곤잘레스는 북이탈리아에서 가장 위대한 니케아 신앙의 방어자 암브로스까지도 삼위일체 교리에 새로운 공헌을 한 것이 거의 없다고 한다.[53] 그것은 서방에서 터툴리안의 삼위일체 형식이 너무나 확고하게 전승되어 왔기 때문일 것이다. 터툴리안 이후의 삼위일체론은 거의 그의 형식의 해석에 지나지 않았다. 암브로스의 교리적 저술의 특징은 균형을 잡으면서 동·서방교회에 있어서 신앙의 조화를 이루려고 하는 데 있다. 힐라리와 같이 암브로스는 니케아 신앙뿐만 아니라 다른 정통 신앙 형식도 고백한다. 힐라리 이후 서방에서 가장 강력한 반(反)아리우스주의자로서 그는 성령의 신성과 삼위일체에 있어서 다른 두 위격과 동등함을 강조한다.[54] 그는 성부와 성자의 단일성을 주장한다.

> 아버지 안에 신성의 충만함이 있고, 아들 안에 신성의 충만함이 있다. 이것은 다양한 신성이 아니라 하나요 같은 것이다. 거기에는 어떤 혼돈도 없다. 왜냐하면 그것은 하나이기 때문이다. 어떤 중복성도 없다. 왜냐하면 거기에는 어떤 차이도 없기 때문이다. 왜냐하면 성서가 말하듯이 "모든 믿는 자들이 한마음과 한뜻"(행 4:32)이 되었기 때문이다. "주님과 합하는 사람은 그와 한 영이 된다"(고전 6:17). 사도가 말하기를 한 남자와 여자가 "한 몸이 된다"(고전 6:16; 엡 5:31; 창 2:24)고 했다. 우리 모두는 우리의 본성(nature)에 관한 한 하나의 본질로 되어 있다. 성서는 인간에 대해서 인간이 비록 많기는 하지만 단일성을 이룬다고 한다(행 17:26). 인성적인 품격과 신성적인 품격 사이에 어떤 비교도 있을 수가

없다. 그러므로 인간 존재에 그와 같은 일치가 있을 수 있다면, 본질이나 의지에 있어서 어떤 다름도 없는 신성에 있어서 아버지와 아들의 일치는 더 말할 수 없다.[55]

3) 그리스도론

힐라리와는 달리 암브로스는 가현론, 마니교도들 그리고 아폴리나리우스주의자들에 반대하여 그리스도의 참 인성을 매우 명백하게 가르친다. 그가 '페르소나 호미니'(persona hominis)라고 할 때 그것은 헬라어 '프로소폰'의 개념인 것이다. 물론 그는 완전한 두 본성에서의 하나를 고백한다.

우리는 하나님으로서 그의 본성에 있어서 신성의 결핍이 없듯이 인간의 형태에 있어서도 불완전한 인간이라고 판정을 받게 할 것이 아무것도 없다. 왜냐하면 그는 전(whole) 인간을 구원하기 위해서 오셨기 때문이다. 선한 일을 완전하게 행하시는 그가 자신 안에 불완전한 것을 허락한다는 것은 적절하지 않다. 만일 그가 인간으로서 무엇인가 결핍되었다면 그는 모두를 속량하지 않았다. 그리고 만일 그가 모두를 속량하지 않았다면 그는 우리를 속인 것이다. 왜냐하면 그는 모든 사람을 구원하기 위해서 왔다고 했기 때문이다. 그러나 속인다는 것은 하나님에게 있어서 불가능하기 때문에 그는 우리를 속이지 않는다. 그러므로 그가 모든 사람을 속량하고 구원하려고 오셨기 때문에 그는 분명히 완전한 인간이다.[56]

그에 의하면 그리스도 안에는 인간의 영혼이 있다.

그러므로 나는 몇몇 사람들이 어떤 근거에서 한 영혼이 주 예수에 의해서 취해지지 않았다고 가정하는지 묻는다. 그것은 그리스도가 인간적인 육욕성을 가짐으로 타락하지 않을까 하는 두려움인가? 육신의 욕망이 마음의 법과 싸우고 있다고 분명히 언급되고 있다(롬 7:23). 그러나 이것을 말한 저자는 그리스도가 육신의 법에 의해서 죄의 굴레 속으로 빠지게 될 수도 있었을 것이라는 가정을 하는 것이 전혀 아니다. 사실 그는 자신이 인간적인 연약함으로 인해서 곤궁에 빠졌을 때, 그리스도에 의해서 도움을 받을 수 있다고 믿었다. 그는 말한다. "나는 비참한 사람이다. 누가 이 죽음의 몸에서 나를 건져주겠는가? 우리 주 예수 그리스도를 통하여 하나님께 감사한다 …"(롬 7:24-25). 그가 육신을 취했을 때, 그 것은 완전하고 충만하게 성육신하셨다는 것을 뜻한다. 왜냐하면 그리스도에게는 불완전이란 없었기 때문이다. 그리고 그는 육신에 생명을 주기 위해서 육신을 취했듯이 한 영혼을 취하였다. 그러나 그가 취한 것은 완전하고, 이성적이고 그리고 인간적인 영혼이었다. 그 자신이 "내가 잠을 자기 위해서 나의 영혼을 눕힌다"라고 말할 때, 그가 한 영혼을 취했다는 것을 누가 부인할 수 있겠는가?[57]

그는 그리스도의 품격에 있어서 두 본성을 말한다.

그러므로 인간 존재로서 [그리스도]는 확실하지 않다. 그러나 인간으로서 그는 놀랍다. 그것은 그의 힘이나 신성이 아니라 그의 영혼이 놀라운 것이다. 그는 인간의 연약함을 스스로 택하셨다는 점에서 놀라운 것이다. 그가 영혼을 취했다면 그는 또한 영혼의 감정도 취했다. 왜냐하면 하나님은 괴로움도 있을 수 없고 하나님 존재라는 점에서 그는 죽음도 있을 수 없기 때문이다.[58]

말들에 대한 쓸모없는 논쟁은 끝내도록 하자. 왜냐하면 하나님의 나라는 성서가 말하듯이 설득력 있는 논거에 있는 것이 아니라 능력의 분명한 증거에 있기 때문이다(고전 2:4). 신성과 몸의 구별을 고찰하자. 이 양쪽에서 말씀하시는 분은 동일한 같은 하나님의 아들이다. 왜냐하면 양 본성은 하나이고 같은 주체 안에 현존하기 때문이다. 그러나 비록 같은 사람이 말한다 해도 그가 언제나 같은 방식으로 말하지는 않는다. 그 안에서 당신은 어느 때는 하나님의 영광을, 다른 때는 인간의 감정을 볼 것이다.[59]

암브로스에 의하면 성서에는 그리스도의 본성에 대한 진술에 있어서 일관된 규칙이 없다. 어떤 때는 그의 신성으로부터 시작하여 성육신의 신비(sacramenta)로 내려가고, 어떤 때는 성육신의 겸손이 출발점이 되어 신성의 영광으로 올라가기도 한다. 성서는 주의 성육신으로 시작해서 그의 신성을 계속해서 언급한다. 그러나 인간적 요소와 신적인 요소가 혼돈되는 방법으로 말하지 않고 구별되는 방법으로 말한다.[60]

그러나 그 구별은 분리와 분할이 아니다. 그래서 그는 속성의 교류를 말한다.

우리가 "영광의 주님이 십자가에 못박혔다"(고전 2:8)라는 말씀을 읽을 때, 우리는 십자가에 못 박힌 그를 그의 영광의 차원에서 상상해서는 안 된다. 영광의 주님인 예수 그리스도가 십자가에 못 박혔다는 것은 그가 하나님이며 사람이기 때문이다(그의 신성에서 하나님이며, 육신을 취했다는 점에서 인간이다). 왜냐하면 그가 인간적이고 신적인 두 본성을 모두 취한 이후, 그는 인간의 본성에서 고난을 당하셨다. 이것은 구별 없이 고통을 당하신 그가 '영광의 주'로 불리워지고 그리고 하늘로부터 내려온 그가 성서의 구절대로 '사람의 아들'로 불리워질 수 있도록 하기 위한 것이다.[61]

4) 죄론

암브로스는 분명히 모든 사람에게 유전된 죄를 언급한다. 이것은 모든 사람을 죄책감에 사로잡히게 하며, 그 때문에 어린아이도 세례를 받아야 한다. 원죄는 종자적 본체(種子的 本體)다. 세례를 받지 않는 사람은 그의 지체(membrum)와 종자(semen)로서 악마와 유기적으로 연합되어 있다.

> 우리 모두는 첫 번째 사람 안에서 죄를 범했다. 그리고 본성적 유산에 의해서 죄의 유산이 한 사람으로부터 모든 사람 안으로 옮겨졌다 … 아담이 우리 각자 안에 있었다. 왜냐하면 한 사람을 통해서 죄가 모든 사람에게 전해졌기 때문에, 그에게서 인간의 본성(condicio humana)이 죄를 지었다.[62]

우리는 태어나기 전에 전염에 의해서 더럽혀졌다. 우리가 빛을 즐기기 전에, 우리는 우리의 출생의 상처를 입었다. 우리는 "죄 중에 잉태되었다"(시 51:5). 이 죄가 우리의 죄인지 혹은 부모의 죄인지는 분명하게 진술되어 있지 않다. 그리고 각자의 어머니는 '죄 중에서' 우리를 낳는다. 그러나 여기서 모친이 출산하는 것이 그 자신의 죄 중에서인지 혹은 태어나는 어린이에게 이미 어떤 죄가 있는 것인지는 분명하게 진술되어 있지 않다. 아마도 두 경우를 다 의미할 수 있을 것 같다. 잉태는 악에 의해서 더럽혀진다. 왜냐하면 부모가 타락을 피할 수 없기 때문이다. 그리고 하루밖에 안 된 어린이라 할지라도 죄가 없는 것이 아니다.[63]

그러나 어떤 구절에서 암브로스는 인간의 육체적인 욕망 추구와 죄에 대한 유전적인 성향을 너무나 강조하기 때문에 마치 그것들이 원죄의 본질인 것 같이 생각될 때가 있다. 인간이 아담으로부터 물려받은 것은 우리가 최후 심판의 날에 정죄를 받지 않을 오류 같은 죄(peccatum)가 아니라 그보다는 위험을 무릅쓰고 저지르는 죄(lubricum delinquendi)인 것이다.

암브로스는 세례, 견신례 그리고 성찬론을 다룬 그의 『신비론』(De mysteriis)에서 '발 씻음'의 이유를 말한다.

베드로는 깨끗했다. 그러나 그는 발을 씻을 필요가 있었다. 왜냐하면 그는 첫 사람으로부터, 뱀이 그의 발을 걸려 넘어지게 하고 하나님의 명령을 어기도록 그를 설득했을 때 시작된 죄를 물려받았기 때문이다. 그러므로 유전된 죄(hereditaria peccata)가 제거되도록 그의 발은 씻겨진다. 왜냐하면 우리의 개인적인 죄(propria)는 세례에 의해서 제거되기 때문이다.[64]

5) 세례

암브로스에 의하면 세례는 그리스도에 의해서 제정된 참된 성례전이며 구원을 위해서 누구나 받아야 한다.

그러므로 세례에 있어서 세 가지 증언, 즉 물과 피와 그리고 성령은 하나다(요일 5:8). 왜냐하면 만일 당신이 이 셋 중의 하나를 제거한다면 세례의 성례전은 존재하지 않는다. 그리스도의 십자가 없는 물은 무엇이며, 아무 성례전적 효력이 없는 공동의 요소는 무엇인가? 물 없는 갱생의 성례전은 없다. 왜냐하면 "물과 성령으로 나지 아니하면 하나님의 나라에 들어갈 수 없기 때문이다"(요 3:5). 예비 신자까지도 주 예수의 십자가를 믿는다. 그것으로 그도 승인된다. 그러나 그가 성부와 성자와 성령의 이름으로 세례를 받지 않으면 죄의 사면을 받지 못하며 영적 은혜의 선물도 얻지 못한다.[65]

당신은 "당신은 전능하신 하나님 아버지를 믿습니까?"라고 질문을 받는다. 그러면 당신은 "나는 믿습니다"라고 대답한다. 그리고 당신은 물에 잠긴다. 즉, 당신은 장사된다. 다시 당신은 "당신은 우리 주 예수 그리스도와 그의 십자가를 믿습니까?"라고 질문을 받는다. 당신은 "나는 믿습니다"라고 대답한다. 그리고 당신은 물에 잠긴다. 이로 인하여 당신은 "그리스도와 함께 묻혔다 …"(롬 6:4). 세 번째로 당신은 "당신은 성령을 믿습니까"라고 질문을 받는다. 당신은 "나는 믿습니다"라고 대답한다. 그리고 세 번째로 물에 잠긴다. 이렇게 함으로써 세 번의 고백이 당신의 이전의 삶의 타락을 무효화할 수 있게 한다.[66]

6) 성만찬

암브로스는 성만찬 예식에 있어서 떡과 포도주의 실제적인 임재와 상징론을 언급한다.

그는 첨가하기를 "내 살은 참된 양식이요 내 피는 참된 음료이다"(요 6:55). 당신은 '살'과 '피'에 대해서 듣는다. 당신은 주님의 죽음 성례전을 인지한다 …. 이제 우리는 거룩한 기도의 신비를 통하여 주님의 살과 피로 변화된 성례를 행할 때마다 "주의 죽으심을 선포한다"(고전 11:26).[67]

아마도 당신은 말할 것이다. "… 내가 그리스도의 몸을 받는다고 당신이 단언하는 것이 어떤 것인가? 나는 그 외에 무엇인가를 안다." 이것이 우리를 위하여 증거를 미루는 요점이다. 그리고 무슨 증거를 우리가 사용할 것인가? 이것은 자연적인 것이 아니라 거룩한 축복인 것이다. 축복의 힘은 본성의 힘보다 크다. 왜냐하면 축복으로 인해서 본성 자체가 변하기 때문이다.[68]

당신은 그것이 어떻게 하늘의 용어들에 의해서 거룩하게 되는지 알고 싶은가? 그런 용어들이 무엇인지 들어 보라. 사제가 말한다. "우리를 위하여 이 성체의 봉헌물이 재가되고, 합리적이고, 받아들여질 것들이 되게 하소서. 왜냐하면 이것은 우리 주 예수 그리스도의 살과 피의 상징이기 때문입니다."[69]

A. 디르크센은 암브로스의 신학 사상을 다음과 같이 항목적으로 요약한다.

1. 신앙이 이성 위에 있다. 오류는 철학을 통해서 온다.
2. 암브로스는 서방에서 위대한 삼위일체와 그리스도론의 스승이다. 비록 힐라리가 서방에 있어서 니케아 신앙의 탁월한 인물이지만, 암브로스는 어떤 점에서는 그를 능가한다. 투명하게 그는 한 품격, 그리스도 안에서 두 완전한 본성의 연합과 성부와 성자로부터 성령의 발현(發現)을 가르쳤다.
3. 원죄는 보편적이다. 그러므로 어린이들도 세례를 받을 필요가 있다. 어른에게 있어서 욕망의 세례는 성례전을 대체할 수 있다. 때로는 암브로스는 육정을 원죄와 동일시하는 것 같기도 하며, 그 원죄는 심판 날에 벌을 받지 않을 것이라는 의견을 보이는 진술을 하기도 한다.
4. 천사는 악과 싸우는 데 천상적 도움의 매개자들이다. 교회와 각 인간 존재들, 각 삶의 형편은 수호천사의 도움을 받는다. 천사는 하늘의 도성에 속하며 악마와 이 세상의 도성과 싸운다.
5. 은혜는 영혼을 그리스도의 배우자로 만든다. 그것은 마치 원죄가 우리를 악마의 배우자로 만드는 것과 같다. 세례와 헌신이 없는 신앙만으로는 아무 소용이 없다. 때로 암브로스는 구원의 시작을 우리 자신에게 돌리는 것 같이 보일 때가 있다. 그러나 그와 같은 진술은 그의 일반적인 가르침의 틀에서 이해해야 한다. 그것은 그가 원죄를 말하는 경우에도 같다.
6. 교회는 믿는 자들의 외적 모임 그 이상이다. 교회는 살아있는 자의

어머니다. 교회는 모든 은혜의 통로다. 로마의 감독은 교회의 머리이며 그와 영적 교섭이 없는 사람은 교회 밖에 있다.

7. 거룩한 예배(미사)는 참 희생이다. 암브로스는 예배(미사)라는 말을 새 율법의 희생을 나타내는 것으로 표현한다.

8. 암브로스의 작품에는 사적인 참회가 별로 언급되고 있는 것 같지 않다. 그러나 그는 공개적인 참회에 반복하여 호소하는 사람들을 꾸짖는다. 사사로운 죄나 비밀스러운 죄까지도, 비록 개인적으로 고백했다고 해도, 공개적인 참회의 훈련에 참가해야 한다.

9. 마리아는 암브로스의 특별한 헌신의 대상이다. 그는 그녀의 동정성을 아름답게 묘사한다. 그녀의 삶은 덕행의 학교다. 그녀는 무죄하다. 그녀는 구원의 중보자요, 악마의 정복자요, 이브와 사라의 대형(antitype)이며, 교회의 원형이다. 그러나 암브로스는 마리아에 대한 우상숭배를 경계한다.

10. 암브로스는 순교자들에 대한 숭앙, 순례 그리고 그들의 명예에 대한 축하 등을 열광적으로 기술한다. 그는 순교자들의 유물에 대한 경의를 위한 분명한 원칙을 입안한다.

11. 죽음은 심판의 결과로 일어난다. 의로운 사람은 천국에 직행하고 죄인들은 그들의 죄의 무게에 따라서 두 집단으로 나뉠 것이다. 어떤 사람은 정결케 하는 불에 들어갈 것이고(암브로스는 정죄淨罪라는 용어를 사용하지 않는다), 다른 어떤 사람들은 믿지 않는 사람의 운명을 공유할 것이다. 후자 부류에게 그는 희망을 품는 것 같았으나, 오리겐의 보편적 구원(apocatastasis) 사상과 유사한 교훈은 어디에도 없다. 지옥 불은 물질적인 것이 아니다.

12. 때의 마지막이 암브로스에게는 가까워진 것 같았다. 왜냐하면 그

는 세상의 종말과 로마제국의 붕괴를 떼어서 생각할 수 없었기 때문이다. 그는 비록 세상이 멸망할지라도 변화된 지구는 그리스도를 예배하므로 재창조될 수 있다는 생각을 하는 것 같다.[70]

III. 제롬의 신학

1. 생애

서방교회는 13세기부터 제롬(Jerome, c. 347~420)[71]을 암브로스, 어거스틴 그리고 교황 그레고리 1세(Gregory I, 590~604)와 함께 '서방의 네 명의 위대한 교회 학자'(Doctors of Church)로 존경하고 있다. 그는 당시의 가장 박식한 학자요 신학자이며, 탁월한 번역가요 라틴 산문의 대가며, 위대한 영적 지도자요 금욕 생활의 주역으로서 그의 영향은 아직도 크며 중세기의 '창시자' 중의 한 사람으로 간주되기도 하고, 16세기 에라스무스(Erasmus)의 스승이었다. 그래서 그의 성화 가운데 '연구 중의 제롬'(Jerome in His Study)이라는 알브레히트 뒤러(Dürer)의 판화도 있다. 이것은 수도원에서 연구에 몰두하고 있는 그의 삶을 그린 것이다. 이 그림에 대해서 캄펜하우젠은 "안락하고 가구가 잘 갖추어진 학자의 방에서 조용한 노인이 자기의 성자 후광의 빛에 의해서 책을 쓰고 있다… 이 전체는 내면적이고 외면적인 평화, 학문적인 작업과 참 영적인 평정(平靜)의 완전한 조화를 상징"한다고 설명한다.[72]

그러나 이 그림은 역사상 제롬의 실상과는 다르다고 한다. 곤잘레스는 출처를 밝히지 않았으나 제롬의 말을 인용한다. "나는 솔직히 격정과 분노에 쉽게 빠진다는 것을 고백한다. 나는 그와 같은 신성모독을 인내심을 가지고 들을 수가 없다."[73] 제롬이 4세기에 가장 관심 있는 위대한 인물로 평가를 받는 것은 사막 수도사의 아버지 성 안토니와 같은 성스러운 삶 때문도 아니고, 니케아신조 형성의 주역자요 반(反)아리우스 논쟁의 주도자인 아타나시우스처럼 그의 예리한 신학적 통찰력 때문도 아니며, 암브로스처럼 세속적 권위 앞에서도 굽히지 않는 그의 확고부동함 때문도 아니며, 황금의 입이라는 크리소스톰처럼 그의 명설교 때문도 아니었다. 오히려 세상과 자신과의 내외적인 거친 투쟁 때문이었다고 할 것이다. 그의 이름 앞에는 '성'(聖) 자가 붙어 '성 제롬'으로 불리지만, 그의 성스러움은 겸손하고 평화스럽고 고요하고 감미로운 것과는 거리가 멀다. 그의 특성은 거만하고 격렬하고 신랄했다. 캄펜하우젠은 다음과 같이 기술하고 있다.

> 젊었을 때 잠깐 동안 수행자(修行者)의 삶을 시도했었으나 계속했던 것은 아니다. 비록 그가 금욕에 대한 열정이 있고 학문에 관심이 있었다 해도 자기를 둘러싸고 있는 세상에 대한 관심을 버릴 수가 없었다. 정열적이고 명예욕에 불타는 그는 세상을 멸시하고 비난을 퍼부을 때도 그는 세상의 평가와 박수와 반응을 추구했다…. 그는 어디서나 원수를 만들고, 그다음에는 대단히 격노하고 개인적인 증오감을 가지고 그들을 괴롭혔다…. 만일 우리가 이 사람과 그의 영향에 대해서 관심이 있고 역사적 중요성을 파악하고자 하면 도덕적이고 신학적인 판단은 중지해야 한다.[74]

제롬은 타고난 풍자가(諷刺家)였다. 그는 은둔적 금욕적 삶에 나타난 영적 도덕적 결함과 폐해를 있는 그대로 신랄하게 비판하여 많은 적을 만들기도 했다. 그에게는 정확한 관찰력과 재치 넘치는 문학적 기지가 있었으나 자기를 비판하는 사람들을 결코 용납하지 않았다. 그는 악의적 논쟁도 마다하지 않았다. 그는 그 시대의 이단자들과 무식한 사람들 그리고 위선자들에 대한 공격은 말할 것도 없고 자기의 학문적 친구인 루피누스(Rufinus), 그 시대의 중요한 교회 지도자들인 콘스탄티노플의 요한 크리소스톰, 밀란의 암브로스, 카파도키아의 대표적 신학자 대 바질 그리고 서방교회뿐만 아니라 4~5세기 그리스도교의 대표적 신학자로 평가되는 어거스틴까지도 공격하였다. 그는 자기와 의견을 달리하는 자들을 "다리가 둘 달린 멍청한 당나귀"라고 혹평하기도 했다.[75]

제롬의 친구로 함께 금욕 생활도 했던 루피누스는 누구인가? 루피누스는 345년경 아퀼레이아(Aquileia) 근처 콘코르디아(Concordia)에서 그리스도교인 부모에게서 태어났다. 로마에서 공부할 때 제롬을 알게 되었으며 수년간 아퀼레이아 수도원에서 수도사 생활을 했다. 이때 제롬도 잠깐 같이 수도원 생활을 했었다. 371년에는 이집트 니트리안(Nitrian) 사막 수도사들을 방문한 후 알렉산드리아의 맹인 디디무스(Didymus)의 제자가 되기도 했다. 378년경에는 로마의 귀부인 멜라나(Melana)를 따라 예루살렘으로 와서 올리브산 수도사로 살았다. 그는 예루살렘의 요한(John of Jerusalem, 386~417) 감독에게 성직 임명을 받았다.

그는 386년경 베들레헴에 정착하고 있는 제롬과 우호적인 관계를 계속하였다. 그러나 이 두 사람 사이의 우정은 392년경 살라미스의 에피파니우스(Epiphanius of Salamis, d. 403)가 예루살렘에서 오리겐을 반대하는 설교를 했고, 소위 첫 오리겐 논쟁이 시작될 때 깨어졌다. 제롬은 에피파니우스 편에 섰고, 루피누스는 감독 요한 편에 섰었다. 후자는 로마에서 오리겐의 주저인『제일 원리』(*De principiis*)를 라틴어로 번역 출판하면서 그 서문에 제롬을 오리겐의 찬양자로 묘사하였다. 루피누스가 그리스도교 문학에 점하는 중요성은 번역가로서의 그의 활동이다. 서방에서 헬라어 지식이 계속 쇠퇴하여 갈 때 그는 헬라 문학이 신학 연구에 중요하다는 것을 알고 그 문학에 관심 있는 사람들을 위하여 헬라어 작품들을 계속해서 소개하고 번역하였다.[76]

제롬의 출생 연도에 대해서 331년 설도 있고 340~350년 사이라고 보는 사람도 있으나 347년경에 잘 알려지지 않은 달마티아(Dalmatia)의 스티리도(Strido)라는 작은 도시에서 부한 가톨릭 부모 밑에서 태어났다.[77] 이곳 주민들은 어떤 영적인 것은 말할 것도 없고 어떤 지적인 관심도 거의 없었다고 한다. 제롬의 부모들도 예외가 아니었다. 그래서 제롬 자신은 부모로부터 삶의 깊은 감동을 받은 것이 거의 없었다. 제롬 자신이 지적하듯이 "배가 그들의 하나님이었으며", 부자가 곧 경건한 사람으로 통했고, 감독은 "이 항아리에 꼭 맞는 뚜껑"이었다.[78] 제롬은 가장 기초적인 교육을 집에서 배운 다음, 매우 일찍이(354년 또는 360년경) 로마에 와서 수사학, 철학, 고전학 등 고등교육을 받았다. 이때 루피누스와 함께 유명한 문법 학자인 도나투스(Aelius Donatus)의 제자가 되었다. 이 기간에 그가 수집하고 읽은 라틴 고전 문학가들의 작품들은 그의 평생의 작품에 지대한 영향을 주었다. 그는 지칠 줄 모르게 독서에 열중했다. 그의 기억력은 놀라워서 고령이 되었을 때도 이때 읽은 특히 비르길(Virgil)[79]을 비롯한 많은 시인들의 시를 어렵지 않게 인용할 수 있었다고 한다. 뿐만 아니라 제롬은 로마의 정치가, 철학자, 비극작가인 세네카(Seneca, B. C. 4~A. D. 65) 그리고 여러 역사가의 책을 읽었다. 그러나 누구보다도 그에게 진정한 스승이요 그의 문체의 모델은 로마의 웅변가, 정치가, 철학자인 키케로(Cicero, B. C. 106~143)였다. 훗날 제롬이 키케로의 사상과 그리스도교가 양립할 수 없다는 것을 인식했을 때도 키케로는 그의 평생에 영향을 주었다.

이 당시 그의 로마 생활은 이중성과 갈등을 보여준다. 로마에서 공부하고 있는 동안 그는 로마의 세속적 사악한 환락에 빠져 있었다. 그는 성(sex)에 대한 매력에서 벗어나지를 못했다.[80] 그리하여 한때 로마의 수도원 동아리를 알게 되어 수도 생활로 은거하여 이와 같은 유혹에서 자유하려고 했으나 수도원에서도 악몽에 시달렸고 로마에 있는 무희들의 환상이 그를 괴롭혔다고 한다. 그는 스스로 육체를 자학하고 극단적이고 엄격한 생활을 통해 육체적 욕망을 극복하려고 했으나 쉽지 않았다.

이 무렵 제롬은 아직 세례를 받지 않았지만 그리스도교인의 영웅적 행위에서 영감을 받고 분발하려는 그의 친구 학생들과 함께 카타콤을 방문하였다. 그는 말하기를, "내가 어린이로 로마에 머물면서 7학예(七學藝)를[81] 배우는 동안 나는 일요일마다 또래의 친구들과 함께 같은 의도로 사도들과 순교자들의 무덤을 찾아갔으며, 시신들이 양쪽 벽과 땅에 묻힌 카타콤의 화랑(크립타)에 때때로 가곤 하였다"라고 하였다.[82] 제롬은 로마에서 공부가 끝나갈 무렵인 19세 때쯤에 로마의 감독 리벨리우스(Libelius, 352~366)에게서 세례를 받았다.[83]

세례를 받은 제롬은 367~368년경 고올 지방으로 여행을 떠났다. 그는 고올 지방의 황제 관저가 있는 트레베(Trèves)에서 급료가 좋은 관직에 지망했던 것으로 알려져 있다. 그러나 어느 수도사의 집에서 이집트 수도원의 아버지 『성 안토니의 생애』[84]를 읽고 그에게 심취한 제롬은 궁정 관직을 비롯한 세상의 출세를 포기하고 경건한 명상과 영적인 활동에 전적으로 헌신하기로 결심한다. 그는 이것이 그리스도에게 헌신하는 유일한 길이라고 생각했다. 여기서 그는 처음으로 회심하고 고전문학과 함께 교회적, 신학적 문헌에도 관심을 갖게 된다. 그 후 제롬은 아퀼레이아(Aquileia)로 가서 고향 친구인 루피누스를 비롯하여 금욕 생활에 헌신한 많은 교우들을 만나 금욕 생활과 문학 활동을 할 생각을 굳히고 있었다.

그러나 갑자기 제롬은 예루살렘 지역으로 여행할 것을 결심하였다 (373~374). 그것은 예루살렘 성지가 그 당시 모든 순례자의 최고의 목표였기 때문이었을 것이다. 그리고 시리아와 이집트 광야의 수도원 생활은 실천적 금욕 생활의 모델이었다. 이런 것들을 서방에서는 단지 소문으로만 듣고 있었을 뿐이었다. 더욱이 헬라 문화가 지배하는 동방은 교육과 높은 신학적 학문의 땅이었다. 이때 제롬은 스스로를 순례자와 미래의 은둔자로 생각했던 것 같다. 동방에서 그가 기대할 수 있었던 지적인 보화와 자극도 그를 유혹했을 것이다. 그는 이미 오래전에 고향과 부모와 누이 그리고 친척들과 이별하였고 하늘나라를 위하여 스스로 고자가 되었다(마 19:12). 그는 영적 전쟁에 복무하고자 그렇게 매력적인 로마를 떠나 예루살렘을 향해 길을 떠났으나 여행 도중에 건강에 이상이 생겨서 불가피하게 안디옥에 머물게 되었다.[85]

그는 건강할 때도 고통을 느끼며 살 정도로 평생 허약한 육체를 가지고 살았던 것 같다. 어느 날 그는 '죽음이 가까이 왔다'고 생각할 만큼 심한 병을 앓게 되어 뼈만 남을 정도였고, 주변의 사람들은 이미 그를 매장할 준비까지 하고 있었는데, 이때 그가 꿈을 꾼 일화가 있다. 최후의 심판대 앞에 서 있었는데, 심판자가 제롬에게 "너는 누구냐?" 고 물었다. 그때 제롬이 "나는 그리스도교인입니다"라고 대답했는데, 심판자가 "너는 키케로주의자지 그리스도교인이 아니다"(Ciceronia- nus es non Christianus), "네 재물이 있는 곳에 네 마음도 있다"(마 6:21)라 고 했다는 것이다.[86] 이 경험에서 큰 충격을 받은 제롬은 성서와 성서 주석 그리고 거기에 관계되는 신학 연구와 저술 활동에 전념하게 되었 다고 한다. 여하간 안디옥에 머물게 된 제롬은 다행히 친구요 니케아파 에 속한 에바그리우스(Evagrius)의 영접을 받았다. 379년 또는 380년 경까지 안디옥에 머물렀던 이 시기는 앞으로 그의 생애의 방향 설정에 토대가 되었다. 안디옥에서 그는 라오디케아의 아폴리나리우스의 성서 주석 강의를 들었으며,[87] 헬라어의 충분한 지식을 습득하였다. 그가 아리스토텔레스의 변증법을 연구한 것도 이 시기였을 것이다.

그 후 친구 루피누스와 우정이 깨지고 극심한 대립 관계가 되었을 때 제롬은 이 꿈의 서약을 지키지 않고 있으며 세속적인 저자들의 책을 읽지 않겠다는 맹세를 파괴하고 있다고 비판할 만큼 자기의 저술 에 그동안 얻은 헬라 로마의 고전적 지식을 인용하였다. 제롬은 로마에 있을 때 키케로의 책에 매료되어 금식할 정도였으나 그의 제자로 돌아 간 것이 아니었다. 이제 그에게 이교적 문헌들은 그의 성서 주석에 보조 수단으로만 생각하게 되었으며, 이교 역사가의 말도 성서적 예언 이 참되고 진실로 성취되었다는 것을 논증하기 위해서 인용했을 뿐 줏대 없이 인용한 것이 아니었다.[88] 그는 하나님과 보다 높고 거룩한 문화에 대한 관심에서 이교 문헌을 참고할 뿐이었다. 제롬은 성서 말씀을 인용하여(신 21:11) 불결한 포로(捕虜)가 된 여인들도 우상숭배와 육적 욕정을 깨끗하게 한 후에 이스라엘로 받아들여야 한다고 하였다.[89] 이것은 이교 문화의 유산도 직접적으로 수용할 것이 아니라 새로운 상황 속으로 흡수해야 한다는 것이다. 제롬은 "호레스(Horace)[90]와 시편이 무슨 상관이며, 마로(Maro)[91]가 복음서와 무슨 상관이며, 키케로와 사도가 무슨 상관인가? … 분명히 '깨끗한 사람에게는 모든 것이 깨끗하며'(딛 1:15), '감사하는 마음으로 받으면 버릴 것이 없으나'(딤전 4:4), 그렇지만 우리는 '주님의 잔을 마시고, 아울러 귀신들의 잔을 마실 수는 없다'(고전 10:21)"고 하였다.[92] 그는 그리스도교의 최고 학부는 아테네가 아니라 예루살렘이라고 하였다.[93]

그러나 제롬은 그리스도인들의 조숙한 지식적 교만을 경계하였으며 아직은 이교도의 교육 없이는 살 수가 없다는 것을 잘 인식하고 있었다. 그리하여 그는 하나님의 말씀의 진리에 봉사할 때 하나의 그리스도교적 키케로가 되기를 희망했고, 그와 함께 그리스도교적 학식을 통달한 스승이 되기를 바랐으며, 여기에 더하여 수도사와 성자까지 되고자 하였다. 이와 같은 이상과 현실의 갈등은 그의 존재의 뿌리에까지 침투해 있었으며, 그의 일생에 결정적인 영향을 주었다. 이 불일치하는 이상(理想) 때문에 그는 쉴 없이 일했고 놀라운 성취를 일구어 내기도 했다. 그러나 이것은 동시에 그의 인간적인 약점과 무절제한 허영심과 윤리적, 인간적 관계에서 자주 보여주었던 실패를 설명해 주기도 한다. 어떤 점에서는 그가 확신을 가지고 옹호했던 금욕적인 문화적 이상 배후에는 진정한 신학이 없었다고 할 수도 있을 것이다. 제롬은 인문주의자인 만큼 수도승이었다.

안디옥에서 약 1년 반 지나서 제롬은 안디옥 동쪽 지역에 있는 칼키스(Chalcis) 근처의 사막으로 은둔 생활을 하기 위해서 떠났다.

이곳 황량한 골짜기에 있는 석굴에는 이미 오래전부터 은둔자들이 거주하고 있었다. 제롬도 한 석굴에서 은둔 생활을 시작했다. 여기서 그는 책과 편지를 쓰면서 방문객을 맞이하기도 했다. 초기 그의 서한들은 이 시기에 쓴 것들이 대부분이다. 그러나 생각한 것만큼 행복한 것만은 아니었다. 그에게 금욕은 절제와 성화(聖化)의 수단이라는 점에서 매우 가치 있고 불가결한 것이었으나, 그런데도 실제적으로 금욕 생활은 언제나 긴장되는 삶이었고, 피곤하며 고통스러운 삶이었다. 그리하여 그는 수도사 생활의 초기에 대해서 아주 실감 나게 묘사한다.

> 아! 나는 얼마나 자주 생각 속에서 로마로 가서 그곳에서 한때 즐겼던 호화로움을 되새겼는지…. 그 당시 나는 황량하고 고독한 사막에서 작열하는 햇볕에 검게 그을리고 수도사를 위하여 마련된 무서운 거처에서 살았다! 거기서 나는 쓰디쓴 절망이 그득한 나의 가슴, 보기 흉한 삼베옷에 달라붙은 나의 사지, 흑인처럼 검게 더럽혀진 나의 피부를 가지고 홀로 앉아있었다. 나는 매일같이 울었고 한숨지었으며 그리고 한번은 참다못해 잠이 들었는데, 깡마른 나의 뼈가 벗은 채로 맨땅에 쓰러져 있었다. 나는 먹고 마시는 것에 대하여 말하고 싶지 않았다. 병든 은둔사라도 냉수만 마신다. 요리된 음식은 탈선으로 간주되었다. 지옥이 두려운 나는 스스로 이러한 감금을 자처했고, 오직 전갈과 야수들과 사귀면서도 그럼에도 불구하고 여전히 춤추는 소녀들과 또다시 사귀는 자신을 발견했다. 나의 얼굴은 굶주림으로 창백했으나, 그래도 내 차디찬 육체 속에서는 내적 의식의 열정이 계속 불타올랐다. 이러한 인간은 살았다기보다 죽은 사람이나 마찬가지였다. 오직 불타는 육욕만이 계속 부글부글 끓어오를 뿐이었다.[94]

그럼에도 불구하고 제롬은 연구하고 책을 쓰는 일을 지칠 줄 모르고 계속했다. 이 시기에 제롬은 어느 개종한 유대인에게서 히브리어를 배웠다.[95] 그것은 다른 방법으로는 자기 생각을 억제할 수 없다고 생각했기 때문이었다. 그는 육체적인 금식과 지적인 투쟁을 결합시켜야 했다. 그는 다음과 같은 글을 남겼다.

> 나는 퀸틸리안(Quintilian)[96]의 재치 있는 문체, 키케로의 웅변, 프론토(Fronto)[97]의 위엄있는 고상함, 그리고 플리니(Pliny)[98]의 부드러운 우아함을 알고 있었다. 이제 나는 기초부터 다시 배웠고, 치찰음과 진동음의 단어를 외웠다. 얼마나 고역인가! 얼마나 어려운가! 얼마나 자주 실망하였으면서도 그래도 배움에 대한 야망 때문에 다시 처음부터 시작했던가! 나는 이 모든 것을 철저히 끝냈고, 경험에서 그것을 입증할 수 있었다. 그리고 그때 나와 함께 살았던 사람들도 그것을 알고 있다.[99]

그럼에도 불구하고 이 기간에 그가 저술한 책 가운데 가장 흥미 있는 것은 은둔자 『바울의 생애』(Vita Pauli)다. 그때까지 은수자(隱修者)의 삶에 대한 것은 아타나시우스가 썼고 제롬의 친구 에바그리우스가 라틴어로 번역한 『성 안토니의 생애』(Vita S. Antonii)가 유일했다. 제롬은 자기의 책에서 성 바울이 안토니보다 더 일찍 은둔자의 생활을 했고 더 완벽한 은자였다고 주장한다. 그러므로 첫 은수자는 안토니가 아니라 바울이라는 것이다. 제롬이 이 책을 쓴 목적은 무엇보다도 바울의 이야기를 통하여 수도사들을 교화(敎化)하려는 것이었다. 그 목적을 달성하기 위해서 이 책은 성자가 광야에 머물던 때까지로 한정했다. 은둔자 바울은 세상에서 박해를 받고 배신당하여 광야로 나가 거기서 매혹적인 고독의 도피처를 찾았다고 한다. 제롬은 종려나무가 그에게 음식과 의복을 제공해 주었고, 갈가마귀가 매일 그에게 빵을 갖다주었다고 기록하고 있다. 책 전체가 목가적이다. 제롬은 이 책에서도 늘 일상적으로 쓰는 고전적 관습을 사용하였다. 친절한 헬라의 신 켄타우로스(半人半馬의 괴물), 그리스도교적 마음을 가진 헬라의 신 사티로스(Satyr, 半人半獸의 숲의 神)가 안토니에게 꿈에서 바울에게 가라고 길을 가르쳐 주었다. 두 사람은 종려나무 아래 솟아오르는 샘물가에서 담소를 나누다가 바울이 사망했다. 안토니는 죽은 바울에게 외투를 덮어주었는데, 그 외투는 아타나시우스가 안토니에게 주었던 것이었다. 그가 매장될 때 안토니로부터 그리스도의 축복을 받은 두 마리의 경건한 사자가 도왔다. 이 가공적인 이야기의 종교적 내용은 별것 아닌 것 같으면서도 감동적인 이야기인 것을 누구도 부인할 수 없을 것이다. 제롬은 이 책을 통하여 자기의 이야기를 경우와 필요에 따라서 교화적으로, 자극적으로 혹은 해학적으로 혹은 아주 신랄하게 전개할 줄 아는 대중적 작가임을 각인시켰다. 이 책의 내용이 '역사적'인가를 묻는 것은 쓸데없는 일이다. 제롬은 이 책을 출판한 후 더 학식 있고 신학적으로 진지하고 의미 있는 인물이 되었다.

그러나 당시 동방교회의 상황은 조용한 수도사의 은둔 생활조차도 피할 수 없는 교리적 논쟁에 휩싸이게 하였다. 전 동방교회가 아리우스 논쟁 때문에 분열되어 싸우고 있었던 것이다. 서방의 암브로스도 이 싸움에 무관하지 않았고 그 결과에 대하여 무관심할 수 없었다. 로마인 제롬은 헬라인들의 싸움이 자기와는 무관한 것으로 생각하려고 했다. 그는 본래 사변적이고 형이상학적 신학적 문제에 별로 관심이 없었다. 그는 '세 위격, 한 본체' 또는 '두 본성, 한 품격' 등 삼위일체론이나 그리스도론적 문제가 자기의 주된 관심이 아니라고 생각했다. 그렇기 때문에 서방의 네 위대한 '교회의 박사' 중의 한 사람임에도 불구하고 삼위일체론이나 그리스도론에 있어서 그의 공헌은 거의 발견할 수 없다. 동방교회의 신학적 논쟁에서 그가 어느 편에 서야 할지에 대해서 교황 다마수스 1세(Damasus I, 366~384)에게 문의했으나 답을 얻지 못했다.

제롬은 안디옥에서 결국 극단적인 정통파, 즉 서방 쪽으로 기운 파울리누스(Paulinus) 편에 가담하였다. 여기에는 친구 에바그리우스도 속해 있었다. 교황 다마수스가 파울리누스를 안디옥의 감독으로 인정한 후 제롬은 379년경 그에게 사제의 안수를 받았고, 곧 안디옥을 떠나 콘스탄티노플로 갔다. 그가 콘스탄티노플에 거주한 기간은 379년부터 382년이었다. 이 기간은 테오도시우스 1세(379~395)의 통치하에 동방교회 전체가 니케아신조에 유리하게 변했던 때였다. 콘스탄티노플에서 제롬은 카파도키아 3대 교부 중 한 사람인 나지안주스의 그레고리의 신학 강의를 듣는 등 친밀한 교제를 나누었다. 그 때문에 제롬은 오리겐의 주석 신학에 열광적인 찬미자가 되었다. 제롬은 나지안주스의 그레고리를 성서 이해의 길을 열어준 자기의 '스승'이라고 했다. 제롬에게 오리겐은 암브로스보다 더 위대한 성서학자, 히브리어에 능통하여 본문 전승에 있어서 그 차이를 항상 주의 깊게 관찰하는 성서학자였다. 제롬은 오리겐의 은유적 해석 방법까지도 주저 없이 따랐는데, 특히 구약성서에 있어서 그 방법은 성서의 깊은 뜻의 이해와 교화를 연결시키는 다리로 받아들였다. 제롬이 오리겐의 설교를 번역하기 시작한 때도 이 기간이었다.[100]

그러나 그는 교회정치적인 다툼에는 관심하지 않고 오직 신학 연구에만 매진하려고 했다. 이것은 무엇보다도 성서에 대한 바른 이해를 위한 가르침이었다. 그것은 성서 주석과 언어학에 대한 확고한 지식을 의미하였다. 그는 381년 콘스탄티노플공의회의 과정과 그 결과를 가까이에서 지켜봤으며 니싸의 그레고리와 그 외 동방의 탁월한 학자들과 교제를 나누었다. 381년 콘스탄티노플공의회가 끝나고 스승 나지안주스의 그레고리를 비롯하여 많은 공의회 참석자들이 콘스탄티노플을 떠나자 제롬도 콘스탄티노플을 떠났다.

382년 제롬은 교황 다마수스의 초청을 받고 안디옥교회의 분쟁을 해결하기 위해 모인 로마 회의에 참석했다.[101] 이 회의에는 파울리누스 감독과 살라미스의 에피파니우스(Epiphanius of Salamis)도 참석했다.[102] 이 회의에서 제롬은 그의 언어 지식 때문에 중요한 역할을 했다. 그가 로마에 체류하는 기간(382~385) 제롬은 이제 전과 같은 무명의 은둔자가 아니었다. 제롬은 동방 지역에 머물고 있었을 때 받은 동방의 신학적 유산 그리고 그때 맺은 인간관계를 유지하고 있었기 때문에 교황은 그를 친구, 비서, 고문과 같이 옆에 두고 개인적인 일은 물론 교황청에 관계되는 문서, 문필 활동을 하게 했다.[103] 제롬은 교황의 후계자가 된 것 같았다. 몇 년 전에 제롬이 자기의 신학적 입장에 조언을 부탁했을 때 아무 회답도 하지 않았던 때와는 전혀 다르게 교황은 제롬에게 매우 친절했다. 사치와 체면을 좋아하는 교황은 제롬에게 높은 보수와 지위를 주었다. 이 덕분에 제롬은 처음으로 상류계층의 사치와 사교에 접할 수 있었다. 뿐만 아니라 제롬은 교황의 도움으로 서방교회에서 불후의 명성을 남기는 대작업을 할 수 있었다. 즉, 교황은 제롬에게 오류가 많고 조잡스럽게 번역된 라틴어 성서에 대한 개정을 지시했다. 이때부터 제롬은 성서 연구를 평생의 일로 계속하였다. 그 결과 언어적으로 신빙할 만한 고전적인 '불가타'(Vulgate)와 많은 성서 연구서가 출판되었다.[104] 물론 '불가타'는 406년경 마무리된 것으로 전해진다. 로마에 머물고 있으면서 그가 한 일들은 훗날 그의 화려한 문필 활동에 지대한 영향을 끼쳤다.

제롬의 '불가타'의 가장 큰 가치는 그 당시 전해지고 있었던 여러 다른 성서 번역판의 구약 부분이 주로 70인역(LXX)에서 번역한 것들이었으나, 그의 '불가타'는 히브리어 구약 원전에서 직접 번역을 했다는 것이다. 그러나 '불가타'가 라틴어권 교회의 표준성서가 되기까지는 적지 않은 비판도 있었다. 당시 많은 사람들은 70인 또는 72인의 학자들이 제각기 자기 몫을 번역했으나 조화와 일치를 이루었다는 70인역에 대한 전설을 믿고 있었기 때문에 70인역이 히브리 원본만큼 영감으로 된 문서라고 확신하고 있었다. 그러므로 70인역과 다른 번역본을 출판하는 제롬의 성서에 대한 영감론에 사람들은 의구심을 품게 되었다. 서구의 대표적인 신학자 어거스틴은 다음과 같이 비평하였다.

> 나는 당신이 성서를 라틴어로 번역하는 데에 당신의 에너지를 소모하지 않기를 바랍니다. 당신이 전에 욥기를 번역할 때와 같이 70인역과 다른 부분은 주를 달아 분명하게 알 수 있게 해 주지 않는다면 말입니다. 70인역의 권위와 동등한 것은 아무것도 없습니다 …. 그뿐만 아니라 이미 히브리어에 통달한 그 많은 번역가들이 이러한 작업에 종사한 이후 이들이 찾아내지 못했던 히브리어 사본들로부터 누가 그 어떤 결점들을 찾아낼 수 있을지 나는 상상할 수 없습니다.[105]

제롬은 여인들과 진행했던 성서 연구에서 성서에 대한 잘못된 해석을 비판하였다. 그 한 예가 평신도 헬비디우스(Helvidius)와의 논쟁이다.[106] 이 논쟁은 마리아가 평생 동정녀였느냐는 문제였다. 왜냐하면 성서에 "예수의 형제들"이 나오기 때문이다. 헬비디우스는 마리아가 평생 동정녀로 살지 않았다고 주장했다. 물론 이 주장은 암브로스 이후 점점 쇠퇴하였다. 제롬은 그의 성서 지식을 총동원하여 성서의 내용을 잘못 왜곡하고 비방하며 성서 본문을 훼손하는 모든 사람에게 항거하여 마리아의 명예를 보호하였다. 오늘날 가톨릭교회의 마리아의 영원한 동정성의 성서적 증거는 그때 제롬이 제시했던 것이다. 제롬의 주장의 배후에는 동정성이 종교적으로 도덕적으로 우월하다는 사회의식이 있었다. 제롬은 이와 같은 사회의식이 교회의 전통과 실천에 의해서 정당화되었다고 보았다. 그리하여 교회는 감독, 장로 그리고 집사들을 독신자나 과부 중에서 선출하였다. 그리고 그들은 적어도 사제가 된 후에 평생을 정절을 지키며 살았다.[107] 제롬은『조비니안을 반박함』(*Adversus Jovinianum*)이라는 글에서 결혼 자체를 반대하지는 않았지만, 결혼을 한 사람과 동정으로 사는 사람을 비교하면 후자는 선을 행하는 사람이고, 전자는 단지 죄를 짓지 않는 사람이라고 말한다. 조비니안은 동정이 결혼보다 우월하지 않으며, 금욕주의는 가치 있는 것이 아니라고 가르치고 있었다. 그는 또한 악마는 세례를 받은 사람을 해악(害惡)할 수 없으며, 하늘의 보상은 모두에게 동등하다고 발의하기도 하였다.[108]

로마에서 제롬은 금욕 생활에 대한 문서적 선전만 한 것이 아니라 금욕 생활 동아리의 중심이 되기도 했다. 이 집단에는 과부 마르셀라(Marcella)와 암브로스의 누이인 마르세리나(Marcellina), 파울라(Paula)

그리고 그 두 딸 블레실라(Blesilla)와 유스토키움(Eustochium) 등 부유하며 학식이 있는 로마 귀족 부인들이 다수 포함되었다. 파울라와 그녀의 딸들은 카파도키아의 대 바질과 니싸의 그레고리의 어머니와 딸처럼 자기 집을 개조하여 수도원을 만들었으며, 제롬은 그의 나머지 생애에서 이 여인들의 도움을 크게 받았다. 제롬은 금욕적인 문제와 성서 신학적인 문제 등에 대해 강의했고 그의 강의는 폭발적인 인기를 얻었다. 이들 가운데 마르셀라는 구약성서를 원문으로 읽고 연구할 만큼 히브리어를 알게 되었고, 파울라는 은유적 성서 해석에 관심을 보이기도 했다. 제롬은 성서 본문에 관한 문제들을 중심으로 여러 신학적인 문제들을 이 여성들과 자유롭게 토론할 수 있었다. 그리고 마음의 평화를 누렸다고 한다. 처음에는 여인들 앞에서 얼굴을 들지도 못했던 제롬은 그들과 두터운 친교를 나눌 수 있게 되었다. 그는 "육적, 영적 동정에서 참으로 행복해하는 여인들과 가정 교회에서" 점점 더 편안함을 느꼈다. 제롬은 이때의 삶을 "강의는 우리를 항상 함께 있게 했다. 함께 있는 것이 불가피해졌고, 점점 신뢰하게 되었다"고 썼다.[109] 남자친구들과 잘 사귀지를 못하는 성품의 제롬은 이 여성들로부터 위로를 받으면서 학문과 금욕 생활을 즐겼던 것 같다. 제롬을 존경하는 여성들 가운데는 빨간 버찌를 선사하기도 했고, 새 옷 한 벌, 안락의자 한 개, 양초 그리고 술잔을 선사하기도 했다. 그러나 이것을 너무 근세적인 사교장과 같은 것으로 유추하면 안 된다. 그들은 여전히 금욕주의적 삶을 살고 있었기 때문이다. 그것은 그리스도인의 특별한 사랑의 표현이었다. 제롬은 언제나 늘 금욕적 수도사의 입장을 유지했으며 모든 것을 은유적으로 해석했다. 그래서 그 동아리의 전체적인 분위기는 미학적이 아닌 금욕적이었다. 그는 "만일 로마에서 어느 존경받는 여인이 내 마음을 정복하려면, 그것은 오직 한 길이 있을 뿐이다. 그녀가 애통해하며 금식하고, 미천한 여인이 되고, 눈물로 거의 실명이 되는 것이다. 그녀의 노래는 시편이고 그녀의 말은 복음이며, 그녀의 짐은 절제이고, 그녀의 삶의 내용은 금식하는 것이다"라고 하였다.[110]

그러나 제롬과 여인들과의 삶이 아무리 학문 연구와 금욕 생활 훈련이라고 해도 구설수가 없을 수가 없었다. 제롬이 금욕 동아리 귀부인들과 부도덕한 관계를 가졌다고 의심하는 사람까지 있었다. 로마인들은 그 동아리 모임에 대해서 자기들의 금욕적 요구를 퍼뜨리고자 하는 '가증한 수도사들의 족속'이라고 비난하였다. 그들은 부잣집 귀부인들을 농락하는 '헬라인들'이고 '사기꾼들'이었다.

그러는 동안 제롬의 강력한 후원자인 다마수스 교황이 384년에 사망하자 제롬은 그의 뒤를 이어 로마의 감독이 되리라고 확신했다.[111] 그러나 그는 금욕적 열정으로 평소 다른 사람들의 영적, 도덕적 결함이나 오류를 신랄하게 비판했던 관계로 많은 사람들과 적대적 관계에 있었기 때문에 사람들은 시리키우스(Siricius, 384~399)를 선출하였다. 새 교황은 제롬의 학문 연구에 아무 도움을 줄 수 없었다. 이 와중에 제롬이 개종시킨 파울라의 딸 블레실라가 젊은 나이에 죽는 일이 발생했다. 군중들은 블레실라가 제롬의 극단적인 금욕 생활 훈련 때문에 죽었다고 분개했고 반(反)제롬 운동을 선동하였다.[112] 제롬은 그녀의 죽음 때문에 비통해하는 파울라에게 위로의 편지를 썼다. 제롬은 블레실라는 하늘나라에 갔으며 거기서 마리아와 한나와 더불어 사귀고 있다고 그녀를 위로하면서, 슬픔을 억제하지 못하여 그리스도를 노하게 한다면 죽은 딸이 얼마나 괴로워하겠느냐고 하였다. 그리고 거룩한 수녀가 눈물을 흘리는 것은 금지되어 있다고 하면서, 자기의 책을 통하여 그녀의 이름은 온 세상에 퍼질 것이며 결코 잊혀지지 않을 것이라고 하였다.[113]

385년 제롬은 로마에 대한 흥미를 잃고 그의 형제 파울리니안 (Paulinian)과 수도승 몇 사람과 함께 두 번째 예루살렘을 향해 로마를 떠났다. 이번에는 '바벨론으로부터 예루살렘으로'의 여행인 것이다.[114] 그가 안디옥에 잠시 머무는 동안 다른 길을 통해 도착한 파울라와 그녀의 딸 유스토키움 그리고 금욕주의 여인들이 제롬과 합세했다. 그 여인들은 오해 받지 않기 위해서 그렇게 한 것이다. 그리고 제롬은 그들과 함께 팔레스타인 성지, 곧 예루살렘으로 떠났다. 이 여행을 제롬은 오랫동안 꿈꿔왔다. 그것은 그에게 특별히 성서 지식을 넓고 깊게 해 줄 기회였기 때문이었다. 제롬과 여인들의 성지 순례는 예루살렘을 시작으로 베들레헴, 다음으로 팔레스타인 남부 그리고 나사렛, 가나, 가버나움 및 디베랴바다 등 갈릴리 지역으로 이어졌다. 제롬은 고고학적 학문의 중요성을 강조한 첫 신학자였다. 제롬은 이 여행을 통하여 알게 된 지식과 관찰 그리고 경험을 근거로 하여 히브리어 고유명사의 옛 사전을 개역하고, 무엇보다도 가아사랴의 유세비우스의 『성서 지명사전』(Onomasticon)[115]을 자신의 관찰로 수정하고 보충해서 라틴어로 번역했다. 헬라어 원본이나 라틴어 역본은 모두 성서학자들에게 높이 평가되고 있으며 오늘날까지도 성지의 지형학 연구에 가장 중요한 자료로 현존한다.

아테네를 본 사람은 헬라 역사를 더 잘 알고, 트로이로부터… 시칠리아
섬까지 그리고 더 나아가 테베레강(Tevere)[116] 어구까지 항해해 본 사람

은 비르길(Virgil)[117]의 책을 이해할 수 있다. 이와 같이 유대를 방문하여 옛날 이름이 그대로 있든 혹은 변했든지 간에 옛 장소와 풍경을 알게 된 사람은 성서를 다른 눈으로 보게 된다.[118]

제롬 일행은 이집트 사막의 은둔 수도사들의 영적 경험에 동참하기 위해서 예루살렘을 떠났다. 제롬은 한 번도 가 보지 못했던 신자 교육의 중심지요 동로마제국의 지적 무역의 수도인 알렉산드리아를 방문하여 위대한 오리겐 학자 맹인 디디무스(Didymus, d. c. 398)와 함께 한 달을 지냈다. 디디무스는 평신도이고 4세 때 소경이 되었지만 반세기 넘게 알렉산드리아 교리문답학교의 고명한 선생이요 교장이었다. 제롬은 이 '투시력 있는' 스승에게 그동안 성서에서 의심스럽게 보였던 모든 것에 관해서 질문했다. 세 권으로 된 디디무스의 『성령론』(De Spiritu)은 제롬이 라틴어로 번역한 그의 유일한 교의학 저술이다.[119]

제롬 일행의 순례는 니트리안(Nitrian)사막의 수도원 시설까지 방문했으나 386년 여름에 끝났다. 그들은 다시 팔레스타인으로 돌아왔으나 예루살렘이 아니라 결국 베들레헴에 정착하였다. 루피누스도 가까운 곳에 일단의 수도자들과 함께 정착하였다. 여기서 파울라는 그의 재력으로 세 개의 여자 수도원을 설립하여 원장이 되었으며, 한 개의 남자 수도원은 제롬이 지도하였다. 뿐만 아니라 순례자들을 위한 숙소와 수도원학교도 세웠다. 이 학교에서 제롬은 고전 교육, 수사학을 강의했다. 이곳에 34년간 그가 죽을 때까지(419 또는 420) 머물면서 그는 끊임없이 문필 활동을 계속하였다. 사람들은 고령임에도 불구하고 끊임없이 연구하고, 밤이고 낮이고 읽고 쓰기를 계속하고 있는 그에게서 깊은 인상을 받았다고 한다. 베들레헴은 그에게 많은 것을 제공해 주었다. 주변에 그가 자유롭게 이용할 수 있는 훌륭한 도서관이 있었고, 그 자신도 많은 장서를 소유할 만큼 여유가 있었고, 읽어주는 사람, 받아쓰는 사람, 학구열에 불타는 제자들이 있었다. 그는 "나는 내 입에 떠오르는 것을 받아쓰게 했고", "쓰는 사람의 손이 움직이는 만큼 내 말도 빨라졌다"고 하였다.[120] 이 기간에 제롬은 디디무스의 『성령론』, 오리겐의 『누가복음 강해』를 번역했으며, 저술가 목록인 『유명인명록』(*De viris illustribus*)을 출판하였다. 그러나 그의 가장 큰 결실은 성서 주석이었다. 대부분의 그의 성서 주석서들은 이 기간에 쓴 것이다.[121]

그러나 제롬의 성서 주석 방법에는 통일성이 없었다. 그는 오리겐주의적인 알렉산드리아학파의 은유적 해석 방법을 채택하면서도 안디옥학파의 역사적 언어학적 해석 방법도 사용하였다. 그러나 전체적으로 볼 때 분명한 것은 시간이 지남에 따라서 제롬은 본문에 대한 '신비적 해석'보다는 역사적 언어학적 해석 방법을 선호하게 된다. 이것은 비록 그가 지금 동방에 와 있고 동방의 신학에 흥미를 가지고 있다 해도 그의 사상적 경향의 기초는 서방 라틴 문화에 있다는 것을 보여준다. 그는 어떤 진술의 초시간적 은유적 의미보다는 그 진술이 지닌 구체적인 의미에 우선적인 관심이 있었다. 그가 하려고 했던 것은 본문의 '문자적' 의미를 파악하는 것이고, "저자 자신이 그 본문을 쓸 때 이해했던 그대로 이해하는 것이었다."[122] 그러나 이 말은 제롬이 '고차원적인' 은유적 해석을 거부 또는 불필요하다고 했다는 것을 의미하지 않는다. 극단의 안디옥학파를 제외하고 초대교회의 대부분의 성서 주석가들과 그의 스승 오리겐과 마찬가지로 제롬도 성서의 이중적 또는 삼중적 의미를 긍정했다. 그는 배타적 역사적 해석을 '유대적'

이라고 거부했다. 단지 문자에 불과한 것은 생명이 없다는 것이다. 그가 강조한 것은 문자적, 역사적 주석이 은유적 사색보다 조악(粗惡)해서는 안 된다는 것이다. 그는 성서 본문에 대한 역사적인 내용을 알지 못하고 하는 은유적 해석을 반대한다. 사실 제롬의 성서에 대한 '신비적' 설명은 엄격한 의미에서 은유적이라기보다는 유형론적(typological)이라고 할 것이다. 제롬은 구약성서의 말이나 사건에서 일반적인 종교적 인식을 도출하려고 하지 않고 그것들을 장차 성취될 신약성서 역사의 '지시'와 '유형'으로 취급하였다. 근본적으로 제롬의 성서 해석의 학문적 형태는 '역사적' 방법이다. 다만 은유적 방법은 헌신적, 실천적 교회적 요구에 응한 방법이다. 제롬에 따르면 역사적 해석은 정밀하고 임의로 궤도를 이탈하지 않는다. 반면에 성서의 비유적 해석(tropology), 즉 고차원적 도덕적 해석은 자유롭고, 경건의 의미가 보일 때만 가능하다.

베들레헴에서의 독거, 명상, 금욕 생활과 지칠 줄 모르는 독서와 저술 활동으로 그가 누리던 평화도 오래가지 못했다. 그는 살라미스의 에피파니우스(Epiphanius of Salamis, c. 315~403)[123]와 예루살렘의 요한(John of Jerusalem) 사이에 벌어진 소위 '첫 오리겐 논쟁'에 휘말렸다. 오리겐은 학문적 신학 연구의 진정한 창조자였다. 또한 위대한 조직적 성서적 해석자로서 방대한 저술을 남겼으며, 후세대는 그의 저술에 의하여 살았다고 해도 과언이 아니었다. 4세기 동방에는 그의 저술과 신학에 대한 연구가 새롭게 부흥하였다. 그런데 에피파니우스가 392년경 예루살렘에서 오리겐을 정죄 받을 이단자라고 비판하는 설교를 하였다. 이에 대하여 예루살렘의 요한은 에피파니우스를 공격하였다. 그러나 에피파니우스는 제롬이 건설한 베들레헴의 수도원을 방문하여 오리겐주의 수도사들에게 이단 추종자들이라고 욕설을 퍼붓고 결단하라고 촉구하기도 했다. 이때 제롬은 예루살렘의 요한과는 달리 에피파니우스를 환영하였다. 이 상황에서 에피파니우스는 제롬의 형제 파울리니안을 베들레헴 수도사들의 장로로 안수하였다. 이것은 베들레헴 수도원의 관할권을 가지고 있는 예루살렘의 요한에 대한 저항이었고, 그의 권위에 대한 도전이었다. 그리하여 요한은 베들레헴 수도원을 폐쇄시켰다. 이것이 오리겐 논쟁으로 발전되었을 때 제롬은 에피파니우스 편에 가담하여 예루살렘의 요한과 친구 루피누스와 논쟁적 적대관계를 형성하였다. 제롬과 루피누스와의 논쟁은 몇 년간 계속되었고, 이 일로 제롬은 그 지역 교회와도 원만하지 않게 되었다. 사실 제롬은 초기에 오리겐에게 매료되어 그를 열광적으로 찬양하고, 로마에 체류하고 있는 동안에도 가능한 오리겐의 책을 라틴어로 번역하여 서방에 알리려고 했었다. 제롬은 논쟁 이전이나 이후나 오리겐의 작품들을 존중하고 번역하였다. 그러한 제롬이 오리겐 논쟁에서 에피파니우스 편에 서서 루피누스와 논쟁을 했다는 것은 수수께끼와 같다. 이것에 대한 학자들은 제롬이 순전히 개인적인 이유 때문일 것으로 해석한다. 그들의 논쟁은 오리겐의 신학에 대한 해석의 문제가 아니라 오리겐의 『제일 원리』(De principiis)의 번역의 정확성에 대한 문제였다.

루피누스는 제롬보다 몇 년 앞서 로마의 돈 많은 귀부인들과 함께 팔레스타인으로 여행을 와서 예루살렘에 거주하면서 베들레헴에서의 제롬과 같은 금욕 생활과 헬라 신학을 연구하고 있었다. 루피누스는 로마에 있을 때도 제롬과 마찬가지로 오리겐의 신학을 서방에 보급하려고 했다. 그도 오리겐의 『제일 원리』를 번역했다(398). 이때 루피누스는 교리적으로 논박 당할 부분은 생략하거나 오리겐의 다른 글을 참고삼아 그 내용 중 모호한 곳을 정통적인 신앙의 의미로 보완하기도 했다. 그는 오리겐이 설립한 팔레스타인 가이사랴의 교리문답학교에서 오리겐의 문하생이었던 순교자 팜필루스(Pamphilus)가 쓴『오리겐 변증서』를 라틴어로 번역하여 오리겐을 변호하려고 했다. 반면에 제롬은 루피누스를 반대하는 세 권의『변증서』에서 그를 격정적이고 독살스럽게 비판하였다.[124] 결국 이들의 논쟁은 번역의 문제에서 인격적인 공격까지 하게 된 것이다.

'오리겐 논쟁'에 이어 제롬은 암브로스 감독과도 관계가 원만하지 않았다. 암브로스가 그의『성령론』을 디디무스의『성령론』에서 표절했고, 그의『누가복음 주석』이 오리겐의 강해에서 표절한 것을 발견한 제롬은 두 작품을 라틴어로 번역하여 그의 표절을 공개 비판하였다. 이것은 학자적 양심에서 있을 수 있겠으나 제롬의 행동은 순수한 학문적인 이유만은 아니었던 것 같다. 제롬은 382년 로마회의에서 암브로스가 자기와 그의 형제 파울리니안을 지지하지 않은 것에 대한 복수심을 가지고 있었다. 393년에는 동정이 결혼보다 우월하지 않으며 금욕주의에 대하여 평가절하하는 조비니안(Jovinian)을 반대하는 논쟁적 저술을 썼고, 404년에는 성자들과 그들의 유품과 유골에 대한 존경을 하찮게 여기는 비길란티우스(Vigilantius)를 비판하는 논쟁적 글을 썼으며, 마지막에는 415년 동방에 온 펠라기우스(Pelagius)와의 논쟁을 일으켰다. 이 과정에서 416년에 펠라기우스주의자들이 복수심에서 제롬의 수도원을 불태웠다. 제롬은 생명의 위협으로 피신할 수밖에 없었다.[125] 제롬의 말년은 행복하지 않았다. 로마로부터 제롬을 돕던 귀부인 파울라가 404년에 죽고, 410년에는 마르셀라도 죽었으며,[126] 파울라의 딸 유스토키움은 419년에 죽었다. 제롬은 그들에게 많이 의존했고, 그의 격렬하고 자기만을 아는 고집스러운 외적 행동이나 사람과의 관계를 넘어 그의 내면에 있는 섬세한 정신을 아는 사람들은 그들밖에 없었다. 그러기에 그들의 죽음은 제롬에게 큰 충격이었다. 제롬은 고독과 우울한 나날을 보냈다고 한다. 그는 자기의 마지막 날이 그리고 시대의 종말이 임박했음을 감지했다.

베들레헴에는 동·서방으로부터 침입해 오는 야만족의 위협으로 그 평화의 질서가 무너지게 되었다. 즉, 402년에는 4~5세기 유럽을 휩쓴 아시아 유목민인 훈족이, 405년에는 시리아와 아라비아 사막 유목민인 사라센족이 침입하였다. 410년 로마는 알라릭(Alaric)의 지휘를 받는 고트족에 의해 함락되고 약탈 당했다.[127] 이 소식을 베들레헴에서 들은 제롬은 유스토키움에게 다음과 같은 글을 썼다.

> 세계를 정복하고 건설된 로마가 함락되리라고 누가 과연 믿겠는가? 많은 국가의 어머니가 무덤 속으로 들어가게 되리라고 누가 짐작조차 했겠는가?…나의 눈은 노령으로 인해 흐려졌다…. 그리고 밤의 등불만으로는 더 이상 히브리어책들을 읽을 수가 없다. 그뿐만 아니라 낮 동안에도 작은 히브리어 문자들을 읽기가 힘이 든다.[128]

그러나 불굴의 사람 제롬은 그의 연구에 몰두하고 있었고, 끝까지 그가 세운 학교에서 아이들에게 고전을 가르쳤다. 그의 마지막 주석인 예레미야 예언서에도 그의 노쇠의 흔적이 보이지 않았다. 그러나 그도 420년(또는 419년) 73세로 죽었다. 그의 유해는 베들레헴에 안치되었다가 중세기에 로마로 옮겨졌다고 하지만 불확실하다.

중세기의 창시자로 간주되는 제롬은 그의 시대에서도 박식한 학자였지만, 중세기에서도 그는 학문적 학파의 수장으로, 신학 교수로, 금욕주의자로 존경을 받았다. 그는 라틴어 산문의 대가요, 위대한 영적 지도자며, 금욕 생활의 주역이고, 격렬한 논쟁자였다. 비록 역사 분야에서 그의 저술이 그렇게 해박한 것은 아니었다 해도 역사에 대한 남다른 이해를 가지고 있었다. 무엇보다 그는 성서 해석에 있어서 가장 위대한 교회의 스승이었다. 제롬의 성격에는 많은 단점이 있었다. 그럼에도 불구하고 만일 제롬이 키케로와 같은 유명한 문학적 모델들을 따르고 있다는 것을 기억한다면 그의 단점들은 관대하게 판단될 것이다. 제롬은 자기의 단점과 약점들을 교회와 학문에 대한 그의 고상한 열정에 의해서 균형을 잡아갔다. 그는 모든 라틴교회 교부 중에서 가장 박식한 교부였다. 그는 동시대인으로부터 삼중의 언어학자(라틴어, 헬라어, 히브리어)의 한 사람으로 칭송을 받았다. 캄펜하우젠은 다음과 같이 결론적으로 그를 평가한다.

제롬은 성공한 학자이고, 서방의 성서 언어학의 창시자다. 그의 금욕주의에도 불구하고 그의 문화적 목표에 있어서는 인문주의자였다. 그의 저서들이 학문에 끼친 자극은 여러 세기 동안 그 효력이 지속되었다. 그의 서신들은 형식적인 노련함에 있어서는 이전의 그리스도교 문학이 아직 소유하고 있지 못하던 우아한 전달 기술의 모델로 남아 있다. 그의 개성의 전체적인 그림은 결코 지루하지 않고 언제나 생동력이 있어 다음 세대에 잊지 못할 깊은 인상을 남겼다. 그렇기 때문에 훌륭한 모든 인문주의자와 인문주의적으로 기울어진 대부분의 신학자들은 비록 그의 인간적인 한계에도 불구하고 언제나 소중한 우정을 가지고 있다.[129]

2. 신학 사상

제롬의 수덕신학(修德神學)은 그리스도를 따르고, 특히 성서, 기도 그리고 고행을 연구하기 위하여 다른 것은 포기한다는 근본적인 원리에 기초하고 있다. 이것은 그가 살고 있었던 퇴폐적인 세대에서 보면 매우 혐오적이고 지겨운 것들이었다. 그의 동시대인들, 특히 그 자신이 자기의 초인간적인 삶의 거울이라고 했던 사제들까지도 그를 나쁜 영향을 미치는 사람이라고 공격했고 그와 그의 교훈을 중상 비방에 호소하면서까지 믿을 수 없다고 하였다. 제롬은 사변적인 신학자가 될 성향이나 재능은 전혀 없었다. 그는 순수하게 철학적으로 사고하기보다는 성서, 전통, 예배 의식, 삶 그리고 실천 등 거의 배타적으로 확실하고 구체적인 것에 근거하여 논증하였다. 예를 들면 윤리적인 문제에 있어서 이론적으로는 매우 엄격주의자의 모습을 보이지만, 실제적으로는 윤리적인 요구와 삶의 어려움을 충분히 이해하고 온건한 모습을 보였다.

1) 주요 저작 개요

(1) 번역서들

제롬이 저술한 저작 중에는 부분적으로 번역한 것이 많다. 오리겐 논쟁이 발발하기 전에 제롬은 성서 주석의 대가인 알렉산드리아의 오리겐을 존경하여 그의 책을 번역하였다. 예레미야서 설교 14편, 에스겔서 설교 14편, 이사야서 설교 9편을 콘스탄티노플에서 번역했고(370~381), 382~384년에는 다마수스 교황을 위하여 오리겐의 아가서 설교 2편을 번역했으며, 386~391년에는 디디무스의 『성령론』(De Spiritu Sancto)을, 388~391년에는 베들레헴에서 파울라와 유스토키움을 위하여 오리겐의 누가복음 설교 39편을, 404년에는 파코미우스(Pachomius), 몹수세스티아의 테오도레(Theodore) 그리고 오르시시우스(Orsisius)의 수도원 규칙서를 파울라의 수도원을 위하여 번역했고, 동시에 그들의 서신들과 『신비한 말씀들』(Verba mystica)을 번역했다. 오리겐 논쟁 후에 398년 제롬은 오리겐의 중요한 조직신학적 저술인 『제일 원리』(De principiis)를 번역했는데, 이것은 그 논쟁으로 친구 사이에서 적대자의 관계가 된 루피누스가 번역한 오리겐의 『제일 원리』가 매우 부정확한 번역이라는 것을 논박하기 위한 것이었다. 그러나 이 번역은 현존하지 않으며 그의 서신 124편에 몇 개의 단편들이 남아 있을 뿐이다.

제롬은 유세비우스의 『연대기』 후반부를 378년까지 지속하여 번역하였는데, 이것은 사실상 유세비우스의 『성서지명』(Onomasticon)을 『히브리 장소들과 그 명칭들에 관하여』(De situ et nominibus locorum Hebraicorum)라는 이름의 라틴어로 자유롭게 번역한 것이다. 이것은 현대학자들이 팔레스타인 지리를 연구하는 데 있어서 매우 귀중한 자료다. 그의 『히브리 이름들의 해석』(Liber de nominibus hebraicis)은 구약의 고유명사 사전을 헬라 모형을 따라서 자유롭게 번역한 것이다. 이것이 알렉산드리아의 필로의 작품이라는 것은 잘못된 것이다.

언어학자 제롬의 번역 작업 중 가장 뛰어난 업적은 성서 본문 번역이다. 그동안 서방 세계에서 사용되고 있는 라틴어 성서는 오랫동안 그 본문에 있어서 불일치한 점이 많았기 때문에 교황 다마수스 1세는 당시 가장 유능한 언어학자인 제롬에게 새 번역은 아니더라도 로마에서 사용할 성서 본문의 개역 작업을 지시하였다. 책임을 맡은 제롬의 첫 작업은 네 복음서의 개역이었다(382~384). 바울서신들은 385년까지 개역했고, 398년까지는 다른 신약성서 책의 개역을 끝냈다. 384년에 구약성서 시편의 개역이 이뤄졌는데, 이것은 70인역에 따른 것이다. 이 시편 개역은 교황 피우스 5세(Pius V, 1566~1572) 시대까지 로마의 전 교회에서 사용되었고 지금도 베드로 사원에서 사용되고 있는『로마인의 시편』(Psalterium Romanum)과 동일한 것인지는 분명하지 않다.

제롬이 베들레헴에 거주할 때 그는 전 구약성서의 개역을 시작했다. 이때(386~391) 그는 가이사랴에서 참고했던 오리겐의『육중원서』(Hexapla)의 70인역에 따라서 작업했다. 불행하게도 이 작품 중 욥기와 시편의 본문만이 완전히 현존하고 다른 것들은 출판되기 전에 상실되었다.[130] 이 시편은 고올 지방 교회의 예배 의식서에 처음으로 사용되었다. 그러므로『고올인의 시편』(Psalterium Gallicanum)이라고 한다. 이 시편은 현 불가타 판에 포함되어 있고, 교황 피우스 5세는『고올인의 시편』을 가톨릭 일과 기도서에 소개하고 있다.

그러나 391년경 제롬은 구약을 히브리어와 아람어 원문으로부터 라틴어로 새롭게 번역하기로 결심하고, 먼저 사무엘 상·하, 열왕기 상·하를 번역하였다. 393년에 욥기를 번역했고, 에스라기와 느헤미야기의 번역은 395년 이전으로 추정한다. 396년에는 역대기를, 398년에는 솔로몬적인 책들을 번역했다. 398~404년에는 오경을 번역했고, 404년에는 에스더기를, 404~405년에 여호수아기, 사사기, 룻기를 번역했다.[131] 제롬이 위경(僞經)이라고 생각한 제2의 성서 중에서

토빗서(Tobias)와 유디트서(Judith)를 아람어에서 번역했고, 다니엘서와 에스더서의 제2의 성서 부분은 오리겐의 『육중원서』의 테오도시온(Theodotion)과 70인역에서 각각 번역했다.

제롬은 성서 번역을 충실하고 주의 깊게 했으나 문자에 맹목적으로 얽매이지는 않았다. 그의 문체는 독자의 감정을 고려하고 본문을 이해할 수 있도록 하는 것을 원칙으로 하였다. 그래서 그는 전통적인 본문보다는 종종 70인역을 따랐다. 헬라어 성서 역본은 제롬에게 히브리어-헬라어 사전의 역할을 했다. 이 경우 번역가로서 제롬은 랍비 전통보다는 고전 문학사에 대한 그의 지식을 활용하였다. 그의 번역은 시대가 지날수록 더 좋은 문체로 발전했다. 그가 사용할 자료가 빈약했을 것에 비하면 그의 성취는 놀라울 정도다. 처음 그의 번역은 거의 무시될 정도였으나 곧 그는 성서의 옛 라틴어 사본들의 개역을 맡을 정도로 발전하였다. 교황 그레고리 1세는 제롬의 성서에 대해서 다른 성서와 동등한 권위를 인정했고, 8~9세기 그의 번역 성서는 독자적인 자리를 차지하게 되었으며, 그의 불가타 본(vulgate edition)은 13세기 이래 일반적으로 사용하게 되었다.[132]

(2) 성서 주석서들

다수의 그의 성서 주석들은 옛 주석적 문학 그리고 역사적, 고고학적 학문성에 있어서 유일하다. 그는 비록 원칙적으로 성서의 문자적 의미에 관심을 가지고 있었으나 영적 생활의 교훈의 경우에는 은유적인 도움을 요청하기도 한다. 그러므로 그는 역사적 방법과 은유적 방법 사이에서 다소 동요했던 것이다. 제롬의 구약성서 주석은 시편을 비롯하여 거의 모든 책에 해당한다.[133] 그의 『창세기에 있는 히브리어 문제』(*Quaestiones Hebraicae in Gensim*)는 그의 번역의 원리를 설명해 준다. 발전된 그의 성서 번역은 70인역이 영감으로 번역되었으며 구약성서(Hebraica veritas)의 원문에 대하여 보다 높이 평가하는 동시대인의 의견을 버린다. 그는 창세기의 여러 구절을 번역하고 설명하지만, 모세 5경 전부를 포함하지 않는다. 신약성서 중에서 그는 387~389년에 빌레몬서, 갈라디아서, 에베소서, 디도서 등을 강해했는데, 이것들은 상실된 오리겐의 주석에 의존한 것이다. 그의 마태복음 주석은 약간 얕은 느낌이 들지만, 히브리 복음서의 인용문들이 있기 때문에 귀중한 자료다(398). 제롬은 페타우의 빅토리누스(Victorinus of Pettau, d. 303)의 요한계시록을 개작하여 편집하면서 빅토리누스의 천년왕국적 해석을 영적 해석으로 대치시켰다. 제롬의 그 많은 성서 주석적 작품에서 가장 큰 약점은 대부분이 너무 서둘렀기 때문에 철저함과 완전함이 부족하다는 점이다.[134]

(3) 교리적 논쟁적 저작들

무엇보다도 제롬은 교회를 사랑하고 로마교회의 수위권을 사랑하는 교회적인 사람이었다. 이 때문에 그가 많은 논쟁에 가담하게 된 것이다. 이 논쟁은 그의 면학적이고 금욕적인 삶을 방해한 것이 사실이지만, 그는 싸울 때 적대자들에게 잔인했다. 그의 교리적 작품들은 모두 논쟁적이다. 그는 오리겐과 펠라기우스의 잘못된 사상에 대하여 매우 단호하게 공격하는 반면에 종교적 수도원적 상태, 처녀성, 마리아에 대한 존경, 선행 등과 같은 가톨릭의 신학적 이념들에 대해서는 철저하게 방어적이다.

『루키페르파와 정통파의 논쟁』(*Altercatio Luciferiani et orthodoxi*)의 대화 형식의 작품에서 제롬은 칼라리스의 루키페르(Lucifer of Calaris)파들이 이단의 세례를 인정하지 않는 것을 공격하면서 아리우스파의 세례의 정당성을 방어했다.[135] 383년 로마에서 쓴 그의 『축복받은 마리아의 영원한 동정에 관한 헬비디우스를 반박함』(*Adversus Helvidium de perpetua virginitate b. Mariae*)은 예수 출생 이후에도 요셉과 마리아 사이에는 아이들이 있었다고 주장하면서 마리아의 영원한 동정을 부인하는 헬비디우스를 반박한 것이다. 그에 의하면 주의 형제들은 그의 사촌들이라고 한다. 제롬은 동정이 결혼보다 더 우월한 것도 아니고, 금욕이 가치 있는 것도 아니며, 세례 받은 사람은 더 이상 악마에 의해서 죄에 빠지지 않으며, 하늘의 보상은 모든 사람에게 동등하다는 것을 주장한 로마의 수도사 조비니안(Jovinian)을 반박하는 2권으로 구성된 『조비니안 반박』(*Adversus Jovinianum*)을 썼다 (393). 그가 406년에 쓴 『비지란투스를 반대하여』(*Contra Vigilantium*)는 성자와 그들의 유품, 수도원주의 그리고 일정한 예배 의식을 하찮게 보는 비지란투스를 반대하고 정통 가톨릭의 입장을 방어한 것이다. 제롬은 오리겐 논쟁의 와중에 『루피누스에 반대하여 변호함』(*Apologia sdversus libros Rufini*)을 저술했는데(401~402), 이 책은 불쾌한 인격적인 비난이 가득하다. 루피누스가 제롬을 비판한 『변증』과 함께 제롬의 책은 오리겐 논쟁에서 매우 중요한 자료다. 그러나 제롬의 가장 길고 최고의 논쟁적인 작품은 『펠라기우스를 반대하는 대화』(*Dialogi contra Pelagianos*)다. 이 책은 415년에 썼으며 3권으로 구성되었다.

(4) 역사적인 저작들

제롬은 역사의식이 없었던 것도 아니고 초기 로마에서 고전 연구를 통해 싹튼 역사에 대한 가치판단도 했지만, 역사적인 작품을 출판할 기회를 찾지 못하였다. 그 결과 그의 역사적인 작품들은 비교적 그 중요성이 떨어진다. 역사적인 작품으로는 가이사랴의 유세비우스의 『연대기』(*Chronicles*)의 2부, 즉 연대 도표를 번역한 『전체 역사의 연대기』(*Chronicon omnimodae historiae*)가 있고, 매우 전설적인 수도사 세 사람의 전기가 있다. 그 하나는 이집트 테베(Thebes)의 『은자 바울의 생애』(*Vita Pauli eremitae*)인데, 374~379년 사이에 이집트 수도원의 자료에 의해서 쓴 것으로 그 내용은 매우 공상적이다. 다음은 『포로 수도사 말쿠스의 생애』(*Vita Malchi monachi captive*)다. 칼키스(Chalcis)사막에 살고 있는 노령의 수도사 말쿠스에게서 들은 이야기에 근거해서 쓴 것이다(391~398). 세 번째로 『힐라리온의 생애』(*Vita Hilarionis*)다. 힐라리온은 팔레스타인 수도원의 창시자며, 이 전기는 제롬이 베들레헴에 체류할 때 쓴 것이다(386~391).

그러나 제롬의 역사적 저작들 가운데서 가장 중요한 것은 『저명한 사람들에 관하여』(*De viris illustribus*)다. 제롬이 이 책을 쓴 목적은 그리스도교의 우수한 문학적 업적을 입증하고, 교양 없는 하층 계급만이 아니라 유식한 상류층의 사람들도 그리스도교로 개종한다는 것을 항변하기 위해서 393년에 집필하였다.[136] 제롬은 사도 바울로부터 그 자신을 포함하여 135명의 그리스도교 저자들의 목록을 작성하였다. 그러나 목록 작성에 있어서 모든 저자와 작품들을 직접 연구한 것이 아니라 주로 성서와 유세비우스의 교회사에서 발췌하였으나,

'교부론의 근원'으로 여겨지고 있다.

(5) 설교와 서신들

제롬의 설교는 주로 그가 베들레헴에 체류할 때 그의 수도원 회원들에게 한 것이며, 회중 가운데 누군가가 적어 놓았다. 1897년과 1903년에 모린(G. Morin)의 출판에 의하면 73편의 시편 설교, 10편의 마가복음 설교, 2편의 이사야서 설교 그리고 여러 성서 구절을 본문으로 한 10편의 설교가 있다.

제롬의 서신들은 그의 생애를 연구하는 데 가장 중요한 자료다. 그것은 그가 사적, 공적으로 경험한 것을 독창적인 재능을 통하여 만들어 낸 그의 산물이기 때문이다. 그리고 당시 생활과 문화상을 잘 보여준다. 그래서 그는 초대교회에서 가장 위대한 서신 작가였으며 이미 중세기에서 높이 평가받았다. 물론 서신들의 중심 주제는 금욕주의에 관한 것이다. 그러므로 대부분의 서신은 영적 지도의 관심에서 쓰였다. 그러나 우리는 150편의 서신을 수집했으며 그중에서 117편만이 순수 제롬의 편지이고, 26편의 서신은 제롬이 받은 서신이다.[137]

제롬의 서신들은 그가 라틴문체의 달인인 것을 가장 잘 보여주고 있다. 그의 서신들은 그의 문학 활동 50년 기간을 포함하고 있을 뿐만 아니라 내용과 형식 면에서도 우수하다. 그러므로 서신들은 처음부터 출판을 예상하고 쓰였다. 서신의 범위는 개인과 가족의 문제로부터 금욕적, 논쟁적 변증적인 것 그리고 교수법과 주석적인 것을 포함한 학문적 관심에 이르기까지 폭이 넓다. 서신들의 연대도 373년(*Ep.* 1)부터 420년(*Ep.* 144)까지로 길다.[138]

제롬은 교황 다마수스를 비롯하여[139] 알렉산드리아의 테오필루스(d. 412)[140] 그리고 성 어거스틴 등과 서신 왕래를 하였다. 서간집에 의하면 어거스틴과의 서신 교환은 좋은 관계에서 시작된 것은 아니었다. 어거스틴이 감독이 되기 전(394~395경) 제롬의 성서 번역에 대한 비판적 소견과 조언을 쓴 일이 있었다.[141] 이 서신을 제롬은 받은 일이 없으나, 어거스틴이 같은 내용의 편지를 루피누스에게도 보내 제롬의 감정을 상하게 하였다고 한다. 그 후 두 사람 사이의 서신 교환은 서방교회의 가장 위대한 두 교부의 서로 다른 성격을 보여주고 있으며, 주로 성서와 신학의 문제를 다룬 것들이었다.[142] 제롬은 저명한 인사들에게만이 아니라 가까운 사람들에게 교훈적인 편지를 보냈다. 예를 들면 파울라의 딸 유스토키움에게 보낸 서신에는 동정의 보존에 관하여 썼고,[143] 젊은 사제 네로티안(Nepotian)에게는 교직자와 수도사의 생활에 관하여 썼다.[144] 로마인 두 귀족 부인인 라에타(Laeta)와 구아덴티우스(Guadentius)에게 보낸 서신에는 문화사와 교육사에 중요한 소녀들의 교육에 관한 사상이 포함되어 있다.[145] 사실 제롬의 모든 서신은 자서전적이며 역사적 가치를 가지고 있다.

2) 성서 영감론

초기 제롬의 성서 주석은 은유적인 방법을 따랐으나 언어학적 활동의 영향을 받으면서 점차 성서 말씀에 대한 역사적, 문법적 의미를 인정하게 되었다. 그렇다고 그가 알렉산드리아학파의 방법을 완전히 포기한 것은 아니었다. 왜냐하면 그는 만일 성서의 본문을 문자적으로 해석하면 성서의 설화가 엉뚱하거나 불경스러운 진술을 포함할 수 있다고 보았기 때문이다. 이것은 오리겐의 원리와 같은 것이다. 그러므로 제롬의 성서 해석은 일관된 해석학적 원리에 따라 한 것이 아니기 때문에 그의 성서 해석에는 모순되는 점이 많을 수밖에 없다. 성서 본문에 대한 제롬의 기본적인 입장은 성서무오설이다. 이것은 그가 축자영감설(verbal inspiration)을 가르쳤다는 의미는 아니다. 그는 다만 성서의 원 본문(origina text)의 실제적인 영감을 말한 것이다. 당시의 견해와 일치하여 그는 최초로 70인역(LXX)이 영감에 의해 쓰였다고 주장하였다. 유대교의 영향을 받아 제롬은 구약성서의 최초 경전의 책만을 수용하였다.

3) 자유의지와 은총

제롬에 의하면 자유와 은총은 구원의 역사에 있어서 동등하게 필요한 요소들이다. 어느 구절에서 제롬은 인간의 의지가 신에게 향하기 전에 작용하는 신의 선행적 은총의 필요성을 깨닫지 못한 것 같아 보인다. 그는 우리의 의지도 하나님의 도우심에 의해서 뒷받침되며, 만일 하나님이 우리를 변화시키지 않는다면 회개도 불가능하다고 한다.[146]

> 시작하는 것은 우리의 일이며, 그 시작을 완성시키는 것은 하나님의 일이다.[147]
> 부르시는 것은 하나님의 일이다. 믿는 것은 우리의 일이다.[148]
> 원하거나 거절하는 것은 우리의 일이다. 그러나 이렇게 할 수 있는 것은 하나님의 자비에 의해서만 가능하다.[149]

… 죄를 지을 것인지 혹은 짓지 않을 것인지 그리고 선과 악 어느 쪽에 우리의 손을 내밀 것인지는 우리의 능력에 달려 있다. 그러나 이 자유는 상황과 환경 그리고 유혹에 약한 인간의 조건에 비례한다. 영원한 무죄는 하나님 한 분에게만 그리고 육신이 된 말씀이며, 육신의 무능력과 죄들을 경험하지 않았던 그분에게만 해당되는 것이다. 왜냐하면 나는 그 능력을 잠시 동안만 가지고 있기 때문에 당신은 나로 하여금 그 능력을 영원히 가지고 있도록 강요할 수 없다. 나는 금식하고, 철야를 하고, 걷고, 읽고, 시편을 노래하고, 앉고, 잠을 잘 수 있는 능력을 가지고 있다. 그러나 내가 그렇게 영원히 할 수 있는가?[150]

제롬은 반(反)펠라기우스 논쟁에서 인간은 죄 없이 존재할 수 없다는 것을 증명하려고 했다. 그에 의하면 하나님만이 죄 없이 존재할 수 있으며, 인간은 단지 하나님의 은총으로 얼마 동안 죄 없이 존재할 수 있을 뿐이다. 인간에게 무죄를 요구하는 것은 그를 하나님으로 만드는 것이다.[151] 만일 그렇다면 하나님의 계명은 소용이 없을 것이다. "하나님은 확실히 가능한 것들만 명령하신다. 나는 이것을 인정한다. 그러나 우리 중에 누구도 이 모든 가능한 일들을 성취할 수 없다."[152]

4) 교회론

(1) 로마의 수위권

제롬은 이전 어느 교부보다 교회에 대한 그의 사랑을 단호하게 표현한 교회의 사람이었다. 그는 교회에 대한 부정적인 비판자들에 대해서는 목숨 걸고 싸웠고 그들을 자기 개인적인 적으로 간주하였다. 그에게 있어서 교회의 교리적 가르침은 신앙의 제일의 전거(典據)이고 로마교구의 수위권을 지지한다. 교황 다마수스에게 다음과 같은 서신을 썼다.

> 나는 그리스도를 제외하고는 어느 누구도 탁월한 지도자로서 따르지 않습니다. 그래서 나는 당신, 즉 베드로의 지위와 더불어 성찬에 참여합니다. 나는 교회가 이 반석 위에 세워졌다는 것을 압니다. 이 집 밖에서(출 12:46 참조) [유월절] 어린양을 먹는 자는 누구든지 불경합니다. 노아의 방주 안에 있지 않은 자는 누구든지 홍수가 범람할 때 멸망할 것입니다.[153]

(2) 감독과 장로와의 관계

제롬은 그의 시대의 다른 교부들의 신념과 대비하여 빌립보서 1장 1절, 사도행전 20장 17, 28절 그리고 베드로전서 5장 1, 2절 등에 근거하여 군주제적 감독직은 신의 법(iuris divini)이 아니라 교회의 법, 특별히 개교회에서 분열의 위험을 막기 위한 교회법에 의해서 제정되었다는 견해를 가지고 있다.

> 사탄의 선동으로 권력욕이 종교(교회)에 들어오기 전 그리고 사람들이 "나는 바울 편이다, 나는 아볼로 편이다, 나는 게바 편이다"(고전 1:12)라고 말하기 전에는 장로와 감독은 같았기 때문에, 교회는 장로들의 지도에서 통치되어 한 몸과 같이 활동하였다. 그러나 각기 장로들이 자

신들이 세례를 준 사람이 그리스도에게보다는 오히려 자신에게 속한다고 생각하기 시작했을 때, 장로 중 한 사람이 다른 사람들을 관장할 수 있도록 선출되어야 하며, 교회분열의 씨들(seeds)이 제거될 수 있도록 교회를 위한 모든 책임이 그에게 위임되어야 한다는 것이 온 교회에 선포되었다.[154]

5) 종말론

제롬에 의하면 하나님을 부정하는 모든 사람은 영원한 지옥의 형벌을 받게 되지만, 그리스도교인은 비록 그들이 죄인이라 할지라도 제외된다. 그들이 심판을 받을 때 그들의 판결은 온건하며 관대할 것이다.

결국에는 형벌이 끝나고, 비록 오랜 세월이 지난 후일지라도 고통이 그 한계에 이르기를 원하는 사람들은 다음과 같은 증거를 상기한다. "이방 사람의 수가 다 차면 그때 모든 이스라엘은 구원을 받게 될 것이다"(롬 11:25-26)··· 우리는 사탄과 "마음에 이르기를 하나님은 없다"(시 13:1)라고 하나님을 부인하는 모든 사람 그리고 불경스러운 사람들에게 영원한 고통이 있을 것을 믿는다. 반면에 죄인들과 그리스도교인이면서도 아직 불경한 사람들, 그들의 행위가 시험을 받고, 불(고전 3:13 참조)로 정화되어야 하는 사람들의 경우, 재판관의 판결은 온건하며, 관대할 것이라고 생각한다.[155]

이와 같은 제롬의 자비로운 태도는 오리겐의 매력 때문이었다. 제롬은 오리겐을 성서 주석의 스승으로 존경했다가 그를 오랫동안

버렸을 때도 그의 영향에서 벗어나지를 못했다. 지옥의 형벌은 어떤 사람들이 생각하듯이 내적이고 영적인 것만이 아니다.

> 많은 사람들이 죄 때문에 받는 육체적인 형벌은 없을 것이며, 외적인 고통도 없을 것이라고 말한다. 그러면서 죄 자체 그리고 잘못한 행위에 대한 의식이 처벌로서 작용할 것이라고 한다. 반면에 마음속에 있는 '벌레'는 "죽지 않으며"(막 9:48) 그리고 아픈 사람을 외적으로 괴롭히는 것이 아니라, 외부로부터 어떤 고통도 가함이 없이 단지 육체를 사로잡아 열병과 같이 마음 안에서 '불'을 붙게 한다고 한다. 바울은 그와 같이 설득적이긴 하지만 속임수적인 논쟁들을 "헛되고 무익한 말"(엡 5:6)이라고 불렀다. 그 말들은 매력적인 것처럼 보이며 그리고 죄인들에게는 마음을 진정시키는 말들이다. 그러나 실은 그들에게 거짓된 신뢰를 줌으로써 그들을 더 확실하게 영원한 형벌로 이끌어간다.[156]

6) 종합적 평가

제롬은 창조적 신학자로서 재능은 없었지만, 철저한 정통의 신학자였다. 비록 그가 어거스틴과 같은 세기를 관통하는 위대한 창의적 신학적 유산을 남기지는 못했지만, 라틴 교부 중에서 가장 박학한 신학자였음은 분명하다. 그는 누구보다 라틴 문화의 고전적 지식과 성서적 지식에 있어서 통달한 신학자였다. 그는 히브리와 헬라의 고대 종교적 유산을 라틴 세계에 전달해 준 사람들 가운데 가장 뛰어난 인물이다. 그의 작품이 종종 그 철저성의 결여로 비판을 받지만, 그것은 별로 매력적이지 못한 그의 성격 때문이었다. 그는 열정적이고 감정적이었다. 그러면서도 가장 엄격한 금욕주의의 투사였다.

그는 편협한 허영심과 강한 경쟁심에 의해서 자의적이었으며, 때문에 루피누스와 격한 논쟁을 했고, 그에 대하여 부당한 처신을 하기도 했다. 그럼에도 불구하고 그에 대한 그 어떠한 부정적인 비판도 그의 성서 번역이 후세에 남긴 업적을 능가할 수는 없을 것이다. 그것은 그리스도교 지성의 최고 업적 중 하나다. 그래서 서방교회는 그를 암브로스, 어거스틴, 교황 그레고리 1세와 함께 '서방의 네 명의 위대한 교회학자'로 존경한다.

미 주

1 Anders Nygren, *Agape and Eros*, 452 이하, 468 이하.

2 Tertullian, *Adv. Iudaeos*, 3. 6-7; *De oratione*, 11. 22; *De paenitentia*, 3; Otto W. Heick, 앞의 책, 128.

3 Tertullian, *De anima*, 5; *De carne Christi*, 11; *Adv. Praxean*, 7 등.

4 'tres personae in una substantia.' 여기서 '페르소나' '섭스탄티아'는 모두 로마제국의 재산법의 용어였다. 그는 라틴 신학을 표현하기 위한 용어, 509개의 명사, 284개의 형용사, 28개의 부사, 161개의 동사를 만들어 냈다(B. Altaner, 앞의 책, 166).

5 A. Harnack, *Hist. of Dogma*, vol. V. 17.

6 Hans von Campenhausen, *The Fathers of the Latin Church*, 87. 락탄티우스는 아프리카 태생의 그리스도교 변증가로서 디오클레티안 황제가 그를 니코메디아에 있는 학교의 라틴어 수사학 선생으로 지명했고, 317년경 콘스탄틴 황제가 그를 트레베(Treve)로 불러 자기 아들의 가정교사로 임명했다. 그는 그리스도인 삶에 대하여 라틴어로 된 최초의 조직적 설명서, 신의 증명, 인간의 범죄에 대한 신의 형벌 등의 글을 남겼다. 문체적으로 그는 키케로적이었으며, 그의 신학은 거의 이신론적이었다(B. Altaner, 앞의 책, 208-212; J. Quasten, 앞의 책, vol. II, 392-410).

7 Hans von Campenhausen, 앞의 책, 88-89 참고.

8 I. C. Henerr 판에는 5세기로 되어 있다. 송기득 옮김, 『폴 틸리히의 그리스도교 사상사』 (서울: 한국신학연구소, 1983), 146.

9 P. Tillich, 앞의 책, 102-103.

10 J. L González, *The Story of Christianity*, vol. I, 189.

11 이 도시 이름은 학자에 따라 다르다. W. 워커는 트리에르(Trier)라고 했고(1959년 판, 128), P. 샤프는 트레비리(Treviri)라고 했다(1968년 판, vol III, 961). 필자는 가장 많이 사용되고 있는 것을 선택했다(B. Altaner, 443).

12 Hans von Campenhausen, 앞의 책, 91. B. Altaner는 형 사티루스가 한때 높은 고위 공직자였으며 378년에 이미 사망했다고 한다(앞의 책, 443).

13 Basil, *Ep.*, 55. 선거에 대한 암브로스의 언급은 『섬김의 의무에 관하여』(*De officiis ministrorum*), 1. 1. 4; 『참회에 관하여』(*De paenitentia*), 2. 8. 72 참조할 것.

14 B. Altaner, 앞의 책, 444; Hans von Campenhausen, 앞의 책, 92; Aloys Dirksen, *Elementary Patrology*, 148; 기독교문사 발행, 『기독교대백과사전』 10권, 1382. 그러나 곤잘레스는 373년 12월 1일이라고 한다(앞의 책, 190).

15 Hans von Campenhausen, 위의 책, 89-90.

16 그는 350~360년 사이 로마에서 처음으로 알려졌다. 그때 그는 빅토리누스(Victorinus, d. 304)의 개종에 도움을 주었을 때였다. 얼마 후에 암브로스의 개인 교사를 했으며, 암브로스가 감독으로 선출되자 세례와 서품식 준비를 위해 밀란으로 이주했다. 후에

그는 어거스틴 회심에도 중요한 역할을 한 것으로 전해진다. 어거스틴의 초기 논문 중 일부는 그에게 보내졌다. 397년 암브로스를 이어 밀란의 감독이 되었다.

17 기독교문사,『기독교대백과사전』, 앞의 책, 1382.

18 Ambrose, *De officiis ministrorum*, 2. 100. 28.『기독교대백과사전』, 위의 책, 1382 에서 재인용.

19 Ambrose, 위의 책, 2. 137. J. L. González, 앞의 책, 191에서 재인용.

20『기독교대백과사전』, 앞의 책, 1382에서 재인용.

21 발렌티니안 2세는 발렌티니안 1세(364~375)의 아들이며, 황후 유스티나(Justina) 가 발렌티니안 2세의 어머니다. 그는 아리우스주의 지지자로서 암브로스와 정치적, 종교적 이유 로 충돌했으나 감독은 정통적 신앙에 어긋나는 것은 결코 용인하지 않았다.

22 B. Altaner, 앞의 책, 448.

23 Ambrose, *Ep.*, 24. 5; Hans von Campenhausen, 앞의 책, 104.

24 예를 들면 로마의 이교도 사제들에게 제공했던 정부의 보조와 특권을 박탈하고, 원로원으 로부터 빅토리아 여신의 제단과 입상을 제거하였으며, 이교의 최고 사제직인 '대제관'(Pontifex Maximus)이라는 전통적 명칭을 황제의 칭호로부터 삭제한 것 등이다.

25 Hans von Campenhausen, 앞의 책, 105-116;『기독교대백과사전』, 1383 등.

26 Ambose,『심마쿠스 논박』(*Relatio Symmachi*), 10; *ANF.*, 10. 415. Hans von Campenhausen, 위의 책, 106에서 재인용.

27 Ambrose, *Epp.*, 17. 1 그리고 3. Hans von Campenhausen, 위의 책, 106-107에서 재인용.

28 Hans von Campenhausen, 위의 책, 110.

29 Ambrose, *Sermo contra Auxentium de basilicis tradendis*, 5. J. L. González, 앞의 책, 192에서 재인용.

30 Ambrose, *Epp.*, 20. 10. Hans von Campenhausen, 앞의 책, 112에서 재인용.

31 위의 책, 8. Hans von Campenhausen 위의 책, 112에서 재인용.

32 위의 책, 21. 2. Hans von Campenhausen, 위의 책, 113에서 재인용.

33 위의 책, 20. 19; 21. 4; Hans von Campenhausen, 위의 책, 114-115.

34 Ambrose, *Sermo contra Auxentium*, 36; Hans von Campenhausen, 위의 책, 115.

35 Ambrose, *Ep.*, 21. 10; 57. 1; Hans von Campenhausen, 위의 책, 116.

36 위의 책, 40. 11. Hans von Campenhausen, 위의 책, 118에서 재인용.

37 위의 책, 51. 11.

38 위의 책, 51. 15.

39 겔 3:18. 위의 책, 51.3.

40 위의 책, 51. 15.

41 위의 책, 51. 17. Hans von Campenhausen, 앞의 책, 119에서 재인용.

42 Sozomen, *EH.*, 7. 25. J. L. González, 앞의 책, 193에서 재인용.

43 교황 그레고리 7세와 신성로마제국의 황제 헨리 4세와의 성직임명권을 놓고 대립하다가 생긴 사건. 1076년 황제가 교황을 폐위하자 교황은 황제를 파문하였다. 제국 안에서조차 위치가 불안해진 황제는 1077년 겨울에 북이탈리아 카노사(Canossa)성에 머물고 있는 교황을 찾아가 밖에서 사흘간 밤낮을 서서 기다리며 파문을 취소해 주기를 간청한 끝에 면죄를 받았다. 이것은 교황권의 정점을 상징하는 사건이다.

44 Hans von Campenhausen, 앞의 책, 120.

45 Paulinus, *Vita s. Ambrosii*, 45. Hans von Campenhausen, 위의 책, 121에서 재인용.

46 B. Altaner, 앞의 책, 447; A. Dirksen, *Elementary Patrology*, 149 등.

47 B. Altaner, 위의 책, 448.

48 *Sermo contra Auxentium de basilicis tradendis* (396).

49 B. Altaner, 앞의 책, 449.

50 이 점에 대해서 곤잘레스는 다른 입장을 피력한다. 즉, 콘스탄티우스 황제가 아리우스주의를 지지 옹호하라는 압력을 가했을 때도 아리우스주의는 제국의 변방, 즉 로마제국의 군사적 정책에 따를 수밖에 없었던 취약 지역에 한해서 침투했다고 한다(J. L. González, *A Hist. of Christian Thought*, vol. I, 335).

51 B. Altaner, 앞의 책, 424.

52 Hilary, *De Trinitate*, 3. 11. John R. Wills, ed. *The Teachings of the Church Fathers*, 377에서 인용. 책의 본래 이름은 『아리우스 논박』(*De fide adv. Arianos*)이다 (A. Dirksen, 앞의 책, 139).

53 J. L. González, 앞의 책, vol. I, 336.

54 Spiritus Sanctus procedit a Patre et Filio. 암브로스는 여기 문장에 쓰인 procedere를 '외부로 보냄'(mission ad extra)의 의미로 이해한다. 그러나 그는 성부와 성자로부터 성령의 내적 진행에 대해서는 자세하게 논하지 않는다.

55 Ambrose, *De fide ad Gratianum*, 1. 17-19. H. Bettenson, ed. & tr. *Later Christian Fathers*, 182에서 인용.

56 Ambrose, *Ep.*, 48. John R. Wills, 앞의 책, 351에서 인용.

57 Ambrose, *De incarnationis dominicae sacramento*, 64-6. Henry Bettenson, 앞의 책, 179에서 인용.

58 Ambrose, *De fide ad Gratianum*, 2. 7. John R. Wills, 앞의 책, 365에서 인용.

59 Ambrose, *De fide adv. Arianos*, 2. 77. Henry Bettenson, 앞의 책, 178에서 인용.

60 Ambrose, 위의 책, 3. 65; Henry Bettenson, 위의 책, 178-179.

61 Ambrose, 위의 책, 2. 58. Henry Bettenson, 위의 책, 179에서 인용.

62 Ambrose, *Apologia prophetae David*, 2. 12, 71. Henry Bettenson, 위의 책, 177에서 인용.

63 Ambrose, 위의 책, 1. 76. Henry Bettenson, 위의 책, 177-178에서 인용.

64 Ambrose, *De mysteriis*, 32. Henry Bettenson 위의 책, 178에서 인용.

65 Ambrose, 위의 책, 4. 20. John R. Wills, 앞의 책, 426에서 인용.

66 Ambrose, *De sacramentis libri VI*, 2. 20. Henry Bettenson, 앞의 책, 183에서 인용.

67 Ambrose, *De fide ad Gratianum*, 4. 125. Henry Bettenson, 위의 책, 184에서 인용.

68 Ambrose, *De mysteriis*, 9. 50.John R..Wills, 앞의 책, 449에서 인용.

69 Ambrose, *De sacramentiis libri VI*, 4. 21. Henry Bettenson, 앞의 책에서 인용.

70 Aloys Dirksen, 앞의 책, 151-152.

71 제롬(Jerome)은 히에로니무스(Hieronymus)의 영어권 명칭이다. 그러므로 유럽이나 가톨릭 측에서는 제롬보다 히에로니무스라는 명칭을 일반적으로 사용한다.

72 Hans von Campenhausen, 앞의 책, 129; H. R. Drobner, *Lehrbuch Patrologie*, 하성수 옮김, 『교부학』, 469.

73 J. L. González, *The Story of Chrstianity*, vol. I, 201.

74 Hans von Campenhausen, 앞의 책, 129.

75 J. L. González, 앞의 책, 201.

76 루피누스에 대해서는 B. Altaner, 앞의 책, 459-461 참조.

77 그의 출생지 달마티아(Dalmatia)의 스트리도(Strido)는 지금의 크로아티아, 보스니아 그리고 달마티아 사이에 있는 북부 이탈리아 맨 끝 국경 마을이다.

78 Jerome, *Ep.*, 7. 5; Hans von Compenhausen, 앞의 책, 130.

79 Publius Virgillius Maro는 수사학과 철학에 대해서 깊은 교육을 받은 주전 70~19 로마의 시인. 그의 가장 유명한 시는 그의 미완성 작품 <아이네이스>(*Aeneid*)다. 이 시는 로마의 전설적인 창시자 아이네아스의 이야기를 근거로 신의 인도로 로마가 세계를 문명화한다는 로마의 사명을 천명한 작품이다. 초기 시에는 에피쿠로스(Epicurus, 341~270 B.C.) 철학이 반영되었으나 점차 스토아철학에 가까워졌다. 그의 시는 운문(韻文)이 갖는 음악성과 어법이 탁월했으며, 방대한 내용을 엮어가는 정교한 솜씨와 항구적인 의의를 지니는 경험과 행위가 구현되었다.

80 Jerome, *Ep.*, 4. 2;『기독교대백과사전』, vol. 13, 1077.

81 7학예란 3학(Trivium), 즉 문법, 수사학, 논리학과 4학(Quadrivium), 즉 수학, 기하학, 천문학, 음악을 말한다.

82 Jerome, *Hom. on Ezekiel*, 12.50. H. R. Drobner, 앞의 책, 464에서 재인용.

83 Jerome, *Ep.*, 15. 1;『기독교대백과사전』, 앞의 책, 1077.

84 *Vita S. Antoni*는 안토니가 죽은 후 357년에 아타나시우스가 저술하였다. 이 작품은 서방에 수도원 이상을 전파하는 데 큰 공헌을 하였다. 제롬의 친구인 안디옥의 에바그리우스 (Evagrius)가 375년 이전에 라틴어로 번역하였다.

85 *Epp.*, 3. 1; 6. 2; Hans von Campenhausen, 앞의 책, 134.

86 Jerome, *Ep.*, 22. 30; H. R. Drobner, 앞의 책, 465; Hans von Campenhausen, 앞의 책, 136.

87 Jerome, *Ep.*, 84. 3; 『기독교대백과사전』, 앞의 책, 1077.

88 Jerome, *Comm. Daniel, prol*; Hans von Campenhausen, 앞의 책, 138.

89 Jerome, *Ep.*, 70. 2; Hans von Campenhausen, 위의 책.

90 호레이스(Horace)는 퀸투스 호라티우스 플라쿠스(Quintus Horatius Flaccus, B.C. 70~19)의 영어 이름. 아우구스투스 황제 시대에 로마에서 활동한 뛰어난 서정시인이자 풍자작가.

91 주 79 참조.

92 Jerome, *Ep.*, 22. 29; Hans von Campenhausen, 앞의 책, 138.

93 Jerome, *Ep.*, 46. 9; Hans von Campenhausen, 위의 책.

94 Jerome, *Ep.*, 22. 7. Hans von Campenhausen, 위의 책, 141-142에서 재인용.

95 Jerome, *Ep.*, 125. 12; 『기독교대백과사전』, 앞의 책, 1077.

96 마루쿠스 파비우스 퀸틸리아우스(Marcus Fabius Quintiliaus, c. 35~100)는 히스파니아 출신으로 로마제국의 수사학자. 설득력 있고 효과적인 화법의 기술인 변론술을 가르쳤다.

97 마르쿠스 코르넬리우스 프론토(Marcus Cornelius Fronto, c. 100~166)는 웅변가, 수사학자, 문법학자이지만 그의 명성은 웅변에 근거한다. 카르타고와 로마에서 수학했으며 하드리안 황제(117~138) 치하에서 변론가로 명성을 떨쳤다.

98 가이우스 플리니우스 세쿤두스(Gaius Plinius Secundus, 23~79)는 그의 37권으로 구성된 『박물학』(*Natural History*, 博物學)은 백과사전적 저서로 모두가 정확한 것은 아니지만 중세에 이르기까지 과학적인 문제에 있어서 권위서였다.

99 Jerome, *Ep.*, 125. 12. Hans von Campenhausen, 앞의 책, 142에서 재인용.

100 Hans von Campenhausen, 위의 책, 148.

101 Jerome, *Ep.*, 127. 7; 『기독교대백과사전』, 앞의 책, 1077.

102 에피파니우스(c. 315~403)는 팔레스타인 출신으로 수도원 운동의 열렬한 지지자였다. 367년 키프루스의 살라미스의 감독이 된 후 니케아 신앙을 수호했다. 그는 아폴리나리우스 논쟁에 적극적으로 가담했고, 로마에서 제롬을 만났고, 오리겐주의를 공격하는 데 함께 했다.

103 Jerome, *Ep.*, 123. 9.

104 B. Altaner, 앞의 책, 463.

105 Augustine, *Ep.*, 28. 2. J. L. González, *The Story of Christianity*, vol. I, 204에서 재인용.

106 그 논쟁의 자료는 383년에 쓴 그의 책, 『마리아의 영원한 동정성으로부터 헬비디우스를 반박함』(*Adv. Helvidium de perpetua Virginitate b. Mariae*)를 참고하라.

107 Jerome, *Ep.*, 49. 21; Hans von Campenhausen, 앞의 책, 151.

108 A. Dirksen, *Elementary Patrology*, 157.

109 Jerome, *Ep.*, 45. 2; Hans von Campenhausen, 앞의 책, 153.

110 Jerome, Ep., 45. 3. Hans von Campenhausen, 위의 책, 154에서 재인용.

111 Jerome, *Ep.*, 45. 3; H. R. Drobner, 앞의 책, 467.

112 Jerome, *Ep.*, 39. 6; B. Altaner, 앞의 책, 464.

113 Jerome, *Ep.*, 39. 8; Hans von Campenhausen, 앞의 책, 155.

114 Jerome, *Ep.*, 45. 6;『기독교대백과사전』, 앞의 책, 1077; J. L. González, *The Story of Christianity*, vol. I, 204.

115 유세비우스 시대의 각 장소와 그 명칭에 대해서 지리학적이고 역사적인 기술과 함께 성서 지명을 가나다순으로 배열하여 만든 성서지명사전이다. 이 사전에 대해서 J. Quasten, *Patrology*, vol. III, 336.

116 영어 표기는 티베르(Tiber), 이탈리아어로 테베레다. 이탈리아 중부에서 로마를 관통하여 티베니아해로 흘러 들어가는 이탈리아에서 세 번째로 긴 강이다. 역사적으로 로마의 건국 신화와 관련이 있다.

117 주 79 참조.

118 Hans von Campenhausen, 앞의 책, 157에서 재인용.

119 B. Altaner, 앞의 책, 324.

120 Jerome, *Comm. Gal. III, prol*; *Comm. Is. V prol.*; Hans von Campenhausen, 앞의 책, 163에서 재인용.

121 빌레몬서, 갈라디아서, 에베소서, 디도서, 전도서, 미가서, 스바냐서, 하박국서, 학개서, 요나서, 오바댜서다.

122 Jerome, *Ep.*, 37. 3. Hans von Campenhausen, 앞의 책, 165에서 재인용.

123 팔레스타인 출신으로 수도원 운동을 열렬히 지지했다. 그는 헬라어, 시리아어, 히브리어, 콥트어, 라틴어 등을 아는 학자요 금욕주의자이지만, 신중함과 침착함이 결여된 사람이었다. 그의 사상은 편파적인 전통주의자였다. 그는 교회에서 헬라 학문을 부인했고, 역사적 비평주의와 함께 신학적 사변도 거부했다. 그는 열렬한 니케아 신앙의 옹호자였다.

124 우리는 자료의 한계 속에서 그들의 논쟁의 학문적 깊은 내용을 알 수가 없다.

125 Jerome, *Ep.*, 138. 제롬과 펠라기우스파와의 논쟁의 주제는 무엇인가?. 단지 우리는 펠라기우스와 어거스틴의 논쟁에서 유추할 수는 있을 것이다.

126 Jerome, *Ep.*, 127;『기독교대백과사전』, 앞의 책, 1077.

127 Jerome, *Ep.*, 128. 5;『기독교대백과사전』, 위의 책.

128 Jerome, *Comm. on Ezequiel*, prefaces to books 2 and 7. J. L. González, 앞의 책, 206에서 재인용.

129 Hans von Campenhausen, 앞의 책, 181-182.

130 Jerome, *Ep.*, 134. 2. 이 제롬 개혁판의 시편이『고올인의 시편』(*Psalterium Gallicnum*)으로 고올 지역의 교회에서 처음으로 예배 의식에 상용되었다. B. Altaner, 앞의 책, 467 참고.

131『기독교대백과사전』, 앞의 책, 1080.

132 이 부분은 B. Altaner, 앞의 책, 466-468에 의존했음.

133 시편주석은 오리겐에게 의존한 *Commentarioli*이고, 전도서는 389~390년에, 소예언서는 392년에, 요나서, 오바댜서는 395~396년에, 호세아서, 요엘서, 아모스서, 스가랴서, 말라기서에 대한 강해는 406년에, 406~408년에 다니엘서 주석이 나왔다. 381년에 그는 이사야 6장의 '이사야 환상'(De visione Isaiae)을 은유적 논법으로 썼고, 397년에는 13장~23장에 나오는 열 개의 환상에 대해서는 역사적 해석 방법을 사용했다. 410~415년에 에스겔서, 예레미야서는 415~420년 그가 죽음으로 32장에서 끝났다.

134 이 부분은 B. Altaner, 앞의 책, 470; A. Dirksen, 앞의 책, 158; 『기독교대백과사전』, 앞의 책, 1079 등을 참조.

135 이 작품의 연도에 대해서 379년 설도 있지만(B. Altaner, 앞의 책, 470), 그가 로마에 체류하고 있었을 때(382~384) 저술했다는 설도 있다(『기독교대백과사전』, vol. 13, 1078).

136 제롬의 책명은 로마의 역사가요 정치가며 동시에 전기 작가인 수에토니우스(Gaius Suetonius Tranquillus, 70년 이후 사망)가 쓴 『저명한 사람들에 관하여』(De vita illustrobus)를 모방한 것이다.

137 서신집에 수록된 수가 154편이라는 주장도 있고, 그가 쓴 것이 아니라 받은 편지의 수가 34편(19, 35, 46, 51, 56, 67, 80, 83, 87, 89-96, 98, 100, 101, 104, 110, 111, 113, 116, 131, 132, 135-137, 144, 148-150)이라는 주장도 있다(H. R. Drobner, 하성수 옮김 『교부학』, 474).

138 『기독교대백과사전』, 앞의 책, 1078.

139 *Epp*., 15, 16, 19, 36 등.

140 *Epp*., 63, 82, 86, 88, 99, 114 등.

141 주 105 참조.

142 교환된 서신들: 앞의 것은 제롬의 서신 번호, 뒤의 것은 어거스틴의 서신 번호다. 102=68(402년); 103=39(397?, 403년?); 105=73(403~404년); 112=75 (403~404년); 115=81(405년?); 134=172(416년); 141=195(418년); 142= 123(410년); 143=202(419년). H. R. Drobner, 앞의 책, 475에서 재인용.

143 Jerome, *Ep*., 22(*De conservanda virgimitate*).

144 Jerome, *Ep*., 52.

145 Jerome, *Ep*., 107, 128; B. Altaner, 앞의 책, 472.

146 Jerome, *in Jer*., 24:1ff; 31:18f; B. Altaner, 위의 책, 474.

147 Jerome, *Dialogi contra Pelagianos*, 3. 1. Henry Bettenson, 앞의 책, 187에서 인용.

148 Jerome, i*n Isa*., 49. 4. H. Bettenson, 위의 책, 188에서 인용.

149 Jerome, *Ep*., 130. 12; H. Bettenson, 위의 책.

150 Jerome, *Dialogi contra Pelagianos*, 3. 12; H. Bettenson, 위의 책.

151 Jerome, 위의 책, 2. 16; 3. 4; 2. 4; B. Altaner, 앞의 책, 474.

152 Jerome, 위의 책, 1. 23. H. Bettenson, 앞의 책, 188에서 인용.

153 Jerome, *Ep.*, 15. 2 (*Ad Damasum*). H. Bettenson, 위의 책, 188에서 인용.

154 Jerome, in *ep. ad Tit.*, 1. 1. 5. H. Bettenson, 위의 책, 189에서 인용.

155 Jerome, *in Isa.*, 66. 24. H. Bettenson, 위의 책, 190에서 인용.

156 Jerome, *in Eph.*, 3. 56. H. Bettenson, 위의 책, 190에서 인용.

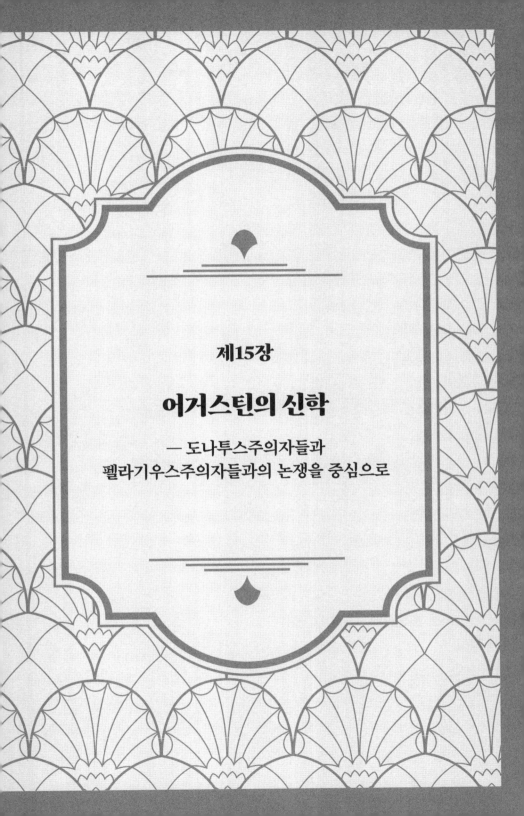

제15장

어거스틴의 신학

— 도나투스주의자들과
펠라기우스주의자들과의 논쟁을 중심으로

I. 역사에서의 위치

비록 어거스틴(Augustine, 354~430)의 이름 앞에 교황 레오 1세나 교황 그레고리 1세 그리고 카파도키아의 바질과 같이 '대'(大)라는 경칭이 붙어있지는 않지만, 초대 그리스도교 역사에서 후대에 가장 큰 영향을 미친 교부는 어거스틴이라고 하는 데 이의가 없을 것이다. 어거스틴보다 앞서서 서방 신학의 방향과 성격을 개척한 교부들은 물론 터툴리안과 키프리안이었다. 그러나 서방 신학의 특유한 성격을 결정적으로 확립한 것은 어거스틴에 의한 것이었다. 그가 서방 신학에 미친 영향을 동방 신학에 미친 오리겐의 영향과 비교할 수 있겠지만, 전체적으로 그리스도교에 미친 영향은 전자의 영향이 훨씬 더 큰 것이 사실이다. 실로 어거스틴은 서구 신학의 아버지였다. 중세기를 거쳐 오늘의 로마가톨릭교회의 많은 특징은 그의 신학에서 그 기원을 찾아야 한다. 스콜라신학의 가장 긍정적인 면도 그의 사상에 의해서 촉진되었다. 아리스토텔레스에 의지하여 그의 신학적인 용어와 방법을 공격했던 도미니크회 사람들도 종종 그를 증인으로 인용했으며, 어거스틴주의의 강력한 반대자였던 토마스 아퀴나스도 긍정적으로 자주 인용하였다.

동시에 어거스틴의 신학은 16세기 종교개혁자들에 의해서도 로마교회와의 싸움에서 신학적 도구로 수용되었다. 특히 그의 죄와 은총의 교리는 '은총만으로'(sola gratia)를 강조한 종교개혁자들의 신학과 맥을 같이한다.[1] 그의 영향은 여기서 끝나지 않는다. 플라톤적 전통에 서 있는 한, 예를 들면 현대철학에서 데카르트(Descartes)와 스피노자(Spinoza)를 포함한 그의 학파에 영향을 주었으며, 대다수 현대 신학자들에게도 영향을 주었다. P. 틸리히도 그중의 한 사람이다. 그리하여 어거스틴의 전통은 중세기 프란체스코회를 거쳐서 종교개혁자들, 17~18세기 철학자들, 헤겔(Hegel)을 포함한 독일 고전 철학자들 그리고 현대 종교철학까지 이어진다.

교회사에서 어거스틴은 신학적 전환점에 위치해 있었다고 할 것이다. 그것은 그에게서 한 세대가 끝나고 동시에 다른 세대가 시작되기 때문이다. 즉, 그에게서 고대 교부 시대의 막이 내려지고 동시에 중세 신학의 시대가 열린다. 분명히 그는 가장 위대한 중세 신학의 창시자요 선구자였다. 플라톤, 터툴리안, 오리겐 그리고 키프리안이 하나로 주형(鑄型)되었다고 할 정도로 지금까지의 고대 교회 신학의 주류가 그에게서 합류되었다가 그를 통하여 중세 스콜라주의뿐만 아니라 16세기 개신교 신학이라는 강줄기가 형성되었다. 그는 교회의 분파와 신학 학파에 관계없이 교회 전체에 영향을 끼쳤다. 자신의 삶과 그 시대의 시류(時流) 속에서 직면했던 현안들을 중심으로 형성된 그의 신학의 깊이와 넓음을 감안할 때 그의 삶과 사상이 서양 문명에 끼친 공헌과 영향은 단순하게 평가할 수 없다. 그는 학파와 종파에 관계없이 이방인이나 그리스도인이나, 철학자와 신학자들의 관심의 대상이 되었고, 그 역시 서방교회뿐만 아니라 모든 교회들을 통하여 교회 문화유산에서 다소 수정되고 파기되기는 했으나 꾸준한 영향력을 가지고 있었다.

어거스틴 이전의 서방 그리스도교는 지금까지 지적되어 왔듯이 근본적으로 유대교적 특징을 가지고 있었다. 그것은 도덕적이고 법률적이며 엄격했다는 것을 의미한다. 즉, 복종과 공로와 업적이 요구되었고, 교회적인 질서와 규율에 대하여 긍정하는 것이었다. 그것에 대한 진지함과 실천적 활동력은 위대했으나, 그것은 신적인 계명과 약속에 대한 합리적 대가(對價)였다. 그리하여 어거스틴 이전의 서방 그리스도교는 과거의 확립된 제도와 미래를 위한 희망으로 살았다고 할 것이다. 동방의 금욕주의와 달리 서방의 금욕주의는 어거스틴 때까지 배타적으로 부정적이었고, 극단적으로 극기(克己)적이었으며, 방어적이었다.

뿐만 아니라 라틴 사고의 특성인 교리적이고 메마른 합리성은 진실한 철학에 대해서 관대하지 못했다. 이것은 곧 헬레니즘의 정신이나 동방(헬라)교회의 신학적 활력성을 감수하지 못했다는 것을 의미한다. 그렇지만 서방 그리스도교의 이러한 내적 폐쇄성과 부적당한 지적 세계는 어거스틴 이전에 이미 변화하기 시작하여 새로운 전망이 점점 밝아 오기 시작했던 것이 분명하다. 예를 들면 제롬은 이미 옛 시대 상황에서 떨어져 나와 나름대로 갱신의 필요성을 감지하고 있었다. 이 시대의 위대한 암브로스에게 있어서 헬라 신학과의 대화는 성서적 복음에 보다 깊은 관심을 갖게 되었다. 이리하여 구약성서를 대신하여 '복음'의 특성이 섬광처럼 빛나면서 모든 것을 지배하는 위치를 점하게 되었다. 이것은 지금까지의 인간학적 문제의 형식, 즉 덕과 공로, 죄의 용서, 참회와 의(義) 등에 대한 고대 라틴적 관심이 복음적 빛에서 그 의미를 추구하게 되었다는 것을 의미한다. 다시 말하면 라틴적 관심이 그리스도 신앙과 결부된 것이다. 캄펜하우젠은 이러한 변화의 가장 중요한 징조는 바울 신학에 대한 새로운 관심이었다고 한다. 율법을 뚫고 나아가 '믿음으로 말미암은 의'(dikaiosunē ek pisteōs)의 신학을 확립한 반(反)유대주의적 바울은 4세기 서방 신학에 의해서 재발견되었고, 어거스틴의 '은혜의 신학'에서 절정에 달했다.[2]

그러나 만일 이 사람의 위대함에 대한 설명을 그의 환경이나 지적인 유산이나 그의 천품적 자질의 비상함에서 찾는다면 그에 대한 정당한 평가는 실패할 것이다. 그는 누구보다도 더 자신을 발전시켰는데, 그것은 새로운 사상에 도전하고 자신을 변화시키고 재형성하는 것이었다. 이것이 위대한 어거스틴이 된 가장 본질적인 조건이었다. 그러나 그는 이것을 자신의 능력이나 성취로 이해하지 않고 그에게 주어진 하나님의 은혜라고 해석하였다.

　　어거스틴의 생애와 사상적 발전을 설명해 주는 사료는 비교할 수 없을 만큼 풍부하다. 어거스틴 연구의 가장 기본적인 사료는 그의 『고백록』과 생의 말기(426~428)에 자기 작품에 대하여 재검토하며 쓴 미완성의 『재고론』(Retractationes)에 포함된 427년까지의 목록 그리고 포씨디우스(Possidius)가 몇 년에 걸쳐서 쓴(432~439) 『어거스틴의 생애』 등이다.[3] 포씨디우스는 약 40년간 스승인 어거스틴을 측근에서 보좌했으며 임종을 준비하기도 했다. 히포에서 수도사, 사제 그리고 마지막에는 뉴미디아(Numidia) 칼라마(Calama)의 중요한 교구의 감독이 된 그는(397) 교회의 오류와의 모든 싸움에서 어거스틴의 입장을 지지했으며, 411년 도나투스주의자들과의 논쟁에서 어거스틴 편을 든 일곱 감독 중 한 사람이었다. 430년 야만족의 침입으로 교구에서 쫓겨났고 437년에 면직되었다. 비록 그의 사망 연도는 알 수가 없지만, 그는 어거스틴을 잘 아는 위치에 있었다. 그의 『어거스틴의 생애』는 어거스틴의 사망 직후에 주로 계몽을 목적으로 쓰였고, 전체적으로 늘 믿을 만한 정보를 주지는 못하지만, 그는 성실하게 어거스틴에 관한 생애를 저술했다. 그의 책을 통하여 우리는 어거스틴의 활동을 비교적 자세하게 알 수 있으며, 어거스틴의 방대한 작품

명단을 볼 수 있다.

어거스틴의 생애는 크게 두 부분으로 나눌 수 있을 것이다. 즉, '수사학 교사에서 신앙인이 되기까지'와 '서방교회의 목회자와 신학자의 삶'이다.

II. 생애

1. 수사학 교사에서 신앙인이 되기까지

어거스틴은 354년 11월 13일 북아프리카 뉴미디아 지방의 타가스테(Tagaste)에서 태어나 반달족들이 어거스틴의 주교구 히포를 엄습해 들어올 때 사망했다(430). 거의 80년의 어거스틴의 일생은 로마제국의 '쇠망기'라고 일컬어지는 시기였다. 사회적 변혁과 정치적 격동 그리고 군사적 재난 등으로 매우 혼란스러운 시대적 상황이었다. 이 시기는 또한 이교적 로마제국에서 그리스도교적 로마제국으로 넘어가는 과도기이면서도 매우 중요한 시기였다. 비록 콘스탄틴 황제가 313년에 그리스도교를 인정하고 친그리스도교적 정책을 펼쳤으나 고대 로마의 이교 전통은 소멸되지 않았으며, 390년대에 일어난 이교도의 최후의 대반란과 비록 짧은 기간이었으나 줄리안 황제의 이교적 통치가 있었다. 그럼에도 불구하고 그리스도교는 392년 테오도시우스 1세에 의해서 로마제국의 국교가 되었다.

타가스테는 북아프리카 원주민의 한 종족인 베르베르족(Berber)의 통속적인 전통이 아직도 강함에도 불구하고 겉으로는 로마 문화적인 작은 마을이다. 그의 아버지 파트리키우스(Patricius)는 시청의 하급 관리로서 전통적 이교 신자였고, 그의 어머니 모니카(Monica)는 독실한 그리스도교 신자였다. 어거스틴의 부모들은 순수한 로마 혈통은 아니었던 것 같다. 어거스틴은 낮은 중산계급, 지방적 환경 출신이다. 그의 아버지는 포도원을 소유하고 작은 재산을 가지고 있었을 뿐이었다.[4] 그리하여 어거스틴의 가족과 그 자신이 추구했던 것은 빠른 출세와 부 그리고 명성이었다. 아버지는 아들이 수사학자가 되기를 원했다. 그리하여 어거스틴의 부모는 아들의 천부적 자질을 알고 가능한 한 최선의 교육을 시키려고 친척이자 친구인 로마니아누스(Romanianus)의 도움을 받아 마다우라(Madaura)에서 초등교육과 문법 교육을 받게 했고, 그 후 정치, 문화, 교육의 중심지인 카르타고에 유학을 보냈다 (371).[5]

어거스틴의 아버지 파트리키우스는 아내의 간절한 기도와 성실한 내조,[6] 간곡한 권유로 말년에 예비 신자가 되었으나 세례는 죽기 직전에 받았다(371). 그러나 어거스틴의 삶에 결정적인 역할을 한 사람은 아버지가 아니라 어머니 모니카였다. 독실한 신자였으나 아들에 대한 야망은 대단하여 아들의 빛나는 미래만을 생각하였다. 그리하여 그녀는 천부의 뛰어난 재능을 가진 아들의 교육만이 아니라 그의 신앙적 성장에도 깊은 관심을 가졌다. 어머니 모니카는 어거스틴이 심상찮은 병을 앓고 있었을 때 세례를 받게 하려 했으나 위험한 고비가 곧 지나자 예비 신자로 등록시켰다.

어거스틴은 아버지에 관해서는 거의 언급하지 않고 있으나 어머니 모니카에 대해서는 애틋한 사랑으로 묘사하고 있다. 물론 카르타고의 유학생 시절에 어머니의 종교를 경멸하면서 "늙은 부녀자들의 꾸민

이야기"라고 말하기도 했지만,[7] 캄펜하우젠에 의하면 어거스틴은 이교적 발칸 지역 출신인 제롬과는 달리 지적이고 교회적 특성을 오랫동안 지니고 있었던 유일한 라틴 그리스도교 지역이며 수세기 동안 그리스도교인들이 순교의 피를 흘린 아프리카 토양 출신이다. 어거스틴은 이미 어렸을 때 어머니 모니카의 인품에서 생명 있는 그리스도교를 감지하고 있었다. 그리하여 모니카는 어거스틴의 성장과 발전에서 "빼고 생각할 수 없는" 유일한 존재다.[8] 회심에 이르기까지의 어거스틴의 삶의 역사는 어머니와 아들 사이의 관계 역사라는 관점에서 이해할 수 있을 것이다. 모니카는 어릴 때부터 어거스틴에게 기도하는 법, 그리스도교적 윤리를 따라 살도록 가르쳤다. 그 자신의 증언에 의하면 어거스틴은 어머니의 젖을 빨면서 구세주의 이름이 너무나 굳게 마음에 새겨졌고 간직하게 되었기 때문에 후에 이 이름이 안 붙은 것은 아무것도 그를 매혹시킬 수 없었다고 한다.[9] 그러므로 어거스틴이 젊었을 때 어떤 길을 가고 있었든 간에 그의 잠재의식에는 어렸을 때 받은 인상이 깊이 뿌리 박혀 있었다고 할 것이다. 그는 어머니와 같은 정통 가톨릭 신자는 아니었다 해도 그리스도교에 대하여 무관심하지는 않았다. 그러므로 어거스틴의 밀란에서의 사건은 돌발 사건이나 예외적 사건이 아니라 암브로스에 의해서 심층의 잠재의식이 폭발하여 분출된 사건이라고 할 수 있을 것이다.

어거스틴의 카르타고 유학 생활은 17세의 청소년 때부터 시작되었다(371). 이 도시는 라틴어를 사용하는 아프리카의 정치, 경제, 문화의 중심지로서 타가스테와 마다우라와는 도시 공기가 달랐다. 청소년 어거스틴은 육체적인 쾌락의 유혹에 넘어갔고,[10] 곧 한 여인과 384년까지 계속된 내연 관계에서 아들을 낳았으며(372), 그 이름을 '신이 준 선물'(Adeodatus)이라고 했다(390년에 죽음).[11] 카르타고에서 어거스틴은 법률가나 공직자가 되고자 하는 그 당시 젊은이답게 수사학(修辭學)에 열중하였다. 수사학의 근본적인 목적은 우아하고 세련된 말과 글로 남을 설득하고 확신시키는 법을 배우는 데 있다. 아리스토텔레스에 의하면 수사학은 논리학과 정치학을 보완하는 것으로서 "어떤 주어진 상황에서도 활용할 수 있는 설득력의 수단을 찾는 능력"이라고 했다.[12] 따라서 수사학자의 관심은 '진리'가 아니라 '표현'이었다. 진리는 이들의 과제가 아니라 철학 교수들의 과제였다.

수사학 학생들의 필독서들은 주로 고전 작품들이었다. 19세(373년)의 수사학 학생 어거스틴의 커리큘럼은 고대 로마의 언어 선생이며 철학자요 유명한 웅변가인 키케로(Cicero)의 대화집인『호르텐시우스』(Hortensius)를 읽는 것이었다.[13] 그는 그때의 상황을 다음과 같이 진술한다.

보통 하는 공부의 과정을 밟아 나가는 중에 키케로가 쓴 어떤 책을 읽게 되었다. 키케로라고 하면, 그의 마음은 잘 모르나 그의 연설에서는 세상에 널리 알려져 칭찬받는 자였다. 특히 이 책은 철학으로의 권유를 기록한 것으로서 사람들은 그 책을『호르텐시우스』라고 부르고 있었다. 그런데 이 책은 내 마음을 아주 바꾸어 내 기도를 나의 주님이신 당신께로 향하게 했고, 나에게 새로운 희망과 욕구를 주었다. 이 책을 읽은 후 이때까지 품어 왔던 나의 모든 헛된 희망은 돌연 나에게 하찮은 것으로 보였다. 나의 마음은 이제 불멸의 지혜를 추구하려는 욕구로 가득 차게 되었고, 나는 당신에게 돌아가기 위해 일어섰다.[14]

이 작품이 어거스틴에게 미친 영향은 충격적이었다. 이 작품은 그에게 '지혜를 위한 사랑'(철학)의 삶의 토대가 되었다. 그의 삶의 한 가지 목적은 지혜를 사랑하는 것이었다. 이것은 그를 밀란의 회심이 있기까지 그릇된 길로 이끄는 기초가 되기도 했지만, 동시에 철학적 삶의 기반을 다져주었다. 고대인들에게 '철학'은 이론적 사상의 구조만이 아니라 종교적 윤리적 삶의 지혜의 원천이었다. 이 때문에 그리스도교를 '참된 철학'이라고 할 수 있었던 것이다. 어거스틴은 "갑자기 지금까지의 희망이 무가치하게 되었고, 믿을 수 없는 마음의 열정으로 지혜의 불멸을 열망하였으며, 당신께로 돌아가도록 이제 일어서기 시작했"고 고백하였다. 이때의 상황을 곤잘레스는 어거스틴이 키케로의 책을 읽고 "뛰어난 언변과 문체만으로는 부족하다. 인간은 마땅히 진리를 추구해야 한다는 확신에 도달하였다"고 기술하고 있다.[15]

그러나 캄펜하우젠에 의하면 어거스틴은 "키케로에게서 그리스도에 대하여 한마디도 찾을 수 없었다는 사실에 실망하였다."[16] 이때 어거스틴은 처음으로 "철학적으로 종교적으로 동요했다." 그리하여 그는 성서를 잡고 진지하게 읽기 시작하였다.[17] 그러나 성서의 문체가 조잡하고 이해할 수 없어서 성서 읽기를 중단하였다. 그의 교만과 겸손하지 못한 마음이 그를 실패하게 했을 것이다. 어거스틴은 이때만 해도 영적인 경험이 전혀 없었다.

> 그러므로 나는 성서로 마음을 돌려 그것이 어떤 책인가를 알아보기로 했다. 그러나 이 책은 교만한 자들에게는 이해가 힘들고 어린아이들에게는 확실치 않으며, 처음에는 나지막하여 쉬운 듯하나 더 나아갈수록 태산 같아 신비에 쌓여 있는 것이었다. 나에게는 그때 성서의 뜻에까지

꿰뚫고 들어갈 수 있는 능력이 없었고 그 말씀에 고개를 숙이고 따를 겸손도 없었다.… 또한 문체에서도 성서는 키케로의 웅변의 위엄에 비길 바가 못 된다고 생각했다. 이처럼 나의 교만은 성서의 소박한 문체를 싫어했고 그럼으로써 나의 예리한 통찰력도 그 내적인 의미까지 뚫고 들어가지 못했다.[18]

어거스틴에게는 영적이고 인격적인 지도와 생명 있는 친교가 필요했다. 그러나 지금까지 그가 살아온 삶의 세계 안에서는 그것을 찾을 수가 없었다. 그리하여 그가 찾아간 곳이 카르타고의 지성인들 사이에 널리 퍼지고 있던 마니교였다.[19] 그는 진리, 구원 그리고 만족을 찾아서 9년간(373~384) 마니교도로 살았다.

마니교(Manichaeism)의 창설자는 마니(Mani, 216~274)라는 예언자다. 그는 바빌로니아(지금의 이라크)에서 태어나 24세 때 "빛의 종교"의 교리를 선포하라는 하늘의 명령을 듣고 대중 앞에 나타났다. 그는 이전의 예언자들, 즉 아담, 조로아스터(Zoroaster), 붓다 그리고 예수로 이어지는 예언자들의 마지막 계승자라고 하며 그들의 초기 계시가 특정 언어로 특정 민족에게 전해지면서 지역성을 띠게 되었고, 그들의 신봉자들에 의해서 왜곡, 변질, 타락되었기 때문에 자신이 원래의 완전한 계시를 복원하여 가르치며 모든 다른 종교를 대신하여 보편적 세계 종교를 창설하려 한다고 했다. 그렇다고 그는 단순한 혼합주의적 종교가 아니라 다양한 문화에 따라서 다양한 형태로 해석될 수 있는 진리를 추구하였다. 이것은 마니교가 상황의존적이라는 것을 의미한다. 이 점에서 마니교는 이란 및 인도 종교, 그리스도교, 불교, 도교적 요소를 포함하고 있다.[20]

마니교의 핵심적 교리는 선하고 영적인 빛의 세계와 악하고 물질적인 어둠의 세계 사이의 투쟁에 관해서 설명하는 우주론이다. 마니에 의하면 인간이 곤경(困境)한 것은 '빛' 곧 영적인 것과 '어둠' 곧 물질적인 두 원리가 우리 각자 안에 있기 때문이다. 우주를 통하여 빛과 어둠이라는 두 원리는 영원히 존재하는데, 마니교도들은 이 두 원리가 신화적 사건들을 통하여 혼합되었고, 현재 인간의 상태(몸과 영혼)는 이 두 원리의 혼합의 결과라고 설명한다. 따라서 구원이란 이 두 원리를 분리시켜 우리의 영을 순수한 빛의 영역으로 돌아가게 하는 것이다. 이 상태가 마니에 의하면 '자아에 대한 완전한 앎'(self-realization), 자아실현의 상태다. 마니교는 진리에 대한 영적인 지식(gnosis)을 통해 구원에 이른다는 이원론적 영지주의에 속한다고 할 것이다.

마니교는 어거스틴 시대에 지중해 연안에 널리 퍼져 있었다. 그 전성기에 마니교는 동쪽으로는 중국까지, 서쪽으로는 로마제국까지 전파되어 있었다. 그러나 마니교의 합리주의적 교리에 의한 성공적인 확산은 기존 종교에게 위협이었다. 그들이 정통 그리스도교의 교리를 조롱하면서 신자들을 확보하자 그리스도교인들은 로마제국의 황제 테오도시우스 1세에게 마니교의 사제들을 사형에 처하는 칙령을 발표하도록 요청했다(382). 어거스틴이 387년에 마니교를 떠났는데, 그것은 테오도시우스 황제가 마니교를 박해하는 칙령을 내린 지 얼마 지나지 않았을 때였고, 황제가 그리스도교를 로마제국의 국교로 선언한 391년 직전의 일이었다.

어거스틴이 마니교에 관심을 갖게 된 것은 그가 그리스도교에 대하여 가지고 있던 문제를 해결하고자 했기 때문이었다. 그 첫째 문제는 수사학자의 눈에 성서(특히 구약성서)의 내용, 문체, 표현 등이 너무

조잡하고 세련되지 못하였다. 내용 중에는 폭력, 강간, 사기, 부도덕 등은 야만적인 것도 포함되어 있어서 이러한 내용의 성서를 하늘의 계시, 진리라고 하는 것을 이해할 수 없었다. 둘째는 악의 기원의 문제다. 그는 오랫동안 "악은 어디서 오는가?"(unde malum)라는 문제로 고뇌하였다. 어거스틴은 어릴 때부터 어머니 모니카로부터 하나님은 절대 선(善)이시며 유일하신 분이라는 가르침을 받아왔다. 그런데 그는 자신을 비롯하여 인간 삶의 전 영역에서 악의 현실을 본 것이다. 그러므로 그 악의 근원을 묻지 않을 수가 없었다. 만일 하나님이 지고(至高)의 존재요 절대 선이라면 악은 하나님의 피조물일 수가 없으며, 반대로 만일 모든 것이 하나님에 의해서 창조되었다면 하나님은 모니카와 교회가 주장하는 것 같이 선하고 지혜로운 존재가 될 수 없다는 것이다. 한 분 선하신 하나님이 창조한 세계에 왜 악이 존재하느냐는 질문이다. 이 두 질문에 대하여 마니교는 첫째 성서, 특히 구약은 실제로 영원한 빛의 원리의 말씀이 아니며, 따라서 악은 이 원리의 창조물이 아니라 그 반대로 어둠의 원리의 피조물이라고 하였다. 둘째로 하나님은 선하시기 때문에 악은 하나님의 창조물이 아니라는 것이다. 마니교는 선의 기원과 악의 기원이 각기 다르다고 가르쳤다. 어거스틴이 마니교에 매료된 것은 마니교의 이원론이 악 또는 죄의 문제를 합리적으로 설명해 줄 것으로 믿었기 때문이었으며, 그들이 그 시대의 진정한 학문적 신학을 대표한다고 주장했기 때문이었다. 마니교에서는 죄를 서로 대립된 두 궁극적인 원리에서 설명한다. 그때마다 악의 원리는 선만큼 실재적이다.[21]

어거스틴은 어머니의 종교에 대한 경멸과 그의 정교하고 지성적인 철학 연구에 대한 해답을 찾기 위해서 373년 마니교도가 되었다.

그러나 그는 엄격한 금욕주의를 실천하여 극소수만이 가능한 '선택된 자'(electus) 혹은 '완전한 자'가 아니라 단순한 '듣는 자'(auditor)의 위치에서 9~10년간 마니교에 머물러 있었다. 그가 마니교에 마음이 끌린 것은 첫째, 마니교도들의 시편과 찬송과 전례적(典禮的) 고백과 설교가 있는 공동 예배에 마법 같은 매력이 있었으며, 이러한 예배는 그를 세속적인 일상적 행동에서 자유롭게 고양시키는 것 같았다. 지적 자존심이 강한 어거스틴에게 마니교는 권위의 속박에서 해방된 계몽된 종교로 보였으며, 교회 교리에 얽매인 그리스도교가 아닌 자유로운 참 그리스도교의 모습으로 보였다. 둘째, 마니교에 있어서 진리는 단순히 이론적인 문제, 논리적 분석의 문제가 아니라 종교적이요 실천적이며 실존적인 문제였다. 그리고 그 진리는 구원하는 진리였다. 악의 원리에 속박된 선의 요소들이 악의 원리로부터 해방되는 것이다. 끝으로 마니교에서 진리란 선과 악의 투쟁에서 나타난다는 것 등이었다.[22]

그렇다면 어거스틴은 과연 아무 유보 없이 마니교를 수용했는가? 마니교의 심미적이고 감성적인 매력, 환상적인 선포와 미래 약속들에 대하여 마음을 빼앗겼던 어거스틴은 점차적으로 마니교의 사상 체계에 대해서 의문을 갖기 시작했다. 어거스틴은 단순한 열광주의자나 감성주의자가 아니었다. 그는 명확하고 매우 합리적인 사상가였다. 그는 마니교에서 그리스도교의 원시적인 편견과 미신적인 관념 대신에 실재적이고 영적인 것에 근거한 세계관을 발견하리라고 기대했던 것이다. 그러나 마니교의 이원론적 형이상학으로는 이 문제가 설명되지 않았다. 비록 어거스틴이 마니교를 떠난 후에도 마니교의 영향에서 완전히 벗어나지는 못했지만, 그가 마니교를 떠난 결정적인 이유는 천문학의 영향이었다고 한다. 천문학을 통하여 어거스틴은 별의 규칙적인 운행, 우주 구조의 조화를 본 것이다. 그러므로 이원론적 원리로는 어거스틴이 고민하고 있는 악의 문제가 해결될 수가 없었다. 수학적 공식으로 표현되는 조화된 우주가 악마적인 힘으로 창조될 수는 없었던 것이다. 어거스틴은 천문학으로부터 근본적인 구조에서 창조된 세계는 선하다는 결론을 얻었다. 이것은 피타고라스(Pythagoras)의 조화 있는 우주(cosmos) 사상이다.

어거스틴이 학업을 끝내고 수사학 선생으로 고향 타가스테에 돌아왔을 때(374~375) 모니카는 눈물을 흘리며 가슴이 미어지는 아픔을 겪으면서도 부모의 신앙을 버렸다는 이유로 그를 받아들이지 않았다. 이때 그 지역의 감독은 "이렇게 흘리는 눈물의 자식은 망할 리 없다"는 말로 모니카를 위로하였다고 한다.[23] 그때까지도 마니교의 초보자 단계에 머물고 있었던 어거스틴은 382년경부터 마니교의 환상적 우주론적 체계에 대하여 회의를 갖기 시작하였다.[24] 마니교의 이원론과 신 개념에서 그는 모순을 인지하였던 것이다. 그는 마니교의 점성술 문헌들도 연구해 봤으나 그 근거를 찾을 수가 없었다. 그러나 그가 마니교에 대해서 가장 실망한 것은 마니교의 선생 밀레비스의 파우스투스(Faustus of Milevis)와의 대화였다. 어거스틴은 그와의 대화를 통해서 자기가 고민하고 내적으로 갈등을 일으키고 있는 난제들을 해결할 수 있으리라고 기대했다. 그러나 그는 유창한 언어로 청중들의 관심을 모았을 뿐, 그 내용은 다른 일반 마니교도들과 차이가 없었고 유치했다. 어거스틴은 언어가 유창하고 화술이 좋은 것에 관심이 없었다. 그는 파우스투스의 좋은 표현력이 아무 설득력이 없었으며, 그의 웅변에는 진실이 없다는 것을 실감하였다.[25] 그렇다고 그가 마니교를 아주 떠난 것은 아니었다. 29살 그가 어머니의 뜻을 거역하고 로마에 왔을 때까지도(383) 그는 마니교도들과 접촉을 계속하였다. 그는 마니교에 남아 있으면서 아카데미파[26]와 접촉하였다. 그가 내적으로 불안정한 철학적 회의주의(skepticism)에 빠진 것은 이때였다.

회의주의는 근본적으로 인간의 인식은 주관적 또는 상대적이기 때문에 인간의 인식능력으로는 보편타당한 진리를 알 수가 없다는 사상적 경향 또는 학설을 말한다. 이것은 항상 독단론과 대립한다. 회의주의에는 두 가지가 있다. 그 하나가 방법적 회의론이다. 이것은 모든 전통적 관념과 학설을 근본적으로 의심하여 회의(懷疑)를 인식비판의 출발점으로 삼는다. 그러나 이 회의는 부정을 위한 회의가 아니라 의심할 수 없는 어떤 새로운 확실한 근거로부터 다시 학문 체계를 세우기 위한 회의다. 다른 하나는 절대적 회의론이다. 이것은 보편타당한 진리 자체의 존재를 부정하거나 혹은 그러한 진리 인식의 가능성을 인정하지 않는 경향이다.[27] 그러므로 회의론이 언제나 부정적인 것만은 아니다. 어거스틴은 마니교의 진리 체계에 대하여 환멸을 느꼈을 때 마침 회의주의 풍조가 널리 퍼져 있었다. 사람들은 모든 지식에 대해 회의주의자가 되었으며, 개연적 진술만이 가능하고 확실성이란 불가능한 개연주의(蓋然主義, probabilism)만이 인정되었다.

어거스틴의 초기 철학적 저서들이 확실성의 문제를 다루고, 그가 회의적 철학을 극복하고 확실성을 찾는 일에 힘쓴 것도 회의주의에 빠졌었기 때문이다. 그가 회의주의 철학을 극복하여 확실성을 추구한 것이 그의 사상에서 중요한 요소가 되는 것은 그것이 고대 헬라 철학적 발전의 부정적인 종말을 전제로 했기 때문이다. 회의주의는 철학적 이성을 근거로 본질적 하나의 새로운 세계를 세우려고 했던 영웅적인 헬라적 시도가 파국적 종말로 끝났을 때 나타났다. 회의주의에 빠진 어거스틴은 실로 절망적이었다. 그는 스스로 회의적 태도를 강요했다. 그가 회의적으로 곰곰이 생각하며 추구했던 진리는 전혀 이론적인 문제가 아니었다. 그는 자기 삶 자체의 안전한 중심(重心)과 기초 그리고 의미를 추구했으나 찾을 수가 없었다. 그는 구원하는 진리가 있다는 것을 의심하지 않았으나, 그 진리에 이르는 길은 인간의 이성에게는 영영 막혀 있는 듯했다. 어거스틴은 마음의 안정을 찾지 못하고 괴로워했다.

로마에서도 정착하지 못한 어거스틴은 384년 로마의 이교도 지사 심마쿠스(Symmachus)의 추천을 받아 밀란의 수사학 선생으로 임명되었다.[28] 밀란에 있는 황실은 황실에 근무할 수사학의 대가(magister rhetoricae)를 구하고 있었기 때문에 밀란에서의 어거스틴의 위치는 안정적이고 화려했다. 그의 어머니와 아들, 친구들과 친척들이 그와 함께 있었다. 그럼에도 불구하고 그의 마음은 괴로웠고 전보다 더 행복하지가 않았다. 그때 어머니는 어거스틴의 출세와 그를 교회로 인도하기 위해서 밀란의 신분이 높은 집안의 처녀와 약혼을 시켰다. 이 때문에 어거스틴의 동거녀는 13년간 함께 살면서 아들까지 낳았으나 어거스틴과 작별하고 아프리카로 떠나야 했다. 어거스틴은 몹시 괴로워했다. 이때의 심정을 어거스틴은 "그 여인에게 달라붙어 있는 내 마음은 찢어졌고 상처 났으며 피를 흘렸다"라고 표현했다.[29] 어거스틴은 깊은 영적 고통을 겪고 있었다. 그러나 모니카조차도 그의 내적 정신적 갈등을 풀어줄 수 없었다. 그는 아직도 육욕적인 격정에 사로잡혀 있었고, 종교적으로 안정을 찾을 생각을 하지 않고 있었다. 어느 날 그는 답답하고 불안하고 초조하여 친구들과 함께 교외로 산책을 갔다가 되지도 않는 농담을 지껄이면서 그들의 길을 방해하는 한 거지를 만났다. 그 거지는 한없이 유쾌하고 행복해 보였다. 그 모습에 당황하면서도 압도당한 어거스틴은 외치기를,

> 우리의 모든 계획과 야망이 무슨 의미가 있는가? 그것들로 인해서 우리는 어쨌든 짊어지고 가는 우리의 비참한 짐을 증가시킬 뿐이다! 우리는 결국 행복하기를 원할 뿐이다. 그 거지는 그것을 성취했다. 그런데 우리는 결코 이루지 못할지도 모른다![30]

어거스틴은 이와 같이 그의 성정(性情)을 토로했지만 달라진 것은 없었다. 그는 여전히 그가 살던 옛 방식대로 살았으며 내적으로 만족하지 못하면서도 전과 다름없이 명예와 부와 결혼을 갈망하였다.[31] 실제로 어거스틴은 첫 동거 여인과 헤어진 다음 어머니의 반대를 무릅쓰고 다시 새 내연의 처를 얻기까지 하였다.

어거스틴은 밀란에서 플로티누스(Plotinus, 205~270)[32]와 그의 제자 포르피리오스(Porphyrios, c. 232~c.305)의 저술로 알려진 『플라톤주의 책들』(*Platonici libri*)을 읽으면서 점점 회의주의에서 벗어나기 시작했다. 신-플라톤주의의 창시자로 알려진 플로티누스는 이집트에서 태어나 28세에 철학에 뜻을 세우고 당시 학문의 중심지 알렉산드리아에 와서 플라톤주의자 암모니우스 삭카스의 철학 강의를 듣고 "이 사람이 내가 찾던 사람이다"라고 생각하고 그 후 11년간 사사했다. 플로티누스의 중심 개념은 '하나'(hen)와 '유출'(emanation)이다. 물론 여기서 말하는 '하나'는 단순히 '한 개'를 의미하는 것이 아니라 모든 것을 포괄하고, 모든 것보다 먼저 존재하며, 인간의 경험적 지식 너머

에 있는 '하나'다. 그것은 '말로 표현할 수 없는 일자'(ineffable One)다. 이름을 붙일 수 없는 모든 이름을 초월해 있는 '일자'(一者)다. 이 '일자'에서 모든 존재가 창조 행위에 의한 것이 아니라 유출(流出)에 의해서 만들어졌다. 유출설의 핵심은 '일자'로부터 '정신'(nous, divine mind)이 흘러나오고, 그다음에 '영혼'(psyche, soul)이 흘러나오며, 마지막으로 '질료'(質料)가 흘러나온다.[33] 플로티누스의 관심은 "어떻게 '하나'에서 '다수'가 흘러나왔는지?", "영원하고 완전한 하나가 어떻게 이 세상의 불완전한 다수로 존재하게 되었는지?" 등의 난해한 물음에 답변하는 것이었다.

어거스틴은 밀란에서 당시 매우 유행하고 있는 신-플라톤주의자가 되었다. 신-플라톤주의는 연구, 훈련, 신비적 관상(contemplation)[34]을 결합시켜 모든 존재의 근원인 '일자'에게 도달하게 하는 철학이다. 그러므로 종교적 색채가 강한 철학이라고 할 수 있다. 그렇기 때문에 신-플라톤주의자의 목표는 인간이 그와 같은 관상에 사로잡힐 때 경험하게 되는 황홀경 속에서 무아(無我)의 경지에 들어가는 것이다. 마니교에서는 악과 선, 빛과 어두움을 이원론적으로 설명하지만, 신-플라톤주의는 하나의 원리만이 있고 모든 것은 여기서 유출과정을 통하여 존재하게 된다고 한다. 따라서 악과 선은 그 근원이 각기 따로 있는 것이 아니라 하나의 원리, 하나의 근원, 즉 '하나'(一者)에서 가까운 실재가 선이고 멀리 떨어져 있는 것이 악이라고 한다. 도덕적 악이란 궁극적 실재인 일자로부터 시선을 열등한 다(多)의 영역으로 돌려 집중하는 데에서 비롯된다.[35] 반면에 플로티누스에 의하면 영혼을 가진 인간은 궁극적 실재인 '일자'와 하나가 되기 위해서 상승 운동을 하게 되며 하나와 가까워져서 '넉넉하게 되면' 자신의 덕이 흘러넘쳐(유출) 도덕적 행동을 자발적으로 하게 된다고 한다. 이것이 윤리적 선이다. 이와 같은 관점에서 보면 무한한 선 자체인 유일한 존재(一者)가 만물의 근원이며 동시에 창조 세계 속에 있는 악의 현존을 인정할 수 있다. 그러므로 "악은 현실(real)이지만, 실재하는 것(thing)이 아니라 일자의 선(善)으로부터 벗어난 '방향'인 것이다."[36] 즉, 악은 전혀 참 실체가 아니다. 신-플라톤주의의 이와 같은 이론은 그동안 어거스틴을 괴롭혔던 악의 근원 문제에 대하여 해답을 주는 것 같았다.

그러나 어거스틴에게는 또 다른 의심이 남아 있었다. 그것은 "조잡한 언어와 폭력적이고 거짓된 이야기가 있는 성경을 어떻게 하나님의 말씀이라고 주장할 수 있는가?"라는 것이다. 당시 밀란에 와 있던 어거스틴은 어머니의 권유를 받고 수사학자로서 밀란에서 가장 유명한 연설가인 암브로스의 설교를 듣기로 하였다. 그러나 그는 설교의 내용보다는 암브로스의 설교 방법, 태도와 화술에 관심이 있었다. 다시 말하면 그리스도교의 진리에 대한 목마름에서가 아니라 수사학 전문인의 입장에서 그의 설교를 분석 비판하려고 한 것이다. 그러나 얼마 가지 않아 어거스틴은 자신이 암브로스의 설교에 귀를 기울이고 있는 것을 발견했다.

구약성서의 본문을 은유적인 방법(allegorical method)으로 설명하는 암브로스의 설교에서 지금까지 난해하게 보였던 성서 구절들, 불합리하고 '노파의 우화' 같이 보였던 성서 본문이 보다 깊이 이해될 수 있었고,[37] 하나님과 세계와 인간에 대하여 인식되는 것 같았다. 은유적 해석은 수사학적으로도 아무 문제가 없기 때문에 어거스틴은 암브로스의 설교를 부담 없이 들을 수가 있었다. 어거스틴은 그의 설교를 통하여 순수 영으로서의 하나님 개념, 자유의지로 구약성서를 받아들일 수 있다는 것, 그럼에도 불구하고 교회의 가르침과 잘 조화될 수 있다는 것을 알게 되었다. 암브로스가 구약성서를 본문으로 어거스틴 앞에서 '6일간의 천지창조'(Hexaemeron), '이삭과 영혼' 등의 설교를 한 것이 386년경이었을 것으로 추정한다. 암브로스가 특히 신-플라톤주의자 플로티누스의 『미학론』(美學論)을 사용한 이 설교들은 어거스틴에게 신-플라톤 사상을 자세히 알게 하는 계기가 되었다. 386년! 이 결정적인 해에 새로운 철학을 찾고 있었던 수사학자 어거스틴은 플로티누스의 논문들에 깊은 관심을 갖고 있었다. 어거스틴은 로마의 철학자 마리우스 빅토리누스(Marius Victorinus)의 라틴어 역본을 읽었다. 그는 이 저서들을 통해서 하나님은 순수한 영적 실체라는 것, 악은 비실재라는 것을 알게 된 것이다.

이리하여 어거스틴은 지금까지 그리스도교에 대하여 가졌던 선입견, 난해한 문제들에 대하여 원론적인 해결을 보았다고 생각했다.[38] 그러나 어거스틴은 그가 가정에서 배운 그리스도교의 금욕주의적 특성과 그가 경탄해서 받아들인 신-플라톤주의 철학자들의 도덕적 견지 때문에 만일 자신이 그리스도교 신앙을 받아들인다면, 그는 지금까지의 모든 야심과 모든 육체적 쾌락은 물론 수사학 교사의 경력까지 버려야 하는 전적인 자기 부정의 삶을 살아야 할 것이라고 생각하였다. 어거스틴은 지적으로는 이미 결단에 이르렀으나 그의 의지(will)는 그의 마음을 따르지를 않았다. 의지와 마음의 갈등이었고 마음과 육신의 갈등이었다. 사실 그에게는 가장 극복하기 어려운 필요조건이었다. 그때 그는 "나에게 순결과 절제를 주옵소서. 그러나 아직은 마소서"라고 기도했다.[39]

어거스틴은 암브로스를 만나려고 찾아갔으나 그가 독서 등 자기

일에 너무 열중하고 있기 때문에 심플리키아누스(Simplicianus)를 찾아 갔다.[40] 그는 어거스틴에게 플로티누스가 누스(nous)를 요한복음 서론에 나타나 있는 로고스론에 따라서 완벽하게 가르치고 있다는 것을 알려주었다. 그리하여 신-플라톤주의는 어거스틴에게 영원한 로고스-하나님에 대한 신앙을 준비시켜 주는 역할을 했다고 본다. 플로티누스의 신-플라톤주의는 어거스틴에게 그리스도교 복음을 준비하는 '경건한 철학'(pia philosophia)이었다. 그뿐만 아니라 심플리키아누스는 어거스틴에게 바울서신들을 읽도록 권유하였다.[41] 신-플라톤주의자로서 철학적 명상을 통하여 하나님과 연합되기를 희망했던 어거스틴은 바울서신을 읽고 플라톤주의자들의 작품에서 읽은 모든 참된 것이 여기서는 예수 그리스도로 말미암은 당신의 은혜라는 것을 발견하였다. 그리하여 어거스틴은 플라톤주의자들의 책에 없는 것이 있다는 것을 발견했다.

> 그 책에는 경건의 표현, 고백의 눈물, 당신의 희생, 괴로워하는 마음, 상하고 참회하는 심정, 겸손, 당신의 백성의 구원, 당신의 신부인 도성, 성령의 보증, 우리의 구속의 잔이 없다. 그 책에는 "내 영혼이 잠잠히 하나님만을 기다림은 나의 구원이 그에게서만 나오기 때문이다. 하나님만이 나의 반석, 나의 구원, 나의 요새이시니, 나는 결코 흔들리지 않는다"(시 62:1-2)라고 노래를 부른 자가 없다. 그 책에서는 "수고하며 무거운 짐을 진 사람은 모두 내게로 오너라"(마 11:28)라고 부르는 음성을 들을 수 없었다. 그들은 '온유하고 겸손한' 그에게서 배우기를 꺼렸다. 왜냐하면 당신은 그것을 "지혜 있고 똑똑한 사람들에게는 감추시고 어린아이들에게는 드러내주셨기" 때문이다(마 11:25).[42]

어거스틴은 심플리키아누스로부터 로마의 수사학자요 신-플라톤주의자인 마리우스 빅토리누스가 공개적으로 그리스도교 신앙을 고백하고 교회에 출석하게 된 이야기를 들었다. 어거스틴이 존경해 오던 빅토리누스도 신-플라톤주의 저서들을 번역하면서 오랫동안 갈등했고 많은 장애물을 극복하고 그리스도교 신자가 된 것이다.[43] 빅토리누스의 회심의 이야기를 듣고 충격을 받은 어거스틴은 노예가 된 자기 의지를 고백하였다.

> 나에게는 빅토리누스가 용감할 뿐만 아니라 행복하게 보였습니다. 왜냐하면 그는 이제 당신께만 그의 모든 시간을 바칠 수 있는 기회를 가졌기 때문입니다. 사실 나도 그렇게 되기를 바랐던 것입니다. 그러나 나는 다른 사람의 쇠사슬에 의해서가 아니고 바로 나 자신의 의지의 쇠사슬에 의해 묶여 있었습니다 … 그렇게 된 것은 내 의지가 왜곡되어(voluntas perversa) 육욕(libido)이 생겼고, 육욕을 계속 따름으로 버릇(consuetudo)이 생겼으며, 그 버릇을 저항하지 못해 필연(necessitas)이 생겼기 때문입니다.[44]

그리고 어느 날 한 북아프리카 출신으로 동향인이고 황실의 고위직에 있었던 친구 폰티키아누스(Ponticianus)로부터 어거스틴은 두 고위 관리가 아타나시우스의 『안토니의 생애』를 읽고 은둔자의 삶을 따르기 위해서 자신들의 직위와 명예를 포기하고 금욕적인 삶의 길을 갔다는 이야기를 들었다.[45] 이 이야기는 지금까지 의지와 마음의 갈등 속에서 결단하지 못하고 있던 어거스틴에게 충격적이었다. 그는 자기의 우유부단함에 대해서 마치 잠에서 깨어나야 하는 것을 알면서도 잠의 달콤함에 눌려 깊은 잠에 잠기는 자와 같다고 하였다. 어거스틴은 "지금 즉시, 지금 즉시" 그러면서도 "좀 더 나를 내버려 둬" 하면서 오랜 시간을 보낸 자신을 발견하였다.[46] 어거스틴은 실로 나와 자신 사이에서 미친듯이 최후의 싸움을 하고 있었던 것이다. 드디어 지독한 긴장이 '눈물의 홍수'로 풀어졌다. 자신에게 크게 실망한 그는 친구들의 무리를 떠나 정원으로 뛰어나가 무화과나무 밑에 엎드리어 소리내어 울부짖으며 회심에 이른 것이다.

언제까지, 언제까지입니까? 내일입니까, 내일입니까? 왜 지금은 아닙니까? 왜 이 지금 시간에 나의 불결함을 끝낼 수 없습니까? 나는 이렇게 말하면서 마음에 깊은 고통의 통회로 울부짖고 있었다. 그때였다. 갑자기 이웃집에서 들려오는 말소리가 있었다. 그 말소리가 소년의 소리인지 소녀의 소리인지 나는 확실히 알 수 없었으나 계속 노래로 반복되었던 말은 "집어서 읽어라, 집어서 읽으라"는 것이었다.[47] … 나는 성경책을 집어 들자마자 맨 먼저 눈에 들어온 구절을 읽었다. 그 구절의 내용은 "호사한 연회와 술 취함, 음행과 방탕, 싸움과 시기에 빠지지 맙시다. 주 예수 그리스도로 옷을 입으십시오. 정욕을 채우려고 육신의 일을 꾀하지 마십시오"(롬 13:13-14). 나는 더 이상 계속하지를 못했으며, 더 읽을 필요도 없었다. 그 구절을 읽은 후 즉시 확실성의 빛이 마음에 들어와(infusa cordi meo) 의심의 모든 어두운 그림자를 몰아냈다.[48]

밀란 정원에서 일어난 어거스틴의 회심에 대해 학자들 간에 논쟁이 있다.[49] 논쟁의 핵심은 어거스틴이 그 회심으로 말미암아 어머니가 믿는 정통 교회의 신앙을 믿게 되었는지 아니면 신-플라톤주의 철학자들이 추구했던 삶과 그 신앙 유형을 갖게 되었는지에 대한 것이었다. 왜냐하면 그의 『고백록』에 의하면 그는 그 회심으로 말미암아 전통교회와 어머니가 주장하는 그리스도교 신앙으로 돌아온 것 같은 인상을 주지만, 그가 회심 직후에 쓴 그의 저술들은 그리스도교적이라기보다는 신-플라톤적인 성향을 보이고 있기 때문이다. 사실 회심 후 386년 가을에 어거스틴은 수사학 선생직을 사임하고 밀란 근처 친구의 별장인 카씨키아쿰(Cassiciacum)으로 어머니, 아들 그리고 자기와 같이 자기부정과 명상의 삶을 하고자 하는 제자들 그리고 친구들과 함께 은거 생활을 시작하였다. 어거스틴은 밀란의 회심 후이기 때문에 앞으로의 자기의 삶의 길, 마음과 생각을 정리할 필요가 있었을 것이다. 카씨키아쿰의 고독에서 저술한 네 권의 저서 중 처음 세 개는 그와 함께 은거 생활하는 친구들과의 대화를 재생하여 후에 문학적 수사학적 편집 방식에 따라 구성한 것이다. 즉, 『아카데미주의자들을 반대하여』,[50] 『행복한 삶에 관하여』[51] 그리고 『질서에 관하여』[52] 등이다. 여기에 더하여 하나님과 영혼 불멸에 관하여 독백을 한 『독백록』(Soliloquies)과 미완성으로 남아 있으며, 387년 세례를 받기 전 밀란에서 쓴 『영혼 불멸에 관하여』(On the Immortatlity of the Soul) 등이 있다. 이 모두를 "카씨키아쿰 대화록"(Dialogues of Cassiciacum)이라고 한다. 그런데 문제는 이 저서들을 통하여 나타난 어거스틴의 관심이 그리스도교 교리 연구보다는 철학적 명상에 더 있다는 것이며, 더욱이 신-플라톤주의의 영향이 어거스틴의 사상에 크게 영향을 미쳤음을 분명하게 보여주고 있다는 것이다.

그러나 전통적인 해석을 옹호하여 그 회심이 결정적이었다는 주장도 있다. B. 알터너에 의하면 밀란 정원 사건 얼마 전에도 어거스틴은 가톨릭 신자가 되어 그가 오랫동안 추구해 온 진리의 표본으로서 교회의 권위에 복종할 것을 굳게 결심한 암시가 분명히 있으며, 회심에 대한 그의 심금을 울리는 기술(記述)을 읽어보면 수사학자가 더 완전한 절제의 길을 가기 위해서 어떻게 부와 명예를 포기했는지를 읽을 수가 있다. 육체적 욕망과 격정의 족쇄로부터 자유하게 된 그는 진리 연구와 축복을 위해서 전적으로 헌신하게 되었다.[53]

　이와 같은 논쟁에 대하여 가장 좋은 해석은 무엇인가? 어거스틴은 어릴 때부터 그리스도교의 중심 교훈, 즉 예를 들면 한 분 하나님, 예수 그리스도의 존재, 그의 삶, 그의 교훈 등에 대하여 의심하지 않았다. 그가 의심했던 것은 그와 같은 중심 교훈에 대한 성서의 기술과 교회의 설명이었다. 그래서 그는 키케로의 대화집『호르텐시우스』를 읽고 그의 삶의 철학적 근거를 삼고, 성서의 말씀이 키케로의 명성과 비교할 수 없이 가치가 없는 것으로 인식하면서도[54] 키케로가 그리스도에 대하여 한마디도 하지 않은 것에 실망했던 것이다. 진리 추구를 삶의 목적으로 했던 어거스틴은 그리스도교의 참된 진리가 알고 싶었다. 그러던 중에 마니교에 실망하고 회의주의에 빠졌을 때 읽은 신-플라톤주의자들의 글, 암브로스의 설교, 심플리키아누스와 나눈 대화가 지금까지 그로 하여금 그리스도교 신앙을 전적으로 수용할 수 없게 했던 의심들을 제거해 주었다고 할 수 있다. 그러나 진리를 추구함에 있어서 어거스틴은 진리의 본질에 대한 신-플라톤주의적 이해를 발전시켰다. 그래서 어거스틴은 곤잘레스가 기술했듯이 "그리스도인의 삶을 예수가 주장했던 자기 부정과 신-플라톤주의자들이 말하는 '철학적 삶'의 결합"이라고 생각했다.[55] 따라서 그는 밀란 정원의 회심을 통하여 그리스도교의 교리들을 수용하기로 결심한 것이 아니라 참 철학적인 그리스도인의 신앙적 삶의 길을 가기로 결심한 것이다.

어거스틴에게 있어서 회심의 뜻, 그 실제적 내용과 의미에 대하여 캄펜하우젠은 어거스틴의 고백에 명확하게 진술되어 있다고 하면서 다음과 같이 진술한다.

> 어거스틴은 이교에서 그리스도교로 개종한 것도 아니고, 불신앙에서 신앙으로 돌아온 것도 아니며, 철학에서 신학으로, 인정받은 지적 권위에서 교회의 권위로 돌아온 것도 아니다. 오히려 세속적 삶에서 새로운 삶, 진정으로 그리스도교적인 삶으로 돌아온 것이다. 오랫동안의 힘겨운 투쟁 끝에 그는 결혼, 쾌락, 부, 영화 그리고 사람들의 찬탄을 포기했으며, 이 모든 것이 이제부터 그에게는 무가치하고, 헛되고 공허한 것이 되었다. 약속된 미래의 삶이 파괴되고 지금까지의 삶과의 단절이 이 회심의 본질적인 신호다. 세례는 그 당시 흔히 그랬듯이 이미 내려진 인장(印章)이었고, 외적으로도 새로운 삶의 시작이었다. 이런 의미에서 어거스틴의 회심은 실천적 성격을 지니고 있으며, 분명히 금욕적 의미를 가지고 있다. 그럼에도 불구하고 그는 수도사가 될 생각은 없었다.[56]

회심 후 어거스틴은 새로운 삶을 위한 필수적인 단계를 밟기 위하여 아들과 친구 알리피우스(Alypius)와 함께 밀란으로 돌아와 387년 부활절 저녁에 암브로스 감독에게 세례를 받았다. 수개월 후에 그는 어머니, 아들 그리고 친구들과 함께 아프리카에서 수도 생활을 하기 위해 밀란을 떠났다. 그러나 여행 중 어머니 모니카가 열병으로 오스티아(Ostia)에서 세상을 떠나자 슬픈 마음을 정리하기 위해서 어거스틴은 로마에서 약 1년 동안 머무르며 저술 활동을 했다.[57] 어거스틴은 어머니가 사망하기 전에 어머니와 마지막 대화를 나누었다고 한다. 이 영적 교제를 '오스티아의 환상'(vision of Ostia)이라고 한다.[58] 이것을 어거스틴의 신비 체험이라고 해석할 수도 있고, 그 해석에 의문을 제기할 수도 있겠지만,[59] 어거스틴은 그의 고백에서 "이런 기회도 실은 우연이 아니고 당신께서 은밀한 방법으로 마련하신 것으로 믿는다"고 했고, "우리는 단둘이서 이미 지나간 과거를 잊고 앞에 있는 것을 붙잡으려고(빌 3:13) 마음을 지향하여 애쓰면서 서로 즐거운 대화를 했다"고도 했으며, "생명의 샘, 하늘의 강물을 목말라 하며 사모했다"고도 했다.[60] 오스티아의 환상의 절정은 어머니의 말이다.

> 아들아, 나는 이제 이 세상에서 누릴 즐거움이라고는 하나도 없다. 이 세상에서 나의 바라던 것이 다 이루어졌는데 내가 이 세상에서 더 해야 할 일이 무엇인지 그리고 왜 내가 더 세상에 남아 있어야 하는지 나는 모르겠다. 내가 이 세상에 잠깐이라고 더 오래 남아 있기를 원했던 단 한 가지 이유는 죽기 전에 네가 그리스도인이 되는 것을 보고 싶었다. 나의 하나님은 내가 바라던 것보다 더 풍성하게 보답해 주셔서 네가 세상의 행복을 끊고 그의 종이 된 것을 나로 하여금 보게 하셨다. 내가 이 세상에서 할 일이 더 이상 무엇이겠느냐?[61]

칸펜하우젠은 오스티아의 환상을 어거스틴의 『고백록』의 절정이라고 평하면서, "그리스도교인의 궁극적인 희망이 유일한 분(the One)에 대한 신-플라톤적 환상에 경이로운 방법으로 침투되어 있다"고 했다.[62] 어머니의 마지막 부탁의 말씀이 있다.

내 몸은 어디에 묻어도 좋다. 그 일로 인하여 조금도 염려하지 말라. 단 한 가지만 너희에게 부탁한다. 너희들이 어디에 있든지 주님의 제단에 서 나를 기억해다오.[63]

어거스틴 일행은 388년 가을에 고향인 타가스테에 도착했다. 여기서 그는 부모로부터 물려받은 모든 재산을 팔아 그 일부는 가난한 사람들에게 나누어 주고 자신은 아들과 몇 친구들과 함께 카씨키아쿰에서와 같은 경건한 수도원적 은거 생활을 하면서 거의 3년간을 경건의 훈련, 신비적 명상과 학문 연구에 몰두하였다. 이들은 사막의 수도 승과 같은 극단적인 금욕주의적 생활은 하지 않았다. 어거스틴이 최초의 그리스도교적 저서를 쓴 것이 이 기간이었다.[64] 그가 그리스도교적 교훈과 신-플라톤주의의 내용들 사이에 차이가 있다는 것을 식별하기 까지는 시간이 걸렸던 것 같다. 그렇기 때문에 그의 초기 작품에 아직도 신-플라톤주의적 경향이 나타나 있는 것은 어떤 점에서는 불가피했을 것이다.

2. 목회자와 신학자로서의 삶

그리스도교인이 된 초기에도 어거스틴은 '철학적 삶'을 살기를 희망하고 있었던 것 같다. 그러나 그의 학식과 경건에 대한 명성 때문에 그는 '철학적 삶'에만 얽매여 있을 수가 없었다. 바로 이러한 때인 391년에 그는 한 친구에게 타가스테의 수도원적 공동체에 참여하도록 설득하기 위해서 히포(Hippo)를 방문하게 되었고, 히포에서 교회에 출석했을 때 라틴어로 설교를 할 수 있는 조력자를 찾고 있던 히포의 감독 발레리우스(Valerius)가 회중 속의 어거스틴을 발견하고 회중들과 함께 그에게 사제가 될 것을 간청하였다. 완전히 기습 당한 어거스틴은 결국 사제직 임명에 동의할 수밖에 없는 상황에 직면하였다. 이리하여 비록 초기에 가졌던 수도원적 성향을 포기한 것은 아니었지만, 그는 교회 일에 직접 연루되기 시작하였다. 이것은 그의 영적 지적 발전이 새로운 국면에 들어갔다는 것을 의미한다. 지금까지의 그의 뛰어난 철학적 관심과 수사학에 대한 그의 직업의식은 무너지고 순전히 신학적 정향(定向)과 실천적 교회 섬김의 활동이 그 자리를 대신하게 되었다. 4년 후인 395년에 발레리우스 감독은 그를 자기를 돕는 공동 감독직에 임명하였다.[65] 그런데 이 임명은 325년 니케아공의회에서 결정한 '한 교회 두 감독' 금지법을 어긴 것이다.[66] 그러나 그 후 얼마 안 되어 감독이 사망했고 어거스틴이 히포의 감독직을 계승했다(396).

히포의 감독이 된 후에도 어거스틴은 타가스테와 히포에서 사제가 되었을 때와 똑같이 사제들과 수도원적 공동체 생활을 계속하면서도 설교와 성례전 집례, 목회 상담과 가난한 사람들에 대한 구제 활동 그리고 교회 행정 등을 떠맡았다. 그가 사제가 된 후 마니교도를 비롯하여 도나투스주의자들, 펠라기우스주의자들과 논쟁하면서 활발한 저술 활동을 하고, 신학 사상을 형성하고 발전시킨 것은 가톨릭교회를 방어하기 위한 것이었다.

무엇보다도 먼저 그가 그리스도교인이 되면서 최종적으로 관계를 끊은 마니교에 대한 문필적 투쟁은 400년까지 10년 넘게 그의 활동의 중심에서 계속되었다. 이것은 거의 4세기 내내 아프리카 교회를 마비시켰던 도나투스주의 논박에 주로 전념했던 학문적 작업 시기로 이어진다. 그는 저술 활동만이 아니라 설교와 논쟁을 통하여 가톨릭교회의 진리를 위해서 투쟁하였다. 그는 411년 가톨릭 측 감독 286명과 도나투스주의 감독 279명이 참석했던 카르타고의 종교적 대담을 주도하면서 확실한 승리를 거두었다. 이 승리 다음 해인 412년에 펠라기우스주의와의 투쟁이 시작되었다. 그는 가톨릭파의 지도자로서 이 투쟁을 말년까지 계속하였고, 이 투쟁으로 그는 '은혜 박사'(doctor gratiae)라는 영예로운 칭호를 얻었다. 어거스틴이 저술한 수많은 저서를 통하여 나타낸 그의 신학 사상은 주로 이 논쟁들을 통하여 생산되었다. 어거스틴은 히포가 반달족에 의해서 포위 공격을 받고 있을 때 다윗의 참회하는 시(편)를 읽으면서 참회의 눈물을 흘리던 중 430년 8월 28일에 76세의 나이로 사망하였다.

히포의 위대한 감독 어거스틴은 터툴리안의 창의력과 오리겐의 지적 넓이에 키프리안의 성직자적 의식을 겸비하고 있었으며, 그에게는 아리스토텔레스의 변증법적 통찰력에 플라톤의 관념론과 깊은 사색이 결합되어 있었고, 라틴인의 실천 의식과 헬라인의 기민한 지력이 결합되어 있었다. 그는 교부 시대에 가장 위대한 철학자요 교회에서 가장 중요하고 영향력 있는 신학자였다.

3~4세기 동방에 과학적 신학의 선구자 오리겐이 있었다면, 4~5세기 서방에는 현대에 이르기까지 교회의 전체 삶을 위하여 더 순수하고 더 유익한 신학적 길을 제시한 어거스틴이 있었다. 그는 철학, 교리, 도덕과 신학뿐만 아니라 교회의 사회적 삶, 자선사업, 교회정치, 교회법에도 강한 영향을 끼쳤다. 그는 교회의 권위에 무조건 의존하여 탐구했던 카톨릭의 진리를 위하여 투쟁하고 연구하고 글을 썼다. 그는 K. 홀이 지적했듯이 "가톨릭교회는 언제나 그를 반대자들보다 더 잘 이해했다."[67]

어거스틴은 성실한 학자요 사상가였다. 그는 자기의 작품에 대하여 솔직한 비판을 원했으며 자기의 견해에 대해서 무비판적으로 따르지 않기를 원했다. 그는 자기가 쓴 것을 한마디라도 결코 취소할 필요가 없다고 하거나 취소하기를 두려워하는 사람들과 함께하기를 싫어했다.[68] 우리는 그의 저서들, 특히 『고백록』, 많은 서신들 그리고 설교들을 읽으면 어거스틴은 독특한 이상주의와 도덕 영웅적인 자질을 가진 순수하고 진지하고 깊은 종교적 인격자일 뿐만이 아니라 남다른 깊은 내적 성향(性向)과 감동에서 사람의 마음을 읽는 예민한 심리학자라는 것을 발견한다. 그리하여 그는 생기 넘치는 기질과 함께 사제로서, 친절한 영혼의 안내자로서 그리고 목회적 실천적 분야에서 대단한 성공을 거둘 수가 있었다.

III. 신학 사상

1. 주요 저작 개요

개략적으로 말해서 그리스도교로 개종한 후 저술가로서 어거스틴의 첫 번째 활동 시기는 마니교에 대한 공격과 논박에 주로 관심을 기울였던 기간이었고(387~415),[69] 두 번째 시기는 도나투스주의를 반박하는 저술 시기이며(393~422), 세 번째 시기는 펠라기우스와의 논쟁을 통한 반(反)펠라기우스주의적 저술 활동을 한 시기다(411~429). 그는 이와 같은 논쟁을 통하여 저술 활동을 했을 뿐 아니라 그의 신학 사상을 확립하고 발전시켰다.

어거스틴의 문학적 다작과 그 정력은 대단하여 오직 동방의 오리겐의 엄청난 성취와 비교할 수 있을 것이다. 그는 스스로 427년까지 이미 93편의 작품과 232권의 책을 저술했다고 말한다.[70] 그러나 그가 다작했다고 해서 그의 글이 조악했다는 것은 아니다. 어거스틴은 문체의 달인이었을 뿐 아니라 반정립(antithesis), 은유, 상상과 언어 선택의 능력 등에서 뛰어난 수사학적 귀재였다. 때때로 그의 말의 비유적 표현은 번역하기가 어렵다. 그의 멋있는 반정립이나 음악적 리듬은 훗날 고대의 유산이 된 수사학적 예술이 되었다. 이 사실에서 그는 논쟁의 달인이었다고 할 수 있다. 그럼에도 그에게 있어서 수사학의 법칙은 그 자체에 목적이 있는 것이 아니었고, 심미적 감정에 예민한 독자들의 헛된 박수를 받는 수단도 아니었다. 그는 다양한 논식(論式), 주제, 목적에 문체를 적용시킬 수 있는 능력이 있었다. 그의 말들은 그의 불타는 영혼을 표현하고 새로운 불길에 불을 붙이기 쉬운 불꽃을 전하는 힘을 가지고 있다. 그렇다고 그는 멋진 글을 쓰기 위해서 진리와 사실을 조금도 희생시키지 않았다. 그의 말과 글은 진리, 하나님과 그의 지상 통치를 섬기는 데 사용될 뿐이다. 그는 넓은 대중을 위하여 준비된 설교와 논문에서 종종 수사학적 매력과 꾸밈을 희생하기도 하며, 보다 좋은 효과를 얻기 위해서 서민들의 말투를 사용하기도 한다. 그는 자기의 작품에 대해서 어떤 이견이나 확인도 용납한다.

1) 『고백록』(Confessions, Confessiones)

어거스틴의 『고백록』은 『재고론』과 같이 그리스도교 문학사에 새로운 문학 형식을 소개하고 있는 작품이다. 그는 아마 키프리안의

『도나투스에게』(*Ad Donatum*)에서 영향을 받았을 것이다. 이 책은 키프리안의 회개를 다룬 논문으로 그의 생애를 연구하는 데 가장 중요한 자료이다.

어거스틴의『고백록』은 총 13권[71]으로 구성되었으며, 암브로스가 사망한 397년에 집필을 시작하여 400년에 완성한 작품이다. 이것은 그가 밀란 사건이 있은 지 10년 후에 쓰기 시작하여 3년 만에 그의 수많은 저작 중에서도 가장 유명한 저서를 세상에 내놓았다는 것을 의미한다.[72] 어거스틴의『고백록』은 고전 중의 고전이며 철학자, 신학자, 평신도는 물론 일반 문학가, 심리학자들, 심지어는 비그리스도교인들까지 그리고 전 세계적으로 널리 읽히고 있는 책이다.[73]

우선 어거스틴의『고백록』은 어떤 책인가? 그는 책머리에 다음과 같이 기술하고 있다.

오, 주님, 당신은 위대하시니 크게 찬양을 받으실 만합니다(시 145:3). 당신의 능력은 심히 크시고 당신의 지혜는 헤아릴 수 없습니다(시 147:5). 그러기에 당신의 피조물의 한 부분인 인간이 당신을 찬양하기를 원합니다. 인간은 자신이 유한성과 스스로 지은 죄의 증거와 당신은 교만한 자를 물리치신다는 그 증거를 몸에 지닌 채 살고 있습니다(벧전 5:5). 그렇지만 당신의 피조물의 한 부분인 이 인간은 당신을 찬양하기 원합니다. 당신은 우리 인간의 마음을 움직여 당신을 찬양하고 즐기게 하십니다. 당신은 우리를 당신을 향해서(ad te) 살도록 창조하셨으므로 우리 마음이 당신 안에서(in te) 안식할 때까지는 편안하지 않습니다.[74]

어거스틴은『재고론』에서『고백록』의 제목에 대한 그의 이해를

"나의 선행과 악행에 관한 고백록 13권은 정의롭고 선하신 하나님을 찬양합니다"라고 쓰고 있다.[75] 그는 라틴어 콤페시오(confessio)를 사용하면서 자신의 잘못된 삶에 대한 '고백'뿐만 아니라 하나님의 선하심과 위대하심에 대하여 그의 '인정함'을 포함하고 있다. 따라서 어거스틴의 『고백록』도 1~9권까지는 그가 회심하기 전까지 행한 잘못된 행동에 대한 고백이며, 어머니 모니카의 죽음으로 끝맺고, 10~13권은 하나님의 선하심과 창조에 대한 찬미를 기술하고 있다. 11권은 그의 시간관이다.

선한용은 어거스틴의 『고백록』이 보통 우리가 이해하는 자서전이 아니라고 하면서 어거스틴이 고백록을 쓰게 된 목적을 기술하고 있다.

> 첫째로 어거스틴은 자기 자신은 물론 많은 사람들로 하여금 하나님께로 마음을 향하게 하여 그를 사랑하고 찬양하게 하기 위해서 썼다. 즉, 자기도 인식하지 못하는 중에 자기를 인도하신 하나님의 뜻을 찬양하고 감사하는 '찬양록'이라고 한다.[76]
> 둘째로 감독으로서 어거스틴은 콘스탄틴 황제의 그리스도교 공인, 테오도시우스 황제의 그리스도교 국교화(392)에 의한 소위 '그리스도교 시대'(Tempora Christiana)에 "어떻게 그리스도교인이 되는가?"를 가르치고 훈련시키기 위해서 『고백록』을 썼다.
> 셋째로 그리스도교 시대에 순교가 아니라 세속사회에서 그리스도인 다운 삶을 가르치기 위해서 썼다. 즉, "무분별한 사랑"이 아니라 "사랑의 질서"를 지켜야 하고(2.2.2), "사회 관습에 따른 정의가 아니라 하나님의 법에 따른 정의"(3.7.13)를 따르면서 살아야 한다는 것이다.
> 넷째로 우리의 신앙 고백을 신학적으로 설명해 주기 위해 썼다. 그러므

로 이 책은 '자서전적인 신학'(autobiographical theology)이다.

다섯째로 독자로 하여금 인간 마음속 "깊은 곳"에 도사리고 있는 죄를 알게 하기 위해서 썼다. 그러므로 이 책은 하나님과 사람들 앞에서 죄인인 자기를 고발하는 '고발장'이다.

여섯째로 외적인 이유로 자기의 생애에 대한 교회 내외의 오해와 비판에 대한 변증(apologia pro vita sua)[77]이다.

『고백록』의 13권 중 1~9권까지는 자서전적인 내용이다. 여기서 그는 자기의 비신앙적, 비도덕적 생활, 그러나 진리를 추구하는 과정과 고민 그리고 갈등, 그럼에도 불구하고 하나님의 섭리와 은총에 대한 찬양을 고백한다. 이 부분은 우리로 하여금 387년까지의 그의 종교적 발전에 대해 깊이 통찰하게 하고, 하나님 안에서 숭고한 평안을 위한 그의 격렬한 투쟁에 참여하게 한다. 그는 자기 자신의 죄스러운 약함에 대하여 너무나 자주 모질게 자신을 고발할 뿐만 아니라 헤아릴 수 없는 하나님의 은혜와 인도하심에 대해서 그에게 찬양하고 감사하는 신앙을 고백한다. 캄펜하우젠은 이 부분을 다음과 같이 해설한다.

이 책의 주요 부분은 양심적인 자기성찰, 격렬하고 뼈아픈 자기비판의 증언이 담긴 감동적인 참회지만, 동시에 괴롭거나 절망하는 것은 아니다. 왜냐하면 참회는 하나님의 자비를 끊임없이 찬양하므로 이뤄지기 때문이다. 하나님의 자비는 이 모든 것에도 불구하고 그의 삶을 내버려두지 않고, 틀림없이 죄와 죄책의 경험을 거쳐서 숨겨진 방법으로 구원의 인식과 용서의 평화에까지 이르게 하였다. 어거스틴은 누구든지 자기의 죄를 고백한 자는 언제나 하나님에 대한 찬양의 고백이 동반되어야 한다고 생각한다. 고백이 절망하는 중에서가 아니라 하나님의 자비에 호소하는 가운데서 일어날 때만이 그는 그리스도교적 의미에서 '경건' 한 것이다.[78]

10권은 기억의 신비를 논하면서 책을 쓸 때의 자기의 종교적, 도덕적 상태에 대한 심층 심리적 분석과 성찰을 한다. 11~13권은 창조에 대한 성서적 설명에 하나님과 세계, 시간과 영원에 대한 깊은 명상이 포함되어 있다. 여기서 그는 종교적 지적 영역에서 그에게 주어진 통찰 때문에 하나님을 찬양하고 영화롭게 하기를 원한다.

이 작품은 전체적으로 어거스틴이 가장 세심하고 미묘한 심리적 사건과 상태를 묘사함에 있어서 탁월한 능력을 나타낸 세계 문학에 있어서 걸작 중의 하나다. 『고백록』은 어거스틴이 의도했듯이 수 세기 동안 '경건의 책'(book of devotion)으로 생각되어 왔다. 어거스틴은 "고백의 효력"과 "고백의 목적"에서 이 책을 읽거나 듣는 사람들이 "자기가 누구인지" 자신을 알기를 원했다.[79] 수많은 그리스도인이 어거스틴의 유(類)가 없는 삶의 이야기에서 자신들의 영적 삶, 하나님 앞에 선 자신들의 운명을 재인식하였다. 단순한 전기(傳記)로는 이와 같은 영향을 끼칠 수 없다. 이 점에서 이 책의 내적 넓이와 깊이가 나타난다. 인격적인 요소와 객관적인 요소가 독특하게 결합되어 그의 신학적 특색을 구성하였다. 어거스틴은 이 책을 쓰기 조금 전에 신적 은혜와 예정의 교리를 완성했는데, 아마 이것이 그로 하여금 매우 솔직하게 세상 앞에서 자기 자신을 고소하고 비하하도록 했을 것이다. 인간의 자의식, 심리학적 이해 그리고 인간학의 역사에 있어서 『고백록』은 새로운 장(章)을 열었다고 할 것이다. 『고백록』이 남긴 인상에 대한 하르낙의 표현은 매우 시적이다. "우리가 음산하고 비가 온 후 날이 개어 햇볕이 습기 찬 땅을 비추어 반짝이게 할 때 느끼는 인상과 비교할 수 있다."[80]

2)『하나님의 도성』(*The city of God, De civitate Dei*)

『하나님의 도성』은 어거스틴이 413~426년에 걸쳐서 22권으로 구성하여 저술한 그의 '방대한 저서'(magnum opus)이다. 역사적 관점에서 생각하면 이 책은 가장 가치 있고 위대한 초대 그리스도교 변증이며 역사 신학의 웅대한 첫 개요라고 할 것이다. 일반적인 견해에 따라서 이 책을 이교에 대한 교회의 변증서의 범주에 넣는 것은 이 책의 집필 배경과 그 동기에 근거한 것이다. 그러나 이 책은 단순한 변증 문학일 뿐만 아니라 어거스틴의 역사 신학, 그의 전체 신학 자체의 요약이다. 이 책은 시대 말기와 전 세계 앞에서 교회의 가르침과 그 역사적 위치를 정당화하고 있다. 어거스틴은 여기에서 여러 세기에 걸쳐서 수집된 전통적 그리스도교적 논쟁의 자료 전체를 새롭고 독자적인 형식으로 상술하고 있다. 어거스틴은 이 작품을 413년에 1~3권, 415년에 4~5권, 417년까지 6~10권, 418년까지 11~14권 그리고 426년까지 15~22권을 완성하였다.

이교적 종교와 철학에 대한 어거스틴의 논박은 그리스도교의 교리와 윤리 체계에 대한 그의 적극적인 진술과 결부된 것이다. 중세기의 교회정치는 어거스틴의『하나님의 도성』의 기본적인 관념에 의하여 주로 결정되었다. 어거스틴이 사용한 '도성들'(civitate)이라는 용어의 개념은 역사 속에 존재하며 영원으로 발전하는 두 개의 큰 집단을 표현하기 위해서 사용한 것이다. 이것이 어거스틴의 주제의 주축을 이룬다. 어느 작가가 표현했듯이 "창조된 만물 중에서는 인간이, 인간 사회에서는 사랑의 공동체인 교회가, 교회에서는 교부가, 교부 중에서는 어거스틴이 가장 탁월한 것과 같이 어거스틴의 작품 중에서『하나님의 도성』이 가장 뛰어났다."

이 책의 집필 배경은 410년 8월 24일 알라릭(Alaric)이 이끄는 고트족에 의한 로마의 함락이다. 옛 제국의 수도, 세계의 지배자요 중심지, 모든 문화의 총체인 영원한 도시 로마를 휩쓸고 약탈한 이 사건은 직접적인 정치적 중요성 이상으로 충격적이었다. 이 사건은 당시 문명 사회를 당혹케 하였고 큰 혼란에 빠지게 하였다. 함락 당시 로마의 비참함을 제롬은 버질(Virgil)의 노래를 인용하면서 다음과 같이 증언하였다. "내가 백 개의 혀를 가지고 있으며 내 목이 구리로 되었다 한들 포로된 자들의 원통함을 어찌 다 말할 수 있으며 죽은 자들의 이름을 어찌 다 말할 수 있으랴."[81] 지난 800년 동안 외세의 침략을 받아 본 적이 없는 영원한 도시 로마가 3일 만에 무너진 것을 로마인들은 믿을 수가 없었다.

이 엄청난 역사적 재난에 대하여 그리스도인들이나 이교도들을 불문하고 근본적인 질문, "왜 이런 파국적 역사가 일어났는가?"를 묻지 않을 수 없었다. 이교도들은 이 파국을 제국이 옛 수호신들과 전통적인 종교를 버리고 그리스도교를 국교로 삼은 것에 대한 보응이라고 주장했다. 그들은 제국이 가장 쇠약해지고 무기력한 때가 그리스도교가 가장 번창한 때였다는 점에 주목했다. 제국의 새로운 수호신 그리스도교의 하나님은 무능했고 실패한 것이 드러났다. 이에 대하여 그리스도인들은 대응할 말이 없었다. 왜냐하면 지금까지의 교회의 교리 논쟁은 그리스도교에 대한 이교도의 비판을 받을 수밖에 없었기 때문이다. 콘스탄틴 황제의 그리스도교 공인 이후 그리고 후기 박해 시대 동안에도 그들은 이교 미신의 포기와 참 종교의 수호가 제국을 새롭게 하고 보존할 것이라는 견해를 끈질기게 제의해 왔다. 이 근거 위에서 테오도시우스 1세(379~395)는 정통 신앙을 제국 질서의 기초로 삼았다. 이 상황에서 로마의 함락은 교회를 당혹하게 했고, 그리스도인들은 도덕적 책임 추궁을 받게 되었다.

이 때문에 로마의 함락은 그리스도인들에게도 도전이었다. 로마의 함락은 그리스도교의 하나님이 옛 로마제국의 여러 신들이 맡았던 수호 임무를 대신하여 로마제국을 보호한다고 했던 4세기 그리스도교가 전수 받은 이데올로기의 붕괴를 의미하는 것이었다. 그러므로 그리스도교는 로마의 함락을 섭리사적 구도에서 설명해야 했다. 즉, 이교도들에게 하나님이 제국에 이와 같은 재앙을 내린 이유를 설득력 있게 설명하는 일이었다. 그 일에 가장 준비되어 적합한 사람이 라틴 그리스도교의 대표자요 신학적 조언자인 어거스틴이었다. 그뿐만 아니라 어거스틴은 그 당시 누구보다도 이교도 전통과 그리스도교 전통 모두를 직접경험하고 섭렵한 사람이었다. 사실 어거스틴은 『하나님의 도성』을 집필하기 전에 설교형식의 글, 『로마 시의 멸망에 관하여』(*De excidio urbis Romae*)라는 책을 쓴 일이 있었다. 그런데 어느 서신이나 설교보다 방대한 집필을 하게 된 것은 위기의 상황 속에서 사람들이 그의 해석과 선도적(善導的) 발언을 재촉했기 때문이었다. 어거스틴은 『하나님의 도성』을 집필함에 있어서 그가 의도한 두 가지는 첫째, 그리스도교에 대한 이교도들의 비판과 책임 추궁에 대하여 그들의 논지를 반박하고, 둘째, 로마 멸망의 실제적인 원인을 제시하는 것이었다.

어거스틴의 로마(제국)에 대한 근본적인 이해에는 부정적이다. 그는 가이사랴의 유세비우스처럼 로마제국의 역사를 복음의 준비를 위한 신의 섭리로 이해하지도 않았고, 예언적이거나 메시아적 범주에서 해석하지도 않았다. 로마제국의 역사는 무제한적인 권력욕의 투쟁의 역사라고 보았다. 이 권력욕은 탐욕과 방종으로 연결되어 도덕적 타락에 이르게 된다. 권력욕과 도덕적 타락 속에 로마 역사는 폭력으로 얼룩졌다. 이것은 로마의 우상숭배와 밀접하게 연관되어 있다. 로마의 전통적 신들은 로마인들의 타락을 제어할 힘이 없으며 오히려 부패하도록 부추겼다. 로물루스(Romulus, B.C. 771~717)의 형제 살해로 시작된 로마의 역사는 로마인들의 도덕적 타락의 불길한 전조였다.[82] 이것이 로마의 악이며 로마 멸망의 원인이다.

『하나님의 도성』은 두 도성의 이야기다. 어거스틴은 이 책에서 두 도성의 기원, 역사 그리고 마지막으로 두 도성의 결말을 다룬다. 이 책의 이름은 두 도성 중에서 더 나은 도성을 지칭한다. 처음 열 권에서 어거스틴은 이교도의 신들에 대한 숭배가 이 땅에서의 인간들의 도덕적 삶이나 안전, 행복을 위한 어떤 근거도 제공하지 않으며 영생에 필요하고 유익한 것도 아니라는 것을 입증하는 데 집중한다. 즉, 그는 "인간의 복지가 이교도들이 공경하는 많은 신들에 대한 굳건한 숭배로 무조건 증진된다"는 주장이 얼마나 근거가 없는지를 보여주려고 했다.[83] 신비적이며 자연적이고 사교적(邪教的) 로마 종교는 로마인들의 삶 전체에 깊이 침투되어 있었다. 어거스틴은 이 종교가 로마인들을 타락시켰다고 한다. 그는 자연신학과 마귀 숭배 사상의 밀접한 연관성을 논하면서 플라톤주의자들을 비판한다. 거짓된 신들의 숭배가 로마의 방탕의 핵심이다. 퇴폐적인 문화, 연극의 타락, 시인들의 방탕도 거짓 신들의 예배에 따른 것이다. 이런 점에서 어거스틴의 비판은 로마인들이나 로마제국이 아니라 그들의 '사교적 예배'였다. 참된 예배 없이 참된 정의와 자유가 있을 수 없으며, 참된 정의와 자유 없이 진정한 사회는 보장될 수가 없는 것이다. 어거스틴에 의하면 로마가 파멸되는 동안 이교도와 그리스도인들을 보호한 것은 옛 이교 신들의 신전이 아니라 그들의 피난처가 된 그리스도교 지성소였다.

그다음 이어지는 11~22권에서는 '하나님의 도성'(civitas Dei)과 '지상의 도성'(civitas terrena) 사이의 싸움, 즉 세계사의 주요 주제로서 신앙과 불신앙 사이의 투쟁을 확인시키고 있다. 신앙과 불신앙, 교만과 겸손은 공존하고 대립하면서 세계사와 인간사에서 가장 깊은 주제 중의 하나다. 그의 두 도성의 이원론적 근원은 현세에서 물질적 욕망을 추구하는 세속적 사람들과 영원한 세계에서 신령한 삶과 평화를 추구하는 영적인 사람들 사이의 근본적인 대조다. 이와 같은 어거스틴의 두 도성의 이론에는 플라톤의 이데아 사상의 영향이 있을 수 있다. 즉, 플라톤은 참된 이데아와 물질세계를 그 이데아의 그림자로 보는 것이다. 이데아의 세계는 영원성과 불변성 그리고 존재론적 특성이 있는 반면, 물질세계는 시간성, 가변성 그리고 비존재론적 특성이 있다. 또는 물질과 비물질, 영과 육, 현세적인 것과 영원한 것을 구별하는 신-플라톤주의의 영향을 받았다고 할 수도 있다. 그러나 어거스틴의 두 도성 이론의 핵심에는 강한 종말론적 요소가 있다는 점에서 구별된다.

어거스틴이 두 도성을 구별하는 근본적인 요인은 '사랑'이다. 하나는 '자기 사랑'(amor sui)이고, 다른 하나는 '하나님 사랑'(amor Dei)이다.

지상의 도성은 하나님까지도 잊고 부정할 정도로 자기를 사랑을 하는 사람들에 의해서 이뤄졌고, 하나님의 도성은 자기를 잊을 정도로 무조건 하나님을 사랑하는 사람들에 의해서 건설된다.[84] 전자는 사람의 욕망과 영광을 구하지만, 후자는 정의와 자유의 하나님 안에서 최고의 영광을 구한다. 전자의 사랑은 쿠피디타스(cupiditas)이고, 후자의 사랑은 카리타스(caritas)다. "카리타스는 위를 향한 사랑이고, 쿠피디타스는 아래를 향한 사랑이다. 카리타스는 하나님의 사랑이고, 쿠리디타스는 세상적인 사랑이다. 카리타스는 영원하고, 쿠리디타스는 일시적 사랑이다."[85] 모든 선한 사람은 하나님의 도성에 속하고, 모든 악한 사람은 이 세상과 다음 세상에서 악마의 도성에 속한다. 그러나 지상의 역사 과정에서 두 도성은 산뜻하게 분리되지 않고 서로에게 침투되어 있다. 하나님의 도성은 지상의 도성의 어느 특정한 국가와 동일하지 않듯이 지상의 교회와 동일하지 않다. 어거스틴이 두 도성을 비교 분석하는 것은 그 자체에 목적이 있는 것이 아니라 비교를 통해 우리 인간 사회의 정치, 문화, 윤리적 이상과 그 바람직한 지향점을 암시하는 데 있었다. 두 도성의 마지막 분리는 최후의 심판 때에 이루어질 것이다.

『하나님의 도성』 제11권 이하에서 어거스틴은 두 도성의 기원과 역사 그리고 종국을 설명하는 가운데 하나님의 도성의 기원을 아담이 아벨 대신에 낳은 셋에 두고 있다(창 4:5). 셋의 아들 에노스 시대부터 사람들이 하나님의 이름을 불러 예배하기 시작했다는 것이고(창 4:26), 이것이 "은혜로 택하심을 입은 사람들"(롬 11:5)의 예언이라는 것이다. 19권에서 하나님의 도성의 미래를 논한 어거스틴은 22권에서 하나님의 도성의 승리를 확언한다. 성도들의 영원한 복음과 몸의 부활, 영원하고 영적인 몸을 입은 성도들이 사는 도성이 하나님의 도성이다. 그들은 하나님의 도성에서 최고의 선을 소유하며 행복한 평화를 누리며 산다. 즉, 하나님의 도성은 최고의 선이 이룩되는 도성이요 평화와 행복, 영원한 평화의 질서가 있는 도성이다. 이것이 시편 시인이 노래하는 하나님의 도성이다(시 147:12-14). 그곳에서는 진리가 승리하고, 평화가 행복이며, 영원한 생명이 있는 곳이다.

그러나 어거스틴은 로마를 지상의 도성의 대표적인 모델로 간주한다. 그는 지상의 도성의 시조인 가인과 로마의 창설자 로물루스가 모두 살인자라는 공통점에 주목한다. 그는 살인자가 건설한 로마를 제2의 바벨로니아에 비유한다. 바벨로니아는 아시리아와 함께 고대 사회에서 가장 강대한 나라를 상징한다. 그러나 어거스틴은 그 나라들을 반역과 사탄의 도성이라고 하면서 로마를 제2의 바벨로니아라고 하는 것이다. 로마를 참 하나님께 대항하는 사교적(邪敎的) 집단으로 본 것이다. 거기에는 정의가 결여되어 있고 자기 사랑의 특징이 짙게 나타난다. 세속적 권세자들의 자기 사랑은 결국 하나님의 권위에 도전하게 되고 이것은 '교만'으로 이어진다. 교만은 모든 죄의 근원이다. 교만은 인간으로 하여금 자신의 피조성, 피조물의 위치를 망각하게 한다. 교만은 피조물인 인간이 스스로를 창조주 하나님이 되게 한다.[86]

그리하여 그리스도인의 근본적인 태도를 나타내기 위해서 어거스틴이 즐겨 사용하는 용어가 '겸손'(humilitas)이다. 그러므로 이교에 대항하여 그리스도교를 방어하는 것은 인간의 자기 자랑과 교만(superbia)에 반대하여 겸손의 의미를 구체적으로 제시하는 것이다. 그러나 그것은 겸손 자체의 힘에 의한 것이 아니고 이 세상의 흔들리고 사라지는 모든 산보다 겸손을 더 높이시는 하나님의 영원하신 은혜에 의한 것이다.[87] 그러므로 이제까지 영원하다고 생각되었던 이교의 중심지 로마라고 하더라도 오직 참으로 홀로 영원한 하나님의 도성의 평화의 질서를 거스르는 것은 로마의 교만이 아닐 수가 없다. 어거스틴은 이교의 최종적인 단계를 정치적인 종교로 보았다. 이교도의 우상들은 더 이상 신앙의 대상이 아니었다. 그것들은 이교적 로마인의 정치적 군사적 오만한 욕망과 영광을 확증할 뿐이다. 어거스틴은 로마가 이룩해 놓은 위대한 업적이 악의 뿌리와 결부되어 있기 때문에 미덕보다는 오히려 악덕으로 간주한다. 후대의 형식에 따르면 "대성공한 악덕"(splendida vitia)이다.[88]

어거스틴은 『하나님의 도성』을 집필할 때 살루스티우스(Sallustius)[89]를 비롯하여 고전 작가들로부터 암시를 받아 전 로마의 역사를 로물루스의 형제 살인 사건에 의한 건국으로부터 시작하여 공화의 마지막 잔인성에 이르기까지 철저하게 재해석하여 그 위선적인 가면을 벗겨 그 정체를 폭로하려고 했다. 그가 관심하는 것은 역사적 타당성이 아니라 원리 원칙의 인식이었다. 그는 어떤 정치적 관여나 정치적 활동을 배격하는 일보다는 정치 세계의 '교만'을 문제시했다. 왜냐하면 '교만'은 권력 자체의 필연적 부산물이 아니라 "자기 권력에 비정상적으로 매혹된 영혼"의 필연적 부산물이기 때문이다.[90]

어거스틴은 이 세상에서 지나가고 일시적인 모든 목적을 하나님과 함께하는 영원하고 영적이고 초월적인 목적에 종속시키기 때문에 불가피하게 금욕적이고 신-플라톤주의적인 소리를 내고 있었지만, 그럼에도 불구하고 그의 전체적인 조망(眺望)은 그리스도교적이고 성서적이었다. 어거스틴의 하나님의 도성을 주도한 사상은 무시간적인 가치의 이행(移行)이 아니라 목표를 향한, 즉 심판과 하나님의 영원한 평화의 나라에 이르는 역사적 움직임에 대한 의식이었다. 시간을 통하여 이 움직임을 추진하는 특정한 공동체는 영원한 교회, 즉 하나님의 도성의 시민이다. 이들은 세상적인 평화를 이루기 위하여 세상의 시민들과 협력하여 성취해야 할 공동의 임무를 가지고 있지만, 그럼에도 불구하고 그들은 공동의 목표를 가지고 있지는 않다. 어거스틴에 의하면 인간 마음의 태도와 방향, 말하자면 현재 실재하지 않는 희망과 미래가 인간의 본성을 결정하고 거기에 의미를 준다. 이것은 시간에 대한 새롭고 그리스도교적인 가치평가다. 어거스틴에게 중요한 것은 마지막 때를 규명하고 계산하는 것이 아니라 역사의 의미에 대한 내적 분석이다. 왜냐하면 이것으로부터 하나님의 공동체와 그 참되고 영원한 목표를 위한 결단이 가능하기 때문이다.

어거스틴은 성서적, 원시 그리스도교적, 묵시문학적 역사관을 따랐는데, 그러한 세계관은 창조와 원죄로부터 세계의 종말 그리고 하나님 나라의 도래에까지 이어지며 '모든 백성'을 새 사람으로 거듭나게 하려고 부르시는 그리스도에게 그 중심과 의미를 둔다. 그것은 순환적 세계관이 아니라 분명한 목표가 있는 세계관이다. 물론 라틴어로 '시비타스'(civitas)라는 한 단어로 표시하는 두 나라, 두 도성, 시민의 분류는 이전에도 있었던 것을 어거스틴이 채택한 것이지만, 그에 의해서 그 말은 현실적 생명력을 갖게 된 것이다. 그것은 어거스틴이 두 도성 (civitate)의 관계를 다만 로마와 교회만이 아니라 세계 역사의 전 과정을 통하여 추적하려고 했기 때문이다. 어거스틴은 성서와 고대 역사가들에 기초하여 두 도성의 기원, 발전 그리고 지상에서의 진행 과정을 상세하게 서술하는데, 그것은 부활과 영원에서의 성취를 대망하기 위해서다. 이리하여 신학자 어거스틴이 '역사철학자'가 된 것이다.

그러나 우리가 이 표현을 쓸 때 현대화하는 잘못을 주의해야 한다. 어거스틴은 결코 독자적이거나 '비판적' 역사가가 아니었다. 더욱 그가 사용한 판단 표준과 해석도 현대적 의미로 '역사적'이 아니다. 그가 말한 두 도성의 발전은 현대적, 내재적 진화 개념과는 상관이 없다. 역사를 결정하는 것은 하나님이며, 그 결과는 어느 순간에 주어지는 사건으로 그것은 이해할 수 없고, 우리는 받아들일 수밖에 없으며, 설명할 수도 없다. 그리하여 어거스틴은 로마제국의 장래에 대한 결정을 미결로 남겨두었다. 분명한 것은 이 세상의 어떤 세력도 '영원하지' 않다는 것이고, 로마의 멸망은 하나님의 결정이라는 것이다. 그때도 하나님이 결정한다.[91]

어거스틴의 『하나님의 도성』은 특히 중세기에 그의 『고백록』보다 더 애독되던 책이었다. 그러나 시대가 변하자 이해가 달라졌다. 중세기가 그 절정에 이르렀을 때 국가와 교회가 대결 국면에 접어들자 그 책의 근본적인 이념이 정치적 혹은 성직자적으로 해석되었다. 중세 교회 성직자들은 그 책의 이왕국론에서 세속적 권력에 대해서는 심한 평가절하를, 교회 권력, 즉 교황 권력에 대해서는 신성화의 근거를 찾았다. 물론 어거스틴의 진정한 사상은 그와 같은 교회정치적 해석과는 거리가 멀었으며, 마찬가지로 그의 사상을 반(反)성직계급적 그리고 영적으로 재해석하는 것과도 거리가 멀었다. 다만 그가 그와 같은 오해를 받게 된 것은 그의 저서가 '사탄의 도성'의 악마적 힘이 세속 정치적 야심, 권력과 명예에 대한 탐욕에 나타난다고 지적한 반면에 성직자들의 교권욕에는 거기에 상응하는 비판을 하지 않았기 때문이었다. 그러나 실제 어거스틴이 교회 문제를 언급할 때 그에게는 아직 중세기적인 제도적 교회 개념이 없었기 때문에 중세기적 교회 제도적 관점에서 그를 비판하는 것은 온당하지 않다. 사실 그에게는 '그리스도 국가' 개념도 없었다. 다만 그는 국민으로서 정의와 지상의 평화에 봉사할 수 있으면서도 마음속으로는 하늘 도성의 겸손한 시민으로 남아 있는 개개인의 그리스도인을 알고 있었을 뿐이었다.

그러나 어거스틴에게 던지는 질문은 하나님의 도성을 세상의 제도적 교회와 동일시하지 않았다면, 이상적이고 완전하고 보이지 않는 영적 교회를 의미하느냐는 것이다. 현실성이 없는 하나님의 도성은 일종의 환상이요 형이상학적 이념에 불과한 것이기 때문이다. 그는 하나님의 도성과 지상의 도성을 하나님 사랑과 자기 사랑 또는 세상적인 사랑으로 분리한다. 그리고 그는 지상의 도성의 대표적인 것으로 로마제국을 지칭한다. 그렇다면 특히 중세기의 지상의 제도적 교회, 부패한 교권주의자들의 교회는 어느 도성에 속하는가? 그는 그 교회의 감독이었다. 두 도성을 이분법적으로 분리할 수 있었을까?

3) 『삼위일체에 관하여』(*On the Trinity, De Trinitate*)

어거스틴은 사제가 된 후에도 금욕적 생활 양식을 유지하여 그가 설립한 타가스테수도원은 도시의 모든 성직자가 그의 지도 밑에서 하나의 '공동생활체'(vita communis)를 이루고 있었다. 그들의 제일 목표는 합심하여 함께 살면서 하나님 안에서 한마음과 한 영혼을 가지는 데 있었다(행 4:32). 이것을 가능케 하는 근본은 '완전한 사랑의 친교'다. 그런데 이 사랑은 마리아가 되는 동시에 마르다가 되는 것이다(눅 10:38-42). 즉, 하나님을 사랑할 뿐만 아니라 동시에 이웃도 사랑하는 것이다. 어거스틴은 항상 이 긴장 속에서 살았다.

이와 같은 수도원적 금욕 생활을 하는 어거스틴의 글에서 엄격한 의미의 철학적 활동은 후퇴하였고, 그 대신 주로 성서 이해와 해설 그리고 설교에 주력했다. 그럼에도 불구하고 그는 신학자이면서도 여전히 철학자였다. 그에게는 오직 '하나의 진리'밖에 없었다. 이교 철학자들에게서 불완전하게 나타났던 그 진리가 그리스도에게서 완전하게 나타났다. 이 그리스도교 진리를 이해하고 지적으로 받아들이고 확증하려고 할 때 그는 주저하지 않고 키케로, 아리스토텔레스 그리고 플라톤주의자들로부터 배운 사고 형식과 논리적 법칙, 개념, 표현과 전통 등을 사용하였다. 그 가장 대표적인 저술이 『삼위일체에 관하여』이다.

　　15권으로 구성된 이 책은 그의 나이 45세 때(399)에 쓰기 시작하여 20년 후 노년이 되어서(419) 끝낸 책이며,[92] 그의 중요한 교리서 중의 하나다. 이 책은 본질적으로 삼위일체에 관한 교부들의 사색을 완성한 책으로 외부 구조만 봐도 어거스틴의 근본적 관심을 알 수가 있다. 1~4권에서 어거스틴은 성서로부터 삼위일체에 관한 증거를 제시하고, 5~7권은 그로부터 생긴 교리를 형식화하며, 제2부인 8~15권에서는 삼위일체에 관한 논리적, 형이상학적 정당화와 근거를 제시하는 학문적 작업을 진행한다. 어거스틴은 특히 창조물, 무엇보다도 인간 정신에서 많은 유비(類比)를 제시하면서 지적으로 신비한 내용을 꿰뚫어 보려고 한다. 이 책은 신-플라톤주의적 신관과 그 외 고대 철학적 연구 결과에 관한 지식이 없으면 이해할 수 없을 만큼 철학적이다. 어거스틴 자신도 자기 책이 "극히 어려워" 아마도 소수의 독자만이 자기 책을 이해할 수 있을 것이라고 했다.[93] 그럼에도 불구하고 세 신적 실재의 '통일성'과 '동등성'을 신-플라톤적 전제로부터 증명하기란 여전히 어려운 문제였다. 그것은 신학적인 문제였다.

4) 성서 주석에 관한 저술들

일반적으로 어거스틴은 철학자와 신학자로서만 생각되고 성서 연구에 대한 그의 공헌은 잊힐 때가 많다. 어거스틴은 성서의 거친 문체와 비합리적이고 천박한 내용에 실망하여 성서를 외면했으나, 그의 회심에 결정적인 역할을 한 것은 성서였다. 그리고 암브로스를 통하여 성서를 재발견하였다. 그는 순수 이성으로는 진리를 찾을 수 없기 때문에 성서가 인도하시는 권위를 근거로 진리를 찾을 필요가 있다고 하면서 사람들이 성서를 통하여 당신을 믿고 찾도록 한다고 고백하고 있다.[94]

그의 성서 주석적 노력은 광범위한 성서 본문을 포함하고 있다. 그는 구약성서의 원문인 히브리어를 알지 못했으며 그의 헬라어 실력은 성서의 라틴어 번역을 검토할 정도였기 때문에 헬라어를 몰랐다는 것은 과장된 것이다. 현대학자들은 고(古) 라틴어 성서를 아프리카 역본과 서방 역본으로 구별한다. 그런데 어거스틴은 제롬의 성서 역본 이전의 성서 원문을 사용하였으나 후에는 불가타를 사용하기도 했다. 더욱이 그는 자기가 사용하고 있는 여러 가지 라틴어 성서 원문을 영감을 받았다고 생각한 70인역에 따라서 개역하기도 했다. 뿐만 아니라 성서의 3분지 2 이상이 어거스틴의 인용으로 인해서 재구성될 수 있었다. 그는 구약성서에서 13,276구절 이상을, 신약성서로부터 29,540구절 이상을 그의 저술에 인용하였다.[95]

어거스틴은 학문적인 논평이나 교리적 또는 논쟁적인 저술에서는 성서의 문자적 의미를 고수하지만, 그렇지 않은 경우, 특히 설교에서는 은유적 신비적 해석을 선호한다. 그것은 암브로스의 영향일 것이다. 어거스틴은 암브로스가 교인들에게 한 설교에서 "문자는 사람을 죽이고 영은 사람을 살립니다"(lettera occidit, spiritus autem vivificat, 고후 3:6)라는 성서 본문을 성서 해석의 규범으로 삼은 것을 즐겁게 들었다고 하였다. 여기서 '문자'는 율법의 조문을 의미하고 '영'은 율법의 정신을 의미한다. 그러므로 암브로스는 성서를 문자적으로 이해하지 말고 문자의 영적 의미를 파악하라고 한 것이다.

『그리스도교 교양에 관하여』(De doctrina christiana)는 『교리요강』[96]과 함께 생의 말기에 쓰여진 작품으로 어거스틴의 원숙한 신학 체계를 간략하게 요약하여 설명했기 때문에 대중적으로 크게 호응을 받았으며 오늘날에도 많이 읽히고 있다. 어거스틴의 작품에서 『그리스도교 교양에 관하여』는 교양서적이나 교리서가 아니라 성서 주석서다. 이 책은 그리스도교 고전 학문의 종합이며 어거스틴이 가장 자부하는 성서 주석 작품이다. 이 책은 네 권으로 구성되었으며, 보다 중요한 부분(1~3권)은 396~397년에 썼으나 완성한 것은 426년이었다. 그가 이 책의 집필을 왜 중단했었는지에 대해서는 알 수 없지만, 결국 그는 이 책을 마무리하기 위해서 그의 『재고론』 집필을 중단했다고 한다.

나는 『그리스도교 교양에 관하여』가 완성되지 않은 것을 알고 이 작품을 기꺼이 완성하려고 하였기에, 이 작품을 끝맺고 다른 작품들을 평론하려고 한다. 나는 제3권을 복음서에서 온 덩어리가 충분히 발효할 때까지 누룩을 밀가루 서 말 속에 집어넣은 여자의 말을 인용한 부분까지 썼다. 나는 마지막 권을 여기에 덧붙여 이 작품을 네 권으로 완성하였다. 작품의 첫 세 권은 성서를 이해하는 데 도움이 되는 반면, 제4권은 인식한 것을 묘사하는 방법을 가르친다.[97]

제1~2권은 성공적인 성서 연구를 위해서는 종교, 성전(聖典)에 관계되지 않는 세속적 학문 및 신학적 훈련의 필요성을 취급한다. 그러나 세속적 학문이 성서 연구에 필수적이라 할지라도 궁극적 기준은 교회의 권위에 있다고 한다. 제3권은 해석학의 원리와 네 편의 설교가 포함되어 있으며 교회의 가르침(권위)이 성서 주석의 최고의 법칙이라고 한다. 어거스틴은 여기서 그리스도교와 고대 학문 사이의 종합을 시도하였고 다음 세기의 발전에 깊은 영향을 끼친 그리스도교 문화 계획을 추적하였다. 제4권은 설교의 성서 사용을 계속 진행한다.

구약성서의 주석에 있어서 어거스틴은 창세기 1-3장에 대한 그의 은유적 해석을 한 후 만족하지 못해 393~394년에는 문자적 의미에 따라서 주석을 시도했으나 창세기 1장 해석 후 포기하고 말았다.[98] 열두 권으로 구성된 세 번째 방대한 창세기 주석도 첫 1-3장으로 끝내고 말았다.[99] 어거스틴은 창세기에 관하여 계획된 두 저술을 모두 완성하지 못했다. 그는 각각 일곱 권으로 구성된 헵타튜크(Heptateuch)에 관한 두 저술이 있는데, 하나는 『헵타튜크 발음론』(*Locutiones in Heptateuchum*, 419)이고, 다른 하나는 『헵타튜크 조회론』(*Quaestiones in Heptateuchum*)이다. 전자는 라틴어 원문에 있어서 언어상의 어려움을 다룬 것이고, 후자는 고고학적 문제에 더 치중하였다. 창세기에 관한 두 권의 책, 『미완성의 작품인 창세기의 문자적 해석에 관하여』(393)와 『창세기의 문자적 해석에 관하여』(401~415)가 있는데 불행하게도 모두 미완성 작품들이다. 그의 구약 주석 가운데서 가장 은유적인 주석은 『시편 강해』(*Enarrationes in Psalmos*, 416)로 주로 시편을 본문으로 한 설교 형식의 강해다. 그는 시편을 그리스도론적으로 설명하였다.

신약성서에 있어서는 400년경에 쓴 네 권의 『공관복음서에 관하여』(*De consensus Evangelistarum*)가 있다. 이 저술은 변증적 목적을 가지고 네 복음서 간의 불일치를 해결하려고 한 것이다. 그는 399년경에 쓴 마태복음과 누가복음에 관한 두 권의 저술, 『복음서 연구』(*Quaestiones Evangeliorum*)에서 공관복음서 문제를 최초로 제기하고 그 해결을 시도하였다. 그가 요한복음에서 124개의 문제를, 요한일서에서 열 개의 문제를 취급 처리한 것은 특히 가치가 있다.[100]

5) 마니교도들을 반대한 저술들

마니교를 반박하는 어거스틴의 글들은 주로 초기 작품에 속한다. 그것은 자기 자신이 마니교도였고 또 그의 인도로 마니교도가 된 친구들이 있었으므로 마니교의 교리를 논박해야 할 책임을 통감하였기 때문이었다. 어거스틴의 반(反)마니교 저술들은 주로 다음과 같은 논제에 대한 방어와 설명이었다. 즉, 오직 선(善)만이 처음부터 실재했던 것이며 하나님이 선하다는 것, 악은 부정적이며 실체가 없다는 것, 구약성서는 신약성서와 마찬가지로 하나님의 말씀이라는 것 그리고 그리스도는 참 인간이며 단지 외관상의 몸을 가진 것이 아니라는 것 등이다.

마니교도들과의 논쟁에서 자유의지의 문제는 특별히 중요했다. 왜냐하면 그들은 모든 것이 미리 결정되어 있고 인간에게는 자유의지가 없다고 주장하기 때문이었다. 훗날 펠라기우스와의 논쟁에서 어거스틴은 자유의지에 관해서 제한적 입장을 취했지만, 마니교도들과의 논쟁에서는 자유의지를 주장하는 대표자가 되었다. 어거스틴에 의하면 인간의 자유는 그 자체가 원인이다. 즉, 인간의 자유로운 행동이 인간 내부 또는 외부의 어떤 것에 의해서 움직여진다면 그것은 진정한 자유가 아니다. 물론 인간은 상황에 영향을 받는다. 그럼에도 불구하고 인간의 결단이 환경이나 내적 필요성에 의한 것이 아니라 자신의 의지에 의한 것일 때 참으로 자유하다고 할 수 있다.

마니교의 교리를 논박하는 글들은 387~389년에 집필한 두 권으로 구성된『가톨릭의 관습과 마니교의 관습에 관하여』(De moribus Ecclesiae Catholicae et de moribus Manichaeorum)를 비롯하여 388~395년에 집필한 세 권의『자유의지에 관하여』(De libero arbitrio), 388~389년에 집필한 두 권의『마니교도를 논박한 창세기에 관하여』(De Genesi contra Manichaeos), 『참 종교에 관하여』(De vera religione, 390), 『신앙의 유익함에 관하여』(De utilitate credenda, 381), 『선의 본질에 관하여』(De natura boni, 399) 등 그 외 다수가 있다.[101]

6) 도나투스주의자들을 반대한 저술들

반(反)도나투스주의자의 문서에서 어거스틴은 그의 교회론, 즉 교회의 가톨릭 개념과 성례전 신학을 발전시켰다. 그에 의하면 교회는 선한 사람과 악한 사람이 함께 공존하는 보이는 공동체이며, 성례전의 효력은 그것을 집례하는 성직자의 도덕적 상태와 관계가 없다. 도나투스주의자들을 반대하는 작품 중에서 귀중한 여덟 개의 저술은 상실되었으며 현존하는 작품은 다음과 같다. 예를 들면 400~401년에 저술한 일곱 권의 『도나투스주의자들을 논박하는 세례에 관하여』(*De baptism contra Donatistas*), 405년에 저술한 『교회 일치에 관하여』(*De unitate Ecclesiae*), 421~422년에 저술한 두 권의 『도나투스파 감독 가우덴티우스 논박』(*Contra Gaudentium Donatistarum episopum*) 등이 있다.[102]

7) 펠라기우스주의자들을 반대한 저술들

이 저서들은 주로 어거스틴의 인간의 본성, 원죄(유아세례), 의인화 그리고 은총론에 관련된 것들이다. 이 저술들에 의해서 그는 '은총의 박사'라는 칭호를 얻었다. 그의 저술들은 예를 들면 411년에 쓴 세 권의 『원죄와 유아세례에 관하여』(*De peccatorum meritis et remissione et de baptism parvulorum*), 412년에 집필한 『영과 문자에 관하여』(*De spiritu et littera*), 412년의 작품이며 서신 140인 『신약성서 은총에 관하여』(*De gratia Novi Testamenti*), 413~415에 쓴 『본성과 은총에 관하여』(*De natura et gratia*), 415~416년 작품인 『인간의 완전한 정의에 관하여』(*De perfectione Justitiae hominis*), 418년에 쓴 두 권의 『그리스도의 은총과 원죄에 관하여』(*De gratia Christi et de peccato originali*), 네 권으로 구성된 421년의 작품 『펠라기우스주의자들의 두 서신에 반대하여』(*Contra duas epistolas Pelagianorum*) 등이 있고, 정통 교회 집단들도 그의 은총과 예정의 교리 중 어떤 논제들에 대하여는 비판적이었기 때문에 그는 자기의 신학을 적극적으로 해설하여 의심을 불식시키기 위해서 쓴 글들도 있다. 이것들은 어조에 있어서 논쟁적인 것은 아니지만, 펠라기우스주의자들에 대응하는 작품들이며 426년 이후에 쓴 것들이다. 예를 들면『은총과 자유의지에 관하여』(De gratia et libero arbitrio) 그리고『훈계와 은총에 관하여』(De correptione et gratia) 등이다.[103]

8) 철학적 저술들

어거스틴의 철학적 글들은 중세기 T. 아퀴나스가 아리스토텔레스의 철학 체계를 그리스도교화했듯이 신-플라톤주의를 그리스도교화했다는 진술로 요약할 수 있다. 그의 철학적 논문들은 주로 카시키아쿰에서 은거 생활을 할 때 함께 했던 동료들과 나눈 대화들을 모은 것이다. 확신을 가지고 회의주의를 향해 비판한『아카데미주의자들을 반대하여』(Contra Academicos)를 비롯하여 참된 행복은 하나님을 아는 데 있다는『행복한 삶에 관하여』(De beata vita), 악과 신의 섭리, 악은 어디서 오는가의 문제, 곧 처음으로 신정론(神正論)의 중요한 문제를 다룬『질서에 관하여』(De ordine), 하나님에 관한 그 자신의 이성(ratio)과의 대화 그리고 영혼의 불멸성을 다룬『독백』(Soliloquia),『독백』의 부록과 같은『영혼의 불멸에 관하여』(De Immortalitate animae), 영혼의 불멸과 그 기능을 다룬『영혼의 위대함에 관하여』(De quantitate aminae), 387년경 밀란에서 이미 쓰기 시작했으나 미완의『인문학 백과사전』(The Encyclopedia of the Seven Liberal Arts)은 이 중에 음률을 다룬『음악에 관하여』(De musica)와 단편만이 남아 있는『문법에 관하여』(De grammatica), 끝으로 389년경 아프리카에서 저술한 아들 아데오다투스와 지식에 관해 자유롭게 대화를

나눈 『교사에 관하여』(De magistro)가 있다.[104]

어거스틴의 저술은 이 이외도 『아리우스주의 교훈을 반대하여』(Contra sermonem Arianorum, 418~419), 『아라우스파 감독 막시미누스와의 토론』(Collatio cum Maximino Arianorum episcopo) 등 반(反)아리우스주의 저술들과 설교, 서신집이 있다. 서신집에는 『어거스틴의 규칙』이 포함되어 있다(Ep. 211). 그리고 어거스틴이 열성적인 목회자와 영혼의 감독이었다는 것을 보여주는 도덕과 목회신학에 관한 저술들이 있다. 예를 들면 『그리스도교인의 생활에 관하여』(De agone christiano, 396~397)는 그리스도교인의 죄와 악마와의 싸움에 관한 것이다. 거짓말의 본성과 그 가증함에 관한 논문들이 있다. 즉, 『거짓말에 관하여』(De mendacio, 395), 『거짓말에 반대하여』(Contra mendacium, 420) 등이다. 결혼과 동정 및 순결에 관한 저술로는 『절제에 관하여』(De continentia, 395), 결혼상태를 축복하는 『결혼의 유익함에 관하여』(De bono conjugali, 401), 처녀성을 찬양하는 『동정에 관하여』(De sancta virginitate, 401), 『과부 신분의 유익함에 관하여』(De bono viduitatis, 414)가 있고, 『수도사들의 노동에 관하여』(De opere monachorum, 400)에서 어거스틴은 수도사는 자기 손으로 노동을 해서 생계비를 벌어야 한다고 한다. 신구약성서로부터 도덕적 교훈을 발췌한 『성서의 거울』(De patentia; The Speculum, 427)도 있다.[105]

9) 『믿음과 희망과 사랑에 대한 교리요강』(Handbook for Laurentius, Enchiridion ad Laurentum)

어거스틴의 생애 말기에 쓰여진(421년경) 이 작품은 그동안 거의 우리나라에 소개되지 않았다. 그러나 이 책은 그의『그리스도교 교양』(De doctrina christiana)과 함께 원숙한 신학 전체를 간략하게 요약한 저작으로 당시 대중적 호응을 받아 많은 사람에게 읽혔고 크게 영향을 미쳤다고 한다. 어거스틴은 421년 친구 라우-렌티우스(Laurentius)로부터 하나님을 올바르게 예배할 수 있는 소책자를 써 달라는 부탁을 받고 그는 바울의 신학에 따라 그리스도교의 토대가 되는 믿음, 소망, 사랑을 주제로 답변하였다. 그래서 이 책은 "믿음과 소망과 사랑에 대한 교리요강"이라고 한다. 그렇다고 세 주제가 균등하게 구성된 것은 아니고, 신앙 고백을 근거로 비체계적이지만 거의 대부분에서 '신앙' 문제를 다루고 있다(9-113). 그리고 결론 부분에서 '소망'(114-116)과 '사랑'(117-121)을 다룬다.[106] 어거스틴이 그리스도교에 대한 간단한 개관을 한 이 책은 오리겐의『제일 원리』(De principiis), 니싸의 그레고리의『대교리문답』(Oratio catechetica magna), 다마스쿠스의 요한의『정통 신앙에 관하여』(De fide orthodoxa), 락탄티우스(Lactantius)의『신학강요』(Divinae institutions) 등을 상기시킨다.[107]

　"인간의 지혜는 경건이다"[108]라는 말로 시작하는 이 책은 믿음과 소망과 사랑으로 예배 드려야 하는 하나님이 주제다. 이 세 덕목이 각각 의미하는 바가 무엇인지를 확인해야 한다. 그 안에 종교의 전 가르침이 포함되어 있기 때문이다. 그러나 그것들은 이성이나 지각에 의해서가 아니라 성서에서 이끌어 내야 하고, 종교적 저자들의 증언으로 믿어져야 한다. 그런데 무엇을 믿어야 하며, 무엇을 소망해야 하고, 무엇을 사랑해야 하는가 하는 것이 문제다. 신앙의 시작(initium fidei)도 전적으로 하나님의 선물이다. 신앙이 사랑에서 역사(役事)하면 그다음 단계로 환상에 이르게 되고 그러면 형용할 수 없는 축복인 완전한 명상에 도달하게 된다. 이것이 가톨릭의 신앙 개념이다. 신조(Symbol)와 주기도문은 신앙의 내용을 구성하고 소망과 사랑은 기도에서 숙달된다. 종교에 관해 믿어야 할 것이 무엇인가를 문제의 토론에서 그리스도인에게는 땅의 것이든 하늘의 것이든 창조된 것들의 제일원인은 창조주의 선함(goodness) 이외 다른 것이 아니라는 것을 믿는 것으로 충분하다. 선한 하나님이 창조한 세계는 선하며 악까지도 조화를 이룬다. 악이란 선의 결핍(pribatio boni)이다.[109] 악은 선 안에서만 존재한다. 즉, 선이 없으면 악도 있을 수가 없다.

정도(正道)를 벗어나는 것은 거짓을 진실인 것으로 받아들이는 것이다. 인간을 위하여 최악의 잘못은 영생으로 인도하는 것을 믿지 않고 영원한 죽음으로 인도하는 것을 믿는 것이다. 인간의 첫 악은 하나님이 원하시는 것을 하고 싶지 않은 것이다. 그 결과 무지, 유해한 욕망, 잘못, 고통, 두려움 등 몸의 죽음과 함께 인간은 비참하게 되었다. 아담은 그의 죄로 말미암아 후손을 오염시켜 그 뿌리에서 죽음과 저주의 노예가 되게 하였다. 그러나 하나님은 공의롭기만 한 것이 아니라 자비롭기 때문에 인간을 포기하시지 않는다.[110]

우리가 믿게 되는 것도 하나님의 선물이지만, 인간 구원에는 매개자가 필요하다. 그가 인간이 된 중보자다. 어거스틴은 그리스도의 사역(work)을 죄를 위한 희생, 악마로부터 구원 그리고 믿는 자들의 본보기 등 세 차원에서 취급한다. 하나님의 자비는 우리로 회개하도록 강제하는데, 만일 우리가 세례 이전의 회개를 포함한다면, 세 종류의 회개가 있다고 할 것이다. (1) 수세 전에 지은 죄의 회개, (2) 일상에서 범한 가벼운 죄의 회개 그리고 (3) 본래적 의미에서의 회개, 즉 십계명을 범한 죄의 회개, 성례전이나 주의 만찬이 금지되는 죄의 회개 등이다.[111] 부활은 인간 몸의 완전한 회복이다. 부활로 말미암아 인간 몸의 자료가 없어지는 것이 아니라고 한다. 영적인 몸이라고 하지만 본질에 있어서는 육체(caro)다. 하나님의 모든 계명의 목적은 사랑이다. 그는 모든 사람이 구원되기를 원하신다(딤전 2:4).[112]

이상의 것들은 신실하게 믿어야 하는 교리들이다. 믿음에서 희망과 사랑이 움튼다. 우리가 희망하는 것은 주기도문에서 나타난다. 우리의 희망은 오직 하나님 안에서만 가능하다. 마태복음과 누가복음에는 주기도문에 대한 짧은 해설이 있는데, 중심은 사랑이다. 우리가 누구에게 선한 사람인지 아닌지를 묻는 것은 그가 무엇을 믿고 무엇을 희망하는가를 묻는 것이 아니라 그가 무엇을 사랑하는가를 묻는 것이다. 사랑하지 않는 자는 비록 그가 믿는 것이 참 된다 해도 헛되이 믿는 것이다. 참 믿음은 사랑에서 역사(役事)한다. 사랑은 성령에 의해서 우리 안에 널리 퍼진다. 이것이 육적 욕망을 근절시키고 율법을 완성케 한다. 모든 하나님의 계명의 목적은 사랑이다. 이런 과정을 통해서 인간은 구원을 받는다. 그것이 평화의 단계다. 인간이 마지막 평화의 단계에 도달하기 위해서는 네 단계를 거치게 된다. 첫째 단계는 율법 이전 단계, 둘째 단계는 율법 아래, 셋째 단계는 은총 아래 그리고 마지막 단계는 충분하고 완전한 평화의 단계다.[113]

2. 철학과 신학

수사학 교사였던 어거스틴은 '진리', 구원 그리고 '만족'을 찾아 9년간(373~384) 마니교도로 있다가 마니교의 이원론, 환상적인 우주론적 체계에 대하여 회의를 갖게 되면서 회의주의에 빠졌을 때 그가 찾은 것이 신-플라톤주의였다. 이 철학을 통하여 그는 마니교도들이 이원론적으로 생각했던 하나님(선)과 악 대신에 하나님을 영원한 참 실재라고 생각하게 되었고, 악을 선으로부터 고의적으로 떠난 것이라고 생각하게 되었다. 이와 같은 생각의 변화 그리고 실재가 아닌 모든 것을 포기한 것을 그는 후에 '회심'이라고 불렀다.[114] 386년 밀란의 감독 암브로스의 영향, 밀란 정원에서의 사건은 그의 생애에 있어서 결정적인 순간이었다. 이때 하나님은 처음으로 어거스틴에게 정욕의 사슬로부터 돌이킬 힘을 주셨다. 그럼에도 불구하고 이때의 그의 사고와 명상에는 신-플라톤주의적 성격이 분명하게 나타나 있었다. 사실 그가 세례 받을 준비를 위해서 아들과 친구들과 은퇴했던 카씨키아쿰에서 쓴 저술들은 그리스도교의 신학적 주제보다는 철학적 주제들이었다.[115]

사실 지혜를 추구했던 어거스틴은 신-플라톤주의에서 모니카의 단순하고 비지성적인 신앙에서 발견하지 못했던 그리스도교적 지혜를 찾을 수 있었다. 그는 신-플라톤주의적 사상과 그리스도교적 가르침 사이의 공통점이 많은 것에 큰 관심을 가졌다. 그가 『고백록』을 집필하고 있었을 때도 그는 신-플라톤주의가 자신을 그리스도교로 접근하게 한 예비적인 것이었다고 술회하고 있다. 신-플라톤주의는 그에게 하나님을 존재와 선이라는 지적 개념으로 이해시켰으며, 세계의 창조와 신적인 빛의 현존에 관한 그리스도교적 사상을 접할 수 있게 하였다.[116] 뿐만 아니라 악의 기원에 관한 문제를 마니교의 가르침과는 달리 실체가 없는 '선의 결핍'으로 해결하였다. 신-플라톤주의는 어거스틴에게 그리스도교의 복음을 준비하는 '경건의 철학'이었고, 교회의 신앙을 이해하고 설명하기 위한 철학적 기초였다. 그러나 그가 사도 바울의 서신을 읽었을 때 그는 신-플라톤주의에서는 발견할 수 없는 하나님의 '은총'을 발견하였다.[117]

그럼에도 불구하고 그는 세례를 받고 수도원 생활 그리고 감독으로서 교회를 이끌어 갈 때도 신-플라톤주의의 사상가요 학자로서의 위치를 포기한 일이 없었다. 어거스틴은 신-플라톤주의자들이 그리스도교에 매우 가깝게 있다고 한다. 특히 그는 신-플라톤주의자들의 로고스 교리에서 삼위일체적 요소를 발견했다. 그러나 그는 신학과 철학의 관계에 대해서 철학이 확언할 수 없는 한 가지는 로고스가 육신이 되었다는 것이라고 한다. 코스모스(cosmos)의 보편적 원리인 로고스 이론은 철학으로부터 신학자들에게 소개되었으나, 로고스가 육신이 되었다는 것은 신학적 진술이다. 이 진술은 그리스도교를 고전 철학으로부터 구별하는 종교적 메시지에 근거한 것이다. 로고스가 육신이 되었다는 진술은 계시의 문제이지 철학의 문제가 아니다. 철학적 로고스가 신학자들에 의해서 역사적 형태로 현현한 것이다. 그가 역사적 예수 그리스도다. 그는 메시아로 죽고 부활했다.

A. 니그린은 어거스틴에 있어서 신-플라톤주의와 그리스도교의 관계를 에로스와 아가페 동기(motif)로 접근한다. 어거스틴의 삶과 종교관에 에로스와 아가페 동기가 영향을 미쳤다면, 그의 내적 발전에는 신-플라톤주의와 그리스도교가 영향을 미쳤다고 할 것이다. 그는 에로스 관념을 본질상 신-플라톤주의로부터 이어받았고, 아가페 관념은 신약성서, 특히 바울서신으로부터 받은 것이 분명하다. 그가 그리스도교로 오기까지 여러 사상학파를 통과했지만, 그중에서도 신-플라톤주의는 특별한 관계를 갖고 있다. 그는 신-플라톤주의에서 그리스도교적 요소를 발견했던 것이다. 그러므로 플라톤과 그 제자들

이 어거스틴 시대에 다시 태어난다면 그들은 약간의 말과 구절을 수정하고 그리스도교와 완전히 조화된 견해를 가지고 그리스도교를 수용했을 것이다. 예를 들면 플라톤의 불멸의 교리와 관련해서 그리스도교의 부활 신앙을 설명하는 것이다. 어거스틴도 그 철학과 그리스도교 사이의 차이를 지각(知覺)하고 있으면서도 서로 총체적으로 다른 두 근본적인 동기로 격돌하는 것으로는 생각하지 않았다.

어거스틴에게 있어서 철학과 그리스도교의 관계는 그가 신-플라톤주의자로서 그리스도교인이 되었다는 점이 고려되어야 한다. 이것은 그리스도교 사랑에 대한 그의 개념을 고찰하면 분명하다. 그는 누구보다도 신-플라톤주의적인 것과 그리스도교적인 것을 결합시킴으로 에로스 동기를 그리스도교에 개입시켰다. 그래서 K. 홀은 어거스틴을 "그리스도교 윤리를 퇴폐시킨 자중의 하나"라고 비판하였다.[118] 만일 원시 그리스도교의 아가페 관념에 의해서 어거스틴의 견해를 판단한다면 그는 사랑에 대한 그리스도교의 관념을 심각하게 훼손시켰다고 할 수 있다.

그러나 어거스틴을 정당하게 평가한다면 그리고 그의 바로 위 선임자들의 견해와 비교한다면 상황은 달라진다. 사실 어거스틴은 사랑에 대한 그리스도교적 관념을 더 깊이 있게 했으며, 신-플라톤주의는 이 일에 적극적인 역할을 하여 어거스틴으로 하여금 그리스도교의 사랑-동기의 본질적 성질을 보다 깊이 파악할 수 있게 하였다. 그러므로 어거스틴에게 신-플라톤적 에로스는 그리스도교적 아가페를 발견하는 수단이 되었다고 말할 수 있다. 어거스틴이 그리스도교에서 있어서 사랑이 중심이라는 것을 인식하게 된 것은 신-플라톤주의를 통하여 그리스도교에 입교했기 때문이었다. 이때 신-플라톤주의의 에로스 이론은 어거스틴에게 광맥 탐지기와 같은 것이었다. 어거스틴의 어쩔 수 없는 환경이었던 신-플라톤주의는 그에게 새로운 지평을 열어주었으며, 그리스도교의 사랑-동기를 새롭게 인식할 수 있게 하였으나, 동시에 신-플라톤주의의 에로스 동기를 완전하게 폐기할 수 없게 하였다.

우리는 어거스틴의 가장 특성적 교리인 그의 사랑의 개념에 있어서 그리스도교와 신-플라톤주의의 만남에 관심을 갖는다. 왜냐하면 에로스와 아가페를 융합시키는 그의 시도는 그리스도교와 신-플라톤주의를 결합시키는 시도이기 때문이다. 신-플라톤주의는 그가 그리스도교인이 된 후에도 그의 영적 삶에 중요한 요인으로 작용하고 있었다. 어거스틴이 그리스도인이 된 후에도 결코 떠나지 않았던 신-플라톤주의로 인해서 "그의 전 생애는 신-플라톤주의적 그리스도인이었다."[119]

그에게 있어서 지혜의 추구는 다른 한편으로 그리스도에 대한 추구를 담고 있기 때문에 철학과 그리스도교(신학), 이성과 신앙은 양자택일이 아니라 서로 보완하여 전체를 이루는 것이었다. 그의 철학적 신학적 사상에 신-플라톤주의 영향이 매우 컸음에도 불구하고 어거스틴은 중세 신학의 선구자 캔터벨리의 안셀름의 유명한 형식, "이해하기 위해서 나는 믿는다"(credo ut intelligam)에서 표현된 스콜라 신학자와 같은 견해를 견지하였다. 그 자신은 "이해하라, 믿기 위해서, 믿어라, 이해하기 위해서"(intellege, ut credas, crede, ut intelligas)라고 표현하였다.[120] 비록 중세기 토마스 아퀴나스가 아리스토텔레스 철학을 그리스도교화했듯이 그가 신-플라톤주의를 그리스도교화했다고 해도 그의 용어는 아퀴나스의 용어만큼 분명하고 개념적으로 확정되어 있지 않았다. 그의 신학은 스콜라주의의 신학이 아니었다.

3. 신과 그 존재 증명

어거스틴에게 있어서 신은 통치자요, 본체 또는 본질(substantia)이요 실재(essentia)다. 본질을 뜻하는 '섭스탄스'는 밑을 의미하는 '섭'(sub)과 서 있음을 의미하는 '스탠스'(stance)의 합성어다.

> 하나님은 의심 없이 본질 혹은 그보다 더 잘 말하자면 헬라인들이 우시아(ousia)라고 부르는 실재다 …. '실재'라는 말은 '존재한다'를 의미하는 '에스'(esse)에서 유래했다. 그리고 그의 종 모세에게 "나는 곧 나다"(출 3:14)라고 말한 그보다 누가 더 완전하고 분명한 존재인가? 다른 실재 또는 본질은 그것들 안에서 어느 정도 변화를 일으키는 우연성(偶然性)이 있을 수 있다. 그러나 이와 같은 우연성이 하나님에게 있어서는 일어날 수가 없다. 그러므로 하나의 변할 수 없는 본질 혹은 실재, 즉 실재가 유래하는 '존재'(being)가 하나님에게 가장 참되고 완전하게 적용된다. 변하는 것은 무엇이든지 그것의 존재를 보존하지 못한다. 가변적일 수 있는 것은 비록 그것이 변하지 않고 있다 해도 그것은 지난날의 존재일 수가 없다. 그래서 변하지 않을 뿐 아니라 전혀 변할 수 없는 것만이 아무 전제 조건 없이 가장 참된 의미에서 '존재'라는 칭호를 받을 만하다.[121]

어거스틴은 신의 존재 증명에 대해서 어디에서도 장황하고 조직적으로 취급하지 않았다. 그러나 그는 역사로부터 뿐만 아니라 더없는 행복을 바라는 인간의 욕망으로부터 증명이 가능하다고 한다. 그는 신의 존재를 증명하는 데 있어서 신학적인 증명에만 익숙할 뿐 아니라 세상의 모든 것이 무상하다고 생각할 때 인간은 자신이 피조물이라는 것을 이해하게 된다는 것도 깊이 인식하고 있다. 그는 피조물이 창조자를 증거한다는 것이다.

> "우리가 존재하게 된 것은 우리가 만들어졌기 때문이다. 그러므로 우리가 존재하게 되기 이전에는 존재하지 않았기에 우리가 우리 자신들을 만들 수 없었다'라고 합니다 …. 오 주님, 이 모든 것을 만드신 이는 당신이옵니다. 당신이 아름다우시기에 그것들도 아름답고, 당신이 좋으시기에 그것들도 좋으며, 당신이 존재하기에 그것들도 존재하게 된 것입니다.[122]

그러나 어거스틴이 선호하는 증명은 논리적이며 수사학적이고 윤리적이며 심미적인 최고의 객관적인 진리, 불변하며 보편적으로 타당한 진리들에 대한 인간 마음에 있는 실재에 기초한 증명이다. 그러나 이와 같은 진리들은 모든 부분적인 진리들을 포용하고 하나님과 동일시되는 본질적인 진리를 추정하지 않고는 설명될 수가 없다. 어거스틴은 회의주의에 빠진 신-아카데미주의자들을 반대하면서 진리는 알 수 있는 것이며 지고의 행복은 추구해서 얻어지는 것이 아니고 진리를 아는 데 있다고 하였다. 즉, 참 행복은 하나님을 아는 데 있다고 한다. 어거스틴에 의하면 사람은 누구나 행복을 찾는다. 그런데 하나님이 행복의 근원이기 때문에 행복을 찾는 것은 곧 하나님을 찾는 것이다.[123] 어거스틴은 행복, 진리 그리고 하나님을 연관시킨다. 그는 "진리를 알게 되는 것이 바로 행복을 알게 되는 것"이며 "내가 진리를 찾은 그곳에서 진리 자체가 되신 나의 하나님을 찾으며", "내가 당신을 알게 된 이후 계속 당신은 내 기억 안에 임재하여 계셨다"고 한다.[124]

그런데 어거스틴은 '하나님'과 '혼'(soul)만을 알고 싶고 다른 것은 아무것도 알고 싶지 않다고 한다.[125] 그가 혼만을 알고 싶어 하는 것은 혼에서 하나님은 인간에게 나타나며, 혼에서만 하나님을 발견할 수 있기 때문이다. 어거스틴에 의하면 하나님은 다른 것들과 나란히 있는 하나의 대상이 아니라 혼에서 볼 수 있으며 주관과 객관의 분열 이전에 인간의 중심에 존재한다. 하나님은 우리가 그에 대해서 존재 혹은 비존재를 논할 수 있는 존재가 아니라 오히려 우리 자신에게 선험적인 (a priori) 것이다. 그러므로 하나님 경험이란 혼에 나타난 하나님의 직접적인 현존의 경험이다. 이것을 P. 틸리히는 "무조건적인 것의 경험", "궁극적인 것의 경험"이라고 한다.[126]

그렇다면 경험은 절대적으로 확실한가? 아니다. 경험도 모호하다. 그러므로 실재하는 것에 대한 회의가 생긴다. 그러나 이것이 우리가 실재하는 것을 알기 위한 출발점이다. 이렇게 출발한 것은 데카르트 (Descartes)가 처음이 아니라 어거스틴이다. 그는 "너는 네가 생각하고 있다는 것을 안다", 그러므로 확실성을 가지려면 "눈을 밖으로 돌리지 말고 너 자신에게로 돌려라"라고 한다.[127] 왜냐하면 진리는 인간의 내부 깊은 곳에서 찾을 수 있기 때문이다. 이 '내부의 영역'이 아리스토텔레스에 의하면 '혼'이다. 혼은 모든 현상의 총체로서 세계를 포함하고, 세계는 혼을 위한 하나의 현상이다. 혼만이 유일한 실재다. 인간 내부의 실재(혼) 속으로 들어가야 진리를 발견한다는 어거스틴의 사상은 데카르트의 명제[128]에서 자아(ego)의 자기 확실성이 수학적 명증성 (明證性)의 원리가 되는 것과는 달리, 어거스틴에게 있어서는 내적 명증성만이 하나님에 대한 직접적인 확실성이다. 혼 속에 깊이 들어가면 거기에 불변하는 것, 즉 신적 근거에 있다. 이것은 무조건적인 것에 관한 직접적인 인식이다. 하나님의 존재는 논증의 대상이 아니다. 하나님은 그에 대한 회의에 선행한다. 우리는 믿음의 대상을 보지 못한다. 다만 내가 믿는다는 것을 알 뿐이다. 즉, 내가 무조건적인 것(절대적인 것)에 사로잡혀 있는 상황을 알고 있다는 것이다.

인간은 왜 절대적인 것, 진리를 탐구하는가? 왜 개연성(蓋然性)에 만족하지 못하는가? 그것은 진리 추구가 없다면 인간의 삶은 완전히 공허하게 되고 그 의미를 완전히 잃어버리게 되기 때문이다. 무조건적이고 궁극적인 의미가 없다면 잠정적이고 상대적인 의미도 그 의의를 잃어버리게 된다. 인간의 상황은 진리를 소유하는 것이 아니라 진리를 탐구하는 것이다. 진리는 인간의 혼의 내면에서만 발견할 수 있는 것이기 때문에 인간의 외적, 물리적 현상은 절대적 진리, 곧 하나님을 아는 데 도움이 되지 못한다.[129]

어거스틴의 진리에 대한 이해는 곧바로 그의 신 존재 증명이 되었다. 그의 신 존재 증명은 진리에 근거하고 있다.[130] 이 논법에 따르면 인간의 오성(悟性)은 우리가 바꿀 수도 없고 의심할 수도 없는 불변의 진리가 존재한다는 것을 감지한다. 그리고 그 진리가 존재하므로 우리의 지성은 물론 세계의 모든 지성도 창조해 낼 수 없는 모든 진리의 근거가 되는 완전하고 절대적인 진리가 반드시 있다는 확실성을 갖게 해 준다. 이 진리가 곧 하나님이다.[131] 이것을 P. 틸리히는 "모든 범주를 초월하며 실체(substance)라는 범주도 적용되지 않는 궁극적인 지고(至高)의 존재"(summa essential)라고 표현한다.[132] 곤잘레스도 하나님은 "영원하고, 초월적이고, 무한하며, 완전하다"고 하면서 "지고의 빛으로서 모든 지식의 근원"이며, "지고의 선으로서 인간의 의지가 추구해야 할 목적"이라고 한다.[133] 이와 같은 어거스틴의 신 존재 개념

밑바탕에는 신-폴라톤주의가 있다.

4. 삼위일체론

　서방교회는 5세기에 이르러 대표적인 신학자 어거스틴의 『삼위일체론』을 통하여 비로소 독자적인 삼위일체론을 전개할 수 있었다. 그러므로 우리는 어거스틴에 이르기까지의 삼위일체론사를 간략하게 개관할 필요가 있을 것이다.

　'삼위일체'란 용어는 성서에 없다. 그러나 이것은 삼위일체라는 용어로 표현된 교리가 비성서적, 비그리스도교적이라는 것을 의미하지 않는다. 사실 삼위일체적 신 개념은 성서적 구속사의 기초적이고 지배적인 사상인 것만은 분명하다. 그리하여 삼위일체 문제는 아주 초기 그리스도교의 '세례 의식문'(baptismal formula)에 이미 무의식적으로 제시되어 있었다(마 28:19). 이 문제는 이내 교회 전체의 가장 중요한 문제가 되었지만, 이때 관심은 형이상학적인 것이 아니라 종교적인 것이었다. 그리고 원시 그리스도교의 초기 저술가들은 세례 의식문에 관한 교리적 사색에 큰 관심이 없었다. 그것은 삼위일체론적 형식을 사용하면서도 삼위의 관계를 논의할 만큼의 신학적 성찰의 능력이 없었다. 더욱 사도 후 교부들의 언어가 고린도후서 3장 17절에서와 같이 영을 그리스도의 영으로 간주하는 이위일체적(二位一體的)인 경우가 종종 있었다는 것도 인정해야 한다. 물론 이것은 그들이 성령과 그리스도를 실제로 동일시한 것은 아니었다. 다만 그들은 성령을 한 격체적(hupostatic) 용어로 표현하기가 어려웠을 것이다.

　초기 헬라 변증가들이 그리스도교 신학을 수립하려고 한 그들의 목표는 성부와 성자 사이의 관계를 논의하는 것이었다. 180년경 안디옥 테오필루스(Theophilus)는 이교도 아우톨리쿠스(Autolycus)에게 보낸 변증서신에서 "해와 달이 창조되기 전 3일(창 1:12)은 하나님, 그의 말씀 그리고 그의 지혜의 삼위일체의 유형"이라고 했다. 그의 책에서 '트리아스'(trias)라는 말이 처음으로 나타난다.[134] 제베르크는 "이 구절의 의미가 모호하기는 하지만, 미루어 볼 때 삼위일체가 그들의 공통적 신앙의 항목이었으며…. 비록 변증가들은 삼위일체의 신비에 대하여 말할 기회가 거의 없었다고 할지라도, 그 신비를 이해하는 일이 그들에게 가장 깊은 문제였고 가장 높은 희망이었다"라고 한다.[135]

이레니우스는 영지주의와의 투쟁에서 신학적인 성찰 없이 단순히 신앙의 규범에 기초하여 성자와 성령이 신적 본질에 함께하였다고 했지만, 거의 동시대인이며 서방교회의 신학의 창시자 터툴리안은 하나님을 성부, 성자 그리고 성령으로 정의하고 그것을 표현하기 위해서 '트리니타스'(trinitas)라는 삼위일체 용어를 처음으로 사용하였다. 그는 양태론적 군주신론자인 프락세아스를 반대하여 삼위가 각기 실체라는 삼위격체론(三位格體論, hypostasianism)을 주장하였다. 그에 의하면 삼위의 관계는 '구별'(distinctio) 또는 '구분'(dispositio)이지 '분리'(separation)가 아니다. 성부와 성자와 성령은 '본질'(substantia)에서 하나라고 진술한다. 그는 이 의미를 더 분명히 하기 위해서 자연으로부터 유비를 이끌어 낸다. 즉, 성부와 성자와 성령의 관계는 뿌리와 관목(灌木)과 수목(樹木) 또는 수원(水源)과 하천과 강의 관계와 같다.[136] 그는 예수의 "나와 아버지는 하나다(unum)"(요 10:30)라는 말씀으로 미루어 볼 때 삼위는 '한 실재'(one reality)를 지적하는 것이지 '한 위격'(persona)을 지적하는 것이 아니라고 한다. 이것은 본질의 동일성을 말하는 것이지 단순히 수적인 단일이 아니다.[137] 이 말은 성자는 성부와 하나의 본질(unius substantiae)이라는 것을 의미한다. 터툴리안은 다음과 같이 말한다.

> 나는 셋이 결합된 하나의 본질(substantia)을 어디에서나 본다.[138] 삼위는 본질의 통일에 의해서 하나에 속한다. 그러면서도 통일체를 성부, 성자, 성령의 순서로 배열하는 삼위일체 구분의 섭리적 신비는 그대로 보존된다. 그러나 셋은… 본질에서가 아니라 형식에서 셋이며, 능력에서가 아니라 현상에서 셋이다. 왜냐하면 셋은 한 본질, 한 실재, 한 능력에 속하기 때문이다.[139]

이와 같은 삼위일체론에 대한 신학적 성찰은 두 유형의 군주신론(역동적 군주신론, 양태론적 군주신론)을 대표하는 사모사타의 바울과 사벨리우스 그리고 프락세아스 등의 사상을 반박하는 과정을 거쳐서 아리우스와 아타나시우스의 논쟁, 동일본질론의 승리, 세 카파도키아 신학자의 정통적 신학 사상, 성령 신성 부정론자들에 대한 논박을 통하여 그리고 공의회로는 325년 니케아회의를 거쳐서 381년 콘스탄티노플공의회에서 삼위일체의 형식은 실제적으로 거의 완성되었다. 그러나 동방교회에서는 754년경 사망한 다마스쿠스의 요한(John of Damascus)에 의해서, 서방교회에서는 어거스틴에 의해서 각기 동방과 서방에서 주장된 삼위일체 교리에 대하여 비록 잠정적인 것이기는 하지만 최종적인 신학적 표현이 이루어졌다고 할 것이다. 여기서 '잠정적'이라고 한 것은 삼위일체는 하나의 신비이기 때문에 보다 적절한 신학적 표현을 위해서는 논의가 계속될 수밖에 없기 때문이다. 삼위일체론의 논의 과정에서 동방교회의 사변적 헬라 정신 그리고 이 정신을 견제한 실천적인 서방교회의 라틴 정신의 역사적 의의는 무시될 수 없다. 요한은 동방에서, 어거스틴은 서방에서 삼위일체 논쟁을 일단 종결시켰다고 할 것이다.

다메섹의 요한의 역사적 의의는 동방교회가 주장한 삼위일체 교리를 요약했다는 점에 있다. 그의 대표적인 교리서인『정통 신앙에 관하여』(De fide orthodoxa)[140]는 특히 카파도키아 신학자들의 사상을 추종하면서 정통 교리를 진술하고 있다. 그의 견해를 요약한다면, "성부, 성자, 성령은 한 하나님, 혹은 한 본질이지,[141] 한 위격이 아니다."[142] 신의 세 위격(hupostases)은 비록 그것들이 서로 연합되었다 해도 한 실체(hupostasis)다.[143] 이 한 하나님은 세계의 창조자요 보존자며 통치자로서 "완전한 세 위격에서 혼합과 분리됨이 없이 연합되어… 경외심으로 고백되고 예배를 받을 한 본질, 한 신성, 한 능력, 한 의지, 한 에너지, 한 원천, 한 권위, 한 지배, 한 왕국이다." 따라서 세 위격은 비록 언제나 실재로서 생각되지만, 상호 간의 관계는 세 사람의 인간의 관계와는 다르다.[144] "이 세 위격은 그들이 각각 출생되지 아니한 자, 출생된 자, 발현(發現)된 자로 구별되는 것 이외에는 모든 점에 있어서 하나다."[145] 이들의 관계는 혼합됨이 없이 세 위격의 상호 완전 침투(perichōrēsis)의 관계다(요 14:11). 요한은 종속설을 강하게 거부하지만, 성부를 하나님 존재의 근원으로 묘사하고 있고, 따라서 성령을 '로고스'를 통하여 성부로부터 발원한다고 하였기 때문에 헬라 종속설의 잔재를 드러낸 그의 견해는 서방의 로마교회와 동방의 헬라 교회 사이에서 결코 종결될 수 없는 '필리오쿠에'(filioque) 논쟁의 길을 마련해 놓았다.[146]

어거스틴은 니케아 신학에 확고하게 서 있으면서 위격에 관심을 가졌던 동방교회와는 달리 삼위일체의 출발을 신적 본질의 통일성 (unity)에 두었다. "삼위일체 자체는 창조주가 한 분인 것과 같은 의미에서 한 분 하나님이다. 따라서 실체, 본질, 능력, 의지에 있어서 하나님은 하나다." "삼위의 활동은 분리될 수가 없다."[147] 그는 이 입장을 일관성 있게 주장했다. 어거스틴은 삼위일체 교리 논의 과정에서 헬라 신학자들의 방법론을 역으로 따른다. 즉, 동방의 카파도키아 교부들이 '위격'[148]의 다양성에서 본질(ousia)의 통일성으로 향하는 사고를 하는 반면, 어거스틴은 하나님의 본질적 통일성에서 시작하여 위격의 구별로 향하는 사고를 했다.

그렇기 때문에 어거스틴이 삼위의 구별을 간과한 것이 아니라 다만 삼위의 통일성과 단순성을 강조하는 입장에서 카파도키아 교부들처럼 크게 중요성을 두지 않았을 뿐이다. 성자가 세상에 보냄을 받는 일(missio)에 있어서도 성부의 말씀을 통하지 않고서는 이룰 수가 없는 것이다. "성육신은 성부와 성자가 불가분리하게 하나요 같은 작용을 한 결과이며, 성령도 거기로부터 분리된 것이 아니다"(마 1:18). "성부가 그의 말씀으로 그를 보냈기 때문에 그가 보냄을 받은 것은 성부와 그의 말씀이 행한 것이다. 그러므로 성부와 성자에 의해서 동일한 성자가 보냄을 받은 것이다. 그것은 성자 자신이 성부의 말씀이기 때문이다."[149] 그러나 보냄을 받은 것은 성자요 성령이라는 사실은 그들이 성부보다 열등해서가 아니라 성부로부터 발출(發出)되었기 때문이다.[150] 그러므로 삼위일체의 각 위격은 완전한 신적 본체라는 점에서 서로 다르지 않고 동일하다.[151] 본체의 동일성이라는 의미에서 어거스틴은 '동일본질'(homoousios)이라는 용어를 사용하였다.

어거스틴은 세 위격의 각각은 전체 삼위일체와 동등하며, 전체 삼위일체는 세 위격 중의 어느 하나보다 그 이상의 것이 아니라고 하였다. 이와 같은 어거스틴의 삼위일체 사상, 즉 하나님의 전적인 통일성의 개념은 불가피하게 하나님의 위격적 단일성(personal unity)을 인정한다는 오해를 받을 수가 있다. 어거스틴도 그것을 의식하여 '위격'이라는 용어에 삼화음(三和音)의 뜻을 가진 트라이어딕(triadic)을 적용하였다. 그러면서 그는 하나님을 삼중적(three-fold) 존재로 생각하는 것을 거부하였다.

> 하나님은 삼위일체이기 때문에 삼중의 존재로 생각해서는 안 된다. 그렇지 않으면 성부 홀로, 성자 홀로는 성부와 성자를 합한 것보다 더 작을 것이다. 그러나 이것은 불가능한 가정이다. 왜냐하면 성부와 성자는 언제나 불가분리의 관계로 함께 있기 때문이다. 이것은 둘 다 성부이거나 둘 다 성자라는 것이 아니다. 그들은 언제나 상호의존적으로 존재하며, 아무도 홀로 존재하지 않는다…. 성부 홀로, 성자 홀로, 성령 홀로 있는 것은 성부, 성자 그리고 성령이 함께 있는 것과 마찬가지이기 때문에, 하나님은 삼중의 존재라고 말할 수 없다.[152]

그러면서 교회 전통에 일치하여 한 하나님 안에 세 위격이 있다는 것을 분명히 하였다.

> 하나요 동일한 본질이신 성부와 성자와 성령은 창조주 하나님, 전능한 삼위일체로서 활동에 있어서 분리될 수 없다. 그러나 이 활동은 매우 저급한 피조물, 최소한 육체적 피조물을 통하여 작용할 때는 불가불리

한 것으로 표명될 수가 없다. 그것은 마치… 우리가 음성으로 '성부', '성자' 그리고 '성령'이라는 칭호를 부를 때 그 시간적 간격 때문에 나뉘어져, 분리되어 발설될 수밖에 없는 것과 같다. 그들은(삼위) 그들 자신의 본질에 존재함으로써 그 셋은 하나다…. 어떤 시간의 간격이 없으며 영원에서 영원까지 불변한다…. 그러나 성부, 성자, 성령을 동시적으로 이름을 댈 수 없으며, 가시적인 글로 쓰일 때 그들은 일정한 분리된 공간을 차지한다. 다시 말해서 마치 내가 나의 기억, 지성 그리고 의지를 열거할 때 각기 다른 명칭은 단 하나(single)의 실재를 언급하는 것과 같다. 그럼에도 세 실재는 개별적 이름으로 제시될 때 모두 하나로 통일된다. 왜냐하면 기억과 지성과 의지가 하나로 묶여 발성되지 않으면 어느 하나도 있을 수 없기 때문이다. 따라서 성부의 음성, 성자의 육체, 성령의 사랑이라고 각 위격의 고유한 영역에 속한 것을 언급한다 해도 삼위일체의 활동은 그러한 개별적인 활동에도 불구하고 나뉘지 않는다.[153]

그러나 하나님의 통일성에 삼위일체 신학의 기초를 둔 어거스틴에게 위격적 단일성의 문제는 가장 큰 어려움이었다. 그는 이 문제를 해결하기 위해서 '관계' 개념을 도입하였다. 이것은 다른 '위격'들을 말할 때 사용하는 개념이다. 그에 의하면 하나님 안에는 가변적인 것이 없기 때문에 우연적인 것이 있을 수 없으며, 더욱 하나님에 관해 언급되는 것은 어떤 것에 대한 '관계' 속에서 언급되기 때문에 본질적인 것이 아니다. 즉, 성부는 성자와의 관계에서, 성자는 성부와의 관계에서 언급된다. 성자 없이 성부가 없고, 성부 없이 성자가 있을 수 없다는 것이다. 성부, 성자는 스스로와의 관계에서 성부, 성자가 아니고 상호적인 관계에서 성부, 성자다. 그리고 성부라고 부르는 존재와 성자라고 부르는 존재는 서로에게 영원하고 불변적이기 때문에 그 관계는 우연의 관계가 아니다. 그러므로 성부인 것과 성자인 것은 다를지라도 본질에 있어서는 다르지 않다. 성부와 성자라고 각기 다르게 부르는 것은 본질에 따른 것이 아니라 관계성에 따른 것이다. 그러나 이 관계도 불변적인 것이기 때문에 우연한 것이 아니다.[154]

또한 어거스틴은 세 위격의 관계는 상호 내적 관계라고 한다. 그는 삼위일체에 있어서 삼위의 구별은 외적 활동에 기인한 것이 아니라 내적 관계에 기인한다는 것이다. 물론 하나님은 인격이고 한 분이기 때문에 밖을 향한(ad extra) 하나님의 모든 행위는 언제나 삼위일체 전체의 행위다. 그의 행위는 세 위격에 공통적인 본질에서 나온다.[155] 그러나 한 하나님이라고 해서 성부만도 아니고 성자만도 아니며 성령만도 아니라 한 하나님의 세 존재 양식이며, 세 위격 사이는 상호 침투와 상호 내주(內住)의 관계다.[156] 하나님에 대한 세 위격의 관계는 유개념(類槪念)에 대한 종개념(種槪念)과 같은 관계도 아니고 본질에 대한 속성의 관계도 아니다. 양적 또는 질적 구별은 배제되었다.[157] 위격들 사이는 상호 의존의 관계가 있다. 성부, 성자, 성령은 본래 나뉘지 않는 완전한 단일성을 나타낸다. 다만 낳음, 낳음을 받음, 발출 (發出)됨이라는 관점에서 보면 위격들은 개별적이다.[158]

어거스틴은 한 인격적인 하나님 안에서 세 상호 관계된 위격적 삶의 가능성을 여러 가지 유비를 통해서 설명하고 입증하려고 한다. 그는 성부, 성자, 성령을 사랑하는 자(amans), 사랑받는 자(quod amatur) 그리고 사랑의 힘(amor)으로 비유한다.[159] 이것은 모든 구별을 초월하는 존재, 주관과 객관의 구별도 초월하는 존재인 하나님의 존재근거가 사랑이며, 그 사랑은 어떤 객체를 향한 주관적인 감정이 아니라는 것, 그 사랑에는 주체와 객체의 구별이 없다는 것에 근거한다. 조망(眺望)에서 삼위일체는 "눈에 보이는 사물, 시각 그리고 이 둘을 연합하는 의지력이다".[160] 사고(思考)에 있어서 "삼위일체는 기억된 사물, 내적 통찰력 그리고 이 둘을 연합하는 의지다".[161] 그리고 인간 정신에 있어서 삼위일체는 "기억(memoria), 지성(intelligentia) 그리고 의지(voluntas- amor)다".[162] 어거스틴은 인간의 정신에서 특히 삼위일체의 이미지와 흔적을 발견하였으며, 이 유비들은 셋은 하나와 동등하다는 사상을 표현한다.

어거스틴은 하나님을 삼위일체로 생각하지 않고는 그를 구원의 하나님으로 생각할 수 없다고 한다. 이 사상에 의해서 하나님의 단일성이 강조되었고 위격의 분류를 신적 단일체(monad) 안에서 상관적인 삼위일체적 구별이라고 말하게 되었다. 어거스틴은 인간의 어떤 언어와 생각으로도 삼위일체의 한 하나님, 세 위격을 완전히 표현할 수 없다는 것을 알고 있었다. "그럼에도 불구하고 삼위를 언급하는 것은 그것을 표현하기 위해서가 아니라 침묵하지 않기 위해서였다."[163]

어거스틴이 삼위일체 사상사에 공헌한 두 가지가 있다. 그 하나는 '성령의 발출 이론'이다. 초기 그리스도교 신학자들은 성자의 출생과 성령의 발출의 차이를 표현하는 데 어려움이 있었다. 그것은 성자도 성령도 모두 성부로부터 유래하기 때문이다. 어거스틴도 성자의 출생과 성령의 발출의 사이를 구별할 수 있는 적당한 방법을 모르고 있다가 후에 성령은 성부와 성자 사이에 존재하는 '사랑의 띠'라는 이론을 제시하였다. 그리고 그는 성령을 성부와 성자가 공유하는 어떤 것이라고 하였다. 그는 이것을 '교제'라고 부를 수도 있겠지만, '사랑'이라고 부르는 것이 더 적절하다고 한다. 그리고 성령도 본질이라고 한다.

왜냐하면 하나님이 본질이고 사랑이기 때문이다.[164]

그러나 성령의 발출에 대한 이와 같은 이해는 중세기 '필리오쿠에'(filioque) 논쟁의 불씨가 되었다. 필리오쿠에는 라틴어로 "그리고 아들로부터"라는 뜻이다. 이 논쟁은 서방교회가 어거스틴의 성령 발출 이론에 근거하여 589년 톨레도(Toledo)회의에서 니케아-콘스탄티노플 신조에 "성부로부터 발원되는 성령"이라는 말 바로 다음에 "그리고 아들로부터" 나온다는 말을 첨가한 데서 발단이 되었다. 사실 이 구절은 신조 원문에는 없다. 그렇기 때문에 동방교회 신학자들은 "그리고 아들로부터" 구절은 성서에서 발견되지 않으며 본래 신조에도 없고 공의회의 결정도 아니라는 이유로 반대했고, 서방교회 신학자들은 삼위일체론적 근거에서 방어했다. 800년경부터 프랑크 왕국에 널리 알려져서 미사에서 찬송되기도 했다. 이 논쟁은 결국 11세기 동방과 서방교회의 분열 원인 중 하나가 되었다.

그가 기여한 다른 하나는 '삼위일체의 흔적'(vestigia Trinitatis) 이론이다. 어거스틴에 의하면 모든 피조물에, 특히 인간의 영혼(정신)에 창조주와 그의 삼위적 본성이 새겨져 있다는 것이다. 어거스틴이 이 흔적을 일반적인 자연물보다 특히 인간에 중점을 둔 것은 성서적으로 인간이 삼위일체의 형상(imago)과 모양(similitudo)으로 창조되었기 때문이다(창 1:26). 그 흔적들 가운데서 가장 대표적으로 그리스도교 사상사에서 인용되는 것이 기억, 지성 그리고 의지이다. 이것들은 어거스틴이 삼위일체론을 설명하기 위해서 사용한 유비에서도 언급되었다.

그리하여 이 셋, 즉 기억, 지성, 의지는 세 개의 삶이 아니고 하나의 삶이다. 세 마음이 아니고 하나의 마음이다. 그것들은 세 본질이 아니고 하나의 본질이라는 것이 분명히 뒤따른다…. 나는 내가 기억하고 지성과 의지를 소유하고 있다는 것을 기억한다. 그리고 나는 내가 이해하고 있다는 것을 안다. 그리고 의지가 있고 기억하고 있다는 것을 안다. 그리고 내가 의지가 있고, 기억하고 지력이 있다는 것을 의지(意志)한다. 그리고 나는 한꺼번에 나의 전 기억과 지성과 의지를 기억한다. 왜냐하면 내가 기억하지 못하는 것은 내 기억이 아니며 내 기억 속에 없다….[165]

어거스틴의 삼위일체 교리의 근본적인 특징은 소위 아타나시우스 신조(Symbolum Quicunque) 가운데에 구체적으로 표현되어 있다. 그런데 이 신조는 서방교회에 의해서만 인정되어 왔다.

우리가 통일성에서 삼위를, 삼위에서 한 하나님을 예배한다는 것은 위격들을 혼돈하는 것도 아니고 본질을 나누는 것도 아니다. 왜냐하면 성부의 한 위격이 있고, 성자의 다른 위격이 있으며, 성령의 다른 위격이 있기 때문이다. 그러나 성부의 신성, 성자의 신성 그리고 성령의 신성은 하나요 영광은 동등하고 주권은 함께 영원하다. 그와 같은 성부가 존재하고 그와 같은 성자가 그리고 그와 같은 성령이 존재한다…. 그럼에도 세 개의 영원함이 있는 것이 아니라 하나의 영원함이 있다. 그것은 마치 창조되지 않은 셋이 있는 것도 아니고 무한한 것 셋이 있는 것이 아닌 것과 같다…. 세 개의 전능함이 아니라 하나의 전능함이 있다…. 성자는 성부의 유일한 아들이며 창조되지 않았으며 출생하였다. 성령은 성부와 성자의 영으로 만들어지지 않았고 창조되지 않았으며 출생하지도 않았고 발출되었다…. 이 삼위일체에는 전후가 없으며 크고 적음도 없다.

그러나 전(全) 삼위는 함께 영원히 공존하며 동등하다. 그리하여 위에서 언급한 대로 만물 중에서 삼위에서 통일성이, 통일에서 삼위가 숭배된다. 그러므로 구원받기를 원하는 자는 누구나 삼위일체에 관하여 생각하게 하라.[166]

그러나 누구도, 어떤 말과 글로도 삼위일체적 하나님을 완전하게 표현할 수 없다. 삼위일체란 하나의 신비다. 그러므로 어거스틴도 『삼위일체에 관하여』 마지막에 겸손한 마음으로 아름답고 기억해 둘 가치 있는 말을 남겼다.

주 우리의 하나님이여, 우리는 성부, 성자, 성령이신 당신을 믿습니다. 만일 당신이 삼위일체가 아니시라면, 진리가 "가서, 세례를 베풀고…"(마 28:19)라는 말을 하지 않았을 것입니다…. 나는 당신을 기억합니다. 나는 당신을 사랑합니다…. 주여, 한 분 하나님이신 당신이여, 성 삼위일체시여, 내가 한 분이신 당신의 제안으로 이 책에 기록한 모든 것을 삼위일체이신 당신이 받아 주소서. 만일 그 속에 나의 어떤 생각이 포함되어 있다면, 한 분이시며 삼위이신 당신이 그것을 간과하여 주소서.[167]

5. 도나투스주의자들과의 논쟁

1) 논쟁 과정

콘스탄틴 황제의 친 그리스도교 정책 이후 그리스도교가 제도권 속에서 기득권 세력이 되고, 영적 능력을 상실하며, 교권적, 교리적 투쟁으로 부패하자 사막 수도원의 길을 택하는 것으로 소극적 저항을 하는 사람들도 있었지만, 이와는 다르게 기존 교회를 적극적으로 비판하면서 자기들만이 참 그리스도인들이며 진정한 교회라고 주장하는 집단들이 나타났다. 그 대표적인 집단이 도나투스주의자들(Donatists)이다. 이 집단이 제기한 교회의 본질과 성례전의 타당성(유효성) 등의 신학적인 문제는 교회를 분열시킬 만큼 위험했기 때문에 어거스틴과 같은 신학자들로 하여금 이 문제를 취급하지 않을 수 없게 했다.

도나투스주의자들과의 논쟁의 핵심적인 문제는 디오클레티안 황제의 박해 상황(303~305)에서 신앙을 저버린 '변절자들'(the lapsed)이 다시 교회 공동체로 돌아오려고 할 때 어떻게 처리할 것이냐는 문제였다. 이와 같은 문제는 3세기 데시우스 황제(Decius, 249~251)의 박해 때도 있었다(249~250). 이 박해 기간에 신앙의 지조를 지킨 '고백자들'(confessors) 가운데 특히 북아프리카 지방의 고백자들은 교회 당국과 아무런 협의도 없이 그 문제에 대한 처리권을 주장하면서 변절자들을 너무 관대하게 취급하여 교회에 들어오게 하였다. 이것은 콘스탄틴 황제의 통치 이후 교회 당국의 정책보다 더 엄격한 처벌을 요구했던 고백자들의 태도와는 정반대의 태도였다. 카르타고의 고백자들의 행동에 대하여 카르타고의 감독 키프리안(Cyprian, d. 258)은 이와 같은 고백자들의 행동에 대하여 교회의 권위를 내세워 그들의 주장을 반대하고 교회의 합법적 절차와 결정에 따라서 변절자들을 교회 공동체에 참여하도록 했다. 이것은 교회가 그리스도의 몸이며 "교회 밖에는 구원이 없고, 교회를 어머니로 가지지 못한 사람은 하나님을 아버지로 가질 수 없다"[168]는 그의 교회론과 교회의 통일성을 강조한 신학적 입장에 근거한 것이다. 그러나 그 당시 키프리안의 결정에 반대한 노바티안(Novatian)의 분리주의가 로마에서 발생하였다. 그는 키프리안보다 더 엄격주의자였다.

도나투스주의자들과의 논쟁은 4세기 변절자들[169] 또는 '배반자들'(traditores)과 관련된 문제로 특히 북아프리카 카르타고를 중심으로 교회가 분열되는 또 하나의 중대한 문제였다. 박해가 끝난 후 카르타고의 새 감독으로 카에실리안(Caecilian)이 선출되었는데, 엄격주의자들은 이에 불복하여 마조리누스(Majorinus)를 선출하였다. 그러나 마조리누스가 곧 사망하자 그들은 도나투스(Donatus, d. 332)를 그의 계승자로 선출하였다. 그는 거의 반세기 동안 이 집단의 지도자가 되었으며, 도나투스주의라는 명칭도 그에게서 유래하였다. 로마 감독을 비롯하여 콘스탄틴 황제까지 카에실리안이 카르타고의 정통적 감독이라고 지지했는데도 불구하고 도나투스주의자들이 계속 그를 반대하고 분리주의적 행동을 한 이유가 무엇인가?

곤잘레스에 의하면 이상의 설명은 도나투스주의의 기원에 대한 표면적 역사에 불과하고, 그 뿌리에는 신학적, 정치적, 경제적 이유가 있다고 한다. 첫째 신학적인 문제는 안수, 성직 임명, 세례, 성찬 등 성직자가 집행하는 성례의 유효성의 문제다. 도나투스주의자들에 의하면 박해 기간에 신앙의 지조를 지키지 못한 변절자 또는 배반자인 성직자가 집행하는 모든 성례는 무효라는 것이다. 즉, 모든 성례의 효력 여부는 집례자의 도덕성에 달려있다는 것이다. 그리하여 카에실리안을 안수한 감독 중에 배반자가 있었기 때문에 그의 성직 임명이 무효라고 주장하는 것이고, 카에실리안파에서 세례를 받고 도나투스파에 들어오는 사람들에게 재세례를 요구하였다. 그러나 이들의 행동이 교회의 순수성과 거룩성을 강조하는 것으로 보이지만, 실은 그들 가운데도 성서를 로마 관헌에게 넘겨준 사람도 있었고, 조카를 살해한 사람도 있었기 때문에 그들의 카에실리안파에 대한 저항이 교회의 순수성 유지에만 있다고 볼 수는 없다. 이들의 주장에 대해서 카에실리안파는 교회의 모든 성례의 효력이 집례자의 도덕성, 인간의 자격 등에 좌우되지 않는다고 하였다. 그 이유는 성례 집행자의 영적 상태는 누구도 알 수 없기 때문이다.

두 집단 간의 갈등의 원인은 정치, 경제, 지역적인 것도 있었다. 즉, 카르타고를 중심으로 그 인접 지역의 로마 총독령 아프리카는 상당히 라틴화된 상류층 사람들이 살고 있었고, 반면에 보다 서쪽 지역인 누미디아(Numidia)와 마우리타니아(Mauritania) 지방은 농경 지역으로 그들의 생산물이 카르타고를 통해 이탈리아로 수출되었는데, 그 결과 카르타고 사람들이 그들보다 더 많은 이익을 취하고 있었다. 서쪽 지역은 덜 라틴화된 지역으로 로마와 관련된 것들을 외세의 침입으로 인식하고 있었으며, 전통문화를 유지하고 있었다. 그런데 그리스도교는 총독령 아프리카의 서민층 또는 하층 계급과 누미디아 지역에 일찍부터 깊이 침투되어 있었다. 이들은 콘스탄틴 황제 이후 급격하게 증가한 카르타고의 로마화된 상류층의 그리스도인들, 즉 훌륭한 로마인이면서 동시에 훌륭한 그리스도인이 될 수 있다고 생각하는 이들의 증가를 교회가 부패해 가는 과정으로 해석하였다. 특히 그들은 새로 개종한 권력층 인사들이 아직도 이교 신을 섬기고 있다는 것을 알고 있었다. 더욱 얼마 안 되어 정치와 경제를 지배하고 있는 상류 계층이 교회까지 지배하려고 했다. 그리하여 로마제국에 대하여 전부터 증오의 감정을 가졌던 서민층 그리스도인들은 교회까지 지배하려는 세력에 항거하지 않을 수 없었다. 이들이 도나투스주의자들을 지지한 반면에 카르타고를 중심한 총독령 아프리카 지역의 상류층의 사람들은 카에실리안을 감독파를 지지하였다. 그러므로 카에실리안 감독은 총독령 아프리카의 하층 계급과 누미디아 지역의 신자와 성직자들의 반대를 받을 수밖에 없었던 것이다.

그런데 340년경 도나투스주의자들 중에서 가장 극단적인 써쿰켈리온(circumcellions)이라 불리는 집단이 나타났다. 이들은 누미디아와 마우리타니아 지역의 도나투스주의 농민들로 구성된 맹목적, 광신적 종교인들로 순수한 신앙을 지키기 위해서 죽는 것도 영광스러운 순교라고 생각하고 그 방법으로 폭력을 사용해서 약탈까지 서슴지 않았다. 이 집단이 교회 분열의 중요한 요인이 되었고, 로마 당국은 불가피하게 무력으로 그들을 제어하였다. 어거스틴은 처음에는 무력 사용을 반대했으나 도나투스주의자들이 교회로 돌아가려고 하는 자기네 분파 사람들을 무력으로 방해하자 그도 결국 국가의 무력적 개입을 인정하였다. 도나투스주의자들은 어거스틴을 비롯한 많은 감독이 이 심각한 교회 분열을 종식시키려고 노력했음에도 불구하고 그들은 반달족(Vandals)이 이 지역에 침입하였을 때도, 6세기 동로마제국이 이 지역을 정복했을 때도 과격한 집단 행동을 계속했다. 도나투스주의와 써쿰켈리온이 마지막으로 역사에서 사라진 것은 7세기 이슬람의 정복 이후였다.[170]

그러나 우리의 주 관심은 도나투스주의의자들과의 논쟁 과정에서 어거스틴에 의해서 더 발전된 교회론과 성례론에 있다. 교회와 국가와의 관계도 의미 있는 주제로 거론될 수 있을 것이다.

도나투스주의자들과 가톨릭 신자들과의 근본적인 교리적 차이는 무엇인가? 도나투스주의자들도 교회의 감독 제도의 근거를 인정한다. 다만 감독은 거룩해야 하고, 그래야만 그들이 집행하는 성례전이 효력이 있다는 것이다. 이것은 사실상 키프리안에 의존한 것인데, 키프리안은 교회 밖에서 행한 성례전의 타당성을 부인한 바가 있었다.[171] 그는 감독이 신실하고 거룩한 삶을 살 때만이 그의 희생과 기도가 효력이 있다고 했다(요 9:31). 도나투스주의자들은 그들만이 참되고 실제적인 가톨릭교회요 거룩하고 박해를 받은 순교자의 교회라고 주장하면서 카에실리안의 지지자들은 배반자들이며 피에 굶주린 압제자들이어서 가톨릭교회가 아니라고 했다.[172] 그래서 그들은 배반자들과의 접촉으로 오염될 것을 염려했으며 종교적 회의에서 배신자(가톨릭 신자)들과 함께 앉기를 거부하였다. 도나투스주의자들은 자기들의 교회만이 감독들과 교인들에게 거룩성을 요구하기 때문에 실제로 흠이 없는 그리스도의 신부라고 한다. 그들에 의하면 '가톨릭'이라는 용어는 지역이나 인종에 적용되지 않으며, 참된 가톨릭은 성례전으로 충만한 것이다(sacramentis plenum). 그들은 전 세계적인 친교보다 신의 계명과 모든 성례를 준수하는 것이 더 중요하다고 주장한다. 그러면서 반역자 교회의 감독들의 비도덕성이 성례전의 타당성을 무효화했다고 한다. 그러므로 교회 분열의 교리적 근거는 가톨릭 성례의 무효화에 있다는 것이다. 그들은 타 집단에서 베푼 성례는 무효이기 때문에 성례는 다시 행해져야 하고, 세례는 다시 받아야 한다고 한다. 그러나 도나투스주의자들이 모두 이렇게 급진적이고 과격한 것은 아니었다. 다시 말하면 재세례가 도나투스주의의 특색을 나타내는 표시라고 생각하는 것은 지나치다. 왜냐하면 도나투스주의자 티코니우스(Tyconius)는 가톨릭 성례의 유효성을 옹호하였기 때문이다.[173] 그러나 도나투스주의자들은 그들만이 참 성례를 집행하기 때문에 그들만이 가톨릭교회라고 주장하였다.[174] 그러나 어거스틴은 "만일 교회가 하나이고 그리스도가 나누어지지 않았다면 거기에 속하지 않은 사람이 어떻게 세례를 받을 수 있겠느냐?"고 한다.[175]

어거스틴이 도나투스주의자들과 논쟁을 하기 약간 앞서서 같은 아프리카 감독 옵타투스(Optatus of Milevis)가 370년 이후로 추정되는 『도나투스 분파에 관하여』(De schismate Donatistarum)라는 책을 일곱 권으로 집필한 일이 있었다. 그 글에서 그는 가톨릭교회의 입장, 즉 참된 교회의 입장에서는 도나투스주의자들을 배격할 수밖에 없다고 하였다. 이를 위해서 그가 제시한 두 가지 논증은 교회의 보편성에 근거하여 참 교회는 온 땅에 널리 유포되어 있다는 것과[176] '모든 사도의 머리'인 로마의 감독 베드로로부터 받은 사도적 전승이다.[177] R. 제베르크에 의하면 옵타투스는 교회의 평화에 관심을 가졌기 때문에 가능하면 친절하고 타협적인 어조로 글을 썼다. 옵타투스에 의한 가톨릭의 입장은 도나투스주의자들의 정통성과 그들의 성례의 효력을 인정했으며, 교회를 경멸하며 나간 그들에 대하여 단지 교회의 친교를 나눈다는 입장에서 그들을 그리스도교 형제들이라고 생각했다.[178] "당신과 우리 가운데는 모두 하나의 교회 생활(ecclesiastica una conversatio), 공동의 성서 본문, 같은 신앙, 같은 성례, 같은 성찬물이 있다"고 하였다.[179] 누가 세례를 베풀었든지 간에 세례는 세례라는 것이다. 왜냐하면 은사를 내리는 것은 사람이 아니라 성 삼위일체이기 때문이다.[180]

옵타투스는 키프리안과 다르게 이단자들과 분파주의자들을 원칙적으로 구별한다. 그에 의하면 이단자들은 십자가로부터 탈선한 자 혹은 십자가를 곡해한 자들이어서 그리스도인들이 아닌 반면에 도나투스주의자들은 선동적 그리스도인들이다.[181] 이단자들은 "다양하고 거짓된 세례를 베풀고, 참된 신적 예배가 없지만, 분리주의자들은 그렇지 않다. 후자들은 비록 가톨릭교회 안에 있지 않지만, 그들은 가톨릭주의자들과 참되고 공동의 성례를 받는다.”[182] “너희와 우리는 교회에서 공동의 근거를 가지고 있다…. 결국 우리의 신앙은 같으며, 하나의 같은 낙인이 찍히며, 우리는 다른 세례, 다른 성직 수임을 받지 않는다. 우리는 같은 성서를 읽고 한 하나님께 기도한다. 그러나 이런저런 관점에 매달려서 틈이 생겼기 때문에 결합해야 한다”는 것이 그의 입장이었다.[183]

그러나 옵타투스는 에스겔서에 근거하여 도나투스주의자들이 보편성을 상실했다고 한다. 그들은 가톨릭교회와 같이 보호하는 집을 건축하는 것이 아니라 “파멸을 초래할 담”(겔 13: 10-11)만을 쌓으며, '모퉁이 돌'(엡 2:20)에조차 기초하지 않고, 하나님의 집 밖에 다른 집이 없는데도 그 집(뿌리)으로부터 자신들을 잘라버린다. 그래서 그들은 '유사 교회'(quasi ecclesia)이지 가톨릭교회가 아니라고 한다.[184] 교회가 거룩한 것은 교인들의 신분, 자격, 지위, 고상함 때문이 아니라 삼위일체의 상징, 믿는 자의 신앙, 그리스도의 교훈, 무엇보다도 성례 때문인 것이라고 주장한다.

도나투스주의자들의 세례를 부정할 수 없다. 그것은 도둑이나 강도가 집례한 것까지도 세례는 세례이기 때문이다. 옵타투스는 '성례전의 거룩함'의 의미를 세례가 설명한다고 한다.[185] 세례에는 필수적인 세 본질적인 것이 있는데, 즉 성 삼위의 활동, 수세자의 믿음(fides credentis) 그리고 집례하는 자다. 그러나 이 세 가지가 동등하게 중요한 것은 아니다. 처음 두 가지는 오히려 세례의 교리적 개념에 속한다. 처음 둘은 필수적인 것이고, 다른 하나는 마치 필요한 것 같은 것,

즉 '유사 필요'(quasi necessariam)에 속한다. 왜냐하면 세례를 베푸는 사람은 지배자(domini)가 아니라 세례의 대행자 또는 관리자이기 때문이다. 대행자는 단지 가변적인 기관일 뿐, 세례의 관념과 효력에 기여하는 것이 없다. 성례전을 통해서 성결하게 하는 것은 하나님의 몫이다. 성례전 의식은 언제나 같은 삼위와 같은 신앙만을 전제로 하기 때문에 그것을 집례하는 사람에게서 독립되었다면, 성례전은 그것을 베푸는 사람에 의해서 그 본질이 변할 수 없다. "성례는 그 자체로 거룩한 것이지 사람을 통해서 거룩해지는 것이 아니다."[186] 옵타투스가 성례전의 거룩함을 믿는 자의 신앙에 의해서만 효력이 있게 하고 사람의 덕행을 철저히 배제한 것은 믿음의 주권을 강조하는 미래 서방 신학을 위하여 길을 준비한 것이다.[187] 가톨릭교회의 성례전 교리는 교회에 속한 그리스도인들이 비록 비신앙적이라고 할지라도 교회는 거룩하고 그러므로 참되다는 것을 보여주려는 의도에서 발전된 것이다.

가톨릭교회가 도나투스주의자들도 교회의 한 부분이라고 했다고 해도 가톨릭주의자들은 성례의 효력은 그것을 집례하는 사람의 도덕적 조건에 좌우되지 않는다는 입장에는 확고했다.[188] 도나투스주의자들이 디오클레티안 황제의 박해 때 몇몇 감독들이 배반자가 되었다고 교회의 거룩성을 부인했지만, 그들은 당치 않은 일, 역사적으로 정확하지도 않은 일들을 확대하였다. 현실 교회 안에는 거룩하지 않은 사람도 있는 것이 사실이다.[189] 그러나 가라지의 비유(마 13: 24-30)와 좋은 고기와 나쁜 고기를 함께 끌어 올리는 그물의 비유(마 13: 47-48)에서 보듯이 마지막 때가 되기 전에 그들을 선별하는 것은 불가능하다. 이 비유들은 교회의 마지막 은총의 상태, 즉 혼합되지 않은 거룩함의 상태를 언급한 것이다. 그러므로 전체적으로 교회는 성례전과의 밀접한 관계 속에서 신을 대리한 사람의 힘에 의해서 현재에서도 거룩하며, 그 구성원 모두는 어느 날 거룩하게 될 것이다. 이런 점에서 도나투스주의자들의 오류는 '때'가 되기 전 마지막 상태의 실현을 추구했다는 데 있다고 할 수 있다. 교리적인 시각에서 보면 가톨릭의 입장이 더 옳다고 할 것이다. 그렇다고 성례전을 집행하는 성직자가 도덕적으로 부정해도 좋다는 것은 아니다. 특히 교회 성직자들이 부패하고 무능했을 때 도나투스주의자들의 주장은 매우 큰 역사적 의미를 갖는다.

2) 교회론

도나투스주의의 영향은 지역적으로 북아프리카에 한정되었지만, 어거스틴 당시 그 수는 가톨릭교회보다 많았다. 따라서 북아프리카 교회에서 도나투스주의는 마니교보다 더 위험한 교회 집단이었다. 어거스틴은 393년에 『도나투스주의자들을 논박하는 노래』(*Psalmus contra partem Donati*)를 통해 그들을 비판하기 시작했지만,[190] 그가 도나투스주의에 대하여 본격적인 반대 입장을 취하기 시작한 것은 400년경이다. 어거스틴이 도나투스주의에 대하여 뒤늦게 대응하기 시작한 것은 도나투스주의에 의하여 분열된 교회를 다시 가톨릭교회로 돌아오게 하려고 의도했기 때문이었을 것이다. 그러나 그는 마니교도와의 논쟁에서도 가톨릭교회의 권위를 강조했다. 이렇게 권위가 있고 참된 유일한 가톨릭교회에서의 감독의 신분으로 도나투스주의자들의 분열을 더 이상 보고만 있을 수가 없었던 것이다.

어거스틴의 교회론이 도나투스주의자들의 분파를 반대하는 논쟁을 통하여 형성된 것이 분명하다. 그의 교회론은 자기보다 먼저 도나투스주의의 역사와 의식(儀式)을 공격하고 참 가톨릭교회의 본질을 해설한 옵타투스의 교회론과 라틴교회의 교회론을 형성한 카르타고의 키프리안의 교회론에 의존한 것이 분명하다. 어거스틴은 참 그리스도의 교회를 특징짓는 네 표지(단일성, 거룩성, 사도성, 보편성)에 근거하여[191] 도나투스주의자들을 논박했다. 즉, 어거스틴은 도나투스주의자들의 교회에 이 네 표지가 없기 때문에 참 교회일 수가 없다고 한다.

어거스틴에 의하면 그리스도인의 일치를 매는 끈은 신앙과 사랑이다. 이단은 신앙을 위배한 자들이다. 그들은 자신들이 주장하는 신앙만을 추종하므로 신앙의 단일성을 파괴한다. 이 때문에 그들은 보편적 교회 안에 있을 수 없는 것이다. 분리주의자들은 사랑을 위배한 자들이다. 왜냐하면 그들은 참 신앙을 소유했다고 하지만, 실제로는 단일성을 파괴함으로 사랑을 포기했기 때문이다. 단일성은 그리스도의 몸에 속한 모든 사람을 결속시키는 사랑의 끈으로 가능하다. 따라서 사랑이 없는 곳에는 단일성도 없고, 단일성이 없는 곳에는 사랑도 없기 때문에 교회도 없다는 것 또한 진실이다.[192] 분파주의자들은 사랑이 없기 때문에 성령의 활동 밖에 존재한다. 사랑이 없는 교회 밖에서는 구원 (salus)의 역사가 불가능하다. 사랑은 보이는 교회에서 나타나기 때문이다. 신앙의 영웅적인 행동까지도 구원을 보장하지 못할 수도 있다. 왜냐하면 구원의 보장은 오직 사랑을 통해서만 가능하기 때문이다.[193] 어거스틴은 도나투스주의자들이 신앙의 끈을 끊은 것이 아니라 사랑의 끈을 끊은 것이기 때문에 이단이 아니고 분리주의자들이라고 한다.

성령에 의해서 결합된 가톨릭교회의 가장 중요한 표지는 신앙과 사랑에서 나타난 단일성이다. 그러므로 인간의 분열 한 가운데서 성취되는 일치는 가장 큰 기적이다. 이것은 교회가 인간의 작품이 아니라 성령의 역사(役事)라는 것을 입증한다. 그 일치는 사랑을 전제로 할 때 더 분명해진다. 그러므로 사랑은 성령이 활동하는 고유한 영역이다. 어거스틴은 신앙과 사랑을 구별하려고 했다. 신앙은 가톨릭교회 밖에서도 가능하다. 반면에 사랑은 올바른 신앙이 없는 곳에서는 발견되지 않는다. 사랑은 교회를 하나되게 하는 원리다. 이것은 단순히 도덕적 선이 아니라 상호 개인들의 아가페적 관계다. 이 '사랑의 영'(spiritus caritatis)은 근원적인 신적 일치의 복원인 평화의 일치로서 교회에서 구체화되는 것이다. 이 사랑으로서 전 세계에 유포되어 있는 교회, 사도들의 교회, 그들의 계승자들인 감독들의 교회와 관계를 맺고 있는 교회가 하나의 가톨릭교회이다. 그리스도의 몸인 이 하나의 가톨릭교회 밖에는 진리도 없고 구원도 없다.[194] 이 교회로부터 이탈하는 것은 신성모독이다.[195] 왕겨만이 바람에 날아갈 뿐이며, 교만하고 사랑이 없는 그리스도인은 교회의 일치를 해칠 뿐이다.[196] 그러나 어거스틴의 이와 같은 선언은 교직 계급적인 동기에서 한 것이 아니라 사랑의 영을 받는 것은 오직 가톨릭교회에서만이 가능하다는 사상에 근거해서 한 것이다. 이 점에서 어거스틴은 키프리안 못지않게 "교회 밖에는 구원이 없다"(salus extra ecclesiam non est)라는 모토의 옹호자가 되었다.[197]

교회의 두 번째 표지인 거룩성은 가톨릭교회가 독점적으로 주장하기가 쉽지 않다. 왜냐하면 그것은 도나투스주의자들이 주로 강조해 온 것이기 때문이다. 교회의 거룩성은 그리스도와의 연합과 성령의 활동을 통하여 현실이 되는 것이며, 교회는 말씀과 성례전을 통해 개체 교인들을 성화(聖化)시켜 사랑 안에서 그들을 완전하게 한다. 그러나 이것은 모든 교인에게서 모든 경우에 가능한 것이 아니다.

노아의 방주 이야기와 밀과 가라지 비유가 이것을 말해 준다(창 6:9-22; 마 13:25, 36). 교회의 거룩성에 대하여 어거스틴은 이 세상에서는 가라지와 밀을 구별할 수 없다는 키프리안의 의견을 따르고 있다. 어거스틴에 의하면 교회의 거룩성은 성직자나 교인들의 도덕적 특성 때문이 아니라 그 효력이 집행자의 개인적인 인격과는 전적으로 무관한 성례전이 집행되기 때문이다. 그가 도나투스주의자들을 비난하는 것은 그들이 성례전의 효력을 신적 능력보다도 인간의 도덕적 가치에 의한 것이라고 주장함으로 성례전을 파괴하기 때문이다. 성례전의 효력은 전적으로 하나님의 선물(은혜)이다. 사제의 도덕적 가치가 성례전의 효력을 높일 수도 없고, 그의 도덕적 무가치가 성례전의 효력을 방해할 수도 없다. 교회는 선한 사람과 악한 사람으로 이뤄져 있고, 평신도와 마찬가지로 성직자 가운데도 순결한 자도 있고 그렇지 못한 사람도 있다.

그러므로 시간의 끝에서 거룩함이 완전해질 때까지 교회는 가라지가 좋은 알곡 속에서 성장하는 '혼합된 몸'(mixed body)이다.[198] 어거스틴은 설교를 통하여 선택된 자도 죄에서 완전히 자유로울 수가 없다는 것을 강조했다.[199] 부정한 자도 분명히 교회에 속해 있다. 왜냐하면 교회의 단일성 안에서 그들은 교회 성화(聖化)의 작용의 대상이며 선하고 영적인 존재가 될 수 있기 때문이다. 그들은 분명히 하나님의 집에서 '불 명예롭게 하는 그릇'이지 '명예롭게 하는 그릇'은 아니지만, 하나님의 집 안에 있으며 성례전의 사귐 안에 있다. 이단자들과 분파주의자들까지도 교회의 성화 방법에 합당한 한에서는 그들은 가톨릭교회에 속한다. 가톨릭교회는 그들에게 재세례를 요구하지 않고 아들들로 받아들인다.

그럼에도 불구하고 어거스틴은 표면에 나타나 눈에 보이는 조직으로서의 교회로부터 성도들의 사귐으로서의 교회를 구별하였다.[200] 이것은 외면적으로만 교회 안에 있는 자들과 진정으로 교회에 속한 자들을 구별했다는 것을 의미한다.[201] 이러한 교회 이해에서 어거스틴은 '보이는 교회'(visible Church)와 '보이지 않는 교회'(invisible Church), 외부적 기관과 순수한 그리스도인들의 내적 핵심 사이를 구별한다. 이와 같은 구별 때문에 어거스틴이 제도적이며 성직 계층적인 지상의 교회를 중요하게 생각하지 않는다는 비판을 받을 수도 있지만, 그는 보이는 교회도 보이지 않는 교회와 마찬가지로 참 교회라고 한다. 그것은 보이는 교회도 성례전을 행하며, 교인의 도덕적 특성이 무엇이든 거룩한 기관이기 때문이다. 보이는 교회와 보이지 않는 교회에 대하여 어거스틴은 다음과 같이 진술한다.

아가서에서 교회는 "문 잠긴 동산, 나의 누이와 신부, 덮어놓은 우물, 생수의 샘, 맛있는 과일의 과수원"으로 묘사되고 있다(아 4:12, 13). 나는 이것을 거룩하고 의로운 자들에게만 적용하는 것 이외는 탐욕스러운 자들, 협잡꾼들, 욕심쟁이들, 고리대금업자들, 술 취한 자들, 질투하는 자들에게 적용하여 해석하지 않는다. 그들은 의로운 자들과 공통의 세례를 공유한다. 그들은 공통의 사랑(charity)을 공유하지 않는다···. 그들은 어떻게 "문 잠긴 동산, 덮어놓은 우물"에 침투했을까? 키프리안이 말했듯이, 그들은 행위로가 아니라 말로만 세상을 포기했다. 그럼에도 불구하고 그는 그들이 교회 안에 있다는 것을 인정한다. 만일 그들이 [교회] 안에 있고, '그리스도의 신부'가 된다면, 신랑은 "어떤 티나 주름 잡힘이 없다"(엡 5:27)는 것이 사실인가? "아름다운 비둘기"(아 6:9)는 그녀의 회원들의 죄 때문에 더럽혀지는가? 그들은 "가시나무들"이고, 그 가운데서 그녀는 "백합꽃" 같은가? (아 2:2). 백합꽃으로서 그녀는 문 잠긴 동산이며, 덮어놓은 우물이다. 즉, 그녀는 "마음의 할례에 의해서 속사람으로 유대인들"(롬 2:29)인 의로운 사람들 속에 존재한다 …. 그들 안에 세계 창조 전에 예정된 성도들의 고정된 수가 발견된다. 많은 가시나무들이 그녀의 외부를 둘러쌌는데, 그녀로부터 공공연하든 혹은 비밀리에 그녀와 분리되었든지 그 수가 예정된 성도들의 수보다 많다 … (시 40:5). 지금 악하게 살고 있는 사람들이 그 속에 속한다. 그들은 이단들이나 이교적인 미신에 빠질 수도 있다. 그래도 주님은 자기에게 속한 사람들을 아신다(딤후 2:9). 왜냐하면 헤아릴 수 없는 하나님의 예지(豫知)는 바깥에 있는 것처럼 보이는 많은 사람들이 그 안에 있고, 안에 있는 것 같이 보이는 많은 사람들이 바깥에 있다는 것을 아시기 때문이다.[202]

다른 한편 어거스틴은 예정된 자와 예정되지 않은 자들도 구별하면서 예정된 자들만이 결국 인내의 은사를 통하여 참된 교회의 일원으로 남게 될 것이라고 한다.[203] 이것은 외부적 조직기관으로서의 교회와 참 신자들의 사귐으로서의 교회를 구별하는 교회 정의(定義)와 함께 어거스틴의 세 번째 교회 정의라고 할 수 있다. 이 예정된 자들(numerus praedestinatorum)은 외부적 조직기관과도 일치하지 않고, 신자들의 사귐과도 일치하지 않으며, 그리스도교 왕국과도 일치하지 않는다. 왜냐하면 하나님은 이스라엘 사람이 아닌 욥의 경우와 같이 교회 밖에 있는 사람도 선택할 수 있으며 회개한 도둑도 선택할 수 있다고 생각하기 때문이다. 예정된 자라고 해서 지금 신앙 공동체에 속한 사람과 엄밀하게 같은 사람이라고 할 수도 없다. 왜냐하면 이들 가운데는 인내의 은혜를 받지 못했으므로 미래에 타락할 사람도 있기 때문이다. 예정된 자는 은혜를 입고 끝까지 신실한 사람이다. 이런 점에서 어거스틴의 교회론은 삼중의 교회 개념으로 구성되었다고 할 수 있다.

어거스틴의 교회론을 고찰함에 있어서 그의 대작 『하나님의 도성』에서 표현된 그의 사상과의 관계를 언급하지 않을 수가 없다. 어거스틴은 『하나님의 도성』에서 '하나님의 도성'과 '지상의 도성'을 구별한다. 이것은 고상한 삶, 애정, 사랑을 의미하는 '카리타스'(caritas)와 격정, 탐욕, 권력과 재물에 대한 욕심, 육체적 욕망 등을 의미하는 '쿠피디타스'(cupiditas)를 구별하는 것과 같다. 그러나 세속적인 것에 대한 사랑이 보다 높은 사랑에 예속되고, 보다 높은 단계에 도달하기 위한 수단으로 사용될 때 그것은 비난의 대상이 아니다. 이와 같은 의미에서 지상의 나라가 그 자체가 목적이 되고, 세상적인 이익만을 추구할 때는 악하지만, 반대로 그리스도교의 법에 통제되고 최고의 목표로서 신앙인의 친교에 예속될 때 그 나라는 하나님이 주신 기능을 완수하게 되고 악한 것이 아니다. 여기서 우리는 어거스틴의 교회론을 볼 수 있다. 하나님의 나라는 외적 교회, 지상의 제도적 교회와 같지 않다. 그렇다고 어거스틴이 외적인 교회를 하나님 나라와 정반대의 것으로 생각한 것은 아니다. 그는 '하나님의 도성'을 구원받은 자의 권속이라고 하지만, 그들은 세상에 속하지는 않았으나 세상에 살고 있다. 이 때문에 그들은 "망설임 없이 이 세상의 법에 순종하고, 그리하여 이 가사적(可死的)인 생명의 유지를 위해서 필요한 것들을 관리한다."[204] 그러므로 어거스틴이 일반적으로 하나님 나라를 이 세상 너머 저편의 다른 세계에서 완성될 미래의 실재로 말하지만, 그럼에도 불구하고 그 도성은 땅의 교회, 즉 보이는 가톨릭의 제도와 동일시되고 있다. 어거스틴은 말한다. "지금도 교회는 그리스도의 나라며 하늘나라다. 그러므로 신자들은 지금도 그리스도와 함께 통치한다. 그렇지 않으면 그들은 미래에도 통치 못할 것이다."[205] 어거스틴에게 있어서 지상에 있는 하늘나라로서 교회는 요한계시록 20장의 천년왕국의 희망의 실현이다. 그리스도는 지금도 감독들을 통하여 하나님의 교회를 통치하신다.

　도나투스주의자들과의 논쟁에서 어거스틴은 참 교회는 사도적 교회라는 것을 강조했다. 사도적 교회라 함은 사도들에 의해서 세워졌다는 것과 순수한 사도적 저술들과 건전한 사도적 가르침을 소유한 교회, 그 존재가 사도적 공동체까지 추적할 수 있는 교회, 사도들이 세운 교회와 교류(일치)에까지 이르는 교회를 말한다.[206] 이 증거는 특히 감독들의 전승에서 분명해진다. 베드로는 사도들, 일반 그리스도인들, 감독들 또는 감독의 직무를 대표한다. 어거스틴은 로마 감독이 차지하고 있는 베드로의 지위에 관한 키프리안과 옵타투스의 이론을 유지하였다. 왜냐하면 로마의 감독은 사도적 자리, 특히 교회의 교리적 권위와 단일성을 대표하기 때문이다. 로마 감독의 무오성(無誤性)에 대한 어거스틴의 진술은 그가 교회회의를 로마 감독보다 상위에 둔 것과는 모순이 된다.[207] 어거스틴은 가톨릭교회의 무오성을 확신하였으나, 이것은 사도성에 근거한 교회로서의 권위의 불가피한 결과였다. 어거스틴은 교회의 불가결성(不可缺性)도 주장하였다. 이것은 단일성과 거룩성에서 계시된 그리스도와 성령과의 배타적 관계에 따른 것이다. 이것은 '모 교회'(Mather Church)라는 용어에서 표현된다.[208]

　마지막으로 어거스틴은 도나투스주의자들과 또 다른 엄격주의자들인 로가투스주의자들(Rogatists)들에게 참 교회의 보편성(catholicity)을 강조한다. 아랫글은 어거스틴이 로가투스주의자들을 지지하는 감독 빈켄티우스(Vincentius)에게 보낸 글이다.

당신은 '가톨릭'이라는 말을 세계적인 공동체에 관련해서가 아니라, 신적인 모든 계명과 모든 성례들을 준수하는 것과 관련해서 해석할 때 그것이 빈틈없는 해석이라고 생각한다. 당신은 우리가 모든 민족 가운데 있는 교회를 구별하기 위해서 '가톨릭'이라는 이 명칭을 사용하고 있다는 증언에 의존한다고 상상한다. 그리고 그 명칭은 이 교회가 완전한 진리를 보존하고 있다는 데서 유래한다. 그러나 한편 다른 이단에서도 발견되는 그 진리의 단편들에게서 유래하는 것일 수도 있다. 그러나 당신은 우리가 이 증거에 의존하고, 하나님의 약속과 진리 자체의 모든 신탁(神託)에 의존하지 않는다고 상상한다. 당신이 우리를 설득하려고 하는 전체 요점은 신적인 모든 계명과 모든 성례들을 준수한다는 근거 위에서, 로가투스주의자들만이 가톨릭이라고 불리는 것이 옳다는 것이다…. 그러나 만일 우리가 교회의 계시를 그들로부터도 받지 않았다면, 우리가 신적 저술들에 나타난 그리스도의 계시를 받았다는 것을 어떻게 확신할 수 있겠는가?… 우리가 복음의 진리에서 "그리스도가 고난을 받아야 하고, 제3일에 죽은 자들 가운데서 일어나야 한다"(눅 24:46)는 것을 배운 까닭에 누군가가 그리스도는 고난 받지 않았고, 제3일에 일어나지 않았다고 선언한다면, 그는 파문을 당하게 되는 것과 똑같이, 우리가 똑같은 진리에 따라서 "죄의 참회와 용서가 예루살렘에서부터 시작하여 모든 민족을 통하여 그의 이름으로 선포되어야 한다"(눅 24:47-48)는 것을 배운 까닭에 누군가가 세계적인 공동체로부터 떠난 교회를 선포한다면 그는 파문을 당하는 것이 마땅하다.[209]

어거스틴에 의하면 도나투스주의자들의 교회는 북아프리카에 국한되어 있기 때문에 가톨릭교회라고 할 수 없다. 그들이 성례를 행하고 하나님의 계명을 모두 지키기 때문에 자기들도 보편적 교회라고 주장하지만, 어거스틴은 보편성을 지리적인 의미로 해석하고 있었기 때문에 비록 히포뿐만 아니라 북아프리카 여러 지역에 국한되어 도나투스주의자들의 수가 많다고 해도 보편성의 참 교회의 표지를 그 교회에 붙일 수가 없다는 것이다. 그는 가톨릭 제도의 세계적인 확장은 신적 특성을 확실하게 나타낸 증거라고 했다. 어거스틴이 가톨릭교회의 세계적인 확장을 강조한 것은 단순히 도나투스주의자들을 반대하기 위한 효과적인 논법으로 사용하기 위한 것만은 아니었다. 어거스틴은 오랫동안 많은 사람들이 가톨릭교회의 정당성에 확신을 가지고 있었으며, 이 확신이 그를 가톨릭 신자가 되게 했고, 가톨릭 신자로서 늘 기쁘게 지낼 수가 있었던 자신의 삶에서 가톨릭교회의 보편성을 강조한 것이다. 그러나 다른 한편으로 어거스틴의 교회론은 로마제국의 콘스탄틴 황제와 그 후계자들이 국가교회를 계획하고 제도화하는 데 신학적 정당성을 준 것이 사실이다. 교회와 국가에 대한 그의 견해에는 실현된 종말론의 요소가 보인다. 그렇더라도 이 개념에 나타난 모순은 매우 분명하다. 한편으로 시공간에서의 하나님의 나라로서 교회는 그리스도가 성도들을 통하여 통치하는 영적인 실재이면서도 다른 편으로 감독들에 의해서 세례를 받은 다수의 사람들이 통치한다. 결과적으로 어거스틴의 사상은 중세기에 있어서 로마교회의 성직 계급 제도와 교황권을 적그리스도의 화신(化身)이라고 보는 비판자들 모두에게 사상적 뿌리가 되었다.

3) 성례론

'성례'(sacramentum)는 헬라어 '무스테리온'(mustērion)[210]에 정확히 해당되는 용어로서 견신례, 서품식 등 교회의 다양한 의식에 적용해 왔다. 어거스틴도 일반적으로 그와 같은 교회의 전통을 따르고 있었지만, 그가 '성례'라고 말할 때는 주로 세례, 성만찬, 성직자 안수 등을 의미하였다. 더 엄격히 말하면 '성례'를 세례와 성만찬에 국한하여 사용하려고 했다고 할 수 있다. 그는 성례를 "거룩한 표시(signs)", "신적인 것의 가시적인 표시"라고 했다.[211] 그러나 어거스틴에게 있어서 성례는 단순히 표시 그 이상이었다. 그는 성례, 곧 성례를 통하여 신적 은혜를 받았기 때문이다. 도나투스주의자들의 교회와 가톨릭교회 사이의 대립은 성례에 대한 서로 다른 이해 때문이었다.

314년 도나투스주의자들과 가톨릭 간의 논쟁점들을 해결하기 위해서 콘스탄틴 황제가 소집한 아를르(Arles)회의에서 가장 큰 쟁점은 소위 신앙적 또는 도덕적으로 결격사유가 있는 성직자의 성례의 효력과 그 타당성 문제였다. 어거스틴은 도나투스주의자들의 재세례와 재서품식 주장 때문에 성례에 대하여 그 신학적 검토를 하지 않을 수가 없었다. 이때 그는 옵타투스에게서 자신의 논리의 근거를 찾았다. 옵타투스는 무가치한 사람에 의해서 집례 된 성례의 유효성에 관해서 그것을 베푼 사람이 무가치할 수 있다 해도, 성례는 그 자체로서 효력이 있다고 단언했으며, 세례의 경우에도 그 의식의 효력이 집례하는 사람에게 달려 있는 것이 아니라고 하였다.[212]

어거스틴의 성례관도 옵타투스의 입장과 크게 다르지 않다. 그리스도와 교회의 성례는 집례자의 소유물이 아니기 때문에 그의 개인적인 도덕적 결함 여부는 그 효력에 아무 관계가 없다고 한다. 성례전은 집례자의 도덕적 행위와 관계없이 그 자체의 작용에 의해서 유효한 것(ex opere operato, from the work worked)이지, 성례전이 집례자의 도덕적 능력에 의해서 유효한 것(ex opere operantis, by the work the worker)이 아니라고 한다. 전자를 성례전의 사효론(事效論)이라 하고 후자를 성례전의 인효론(人效論)이라고 한다. 성례는 교회가 하나님의 은총에 의지하여 행하는 것이며, 성례는 오로지 하나님의 선물이다. 성례자의 도덕적 조건이 하나님의 선물의 가치를 떨어뜨릴 수도 없다. 각 성례는 같은 성별식(聖別式)에 의해서 인간에게 베풀어진다. 한 사람이 세례도 받고 성직자 서품도 받는다. 가톨릭교회는 그 어느 것도 되풀이하지 않는다. 이 성례들은 그것을 받는 사람에게 영구불변하는 특성을 날인한다. 그 특성은 확고한 주님의 인침(dominical character)이다. 이것은 그 중요성이 전 생애를 통하여 지속되는 군사적 특성(military character), 즉 군 브랜드(nota militaris)와 같은 것이다.[213] 그리하여 세례와 안수는 받는 자에게 영구적이고 지울 수 없는 힘을 갖고 있다. 그러므로 가톨릭교회는 이단과 분파주의에 속해 있다가 돌아온 자에게 재세례, 재안수식을 하지 않는다. 이 지워지지 않는 특성은 재세례를 주장하는 도나투스주의자들을 반대하는 데 가장 효력 있는 논증으로 사용되었다. 그러나 이것은 또한 어거스틴에게 새로운 난제가 되었다.

성례의 효력이 집례자에 의존한다는 도나투스주의자들의 논제와 그들의 재세례 의식에 대응해야 했던 어거스틴은 두 가지 자기모순의 입장을 주장하게 된 것이다. 첫째, 성례는 가톨릭교회에만 그 효력이 있다고 주장하면서, 다른 한편 교회 밖의 집단에서 행한 성례도 효력이 있다고 주장하는 것이다. 만일 그가 전자의 입장을 포기한다면 그는 가톨릭교회의 정통성을 부인하게 되고, 후자를 단념한다면 그는 재세례에 대한 승인을 해야 한다. 둘째, 성례는 인간의 기질이나 성향과 무관하여 독립적이라고 주장하면서, 또 한편으로 성례가 가톨릭교회와 그 신앙에 분리할 수 없이 고착되어 있다는 주장이다.

만일 그가 전자를 포기하면 도나투스주의자들의 정당성을 인정하게 되고, 후자에 대하여 의혹을 품는다는 것은 성례를 그리스도교의 신앙과는 무관한 마법적인 의식이 되게 한다. 즉, 만일 성례에 영구적이고 지워지지 않는 특성이 부여된다면, 도나투스주의자들의 교회에 대하여 이의를 제기할 수 없다는 것이다. 그렇게 되면 도나투스주의자의 성례의 유효성을 유지한다는 것이 불가피하며, 그럼에도 불구하고 그들을 정죄하게 되면 그것은 심각한 과오가 된다는 것이다. 이 문제를 해결하기 위해서 어거스틴은 성례 그 자체와 성례의 효과 또는 관례(effectus 또는 usus sacramenti)를 구별하였다.[214] 즉, '구별'(distinctions)에서 그 해법을 찾았다. 그는 이것을 은혜의 신청과 그 은혜의 부여(附與) 사이를 식별함으로 해법을 찾았다고 말할 수 없고, 성례의 이중적 효력을 추정함으로 그 해법을 찾았다고 할 것이다.[215] 어거스틴은 성례가 하나님의 선물이고 성례를 받는 자에게 그 특성이 영구적이며 그 효력이 집례자의 도덕성과는 무관하지만, "죄에서 자유하고 마음에 정직한 자의 집례에서 나타난 성례의 효력은 이단자들 가운데서는 발견될 수가 없다"고 한다.[216] 세례는 수세자에게 지속적인 특성을 부여한다. 그러나 수세자가 교회에 살지 않으면 죄의 용서의 효과는 없다. 세례는 되풀이될 수가 없지만, 수세자가 개혁하고 참 교회의 친교와 단일성에로 전향할 때만이 그것은 실효성이 있다.

성례에 대한 어거스틴의 개념을 고찰할 필요가 있을 것이다. 무엇보다도 먼저 우리는 외적 표시와 내적 능력과 효력을 주의 깊게 식별해야 한다. "성례 자체가 하나, 성례의 효력(virtus)은 다른 하나다"라고 분명히 한다.[217] 그는 성찬의 빵과 포도주를 성례물이라고 부르는 이유를 말한다.

> 그것들이 성찬물이라고 불리는 이유는 어떤 것은 그것들 안에서 보이지만, 그 밖의 어떤 것은 이해되기 때문이다. 보이는 것은 육체적인 현상이고, 이해되는 것은 영적인 열매다. 만일 너희가 그리스도의 몸을 이해하기를 원한다면, "너희는 그리스도의 몸이요, 그리스도의 지체들이다"(고전 12:27)라고 한 사도의 말을 경청하라. 만일 너희가 그리스도의 몸이며 지체들이라면, 주님의 상에 놓인 것은 너희의 신비다(너희 자신의 상징이다). 그것은 너희가 받는 너희의 신비다…. 너희는 그리스도의 몸이라는 말을 듣고, '아멘'으로 대답한다…. 그런데 그는 왜 빵 속에 있는가?… 사도의 반복적인 가르침을 경청하라. 그는 이 성례에 대하여 말하면서 "우리가 여럿일지라도 하나의 빵이고 한 몸이다"(고전 10:17)라고 말하기 때문이다…. 그 빵이 밀 한 낟알로 된 것이 아니라 많은 알갱이로 만들어진 것을 기억하라.[218]

이것은 일치의 상징(symbol of unity)이다. 성례는 순전히 상징적이다. 어거스틴은 종교적 교제에 표시나 가시적 성례가 필요하다고 한다. 가시적 표시는 불가시적 내용의 상징이다. 즉, 신적인 것들의 가시적 표시다. 이 가시적 표시에서 불가시적인 것들 자체가 영광을 받는다.[219] 상징은 동시에 그것이 나타내는 것과 유사하다.[220]

유아는 어머니가 먹는 것을 먹는다. 그러나 유아는 빵을 먹을 수가 없기 때문에 어머니가 자기 몸에 빵을 취하고, 그것이 유방에서 젖이 되어 그것에 의해서 유아는 그 빵으로부터 양육되는 것이다. 그렇다면 하나님의 지혜가 어떻게 이 빵을 우리에게 먹이는가? "그 말씀이 육신이 되었고…"(요 1:14) 그리고 "사람들이 천사들의 음식을 먹었기"(시 78:25) 때문이다…. "그는 자기를 낮추시고 죽기까지 순종하셨고, 그 죽음은 십자가의 죽음이었다"(빌 2:8). 그래서 이제 십자가로부터 주님의 살과 피는 새로운 희생으로서 우리에게 맡겨졌다.[221]

따라서 가시적인 상징은 그것을 해석하는 말(word)에 따라서 상징의 의미가 달라질 수 있다. 이때 말은 요소(성만찬에서는 빵과 포도주)에 접근하게 되고 성례가 된다. 여기서 '되다'(become)는 객관적인 의미로 쓰인 것이 아니라 순전히 주관적인 의미로 쓰인 것이다. "만일 말이 영향을 끼치지 않았다면 어떻게 물(세례 받는 경우)에서 몸과 마음에 감동을 줄 수 있는 그와 같은 결과가 가능하겠는가? 단순히 언급되었기 때문이 아니라 믿어졌기 때문이다."[222] 이와 같은 설명에서 보면 어거스틴의 성례관은 순전히 상징주의적이라고 할 수 있을 것이다. 이것은 그의 사상에 신-플라톤주의의 영향이 있음을 분명히 보여준다.

그러나 우리는 신적 힘의 현실적인 발휘는 성례에 수반하여 일어난다는 것을 간과해서는 안 된다. 하나님은 세례에서 실제로 죄를 용서하신다. 주의 만찬에서는 주의 살과 피에서 효과적인 원기 회복(salubris refectio), 곧 새로 거듭남이 이뤄진다. 마시는 것이 생존하는 것이다. 빵과 포도주를 실제로 먹고 마시는 행위 없이 영적인 먹기와 마시기가 있을 수 없다.[223] 후자는 전자에 수반한다. 이와 같은 성례론의 이중적 견해는 고대 교회에서 지배적이었다. 어거스틴의 성례론도 예외가 아니었다.

어거스틴에게 있어서 세례는 사죄의 성례(sacramentum remissionis peccatorum)로서 근본적으로 육욕적인 죄의 용서에 역사(役事)한다. 그는 종종 세례에 의해서 죄가 전멸된다고 한다. 그는 한 번 받은 용서와 주기도문 다섯 번째의 기원에 응하여 일상의 죄에 대한 되풀이 하는 용서 사이를 구별한다. 그러나 어거스틴은 전자가 후자보다 우선한다. 그는 죄를 용서하는 힘은 누가복음 23장 43절을 인용하면서 긴급한 경우에 구하는 세례에 기인한다고 한다.[224] 그러나 교회 밖에서의 순교는 그와 같은 힘을 갖지 못한다. 그것은 사도 바울이 요구한 사랑(고전 13:3, caritas)이 없기 때문이다.

유아세례에 관해서 어거스틴은 매우 신중하다. 펠라기우스주의자들은 원죄를 부인한다. 그들은 아담의 죽음은 죄 때문이 아니라 자연법에 따른 것이며, 따라서 신생아는 죄가 없기 때문에 이 경우 세례는 죄의 용서에 아무 영향이 없다고 한다.[225] "세례 받지 않은 유아들"에 관하여 어거스틴은 다음과 같이 말한다.

> 그리스도의 세례를 받지 않고 죽은 자들은 태어나지 않는 것이 더 좋았을 만큼(마 26:24) 중한 처벌을 받게 된다고 나는 말하지 않는다 … 원죄만 있고 스스로 범한 죄의 짐이 없는 세례 받지 않는 유아들은 가능한 가장 가벼운 유죄판결을 받을 것이라는 것을 누가 의심할 수 있겠는가? 나는 이것의 본질과 정도를 정의 내릴 수는 없지만, 그들이 그와 같은 조건에서 존재하는 것보다는 존재하지 않는 것이 더 나을 것이라고 말할 수 없다.[226]

성찬(eucharist)에 관한 어거스틴의 사상은 비조직적이며 다변적(多邊的)이기 때문에 평가하기가 매우 어렵고, 따라서 실재론적 해석, 상징적 혹은 비유적 해석(figurative interpretation) 등 다양한 해석을 하게 한다. 분명히 어거스틴의 저술에는 이와 같은 해석을 하게 하는 구절들이 있다.[227] 그는 당시 유행하고 있는 실재론을 수용했다. 어거스틴은 새롭게 세례를 받은 사람들에게 다음과 같은 설교를 하였다.

> 여러분이 성찬대 위에서 보고 있는 빵은 하나님의 말씀에 의해서 성화된 그리스도의 몸이다. 잔 혹은 그보다는 잔의 내용은 하나님의 말씀에 의하여 성화된 그리스도의 피다. 주 그리스도는 이 빵과 잔에 의해서 당신의 몸과 우리를 위해서 흘리신 피를 전하려고 하셨다.[228]

그러나 어거스틴이 그의 실재론에서 성찬식에 참여한 자들이 실제로 그리스도의 살과 피를 육체적으로 먹는 것으로 믿었다고 하기보다는 참여자들이 빵과 포도주를 먹고 마시므로 그리스도의 살과 피에 참여하는 자가 된다는 뜻으로 이해해야 할 것이다. 왜냐하면 성찬 의식은 그리스도의 희생적 죽음의 재현에 불과하기 때문이며,[229] 어거스틴에게는 화체설에 대한 분명한 진술이 없다.

어거스틴은 성찬을 상징적 개념으로 종종 발전시킨다. 성찬 의식의 기도의 신비를 통하여 빵과 포도주는 거룩한 몸과 피로 바뀐다. 이와 같은 성례의 상징적 특성은 어거스틴에게 있어서 매우 뚜렷하다. 그는 "주님은 제자들에게 그의 몸의 표지(signum corpis sui)를 주면서 '이것은 내 몸이다'라고 말하기를 주저하지 않았다"는 것이다.[230] 여기 '표지'(sign)는 '비유'(figure) 또는 '상징'(symbol)의 말로 대치할 수 있기 때문에 "주님은 제자들에게 그의 몸과 피의 상징을 주었다"고 읽을 수가 있다. 어거스틴은 성찬에서의 그리스도의 몸은 지상에서의 그리스도의 역사적인 몸이 아니라는 것을 분명히 한다. 예수는 영적인 의미로 말하고 있다는 것이다.

> … 그러나 주님 자신은 "생명을 주는 것은 영이다. 육은 아무 데도 소용이 없다"(요 6:63)고 말했다…. 내가 영적인 의미로 말한 것을 이해하라. 너희가 먹으려고 너희가 보는 것은 그 몸이 아니며, 너희는 나를 십자가에 못 박는 자들이 흘려야 하는 그 피를 마시지 않으려고 할 것이다. 나는 영적으로 이해할 때, 너희에게 생명을 줄 성찬물을 너희에게 맡겼다. 비록 그것이 가시적인 형태로 거행되어야 할지라도, 그것은 여전히 불가시적으로 이해되어야 한다.[231]

더욱 어거스틴에게 있어서 성찬이 시사하는 선물(은혜)은 생명의 선물, 곧 영적 선물이다. 성만찬의 몸은 감각이 있는 육신이 아니다. 우리는 영에 의해서 되살아난 몸의 본질을 성찬식에서 받는 것이다.[232] 성찬에서 우리는 그리스도의 신비한 몸에 연합하며, 빵을 먹고 포도주를 마시는 것은 그리스도 안에 존재하는 것이고, 우리 안에 그리스도를 지니고 있는 것이다. 어거스틴은 심지어 주의 몸을 먹는 것은 그의 몸이 우리를 위해서 상처를 받고 십자가에서 죽임을 당했다는 마음에 저장하는 것이라고 하였다.

> 만일 어떤 계명이 비도덕적이거나 범죄적인 것을 명령하거나 혹은 유용하고 유익한 것을 금지하는 것처럼 보인다면, 그것은 비유적인

(figurative) 것이다. "너희가 인자의 살을 먹지 아니하고, 또 인자의 피를 마시지 아니하면, 너희 속에는 생명이 없다"(요 6:53)라고 그는 말한다. 이것은 범죄나 비도덕성을 명령하는 것 같이 보인다. 그러므로 그것은 비유적인 것이고, 우리는 주님의 고난에 참여할 것을 요구한다. 그리고 우리의 기쁨과 유익을 위해, 그의 육신은 우리를 위해 십자가에서 못 박히고 상처를 입었다는 사실을 우리의 기억에 저장해둘 것을 명령한다.[233]

어거스틴의 성찬 희생 개념은 그의 일반적인 희생 개념과 밀접하게 연관되어 있다. "참된 희생은 하나님과 우리의 거룩한 연합을 확고히 하려는 목적을 성취하는 모든 행위다."[234] 본질적으로 희생은 의지의 내적 교류다. 상투적으로 말하면 희생은 의지의 내적 교류의 외향적 표지다. 그러므로 "보이는 희생이 성례다. 즉, 보이지 않는 희생의 거룩한 상징(sacrum segnum)이 성례다."[235] 물론 최상의 유일하고 순수한 희생은 구세주 자신의 제물이다. 이것은 구약의 모든 희생, 유대인의 율법의 모든 희생의 목적을 이루는 희생이다. 그리스도인들이 오늘날 성찬식에서 거행하는 의식은 그 희생을 기념하는 것이다. 이것은 구약의 희생제물과 봉납물 대신에 그리스도 자신의 몸을 바치는 것이며 그의 살과 피를 참여자들에게 나누어 주는 것이다. 그러나 성찬 의식에서 주목되는 것은 그리스도 자신이 제사장이면서 봉헌물이라는 것과 그 희생의 열매는 그리스도의 신비한 몸에 참여자들이 연합하는 것이다.

6. 펠라기우스주의자들과의 논쟁

1) 펠라기우스 논쟁(411~431)

어거스틴은 그의 인간론의 중심이 되는 죄론을 비롯하여 은총론, 예정론 등을 펠라기우스와의 논쟁을 통해서 더욱 발전시키고 확립시켰다.[236] 이 논쟁은 삼위일체론이나 그리스도론의 논쟁에 비교될 만큼 교회사에서 그 의미가 큰 싸움이었다. 그러나 이와 같은 신학 사상적 긴장은 교회사에서 되풀이하여 나타났었다. 신약성서에서는 바울과 공동서신들(야고보서, 베드로전후서, 요한 1, 2, 3서, 유다서)의 저자들 간의 긴장에서 어거스틴과 펠라기우스 사이의 긴장을 읽을 수 있으며, 중세기에서는 토마스 아퀴나스와 프란체스코회 수도사들 사이에서 그리고 현대에 와서는 신정통주의신학과 자유주의신학과의 대립에서 그 긴장이 나타났었다. K. 바르트와 E. 브룬너 사이에서도 인간의 타락에 대한 신학적 주장에 긴장이 있었다. 완전 타락인지 아니면 다시 살아날 불씨는 남아 있는지의 긴장이었다. 그런데 어느 경우에서도 결정적인 논쟁점은 언제나 동일했다. 그것은 일반적으로 인간의 '자유의지' 개념이라고 했지만, 그보다는 종교와 윤리의 관계라고 하는 것이 더 적절하다. 달리 말하면 도덕적 명령이 신의 은총에 의존하여 실행되는지 아닌지 혹은 신의 은총이 도덕적 명령의 성취에 의존하는지 아닌지의 문제다.[237] 하르낙의 표현을 빌리면 "은총이 타고난 본성을 축소시키는가 혹은 새로운 삶이 은총을 축소시키는가, 동물적인 자유와 은총이라는 양극의 대립을 어떻게 일치시키는가" 하는 것이다.[238]

그러나 죄와 은총에 관해서 동 · 서방교회의 사상적 경향은 매우 달랐다. 동방교회는 타고난 인간의 자유를 특히 도덕적 권고에서 매우 강조하였다. 하지만 동시에 구원의 역사(役事)를 취급할 때는 타고난 인간의 상태를 어둡게 묘사하였다. 자유의지의 문제에 대한 헬라인들은 라틴인들과는 달리 지력(智力)으로부터 시작한다. 그리고 의지를 지력이 작용하는 기관으로서 종속시킨다. 한 인간이 생각하는 대로 그는 또한 뜻할 수 있다. 로마인들은 그 반대로 의지에 독립적인 지위를 부여한다. 크리소스톰(c. 347~407)과 같이 경험이 풍부한 사람의 어조에서는 구체화된 쌍방의 개념들을 볼 수 있지만, 인간 자유의 개념이 현저한 위치를 점하고 있다. "왜냐하면 하나님은 자제하는(auteksousios)[239] 인간의 본성을 창조하셨기 때문이다."[240] 그러므로 악으로 여겨지는 것은 각기 인간의 행위일 뿐이다. 죄 있는 본성(habitus)은 없다. 아담의 타락의 결과로 아담이 죽음에 이르게 되었듯이 그의 후손도 가사적(可死的)인 존재가 되었다. 은총의 개념은 이 견해와 조화를 이룬다. 인간은 선하게 창조되었으며 은총은 그를 돕는다. 크리소스톰은 동방교회의 입장을 적절하게 표현하였다.

왜냐하면 우리가 우선 선을 선택하는 것이 필요하다. 그리고 우리가 선을 선택했을 때, 그때 그도(창조주) 그의 역할을 한다. 그는 우리의 자유가 파괴되지 않기 위해서 우리의 소원을 예감하지 않는다. 그러나 우리가 선택했을 때는 그는 우리를 크게 돕는다…. 먼저 선택하고 뜻하는 것은 우리의 몫이지만, 이루시고 결과로 인도하는 것은 하나님의 몫이다.[241]

그러나 동방교회의 신학자 크리소스톰과 대비하여 서방 신학자 암브로스(c. 339~397)의 가르침을 통하여 서방의 입장을 예시할 수 있을 것이다. 그는 죄와 은총의 문제에 있어서 어거스틴의 선구자였다. 암브로스도 이따금 인간의 악한 행위에 대한 책임이 인간의 자유의지에 있다고 한다.[242] 그러나 그의 사상을 지배한 것은 아담의 타락으로 우리가 죄인으로 세상에 태어났다는 것, 그러므로 우리는 우리가 죄를 요망하지 않았을 때도 죄인이라는 견해다. 우리의 죄는 밖으로부터 온 것이다. 암브로스는 "아담은 존재했었다. 그리고 우리 모두는 그 안에서 존재한다. 아담은 멸망했다. 그리고 그 안에서 우리 모두는 멸망했다"고 한다.[243] 이 말은 우리가 아담 안에서 타락했고, 아담 안에서 낙원에서 추방되었고, 아담 안에서 죽었다는 것을 의미한다. 우리는 부모의 죄(peccato) 중에서 잉태되었고, 그들의 허물 중에 태어났다.[244] 그러므로 우리는 본의 아니게 어쩔 수 없이 죄에 빠진 것이다. 왜냐하면 우리의 마음과 명상 그리고 숙고는 우리의 능력 안에 있지 않기 때문이다. 이런 점에서 암브로스는 아담의 죄의 번식을 주장하지만, 그렇다고 그가 아담의 죄를 전적으로 후손에게 전가한다는 것은 아니다. 이 점에서 그에게는 육체적인 죄와 도덕적인 죄 그리고 원죄와의 긴장이 있는 것 같다. 그러나 그는 태생적으로 서방인이었다.

암브로스는 은총의 역할을 매우 강하게 강조하면서, 인간의 의지는 하나님에 의해서 준비된다고 한다. 그러나 그는 인간의 자유의지를 부인하지 않는다. 그는 말한다. "자유의지에 의해서 우리는 선 또는 악을 선택할 수 있다. 그러므로 질서 없는 애정은 우리로 하여금 잘못을 범하게 하지만, 이성에 따른 의지는 우리로 하여금 잘못을 돌이키는 결단을 하게 한다."[245] 이것을 가능케 하는 분은 그리스도이지만, 주로 세례를 통해서 일어난다. 세례의 효력은 죄의 용서와 영적인 은총의 선물(spiritualis gratiae munus)로 나타난다. 그럼에도 불구하고 암브로스는 "나는 내가 의롭기 때문에 자랑하지 않을 것이다. 그러나 나는 구원받았기 때문에 기뻐할 것이다. 내가 기뻐하는 것은 나에게서 죄가 없기 때문이 아니라 나의 죄들이 나를 용서했기 때문이다"라고 한다.[246]

펠라기우스(Pelagius, d. c. 420)는 영국 출신이고,[247] 펠라기우스주의(Pelagianism)는 그의 이름에서 유래했다. 그가 수도사 출신이라는 점에 대해서는 의견이 갈린다.[248] 그러나 그가 수도사였든 아니든 간에 그는 깨끗한 지성인, 온화한 성벽과 박식 있는 보편적 교양인, 결백한 성격의 사람, 도덕적으로 매우 엄격한 사람이었다. 그의 가르침을 증오하던 어거스틴까지도 그를 존중했다. 그러나 그의 도덕성은 풍부하고 깊은 신앙생활에 따른 것이라고 하기보다는 준법적이고 외적 형식주의, 수도원의 금욕적 자기 훈련을 통한 것이었다. 그는 동방의 교부들과 친숙한 관계를 형성하려고 했고, 헬라 신학, 특히 안디옥학파의 성서 주석에 능통하였다고 전한다.[249] 그러나 그는 무엇보다도 서방의 교양 있는 많은 그리스도인들이 지지하는 스토아철학과 아리스토텔레스의 대중적 철학적 전통을 추종하였다. 펠라기우스주의의 기원은 이 철학에서 육성된 그리스도교 합리주의의 결과다.

405년경 그가 로마에 있었을 때 그는 이미 진보적이며 선구적인 사람이었다. 그는 사도 바울의 서신들을 주석하면서 로마의 부패한 도덕을 개선하기 위해서 조용하고 평화롭게 활동했다. 그는 하나님은 불가능한 것을 명령하지 않으며 인간은 만일 그가 의지가 있다면 선을 행할 수 있는 힘을 가지고 있다고 설교했을 뿐 신학적 논쟁을 할 생각은 없었다.[250] 그러나 인간의 자연적 도덕적 능력이 사고의 출발점이었던 펠라기우스는 어거스틴의 유명한 고백, "주님이 명하는 것을 주시고,

주님이 원하는 것을 명하소서"[251]라는 말에 큰 충격을 받았다. 사실 이것이 펠라기우스가 접한 첫 어거스틴의 저서였다. 그 후 펠라기우스에 대한 이야기가 얼마 동안 역사에 등장하지 않는다. 곤잘레스의 표현에 의하면 펠라기우스는 어거스틴이 "모든 것을 하나님의 은총에만 의존하고 인간의 노력이나 참여를 전혀 배제하고 있는 것 같아 격렬하게 반론을 제기했으며… 마음의 평정을 잃었다"고 했다.[252] 이것은 그리스도교 신학에 있어서 근본적으로 다른 두 개념, 즉 인간의 자유의지 교리와 신의 은총의 영향이 심각한 갈등 문제로 제기되었다는 것을 의미한다.

논쟁이 시작될 무렵 펠라기우스는 젊은 변호사요 웅변가이며, 뛰어난 수도사요 명석한 두뇌의 소유자인 켈레스티우스(Caelestius)를 동료이자 제자로 얻었다. 그는 처음부터 원죄(tradux peccati)를 공격한 것 같다. 그는 유아세례와 죄의 용서와는 아무 관계가 없다고 하였다. 이것은 원죄 개념의 결과다. 그는 제기된 문제들을 예리한 식별력을 가지고 진술했으며 가장 공세적인 방법으로 그것들을 명확하게 형식화하였다. 실제적으로 논쟁이 일어났을 때 어거스틴을 반대한 주된 대적자는 펠라기우스보다 논법에 능숙하고, 논쟁에 더 준비되어 있으며, 스승 펠라기우스보다 더 정밀하고 일관성이 있는 켈레스티우스이었다. 그러나 그들이 진술한 체계는 새로운 것이 아니고, 성서와 이미 교회에서 확립된 교리에 따른 것이었다. 다만 그들은 교리적인 것보다는 그리스도교의 윤리적인 측면에 더 관심을 가졌던 것이다. 그것은 타고난 의지의 힘에 근거한 도덕적 완전을 위한 노력이었다. 이것은 어거스틴의 영향 아래에서 지난 10여 년간 아프리카 교회에서 발전되어 온 인간학적 원리와 충돌하는 것이었다.

펠라기우스의 이름이 다시 역사에 등장한 것은 약 4~5년 후 고트족 알라릭이 로마에 침공해 왔을 때 펠라기우스와 켈레스티우스가 북아프리카로 도피한 일이다. 그들은 어거스틴을 만나려고 했으나 히포나 카르타고 어느 곳에서도 그를 만나지 못하였다. 펠라기우스는 아프리카에서 그의 목적을 달성하지 못할 것을 알고 돌연 팔레스타인으로 떠났고, 켈레스티우스는 카르타고 장로직에 지원했다. 그는 여기서 그의 재능과 금욕적 열정으로 많은 지지자를 얻었으나 동시에 그의 기발한 의견은 의구심을 불러일으켰다. 결국 그는 밀란의 부제(副祭)이며 훗날 암브로스의 전기를 쓴 파우리누스(Paulinus)에 의해서 412년 카르타고 감독 아우렐리우스(Aurelius)가 소집한 회의에 고발되었고, 그 자신이 변증을 했으나 정죄를 받았다. 고발자는 켈레스티우스의 글에서 6~7가지의 오류를 발견했다고 주장했다. 그 7가지는 어거스틴이 켈레스티우스의 주장을 9가지로 요약한 것과 거의 같다.[253]

1. 아담은 죽을 운명으로 창조되었으며, 죄를 범했든 아니든 죽었을 것이다.
2. 아담의 타락은 그 자신 홀로 해를 입는 것이지 인류 전체가 아니다.
3. 어린이는 아담이 타락하기 전 상태로 태어난다.
4. 인류는 아담의 타락의 결과로 죽는 것도 아니고 그리스도의 부활의 효력으로 다시 사는 것도 아니다.
5. 복음과 마찬가지로 율법도 인간을 하늘나라로 인도한다.
6. 주님이 오시기 전에도 죄 없는 인간이 있었다.
7. 인간은 죄 없이 존재할 수 있으며 의지가 있으면 신의 명령을 수행할 수 있다.[254]

어거스틴은 카르타고 회의에 참석하지 않았고, 회의 소식을 듣고 아프리카에 많은 추종자들을 가지고 있는 펠라기우스주의를 논박하는 여러 편의 글을 412년과 415년에 썼다.[255]

그 사이에 414년 팔레스타인에서 펠라기안 논쟁이 일어났다. 펠라기우스의 교리는 어거스틴의 가르침에 영향을 받지 않고 있는 동방교회, 특히 오리겐주의자들에게 널리 유포되어 있었다. 그러나 바로 그때 팔레스타인에는 두 서방 신학자가 있었다. 한 사람은 베들레헴에서 수도사 생활을 하는 제롬이고, 다른 한 사람은 어거스틴의 제자 오로시우스(Orosius)다. 이들이 펠라기우스를 반대하기 시작한 것이다. 415년 펠라기우스와 켈레스티우스의 견해의 저변에 있는 전제들이 그리스도교의 복음적 구원의 기초를 부정하고 있음을 분명히 인식한 어거스틴은 제자 오로시우스를 제롬에게 보내어 자기를 지지해줄 것을 요청하였다. 오리겐주의에 대하여 매우 비판적인 제롬은 펠라기우스의 의지의 자유와 인간 본성의 도덕적 능력이 오리겐의 영향이라고 생각하고 그를 공격하였다. 그들이 펠라기우스를 고발하자 415년 예루살렘의 감독 요한이 회의를 소집하였다. 오로시우스는 어거스틴, 제롬 그리고 412년 켈레스티우스를 정죄한 카르타고 회의까지 언급하며 정죄를 주장했으나 실패했다. 펠라기우스가 인간은 죄 없이 존재할 수 있으며 신적 도움이 필요하지 않다는 가르침의 혐의를 받고 있었으나, 회의는 그가 신의 은총 없이 무죄하게 된다는 것은 인간에게 불가능하다는 것을 가르쳤다고 선언하자 오리겐주의자요 펠라기우스를 지지했던 감독은 전적으로 그 선언에 동의하고 그를 인정하였다.[256]

펠라기우스는 첫 공격을 격퇴했으나 반대자들은 공격을 멈추지 않았다. 그리하여 같은 해 12월에 디오스폴리스(Diospolis)에서 가이사랴의 감독 율로기우스(Eulogius)의 주재하에 제2차 팔레스타인 교회회의가 개최되었다. 그러나 고발자들의 고소 내용은 허술했고, 반면에 펠라기우스는 자기의 도덕성 증진의 노력을 열렬하게 지지하는 많은 감독들의 호의적인 증언에 호소하면서, 오히려 본성과 은총에 관한 그의 입장을 취소하는 대신 감독들이 만족할 만큼 자기의 주장을 설명했기 때문에 그는 비난할 점이 없는 정통으로 판결을 받았다. 펠라기우스는 고발자들을 정죄하라는 요청을 받았을 때, "교리의 경우가 아니므로 나는 그들을 이단으로 정죄하지 않고 어리석은 것으로 정죄한다"고 선언하였다.[257] 제롬은 이 회의를 "비참한 회의"라고 했고,[258] 어거스틴은 "회의에서 무죄가 된 것은 이단이 아니라 이단을 부정한 사람이었다"도 했다.[259]

펠라기우스주의자들과의 논쟁 때문에 제롬은 호되게 비싼 값을 지불해야 했다. 416년 초 펠라기우스주의를 지지하는 수도사, 성직자그리고 부랑자들의 집단이 제롬의 베들레헴 수도원에 난입했고, 동숙인들을 학대했을 뿐만 아니라 건물을 불태우고, 노학자들을 강제로 도피시켰다. 그런데도 예루살렘의 감독 요한은 아무 벌도 주지 않고 수수방관하였다. 제롬이 그의 생 마지막까지도 여러 서신에서 펠라기우스에 대한 노여움을 뿜어냈다는 것은 놀라운 일이 아니다.[260]

그러나 문제가 로마 관구에 제출되자 상황이 달라졌다. 북아프리카 교회들은 팔레스타인 회의의 결정에 묵묵히 따르지 않았다. 서방의 위신과 정통성이 위태롭게 된 것이다. 어거스틴과 그 동료들은 416년 카르타고와 밀레베(Mileve)에서 북아프리카 종교회의를 소집하여 펠라기우스를 정죄하고, 그 판결을 교황 인노센트 1세(Innocent I, 402~

417)가 확인해 주도록 요청했다.[261] 펠라기우스도 교황에게 변증과 함께 잘 구성된 신앙고백서를 보냈다. 서신에서 그는 그가 유아세례를 거부했고, 세례를 받지 않고도 하늘나라에 들어갈 수 있다고 약속했다는 비난 그리고 인간은 신의 명령을 쉽게 성취할 수 있다고 가르쳤다는 비난은 적들이 꾸며낸 중상모략이라고 했다.[262] 그는 분명히 모든 인간은 하나님으로부터 틀림없이 의지(意志)의 힘을 받았으나 그리스도인의 경우에는 하나님의 도움이 작동할 뿐이라고 선언하였다. 그의 서신과 신앙 고백은 교황의 사망으로 전달되지 않았다.

교황 인노센트는 펠라기우스, 켈레스티우스 그리고 지지자들의 정죄에 동의했다. 그러나 그 후 곧 교황이 사망했고, 동방 혈통인 조시무스(Zosimus, 417~418)가 교황이 되었는데, 이때 마침 펠라기우스가 인노센트에게 보낸 서신과 신앙 고백이 새 교황에게 전달되었다. 동시에 켈레스티우스는 몸소 로마에 나타나서 글과 말로 교황을 설득하였다. 그는 자기의 정통성을 논증하면서 만일 오류가 있다면 교황의 판단에 따라 정정하겠다고 공언하였다. 결국 417년 로마 교회회의에서 모든 것이 금지되는 정죄를 받게 되어 있었던 켈레스티우스는 회복이 되었고, 동방인의 중재를 받은 펠라기우스는 무죄가 선언되었다.

교황의 결정에 대하여 아프리카 감독들은 강하게 저항하였다. 417년에 이어 418년에는 200명 이상의 감독이 카르타고에서 아프리카 회의를 소집하여 8 내지 9개의 종규(canons)에서 펠라기우스주의 오류를 지적하고 정죄를 하였다. 그들의 반대 내용은 어거스틴의 견해와 완전히 일치하는 것으로 다음과 같은 것이 포함되어 있다.

1. 죽음이(죄의 결과가 아니라) 자연적 필연성에서 온다고 말하는 자

는 누구나 정죄를 받는다.

2. (유아세례를 거부하고), 유아의 원죄를 부인하며 사도 바울의 말(롬 5:12)에 반항하는 자는 누구나 정죄를 받는다.

3. 구원의 어떤 형식을 세례를 받지 않은 유아에게 적용하는 자는 누구나 정죄를 받는다.

4. 그리스도 안에서 하나님의 의롭다고 여기시는 은총을 단순히 이미 범한 죄의 용서에만 관련시키는 자는 누구든지 정죄를 받는다.

5. 은총을 지식에만 적용할 뿐, 그 안에 우리에게 필수적인 힘이 있다는 것을 지각(知覺)하지 않는 자는 누구든지 정죄를 받는다.

6. 은총에서 선인을 보다 편하게 하는 수단만을 보고 그 필요불가결의 조건을 못 보는 자는 누구든지 정죄를 받는다.

7. 경건한 자의 죄의 고백을 다만 겸손에서 유래한다고 하는 자 그리고 죄의 용서를 비는 그들의 기도를 오로지 다른 사람의 죄에만 적용하는 것으로 해석하는 자는 누구든지 정죄를 받는다.[263]

동시에 아프리카 감독들의 압력을 받은 황제 호노리우스(Honorius, 395~423)는 418년 봄에 펠라기우스를 정죄하고 추종자들을 유배에 처하는 칙령을 발표하였다. 이렇게 되자 교황 조시무스도 입장을 바꾸어 418년 동·서방 모든 감독에게 보내는 회람서신(回勅, Ep. tractatoria)을 발표하여 펠라기우스와 켈레스티우스를 정죄하고, 원죄론, 세례론, 은총론 등 카르타고 대회의 교리선언에 찬동하였다.[264] 그리고 교황의 회칙(回勅)에 서명하지 않는 자들을 모두 면직하고 추방하고 재산을 박탈하였다.

그러나 418년 이후 외교적이고 빈틈없는 펠라기우스와 과격한 켈레스티우스는 에클라눔의 젊은 감독 줄리안(Julian of Eclanum)에 의해서 새로운 힘을 얻었다. 그는 가장 박식하고, 가장 빈틈이 없고, 펠라기우스주의자 중에서 가장 조직적이며, 어거스틴의 가장 강한 반대자로 등장하였다. 그의 재능은 존경 받을 만하고, 그는 흔들리지 않는 확신의 소유자였다. 그러나 과도한 열정, 거만함으로 비난을 받았다. 그는 새로운 견해의 투사로서 예민한 관찰과 재치가 있으며 근본적으로는 합리주의적 논객이었다. 펠라기우스의 교훈은 켈레스티우스에 의해서 교리가 형성되고 줄리안에 의해서 개념이 정립되어 발전되어갔다. 그때로부터 논쟁의 무대는 가장 확신 있는 줄리안이 차지하였다.

줄리안, 켈레스티우스 그리고 추방당한 펠라기우스주의자들의 지도자들이 429년 콘스탄티노플에 왔을 때 총주교 네스토리우스는 그들을 호의적으로 받아들였다. 네스토리우스는 비록 펠라기우스주의자는 아니었으나 원죄를 부인하는 것을 제외하고 펠라기우스주의자들의 의지의 도덕적 능력에 관한 교리에는 찬성했으며, 그들을 황제 테오도시우스 2세(Theodosius II, 408~450) 그리고 교황 켈레스틴(Celestine, 422~432)과 중재를 시도했으나 실패했다. 그러나 그는 켈레스티우스에게 최고의 명예 칭호를 수여했으며, 세례 요한과 박해받은 사도들의 예를 들면서 그를 위로했다. 황제는 다시 한번 칙령을 내려 켈레스티우스의 이탈리아 거주를 금지했고, 그에게 은신처를 제공하는 자에게는 유배의 판결을 내렸다. 그 후 펠라기우스는 안디옥교회회의에서 정죄를 받았다고 전해지고 있으나 불확실하다.

그 이후 펠라기우스와 켈레스티우스의 생애에 대해서 우리는 아는 것이 없다. 펠라기우스는 420년 전에 사망한 것으로 전해지고 있다.

줄리안은 450년 흉년이 들었을 때 자기의 전 재산을 가난한 사람들에게 주고 시실리에서 선생으로 생을 끝냈다고 한다. 이렇게 하여 펠라기우스 논쟁은 430년경에 외형적으로는 종식되었다고 할 것이다. 펠라기우스주의자들은 도나투스주의자들과는 달리 종파적 교회 조직을 형성하지 않았으며 단순히 신학 학파였다. 5세기 중반까지 이탈리아에는 개인적인 추종자들이 있었다고 전해지고 있고, 로마 교황 레오 1세(Leo I, 440~461)는 감독들에게 자기의 주장을 철회하지 않는 펠라기우스주의자 중 누구도 교회 친교에 받아들이지 말라고 명령했다고 전해지고 있다.[265]

어거스틴이 사망한 후에 열린 에베소공의회(431)는 펠라기우스, 더 정확하게 말하자면 켈레스티우스를 네스토리우스와 같은 범주에 넣고 정죄하였다.[266] 그러나 에베소공의회의 종규에서 켈레스티우스가 네스토리우스와 함께 두 번 정죄를 받았다고 되었으나 그의 가르침을 진술한 것이 없다. 켈레스티우스의 정죄 문제에 대한 동방교회의 입장은 펠라기우스주의를 명목상 정죄했을 뿐, 결코 어거스틴의 교리를 적극적으로 수용하지도 않을 정도로 지극히 소극적이었다. 동방교회는 펠라기우스와 마찬가지로 자유야말로 인간 본성의 본질적 요소라고 확신하고 있었다. 인간은 합리적 존재이며, 합리적 존재는 심의(審議)하고 결단하는 자유를 갖는다는 것이다. 그러므로 이 점에서만 본다면 펠라기우스는 이단일 수가 없다는 것이다. 왜냐하면 대부분의 동방교회 감독들도 그와 동일한 자유사상을 가지고 있었기 때문이다. 문제는 펠라기우스가 그의 자유사상을 어거스틴과 논쟁하는 방식으로 발전시켰다는 것이다. 논쟁 결과 어거스틴은 승리자가 되었기 때문에 정통이 되었고, 반면에 패배한 펠라기우스는 이단의 수장이 된 것이다. 그리하여 지금까지도 교회사에서 그는 고전적 그리스도교적 이단의 하나로 남아 있다.

교리사의 관점에서 보면 이 논쟁은 단지 다음 두 가지 이념을 기각(棄却)하는 것으로 끝난 것이다. 즉, 첫째는 모든 사람의 구원을 위한 절대적 필요조건으로서의 하나님의 은총의 반대, 둘째는 충분한 의미에서 죄의 용서를 위한 유아세례의 반대다. 이 반대 교리들은 새 교리가 아니다. 그런데도 논쟁이 된 것은 이 두 교리를 비롯하여 펠라기우스주의의 주된 논제들이 많은 신학적 문제와 관련되어 있고, 어떤 것들은 종교개혁 때와 그 이후까지도 교회에 영향을 끼치고 있기 때문이다. 그렇기 때문에 펠라기우스파의 사상 체계와 그에 대한 어거스틴의 반대 입장에 대하여 근본적인 특징을 고찰할 필요가 있게 된 것이다. 사실 펠라기우스에게 있어서 '신앙'(de fide)은 단순히 정통적 교리와 선을 행하는 인간의 능력을 의미했다. 그 외 모든 것은 긍정적 또는 부정적으로 이론(異論)이 많은 문제들이다. 그중에서도 특히 그가 부인했던 원죄가 그러하다. 그는 오직 부패하고 세속적인 그리스도교에 대해서 수도원적 삶을 강조하면서 신의 명령을 지킬 수 없다고 핑계대지 말라고 하였다. 켈레스티우스는 더욱 정열적으로 원죄론을 공격했고, 삼단논법으로 그가 유해하다고 주장한 신학 사상들을 비판하였을 뿐이다.

2) 펠라기우스주의의 중심 사상

펠라기우스는 적지 않은 저서를 남겼을 것으로 추측되지만, 어거스틴의 저작에 소개된 약간의 단편들 외는 단지 사도 바울의 13편의 서신에 대한 주석과 데메트리우스(Demetrius)에게 보낸 서신 그리고 연설, 『순결을 위한 신앙집』(*Libellus fidei ad Innocentium*) 등만이 현존할 뿐이다.[267] 펠라기우스의 가장 열정적이고 유능한 지지자인 줄리안(Jullian of Eclanum)은 펠라기우스의 기본적 사상에 합리적이고 자연주의적 요소를 더하여 그의 체계를 발전시켰는데, 그의 저작은 어거스틴의 저술, 『줄리안을 반대하여』(*Contra Julianum*)에서 그 단편들을 발견할 수 있다.[268]

(1) 자유의지론

펠라기우스의 사상 체계에는 자유가 그 중심에 자리하고 있다. 그는 동방에서는 일반적이며, 서방에서도 많은 사람이 동의하고 있는 인간의지의 자유를 주장하였다. "내가 해야 한다면, 나는 할 수 있다"(If I ought, I can)는 말은 그의 입장을 잘 표현한다. 그의 태도는 통속적 스토아철학의 윤리적 자세라고 할 것이다. 하나님은 죄를 짓지 않을 수 있는 인간, 모든 선을 행할 능력 있는 인간을 창조하셨다. 하나님은 인간에게 선을 행하고, 행할 수 있는 율법을 주셨기 때문에 인간은 선을 행할 수 있어야 하고, 율법을 성취할 수 있어야 한다.[269] 말하자면 인간은 자유하며, 인간은 선과 악을 선택할 수 있다는 것을 의미한다. 펠라기우스는 인간은 언제나 죄를 범할 수도 있고 범하지 않을 수도 있기 때문에 언제나 자유의지를 가지고 있다고 고백한다. 그는 "자유의지(liberum arbitrium)는 … 죄를 범할 가능성과 죄를 범하지 않을 가능성(possiblitas boni et mali)으로 되어 있다"고 했다.[270] 달리 말하면 죄를 짓지 않을 능력(poss non pecccare)이 창조 이래 인간의 본성에 있다는 것이다. 이 가능성은 하나님의 창조 역사 이후 인간을 타 피조물로부터 구별해 온 기본적 근거다. 이것은 매 순간 선과 악을 행할 가능성이 동일하다는 것을 의미한다. 자발적인 선의 선물과 자유의지의 힘을 합리적인 피조물에게 주시기를 원하시는 하나님은 양편의 가능성을 인간에게 주입시켜 날 때부터 선과 악을 행할 수 있는 존재로 만들었다. 그는 어느 쪽이든 선택할 수 있고, 그의 의지는 어느 하나에 기울어질 수 있다.[271]

인간이 선을 행하든 악을 행하든 그것은 그의 자유의지의 문제다. 그러나 이 자유의지와 행함의 가능성인 자유는 하나님으로부터 온다. 인간은 하나님으로부터 부여받은 이성을 가지고는 비이성적인 피조물을 지배하며, 자유의지를 가지고는 하나님을 섬긴다. 이 자유는 인간의 최고의 선이며 명예요 영광이다. 그것은 잃을 수 없는 '본성적 선'(bonum naturae)이다. 이것이 하나님과의 인간의 도덕적 관계의 오직 하나의 근거다. 선하고 의로우심은 하나님의 최고의 속성이다. 하나님의 이 속성에 의해서 창조된 모든 것은 처음에만 선하고 의로운 것이 아니라 지금도 그가 창조하는 것은 똑같이 선하고 의롭다. 따라서 피조물은 선하고 의롭다. 이렇게 선하고 의롭게 창조된 본성은 개조나 전용(轉用)될 수 있는 것이 아니다. 본성에 속한 것들은 존재의 시작부터 끝까지 지속하며, '본성적 죄'(peccata naturalia)란 없다.

그런 까닭에 인간의 본성은 파괴할 수 없는 선이며, 우연히 부수적으로 조절, 제한될 뿐이다. 그 구성 조직에 자유로운 선택으로서 의지가 속한다. 왜냐하면 '자발적임'(willing)이란 어떤 강요가 없는 상태에서 마음의 움직임일 따름이기 때문이다. 펠라기우스는 항상 그의 설교를 인간의 영광스러운 구성, 자유의지와 이성을 보이는 인간의 본성을 찬양하는 것으로 시작했으며, 비이성적 피조물의 '필요적 조건'(con-ditio necessitates)과 비교되는 인간의 '자발적인 조건'(conditio voluntatis)을 끊임없이 찬양하였다. "본성은 매우 선하게 창조되었기 때문에 도움이 필요 없다."[272] 이성의 안내를 받아 인간은 선과 의를 행할 수 있고 행하여야 하는 것이다. 펠라기우스에 의하면 의지의 자유는 선을 선택하는 자유이고, 줄리안에 의하면 그것은 단순히 선택의 자유이다. 자유야말로 이성과 함께 도덕적 존재로서 인간에게 하나님이 주신 특권이다. 이교 철학자들도 인간이 타고난 '본성적 선'으로 높은 덕성을 발전시킬 수 있다. 그렇다면 그리스도인들에게 그것보다 더 높은 덕성을 기대할 수 있겠는가? 인간은 강요와 압박을 받아서 죄를 짓는 것이 아니다. 인간은 자유의지로 본성적 선을 따르기만 한다면 죄 없이 사는 삶이 전혀 불가능한 것이 아니다. 펠라기우스는 "나는 인간은 죄 없이 존재할 수 있다고 말한다…. 그러나 나는 인간이 죄 없다고 말하지 않는다"라고 한다.[273]

요약하면 펠라기우스의 자유의지의 논쟁은 인간이 선과 악을 개개의 경우마다 선택할 수 있는 그의 타고난 능력을 올바르게 행함으로써 하나님과 조화를 이루게 되는가? 아니면 이 조화는 인간의 삶에 미치는 신적 은총의 영향에 의해서만 이뤄지며, 그 은총에 의해서 갱생된 자의 의지가 선을 향하여 자유로이 작동하는가? 이것이 초점이었다. 펠라기우스는 이 두 가지 문제 가운데서 전자를 주장하였다.

(2) 죄론

이와 같이 인간의 자유의지를 선택의 자유가 있는 본성적 능력으로 보는 펠라기우스의 입장에서 우리는 그의 죄에 관한 교리적 가르침을 이해할 수 있다. 이것은 분리된 의지의 행위일 뿐이다. 본래부터 죄가 있는 특성이나 본성은 없다. 만일 있다면 죄는 피할 수 있는 그 어떤 것이 아니기 때문에 죄가 아닐 것이다. 그리고 하나님은 죄를 우리의 탓으로 돌릴 수가 없고 벌할 수도 없다. 죄는 하나님에 의해서 창조될 수가 없기 때문에 그것은 어떤 사물(res)이 아니라 행위(actus)이다.[274] 죄를 짓는 것은 본성의 결점에 의한 것이 아니라 의지의 순간적 자기 결정의 탓이다. 만일 죄가 인간의 본성의 탓이고, 그것을 원죄라고 한다면, 죄로부터 구원을 받는 것이 불가능할 것이다. "만일 우리가 죄를 짓지 않을 수 있기를 원한다 해도 죄를 짓지 않을 수가 없게 된다. 왜냐하면 의지는 그의 본성과 불가분의 관련 속에 있기 때문이다."[275] 만일에 원죄가 원출생(原出生)의 자손에게 유전이 된다면 원죄는 유아로부터 제거될 수가 없다. 왜냐하면 출생과 함께 주어진 생래적인 것은 그의 생 끝까지 지속되기 때문이다.

아담은 분명히 첫 죄인이었다. 그러나 아담의 죄는 아담 한 사람의 죄이지 그것이 곧 온 인류의 죄는 아니다. 이리하여 죄를 자연적 범주에 넣는 원죄 개념이 그에게는 없다. 원죄는 실재하지 않는다. 인간은 도덕적 존재다. 그러므로 도덕률에 반(反)하는 것은 자유의 행위이지 자연적(본성적) 사건이 아니다. 인간이 아담에게서 왔다고 해서 단순히 그것만으로 죄인이 되는 것은 아니다. 이 점에서 다시 펠라기우스는 죄에 개인적, 인격적으로 참여하지 않고는 죄란 있을 수 없다는 것이 보편적으로 그리스도교적인 견해라고 생각하였다. 즉, 누구나 죄를 스스로 범하지 않으며 죄인이 되지 않는다는 것이다. 아담의 타락은 그 자신의 행위일 뿐, 그의 후손들에게 아무 영향도 미치지 않는 행위인 것이다. 그러므로 펠라기우스는 원죄의 교리나 부모로부터 자녀들에게 대대로 유전되는 죄의 성향에 관한 가르침을 배격한다. 그는 아담에게까지 추적해 갈 수 있는 것은 영혼(anima)이 아니라 단지 육체(caro)라는 입장을 취하였다.[276] 그는 아담이 그의 불순종으로 말미암아 그의 후손들에게 유해한 영향을 끼친 나쁜 실례를 남겼다는 점을 인정한다. 이 견해 때문에 그는 디오스폴리스(Diospolis, 415)회의에서 정죄를 받았다. 켈레스티우스는 아담의 죄는 그 자신만이 해를 입었을 뿐 인류가 해를 입은 것이 아니라고 주장한다.[277] 죄는 인간의 출생과 더불어 생긴 것이 아니다. 죄는 본성의 산물이 아니라 의지의 산물이다. 인간은 선한 마음이 없이 태어나기도 하고 악한 마음이 없이도 태어난다. 그러나 그중 어느 하나를 행할 수 있는 능력을 가지고 태어난다. 또한 아담의 죽음은 타락(죄)에 대한 징벌이 아니라 유한한 인간의 조직의 필연성에 지나지 않는다. 그것은 자연법에 따른 것이다. 죄가 없어도 그는 죽었을 것이다. 죽음을 죄의 결과라고 표현하는 성서 구절들을 그는 도덕적 부패 혹은 영원한 천벌에 관련시킨다(창 3:19).

펠라기우스는 죄의 현실적인 실재를 악마의 덫과 리비도(libido)로부터 추론하며, 따라서 강한 욕망, 색욕을 정죄한다. 그러므로 그 죄는 순결과 절제로 극복할 필요가 있다. 그런데 그 죄는 육체의 본질(de substantia carnis)로부터 솟아나온 것이 아니라 육체의 행위로부터 발생한다. 그렇지 않으면 죄가 하나님의 작품이 되었을 것이다. 그러면서도 펠라기우스는 다른 한편 몸이 영에 종속되었다는 것과 그러므로 하나님이 원하신 관계는 회복될 수 있다고 확신한다.[278] 그러나 줄리안은 생각이 다르다. 만일 본질이 선하고 육체의 악한 욕망이 의지로부터 일어나지 않는다는 것이 분명하다면, 육체의 악한 욕망은 어디서 오는가? 줄리안은 성적 욕망 없이는 생각할 수 없는 결혼의 경우가 하나님이 리비도를 허용했다는 것을 보여줬다고 한다. 그래서 그는 결혼(nuptiae)과 정욕(concupiscentia)을 구별하는 어거스틴을 강하게 비판한다.[279] 그는 정욕 그 자체는 중립적이고 무죄하다고 가르쳤는데, 그이유는 실제적인 창조는 생각할 수 있는 모든 것 중에서 가장 선하기 때문이다. 그에 의하면 창조는 성적인 것을 포함하여 모든 욕망을 포함한다.[280] 리비도는 유(genus), 종(species), 방법(mode)에서 유죄가 되는 것이 아니라 오직 무절제해서 유죄가 된다고 한다. 왜냐하면 유와 종은 하나님으로부터 유래하고, 방법은 솔직한 결단에 의존하지만, 무절제는 의지의 과오에 의한 것이기 때문이다.

펠라기우스는 죄의 보편성을 그 자체로서는 완전히 결백할지라도 유혹과 범죄의 기회가 되는 인간의 육욕적인 본성을 지적하는 것으로 설명한다.[281] 이에 더하여 펠라기우스는 악한 선례(先例)와 악한 관습이 개개인을 범죄케 하는 좋은 기회가 된다고 말한다. 죄의 보편성의 성서적 전거로 인용되는 구절이 로마서 5장 12절이다. 펠라기우스는 이 구절에 대하여 죄가 첫 사람으로부터 다른 사람들에게 번식에 의해서가 아니라 모방에 의해서 전해졌다는 것을 주장할 뿐이라고 한다. 이 구절은 그들 스스로가 아담과 같이 혹은 비슷하게 죄를 범했기 때문에 모두가 죽는다는 것을 주장할 뿐, 유전적 죄를 지지하는 내용은 전혀 없다.[282] 또한 '모든'(pantes)이라는 용어는 절대적으로 모든 사람을 의미하지 않는다.[283] 그것은 비교적 다수를 의미한다. 펠라기우스는 그리스도 이전에도 의로운 아벨, 아브라함, 이삭, 동정녀 마리아 등 죄에서 자유롭게 살았던 사람들이 있었다는 것을 상기시킨다. 많은 의로운 사람들의 죄에 관해서 성서가 침묵하고 있는 것에 대하여 펠라

기우스는 그들은 죄가 없었다는 것을 의미한다고 해석하였다.[284]

로마서 5장 12절의 말씀과 성서에 대한 이와 같은 펠라기우스의 해석은 죄의 보편성을 연면히 이어져 오는 범죄의 선례와 악의 관습 (longa consuetudo)에 의한 것으로 설명하게 한다.[285] 악의 오랜 관습보다 우리로 하여금 선을 행하는 데 어려움을 주는 것은 없다. 그 악은 어릴 때부터 우리를 감염시키고 점차로 여러 해를 통하여 우리를 부패케 하며, 그리하여 나중에는 우리를 악 자체에 얽매고 빠지게 하여 결국 어떻게 해서라도 그 악행이 본성의 힘에 의한 것 같이 보이게 한다. 여기에 인간의 자연적 오감과 세속적인 특성이 더해진다.[286] 이와 같은 사상 경향은 실제로 죄인은 없고 단지 분리된 악한 행위만이 있다는 결론에 이르게 된다. 이 결과 죄의 종교적 개념이 배제되었고, 각기 선행을 실행하려고 노력하는 것 이상 필요한 것이 없게 되었다.

펠라기우스는 범죄의 필연성을 인정하지 않을 수 없었지만, 그의 죄론은 죄의 종교적 개념이 배제되었고, 분리된 선행을 다하려고 노력하는 것 이외 필요한 것이 없게 되었다. 실로 인류 역사의 종교적 개념은 불가능하게 되었다. 왜냐하면 죄를 지은 인간들은 없고 개개인의 악한 행위만이 있기 때문이다. 그는 그리스도교가 죄의 비극적인 보편성을 역설한다는 것과 인간의 본성의 죄성에 대하여 그리스도교가 얼마나 심각하게 생각하고 있는지를 간과했다고 할 수 있다. 그리스도교는 죄를 거의 인류의 운명과 같이 이해하고 있다. 그리스도교의 인간론은 죄로부터 출발한다. 인류와 첫 사람으로 전제된 아담과의 관계가 물론 신화적인 것이지만, 이 신화에서 그리스도교회는 우리가 헬라 세계관에서 찾아볼 수 있는 인류 역사의 비극적인 요소를 표현했다. 따라서 펠라기우스에게도 요점이 없는 것은 아니지만, 그는 인간

의 삶의 상황에 대한 그리스도교의 깊은 통찰을 보지 못했다고 할 것이다.[287]

(3) 인간의 능력과 신의 은총

펠라기우스의 신학 사상 체계에 따르면 인간의 원래 도덕적 상태는 모든 점에서 타락 전 아담의 상태와 똑같다. 그러므로 유아는 하나님에 의해서 창조된 첫 인간과 같은 도덕적 힘과 능력을 가지고 태어난다. 아담의 죄가 아담 한 사람의 죄며 후손에게는 아무 영향이 없다고 주장하는 펠라기우스는 유아들은 무죄하기 때문에 세례를 받을 필요가 없다고 했다. 따라서 세례는 '죄 사면의 은총'도 아니다. 세례는 죄를 지으려는 습관을 억제하고 교정할 뿐이며, 신자들에게 자신의 자유를 사용하여 스스로 새로운 삶을 영위해 가도록 일깨운다. 인간의 선택의 자유는 오용이나 악용에 의해서 상실되지 않으며, 그것은 이교도, 유대인 그리고 그리스도인에게 있어서 모두가 다 같다. 다만 그리스도인들에 있어서는 은총의 도움이 있을 뿐이다.[288] 펠라기우스는 인간의 몸만이 부모로부터 받은 것이며, 영혼은 하나님에 의해서 직접 창조된 것이어서 죄가 없다고 주장하는 영혼 창조론자다.

줄리안은 용기, 순결 그리고 절제와 같은 이교도의 미덕을 인간 본성의 선함의 증거로 제시한다. 그는 이교도의 미덕에 대하여 부패한 본성이라고 보는 어거스틴의 견해를 반대하면서, "만일 이교도의 순결이 순결이 아니라면, 같은 예법에 따라 불신자의 몸도 몸이 아니고, 이교도의 눈은 볼 수가 없으며, 이교도의 밭에서 자란 곡물은 곡물이 아니다"라고 말해야 한다고 한다.[289] 그러나 성서, 그리스도교 역사는 결코 펠라기우스 신학 체계에 호의적이지 않고, 반대로 신의 은총에 의해서만이 극복될 수 있는 악으로의 경향과 부패의 현실을 보여줬다. 하지만 어거스틴도 로마서 14장 23절, "믿음에 근거하지 않는 것은 다 죄다"라는 구절을 잘못 적용했을 때 그의 가르침은 극단적이었다. 즉, 그는 이교도의 미덕 모두를 야망, 명예욕으로 돌리고, 그것들을 악이라고 낙인을 찍었다.[290]

펠라기우스는 선(善) 인식에서 세 구성 요소를 구별한다. 즉, 힘 (power), 의지(will) 그리고 행위(act)이다. 힘은 인간 본성에 속하고, 의지는 그의 자유의지에 그리고 행위는 그의 품행과 관련된다. 선을 행할 힘(능력), 윤리적 본질은 은총이고, 그것은 인간 본성에 최초로 내리는 기증으로서 하나님으로부터 온다. 그러나 염원하고 행동하는 것은 전적으로 인간 자신에게 속한다(pro libero arbitrio).[291] 언어능력, 사고력, 시력은 하나님의 선물이다. 그러나 우리가 실제로 생각하고 말하고 볼 것인지, 아닌지 그리고 우리가 생각하고 말하고 보는 것을 잘할지, 못 할지는 우리 자신들에게 달려 있다.[292]

여기서 인간의 본성은 그의 의지와 행위로부터 기계적으로 분리된다. 즉, 하나는 오로지 하나님에게 돌리고, 다른 것들은 인간에게 돌린다. 도덕적 능력은 의지와 그 행위 안에서 훈련에 의해 증가한다. 다른 한편 신의 도움은 선을 염원하고 실천하는 데도 절대 필요하다. 왜냐하면 하나님은 우리 안에서 염원하시고 실천하시는 등 활동하시기 때문이다(빌 2:13). 펠라기우스 신학 체계는 부지중에 세계에 대한 이신론적(理神論的) 개념에 기초하고 있다. 이 체계에서 하나님은 어디에서나 세계의 관리자며 통치자로서 일하시는 무소부재(無所不在)한 존재가 아니라 우주 경영에 다소 수동적 방관자다. 이 때문에 펠라기우스주의자들은 제롬에 의해서 하나님에 대한 전적인 의존을 부정한다고 비난을 받았다. 제롬은 요한복음 5장 17절을 인용하면서 하나님의 끊임없는 활동을 강조하였다.[293]

　은총에 관한 펠라기우스의 가르침은 그의 인간의 본성과 자유의지론과 일치한다. 그렇다면 인간은 자유의지를 가지고 태어났고 따라서 죄를 지을 수도 있으나 죄를 짓지 않을 능력(posse non peccare)도 있으며, 본성적 선의 존재이며, 아담의 죄는 그 자손들에게 책임이 없다면, 펠라기우스는 하나님의 은총을 부정하는 것인가? 그렇지 않다. 구원받기 위해서 은총의 필요성을 부인하지 않는다. 도리어 펠라기우스는 은총은 "매시간, 매 순간만이 아니라 우리의 하나하나의 모든 행위를 위해서도" 필요하다고 선언했다.[294] 펠라기우스주의자들에게 은총이란 무엇보다도 인간의 이성을 계발시켜 하나님의 뜻을 알 수 있게 하며, 그리하여 인간으로 하여금 자신의 힘으로 선택하고 행동할 수 있게 하는 것이다.[295]

　'은총의 도움' 또는 '신적 조력' 등 이와 같은 주장에 대하여 켈레스티우스는 "만일 의지가 하나님의 도움이 필요하다면, 의지는 자유롭지 않다" 그리고 "우리의 승리는 하나님의 조력에 의한 승리가 아니라 (우리의) 자유의지에 의한 승리다"라고 선언한다.[296] 이 말은 은총이란 돕는 힘에 지나지 않으며, 인간은 그와 같은 도움이 없이도 옳은 일을 행할 수 있으므로 은총은 절대적으로 필요한 것이 아니라 상대적으로 필요하다는 것이다. 펠라기우스는 "은총이란 하나님에 의해서 명령된 것을 보다 더 쉽게 성취하기 위해서 주어진 것"이라고 하였다.[297] 즉, 하나님의 은총의 역사(役事)는 인간의 의지의 옳은 행위를 도와주는 것에 지나지 않는다는 것이다. '선을 돕는 은총'은 통상적이다. 모든 인간에게는 자유의지가 있는데, 그리스도인의 경우에는 은총에 의해서 뒷받침될 뿐이다. 인간에게 요구되는 것은 그러한 도움을 받을 수 있도록 자신을 만드는 일이다. 그러나 줄리안의 명제, "신으로부터 해방되는 인간의 자유의지"(homo libero arbitrio emancipatus a deo)는 사실 모든 은총에 대한 저항을 내포하고 있다.[298]

그렇다면 펠라기우스주의자들은 은총을 어떻게 이해하고 있는가? 그것은 '본성의 선' 또는 '자유의지와 함께 준 것', 즉 선과 악을 행할 수 있는 가능성일 뿐이다. 그래서 펠라기우스는 디오스폴리스회의에서 분명하게 표현하였다. "하나님의 은총이라고 부르는 이것, 우리의 본성은 창조될 때 범죄의 가능성이 없었다. 왜냐하면 그것은 자유의지를 가지고 창조되었기 때문이다."[299] 이성과 자유의지가 주어진 것이 원초적 은총이며, 처음에는 이것으로 충분했었다. 그러나 범죄에 대한 무지와 습관이 인간들 사이에서 우세하게 되었을 때 하나님은 율법을 주셨고, 그 율법이 악한 습관의 힘을 꺾을 수가 없게 되자 하나님은 은총으로 다시 그리스도의 교훈과 모본(example)에서 주어진 것과 같은 신적 의지의 계시를 주셨다.[300] 이것은 펠라기우스가 인류의 증가해 가는 부패에 상응하여 은총의 발전단계를 구별한 것이다. 즉, 첫 단계는 본성에 의해서 의롭게 사는 단계(justitia per naturam)이다. 이것은 본래의 은총(original grace), 창조의 은총(grace of creation) 단계라고 할 수 있다. 이 단계에서는 이교도와 유대인 가운데도 '완전한 사람'이 있다. 줄리안은 선한 그리스도인과 선한 이교도 사이에 아무 차이가 없다고 한다. 둘째 단계는 하나님의 율법 아래에서 의롭게 사는 단계(justitia sub lege)다. 모든 은총이 본성이 아닌 한 근본에는 계몽적 조명(illuminatio)과 교훈(doctrina)이라는 특성이 있을 뿐이다.

이것은 선행을 촉진한다. 셋째 단계는 은총(또는 복음) 아래에서 의롭게 사는 단계(justitia gratiae)다. 이것도 그 밑바닥에는 조명과 교훈이 있다. 그리스도는 모범으로 역사(役事)한다. 펠라기우스와 줄리안은 인간의 범죄의 습관이 너무 중대하기 때문에 그리스도의 출현은 불가피했다는 것을 인정한다.[301]

펠라기우스는 "그리스도의 은총을 통하여 교훈을 받고 보다 선한 인간으로 다시 태어나며, 그의 피로 인해서 속죄함을 받고 순결하게 된 우리, 그의 모본(模本)에 의해서 완전한 의(perfecta justitia)에 이르도록 격려를 받는 우리는 율법에 앞선 사람들보다 선해야 하고, 율법 아래 있는 사람들보다도 선해야 한다"라고 했다.[302] 그러나 하나님은 다양하고 이루 말할 수 없는 하늘의 은총의 선물로 우리를 조명하여 우리의 눈을 여시고 미래를 계시하신다는 선언뿐만 아니라 선행을 격려하는 수단으로서 율법에 대한 지식을 논제로 하는 이 서신의 전반적인 논거는 하나님의 조력은 결국 교훈으로만 이루어진다는 것을 입증하는 것이었다. 어거스틴이 지적하듯이 은총이라는 용어에 함축된 펠라기우스의 사상은 본성과 율법에 더하여 그리스도의 교훈과 모범일 뿐이다. 펠라기우스는 인간은 죄에 있어서는 아담의 추종자가 되어 왔듯이 선행(미덕)에 있어서는 그리스도의 도움을 받아 그의 모방자가 되어야 한다고 한다.[303] 이 은총의 교리는 죄의 이론과 전적으로 조화를 이루고 있다. 죄는 이성 혹은 율법에 의해서 계몽된 자유의지를 통하여 극복된다. 정확히 말하면 이것이 펠라기우스가 뜻하는 은총이다. 그러므로 그가 이따금 그리스도의 피를 통한 속죄, 죄의 용서를 말하고 세례를 통한 갱신을 언급하는 것은 모순되며 그의 사상의 영역을 넘는 것이다.

펠라기우스주의의 은총 개념은 한편으로는 인간의 본성 자체와 모세의 율법까지 포함하므로 너무 확대하였는가 하면, 다른 한편으로는 특히 그리스도인의 은총을 그리스도의 교훈과 모본의 힘으로만 과도하게 한정하였다. 그리스도는 단순한 스승과 모본이 아니다. 그렇다면 모세와 소크라테스와 특별히 구별되지 않았을 것이다. 그는 단순히 외부로부터 신자들에게 영향을 끼칠 뿐만 아니라 인간의 영적 삶의 원리로서 성령을 통하여 그들 안에서 살고 일하신다. 그는 죄의 속박에서 인류를 구원한 그리스도다. 그리하여 어거스틴은 반대자에게 다음과 같이 원하였다.

> 펠라기우스가 은총은 단지 미래 영광의 탁월함을 우리에게 약속할 뿐만 아니라 우리에게서 그것에 대한 믿음과 희망을 싹트게 하는 것이며, 모든 선행을 하도록 권고할 뿐만 아니라 내부로부터 거기로 우리의 마음을 향하게 하며, 단순히 지혜를 계시할 뿐만 아니라 지혜의 사랑으로 우리를 고무한다는 것을 고백했으면 좋겠다.[304]

어거스틴은 이렇게 펠라기우스의 은총의 개념을 그의 죄의 개념과 함께 피상적인 것으로 판단했다. 만일 인간의 본성이 부패하지 않고 본성적 의지가 모든 선을 행하는 데 충분하다면, 우리는 새로운 의지, 새로운 생명으로 우리를 새롭게 창조할 구세주는 필요 없고 개량자와 협력자만 필요할 뿐이다. 이것은 구원이 인간의 일이라는 의미다. 펠라기우스의 상상 체계에는 구속, 속죄, 갱생 그리고 새로운 창조와 같은 개념이 있을 자리가 없고, 그 자리에 우리의 본성적 힘을 완전하게 하기 위한 우리 자신의 도덕적 노력이 대신하게 되며, 귀중한 도움과 지지(支持)로서 하나님의 은총이 부가(附加)될 뿐이다. "펠라기우스주의의 원리는 논리적으로 초자연적 요소를 전적으로 거부하고, 인간은 선을 획득하기 위해서 계시와 하나님의 도움 없이 내부로부터 스스로를 발전시키는 것만이 필요하다는 합리주의적 견해에 이르게 된다…."[305] P.샤프는 펠라기우스주의를 인간 구원의 필요성을 부인하며 그리스도의 신성을 거부하는 에비온주의 그리스도론에 일치하는 근본적인 인간학적 이단이라고 한다. 다른 한편으로 인간의 구원 능력을 부인하고 그리스도의 참 인간성에 대하여 부정하는 영지주의적 입장에 일치하는 마니교와는 반대다.[306]

그러나 펠라기우스주의에 대해서 긍정적인 견해도 있다. F. 루프스에 의하면 펠라기우스주의는 당시 어거스틴의 신학적 지도 아래 있는 교회가 예기치 않게 직면한 새로운 가르침이 아니었다고 한다. 펠라기우스는 켈레스티우스와 줄리안과 함께 당시 통속적 가톨릭주의의 어떤 교의(敎義)를 솔직하고 체계적으로 표현한 것뿐이다. 펠라기우스주의자들의 신학적 요소들은 2세기 헬라 변증가들에게서뿐만 아니라 어거스틴 이전 여러 세기 동안 도덕주의적이며 지성주의적 그리고 합리주의적인 대중 철학에서도 발견되는 것들이다. 그들에게서 스토아철학의 도덕주의적 영향도 눈에 띈다고 한다.[307] 루프스는 펠라기우스의『로마서 주석』에 근거하여 그가 "믿음으로만 의롭게 된다"는 것을 강조했다고 하였다. 그러나 이 견해에 대해서 제베르크의 입장은 다르다. 그는 펠라기우스의 경우에 있어서 "믿음으로 의롭게 된다"는 형식은 그리스도교에 대한 그의 개념 때문에 바울의 가르침과 동일한 의미를 가진 것이 아니라고 하였다. 제베르크는 덧붙여 말하기를 "펠라기우스는 합리주의자요 도덕주의자였고, 죄와 은총

사이의 내적 관계에 대한 이해를 갖고 있지 않았다"고 하였다.[308] 이 점에 대해서 루프스는 어거스틴과 펠라기우스 모두에 대한 비판과 관련하여 펠라기우스는 "그의 도덕주의로 인해서 신앙의 종교적 의의를 식별하지 못하였다"고 말함으로써 제베르크의 의견에 동의하였다.[309] 그러나 펠라기우스에 대한 이들의 전체적인 연구는 그가 개인적인 경건의 사람이었다는 것, 구원을 위해서 그는 그리스도를 통한 죄의 용서에 의존하고자 했다는 것 그리고 그는 과거 역사가 우리에게 시사해 주는 것보다 더 죄인의 죄책에 대하여 깊은 인식을 가지고 있었다는 것을 보여주었다.

이와 같은 연구에도 불구하고 펠라기우스주의자들의 신학의 근본적인 구조를 변경시킬 수는 없었다. 비록 펠라기우스주의의 첫 반대자였던 밀란의 바울리누스(Paulinus)는 펠라기우스주의는 "아담은 죽을 운명으로 태어났으며, 죄를 지었든 아니든 간에 그는 죽는다. 아담의 죄는 그 자신만이 피해를 입을 뿐이며, 인류 전체는 아니다. 지금 태어난 어린이는 타락 전 아담의 상태다. 전 인류는 아담의 타락으로 죽는 것도 아니고 그리스도의 부활을 통해서 죽음에서 다시 살아나는 것도 아니다. … 인간은 주님이 오시기 전에도 죄가 없었다" 등으로 비판을 받았지만, 펠라기우스의 근본적인 생각은 인간의 도덕이고 책임이었다고 생각한다. 그리스도교가 주장하는 원죄는 이슬람교뿐만 아니라 유대교도 부인한다. 우리는 하나님의 은혜를 거부할 수 없지만, 하나님은 인간을 자유의지적 존재로 창조하셨다는 것을 간과해서는 안 된다. 펠라기우스주의의 특징은 여러 가지 금욕적 요소를 함축하고 있는 높은 윤리적 강조에 있다. 그러나 가장 큰 문제는 펠라기우스주의가 인간의 삶의 비극적 차원에 대한 통찰을 전혀 하지 않는다는 점이다.

P. 틸리히는 펠라기우스의 사상을 다음과 같이 요약한다. 첫째, 죽음은 자연적 사건이며 유한성에 속한 것이지 타락해서 범죄한 결과가 아니다. 이그나티우스와 이레니우스와 같은 교부들에 의한 초기 그리스도교 전통은 인간은 유한한 존재요 자연의 모든 것과 마찬가지로 죽을 운명으로 창조되었으나 낙원의 생명나무 열매(신의 음식)로 유한성을 극복할 수 있게 되었다는 것이다. 펠라기우스는 이 두 번째 가능성을 인정하지 않았다.

둘째, 아담의 죄는 그 한 사람의 죄이지 온 인류의 죄가 아니다. 이 점에서 원죄는 실재하지 않는다. 인간은 도덕적 존재이기 때문에 도덕적 요구에 반(反)하는 것은 자유의 행위이지 자연적(본성적) 행위가 아니다. 아담에게서 유래했다는 것만으로 누구나 죄인이 되는 것이 아니다. 누구나 죄인이 되려면 죄를 지어야 한다. 펠라기우스는 죄에 개인적으로 참여하지 않으면 죄는 없다는 것이 보편적인 그리스도교의 견해라고 본 것이다. 그러나 그는 그리스도교가 죄의 비극적 보편성을 강조하고 있으며, 죄를 인간 역사의 운명으로 이해하고 있다는 점을 간과하고 있다. 펠라기우스는 아담과의 인간의 관계에 대한 신화적인 설화를 통하여 그리스도교회가 헬라적 세계관에서 찾아볼 수 있는 인간 세계의 비극적인 요소를 표현하고 있다는 것을 간과했던 것이다.

셋째, 어린이는 태어날 때 타락 이전의 아담과 같이 죄 없는 상태다. 물론 펠라기우스도 어린이의 순수성이 나쁜 환경과 습관에 의해서 더럽혀진다는 것을 알고 있었다. 그러나 현대 생물학적 이론에 의하면 왜곡하고 비틀어짐은 출생부터 본성적으로 유전적인 것이어서 가능한 최선의 환경에서도 피할 수 없다고 하는 것을 그는 알지 못했다. 그는 유전적 죄 이념을 피하고 싶었고, 죄가 보편적 비극적 필연성이 아니라 자유의 문제라고 본 것이다.

넷째, 펠라기우스는 그리스도 이후에도 죄인이 존재한 것과 같이 그리스도 이전에도 죄 없는 인간이 존재했다는 사실을 강조한다(예를 들면 아벨, 아브라함, 이삭). 인간은 선을 선택하든가 아니면 악을 선택하든가 자유로 결단한다.

다섯째, 지금까지 말한 내용에서 그리스도의 기능은 두 가지다. 하나는 그를 믿는 사람들에게 세례를 통하여 죄를 용서 받게 하는 것이고, 또 하나는 죄 없는 삶의 본을 보여주는 것이다. 그는 금욕주의의 모범으로 단순히 죄를 피할 뿐만 아니라 금욕을 통해서 범죄의 기회를 피했다. 펠라기우스 자신도 금욕주의적 수도사였다. 이와 같은 펠라기우스에게 은총이란 세례에 의한 죄 사함과 일치하였다. 그 이후 은총은 의미가 없다. 왜냐하면 인간은 모든 것을 스스로 할 수 있기 때문이다.[310]

7. 어거스틴의 죄론, 은총론 그리고 예정론

어거스틴은 그의 신학 사상을 위에서 기술한 두 논쟁을 통해서 확립하였다. 그렇다면 그의 신학 사상은 도나투스주의와 펠라기우스주의의 도전에 대한 응전의 성격을 갖는다. 그러므로 그의 신학 사상은 도나투스주의와 펠라기우스주의를 역으로 읽으면 그 근본을 파악할 수 있다. 이 항목에서는 펠라기우스 논쟁을 전제로 죄와 은총론에 국한할 것이다.

1) 죄론

(1) 인간의 타락

어거스틴의 인간론을 인류의 종교적 발전 3단계로 표시한다면, '완전 단계'(status integritatis), '타락 단계'(status corruptionis) 그리고 '구원의 단계'(status redemtionis)로 분류할 수 있다.[311] 그에 의하면 인간은 아무 잘못도 없는 걸작품으로 창조주의 손의 결과다. 그는 선을 행할 자유, 하나님을 알기 위한 이성 그리고 하나님의 은총을 받고 창조되었다. 인간과 하나님과의 기본적인 관계는 기쁘고 완전한 복종의 관계였다. 첫 사람은 의로웠고, 그의 의지는 자기 자신과 조화되어 있을 뿐 아니라 하나님과도 조화되어 있었다. 그의 의지는 육체적 충동을 극복할 수 있었다. 그의 내적 외적 상태는 조화를 이루고 있었다. 그러므로 아담은 내적 갈등에 의한 유혹이나 괴롭힘을 받는 일도 없이 낙원에서 평화스럽게 축복받으면서 즐겁게 지냈다. 낙원은 영적일 뿐만 아니라 가시적이고 물질적이었다. 그곳은 그 어떤 흥분도, 냉담도, 피로도, 병고도, 아픔도, 고난도 없는 곳이다. 어거스틴파의 일부는 아담의 완전함, 낙원의 행복함을 성서의 묘사보다도 지나칠 만큼 과장하여 묘사하기도 했다. 그들의 문채(文彩)는 미래 천상적 낙원 묘사에서 모방하기도 했다.[312] 어거스틴의 견해는 펠라기우스주의를 반대할 때 더 과장되었다. 395년에 완성한 그의 논문 "자유의지론"에서 첫 인간은 지혜롭지도 어리석지도 않았으며, 처음에는 이런 사람 저런 사람이 될 가능성만이 있었다고 하였다.[313]

그런데 첫 인간은 어떻게, 왜 타락했는가? 달리 표현하면 악은 어디로부터 왔는가? 그것은 하나님이 이성적 본성을 부여하여 창조한 피조물 중의 피조물인 인간의 자유의지(libero arbitrio)에서 왔다. 이 자유의지는 하나님으로부터 오며 참으로 합리적인 존재가 지닌 특성이므로 선한 것이다. 그러나 어거스틴은 처음 인간의 상태가 상대적 완전이라는 것을 받아들인다. 그래서 인간은 때를 맞춰 발전하고, 따라서 변화한다. 처음 인간에게 내려진 선물은 두 길 중에서 어느 하나를 선택하여 발전하는 힘이었다. 아담은 똑바로 하나님과 조화롭게 하나가 되어 자신을 발전시켜 점차적으로 완전에 이를 수 있든가 아니면 배반하여 자유의지를 악용하므로 무로부터(ex nihilo) 악을 야기시켜서 불화와 모순의 방향으로 자신을 발전시킬 수 있었다. 그러므로 자유의지는 선(善)한 것이지만, 악한 것과 동시에 선한 것을 택할 수 있기 때문에 그것은 '중간적 선'이다.[314]

그러나 이것은 어디까지나 가능성이었다. 어거스틴에게 있어서 '범죄하지 않을 가능성'(poss non peccare)과 '범죄의 불가능성'(non poss peccare)의 구별은 매우 중요하였다. 전자는 죄로부터 조건적, 잠재적 자유이다. 이것은 타락 전 인간의 상태이고 죄의 노예가 될 수도 있다. 후자는 죄로부터 절대적인 자유 혹은 하나님께 속한 완전한 거룩함(神聖)이다.[315] 다시 말하면 인간은 죄를 범하지 않을 수 있었고 죽지 않을 수 있었다. 그러나 범죄의 가능성이 없는 것이 아니고 죽음의 가능성이 없는 것이 아니었다.[316] 인간이 그의 자유의지를 남용 또는 오용하게 되면 이와 같은 상태에서 인간은 죄를 짓지 않을 수 없고 죽지 않을 수 없다.[317] 그런 점에서 자유의지가 항상 좋은 것만은 아닐 수 있다.

어거스틴은 인간의 자유가 본래 타고난 선물이며 본질적 품질이기 때문에 아담은 타락했을 때 그는 자유로웠다는 점에 대해서는 펠라기우스와 일치한다. 본래 인간의 자유는 선을 지향하게 되어 있다. 그리고 이 선은 하나님이 자신을 사랑하는 것과 같은 사랑이다. 이런 의미에서 선을 지향하는 한 모든 사람은 자유다. 그러나 이 자유에는 위험이 내포되어 있다. 즉, 인간은 하나님을 향하는 그의 방향을 변경하여 그 대신 시간과 공간 안에 있는 특정한 것으로 향할 수 있다. 어거스틴이 이해하는 자유는 첫째로 자발성 혹은 독자적 행동이다. 이것은 외부적 강압에 의한 행동이나 동물적 본능으로 행동하는 것과 반대된다. 죄도 거룩함도 다 의지의 자발적 행위이지 하지 않을 수 없는 필연적 행위가 아니다. 따라서 이 자유는 본질적으로 인간 스스로의 의지(self-willed)에 속한다.

어거스틴은 선택의 자유(liberum arbitrium)를 인정한다. 이 점에서 어거스틴은 펠라기우스와 같이 타락 전 첫 인간에게 선택의 자유가 주어졌다고 한다. 하나님은 범죄할 수도 있고 하지 않을 수도 있는 이중의 능력을 가진 인간을 창조하셨다. 그러나 어거스틴은 아담이 선과 악, 복종과 불복종 사이에서 공정의 자세를 취하지 않았다고 보는 점에서 펠라기우스와 달랐다. 어거스틴에 의하면 아담은 인간에게 주어진 자유 안에 내포된 위험성을 깨닫지 못했다. 그래서 악을 선택했고 죄의 노예가 되었다.

어거스틴은 인간에게 주어진 자유의 위험이 너무 크기 때문에 '은총의 돕는 힘'(adjutorium gratiae)이라는 유명한 이론을 창안하였다. 이것은 타락 이전에 아담에게도 주어진 것이다. 아담은 이 도움으로 언제까지나 그의 의지를 하나님을 향하게 할 수 있었다.[318] 펠라기우스와 줄리안도 선한 일을 위하여 신의 은총의 필연성(adjutorium)을 주장하였다.[319] 그러나 그들에게 은총은 다만 인간 본성의 힘의 발전을 위한 유용한 외적 도움이었고, 따라서 절대적 필연성 또는 조건은 아니었다. 그러나 어거스틴은 아담이 본성에 있어서 하나님을 향한 의지나 힘을 갖고 있지 않았으며, 그래서 본성 그 자체도 선하지 않았고, 타락할 위험을 가지고 있었으므로 초자연적 은총의 도움이 필요하였다는 것을 간접적으로 암시하게 되었다. 이 점에서 종교개혁자들은 어거스틴의 이 초자연적 '은총의 돕는 힘' 이론에 비판적이었다. 왜냐하면 종교개혁자들은 르네상스 시대와 마찬가지로 인간 본성에 대하여 적극적인 평가를 했기 때문에 인간 본성에 부가적으로 '덧붙여진 은총의 선물'(donum superadditum)이라는 사상을 거부하였다.

어거스틴에 의하면 첫 사람(아담)은 자유인으로 그 어떤 부족함도 없이 평화스럽게 살았기 때문에 타락할 외적인 이유가 없었음에도 불구하고 타락하였다. 그러므로 그의 타락은 내적 삶에서 시작되었다. 그는 스스로 독립하여 자립하기를 원했고 누구의 도움도 없이 독자적이며 자율적으로 살아갈 수 있다고 생각했던 것이다. 이 때문에 그는 하나님을 외면하였다. 그의 죄는 '교만'과 불신앙이다. 성서는 이것들이 아담으로 하여금 하나님이 동산에 심은 선한 나무를 악하게 사용하게 만들었다고 하였다(창 3:4-7).[320] 라인홀드 니버(Reinhold Niebuhr)도 죄를 '교만'(pride)이라고 하였다. 죄에 대한 니버의 근본적인 표현은 자유를 남용하도록 인간을 유혹하는 '교만'이다.[321] 그러나 틸리히는 그 말보다 '자기 높임', '오만', '무례하고 건방짐', '모욕' 등의 헬라어 '후브리스'(hubris)를 선호했다.[322] 인간은 자율적이기를 원했고, 그리하여 은총의 도움을 잃었으며, 홀로 남게 되었다. 어거스틴은 "모든 죄의 시작은 교만이고, 교만의 시작은 사람을 하나님으로부터 떠나게

한다"고 하였다.[323]

어거스틴의 근본적인 죄의 개념은 정신적인 영역에서 일어나는 사건이라는 것, 우리가 존재의 근거로부터 떠나는 것이다. 죄는 단순히 도덕적인 실패나 불복종이 아니다. 그것들은 죄의 결과일 뿐, 원인이 아니다. 죄의 원인은 지고의 선이며 사랑이신 하나님을 떠나는 것이다. 이 사랑은 우리를 통하여 하나님이 자신을 사랑하는 존재론적인 사랑이다. 그러므로 하나님으로부터 떠난다는 것은 지고(至高)의 선과 사랑으로부터 떠나는 것이고 선과 사랑의 상실을 의미한다. 하나님은 궁극적인 선이며 무존재(non-being)를 극복하는 존재의 힘이기 때문에 오직 하나의 실제적인 형벌은 존재의 힘을 상실하는 것이고 궁극적 선에 참여하지 못하는 것이다. 이것이 인간에게 내린 본질적인 형벌이다. 그러므로 어거스틴에게 있어서 기본적인 형벌은 존재론적이다. 어거스틴은 "몸이 혼을 떠나면 죽는 것과 같이, 혼이 하나님에게서 떠나면 죽는다"고 묘사한다.[324] 죄의 시작은 하나님으로부터 분리되어 자신에게로 향하는 '교만'이지만, 그 결과는 끝없는 강한 현세에의 욕망, 육욕, 콘큐피스켄티아(concupiscentia)다.[325] 그것은 프로이드에게서 발견되는 리비도(libido)다. 그러므로 죄의 치유는 오로지 존재의 근원인 하나님께로 돌아가는 것이다. 어거스틴의 죄의 개념의 중요한 의미는 죄의 종교적 성격을 분명히 했다는 점이다. 죄의 결과를 샤프(P. Schaff)는 7항목으로 특필하고 있다. 즉, 선택의 자유의 상실, 지식의 차단, 하나님의 은총의 상실, 낙원의 상실, 강한 육체적 욕망, 육체적 죽음 그리고 가장 중대한 결과는 원죄(peccatum originale)와 유전적 범죄 행위(vitium hereditarium)다.[326]

(2) 원죄론(죄의 유전론)

첫 인간은 타락으로 모든 것을 잃었다. 그는 죄인이 된 것이다. 하나님의 징계로 그는 다른 사람이 되었고, 그것으로 인간 본성은 바뀌었다. 본성은 죄로 말미암아 더럽혀졌다. 더 나쁘게 바뀐 본성은 죄인이 되었을 뿐만 아니라 죄인을 낳기까지 하였다. 본성은 삶의 힘을 상실하였고, 결점은 본성을 대신하여 성장하였다. 그뿐만이 아니라 그의 타락은 그의 후손들에게 총체적으로 영향을 주고 침범했기 때문에 그들은 더 이상 완전한 의지의 자유를 말할 수 없게 되었다. "아담 안에서 모든 사람이 죄를 짓고, 죽음에 이르렀다"(롬 5:12)고 하는 성서 본문을 죄의 상속적 유전으로 해석하는 경향은 터툴리안 이후 특히 라틴 문화권의 그리스도교 사상사에서 점점 일반화되었다.[327] 어거스틴도 터툴리안으로부터 시작한 전승을 따라 원죄(peccatum originale)를 아담이 그의 후손들에게 유증(遺贈)한 유산으로 유전되었다고 주장하였다.[328] 그러나 아담으로부터 모든 인류에게 전달된 죄에 타고난 죄의식의 특성이 있다는 것을 분명하게 신학적으로 확립한 첫 교부는 어거스틴이다. 그에게 있어서 원죄는 죄(peccatum)며, 동시에 자식들에게 물려주는 죄(poena peccati)다.[329] P. 틸리히는 아담의 죄가 두 가지 이유로 원죄가 된다고 한다. 첫째는 우리 모두가 아담의 생식력에서 잠재적으로 그 안에 존재하며 아담의 자유의지적 결단에 참여하게 되어 그 결과 죄인이 되었다는 것이고, 둘째는 아담이 그의 욕망, 곧 리비도(libido)를 성적 생산과정으로 끌어들여 이 요소가 유전되어 모든 자손에게 전래되었다는 것이다.[330] 어거스틴에 의하면 원죄는 아담과 그 후세 모두가 다 함께 악을 향하여 보여준 타고난 영혼의 성벽(性癖)이다. 그와 같은 성벽은 주로 교만과 한없는 욕망에서 나타난다. 교만은 영혼의 죄고, 한없는 욕망은 본질적으로 영혼을 지배하는 몸의 죄다. 하나님과의 관계에서 교만과 한없는 육적 욕망은 인간이 영과 육에서 죄가 많다는 것을 보여준다. 그럼에도 인간은 점점 더 육적 욕망에 사로잡히고 있다. 그것은 본성이 부패했다는 것을 가르친다. 그것은 과실, 결점, 오점(vitium)이 아니라 본성의 오염이고 부패이며 타락이다(natura vitiate). 그러므로 그것은 죄를 번식시킨다. 유전된 죄는 모든 악의 기초이며, 그것은 실제적인 죄(actual sin)와는 엄청 다른 상태다. 왜냐하면 그 안에 전 존재를 악하게 하고 감염시키는 본성이 있기 때문이다. 어거스틴은 '비티움'과 '나투라 비티아테'를 예리하게 구별하였다.[331]

죄는 단순히 각 개인의 행동일 뿐만 아니라 생식에 의해서 세대에서 세대로 계속되는 조건이고 상태이며 습관이 되었다. 그래서 아담의 죄가 전 인종의 죄가 된 것이다. 우리 모두가 아담 안에 있게 되어 "모든 사람이 한 사람이었다."[332] 이러한 견해를 뒷받침하기 위해서 어거스틴이 주로 인용한 구절이 로마서 5장 12절이다.[333]

> 그러므로 한 사람으로 말미암아 죄가 세상에 들어왔고, 또 그 죄로 말미암아 죽음이 들어온 것과 같이, 모든 사람이 죄를 지었기 때문에 죽음이 모든 사람에게 이르게 되었습니다(새번역).

여기 "모든 사람이 죄를 지었기 때문에"(for that all sinned)라고 번역된 구절의 헬라어는 '엡 호 판테스 헤마르톤'(eph hō pantes hēmarton)이다. 이 구절을 라틴어 역본인 불가타(Vulgate)가 '인 쿠오 옴네스 페카베

룬트'(in quo omnes peccaverunt)라고 번역했는데, 그것이 오역이었다. 헬라어 지식이 별로 없었던 어거스틴은 라틴어 성서에 주로 의존하여 활동하였다. 그는 여기 '인 쿠오'(in quo)를 아담에게 적용하여 "한 사람 안에서"로 해석하였다. 이것은 원문의 의미와는 전혀 다른 것이었다. 이 성서 구절을 "모든 사람이 그 안에서 죄를 지었다", 즉 모든 사람이 인류 조상 아담의 자손으로서 죄를 범하였다는 뜻으로 해석을 한 어거스틴에 의해서 그 구절이 신학적으로 원죄론의 근거가 된 것이다.

그러나 헬라어의 '엡 호'는 의미상 중성과 접속사로 취급되어야 한다. '엡 호'는 '~이기 때문에'(on the ground that) 혹은 '왜냐하면'(because)이다.[334] 그러므로 어거스틴의 해석, 말하자면 "아담 안에서 모든 사람이 죄를 지었다"는 해석은 잘못된 해석이다. 이 구절에서 바울은 죄와 죽음 사이의 인과적(因果的) 연결 관계 그리고 또한 아담의 죄와 그의 후손의 유죄 사이의 인과적 연결 관계에 중점을 둔 것이다. 이 증거는 아담과 그리스도 사이의 온전한 평행 그리고 인류와 그들의 전형적인 관계에서 발견된다(고전 15:45-49). 특히 "모든 사람이 죄를 지었다"(pantes hēmarton)와 관련된 것이고, 불가타와 어거스틴에 의해서 번역된 '엡 호'에는 그와 같은 의미가 없다.

"아담 안에서 모두는 죄인이다"[335]라는 말은 모두가 아담 안에 포함되었다는 의미다. 이 점에서 그의 도덕적 특성은 그의 후손들에게 유전되었으며 그에게 내린 형벌, 즉 성적 욕망과 죽음에 종속되는 존재가 되는 것 또한 그들에게 넘겨졌다. 그의 죄가 우리에게 있고, 우리는 그의 유죄판결을 떠맡게 된 것이다. 결국 인간은 죄와 죽음에 예속되어 출생해야 했다.[336] 어거스틴은 "아담이 정죄를 받았을 때 모든 인간의 본성은 처음 인간 속에 이미 배자상태(胚子狀態)로 있었다"

고 가르쳤다.[337] 이 점에서는 새로 태어난 어린이도 예외가 아니다. 우리에게는 범죄의 필연성이 있을 뿐이다. 인간은 자진하여(willingly) 죄를 짓게 되었다. 그러므로 전 인류는 죄의 책임에서 제외될 수가 없게 되었다. 아담의 죄에는 그의 후손의 의지가 작용했다. 어린이는 비록 실제로 죄를 범하지 않았다고 해도 이와 같은 죄의 상태에 포함되며, 그들도 세례를 받아야만 구원받을 수 있다.[338]

여기서 세례에 대한 어거스틴의 입장을 간략하게 언급하려 한다. 어거스틴의 세례론은 도나투스주의와 펠라기우스주의를 공격하는 이중적 맥락에서 형성되었다. 도나투스주의자들은 3세기 카르타고의 키프리안의 가르침과 그의 권위에 근거하여 자기들의 교회에서 받은 세례만이 효력이 있다고 주장했고,[339] 펠라기우스주의자들은 어린이들이 출생할 때는 타락하기 전 아담의 상태이기 때문에 결백하며, 따라서 죄가 없기 때문에 세례를 받을 필요가 없다고 믿었다.

어거스틴은 도나투스주의자들의 주장을 반대할 때 주로 옵타투스(Optatus of Melevis)의 이론에 근거하여 세례 의식의 효력은 의식을 집행하는 사람의 도덕적 가치에 달려 있는 것이 아니라고 하였다. 왜냐하면 "죄를 씻어주고 용서해 주는 분은 하나님이기 때문이다."[340] 그리고 그는 세례를 반복하여 베푸는 일에 관해서 "만일 또 다른 하나의 세례를 베푼다면, 또 하나 다른 믿음을 주는 것이고, 또 다른 하나의 믿음을 준다면, 또 하나의 다른 그리스도를 주는 것이며, 만일 또 하나의 다른 그리스도를 준다면, 또 하나의 다른 하나님을 주는 것이다"라고 하였다.[341] 그러나 어거스틴의 세례에 관한 가르침은 특히 펠라기우스주의를 논박하는 그의 저서에서 나타난다.[342] 어거스틴은 세례를 통하여 죄의 용서를 받게 된다고 한다. 즉, 세례에 의해서 제거되는 것은 무엇보다도 인간의 본성적 타락의 범죄 행위다. 그중에 대표적인 것 중 하나가 관능적 욕구, 정욕 같은 것이다. 세례에 의해서 제거되는 것은 특별히 유전된 죄다. 이것은 어거스틴에 의해서 소개된 새로운 사상이었다. 지금까지 용서하는 세례의 은총에 의해서 제거되는 것은 세례를 받기 전에 범한 죄였다.

어거스틴의 세례론을 요약하면 첫째, 죄 많은 조건에서 태어난 인간의 죄를 제거해 주는 성례전이다. 둘째, 유전된 범죄적 욕망은 세례 후에도 병적인 격정(激情)으로 죄에 남아 있다. 그러나 셋째, 세례를 받음과 함께 성령을 받으면 매일의 죄에 대한 끊임없는 용서에서 생명력이 회복되기 시작한다. 넷째, 세례의 객관적인 성격이 보호되는 것은 세례가 개종하지 않는 자들을 구원받게 하지는 못하지만, 세례가 그들에게 주의 인(印)을 인쳐주며, 주님이 그들은 자기의 권속으로 여겨 주신다고 주장하기 때문이다. 이 때문에 그들이 개종하여 교회로 돌아올 때 세례를 다시 받을 필요가 없으며, 그들이 전에 받은 세례를 인정받으면 된다. 다섯째, 장성해서 세례의 의미를 의식한 어린이들은 세례를 다시 받지 않아도 된다. 그들은 죄의 용서와 성령의 은사에 대한 분명한 의식을 가지면 된다.[343]

원죄는 단지 죄의식의 빛에서만이 아니라 실제적인 죄의 빛에서 생각해야 한다. 그것은 죄요 신의 형벌이다. 그것은 인간들 가운데서 모방에 의해서가 아니라 출생에 의해서 번식한다. 비록 결혼이 도덕적으로 선하다고 할지라도 출생은 죄 많은 성적 욕망 없이 일어나지 않는다. 그러한 불순한 성적 욕망에서 죄가 부모로부터 자녀들에게 전달되는데, 어거스틴은 그러한 색욕이 죄와 분리되지 않는다고 보았다.

"자식 출산의 행위를 할 때 정당하고 훌륭한 성적 교섭은 타오르는 욕정 없이는 불가능하다. 그러므로 욕정의 결과는 자식에게 전달되지 않고 이성의 결과만 전달될 수가 없다…. 이 육적 욕망에 관해서 나는 말한다…. 출생하는 자손은 어떤 이라도 그 근원(originaliter)의 힘에 의하여 죄에 얽매인다."344 부모의 성적 욕망도 자녀들에게 넘겨진다. 이것은 부모들이 출생할 때도 같은 경우다. 그것은 "마치 올리브 나무의 씨로부터 야생 올리브 나무에 지나지 않는 것이 생기는 것"과 같다.345 이것은 씨의 결함(vitium)이다. 그러므로 어거스틴은 원죄가 아담의 모든 후손에게 상속으로 유전된다는 것을 주장한 것이다. 이것은 루터의 경우와 다르다. 루터에게 유전되는 죄는 본질적으로 불신앙인 반면에 어거스틴에게 있어서는 영혼을 제압하는 악 또는 육적 욕망이다. "왜냐하면 육이 색정을 품는다고 말하지만 육은 영혼 없이 색정을 품지 않기 때문이다."346 이 점에서 우리는 무엇이 첫 죄의 원인과 결과인지를 알게 된다. 어거스틴은 말한다. "영혼을 괴롭히는 몸의 타락은 최초의 죄의 원인이 아니라 그 형벌이다. 타락하기 쉬운 육체가 영혼을 죄인으로 만드는 것이 아니라 죄 있는 영혼이 육체를 타락시키는 것이다."347 그러나 이 주장은 새로운 문제를 제기하였다. 왜냐하면 어거스틴은 터툴리안의 학설에 함축된 스토아학파의 물질주의를 받아들이지 않았을 뿐만 아니라 터툴리안이 초기에 주장한 영혼의 유전, 그러므로 죄의 유전을 마치 부모의 신체적 특성들이 자녀들에게 유전되는 것과 유사하다고 하였기 때문에 영혼이 부모로부터 자녀들에게 전해진다는 '영혼 유전설'(traducianism)를 거부하고, 하나님이 각 개인들의 영혼을 직접적으로 창조하신다는 '창조설'(creationism)을 주장하려고 했다. 그런데 다른 한편 창조설이 어거스틴으로 하여금 원죄에 대한 이해를 어렵게 하자 그는 다시 영혼 유전설을 옹호한 것이다. 영혼 유전설과 창조설의 문제에 있어서 어거스틴은 그의 평생 결론을 내지 못하고 방황하였다.[348]

원죄의 결과는 아담 안에서 전 인류는 '파멸의 덩어리'(mass perdi-tion) 또는 '저주의 덩어리'(mass of damnation)가 되었으며, 사망과 무지와 관능적 욕구(강한 현세적 욕구)의 지배를 받게 되었다. 무지와 관능적 욕구 그 자체가 곧 죄라고 단정하기는 어렵겠지만, 그것들의 실제 형태에서 타락한 인간은 그것들의 지배를 필연적으로 받게 된다. 타락한 인간은 관능적 욕구와 무지에 의해서 지고한 하나님보다는 저급하고 일시적이며 현세적인 실재들을 관조(觀照)하게 된다. 성적 행위는 관능적 욕구를 보증하는 행위다. 그 행위를 통하여 타락한 인간은 창조주로부터 피조 세계로 그의 시선을 돌리지 않을 수 없게 된다.[349]

첫 인간은 자유의지를 가지고 창조되었기 때문에 선택의 자유가 있었다. 그러나 인간이 진정으로 자유하기 위해서는 죄로부터 자유해야 한다. "따라서 우리는 항상 자유의지를 누리고 있으나, 이 의지가 항상 좋은 것만은 아니다."[350] 왜냐하면 타락한 인간은 자기 사랑과 무지와 관능적 욕구의 지배를 받게 되면서 결국 그의 자유의지는 더 이상 선택의 의지가 아니었다. 즉, 그에게 열려 있는 모든 선택은 죄를 짓게 한다. 이것이 인간은 범죄할 자유(가능성)는 가졌으나(posse peccare) 죄를 짓지 않을 수 있는 자유(가능성, posse non peccare)는 없다는 어거스틴의 주장이다.[351]

이와 같은 어거스틴의 이론에 대하여 펠라기우스주의자들, 특히 줄리안은 강한 이의를 제기한다. 그는 어거스틴의 원죄를 논박하면서 그것을 다섯 가지로 요약하고 있다. 즉, 만일 인간이 하나님의 피조물이라면, 그는 선하신 하나님의 손으로 만들어져야 한다. 만일 결혼 그 자체가 선하면, 결혼으로 악이 출산될 수가 없다. 만일 세례가 모든 죄를 용서하고 재생한다면, 세례 받은 어린이들에게 죄의 유전이 있을 수 없다. 만일 하나님이 의롭다면, 그는 다른 사람의 죄 때문에 어린이들을 정죄할 수 없다. 만일 인간의 본성이 완전한 의를 이룰 수 있다면, 인간 본성은 선천적으로 결함이 있을 수가 없다.[352]

만일 원죄가 출생에서 스스로 유전된다면, 만일 죄의 이식(移植)과 타고난 악한 본성이 있다면 죄는 실질적이고 본질적이다는 것이 줄리 안의 주장이다. 그러나 어거스틴에 의하면 모든 본성은 그 자체 선하고 언제나 선한 채로 남아 있다고 한다. 악은 본성의 부패요 우연일 뿐이다. 어거스틴은 펠라기우스주의자들이 인간의 원 본성(原 本性)에 육적인 욕망이 자리하고 있어 그 때문에 그 치료를 불가능하게 한다고 응수한다. 그러나 펠라기우스주의자들의 육적인 욕구(현세에의 욕구)에 대한 견해는 어거스틴이 생각하는 것과 같은 것이 아니라 과도하게 탐닉할 때만 죄가 되는 단순한 본성적 충동이다.

만일 악이 전혀 본질적인 것이 아니라면 세례를 받고 새사람이 된 자는 죄 없는 어린이를 출산할 수 있어야 한다. 만일 죄가 유전된다면 의로움도 유전되어야 한다. 그러나 어거스틴에 의하면 세례를 통해서 제거되는 것은 육적 욕망 자체(죄 자체)가 아니라 원죄의 죄의식, 죄책감뿐이다. 출산을 통하여 발생하는 변화는 새롭게 태어나게 하는 정신이 아니라 아직도 육적 욕망의 지배 아래에 있는 본성이다. 갱신한 부모는 하나님의 아들들을 출산하는 것이 아니라 세상의 아들들을 출산하는 것이다. 그러므로 태어난 모든 사람은 원죄의 저주를 씻어내는 세례를 통하여 갱신될 필요가 있다. 이에 대해서 어거스틴은 좋은 올리브 씨에서 야생 올리브가 성장한다는 유비(類比)에 호소한다.

그러나 만일 유아 출산이 육체적 욕망 없이는 불가능하다면 결혼 자체가 정죄의 대상이 된다는 문제가 제기된다. 결혼과 그 결과로 어린이의 출산은 본성과 같이 그 자체로 선하다. 그것들은 남녀 양성의 상호 양극성(兩極性)에 속한다. 풍성하고 번식하는 것은 축복이다. 그러나 육체적 욕망은 출생의 행위에서 우발사고로서 나타나는 후천적 병이다. 그리고 본성 자체에 의해서 부끄러움이 숨겨진다. 그러나 그것이 결혼의 축복을 취소시키지는 않는다. 성적 부분이 부끄럽게 된 것은 오직 죄를 통해서다. 부부간의 성적 욕망을 어거스틴은 고린도후서 7장 3절 이하를 참조하여 "용서할 수 있는 죄"라고 부른다.[353] 그러나 당면한 현재의 문제에서 강한 욕망의 육체(concupiscentia carnis)는 결혼과 분리될 수가 없기 때문에 그것은 실로 '선한 결혼(bonum nuptiarum)을 더욱 일관되게 포기하게 하고 결혼을 필요악으로 생각하게 한다. 이것이 수도원적 금욕주의의 강한 특성적 경향이다. 이 점에서 어거스틴과 펠라기우스 사이에 유형적 차이가 없다. 단지 후자는 순결성을 그리스도교 덕목의 최고의 형식으로 강조했을 뿐이다.

우리는 우리 자신의 의지의 행위인 죄에 대해서만 책임이 있다. 그러므로 다른 사람의 죄를 벌한 한 사람을 가정하는 것은 하나님의 의를 부정하는 것이다. 줄리안은 자주 인용되는 구절, 하나님이 이스라엘 안에서 "아버지가 신 포도를 먹으면, 아들의 이가 시다"는 속담을 금하고, "범죄하는 그 영혼이 죽을 것이다"라는 원칙을 주장한 에스겔 18장 2-4절에 호소한다.[354] 펠라기우스의 개별화하는 원칙에서 보면 이 반론은 매우 자연적이고 반박할 수 없다. 그러나 인류를 유기적 전체로 보며 아담을 전형적인 인간 본성으로 보는 어거스틴의 사상 체계에 있어서는 그 힘을 잃게 된다. 어거스틴은 모든 인간에게 아담의 타락을 분담하게 한다. 그래서 모든 인간은 아담 안에서 그들 자신이 행한 일에 대하여 사실상 벌을 받는 것이다.[355]

2) 은총론

어거스틴의 은총론은 펠라기우스의 은총론에 대한 논박과 그의 죄론에 대한 대응에서 출발한다. 펠라기우스는 하나님의 은총의 중요성과 필요성을 부인하지 않는다. 그러나 펠라기우스의 기본적인 입장은 인간은 하나님이 주신 자유의지로 선을 택할 수 있으며 또는 율법이나 그리스도의 교훈을 통해서 선을 선택하고 실천할 수 있다는 것이어서, 은총은 이 선택과 실천을 더 잘 할 수 있도록 돕는 것이며, 인간이 악을 선택했을 때 죄를 용서하신다는 것으로 이해하였다. 그러므로 은총은 인간의 영적 능력에 미치는 하나님의 창조적 영향이 아니고 인간의 이성을 계발시켜 그로 하여금 하나님의 뜻을 알게 하고, 자신의 힘으로 선을 선택하고 실천할 수 있게 돕는 것이다. 이 점이 어거스틴이 펠라기우스의 은총론을 강력하게 반대한 이유다. 그는 자유의지와 율법을 거부하지 않지만, 율법은 두려움에서 성취되는 것이 아니라 사랑에 의해서만이 가능하다는 것이다. 그는 "사랑(Caritas)의 뿌리에서 나지 않은 열매는 선하지 않다"고 한다.[356]

어거스틴은 "자연인은 범죄할 자유(가능성)는 가졌으나 죄를 짓지 않을 수 있는 자유(가능성)는 없다"고 했다. 그렇다면 자연인은 어떻게 구원 받은 인간이 될 수 있는가? 어거스틴은 그의 죄 이론과의 조화 속에서 인간의 구원은 자신의 힘으로는 전혀 불가능하고 오직 은총을 통해서만 가능하다고 한다. 어거스틴의 죄의 개념에 대응한 것이 그의 은총 개념이다. 어거스틴의 은총과 예정론의 출발은 인간은 은총의 도움 없이는 진정한 선을 행할 수 없다는 것이다. 아담은 은총의 도움으로 선을 행할 수 있었으나 죄로 말미암아 그것을 잃고 악의 지배를 받게 되었고, 그의 모든 후손은 죄 가운데서 태어났기 때문에 진정한 선을 행할 능력이 없게 되었다. 인간의 자유의지는 뒤틀려져 있어 죄를 짓는 일에만 자유할 뿐이다. 그러므로 현재 인간의 상태를 구원의 상태로 전환하기 위해서는 우리 안에서 은총의 역사가 필수적이다. 그에게 있어서 은총은 상대적 필요가 아니라 절대적 필요이다. 하나님의 도움 없이 우리는 자유의지로 이생에서의 유혹을 극복할 수 없다. 이것이 펠라기우스주의자들에 대한 어거스틴의 논박의 초점이며 또한 그의 은총과 예정론의 핵심이다.

어거스틴은 두 방법으로 그의 독특한 속죄적 은총론에 접근한다. 첫째, 대비법에 의해서 밑으로부터 위로 향한 추론이다. 이것은 다시 태어나지 않은 사람은 절대로 선을 행할 수 없다는 그의 견해로부터 위로 향한 추론이다. 여기서 은총의 교리는 죄의 교리의 적극적인 대응부(對應部)일 뿐이다. 둘째, 위로부터 아래로 향하는 추론이다. 이것은 인간의 자연적 삶, 특히 영적 삶에서의 하나님의 전적인 활동과 깊숙이 침투하는 하나님의 현존에 대한 그의 견해로부터 아래로 향하는 추론이다. 펠라기우스가 창조 이후 하나님과 세계를 이신론적으로 갈라놓고 인간을 독자적인 기반 위에 두는 반면에 어거스틴은 펠라기우스와의 논쟁 전에도 그의 사변적 재능과 진지한 삶의 경험을 통하여 피조물은 창조주에게 전적으로 의존되었다고 보았다. 그러나 어거스틴의 하나님의 세계 내재론은 범신론과는 무관하다. 그는 하나님의 초월성을 결코 부정하지 않는다. 한마디로 하면 어거스틴에게 있어서 인간은 하나님 없이는 아무것도 아니며(無) 모든 것은 하나님 안에 그리고 그를 통하여 존재한다.

펠라기우스가 은총의 개념을 자연의 선물, 율법, 복음, 죄의 용서, 계명, 본보기 등 잡다하게 확대하는 반면에 어거스틴은 은총 개념을 본질적으로 그리스도교적 영역에 한정한다. 그래서 그는 '그리스도의 은총'(gratia Christi)이라고 부른다. 그에게 있어서 은총은 인간의 마음에 선한 힘으로 인간들을 내부로부터 변화시키는 그리스도 안에 있는 저항할 수 없는(irresistible) 하나님의 창조적 능력이다. 인간의 죄의 용서가 하나님의 은총의 소극적인 결과인 반면에 인간의 새로운 삶으로의 거듭남은 하나님의 은총의 적극적인 결과이다. 그러나 신의 은총의 전 과정에서 인간의 공로는 철저하게 배제된다. 그것은 보편적 죄 때문에 인간이 궁극적 선을 향해갈 능력을 상실했기 때문이다. 그러므로 그에게 있어서 은총은 '선물로서 은총'(gratia data), 공로 없이 주어지는 은총이다. 은총의 활동에 대한 어거스틴의 견해에 따르면 인간 자신도, 교리도, 본보기도, 율법도 은총의 활동에 아무 도움이 될 수 없다. 사실 그대로의 율법은 정욕을 극복할 능력이 없다. 신앙에 의해서 주어지는 은총은 율법이 행할 수 없었던 일, 즉 정욕을 극복한다. 그러므로 이제 모토(motto)는 "내가 명하는 것을 행하라"가 아니라 "당신이 명하는 것을 허락하소서"가 된 것이다.[357] 우리가 선을 갈망하기 시작하기 전에도 하나님의 은총은 우리 안에서 당연히 역사해야 한다. 그것은 내적이고 비밀스럽고 놀랍고 말로 형용이 안 되는 능력이다. 하나님은 그렇게 인간의 마음에서 작용한다.[358] 어거스틴에게 있어서 이 은총의 힘은 사실상 성령의 임재다. 이것에 대하여 그가 즐겨 쓰는 묘사는 '선물'(donum)이다. 은총이 '선행적 은총'(prevenient grace, 시 59:10)이든, '협동하는 은총'(co-operating grace)이든, '충분한 은총' sufficient grace)이든 그리고 '효과적인 은총'(efficient grace)이든 간에 은총은 하나님의 선물이다.[359]

세례를 통하여 인간이 받는 첫 축복은 죄의 용서다. 그리고 신생(renovation)이 시작되는데, 이 신생의 과정에서 성령은 인간 안에 신앙을 싹트게 하여 타락을 통하여 인간에게 엄습했던 영적 무지를 극복하게 한다. 그리스도인의 삶은 하나님에 의해서 싹튼 신앙으로부터 시작한다. 그리하여 인간은 설교된, 진리, 신적 진리를 찬동하게 되고(assensus), 영적인 일에 대한 보다 높은 지식(cognitio)에 점점 도달하게 된다.[360] 그러나 믿음으로 의롭게 되기 위해서는 단순히 찬동하는 신앙을 초월해야 한다. 신앙으로 그리스도의 몸과 연합되지 않으면 죄에서 자유할 수 없다. 어거스틴은 신앙을 '그리스도에 관하여 믿는 것'[361]과 '그리스도를 믿는 것'으로 구별하면서,[362] 후자가 그리스도교 신앙을 구성하는 것으로 기술한다.[363] "그리스도에게 소망을 두며 그를 사랑하는 사람은 그리스도를 전 인격으로 믿는다(believing in Christ). … 그때 그는 그리스도와 연합되고 그의 지체가 된다. 그러나 이것은 소망과 사랑이 더해지지 않으면 불가능하다."[364] 여기서 신앙은 그 자체를 넘어 보다 높은 단계를 향한다. 지식 대신에 이제는 사랑이다. 신앙은 본질적으로 계시의 진리에 대한 확신이다. 그러나 신앙이 "사랑에 의하여 싹튼 신앙"일 때만이 그리스도교 신앙이 된다.[365]

은총의 주된 일은 성령에 의한 '사랑의 주입'(infusio caritatis), '새롭고 선한 의지의 주입'이다. 이것은 외적인 율법에 의한 결과가 아니라 성령에 의하여 마음에 발산하는 사랑에 의하여 내면적으로 증가하는 것이다. 어거스틴은 "선한 의지와 행위의 신적 감화(inspiration)", "악 대신에 선한 현세에의 욕망(good concupiscentia)의 신적 감화"라는 말도 사용한다.[366] 이 "사랑의 주입"(롬 5:5)을 통하여 인간의 의지는 점점 더 자유로워진다. 이러한 방법으로 새로운 도덕적 능력이 주어지고 은총에 의하여 본성은 회복되고 인간은 변화된다.[367] 이 과정을 어거스틴은 '의롭다고 인정됨'(justification)이라고 하였다. 그는 이 용어를 새로운 삶이 죄의 용서로 시작된 후에 인간은 성령의 선물을 통하여 실제로 의롭게 되어 의로운 일을 실행한다는 뜻으로 사용하였다.[368] 그러나 선의 주입, 성령에 의한 의롭게 된 의지는 부단히 전진적이며 완전한 그리스도인의 삶에 이르게 한다. 왜냐하면 현세적 욕망(정욕)은 갱생(更生)해도 남아 있기 때문이다.[369]

어거스틴은 사도 바울 시대의 형식을 수없이 인용하지만, 의는 우리가 기선적으로 활동하기 전에 하나님에 의해서 주어진다는 것, 신앙은 사랑에 의해서 역사(役事)하기 때문에 의롭다고 인정된다는 것을 우리가 확신하게 된다는 의미로 해석한다. 즉, 의인화(義認化)는 자연적 인간의 심리적, 정신적 발전의 결과가 아니라 인간 의지에 미친 초자연적 신적 영향의 결과다. 신앙으로부터(ex), 신앙에 의한 의로 말미암아 우리는 의롭게 되었다는 것을 믿는다. 즉, 우리 주 예수 그리스도를 통한 하나님의 은총에 의해서 의로워진 것이다. 그러므로 의인화는 우리의 힘으로, 우리에 의해서 성취되는 것이 아니라 신적으로 주어진 것을 우리가 믿음으로 이뤄지는 것이다. 어거스틴에게 있어서 은총은 점진적인 과정의 형식을 통해서 우리가 받는 선한 의지에 대한 신적 감화력이다.

루터와 칼빈의 추종자들과 로마가톨릭주의자들은 다 같이 어거스틴의 은총론에 호소하였다. 전자는 인간 타락론과 선행하는 공로 없이 죄를 용서하는 자유로운 은총론에서 어거스틴을 인용하고, 후자는 어거스틴이 의인(義認)을 인간으로 하여금 실제적으로 의롭게 하는 점진적인 과정으로 이해했기 때문에 인용하였다. 그러나 위에서 이미 밝혀진 대로 어거스틴은 가톨릭주의자들과는 달리 세례를 통한 죄의 용서는 인간의 선행하는 공적이 없는 전적인 신의 의인(義認) 행위라고 인식했으며, 어거스틴은 의롭게 하는 사랑의 원리를 항상 성령의 역사(役事)로 간주했다는 점이다. 어거스틴은 은총이 자유의지를 파괴하지 않으며, 다만 새로운 목적과 방향 그리고 목표를 줄 뿐이라고 한다.[370] 하나님의 은총은 하나님을 향해 소극적인 사람을 적극적인 사람으로 만든다.

이와 관련하여 니그린의 접근은 흥미롭다. 사랑이 어거스틴의 그리스도교 해석의 중심에 있는 것은 사실이지만 헬라 문화적 선입관을 가지고 그리스도교를 수용한 어거스틴의 사상은 '에로스 동기'(Eros motif), 즉 '참 존재', '최고의 선'(summum bonum)으로서의 하나님을 향한 인간의 상승적 욕망이 지배적인 특징이었다. 그러나 바울 연구를 통해서 그리스도교의 '아가페 동기'(Agape motif), 즉 인간을 향한 하나님의 하강적 사랑에 직면하였다. 이러한 에로스와 아가페 동기의 만남에서 에로스도 아가페도 아닌 제3의 특징, 즉 '카리타스'(Caritas)가 창출되었다. 어거스틴에게 있어서 그리스도교는 '아가페-종교'가 아니라 '카리타스-종교'다. 그에게 있어서 '카리타스'는 본질적으로 하나님의 사랑(God's love)이 아니라 하나님에 이르기까지의 사랑(love to God)이다. 이 사랑은 위를 향한 사랑, 창조주 안에서 최고의 선을 소유하는 수단이다. 그런데 어거스틴은 은총에 의하지 않으면 그 최고의 선을 소유할 수 없다고 한다.

그리하여 "은총이 어거스틴의 그리스도교 해석의 키워드가 되었다." "우리 삶에 있어서 모든 것은 하나님의 은총에 궁극적으로 의존한다." "우리는 인간이기 전에 티끌이었고, 티끌이기 전에 아무것도 아니었으며, 우리가 존재하게 된 것은 하나님의 은총에 의한 것이고, 하나님의 은총에 의해서 우리는 의롭다고 인정된 것이다." "은총이 없이는 하나님께 나아갈 수가 없으며, 은총이 없이는 '카리타스'는 하나님께로 날아가는데 날개 아래 공기가 없는 것과 같다."[371] 어거스틴은 펠라기우스가 은총에 의해서 의지의 자유가 파괴된다고 하지만, 사실은 오히려 은총이야말로 의지의 자유에 새로운 목적, 새로운 방향을 준다고 한다. 하나님의 은총은 자발적이고 자의적이 아닌 인간을 자발적이고 자의적인 인간으로 변화시킨다.[372]

우리가 세례를 받으므로 죄 씻음을 받는다고 하지만, 은총론의 입장에서 보면 세례는 첫 번째 은총이다. 세례를 받았다고 우리는 완전한 사람이 될 수가 없다. 세례 후에도 죄를 짓게 된다. 그래서 죽는 날까지 신앙을 진실하게 지켜가야 한다. 그러나 이것은 인간의 힘이나 공로로는 불가능하다. 어거스틴이 선택된 자에게 '인내의 선물'(donum perseverantiae)을 준다고 하는 이유가 여기에 있다.[373] 이 경우에도 그 선물을 받을 사람에 대한 결정은 하나님 자신이 그의 주권적 자유와 활동을 통하여 결정하신다.

그러므로 참된 의미에서 자유는 형이상학적 의미가 배제된다. 이것은 은총을 창조적 힘(virtus)으로 보는 그의 은총 개념의 결과다. 그러므로 구원을 받는 것은 처음부터 끝까지 은총의 활동이다. 그렇다면 불가항력적인 은총에 부르심을 받은 사람들(vocati) 모두가 왜 은총에 복종하지 않는가? 어거스틴의 예정론은 이 물음에 대한 답변이다.

3) 예정론

어거스틴에게 있어서 예정의 교리는 출발점이 아니라 완결점이다. 제베르크는 "어거스틴의 신 개념에 나타난 플라톤주의적 색채, 그의 개인적 종교적 체험, 은총의 단독적 작용에 대한 그의 인식, 주석적 고찰 등 그의 사상의 많은 노선이 이 예정이라는 용어에 집중되어 있다"고 하였다.[374] 어거스틴에게 있어서 은총은 그리스도인의 선행에 절대적 필요이며, 공로 없이 주어지는 것(gratia data)이고, 불가항력적이라고 했다. 은총은 인간 구원에 대한 하나님의 의지를 나타내는 것이다. 만일 은총이 인간에게 임하면 인간은 그것을 거역할 수 없다.[375] 왜냐하면 하나님의 은총은 자유롭게 주어지는 은총이며 인간의 행위에 선행하는 은총이기 때문이다. 그렇다면 불가항력적이고 선행하는 은총은 인간의 자유의지를 파괴하는가? 어거스틴은 인간의 자유의지를 결코 부인하지 않으며, 오히려 은총은 자유의지를 옛 속박으로부터 해방시키고 회복시켜 자유롭게 선을 선택하도록 한다고 한다. 마음을 변화시키는 은총의 역사(役事)를 인간의 의지는 거역할 수 없다. 인간은 자유에 의해서 은총에 이르는 것이 아니라 은총에 의해서 자유를 획득한다.[376] 즉, 인간은 영적인 의지 작용을 했기 때문에 개심한 것이 아니라 개심했기 때문에 영적 의지 작용을 한 것이다. 이리하여 인간은 정욕의 힘으로부터 자유롭게 된다.

어거스틴은 하나님은 세계 창조 이전부터 어떤 사람들은 그리스도 안에서 구원받고 그들에게 그의 은총을 베풀려고 결심(예정)하셨다고 한다. "선한 사람에게 하나님의 예정은… 은총을 위한 준비다. 그러나 은총은 이 예정의 결과다. 즉, 이 은총은 예정에 속한다. 어거스틴의 예정론은 하나님의 전지전능에 대한 사색적인 결과가 아니라 구원론 적이고 실존적인 사고에서 인간의 구원은 인간의 공로가 아닌 하나님 의 사랑의 결과임을 강조하려는 것이다. 그의 예정론은 죄론과 은총론 에서 추론한 것이기 때문에 사변적이기보다는 실천적이다. 어거스틴 은 하나님이 영원 전부터 어떤 사람들은 구원을 받도록 예정하셨다고 한다. 이것은 타락 후 예정론(infralapsarianism)보다는 타락 전 예정론 (supralapsarianism)을 의미한다.[377] 그러므로 어거스틴의 예정론은 엄 격히 말해서 어떤 사람은 선택되고 어떤 사람은 버림을 받는 이중적 하나님의 예정이 아니라 단순히 구원의 선택이 예정되어 있다는 것이 다. 즉, 그의 예정은 구원을 위한 것, 선에만 관련될 뿐 악에는 관련이 없다. 그 예정된 자의 수는 고정되어 있기 때문에 교회가 아무리 성장한 다 해도 변경시킬 수가 없다.[378] 그러나 선택된 자들도 넘어지고 타락할 수 있다. 그렇지만 그것이 영원히 지속되는 것은 아니다. 어거스틴에 게 있어서 의인화(義認化)는 점진적이기 때문에 그들이 인내의 은총을 받았다고 해도 언제나 불확정적인 상태에 남아 있다. 그러므로 선택된 자들도 두려움과 떨림으로 구원을 누려야 한다. 왜냐하면 선택되지 못한 사람들도 부르심을 받고 의롭다 함을 얻고 세례를 통하여 다시 태어난 참된 그리스도인인 것 같이 보일 수 있기 때문이다. 그러나 그들은 선택되지 않았기 때문에 구원받지 못할 것이다.[379]

하나님은 죄 짓고 저주받도록 인간을 예정하지 않으신다. 선택된 자는 하나님이 주권적 행위로 '저주의 무리'에서 구해 주신다. 그러나 저주받은 자들은 '저주의 무리' 속에 계속 남아 있게 된다. 이것은 하나님이 그렇게 있도록 판단했기 때문이 아니라 그들 자신의 죄 때문이다. 그러므로 하나님을 비난할 것이 아니다. 그들은 주어진 운명에 단순히 남아 있기 때문에 그들 자신이 비난을 받을 뿐이다. "넘어진 자는 자기 자신의 의지에 의해서 넘어졌고, 서 있는 자는 하나님의 의지에 의해서 서 있다."[380] 이렇게 하나님은 선택된 자에게는 자비로 그의 정의를 나타내신다. 그렇다면 하나님은 왜 어떤 사람은 선택하고 어떤 사람은 그들의 운명에 내버려 두시는가 하는 질문이 제기되는데, 이에 대해서 답변은 "내가 그렇게 하고자 하기 때문이다"(I so will)라고 할 뿐이다.[381] 피조물은 창조주 앞에 겸손히 허리를 굽혀야 한다. 아담과 후손 사이에 불가분의 연관을 주장하는 어거스틴은 아담의 타락에 대해서 모든 사람은 개인적으로 책임이 있다고 보는 것이다. 이 연관을 부인하는 펠라기우스는 어거스틴의 가르침이 숙명론이라고 비난하였다.

그렇다면 어거스틴의 예정론은 철저히 결정론인가? 이 문제에 대한 학자들의 의견은 일치하지 않는다. A. 하르낙은 긍정적인 입장인데[382] 반하여 F. 루프스는 단정적으로 "어거스틴은 결정론자가 아니다"라고 한다.[383] 다른 한편 R. 제베르크는 결정적인 결론을 내리기에는 어렵다고 한다. 어거스틴의 신 개념에서 말한다면 그는 결정론을 주장하는 것 같지만, 인간에 관해서 언급할 때는 인간의 책임을 결코 부정하지 않는다는 것이다. 그것은 인간은 타락으로 의지의 힘을 상실하지 않았다고 보기 때문이다. 그럼에도 불구하고 그의 죄와 은총의 구성에 있어서 결정론적 견해가 압도하기 때문에 제베르크는 어거스틴의 입장을 '완화된 결정론'이라고 부른다.[384] 그러나 어거스틴의 예정론에 대해서 '결정론'(determinism)이라는 용어를 쓰는 것이 합당한지 논의의 여지가 있다. 왜냐하면 어거스틴의 예정론은 어떤 사람은 구원으로 선택하고 어떤 사람은 저주받도록 했다는 데 목적이 있는 것이 아니고(표현상 그렇게 이해할 수 있지만) 하나님의 절대적 주권을 강조하는 데 있기 때문이다. 그렇기 때문에 어거스틴의 예정론의 종교적 의미에 대한 니그린의 다음과 같은 진술이 적절한 것 같다. "어거스틴의 예정 교리는… 초동기적이고 자발적인 하나님의 사랑에 대한 가장 강한 고백이다." 어거스틴은 "네가 나(하나님)를 택한 것이 아니라 내가 너를 택했다"는 관념을 진지하게 받아들인다. 자발적인 사랑에서 하나님은 우리가 그를 믿고 사랑하기 전에 우리를 선택하신다. 어거스틴은 말한다. "이것은 형용할 수 없는 은총이다…."[385] 이와 같은 어거스틴의 예정 교리는 그 후 거의 100년 동안 신학적 논쟁의 주제가 되었다. 찬반을 막론하고 논쟁은 어거스틴의 예정론을 발전시켜나간 계기를 제공하였다.

8. 어거스틴 이후의 논쟁: 반(半)어거스틴주의자들의 등장[386]

어거스틴과 펠라기우스 사이의 논쟁은 412년 카르타고 교회회의에서 펠라기우스의 동료 켈레스티우스가 파문 당하고, 펠라기우스주의가 교회로부터 배격되며, 418년 카르타고 교회총회와 431년 에베소공의회가 펠라기우스주의를 정죄하였을 때, 어거스틴이 일방적으로 승리했고 펠라기우스주의는 더 이상 논쟁의 대상이 될 수 없을 것으로 보였다. 그러나 이것은 어거스틴의 사상 체계 전체가 교회에 의해서 받아들여졌다는 것을 의미하는 것이 아니었다. 소위 교회사에서 말하는 반(半)펠라기우스주의의 본질적인 교리 체계는 어거스틴의 생애 말기 또는 그가 죽은 직후인 5세기에 형성되었다. 그러나 엄격히 말하면 이들은 반–어거스틴주의자들이다. 그들은 펠라기우스의 인간의 도덕적 완전성, 자유의지론, 계몽적 은총론을 배격하지만, 어거스틴의 불가항력적 은총론, 선을 행할 인간의 전적인 불가능성 그리고 하나님의 절대적 주권적 예정론도 동시에 거부하고, 구원으로의 예정은 신앙의 예지(豫知)에 의해서 좌우된다고 하였다. 어거스틴이 죽기 전에도 그의 명성과 그의 책의 매력 때문에 유연(柔軟)했지만 그의 교리에 대한 반대가 없었던 것은 아니었다.

어거스틴의 은총론과 예정론에 대한 부정적, 회의적 이의를 맨 먼저 제기한 사람들은 북아프리카 하드루메툼(Hadrumetum)의 수도사들이며 어거스틴의 추종자들이었다. 그중에 어떤 사람들은 "인간의 자유의지를 부정하는 것으로 은총을 설교했으며", 그래서 모든 훈련과 일을 포기한 사람도 있었고, 반면에 다른 사람들은 "우리가 선을 알고 행하기 위하여 자유의지는 하나님의 은총의 도움을 받는다"고 주장하였다.[398] 어거스틴은 후자의 주장에 동의하였다. "인간의 의지와 하나님의 은총은 모두 자유롭다. 그것들의 도움 없이는 하나님께로 돌아올 수가 없다."[388] 하드루메툼의 수도사 비탈리스(Vitalis)는 어거스틴에게 제안하기를, "인간이 행하는 모든 선행은 하나님의 은총이지만, 은총을 받아들이는 구원을 향한 첫 발걸음—신앙의 시작(initium fedei)—은 오직 우리의 몫이며 하나님도 간섭하시지 않는다"고 하였다.[389] 그래서 어거스틴은『은총과 자유의지』,『훈계와 은총』을 통해서 그들의 의구심을 누그러뜨리려 했다.

그러나 어거스틴의 예정 교리에 대한 가장 극렬한 반대는 북아프리카가 아니라 남부 고올(Gaul), 특히 마르세유(Marseilles)에서 일어났다. 어거스틴이 사망할 당시(430) 북아프리카는 반달족(Vandals)의 침입으로 정치적, 경제적, 종교적으로 불안하였다. 그 때문에 수 세기 동안 이 지역에서 신학적 교회적 활동은 멈춰질 수밖에 없었다. 남부 고올 지방에서 일어난 반대는 신학 학파다운 형식이었다. 이 학파에 속한 회원들을 어거스틴의 옹호자 아퀴테인의 프로스퍼(Prosper of Aquitaine)는 "펠라기우스주의의 남은 자들"이라고 불렀다. 반(半)펠라기우스주의자들이라는 명칭은 여기서 붙여진 것이다.[390] 프로스퍼와 그의 추종자 평신도 아를르의 힐라리(Hilary of Arles)[391]는 어거스틴을 옹호하는 고위층의 사람들이 그의 예정의 교리가 도덕적 노력을 마비시키고, 숙명론적 경향을 띠고 있다면서 극렬하게 반대하는 사람들이 있다고 어거스틴에게 보고를 하였다. 이 보고에 의하면[392] 어거스틴의 교리는 교회의 의식(ecclesiasticus sensus), 교회의 고전성, 교부들의 가르침과도 충돌하며, 설교, 책망, 도덕적 활기를 무능케 할 위험이 있고, 사람들을 절망에 빠뜨리고, 결국 숙명론에 이르게 된다는 것이다. 모든 사람은 아담 안에서 죄를 지었으며, 누구도 자신의 의지로 자신을 구원할 수 없다. 그러나 병에 걸린 사람은 건강해지기를 원한다. 그러므로 인간은 의사가 필요하다. 즉, 그를 믿는다. 이 믿음(credulitas)의 기선적인 행동은 죄인 자신의 몫이다. 하나님은 선을 행하려는 인간을 돕지만, 시작은 하나님이 아니라 인간이다. 은총은 인간의 구원 의지를 틀림없이 돕지만, 그 의지를 옮기지는 않는다. 인간은 은총을 인간의 공로와 공존하는 것으로 생각하려고 하지 공로에 선행하는 것으로 생각하지 않는다. 하나님은 모든 사람이 구원받기를 원하신다(surely omnes omnino, ut nullus habeatur exceptus).[393] 예정은 예지(豫知)에 근거한다. 따라서 선택(구원)과 거절(멸망)의 수가 고정되지 않는다. 왜냐하면 하나님은 모든 사람이 구원받기를 원하시지만, 그럼에도 모든 사람이 구원되지 않기 때문이다. 이와 같은 반대 입장을 대표하는 사람 중에서 글을 남긴 이들은 요한 카씨안(John Cassian, c. 360~435), 레린스의 빈센트(Vincent of Lerins, d. c. 450) 그리고 리에즈의 파우스투스(Faustus of Riez 또는 Riji) 등이다.

마르세유의 유명한 수도사 요한 카씨안은 초기 종교교육을 베들레헴의 수도원에서 받았으며, 10년간 이집트의 수도사들과 지내기도 했다. 콘스탄티노플의 감독 요한 크리소스톰에 의해 집사, 사제로 안수를 받아 그의 제자가 되었으며, 마르세유에 정착한 후에는 415년에 두 수도원을 세웠고 수도원장으로 활동했다. 그는 종종 고올의 '수도원주의의 아버지'라고 불린다. 세련된 라틴어로 쓴 저서를 통하여 그는 고올 지방 수도사들의 생활에 강력한 자극을 주었으며, 영적인 지도자요 수도사의 스승이었다. 그가 세운 수도원의 수도사들과 그와 동일한 학파에 속한 신학자들은 어거스틴의 예정 교리를 반대하였다. 그의 헬라어 공부와 수도원주의에 대한 편애는 그의 반(反)어거스틴 이론을 위하여 좋은 밑거름이 되었으며, 저서를 통하여 그는 반(半)어거스틴주의자들의 아버지가 되었다.

그는 세 개의 중요한 저서를 남겼는데, 유일한 교의서는 『네스토리우스를 반대하는 주님의 성육신에 관하여』(De Incarnatione Domini contra Nestorium, 429~430)이다. 이 저서는 네스토리우스주의를 논박하라는 교황 레오 1세의 명령에 의해서(430년경) 쓴 것이며, 431년 에베소공의회에서 함께 정죄 받은 펠라기우스주의와 네스토리우스주의가 혈연적 이단들임을 분명히 하였다. 이 책은 카씨안에게 그의 정통적 입지를 확립할 기회를 제공하였다. 12권으로 구성된 그의 책『수도원의 제도에 관하여』(*De institutis coenobiorum*, 419~426)는 이집트와 팔레스타인의 수도원에 관한 보고다. 1~4권에서는 수도원에서의 수도사들의 외부적 생활과 규정, 규칙 등을 자세하게 기록하고 있다. 예를 들면 의상, 기도, 시편 낭송, 회원 수용의 조건, 수도사들의 일상 하는 일 등이다. 5~12권에서는 수도사들의 내적 갈등과 투쟁 그리고 극복해야 할 여덟 가지 악(방종, 상스러운 행실, 탐욕, 화, 비애, 우둔함, 야망, 교만)을 소개한다. 요한 카씨안의 저서 중에서 가장 중요하고 대중적인 것은 24권으로 구성된『수도원장들과의 대담』(*Collationes Patrum*, 420)이다. 이 작품은 그가 7년간 이집트에 머물러 있는 동안 이집트 수도원에서 가장 뛰어나고 유명한 금욕주의자들과의 대담을 모은 것이다. 그러나 그 대부분이 허구라는 것이 밝혀졌다. 그럼에도 불구하고 성 베네딕트, 대 그레고리 교황을 비롯한 고대 영적 생활의 스승들, 영적 저술가들은 이 책을 높이 평가하며 강력하게 추천한다.

반(半)어거스틴주의들의 견해는 이 책 13권에서 특히 분명하게 나타난다. 그 배경은 수도사적 기질이다. 즉, 복음적 계명을 성취하는 복음적 완전은 철저한 금욕적 훈련을 통해서만이 이룰 수 있다는 것이다. 그는 펠라기우스의 이론을 강력하게 거부한다. 그는 신의 은총에 관해서 두 원리를 주장한다. 하나는 하나님의 도움 없이 인간은 아무 선행도 할 수 없다는 것이고, 다른 하나는 인간의 자유의지는 유지되어야 한다는 것이다. 때로는 제자 마태와 사도 바울의 경우와 같이 선한 의지의 시작이 분명히 하나님으로부터 오는 경우가 있는가 하면, 어떤 때는 삭개오의 경우와 같이 선한 의지의 시작이 인간 자신의 결단에서 시작하고 하나님은 그것을 확증하고 강하게 하는 경우가 있다(눅 19:1-10). 그것은 우리는 인간의 자유의지를 제거하기를 원하는 것이 아니라 우리의 일상적인 삶에 하나님의 은총의 도움이 필요하다는 것을 증명하기를 원하기 때문이다. 인간의 의지는 병들었지 죽지는 않았다. 은총의 기능은 의지를 회복하고 돕는 것이다. 이 점에서 은총과 자유의지는 협동한다(co-operans). 카씨안에게 있어서 은총이란 율법을 영적으로 이해할 수 있도록 돕는 영적 조명(illuminatio)이다.[394] 곤잘레스가 인용한 카씨안의 글은 다음과 같다.

> 그분[하나님]은 우리 안에서 선한 의지를 보시자 곧 이 의지가 구원에 이르도록 조명하시고 자극을 주시며 격려하시고, 하나님이 심으신 것을 자라게 하시든가 혹은 우리의 노력으로 싹이 나오는 것을 자라게 하신다.[395]

레린스의 빈센트는 레린스의 유명한 수도원의 수도사요 사제이며 어거스틴의 은총의 교리를 공격한 반(半)어거스틴주의자라는 것 외에 알려진 것이 없다. 그러나 그의 책『비망록』(*Commonitorium*)[396]을 통하여 신학자들에게 알려졌다. 그는 이 책에서 교리적 논쟁 시대에 참된 가톨릭의 가르침을 확립하기 위해서는 앞선 교부들이 발전시킨 전통을 따라야 한다고 한다. 빈센트에 의하면 성서와 전통이 신앙의 규범이다. 즉, 성서만으로는 신앙의 규범과 자료로 충분하지 않다. 그것은 성서의 의미가 너무 심오하고 어렵고 해석자에 따라 여러 가지 해석이 가능하기 때문에 주님이 믿어야 할 성서의 의미를 확정할 수 있는 수단으로 전통을 주셨다는 것이다. 빈센트는 "언제나, 모든 사람에 의해서, 어디에서나 믿어지는 것을 우리는 분명히 주장해야 한다"고 하였다.[397] 이렇게 믿어지는 것만이 가톨릭적이며 전통적이라는 것이다. 이 원리에서 볼 때 어거스틴의 예정 교리는 항상, 모든 사람에 의해서, 모든 곳에서 믿어지지 않기 때문에 참 가톨릭적이 아니라고 한다.

리에즈의 파우스투스는 약 433년에 레린스의 수도사가 되었고, 458년경에 리에즈의 감독이 되었다. 그는 열정적인 설교가요 극렬한 반(反)아리우스주의자다. 카씨안보다 더 잘 알려진 반(半)어거스틴주의의 대표자다. 그는 엄격한 어거스틴주의(예정론)를 반대했기 때문에 아를르와 리용회의에서 정죄를 받았다. 477~485년 기간에 유배 생활을 했으며, 490~500년 어간에 사망하였을 것으로 추정된다.

파우스투스는 "하나님의 은총에 관하여"(De gratia Dei)라는 논문에서 원죄와 은총의 필요성을 부정하는 펠라기우스의 입장을 논박하는 한편, 동시에 가장 열렬하게 반(反)어거스틴 문서 활동을 하였다. 이것이 그의 반(反)어거스틴주의의 기본 입장이다. 그는 모든 사람은 원죄를 가지고 있으며, 조상의 육적인 욕망의 결과로 모든 사람은 죽음에 종속되었지만, 인간은 죄를 통해서 그의 자유를 상실하지 않았다고 한다. "인간 의지의 선택의 힘은 약화되었으나" 폐기되지는 않았으며, 불가능한 것이 아니라 쇠약해진 것이다. 타락한 인간도 "구원받기 위한 노력의 가능성"이 없는 것이 아니다. 그러므로 인간의 구원은 은총과 인간의 의지의 협력을 통해서 이뤄진다. 구원을 위한 은총과 인간의 노력은 제휴한다. 이 둘은 결합한다. 힘은 가까이 끌어당기고, 충격은 복종케 한다. 이것은 마치 환자는 일어나려고 노력해야 하고, 의사는 유능한 보좌역이 그에게 미치기를 구해야 하는 것과 같다. 이 점에서 시작하는 것은 인간이 한다. 즉, '신앙의 시작'(initium fidei)은 인간의 자유의지에 의존한다. 이 자유의지로 인간은 하나님께로 돌아갈 수 있으며, 그가 응답할 때까지 추구할 수 있다.

인간은 하나님을 믿고, 하나님은 이 신앙을 강하게 하고 인간으로 하여금 선행을 하도록 돕는다. "조력"(助力)이라는 말은 두 사람이 동등하게 한 사람은 일하고 다른 사람은 공동으로 일하고, 한 사람은 추구하고 다른 사람은 약속하고, 한 사람은 노크하고 다른 사람은 문을 열고, 한 사람은 청구하고 다른 사람은 보답한다. 따라서 세례에 있어서도 "받고자 하는 뜻"이 선행한다. "수세 지원자의 뜻이 갱신의 은총이 임하도록 먼저 요구한다. 그런데 때로는 마치 신앙 자체가 은총의 선물인 것으로 생각되는 것처럼 보인다. 그러나 이 경우도 그 뜻은 작품이 의지 자체를 창조적 은총의 선물로 생각했을 뿐이다. 이 문제는 돌아온 탕아의 경우와 같이(눅 15:11-32) 하나님이 당신의 섭리적 인도에 의해서 인간에게 진지한 반성을 하도록 자극을 주었다는 것으로 생각할 수도 있다. 파우스투스에게 있어서 은총보다 구원을 향한 의지가 선행한다. 그는 은총을 내적인 조명이나 새롭게 하는 힘으로 이해하지 않고 설교, 위로, 성서의 약속으로 이해한다. 즉, 은총은 "하나님이 이끄심"(요 6:44)으로 설명된다. 이것은 외적 은총이다.

파우스투스는 정력을 다하여 하나님의 보편적 구원 의지를 방어하고 어거스틴의 예정론과 싸웠다. 왜냐하면 어거스틴의 교리는 하나님의 정의와 자비를 위험한 경지에 빠뜨린다고 생각했기 때문이다. 그에 의하면 구원 혹은 멸망으로의 예정은 단지 신적 예지에 근거할 뿐이다. "예지는 일어날 것들을 예견하고, 예정은 구분된 응보를 나중에 분명히 한다. 전자는 공적을 예견하고 후자는 보상을 미리 정한다. 그러므로 예지가 탐구하여 밝혀낼 때까지 예정은 아무 판결도 못 한다." 이 관점에서 왜 모든 사람이 왜 구원받지 못하는가 하는 문제는 인간의 자유에 관한 한 쉽게 풀릴 수 있다. 소위 예정이란 하나님이 그의 예지를 통하여 각 인간이 그의 자유를 가지고 무엇을 할 것인가를 판단하는 것에 불과하다.

그들에 의하면 인간은 타락으로 영적 능력이 약화되었고, 자신의 의지로 자신을 자유하게 할 수 없게 되었으나 그럼에도 불구하고 인간은 회복하기 위하여 '신앙의 시작'(initium fedei)을 할 수 있는 가능성이 있다. 하나님은 이와 같이 약화된 인간의 의지를 돕기 위해서 오신다. 그러므로 은총이란 인간의 공적에 선행하는 것이 아니라 동반한다. 은총은 인간의 자유의지와 협동(co-operate)한다. 특히 카씨안은 은총이란 율법을 통한 계발이요 교도(敎導)이며, 인간은 그것들에 의해서 영적 이해력을 얻는다고 하였다. 그는 또 인간의 구원을 위해서 기선적인 활동을 때로는 하나님이, 때로는 인간이 한다고 하였다. 여기서 어거스틴의 가장 큰 신학적 공헌이라고 할 수 있으며 16세기 종교개혁자들에 의해서 재발견된 '은총만'(sola gratia)은 희생되었다.[398]

이와 같은 공격에 대하여 어거스틴과 그의 제자들은 반격하였다. 즉, '신앙의 시작'은 하나님의 은총이며 영원한 예정에 의해서 주어진다고 강변하였다. 어거스틴은 마르세유 수도사들과 신학자들에 대하여 『성도의 예정에 관하여』(*De praedestinatione sanctorum*, 428~429)와 『인내의 은사에 관하여』(*De dono perseverantiae*, 428~429)를 통하여 응수하였다. 그는 자기의 입장을 수정하지 않았다.

어거스틴이 죽은 후(430) 아퀴테인의 프로스퍼(Prosper of Aquitaine, d. 460)는 어거스틴의 교리를 옹호하며 반대자들(반-어거스틴주의자들)의 공격에 반격을 가한 대표적인 사람이다. 그는 『은총을 모르는 자들에 대한 찬송』(*Carmen de ingratis*)이라는 책에서 펠라기우스주의자들을 은총을 모르는 자들이라고 했다. 이 책의 대부분의 사상은 이미 루피누스(Rufinus)에게 보낸 서신에서 표현했던 것들이다. 그 책명이 『교정자를 반대하여』(Liber contra collatorem)다. 여기 '교정자'(敎正者)는 카씨안을 지칭한다. 그러므로 이 글은 카씨안과 그가 쓴 『대담』(Collationes Patrum)에 대한 논박이다. 그의 책 『어거스틴을 향한 공격에 대한 응답』(Pro Auguastino responsiones)은 어거스틴을 중상하고 비판하는 사제들과 레린스의 빈센트 등에 대하여 어거스틴의 교훈을 설명하고 방어한 것이다. 그 외 그의 작품으로 『모든 사람의 부르심에 관하여』(De vocatione omnium gentium), 『어거스틴으로부터 인용문』(Liber epigrammatum ex sententiis s. Augutini) 그리고 『어거스틴의 진술』(Liber sententiarum ex operibus s. Augustini delibata- rum) 등이 있다. 마지막 책은 비록 비조직적이긴 하나 어거스틴 신학을 해설한 것이다.

일반적으로 프로스퍼는 어거스틴의 극단적인 사상을 완화하였다. 특히 그의 예정 교리의 경우 432년까지 오직 엄격한 어거스틴주의에 머물고 있었으나 반(半)어거스틴주의자들의 극렬한 반대에 직면하자 어거스틴주의자들의 하나님의 제한적 구원 의지와 예정 교리를 포기하고 그의 책 『모든 사람의 부르심에 관하여』에서와 같이 하나님의 우주적 구원 의지에 대한 열렬한 주창자가 되었다(432~435). 그는 예정(praedestinatio)이라는 용어까지 쓰기를 주저했고, 그리스도가 모든 사람을 위해서 죽었고 모든 사람이 구원될 것이라고 가르쳤다. 이것은 어거스틴의 특정인 구원론을 거부한 것을 의미한다. 그러나 동시에 그는 반-어거스틴주의의 원리들도 거부했다. 그리고 자연인은 선을 행할 수 있는 능력이 전혀 없다는 것을 강하게 주장하였다. 그가 발전시킨 사상을 세 항목으로 요약하면, 첫째는 모든 사람을 구원하시려는 하나님의 열망, 둘째는 구원은 인간의 공로에 의해서가 아니라 은총에 의한 것 그리고 셋째로 인간의 이해는 하나님의 지혜의 깊이를 헤아릴 수 없다는 것이다.[399] 그러므로 우리는 하나님의 의로움을 믿어야 한다. 저주받은 자의 고통은 그 자신의 죄에 대한 정당한 벌일 뿐이다. 그는 자연, 율법, 복음 등에 나타나는 외적인 계시를 통하여 인간에게 임하는 일반적인 은총과 구원의 힘의 내적 전달로 말미암은 개심과 갱신케 하는 특별한 은총을 구분한다. 전자는 모두의 구원을 위하여 부름을 받도록 주어지는 은총이고, 후자는 구원의 마지막 목적지에 도달하도록 주어지는 은총이다.[400] 그러나 그는 '자유의지의 옹호자'(defensores liberi arbitrii)라는 명성을 얻기 원했기 때문에 시작과 선한 자에게 있어서 인내를 위한 의지의 자유뿐만이 아니라 선택된 자의 수를 고정시키는 신적인 예지도 강조한다. 은총과 본성은 조화 속에서 협동한다.

이 논쟁은 529년 오렌지회의(Council of Orange, 529)에서 잠정적인 해결을 보았다고 할 것이다. '잠정적'이라고 하는 것은 이 회의 이후에도 논쟁은 계속되었기 때문이다. 이 회의는 25개 항의 교회법(canons)에서 펠라기우스주의와 반-어거스틴주의의 입장을 정죄했고, 어거스틴의 죄와 은총의 교리는 절대적이고 배타적인 예정 교리에 관계없이 승인하였다. 이것은 이 회의가 어거스틴주의 그 자체를 수용한 것이 아니라 얼마간 희석시킨 온건한 어거스틴주의를 수용했다는 것이다. 때문에 승리한 것은 반(半)어거스틴주의라고 할 것이다. 회의의 교회법 중에서 가장 중요한 진술만을 발췌하면 다음과 같다.

교회법

1. 아담의 죄는 사람의 몸만이 아니라 영혼도 손상시켰다.

2. 아담의 죄는 전 인류의 죄와 사망의 원인이 되었다.

3. 하나님의 은총은 우리가 요청하므로 받는 것이 아니라 은총 자체가 우리로 은총을 요청하게 한다.

5. 믿음의 첫 단계인 신앙의 시작(initium fidei)은 은총에 의하여 시작된다.

8. 자유의지는 그 자체로 인간을 세례의 은총(세례를 받도록)으로 이끌 수가 없다.

9. 모든 선한 생각과 행위는 하나님의 선물이다.

10. 갱생자(更生者)와 성도들도 계속하여 하나님의 도움이 필요하다.

12. 하나님이 우리를 사랑하는 것은 우리의 공적이 아니라 하나님의 선물이다.

13. 자유의지는 아담 안에서 약화되었고, 오직 세례의 은총을 통해서만 회복될 수가 있다.

15. 아담은 스스로의 죄악으로 인하여 본래적인 상태를 저버렸다.

16. 우리가 가지고 있는 모든 선은 하나님의 선물이며, 그러므로 아무도 그 선을 자랑해서는 안 된다.

17. 그리스도인의 용기는 우리의 의지의 힘에 의거하지 않고 우리에게 주어지는 성령에 의거한다.

18. 은총은 인간의 공로에 근거하지 않는다(공로 없는 은총이 인간의 공로에 앞선다).

19. 타락하지 않은 인간도 구원을 위해서 하나님의 은총을 필요로 한다.

20. 인간은 은총을 통해서만이 올바르게 행동할 수 있다.

22. 왜냐하면 모든 인간은 비참함과 죄에 빠져 있기 때문이다.

23. 인간이 죄를 범할 때는 그는 그의 의지로 한 것이고, 그가 선을 행할 때는 하나님의 의지를 자발적으로 실행한다.

25. 하나님의 사랑은 하나님의 선물 자체다.[401]

이상에서 보듯이 펠라기우스주의와 반-어거스틴주의는 모두 가톨릭교회의 신앙의 규범과 충돌한다. 오렌지회의는 반-펠라기우스주의의 전형적인 특징인 인간이 신앙의 시작(initium fidei)이라는 교리를 단호하게 배격하였다. 530년 오렌지회의의 결정을 승인한 교황 보니페이스 2세(Boniface II, 530~532)도 선한 의지와 신앙의 시작은 선행적 은총(gratia praeveniens)의 선물이라고 했다. 그러나 동시에 회의는 교리적인 면에서 어거스틴의 이론을 그대로 추종하지도 않았다. 비록 '은총만으로'의 이론은 승리했다고 해도, 어거스틴의 불가항력적 은총(gratia irresistibilis)과 예정의 교리는 포기되었고, 예정의 불가항력적 은총은 세례의 성례전적 은총으로 대치되었다.

미 주

1 물론 P. 샤프(Schaff)는 어거스틴의 반(反)도나투스주의적 저술에 나타난 '하나의 교회'(unitas ecclesiae)론에 대하여 그것은 모든 종파에 대항하여 로마가톨릭의 교회론을 옹호하는 것으로 개신교 신자로서 받아들일 수 없다고 하였다(*PNF.*, vol. I, Augustine series의 서문, 16; J. L. Neve와 O. W. Heick 공저, 서남동 옮김, 『기독교 교리사』, 대한기독교서회, 1995, 201-202).

2 Hans von Campenhausen, *The Fathers of the Latin Churb*, 184-185.

3 포씨디우스는 어거스틴과 함께 히포에 거주하였었으며, 어거스틴의 개인 도서관에 있는 많은 장서를 근거로 해서 어거스틴의 작품 목록을 『어거스틴의 생애』에 덧붙였다.

4 Hans von Campenhausen은 아버지가 아들이 변호사가 되기를 원했으나 어거스틴은 더 지적인, 말하자면 전문적인 수사학자의 학구적인 삶을 살기로 결심했다고 한다(앞의 책, 186). 어거스틴이 수사학자가 된 것이 아버지의 뜻이었는지 아니면 자신의 결심인지는 확실하지 않다.

5 어거스틴은 독실한 신자인 "어머니의 희망은 내세에 대한 것이 아니고 내가 출세하는 데 필요한 공부를 하는 것이었다"고 한다(Augustine, *Conf.*, 2. 3. 8, 선한용 옮김, 『성 어거스틴의 고백록』, 서울: 대한기독교서회, 2007, 82).

6 Augustine, *Conf.*, 9. 9; 선한용 옮김, 위의 책, 295-296.

7 B. Altaner, *Patrology*, 489.

8 Hans von Campenhausen, 앞의 책, 188.

9 Augustine, 3*Conf.*, 4. 8; Hans von Campenhausen, 위의 책, 189.

10 Augustine, *Conf.*, 3. 1; 선한용 옮김, 앞의 책, 95-96.

11 384년은 어거스틴이 밀란에 수사학 선생으로 왔을 때이고, 390년은 어거스틴이 밀란에서 세례를 받고 고향 아프리카로 돌아왔을 때다.

12 고대 로마 시대에 처음 집대성된 수사학의 5대 규범(canon)은 '발견술'(inventio), '배열술'(disposition), '표현술'(elocutio), '기억술'(memoria), '연기술'(pronuntiatio)로 구성되었다.

13 이 책은 현재 분실되었지만, 노년의 키케로가 독자들을 정치적 수사학으로부터 철학으로 돌이키게 한 책이다. 철학만이 삶을 의미 있게 하고, 죽음을 고상하게 하며 그리고 영혼을 불멸하게 준비시킬 수 있었기 때문이었다.

14 Augustine, *Conf.*, 3. 4. 7; 선한용 옮김, 앞의 책, 100.

15 J. L. González, *The Story of Christianity*, vol. I, 208.

16 Hans von Campenhausen, 앞의 책, 189.

17 이때 어거스틴이 읽은 성서는 제롬이 번역한 불가타 라틴어 성서가 아니라 2세기경 셉투아진트(LXX)에서 라틴어로 번역된 구 라틴어 성서였다.

18 Augustine, *Conf.*, 3. 5. 9; 선한용 옮김, 앞의 책, 101-102.

19 위의 책, 3. 6. 10-11.

20 마니교의 원본 아람어 경전에는 이미 예수에 대한 이야기가 들어 있다. 마니교 경전에서 예수상은 (1) 세상의 빛이신 예수(Jesus the Luminous), (2) 메시아인 예수(Jesus the Messiah) 그리고 (3) 고난 받는 예수(Jesus patibilis)다. 중국 불교와 만났을 때 마니교는 불교 경전의 관음(觀音, Guan Yin)을 어둠의 세상에서 빛을 구하는 사람들에게 빛의 세계에서 보내는 부름(call)의 의미로 해석하여 마니교의 용어 '카리아'(karia)와 동일시하였다.

21 P. Tillich, *A Hist. of Christian Thought*, 106.

22 위의 책.

23 Augustine, *Conf.*, 3. 12; 선한용 옮김, 앞의 책, 116; B. Altaner, *Patrology*, 489; A. Dirksen, *Elementary Patrology*, 163 등.

24 Augustine, *Conf.*, 5. 7.

25 Augustine, *Conf.*, 5. 6.

26 이 아카데미학파는 "진리는 확실히 인식할 수 있다"고 주장했던 주전 3세기 플라톤의 옛 아카데미학파의 주장에 반대하여 개연성을 주장했던 신-아카데미학파를 말한다. 이 학파는 회의주의적 입장이다. 후에 어거스틴은 이 아카데미학파를 비판했다.

27 성균서관 발행, 『세계철학대사전』(1977), 1276.

28 곤잘레스는 어거스틴이 로마에서 실망한 것은 로마의 학생들이 카르타고의 학생들보다 선생에게 순종했으나 등록금을 제대로 납부하지 않았기 때문이라고 한다(*The Story of Christianity*, vol. I, 210).

29 Augustine, *Conf.*, 6. 15, 25; Hans von Campenhausen, 앞의 책, 193. 괴로운 마음을 참고 견딜 수가 없었던 어거스틴은 약혼자 아닌 다른 여자와 동거하였다. 그는 스스로 "정욕의 노예가 되었다"고 했다(선한용 옮김, 앞의 책, 204).

30 Hans von Campenhausen, 위의 책, 193에서 재인용.

31 Augustine, *Conf.*, 6. 6. 9; Hans von Campenhausen, 위의 책, 193-194.

32 플로티누스는 로마에 거주했지만, 헬라어로 책을 썼다. 그것은 헬라어가 당시 철학자들의 언어였기 때문이다. 그는 아홉 장으로 구성된 여섯 권의 책, 『엔네아드스』(*Enneads*)를 남겼는데, 그의 제자 포르피리오스가 주제별로 편집했다. 1권은 도덕론, 2권은 물리학, 3권은 우주론, 4권은 영혼론, 5권은 지성론, 6권은 '하나'와 지각론(知覺論)이다. 그의 책명은 '아홉 편의 글'을 뜻한다.

33 플로티누스의 중요 개념인 '하나', '정신', '영혼'은 그리스도교의 삼위일체 교리에 영향을 주었을 것이다. 다만 양자 사이에 차이점은 그리스도교의 삼위, 곧 성부, 성자, 성령이 모두 신적인 동일성(divinitas)을 갖는 동등한 위격인 반면에 플로티누스의 '하나', '정신', '영혼' 사이에는 위계가 존재한다.

34 관상(觀想)이라고 번역되는 이 말은 명상(瞑想, meditation)과 함께 영성수련에서 가장 많이 쓰인다. 관상(contemplation)이라는 말은 라틴어 contemplatio에서, 궁극적으로는 라틴어 templum에서 유래했다. templum은 행운을 위해 신성시된 땅 조각 또는 예배를 위한 건물을 뜻한다. 또는 라틴어 cum templo에서 유래했다는 주장도 있다. 이것은 '성전과

함께 있다', '성전에서 산다'라는 뜻이다. 라틴어 contemplatio가 헬라어로는 theōria로 번역되었다. 동방 그리스도교에서 theōria는 문자적으로 하나님을 보는 것, 하나님의 환상을 보는 것, 하나님과 연합하는 것을 뜻한다. 하나님을 직관적으로 인식하고 사랑하는 행위이다. 플라톤 철학에서 관상은 중요한 부분을 차지한다. 플라톤은 관상을 통하여 선(the Good)의 모습, 신적 형식을 인식하는 데 이른다고 생각했다. 플로티누스에게 있어서 최상의 관상은 하나님, 일자의 환상을 경험하는 것이다.

35 J. L. González, *The Story of Christianity*, vol. I, 210.

36 위의 책, 211.

37 Augustine, *Conf.*, 6. 4. 6; 선한용 옮김, 앞의 책, 183.

38 Augustine, *Conf.*, 5. 14.

39 Augustine, *Conf.*, 8. 7. 17; 선한용 옮김, 앞의 책, 267; J. L. González, 앞의 책, 211.

40 Augustine, *Conf.*, 8. 1; 선한용 옮김, 위의 책, 245-247. 신플리키아누스는 본래 로마에 있던 사제였으나 교황이 암브로스를 보좌해 주도록 그를 밀란에 보냈다(373). 신-플라톤주의적 성향이 있는 그는 유명한 플라톤주의 철학자요 수사학자인 마리우스 빅토리누스를 회심시켰다. 암브로스 감독이 397년에 사망하자 그가 그 뒤를 이어 밀란의 감독이 되었다.

41 어거스틴이 사도 바울의 서신을 읽은 내용은 Augustine, *Conf.*, 7. 21. 27; 선한용 옮김, 앞의 책, 239-241.

42 Augustine, *Conf.*, 7. 21. 27; 선한용 옮김, 위의 책, 240.

43 아프리카 태생인 마리우스 빅토리누스(362년 이후에 죽었다)는 황제 콘스탄티우스 (337~361) 치하 때 로마에서 유명한 수사학자였다. 신-플라톤주의에서 그리스도교 신자가 된 그가 355년경 세례 받기를 원했을 때, "로마는 깜짝 놀랐고 교회는 기뻐했다"고 어거스틴은 썼다(Augustine, *Conf.*, 8. 2. 4). 그가 줄리안 황제 때 가르치는 행위를 포기한 것은 박해 때문이었다. 이교도 시절 그는 키케로의 문법에 맞는 운율적 글과 수사학적 철학적 저서들을 편집했으며, 아리스토텔레스의 논문들과 플로티누스의 Enneads(플로티누스가 남긴 54개의 논문을 그의 제자가 9개씩 나누어 6권으로 정리한 책. '엔네아테스'는 헬라어 9를 의미)의 중요한 부분을 번역했다(위의 책, 7. 9. 13; 8. 2. 3). 그 자신의 철학적 논문들도 있고, 그리스도인으로 비록 충분한 신학적 교육을 받지는 않았으나 신앙과 지식의 조화를 추구했다. 그의 삼위일체론은 성서와 신앙의 규범보다는 신-플라톤주의적 형이상학에 근거한 것이다. 그러나 그의 의지에 대한 형이상학적 사색은 어거스틴의 하나님 개념에 강한 영향을 주었다(B. Altaner, 앞의 책, 430-431). 빅토리누스의 회심에 대한 이야기는 선한용 옮김, 위의 책, 247-253를 참조할 것.

44 Augustine, *Conf.*, 8. 5. 10; 선한용 옮김, 위의 책, 254.

45 Augustine, *Conf.*; 선한용 옮김, 위의 책, 257-260.

46 Augustine, *Conf.*, 8. 5. 12; 선한용 옮김, 위의 책, 255-256.

47 라틴어로 "tolle lege, tolle lege"다.

48 Augustine, *Conf.*, 8. 12. 29; 선한용 옮김, 앞의 책, 272-273.

49 논쟁의 참고문헌에 대해서는 J. L. González, *A Hist. of Christian Thought*, vol.

II, 21, n. 15를 참조할 것.

50 *Contra Academicos*(*Against the Academicans*)는 세 권으로 구성되었는데, 신-아카데미주의자들의 회의주의를 반대한 것이다. 어거스틴은 진리는 인식할 수 있는 것, 더 없는 행복(지복)은 추구하는 데 있는 것이 아니라 진리를 아는 데 있다고 한다. 어거스틴은 "플라톤의 입과 그의 철학에서 가장 순수하고 선명한 교훈이 온갖 오류의 먹구름에서 벗겨져 밝히 드러났고, 특히 프로티누스에게서 최고의 빛을 발하였다"고 하였다.

51 『행복한 삶에 관하여』(*De beata vita*)는 참 행복은 하나님을 아는 데 있다고 한다.

52 두 권으로 구성된『질서에 관하여』(*De ordine*)는 신정론(神正論)의 문제를 처음으로 채택한 작품이다.

53 B. Altaner, 앞의 책, 491.

54 Augustine, *Conf.*, 3. 5. 9.

55 J. L. González, 앞의 책, 22.

56 Hans von Campenhausen, 앞의 책, 200-201.

57 그는 로마에 머무는 동안에『가톨릭교회의 관습과 마니교도의 관습에 관하여』(*De moribus Ecclesiae Catholicae et de moribus Manichaaeorum*),『영혼의 위대함에 관하여』 (*De quantitate animae*) 등을 저술하였고,『자유의지에 관하여』(*De libero arbitrio*)를 집필하기 시작했으나 오랜 후까지 끝내지를 못했다(J. L. González, 앞의 책, 23, n.18).

58 Augustine, *Conf.*, 9. 10; 선한용 옮김, 앞의 책, 298-301.

59 의문을 제기하는 것은 어거스틴의 수많은 저술 중에 신비적 체험을 주장하는 본문이 여기밖에 없기 때문이다(J. L. González, 위의 책, 22, n.17.) 물론 어거스틴은 신비주의자가 아니었다. 그는 신적인 존재에 직접적으로 황홀하게 흡수 병합되는 것을 모른다. 그러나 그는 모든 피조물을 넘어 하나님 안에서의 직접적인 삶을 동경하면서 돌파해 갔다.

60 Augusrine, *Conf.*, 9. 10. 23; 선한용 옮김, 앞의 책, 299.

61 Augustine, *Conf.*, 9. 10. 26; 선한용 옮김, 위의 책, 301.

62 Hans von Campenhausen, 앞의 책, 211.

63 Augustine, *Conf.*, 9. 11. 27; 선한용 옮김, 앞의 책, 302.

64 이 기간에『교사에 관하여』(*De magistro*)를 집필했는데, 이것은 아들이 죽기 전에 그와 나눈 대화를 근거로 한 것이다. 388~389년에는 두 권으로 된『마니교도 논박 창세기에 관하여』(*De Genesi contra Manichaeos*)와 390년에는『참 종교에 관하여』(*De vera religione*)를 집필하였다.

65 감독은 교회를 옮길 수 없었기 때문에 이것은 어거스틴으로 하여금 히포를 떠날 수 없게 했다는 의미다.

66 곤잘레스는 당시 히포 교회에 "한 명의 감독이 더 필요했던 특별한 사정이 있었다고 본다"고 했으나 그 "특별한 사정"이 무엇인지 밝히지 않고 있다(J. L. González, 앞의 책, 23, n. 21). 교리 논쟁으로 인한 분열의 경우를 제외하고 '한 교회 두 감독'의 예가 또 있는지는 모르겠다.

67 B. Altaner, 앞의 책, 493에서 재인용.

68 Augustine, *Ep.*, 143. 2 이하; B. Altaner, 위의 책 493. 이 점에서 그의 『재고론』 (*Retractationes*)는 그의 태도를 잘 보여준다.

69 괄호 안의 연도는 그의 저술 연도에 따른 것임.

70 Augustine, *Retractationes*, 2. 67; B. Altaner, 앞의 책, 497; A. Dirksen, 앞의 책, 164. 그러나 이 수는 수많은 그의 설교와 긴 논문과 같은 그의 서신들은 포함된 것이 아니다.

71 여기서 말하는 '권'은 현대적 의미와는 달리 한 권의 책을 의미하지 않는다. 현대적 용법으로는 '장'에 해당된다.

72 어거스틴은 387년에 밀란에서 암브로스 감독에게 세례를 받았으며, 396년에 히포의 감독이 되었다.

73 우리나라에서도 선한용 옮김, 『성 어거스틴의 고백록』(서울: 대한기독교서회, 2003); 김광남 옮김, 『현대인을 위한 어거스틴의 고백록』(서울: 엔크리스토, 2009); 신호섭 옮김, 『어거스틴의 고백록』(서울: 크리스챤출판사, 2010) 그리고 이경재 저, 『설교자를 위한 어거스틴의 고백록』(서울: 기독교문서선교회, 2013) 등이 출판되었다.

74 Augustine, *Conf.*, 1. 1. 1; 선한용 옮김, 앞의 책, 45.

75 Augustine, *Retractiones*, 2.6. H. R. Drobner, *Lehrbuch der Patrologie*, 한성수 옮김, 『교부학』, 545에서 재인용.

76 저서의 제목, *Confessiones*라는 말은 라틴어 성서 용어 사용법에 따르면 일치적으로 '찬양함'으로 이해할 수 있다. 그러나 하나님을 찬양하고 영화롭게 하는 일은 어거스틴에게 있어서는 그야말로 그의 삶과 죄와 신앙의 경험에 대한 '고백'에서 나온다.

77 Augustine, *Conf.*; 선한용 옮김, 앞의 책, 35-39.

78 Hans von Campenhausen, 앞의 책, 208.

79 Augustine, *Conf.*, 10. 3. 3-4; 선한용 옮김, 앞의 책, 314-318.

80 Hans von Campenhausen, 앞의 책, 208에서 재인용. 그러나 근대 비평가들(예: A. Harnack, H. Becker 등)은 이 작품과 카씨키아쿰에서 회심 후 바로 쓴 철학적인 논문들 사이에 모순을 지적하면서 이 작품이 믿을 수가 없다는 것을 입증하려고 한다. 보통 어거스틴의 신-플라톤 철학에 대한 지식이 그의 그리스도교로의 점차적인 전향에 유일한 결정적인 요인으로 진술되어 왔고, 암브로스, 심플리키아누스의 영향, 정원의 경험과 수세 등은 그의 그리스도교로의 전향에 그 당시 중요하지 않았던 것으로 추정되었다. 그러나 최근의 연구와 함께 『고백록』에 대한 전적인 긍정의 견해와 그 역사적 가치를 인정하는 견해도 진술되고 있다. 즉, 어거스틴의 회심은 틀림없이 그의 확신 있는 그리스도교 수용이었다는 것이다(예: K. Holl, K. Adam 등).

81 Daum 블로그, "어거스틴의 신의 도성"에서 재인용.

82 로마의 건국자이자 초대 왕이라고 전해지는 전설적인 인물이다. 레무스의 형으로 팔라티노 언덕에 세력을 구축한 그는 아벤티노 언덕에 자리 잡은 동생과 권력투쟁을 하다가 기원전 753년에 동생을 살해하고 다른 5개 언덕의 동맹체로서 로마제국을 건국하고 국가 기틀을 세웠으나 재위 37년 되던 해에 실종되었다. 그의 왕권에 의해 이권이 침해당한 귀족에 의해서 암살되었

다는 소문도 있으나 공식적으로는 퀴리누스 신이 되어 승천했다고 발표되었다. 그러나 어디까지가 역사적 사실이고 어디까지가 신화에 불과한지, 그 인물 자체가 실존 인물인지 모두 불확실하다. 그럼에도 불구하고 전통적으로 로마의 법제, 정치, 종교, 사회제도 일체는 로물루스 시대에 확립되었다고 전해지고 있다.

83 Augustine, *Retractationes*, 2. 43.

84 Augustine, *De civitate. Dei.*, 14. 28; Hans von Campenhausen, 앞의 책, 247.

85 A. Nygren, tr. by Philip S. Watson, *Agape and Eros*, Harper Torchbook edition, 483.

86 이 문제에 대해서 Reinhold Niebuhe, *The Nature and Destiny of Man*, vol. I, "Human Nature," vol. II, "Human Destiny" (New York: Charles Scribner's Sons, 1964)를 참조할 것.

87 Augustine, *De civitate Dei*, 1. 서론; Hans von Campenhausen, 앞의 책, 244.

88 위의 책, 19. 25; Hans von Campenhausen, 위의 책, 245에서 재인용.

89 Gaius Sallustius, (B. C. 86~34)는 고대 로마 역사가다. 공화정 말기의 내란 때 카이사르(Julius Caesar, B. C. 100~44)를 지지하여 정치적으로 출세도 했으나, 후에는 역사 저술로 여생을 보냈다. 로마는 기원전 509년 왕을 축출하고 귀족과 평민이 원로원을 조직하여 국가를 운영하는 공화정이라는 개념을 도입했다.

90 Augustine, *De civitate Dei*, 12. 8; Hans von Campenhausen, 앞의 책, 245.

91 이상의 내용은 Hans von Campenhausen, 위의 책, 246-249를 참조한 것임.

92 *Ep.*, 174. Hans von Campenhausen, 위의 책, 225.

93 *Ep.*, 161. 1; B. Altaner, 앞의 책, 506. 서방교회에서 삼위일체를 철학적으로 접근한 것은 어거스틴보다 먼저 이교철학자로서 그리스도교인이 된 마리우스 빅토리누스였다. 어거스틴은 그가 번역한 신-플라톤주의자 플로티누스의 문헌을 읽고 영향을 받았다. 삼위일체의 철학적 해석을 위한 출발점은 신성의 자기발산(自己發散)에 관한 플로티누스의 학설이다. 그의 학설에는 이미 일종의 삼위일체에 이르고 있었다.

94 Augustine, *Conf.*, 6. 5. 8; 선한용 옮김, 앞의 책, 185.

95 Aloys Dirksen, *Elementary Patrology*, 168.

96 라틴어 책명은 *Enchiridion ad Laurentium*이다. 내용적으로 설명하면 "믿음, 희망, 사랑에 관한 소책자"다. 이에 관해서는 본 장 마지막에 취급할 것이다.

97 Augustine, *Enchiridion*, 2.4. 1; H. R. Drobner, 하성수 옮김, 『교부학』, 558에서 재인용.

98 『미완성 작품인 창세기의 문자적 해석』(*De Genesi ad litteram liber imperfectus*).

99 401~415년에 쓴 『기록된 문서 창세기에 관하여』(*De Genesi ad litteram*).

100 이상은 B. Altaner, 앞의 책, 511-512에 의존했음.

101 이상은 B. Altaner, 위의 책, 507; Aloys Dirksen, 앞의 책, 166을 참고했음.

102 B. Altaner, 위의 책, 508; Aloys Dirksen, 위의 책, 166-167.

103 이상은 B. Altaner, 위의 책, 508-509; Aloys Dirksen, 위의 책, 167.

104 이상은 B. Altaner, 위의 책, 502; Aloys Dirksen, 위의 책, 165에 의존했음.

105 이상은 Aloys Dirksen, 앞의 책, 167-168.

106 H. R. Drobner, 하성수 옮김, 『교부학』, 557-558.

107 Augustine, *Enchiridion ad Laurentium*에 대한 해설은 A. Harnack, *Hist. of Dogma*, vol. V, 222-234; R. Seeberg, *The Hist. of Doctrines*, vol. I, 357-368 에서 볼 수 있다.

108 라틴어로는 "hominis sapientia pietas est"다. 더 정확하게 표현하면 헬라어 '테오세베이아'(theosebeia, θεοσεβεια)다. A. Harnack, Hist. of Dogma, vol. V, 222에서 재인용.

109 Augustine, *Enchridion ad Laurentium*, 11. R, Seeberg, 앞의 책, 358에서 재인용.

110 R. Seeberg, 위의 책, 359.

111 위의 책, 364. n. 1.

112 위의 책, 365.

113 위의 책, 366-367.

114 Augustine, *Conf.*, 제6권 참조.

115 *Contra Academicos, De beata vita, De ordine, Soliloquia, De immortalitate* 등이다.

116 Augustine, *Conf.*, 7. 9, 13-14 등.

117 위의 책, 7. 21, 27.

118 K. Holl, *Gesammelte Aufsätze zur Kirchengeschichte*, Band I. Luther, 1921, 139. A. Nygren, *Agape and Eros*, 459에서 재인용.

119 A. Nygren, 위의 책, 458.

120 Augustine, *Sermo.*, 43. 7; *Ep.*, 120. 3; *De trinitate*, 1. 11. 1; B. Altaner, 앞의 책, 519.

121 Augustine, *De trinitate*, 5. 3. H. Bettenson, *The Later Christian Fathers*, 191-192에서 인용.

122 Augustine, *Conf.*, 11. 4. 6; 선한용 옮김, 앞의 책, 383-384.

123 Augustine, *Conf.*, 10. 22. 32.

124 위의 책, 10. 24. 35. "기억 안에 임재하였다"는 것은 하나님의 존재를 의식하고 있다는 것을 의미한다.

125 Augustine, *Soliloquia*, 1. 2; P. Tillich, ed. by Carl E. Braaten, 앞의 책, 111.

126 P. Tillich, 위의 책, 112.

127 P.Tillich, 위의 책, 113에서 재인용.

128 "나는 생각한다. 그러므로 나는 존재한다"(cogito ergo sum).

129 이상은 P.Tillich, 앞의 책, 112-114를 참고했음.

130 어거스틴의 신 존재 증명의 7개의 주된 출발점에 대해서 J. L. González, *A Hist. of*

Christian Thought, vol. II, 35, n. 51을 참조할 것.

131 Augustine, *De libero arbitrio*, 2. 15; J. L. González, 위의 책, 36.

132 P. Tillich, 앞의 책, 115.

133 J. L. González, 앞의 책, 36.

134 Theophilus, *Ad Autolycum*, 2. 15; R. Seeberg, *The Hist. of Doctrines*, vol. I, 114.

135 R. Seeberg, 위의 책, 114.

136 Tertullian, *Ad. Praxean*, 8; Otto W. Heick, *A Hist. of Christian Thought*, vol. I, 146.

137 Tertullian, *Ad. Praxean*, 25; J. N. D. Kelly, *Early Christian Doctrines*, 113-114.

138 Tertullian, 위의 책, 12. Otto W. Heick, 앞의 책, 145에서 재인용.

139 Tertullian, 위의 책, 2 Otto W. Heick, 위의 책, 145-146에서 재인용.

140 이 저작의 영역문은 *NPNF.*, vol. IX에 있다.

141 요한은 여기서 헬라어 ousia(영어substance)를 사용하였다. John of Damascus, *fid. orth.*, 1. 2.

142 여기서 요한은 후포스타시스(hupostasis)라는 용어를 사용했다. 그러나 이 용어는 프로소폰(prosōpon)과 동의어로 사용된 것이다. 동방에서는 한 때 용어 용법에 혼란이 있었다.

143 John of Damascus, *fid. orth.*, 3. 5; cf. 3. 15.

144 위의 책, 1. 8.

145 위의 책.

146 R. Seeberg, 앞의 책, 236-237.

147 Augustine, *Contra sermonem Arianorum*, 3; *De trinitate.*, 2. 5. 9; 5. 7. 9; R. Seeberg, 앞의 책, 238.

148 여기서 '위격'은 후포스타세스(hupostases)다. 한때 동방에서는 prosōpon과 hupostasis가 지역과 사람에 따라 동의로 또는 다른 의미로 사용되었다. 그러나 서방에서는 헬라어 hupostasis를 실체 또는 본체를 의미하는 substantia로 번역했다. 그러므로 동방에서 삼위를 three hupostases라고 표현하면 서방에서는 삼위로 이해하지 않고 세 본체 또는 세 실체로 이해하였다. 실제 어거스틴도 카파도키아 신학자들이 사용한 hupostasis의 의미를 알지 못했고, 그는 substantia로 번역했다(*De trin.*, 5. 8. 10. *NPNF.*, 1ˢᵗ series, 3:92).

149 Augustine, *De trinitate.*, 2. 5. 9; R. Seeberg, 앞의 책, 238.

150 Augustine, 위의 책, 4. 20. 27; R. Seeberg, 위의 책.

151 Augustine, 위의 책, 7. 6. 11; 8. 1; 6. 7. 9; Otto W. Heick, 앞의 책, 165.

152 Augustine, 위의 책, 6. 9; H. Betterson, *The Later Christian Fathers*, 233.

153 Augustine, *De trinitate.*, 4. 30. H. Bettenson, 위의 책, 230에서 인용.

154 Augustine, *De trinitate* (*NPNF.*, 1ˢᵗ series,3:89), 5. 5. 6; J. L. González, *A Hist. of Christian Thought*, vol. I, 339-340.

155 Augustine, 위의 책, 2. 17. 32; B. Altaner, 앞의 책, 521.

156 Augustine, 위의 책, 6. 7. 9; R. Seeberg,, 앞의 책, 239.

157 Augustine, 위의 책, 5. 5. 6; 7. 3. 6; 5. 11; 8. 1; R. Seeberg, 위의 책.

158 Augustine, 위의 책, 15. 14-23; R. Seeberg, 위의 책.

159 Augustine, 위의 책, 9. 22; R. Seebeg, 위의 책, 240; P. Tillich, 앞의 책, 116.

160 Augustine, 위의 책, 9. 2. 2; R. Seeberg, 위의 책.

161 Augustine, 위의 책, 9. 3. 6; R. Seeberg, 위의 책.

162 Augustine, 위의 책, 15. 3. 5; R. Seeberg, 위의 책.

163 Augustine, 위의 책, 5. 9. 10; Otto W, Heick, 앞의 책, 165-166.

164 Augustine, 위의 책 (*NPNF*., 1st series, 3:100), 6. 5. 7; J. L.González, 앞의 책, 340-341.

165 Augustine, 위의 책 (*NPNF*., 1st series, 3:142), 10. 11. 18; J. L.González, 위의 책, 342.

166 R. Seeberg, 앞의 책, 241-243에서 재인용.

167 Augustine, 앞의 책, 11. 21. 51. Otto W, Heick, 앞의 책, 166에서 재인용.

168 Cyprian, *Ep.*, 73. 21.

169 그리스도인들에게 성서를 제국의 관리들에게 자진하여 반납하라는 황제의 칙령이 반포되자 소위 변절자들의 모습은 다양하였다. 도피하는 사람, 성서 대신에 이단적 문서를 넘겨준 사람, 유혈의 참극을 막기 위해서 성서를 넘겨준 사람, 성서뿐만 아니라 교회의 성물(聖物)까지 넘겨준 사람, 이교의 신을 숭배한 사람 등 그 모습과 정도가 달랐다. 특히 성서를 넘겨준 감독들은 '배반자' 또는 '넘겨준 자들'(traditores)이라는 치욕적 칭호를 받게 되기도 했다. 물론 신앙 때문에 투옥되고 고문을 받고 죽임을 당한 사람들(고백자들)도 있었다.

170 이상은 J. L. González, *The Story of Christianity*, vol. I, 152-157.

171 키프리안은 "감독에 대한 반역은 곧 하나님에 대한 반역"이라고 했으며, 분리주의자도 이단(또는 이교)이라고 보았으며, 이단이 베푼 세례의 효력을 부인했다(*Ep.*, 59. 5; 66. 5; 52. 1; 69. 1; 『교회일치에 관하여』(*De ecclesiae unitate.*), 10; R. Seeberg, *The Hist. of Doctrines*, vol. I, 183-184).

172 Optatus, *De schismate Donatistarum* (A. Harnack, *Hist. of Dogma*, vol. V, 42), 2. 14. 18; R. Seeberg, 앞의 책, 315.

173 이 입장은 다른 역사적인 자료를 통해서도 입증되고 있다(Augustine, *Ep.*, 93. 43). R. Seeberg, 위의 책, 316.

174 곤잘레스는 도나투스주의자들의 교회론을 "교회의 경험적 거룩성", 즉 교인들의 현재 여기서의 거룩함에 근거하고 있다고 하면서 그 거룩성을 사랑의 실천보다는 지나간 박해 기간에 취한 사람들의 태도에 따라 평가한 것이라고 한다(*A Hist. of Christian Thought*, vol. II, 26).

175 Augustine,『카르타인들과의 토론』(*Gesta conlationis Carthaginienis*, 411), 3. 258; R. Seeberg, 위의 책.

176 Optatus, *De schismate Donatistarum*, 2. 1; J. L. Gonzáles, 앞의 책, vol. II, 48.

177 Optatus, 위의 책, 2. 1-4; J. L. Gonzáles, 위의 책.

178 Optatus,, 위의 책, 4. 1, 2; A. Harnack, A Hist. of Dogma, vol. V, 42.

179 Optarus, 위의 책, 5. 1. R. Seeberg, 앞의 책, 316에서 재인용.

180 Optatus, 위의 책, 5. 7; R. Seeberg, 위의 책 316.

181 Optatus, 위의 책, 1. 10, 12; 2. 8; A. Harnack, 앞의 책, 42.

182 Optatus, 위의 책, 1. 12. A. Harnack, 위의 책, 43에서 재인용

183 Optatus, 위의 책, 3. 9. A. Harnack, 위의 책, 43에서 재인용.

184 Optatus, 위의 책, 3. 10; 5. 1; A. Harnack, 위의 책, 43; R. Seeberg, 앞의 책, 317 등.

185 Optatus, 위의 책, 5. 1-8; A. Harnack, 위의 책, 44-46.

186 위의 책,4. 4; 5. 4; R. Seeberg, 앞의 책, 317; A. Harnack, 위의 책, 45등. 이것은 서방교회의 교리 발전에 매우 근본적인 것이 되었다. 그러나 그 순수성은 성직자의 특권에 의해서 파괴되었기 때문에 서방교회에서 성취되지 못했다.

187 옵타투스의『도나투스 분파에 관하여』, 5. 7, 8에는 어거스틴을 예상하는 매우 중요한 해설이 나온다.

188 Augustine, 『페틸리안의 서신에 반대하여』(*Contra litteras Petiliani*, 401-405), 3. 68; Otto W. Heick, 앞의 책, 136.

189 Augustine, 『도나투스주의자들과 토론 발췌론』(*Breviculus collationis cum Donatistis*), 3. 19ff. 이 글은 411년 카르타고에서 개최된 종교적 토론 회의록을 어거스틴이 발췌한 것이다(*Ep.*, 1714).

190 어거스틴이 히포를 방문한 것이 391년이고, 그곳 감독인 발레리우스의 요청으로 성직자가 된 것이 392년이며, 히포의 감독이 된 것이 396년이기 때문에 393년은 그가 감독이 되기 직전이다. 이때까지 어거스틴은 도나투스주의에 대하여 공식적으로 대응하지 않았다.

191 교회의 네 표지(marks)는 라틴어로 Unam Ecclesiam, Sanctam Ecclesiam, Apostolicam Ecclesiam, Catholicam Ecclesiam이다.

192 Augustine, *De unitate ecclesiae*, 4; J. L. González, 앞의 책, 48.

193 Augustine, *Ep.*, 176. 6; A. Harnack, *Hist. of Dogma*, vol. V, 146.

194 Augustine, *Ep.*, 141. 5; Otto. W. Heick, 앞의 책, 137.

195 Augustine, 『파르메니아누스의 서신에 반대하여』(*Contra epistorum Parmeniani*, 400), 1. 8. 14; R. Seeberg, 앞의 책, 318.

196 Augustine, 『반(反)도나투스주의 세례에 관하여』(*De baptism contra Donatistas*), 5. 21. 29; *Contra litteras Petiliani*, 2. 77. 172; R. Seeberg, 앞의 책, 318.

197 Augustine, *De bapt. c. Donat.*, 4. 17. 24; B. Altaner, 앞의 책, 527.

198 'corpus permixtum.' 어거스틴은 적지 않은 논증에서 가시적인 교회에 '비밀리'에(in

occulto) 나타난 불가시적 교회가 참교회라는 사상을 암시하고 있다(*De bapt. c. Donatistas*, 5. 38).

199 Augustine, *Sermo*, 88. 19; J. L. González, *A Hist. of Christian Though*, vol. II, 49. 어거스틴의 다양한 활동 가운데서 가장 돋보이는 것은 그의 설교다. 헬라인 감독 발레리우스(Valerius)는 자기 대신 설교를 어거스틴에게 위임하였다. 어거스틴이 히포의 감독이 되었을 때는 이 활동이 증가해서 그는 500편이 넘는 설교를 남겼다. 대부분의 설교는 속기사가 적어 놓은 것이다. 가톨릭 신자뿐만 아니라 이단자들까지도 그의 설교에 흥미를 갖고 와서 들었다.

200 성도들의 사귐은 라틴어로 'communio sanctorum, congregatio sanctorum, societas credentium, Christiana societas, bonorum societas' 등으로 표현할 수 있다.

201 Augustine, *De bapt. c. Donat.*, 1. 26; 3. 26; 4. 4; 7. 100; *C. litteras. Petiliani*, 2. 247; *De unit. eccl.*, 74 등(Otto W. Heick, 앞의 책, 137. n. 117).

202 Augustine, *De bapt. c. Donat.*, 5. 38. H. Bettenson, 앞의 책, 238-239에서 인용.

203 Augustine, 『훈계와 은총』(*De correptione et gratia*), 9. 22; 『인내의 은사에 관하여』(*De dono perseverantiae*), 2; Otto W. Heick, 위의 책, 137.

204 Augustine, *De civitate Dei*, 14. 17; Otto W. Heick, 앞의 책, 139.

205 Augustine, 위의 책, 20. 9; A. C. McGiffert, *A Hist. of Christian Thought*, vol. II, 111.

206 이 사상은 어거스틴의 반(反)도나투스주의 저술 전반에 걸쳐서 나타나고 있다. 특히 *Ep.*, 43. 21; 44. 3; 49. 2, 3; 51. 5; 53. 3; A. Harnack, *Hist. of Dogma*, vol. V. 149.

207 Augustine, *Ep.*, 43. 19; A. Harnack, 위의 책, 150.

208 라틴어로 ecclesia mater 또는 corpus Christi다. Augustine, *C. litt. Petiliani*, 3. 10; A. Harnack, 위의 책, 150.

209 Augustine, *De bapt. c. Donat.*, 93. 23. H. Bettenson, 앞의 책, 239-240에서 인용.

210 헬라어 mustērion은 비밀(막 4:11), 비밀스러운 내용을 담고 있는 상징(계 17:5, cf. 엡 5:32), 그와 같은 상징의 의미(계 1:20; 17:7), 아포칼룹시스(apokalupsis)의 대응부로서 계시된 비밀, 하나님의 인간 취급에 나타난 하나님의 비밀스러운 목적, 그리스도교 신앙의 요약(딤전 3:9, 16) 등의 의미를 갖는다.

211 Aufustine, *De civitate Dei*, 10. 5; 『예비 신자 교육에 관하여』(*De catechizandis rudibus*), 26. 50; A. C. McGiffert, *op. cit.*, vol. II, 113.

212 Optatus, *De schismate Donatistiarum.*, 5. 4. 라틴어 표현. sacramenta per se esse santa, non per honmines, A. Harnack, *Hist. of Dogma*, vol. V, 45, 157 등. 더 자세한 옵타투스의 견해에 대해서는 본 장 옵타투스 부분을 참조할 것.

213 Augustine, *Contra epistolam Parmeniani*, 2. 13. 28; B. Altaner, 앞의 책, 528.

214 이 구별에 실패하므로 키프리안은 "그리스도의 세례가 이단과 분파주의자들 가운데는 있을 수가 없다"고 하였다. R. Seeberg, 앞의 책, 320. 이것을 곤잘레스는 "성례의 효력과 규례성의 구별"이라고 했다(*A Hist. of Christian Thought*, vol. II, 51).

215 A. Harnack, *Hist. of Dogma*, vol. V, 157.

216 Augustine, *De bapt. c. Donat.*, 5. 1. 1. R. Seeberg, 앞의 책, 320에서 재인용.

217 Augustine, 『요한복음 설교해설』(*Tractatus in Joannis Evangelium*), 26. 11. J. N. D. Kelly, *Early Christian Doctrines*, 4th ed. 422에서 재인용.

218 Augustine, *Serm.*, 272. H. Bettenson, 앞의 책, 244-245에서 인용.

219 Augustine, 『기초교리교육에 관하여』(*De catechizandis rudibus*), 26. 50; R. Seeberg, 앞의 책, 321.

220 Augustine, *Ep.*, 98. 9. 이에 관한 어거스틴의 말은 H. Bettenson, 앞의 책, 245에 있음.

221 Augustine, 『시편 주석』(*Enarrationes in Psalmos*), 32. 1. 6. H. Bettenson, 앞의 책, 245-246에서 인용.

222 Augustine, *Tractatus in Joannis Evangelium*, 80. 3. R. Seeberg, 위의 책, 322에서 재인용.

223 Augustine, *Sermo.*, 131. 1; R. Seeberg, 위의 책.

224 Augustine, *Sermo.*, 58. 5. 6; R. Seeberg, 위의 책, 322; *Bapt.*, 22. 29; B. Altaner, 앞의 책, 529.

225 Augustine, 『펠라기우스의 어리석은 짓거리에 관하여』(*De gestis Pelagii*), 11. 23 이하; *Caelestius in Aug. pecc. orig.*, 6. 6; R. Seeberg, 앞의 책, 335.

226 Augustine, 『줄리안을 반대하여』(*Contra Julianum*), 5. 44. H. Bettenson, 앞의 책, 243에서 인용.

227 이 점에 대해서는 J. N. D. Kelly, 앞의 책, 447-455를 참조할 것.

228 Augustine, *Sermo.*, 227. J. N. D. Kelly, 위의 책, 447에서 재인용.

229 Augustine, *Sermo.*, 2. 27; B. Altaner, 앞의 책, 529.

230 Augustine, 『시편 해설』(*Enarrationes in Psalmos*), 3. 1(*Ep.*, 1566). B. Altaner, 앞의 책, 529에서 재인용.

231 Augustine, 위의 책, 98. 9. H. Bettenson, 앞의 책, 247에서 인용.

232 Augustine, *Tractatus in Ioannis evangelium*, 27. 5; J. N. D. Kelly, 앞의 책, 449.

233 Augustine, *De doctrina Christiana*(396-426), 3. 24. H. Bettenson, 앞의 책, 246에서 인용.

234 Augustine, *De civitate. Dei.*,10. 6. J. N. D. Kelly, 앞의 책, 454에서 재인용.

235 위의 책, 10. 5; H. Bettenson, 앞의 책, 244.

236 J. L. González, *A Hist. of Christian Thought*, vol. II, 27; R. Seeberg, 앞의 책, 328ff. 그러나 어거스틴의 죄론, 은총론이 펠라기우스와의 논쟁과 무관하게 구성되었다는 의견도 있다. 그가 이 논쟁에 가담했을 때 그는 이미 그 교리들을 어느 정도 완성하고 있었다는 것이다. 그가 마니교도와 싸우고 있었을 때 그는 교회 스승들의 전통에 따라 인간 자유의지를

강조했으며 원죄를 단순히 유전된 악으로 언급하였다. 신-플라톤주의의 영향을 받은 그는 모든 선은 하나님으로부터 오며 인간은 하나님께 의존할 때만이 선하고 자유하다고 확신하였다. 어거스틴의 은혜의 교리는 그것이 신론인 한에서는 387년에 이미 완성되었다고 할 수 있다 (A. Harnack, *Hist. of Dogma*, vol. V, 168).

237 P. Tillich, 앞의 책, 123.

238 A. Harnack, 앞의 책, 170.

239 이 헬라어는 '자유의지'로 번역이 가능한 단어다.

240 John Chrysostom, *in Genes. hom.*, 19. R. Seeberg, *The Hist. of Doctrines*, vol. I, 328에서 재인용.

241 John Chrysostom, *in Heb. hom.*, 12; *in Rom. hom.*, 16; *in John hom.*, 17. R. Seeberg, 위의 책, 329에서 재인용.

242 Ambrose, 『야곱과 축복받은 삶에 관하여』(*De Jacob et vita beata*), 1. 10; R. Seeberg, 위의 책, 329.

243 Ambrose, i*n Luc.*, 7. 234. R. Seeberg, 위의 책, 329에서 재인용.

244 Ambrose, 『예언자 다윗의 변증』(*Apologia prophetae David*), 11. 56; R. Seeberg, 위의 책, 330.

245 Ambrose, *De Jacob et vita beata*, 1. 1. R. Seeberg, 위의 책, 330에서 재인용.

246 Ambrose, *Ep.*, 73. 10. R. Seeberg, 위의 책에서 재인용.

247 그의 영국 이름은 '모르간'(Morgan)이고, 헬라명은 '펠라기오스'(Pelagios)이다.

248 곤잘레스는 그가 "결코 수도사가 아니었다"고 하고(J. L. González, 앞의 책, 28), 워커는 "영국의 수도사였다"고 했었으나(1959년 판, 168), 제4개정판(1986)에서 "성직자도 수도원 공동체의 일원도 아닌 영국의 금욕주의자"라고 수정했다(R. A. Norris & D. W. Lotz & R. T. Handy, *A Hist. of The Christian Church*, 송인설 옮김, 『기독교회사』, 서울: 크라스챤 다이제스트, 1996, 238). 그러나 제베르크는 "엄격한 도덕적 영국 수도승"이라고 하고(R. Seeberg, 앞의 책, 332), 헤이크는 "매우 유능하고 박식한 영국 수도사"라고 하며(Otto W. Heick, *A Hist. of Christian Thought*, vol. I, 196), 샤프는 "4세기 중반 영국에서 태어난 검소한 수도사"라고 한다(Philip Schaff, *Hist. of the Christian Church*, vol. III, Grand Rapids, Wm. B. Eerdmans Pub. Co., 1968, 790).

249 그러나 하르낙은 펠라기우스가 로마에 나타나기 전에 동방에 있었는지는 불확실하다고 한다(위의 책, 170, n.3).

250 Pelagius, 『데메트리우스에게 보낸 서신』(*Ep. ad Demetrium*); A. Harnack, 앞의 책, 174. n. 1. 데메트리우스는 로마의 귀족 수녀다.

251 "Da quod jubes, et jube quod vis"(Augustine, *Conf.*, 10. 20).

252 J. L. González, 앞의 책, 28; Augustine, *De dono perseverantiae*, 20을 보라.

253 어거스틴의 9가지 요약은 Augustine, *De peccato originali.*, 11에 있다. 어거스틴은

(1) "사람은 자기가 뜻하기만 하면 죄 없이도 살 수 있다", (2) "세례를 받은 부자라 할지라도 자신들의 재산을 포기하지 않으면 아무 공로가 없으며, 하나님의 나라를 상속받지 못한다"가 추가되었다(J. L. González, *Hist. of Christian Thought*, vol. II, 31).

254 라틴어 원문은 A. Harnack, 앞의 책, 175, n. 5에 있음. P. 샤프는"세례 받지 않은 어린아이는 다른 사람과 같이 구원을 받는다"가 있고, "인간은 죄 없이 존재할 수 있으며 의지가 있으면 신의 명령을 수행할 수 있다"가 생략되어 있다(P. Schaff, 앞의 책, 793).

255 예를 들면『죄의 보상과 용서와 유아세례에 관하여』(*De peccatorum meritis et re-missione et de baptismo parvulorum*, 412);『영과 문자에 관하여』(*De spiritu et litera*, 412);『본성과 은총에 관하여』(*De natura et gratia*, 413-415);『인간의 완전한 의에 관하여』(*De perfectione justitiae hominis*, 415-416) 등이다.

256 A. Harnack, 앞의 책, 178; P.Schaff, 앞의 책, 795-796 등.

257 A. Harnack, 위의 책, 179에서 재인용. 라틴어 원문은 n. 2를 보라.

258 P. Schaff, 앞의 책, 796에서 재인용. 그는 419년 어거스틴에게 서신을 보냈다. n. 2.

259 P. Schaff, 위의 책, 796에서 재인용. n. 3.

260 P. Schaff, 위의 책, 794-797.

261 교황 인노센트 1세는 북아프리카 종교회의로부터 받은 서신들(Augustine, *Epp*., 175, 176) 이외에 어거스틴을 포함한 다섯 명의 아프리카 감독들로부터도 서신(Augustine, *Ep*., 177)을 받았다. 교황은 오래전에 북아프리카 회의에서 정죄를 받은 켈레스티우스로부터도 호소를 받은 일이 있었다.

262 A. Harnack, 앞의 책, 183. n. 3. 4.

263 A. Harnack, 위의 책, 185. n. 5. 이 내용은 P. 샤프의 책의 내용과 일부 차이가 있다(P. Schaff, 앞의 책, 799, n. 1). 어거스틴이 켈레스티우스의 주장을 9가지로 요약한 내용은 곤잘레스의 *A Hist. of Christian Thought*, vol. II, 31에 소개되어 있다.

264 이때 펠라기우스주의는 법의 보호를 박탈당했는데, 그 요점에 대해서는 J. N. D. Kelly, *The Early Christian Doctrines* 4th ed. (London: Adams & Charles Black, 1968), 369-370을 참조할 것.

265 이상은 P. Schaff, 위의 책, 799-801를 참조.

266 에베소공의회의 결정에 대해서는 12장 "5세기 그리스도론 논쟁"을 참고할 것. 필자는 에베소공의회가 켈레스티우스를 네스토리우스와 같은 범주에서 정죄했다고 하지만, 그들의 주장이 과연 이단(異端)인지 아니면 이설(異說)인지는 다시 검토되어야 할 것이다.

267 현존하는 펠라기우스의 작품들은 제롬의 작품에 포함되어 있다. A. Han에 의해서 다양한 신앙고백이 수집되었다(*Bibliotnek der Symbol*, 3rd ed.), XVIII, 288ff; Alexander Souter, *Pelagius' Exposition of Thirteen Letters of St. Paul*, 3 vols. (Cambridge: The U. Press, 1922-1927); Otto W. Heick, 앞의 책, 196. n. 12.

268 Otto W. Heick, 위의 책.

269 Pelagius, *Comm. in Rom*., 11:8; Otto W. Heick. 위의 책, 197.

270 Augustine, *Contra Julianum*, 1. 78. R. Seeberg, 앞의 책, 333에서 재인용.

271 Pelagius, *Ep. ad Demetr.*, 3; R. Seeberg, 위의 책.

272 Pelagius, 위의 책. A. Harnack, 앞의 책, 194에서 재인용.

273 Pelagius in Augustine, *De natura et gratia*, 7-8; *De gratia Christi*, 4. 5. 이것은 어거스틴에 의해서 인용된 진술임에도 불구하고 이 선언은 펠라기우스에 의해서 매우 신중하게 해석되었다(R. Seeberg, 앞의 책, 334).

274 Caelestius in Augustine, *De perfectione gratia*, 2. 1; 6. 15; 2. 4; R. Seeberg, 위의 책, 334.

275 Pelagius in Augustine, *De natura et gratia*, 49, 50, 57, 58. R. Seeberg, 위의 책에서 재인용.

276 Pelagius, *Comm. in Rom.*, 7:8; Otto W. Heick, 앞의 책, 197.

277 Pelagius in Augustine, *De de peccato originali*, 100. 13; P. Schaff, 앞의 책, 806, n. 2.

278 A. Harnack, 앞의 책, 195.

279 Augustine, *Opus Imperfectum*, 5. 5; R. Seeberg, 앞의 책, 335. 어거스틴의 이 작품에는 줄리안의 글이 가장 많이 단편적으로 포함되어 있다.

280 Augustine, *Opus Imperfectum*, 4권을 보라. 어거스틴은 그를 '정욕 찬양자'라고 불렀다(*contra Jul.*,3. 44). A. Harnack, 앞의 책, 195. n. 4.

281 Pelagius in Augustine, *De gratia Christi*, 10. 11; Otto W. Heick, 앞의 책, 197, n. 22.

282 이 구절에 대한 줄리안의 해설은 Augustine, *Contra Juliani*, vi. 75-81에 있다. 줄리안은 어거스틴을 영혼 유전론자가 아님에도 불구하고 영혼 유전설을 주장한다고 비난했다. 영혼 유전론의 이단적인 명칭은 줄리안에 의해서 시작되었다(A. Harnack, 앞의 책, 198, n. 1).

283 Augustine, *De natura et gratia*, 41. 48; R. Seeberg, 앞의 책.

284 Augustine, 위의 책, 37. 마리아와 관련해서 펠라기우는 어거스틴보다는 현 로마가톨릭의 입장에 가깝다. 어거스틴은 마리아를 원죄로부터 면죄한 것이 아니라 실제적인 죄만을 면죄하였다(P. Schaff, 앞의 책, 807, n. 3).

285 Pelagius, *Ep. ad Demetr.*, 8. 이 내용의 라틴어는 "longus usus peccandi, longa consuetudo vitiorum", 즉 "the long usage of sinning, the long custom of vice"다(Otto W. Heick, 앞의 책, 198).

286 Pelagius in Augustine, *De gratia Chrisri*, 10. 11; R. Seeberg, 앞의 책, 335.

287 P. Tillich, 앞의 책, 124.

288 Pelagius in Augustine, *De gratia Christi*, 100. 31; P. Schaff, *Hist. of Christian Church*, vol. III, 809. n. 1.

289 P. Schaff, 위의 책, 809-810에서 재인용. 어거스틴은 도덕적 행위의 가치는 의지의 내적 경향이나 방향에 기인하는 것으로 생각하고 전 삶의 통일로부터 그것을 판단한다. 그리고

모든 참 미덕의 혼이며 은총을 통해서만이 우리에게 주어지는 하나님에 대한 사랑의 표준에 따라서 판단한다. 그는 창조주로부터 기인할 뿐만 아니라 인간의 공로도 함께 구성 요소가 되는 온건, 자비, 박애, 관대와 같은 본성적 덕의 존재를 부정하지 않는다. 그러나 그는 이것들과 진정한 의미에서 선이며 하나님 앞에서 오직 가치가 있는 그리스도인의 특별한 은총 사이를 구별한다.

290 Augustine, *De civitate Dei*, 5. 13-20; 19. 25 등. 그는 이교도의 미덕을 참 종교에서 온 것이 아니라 악에서 왔다고 했다. 그는 이 점에서 스스로 모순에 빠졌다. 왜냐하면 그는 하나님이 창조한 본성은 본질에서 선하며 하나님의 형상은 전체적으로 상실된 것이 아니라 손상되었을 뿐이고, 상실에서 온 인간의 비탄에서도 선의 흔적은 남아 있다고 했기 때문이다(*De Genesi ad litteram*, 8. 14). P. Schaff, 앞의 책, 810.

291 라틴어 원문은 *Pos sin natura, velle in arbitrio, esse* in effectu locamus다. 어거스틴은 그의 저술 *De gratia Christi*, 100. 4에 인용하고 있다.

292 어거스틴의 *De gratia Christi*, 100. 15와 16에 인용하고 있으며, 이 예증에 반대하여 시편 119:37을 인용한다(P. Schaff, 앞의 책, 811. n. 2).

293 P. Schaff, 위의 책, 812.

294 Augustine, *De gratia Christi*, 2. 2; 7. 8; 32. 36; *De gestis Pelagii*, 14. 31; Pelagius, 『데메트리우스에게 보낸 서신』(*Ep. ad Demetrium*), 3; R. Seeberg, 앞의 책, 336.

295 Pelagius, *Ep. ad Demetr.*, 2. 4 이하; Otto W. Heick, 앞의 책, 198.

296 Augustine, *De gestis Pelagii*, 18. 42. R. Seeberg, 앞의 책, 336에서 재인용. A. Harnack, 앞의 책, 199. n. 4.

297 Pelagius, in Augustine, *De gratia Christi*, 26. 27. R. Seeberg, 위의 책, 336에서 재인용.

298 줄리안의 이 명제는 그의 전 사상 양식의 열쇠다. 자유롭게 창조된 인간은 하나님으로부터 독립된 삶의 전 영역을 가지고 있다. 인간은 더 이상 하나님과 함께하지 않고 독자적이다. 하나님은 마지막 심판 때 다시 개입한다(A. Harnack, 앞의 책, 200. n. 3).

299 Pelagius in Augustine, *De gestis Pelagii*, 10. 22. R. Seeberg, 앞의 책, 336에서 재인용.

300 Augustine, *De peccato originali*, 26. 30; Otto W. Heick, 앞의 책, 198.

301 이 3단계를 라틴어로 하면 "ex natura, sub leg, sub gratia(Christi)"다. 줄리안의 구별은 다음과 같다. 첫째는 무로부터의 우리의 창조, 둘째는 우리의 이성적 영혼, 셋째는 쓰여진 율법, 넷째는 복음 그리고 하나님의 아들의 선물에서 은총은 완성된다(in Augustine's *Opus Imperfectum*, 1. 94; P. Schaff, 앞의 책, 813).

302 Pelagius, *Ep. ad Demetrium*, 8. R. Seeberg, 앞의 책, 336에서 재인용.

303 Augustine, *Opus Imperfectum*, 2. 146; P. Schaff, 위의 책, 813; R. Seeberg, 위의 책, 337.

304 Augustine, *De gratia Christi*, 100. 10. Schaff, 위의 책, 815에서 재인용.

305 J. A. W. Neander, *Dogmengeschichte*, Bd. I, 384. P. Schaff, 위의 책, 815. n. 2에서 재인용.

306 P. Schaff, 위의 책.

307 F. Loofs, "Pelagius and the Pelagian Controversy," in *PRE* (*Realencyklopädie für protestantiche Theologie und Kirche*), Ed. by Albert Hauck, (Leipzig, 1896-), xv, 747 이하; Otto W. Heick, 앞의 책, 198-199.

308 R. Seeberg, *Lehrbuch der Dogmengeschichte*, II, 495. Otto W. Heick, 위의 책, 199에서 재인용.

309 Friederich Loofs, *Leitfaden zum Studium der Dogmengeschichte*, 420. Otto w. Heick, 위의 책에서 재인용.

310 P. Tillich, *A. Hist. of Christian Thought*, 123-125; 송기득 옮김,『폴 틸리히의 그리스도교 사상사』(서울: 한국신학연구소, 1983), 170-171.

311 P. Schaff, *Hist. of the Christian Church*, vol. III, 앞의 책, 817.

312 Augustine, *Opus Imperfectum*, 1. 71; 3. 147; 6. 9; *De civitate Dei*, 13. 1, 13, 14, 21; 14. 10; P. Schaff, 위의 책, 818.

313 Augustine, *De libero arbitrio*, 3. c. 24; P. Schaff, 위의 책, 818. n. 2.

314 Augustine, 위의 책, 2. 19; J. L. González, *A Hist. of Christian Thought*, vol. II, 41.

315 P. Schaff, 앞의 책, 819.

316 라틴어로 표현된 것은 posse non peccare et non mori, non posse peccare et non posse mori.

317 Augustine,『훈계와 은총』(*De correptione et gratia*, 426-427), 6. 10; 7. 11; 11. 32; 12. 33 (Otto W. Heick, *A Hist. of Christian Thought*, vol. I, 210. n. 39).

318 P. Tillich, 앞의 책, 125.

319 Augustine, *De gestis Pelagii*, 16, 22, 31; A. Harnack, *Hist. of Dogma*, vol. V, 199. n. 5.

320 Augustine,『창세기 문자적 해석에 관하여』(*De Genesi ad litteram*), 11. 5;『선의 본질에 관하여』(*De natura boni*), 35; J. L. González, 앞의 책, 43.

321 죄에 대한 니버의 두 근본적인 형식은 교만과 욕정이다. 인간은 하나님께 복종하도록 창조되었으나, 인간은 하나님을 가지고 놀려고 한다(Martin E. Marty & Dean G. Peerman, ed., *A Handbook of Christian Theologians*, Nashville: Manufactured by the Partheon Press, 1965, 368).

322 P. Tullich, 앞의 책, 126.

323 Augustine, *De natura et gratia*, 29. 33; Otto. W. Heick, 앞의 책, 201. n. 40. P. Tillich, 위의 책, 126에서 재인용.

324 Augustine, *De civitate Dei*, 13. 2. P. Tillich, 위의 책, 127에서 재인용.

325 교만은 영혼의 죄이고, 현세에의 욕망(concupiscentia)은 본질적으로 영혼을 지배하는 몸(육체)의 죄다. 어거스틴이 죄에서 언제나 가장 주목해 보는 것은 정신적이든 육체적이든 질병과 상처였다.

326 이에 대한 설명은 P. Schaff, 위의 책, 826-829에 있음. 처음 4항목은 소극적인 것들이고, 다른 것들은 적극적인 것들이다.

327 터툴리안은 스토아철학의 영향으로 영혼과 하나님을 물질적 존재로 이해하였는데, 이것에 이어 몸이 부모의 몸으로부터 파생되듯이 영혼이 부모의 영혼으로부터 파생된다고 생각하였다(*De anima*, 27). 이것을 영혼유전설(traducianism)이라고 한다. 이 이론에 근거하여 터툴리안은 영혼이 부모로부터 어린이들에게 유전되듯이 죄도 유전된다고 하게 되었다(*De anima*, 40; *De testimonio animae*, 3). 따라서 원죄도 유전된다고 하였다.

328 터툴리안은 원죄를 원 결점, 원 오점, 원 과실(vitium originis) 등으로 가르쳤다(*De anima*, 41). 터툴리안에 의하면 악한 욕망의 독이 아담의 죄를 통하여 인간 본성에 침입했는데, 이것이 악마를 통해서 어느 정도 본성이 된 것이 원 결점이라는 것이다. 그럼에도 불구하고 유아세례는 불가피한 경우를 제외하고 권할 것이 아니다(*De baptism*, 18).

329 Augustine, *Opus imperfectum*, 1. 47; B. Altaner, 앞의 책, 522.

330 P. Tillich, 앞의 책, 128.

331 Augustine, 『결혼과 정욕』(*De nuptiis et concupiscenttia*), 36; *Opus imperfectum*, 3. 188; A. Harnack, 앞의 책, 211. n. 5.

332 Augustine, *De peccatorum meritis et remissione*, 1. 10. 11; R. Seeberg, 앞의 책, 342.

333 어거스틴이 원죄론의 성서적 근거로 호소하는 다른 구절들은 예를 들면 창 8:21; 시 51:7; 요 3:6; 고전 7:14; 엡 2:3 등이다.

334 헬라어 eph hō는 헬라어 epi toutō hoti(~의 이유로)와 같은 뜻이다(P. Schaff, 앞의 책, 834. n. 2).

335 Augustine, 『공덕과 죄의 용서에 관하여』(*De peccatorum meritis et remissione*), 3. 17. 4; *Opus imperfectum*, 2. 176; R. Seeberg, 앞의 책, 342.

336 Augustine, *De civitate Dei*, 8. 3, 13, 14; *Opus imperfectum*, 5. 104; R. Seeberg, 위의 책, 343.

337 Augustine, *Opus imperfectum*, 5. 12. R. Seeberg, 위의 책에서 재인용.

338 Augustine, *De civitate Dei*, 13. 14; Otto W. Heick, 앞의 책, 202.

339 카르타고의 키프리안은 터툴리안과 어거스틴 사이의 아프리카교회에서 가장 주목할 만한 감독이다. 3세기 북아프리카에서는 그들의 전통에 따라 이단에서 개종한 사람들에게도 다시 세례를 베풀어야 한다는 주장이 있었다. 이에 대하여 키프리안은 로마의 전통을 따라 그들이 베푼 세례의 유효성을 인정하였다(이 논쟁에 관해서 J. L. González, *A Hist. of Christian Thought*, vol. I, 247-248을 참조할 것. 도나투스주의자들과 세례 논쟁에 관해서는 본 장 5.

"도나투스주의자들과의 논쟁, 교회론 그리고 성례론"를 참고할 것).

340 Augustine, *De baptism contra Donatistas*, 5. 4. J. L. González, *A Hist. of Christian Thought*, vol. II, 50에서 재인용.

341 Augustine, 위의 책, 5. 3. González, 위의 책, 50. n. 112에서 재인용.

342 특히 *De peccatorum meritis et remissione*와 『유아세례에 관하여』(*De baptismo parvulorum*).

343 이상의 요약은 Otto W. Heick, 앞의 책, 218에서 인용한 것임.

344 Augustine, *De pecca. meritis et rem*; 『유아세례에 관하여』, 2. 26; 36. *De nuptiis et concupiscentia*, 1. 24. R. Seeberg, 앞의 책, 344에서 재인용. Otto W. Heick, 앞의 책, 202.

345 Augustine, 『결혼과 정욕』(*De nuptiis et concupiscentia*), 2. 34. 58. R. Seeberg, 위의 책, 343에서 재인용.

346 Augustine, 『인간의 완전한 의에 관하여』(*De perfectione justitiae hominis*), 8. 19. R. Seeberg, 위의 책, 345에서 재인용.

347 Augustine, *De civitate Dei*, 14. 3. R. Seeberg, 위의 책, 345에서 재인용.

348 Augustine, 『영혼과 그 기원』(*De anima et ejus origine*), 2. 14. 20; 15. 21; R. Seeberg, 위의 책, 344;; J. L. González, *A Hist. of Christian Thought*, vol. II, 43; Otto W. Heick, 앞의 책, 202.

349 Augustine, 『그리스도의 은총과 원죄에 관하여』(*De gratia Christi et de peccato originali*), 2. 34; J. L. González, 위의 책, 34.

350 Augustine, *De gratia et libero arbistrio*, 15. J. L. González, 위의 책, 44에서 재인용.

351 Augustine, *De correptione et gratia*, 12. 33; J. N. D. Kelly, *Early Christian Doctrines*, 362.

352 P. Schaff, *Hist. of the Christian Church*, vol. III, 837-838.

353 P. Schaff, 위의 책, 840.

354 Augustine, *Opus imperfectum*, 3. 18, 19; P. Schaff, 위의 책.

355 P. Schaff, 위의 책, 837-841.

356 Augustine, *De spiritu et littera*, 24. 26. A. Nygren, *Agape and Eros*, 521에서 재인용.

357 Augustine, 『영과 문자에 관하여』(*De spiritu et lettera*, 412), 13. 22. Otto W. Heick, 앞의 책, 202에서 재인용.

358 Augustine, *De grat. et pecc. orig.*, 1. 25; J. N. D. Kelly, *Early Christian Doctrines*, 366.

359 이 은총의 구별은 어거스틴의 구별이다(*De nat. et grat.*, 35; *De grat. et libe. arbit.*, 33; *De correptione. et gratia.*, 29-34; Ep., 186. 26; 194. 7). J. N. D. Kelly, 위의 책, 367.

360 Augustine, *Conf.*, 6. 5; 『요한복음 주석』(*Tractatus in Joannis Evangelium*),

27. 6; 22. 5; 48. 1 등. 어거스틴은 이사야서 9장 9절에 따라서 "믿지 않으면 알 수 없다", "알 수 있기 전에 믿을 수 있다"는 것이다(*Ep.*, 114. 7; 120. 3). Otto W. Heick, 위의 책, 203; R. Seeberg, 앞의 책, 347.

361 이것은 그리스도에 관하여 단순히 신념이나 정신적 찬동을 하는 것이다. 라틴어로 credere Christo이고, 영어로 표현하면 believing Christ 또는 believing directed toward Christ로 표현한다.

362 이것은 그리스도의 전 인격과 그의 삶에 대하여 전적으로 신뢰하는 것이다. 라틴어로 credere in Christum이고, 영어로 표현하면 believing in Christ 또는 believing into Christ다.

363 Augustine, *Sermo.*, 144. 2; R. Seeberg, 앞의 책, 347.

364 Augustine, 『요한복음 주석』, 29. 6; R. Seeberg, 위의 책.

365 Augustine, 『신앙과 행위에 관하여』(*De fide et operibus*, 413), 16. 27; Sermo., 168. 2; R. Seeberg, 위의 책, 348.

366 Augustine, *De spiritu et littera*, 25. 42; *De peccatorum meritis et remissione*, 1. 9, 10; 『훈계와 은총』(*De correptione et gratia*, 426), 2. 3. R. Seeberh, 위의 책에서 재인용.

367 Augustine, *De spiritu et littera*, 27. 47; R. Seeberg, 위의 책.

368 Augustine, *De spiritu et littera*, 18. 31; 26. 45; 29. 51-52; Otto W. Heick, 앞의 책, 203; R. Seeberg, 위의 책. 어거스틴은 '혁신'(renovation), '생명 있게 됨'(vivification), '갱생'(regeneration), '성화'(sanctifation) 등 용어도 사용하였다(Otto W. Heick, 위의 책, 203).

369 Augustine, 『결혼과 정욕』(*De nuptiis et concupiscentia*, 419-421), 1. 25. 28; R. Seeberg, 위의 책.

370 Augustine, 『요한복음 주석』(*Tractatus in Joannis Evangelium*), 30. 52; Anders Nygren, Eros and Agape, 528.

371 Anders Nygren, 위의 책 527. 이상에서 '카리타스'와 '그라티아'에 대해서는 위의 책, 518-532를 참조. 펠라기우스는 인간이 스스로 카리타스를 산출할 수 있다고 주장하지만, 어거스틴은 부정한다. 어거스틴은 "하나님의 도움 없이 하나님의 카리타스를 소유할 수 있다고 주장하는 자는 우리가 하나님 없이 하나님을 소유할 수 있다고 하는 것과 같다"고 한다(위의 책, 521).

372 A. Nygren, 앞의 책, 528. n. 3에서 재인용.

373 Augustine, *De correptione et gratia*, 12. 34; *De dono perseverantiae*, 1. 1; Otto W. Heick, 앞의 책, 205; J. L. González, *A Hist. of Christian Thought*, vol. II, 46.

374 R. Seeberg, *The Hist. of Doctrines*, vol. I, 350.

375 Augustine, *De spiritu et littera*, 30. 52; *De correptione et gratia*, 14. 45; R. Seeberg, 앞의 책, 350. 곤잘레스는 이 부분을 "하나님의 은총만으로도 아니고, 하나님

단독으로도 아니라 하나님의 은총이 인간과 더불어 구원한다"는 말을 인용한다(J. L. González, *A hist. of Christian Thought*, vol. II, 45).

376 Augustine, *De correptione et gratia*, 8. 17; R. Seeberg, 앞의 책, 350.

377 타락 전 예정론은 하나님의 절대적 주권 개념에서부터 시작하면서 인간의 창조와 타락 전에도 하나님은 인간의 공로나 가치를 고려함이 없이 어떤 사람들을 영원히 구원하기로 뜻을 세웠다는 교리 형식이다. 이에 반하여 죄의 자각으로부터 시작하는 타락 후 예정론은 하나님의 판결은 타락의 결과, 즉 인간의 타락 후라고 주장하는 교리 형식이다. 세계사에서 구원을 제외하고 가장 중요한 사건인 타락을 하나님의 뜻에서 배제하고 타락을 첫 인간의 자유의지에 따른 것으로 보는 이론이다.

378 Augustine, *Sermones*, 111, 251; *De correptione et gratia*, 13; J. L. González, 앞의 책, 46.

379 Augustine, *De correptione. et gratia*, 9. 21, 24; Otto W. Heick, 앞의 책, 35; R. Seeberg, 앞의 책, 352.

380 Augustine, *De dono perseverantiae*, 8. 19. 어거스틴은 보통 이렇게 표현하지만, "영원한 죽음에 예정된 자들"이라고 말하기도 한다(*Tractatus in Joannis Evangelium*, 43. 13; *Civitas Dei*, 1. 1). R. Seeberg, 위의 책 no. 1.

381 Augustine, 위의 책, 8. 17; R. Seeberg, 위의 책.

382 A. Harnack, *Hist.of Dogma*, vol. V, 218.

383 F. Loofs, *Leitfaden zum Studium der Dogmengeschichte*, 411.

384 S. Seeberg, 앞의 책, 350-352.

385 A. Nygren, *Agape and Eros*, 468.

386 교회사 책에는 지금까지 일반적으로 '반(半)펠라기우스주의자들'(Semi-Pelagians)이라고 표기되어 왔다. 그러나 학자들은 그들이 본래 어거스틴의 추종자들이었으며, 여전히 펠라기우스를 반대하고 다만 어거스틴의 사상, 특히 은총론과 예정론을 그대로 따르지 않으려고 했고 수정주의자들이었다는 점에서 '반(半)어거스틴주의자들'(Semi-Augustinianians)라고 표기하는 것이 더 정확하다고 말한다.

387 Augustine, *ep.*, 214. 1. cf. *De correptione et gratia*, 5. 8. R. Seeberg, 앞의 책, 368에서 재인용.

388 Augustine, *De correptione et gratia*, 7. R. Seeberg, 위의 책에서 재인용.

389 J. L. González, 앞의 책, 55. 어거스틴은 신앙 자체도 하나님의 은총이라고 했다.

390 이 명칭은 아퀴테인의 프로스퍼(Prosper of Aquitaine)가 어거스틴에게 보낸 편지에서 사용한 것이다. 그러나 보통 그들의 중심 센터가 마실리아(Massilia, 마르세유라고도 함)이기 때문에 마실리아인들이라고 했다가 후에 '반(半)펠라기안주의자들'(Semi-Pelagians)이라고 부르게 되었다(P. Schaff, *Hist. of the Christian Church*, vol. III, 859).

391 아를르의 감독 힐라리와는 다른 사람이다. 본인이 평신도라고 한다(Augustine, *Ep.*, 226).

392 이 보고는 어거스틴의 서신 225, 226에서 찾을 수 있다. 그 서신의 내용 요약은 R. Seeberg, 앞의 책, 369를 참조.

393 Augustine, *ep.*, 226. 7; J. N. D. Kelly, *Early Christian Doctrines*, 370-371.

394 Cassian, *Collationes Patrum*, 3. 7; 11. 8; 13. 16, 6, 22, 13, 15, 3, 8. 11, 12 등; R. Seeberg, 앞의 책, 370; J. N. D. Kelly, 위의 책, 371.

395 Cassian, *Collationes Patrum*, 13. 8. J. L. González, *A Hist. of Christian Thought*, vol. II, 56에서 재인용.

396 그는 본래 두 권으로 집필했으나 제2권은 상실되었다. 그러나 다행히도 제1권에서 제2권의 개요가 포함되어 있다. 두 권을 표기할 때는 *Commonitoria*라고 한다.

397 영어로 always, by all, and in every place. 라틴어로는 quod ubique, quod semper, quod ab omnibus다.

398 이상 파우스투스에 관해서는 그의 *De gratia Dei*에 근거하여 기술한 B. Altaner, 앞의 책, 566-567; R. Seeberg, 앞의 책, 374-376; J. L. González, 앞의 책, 58; Otto W. Heick, 앞의 책 208등에 의존하여 인용 또는 발췌, 요약하였다.

399 P. Schaff, 앞의 책, 865.

400 B. Altaner, 위의 책, 537; P. Schaff, 위의 책, 865.

401 이상의 교회법의 내용은 P. Schaff, 위의 책, 867-868; J. L. González, 위의 책, 60을 참고하여 종합한 것임. 오렌지회의의 결정 사항에 대한 내용은 R. Seeberg, 위의 책, 381-382에 도 있음.

참 고 도 서

1. 사전 및 전집

기독교문사 간행.『기독교대백과사전』, 16 vols. 서울: 기독교문사, 1980-1985.

대한기독교서회 간행.『그리스도교대사전』. 서울: 대한기독교서회, 1972.

A. Roberts & J. Donaldson ed. *The Ante-Nicene Fathers* (A.N.F.) 10 vols. New York: Charles Scribner's Sons, 1925.

D. P. Simpson. *Cassell's New Latin-English, English-Latin Dictionary*. London: Cassell & Company LTD, 1966.

F. L. Cross ed. *The Oxford Dictionary of the Christian Church*. London: Oxford U. Press, 1971.

G. W. H. Lampe ed. *Patristic Greek Lexicon*. Oxford: at the Clarendon Press, 1968.

H. G. Liddell & Scott ed. *An Intermediate Greek-English Lexicon*. Oxford: at the Clarendon Press, 1900.

James Hastings ed. *Encyclopaedia of Religon and Ethics*. Edinburgh: T. & T. Clark, 1981, 12 vols.

J. Baillie & J. T. McNeil & H. P. van Dusen ed. *Library of Christian Classics*(L. C. C.), 26 vols. Philadelphia: The Westminster Press, 1953-. 이 전집은 두란노 아카데미에서 총 20권으로 번역이 되었다.

Philip Schaff & H. Wace, ed. *A Select Library of Nicene and Post-Nicene Fathers* (N. P. -N. F.) 14 vols. New York: The Christian Literature Co., 1890-1900.

2. 교부들에 관한 1차 자료

이상국.『사도들의 가르침』. 서울: 성바오로, 1998.

이장식.『교부 오리게네스』. 서울: 대한기독교서회, 1977.

A. C. Coxe. *The Writings of Tertullian*, ed. A. Roberts and J. Donaldson, vol. III of A. N. F. New York: Charles Scribner'Sons, 1925.

_____. *Fathers of the Third Century*, ed. A. Roberts and J. Donaldson, vol. VI of A. N. F. New York: Charles Scribner's Sons, 1925.

Adalbert G. Hamman. *Pour lire les de Eglise*. Les Edidions, 1991. 이연학·최원오 옮김. 『교부들의 길』. 서울: 성바오로, 2003.

Aloys Dirksen. *Elementary Patrology*. New York: B. Herder Book Co. 1959.

Augustine. *St Augustine's Confessions*. 선한용 옮김. 『성 어거스틴의 고백록』. 서울: 대한기독교서회, 2007.

_____. *De Civitate Dei*. 조호연·김종흡 옮김. 『신국론』 I. 서울: 현대지성사, 1997.

B. Altaner tr. Hilda C. Graef. *Patrology*. New York: Herder and Herder, 1961.

Boniface Ramsey. *Beginning to Read the Fathers*. 이후정·홍삼열 옮김. 『초대 교부들의 세계』. 서울: 대한기독교서회, 1999.

C. Bigg. *The Christian Platonists of Alexandria*. Oxford: at the Clarendon Press, 1886.

C. Y. Choo. *A Study of the Person of Christ according to Nestorius*. a thesis submitted to Faculty of Religious Studies, McGill University, fulfilment of the requirement for Ph.D. degree, 1974.

D. R. Driver & Leonard Hodgsen. tr. *Nestorius: The Bazaar of Heracleide*. Oxford: at the Clarendon Press, 1925.

E. A. Hardy. ed. by J. Baillie. *Christology of the Later Fathers*. vol. III of L. C. C. McNeil, H. P. van Dusen. Philadelphia: The Westminster Press, 1954.

F. L. Cross. *The Early Christian Fathers*. London: Gerald Duckworth & Co, 1960.

F. Loofs. *Nestorius and His Place in the History of Christian Doctrine*. Cambridge: at the University Press, 1914.

G. L. Prestige. *God in Patristic Thought*. London: S.P.C.K., 1964.

_____ ed. by H. Chadwick. *St. Basil the Great and Apollinaris of Laodicea*. London: S.P.CK., 1956.

Gregory Dix. *The Treatise on the Apostolic Tradition of St. Hippolytus of Rome*. London: SPCK 1968.

Han von Campenhausen. *The Fathers of the Greek Church*. London: Adam & Charles Black, 1963. 김광식 옮김. 『희랍교부 연구』. 서울: 대한기독교서회, 1977.

_____. *The Fathers of the Latin Church*. London: Adam & Charles Black, 1964. 김광식 옮김. 『라틴교부 연구』. 서울: 대한기독교서회, 1979.

Harry A. Wolfson. *the Philosophy of the Church Fathers*. vol. I. Faith, Trinity,

Incarnation. Cambridge: Harvard University Press, 1970.

Henry Bettenson. ed. and tr. by *The Early Christian Fathers*. London: Oxford University Press, 1963. 박경수 옮김.『초기 기독교 교부』. 서울: 크리스챤 다이제스트, 1997.

_____. *The Later Christian Fathers*. London: Oxford University Press, 1970. 김종희 옮김.『후기 기독교 교부』. 서울: 크리스챤 다이제스트, 1997.

_____. *Documents of the Christian Church*. London: Oxford University Press, 1967, paperback.

Henry Chadwick. *Early Christian Thought and the Classical Tradition: Studies in Justin, Clement, and Origen*. Oxford: at the Clarendon Press, 1966.

H. R. Drobner. *Lehrbuch der Patrogie*. 하성수 옮김.『교부학』. 왜관: 분도출판사, 2001.

J. B. Lightfoot. ed. J. R. Harmer. *The Apostolic Fathers*. Michigan: Grand Rapids, 1965.

Johannes Quasten. *Patrology*. 3vols. Utrecht-Antwerp: Spectrum Publishers, 1964-1966.

John R. Wills ed. *The Teachings of the Church Fathers*. New York: Herder and Herder, 1966.

Leonhard Goppelt. tr. Robert A. Guelich. *Apostolic and Post-Apostolic Times*. London: Adams & Charles Black, 1970.

Lloyd G. Patterson. *God and History in Early Christian Thought.* Studies in Patristic Thought. New York: The Seabury Press, 1967.

Maurice Wiles. *The Christian Fathers*. London: Hodder and Stoughton, 1966.

Origen. tr. G. W. Butterworth. *On First Principles*, Harper Tochbooks. New York: Harper & Row, Publishers, 1966.

_____. tr. Henry Chadwick. *Contra Celsum*. Cambridge: at the University Press, 1965.

P. Bernhard Schmid. *Grundlinien der Patrologie*. 정기환 옮김.『교부학 개론』. 서울: 컨콜디아사, 1993.

_____. *God and World in Eeary Christian Thought: A Study in Justin Martyr, Irenaeus, Tertullian, and Origen.* Studies in Patristic Thought. London: Adam & Charles Black, 1966.

R. A. Norris. *Manhood and Christ: A Study in the Christology of Theodore of*

Mopsuestia. Oxford: at the Clarendon Press, 1963.

R. E. Rubenstein. *When Jesus Became God.* New York: A Harvest Book Hartcourt, Inc. 1999. 한인철 옮김.『예수는 어떻게 하나님이 되셨는가?』. 고양: 한국기독교연구소, 2004.

Robert Rainy. *The Ancient Catholic Church(A. D. 98-451)*. New York: Charles Scribner's Sons, 1902.

Rowan A. Greer. *Theodore of Mopsuestia*. Westminster: The Faith Press, 1961.

3. 사상사, 교리사 및 기타

송인걸 옮김.『기독교회사』. 서울: 크리스챤다이제스트, 1996.

이형기·주승민·정용석·황정욱·김홍기·이양호 공저.『기독교사상사』. 서울: 대한기독교서회, 2004.

A. Harnack. tr. Neil Buchanan. *History of Dogma.* Vols. I-V. New York: Dover Publications, 1961.

Alister E. McGrath. *Heresy: A History of Defending the Truth.* 홍병룡 옮김.『그들은 어떻게 이단이 되었는가?』. 서울: 포이에마, 2011.

Aloys Grillmeier. tr. J. S. Bowden. *Christ in Christian Tradition: From the Apostolic Age to Chalcedon*(451). New York: Sheed and Ward, 1965.

Anders Nygren. tr. Philip S. Watson. *Agape and Eros*. New York: Harper & Row, Publishers, 1969.

Authur C. McGiffert. *History of Christian Thought.* vol. II. New York: Charles Scribner's Sons, 1960.

B. J. Didd. *A History of the Church to A. D. 461.* vol. III. Oxford: at the Clarendon Press, 1922.

B. Lohse. tr. F. E. Stoeffer. *A Short History of Christian Doctrine*. Philadelphia: Fortress Press, 1966.

David Christie-Murray. *A History of Heresy*. Oxford: Oxford University Press, 1976.

D. Duff. *The Early Church: A History of Christianity in the First Six Centuries.* Edinburgh: T. & T. Clark, 1891.

E. Glenn Hinson. *The Early Church*. Nashville: Abindon Press, 1996.

E. M. Young. *From Nicaea to Chalcedon*. Philadelphia: Fortress Press, 1983.

F. J. F. Jackson. *The History of the Christian Church to A.D. 461*. London: George Allen & Unwin, 1957.

Geoffrey W. Bromiley. *Historical Theology*. Edinburgh: T. & T. Clark, Ltd., 1978.

George P. Fisher. *History of Christian Doctrine*. New York: Charles Scribner's Sons, 1913.

G. L. Prestige. *Fathers and Heretics*. London: S.P.C.K., 1968.

Harold O. J. Brown. *Heresies: Heresy and Orthodoxy in the History of the Church*. Michigan: Grand Rapis, Baker Book House, 1933. 라은성 옮김. 『교회사에 나타난 이단과 정통』. 서울: 그리심, 2006.

H. Cunliffe-Jones ed. *A History of Christian Doctrine*. London: T. & T. Clark, 2004.

Henry Bettenson ed. *Documents of the Christian Church*. London: Oxford University Press, 1967.

Henry Chadwick. *The Early Church*. London: Penguin Books, Ltd.,1967.

H. Hägglund. tr. Gene J. Lund. *History of Theology*. Saint Louis: Corcordia Publishing House, 1968.

Hubert Jedin. tr. Ernest Graf. *Ecumenica Councils of the Catholic Church*. New York: Herder And Herder Inc., 1960.

James Orr. *The Prograss of Dogma*. Grand Rapids, Michigan: Wm. B. Eardmans Publishing Co.,1960.

_____. *Development of Christian Doctrine: Some Historical Prolegomena*. New Haven: Yale University Press, 1969.

Jan Walgrave. *Unfolding Revelation: The Nature of Doctrinal Development*. Philadelphia: The Westminster Press, 1972.

J. C. Ayer. *A Source Book for Ancient Church History*. New York: Charles Scribner's Sons, 1933.

Jean Danielou. *The Origins of Latin Christianity*. London: Darton, Longman & Todd, 1977.

J. F. Bethune-Baker. *An Introduction to the Early History of Christian Doctrine*. London: Methuen & Co., 1962.

J. G. Davies. *The Early Christian Churh*. London: Weidenfeld and Nicolson, 1965.

J. A. T. Robinson. *Honest to God*. London: SCM Press, 1963.

J. N. D. Kelly. *Early Christian Doctrines*. London: Adam & Charles Black, 1968. 김광식 옮김.『고대기독교교리사』. 서울: 한국기독교문화연구소 출판부, 1980.

_____. *Early Christian Creeds*. London: Longmans, Green and Co., 1964.

John Henry Newman. *An Essay on the Development of Christian Doctrine*. New York: Doubleday & Company, 1960.

J. Pelikan. *The Emergnece of the Catholic Tradition(100-600)*, vol. I *of the Christian Tradition*. Chicago: The University of Chicago Press, 1971.

J. Stevenson ed. *Creeds, Councils and Controversies: Documents illustrative of the History of the Church A. D. 337-461*. London: S.P.C.K., 1966.

J. S. Whale. *Christian Doctrine*. Cambridge: at the University Press, 1964.

Justo L. González. *The Story of Christianity*. Vol. I. *The Early Church to the Dawn of the Reformation*. San Francisco: Harper & Row, Publishers, 1984. 서영일 옮김.『초대교회사』. 서울: 은성, 1995.

_____. *A History of Christian Thought*. vol. I-II(1970-1971). Nashvill: Abingdon Press, 1970. 이형기·차종순 옮김.『기독교사상사』(I-II). 서울: 대한예수교장로회 총회출판국, 1988.

J. W. C. Wand. *Doctors and Councils*. London: The Faith Press, 1962.

_____. *A History of the Early Church to A. D. 500*. Norwich: Jarrold and Sons, 1965. 이장식 옮김.『교회사: 초대편』. 서울: 대한기독교서회, 1959.

Louis Berkhof. *The History of Christian Doctrines*. Michigan: Grand Rapids, Baker Book House, 1978.

M. Chemnitz. *The Two Natures in Christ*. St. Louis: Concordia Publishing House, 1971.

Otto W. Heick. *A History of Christian Thought*. vol. I. J. L. Neve & O. W. Heick. *History of Christian Doctrine*. Philadelphia: Fortress Press, 1965. 서남동 옮김.『기독교교리사』. 서울: 대한기독교서회, 1995.

Philip Carrington. *The Early Christian Church*. vol. II. Cambridge: at University Press, 1957.

Philip Hughes. *The Church in Crisis: A History of the General Councils 325-1870*. New York: Havaner House, 1961.

Philip Schaff. *History of the Christian Church.* vol. III. Michigan, Grand Rapis: Eerdmans Publishing Co. 1968.

P. Tillich. ed. by Carl E. Braaten. *A History of Christian Thought.* New York: Harper & Row, Publishers, 1968

_____ ed. by I. C. Henerr/송기득 옮김. 『폴틸리히의 그리스도교 사상사』. 서울: 한국신학연구소, 1983.

Roger E. Olson. *The Story of Christian Theology: Twenty Centuries of Tradition and Reform.* Inter Varsity Press, 1999. 김주한·김학도 옮김. 『이야기로 읽는 기독교 신학』. 서울: 대한기독교서회, 2016.

R. Seeberg. tr. Charles E. Hay. *Text-Book of the History of Doctrines.* vol. I-III. Michigan, Grand Rapids: Baker Book House, 1978.

R. V. Sellers. *The Council of Chalcedon: A Historical and Doctrina Survey.* London: SPCK, 1961.

T. A. Burkill. *The Evolution of the Christian Thought.* New York: Ithaca, Cornell University Press, 1971.

Vivian H. H. Green. *A New History of Christianity.* New York: The Continuum Publishing Co., 1996.

Wm. G. T. Shedd. *A History of Christian Doctrine.* 2 vols. New York: Charles Scribner's Sons, 1889.

W. Pannenberg. tr. L. L. Wilkins and D. A. Priebe. *Juses-God and Man.* Philadelphia: The Westminster Press, 1968.

W. Walker & R. A. Norris & D. W. Lots & R. T. Handy. *History of the Christian Church.* (4th ed.) Edinburgh: T. & T. Clark Ltd. 1986.

찾아보기

주제(1)